언리얼 엔진으로 3D 이머시브 콘텐츠 개발

# 인생 언리얼 5
# 프로젝트 ~~~서

**1권**

이영호, 박원석, 박현상, 탁광욱, 이영훈, 김현진 지음

몰입형 실감 콘텐츠 개발자를 위한
VFX(시각 효과) 플랫폼의 최강자
언리얼 엔진의 모든 것

**총 2권 구성!**

**1권** 언리얼 엔진과
슈팅 게임 제작
**2권** TPS 게임 제작과
언리얼 그래픽스

저자 카페
cafe.naver.com/unrealunity

저자 깃허브
github.com/araxrlab/lifeunreal5

저자 직강 의뢰 | youngho@araxrlab.com

BM (주)도서출판 성안당

# 『인생 언리얼 교과서』와 함께
# 언리얼 실력을 스킬업시켜줄 저자 소개

**이영호**　ARA XR Lab 대표

- 언리얼 공인 강사(Unreal Authorized Instructor)
- 전 가천대 게임영상학과 겸임교수
- 전 유니티 코리아 에반젤리스트
- 17년 이상 넥슨 및 게임 개발사에서 실무 개발
- 전 세종대, 명지전문대 겸임교수

저자 직강 의뢰
youngho@araxrlab.com

Instructor Partner
2024

---

**박원석**　WS Develop 대표

- 언리얼 공인 강사(Unreal Authorized Instructor)
- 와이디 온라인 등 게임 개발사에서 7년 실무 개발
- 전남대학교 법학과 학사

Instructor Partner
2024

---

**박현상**　Bricx3 대표, 테크니컬 아티스트

- 언리얼 공인 강사(Unreal Authorized Instructor)
- 한국전파진흥협회, 정보통신진흥원, 부산정보진흥원 등 다수 기관 및 대학에서 VR/AR/MR 분야 강의
- 스마일게이트, 위메이드 등 게임 개발사에서 10년 실무 개발
- DNA LAB, 마로마브 등 다수 기업 자문

Instructor Partner
2024

---

**탁광욱**　비엔티(BnT) 대표

- 언리얼 공인 강사(Unreal Authorized Instructor)
- 게임하이, 넥슨GT, 네오싸이언 등 게임 개발사에서 10년 실무 개발
- ㈜하우온라인게임스쿨 원화 강사
- 건국대학교 산업디자인 학사

Instructor Partner
2024

---

**이영훈**　위드제이소프트 대표

- 언리얼 공인 강사(Unreal Authorized Instructor)
- 한국전파진흥협회, 정보통신진흥원 등 기관 및 대학에서 유니티 및 XR 분야 강의
- 와이디온라인, 넥슨 등의 게임 개발사에서 15년 이상 실무 개발

Instructor Partner
2024

---

**김현진**　어플리케 대표

- 언리얼 공인 강사(Unreal Authorized Instructor)
- 코이엔터테인먼트 부사장
- 버드레터 개발실장
- HotdogStudio 등 게임 개발사에서 10년 실무 개발

Instructor Partner
2024

# 인생 언리얼5 프로젝트 교과서 1권

이영호, 박원석, 박현상, 탁광욱, 이영훈, 김현진 지음

BM (주)도서출판 성안당

**이영호**

언리얼 엔진 수업을 오프라인으로 다년간 진행하며 수업에 활용할 만한 책을 찾는데 어려움이 많았습니다. 블루프린트만으로 프로젝트를 할 수 있는 것은 아닌데 시중에 나온 책들은 대다수 마치 블루프린트로 모든 것이 가능한 것처럼 되어 있고, 반면에 C++를 사용하는 책들은 완전히 C++만 활용하도록 꾸며져 있어 많이 아쉬웠습니다. 언리얼 엔진을 잘 활용하기 위해서는 한쪽으로 기울어져서 사용하기보다는 블루프린트와 C++를 적절히 잘 사용해야 합니다. 하지만 이를 모두 적절히 활용하여 프로젝트를 제작하는 책이 없어 자체 교안과 동영상까지 수년간 만들어 사용해 왔습니다.

이번에 『인생 언리얼 5 프로젝트 교과서』를 집필하면서 이런 아쉬움을 풀고자 노력했습니다. *1장 언리얼 엔진 알아보기*에서는 프로젝트를 본격적으로 들어가기에 앞서, 언리얼 엔진의 전반적인 작업 환경을 구축하고 에디터 사용 방법을 알아봅니다. 그리고 언리얼 엔진을 이용해 프로젝트를 수행할 때 직군별로 어떻게 역할을 분담해야 할지, 작업 프로세스는 어떻게 세워야 하는지 등 전반적인 개발 방법론에 대해 다루었습니다. *2장 슈팅 게임 제작하기*에서는 프로토타입, 알파타입, 베타타입 버전 형태로 진행되며 실제 프로젝트 제작 형식으로 구성되어 있습니다. 먼저 블루프린트로 콘텐츠를 제작하는 방법을 학습하고 이를 다시 언리얼 C++로 컨버팅하는 방법을 알아봅니다. *3장 TPS 게임 제작하기*에서도 2장에서와 마찬가지로 버전별 프로젝트 구현 흐름을 따릅니다. 중급 이상의 난이도 있는 설계 방법과 AI 활용, 애니메이션 처리, 리펙토링, UMG 등을 심도 있게 다루게 됩니다. *4장 언리얼 그래픽스*에서는 언리얼 엔진에서 제공하는 주요 그래픽 기능을 다루고 있습니다. 특히 대기 환경과 카메라 효과, 언리얼 머티리얼, 나이아가라, 시퀀스 애니메이션, 애니메이션 리타깃팅 등 실무에서 활용할 수 있는 주요 요소들을 수록했습니다.

하나라도 더 알찬 내용을 담으려는 의욕에 역대급 분량이 된 지면의 한계상 네트워크 부분은 담지 못해 많이 아쉽습니다. 정말 유용하고 편리한 설계 구조와 사용 사례는 물론 안정성까지 갖춘 언리얼 네트워크는 언리얼 튜토리얼을 활용해 스스로 학습해 보길 강력히 추천합니다.

『인생 언리얼 5 프로젝트 교과서』는 『인생 언리얼 교과서』의 개정판으로, 언리얼 엔진 4 버전을 최신 5버전 내용으로 업데이트했습니다. 현 시점에서 언리얼 엔진 4에서 5로 넘어가며 콘텐츠 제작 업계에도 많은 변화가 생겼습니다. 게임 회사의 대다수 대기업들은 언리얼 엔진으로 콘솔 및 PC 플랫폼을 타깃팅하는 집필이 끝나자마자 책 동영상 강좌를 녹화하고 편집하며, 동시에 수업도 진행하느라 모든 ARA 저자분들이 고생 많았습니다. 그리고 전작 『인생 유니티 교과서』, 『인생 유니티 VR/AR 교과서』, 『인생 언리얼 교과서』에 이어 이번 『인생 언리얼 5 프로젝트 교과서』까지 출판에 도움 주신 성안당의 최옥현 전무님과 늘 고마운 아내 강영순, 큰딸 이가을, 막둥이 이아라 고맙고 늘 사랑합니다.

**박원석**

　작년에 언리얼 엔진 강의하던 때를 곰곰이 떠올려보니 이미 다른 엔진을 다뤄본 적이 있는 수강생조차도 쩔쩔매며 어려워하던 모습이 떠오릅니다. 『인생 언리얼 5 프로젝트 교과서』 집필을 결정하고 나서 가장 중요하게 생각한 것은 '보다 쉽게, 보다 일관되게' 설명을 해야겠다는 것이었습니다. '실전 프로젝트를 함께 만들어보면서 독자가 바로 옆에 있는 것처럼 가르쳐 줘야지.'하고 말이죠. 책의 구성을 짤 때도 블루 프린트에 대한 내용은 간략하게 하고 곧바로 C++를 이용한 개발 방식으로 넘어갈까 했지만 코딩을 처음 해보는 독자라면 블루프린트의 손쉬운 비주얼 스크립팅 방식을 통해서 기능을 구현하는 방법에 익숙해지는 것이 우선이라고 생각해서 블루프린트에 대한 내용이 예상보다 길어지게 되었습니다. 반면 C++ 언어 기초 부분은 지나치게 방대한 문법들을 모두 알려주는 것이 오히려 언리얼 엔진에 입문하는 것을 방해할 것 같아서 꼭 필요하다 싶은 부분만을 요약해서 전달하는 방식으로 구성했습니다.

　언리얼 엔진 5 버전이 출시된 지 어느새 여러 해가 지났습니다. 물론 앞으로도 많은 기능들이 업데이트되겠지만 이제는 5 버전도 어느 정도 안정화가 이루어진 것 같습니다. 벌써 글로벌 콘솔 게임 시장에서는 내로라하는 유수의 기업들이 앞 다투어 언리얼 엔 진 5로 개발한 작품들을 출시하고 있고, 방송계나 미디어 아트 등의 다른 산업 분야에 서도 이제 언리얼 엔진 사용이 점차 보편화되어 가고 있는 것을 보면 말이죠. 국내에 서도 이미 많은 기업들이 언리얼 엔진에 대해 관심을 기울이고 있는 추세이기에 저 역시 본서가 앞으로의 국내 IT 산업에 필요한 인력을 양성하는 큰 도움이 되었으면 좋겠다는 마음으로 집필에 임했습니다.

　탈고할 때만 하더라도 후련했던 마음이 막상 출판을 앞두고 나니 여러모로 아쉬 움이 많이 생깁니다. 좀 더 다루고 싶은 부분들이 있기는 하지만 현재도 무려 1,200쪽이 넘는 수준이다 보니 욕심을 내려놓고 내용의 질을 높이는 것에 집중하고 있습니다. 부디 본서를 통해 더 많은 예비 개발자분들이 언리얼 엔진으로 제작하고 싶었던 프 로젝트를 만들 수 있게 되기를 간절히 기원합니다. 또한, 집필에 참여하신 다른 저자 분들의 노고에 감사드립니다.

**박현상**

게임 회사 경력을 언리얼 2.5와 3로 시작했던 당시에는 제가 언리얼 엔진을 주제로 책을 쓰게 되리라는 것은 상상도 못했습니다. 또 언리얼 엔진이 이제는 게임뿐만 아니라 비게임으로 뭉뚱그리기에는 너무나도 다양한 분야에서 사용되어 격세지감을 느낍니다. 어느새 언리얼 엔진의 버전도 4를 넘어 5까지 출시되며 다양한 미디어 분야에 영향력을 끼치는 모습을 보면, 새삼 놀라움을 금치 못하게 됩니다.

독자 분들은 어떠한 이유로 언리얼 엔진과 이 책을 찾게 되었는지 매우 궁금합니다. 언리얼 엔진의 첫인상은 다소 복잡하고 어려울 수는 있습니다. 언리얼 엔진을 쓰면 다 해결될 것 같던 아이디어들이 수많은 기능과 문서들에 가로막힌 것 같은 느낌을 받을지도 모르겠습니다.

방대합니다. 그리고 깊습니다. 제가 접한 언리얼 엔진은 그렇습니다. 십수 년간 언리얼 엔진을 써오면서 한 가지 확언할 수 있는 것은 언리얼 엔진은 리얼타임 엔진을 다루는 데 있어서 알아두면 손해나지 않는다는 사실입니다. 여러분이 필요한 만큼 찾고자 하면 분명히 준비된 엔진이라고 말할 수 있을 것 같습니다.

또한 책에서는 그 시작을 함께하기 위해 알아두면 좋은 이정표가 될 만한 내용으로 채우고자 욕심내고 다듬었습니다. 충분히 즐기시기를 바랍니다. 감사합니다.

**탁광욱**

예전에 즐겨하던 게임들이 있었습니다. 〈언리얼 토너먼트〉, 〈기어즈 오브 워〉. 그리고 아티스트 직군으로 게임 회사에 다니며 알게 모르게 '어떤 프로젝트는 언리얼로 만들어졌다더라, 언리얼로 만들 예정이라더라.'라는 소식들을 접하게 되고 그런 프로젝트를 보면서 "그래픽 최고다."라는 말을 항상 했습니다. 그리고 어느 순간 언리얼 엔진을 이용한 프로젝트는 당연히 그래픽이 좋을 것이라는 생각을 먼저 하게 되었습니다. 그러던 중 여러 엔진이 등장하고 경쟁처럼 개발하기 쉽게 업데이트되면서 인디 개발자의 꿈을 갖고 회사를 박차고 나왔을 땐 언리얼은 인디 개발자가 접하기 힘든 영역이라 생각했습니다. 하지만 이내 곧 언리얼 엔진도 개발의 편의를 위해 한 발짝 내려왔고, 이때쯤이었을까 언리얼의 하이퀄리티 그래픽에 관심을 가지게 되면서 본격적으로 공부하게 되었습니다.

그 시기 언리얼 엔진은 또 한 번 변화가 있었는데 스스로의 아이덴티티를 게임의 영역을 벗어나 게임 이상의 것을 목표로 하더니, 특히 영상 분야에서 제작의 혁명을 일으키며 파이프라인의 핵심이 되고 메타버스의 부흥과 함께 각종 콘텐츠 제작에서 훨훨 날고 있습니다. 그리고 연이어 루멘과 나나이트 같은 아티스트를 위한 도구들의 출시와 이것들이 집대성된 언리얼 5는 아티스트로서의 창작 욕구를 불타오르게 하고 끊임없이 공부하게 합니다.

이 책은 지금껏 공부한 내용을 기록한 것입니다. 언리얼에 관심을 두게 되면서부터 공부는 해왔지만, 연구할 거리는 계속 늘고 아직도 배워야 할 것들이 산적해 있습니다. 하지만 혼자 공부했다면 이렇게 책으로 엮기 힘들었을 것입니다. 이는 ARA 식구들과 함께했기에 가능하다고 생각하고 앞으로도 함께 할 것이기에 멋진 미래도 기대하고 있습니다. 이 책을 선택한 독자 분들도 우리 ARA 식구들과 함께 멋진 미래를 만드는 것에 동참하리라 믿습니다. 그리고 그 동참을 응원해 드립니다.

# Contents
목차

# Contents
목차

## 언리얼 엔진의 개발 사례

### 기어즈 오브 워(Gears Of War)
언리얼 엔진으로 제작된 TPS의 교과서 언리얼 엔진으로 무엇이 가능한가 궁금하다면, 한 번쯤 플레이해 보는 것이 좋다.

### 포트나이트(Fortnite)
이제는 명실상부한 에픽게임즈의 최대 효자 게임. 단순한 배틀 로얄 장르를 넘어 대규모 네트워크 플레이임에도 불가능하다 싶은 수준의 완성도와 최적화를 보여준다. 트래비스 스콧의 콘서트로 메타버스의 포문을 열게 된 게임

### 인피니티 블레이드(Infinity Blade)
언리얼 엔진은 무거워서 모바일에 적합하지 않다는 편견을 에픽게임즈 스스로 무너뜨린 콘텐츠. 스마트폰 보급이 막 이루어지던 시기에 출시되어 모바일 비주얼의 한계를 새로 만들며, 단순 기술뿐만 아니라 흥행도 크게 성공했다.

출처: https://gearsofwar.com/games/gears-of-war-4

출처: https://www.epicgames.com/fortnite/ko/ch2-s2

출처: https://www.unrealengine.com/ko/blog/infinity-blade

출처: https://www.unreal-tournament-

# Chapter

# 1

## 토너먼트(Unreal Tournament)
엔진을 세계적으로 알리게 된 콘텐
리얼 토너먼트를 만들기 위해 언리
ㅣ 개발이 된 만큼, 초기 언리얼의
엿볼 수 있다.

# 언리얼 엔진
# 알아보기

Chapter 1에서는 메타버스 열풍과 함께 언리얼 엔진(Unreal Engine)이 가장 강력한 3D 제작 플랫폼으로 대두되는 이유를 알아보고, 실시간 콘텐츠를 제작하는 과정의 대략적인 맥락을 짚어봅니다. 또한 대표 리얼타임(realtime) 엔진인 언리얼 엔진의 소개와 함께 언리얼 엔진 설치, 콘텐츠 개발 구성과 기본적인 조작 방법 등에 대해 간단한 예시를 만들어 보면서 언리얼 엔진 조작에 익숙해지도록 합니다.

ne.com/ko/blog/

# 1.1 언리얼 엔진 개요

## 1.1-1 리얼타임 엔진의 현재와 미래

최근 떠오르는 실감형 콘텐츠 제작을 위해 많이 사용하고 있는 리얼타임 엔진에 대해 알아보겠습니다.

> **✕ 학습 목표**
>
> 리얼타임 엔진을 이해하고 싶다.
>
> **✕ 구현 순서**
>
> ❶ 리얼타임 엔진에 대해 이해한다.
> ❷ 메타버스에서 리얼타임 엔진의 역할을 이해한다.

### ➜ 리얼타임 엔진이란?

컴퓨터 프로그래밍에서 엔진이란 자동차의 핵심 부품인 엔진처럼 다른 프로그램들을 위해 또는 특정 프로그램 내부에서 해당 프로그램을 위해 핵심적이고 본질적인 기능을 수행해 주는 프로그램을 지칭하는 용어로, 프로그램을 만드는 프로그램 정도로 이해하면 쉽습니다.

작게는 우리가 매일같이 무엇인가를 검색할 때 검색 엔진을 사용하게 되고, 크게는 최근 대두되고 있는 인공지능에서도 추론엔진이 있어 머신러닝 개발에도 활용되고 있습니다. 또한 게임 업계에서도 오랜 전부터 게임 엔진으로 게임 개발을 해왔습니다.

[그림 1.1-1] 자동차 엔진과 같이 프로그램의 핵심적인 역할을 하는 게임 엔진

특히 게임 엔진을 흔히 '리얼타임 엔진'이라고 부르기도 하는데 여기에는 이유가 있습니다.

게임은 장르 특성상 실시간 상호작용하는 것이 중요합니다. 예를 들어 나의 캐릭터가 총을 든 군인이어서 전장을 돌아다니며 총격전 하는 게임이라고 합시다. 적이 총을 쏴서 나의 캐릭터로 날아올 때 유저인 나는 나의 캐릭터에게 "오른쪽으로 피해라!"라고 명령을 해야 할 것입니다. 즉각적으로 키보드 버튼을 눌러 움직이라고 명령하고, 지시를 받은 나의 캐릭터는 즉각 오른쪽으로 이동해야 합니다. 만약 그 순간에 바로 이동하지 않고 한참 뒤에 이동 명령을 실행한다면 나의 캐릭터는 적의 총알에 데미지를 입게 될 것입니다. 실시간 처리가 되지 않아 유저와 상호작용이 원활하지 않다면, 유저는 게임을 할 이유가 없어집니다. 이처럼 게임은 실시간 상호작용이 중요한 덕목이 됩니다.

[그림 1.1-2] 게임에서는 실시간 상호작용이 중요한 덕목

게임은 단순히 캐릭터의 이동뿐만 아니라 다양한 기능들을 한꺼번에 수행합니다. 3D 입체 공간의 표현, 번쩍이는 섬광 같은 이펙트 표현, 캐릭터가 움직이는 애니메이션, 물리적인 충돌, 사운드, 네트워크, 인공지능 등 게임의 기획에 따라 요구하는 기능들도 다양하고 많은 기능들이 한데 모여 유기적으로 구동되어야 합니다. 이와 함께 게임 엔진은 많은 발전을 거듭해 왔습니다.

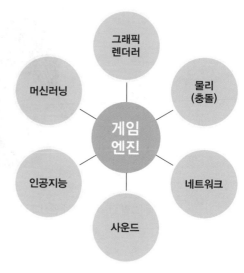

[그림 1.1-3] 게임 엔진이 수행하는 다양한 기능들

지금의 게임 엔진은 실시간 상호작용을 하는 기능들의 유기적인 연결과 함께 3D 입체 공간을 표현하는데 거의 실제와 비슷한 정도의 그래픽 수준이 월등히 향상된 덕분에 게임뿐만 아니라 운송 및 제조, 설계, 엔지니어링, 건축 같은 산업에서도 러브콜을 받고 있고, 영화, 애니메이션 같은 실시간 장르가 아닌 산업에서도 제작 과정에 실시간성을 적극 활용하여 제작 효율을 높이는데 많이 활용하고 있습니다. 또한 VR(가상현실)과 AR(증강현실) 기술이 등장함에 따라 다양한 디바이스에서도 개발 요구가 높아졌고 이에 따라 게임 엔진은 '리얼타임 엔진'이라는 이름으로 좀 더 폭넓게 자리매김하고 있는 상황입니다.

## → 메타버스와 리얼타임 엔진

'메타버스(Metaverse)'는 초월의 뜻을 가진 '메타(Meta)'와 현실 세계를 의미하는 '유니버스(Universe)'의 합성어로, 가상의 세계 혹은 초월적인 공간과 현실이 연결된 가상 세계를 의미합니다. 사회적으로는 아직 의견이 분분한 메타버스 개념은 메타버스를 대표하는 예시로 많이 언급되는 로블록스와 제페토, 포트나이트를 필두로 점점 구체화되고 있는 모양새입니다.

[그림 1.1-4] 왼쪽부터 제페토, 로블록스, 〈포트나이트〉

2020년에 IT·미디어 전문가 매튜 볼(Matthew Ball)은 메타버스를 7가지 핵심 속성으로 정의했습니다. 매튜 볼이 정의한 메타버스의 개념은 완벽한 메타버스 모델에 가장 가깝다는 평가를 받고 있고, 현재 여러 산업 분야에서 이를 바탕으로 다양한 해석과 개발을 시도하고 있습니다.

주요 내용을 보면 다음과 같습니다.

❶ 지속적일 것
❷ 실시간 동기화가 이뤄질 것
❸ 동시 참여 인원의 제한이 없고 모두에게 존재한다는 느낌을 줄 것
❹ 모든 부문에서 실효적인 경제 체계를 갖출 것
❺ 확장 가능한 경험일 것
❻ 전례 없는 수준의 상호 운용이 가능할 것
❼ 콘텐츠와 경험으로 채워질 것

내용을 보면 몇 가지를 제외하고 온라인을 기반으로 한 게임 업계에서는 이미 적용되어 있던 익숙한 개념이기도 합니다. 게임 엔진을 통해 일찍이 구현했던 내용들이 실제 현실과 연결된 기술들, VR/AR같은 실감형 기술이나 경제 체계와 관련된 블록체인 기술, 인공지능 AI 기술 등이 만나 새로운 가치로 재탄생되고 있습니다.

특히 입체 공간 기반의 '인터넷'이라는 개념이 일찍이 중심이 되었던 온라인 게임업계는 가상의 입체 공간을 만들어내고 게임의 여러 기능들을 쉽게 제작하기 위해 리얼타임 엔진을 스스로 개발하거나 도입해 왔습니다. 개발의 유연성과 효율성을 갖고서 개발 리스크가 줄어들게 된 게임업계는 게임 몰입 이론, 유저 피드백 시스템, 레벨 디자인, 스토리텔링 등 유저의 심리와 행동 패턴 연구 등 인문학의 영역까지 개발에 투영함으로써 게임이 가진 가치와 품위를 한껏 높일 수 있었습니다. 또한 VR, AR기기 등 다양한

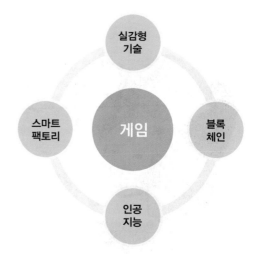

[그림 1.1-5] 메타버스는 게임과 현실 기반 기술의 융합

기기들을 통해 유저 경험을 확장해, 시각적, 청각적으로 실제와 같은 경험 혹은 가상과 현실의 결합을 직관적으로 체험하고 있습니다. 그리고 이 모든 가능성에는 게임 엔진으로 시작하여 '리얼타임 엔진'이라고 불리는 개발 엔진이 함께하고 있습니다.

메타버스가 향후 다양하고 수준 높은 경험과 깊은 몰입을 가능하게 하여, 이를 통해 완성도를 더욱 높아지려면, 이런 게임 업계의 개발 파이프라인을 이어받고, 게임 개발 사례를 통해서 많은 것을 배울 필요가 있습니다.

그리고 현재의 리얼타임 엔진은, 메타버스가 게임 업계의 개발 노하우에 현실 융합 기술들을 자연스럽게 결합할 수 있도록, 메타버스 관련 기술들을 엔진 내에 탑재하고 손쉽고 안정적으로 기능이 구현되도록 꾸준히 업데이트되고 있습니다.

## 1.1-2  언리얼 엔진 소개

리얼타임 엔진의 대표격인 언리얼 엔진의 탄생과 현재 활용 분야에 대해 알아보겠습니다.

1

1.1
1.2
1.3
1.4
1.5

2

2.1
2.2
2.3
2.4
2.5
2.6

3

3.1
3.2
3.3

4

4.1
4.2
4.3
4.4
4.5

부
록

✖ **학습 목표**

언리얼 엔진에 대해 알고 싶다.

✖ **구현 순서**

❶ 언리얼 엔진의 시작 알아본다.
❷ 언리얼 엔진의 현재 활용 분야 알아본다.

## ➡ 언리얼 엔진의 시작

언리얼 엔진은 게임 개발사였던 에픽게임즈에서 만든 게임 엔진입니다.

미국 노스캐롤라이나에 본사를 두고 우리나라를 포함한 세계 곳곳에 지
사를 보유하고 있는 에픽게임즈는 1991년 팀 스위니가 창립하고, 여러 사
명을 거쳐 1999년 '에픽게임즈'라는 이름을 갖게 됩니다. 게임 개발을 목
표로 설립된 에픽게임즈는 여러 게임을 만들다가 1998년 출시한 언리얼         [그림 1.1-6] 에픽게임즈 로고
토너먼트가 크게 성공하면서 유명세를 타고 당시 개발했던 게임에 사용된
게임 엔진을 상용화하면서 엔진 라이선스 사업에서도 큰 성공을 거둡니다. 이때 상용화한 엔진이
언리얼 엔진입니다.

[그림 1.1-7] 언리얼 토너먼트 시리즈

당시에는 라이선스 비용을 지불해야 했고, 금액도 상당해 기업 수준의 큰 규모의 프로젝트에서 주로 사용했습니다. 그래도 엔진 소스코드를 공개하면서 게임 개발자와 지망생들에게 커다란 호응을 얻고, 언리얼 엔진 4공개 이후로는 비용 정책도 변화하면서 현재는 기본요금 무료화 정책으로 누구나 자유롭게 언리얼 엔진으로 개발할 수 있게 되었습니다. 지금도 언리얼 엔진 소스 코드는 깃허브(GitHub)에서 무료로 받을 수 있습니다. 깃허브에 가입 후에 다운로드할 수 있습니다.

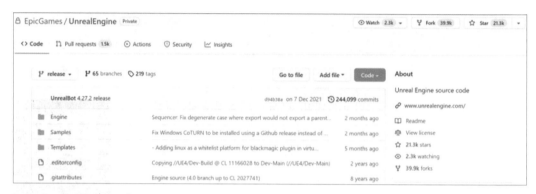

[그림 1.1-8] 깃허브(GitHub) 전체 언리얼 소스 코드

에픽게임즈는 언리얼 엔진 사업을 진행하면서도 다양한 플랫폼에서 꾸준히 게임 개발을 진행하고 있습니다. 콘솔 플랫폼의 〈기어즈 오브 워〉, 모바일 플랫폼의 〈인피니티 블레이드〉, 온라인 멀티 플랫폼 〈포트나이트〉 등 다양한 플랫폼과 장르를 불문하고 꾸준히 개발하면서 얻은 개발 노하우와 개발에 필요한 툴들을 개발자 입장에서 언리얼 엔진에 꾸준히 업데이트되고 있습니다. 덕분에 개발자들은 스스로 만든 콘텐츠가 한 플랫폼에 구애받지 않고 다양한 플랫폼에 동시에 서비스할 수 있고, 콘텐츠의 유지와 보수도 간편하게 할 수 있어, 유저들이 다양한 플랫폼으로 콘텐츠를 즐길 수 있도록 하고 있습니다.

[그림 1.1-9] 에픽게임즈 제작 게임(상: 〈기어즈 오브 워〉, 중: 〈포트나이트〉, 하: 〈인피니티 블레이드〉)

## → 언리얼 엔진의 현재와 활용 분야

게임 엔진의 시각적인 표현이 날로 발전하면서 게임의 그래픽 수준은 실사 영화와 비슷한 수준이 되었습니다. 특히 언리얼 엔진은 실사 표현에 주력하여 엔진 중에 가장 실사에 가까운 그래픽 구현 능력으로 인정받고 있습니다.

[그림 1.1-10] 실사 그래픽 수준(좌: 〈메트릭스 어웨이큰스〉, 우상: 〈헬블레이드2〉, 우하: 〈블러드헌트〉)

그래서 언리얼 엔진은 게임뿐만 아니라 영상, 건축, 제조업 등의 비게임 분야에 많은 러브콜을 받고 있고, 그 요청에 맞게 각 산업에 맞는 다양한 기술들을 개발해 엔진 내에 탑재하여 손쉽게 콘텐츠를 개발하는 생태계를 구축해 나가고 있습니다.

최근 많이 쓰이기 시작한 실시간 버추얼 프로덕션 기술은 LED 디스플레이로 이루어진 스테이지(Stage) 위에서 배우의 연기를 촬영하면 카메라 각도에 맞게 디스플레이의 배경을 출력해주는 기능입니다. 엔진으로 구현된 가상의 공간을 디스플레이에 출력함으로써 배우가 실제 공간에서 연기하는 착각을 일으켜 배우가 연기에 몰입할 수 있고, 가상공간의 색감이 그대로 배우나 카메라 피사체에 뿌려주기 때문에 일반 합성 촬영보다 좀 더 자연스러운 결과물을 얻게 되는 장점이 있습니다. 또한 엔진 내에 실시간 합성 기능도 있어서 효율적으로 제작하게 되어 작업 시간을 대폭 단축시켜 줍니다. 그래서 TV, 영화, 방송, 라이브 콘서트 등에 많이 쓰이고 있습니다.

[그림 1.1-11] 버추얼 프로덕션 기술 활용
한 영화, 뉴스, 콘서트

건축에서는 트윈모션이라는 인터랙티브 아키비즈 툴과 VR 가상현실 솔루션을 결합해 실제 건축
공사 전에 몰입감 있는 가상환경에서 실제 크기로 설계를 평가하고 클라이언트에게 피드백을 받아,
수정 보완해 가는 작업을 진행하기도 합니다. 덕분에 클라이언트의 만족도가 높아졌습니다.

[그림 1.1-12] 트윈모션을 활용한 건축 시각화

최근에는 메타버스 시대에 접어들면서 메타버스 콘텐츠 제작을 위한 생태계를 구축하는 데 노력하고 있습니다.

쉽게 고퀄리티의 디지털 휴먼을 실시간으로 제작하는 '메타휴먼 크리에이터', 실제 세계를 스캔한 수천 개의 3D 애셋 라이브러리를 무료 제공하는 '메가스캔', 창작자의 소통과 학습을 위해 아트스테이션(Artstation)과 스케치팹(Sketchfab)을 인수함으로써 메타버스 콘텐츠 제작에 도움이 되는 기능과 환경을 추가해 나가고 있습니다.

[그림 1.1-13] 메타휴먼 크리에이터(좌), 메가스캔(우)

또한 메타휴먼이나 메가스캔과 함께 언리얼 5버전부터는 나나이트(Nanite), 루멘(Lumen) 같은 높은 퀄리티의 장면을 실시간으로 표현할 수 있는 강력한 기능을 추가하여 앞으로의 메타버스 콘텐츠의 품질을 높일 수 있도록 하고 있으며, 이러한 기능개발과 기능을 사용한 성과들로 인해 고품질의 콘텐츠 시장을 선도하고 있습니다.

# 1.2 콘텐츠 개발 방법론

## 1.2-1 프로젝트 제작의 이해

콘텐츠 제작은 생각보다 복잡한 절차로 이루어져 있습니다. 어떤 과정으로 진행되는지 알아보겠습니다.

> **✕ 학습 목표**
>
> 콘텐츠 제작 프로세스를 이해하고 싶다.
>
> **✕ 구현 순서**
>
> ① 일반적인 콘텐츠 제작 프로세스 이해한다.
> ② 과거 개발 방식의 문제점을 알아본다.
> ③ 언리얼 엔진의 개선된 개발 방식을 알아본다.

### → 콘텐츠 제작 프로세스의 이해

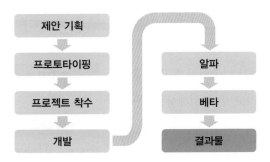

[그림 1.2-1] 일반적인 콘텐츠 제작 프로세스

일반적인 콘텐츠 제작 프로세스는 [그림 1.2-1]과 같은 절차로 진행됩니다. 제안 기획 단계에서 개발 진행에 대한 여부를 검토한 후, 프로토타이핑을 통해 제안 기획의 내용을 검증합니다. 결과가 긍정적일 경우 본격적인 프로젝트 진행에 착수하고 단계별 개발 일정을 산출한 후 상용화에 따른 알파와 베타 검증 과정을 통해 시장에 출시합니다. 콘텐츠는 이와 같은 복잡한 프로세스를 거쳐 시장에 출시되는데, 콘텐츠의 품질도 중요하지만 개발에 따르는 비용 또한 중요합니다. 프로젝트 진행 과정에서의 내·외부 요인에 의한 일정 연기는 제작 비용과 밀접한 관련이 있으므로 제작사에 많은 부담을 줍니다. 과거에는 많은 제작사가 다음과 같은 프로세스로 진행했습니다.

[그림 1.2-2]에서 보는 바와 같이 초기 기획자가 기획을 완성한 후 기획서를 아트 직군과 프로그램 직군에게 전달합니다. 그러면 아트 직군에서 해당 아티스트가 리소스를 제작한 후 프로그램 파트의 프로그래머가 작업을 진행하는 구조였기 때문에 많은 문제를 야기했습니다. 과거 개발 방식에서의 가장 큰 문제점은 [그림 1.2-2]와 같이 기획자로부터

[그림 1.2-2] 과거 개발 프로세스

출발해 프로그래머에게 전달되는 순차적인 개발 방법입니다. 최종 결과물이 프로그래머로부터 나오는 형태이고, 앞선 다른 직군의 결과물과 수정 요구를 프로그래머가 반영하는 형태이기 때문에 프로젝트 막바지에 이르면 프로그래머의 업무 부하가 발생합니다. 프로그램 직군뿐만 아니라 프로젝트 진행 초기에는 기획 직군의 업무에 부담이 가중되고 기획 완료 이후에 아트의 업무 부담이 순차적으로 발생합니다. 총제작 기간 초기의 기획자 업무 부담, 중기의 아트 업무 부담, 말기의 프로그래머 업무 부담이 순차적으로 발생하는 구조이기 때문에 비효율적인 부분이 많았습니다.

[그림 1.2-3]은 병렬 형태의 개선된 개발 방식을 나타낸 것입니다. 효율적인 개발을 위해서는 프로젝트 제작 기간 동안에 업무가 집중되지 않고 골고루 분산돼 있어야 합니다. 그리고 이를 위해서는 각 직군별 결과물 확인과 적용이 타 직군에 의존적이지 않고 독립적인 형태로 진행돼야 합니다. 이는 결국

[그림 1.2-3] 병렬 형태로 개선된 개발 프로세스

결과물의 퀄리티 상승과 더불어 개발 기간의 단축으로 인한 제작비 부담 감소로 이어져 효율적인 개발을 가능하게 합니다.

엔진을 활용한 콘텐츠 제작 방식은 [그림 1.2-3]에 제시한 개발 방식을 가능하게 해줍니다.

## 1.2-2 언리얼 엔진의 제작 방법

세계적인 블록형 장난감 레고와 언리얼 엔진은 유사한 점이 많습니다. 레고의 조립 방법을 이해하면 언리얼 엔진을 이해하기 쉽습니다. 레고와 언리얼 엔진을 비교해 보면서 콘텐츠 개발 방법과 언리얼 프로젝트의 구성 요소를 알아보겠습니다.

[그림 1.2-4] 레고와 언리얼 엔진

### ✖ 학습 목표

레고 조립과 유사한 언리얼 엔진 제작 방식을 이해하고 싶다.

### ✖ 구현 순서

❶ 레고 조립과 언리얼 엔진 제작 방법을 비교한다.
❷ 단계별 언리얼 제작 방법을 이해한다.
❸ 언리얼 엔진의 구성 요소를 파악한다.

1

1.1
1.2
1.3
1.4
1.5

2

2.1
2.2
2.3
2.4
2.5
2.6

3

3.1
3.2
3.3

4

4.1
4.2
4.3
4.4
4.5

부
록

## → 레고와 언리얼 엔진 제작 방법 비교

### ● 액터 제작

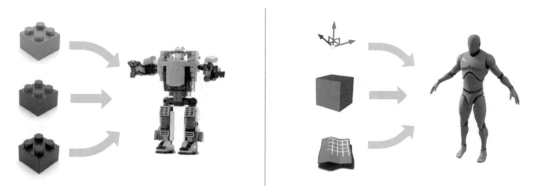

[그림 1.2-5] 레고 오브젝트 제작과 언리얼 엔진 액터 제작

레고는 콘텐츠의 기본 요소가 되는 오브젝트, 즉 사람, 자동차, 비행기 등과 같은 단일 개체를 제작할 때 블록을 이용합니다. 언리얼 엔진도 이와 유사하게 '컴포넌트(Component)'라는 기본 요소를 조합해 액터(Actor)를 만듭니다. 실제 콘텐츠 제작 시에는 다음과 같이 각 직군별로 레고 블록에 해당하는 컴포넌트를 만든 후에 액터를 만들게 됩니다.

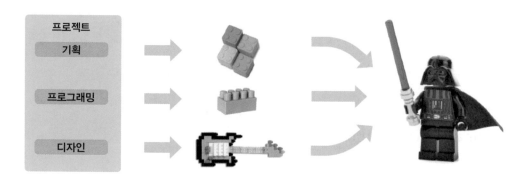

[그림 1.2-6] 직군별 컴포넌트 블록 제작

그러면 [그림 1.2-6]처럼 직군별로 레고 블록을 독립적으로 제작함으로써 병렬 구조 형태로 유연하게 개발이 가능해집니다.

## ● 레벨 구성

[그림 1.2-7] 레고 패키지와 언리얼 엔진 레벨

레고로 단일 개체를 만들고 각 역할에 맞는 위치에 배치하여 패키지를 구성합니다. 언리얼 엔진 도 이와 비슷한 방법으로 액터(Actor)를 배치해 레벨(Level)을 구성합니다.

## ● 프로젝트 구성

[그림 1.2-8] 레고 시리즈와 언리얼 엔진 프로젝트

레고 시리즈는 구성 기획에 따라 여러 가지의 레고 패키지로 구성돼 있습니다. 레고 스타워즈로 예를 들어보겠습니다. '레고 스타워즈 시리즈'라는 커다란 기획이 있고, 이 시리즈에는 장면별로 사 막에서 전투를 벌이는 사막 장면, 우주에서 비행선으로 전투를 하는 우주 비행 장면, 열대 우림에서 전투를 하는 열대 우림 장면으로 스토리가 구성되어 있다고 가정하겠습니다. 레고 패키지 구성은

1

1.1
1.2
1.3
1.4
1.5

2

2.1
2.2
2.3
2.4
2.5
2.6

3

3.1
3.2
3.3

4

4.1
4.2
4.3
4.4
4.5

부록

이렇습니다. 사막에서 전투를 벌이는 모습을 만들 수 있는 사막 행성 패키지, 우주에서 비행기 전투를 하는 모습을 만들 수 있는 우주 비행기 패키지, 열대우림 행성에서 전투를 하는 열대 우림 패키지로 나누어서 제작되고 판매될 것입니다. 즉 각각의 여러 패키지를 모으면 하나의 스타워즈 시리즈가 되는 것입니다. 언리얼 엔진의 경우도 마찬가지입니다. 구성에 따라 여러 개의 장면, 장면을 언리얼 엔진은 '레벨(Level)'이라고 부르고, 이 레벨들이 모여서 하나의 큰 콘텐츠를 이루게 됩니다. 다시 말해 레벨은 프로젝트의 일부라고 할 수 있습니다.

● **언리얼 엔진 프로젝트 구성 요소**

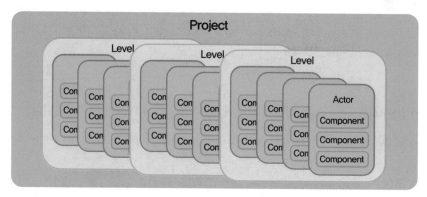

[그림 1.2-9] 언리얼 엔진 프로젝트 구성 요소

결론적으로 언리얼 엔진의 구성 요소는 [그림 1.2-9]와 같은 형태이고, 레고 조립과 유사한 방법으로 제작됩니다.

● **프로토타이핑(Prototyping)**

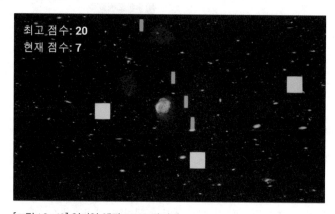

[그림 1.2-10] 언리얼 엔진 프로토타이핑

병렬 형태의 개선된 콘텐츠 제작 방식을 진행하기 위해서는 프로그램 직군은 아트의 결과물인 리소스를 받을 때까지 기다리는 것이 아니라 기획 의도에 맞춰 언리얼 엔진에서 지원하는 기본 액터들을 활용해 구현해야 합니다. 이를 '프로토타이핑'이라고 하며, 직군별로 동시 작업을 가능하게 합니다. 처음부터 최종 사용될 리소스를 활용하게 되더라도 개발 도중에 버려질 확률이 높고, 이는 개발비의 증가로 이어지게 됩니다.

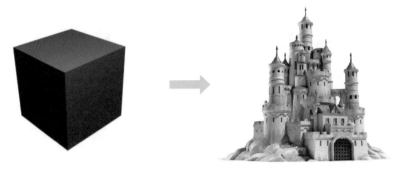

[그림 1.2-11] 프로토타이핑 이후 변경

그래서 기획 내용을 프로토타이핑으로 검증하고, 리소스를 교체하는 방법으로 진행하면 콘텐츠의 품질을 큰 리스크 없이 향상시킬 수 있습니다.

지금까지 언리얼 엔진을 활용한 개발 방법론에 관한 이야기였습니다. 이제 본격적으로 언리얼 엔진을 활용하여 콘텐츠를 개발하는 방법에 대해 차근차근 하나씩 알아보도록 하겠습니다.

# 1.3 언리얼 엔진 설치하기

## 1.3-1 언리얼 회원 가입과 설치하기

언리얼 엔진을 사용하려면 가장 먼저 언리얼 엔진 홈페이지에서 회원 가입하고, 에픽게임즈 런처
설치 후 런처를 통해 언리얼 엔진을 설치해야 합니다. 진행 과정을 하나씩 알아보겠습니다.

> ✖ **학습 목표**
>
> 언리얼 엔진 회원에 가입하고, 설치하고 싶다.
>
> ✖ **구현 순서**
>
> ❶ 에픽게임즈에 가입한다.
> ❷ 에픽게임즈 런처 다운로드 후 설치한다.
> ❸ 에픽게임즈 런처로 언리얼을 설치한다.

### ➡ 에픽게임즈 가입하기

언리얼 엔진은 에픽게임즈에서 만든 프로그램이기 때문에 먼저 에픽게임즈에 가입을 해야 사용
할 수 있습니다. 가입 방법은 에픽게임즈 홈페이지(epicgames.com)와 언리얼 엔진 전용 홈페이지
(unrealengine.com)에서 가능합니다. 언리얼 엔진을 학습하기가 목표이므로 언리얼 엔진 전용 홈페
이지를 기준으로 설명하겠습니다. 에픽게임즈 홈페이지에서도 상단 목록 중에 언리얼 엔진 버튼을
누르면 언리얼 엔진 전용 홈페이지로 이동이 가능합니다.

1 인터넷 웹 브라우저를 연 후 주소창에 'https://www.unrealengine.com/ko/'을 입력하면 [그림 1.3-1]과 같은 화면이 나타납니다(이때 나타나는 화면은 여러분이 사용하는 인터넷 웹 브라우저의 종류에 따라 조금씩 다를 수 있습니다).

[그림 1.3-1] 언리얼 엔진 홈페이지

2 화면 오른쪽 위 로그인 버튼을 클릭하면 로그인 화면이 나타납니다.

[그림 1.3-2] 언리얼 엔진 [로그인] 버튼

에픽게임즈는 다양한 계정으로 로그인이 가능하기 때문에 화면에 보이는 에픽게임즈에 로그인 가능한 계정 중에 여러분이 편한 계정으로 등록하고 로그인해도 됩니다. 여기서는 에픽게임즈에 가입하고 에픽게임즈로 로그인하는 방법으로 진행하겠습니다.

1

1.1
1.2
1.3
1.4
1.5

2

2.1
2.2
2.3
2.4
2.5
2.6

3

3.1
3.2
3.3

4

4.1
4.2
4.3
4.4
4.5

부
록

3 에픽게임즈에 가입해 보겠습니다. [그림 1.3-3]의 이메일 주소란에 가입하고자 하는 이메일 주소를 적고 [계속] 버튼을 누릅니다.

[그림 1.3-3] 로그인 창

4 가입 창으로 바뀌고, 최종 이용자 라이선스 계약 창이 나옵니다.

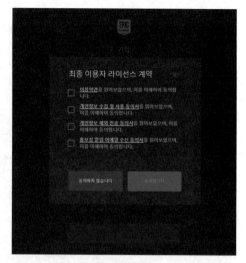

[그림 1.3-4] 라이선스 계약 창

5 최종 이용자 라이선스 계약 창이 나옵니다. 이용약관과 각종 개인정보 관련 동의서에 동의 체크를 해야 합니다.

[그림 1.3-5] 라이센스 계약 체크박스 클릭

6 체크박스를 눌러 관련 내용이 나오고 스크롤하여 끝까지 읽고 내려가면 [동의합니다] 버튼이 활성화됩니다.

[그림 1.3-6] 이용약관 설명 아래까지 스크롤 후 [동의합니다] 버튼 클릭

**7** [동의합니다] 버튼을 클릭하면 창이 바뀌면서 체크박스에 체크가 됩니다. 같은 방법으로 필수 선택 사항을 모두 체크하면, [동의합니다] 버튼이 활성화되고, 클릭해서 가입 단계로 이동합니다.

[그림 1.3-7] 필수 항목 체크 후 [동의합니다] 버튼 클릭

**8** 가입 창에 별이 표시된 필수 항목들을 기입하고 [계속] 버튼이 활성화되면 눌러 줍니다.

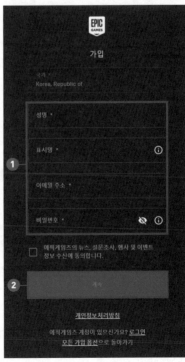

[그림 1.3-8] 회원가입 페이지

1

1.1
1.2
1.3
1.4
1.5

2

2.1
2.2
2.3
2.4
2.5
2.6

3

3.1
3.2
3.3

4

4.1
4.2
4.3
4.4
4.5

부록

**9** 확인 코드를 넣으라는 페이지가 나오면서 기입한 이
메일 주소로 확인 코드를 보냅니다.

[그림 1.3-9] 이메일 인증 페이지

**10** 이메일을 확인해서 검증 코드를 집어넣으면 [이메일 인증] 버튼이 활성화됩니다(검증 코드는 가입
시마다 다릅니다). 버튼을 누르면 가입 절차는 완료되고, 바로 로그인됩니다.

[그림 1.3-10] 이메일 검증 코드

[그림 1.3-11] 가입 및 로그인 완료

## → 에픽게임즈 런처 다운로드 후 설치하기

에픽게임즈에 가입했고, 로그인을 마쳤으면 에픽게임즈 런처를 다운로드합니다.

1 첫 페이지 상단 오른쪽에 [다운로드] 버튼을
클릭합니다. 그럼 언리얼 엔진 다운로드 페
이지가 나옵니다.

[그림 1.3-12] [다운로드] 버튼 클릭

다운로드 버튼을 누르면 다운로드 페이지가 열리면서 자동으로 런처 설치 파일이 다운로드 됩니다.
웹브라우저에 따라서 자동 다운로드가 안될 수도 있는데 그때는 [그림 1.3-13]과 같이 [런처 다운로
드] 버튼을 클릭해 수동으로 받으면 됩니다.

언리얼 엔진은 콘텐츠의 형태에 따라 다르겠지만 일반적으로 타깃 플랫폼보다는 높은 성능의 환경
에서 제작하는 것을 권장합니다. 특히 언리얼 엔진 5부터 도입된 루멘 같은 기능을 사용하기 위해서는
RTX 급의 그래픽카드를 사용하도록 권장하고 있습니다. 따라서 콘텐츠를 개발하기 전 개발할 콘텐츠의
타깃 플랫폼을 잘 생각하고 다운로드 페이지에 있는 시스템 요구사항의 '권장 사양 전체 보기' 항목을
살펴보는 것을 추천합니다.

또한 언리얼의 라이선스 정책은 무료로 개발하고 수익이 나면 소득에서 일정 부분 지불하는 방식입
니다. 소득이 나도 일정부분 로열티 형식으로 지불할 것인지, 사용하는 엔진의 시트 수만큼 구독형식
으로 지불할 것인지를 결정합니다. 그러므로 상용화하지 않는 배우는 단계라면 무료로 마음껏 연습해
볼 수 있습니다.

**2** [런처 다운로드하기] 버튼을 클릭하면 수동으로 런처 설치 파일을 받게 됩니다.

[그림 1.3-13] [런처 다운로드하기] 버튼 클릭

클릭하면 자동으로 'EpicInstaller' 에픽게임즈 런처 설치 파일이 다운로드됩니다. 다운로드가 완료되면 해당 파일을 더블클릭해 실행합니다. 에픽게임즈 런처 설치 창이 나오면, 런처를 설치할 폴더의 경로를 지정한 후 [설치] 버튼을 클릭하여 설치를 시작합니다. 이때 설치 폴더의 경로는 영문으로 설정하는 것이 좋습니다.

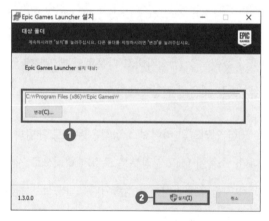

[그림 1.3-14] 설치 폴더 선택 후 [설치] 버튼 클릭

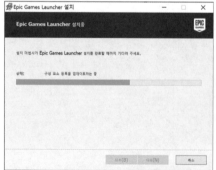

[그림 1.3-15] 에픽게임즈 런처 설치 중

**3** 설치가 완료되면 자동으로 에픽게임즈 런처가 실행
되고 다시 로그인 화면이 나타납니다. 홈페이지에서
로그인했던 방식과 똑같이 한 번 더 로그인합니다.

[그림 1.3-16] 언리얼 계정으로 로그인

**4** 로그인하면 [그림 1.3-17]과 같은 화면이 나옵니다(초기 화면 내용은 수시로 바뀝니다).

[그림 1.3-17] 에픽게임즈 런처 실행 화면

1

1.1
1.2
1.3
1.4
1.5

2

2.1
2.2
2.3
2.4
2.5
2.6

3

3.1
3.2
3.3

4

4.1
4.2
4.3
4.4
4.5

부
록

## → 에픽게임즈 런처로 언리얼 엔진 설치하기

에픽게임즈 런처의 구성을 살펴보겠습니다.

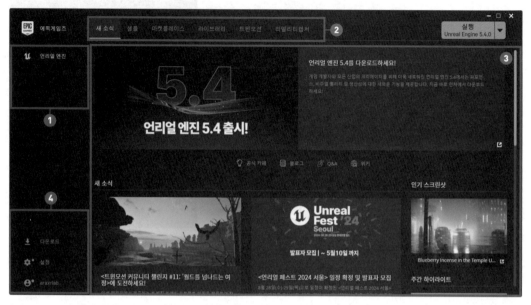

[그림 1.3-18] 에픽게임즈 런처 실행 화면

좌측 상단(❶)은 에픽게임즈 제품과 관련된 목록입니다. 스토어를 통해 에픽게임즈에서 제공하는 게임들을 구입할 수 있고, 라이브러리를 통해서 구입한 게임들을 관리할 수 있습니다. 그리고 마지막으로 언리얼 엔진 항목이 있습니다. 우리는 언리얼 엔진만 다루도록 하겠습니다.

상단 메뉴 버튼(❷)은 제품 목록에 따라 구성이 달라지는데 현재는 언리얼 엔진이 선택된 상태이고, 언리얼 엔진에 관련된 메뉴들이 배치되어 있습니다. 홈페이지처럼 각 탭을 누르면 아래 페이지(❸)에 관련된 내용이 나타납니다. 간단하게 하나씩 살펴보겠습니다.

먼저 [새소식] 탭은 언리얼 엔진과 관련한 최신 소식들과 이슈들을 뉴스나 블로그 형식으로 보여줍니다. 이 탭의 내용들 중에 UE 혹은 UE5라는 용어는 Unreal Engine의 약자이며, UE5는 언리얼 5 버전, UE4는 언리얼 4 버전을 지칭합니다.

두 번째 [샘플] 탭은 에픽게임즈에서 제공하는 언리얼 엔진 학습 페이지 입니다. 에픽게임즈에서는 개발자 스스로 언리얼 엔진을 배울 수 있도록 문서와 영상 등을 직접 만들어 공개하고 있습니다. 그리고 새로운 기술도 업데이트 되면 관련 튜토리얼을 만들어 공개하고 있습니다.

세 번째 [마켓플레이스]는 콘텐츠 개발에 필요한 애셋들을 사고 팔 수 있는 장터입니다. 간단한 애셋부터 고퀄리티 애셋까지 종류가 다양하고, 무료로 사용할 수 있는 애셋들도 많아서 프로토타입을 제작할 때 많이 찾게 됩니다.

네 번째 [라이브러리] 탭은 여러분이 개발하고 있는 프로젝트를 관리하는 탭입니다. 엔진 버전과 프로젝트, 마켓플레이스에서 구매한 애셋 등을 관리합니다. 앞으로 콘텐츠를 개발할 때 많이 쓰여지게 될 페이지입니다.

마지막으로 [트윈 모션]과 [리얼리티 캡처] 탭이 있는 부분은 언리얼 엔진과 관련되어 제작되거나 새로운 버전의 언리얼 엔진이 나오면 추가되어 유저들에게 소개할 수 있도록 하는 등 이 항목은 에픽게임즈의 필요에 따라 수시로 변경되어 사용되는 영역입니다. 두 항목을 간단하게 살펴 보면 [트윈 모션]은 언리얼 엔진을 베이스로 한 건축 시각화 프로그램으로써 유료로 서비스하는 툴입니다. 그리고 [리얼리티 캡처]는 사진이나 동영상을 이용해 실제 사물을 3D 모델링으로 만들어 주는 툴로 일정 수익이 생기면 로열티를 지불하는 형식으로 사용할 수 있습니다.

그리고 이어서 에픽게임즈 런처의 좌측 하단에는 현재 다운로드 상태를 볼 수 있는 [다운로드] 메뉴와 런처의 언어를 포함한 각종 시스템 설정을 할 수 있는 [설정] 메뉴가 있고, 로그인, 로그아웃을 포함한 계정을 포함한 계정을 관리하는 [계정] 메뉴가 있습니다.

● **언리얼 엔진 설치 여부 확인하기**

**1** 런처의 우측 상단을 보면 엔진이 설치 되지 않았다고 되어 있습니다. 언리얼 엔진을 사용하기 위해서는 설치를 해야 합니다.

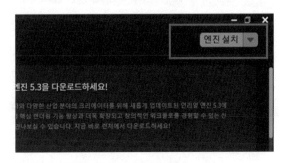

[그림 1.3-19] 엔진이 설치되지 않음 표시

**2** 만약 [설치되지 않음] 버튼이 확인된다면
상단의 [라이브러리] 탭을 클릭합니다.

[그림 1.3-20] [라이브러리] 탭 클릭

**3** [라이브러리] 탭에 있는 내용을 보면 [그림 1.3-21]처럼 총 세 부분으로 나누어 볼 수 있습니다.

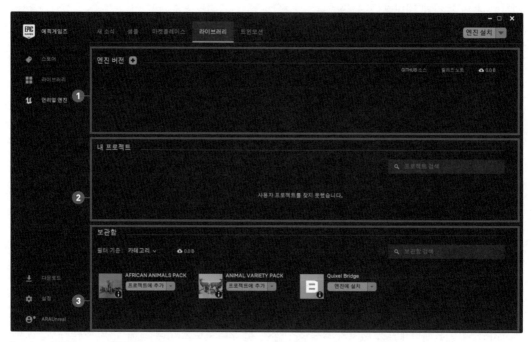

[그림 1.3-21] [라이브러리] 탭 화면 구성

상단의 엔진 버전(❶)은 런처에 설치되어 있는 엔진 버전을 슬롯 형태로 모아서 보여 줍니다. 엔진을 추가하면 자동으로 슬롯이 추가됩니다.

가운데 내 프로젝트(❷)는 생성한 프로젝트를 보여 줍니다. 기본적으로는 에픽게임즈가 학습을 위해 만들어 둔 샘플 프로젝트 세 개가 있습니다. 우리가 학습하면서 추가로 프로젝트를 생성하면 이곳에 엔진 버전이 표시된 썸네일이 추가됩니다.

가장 아래 보관함(❸)은 사용자가 마켓플레이스에서 구입한 내역이 썸네일과 함께 정렬됩니다.

## ● 언리얼 엔진 설치하기

그럼 이제 본격적으로 언리얼 엔진을 설치해 보겠습니다. 우리는 학습을 위해서 최신 버전인 5.4 버전을 사용하기 때문에 5.4 버전으로 설치해야 합니다.

1 엔진 버전 5.4.1로 우선 선택합니다. [그림 1.3–22]와 같이 엔진 버전 옆의 [+] 버튼(❶)을 클릭하면 엔진 버전이 표시된 슬롯(❷)이 생성됩니다. 버전 옆 화살표를 클릭해서 다른 버전을 선택할 수도 있습니다. 5.4.1이 선택된 상태에서 아래에 있는 설치 버튼(❸)을 클릭합니다.

[그림 1.3–22] [+] 버튼 클릭, 엔진 버전 선택 후 설치 클릭

2 그러면 [그림 1.3–23]과 같이 라이선스 동의 창이 열립니다.

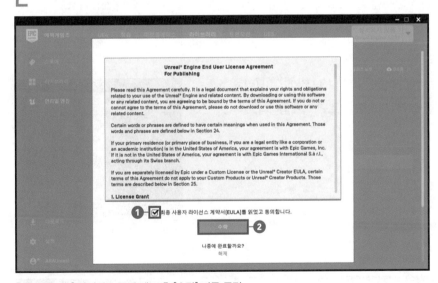

[그림 1.3–23] 라이선스 동의 체크 후 [수락] 버튼 클릭

**3** 라이선스 동의 관련 체크박스에 체크한 후 [수락] 버튼을 누릅니다. 다음은 엔진을 설치할 경로를 묻는 창이 나옵니다.

[그림 1.3-24] 엔진 폴더 선택 후 [설치] 버튼 클릭

**4** [찾아보기] 버튼을 눌러 엔진을 설치할 폴더를 선택하고, [설치] 버튼을 눌러 설치를 시작합니다. 언리얼 엔진은 컴퓨터에 많은 디스크 공간을 차지합니다. 엔진 버전마다 넉넉잡아 15기가 정도는 필요하기 때문에 반드시 설치 전에 디스크 공간이 충분한지 확인해야 합니다. 또한 설치 크기가 큰 만큼 설치 시간도 오래 걸립니다.

[그림 1.3-25] 엔진 설치 중

**5** 사용하지 않는 엔진 버전은 [그림 1.3-26]과 같이 [설치] 버튼 옆의 화살표를 눌러 [제거]를 누르면 삭제됩니다.

[그림 1.3-26] 엔진 제거

**6** 오랜 시간이 걸려 설치가 완료되면 [그림 1.3-27]과 같이 슬롯의 색이 파란색으로 바뀌고 [실행] 버튼이 생성됩니다.

[그림 1.3-27] 언리얼 엔진 설치 완료

# 1.4 언리얼 엔진의 화면 구성

## 1.4-1 새로운 프로젝트 생성하기

새로운 프로젝트를 생성하는 방법을 알아봅니다.

### ✕ 학습 목표

프로젝트 생성 방법을 알아보고 싶다.

### ✕ 구현 순서

❶ 프로젝트를 생성한다.
❷ 프로젝트 생성 옵션을 알아본다.

### ➡ 프로젝트 생성하기

프로젝트를 생성하기 위해서 설치한 엔진 슬롯의 [실행] 버튼 혹은 런처 우측 상단의 [실행] 버튼을 누릅니다.

[그림 1.4-1] [실행] 버튼을 눌러 프로젝트 생성

[실행] 버튼을 누르면 [그림 1.4-2]와 같이 프로젝트를 관리할 수 있는 창이 나타납니다. 좌측 상단의 [최근 프로젝트] 버튼을 누르면 우측에 생성된 프로젝트의 목록이 나열되고, 창 하단의 [탐색], [열기], [취소] 버튼이 활성화되어 [탐색] 버튼을 통해 등록되어 있지 않은 프로젝트를 등록하는 것도 가능합니다. 그리고 [최근 프로젝트] 버튼 아래로는 개발할 프로젝트의 분야에 따라 카테고리를 분류해 버튼으로 선택할 수 있게 했습니다. 이 중에서 [게임] 버튼을 클릭하겠습니다.

[그림 1.4-2] '게임' 카테고리 선택

[게임] 버튼을 누르면 [그림 1.4-3]과 같이 템플릿을 선택하는 구성으로 바뀌게 됩니다. 좌측에는 게임 장르별로 제작하기 편하게 구성한 템플릿 목록이 나열되어 있고, 우측 상단에는 선택한 템플릿의 간단한 설명이 보이게 됩니다. 이번 장에서는 언리얼 엔진에 익숙해지는 것이 목적이므로 비어 있는 상태, 즉 기본인 상태인 [기본] 템플릿을 선택하겠습니다.

[그림 1.4-3] 템플릿 선택

**Tip**

**프로젝트 카테고리에 따른 템플릿 구성**

좌측 [최근 프로젝트] 버튼 하단에 나열되어 있는 카테고리 버튼들을 클릭하면 선택한 카테고리에 따라 선택할 수 있는 템플릿 종류가 바뀝니다.

• 게임

[그림 1.4-4] '게임' 카테고리의 템플릿

• 영화, TV 및 라이브 이벤트

[그림 1.4-5] '영화, TV 및 라이브 이벤트' 카테고리의 템플릿

• 건축, 엔지니어링 및 건설

[그림 1.4-6] '건축, 엔지니어링 및 건설' 카테고리의 템플릿

• 자동차, 제품 디자인 및 제조

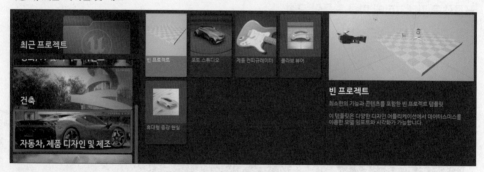

[그림 1.4-7] '자동차, 제품 디자인 및 제조' 카테고리의 템플릿

• 시뮬레이션

[그림 1.4-8] '시뮬레이션' 카테고리의 템플릿

## → 프로젝트 생성 옵션 설정하기

개발할 프로젝트의 장르에 따라 맞춤 템플릿을 선택했다면, 우측 하단에 개발하는 프로젝트의 내부 설정에 대한 창이 나옵니다. 여기에서는 프로젝트 개발 언어, 품질/성능 수준, 대상 플랫폼, 시작용 콘텐츠 여부 등을 선택할 수 있습니다. 일단은 대부분 그대로 두고, 학습을 위한 예시가 필요하므로 시작용 콘텐츠'가 체크(❶)되어 포함되는지만 확인하겠습니다.

그리고 창 하단에 프로젝트를 저장할 위치를 설정합니다(❷). 프로젝트 위치 부분에 폴더 모양의 버튼을 눌러 원하는 폴더를 선택합니다. 프로젝트를 개발할 때는 필요한 디스크 용량이 크기 때문에 가급적 넉넉한 디스크에 폴더를 설정하는 것이 좋습니다. '프로젝트 이름' 부분에 프로젝트의 이름을 적습니다. 첫 번째 프로젝트의 이름은 FirstProject'로 지어 줍니다. 그러면 지정한 폴더에 설정한 이름으로 폴더가 만들어지면서 언리얼 프로젝트 파일이 그 안에 생성됩니다. 프로젝트 저장 위치와 이름은 영문으로 세팅해야 나중에 오류가 발생할 확률을 낮출 수 있습니다. 옵션을 모두 설정했으면 [생성](❸) 버튼을 클릭합니다.

[그림 1.4-9] 프로젝트 세팅

프로젝트가 성공적으로 생성됐다면 다음 [그림 1.4-10]과 같은 언리얼 엔진 에디터 화면이 보일 것입니다.

[그림 1.4-10] 프로젝트 생성 완료

# 언리얼 엔진의 화면 구성 살펴보기

프로젝트를 생성하면 가운데에 오브젝트가 배치된 공간이 있고, 주위로 여러 창이 배치된 모습을 볼 수 있습니다. 여기서 레벨을 편집할 수 있고, 이것을 '언리얼 엔진 에디터', 혹은 '레벨 에디터 (Level Editor)'라고 부릅니다. 간단히 '에디터'라고 줄여서 부르기도 합니다. 언리얼 엔진 에디터의 화면 구성과 각 창의 역할이 무엇인지 알아보겠습니다.

> ✖ **학습 목표**
>
> 언리얼 엔진 에디터 화면 구성과 기본 기능을 알아보고 싶다.
>
> ✖ **구현 순서**
>
> ❶ 언리얼 엔진 에디터 화면 구성을 알아본다.
> ❸ 언리얼 엔진 에디터의 각 창의 기능을 알아본다.

## → 언리얼 엔진 에디터의 언어 변경하기

언리얼 엔진 에디터는 기본 언어가 '한글'로 설정되어 있습니다. 언리얼 엔진을 처음 다루는 사용자 입장에서는 한국어 설정을 사용해서 진행하는 것이 쉬울 수 있습니다. 하지만 언리얼 엔진은 미국에서 개발됐고 전 세계적으로 쓰이고 있기 때문에 자료를 찾다 보면 한글로 설정된 자료는 찾기 힘들 것입니다. 그래서 공부할 때 영어로 설정해서 익숙해지는 것이 도움이 됩니다. 먼저 에디터의 언어를 영어로 변경해 보겠습니다.

우선 에디터 상단 메뉴 중에 [편집]을 클릭하고, [에디터 개인 설정]을 클릭합니다. 그러면 에디터 개인 설정 창이 나타납니다.

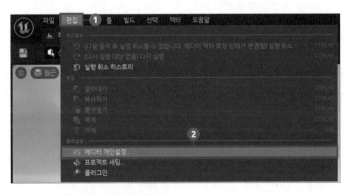

[그림 1.4-10] 에디터 개인 설정 창 열기

에디터 개인 설정 창에서 좌측 메뉴 중에 [지역&언어]를 선택하면, 우측 설정 창에 에디터 언어가 '한국어'로 되어있는 것을 볼 수 있을 것입니다. '한국어'를 클릭하고 드롭다운 메뉴 중에서 '영어'를 선택합니다.

[그림 1.4-12] 지역&언어 설정

에디터 언어를 영어로 변경하면 에디터 언어가 즉시 바뀌는 것을 확인할 수 있습니다.

[그림 1.4-12] 에디터 언어를 영어로 변경 완료

**Tip**

## 다시 한국어로 설정하기

❶ 상단 메뉴에서 [Editor] > [Editor Preferences]를 선택해서 Editor Preferences 창을 불러옵니다.
❷ Editor Preferences 좌측 메뉴에서 [Region&Languages]를 선택합니다.
❸ 우측 설정에서 Internationalization > Editor language를 'Korean(한국어)'으로 변경합니다.

# → 언리얼 엔진 에디터의 화면 구성

## ● 스타터 콘텐츠 레벨 열기

언리얼 5.1 버전부터는 프로젝트를 처음 생성하면 우선적으로 보이는 레벨이 오픈 월드로 설정되어 있습니다. 이 레벨은 너무 크고 예제도 없기 때문에 학습을 위해서는 적합하지 않습니다. 그래서 프로젝트를 생성할 때 추가했던 스타터 콘텐츠에 있는 레벨을 이용해 학습할 수 있도록 준비하겠습니다.

먼저 에디터 상단 메뉴 중에 [File]을 클릭 후 [Open Level]을 클릭합니다. 그러면 프로젝트 내부에 있는 레벨을 선택할 수 있는 창이 나타납니다.

[그림 1.4-14] Open Level 창 열기

창 좌측에는 폴더 경로를 선택하여 'Maps'를 선택하면(❶), 우측에 레벨 애셋이 세 개가 나열됩니다. 이 중에서 'Minimal_Default'를 선택하고(❷) 아래에 [Open]을 클릭합니다.

[그림 1.4-15] 시작 콘텐츠 'Minimal_Default' 레벨 열기

그러면 탁자와 의자가 있는 화면이 보이게 됩니다. 이제 이 레벨을 이용해서 언리얼 엔진 에디터의 화면 구성과 에디터를 조작하는 방법에 대해 학습해 보도록 하겠습니다.

[그림 1.4-16] 시작 콘텐츠 'Minimal_Default' 레벨 열기 완료

## ● 언리얼 엔진 에디터의 화면 구성

언리얼 엔진 에디터의 화면 구성에 대해 알아보겠습니다. 기본으로 배치되어 있는 언리얼 엔진 에디터를 구성하는 화면의 영역은 다음과 같습니다.

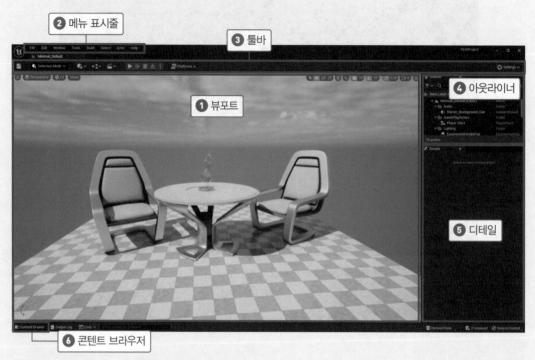

[그림 1.4-17] 언리얼 엔진 에디터 화면 구성

❶ 뷰포트 (Viewport): 레벨 공간을 편집하기 위한 화면입니다.

❷ 메뉴 표시줄: 일반적인 프로그램의 메뉴와 같습니다. 파일 또는 창, 언리얼 엔진의 기능들을 각 메뉴에서 관리합니다.

❸ 툴바(ToolBar): 언리얼 엔진 에디터에서 많이 사용되는 기능을 아이콘 버튼으로 배치된 모음입니다. 버튼 오른쪽에 있는 드롭다운( ) 버튼으로 각 버튼의 서브 메뉴를 표시하고 선택합니다.

❹ 아웃라이너(Outliner): 뷰포트에 배치된 액터의 리스트입니다. 트리 구조로 한번에 파악할 수 있고, 선택 및 숨김 등을 적용할 수 있습니다.

❺ 디테일(Detail): 뷰포트 또는 아웃라이너 패널에서 선택한 액터의 상세 정보가 표시됩니다. 편집 가능한 파라미터를 여기에서 변경할 수 있습니다.

❻ 콘텐트 드로어(Content Drawer): 콘텐트 브라우저(Content Browser) 패널을 열 수 있는 버튼입니다. 콘텐트 브라우저(Content Browser) 패널은 엔진에서 쓰이는 모든 파일 또는 리소스를 '애셋(Asset)'이라고 하는데, 현재 진행중인 프로젝트에서 사용할 수 있는 모든 애셋(Asset)을

관리하는 패널로 평소에는 감춰져 있다가 컨트롤+스페이스바([Ctrl] + [Space]) 버튼으로 여닫을 수 있습니다. 그 옆에는 개발에 필요한 도구인 아웃풋 로그(Output Log), 커멘드(Cmd) 패널이 있고 클릭해서 여닫을 수 있습니다.

각 패널들은 사용자에 맞게 크기를 조절하거나 레이아웃을 떼어내거나 다른 위치로 붙이는 등의 변경을 할 수 있습니다. 먼저 패널의 경계 선에 마우스 커서를 가져다 두면 아이콘이 화살표로 변하면서 마치 윈도우 탐색기 창의 크기를 변경하는 것처럼 조절할 수 있습니다.

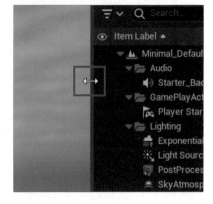

[그림 1.4-18] 패널 크기 조정

패널을 이동해 보겠습니다. 예시로 디테일 패널을 뷰포트 우측에 가져가 보겠습니다. 디테일 패널의 탭을 클릭한 상태로 뷰포트 오른쪽 모서리 영역에 가져다 놓으면 상하좌우에 배치할 수 있는 가이드가 생성되고 자동으로 스냅이 되어 붙습니다. 이때 원하는 영역에 스냅이 되면 마우스에서 손을 떼면 해당 영역으로 패널이 이동합니다.

[그림 1.4-19] 패널 이동

[그림 1.4-20] 레이아웃 가이드 및 자동 스냅

그럼 뷰포트 오른쪽에 디테일 패널이 이동된 것을 볼 수 있습니다.

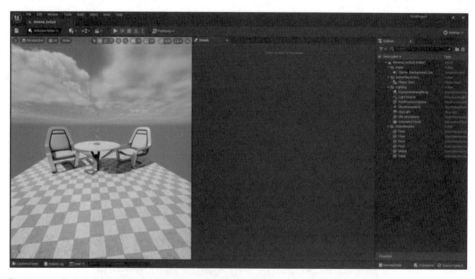

[그림 1.4-21] 디테일 패널 이동

가이드가 나올 때 자동으로 패널이 붙지 않고 가이드 가운데 영역에 두면 플로팅 즉 독립된 창으로 띄워 놓고 사용할 수 있습니다.

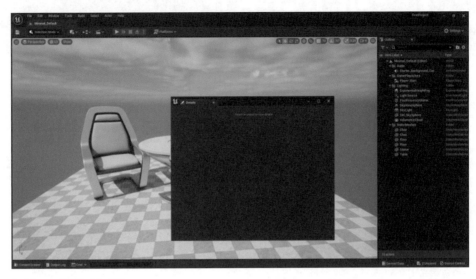

[그림 1.4-22] 플로팅 배치

언리얼 엔진은 오랫동안 언리얼 4 버전이 사용되면서 언리얼 4 사용자를 위해 언리얼 4 버전의 레이아웃으로 변경할 수 있도록 해두었습니다. Window/Load Layout/ UE4 Classic Layout을 선택하면 언리얼 4 버전의 레이아웃으로 변경됩니다.

[그림 1.4-23] 레이아웃 초기화

# 1.5 액터 다루기

## 1.5-1 언리얼 엔진 에디터의 기본 조작 방법 알아보기

뷰포트 상에 배치된 액터를 컨트롤하는 방법에 대해 알아보겠습니다.

### ✕ 학습 목표

뷰포트에 액터를 컨트롤하는 방법을 알고 싶다.

### ✕ 구현 순서

❶ 뷰포트의 카메라 조작하는 방법을 알아본다.
❷ 액터를 컨트롤하는 방법을 알아본다.

### ➜ 뷰포트 카메라 조작하기

#### ● 기본 조작

뷰포트 화면에 탁자와 의자 두 개가 놓여 있고, 카메라는 이 액터들을 바라보고 있습니다. 이 액터들을 컨트롤하기 위해서는 바라보는 카메라의 위치를 조작해야 우리가 원하는 대로 컨트롤할 수 있으니까, 카메라 조작하는 법부터 배우도록 하겠습니다.

먼저 마우스를 뷰포트 상에 두고, 마우스 오른쪽 버튼을 클릭합니다. 클릭한 상태에서 마우스를 이동해 보면 카메라의 방향이 바뀝니다. 카메라가 우리의 눈이라고 한다면 마우스 우클릭을 한 상태에서 마우스를 앞으로 드래그하면 마치 하늘을 보기 위해 고개를 위로 올린 것처럼 카메라가 이동합니다. 같은 방법으로 마우스 우클릭을 한 상태에서 상하좌우로 드래그하면 원하는 방향으로 고개를 돌려서 보는 것처럼 카메라가 회전하게 됩니다.

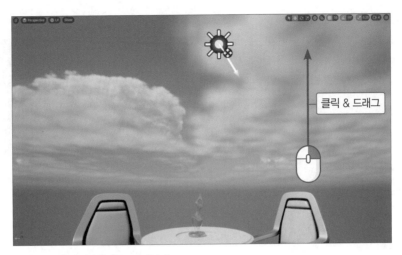

[그림 1.5-1] 카메라를 위로 바라보기

그럼 이번에는 의자 액터를 가까이서 보기 위해 카메라를 이동해 보겠습니다. 마우스 우클릭을 한 상태로 드래그해서 오른쪽 의자를 바라봅니다. 마우스에서 손을 떼지 않은 이 상태에서 W 키를 누르면 보고 있던 의자로 다가가는 것을 볼 수 있습니다. W, S 키를 누르면 앞, 뒤로 카메라가 이동하고, A, D 키를 누르면 왼쪽, 오른쪽으로 이동합니다.

[그림 1.5-2] 카메라 앞으로 이동

1

1.1
1.2
1.3
1.4
1.5

2

2.1
2.2
2.3
2.4
2.5
2.6

3

3.1
3.2
3.3

4

4.1
4.2
4.3
4.4
4.5

부
록

그리고 마우스 오른쪽 버튼을 누른 상태에서 Q, E 키를 누르면 카메라가 위, 아래로 이동합니다.

### 카메라의 속도 변경

카메라의 속도가 너무 빠르거나 느리다면 뷰의
우측 상단에 있는 [카메라 속도] 버튼을 클릭해서
슬라이더로 카메라의 속도를 변경할 수 있습니다.

[그림 1.5-3] 카메라의 속도 변경

## ● 마우스 조작

카메라 조작은 마우스만으로도 가능합니다. 마우스를 좌클릭한 상태에서 드래그하면 카메라가
앞뒤좌우로 자유롭게 이동하고(마우스 우클릭 상태에서 W, A, S, D 키 조작과 같습니다.), 마우스 우
클릭한 상태는 앞서 다루었던 것처럼 카메라의 회전, 그리고 마우스 가운데 휠을 위아래로 스크롤
하면 카메라가 앞으로 뒤로 이동하고(마우스 우클릭 상태에서 W, S 키 조작과 같습니다.), 휠을 클릭한
상태에서 드래그하면 카메라가 상하좌우로 평면 이동하게 됩니다(마우스 우클릭 상태에서 Q, E 키
조작과 같습니다).

## ● 오브젝트 포커스

뷰포트를 움직이다 보면 컨트롤하고자 하는 액터가 화면에서 사라지는 때가 생깁니다. 이때 다시
액터를 화면의 중심으로 오게 하는 것을 '오브젝트 포커스'라고 하는데 두 가지 방법이 있습니다.

첫 번째 방법은 아웃라이너 패널에서 해당 액터를 찾아 더블클릭하는 것입니다. 두 번째 방법은
아웃라이너 패널에서 해당 액터를 선택한 후 뷰포트에 마우스 커서를 올려놓고 F 키를 누르는 것
입니다. 카메라를 움직이기 전에 먼저 액터를 선택한 상태라면 바로 F 키를 누르면 해당 액터로 카
메라가 이동합니다.

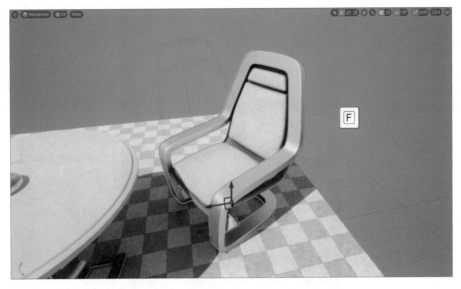

[그림 1.5-4] 오브젝트 포커스

1

1.1
1.2
1.3
1.4
1.5

2

2.1
2.2
2.3
2.4
2.5
2.6

3

3.1
3.2
3.3

4

4.1
4.2
4.3
4.4
4.5

부
록

## → 액터의 이동, 회전, 크기 조작하기

이번에는 화면상에 있는 액터 중에 의자를 하나 선택해서 이동, 회전, 크기 조절을 해보겠습니다.

### ● 이동(Move)

먼저 뷰포트의 우측 상단에 트랜스폼(Transform) 툴 중에 무브 툴을 선택합니다. 단축키는 W 키입니다.

[그림 1.5-5] 무브 툴(Move Tool) W

보통은 의자 액터를 마우스 좌클릭으로 선택을 하면, 선택된 상태를 알려주기 위해 액터 주위로 노란색 선이 생기는 것을 볼 수 있고, 빨간색, 녹색, 파란색으로 이루어진 화살표가 보일 것입니다. 이 화살표를 '기즈모(Gizmo)'라고 부릅니다.

[그림 1.5-6] 오브젝트 선택과 무브 툴 '기즈모'

기즈모가 보이는 상태에서 기즈모의 빨간색 화살표에 마우스를 가져가면 빨간색이었던 화살표가 노란색으로 변합니다. 이 상태에서 마우스 좌클릭을 한 상태에서 움직이면 액터가 화살표의 진행 방향이나 그 반대 방향으로 이동하는 것을 볼 수 있습니다.

기즈모 클릭 & 드래그

[그림 1.5-7] 액터 이동

마찬가지로 녹색 화살표와 파란색 화살표에 마우스를 올리면 화살표가 노란색으로 바뀌면서 화살표 방향으로 이동합니다. 그리고 화살표들이 만나는 중심점으로 사각형이 있습니다. 이 사각형 위에 마우스를 이동하면 사각형과 함께 붙어있는 화살표가 동시에 노란색으로 변하는 것을 볼 수 있습니다. 예를 들어 빨간색과 녹색 화살표 사이에 있는 사각형을 선택하면 빨간색과 녹색 화살표가 동시에 노란색으로 변하는데, 드래그하면 빨간색과 녹색 방향으로 자유롭게 이동할 수 있습니다.

2
2.1
2.2
2.3
2.4
2.5
2.6

액터를 이동하는 방법은 기즈모를 이용하는 방법도 있지만 수치를 입력해서 이동하는 방법도 있습니다. 기즈모의 빨간 화살표를 클릭 드래그로 이동할 때 '디테일' 패널 상단에 '트랜스폼(Transform)' 컴포넌트를 보면 로케이션(Location) 항목의 X 값이 변하는 것을 볼 수 있습니다. 바로 이 부분에 숫자를 기재하면 기재한 수치만큼 X축으로 이동하게 되는 것입니다. 언리얼 엔진 에디터에서는 기즈모의 화살표 색과 트랜스폼 축의 색을 알아보기 쉽게 일치하도록 표시해 두었습니다. 빨간 화살표는 X축, 녹색 화살표는 Y축, 파란 화살표는 Z축을 의미합니다.

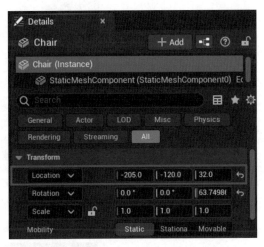

[그림 1.5-8] 트랜스폼 컴포넌트를 이용한 액터 이동

### ● 회전(Rotate)

뷰포트의 우측 상단에 트랜스폼 툴 중에 로테이트 툴(Rotate Tool)을 선택합니다. 단축키로는 E 키입니다.

[그림 1.5-9] 로테이트 툴(Rotate Tool) E

액터를 선택하면 이동 때와는 다른 기즈모로 변경된 것을 볼 수 있습니다. 무브 툴 기즈모는 색이 있는 화살표 모양이라면 로테이트 툴 기즈모는 색이 있는 각도기 모양입니다.

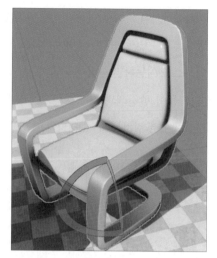

[그림 1.5-10] 로테이트 툴 기즈모

기즈모가 보이는 상태에서 기즈모의 빨간색 각도기에 마우스를 가져가면 빨간색이었던 각도기가 노란색으로 변합니다. 이 상태에서 마우스 좌클릭을 한 상태에서 움직이면 움직인 각도만큼 액터가 회전합니다. 무브 툴 기즈모에서 확인했듯이, 언리얼 엔진은 X축을 빨간색으로 표현하고 있습니다. 따라서 로테이트 툴은 X축을 기준으로 하여 회전하기 때문에 X축을 가로지르는 면이 빨간색이 됩니다.

[그림 1.5-11] 액터 회전

같은 방법으로 녹색과 파란색 각도기에 마우스를 올리면 각도기가 노란색으로 바뀌면서 선택한 각도만큼 회전하게 되고, 무브 툴과 마찬가지로 회전도 디테일 패널의 트랜스폼 컴포넌트에 수치 기재를 함으로써 회전할 수도 있습니다.

[그림 1.5-12] 트랜스폼 컴포넌트를 이용한 액터 회전

● **스케일**

뷰포트의 우측 상단에 트랜스폼 툴 중에 스케일 툴(Scale Tool)을 선택합니다. 단축 키는 R 키입니다.

[그림 1.5-13] 스케일 툴(Scale Tool) R

역시 기즈모가 변경됩니다. 무브 툴과 비슷하지만, 끝이 박스 모양으로 생겼습니다.

[그림 1.5-14] 스케일 툴 기즈모

기즈모가 보이는 상태에서 기즈모 끝 박스 모양에 마우스를 가져가면 빨간색이었던 박스가 노란색으로 변하고, 이 상태에서 마우스 좌클릭을 한 상태에서 움직이면 움직인 거리만큼 X축으로 액터가 늘어나거나 줄어들게 됩니다. 같은 방법으로 녹색과 파란색 박스에 마우스를 올리면 노란색으로 바뀌면서 움직인 거리만큼 선택한 축대로 액터가 늘어나고 줄어들게 되고, 무브 툴과 같이 두축 사이에 있는 작은 삼각형에 마우스를 클릭해서 움직이면 선택된 축으로만 스케일이 조절됩니다. 그리고 축이 모여 있는 가운데 하얀색 박스를 선택하고 마우스를 움직이면 X, Y, Z축 모두 균일하게 스케일이 조정됩니다. 원본 비율을 유지한 채로 크기만을 조절할 때 사용하면 좋습니다.

1

1.1
1.2
1.3
1.4
1.5

2

2.1
2.2
2.3
2.4
2.5
2.6

3

3.1
3.2
3.3

4

4.1
4.2
4.3
4.4
4.5

부록

[그림 1.5-15] 액터 크기 조절

스케일 툴도 디테일 패널의 트랜스폼 컴포넌트에 수치 기재해서 크기를 조절할 수 있습니다. 다만 다른 툴들과는 다르게 스케일 툴을 조절할 때는 배수로 조절하게 됩니다. 원본의 기준이 1이고, 2를 기재하면 기준인 1에 2를 곱하여 2배로 늘어나고, 반대로 반으로 줄어들게 하려면 기준인 1에 0.5를 곱합니다.

[그림 1.5-16] 트랜스폼 컴포넌트를 이용한 액터 스케일

● **좌표계**

뷰포트 우측 상단에 정렬되어 있는 아이콘을 클릭하여 좌표계를 월드와 로컬(객체), 다시 로컬에서 월드로 변경할 수 있습니다.

[그림 1.5-17] 좌표계 변경 아이콘

지구본 모양의 '월드 좌표계(🌐)'는 '동서남북'과 같은 불변의 기준입니다. 내가 어느 방향을 봐도 항상 동서남북은 정해져 있는 것과 같습니다. 그래서 기즈모의 방향은 늘 일정합니다. 맵의 특정 위치에 액터를 이동시키고 배치할 때는 편리하지만, 액터의 방향을 유지한 채로 밀어 넣거나 객체의 정면을 기준으로 회전하기 쉽지 않아서 불편합니다.

박스 모양의 '로컬 좌표계(📦)'는 객체 스스로가 기준입니다. '전후좌우'와 비슷합니다. 내가 오른쪽으로 90도 돌면 90도 돌아 있는 상태가 나의 정면이 되는 것과 같은 이치입니다. 그래서 기즈모는 액터의 이동, 회전에 따라 방향이 달라집니다.

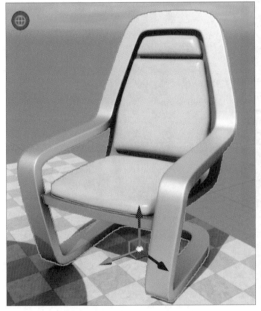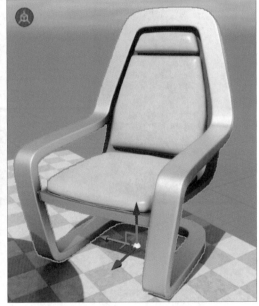

[그림 1.5-18] 월드 좌표계와 로컬 좌표계 비교

단 스케일 툴은 로컬 좌표계만 사용합니다.

1

1.1
1.2
1.3
1.4
1.5

2

2.1
2.2
2.3
2.4
2.5
2.6

3

3.1
3.2
3.3

4

4.1
4.2
4.3
4.4
4.5

부
록

## 스냅(Snap)

이동, 회전, 크기 조정을 할 때 딱딱 걸리는 것 같이 움직인다면 스냅이 작동하고 있기 때문입니다. 뷰포트 우측 상단에 차례대로 이동, 회전, 크기를 조절하는 아이콘이 배치되어 있습니다.

[그림 1.5-19] 스냅 설정 아이콘(왼쪽부터 이동, 회전, 크기)

각 스냅 설정을 통해서 원하는 값만큼 조절할 수 있습니다.

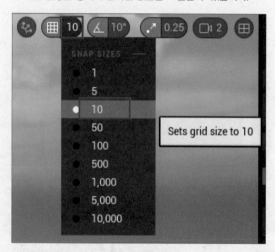

[그림 1.5-20] 스냅 단위 설정(이동)

스냅이 필요 없다면 스냅 기능을 해제할 수도 있습니다.

[그림 1.5-21] 무브 툴 스냅 비활성화

# 지오메트리 브러시 액터를 이용한 공간 디자인

프로젝트의 개발 파이프라인을 보면 개발 초반 프로토타이핑을 통해 콘텐츠 검증을 하게 되고, 간단한 레벨(지형)이 필요할 때가 있습니다. 이때 빠른 검증과 수정을 해야 하기 때문에 임시로 만든 데이터를 사용하고, 모든 검증이 끝나면 정식 애셋으로 교체하게 됩니다. 이때 임시로 만든 데이터를 '화이트박스'라고 하고, 화이트박스 만드는 과정을 '화이트박싱'이라고 합니다(언리얼 엔진에서는 '그레이박싱'이라고도 하는데 산업 전반적으로 '화이트박싱'으로 통용되고 있어 여기서는 화이트박싱이라고 하겠습니다).

[그림 1.5-22] 화이트박싱 워크플로(Workflow)(출처: 언리얼 엔진 매뉴얼 docs.unrealengine.com)

보통 화이트박스 애셋을 따로 제작하지 않고 언리얼 엔진 내에 있는 단순한 메시들을 사용하여 빠르게 레벨을 제작합니다(엔진에서 쓰이는 3D 모델링 데이터를 통틀어 '메시(Mesh)'라고 합니다). 특히 지오메트리 브러시 액터는 편집이 가능해서 프로토타입의 레벨을 제작할 때 많이 쓰입니다.

앞서 액터를 다루는 방법을 알았으므로 이번에는 지오메트리 브러시(Geometry Brush) 액터를 활용한 간단한 프로토타이핑 작업 용도로 아파트 평면도를 보고 입체화하는 작업을 통해 언리얼 엔진 에디터에 좀 더 익숙해지는 시간을 갖도록 하겠습니다.

# → 레벨 저장하기

액터를 다루면서 레벨에 배치되어 있는 의자의 트랜스폼의 값을 변경했습니다. 어떤 상황이든 열려있는 레벨에 조금이라도 변화가 있으면 저장해야 합니다.

현재 액터를 다루면서 열었던 레벨은 언리얼 엔진 에디터에 미리 저장된 레벨을 열람한 것이어서 상단 메뉴바의 [File]-[Save Current] 버튼을 누르면 바로 저장이 됩니다. 만약 다른 이름으로 저장을 하려면 상단 메뉴바의 [File]-[Save Current As] 버튼을 눌러 'Save Level As' 창을 엽니다.

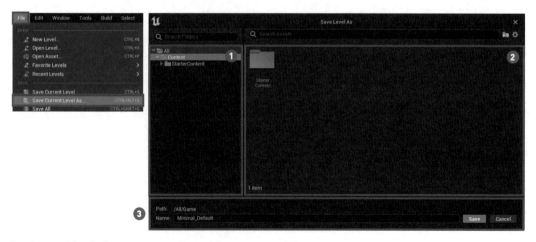

[그림 1.5-23] [File]-[Save Current As]를 눌러 'Save Level As' 창 열기

'Save Level As' 창은 좌측에 콘텐츠 폴더의 트리 구조를 보여 주는 애셋 트리(❶)가 있고 우측에는 애셋 트리에서 선택한 폴더에 저장되어 있는 애셋(❷)이 표시됩니다. 그리고 아래에는 폴더 주소 (Path)와 저장할 레벨 애셋 이름(Name)을 적는 영역(❸)이 있습니다([그림 1.5 –23]).

프로젝트를 만들 때 시작 콘텐츠를 포함했기 때문에 애셋 트리에는 [StarterContent] 폴더가 있습니다. 우리는 [Content] 폴더 바로 아래에 새 폴더를 하나 두어 따로 관리하도록 하겠습니다. [그림 1.5-24]과 같이 좌측 애셋 트리의 빈 영역에 마우스 우클릭을 해서 [New Folder]를 클릭하고 'Levels'라고 이름을 짓겠습니다(❶). 'Levels' 폴더를 선택한 상태에서 아래에 생성할 레벨 이름을 입력합니다. 'FirstLevel'이라고 입력하겠습니다(❷). 이름은 자유롭게 지으면 됩니다. 그리고 [Save] 버튼을 눌러 저장을 완료합니다(❸).

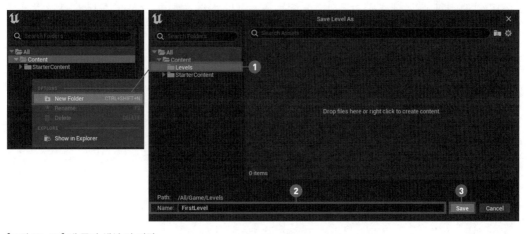

[그림 1.5-24] 새 폴더 생성 및 저장

콘텐트 드로어 버튼을 누르거나 Ctrl+ Spacebar를 눌러 콘텐트 브라우저 패널을 열면 같은 루트에 레벨 애셋이 생성된 것을 확인할 수 있습니다(콘텐트 브라우 저는 다른 패널에서 작업하게 되면 자동으로 사라집니다).

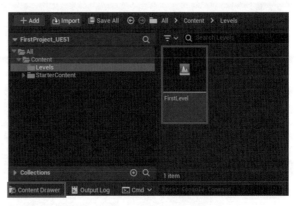

[그림 1.5-25] 레벨 애셋과 소스 패널 토글 버튼

레벨 애셋을 우클릭해서 [Show in Explorer]를 눌러 해당 폴더를 열어 보면, 처음 생성한 FirstProject 폴더 안에 Content/Levels 폴더에 암호화되어 있는 것을 볼 수 있습니다(에디터 상에서는 Content 폴더만 표시됩니다).

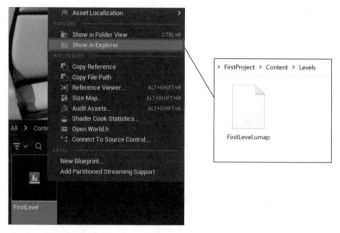

[그림 1.5-26] 애셋 파일 생성 위치 확인

언리얼 엔진의 레벨 애셋은 반드시 해당되는 프로젝트 폴더 안의 'Content' 폴더 내부에 존재해야 합니다. 일반적인 워드나 엑셀, 포토샵 같은 프로그램은 저장한 파일이 사용하고 있는 컴퓨터의 어떠한 디스크에 있어도 상관없지만 언리얼 엔진의 레벨 애셋은 프로젝트 파일의 일부이기 때문에 반드시 해당 프로젝트의 폴더 안에 있어야 합니다. 만약 워드 프로그램에서 한 편의 소설을 쓴다고 가정할 때 워드는 하나의 파일을 생성하게 될 것입니다. 그리고 다른 컴퓨터로 옮겨 작업하기 위해서는 생성된 워드 문서 파일을 USB나 이메일로 복사해 옮기면 되겠죠. 하지만 언리얼 엔진은 프로젝트 하나가 워드 프로그램의 소설책 한 편과 같습니다. 프로젝트를 다른 컴퓨터로 옮기려면 생성된 프로젝트를 통째로 복사해 옮겨야 이어서 작업이 가능합니다. 그래서 보통은 여러 명이 작업하는 상황에서는 깃(Git) 같은 관리 솔루션을 활용해 작업물을 공유합니다.

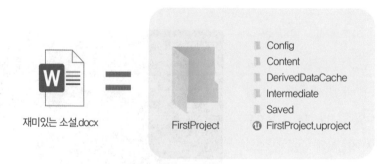

[그림 1.5-27] 소설 문서 파일과 프로젝트 폴더의 관계

## → 새 레벨 만들기

새로운 레벨을 만들겠습니다. 에디터 상단
메뉴 표시줄에서 [File]-[New Level]을 선택합
니다.

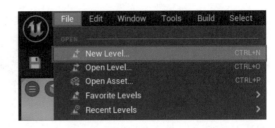

[그림 1.5-28] 새 레벨

레벨 템플릿을 선택하는 화면이 나오면 [Basic]를
누릅니다.

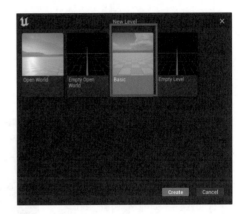

[그림 1.5-29] [Basic] 선택

현재 레벨을 저장하라는 메시지가 나오면 [Save Selected]를 눌러 저장하든지 [Don't Save]를 눌러
저장하지 않든지 선택합니다. 그러면 새로운 레벨이 생성됩니다.

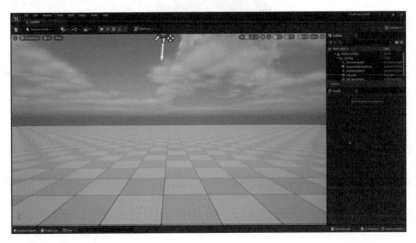

[그림 1.5-30] 새 레벨 생성 완료

# → 지오메트리 브러시 액터

지오메트리 액터에 대해서 알아보겠습니다. 먼저 [그림 1.5-31]과 같이 메뉴바의 Window/Place Actor를 클릭해서 액터 배치(Place Actor) 패널을 열어 줍니다(UE4에서는 기본 설정으로 꺼내져 있습니다).

[그림 1.5-31] 액터 배치(Place Actor) 패널 열기

에디터 좌측에 액터 배치 패널이 생성되면, 패널 상단의 지오메트리(Geometry)항목을 선택하고 아래 리스트 중에서 박스 액터를 좌클릭한 상태에서 뷰포트의 적당한 위치에 드래그 앤 드롭 합니다.

[그림 1.5-32] 지오메트리 브러시 박스 생성

지오메트리 브러시 액터를 꺼내면 점(버택스, Vertex), 선(엣지, Edge), 면(페이스, Face)를 컨트롤할 수 있게 표시가 되는데 이 상태로는 아직은 자세한 편집이 불가합니다. 다만 디테일 패널에서 예를 들어 실린더(Cylinder)의 면의 개수를 정하거나 계단의 단수와 폭 회전, 액터 관리 등의 액터의 기본 속성을 변경할 수 있습니다.

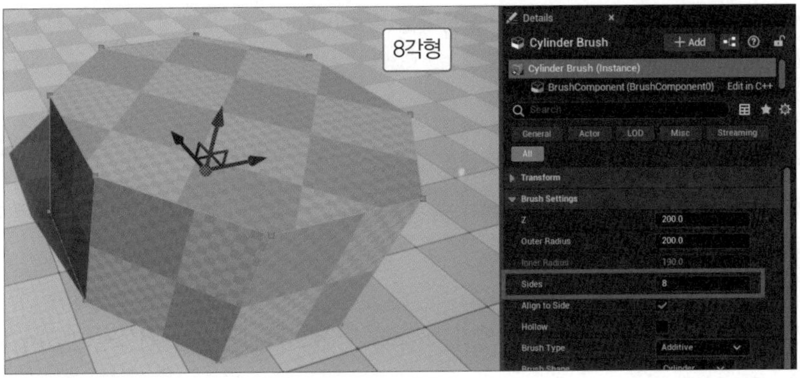

[그림 1.5-33] 지오메트리 브러시 액터 속성 변경

편집하기 위해서는 상단 툴바의 셀렉션 모드(Selection Mode)을 클릭, 브러시 에디팅(Brush Editing)을 선택합니다. 반대로 브러시 에디팅 모드를 빠져 나오기 위해서는 상단의 셀렉션(Selection) 모드를 선택해야 합니다.

[그림 1.5-34] 브러시 에디팅(Brush Editing) 모드 선택

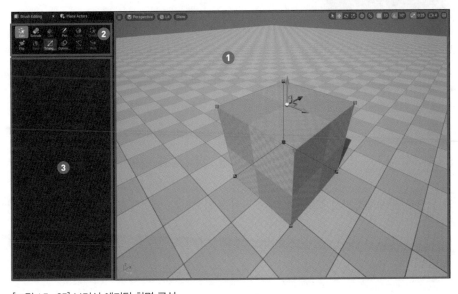

[그림 1.5-35] 브러시 에디팅 화면 구성

브러시 에디팅 모드를 선택하면 브러시 에디팅(Brush Editing) 패널이 생성됩니다. 화면 구성은 다음과 같습니다([그림 1.5-35]).

❶ 브러시의 점, 선, 면을 선택하고 컨트롤할 수 있는 뷰포트입니다.
❷ 선택한 점, 선, 면에서 할 수 있는 명령들을 보여 줍니다. 수행이 불가한 기능은 어둡게 처리됩니다.
❸ 명령들의 설명 및 설정 패널입니다.

이제 브러시의 점(버텍스, Vertex), 선(엣지, Edge), 면(페이스, Face)을 컨트롤하면서 모양을 다양하게 바꿀 수 있습니다.

[그림 1.5-36] 브러시의 점(버텍스, Vertex), 선(엣지, Edge), 면(페이스, Face) 컨트롤

지오메트리 브러시는 아주 간단한 3D 모델링 프로그램과 매우 비슷한 방식으로 원하는 형태를 만들 수 있다는 장점이 있지만 컨트롤하기가 여간 까다로운 게 아닙니다. 그래서 보통은 프로토타이핑용이나 정말 불가피한 상황에서 필요한 리소스를 만들어야 할 때, 예를 들면 최종 레벨에서 구멍이나 간격을 메울 용도로 간단한 조각이 필요한 상황일 때 제한적으로 사용합니다. 그렇기 때문에 자세하게 기능을 학습하기 보다는 이런 기능이 있구나 정도로 알아두면 좋을 것 같습니다.

아파트 도면을 입체화하면서 지오메트리 브러시를 활용하는 방법을 알아보도록 하겠습니다.

1

1.1
1.2
1.3
1.4
1.5

2

2.1
2.2
2.3
2.4
2.5
2.6

3

3.1
3.2
3.3

4

4.1
4.2
4.3
4.4
4.5

부록

## 지오메트리 브러시(Geometry Brush) 액터와 기본(Basic) 액터의 차이

언리얼 엔진에서 제공하는 액터들 중에는 도형으로 쓸 수 있는 항목이 두 가지가 있습니다. 목록 상단에 있는 기본 (Basic) 액터에 있는 도형들과 다섯 번째 있는 지오메트리 브러시(Geometry Brush) 액터입니다.

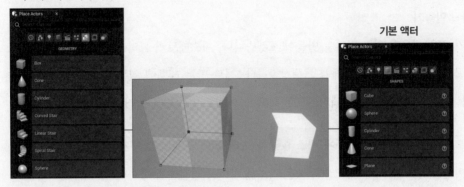

[그림 1.5-37] 기본 액터와 지오메트리 브러시 액터

둘 다 똑같이 생긴 기본 도형이기는 하지만 차이가 있습니다. 기본 액터는 형태 변형이 제한적입니다. 트랜스폼 컴포넌트의 이동, 회전, 크기 조절만 가능합니다. 반면에 지오메트리 브러시 액터는 메시의 구조를 변경해서 원하는 형태의 도형으로 편집할 수 있습니다. 그래서 보통 플레이에 연관된 형태 변형이 필요 없는 더미 데이터는 기본 액터를 사용하고, 큰 범위의 지형, 레벨 수준의 데이터는 지오메트리 액터를 사용합니다.

## 아파트 평면도 준비하기

인터넷 웹 브라우저를 연 후 '아파트 평면도'를 검색해 그림을 찾습니다. [그림 1.5-38]에서는 전체 길이의 수치가 '13,200'으로 돼 있는데, 이는 '13,200mm'를 뜻합니다. 언리얼 엔진은 cm 단위로 되어 있기 때문에 '1320'로 변경하는 방법으로 평면도를 완성하려고 합니다.

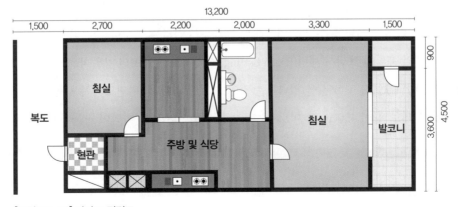

[그림 1.5-38] 아파트 평면도

에디터에 익숙해지는 것이 목표이므로, 싱크대나 욕조 같은 가구들은 생략하겠습니다.

## ➡ 벽 만들기

### ● 바닥 만들기

먼저 벽을 세우기 위한 바닥을 만들어 보겠습니다. 지오메트리 브러시를 공부하느라 꺼낸 브러시들은 삭제하거나 다시 새로 레벨을 생성합니다. 새로 만든 레벨에 있는 Floor 액터는 정확한 수치를 입력해서 변형할 수 없는 액터이므로 선택 후 키보드 Del 키를 눌러 삭제하겠습니다.

지오메트리 브러시 액터 중에 박스(Box)를 드래그 앤 드롭으로 가져옵니다. 그리고 트랜스폼의 로케이션(Location)을 X, Y, Z 모두 0을 기재해 박스를 원점에 두겠습니다.

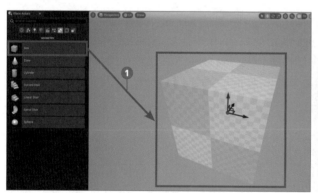

[그림 1.5-39] 박스 불러오기 로케이션 원점

이제 이 큐브를 아파트 바닥이 되도록 아파트 평면도의 수치대로 조절해 보겠습니다. 지오메트리 브러시 액터는 디테일 패널에 수치를 입력해서 크기를 조절하는 기능이 있습니다. 큐브가 선택된 상태에서 디테일 패널에 브러시 세팅(Brush Setting)을 찾아보면(안 보일 경우 마우스 휠을 돌려 디테일 패널을 스크롤 합니다.) X, Y, Z값을 입력하는 것이 보일 것입니다. 평면도의 수치를 참고해 가로 Y축: 1,320cm, 세로 X축: 450cm, 높이 Z축: 10cm를 입력하니 넓은 바닥이 만들어졌습니다.

[그림 1.5-40] 아파트 바닥의 디테일 패널/
브러시 세팅 값

[그림 1.5-41] 아파트 바닥

액터의 이름을 'Ground'로 바꿔보겠습니다. 아웃라이너(Outliner) 패널에서 방금 만든 박스
브러시 액터를 선택한 후 [F2] 키를 누르고 이름을 'Ground'로 변경합니다.

[그림 1.5-42] 액터 이름 바꾸기

● **복도 벽 만들기**

복도에 두 개의 벽을 만들어 보겠습니다. 방식은 바닥을 만들던 방식과 비슷합니다. 먼저 지오
메트리 브러시에서 박스를 꺼내고 로케이션을 원점(0, 0, 0)으로 하겠습니다. 아웃라이너에서 박스
브러시 액터 이름을 'Hallway01'로 변경하겠습니다.

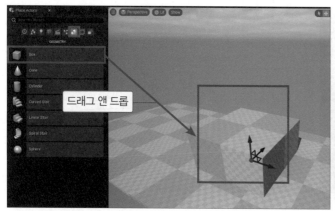

[그림 1.5-43] 박스 생성 및 원점

[그림 1.5-44] 박스 브러시 액터 이름 변경

아파트 평면도를 보고 새로 꺼낸 박스 브러시 액터를 선택한 상태에서 디테일 패널의 [브러시 세팅(Brush Settings)]의 X, Y, Z에 적당한 수치를 넣겠습니다. 세로로 길쭉한 형태이고 길이가 4,500mm이므로 X에 450을 입력하겠습니다. 벽의 두께는 10cm로 하겠습니다. 그래서 Y에 10을 입력하고, 높이는 보통 아파트 한 층 높이가 2.5m 정도 되므로 Z에 250을 입력하겠습니다.

[그림 1.5-45] 복도에 사용된 큐브의 [브러시 세팅] 값

그리고 복도 벽의 위치로 이동해 주겠습니다. 무브 툴(W)을 이용해서 복도 위치로 이동하겠습니다. 디테일 패널의 [트랜스폼(Transform)] 컴포넌트의 로케이션에 X, Y, Z 좌표를 입력해서 옮겨도 됩니다.

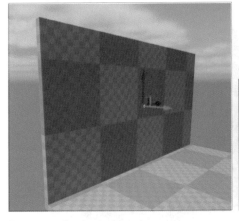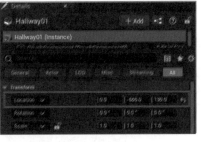

[그림 1.5-46] 복도 벽 이동

맞은편 벽도 만들어 줍니다. 지금 만든 벽과 똑같은 모양이니까 복사해도 좋습니다. 방금 만든 박스 브러시 액터를 선택하고 복사(Ctrl + C), 붙여넣기(Ctrl + V) 합니다. 그럼 변화가 없어 보이지만 월드 아웃라인 패널에는 브러시 액터가 복사되고 자동으로 이름이 변경되어 있는 것을 확인할 수 있습니다. 이름을 'Hallwa02'로 변경하겠습니다.

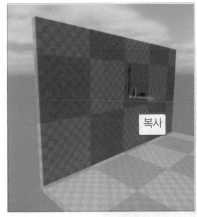

[그림 1.5-47] 복도 벽 복사, 이름 변경

복사한 액터를 이동하겠습니다. 평면도에 복도 넓이가 1,500mm이므로 Y축으로 150만큼 이동하면 됩니다. 그러므로 'Hallwa02' 박스 브러시 액터를 선택한 상태에서 디테일 패널에서 트랜스폼-로케이션의 Y를 150 이동한 −505를 입력합니다. 그럼 복도가 완성됩니다.

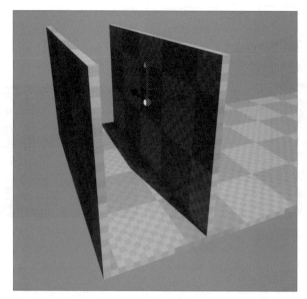

[그림 1.5−48] 복도

● **작은 침실 만들기**

같은 방식으로 박스 브러시 액터를 4개 생성하고, 이름을 각각 'SmallBed01', 'SmallBed02', 'SmallBed03', 'SmallBed04'로 변경합니다.

[그림 1.5−49] 작은 침실에 사용할 박스 브러시 액터 생성 후 이름 변경

각 박스 브러시 액터를 선택하고 평면도에 나와 있는 수치를 참고하여 디테일 패널의 [브러시 세팅]의 X, Y, Z 값을 입력합니다. 그리고 무브 툴(✛)을 사용하여 위치를 이동해 작은 방을 완료합니다.

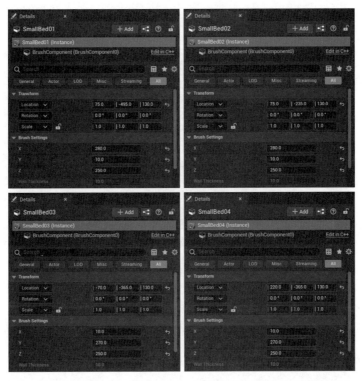

[그림 1.5-50] 작은 침실에 사용된 박스 브러시 액터의 [트랜스폼]과 [브러시 세팅]

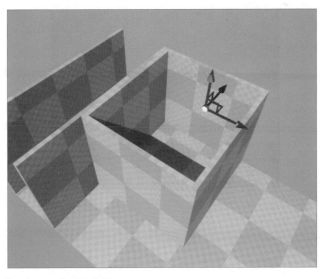

[그림 1.5-51] 작은 방 완료

## → 주방 및 식당 만들기

주방의 가운데 벽과 수납장 공간은 생략해서 넓은 구조로 만들겠습니다. 그리고 현관도 따로 벽이 없으므로 포함시키도록 하겠습니다.

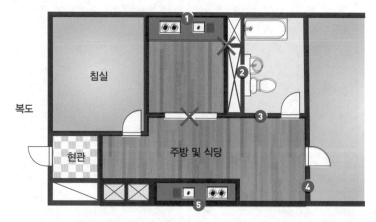

[그림 1.5-52] 주방 및 식당에 만들어야 할 벽 체크

작은 침실과 맞닿는 벽은 굳이 만들지 않아도 되므로 5개의 박스 브러시 액터를 생성하고, 아웃라이너에서 브러시 액터의 이름을 바꿉니다. 이름은 'Kichen01', 'Kichen02', 'Kichen03, 'Kichen04', 'Kichen05'으로 정하겠습니다.

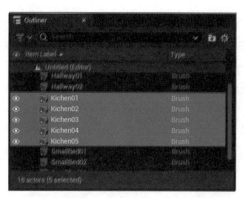

[그림 1.5-53] 주방 및 식당에 사용할 박스 브러시 액터 생성 후 이름 변경

각 박스 브러시 액터를 선택하고 평면도에 나와 있는 수치를 참고하여 디테일 패널의 [브러시 세팅]의 X, Y, Z값을 입력합니다. 그리고 무브 툴(✥)을 사용하여 위치를 이동해 주방 및 식당을 완료합니다.

[그림 1.5-54] 주방 및 식당에 사용한 박스 브러시 액터의 [트랜스폼]과 [브러시 세팅]

[그림 1.5-55] 주방 및 식당 완료

## ● 화장실 만들기

화장실은 두 개의 벽만 있어도 될 것 같습니다. 박스 브러시 액터 2개를 생성하고 이름을 'Washroom01', 'Washroom02'로 변경하겠습니다.

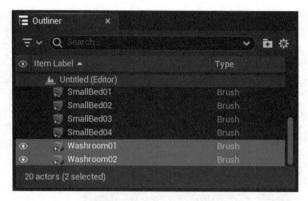

[그림 1.5-56] 화장실에 사용할 박스 브러시 액터 생성 후 이름 변경

각 박스 브러시 액터를 선택하고 평면도에 나와 있는 수치를 참고하여 디테일 패널의 [브러시 세팅]의 X, Y, Z 값을 입력합니다. 그리고 무브 툴(✛)을 사용하여 위치를 이동해 화장실을 완료합니다.

[그림 1.5-57] 화장실에 사용한 박스 브러시 액터의 [트랜스폼]과 [브러시 세팅]

[그림 1.5-58] 화장실 완료

## ● 큰 침실 만들기

큰 침실도 주방과 화장실을 만들면서 한쪽 면이 만들어졌으므로 박스 브러시 액터를 3개만 생성해도 될 것 같습니다. 이름은 'BigBed01', 'BigBed02', 'BigBed03'으로 변경하겠습니다.

[그림 1.5-59] 큰 침실에 사용할 박스 브러시 액터 생성 후 이름 변경

각 박스 브러시 액터를 선택하고 평면도에 나와 있는 수치를 참고하여 디테일 패널의 [브러시 세팅]의 X, Y, Z 값을 입력합니다. 그리고 무브 툴(✛)을 사용하여 위치를 이동해 큰 침실을 완료합니다.

[그림 1.5-60] 큰 침실에 사용된 박스 브러시 액터의 [트랜스폼]과 [브러시 세팅]

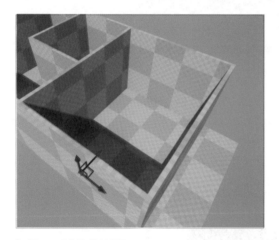

[그림 1.5-61] 큰 침실 완료

● **발코니 만들기**

발코니에 있는 작은 공간은 생략하고 발코니를 넓게 만들어 보겠습니다.

[그림 1.5-62] 발코니 벽 체크

발코니도 침실을 만들면서 자연스럽게 한쪽 면이 만들어졌기 때문에 박스 브러시 액터를 3개만 생성하겠습니다. 이름은 'Balcony01', 'Balcony02', 'Balcony03'이라고 변경하겠습니다.

[그림 1.5-63] 발코니에 사용할 박스 브러시 액터 생성 후 이름 변경

각 박스 브러시 액터를 선택하고 평면도에 나와 있는 수치를 참고하여 디테일 패널의 [브러시 세팅]의 X, Y, Z값을 입력합니다. 그리고 무브 툴(✥)을 사용하여 위치를 이동해 발코니를 완료합니다.

[그림 1.5-64] 발코니에 사용된 박스 브러시 액터의 [트랜스폼]과 [브러시 세팅]

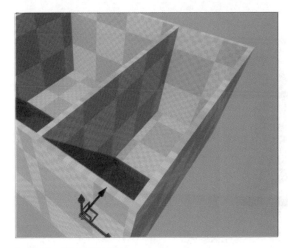

[그림 1.5-65] 발코니 완료

## ● 마무리

방마다 벽이 모두 만들어졌지만, 벽 두께 때문에 오차가 생기면서
[그림 1.5-66]과 같이 바닥에 구멍이 생겼습니다. 'Ground' 브러시
액터를 수정해서 메워 보겠습니다.

[그림 1.5-66] 배치 오차로 인한 바닥 구멍

'Ground' 브러시 액터를 선택하고 상단 툴바에서 모드를
클릭해 [브러시 에디터]를 선택합니다.

[그림 1.5-67] [브러시 에디터] 모드

[그림 1.5-68]과 같이 이동할 면(Face)을 선택(❶)하고 무브 툴(✛)을 사용하여 벽 끝에 맞게 이
동합니다(❷).

[그림 1.5-68] 면(Face) 선택 후 이동

그럼 구멍 없이 수정되었습니다. 수정이 모두 완료되면 [툴바]의 모드를 [셀렉트]로 선택해서 배치 모드로 돌아옵니다.

[그림 1.5-69] 벽 만들기 전체 모습

여러분이 만든 것이 반드시 본 책과 똑같지 않을 것입니다. [브러시 에디트] 모드를 통해서 여러분의 아파트를 어색하지 않도록 마무리합니다.

### ➜ 문 구멍 뚫기

아파트 평면도 상에는 문이 있습니다. 문을 만들기 위해 벽에 구멍을 뚫어야 하는데 지오메트리 브러시 액터는 구멍을 만들 수 있는 기능이 있습니다. 이 기능을 활용해서 문이 있는 곳에 구멍을 만들어 보겠습니다.

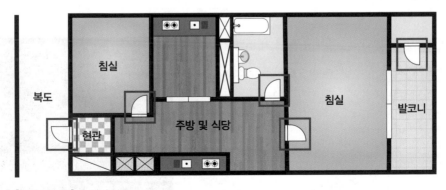

[그림 1.5-70] 문 위치

현관문 쪽에 구멍을 만들기 위해 먼저 박스 지
오메트리 브러시를 생성하고 이름을 'Door01'이
라고 변경하겠습니다.

[그림 1.5-71] 지오메트리 브러시 액터 생성 후 이름 변경

평면도 상의 현관문이 있는 위치로 이동합니다. 그리고 현관문 크기에 맞게 [브러시 세팅]의 사이
즈도 조절하겠습니다. 만들어진 액터로 벽을 뚫어내는 방식이기 때문에 벽보다는 두껍게 설정하겠
습니다.

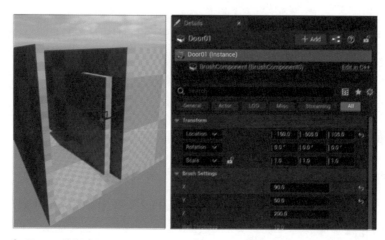

[그림 1.5-72] 현관문에 박스 브러시 액터 이동 및 크기 조정

'Door01' 액터를 선택한 상태에서 [디테일] 패널에 [브러
시 세팅] 중에 [브러시 타입(Brush Type)]을 'Subtractive'
(빼기)를 선택합니다.

[그림 1.5-73] [브러시 타입(Brush Type)] 'Subtractive' 선택

그럼 [그림 1.5-74]와 같이 벽에서 'Door01' 브러시 액터 만큼 제거된 것을 볼 수 있습니다.

이렇게 Subtractive(빼기) 설정으로 모양을 만들어 내는 것은 3D 맥스, 마야, 블렌더 등과 같은 3D 제작 툴에서 제공하는 '불리언 연산(Boolean Operation)'과 같은 기능입니다.

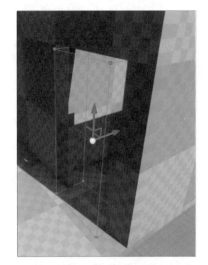

[그림 1.5-74] 'Door01' 브러시 액터만큼 제거

앞선 과정을 반복해서 남아 있는 문 구멍을 만들어 줍니다.

[그림 1.5-75] 문 구멍 내기

조금 더 응용하면 평면도에는 나와있지 않지만 창문도 만들 수 있습니다.

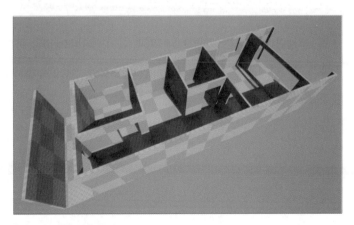

[그림 1.5-76] 창문 추가

## 1.5-3 재질 표현하기

지금까지 아파트의 형태를 만들었다면 면마다 질감을 넣어서 바닥에는 장판을 깔고, 벽은 벽지를 바른 듯한 현실감을 부여해보도록 하겠습니다. 3D 디지털 공간은 현실과는 표현하는 방법이 다를 수밖에 없습니다. 그래서 먼저 3D에서의 객체를 어떤 개념으로 보이게 하는지부터 알아보겠습니다.

### ✕ 학습 목표

벽면에 재질을 적용해서 현실감 있는 공간으로 표현하고 싶다.

### ✕ 구현 순서

❶ 3D 데이터의 구성을 알아본다.
❷ 언리얼 엔진 머티리얼을 이해한다.
❸ 머티리얼을 제작한다.
❹ 머티리얼을 적용한다.

### ➜ 3D 모델링 데이터의 구성

언리얼 엔진 같은 실시간 엔진뿐만 아니라 3ds Max, 마야(Maya), 블렌더(Blender) 같은 디지털 콘텐츠 생성 도구 DCC 툴(Digital Contents Creation Tool)에서 3D 데이터를 제작하거나 활용해 개발하는 콘텐츠는 3D 모델링 데이터에 대한 이해가 필요합니다.

3D 모델링 데이터는 [그림 1.5-77]과 같이 메시(Mesh)와 머티리얼(Material), 그리고 실시간 엔진에서 추가하게 되는 감지 영역(Collision)과 각종 기능(Component)이 결합하여 독립된 개체(Actor)를 이룹니다.

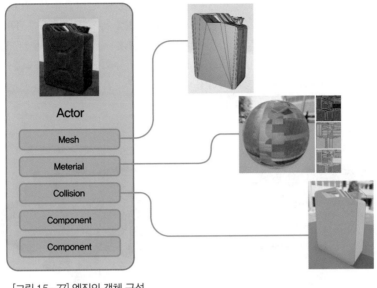

[그림 1.5-77] 엔진의 객체 구성

메시는 가상의 공간에서 하나의 객체를 시각적으로 표현하기 위한 개념으로, 점(버텍스, Vertex), 선(엣지, Edge), 면(페이스, Face)으로 이루어진 집합체입니다. 단순히 형태를 이루는 정보만을 가지고 있기 때문에, 표면의 재질을 표현하기 위해서는 머티리얼(Material)이 반드시 필요합니다. 머티리얼은 표면을 어떻게 보일지를 결정하는 계산식이 담겨있습니다. 마치 마네킹(메시)에 옷(머티리얼)을 입히는 것이라고 생각하면 쉽습니다.

메시와 머티리얼은 시각적인 요소일 뿐 상호작용을 위해서는 추가 작업이 필요합니다. 보통 엔진에서 그런 작업들을 하게 됩니다. 감지 영역을 지정(콜리전, Collision)하고, 충돌 여부(Physics)를 체크하고, 콘텐츠에 필요한 다양한 기능들을 구현해 추가합니다.

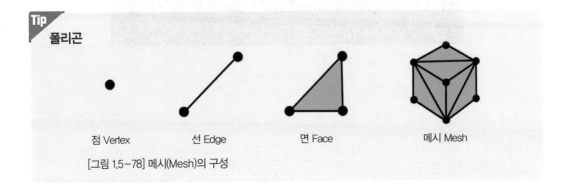

**Tip**
**폴리곤**

점 Vertex    선 Edge    면 Face    메시 Mesh

[그림 1.5-78] 메시(Mesh)의 구성

[그림 1.5-78]과 같이 점(버텍스, Vertex)은 위치, 회전, 컬러 등 다양한 정보를 가지고 있습니다. 이 점들이 두 개 모여 선(엣지, Edge)이 되고 선이 최소 3개 이상 모이면 면(페이스, Face)이 됩니다. 면(페이스, Face)은 다각형, 즉 '폴리곤(Polygon)'이라고도 부르며, 엣지의 개수를 N으로 표현해 'N곤'이라고 표현하기도 합니다. 엔진에서는 3개의 선으로 이루어진 폴리곤을 최소 단위로 사용하고 있으며, 이 폴리곤의 개수가 적으면 '로우 폴리곤(Low Polygon)', 폴리곤의 개수가 많으면 '하이 폴리곤(High Plygon)'이라고 합니다.

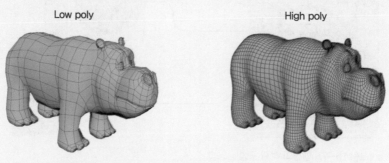

Low poly      High poly

[그림 1.5-79] 로우 폴리곤 모델링과 하이 폴리곤 모델링(출처: 3dcoat.com)

## ➜ 언리얼 엔진 머티리얼의 이해

언리얼 엔진의 머티리얼(Material)을 알아보기 위해서 먼저 머티리얼 애셋을 만드는 것부터 시작해 보겠습니다. 먼저 콘텐트 브라우저에서 머티리얼을 따로 관리하기 위해 Content 폴더 하위에 전용 폴더를 생성하겠습니다. 폴더 이름은 'Materials'라고 하겠습니다.

[그림 1.5-80] 'Materials' 폴더 생성

생성한 폴더를 선택한 상태에서 콘텐트 브라우저 좌측 상단 [+Add] 버튼을 누르고 [Material]을 클릭합니다. 그러면 머티리얼 애셋이 생성된 것을 볼 수 있습니다. 이때 애셋 이름을 정할 수 있는데 'Mat_Basic'으로 정하겠습니다. 생성된 후에도 애셋을 우클릭해서 [Rename](단축 키 F2) 버튼을 클릭해서 이름을 변경할 수 있습니다.

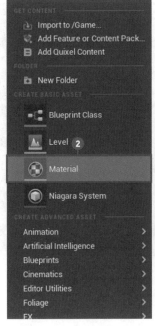
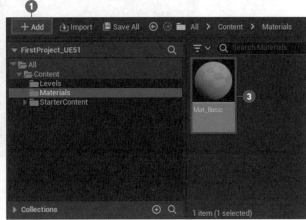

[그림 1.5-81] 머티리얼 애셋 생성

생성된 머티리얼 애셋을 더블클릭하면 머티리얼 에디터 창이 열립니다.

머티리얼 에디터의 화면 구성은 다음과 같습니다.

[그림 1.5-82] 머티리얼 에디터 창

❶ **툴바:** 작업을 저장하거나 변경 사항을 실제 머티리얼이 적용된 물체에 반영하고, 각종 설정을 변경하는 등 에디터 상의 여러 작업들을 진행하는데 필요한 도구 모음입니다.

❷ **뷰포트:** 여기서 만들고 있는 머티리얼이 어떻게 보이는지 확인할 수 있는 일종의 미리보기입니다. 회전, 확대, 축소가 가능하고 조명 설정도 변경할 수 있습니다.

❸ **디테일:** 머티리얼의 변경 가능한 속성이 모여 있는 패널입니다. 그래프 패널(❹)에서 무엇을 선택했는지에 따라 달라집니다.

❹ **그래프:** 머티리얼을 만들려고 노드를 배치, 연결하고 사용하고자 하는 기능을 포함하는 것과 같은 비주얼 스크립팅 작업을 수행하는 영역입니다.

❺ **팔레트:** 머티리얼을 만들고 변경하려고 사용할 수 있는 여러가지 노드와 함수의 라이브러리입니다. 콘텐트 브라우저 패널처럼 클릭해 열고 닫을 수 있습니다. 패널이 열린 상태에서 버튼 아래의 핀 아이콘을 누르면 패널이 고정됩니다.

조작 방법은 '그래프' 패널이 조금 특이합니다. 간단하게 마우스 왼쪽 버튼은 선택, 마우스 우측 버튼을 클릭한 채로 이동하면 화면 이동(패닝), 마우스 휠을 굴리면 확대/축소가 됩니다.

언리얼 엔진의 머티리얼 에디터는 비주얼 스크립팅(Visual Scripting) 방식으로 제작합니다. 비주얼 스크립팅이란 문자의 나열로 이루어진 코드를 아티스트나 게임 디자이너 같은 코드를 모르는 사

1
1.1
1.2
1.3
1.4
1.5

2

2.1
2.2
2.3
2.4
2.5
2.6

3

3.1
3.2
3.3

4

4.1
4.2
4.3
4.4
4.5

부
록

람들도 논리의 흐름을 쉽고 빠르게 파악할 수 있도록 고안된 툴입니다. 보통 '노드'라고 하는 속성을 담은 작은 박스들을 선으로 연결해서 제작하는데 [그림 1.5-82]에서 그래프 패널(❹)에 노란색으로 선택된 박스가 노드입니다. 노드에는 표현식에 필요한 속성들이 나열됩니다. 이것을 '노드 프로퍼티(Node Property)'라고 합니다. 현재 선택된 베이스 노드에는 많은 프로퍼티들이 나열되어 있습니다. 이 프로퍼티들은 머티리얼이 재질을 표현하고자 할 때 필요한 최종 프로퍼티들입니다. 즉 이 프로퍼티에 들어온 값을 계산한 결과를 메시 표면에 그려주게 되는 것입니다(노드의 설정에 따라 필요한 프로퍼티 항목이 변경됩니다). 베이스 노드는 머티리얼의 최종 결과물을 보여주는 노드이기 때문에 머티리얼 애셋을 생성하면 자연스럽게 포함되어 있고, 우리는 원하는 결과물을 얻을 수 있도록 숫자나 이미지, 계산식 등의 다양한 표현식 노드들을 조합해서 그 결과물을 출력할 수 있도록 베이스 노드에 연결해주면 되는 것입니다.

5.4 버전부터는 최종 노드의 각 프로퍼티 옆에 값을 직접 입력할 수 있는 블록이 함께 제공됩니다. 복잡한 계산을 사용하지 않는 간단한 값만 입력할 때 노드를 생성, 추가해야 하는 번거로운 작업을 줄이고 간편하게 숫자만을 조정하는 것으로 직관적으로 재질을 표현할 수 있도록 추가된 기능입니다. 하지만 노드를 이용해 결과 값을 최종 노드에 연결하는 작업은 언리얼 엔진의 비주얼 스크립팅의 핵심이기 때문에 이런 노드 방식에 익숙해지기 위해서 기존 방식인 노드를 생성하고 연결하는 방식으로 학습을 진행하겠습니다.

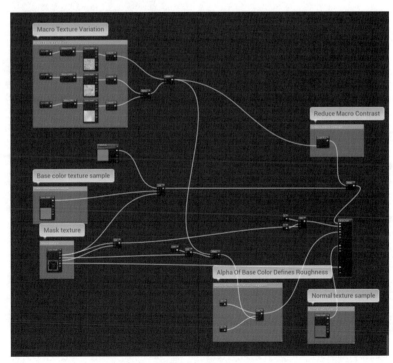

[그림 1.5-83] 노드 방식의 비주얼 스크립트 예시

다양한 노드를 활용해 제작하는 방법은 이 책 후반부의 그래픽 파트에서 자세하게 다루도록 하고, 이번 장에서는 언리얼 엔진의 재질 표현 방식과 베이스 노드에 있는 일부 프로퍼티에 대해 이해하고, 우리가 만든 아파트 평면도 메시에 간단하게 적용해 보겠습니다. 또한 바로 다음 장에 이어지는 언리얼이 자랑하는 비주얼 스크립트인 블루프린트처럼 언리얼 엔진 에디터 전반에 걸쳐 사용되는 노드 연결 방식에 익숙해지는 시간을 갖도록 하겠습니다.

## ● PBR 렌더링 시스템

언리얼 엔진은 'PBR(Physically based Rendering)'이라는 렌더링 시스템을 채택하고 있습니다. 직역하면 '물리기반 렌더링'이라고 합니다. 빛이 물체의 표면에 반사돼 눈으로 들어와야 물체를 인식할 수 있습니다. 이것이 바로 사람 또는 카메라가 색을 인식하는 과정입니다. 컴퓨터에서는 빛이 물체 표면에 반사되는 경로를 물리적인 공식을 이용해 계산하고, 그 결과를 머티리얼을 통해 표현합니다. 재질을 표현하기 위한 복잡한 수학 공식들이 있지만, 가장 기본적인 원리인 빛의 반사가 무엇인지를 알면 이번 내용을 쉽게 이해할 수 있을 것입니다.

[그림 1.5-84] 빛이 물체에 반사되어 눈에 들어오는 과정

그렇다면 'PBR 이전에는 물리적인 계산을 하지 않았을까?'라는 궁금증이 생길 수 있는데, 당연히 이전에도 물리적인 계산을 했습니다. 다만, 과거에는 빛이 반사될수록 약해진다거나(에너지 보존의 법칙) 하는 여러 가지 물리적인 계산을 할 수 없었는데, 요즘에는 컴퓨터의 성능이 개선되면서 보다 복잡한 계산을 할 수 있게 됐습니다. 이처럼 기존의 물리적인 계산에 몇 가지 성질들을 추가하고 여러 프로퍼티를 재분류했다고 이해하면 됩니다.

PBR을 이용하는 것에는 사실적인 표현에 가까워진 것 말고도 한 가지 큰 장점이 있습니다. 바로 한 가지 셰이더를 사용해 일상생활에서 사용하는 재질들에 대한 표현이 가능해졌다는 것입니다. 여기서 '셰이더'라는 용어가 나왔는데, 언리얼 엔진에서 셰이더는 최종 결과물을 출력하는 베이스 노드의 표현식이라고 생각하면 좋습니다. 과거에는 나무, 금속, 종이 등 다양한 재질을 표현하기 위해 각자 다른 셰이더를 사용해야 했고, 셰이더가 다르다 보니 거기에 들어갈 프로퍼티들이 제각각이었습니다. 하지만 시스템이 PBR로 변화되면서 프로퍼티 수치 조절만으로 한 가지 셰이더를 사용해 다양한 재질을 표현할 수 있게 되었습니다(이러한 PBR에 사용하는 셰이더를 'PBS(Physically Based Shader)'라고 합니다).

[그림 1.5-85] 하나의 셰이더를 수치만 조절해서 다양한 재질 표현
(출처: 언리얼 엔진 매뉴얼(docs.unrealengine.com))

머티리얼은 [그림 1.5-86]과 같은 구조로 이루어져 있습니다. 텍스처, 컬러, 숫자 등 여러 가지 형태로 이루어진 값인 파라미터를 셰이더의 필요한 프로퍼티들에 적용하고 물체가 빛을 받았을 때 어디가 밝아지고 어두워지는지, 어둡게 변하는 정도가 급격한지 아닌지 등을 셰이더의 계산식에 의해 결과물을 만들어 냅니다. 머티리얼은 셰이더와 셰이더에 적용할 파라미터를 묶어주는 역할을 합니다.

[그림 1.5-86] 머티리얼 구조

그럼 PBR 세이더의 특징을 이해하기 위해서 중요한 프로퍼티인 Base Color, Metallic, Roughness에 대해 알아보고, 이외에 보편적으로 쓰이는 Normal, Emission Color와 같은 프로퍼티도 함께 알아 보겠습니다.

### ● Base Color

베이스 컬러(Base Color)는 물체가 가진 고유한 색을 결정합니다(다른 엔진에서는 'Albedo'라고도 합 니다). 그럼 간단하게 머티리얼의 색을 빨간색으로 변경해 보겠습니다. 먼저 색을 표현하는 노드를 꺼내 보겠습니다. [그림 1.5-87]과 같이 그래프 패널의 빈 공간에 마우스 오른쪽 버튼을 클릭(❶) 하면 검색할 수 있는 창이 생깁니다. 'Constant3Vector'라고 검색(❷)하면 나오는 목록을 클릭(❸) 합니다. 그러면 노드가 하나 생성됩니다.

[그림 1.5-87] 컬러 노드 생성

노드를 생성하는 또 다른 방법으로는 '팔레트' 패널을 이용하는 방법도 있습니다. [그림 1.5-88]과 같이 우측 '팔레트' 패널 상단에 'Constant3Vector' 검색(❶) 후 결괏값을 드래그 앤 드롭(❷)으로 가져옵니다.

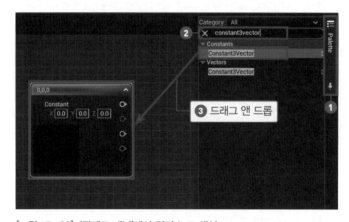

[그림 1.5-88] '팔레트 패널'에서 컬러 노드 생성

생성된 노드를 선택하면 머티리얼 에디터 좌측 하단 '디테일' 패널에 'Constant' 옆에 검은색 네모 박스가 있습니다. 더블클릭하면 색을 선택할 수 있는 'Color Picker' 창이 나옵니다. 여기서 빨간색이 잘 나올 수 있도록 조절하고 하단의 [OK] 버튼을 클릭합니다.

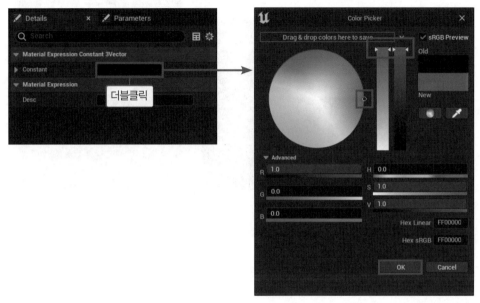

[그림 1.5-89] '디테일' 패널 색 변경

그러면 디테일 패널의 Constant 항목과 노드의 검은색 박스가 빨간색으로 바뀌게 됩니다.

[그림 1.5-90] 컬러 노드의 색상 변경

이제 이 노드를 베이스 컬러 프로퍼티에 연결합니다. 컬러 노드의 동그랗게 생긴 핀을 왼쪽 마우스 버튼을 클릭한 상태에서 베이스 노드의 베이스 컬러 프로퍼티 앞에 있는 동그란 핀으로 드래그 앤 드롭합니다. 그럼 하얀색 선으로 두 핀이 연결된 것을 볼 수 있습니다. 이제 잠시 후면 뷰포트의 구체가 빨간색으로 바뀐 것을 확인할 수 있습니다.

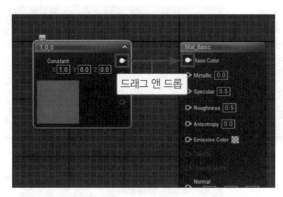 

[그림 1.5-91] 베이스컬러(Base Color)의 컬러 변경

지금 다루고 있는 머티리얼은 메시에 적용되어 있지는 않지만, 만약 적용되었다면 이대로는 메시에 반영이 되지 않습니다. 반드시 머티리얼 에디터 좌측 상단의 [저장] 버튼을 눌러 저장해야 합니다.

---

**Tip**

### Diffuse의 성질

실무자들과 고유 컬러에 관해 이야기하다 보면 'Diffuse(디퓨즈)'라는 표현을 많이 사용합니다. 비교적 최근에 적용된 PBR 시스템보다 20여 년 가까이 쓰인 단어이기 때문입니다. PBR 이전에는 반사되는 성질에 따라 Diffuse(디퓨즈, 난반사)와 Specular(스펙큘러, 정반사)를 이용해 재질을 표현했습니다. Diffuse는 빛이 물체에 부딪혀 여기저기 퍼지는 성질, Specular는 빛이 부딪힌 각도대로 반사되는 성질을 지니고 있습니다. 한마디로 물체의 재질에 따라 반사되는 정도를 다르게 계산하다 보니 나무, 천 등과 같이 난반사가 강한 재질, 메탈, 유리 등과 같이 Specular 성질이 강한 재질별로 셰이더를 사용하기도 했습니다.

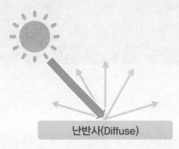
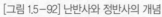
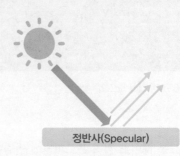

[그림 1.5-92] 난반사와 정반사의 개념

## ● PBR의 금속 성질 프로퍼티, 메탈릭(Metallic)

이 세상에 존재하는 모든 물질을 속성별로 분류한다면, 어떠한 성질을 제일 먼저 고려해야 할까요? 학창 시절 과학 시간에는 단단함과 무른 정도를 이용해 나누기도 했고, 퇴적해서 만들어진 물질인지 화산 활동 등과 같이 어떠한 현상에 의해 생겨난 물질인지로 나누기도 했습니다. 반면, 컴퓨터 그래픽, 특히 3D에서는 실제 물질의 성질과 전혀 다르게 표현할 수 있습니다. 그래서 새로운 분류가 필요하게 됐는데, 이것이 바로 '금속 성분'입니다.

[그림 1.5-93] 나무와 메탈 금속 예시(출처: 픽사베이(pixabay.com))

금속과 비금속은 '메탈릭(Metallic)'이라는 하나의 프로퍼티에 의해 구분됩니다. 먼저 머티리얼에 적용시켜 보겠습니다. 머티리얼 에디터 창의 '그래프' 패널에 마우스 오른쪽 버튼을 클릭하고 Constant를 검색해 [Constant] 노드를 생성합니다.

[그림 1.5-94] [Constant] 노드 생성

Constant 노드는 하나의 숫자를 입력할 수 있는 노드입니다. 디테일 패널에서 'Value' 항목에 값을 입력하는데 소수점까지 적을 수 있습니다. 생성하면 0이 자동으로 입력되어 있습니다. 그리고 노드에 입력된 값은 노드 상단 녹색 바 부분에 표시되어 지금은 '0'이라는 숫자가 적혀 있습니다. 이대로 메탈릭 프로퍼티에 연결하겠습니다.

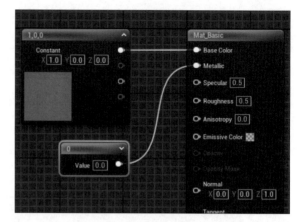

[그림 1.5-95] 메탈릭 프로퍼티에 연결

연결한 상태에서 [Constant] 노드를 선택하면 '디테일' 패널에서 [Constant] 노드의 수치를 조절할 수 있는데 값을 입력하고 조금 기다리면 연산을 통해 좌측 뷰포트에 바로 반영이 됩니다. 수치를 각각 0과 1을 입력해 비교해보면 표면 질감이 차이가 나는 것을 알 수 있습니다(뷰포트는 마우스 조작으로 회전, 확대/축소가 가능합니다). 즉 '0 = 비금속', '1 = 금속'입니다. 엄밀히 따지면, 우리가 손에 쥘 수 있거나 육안으로 확인할 수 있는 정도의 오브젝트는 모래알같이 작더라도, 금속 성분의 입자와 비금속 성분들의 입자가 섞여 있을 수 있지만, 최소한의 입자로만 나누면 금속, 비금속으로 나뉘며 메탈릭을 통해 표현하게 됩니다.

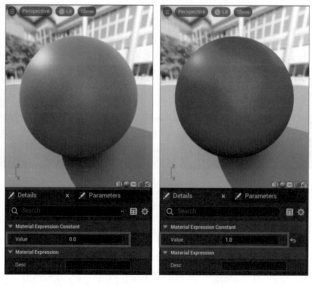

[그림 1.5-96] 메탈릭 비교

## 프로퍼티 입력

머티리얼 시스템의 프로퍼티는 모두 0에서 1 사이의 값을 받도록 디자인되었습니다. 베이스 컬러의 경우 컬러를 표현할 때 Red, Green, Blue 채널을 0~1의 값으로 조합해 표현합니다. 그래서 순수한 빨간색을 선택하면 R값이 1, G와 B값이 0이 되는 것입니다.

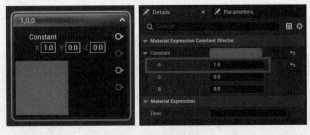

[그림 1.5-97] 0~1 사이 값을 받는 베이스 컬러 노드

또 머티리얼 시스템의 프로퍼티는 텍스처 형태의 값도 받을 수 있습니다. 텍스처란 3D 모델링에 쓰이는 이미지 데이터를 말합니다. 그리고 머티리얼에서는 '맵'이라는 용어를 사용하기도 합니다. 텍스처와 맵은 같다고 생각해도 무방하고, 우리가 사진이나 그림을 그릴 때 접해봤던 JPEG, PNG, Targa 파일 등이 여기에 해당합니다.

텍스처는 메시의 UV와 짝을 이뤄 사용하게 됩니다. 메시 UV 좌표와 텍스처의 좌표를 일치시켜 좌표에 맞는 색상 정보를 텍스처에 기록한다는 개념입니다. 이때 텍스처에 기록하는 정보를 각 픽셀(Pixel)에 0~255 사이의 숫자로 표현해 기록하고 자연스럽게 색으로 보이게 됩니다. 다시 이 텍스처를 머티리얼에 적용하면 해당 UV 좌표에 0~255로 기록된 정보를 0~1로 변환하여 베이스 노드에 입력, 계산 후 표현하게 됩니다. 일반적으로 그래픽 아티스트가 텍스처 맵을 만들게 되며, 복잡한 과정을 3D 그래픽 툴을 통해 제작합니다.

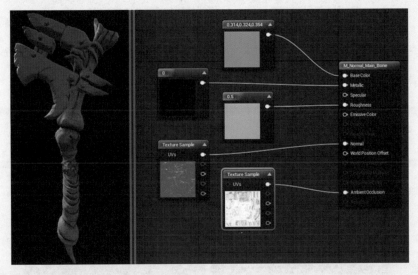

[그림 1.5-98] 머티리얼의 텍스처 적용
(출처: 언리얼 매뉴얼 사이트, https://docs.unrealengine.com)

그런데 메탈릭 수치를 0이나 1로 바꿔보면 변화된 것은 알겠는데, 막상 그 변화를 말로 표현하자니 변화의 정도가 애매모호합니다. 예를 들어 일반적으로 금은 노란색으로 그립니다. 금과 같이 노란색 당구공도 같은 공간, 같은 조명에 있다면 어떠한 시각적 차이가 생길까요? 노란색 당구공은 딱히 눈에 띄는 특징 없이 계속 노란색으로 보일 것입니다. 만약 독자의 방을 금이 가득 채우고 있다면, 아마도 그 방은 금색(노란색)으로 빛나고 있다는 것을 어렵지 않게 떠올릴 수 있을 것입니다.

[그림 1.5-99] 노란색 당구공과 골드바(출처: 픽사베이(pixabay.com))

메탈릭 수치가 1인 오브젝트의 하이라이트(빛을 정면으로 받는 면)를 자세히 살펴보면, 하이라이트의 컬러가 베이스 컬러(Base Color)와 같다는 것을 알 수 있습니다. 금속과 비금속을 나누는 가장 큰 속성은 바로 빛을 받았을 때, 스스로의 컬러를 반사(금속)시키는지, 내가 받은 빛의 컬러를 반사(비금속)시키는지로 구분할 수 있기 때문에 PBR에서는 이러한 복잡한 원리를 0과 1 사이의 숫자로 구현해 놓았습니다.

[그림 1.5-100] 메탈릭이 0(좌)과 1(우)일 때 하이라이트

## ● PBR의 매끄러움 파라미터, 러프니스(Roughness)

앞서 물체를 이루는 입자의 성분에 따라 금속과 비금속으로 나눴다면, 이번에는 빛을 받아들이는 상태에 따라 오브젝트를 구분하는 특징 중 러프니스(Roughness)의 특징에 대해 다루겠습니다. 비록 3D의 가상 세계이지만, 모든 오브젝트는 작은 입자들로 구성돼 있다고 가정하는 것이 PBR입니다. 그리고 그 입자들을 Roughness를 통해 조절합니다.

메탈릭과 마찬가지로 [Constant] 노드를 통해 0~1의 값으로 표현합니다. 메탈릭 프로퍼티에 썼던 노드를 복사해서 연결하도록 하겠습니다. 복사는 윈도우 복사, 붙여넣기와 같습니다. 메탈릭에 연결되어 있는 [Constant] 노드를 선택하고 Ctrl+C로 복사, Ctrl+V로 붙여넣기하고, 복사된 노드를 러프니스 프로퍼티에 연결합니다.

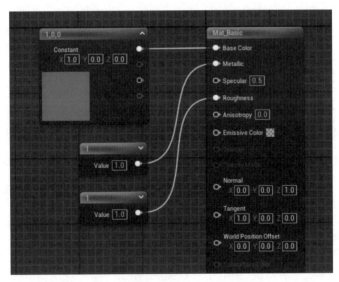

[그림 1.5-101] [Constant] 노드를 러프니스 프로퍼티에 연결

거칠기 값 1은 '거칠다' 또는 '매트하다'라고 표현합니다. 이와 반대로 유리나 거울처럼 아주 매끄럽다면 Roughness의 값은 0에 가까워집니다. 표면이 매끈해서 반사(Reflection) 효과도 생깁니다.

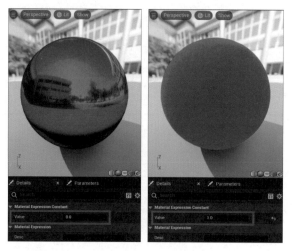

[그림 1.5-102] Roughness(거칠기)의 0과 1의 차이

PBR 시스템은 최소한 이 세 가지 옵션, 베이스 컬러, 메탈릭, 러프니스 프로퍼티를 이용해 재질들을 표현합니다. 이 옵션들만 신경 써도 괜찮은 품질을 나타낼 수 있습니다.

### ● 디테일을 위한 노멀 맵(Normal map)

이번에는 PBR과는 무관하게 이전부터 자주 쓰이는 텍스처에 관해 이야기해 보겠습니다. 언리얼 엔진은 '게임 엔진'이라고 불리지만 요즘은 '리얼타임 엔진'이라고도 불립니다. 과거 영화, 건축 영상을 만드는 3DS 맥스나 마야와 같은 프로그램과는 달리, 사용자의 반응에 따라 실시간으로 계산해 보여 주는 특성이 있고, 영상처럼 수백 대의 컴퓨터를 이용해 화면을 그리는 분산 렌더링과 같은 기능을 쓸 수는 없습니다. 바꿔 말하면 컴퓨터 한 대에서 화면도 그리고 마우스, 키보드 입력, 여러 장비들과 상호작용하는 등 해야 할 일이 엄청나게 많아진 것이죠.

 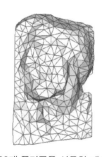 

400만 개 폴리곤을 사용한 메시　500개 폴리곤을 사용한 메시　500개 폴리곤과 노멀 맵을 사용한 메시

[그림 1.5-103] 하이 폴리곤, 로우 폴리곤, 로우 폴리곤+노멀 맵

(출처: 위키백과(https://ko.wikipedia.org/wiki/법선_매핑))

화면을 계속 새로 그리는 것은 컴퓨터의 자원을 갉아먹는 요소가 됐고, 3D를 사용하면서 그 역할이 더욱 커져 요즘은 '그래픽카드'라는 부품이 화면을 그리거나 3D 데이터를 처리하는 역할을 대신하고 있습니다. 화면에 명암을 만들기 위해서는 원칙적으로 3D 폴리곤 데이터가 풍부해야 합니다. 영상에서는 소파 하나를 표현하는데 수백만 개의 폴리곤을 써도 무관하지만 리얼타임 엔진에서는 화면을 새로 그리는 데 엄청난 부하가 걸립니다. 그래서 이러한 폴리곤의 굴곡을 텍스처로 투사(Projection)시켜 컴퓨터에 착시를 주는 것이 '노멀 맵'입니다. 노멀 프로퍼티는 메시의 UV 좌표마다 착시를 줘야 하기 때문에 UV 좌표와 대응되는 텍스처 픽셀의 정보 값을 이용하게 되므로 자연스럽게 텍스처(맵)의 형식을 사용하게 됩니다. 노멀 맵을 만들 때는 일반적으로 그래픽 아티스트가 복잡한 과정을 3D 그래픽 툴을 통해 제작합니다.

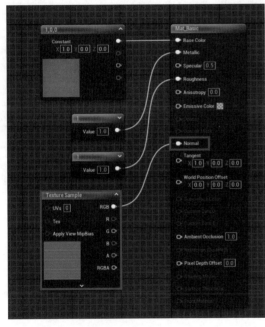

[그림 1.5-104] 노멀 맵 적용

● **자체 발광 효과, 이미시브 컬러(Emissive Color)**

이미시브 컬러(Emissive Color) 항목은 조금 특별하게 쓰이는 기능입니다. 한 단어로 단순화해 말씀드리면 '자체 발광(Self Illumination) 효과'라고 할 수 있습니다. 스스로 빛을 뿜어내는 재질을 표현할 때 쓰이는 프로퍼티입니다. 0~1까지의 값을 받기도 하고, '이미시브 컬러 맵'이라고 하는 텍스처를 받아서 일부분만 발광하도록 할 수 있습니다. 다른 프로퍼티가 1까지 제한을 두지만, 이미시브 컬러 프로퍼티는 HDR(High Dynamic Range) 라이팅이 지원되어 1보다 큰 값을 입력 받아 더 강한 발광을 표현할 수 있습니다. 주위가 밝은 것 보다는 조명이 약하거나 없을 때 효과가 드러나며 또한 이 포스트 '프로세싱'이라는 후처리 시각 효과에서 글로우 효과를 적용하면 화사한 효과를 얻을 수 있게 됩니다.

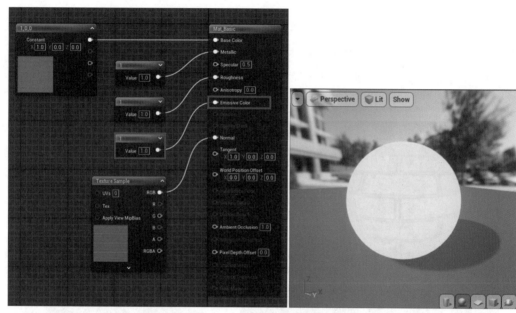

[그림 1.5-105] 이미시브 컬러(Emissive Color) 프로퍼티 적용

## → 머티리얼 제작 및 적용

머티리얼을 적용할 때 한가지 유념해야 할 사항이 있습니다. 파란색 페인트 통은 파란색만 칠할 수 있듯이 하나의 머티리얼은 하나의 재질만 표현한다는 점입니다. 예를 들어 파란색과 파란색의 색을 표현하고자 할 때는 파란색 머티리얼, 빨간색 머티리얼 각각 두 개의 머티리얼을 만들어야 합니다.

그럼 머티리얼에 대해 알아봤으니 아파트 평면도로 돌아와서 벽지와 바닥에 쓰일 머티리얼을 만들어 보겠습니다. 평면도에는 벽 재질이 나오지 않으므로 인터넷에서 인테리어 관련한 이미지를 참고해서 보는 것도 좋습니다.

[그림 1.5-106] 아파트 벽면 참고 이미지

먼저 큰 침실을 오렌지 벽지로 꾸며 보겠습니다. [컨트롤]+[스페이스]를 눌러 콘텐트 브라우저 패널을 열고, 'Materials' 폴더에 [+Add] 버튼을 눌러 머티리얼을 생성하고 이름을 'Mat_Wall_Orange'로 변경합니다. 생성된 머티리얼을 더블클릭해서 머티리얼 에디터를 열어줍니다. [그림 1.5-107]과 같이 [Constant3Vector] 노드를 생성하고 베이스 노드의 Base Color 프로퍼티에 연결하고 컬러를 정해줍니다. 거칠기도 조절하기 위해 [Constant] 노드를 생성해 러프니스 프로퍼티에 연결하고 값은 0.4를 입력해 주겠습니다.

작업을 모두 마치게 되면 머티리얼 에디터 상단에 [Apply] 버튼을 클릭합니다(❸). 머티리얼 에디터의 뷰포트는 미리 보기일 뿐 실제 적용된 것이 아니기 때문에 작업이 마무리되면 반드시 [Apply] 버튼을 눌러 확정해 줘야 합니다. 확정 후에는 [Save] 버튼(❹)을 눌러 주어 좀 더 확실하게 적용하도록 합니다.

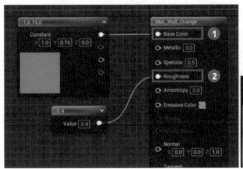

[그림 1.5-107] 'Mat_Wall_Orange' 머티리얼 생성과 노드 설정

만들어진 머티리얼을 벽에 적용시켜보겠습니다. 방법은 간단합니다. 콘텐트 브라우저에서 생성한 머티리얼을 뷰포트의 적용할 벽에 드래그 앤 드롭 합니다.

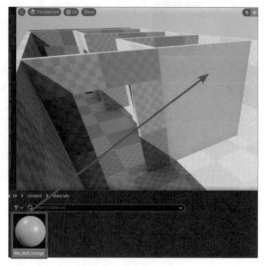

[그림 1.5-108] 생성한 머티리얼 적용

지오메트리 브러시 액터는 페이스(Face)마다 머티리얼을 적용할 수 있습니다. 하지만 일반적으로 베이직 액터(Basic Actor)나 외부 3D 제작 툴에서 제작한 메시는 페이스마다 머티리얼을 적용하지 않습니다. 보통은 제작 의도에 따라 메시 내에 그룹 지어진 페이스마다 머티리얼을 적용하게 됩니다. 큰 침실 안의 모든 벽에 머티리얼 애셋을 적용합니다.

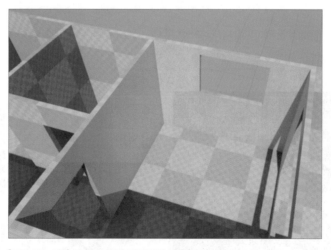

[그림 1.5-109] 큰 침실 벽면 머티리얼 적용

## 디테일 패널을 이용한 머티리얼 적용 방법

머티리얼 애셋을 메시에 적용할 때 뷰포트에 직접 드래그 앤 드롭으로 적용하는 방법 외에도 디테일 패널로 적용하는 방법도 있습니다. 지오메트리 브러시 액터의 페이스(Face)를 선택하고 디테일 패널에 보면 'Surface Materials' 항목이 있습니다(일반적인 메시들은 'Materials'입니다).

[그림 1.5-110] '디테일 패널'의 Surface Materials

뷰포트에 직접 머티리얼 애셋을 적용하면 이 항목에 머티리얼 애셋이 등록됩니다. 그래서 여기에 직접 머티리얼 애셋을 등록하면 됩니다. 이것도 역시 간단합니다. [그림 1.5-111] 처럼 네모난 슬롯에 직접 드래그 앤 드롭하는 방법이 있고, [그림 1.5-112]과 같이 머티리얼 슬롯 옆에 머티리얼 애셋 이름이 적힌 부분을 클릭하면 적용 가능한 머티리얼 애셋 리스트가 나오고 직접 머티리얼 애셋 이름을 검색해 선택하여 적용하는 방법이 있습니다.

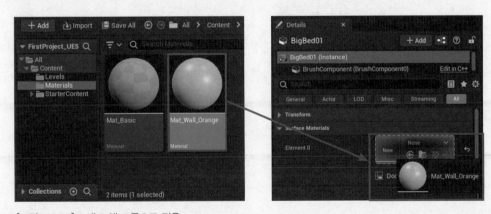

[그림 1.5-111] 드래그 앤 드롭으로 적용

[그림 1.5-112] 리스트에서 검색해 적용

이 방법은 다른 액터들에 가려서 선택하기 어렵거나 여러 개의 메시에 동시에 적용해야 할 때 '아웃라이너'에서 액터를 선택하고 머티리얼 애셋을 적용하면 좋습니다.

이제 큰 침실 바닥에 머티리얼을 적용해 보겠습니다. 참고 이미지를 보면 나무 패턴이 적용되어 있는 것을 볼 수 있습니다. 나무 패턴은 머티리얼에 텍스처를 적용해야 합니다. 먼저 'Mat_Floor_Wood'라는 이름으로 머티리얼 애셋을 만들고 더블클릭하여 머티리얼 에디터 창을 열어줍니다. 콘텐트 브라우저에서 Content/StarterContent/Textures 폴더를 보면 언리얼 엔진이 제공한 많은 텍스처들을 볼 수 있습니다. 참고 사진과 똑같지는 않지만 학습하기에 충분한 리소스들이라 생각되어서 여기에 있는 리소스를 활용하겠습니다. 이 중에서 'T_Wood_Oak_D' 텍스처를 찾아 머티리얼 에디터에 드래그 앤 드롭 합니다. 그럼 [Texture Sample] 노드가 생기면서 선택한 이미지가 등록된 것을 확인할 수 있습니다.

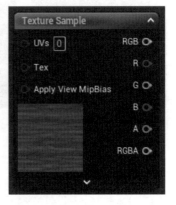

[Texture Sample] 노드

[그림 1.5-113] 머티리얼 에디터에 'T_Wood_Oak_D' 텍스처 등록

[Texture Sample] 노드는 머티리얼 에디터에 텍스처 리소스를 등록할 때 사용하는 노드입니다. 적당한 값을 입력 받아 노드에 등록된 텍스처에 적용하고, 계산된 텍스처의 채널별로 값으로 내보낼 수 있는 기능을 가지고 있습니다.

**Tip**

**콘텐트 브라우저에 StarterContent 폴더가 안보일 때**

프로젝트를 생성할 때 StaterContent를 추가하지 않아 콘텐트 브라우저 'StarterContent' 폴더가 없다면, [그림 1.5-114]와 같이 콘텐트 브라우저 패널의 [+Add] 버튼을 눌러(①) [Add Feature of Content Pack]을 선택(②)합니다. 그러면 'Add Content to the Project' 창이 뜨게 되는데 상단에 [Content Packs] 탭을 누르면(③) StarterContent 항목이 보이게 됩니다. 해당 아이콘을 선택(④)하고 [Add to Project] 버튼을 누르면(⑤) 설치됩니다.

[그림 1.5-114] StarterContent 추가

[그림 1.5-115]와 같이 생성된 노드의 RGB 핀을 베이스 컬러 프로퍼티에 연결합니다. 그리고 바닥은 벽지보다 반짝이니까 러프니스 프로퍼티에 [Constant] 노드를 생성해 0.3을 입력합니다. 그리고 바닥이 매끈한 것보다는 오돌도돌한 것이 현실감이 있으니까 굴곡을 표현할 수 있는 노멀 맵을 사용해 보겠습니다. 콘텐트 브라우저의 나무 텍스처가 있던 폴더(Content/StarterContent/Textures)에서 'T_Wood_Oak_N' 텍스처를 찾아서 머티리얼 에디터에 등록합니다. 노멀 맵 역시 텍스처 리소스이기 때문에 [Texture Sample] 노드가 생성되며 텍스처가 등록됩니다. 이 노드의 RGB 핀을

베이스 노드의 노멀 프로퍼티와 연결합니다. 뷰포트에 재질이 잘 나왔는지 확인하고 머티리얼 에디터의 [Save] 버튼을 눌러 저장합니다.

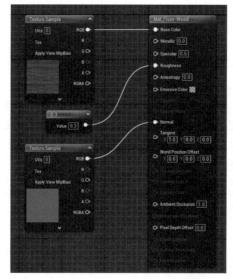

[그림 1.5-115] 바닥 머티리얼 애셋 노드 설정

### [Texture Sample] 노드에서 텍스처 등록

머티리얼 에디터에서 텍스처를 등록할 때 [Texture Sample] 노드를 먼저 생성하고 텍스처를 선택할 수도 있습니다. 먼저 [Texture Sample] 노드를 생성하고 노드를 선택한 후에 디테일 패널을 보면, 'Material Expression Texture Base' 항목에서 텍스처 데이터를 등록할 수 있는 슬롯이 있습니다. 여기에 텍스처 데이터를 드래그 앤 드롭으로 넣어도 되고 우측 화살표 버튼을 눌러 리스트에서 이름을 검색해 등록할 수 있습니다.

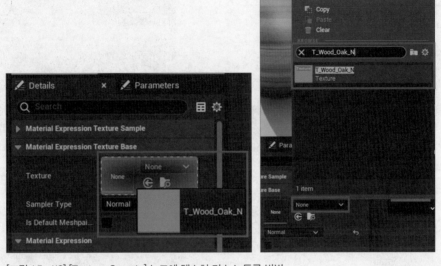

[그림 1.5-116] [Texture Sample] 노드에 텍스처 리소스 등록 방법

이제 제작한 머티리얼 애셋을 바닥에 드래그 앤 드롭으로 적용시켜 보겠습니다.

[그림 1.5-117] 아파트 바닥에 'Mat_Floor_Wood' 적용

적용한 머티리얼의 나무 패턴이 너무 작은 것 같아서 조정해 주겠습니다. 적용된 바닥 페이스를 선택하고 '디테일' 패널에서 'Surface Propertise' 항목의 Scale 값을 U: 2.0, V: 2.0으로 변경하고 오른쪽에 [Apply] 버튼을 클릭합니다. 그럼 패턴의 크기가 커집니다. 크기(Scale)뿐만 아니라 이동 (Pan), 회전(Rotate), 반전(Flip)도 가능하니까 여러분이 원하는 대로 수정하면 됩니다.

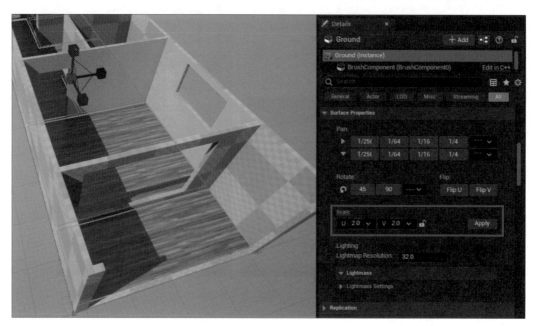

[그림 1.5-118] 바닥 머티리얼 크기 조정

이렇게 메시마다 머티리얼이 어떻게 적용할지 설정하는 것은 지오메트리 브러시 액터의 특징입니다. 일반적인 메시는 3DS Max, Maya, Blender 같은 외부 DCC(Digital Contents Creation) 툴에서 따로 수정해야 합니다.

이제 적용되어 있지 않은 벽면들도 지금껏 학습한 것을 응용해 재질들을 만들어 채워 주면 되는데 편의를 위해 StarterContent에 포함되어 있는 머티리얼 애셋들도 같이 사용하면 좋을 것 같습니다. 머티리얼 위치는 콘텐트 브라우저에서 Content/StarterContent/Materials입니다([그림 1.5-119]). 우리가 학습한 방식과 비슷하지만, 더 복잡한 방식으로 제작되어 보다 퀄리티 높은 재질을 보여 줍니다. 그래픽 파트에서 머티리얼 제작에 대해 자세히 배워 보도록 하겠습니다.

[그림 1.5-119] StarterContent에 포함된 머티리얼

[그림 1.5-120]과 같이 참고 이미지를 보면서 모든 벽에 재질을 적용했습니다.

[그림 1.5-120] 모든 벽에 재질 적용

# 1.5-4 문과 창문 추가하기

StarterContent에 포함된 스태틱 메시(Static Mesh)를 활용해 아파트를 더 꾸며 보겠습니다.

---

**✕ 학습 목표**

스태틱 메시(Static Mesh)인 문과 창문을 배치해 아파트를 꾸며보고 싶다.

**✕ 구현 순서**

❶ StarterContent에 포함된 액터를 알아본다.
❷ 문 액터를 배치한다.
❸ 창문 액터를 배치한다.

---

## ➜ 문 액터 배치하기

StarterContent가 제공하는 애셋 중에는 건물에 배치할 수 있을 만한 액터들이 포함되어 있습니다(콘텐트 브라우저 경로: Content/StarterContent/Props). 이 중에서 문과 창문을 배치해 아파트를 좀 더 꾸며보도록 하겠습니다.

[그림 1.5-121] StarterContent에 포함된 액터

StarterContent의 Props 폴더에 있는 액터들은 대부분 스태틱 메시(Static Mesh)입니다. 스태틱 매시는 엔진의 효율적인 렌더링을 위해서 버텍스를 고정시켜 엔진에 임포트한 모델링 애셋입니다. 그래서 우리가 다뤘던 지오메트리 브러시 액터처럼 버텍스 단위로 수정할 수 없고 단지 트랜스폼(위치, 방향, 크기) 만을 조절할 수 있습니다. 그러다 보니 수정하기 위해 트랜스폼 컴포넌트를, 특히 크기를 조절하면 형태의 왜곡이 생길 수밖에 없습니다. 보통 이런 모델링 데이터들은 모델링 아티스트가 외부 DCC 툴(3DS 맥스(3dsMax), 마야(Maya), 블렌더(Blender) 등)에서 제작된 3D 모델을 가져오기 때문에 수정이 필요하면 반드시 외부 툴을 활용해야 합니다. 이번 장에서는 스태틱 메시를 만드는 것이 목표는 아니기 때문에 크게 어색하지 않을 정도의 왜곡은 감안하고 진행하겠습니다.

먼저 현관문부터 만들어 보겠습니다. 현관문을 만들기 위해 벽에 뚫어 놓은 문 구멍에 문 프레임을 설치하겠습니다. 콘텐츠 브라우저에서 'SM_DoorFrame' 액터를 뷰포트에 드래그 앤 드롭으로 올려놓습니다. 가져온 액터의 트랜스폼을 조절해 현관 문구멍에 맞게 조절합니다.

[그림 1.5-122] 현관문 프레임 설치

## 페이스가 깜빡거리는 현상

만약 프레임을 설치하면 [그림 1.5-123]처럼 프레임 안쪽이 깜빡거리고 있다면, 이것은 벽의 안쪽 면과 프레임 안쪽 면이 겹쳐져서 컴퓨터가 무엇을 먼저 그려야 되는지 헛갈려 하는 상황이라고 생각하면 됩니다. 이럴 때는 벽에 구멍을 뚫기 위해 만들었던 지오메트리 브러시 액터의 사이즈를 조절해서 벽 안쪽이 문 프레임 액터 안쪽으로 감춰지게 조절해야 합니다.

[그림 1.5-123] 프레임 안쪽이 깜빡 거리는 현상

[그림 1.5-124] 구멍을 위해 만든 지오메트리 브러시 액터 사이즈 조정

프레임을 만들었으니 문을 넣어 보겠습니다. 콘텐트 브라우저에서 프레임과 같은 폴더에 'SM_Door' 애셋을 드래그 앤 드롭으로 뷰포트에 올려보겠습니다. 그리고 위치와 방향에 맞게 적당히 트랜스폼 컴포넌트를 조절해 배치하겠습니다.

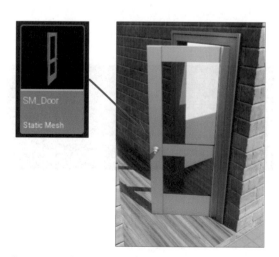 

[그림 1.5-125] 현관문 배치

같은 방법으로 나머지 문들도 배치해 보겠습니다.

[그림 1.5-126] 문 배치

문을 배치했던 방법을 응용하면 창문도 배치할 수 있습니다. 콘텐트 브라우저에 문을 꺼냈던 같은 폴더에 'SM_Window', 'SM_GlassWindow' 애셋을 이용하면 창문을 만들 수 있습니다.

[그림 1.5-127] 창문 배치

## 1.5-5 조명 배치하기

아파트 내부에 조명을 설치해 분위기를 살려보겠습니다.

**✖ 학습 목표**

조명을 설치해 실내 분위기를 연출하고 싶다.

**✖ 구현 순서**

❶ 라이트 액터의 종류를 알아본다.
❷ 조명 소품을 배치한다.
❸ 라이트 액터를 배치한다.

### → 라이트 액터의 종류

조명(라이트)을 설치하기 전에 언리얼 엔진이 제공하는 라이트의 유형에 대해 간략하게 알아보겠습니다. 액터 배치(Place Actors) 패널을 보면 라이트(Lights) 탭이 있습니다. 이 탭을 클릭하면 [그림 1.5-128]과 같이 총 다섯 가지 액터가 마련되어 있습니다. 여기에 있는 라이트 액터들을 사용하여 조명 연출을 하게 되며, [그림 1.5-128]과 같이 상단의 빠른 추가 버튼을 이용해 바로 적용할 수도 있습니다.

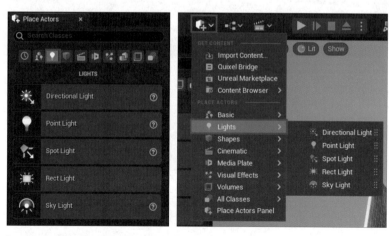

[그림 1.5-128] 액터 배치의 라이트 탭

1

1.1
1.2
1.3
1.4
1.5

2

2.1
2.2
2.3
2.4
2.5
2.6

3

3.1
3.2
3.3

4

4.1
4.2
4.3
4.4
4.5

부
록

언리얼 엔진의 라이트 유형은 다섯 가지, 디렉셔널(Directional), 포인트(Point), 스포트(Spot), 렉트(Rect), 스카이(Sky) 라이트입니다. 간단하게 살펴보겠습니다.

첫 번째 디렉셔널 라이트는 마치 태양과 비슷합니다. 야외 주광원 또는 엄청 멀거나 거의 무한히 먼 거리에서 빛을 쏘는 것처럼 보이는 광원이 이에 해당합니다. 그래서 빛의 방향만 있습니다. 그리고 두 번째 포인트 라이트는 전구와 같습니다. 한 지점에서 모든 방향으로 빛을 뿜어내며 빛의 도달 거리가 제한됩니다. 그리고 세 번째 스포트 라이트도 한 지점에서 빛을 뿜으나, 원뿔 형태로 빛의 방향과 각도, 거리가 제한됩니다. 연극 무대의 조명과 비슷하다고 생각하면 쉽습니다. 네 번째 렉트 라이트는 정의된 너비와 높이로 된 직사각 평면 모양으로 빛을 뿜어냅니다. 텔레비전이나 모니터 화면 같이 면 전체가 발광하는 물체의 빛을 표현합니다. 그리고 스카이 라이트는 레벨의 환경광인 글로벌 일루미네이션(Global Illumination)을 담당하고 있습니다. 매번 화면을 렌더링하는 실시간 엔진 특성상 무수히 반사가 일어나는 빛을 연산하기 힘들기 때문에 엔진은 라이트의 연산을 제한합니다. 제한된 빛의 반사를 보조하는 역할이 환경광입니다. 글로벌 일루미네이션 줄여서 'GI'라고 불리는 이 빛은 다른 라이트 액터들과 비슷한 방법을 포함한 여러 방법으로 표현하게 됩니다. 그 중 언리얼 5부터는 루멘 기능으로 스카이 라이트와 함께 GI를 표현하는 것이 기본 설정입니다. 루멘은 물체에 반사되는 반사광을, 스카이 라이트는 주로 하늘 혹은 대기에 의한 환경광으로 나누어 표현하게 됩니다. 자세한 내용은 4장에서 자세히 다룹니다.

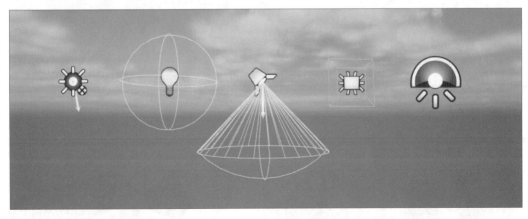

[그림 1.5-129] 라이트 액터의 종류

그럼 실습을 통해 라이트 액터를 사용하는 방법을 알아보겠습니다.

## → 라이트 소품 배치하기

　침실 안에 조명을 넣는데 아무 이유 없이 밝은 것보다는 전등이라도 설치하는 것이 현실감이 있어 보이겠죠. 그래서 라이트 액터를 설치할 곳에 조명 모델링 애셋을 배치해 주겠습니다. 콘텐트 브라우저의 Props 폴더에 램프 관련 애셋이 있습니다. [그림 1.5-130] 과같이 'SM_Lamp_Ceiling'은 천장에 달려있는 조명이고, 'SM_lamp_Wall'은 벽에 부착하는 조명입니다.

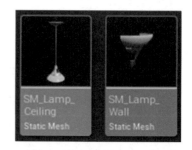

[그림 1.5-130] Props 폴더의 조명 애셋

　이제 천장 위치에 'SM_Lamp_Ceiling' 애셋을 배치하고, 방에 비해 애셋이 너무 커보이므로 트랜스폼의 스케일을 조정합니다. 방안을 알차게 꾸미기 위해서 의자와 탁자도 자유롭게 배치했습니다.

같은 방식으로 아파트의 다른 장소들도 라이트를 배치할 것을 생각하면서 자유롭게 꾸며보겠습니다.

[그림 1.5-131] 큰 침실 조명과 가구 배치

복도　　　　현관　　　　작은 침실　　　　주방 및 식당, 화장실　　　　발코니

[그림 1.5-132] 조명 애셋과 가구 애셋 배치

## ➜ 라이트 배치하기

이제 라이트를 배치하겠습니다. 현재 레벨에는 이미 디렉셔널(Directional), 스카이(Sky) 라이트는 배치되어 있습니다. 즉 태양(디렉셔널 라이트)과 대표적인 환경광인 하늘(스카이 라이트)이 있는 공간인 셈입니다. 그래서 특수한 경우가 아니면 태양과 환경광은 추가로 만들 필요가 없습니다.

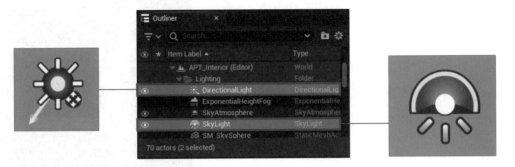

[그림 1.5-133] 레벨에 배치된 디렉셔널(Directional), 스카이(Sky) 라이트

그리고 디렉셔널과 스카이 라이트는 광범위한 영역의 빛을 표현하기 때문에 액터의 위치와 크기는 중요하지 않습니다. 다만 디렉셔널 라이트는 태양이 뜨고 지고, 경도 위도에 따라 태양이 내리 쬐는 방향과 광량, 빛의 색이 다른 것처럼 디테일 패널에서 트랜스폼의 로테이션(Rotation)과 라이트 항목의 설정들을 조절해 다양한 분위기를 만들 수 있습니다. [그림 1.5-134]와 같이 트랜스폼의 로테이션 값을 조절해 빛의 방향을 조절하고(❶), 라이트 항목의 Intensity를 조절하면 빛의 세기를, Light Color에서 빛의 색을 변경할 수 있습니다(❷).

[그림 1.5-134] 디렉셔널 라이트의 속성 변경

스카이 라이트는 [그림 1.5-135]와 같이 디렉셔널 라이트와 비슷하게 Intensity 값으로 환경광의 세기를, Light Color로 환경광의 색을 변경합니다(❶).현재는 실시간으로 레벨에 배치된 모습으로 환경광을 표현하도록 설정되어 있습니다(❷). 하지만 매순간 연산이 힘든 경우를 위해서 소스 유형(Source Type)의 설정에 따라(❸) 레벨에 배치된 액터의 모습을 임의의 순간에 캡처해 그 색을 소스로 활용해 환경광으로 사용할 수 있고(SLS Captured Scene), 임의의 이미지를 적용해 그 정보를 환경광으로 사용할 수도 있습니다(SLS Specified Cubemap).

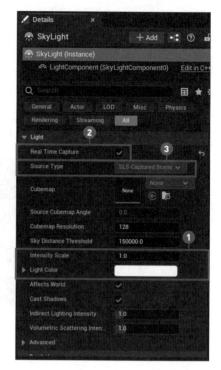

[그림 1.5-135] 스카이 라이트의 속성 변경

이번 아파트 평면도 실습에서는 굳이 두 라이트의 설정을 변경할 필요는 없을 것 같습니다.

그럼 이번에는 큰 침실에 설치되어 있는 전등(SM_Lamp_Ceiling)에 포인트 라이트를 설치해 보겠습니다. [그림 1.5-136]과 같이 액터 배치(Place Actors) 패널에 'Light' 항목 안에 있는 포인트 라이트(Point Light)를 뷰포트에 드래그 앤 드롭 합니다. 그리고 전등의 전구가 있는 곳으로 이동해 줍니다. 그리고 아웃라이너 패널에서 라이트 액터의 이름을 'Light_BigBed'라고 변경하겠습니다.

[그림 1.5-136] 큰 침실 포인트 라이트 액터 배치

디렉셔널 라이트와 마찬가지로 디테일 패널에서 라이트의 속성들을 바꿀 수 있습니다. 몇 가지 배치에 필요한 속성들을 살펴보겠습니다. 디렉셔널 라이트와 같이 Intensity 수치로 빛의 세기를 조절하고 Light Color에서 빛의 색을 바꿀 수 있고, 바로 아래에 있는 Attenuation Radius가 포인트 라이트의 특징인데 [그림 1.5-137]과 같이 포인트 라이트 액터를 선택한 상태로 뷰포트상에서 아파트를 작게 보이도록 시점을 이동하면 선택한 포인트 라이트를 중심으로 가상의 실선으로 구체가 표시되는 것을 볼 수 있습니다.

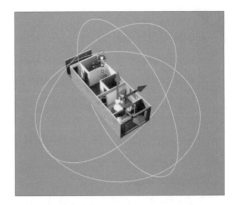

[그림 1.5-137] 포인트 라이트의 Attenuation Radius

이것은 포인트 라이트의 위치에서 빛을 뿜었을 때 나온 빛이 도달하는 거리를 의미하고 Attenuation Radius 값이 이 구체의 크기를 의미합니다. 그래서 지금은 너무 넓은 영역까지 빛이 뻗어나가기 때문에 수치를 줄여서 구의 크기를 큰 침실에 적당히 커버할 정도로만 줄여주겠습니다. 구체 가운데서 뿜어져 나온 빛은 구체 외곽에 도달하면서 빛의 세기가 일정해지는 것이 아니라 빛의 시작이 100퍼센트의 세기라면 점점 세기가 약해져 구체 경계에 도달하면 0퍼센트로 일정하게 줄어듭니다. 그래서 반경을 줄이면 빛이 약해진 듯한 느낌이 들 수도 있습니다. 그럴 때는 Intensity 수치를 올려 빛의 세기를 증가시키는 것도 방법입니다.

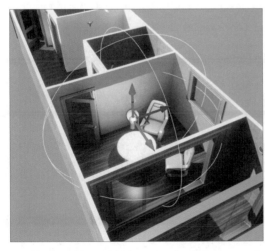

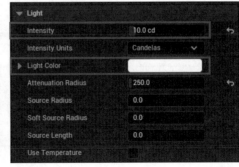

[그림 1.5-138] 큰 침실에 맞게 Attenuation Radius와 Intensity 조절

## 라이트 액터의 배치 팁

실시간 콘텐츠에서 중요한 것은 유저가 사용하는 데 불편함이 없도록 하는 것입니다. 그러기 위해서는 유저의 입력에 따라 지체 없는 즉각적인 반응이 중요합니다. 즉 실시간 콘텐츠의 퍼포먼스가 가장 중요합니다. 특히 공간을 표현하기에 빛 연출이 중요한데 한 장면을 렌더링할 때 라이트의 계산은 비용이 많이 드는 요소입니다. 되도록 라이트를 많이 계산하지 않게 설계하는 것이 가장 좋겠지만, 현실적으로 원하는 장면을 만들기 위해 라이트의 개수를 줄이기에는 한계가 있습니다. 그래서 라이트 액터를 설치하는 데 약간의 요령이 필요합니다.

### Attenuation Radius

Attenuation Radius는 라이트가 영향을 주는 범위를 의미합니다. [그림 1.5 -140]과 같이 파란색으로 이루어진 도형만큼 라이트가 영향을 줍니다.

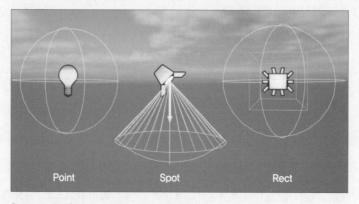

[그림 1.5-139] 라이트의 Attenuation Radius

라이트는 아이콘이 시작되는 지점부터 빛을 뿜어 파란색 도형의 표면에 도착하면서 점점 빛이 약해지는 특성이 있습니다. 그래서 라이트를 배치하다 보면 Intensity 수치를 올려 빛의 세기를 강하게 하지만 이것도 한계가 있어 빛의 시작점이 과도하게 밝아져 표현하려는 재질이 잘 나오지 않을 수 있습니다. 그러다 보면 여러 개의 라이트를 겹쳐서 배치하게 되는데 Attenuation Radius를 조정하지 않으면 [그림 1.5-140]과 같이 파란색 도형이 겹치게 되고 어느 순간 라이트 액터 아이콘에 X가 표시되면서 작동을 하지 않게 됩니다. 이것은 언리얼 엔진이 실시간으로 라이트를 처리하기 하나의 메시에 영향을 주는 라이트의 개수를 제한하고 있기 때문입니다(기기 성능에 따라 설정에서 개수 조정이 가능합니다).

[그림 1.5-140] 라이트를 겹쳐 배치한 결과

따라서 Attenuation Radius 수치를 조절해 다른 라이트와 겹치는 것을 방지하고 포인트 라이트와 스포트라이트를 적절히 섞어 사용해 겹치는 영역을 최소화하는 것도 방법입니다.

### Cast Shadows

현실 공간에서 모든 물체는 빛이 있으면 그림자가 생기게 마련입니다. 3D 가상 공간에서는 빛이 물체에 가려 다른 물체에 드리워진 그림자(Cast Shadow)를 따로 계산합니다. 라이트 설정 중에 Cast Shadows를 비활성화하면 다른 물체에 그림자를 생성하지 않습니다. 그림자는 퍼포먼스 비용이 높아 이것을 이용하면 계산할 거리가 하나 줄게 되어 퍼포먼스에 도움이 됩니다. 또 조금 더 응용하면 모자란 빛의 양을 보충하거나 의도적인 분위기 연출도 가능합니다.

[그림 1.5-142] Cast Shadows 설정

전등 액터를 설치한 곳에 같은 방법으로 포인트 라이트 액터를 모두 배치하겠습니다.

[그림 1.5-142] 포인트 라이트 설치

조명의 분위기를 좀 더 살리기 위해 지붕을 만들어 아파트 실내에 있는 것처럼 만들어 보겠습니다. 간단하게 'Ground' 액터를 복사해 만들어 주겠습니다. 액터 이름은 'Roof'라고 변경하고, 머티리얼도 바꿔주면 좀 더 리얼한 느낌을 줄 수 있을 것입니다([그림 1.5-143]).

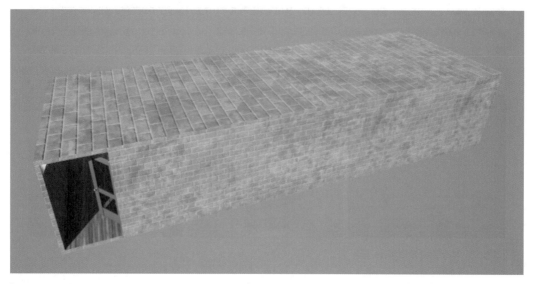

[그림 1.5-143] 지붕 생성

**Tip**

### 시각 순응(자동 노출)

시점을 아파트 밖에 두었다가 큰 침실로 이동하면 [그림 1.5-144]와 같이 처음엔 조명이 없어 빛이 없어 어두웠던 방이 천천히 밝아지는 것을 느낄 수 있을 것입니다. 그 이유는 밝은 환경에서 어두운 환경으로 이동할 때 인간의 눈이 순응하기 때문인데, '자동 노출'이라고도 불리는 이런 현상을 언리얼 엔진에서는 작업 중인 뷰포트 상에서도 지원하고 있습니다.

[그림 1.5-144] 시각 순응(자동 노출) 현상

[그림 1.5-145]와 같이 뷰포트 좌측 상단의 뷰 모드(View Mode) 드롭다운 메뉴(❶)에서 Exposure 항목에 게임 설정 (Game Seetings) 체크박스와 EV100슬라이더를 사용해 설정합니다. 게임 설정 체크박스가 체크되어 있으면 자동으로 적용되고 반대로 체크가 안 되어있으면 EV100 수치로 일괄 적용됩니다(❷). 뷰포트의 뷰 모드 외에도 다양한 방법으로 자동 노출을 설정할 수 있습니다. 필요한 내용은 학습을 하는 과정에서 배워보도록 하겠습니다.

[그림 1.5-145] 뷰포트 좌측 상단 뷰 모드
에서 Exposure 설정

지붕 배치 후 아파트 내부를 둘러 보면, [그림 1.5-146]과 같이 현관에서 큰 침실로 연결되는 복도 쪽이 약간 허전한 느낌이 듭니다. 다음 오른쪽 참고 이미지의 벽처럼 연출해 보는 것도 좋을 것 같습니다.

[그림 1.5-146] 복도 벽면 조명 참고 이미지

이 벽을 연출하기 위해 스포트(Spot) 라이트를 생성해 보겠습니다. '액터 배치' 패널에서 스포트 라이트 액터를 뷰포트에 드래그 앤 드롭 합니다. 이름은 'Light_Wall01'로 변경하겠습니다.

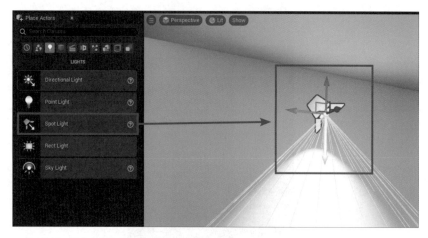

[그림 1.5-147] 스포트 라이트 액터 생성

[그림 1.5-148]과 같이 벽에 빛이 잘 비치도록 이동하고 디테일 패널에서 Intensity를 조절해 빛의 세기를, Attenuation Radius 수치를 조절해 너무 멀리까지 빛이 뻗어나가지 않도록 조절합니다(❶). 그리고 Outer Cone Angle을 조절해 빛이 뻗어가는 범위를 조절해 줍니다(❷).

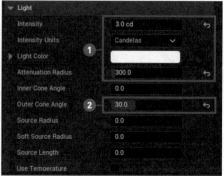

[그림 1.5-148] 스포트 라이트 디테일 패널 설정

## 스포트 라이트(Spot Light)의 Inner/Outer Cone Angle

스포트 라이트 액터는 빛의 방향과 범위가 핵심인 라이트 액터로서 한 지점에서 원뿔 모양으로 빛을 내뿜습니다. 간단하게 손전등이나 무대조명을 생각해 보면 되겠습니다. 빛의 방향은 트랜스폼 컴포넌트의 회전(Rotation) 프로퍼티를 통해 조절하고, Attenuation Radius(라이트의 반경)는 원뿔의 길이 즉 빛이 도달하는 거리를 나타냅니다.

라이트의 모양을 내는 데는 Inner Cone Angle(내부 원뿔 각, 파란색)과 Outer Cone Angle(외부 원뿔 각, 녹색) 두 원뿔로 만들어 냅니다. 내부 원뿔 각 안에서 라이트는 최대의 밝기를 냅니다. 내측 반경의 경계에서부터 외부 원뿔 각의 경계에 이르기까지 광량의 감쇠가 일어나면서 조명이 연해지는 부분이 생깁니다. [그림 1.5-152]는 내부와 외부 원뿔 각의 수치에 따른 빛의 모양을 나타냅니다.

[그림 1.5-149] 스포트 라이트의 Inner/Outer Cone Angle 수치에 따른 빛의 모양

그럼 벽면에 스포트 라이트를 추가해 참고 이미지와 같은 느낌을 만들어 줍니다.

[그림 1.5-150] 스포트 라이트 추가 배치 후 빌드

이제 아파트 평면도를 시각화하는 작업을 마무리하고 만들어 본 아파트를 직접 둘러보겠습니다.

에디터 상단의 [플레이] 버튼을 누르면 작업 중인 레벨이 실제 플레이할 때 어떻게 동작하는지 확인할 수 있습니다. 뷰포트 창이 바라보고 있는 곳에서 플레이를 시작하게 되고, 뷰포트 창에 작업에 필요한 아이콘들과 기즈모들이 사라져 깔끔한 모습이 됩니다. 플레이를 마치고 싶을 때는 키보드 Esc 키를 누르면 다시 작업하던 모드로 돌아옵니다.

[Play] 버튼

[그림 1.5-151] 플레이 모드

이렇게 해서 아파트 평면도 시각화 작업을 통해 액터들을 다뤄 보는 시간을 마치겠습니다.

[그림 1.5-152] 아파트 평면도 시각화 결과물

## 언리얼 엔진의 개발 사례

### 리니지 W
NC소프트의 대표 IP인 리니지를 이용하여 만든 콘텐츠. '마지막 리니지'라는 수식어 답게 전세계 유저들과 대규모 전쟁을 즐길 수 있다.

### 세븐나이츠 2
성공적인 흥행을 이룬 〈세븐나이츠〉의 후속작. 넷마블에서 서비스하며, 전작의 아기자기한 비주얼을 벗어나 실사 스타일의 완성도 높은 비주얼을 자랑한다.

### 오딘: 발할라 라이징
수년 동안 구글 플레이 매출 1위인 〈리니지〉의 아성을 무너뜨린 카카오게임즈의 〈오딘〉. '발할라' 라는 이름에서 알 수 있듯 북유럽 신화를 모티브로 하는 MMORPG.

나라: Cross Worlds

엔진을 사용하여 지브리 스튜디오
애니메이션 느낌을 굉장히 잘 살린
게임. 넷마블에서 개발 및 서비스를

# 슈팅 게임 제작하기

Chapter 2에서는 블루프린트의 비주얼 스크립팅 기능을 이용해서 프로그래
밍의 기초를 쌓는 과정을 진행합니다. 단순히 프로그래밍 방법만 배우는 것이
아니라 간단하게 비행 슈팅 게임을 직접 개발해 보면서 실무적인 절차에 따라
프로젝트를 진행하는 방법도 학습하게 됩니다.
블루프린트를 이용한 비주얼 스크립팅에 익숙해졌다면 이어서 C++ 언어를
이용한 전통적인 텍스트 방식의 코딩에 대해서도 학습합니다. 블루프린트와
C++ 코드의 특징을 상호 비교해 가면서 학습할 수 있도록 블루프린트 때와
동일한 내용의 비행 슈팅 게임을 C++ 언어로 다시 제작해 보겠습니다.

rble.com/ko/

# 2.1 블루프린트 사용하기

## 2.1-1 코딩과 비주얼 스크립팅

최근 전 세계적으로 코딩 교육 열기가 뜨겁습니다. 그런데 여기서 구체적으로 '코딩'이 무엇을 말하는 것인지 아직 잘 모르는 독자 분도 있으리라 봅니다. '코딩(Coding)'이란 우리가 가진 컴퓨터에 일정한 명령을 내리기 위해 만들어진 언어적인 기호(Code)를 사용하는 행위를 말합니다. 쉽게 말해 우리가 컴퓨터와 대화를 하기 위한 언어를 사용한다는 의미이죠. 사람들 사이에서도 언어를 통해 어떤 행위를 하도록 요청하듯이 컴퓨터에도 그들이 알아들을 수 있는 언어를 이용하여 특정 동작을 요구할 수 있습니다.

그런데 우리가 '영어'라는 언어를 처음 접했을 때를 기억해 볼까요? 어릴 적 처음 영어를 배울 때 아마도 〈뉴욕 타임스〉 같은 정론지로 영어 공부를 시작하지는 않았을 겁니다. 보통은 사과 그림이 있고 그 아래에 'Apple'이라는 단어가 적힌 이른바 '단어 카드' 같은 학습 도구들을 이용해서 쉽고 가볍게 낯선 외국 언어에 접근하는 방식으로 학습을 시작했을 것입니다. 요즘 초등학교에서 방과 후 학습 과정으로 진행되는 코딩 교육 역시 처음부터 어려운 코드를 작성하는 것이 아니라 특정 기능을 담은 코드 블록을 마우스 드래그 앤 드롭만으로 조립해서 컴퓨터에 명령을 내려보는 '블록 코딩'이라는 시각적인 학습 도구를 이용하여 코딩 교육이 이루어지고 있습니다. 이러한 시각적 인터페이스를 이용한 코딩 방식을 '비주얼 스크립팅'이라고 합니다.

우리가 사용할 언리얼 엔진에도 코딩에 익숙하지 않은 기획자나 아티스트들이 간단하게 기능을 구현할 수 있도록 비주얼 스크립팅 방식의 블루프린트(Blueprint) 기능을 제공하고 있습니다. 특히 언리얼 엔진의 블루프린트는 일반적인 블록 코딩보다도 더욱 코딩 관련 기능을 많이 제공하고 있어서 직접적인 코딩 없이 블루프린트만으로도 어느 정도 규모의 프로젝트는 거뜬히 제작할 수 있을 정도로 강력합니다. 우리가 처음 시작할 프로젝트는 코드가 익숙하지 않은 분들도 부담 없이 따라 할 수 있도록 블루프린트만을 이용하여 비행 슈팅 게임을 개발해볼 생각입니다. 그러기 위해서는 블루프린트를 어떻게 사용하는지부터 알아야 하겠죠? 자, 그럼 프로젝트 개발에 앞서 먼저 간단하게 블루프린트의 사용 방법부터 알아보도록 합시다.

### ✖ 학습 목표

블루프린트를 이용하여 화면에 글씨를 출력하고 싶다.

### ✖ 구현 순서

❶ 프로젝트를 생성한다.
❷ 액터 블루프린트를 생성한다.
❸ 비주얼 스크립팅을 이용해서 "Hello World!"라는 문자열을 화면에 출력한다.

## → 언리얼 프로젝트 준비하기

가장 먼저 해야할 일은 프로젝트를 생성하는 것이겠죠? 에픽게임즈 런처를 실행하고, 우측 상단에 있는 [Launch] 버튼을 클릭합니다.

[그림 2.1-1] 언리얼 프로젝트 생성

프로젝트 [런치(Launch)] 버튼을 클릭하면 앞서 설치했던 언리얼 엔진이 실행되면서 잠시 후 개발 카테고리를 선택하라는 창이 뜰 것입니다. 언리얼 엔진에는 사용자가 개발하면서 필요할 기본 리소스와 기능들을 상당히 많이 제공하고 있습니다. 하지만, 오히려 너무 많은 기능이 존재한다는 점 때문에 언리얼 엔진에 익숙하지 않은 사용자로서는 처음부터 구현된 기능을 직접 찾아서 사용하기란 쉽지 않겠죠. 따라서, 엔진 안에 준비된 기능 중에서도 사용자가 개발하려는 애플리케이션의 목적에 따라 빈번하게 사용될 수 있을 법한 기능들을 엄선해서 화면에 미리 배치해 놓은 템플릿을 제공하고 있습니다. 하지만, 이렇게 제공되는 맞춤형 템플릿조차도 종류가 꽤 많기 때문에 선택의 폭을 좁혀주기 위해 템플릿 선택에 앞서서 사용자의 제작 용도를 먼저 묻게 되는데 이것이 바로 지금 화면에서 선택하라는 개발 카테고리 항목입니다.

언리얼 엔진은 기본적으로 게임 개발을 위해 만들어졌기 때문에 게임(Games) 카테고리가 베이스라고 할 수 있습니다. 물론 블루프린트 연습을 하기 위한 목적이라면 어느 카테고리를 선택해도 무방하지만 첫 연습이니만큼 우리도 베이스 카테고리를 선택하도록 하겠습니다. 마우스로 [Games] 카테고리를 카테고리를 선택합니다.

프로젝트 카테고리를 선택하고 나면 그 카테고리에 맞는 템플릿들이 표시된 창이 보일 것입니다. 1인칭 게임, 비행기 게임, 퍼즐 게임 등 게임 카테고리에 맞는 여러 가지 템플릿이 있는데 지금은 단순히 블루프린트 연습을 할 뿐이라서 특별히 준비된 기능은 필요치 않습니다. 맵에 배치된 것이

없이 하늘과 바닥만 준비된 상태로 시작해보도록 하겠습니다. 템플릿 목록의 가장 첫 번째 항목인 [Blank] 항목을 마우스로 선택합니다.

[그림 2.1-2] 프로젝트 카테고리 및 템플릿 선택

다음으로는 프로젝트의 기본적인 설정을 하기 위해 창의 우측 부분에서 ❶ 블루프린트를 이용한 비주얼 스크립팅을 하기 위한 [Blueprint] 항목을 선택하고, ❷ 데스크톱 PC를 플랫폼으로 하는 앱을 개발할 예정이므로 [Desktop/Console] 항목을 선택합니다. 또한, ❸ 선택 박스 하단에는 프로젝트를 저장할 폴더를 설정하는 항목이 있는데, 여러분이 쉽게 찾을 수 있는 드라이브와 폴더를 선택하고 프로젝트 이름 부분에는 'MyBlueprintTest'라고 작성합니다. 참고로 언리얼 프로젝트는 매우 크고 무겁기 때문에 프로젝트를 저장할 드라이브는 가급적 읽기/쓰기 속도가 빠른 SSD 저장 장치로 지정하는 편을 추천해 드립니다. ❹ 모든 설정을 완료했으면 하단의 [Create] 버튼을 클릭하여 프로젝트를 생성하도록 하겠습니다.

[그림 2.1-3] 프로젝트 설정

자! 드디어 대망의 첫 프로젝트가 생성되었습니다. 수년간 개발을 해왔어도 언제나 이때만 되면 가장 두근두근한 순간이기도 합니다. 지난 챕터가 언리얼 에디터에 익숙해지기 위한 연습이었다면 이번에는 본격적으로 기능을 구현해 보는 시간이 될 것입니다.

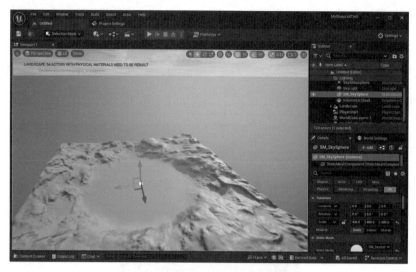

[그림 2.1-4] 프로젝트 초기 화면

## 🔶 액터 블루프린트 제작하기

그럼 이제 블루프린트 클래스부터 만들어볼까요? 아래쪽에 있는 콘텐트 브라우저에서 [+Add]
버튼을 클릭하고 [Blueprint Class]를 선택합니다.

[그림 2.1-5] 블루프린트 클래스 생성하기

그러면 부모 클래스를 선택하라는 창이 하나 표시될 것입니다. '클래스'라는 것은 각종 데이터와 기능들을 구현해서 묶어 놓은 하나의 코드 파일을 의미합니다. 사람들 사이에서도 부모는 자식에게 자신의 모든 것을 물려주는 것과 같이 프로그래밍에서도 부모 클래스를 선택(상속)하면 부모 클래스에 구현되어 있는 데이터와 기능들을 그대로 물려받게 됩니다. 이러한 관계를 **'상속 관계 (inharitance)'**라고 하며, 자신의 데이터와 기능을 물려 주는 클래스를 '부모 클래스(Parent Class)'라, 반대로 부모로부터 데이터와 기능을 물려받는 클래스를 '자식 클래스(Child Class)'라고 부릅니다.

그렇다면 상속은 어떤 경우에 사용하는 걸까요? 가령 우리가 무사 캐릭터와 궁수 캐릭터를 만들고 싶다고 가정해 봅시다. 무사 캐릭터에게는 탐지 기능, 이동 기능, 검 휘두르기 기능을 구현할 예정이고, 궁수 캐릭터에게는 탐지 기능, 이동 기능, 활쏘기 기능을 구현할 예정입니다. 무사 캐릭터와 궁수 캐릭터는 둘 다 탐지 기능과 이동 기능이라는 공통된 기능이 있고, 검 휘두르기 기능과 활 쏘기 기능이라는 각각의 차별화된 기능이 있습니다. 물론 무사 클래스와 궁수 클래스를 별도로 제작하더라도 문제는 없습니다. 다만, 공통된 기능을 또 구현하려면 불필요하게 개발 시간이 늘어날 뿐만 아니라 다음에 암살자 캐릭터 등 공통 기능을 쓰는 캐릭터가 더 늘어난다면 확장성의 측면에서도 같은 작업을 여러 번 반복하여야 한다는 불편함이 있습니다.

그런데 만일, 탐지 기능과 이동 기능만을 구현한 '솔저(Soldier)'라는 클래스를 만들고, 무사 클래스와 궁수 클래스가 이 군인 클래스를 상속한다면 어떻게 될까요? 솔저 클래스를 상속한다는 선택만으로 무사 클래스와 궁수 클래스에는 탐지 기능과 이동 기능을 가진 채로 시작하기 때문에 검 휘두르기 기능과 활쏘기 기능 같은 고유의 기능만 구현하면 되기 때문에 작업량이 훨씬 줄어들게 되겠죠?

이렇듯 클래스 상속을 사용하는 가장 큰 목적은 동일한 기능을 다시 구현하지 않아도 물려받음으로써 동일한 기능을 곧바로 사용할 수 있기 때문입니다. 자식 클래스는 부모 클래스로부터 물려받은 데이터와 기능 이외에 자신만의 고유한 데이터와 기능을 추가로 더 구현하여 더 심화된 클래스를 쉽고 빠르게 만들 수 있게 됩니다.

지금 우리에게 필요한 기능은 레벨 공간에 블루프린트를 배치하기 위한 기능입니다. 따라서 우리가 만든 블루프린트 클래스는 무대(Level)에 서는 배우(Actor)로서의 기능을 물려받도록 하겠습니다. 선택 창 상단에 있는 [Actor] 버튼을 마우스로 클릭합니다.

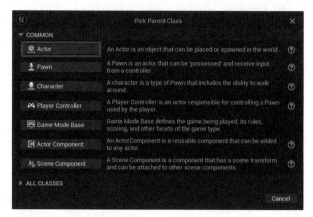

[그림 2.1-6] 부모 클래스 선택

블루프린트 클래스 파일이 생성되면 이름을 지어주어야 합니다. [그림 2.1-8]과 같이 'BP_TestActor'라는 이름으로 명명하도록 하겠습니다. 만일 Enter 키를 잘못 눌러서 이름을 다시 변경해야 할 경우에는 F2 키를 누르면 블루프린트 파일의 이름을 변경할 수 있습니다.

[그림 2.1-7] 액터 이름 설정하기

**Tip**

### 상속의 상속과 다중 상속

우리는 부모의 유전자를 물려받았을 뿐만 아니라 할아버지, 할머니와 같이 부모의 부모, 즉 조부모로부터도 유전자를 물려받고 있다는 점은 알고 계실 겁니다. 실제 순서상으로는 조부모 유전자를 부모가 물려받았기 때문에 부모 유전자 안에는 조부모 유전자가 같이 있는 것이고 우리는 부모 유전자를 물려받으면서 부모 유전자 안에 있는 조부모 유전자까지 같이 물려받는 것이죠. 프로그래밍에서의 상속 관계도 이와 동일하게 상속을 받은 어떤 클래스를 자신이 상속해서 두 개 이상의 클래스를 상속받을 수도 있습니다.

부모 클래스(A)로부터 상속받은 자식 클래스(B)를 다시 상속받은 클래스(C)가 있다고 봅시다.

[그림 2.1-8] 상속 관계 다이어그램

B 클래스는 자신이 구현한 데이터와 기능 외에도 A 클래스로부터 물려받은 데이터와 기능을 가지고 있게 됩니다. 이러한 B 클래스를 상속한 C 클래스는 A 클래스의 데이터 및 기능 + B 클래스의 데이터 및 기능을 물려받게 되는 것이죠.

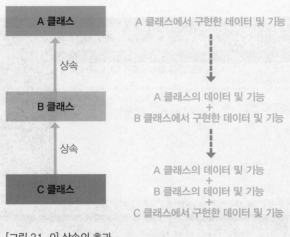

[그림 2.1-9] 상속의 효과

그렇다면 어떤 분들은 이런 생각을 해볼 수도 있을 것 같습니다. 'A 클래스를 B 클래스가 상속하지 않고 C 클래스에서 A 클래스와 B 클래스를 같이 상속할 수는 없을까?'라고 말이죠.

결론부터 말씀드리면 위와 같은 다중 상속은 원칙적으로 불가능합니다. 다중 상속을 허용하면 A 클래스와 B 클래스에 동일한 기능이 겹칠 때 처리가 모호해지는 등의 문제가 발생할 수 있기 때문입니다. 예외적으로 인터페이스(Interface)와 같은 추상 클래스는 가능하지만 아직 클래스 상속에 익숙하지 않은 분들에게는 오히려 머릿속에 혼돈만 가중될 수 있으니 그냥 "상속의 상속은 가능하지만 동시에 여러 클래스를 상속받는 다중 상속은 불가능하다"라고만 이해해도 충분합니다.

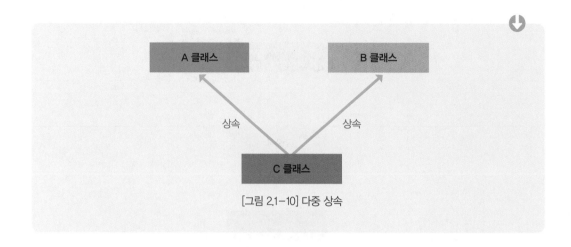

[그림 2.1-10] 다중 상속

액터 클래스를 상속한 블루프린트는 레벨에 배치할 수 있는 오브젝트가 됩니다. 콘텐트 브라우저 패널에 있는 BP_TestActor 블루프린트를 마우스로 드래그 앤 드롭하여 레벨의 아무 곳이나 배치하겠습니다. 레벨에 배치된 액터는 언리얼 에디터 우측의 아웃라이너 패널에 표시됩니다.

[그림 2.1-11] 액터 블루프린트 배치하기

주의해야 할 것은 콘텐트 드로어(Content Drawer) 패널에 있는 BP_TestActor 블루프린트는 원본 파일이고, 레벨에 배치된 BP_TestActor 블루프린트는 복사된 개체라는 점입니다. 레벨에 복사된 블루프린트 개체를 '인스턴스(Instance)'라고 합니다. 원본 블루프린트와 인스턴스 블루프린트의 차이점은 원본 블루프린트의 내용을 수정하면 레벨에 배치된 모든 인스턴스 블루프린트의 내용이 변경되지만, 특정 인스턴스 블루프린트의 내용을 수정하더라도 원본 블루프린트나 (수정한 인스턴스 외에) 다른 인스턴스 블루프린트의 내용에는 영향을 미치지 않는다는 것입니다.

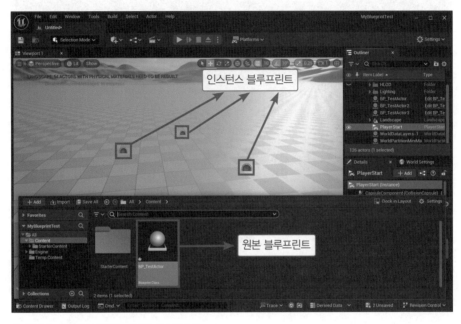

[그림 2.1-13] 블루프린트 원본과 인스턴스들

액터 블루프린트를 레벨에 배치하고 나면 저장해 두어야 합니다. 좌측 상단의 [File] 탭에서 [Save All] 버튼을 클릭합니다.

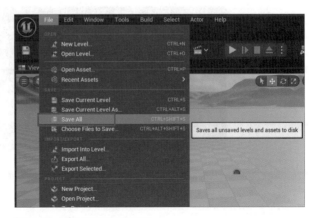

[그림 2.1-13] 프로젝트 저장하기

저장할 파일을 선택하라는 팝업 창이 생성되면 하단의 Name 항목에 저장할 이름을 입력하면 됩니다. 여기서는 'MyMap'이라는 이름으로 파일을 만들도록 하겠습니다. 파일명을 입력한 뒤에 우측의 [Save] 버튼을 클릭하면 저장이 완료됩니다.

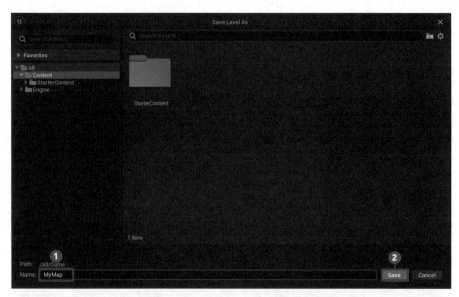

[그림 2.1-14] 저장할 파일명 입력하기

저장하고 나면 에디터 하단 콘텐트 브라우저 패널에 MyMap 파일이 생성된 것을 확인할 수 있습니다. 하지만, 언리얼 에디터를 종료 후에 다시 저장된 맵을 열려면 매번 MyMap 파일을 더블클릭해줘야 하는 불편함이 있습니다.

[그림 2.1-15] 저장된 MyMap 파일

이번에는 언리얼 에디터를 다시 켜도 처음 시작 맵(Starter Map)으로 MyMap이 바로 로드될 수 있도록 설정을 해보겠습니다. 언리얼 에디터 좌측 상단의 [Edit] 탭에서 [Project Settings…] 항목을 클릭합니다.

[그림 2.1-16] 프로젝트 설정 창 열기

프로젝트 설정 창이 생성되면 좌측 탭에서 [Maps & Modes] 항목을 선택하고 우측에서 Editor Startup Map과 Game Default Map을 우리가 만든 MyMap 파일로 변경합니다. Editor Startup Map은 언리얼 에디터를 켰을 때 자동으로 제일 먼저 로드되는 맵을 말합니다. Game Default Map은 만일 실행 파일로 만들었을 때 가장 먼저 로드되는 맵입니다. 여기서는 실행 파일로 패키징 하진 않을 것이라 굳이 설정할 필요 없지만, 연습 겸 Game Default Map도 바꾸어 보았습니다.

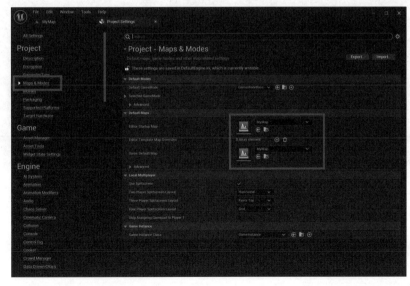

[그림 2.1-17] 시작 맵 파일 변경하기

레벨 저장도 했으니 이제 본격적으로 블루프린트 구현 실습에 들어가 보도록 합시다. 먼저 BP_TestActor 블루프린트에는 아직 아무런 기능이 없기 때문에 연습 삼아 화면에 글씨를 출력해 보도록 하겠습니다.

## ➡ Hello World! 출력하기

콘텐트 브라우저 패널에 있는 원본 BP_TestActor를 마우스로 더블클릭해 보겠습니다. 그러면 블루프린트 설정 창이 생성되는데 아마도 [그림 2.1-18]과 같이 요약 형태의 창이 생성될 것입니다. 완전한 형태의 블루프린트 설정 창을 열기 위해 상단부에 있는 [Open Full Blueprint Editor]를 클릭합니다.

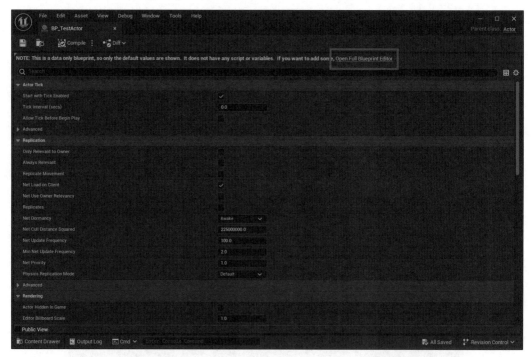

[그림 2.1-18] 요약형 블루프린트 설정 창

[Full Blueprint] 설정 창이 열리면 [Event Graph] 탭이 활성화되어 있을 것입니다. 이벤트 그래프 탭에서는 개발자가 만들고 싶은 기능을 비주얼 스크립팅 형식으로 작성할 수 있습니다. 이제 여러분이 블루프린트 설정 창에서 가장 자주 볼 화면이 될 것입니다.

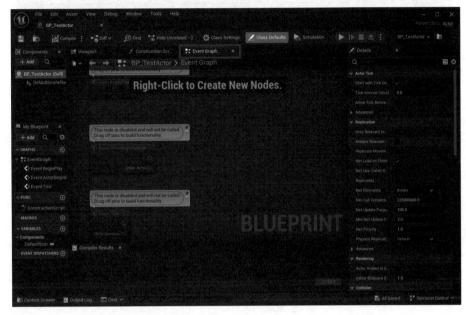

[그림 2.1-19] Full Blueprint Editor 화면

이벤트 그래프 판에는 [Event BeginPlay], [Event ActorBeginOverlap], [Event Tick]의 세 가지 노드가 준비되어 있습니다. 각각의 노드는 실행이 되는 주기에서 차이가 있는데 자세한 내용은 뒤에서 다루기로 하고 처음에는 실습부터 해보도록 하겠습니다. 외국어를 배울 때도 그렇듯이 프로그래밍 언어를 공부할 때도 이론보다는 먼저 실습을 통해 언어 활용에 익숙해진 다음 어느 정도 사용법을 익혔다 싶을 때 이론적으로 접근하는 편이 더욱 효과적인 학습 방법이라고 생각합니다.

이벤트 그래프 판의 빈곳에 마우스 커서를 가져다 놓고 마우스 우측 버튼을 클릭하면 기능 노드를 선택하는 팝업 창이 생성됩니다. 생성 가능한 노드의 수가 매우 많기 때문에 직접 찾는 것은 쉽지 않으니 검색 창에 'print'라고 입력해 보겠습니다. 그러면 'print'라는 문자가 포함된 노드만 간추려서 검색이 됩니다. 우리는 그중에서 화면에 문자열(string)을 출력(print)한다는 명령 노드인 [Print String] 노드를 마우스로 선택합니다.

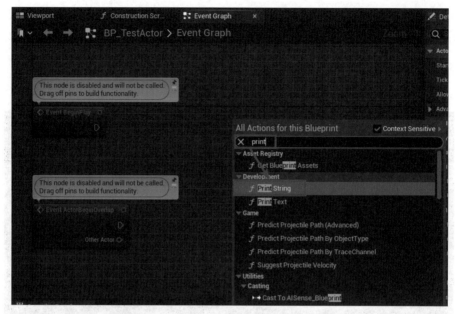

[그림 2.1-20] 노드 생성 팝업 창

[Print String] 노드가 생성되면 In String 핀 쪽에 'Hello World!'라는 문구를 입력하고, [Event BeginPlay] 노드 우측의 하얀색 화살표 모양의 실행 핀을 마우스로 드래그해서 [Print String] 노드의 좌측 실행 핀에 연결하겠습니다.

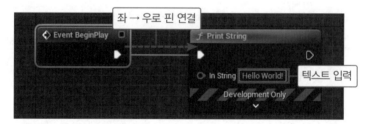

[그림 2.1-21] 텍스트 입력 및 노드 연결

이벤트 그래프 판에 새로운 노드를 만들면 반드시 컴파일과 세이브를 해 주어야 현재 블루프린트 파일에 적용이 됩니다. 블루프린트 설정 창 상단부에 있는 [Compile] 버튼과 [Save] 버튼을 차례로 클릭하도록 하겠습니다. 컴파일은 우리가 만든 이벤트 그래프를 컴퓨터가 알아들을 수 있는 기계어로

번역 처리를 해주는 과정이고, 세이브는 말 그대로 현재 있는 블루프린트 파일을 새로 덮어쓰기로
저장하는 과정입니다.

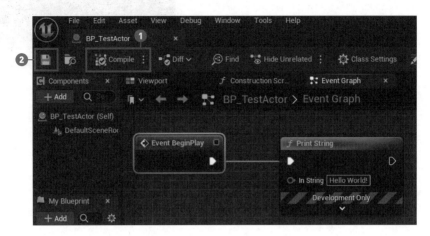

[그림 2.1-22] 컴파일 및 저장하기

컴파일과 저장이 끝났으면 이제 블루프린트 창을 끄고, 다시 언리얼 에디터 메인 화면으로 돌아
가서 상단 툴 바에 있는 [Play] 버튼을 클릭하도록 하겠습니다.

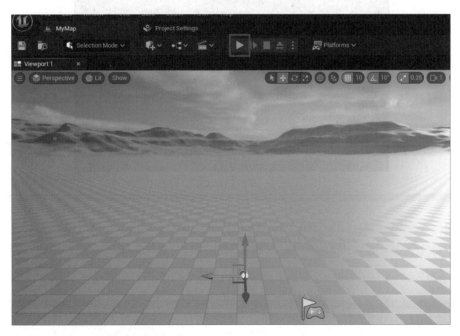

[그림 2.1-23] 플레이 버튼 클릭하기

[Play] 버튼을 누르면 화면 좌측 상단에 하늘색 글씨로 우리가 입력한 'Hello World!' 문구가 2초 동안 출력되었다가 사라질 것입니다. 여러분들은 연습 삼아 블루프린트 이벤트 그래프의 [Print String] 노드에 입력했던 텍스트를 다른 문구로도 변경해서 플레이해 보기 바랍니다. 아! 물론 내용을 변경하면 꼭

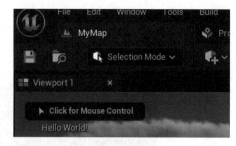

[그림 2.1-24] 문자 출력 테스트

[Compile] 버튼과 [Save] 버튼을 차례로 눌러 주는 것도 잊지 말길 바랍니다. 그래야만 변경 내용이 파일에 덮어씌워집니다.

만일, 텍스트가 더 오래 출력되게 하고 싶다거나 폰트 색상을 바꾸고 싶다면 블루프린트 설정 창에서 [Print String] 노드의 하단부 화살표(Development Only 아래쪽 ▲)를 클릭하면 출력 방식 설정 부분이 펼쳐집니다. Text Color 핀 우측의 색상 박스를 클릭하면 폰트 색상을 선택할 수 있는 컬러 피커를 통해 폰트 색상을 변경할 수 있고, Duration 핀 우측의 2.0의 값을 바꾸면 지속 시간(초)을 변경할 수 있습니다.

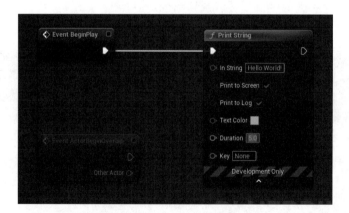

[그림 2.1-25] 출력 설정 변경하기

생각보다 간단하지 않나요? 물론 아직은 뭐가 뭔지 정신이 하나도 없을 것입니다. 자! 그럼 이제부터 본격적으로 이벤트 그래프와 노드를 이용한 비주얼 스크립팅 방식에 대한 설명을 시작해 보도록 하죠. 또한 비주얼 스크립팅의 내용은 뒤에서 배울 C++ 코딩에서도 동일한 의미로 사용되는 것들이 많으니 반드시 숙지하고 응용 연습도 겸하면서 학습하기를 권장합니다.

**2.1-2** **블루프린트 스크립팅의 기초** ·····················

1

1.1
1.2
1.3
1.4
1.5

2

2.1
2.2
2.3
2.4
2.5
2.6

프로그래밍에 관심이 있던 분이라면 어느 정도 감이 왔을 수도 있지만 사실 블루프린트에서의 비주얼 스크립팅은 텍스트 형식으로 작성하는 코드 자체를 노드라는 시각적 형태로 변경한 것뿐입니다. 블루프린트 스크립팅에서의 노드 이름도 C++코드에 있는 변수 또는 함수 이름과 대부분 동일하고 흐름 제어도 거의 동일하기 때문에 블루프린트에 익숙해지면 실제 코드로 작성할 때도 크게 어려움이 없으리라 봅니다.

이번 절에서 배워볼 내용은 크게 세 가지입니다. 첫 번째, 노드는 어떤 형태로 되어있고 프로그램이 생각대로 진행되게 하기 위해서 어떻게 연결할 것인지 여부, 두 번째는 데이터를 담을 변수와 일정한 기능을 구현한 함수의 제작 방식과 활용 여부, 마지막으로 세 번째는 특정 조건부로 프로그램 동작을 제어하는 방법과 같은 행동을 개발자가 원하는 횟수만큼 반복적으로 실행하도록 제어하는 방법입니다.

---

> ✕ **학습 목표**
>
> 블루프린트를 이용하여 원하는 기능을 만들어 보고 싶다.

> ✕ **구현 순서**
>
> ❶ 블루프린트 노드의 구조와 흐름에 대해 알아본다.
> ❷ 변수와 함수를 만들어보고 응용해본다.
> ❸ 조건문과 반복문의 사용법을 알아본다.

### ➜ 블루프린트 노드의 구조와 제어 흐름

블루프린트 노드는 크게 실행 핀, 입력 핀, 그리고 출력 핀의 세 가지 핀으로 구성되어 있습니다. 노드의 상단부에는 만들어진 노드의 이름이 적혀 있습니다. 노드 이름 아래쪽에 ▷ 모양으로 좌우에 있는 핀 모양이 실행 핀(Excute Pin)으로 다음 실행 노드를 호출하는 역할을 합니다. 노드 실행 핀은 실행 흐름 순서에 따라 왼쪽에서 오른쪽으로 실행 핀을 연결해 나갑니다.

입력 핀(Input Pin)은 현재 노드를 실행할 때 필요한 데이터 노드를 연결하기 위한 핀으로서 노드의 좌측 편에 다양한 색상으로 된 원형의 핀입니다. 이와는 반대로 현재 노드의 실행 결괏값을 담기 위한 핀이 바로 출력 핀(Output Pin)입니다. 출력 핀은 노드의 우측에 배치되어 있습니다. 입력 핀과 출력 핀의 생성 개수에는 제한이 없으며 노드의 제작 목적에 따라 없을 수도 있습니다.

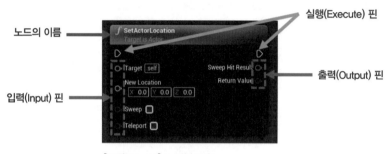

[그림 2.1-26] 노드의 구조

앞에서 우리가 [Event BiginPlay] 노드의 우측에 [Print String] 노드를 생성하고 실행 핀을 연결했던 것 기억나시나요? 이것은 노드의 흐름 제어 방향이 왼쪽에서 오른쪽으로 진행되기 때문입니다. 즉, [Event BeginPlay] 노드가 실행되면 다음에 이어서 [Print String] 노드가 실행되도록 하는 것입니다.

실행 제어와 마찬가지로 데이터 흐름 제어 역시 좌에서 우로 연결합니다. 만일, 1번 노드의 출력 핀을 다음 2번 노드의 입력 핀에 연결하면 1번 노드의 결괏값(output)을 2번 노드를 실행하기 위한 입력 데이터(input)로 전달해주게 됩니다. 주의할 점은 실행 핀이 연결이 되어 있어야 입력 핀과 출력 핀의 전달도 진행되기 때문에 실행 핀이 연결되어 있는 상태인지를 꼭 확인해야 한다는 점입니다.

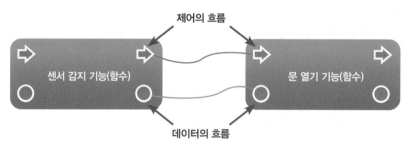

[그림 2.1-27] 노드의 제어 흐름

1

1.1
1.2
1.3
1.4
1.5

2

2.1
2.2
2.3
2.4
2.5
2.6

3

3.1
3.2
3.3

4

4.1
4.2
4.3
4.4
4.5

부
록

노드의 구조는 대강 알아봤으니 이제 노드의 사용법도 배워봐야겠죠? 이번에는 프로그래밍의 기본 중의 기본이라고 할 수 있는 변수와 함수에 대해 알아보도록 하겠습니다.

## ➔ 데이터의 그릇, 변수(Variable)

어느 날 철수 어머니는 앉아서 TV를 보고 있던 철수에게 "밥솥에서 밥 좀 퍼서 식탁에 놓아 주겠니?"라고 말씀하셨습니다. 효심 가득한 철수는 어머님의 말씀에 따라 빠르게 부엌으로 달려가 밥솥을 열고 근처 바닥에 있던 빈 화분에 밥을 가득 담아서 식탁에 올려놓았습니다. 과연 식탁을 본 철수 어머님은 어떤 반응을 보이셨을까요?

대부분의 사람들은 이 상황을 보면 철수가 잘못했다고 생각할 것입니다. 그럼 잘못된 부분은 정확히 어떤 부분일까요? 누구나 당연히 밥을 밥그릇에 담지 않고 화분에 담아 놓은 부분이라고 생각하실 겁니다. 그렇다면 화분에 밥을 담은 것은 왜 문제가 있다고 생각을 하는 걸까요? 화분에 담은 밥은 사람이 먹을 수 없기 때문일까요? 위생상의 문제를 제외한다면 비록 화분에 담아 놓은 밥도 사람이 먹는다는 행동하는 데는 큰 문제가 없습니다. 이 문제의 요점은 바로 사용된 그릇의 '용도'가 잘못되었다는 점입니다. 화분통은 화분을 심기 위한 흙을 담기 위한 용도로 제작된 그릇이죠. 밥을 담기 위해 제작된 그릇은 화분이 아니라 밥그릇입니다. 즉, 우리가 너무나 당연하기에 별달리 의식하고 있지는 않지만 각각의 물체(Object)마다 그 물체를 담기 위한 용도로 제작된 그릇이 존재한다는 것입니다.

프로그래밍에서도 입력 값, 결괏값 등과 같은 수많은 데이터를 처리하고 있고, 그 각각의 데이터들은 저마다 담아 놓을 수 있는 그릇에 담겨 있습니다. 바로 이 그릇을 '변수(Variables)'라고 합니다. 일반적인 그릇이 그렇듯 변수 역시도 모든 데이터를 저장할 수 있는 것이 아니라 변수를 만들 때마다 담을 수 있는 데이터의 종류를 결정해주는데 이러한 용도 지정을 일컬어 '자료형(Data Type)'이라고 부릅니다. 예를 들어 앞에서 만들었던 [Print String] 노드의 In String 입력 핀은 '문자열(String)'이라는 데이터를 담을 수 있는 자료형으로 만들어진 변수이기 때문에 'Hello World!'와 같은 텍스트를 적을 수 있었던 것입니다.

그렇다면 과연 자료형은 몇 종이나 있을까요? 자료형은 프로그래밍 언어를 만들 때 사전에 미리 정의해 놓은 '기본 자료형'과 개발자들이 필요에 따라 만든 클래스를 담기 위해 만드는 '사용자 정의형 자료형'의 두 가지 형태가 있습니다. 후자의 경우에는 개발자의 개발 상황에 따라 생성되는 것이므로 수량에 제한이 없기 때문에 논외로 하겠습니다. 하지만, 전자와 같은 기본 자료형만 하더라도 전부 합하면 수십 가지나 되기 때문에 사실상 모두 외울 수는 없습니다. 따라서, 우리는 가장 빈번하게 사용하는 네 가지 자료형을 기반으로 변수 노드를 만들어보는 실습을 해보고 그 밖의 자료형들은 실제 프로젝트들을 진행할 때 간간히 소개하도록 하겠습니다.

첫 번째 자료형은 정수형 자료형입니다. 정수란 1, 18, 365와 같이 소수점이 없는 딱 떨어지는 수를 말합니다. 양의 정수뿐만 아니라 −10, −199와 같은 음의 정수도 포함합니다. 그렇다면 0은 정수일까요? 음양의 기호가 붙을 수 없을 뿐 당연히 0도 정수에 해당합니다. 변수의 자료형 표시는 프로그래밍 언어마다 조금씩 표기 방식이 다른데 우리가 다루는 언리얼 엔진의 블루프린트에서는 'Integer'라고 합니다.

그럼 시험 삼아 정수형 변수 노드를 한 번 만들어 보도록 하겠습니다. 앞에서 사용했던 BP_TestActor 블루프린트를 더블클릭해서 블루프린트 설정 창을 열어줍니다. 좌측에 MyBlueprint 패널을 살펴보면 Variables 항목이 보이시죠? Variables 항목 우측의 [+] 버튼을 마우스로 클릭합니다.

[그림 2.1-28] 변수 생성 버튼

[+Variables] 버튼을 클릭하면 아래 Components 항목에 새로운 변수 노드가 생성됩니다. 정수형 데이터를 담을 변수이므로 변수의 이름은 'Number1'이라고 짓겠습니다. 변수 생성 후에는 자료형을 변경하기 위해서 우측의 Details(상세 옵션) 패널에서 Variable Type 항목을 Integer로 변경합니다.

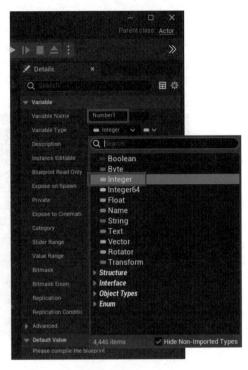

[그림 2.1-29] 자료형 설정하기

변수 그릇을 만들었으면 정수 값을 저장해 봐야겠죠? Details 패널 가장 아래쪽에 'Default Value'라는 항목이 있는데 현재는 아마도 'Please Compile Blueprint'라는 문구만 적혀있을 것입니다. 변수는 컴파일을 하여야 실제로 생성되기 때문에 아직은 변수가 만들어지지 않은 상태여서 값을 설정할 수 없는 상태입니다. 변수를 생성하기 위해 화면 좌측 상단에 있는 [Compile] 버튼을 마우스로 클릭합니다. 그리고 나서 다시 Details 패널의 [Default Value] 탭을 확인하면 값을 입력할 수 있는 빈칸이 생성된 것을 확인할 수 있습니다. 입력 란에 '100'이라는 숫자를 적어 보겠습니다.

[그림 2.1-30] 변수 값 넣기

자료형을 설정하고 기본 값도 입력해 봤으니 이번에는 변수에 담겨 있는 값을 그대로 화면에 출력해 보도록 하죠. 좌측 Components 패널에 있는 Number1 변수를 마우스로 드래그해서 이벤트 그래프 판에 드롭 합니다.

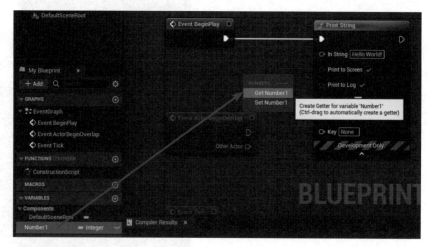

[그림 2.1-31] 변수 가져오기

Get Number1과 Set Number1 중에서 하나를 선택하라는 팝업 창이 생성되는데 우리는 변수의 값을 출력하기 위해 변수의 값을 가져와야 하므로 Get Number1을 선택합니다. 그러면 곧 [Number1]이라는 녹색의 노드가 이벤트 그래프 탭에 생성될 것입니다.

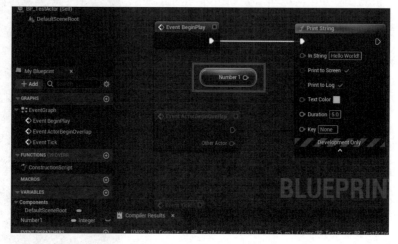

[그림 2.1-32] 변수 생성

[Number1] 노드의 출력 핀을 마우스로 드래그해서 [Print String] 노드의 In String 입력 핀에 연결해 보겠습니다. 그러면 연결 선의 중간에 우리가 생성하지 않은 생소한 노드가 자동으로 생성될 것입니다. 우리가 만든 [Number1] 변수 노드는 정수형 데이터인데 [Print String] 노드의 In String 입력 핀은 문자열 데이터를 자료형으로 하는 변수이기 때문에 자료형을 '변환(Casting)'하는 과정을 필요로 합니다. 따라서, 원칙적으로는 우리가 변환 노드를 직접 생성하고 연결해줘야 하지만 편리하게도 언리얼 엔진에서 자동으로 변환 노드를 생성해 주는 편의성을 제공하고 있는 것이죠.

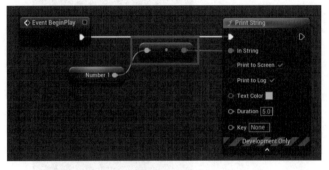

[그림 2.1-33] [Number1] 노드를 [Print String] 노드에 연결

이제 [Compile] 버튼과 [Save] 버튼을 차례로 클릭하고 다시 언리얼 에디터로 돌아와서 플레이 버튼을 눌러보면 화면 좌측 상단에 100이라는 숫자가 출력되는 것을 확인할 수 있습니다.

[그림 2.1-34] 변수 출력 테스트 결과

이번에는 소수점이 포함된 실수를 한 번 출력해 보도록 하겠습니다. Number1 변수의 자료형만 변경해도 되지만 변수 만드는 연습도 할 겸 새로운 변수로 만들어 보겠습니다. 방금 전과 마찬가지로 좌측 My Blueprint 패널에서 [+Variables] 버튼을 클릭하고 이번에는 'Number2'라는 이름으로 설정합니다.

[그림 2.1-35] Number2 변수 생성하기

Details 패널에서 Variable Type 항목을 실수형 자료형을 의미하는 Float로 선택합니다. 다음으로는 변수에 값을 넣기 위해 [Compile] 버튼을 한 번 누르고, Default Value 항목에 입력란이 생기면 '3.14'라는 값을 입력합니다.

[그림 2.1-36] 자료형을 Float로 바꾸고 기본 값 설정하기

변수가 완성되었으면 My Blueprint 패널에서 Number2 변수를 드래그해서 이벤트 패널로 옮기고 속성 선택 팝업 창이 뜨면 Get Number2를 선택합니다.

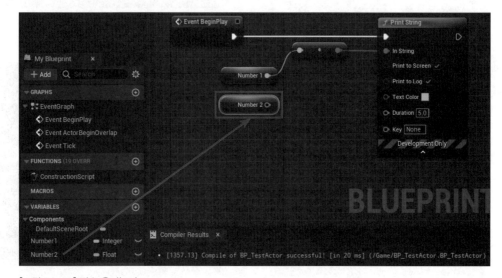

[그림 2.1-37] 변수 옮겨놓기

[Print String] 노드의 In String 입력 핀에 [Number2] 노드를 연결하려면 기존에 연결되어 있던 [Number1] 노드의 연결을 해제해야 합니다. 연결을 해제할 때는 키보드의 [Alt] 키를 누르고 있는 상태에서 노드 연결부를 클릭하면 됩니다. [Alt] 키를 누르고 있는 상태에서 [Print String] 노드의 In String 입력 핀을 마우스로 클릭하면 노드 연결 선이 끊어집니다. 그러면 다시 [Number2] 노드의 출력 핀을 마우스로 드래그해서 [Print String] 노드의 In String 입력 핀에 연결합니다.

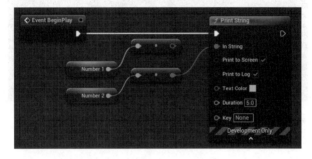

[그림 2.1-38] Number2 변수 연결

[Compile] 버튼과 [Save] 버튼을 누르고 에디터로 돌아가서 플레이를 하면 '3.14'라는 실수가 출력되는 것을 확인할 수 있습니다.

세 번째 자료형으로 'Hello World'와 같은 문자들의 배열. 즉 문자열 자료형을 가진 변수를 만들어보도록 하겠습니다. 'Text1'이라는 이름으로 변수를 하나 생성하고 자료형은 [String]으로 선택합니다. 컴파일 후에는 기본 값으로 출력하려는 문구를 작성해 보겠습니다.

[그림 2.1-39] String 자료형 변수 만들기

완성된 [Text1] 노드를 이벤트 그래프 판에 드래그해서 가져오고, [Print String] 노드에 연결하도록 하겠습니다. 기존에 연결되었던 노드를 해제할 때는 키보드의 [Alt] 키를 누른 채로 핀을 클릭하면 된다는 점 기억하시고요.

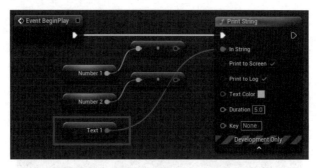

[그림 2.1-40] [Text1] 노드를 [Print String] 노드에 연결하기

그런데 막상 연결하고 보니 노드 연결선이 다른 노드에 가려지네요. 텍스트 방식의 코딩과는 다른 비주얼 스크립팅의 대표적인 단점 중 하나가 바로 가독성이 떨어진다는 문제인데, 노드들이 많아지고 연결이 복잡해질수록 텍스트 방식에 비해 선이 겹치면서 흐름을 바로 알기 어렵다는 문제가 발생합니다. 언리얼 엔진에서는 이러한 선 정리 문제를 해결하기 위해 리루트 노드(Reroute Node)를 제공하고 있습니다.

[Text1] 노드의 연결선의 아무 곳이나 마우스로 더블클릭을 하면 작은 점 모양의 노드가 하나 생성될 것입니다. 이 노드가 리루트 노드입니다. 리루트 노드를 마우스로 클릭한 상태로 드래그해서 연결 상태를 보기 편하도록 정리해 줍니다. 컴파일과 세이브를 한 뒤에 에디터에서 플레이하면 변수에 작성했던 내용이 출력되는 것을 확인할 수 있습니다.

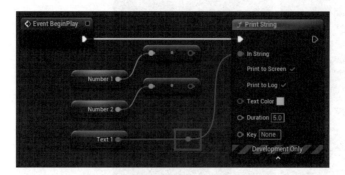

[그림 2.1-41] 리루트 노드(Reroute Node)를 이용한 선 정리하기

마지막 네 번째 자료형은 논리형 자료형입니다. 논리형 자료형이란 참(True)과 거짓(False)의 두 가지 값만 담을 수 있는 변수 자료형으로 보통 현재 상태를 체크하거나 연산 결과의 적합성을 판단할 때에 사용됩니다. 주로 뒤에 나올 조건문이라는 프로그래밍 문법과 같이 쓰이고 있으니 자세한 용도는 그때 다시 설명하겠습니다.

My Blueprint 패널에서 'IsMan'이라는 이름으로 변수를 하나 만들어 주겠습니다. 우측 Details 패널에서는 자료형을 'Boolean'으로 선택하고 컴파일합니다. 이제 기본 값을 넣어주면 되는데 Default Value 항목을 보면 네모난 체크박스만 있습니다. 마우스로 체크박스를 클릭해서 √ 표시가 있으면 참(True)이고, 체크박스에 √ 표시가 없으면 거짓(False)이 값으로 저장된 것입니다. 우리가 흔히 다른 앱에서도 볼 수 있는 체크박스들은 대부분 이렇게 불리언(Boolean) 자료형으로 값을 저장하고 있는 것입니다.

[그림 2.1-42] Boolean 자료형 변수 생성하기

[IsMan] 노드를 [Print String] 노드와 연결하고 컴파일과 세이브를 한 뒤에 언리얼 에디터로 돌아와서 플레이를 해보면 'true'라는 문구가 표시되는 것을 확인할 수 있습니다.

[그림 2.1-43] IsMan 변수의 값 출력 결과

1
1.1
1.2
1.3
1.4
1.5

2
2.1
2.2
2.3
2.4
2.5
2.6

3
3.1
3.2
3.3

4
4.1
4.2
4.3
4.4
4.5

부록

이렇게 해서 정수, 실수, 문자열, 논리의 총 네 가지 대표적인 자료형으로 변수들을 만들어 보았습니다. 그런데 변수의 값을 매번 원본 블루프린트 설정에서 입력하거나 변경하는 것이 불편하지 않나요? 더군다나 매번 컴파일과 세이브(저장)도 해 주어야 하고 말이죠. 또한, 레벨에 배치된 블루프린트 인스턴스마다 변수에 있는 값을 다르게 해주고 싶은 경우도 있을 수도 있습니다. 언리얼 엔진에서는 이와 같이 인스턴스마다 에디터 상에서 곧바로 변수의 값을 설정할 수 있도록 변수의 속성을 공개 상태로 설정해줄 수 있는 기능을 제공하고 있습니다.

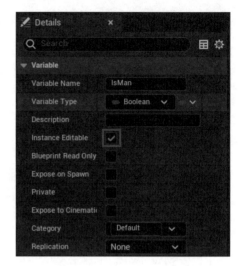

[그림 2.1-44] Instance Editable 항목 체크

BP_TestActor의 블루프린트 설정 창을 열고 My Blueprint 패널에서 앞서 생성한 변수 중에 하나를 선택한 다음 Detail 패널을 살펴보겠습니다. 자료형을 설정했던 Variable Type 항목 아래에 'Instance Editable'이라는 항목이 있습니다. 이 항목의 체크박스를 마우스로 클릭해서 체크 표시(true)를 합니다.

컴파일과 세이브를 하고 에디터로 돌아온 다음 월드 아웃 라이너 탭에서 BP_TestActor를 선택하고 아래의 Details 패널을 보면 Default 카테고리에 IsMan 변수가 표시되는 것을 확인할 수 있습니다.

[그림 2.1-45] 변수 설정 항목 공개 표시

IsMan 항목의 값을 바꿔서 플레이를 하면 변경된
값에 따라 다르게 출력되는 것도 확인할 수 있습니다.
개발자가 만든 변수를 Details 패널에 표시할 때 변수
들을 특정 카테고리로 분류하고 싶다면 커스텀 카테
고리를 추가할 수도 있습니다.

다시 BP_TestActor의 블루프린트 설정 창을 열
고 IsMan 변수의 Details 패널을 보면 아래쪽에
'Category'라는 항목이 있습니다. Default로 되어 있
는 텍스트를 지우고 'My Variables'라는 이름을 직접
입력해서 변경해 보겠습니다.

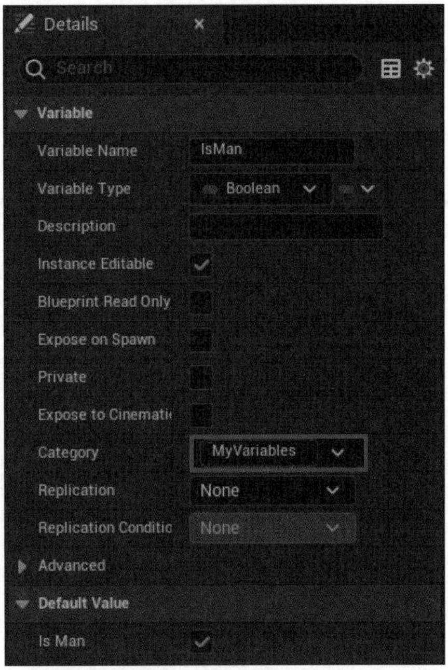

[그림 2.1-46] 변수 카테고리 변경하기

컴파일과 세이브를 하고 에디터의 우측 월드 아웃
라이너 패널에서 'BP_TestActor'를 선택하면 Details
패널의 My Variables 카테고리에 변수가 표시되는
것을 확인할 수 있습니다. 다른 변수들도 동일하게
Instance Editable 항목에 체크하고 Category를 My
Varialbles로 선택하면 [그림 2.1-47]처럼 잘 표시되
는 것을 확인할 수 있습니다.

[그림 2.1-47] 다양한 변수를 에디터 패널에 표시하기

## → 원하는 동작을 하는 노드, 함수(Function)

생과일주스 점포에 가본 적은 다들 있으시겠죠? 우리가 딸기주스를 주문하면 착즙기 투입구에 딸기와 물을 넣은 다음에 착즙기를 작동시킵니다. 그리고 나서 착즙기의 배출구에 컵을 놓으면 먹기 좋게 갈아진 딸기주스가 컵에 채워집니다. 우리가 이번에 배워볼 함수(Function)란 주스 착즙기처럼 투입구에 입력 값(input)을 넣고 실행하면 배출구에서 출력 값(output)이 나오는 기능을 하는 노드를 말합니다.

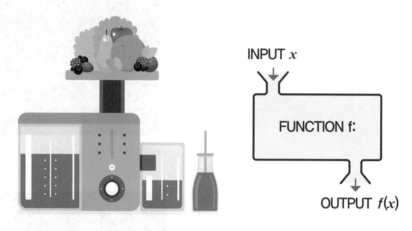

[그림 2.1-48] 착즙기와 함수의 동작 구조

개발자가 프로그래밍을 하는 궁극적인 목적은 컴퓨터를 통해 일련의 연산 및 처리 과정을 해 주는 함수를 만드는 것이라고 할 수 있을 만큼 함수는 프로그래밍에 있어서 가장 중요한 개념이라고 할 수 있습니다. 그러면 변수 때와 마찬가지로 함수도 직접 제작해 보면서 개념을 익혀 나가도록 합시다.

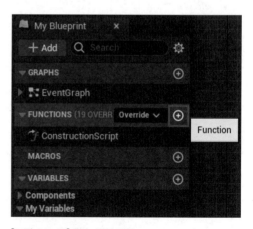

[그림 2.1-49] 함수 생성 버튼

처음으로 만들어 볼 함수는 두 개의 정수를 더한 결과를 반환해주는 더하기 계산 함수입니다. 우선 BP_TestActor 블루프린트를 더블클릭해서 블루프린트 설정 창을 열겠습니다. 좌측 하단의 MyBlueprint 탭에 보면 FUNCTIONS라는 항목이 있습니다.

[+] 버튼을 클릭하면 변수 노드를 만들었을 때와 같이 함수 노드가 생성됩니다. 더하기 기능을 하는 함수이므로 함수의 이름은 'Add'라고 짓겠습니다.

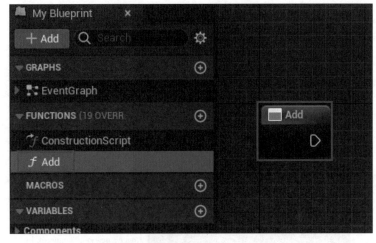

[그림 2.1-50] Add 함수 노드 생성

함수를 생성하면 이벤트 그래프 탭에서 Add 함수 탭으로 전환됩니다. 다시 이벤트 그래프 탭으로 돌아올 때는 이벤트 그래프(Event graph) 탭을 마우스로 클릭하면 됩니다.

[그림 2.1-51] Event graph 탭과 Add 함수 탭

이번에는 우측의 Detail 패널을 살펴보도록 하겠습니다. 변수 노드를 만들 때는 아래쪽에 Default Value 항목이 있었던 위치에 Inputs 항목과 Outputs 항목이 위치한 것을 볼 수 있습니다. 앞에서 예를 들었던 착즙기처럼 입구에서 두 개의 정수를 입력 받으면 출구에서 합산된 정수가 딱 하고 나오도록 설정해 주겠습니다.

착즙기 입구에 해당하는 Input 항목 우측에 [+] 버튼을 클릭해서 'Num1' 이라는 이름으로 변수를 만들어 주겠습니다.

이처럼 입력 데이터와 출력 데이터를 주고받기 위해 임시로 만들어지는 변수를 앞에서 만들었던 변수와 구분하여 '매개변수(Parameter)'라고 합니다.

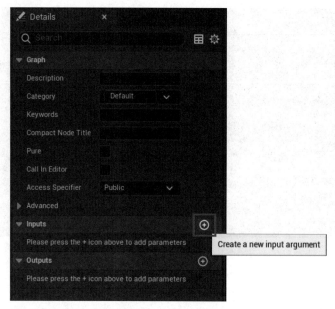

[그림 2.1-52] Inputs과 Outputs 매개변수(파라미터)

Num1 입력 변수도 역시 변수이므로 자료형이 정해져 있어야 합니다. 우리는 정수형 데이터를 입력 값으로 받아야 하므로 자료형은 Integer로 설정합니다. 입력 값을 두 개 받기 위해 동일한 방법으로 'Num2'라는 이름의 Integer 변수를 하나 더 만들겠습니다.

[그림 2.1-53] 정수형 매개변수 생성

결과 데이터는 더해진 하나의 정수를 반환해줘야 하므로 Outputs 항목에도 'Result'라는 Integer 변수를 추가합니다. Inputs와 Outputs 항목에 매개변수를 추가하면 Add 함수 노드에도 자동으로 매개변수가 표시됩니다. Outputs에 입력 매개변수와 구분하여 '반환 매개변수'라고 합니다.

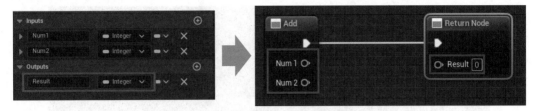

[그림 2.1-54] 정수형 반환 매개변수 생성하기

Num1과 Num2로 입력되는 값을 더해주어야 하므로 Num1의 입력 핀을 마우스를 이용해 빈 공간으로 드래그해 보면 [그림 2.1-55]와 같이 노드 검색 창이 생성됩니다. 검색 창에 '+'를 입력하면 다양한 자료형 간의 덧셈 기능 노드 중에서 우리가 필요로 하는 [Add] 노드가 보이는군요.

[그림 2.1-55] 덧셈 노드 생성하기

[int + int] 노드를 선택하여 [+] 노드를 생성하면 Num1 출력 핀이 [+] 노드의 입력 핀에 자동으로 연결이 됩니다. 그림과 같이 [+] 노드의 아래쪽 입력 핀에도 Num2 출력 핀을 드래그해서 연결해주고, [+] 노드의 출력 핀은 Result 입력 핀에 연결해 주도록 하겠습니다.

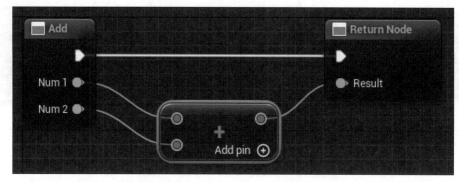

[그림 2.1-56] Add 함수 노드 완성하기

Add 함수 노드가 완성되었으니 이제 사용해 보도록 합시다. [Event graph] 탭을 선택해서 [Event Begin Play] 노드 옆에 만들어 놓았던 변수 노드들을 지워 봅시다. 노드를 지울 때는 노드를 선택한 다음 키보드의 Delete 키를 누르면 삭제됩니다.

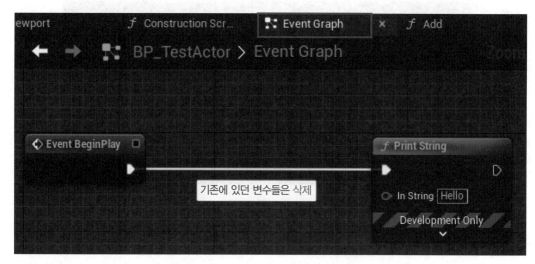

[그림 2.1-57] 기존의 변수 노드들 삭제하기

My Blueprint 패널에서 [Add] 함수 노드를 마우스로 드래그해서 [Event Begin Play] 노드와 [Print String] 노드 사이에 배치하도록 합니다. 진행 과정에 따라 Event Begin Play가 실행되면 Add 함수가 실행되고 이어서 Print String 함수가 실행되도록 순서대로 실행 핀을 다시 연결해 주겠습니다.

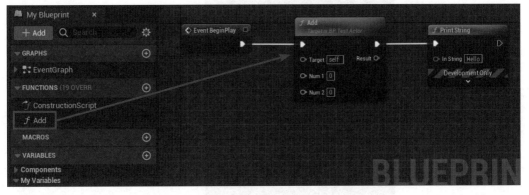

[그림 2.1-58] [Add] 함수 노드 가져오기

어떤 숫자를 더할지를 입력 매개변수에 전달해 주어야 하니 기존에 만들어 놓았던 Number1 변수 노드를 Get으로 다시 가져옵니다. 그리고 [Number1] 변수 노드를 [Add] 함수의 Num1 입력 핀에 연결합니다.

[그림 2.1-59] [Number1] 노드를 [Add] 함수의 입력 핀에 연결하기

[Number2] 노드도 동일하게 연결하면 되는데 [Number2] 변수는 자료형이 정수가 아니라 실수이기 때문에 미리 자료형을 Integer로 변경하고 기본 값도 50으로 미리 변경합니다. 다 되었으면 [Compile] 버튼을 눌러서 컴파일을 진행합니다.

[그림 2.1-60] Number2 변수의 자료형을 Integer로 변경하기

컴파일이 끝나면 [Number2] 노드도 Get으로 가져와서 Num2 입력 핀에 연결합니다. Add 함수가 실행된 결괏값은 Result 출력 핀으로 나오게 되므로 이 값을 출력하기 위해 Result 출력 핀을 드래 그해서 [Print String] 노드에 연결합니다.

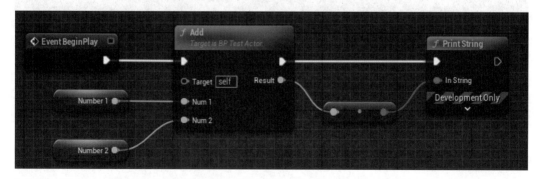

[그림 2.1-61] Number2 변수 연결 및 반환 값을 [Print String] 노드에 연결하기

모든 연결이 완료됐으면 상단의 [Compile] 버튼과 [Save] 버튼을 차례로 눌러 주고 다시 언리얼 에디터 화면으로 돌아갑니다. 이제 플레이 버튼을 눌러 보면 뷰포트 화면 좌측 상단에 150이 출력되는 것을 확인할 수 있습니다. Number1과 Number2의 변수 값을 바꿔가면서 합계 값이 제대로 연산되고 있는지 확인해 보시기 바랍니다. 단순히 책에 나온 더하기 함수 제작을 따라만 하기 보다는 연습 삼아서 빼기 함수, 곱하기 함수, 나누기 함수도 직접 만들어 보면서 함수 노드를 만드는 방법에 익숙해져 보기 바랍니다.

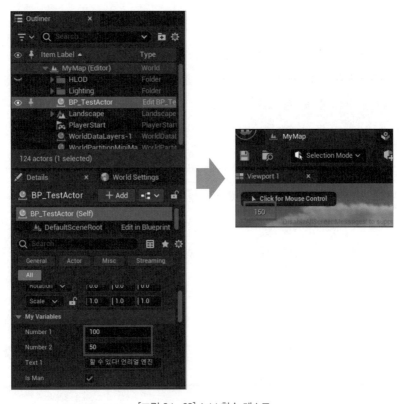

[그림 2.1-62] Add 함수 테스트

이미 간파한 분들도 있겠지만 함수 노드에는 실행 핀이 존재하고 변수 노드에는 실행 핀이 없습니다. 변수는 데이터를 담는 그릇에 불과하기 때문에 실제 동작을 담당하는 함수처럼 독자적으로 실행 호출을 할 수 없기 때문입니다. 우리가 직접 만들지는 않았지만 [Event Begin Play] 노드와 [Print String] 역시 함수 노드입니다. 언리얼 엔진 개발자가 만들어 놓은 함수인 셈이죠. 다만, '[Event XXX]'라고 하는 노드들은 실행 핀이 우측에만 있는 점이 다릅니다. 이벤트 함수는 언리얼 시스템에서 특정한 조건이 발생(Event)되면 자동으로 실행되는 특수한 함수이기 때문에 개발자가 함수를 직접 호출할 수 없습니다.

프로그래밍에서 가장 기본이 되는 변수와 함수, 클래스 개념에 대해 알아보았습니다. 다음으로는 기본 개념 못지않게 중요한 제어문에 대해 학습해 봅시다.

## → Flow Control 1 – 조건문

>>> 키보드의 Spacebar 를 누르면 캐릭터가 점프를 한다.
>>> 좌우 30도 시야 범위에 과녁 오브젝트가 있으면 새총을 발사한다.
>>> 사용자의 입력 값이 짝수이면 왼쪽으로 이동하고, 홀수이면 오른쪽으로 이동한다.

위 예문들의 공통점은 무엇일까요? '만일, ~~하면 ~~한다.'의 구조로 되어 있는 조건부 실행 형식인 점입니다. 앞서 만들었던 함수들은 무조건 실행하는 경우보다는 위 예문처럼 특정한 조건이 충족될 때만 실행되는 경우가 훨씬 많습니다. 대부분의 프로그래밍은 같은 함수라도 호출 조건을 어떻게 설정하는지에 따라 완전히 다른 기능으로 보인다고 봐도 과언이 아닐 만큼 중요한 역할을 담당합니다.

간단하게 조건문 예제를 한번 만들어 보겠습니다. Number1과 Number2 변수의 크기를 비교해서 만일 Number1이 더 크다면 '1번이 더 큽니다'라고 출력하고, 그렇지 않고 Number2가 더 크다면 '2번이 더 큽니다'라고 출력하도록 조건을 붙여 보겠습니다.

블루프린트 설정 창을 열고 [Event Begin Play] 노드에서 기존에 연결되어 있던 노드를 제거하고 [Number1]과 [Number2] 변수 노드만 다시 Get으로 가져옵니다.

[그림 2.1-63] 조건문 예제 준비

Number1과 Number2 변수의 값의 크기를 비교하기 위해 비교 연산자라는 것이 필요합니다. 비교 연산자는 초등학교 시절 산수 시간에 등호와 부등호에 대해 배웠던 기억을 떠올려 보면 쉽습니다. [Number1] 노드의 출력 핀을 드래그한 다음 검색 창에 '>' 기호를 입력합니다. 비교 대상인 두 변수가 모두 정수이므로 [Greater] 노드를 선택합니다.

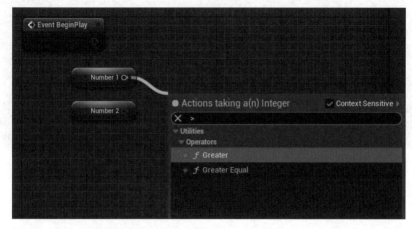

[그림 2.1-64] 비교 연산자 노드 선택

비교를 하기 위해서는 두 변수가 있어야 하니 [Number2] 노드도 부등호 노드의 입력 핀 쪽으로 연결합니다.

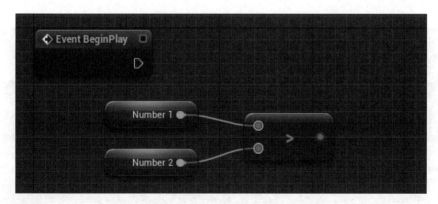

[그림 2.1-65] 비교 대상 두 변수 연결하기

비교를 했으면 그 결과에 따라 참 거짓을 판단해야 하겠죠? 이번에는 부등호 노드의 출력 핀을 드래그해서 검색 창에 'branch'를 입력합니다. 그다음으로 검색 결과에서 흐름 제어(Flow Control) 항목의 [Branch] 노드를 선택합니다.

[그림 2.1-66] [Branch] 노드 검색 및 선택하기

[Branch] 노드는 입력된 조건 값(Condition)이 참인지 거짓인지에 따라 다른 함수 노드를 실행할 수 있도록 만들어진 흐름 제어 노드입니다. [Branch] 노드의 실행 핀을 [Event Begin Play] 노드의 실행 핀과 연결하고 True 실행 핀과 False 실행 핀 모두에 [Print String] 노드를 생성해서 연결합니다. True 실행 핀에 연결한 [Print String] 노드의 In String 값에는 '1번이 더 큽니다.'라고 입력하고 False 실행 핀에 연결한 [Print String] 노드의 In String 값에는 '2번이 더 큽니다.'라고 입력합니다.

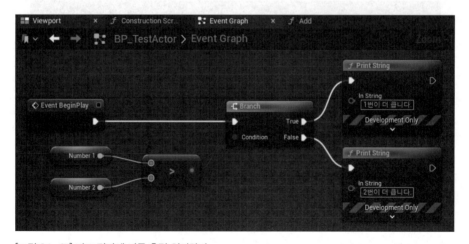

[그림 2.1-67] 비교 결과에 따른 출력 처리하기

[Compile] 버튼과 [Save] 버튼을 차례로 누르고 언리얼 에디터로 돌아와서 플레이를 해 보겠습니다. Number1과 Number2의 변수 값이 얼마로 설정되어 있는지에 따라 다른 텍스트가 출력되는 것을 확인할 수 있습니다.

[그림 2.1-68] 변수 값에 따른 출력 결과

생각보다 쉽죠? 비교 연산자는 앞에서 사용한 '>' 외에도 여섯 가지 비교 연산자가 더 있습니다.

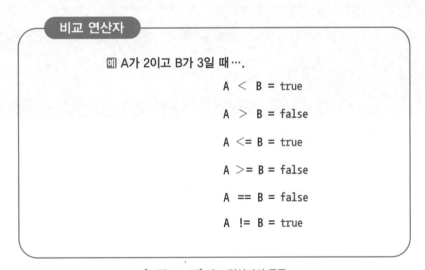

[그림 2.1-69] 비교 연산자의 종류

A가 B보다 작다( < )라든지 A가 B보다 크거나 같다( >= )와 같은 비교 연산자는 산수의 그것과 동일하기 때문에 익숙하게 보이지만, A와 B가 같다(==)라든지 A와 B가 다르다(!=) 같은 기호는 생소하게 보일 것입니다. 수학에서의 등호(=) 기호는 프로그래밍 언어에서는 '대입 연산자'라고 하여 다른 기능으로 이미 설정되어 있기 때문에 프로그래밍 언어에서는 같다는 표현을 등호가 두 번 연속된 기호로 표시하고 있습니다. == 연산자에 반대되는 의미인 != 연산자는 프로그래밍 언어에서 부정(Not)을 의미하는 ! 기호를 이용하여 표시하고 있습니다.

이번에는 비교 연산자 ==를 이용한 방법을 테스트해 볼까요? 기존에 있던 >(Greater) 연산자 노드는 키보드의 Delete 키를 눌러서 삭제하고, 다시 [Number1] 노드의 출력 핀을 드래그한 다음 검색 창에 '=='를 입력합니다. 검색 결과의 Equal을 선택하면 [==] 노드가 생성되는 것을 확인할 수 있습니다.

[그림 2.1-70] 등호 연산자 [Equal] 노드

조건이 변경되었으니 출력 결과도 변경하도록 하겠습니다. True 실행 핀에 연결된 출력 노드에는 '두 수는 같습니다.'를 입력하고 False 실행 핀에 연결된 출력 노드에는 '두 수는 다릅니다.'라고 입력하도록 하겠습니다.

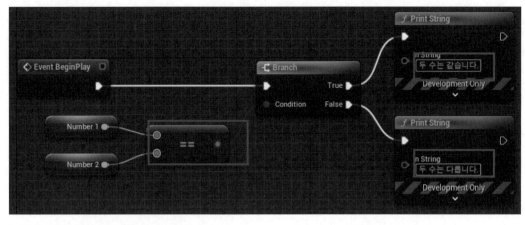

[그림 2.1-71] 조건에 따른 출력 결괏값 설정

컴파일과 세이브 후 에디터 화면에서 플레이를 실행하면 Number1 변수와 Number2 변수의 값에 따라 출력 결과가 달라지는 것을 알 수 있습니다.

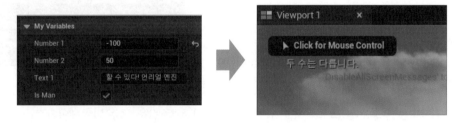

[그림 2.1-72] Equal 연산자의 결과 확인

상황에 따라 조건이 두 개 이상일 경우가 있습니다. 가령 10보다 크거나 같으면서 100보다 작은 수일 때만 '두 자리 수입니다.'라고 출력하고자 한다면 두 조건을 동시에 충족해야만 하겠죠. 두 조건을 동시에 만족하는지 여부를 확인하기 위해서는 '논리 연산자'라는 것을 이용하면 됩니다.

[Number1] 변수 노드를 두 번 이용해서 10보다 크거나 같다는 조건 노드와 100보다 작다는 조건 노드를 각각 만들어 보겠습니다.

1

1.1
1.2
1.3
1.4
1.5

2

2.1
2.2
2.3
2.4
2.5
2.6

3

3.1
3.2
3.3

4

4.1
4.2
4.3
4.4
4.5

부
록

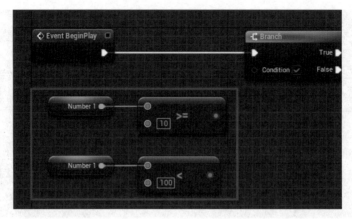

[그림 2.1-73] 두 조건 노드 설정

10보다 크거나 같다는 비교 연산자 노드의 출력 핀
을 드래그해서 검색 창에 '&'를 입력합니다. 검색 결과
에서 [AND Boolean] 연산자 노드를 선택하겠습니다.

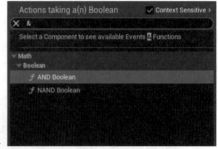

[그림 2.1-74] 논리 연산자 [And] 노드

100보다 작다는 부등호 노드도 [And] 노드에 연결하면 두 조건을 모두 만족해야만 True 노드가
실행되고 둘 중 하나라도 만족하지 않는 조건이 있다면 False 노드가 실행될 것입니다. 출력 결과를
조정하기 위해 다음 그림과 같이 True 실행 핀에는 '두 자리 수입니다.'를 입력하고 False 실행 핀에
는 '두 자리 수가 아닙니다'를 입력합니다.

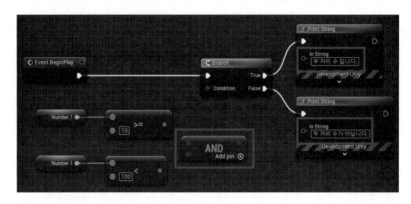

[그림 2.1-75] 논리 연산자 결과에 따라 다른 출력 값 설정

1

1.1
1.2
1.3
1.4
1.5

2

2.1
2.2
2.3
2.4
2.5
2.6

3

3.1
3.2
3.3

4

4.1
4.2
4.3
4.4
4.5

부
록

컴파일과 세이브 후에 출력해 보면 Number1 변수의 값에 따라 두 자리 수인지 아닌지를 출력하는 것을 확인할 수 있습니다. 이처럼 두 조건의 충족 여부에 따라 결과를 도출하는 연산자를 '논리 연산자'라고 합니다. 논리 연산자도 여섯 가지 종류가 있지만 여기서는 가장 자주 쓰이는 대표적인 논리 연산자 AND와 OR 연산자에 대해 살펴보도록 하겠습니다.

AND 연산자는 두 조건의 결과가 모두 성립(True)할 때만 결괏값이 참이 됩니다. 즉, 두 조건 중 하나가 불성립(False)하거나 두 조건 모두가 불성립할 때는 결괏값이 거짓이 됩니다.

❶ AND 연산자: 두 조건이 모두 true이면 true, 하나의 조건이라도 false이면 false

|  |  |  |  |  |
|---|---|---|---|---|
| true | AND | true | = | true |
| true | AND | false | = | false |
| false | AND | true | = | false |
| false | AND | false | = | false |

예 A의 값이 1일 때

|  |  |  |  |  |
|---|---|---|---|---|
| A > 0 | AND | A < 3 | = | true |
| A > 2 | AND | A < 3 | = | false |

[그림 2.1-76] 논리 연산자 AND

OR 연산자는 두 조건이 모두 성립할 경우만이 아니라 두 조건 중에 어느 한 조건이라도 성립할 경우에도 연산 결과가 참인 논리 연산자입니다. 즉, 두 조건 모두가 거짓인 경우에만 거짓이라는 결과가 도출되는 것이죠. 가령 '박 모 씨는 남자다'라는 조건과 '박 모 씨는 여자다'라는 조건 중에 하나라도 만족하면 '박 모 씨는 사람이다'라는 결과를 도출하려고 할 때와 같이 어느 범주에 속하는지 파악하려고 할 때 많이 사용됩니다.

❷ OR 연산자: 두 조건중 하나라도 true이면 true, 두 조건 모두 false이면 false

|  |  |  |  |  |
|---|---|---|---|---|
| true | OR | true | = | true |
| true | OR | false | = | true |
| false | OR | true | = | true |
| false | OR | false | = | false |

예 A의 값이 1일 때

|  |  |  |  |  |
|---|---|---|---|---|
| A > 2 | OR | A < 3 | = | true |
| A > 2 | OR | A == 3 | = | false |

[그림 2.1-77] 논리 연산자 OR

비교 연산자와 논리 연산자는 조건문을 활용하면서 필수적인 요소이기 때문에 반드시 숙지하고 있어야 합니다. 비록 지금 당장은 머릿속에 확 와닿지 않더라도 실제 프로젝트를 제작해보는 실습 과정에서 빈번하게 사용하면서 익히도록 할 예정이니 금방 익숙해질 겁니다.

## → Flow Control 2 – 반복문

프로그래밍을 하다 보면 같은 동작을 여러 번 반복해서 수행해야 할 때가 있습니다. 예를 들어 같은 기호를 3회 출력해야 하거나 1부터 10까지 숫자를 일정하게 증가시키면서 출력하는 등이 있을 수 있겠죠. 물론 반복해서 수행할 수만큼 함수 노드를 연결해도 되기는 합니다만, 반복하는 횟수가 1,000번이라면 일일이 노드를 만들어서 연결하기는 힘들겠죠? 특히 반복문이 많이 사용되는 데이터 검색 같은 경우에는 저장된 데이터가 수백만에서 수백억 개가 될 수도 있기 때문에 반복문의 사용은 거의 필수라고 할 수 있습니다.

블루프린트 설정 창에서 빈 곳에 마우스 오른쪽 클릭을 하고 검색 창에 'for loop'를 입력해보면, 흐름 제어 쪽에 [For Loop] 노드가 있을 것입니다. [For Loop] 노드를 선택합니다.

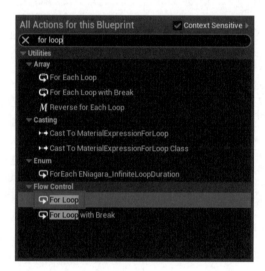

[그림 2.1-78] [For Loop] 노드

[For Loop] 노드는 좌측 입력 핀 쪽에 반복의 시작 번호와 반복의 종료 번호를 설정할 수 있도록 되어 있습니다. 예를 들어 시작 번호를 1로 하고 종료 번호를 10으로 하면 1에서 10까지 총 10회 반복해서 실행하는 식입니다. 노드 우측에는 반복해서 실행할 함수 노드를 연결하기 위한 Loop Body 실행 핀이 있고, 반복될 때마다 현재 몇 번째 반복인지를 알 수 있는 인덱스 출력 핀이 있습니다. 그리고, 우측 하단에는 반복 실행이 모두 종료된 뒤 마지막에 별도로 실행할 함수가 있다면 연결할 수 있는 실행 핀이 있습니다.

[그림 2.1-79] [For Loop] 노드의 구조

Number1 변수의 값에 1씩 더한 결과를 출력하는 것을 10회 반복하도록 해 봅시다. 반복 횟수는 10회가 되어야 하므로 첫 번째 인덱스에는 0을 넣고 마지막 인덱스에는 9를 넣도록 하겠습니다. 참고로 프로그래밍에서는 반복문의 인덱스를 0부터 시작하는 것이 일반적입니다. 물론 반드시 0부터 시작할 필요는 없지만요.

[그림 2.1-80] 반복 횟수 설정

다음은 Number1 변수의 값을 1씩 더해야 하는데 앞에서 만들었던 Add 함수를 활용해 보기로 합니다. 좌측 My Blueprint 패널에서 [Number1] 노드와 [Add] 노드를 이벤트 그래프 판으로 드래그해서 가져옵니다. [Add] 함수의 Num1 입력 핀에 [Number1] 노드를 연결하고 더해질 값으로 Num2 입력 핀에 숫자 1을 입력합니다. 반복이 될 수 있도록 [For Loop] 노드의 Loop Body 실행 핀을 [Add] 함수의 실행 핀에 연결합니다.

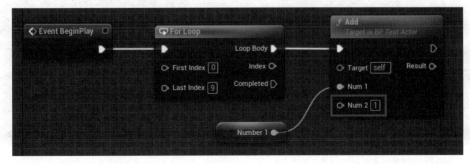

[그림 2.1-81] [Add] 함수 노드를 반복 노드에 연결하기

반복될 때마다 Number1 변수의 값이 증가되어야 하므로 단순히 Number1의 값을 읽어오는 것만 것 아니라 Add 함수에서 계산된 결괏값을 Number1에 다시 담아야 합니다. 이번에는 [Number1] 노드를 이벤트 그래프 판으로 드래그한 다음에 'Set'를 선택하겠습니다. 변수 노드를 Set으로 가져오면 Get으로 가져올 때와 달리 실행 핀이 있는 함수 노드가 생성됩니다.

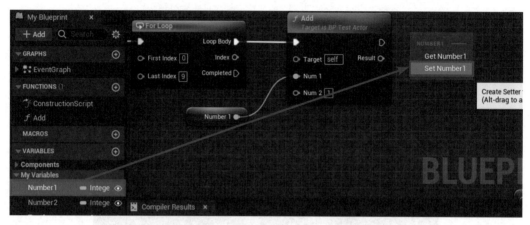

[그림 2.1-82] Number1 변수를 Set으로 가져오기

[Add] 함수 노드의 다음 실행 연결 핀을 Number1의 [SET Number1] 함수 노드에 연결하고 결괏값 출력 핀을 Number1 변수 입력 핀에 연결합니다. 즉, Add 함수의 실행 결과(Number1 + 1)로 반환되는 Result 값이 기존의 Number1의 값에 덮어씌워지는 것입니다. 그렇게 변경된 Number1의 값은 다음 반복에서 다시 1이 더해지고 그 값이 또다시 Number1에 덮어씌워지는 동작을 10회 반복하게 되는 것이죠.

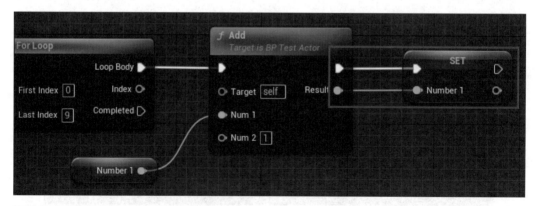

[그림 2.1-83] 덧셈 결과 Number1 변수에 저장하기

Number1 변수의 값을 갱신하였으면 그 값을 화면에 출력하기 위해 [SET] 함수 노드의 우측 실행 핀을 드래그해서 [Print String] 노드를 연결하도록 하겠습니다. [Set Number1] 노드의 출력 핀도 [Print String] 노드의 [In String] 노드에 연결합니다.

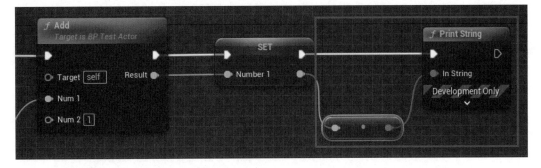

[그림 2.1-84] 출력 함수 노드에 연결하기

컴파일과 세이브를 마치고 블루프린트 설정 창을 끄고 언리얼 에디터로 돌아가서 플레이를 해 봅시다. 1부터 10까지 출력되는 것을 확인할 수 있습니다. 화면상으로는 10에서 1로 출력된 것처럼 보이실 수도 있지만 연속해서 출력을 하면 새로운 출력되는 내용이 기존 출력 위에 오기 때문에 1부터 10으로 출력된 것이 맞습니다.

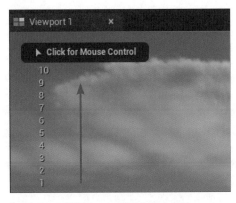

[그림 2.1-85] For Loop 반복문 결과 확인

조건문과 마찬가지로 반복문 역시 각종 알고리즘 구현의 필수 요소인 만큼 엄청나게 다양한 방법으로 활용이 가능합니다. 반복문에는 기본이 되는 For Loop 외에도 For Each Loop나 While

Loop, Sequence 등 여러 가지 노드가 있지만, 다른 반복문 제어 노드는 실전 프로젝트 때에 다루 거나 코딩 때 다뤄 보도록 하겠습니다.

## 2.1-3 클래스와 라이프 사이클 ...............................

앞에서 블루프린트 클래스를 만들고 그 안에 변수나 함수 노드도 만들어 보면서 실습을 해보았습 니다. 블루프린트를 제작할 때 클래스를 만들어야 하고 언리얼 엔진 개발자가 만들어 놓은 특정 기 능들을 가져오기 위해 클래스를 상속해야 한다는 부분을 잠깐 언급했지만, 막상 클래스란 무엇인 지에 대해서는 살펴본 바가 없군요. 또한, 앞에서 처음 함수 노드의 실행 핀을 연결할 때도 [Event Begin Play] 노드의 실행 핀을 연결했었는데 왜 이 노드에 연결해야 하는지 다른 이벤트 함수 노드 들은 언제 사용하는 것인지에 대해서도 궁금하실 것입니다.

이번 챕터에서는 실전 블루프린트 프로젝트에 들어가기에 앞서 마지막 이론 부분으로서 클래스 란 무엇이고 어떻게 구성되어 있는 것인지에 대해 알아보고, 이벤트 함수 노드를 통해 언리얼 엔진 시스템에서의 이벤트 실행 주기에 대해 알아보도록 하겠습니다.

> **✕ 학습 목표**
>
> 블루프린트의 기본 틀인 클래스란 무엇인지 살펴보고, 언리얼 엔진 시스템에서의 블루프린트 실행 주기를 확인하고 싶다.
>
> **✕ 구현 순서**
>
> ❶ 클래스의 개념과 구성 요소를 알아본다.
> ❷ 언리얼 엔진의 이벤트 함수 노드의 실행 주기를 확인한다.

## → 클래스란 무엇인가?

>>> 푸들, 달마시안, 요크셔테리어, 불독, 치와와

여러분은 위의 명칭들을 보면 무엇이 떠오르시나요? 다들 개 또는 강아지를 생각하실 것입니다. 맞습니다. 위에 있는 여러 명칭은 모두 '개(Dog)'라는 추상적인 동물의 구체적인 품종들이죠. 외모가 다르거나 색상 또는 무늬는 다를지라도 모두 개의 여러 형태인 것에 의문이 없을 것입니다. 프로그래밍에서의 클래스라는 것은 앞에서의 개와 같이 특정한 속성과 기능들로 구성된 '추상적인' 형식을 의미합니다. 결국, 추상적인 클래스의 속성 값을 어떻게 설정하는지에 따라 여러 가지 '구체적인' 인스턴스 객체로 파생된다고 볼 수 있습니다.

우리가 Dog라는 이름의 블루프린트 클래스를 하나 만들어본다고 가정하겠습니다. Dog 블루프린트에는 나이, 털의 무늬, 짖는 소리 등의 속성 값을 설정할 수 있는 변수 노드들을 만들게 될 것입니다. 앉거나 달리는 동작을 구현한 함수 노드도 있을테고요. 하지만 이 상태만으로는 아직 구체적인 어떤 강아지라고 할 수 없습니다. 그저 추상적으로 강아지에게 필요한 것들을 단지 구현해 놓았을 뿐입니다. 실제로 Dog 블루프린트를 레벨에 배치(인스턴스를 생성)하고서 변수에 적절한 값을 입력하고 텍스처나 애니메이션 파일 같은 리소스(Resource)를 추가할 때에서야 비로소 사용자가 보고 느낄 수 있는 구체적인 강아지가 될 수 있는 것입니다.

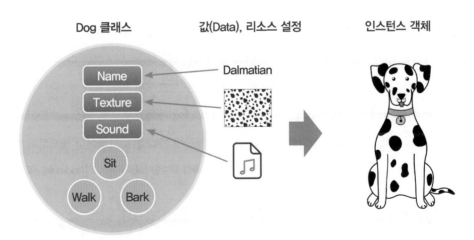

[그림 2.1-86] 클래스에서 인스턴스로 생성되는 과정

클래스는 크게 속성과 기능으로 구성되어 있습니다. 속성은 변수들로 이루어진 데이터를 말합니다. 이름, 성별, 나이와 같은 수치형 데이터뿐만 아니라 애니메이션, 이펙트, 텍스처, 셰이더 등의 리소스(Resources) 파일들도 클래스의 속성에 해당합니다. 또한, 클래스의 기능이란 함수로 구성된 일련의 동작 프로세스들을 의미합니다. 걷는다, 짖는다, 냄새 맡는다와 같이 동작에 필요한 행동 과정을 구현한 것들이죠.

우리가 클래스를 살펴볼 때 어떤 것이 속성이고 어떤 것이 기능에 해당하는지를 구분하기 가장 쉬운 방법은 명사(Noun) 형태를 가지고 있는 것을 '속성, 변수'라고 보고, 동사(Verb) 형태를 가지고 있는 것을 '기능, 함수'라고 생각하면 편하게 구분될 겁니다.

## ➡ 객체지향 프로그래밍

최근의 프로그래밍 패러다임과 관련해서 '객체지향 프로그래밍(Object-Oriented Programming, OOP)'이라는 용어를 들어 보신 분들도 있을 것입니다. 과거의 절차적 프로그래밍(Procedure Programing)은 모든 코드를 발생 시점으로부터 종료 시점까지의 시간 순서에 따라 절차적으로 필요한 기능들을 구현해 나갔었습니다. 그러다 보니 다른 스크립트에서 같은 내용을 다시 사용할 때에도 매번 같은 내용을 다시 작성해야 한다는 불편함이 발생되었습니다. 물론 절차지향 방식으로 프로그래밍을 하게 되면 프로그램이 어떻게 진행되는지 확인하기에 편리하기는 합니다. 그러나, 동일한 기능을 하는 구현부를 모두 찾아내서 수정해야 하는 절차 지향 방식의 프로그래밍은 점차 복잡해지고 프로그램의 규모가 커질수록 유지 보수 및 관리적인 측면에서 매우 힘들어질 수밖에 없게 됩니다. 그리하여 기능과 속성을 묶어서 하나의 추상적인 틀(Class)로 구현한 다음, 이 틀에서 필요할 때마다 객체(Object)를 만들어서 유연하게 관리하는 프로그래밍 방식으로 설계하는 객체지향 프로그래밍이 현재는 대세를 이루고 있습니다. 가상의 공간에 클래스로부터 파생된 객체들을 배치하고 각 개체가 상호작용하면서 개발자가 의도한 일련의 과정에 따라 프로그램이 진행되도록 하는 것, 그것이 바로 객체지향 프로그래밍입니다.

객체지향에는 추상성, 상속성, 캡슐화, 다형성이라는 특징이 있습니다.

'추상성'이란 여러 가지 객체들로부터 공통적인 속성과 기능을 묶어서 클래스로 만드는 특징을 말합니다. 푸들, 불독, 말티즈라는 구체적인 객체로부터 개 또는 강아지라는 추상적인 클래스로 정의하여 객체의 틀을 만듭니다.

상속성은 기존에 존재하는 클래스의 기능이나 속성을 다른 클래스가 그대로 물려받도록 하는 특징을 말합니다. 상속에 의해 두 클래스는 부모와 자식이라는 종속 관계를 형성하고 파생 방향을 설계할 수 있게 됩니다. 부모 클래스로부터 물려받은 자식 클래스는 그 기반 위에 고유한 속성과 기능을 추가로 구현하여 더 구체적인 형태로 발전됩니다.

캡슐화는 특정한 목적을 수행하기 위해 속성과 기능을 하나로 묶어놓는 것을 말합니다. 주로 속성 요소를 외부에서 함부로 접근할 수 없게 금지하고, 특정한 함수를 통해서만 생성 또는 변경이 가능하게 해야 할 경우에 캡슐화를 사용합니다. 가령 부모로부터 박씨 성을 상속으로 물려받았을 때 다른 클래스에서 함부로 성을 김씨로 바꾸지 못하도록 은닉하는 것과 같이 말입니다.

마지막으로 다형성은 하나의 객체를 다양한 형태의 객체로 변화시킬 수 있는 특징을 의미합니다. 대표적으로는 부모 클래스로부터 물려받은 함수의 구현 내용을 자식 클래스에서 덮어쓰기(Overriding)로 변경해서 같은 이름의 함수라도 클래스에 따라 다른 동작을 하게 한다든가, 같은 이름의 함수를 매개변수를 달리하여 여러 가지 형태로 제작(Overloading)된 동명의 함수를 사용하게 하는 방법이 있을 수 있습니다.

이상으로 객체지향 프로그래밍(OOP)의 개념과 특징들을 알아보았습니다. OOP와 클래스는 사실 프로그래밍 언어를 처음 다뤄 보는 사람에게는 익숙하지 않은 개념이라서 막막한 느낌이 드실 수 있습니다. 클래스와 OOP는 이론적으로 접근하기 보다는 많은 프로젝트를 만들어 보면서 익혀나가는 것을 권장해 드립니다. 프로그램 설계는 추구하는 목적과 사용하는 대상 등에 따라 최적의 설계 구조가 매번 달라지기 때문에 실전을 많이 겪다 보면 자연스럽게 익힐 수 있습니다.

## → 언리얼 엔진의 라이프 사이클 함수

처음 블루프린트의 이벤트 그래프 탭을 열었을 때 3개의 [Event] 함수 노드가 있었던 것을 기억하실 겁니다. 일반적인 함수 노드는 실행 핀에 의해 호출되어 실행할 순서가 되면 실행되는 것에 반해

1

1.1
1.2
1.3
1.4
1.5

2

2.1
2.2
2.3
2.4
2.5
2.6

3

3.1
3.2
3.3

4

4.1
4.2
4.3
4.4
4.5

부록

[Event] 함수 노드는 왼쪽 실행 핀이 없이 언리얼 엔진 시스템에 의해 자동으로 실행된다고 언급한 바 있습니다. 그렇다면 과연 Event 함수는 언제 실행 호출이 발생하는 것일까요?

사람은 태어나서 살다가 죽습니다. 보통 이런 사람의 생애에 대한 일련의 과정을 '생애 주기(Life cycle)'라고 부릅니다. 프로그래밍 엔진에서도 객체를 생성하면 생성된 객체마다의 생애 주기에 따라 특정 이벤트 함수를 호출합니다. 객체가 최초로 생성이 되었을 때(사람으로 치면 태어났을 때) 1회 호출되는 함수가 바로 [Event Begin Play] 함수 노드입니다. 반면, 객체가 파괴되지 않고 유지되는 동안(사람으로 치면 살아있는 내내) 1프레임마다 반복해서 호출되는 함수로서 [Event Tick] 함수 노드가 있습니다. 사람으로 치면 사망에 해당하는 함수로서 객체가 파괴되기 직전에 호출되는 [Event Destroyed] 함수 노드도 있습니다.

앞에서 함수 노드를 실습할 때에는 시작하면 1회만 실행되도록 하기 위해서 [Event Begin Play] 노드에 실행 핀을 연결했었습니다. 만일 [Event Tick] 노드에 연결했다면 어떻게 될까요? 시험 삼아 문자열 출력을 해 보도록 하겠습니다.

블루프린트 설정 창에서 이벤트 그래프에 [Print String] 노드를 생성하고 [Event Begin Play] 노드에 실행 핀을 연결하도록 하겠습니다.

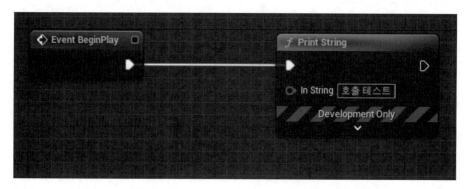

[그림 2.1-87] Begin Play 호출 테스트

컴파일과 세이브 후에 플레이를 해보면 시작하자마자 출력 함수가 한 번만 실행되는 것을 확인할 수 있습니다.

[그림 2.1-88] 출력 결과 확인

이번에는 [Print String] 노드의 실행 핀의 연결을 끊고, 아래 [Event Tick] 노드에 새로 연결해 보도록 하겠습니다.

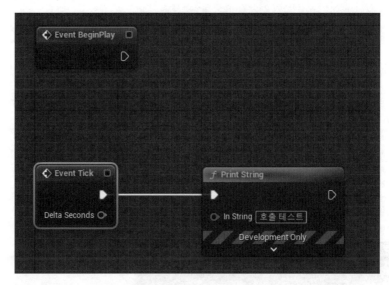

[그림 2.1-89] Tick 함수 호출 테스트

컴파일과 세이브 후에 다시 실행해 보면 출력 함수가 계속해서 실행되는 것을 확인할 수 있습니다. Tick 함수는 프레임(Frame)마다 실행된다고 했는데 여기서 프레임이란 컴퓨터가 전체 코드를 한 차례 실행하는 데 걸린 시간 간격을 의미합니다. 따라서, 틱 간격은 컴퓨터의 사양에 따라 조금씩 달라집니다. 이 부분에 대해서는 다음에 이어지는 슈팅 프로젝트 때 자세히 다룰 예정입니다.

1

1.1
1.2
1.3
1.4
1.5

2

2.1
2.2
2.3
2.4
2.5
2.6

3

3.1
3.2
3.3

4

4.1
4.2
4.3
4.4
4.5

부
록

[그림 2.1-90] Tick 함수의 호출 결과

　자, 그럼 이제 본격적인 프로그래밍 프로젝트를 하기 전 기초적인 이론은 어느 정도 다뤄 본 것 같으니 다음 챕터부터는 본격적으로 실전 프로젝트를 시작해 보겠습니다. 지금까지의 이론 내용이 완전히 이해되지는 않겠지만, 이 다음부터 시작되는 실전 프로젝트를 모두 실습해 본 다음 다시 한번 이 부분을 읽어보시면 좀 더 머릿속에 확 하고 와닿을 것입니다. 실습 못지 않게 복습도 중요하다는 점을 꼭 기억하기 바랍니다.

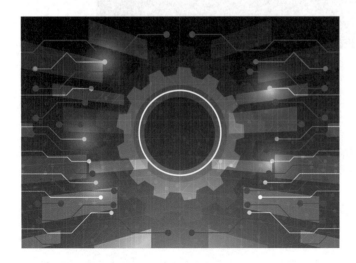

# 2.2 프로토타입 버전 제작하기

## 2.2-1 프로토타이핑 환경 구성하기

언리얼 엔진의 기본 기능을 만져보는 것은 익숙해지셨나요? 아직 배워야 할 것은 많지만 이론 공부만 하면 재미가 없겠죠? 여느 공부가 다 그렇듯 흥미를 유지하는 것이 가장 중요합니다. 그래서 이제부터는 실제로 게임 콘텐츠를 제작해 보면서 실습 기반 학습을 진행해 보려 합니다. 첫 번째 프로젝트는 바로 비행 슈팅 게임 콘텐츠입니다. 비행 슈팅 게임 하면 과거에 오락실에서 유행했던 〈1945〉 시리즈나 모바일로 흥행했던 〈드래곤 플라이트〉가 떠오를 겁니다. 사실 비행 슈팅 게임은 2D 기반의 콘텐츠이지만 3D 형식으로도 카메라의 구도와 설정에 따라 2D 느낌을 그대로 표현할 수 있기 때문에 실제 제작 때는 3D 제작 방식을 이용해서 프로젝트를 진행하겠습니다.

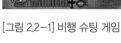
[그림 2.2-1] 비행 슈팅 게임

일반적으로 실무에서 프로젝트를 제작할 때는 진행 상황에 따라 '프로토타입 단계 → 알파타입 버전 단계 → 베타타입 버전 단계 → 출시 단계'의 4단계로 크게 나누어서 진행됩니다.

프로토타입(Prototype) 단계는 제작 환경 구성과 핵심 기능 제작을 하는 단계입니다. 여기에서 핵심 기능이란 콘텐츠가 전달하고자 하는 재미 요소들을 표현하는 데 꼭 필요한 뼈대 요소들을 의미합니다. 예를 들어 카카오톡 같은 메신저라면 채팅 기능과 알림 기능이 핵심 기능이 될 것이고, 〈배틀 그라운드〉 같은 게임이라면 총 줍기 및 쏘기, 캐릭터의 이동 및 점프가 핵심 기능이 될 것입니다. 이 단계에서는 리소스가 거의 추가되지 않은 상태에서 기능만 구현되어 있기 때문에 개발자 외에는 프로젝트가 완성됐을 때의 모습과는 사뭇 다르다고 볼 수 있습니다.

알파(Alpha) 단계에서는 프로토타입 단계에서 만들어진 핵심 기능을 기반으로 스테이지를 구성하고 애니메이션과 사운드 효과 등 콘텐츠를 풍성하게 만드는 요소들을 개발하는 단계입니다. 프로토 타입 단계가 질적 향상이라고 한다면 알파 단계는 양적 향상이라고 볼 수 있습니다. 이 단계가 완료되어서야 비로소 실제로 서비스되는 콘텐츠의 형태와 유사하게 보입니다.

베타(Beta) 단계에서는 밸런스 조정, 런칭과 서비스 유지에 필요한 요소들을 개발하고, 동시에 다수의 유저들을 상대로 대규모 테스트를 진행하면서 얻은 피드백을 통해 각종 결함 수정 및 밸런스 조정을 실시합니다. 베타 단계는 상품을 런칭하기 전 최종 단계이기 때문에 콘텐츠의 외견은 크게 바뀌지 않지만, 사용자가 콘텐츠를 이용하는 데 필요한 편의 요소가 확립되고 콘텐츠를 전반적으로 다듬어서 완성도를 높이는 과정이기 때문에 실무에서는 가장 바쁜 단계라고도 볼 수 있습니다.

이번 챕터는 비행 슈팅 게임의 프로토타입 단계를 진행하도록 하겠습니다. 프로젝트를 생성하고 개발 환경 구성을 한 뒤 핵심 기능이라고 볼 수 있는 플레이어 비행기의 이동과 총알 발사 기능을 구현하고 적 비행기를 생성하고 충돌하는 것 등을 순서대로 구현해 보겠습니다. 자, 그럼 이제부터 비행 슈팅 프로젝트 생성과 구성을 시작해 봅시다.

1

1.1
1.2
1.3
1.4
1.5

2

2.1
2.2
2.3
2.4
2.5
2.6

3

3.1
3.2
3.3

4

4.1
4.2
4.3
4.4
4.5

부
록

✖ **학습 목표**

슈팅 게임 프로젝트를 개발하기 위한 준비를 하고 싶다.

✖ **구현 순서**

❶ 프로젝트를 생성한다.
❷ 기본 게임 환경 구성을 설정하기 위한 GameModeBase 블루프린트를 제작한다.
❸ 카메라와 기본 조명을 설치한다.

## ➜ 슈팅 프로젝트 생성하기

프로젝트는 이미 여러 번 생성해 봤으니 이제는 익숙할 겁니다. 초반의 프로젝트 생성과 설정 부분은 잘 이해가 안 되고 다소 지루할 수도 있지만 매번 프로젝트를 새로 만들 때마다 무조건 해야 하는 과정이기 때문에 이해가 안 되더라도 반드시 따라 해 보시기 바랍니다. 프로젝트를 완성한 뒤에 다시 해보면 그 때는 왜 이 과정이 필요한지 이해가 잘 될 것입니다.

기존 방식대로 Epic Games Launcher를 실행하고 언리얼 엔진 5.4.1 버전을 실행합니다. 엔진이 실행되면 프로젝트 카테고리에서 'Games' 항목을 선택하고, 템플릿 선택 창에서 'Blank'를 선택합니다. 우측 Project Defaults 탭에서는 [그림 2.2-2]에서와 같이 설정합니다. 이번 프로젝트에서는 언리얼 엔진에서 제공하는 기초적인 리소스들도 몇 가지 사용할 예정이어서 [Starter Content] 항목을 체크했습니다.

프로젝트의 저장 폴더 이름은 'ShootingProject'라고 지정하도록 하겠습니다.

[그림 2.2-2] 프로젝트 생성 템플릿 선택하기

프로젝트가 생성되었으면 메인으로 사용될 레벨을 생성하고 저장하도록 하겠습니다. 언리얼 에디터 좌측 상단의 File 탭에서 [New Level…] 항목을 선택하고, 레벨 템플릿 중에서는 [Empty Level] 템플릿을 선택합니다.

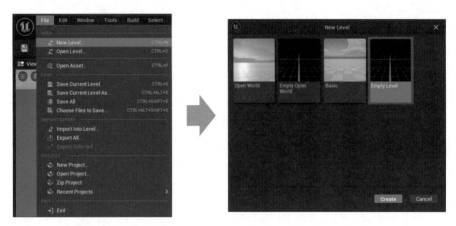

[그림 2.2-3] 레벨 새로 생성하기

새로 만든 레벨은 별도의 파일 형태로 저장해 두어야 에디터를 종료한 뒤 다시 실행하더라도 지워지지 않고 다시 로드할 수 있습니다. 에디터 하단의 Content Drawer 패널에서 [+Add] 버튼을 클릭하고 [New Folder] 항목을 선택합니다. 저장할 폴더의 이름은 'Maps'라고 지정합니다. 앞에서는 생략했지만 진짜 프로젝트를 진행할 때는 저장할 파일들이 굉장히 많기 때문에 미리 별도의 폴더를 만들어서 분류해 놓지 않으면 나중에 관리하기가 불편해집니다.

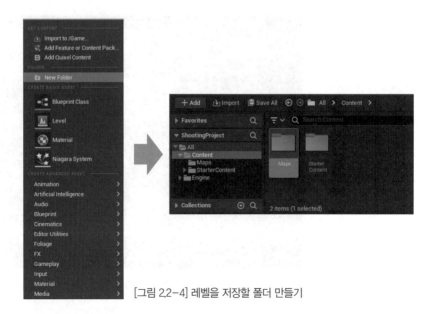

[그림 2.2-4] 레벨을 저장할 폴더 만들기

폴더도 만들었으니 이제 레벨을 저장해 봅시다. 에디터 좌측 상단의 File 탭을 클릭하고 [Save Current Level] 항목을 선택하면 레벨 저장 설정 창이 생성됩니다. 좌측 탭에서 우리가 만들었던 Maps 폴더를 클릭하고, 하단의 파일 이름에는 'MainMap'을 입력한 상태에서 입력란 우측의 [Save] 버튼을 클릭합니다.

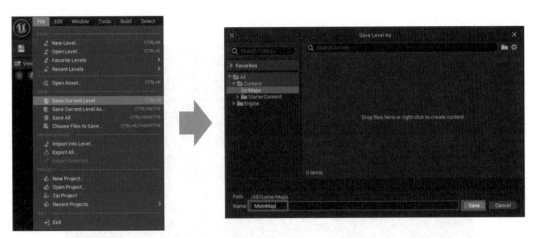

[그림 2.2-5] 레벨 저장하기

레벨 저장이 완료되면 Maps 폴더에 MainMap이라는 이름으로 레벨 파일이 생성되어 있는 것을 확인할 수 있습니다.

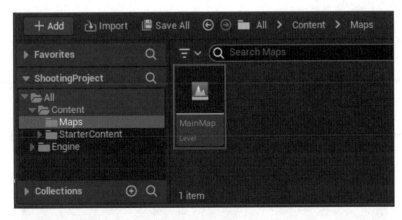

[그림 2.2-6] 저장된 레벨 파일

다음으로는 에디터가 실행될 때나 앱으로 만들었을 때 최초 실행될 레벨로 우리가 만든 Main Map이 로드될 수 있도록 설정하겠습니다. 언리얼 에디터 상단의 [Edit] 탭에서 'Project Settings…' 항목을 선택하면 프로젝트 설정 창이 열립니다. 좌측 탭에서 'Maps & Modes' 항목을 선택한 다음 우측의 Default Maps 항목에서 Editor Startup Map과 Game Default Map을 둘 다 'MainMap'으로 변경합니다.

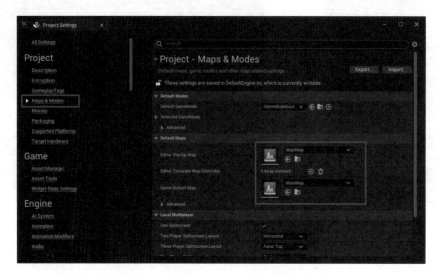

[그림 2.2-7] 시작 맵 설정하기

## → Game Mode Base 제작하기

이번에는 각 레벨에서 플레이의 기본 뼈대가 되는 규칙과 설정 내용을 담을 수 있는 Game Mode Base 블루프린트를 만들어 보겠습니다. 블루프린트 파일도 맵 파일과 마찬가지로 한 곳에 모아 놓기 위해서 별도의 폴더를 생성합니다.

[그림 2.2-8] 블루프린트 폴더 생성

콘텐트 브라우저에서 [+Add] 버튼을 클릭하고 'Blueprint Class' 항목을 선택합니다. 부모 클래스
는 'Game Mode Base'를 선택합니다.

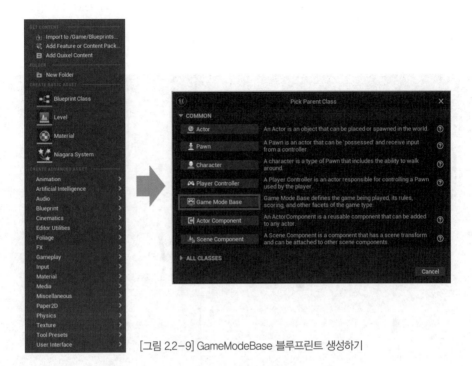

[그림 2.2-9] GameModeBase 블루프린트 생성하기

GameModeBase 블루프린트 파일이 생성되면 이름은 'BP_GameModeBase'라고 입력합니다. 앞에
붙인 'BP_'는 블루프린트의 약자입니다. 원본 클래스 파일과 구분하기 위해 붙이는 것이 일반적입
니다.

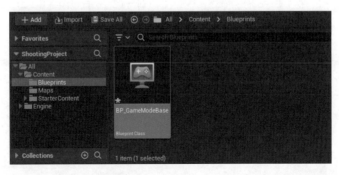

[그림 2.2-10] BP_GameModeBase 파일

맵과 마찬가지로 게임 모드 역시 레벨의 기본 게임 모드로 설정할 수 있습니다. 에디터 창의 좌측 상단의 [Edit] 탭에서 'Project Settings…' 항목을 클릭합니다. 프로젝트 설정 창이 열리면 좌측 패널에서 [Maps & Modes] 탭을 선택한 다음 우측 패널의 Default Game Mode 항목을 'BP_GameModeBase'로 변경합니다.

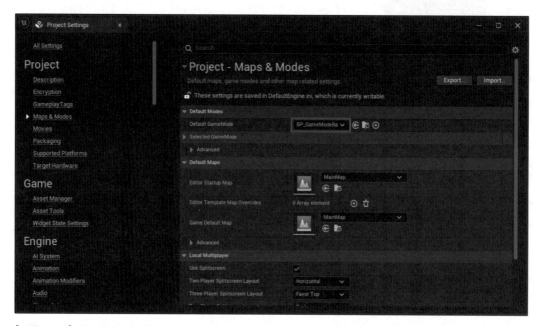

[그림 2.2-11] 기본 게임 모드 설정

Game Mode Base 클래스는 플레이어 캐릭터의 생성 및 생성 위치, 멀티 플레이 세션 관리 및 참가 인원 관리, 화면 출력과 디버깅을 위한 HUD 클래스 설정 등 각종 기본 클래스들을 지정해 주는 역할을 하면서 그 밖에 게임의 승리 조건이나 일시 정지 허용 등의 기초적인 규칙들을 설정할 때도 사용되는 중요한 클래스입니다. Game Mode Base 클래스는 언리얼 엔진 과거 버전(4.14 이전)의 Game Mode 클래스가 건 슈팅(Gun Shooting) 멀티플레이 게임 장르에 특화되어 있었던 것을 건 슈팅 장르 외에 다양한 콘텐츠에 두루 적용할 수 있도록 일반화, 간소화한 클래스입니다. 게임 모드는 여러 개를 만들 수 있고 현재 로드된 레벨마다 다르게 적용시킬 수도 있습니다.

현재는 딱히 플레이어나 HUD 클래스를 만들어 놓은 것이 없으니 지금은 그냥 만들어만 두고 구체적인 게임 모드 설정은 앞으로 프로젝트 개발을 진행하면서 그때그때 설정하도록 하겠습니다.

1

1.1
1.2
1.3
1.4
1.5

2

2.1
2.2
2.3
2.4
2.5
2.6

3

3.1
3.2
3.3

4

4.1
4.2
4.3
4.4
4.5

부
록

# ➜ 카메라와 조명 설치하기

드디어 지루한 프로젝트 초반 세팅 과정의 마지막 절차입니다. 여러분이 TV나 모니터를 통해 드라마나 영화, 연극 무대를 볼 때 반드시 필요한 것은 무엇일까요? 일단 촬영장에 직접 가지 않아도 우리가 디스플레이를 통해 눈으로 볼 수 있다는 것은 그 장면을 화면에 그려(Rendering) 주는 출력 과정이 있는 것이겠죠. 바로 이 촬영 및 그리기를 담당하는 것이 바로 카메라입니다. 개발자가 배치하고 꾸민 레벨이나 코드로 동작시키는 액터들의 움직임은 레벨에 배치된 카메라 액터(Camera Actor)가 촬영해서 모니터나 핸드폰 액정과 같은 디스플레이 장치에 그려 주게 됩니다.

TV에서 영화나 드라마를 보려면 촬영장에 카메라가 필요하다는 생각을 하기는 쉽지만, 카메라 못지않게 시각적인 표현에 있어서 엄청나게 중요한 역할을 하는 것이 또 하나 있습니다. 바로 빛(Light)입니다. 사실 세상의 모든 사물은 빛을 통해 우리의 눈에 그 사물의 정보를 받아들이게 됩니다. 그래서 빛의 밝기와 세기, 반사와 산란 등의 효과에 따라 같은 물체라도 다양한 모습으로 보일 수 있는 것입니다. 빛이 있어서 그림자가 생성되고 풍부한 색채가 표현됩니다.

언리얼 엔진만이 아니라 사실 모든 엔진은 기본적으로 렌더 카메라와 라이트 기능에서부터 시작됩니다. 그럼 이제 새로 만든 레벨에 처음 배치할 오브젝트로서 카메라 액터를 배치해 보도록 합시다. 우선 에디터 상단의 [Window] 탭에서 [Place Actors] 항목을 클릭하여 Place Actors 패널을 활성화합니다.

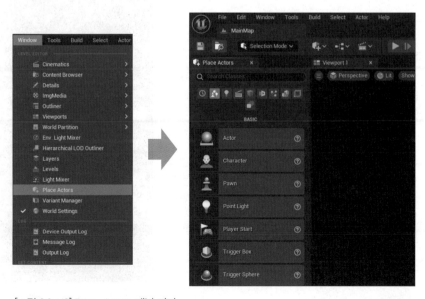

[그림 2.2-12] Place Actors 패널 켜기

언리얼 에디터 좌측의 Place Actors 패널에서 All Classes 카테고리를 클릭합니다. 해당 탭의 액터 목록에서 [Camera] 액터를 마우스로 드래그해서 뷰포트에 옮겨놓습니다.

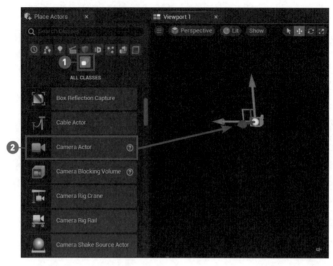

[그림 2.2-13] 카메라 액터 배치하기

막상 카메라 액터를 배치하기는 했는데 아무 것도 없는 빈 공간에 놓아서 그런지 카메라가 어디쯤에 배치되어서 어디를 찍으려는 것인지 모르겠군요. 걱정하지 않으셔도 됩니다. 월드에 배치하는 액터들은 모두 좌표를 통해 현재 위치를 표시하고 있습니다. 에디터 우측의 월드 아웃라이너 패널에서 방금 배치한 'CameraActor'를 선택하고서 다음의 Details 패널을 보면 [Transform] 탭이 있는 것을 볼 수 있습니다.

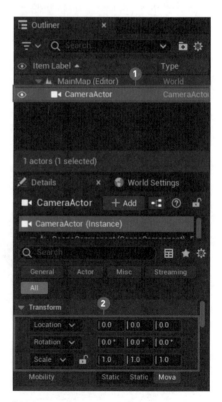

[그림 2.2-14] Transform 컴포넌트

Details 패널은 선택 중인 '액터 오브젝트에 붙어있는 컴포넌트(Component) 정보를 표시하는 패널'입니다. 컴포넌트란 쉽게 생각하면 '액터가 특정한 동작을 하기 위해 조립해 놓은 부품'이라고 보시면 됩니다. 마치 아이언맨(Actor Object)에게 로켓 추진 장치(Component)를 부착하면 아이언맨이 날아갈 수 있게 되고, 아이언맨에게 레이저 총(Component)을 부착하면 아이언맨이 레이저를 발사할 수 있게 되는 것처럼 액터 오브젝트는 여러 가지 컴포넌트의 조합에 의해서 동작됩니다. 그 중에서 Transform 컴포넌트는 오브젝트의 위치(Location), 회전(Rotation), 크기(Scale)를 설정하는 기능을 담당하는 부품입니다.

우리가 건물의 위치를 설명할 때 보통 어떻게 설명하나요? "서울역에서 서울 시청역 방향으로 300미터쯤에 있어요."라든지 "고속버스 터미널 정문에서 만나요."와 같이 기준이 되는 특정한 지점을 기반으로 위치와 방향을 설명하고 이해하고 있지 않나요? 맞습니다. 월드 공간에도 위치를 계산하기 위한 기준 위치, 원점(World Origin Position)이 존재합니다. 우리가 액터 오브젝트를 배치하는 가상의 공간을 '월드(World)'라고 하는데, 월드는 X축 Y축 Z축의 3차원 공간으로 되어 있습니다. 월드 공간의 정 중앙 지점으로서 X, Y, Z축의 값이 0이 되는 지점이 바로 원점입니다. 월드에 배치된 모든 오브젝트는 바로 이 원점으로부터의 각 축의 거리로 현재 위치를 표시합니다.

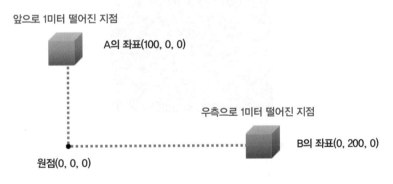

[그림 2.2-15] 월드의 원점으로부터 거리 표시

X축은 앞뒤 방향, Y축은 좌우 방향, Z축은 상하 방향을 가리키는 축입니다. 각 축의 값의 크기로 거리를 지정할 수 있습니다. 예를 들어 X축 값이 증가할수록 앞쪽에 위치하고, X축 값이 감소할수록 뒤쪽에 위치합니다.

| 축(Axis) 종류 | + 값 | – 값 |
|---|---|---|
| X축 | 앞쪽 방향 | 뒤쪽 방향 |
| Y축 | 오른쪽 방향 | 왼쪽 방향 |
| Z축 | 위쪽 방향 | 아래쪽 방향 |

[표 2.2-1] 각 축의 방향

그리고, 각 축의 입력 단위는 센티미터(cm)입니다. 그럼 만일 카메라 액터를 원점으로부터 뒤쪽으로 20미터 떨어진 곳에서 원점을 향해 촬영을 하려면 위치(Location) 좌표는 어떻게 설정해야 할까요? 뒤쪽이니까 X축의 값을 조정해야 할 테고, 20미터면 센티미터로 환산했을 때 2,000센티미터가 되겠군요. 정면 방향이 + 방향이고 후면, 방향이 – 방향이기 때문에 X축에 −2,000을 입력해주면 될 것 같습니다. 센스 있는 분이라면 눈치챘겠지만, 값을 입력한다는 것은 X, Y, Z는 '변수(Variable)'라는 뜻이겠지요.

[그림 2.2-16] 카메라 위치 조정

Transform 컴포넌트 하단에는 Mobility 항목이 있습니다. Mobility란 해당 액터가 플레이 중에 위치, 회전, 크기의 변동이 있는지를 체크하는 항목입니다.

| 옵션 항목 | 설명 |
|---|---|
| Static | 플레이 중에 움직이지 않고 고정된 물체 |
| Stationary | 움직이지는 않지만 밝기나 그림자 방향 등은 변할 수 있는 물체 |
| Movable | 플레이 중에 움직일 수 있는 물체 |

[표 2.2-2] 액터 모빌리티

우리가 제작하려는 비행 슈팅 게임은 플레이어 또는 적 액터들만 움직이고 카메라 자체는 움직이지 않기 때문에 'Static'으로 설정해 놓겠습니다.

[그림 2.2-17] 카메라 모빌리티 고정

하지만, 카메라를 월드에 배치하는 것만으로는 카메라가 동작하지 않습니다. 월드에 배치된 카메라가 촬영을 시작하려면 카메라 액터를 활성화시켜야 합니다. Details 패널을 아래쪽으로 스크롤해보면 Auto Player Activation 탭이 있습니다. Auto Activate for Player를 [Player 0]으로 변경하면 0번 플레이어 즉 가장 첫 번째 플레이어(로컬 플레이어)가 생성되면서 동시에 카메라 액터도 활성화됩니다. 네트워크를 통한 멀티 플레이 같은 경우에는 플레이어 번호를 별도로 지정해서 카메라 액터의 활성화 순서를 변경할 수도 있습니다.

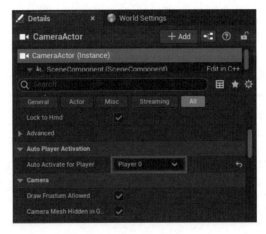

[그림 2.2-18] 카메라 타깃 플레이어 설정

이 밖에도 몇 가지 더 설정해줄 것이 남기는 했지만, 텅 빈 배경이라서 눈으로 확인하기 어려우니 다른 항목은 플레이어를 만들면서 수정하도록 하겠습니다.

이번에는 Light 액터를 배치해보도록 하죠. 에디터 좌측 Place Actors 패널에서 Lights 탭을 선택해보면 여러 유형의 Light 액터가 있음을 확인할 수 있습니다. 각각의 Light마다의 효과는 다음과 같습니다.

| 유형 | 설명 |
|---|---|
| Directional Light | 태양처럼 무한히 먼 거리에서 월드 전체에 비추는 한 방향의 빛 효과입니다. 오브젝트의 거리나 배치 상태와 관계없이 일정한 세기로 빛을 비춥니다. 빛의 방향이 하나뿐이라서 그림자 계산에 대한 부담이 가장 적습니다. |
| Point Light | 전구처럼 광원을 기준으로 구체 형태로 발산하는 빛입니다. 거리에 따라 빛의 감쇠가 발생하고, 오브젝트와 광원의 배치 방향에 따라 빛을 받는 부분이 변경됩니다. 빛의 방향이 가장 많아서 최적화에 대한 부담이 가장 큽니다. |
| Spot Light | 손전등처럼 광원에서 고깔 모양(Cone)으로 빛이 퍼져나가는 형태입니다. 위의 포인트 라이트처럼 거리에 따라 빛의 감쇠가 있으며, 빛의 방향도 있어서 광원과 오브젝트의 위치에 따라 빛을 받는 부분이 바뀝니다. 빛의 방향은 디렉셔널 라이트보다는 많고 포인트 라이트에 비해서는 적습니다. |
| Rect Light | 위의 포인트 라이트와 동일하지만, 구체 형태가 아니라 박스(Box) 형태로 빛을 발산합니다. |
| Sky Light | 주변 환경을 캡처해서 환경광으로 사용하는 빛 유형입니다. 주로 매끈한 표면이나 물처럼 반사 재질 오브젝트에 주변 환경이 비춰져야 할 때 사용됩니다. |

[표 2.2-3] Light 액터의 유형

디렉셔널 라이트
(Directional Light)

포인트 라이트
(Point Light)

스포트 라이트
(Spot Light)

[그림 2.2-19] Light 유형에 따른 빛의 방향

라이트 액터를 배치할 때 가장 주의할 점은 앱의 최적화를 위해서는 빛 계산을 최소화해야 한다는 점입니다. 빛의 방향에 따라 물체의 밝은 부분과 어두운 부분, 그리고 그림자에 대한 연산이 발생됩니다. 따라서, 빛의 방향이 많으면 많을수록 계산될 내용도 많아지고 복잡해집니다. 일반적으로는 빛의 방향이 하나뿐인 디렉셔널 라이트 위주로 빛 설정을 하고, 다른 라이트 액터들은 상황에 따라 보조적으로만 사용됩니다. 가령 외부가 아닌 실내를 표현할 때 전등 효과가 필요한 곳에서만 부분적으로 포인트 라이트를 사용한다든지 하는 것처럼 말이죠.

이번 비행 슈팅 프로젝트에서는 우주 배경에서 날아다니는 전투기를 표현할 예정이므로 가장 가벼운 디렉셔널 라이트 하나만 사용하도록 하겠습니다. Place Actors 패널에서 [Directional Light] 액터를 뷰포트 쪽으로 드래그해서 배치하겠습니다. 디렉셔널 라이트를 배치하면 월드 공간에 태양 모양의 아이콘이 생기는 것을 확인할 수 있습니다. 태양 아이콘 외에 흰색 화살표 표시도 있는데 이 방향이 바로 빛의 방향입니다. 디렉셔널 라이트를 회전시키면 화살표도 같이 회전되면서 빛을 받는 물체의 그림자의 길이와 방향이 바뀝니다.

[그림 2.2-20] Directional Light 배치

아웃라이너 패널에서 디렉셔널 라이트를 선택한 상태에서 다음 디테일 패널을 보면 Intensity 항목이 있습니다. Intensity는 빛의 세기, 즉 조도(照度)를 나타내며 단위는 럭스(Lux)를 사용합니다. 기본 값은 10럭스로 되어 있는데 거의 정오의 햇살만큼 밝아서 우주 분위기가 살지 않으므로 5럭스로 줄여 놓겠습니다.

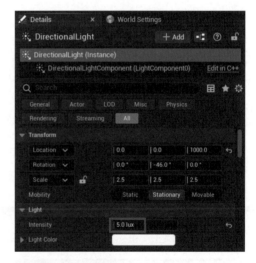

[그림 2.2-21] 조도 변경

카메라와 조명 설치까지 마쳤으면 이제 기본적인 준비는 다 됐습니다. 이제 플레이어를 제작하면서 본격적인 기능 구현을 해 봅시다.

**플레이어 이동하기** ·····································

콘텐츠에서 사용자의 분신 역할을 하는 플레이어(Player)를 직접 만들어 볼 시간입니다. 잠시 옛날 오락실에서의 비행 슈팅 게임 장면을 떠올려 봅시다. '플레이어'라고 하면 어떤 기능부터 만들어야 할까요? 맞아요. 바로 이동 기능입니다. 비행 슈팅게임에서의 플레이어는 사용자가 상하좌우 이동 키를 입력하면 그 방향으로 이동합니다. 플레이어 제작의 가장 중요 포인트는 사용자의 입력을 처리하는 것과 오브젝트의 이동 공식입니다. 이번 차례에서는 특히 이 두 가지 요소에 주안점을 두고 학습해 주시길 바랍니다.

✕ **학습 목표**

사용자의 입력에 따라 움직이는 플레이어를 만들고 싶다.

✕ **구현 순서**

❶ 플레이어 블루프린트를 생성한다.
❷ 상하좌우 입력을 키보드의 WSAD 키에 할당하고 블루프린트에서 읽어온다.
❸ 입력한 방향으로 플레이어를 이동시킨다.

### ➜ 플레이어 블루프린트 생성하기

잠시 앞의 내용을 상기시켜 보자면 월드에 배치된 오브젝트란 외형 리소스나 수치 데이터를 설정하고 저장하기 위한 변수, 동작 및 기능을 구현하고 호출하기 위한 함수로 구성되어 있습니다. 그리고 변수와 함수는 모두 '클래스'라는 틀 안에 구현되어 있으며, 언리얼 엔진에서는 이러한 클래스를 비주얼 스크립팅으로 구현할 때 블루프린트 클래스를 제작해야 합니다. 그럼 플레이어도 역시 블루프린트를 만드는 것부터 시작해야 되겠군요.

에디터 하단의 콘텐트 브라우저에서 [+Add] 버튼을 클릭하고 [Blueprint Class] 항목을 선택합니다. 이제 부모 클래스를 선택해야 하는데 이번에는 앞에서와 달리 [Pawn]을 선택하도록 합니다.

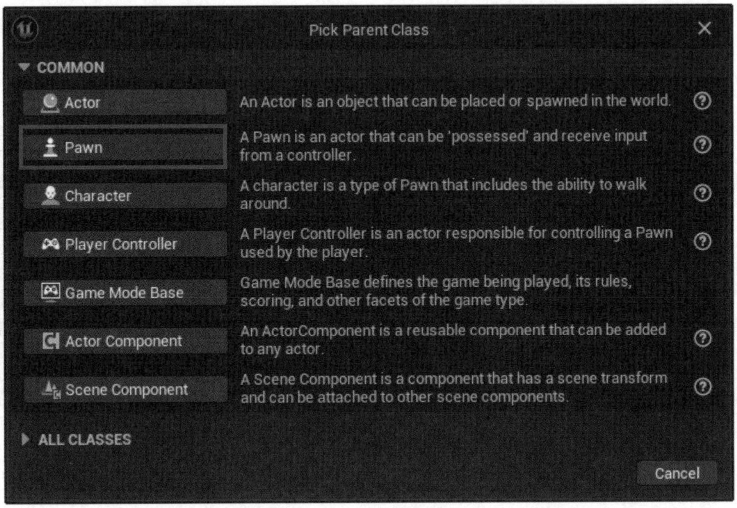

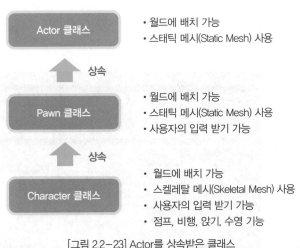

[그림 2.2-22] 부모 클래스 선택

분명 월드 공간에 배치하는 클래스는 액터(Actor) 클래스를 상속받아야 한다고 했는데 왜 폰 (Pawn) 클래스를 상속했을까요? 사실 폰 클래스는 이미 액터 클래스를 상속받아서 액터로서의 기능은 물론 사용자의 입력을 처리하는 기능까지 추가로 구현된 확장 클래스입니다. 그 밑에 있는 캐릭터 (Character) 클래스도 폰 클래스를 상속받아 인간형 캐릭터에 필요한 점프 기능, 앉기 기능, 스켈레탈 애니메이션 기능이 추가된 확장 클래스입니다. 클래스 구조로 보면 다음과 같습니다.

**Actor 클래스**
- 월드에 배치 가능
- 스태틱 메시(Static Mesh) 사용

↑ 상속

**Pawn 클래스**
- 월드에 배치 가능
- 스태틱 메시(Static Mesh) 사용
- 사용자의 입력 받기 가능

↑ 상속

**Character 클래스**
- 월드에 배치 가능
- 스켈레탈 메시(Skeletal Mesh) 사용
- 사용자의 입력 받기 가능
- 점프, 비행, 앉기, 수영 기능

[그림 2.2-23] Actor를 상속받은 클래스

우리가 만들 플레이어는 사용자의 입력을 받아서 움직일 수 있는 액터이어야 합니다. 문자 그대로 체스의 말(Pawn)처럼 사용자의 입력대로 처리할 수 있는 액터 클래스가 폰이라고 생각하면 됩니다.

캐릭터 클래스도 사용자의 입력을 받는 액터 클래스지만 인간처럼 점프, 앉기 등의 동작 기능까지는 필요하지 않으니 폰 클래스로 충분합니다. 생성된 블루프린트의 이름은 'BP_Player'라고 입력합니다.

[그림 2.2-24] Player 블루프린트

우선 플레이어의 외형을 설정해 보겠습니다. 프로토타입 단계에서는 기능 구현을 할 때 눈으로 확인할 수만 있으면 되기 때문에 언리얼 엔진에서 제공하는 기본 도형들만으로 외형을 구성해도 충분합니다. 기능 구현 후에 알파 단계에서 멋진 3D 모델링으로 교체만 하면 되니까요.

BP_Player 파일을 더블클릭해서 블루프린트 설정 창을 엽니다. 좌측 상단을 보면 Components 패널이 보일 것입니다. 앞서도 설명했듯이 하나의 물체는 여러 가지 컴포넌트들로 조립해서 만들 수 있습니다. 플레이어에 간단하게라도 외형을 추가하기 위해서 큐브 형태의 3D 메시 컴포넌트를 추가해 보겠습니다. [+Add Component] 버튼을 클릭하고 컴포넌트 목록에서 [Cube]를 선택합니다. 뷰 포트를 보면 큐브 모양의 정육면체가 생성된 것을 확인할 수 있습니다.

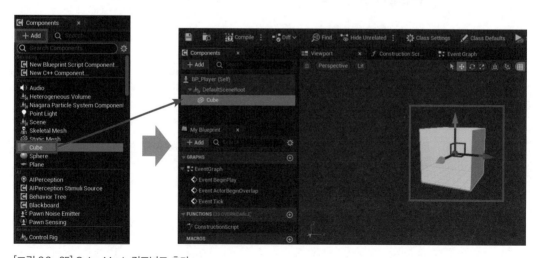

[그림 2.2-25] Cube Mesh 컴포넌트 추가

## → 사용자의 입력 바인딩하기

앱에서 사용자의 입력을 받으려면 키보드의 각 키를 눌렀을 때 또는 누르지 않았을 때의 신호를 일정한 값(value)으로 전환해 줘야 합니다. 이렇게 입력 기호와 특정한 수치 값을 묶어서 연관시키는 과정을 프로그래밍에서는 '바인딩(Binding)'이라고 합니다. 우리가 사용하는 키보드나 마우스, 조이스틱과 같은 외부 입력 장치의 바인딩을 쉽고 편하게 하기 위해서 언리얼 엔진에서는 입력 바인딩 시스템을 제공하고 있습니다.

하드웨어 고유의 신호를 코드로 바인딩하려면 하드웨어 신호를 사용하기 좋게 정규화하는 과정과 프로그래밍 코드에서 읽기 위한 값의 대역폭을 정하는 등 귀찮은 작업 요소들이 선행되어야 하는데 엔진을 사용하면 입력 받을 키에 대한 별명만 지어 주면 프로그래밍 코드에서는 단순히 그 별명을 호출하는 것만으로 키가 눌렸는지 안 눌렸는지 여부를 값으로 확인할 수 있습니다. 게다가 복수의 입력 장치에서 같은 타입의 입력 처리를 허용해야 하는 경우, 예를 들어 플레이어의 이동을 키보드의 화살표 키와 조이스틱의 방향 스틱의 기울임의 두 방식으로 처리하는 경우에도 같은 별명으로 바인딩할 수 있어서 개발 편의성을 한층 높여 주고 있습니다. 아직 이해가 안 되신다구요? 일단 한번 따라해 보면 바로 이해할 수 있으니 걱정하지 않아도 됩니다.

언리얼 엔진 5 버전부터는 'Enhanced Input'이라는 새로운 입력 체계(Input system)가 추가되었습니다. 4 버전 이전 방식의 입력도 아직은 가능하지만 곧 지원이 중단된다고 하니 새로운 입력 방식을 사용해 보도록 하겠습니다.

우선 Content 폴더 하위에 'Inputs'라는 이름으로 새 폴더를 생성합니다.

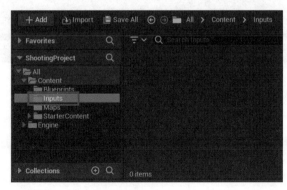

[그림 2.2-26] Input 폴더 추가

입력 설정을 위해 가장 먼저 해야 할 일은 Input Action 파일을 만드는 것입니다. Input Action 파일이란 사용자가 지정된 키를 입력했을 때 키의 입력 값을 어떤 값으로 받을 것인지를 설정하는 파일입니다. 일단 키보드의 A와 D 키를 이용해서 좌우 방향 입력을 받기 위해 Input Action 파일을 하나 만들어 봅시다. Inputs 폴더의 빈곳에 마우스 커서를 놓고 우클릭하면 팝업 창이 생성됩니다. 팝업 창에서 [Input] — [Input Action] 항목을 선택하면 새 Input Action 파일이 생성됩니다.

[그림 2.2-27] Input Action 파일 생성하기

생성된 Input Action 파일의 이름은 'IA_Horizontal'이라고 짓겠습니다.

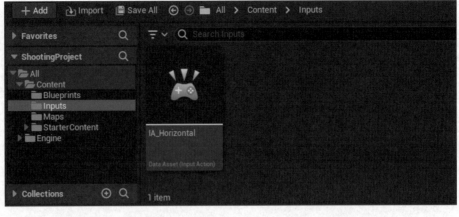

[그림 2.2-28] 생성된 Input Action 파일

IA_Horizontal 파일을 더블클릭해서 Input Action 설정 창을 열면 키를 입력 받았을 때 결과로 받을 값의 자료형을 결정할 수 있는 Value Type 항목이 있습니다. Value Type 항목은 다음과 같이 네 가지 종류로 분류됩니다.

| Value Type | 인식하려는 입력 신호 | 결과 값 |
|---|---|---|
| Digital(Bool) | 버튼의 입력이 있는지 없는지 여부만을 확인할 때 | True / False |
| Axis1D(float) | 버튼 입력의 강도나 기울기를 값으로 확인할 때 | −1.0 ~ 1.0 |
| Axis2D(Vector2D) | 버튼 입력 값을 X축과 Y축으로 받고 싶을 때 | X: −1.0 ~ 1.0<br>Y: −1.0 ~ 1.0 |
| Axis3D(Vector) | 버튼 입력 값을 X, Y, Z축으로 각각 받고 싶을 때 | X: −1.0 ~ 1.0<br>Y: −1.0 ~ 1.0<br>Z: −1.0 ~ 1.0 |

[표 2.2-4] Input Action 파일의 Value Type 종류

키보드의 A, D 키를 이용해서 좌우 이동 방향을 입력 받기 위해서는 어떤 값으로 받아야 할까요? 사실 둘 다 가능하기는 합니다. 만일, 'A 키를 눌렀다면(True) 왼쪽으로 이동하는 함수를 실행한다'라는 방식으로 구현하려면 Digital(Bool)로 설정하면 됩니다. 반면에 'A 키를 누르면 −1(음수 방향), D 키를 누르면 +1(양수 방향), 둘 다 안 누르면 0(중립)이 된다'라는 방식으로 구현하려면 Axis 1D(float)로 설정하면 됩니다. Digital(Bool) 방식은 후술할 총알 발사 기능 구현 때 실습할 것이기 때문에 플레이어의 이동 키는 Axis1D(float) 방식을 사용해서 구현해 보도록 하겠습니다.

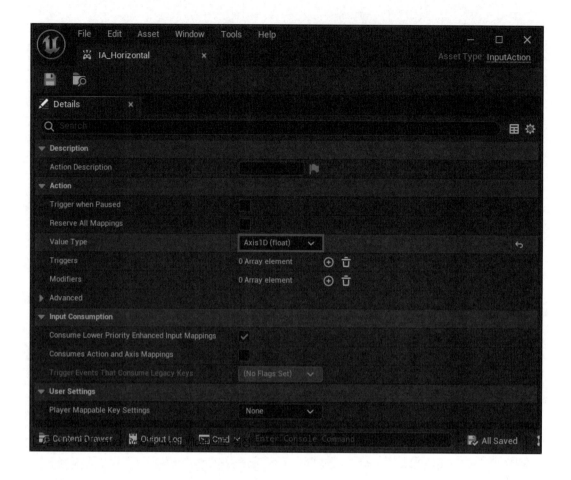

키 입력 이벤트의 자료형을 위한 Input Action 파일은 만들었으니 이제 실제 물리적인 입력 장치와 Input Action 파일을 연결하여야 합니다. 각각의 Input Action마다 물리적인 입력 장치를 대응시키는 과정을 '인풋 맵핑(Input Mapping)'이라고 합니다. 언리얼 엔진의 Enhanced Input 시스템에서는 'Input Mapping Context'라는 특정한 파일 형식을 이용하여 Input Action과 입력 장치를 맵핑할 수 있도록 구현되어 있습니다.

Inputs 폴더의 빈 공간에 마우스 커서를 위치시킨 후 우클릭하여 팝업 창이 생성되면 [Input] − [Input Mapping Context] 항목을 선택합니다.

[그림 2.2-30] Input Mapping Context 파일 생성하기

생성된 Input Mapping Context 파일의 이름은 'IMC_PlayerInput'로 설정하겠습니다.

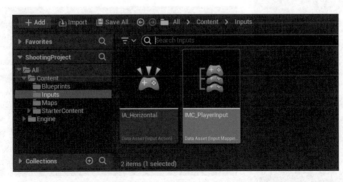

[그림 2.2-31] Input Mapping Context 파일 이름 설정

IMC_PlayerInput 파일을 더블클릭하여 설정 창을 연 뒤 Mappings 항목 우측의 [+] 버튼을 누릅니다. 새로 생성된 콤보 박스에 앞서 만든 IA_Horizontal 파일을 할당합니다.

[그림 2.2-32] Mappings 요소 추가

Input Action 설정 란 아래에는 대응되는 키나 버튼 등을 고를 수 있는 콤보 박스가 있습니다. 우선 오른쪽 이동 키로 키보드의 D 키를 등록해 보겠습니다. 그런데, 콤보 박스를 클릭하면 키보드, 마우스, PS4 패드, 엑스박스(XBOX) 패드, 터치 등 등록할 수 있는 키의 종류가 너무 많군요. 다행히도 위쪽에 검색란이 있으니 검색란에 D'를 입력합니다. 검색된 리스트에서 Keyboard의 'D'를 선택하면 D 키가 IA_Horizontal의 키로 등록됩니다.

[그림 2.2-33] 입력 키 할당하기

IA_Horizontal 입력은 좌측과 우측의 두 가지 경우가 있으므로 IA_Horizontal 우측의 [+] 버튼을 눌러서 등록할 키를 하나 더 추가하고, 좌측 입력용으로 키보드의 Ⓐ 키를 선택합니다. Ⓓ 키와는 달리 Ⓐ 키를 누르면 음수 값이 들어오게 하기 위해서 Modifiers 항목 옆에 [+] 버튼을 누르고 Index 0 항목에 [Negate]를 할당합니다. 이렇게 설정하는 이유는 사용자가 Ⓓ 키를 누르면 IA_Horizontal 이벤트의 입력 값이 1로 들어오고, Ⓐ 키를 누르면 −1이 IA_Horizontal 이벤트의 입력 값으로 들어오게 되어 방향 구분이 가능해지기 때문입니다. 설정이 끝났으면 [Save] 버튼을 눌러서 저장해 줍니다.

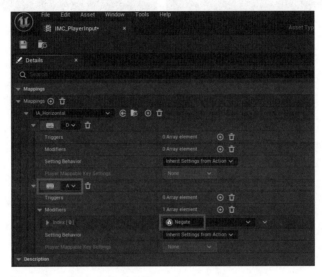

[그림 2.2–34] 음수 방향 키 추가

키 등록이 끝났으니 실제로 키 입력이 잘 이루어지고 있는지 테스트부터 해 봅시다. Content Drawer에서 BP_Player를 더블클릭해서 블루프린트 설정 창을 엽니다. [Event BeginPlay] 노드 아래쪽 빈곳에서 마우스 우클릭을 하고 'get player controller'로 검색해서 [Get Player Controller] 노드를 생성합니다. 언리얼 엔진에서 Player Controller 클래스는 사용자의 대행자와 같은 역할을 합니다. 따라서 사용자가 입력하는 키의 정보도 Player Controller 클래스를 통해 전달받을 수 있습니다.

[Get Player Controller] 노드의 출력 핀을 드래그해서 검색 창에 'get enhanced'를 입력합니다. 검색 결과 중에서 [Get Enhanced Input Local Player Subsystem] 노드를 선택하여 생성합니다. Subsystem 클래스에는 사용자의 입력 정보를 Input Action 노드에 연결(Binding)하기 위한 관련 기능이 구현되어 있습니다.

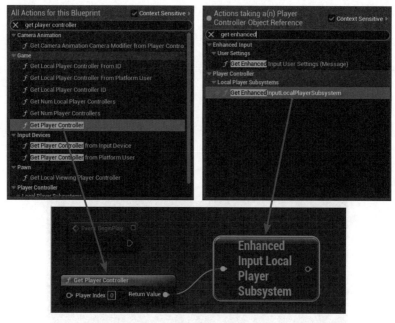

[그림 2.2-35] [Enhanced Input Local Player Subsystem] 노드 추가

키 입력을 어떤 Input Action 파일에 연동시킬 것인지는 앞에서 Input Mapping Context 파일에 설정했던 것 기억하시나요? [Enhanced Input Local Player Subsystem] 노드의 출력 핀을 드래그해서 'add mapping context'로 검색하면 Input Mapping Context 파일 내용을 Subsystem에 할당해 주는 [Add Mapping Context] 노드를 연결할 수 있습니다. [Add Mapping Context] 노드의 실행 핀은 [Event Begin Play] 노드의 실행 핀과 연결하여 플레이어가 처음 월드 공간에 생성되었을 때 입력 맵핑이 되도록 하겠습니다.

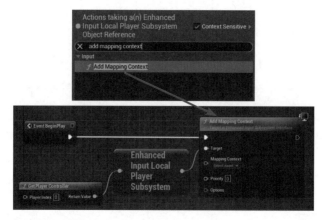

[그림 2.2-36] [Add Mapping Context] 노드 추가

이제 [Add Mapping Context] 노드의 입력 핀 중에서 Mapping Context 항목의 콤보 박스를 클릭한 다음 앞에서 만들었던 IMC_PlayerInput 파일을 할당합니다.

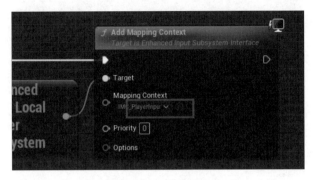

[그림 2.2-37] Input Mapping Context 파일 할당

입력 시스템을 연동하였다면 이제 각 Input Action으로부터 사용자의 키 입력 데이터를 받아 볼 차례입니다! 이벤트 그래프의 빈곳에 마우스 우클릭을 하고 검색 창에 'IA_Horizontal'을 입력하면 Enhanced Action Events 탭에 우리가 만든 [IA_Horizontal]이 있는 것을 확인할 수 있습니다. [IA_Horizontal]을 클릭하면 이벤트 그래프 판에 [EnhancedInputAction IA_Horizontal] 노드가 생성됩니다. 노드 아래쪽의 [∨] 버튼을 누르면 전체 핀이 표시됩니다.

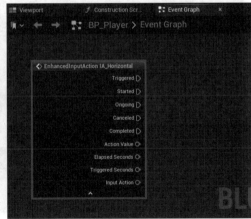

[그림 2.2-38] IA_Horizontal 이벤트 노드 생성하기

[EnhancedInputAction IA_Horizontal] 노드에는 사용자가 키를 누르는 동작에 따라 다양한 실행 핀이 존재합니다. 각각의 실행 핀 역할은 다음과 같습니다.

| 실행 핀 종류 | 인식한 입력 신호 |
|---|---|
| Triggered | 설정된 키를 누르고 있는 동안 매 프레임마다 실행 |
| Started | 설정된 키를 눌렀을 때 처음 1회 실행 |
| Ongoing | 설정된 키를 눌렀지만 아직 누른 것으로 인정되지 않는 경우에 실행 |
| Canceled | 다른 외부 요인으로 인하여 입력 신호를 받는데 이상이 생긴 경우에 실행 |
| Completed | 설정된 키에서 손을 뗄 때 1회 실행 |

[표 2.2-5] 입력 이벤트 노드의 실행 핀 종류

간단하게 입력 중인 값을 화면에 출력하기 위해서 [Print String] 노드를 생성하고, In String 항목에 [Action Value] 출력 핀을 연결합니다. 키를 누르고 있는 동안 매 프레임마다 계속해서 Action Value 값을 화면에 출력하도록 Triggered 실행 핀을 [Print String] 노드의 실행 핀에 연결합니다.

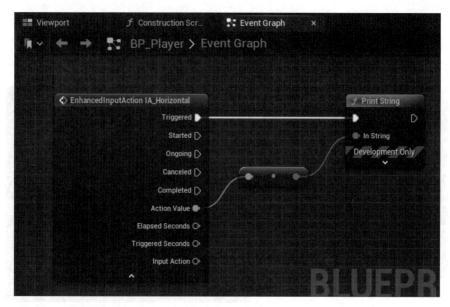

[그림 2.2-39] 키를 누르는 동안 입력된 값을 화면에 출력하기

노드 연결이 완료되었으면 [Compile] 버튼과 [Save] 버튼을 차례로 클릭하고 블루프린트 설정 창

을 종료합니다. 이제 플레이어 블루프린트를
월드에 배치하여야 하는데, 기존의 액터와는
달리 사용자가 조작하는 플레이어 폰의 경우
에는 Game Mode Base 블루프린트 파일에
기준 폰 클래스(Default Pawn Class)로 등록
을 해서 내가 조작할 플레이어 액터임을 설
정해야 합니다. Content Drawer에서 BP_
GameModeBase 블루프린트를 더블클릭해
서 블루프린트 설정 창을 열고 우측 Details
패널에서 Default Pawn Class 항목에 BP_
Player 블루프린트 파일을 선택합니다.

[그림 2.2-40] 디폴트 폰 설정

[Compile] 및 [Save]를 하고 블루프린
트 설정 창을 닫습니다. 에디터 좌측 Place
Actors 패널에서 Basic 탭을 선택하고
[Player Start] 항목을 뷰 포트로 드래그해서
배치합니다.

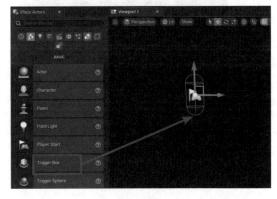

[그림 2.2-41] Player Start 액터 배치

플레이 상태가 되면 최초에 Game Mode Base 클래스에서
디폴트 폰으로 설정된 폰 클래스를 자동으로 월드에 생성합니다.
이 때 Player Start 액터가 있던 위치에 디폴트 폰이 생성됩니다.
즉, Player Start 위치를 조정해서 플레이어가 처음 생성되어야
할 위치를 설정할 수 있는 것입니다. 최초 시작 위치를 월드의
원점에서 시작할 수 있도록 Player Start 액터의 Location 값과
Rotation 값을 X, Y, Z 모두 0으로 맞춰 줍니다.

[그림 2.2-42] Player Start 위치 설정

이제 플레이를 해 보면 BP_Player를 월드 공간에 배치하지 않았음에도 Player Start 위치에 자동으로 생성되는 것을 확인할 수 있습니다. 여러분이 Player Start의 위치를 여기저기로 변경해 보면서 플레이를 해 보면 더 확실히 알 수 있을 것입니다. 카메라와의 거리가 20미터나 돼서 플레이어가 조금 작게 보이긴 하지만 뒤에서 카메라 조정을 하면서 맞출 예정이니 지금 당장은 크게 신경 쓰지 않아도 됩니다.

플레이 상태에서 키보드의 Ⓐ 키나 Ⓓ 키를 누르고 있으면 출력 값이 −1.0 또는 1.0으로 변경되는 것을 알 수 있습니다. 만일 Ⓐ 키나 Ⓓ 키를 눌러도 변화가 없으면 마우스로 뷰 포트를 한 번 클릭한 뒤에 다시 키보드를 눌러 보세요. 처음 플레이를 실행하면 마우스 커서의 모드가 게임 플레이 조작 모드가 아닌 언리얼 에디터 조작 모드 상태이기 때문입니다.

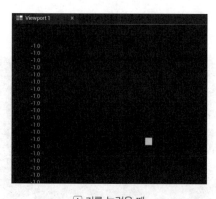 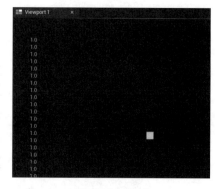

Ⓐ 키를 눌렀을 때　　　　　　　　　　　　　Ⓓ 키를 눌렀을 때

[그림 2.2-43] Player Start 위치 설정

이제 이 값을 이용해서 플레이어의 위치를 변경하기만 하면 되는데 그 전에 상하 입력 Axis도 추가해야 할 것 같네요. 다시 Content Drawer 패널에서 [+Add]-[Input]-[Input Action]을 선택하여 'IA_Vertical'이라는 이름으로 새 Input Action 파일을 생성합니다.

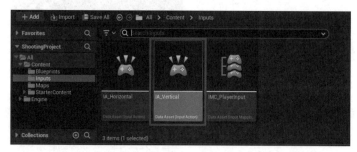

[그림 2.2-44] IA_Vertical 파일 생성하기

IA_Vertical 역시 입력 값이 필요하기 때문에 Input Action 설정 창을 열고 Value Type 항목을 Axis1D(float)로 설정합니다.

[그림 2.2-45] Value Type 설정

IA_Vertical 파일에도 실제 입력 키를 맵핑해야 겠죠? IMC_PlayerInput 파일을 더블클릭하여 설정 창을 활성화한 다음 Mappings 탭 우측의 [+] 버튼을 눌러서 IA_Vertical 파일을 할당합니다. IA_Horizontal 때와 마찬가지로 W 키와 S 키를 설정하고, S 키를 눌렀을 때 음수가 나오도록 Modifier 항목에 Negate를 추가합니다.

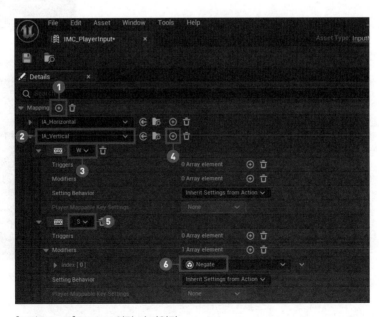

[그림 2.2-46] Vertical 입력 키 바인딩

다시 BP_Player 블루프린트 설정 창으로 돌아가
서 이벤트 그래프의 빈곳에 [Enhanced Input Action
IA_Vertical] 노드를 추가하겠습니다.

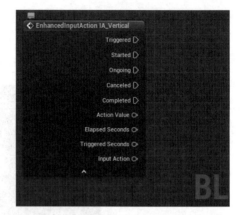

[그림 2.2-47] IA_ Vertical 이벤트 함수 노드

사용자의 입력 값을 이용해서 플레이어를 이동시키려면 입력할
때 들어오는 값들을 변수에 따로 저장해 두는 편이 편리할 것 같
군요. IA_Horizontal의 입력 값을 저장할 Horizontal 변수와 IA_
Vertical의 입력 값을 저장할 Vertical 변수를 각각 선언합니다. 변수의
자료형은 둘 다 'float'로 설정합니다.

[그림 2.2-48] 입력 값을 저장할 변수 선언

Vertical 변수를 이벤트 그래프 판으로
드래그해서 'Set' 타입으로 노드를 생성
합니다. 이동은 사용자가 키를 누르고 있
는 동안 계속되어야 하므로 Triggered 실
행 핀을 [Set Vertical] 노드에 연결합니다.
우리가 저장하려는 값은 IA_Vertical의
Action Value입니다.

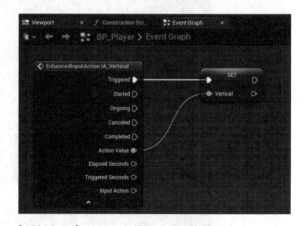

[그림 2.2-49] Input Value를 Vertical 변수에 저장

따라서 [Enhanced Input Action IA_Vertical] 노드의 Action Value 출력 핀을 [Set Vertical] 노드의 Vertical 항목에 연결합니다.

사용자가 입력 키로부터 손을 떼면 Vertical 변수의 값이 다시 0이 되어야 하므로 다음 그림과 같이 [Enhanced Input Action IA_Vertical] 노드의 Completed 실행 핀도 [Set Vertical] 노드의 실행 핀으로 연결하여야 합니다. 실행 핀은 하나만 연결할 수 있으므로 [Set Vertical] 노드도 새로 생성합니다. 입력 값 전달을 위해 Action Value 출력 핀 역시 [Set Vertical] 노드의 Vertical 항목에 연결합니다.

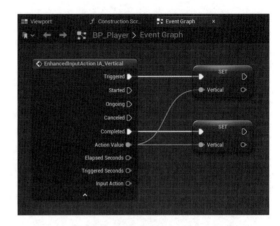

[그림 2.2-50] 입력을 끝냈을 때(Completed)의 값을 Vertical 변수에 저장하기

IA_Vertical 입력 값을 저장하는 것과 동일한 방식으로 [EnhancedInputAction IA_Horizontal] 이벤트 함수 노드도 동일하게 [Set Horizontal] 노드에 저장합니다. 기존에 있던 [Print String] 노드는 키보드의 Delete 키를 눌러서 삭제하도록 하겠습니다.

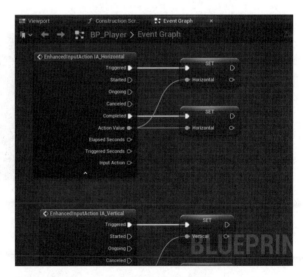

[그림 2.2-51] IA_Horizontal의 입력 값도 저장

사용자의 키 입력 시 출력되는 값들을 변수에 저장하였으므로 이 값들을 이용하면 플레이어의 몸체를 상하좌우로 움직일 수 있을 것 같군요!

## → 플레이어 이동 처리하기

플레이어가 처음 위치는 X:0, Y:0, Z:0입니다. 만일 우측으로 1센티미터 이동한다면 Location 좌표는 X:0, Y:1, Z:0이 되겠죠. 마치 우리가 학창 시절에 교과서 귀퉁이에 페이지마다 연속되게 그림을 그린 다음 좌르륵하고 빠르게 페이지를 넘기면 그 그림이 움직이는 것처럼 보이듯이 플레이어의 위치를 연속적으로 빠르게 변화시킨다면 우리 눈에는 플레이어가 부드럽게 이동하는 것으로 보일 것입니다.

그럼 간단하게 좌우 이동을 먼저 구현한 다음 원리를 살펴보도록 하겠습니다. 우선 BP_Player 블루프린트를 더블클릭해서 설정 창을 열고 이벤트 그래프 판에 있던 [Print String] 노드는 키보드의 Delete 키를 눌러서 삭제합니다. 그리고 마우스 오른쪽을 클릭한 다음 검색 창에 'get actor location'을 입력하면 [GetActorLocation] 노드가 검색됩니다. [GetActorLocation] 노드는 Target 입력 핀에 연결된 액터 인스턴스의 현재 위치 값을 가져오는 노드입니다. Target 입력 핀에 'self'로 입력된 경우에는 다른 액터가 아닌 자기자신을 의미합니다.

[그림 2.2-52] [GetActorLocation] 노드 추가

앞서 예시로 든 것처럼 플레이어 폰의 현재 위치에 Horizontal 입력 값을 더해 줄 생각입니다. Horizontal 변수는 좌우 이동 입력으로 사용하기 위해 만들었으니 플레이어의 위치를 Y축에 더해야 합니다. 그런데 [Get Horizontal] 노드만으로는 어느 축에 더할 것인지 알 수 없기 때문에 단순히 [+] 노드를 이용해서 더할 수는 없습니다. X, Y, Z의 세 가지 값을 하나의 변수로 만들기 위해서는 벡터(Vector)라는 특수한 자료형을 이용하여야 합니다. 벡터에 대한 설명은 실습 후에 자세히 하기로 하고 일단 [Get Horizontal] 노드의 Return Value 항목의 출력 핀을 마우스로 드래그해서 검색 창에 'make vector'를 입력합니다. 검색된 리스트 중에서 [Make Vector] 노드를 선택합니다.

[그림 2.2-53] [Make Vector] 노드 추가

아마 [Make Vector] 노드가 처음 생성될 때는 X축 입력 핀에 [Get Horizontal] 출력 핀이 자동으로 연결되어 있을 텐데 Alt 키를 누른 채로 핀 연결부를 클릭해서 연결을 해제한 다음 [Get Horizontal] 노드의 출력 핀을 다시 드래그해서 [Make Vector] 노드의 Y축 입력 핀에 연결해 줍니다.

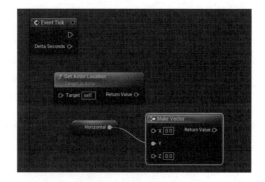

[그림 2.2-54] Y축 입력 핀에 연결하기

이제 두 벡터를 더하기 위해 [GetActorLocation] 노드의 출력 핀을 드래그한 다음 검색 창에 '+'를 입력하고 검색된 리스트에서 [Add] 노드를 선택합니다.

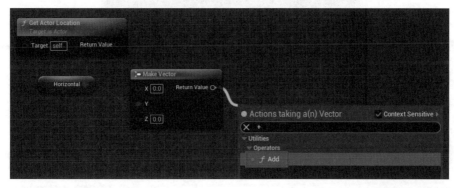

[그림 2.2-55] [Add] 노드 추가

[+] 노드가 생성되면 [그림 2.2-56]처럼 [Get Actor Location] 노드와 [Make Vector] 노드를 더하기 노드로 연결해 주겠습니다.

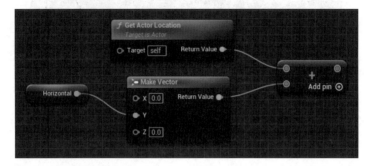

[그림 2.2-56] 더하기 노드 완성

플레이어의 현재 위치에서 Horizontal 키 입력 값(-1.0 ~ 1.0)만큼을 더해줬다면 그 값을 플레이어의 새로운 위치 좌표로 전달해 주어야 실제로 플레이어의 위치가 바뀌겠죠? 현재 위치를 가져오는 [GetActorLocation] 노드와는 반대로 현재 위치를 새로 입력하는 노드는 무엇일까요? Get에 반대되는 의미는 Set이 될 테니 'set actor location'으로 검색해 보면 [SetActorLocation] 노드가 존재하는 것을 확인할 수 있습니다.

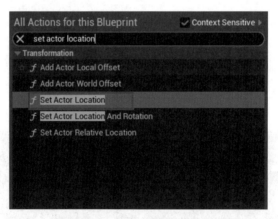

[그림 2.2-57] [SetActorLocation] 노드 추가

[+] 노드의 결괏값을 반환하는 출력 핀을 드래그해서 [SetActorLocation] 함수 노드의 New Location 입력 핀에 연결해줍니다. 마지막으로 [SetActorLocation] 함수 노드의 실행 핀을 [Event Tick]

함수 노드의 실행 핀에 연결해서 매 프레임마다 플레이어의 위치 갱신이 실행되도록 해 주면 끝입니다.

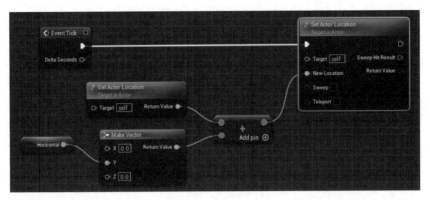

[그림 2.2-58] 변경된 좌표를 Tick 이벤트 함수에 연결

[Compile] 및 [Save]를 하고 다시 언리얼 에디터 화면으로 돌아와서 플레이해 보겠습니다. Ⓐ키를 누르면 플레이어가 왼쪽으로 이동하고 Ⓓ 키를 누르면 플레이어가 오른쪽으로 이동하는군요! 정말 간단하지 않나요?

Ⓐ 키를 눌렀을 때

Ⓓ 키를 눌렀을 때

[그림 2.2-59] 플레이 테스트 결과

**Tip**

### 스칼라(Scalar)와 벡터(Vector)

여러분은 속력과 속도의 차이를 알고 계신가요? 물리학적 의미로 속력이란 힘의 크기를 의미하고, 속도란 힘의 크기와 방향을 의미합니다. 시속 60km로 달리는 자동차와 시속 100km로 달리는 자동차가 있다고 합시다. 시속 ○○km가 바로 속력(Scalar)입니다. 두 자동차의 속력을 비교하면 두 차가 달리는 힘의 크기가 다르다는 것은 알 수 있지만 두 자동차의 방향이 어떻게 다른 지까지는 알 수가 없겠죠. 그래서 속력뿐만 아니라 방향까지 알 수 있도록 한 것이 바로 속도(Vector)입니다. 벡터는 $\vec{A}$와 같이 문자 위에 화살표를 그려서 표시합니다. 가령 '$\vec{A}$ = (1, 1, 0)'이라고 하면 현재 위치로부터 우측으로 1미터, 위로 1미터 방향을 의미합니다.

A 벡터의 위치를 그래프로 그리면 다음 그림처럼 방향을 알 수 있습니다. 이때 벡터 화살표의 길이는 힘의 크기를 의미합니다.

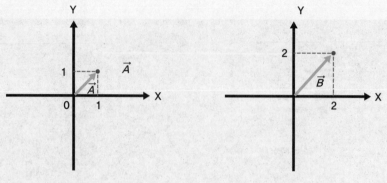

[그림 2.2-60] A 벡터와 B 벡터

[그림 2.2-46]에서 A 벡터와 B 벡터는 방향은 같지만 길이가 다른 벡터임을 알 수 있습니다. 즉, 동일한 방향에 힘의 크기는 다른 벡터라고 볼 수 있죠.

### 프로그래밍에서의 벡터

우리가 공간상의 좌표를 통해 위치를 파악하고자 할 때는 전후, 좌우, 상하와 같이 공간을 일정한 기준 축으로 나누어서 확인해야 합니다. 2차원에서는 좌우 축과 상하 축의 두 가지가 있을 것이고, 3차원에서는 앞의 두 축에 전후 축이 하나 더 필요하죠. 이것을 간단히 표시하기 위해 X축, Y축, Z축으로 표기합니다. 프로그래밍에서 오브젝트의 위치나 방향 좌표는 바로 이렇게 각 축마다의 다른 값을 하나의 덩어리로 묶어 놓은 변수로 읽고 쓰는데, 바로 이런 변수의 자료형이 벡터입니다. 벡터 변수는 앞에서 본 것처럼 방향과 크기를 가지고 있기 때문에 방향과 크기를 변경하고자 할 때 덧셈, 뺄셈, 곱셈, 나눗셈의 사칙 연산에 의해 조정이 가능합니다.

### 벡터 + 벡터

벡터와 벡터를 더하면 어떻게 될까요? 그림에서 보는 것처럼 벡터는 힘이기 때문에 두 힘이 동시에 작용한 결과로 나타납니다. 첫 번째 벡터가 가리키는 지점에서부터 두 번째 벡터를 연결해서 두 벡터를 연결한 결과 도달하는 위치를 시작점에서부터 선으로 연결한 모습이 되는 것이죠.

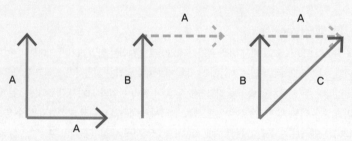

[그림 2.2-61] 두 벡터의 덧셈

벡터의 덧셈을 수식으로 표현하면 다음과 같이 각 벡터의 대응되는 항끼리 계산합니다.

$$\vec{A} : (1, 0) \text{ 이고 } \vec{B} : (0, 1) \text{ 일 때, } \vec{A} + \vec{B} = ((1 + 0), (0 + 1)) = (1, 1)$$

## 벡터 – 벡터

그렇다면 벡터의 뺄셈은 어떻게 계산할 수 있을까요? B 벡터 – A 벡터라는 것은 쉽게 생각하면 B 벡터 + (–A) 벡터로 볼 수 있습니다. –A 벡터는 원래의 A 벡터를 반대 방향으로 뒤집은 형태입니다. 다음 그림을 보면 B 벡터 – A 벡터의 결과는 마치 A 벡터의 지점에서 B 벡터의 지점을 선으로 연결한 듯한 모습입니다. 이처럼 보통 벡터의 뺄셈은 나의 위치에서 상대방을 바라보는 방향을 구할 때 많이 사용됩니다.

※ 타깃(target)의 위치 – 나(me)의 위치 = 내가 타깃을 바라보는 방향 벡터

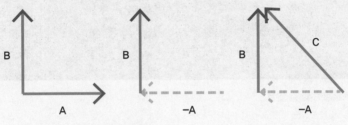

[그림 2.2-62] 두 벡터의 뺄셈

벡터의 뺄셈을 수식으로 표현하면 다음과 같습니다.

$$\vec{A} : (1, 0) \text{ 이고 } \vec{B} : (0, 1) \text{ 일 때, } \vec{B} - \vec{A} = ((0 - 1), (1 - 0)) = (-1, 1)$$

## 벡터 * 스칼라, 벡터 / 스칼라

벡터의 몸통 길이는 힘의 크기를 나타냅니다. 방향의 변화없이 힘의 크기만 늘리거나 줄일 때 벡터에 힘의 변화량만큼 스칼라 값을 곱하거나 나누면 됩니다.

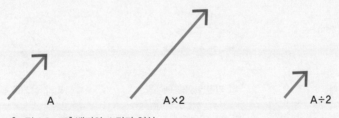

[그림 2.2-49] 벡터와 스칼라 연산

백터와 스칼라의 곱셈, 나눗셈 연산은 분배 법칙이 적용되어 벡터의 각 요소마다 스칼라 값을 곱하거나 나눕니다.

$$\vec{A} : (2, 1) \text{ 일 때 힘의 크기를 2배로 곱하면 } \vec{A} * 2 = (2 * 2, 1 * 2) = (4, 2)$$

이 밖에도 벡터의 내적, 외적 등 다양한 연산 기법들이 있기는 하지만 현재로서는 위 네 가지만 가지고도 대부분의 오브젝트의 움직임을 제어할 수 있으니 숙달될 때까지 자주 연습해 보기 바랍니다. 벡터 연산은 위치 제어만이 아니라 회전 제어, 크기 제어에서도 동일하게 적용됩니다.

상하 이동 값도 적용하기 위해 다시 BP_Player 블루프린트 설정 창으로 가서 [Get Vertical] 노드를 생성하고 출력 핀을 [Make Vector] 노드의 Z 입력 핀에 연결합니다.

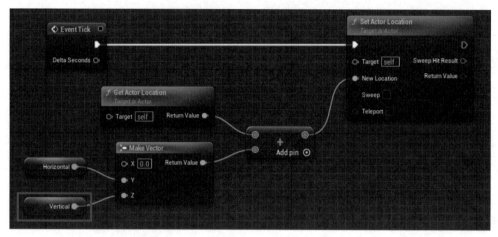

[그림 2.2-64] Vertical Axis 값 연결

컴파일 후에 다시 플레이를 해보면 좌우뿐만 아니라 상하로도 이동이 되는 것을 확인할 수 있습니다. 그런데 한 가지 문제가 있습니다. 느끼셨을지 모르겠지만 좌우나 상하로만 움직일 때와는 달리 두 축의 키를 동시에 눌렀을 때, 예를 들어 W 키와 D 키를 같이 누른 경우가 되겠죠. 이 경우에는 플레이어의 이동 속도가 좀 더 빨라집니다.

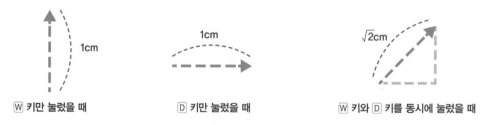

[그림 2.2-65] 수직과 수평을 동시에 이동할 때의 문제점

하지만 우리가 원하는 것은 키를 하나만 누를 때나 동시에 누를 때 모두 동일한 속도이길 바랄 것입니다. 그래서 두 개를 동시에 눌러도 동일하게 '1'이라는 값이 되도록 단위 길이(unit)로 환산해 줄 필요가 있습니다. 이 과정을 벡터의 '정규화(Normalize)'라고 합니다.

벡터의 길이를 항상 1이 되도록 하기 위해서 [Make Vector]의 출력 핀에 연결된 선을 해제하고 다시 드래그해서 검색창에 'normalize'라고 입력하면 [Normalize] 노드가 있습니다.

[그림 2.2-66] 정규화(Normalize) 노드

정규화된 결과 값을 플레이어의 현재 위치인 [GetActorLocation] 노드와 더하기로 연결합니다.

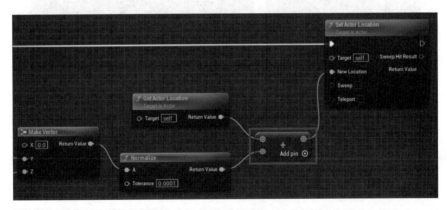

[그림 2.2-67] 정규화 노드 연결하기

이제 다시 플레이를 해보면 수직 수평 방향으로 이동하든 대각선으로 이동하든 언제나 동일한 속도로 이동하는 것을 볼 수 있습니다. 그런데 아마 어떤 분들은 이동 속도가 좀 느려서 답답해 보일 수도 있습니다. 그럼 속도를 늘리려면 어떻게 하면 될까요? 프레임마다 1센티미터씩 이동하던 것을

2센티미터씩 이동하게 만들면 속도가 2배가 되겠군요. 속도 값은 직접 플레이하면서 빈번하게 조정이 필요하기 때문에 상수로 적용하기보다는 변수 형태로 따로 빼놓는 편이 좋습니다.

블루프린트 설정 창 좌측 하단부의 My Blueprint 패널에서 Variables 항목의 [+] 버튼을 눌러서 변수를 하나 생성합니다. 우측 Details 패널에서 변수의 이름을 'moveSpeed'로 설정하고 자료형은 실수를 입력할 수 있도록 Float으로 선택합니다. 월드 공간에 배치한 블루프린트 인스턴스마다 값을 별도로 설정할 수 있게 Instance Editable 항목에 체크(True)하고 [Compile]을 해줍니다. 컴파일이 끝나면 기본 값으로 5.0을 입력합니다.

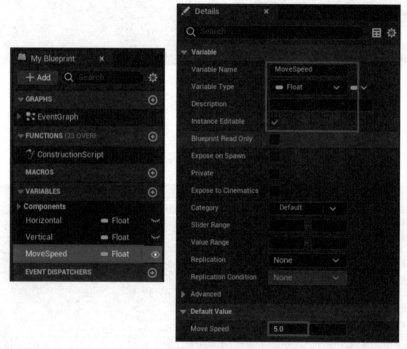

[그림 2.2-68] 속도 변수 생성

MoveSpeed 변수 노드를 이벤트 그래프 판으로 드래그해서 [Get] 노드로 생성합니다. 속력이 적용되는 것은 사용자 입력으로 만든 방향 벡터에만 적용되어야 하기 때문에 [Normalize] 노드와 [GetActorLocation] 노드의 덧셈 연결은 미리 해제합니다. [Normalize] 노드의 출력 핀을 다시 드래그해서 노드 검색 창에 곱하기 연산자 *를 입력한 뒤 검색 결과에서 [Multiply] 노드를 선택해줍니다. 생성된 [Multiply] 노드에는 [Get MoveSpeed] 노드를 연결합니다.

[그림 2.2-69] 방향 벡터에 속력 곱하기

속력을 곱한 벡터는 다시 기존대로 [GetActorLocation] 노드와 덧셈 연결을 해줍니다. 노드 연결이 끝나면 컴파일과 세이브하는 것, 이제는 습관처럼 해야 되겠죠?

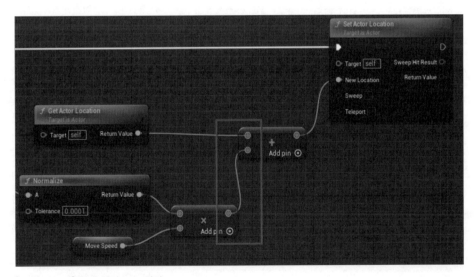

[그림 2.2-70] 현재 위치 노드 연결

다시 언리얼 에디터로 돌아와서 플레이를 해보면 종전보다 5배 더 빠른 속도로 이동하는 것을 알 수 있습니다. 속력이 너무 빠르거나 느리다고 생각되면 moveSpeed의 값을 바꿔 주는 것만으로 쉽게 조정이 가능합니다.

매번 플레이를 종료하고 moveSpeed 변수 값을 변경한 다음 다시 플레이를 하는 것이 번거롭다면 플레이 중에 키보드의 Shift + F1 키를 누르면 플레이 중에도 에디터 기능을 조작할 수 있게 됩니다. 이 상태에서 World Outliner 패널의 BP_Player 인스턴스를 선택하고 하단의 Details 패널을 보면 Move Speed 항목이 있는 것을 확인할 수 있습니다. 이 값을 변경하면서 계속 플레이를 할 수 있습니다. 주의할 점은 플레이 중에 변경된 값은 플레이가 종료되면 다시 원래 값으로 돌아가기 때문에 적절한 값을 찾아 둔 다음 플레이 종료 후에 다시 블루프린트 설정 창에서 재입력해야 한다는 점입니다.

[그림 2.2-71] 플레이 중에 변수 값 변경 하기

현재 상태만으로도 일견 별문제 없이 잘 이동하는 것으로 보일 수 있지만 실제로는 사용자의 컴퓨터 환경마다 플레이어의 이동 속도가 달라질 수 있는 문제가 있습니다. 앞에서 Tick 이벤트 함수는 1프레임마다 반복한다고 설명한 바 있습니다. 바로 이 1프레임이라는 것이 현재 실행 중인 프로그램의 코드를 1회 읽는 데 걸리는 시간이기 때문에 사용자의 컴퓨터 성능이 좋으면 프레임 속도가 더 빠를 것이고 반대로 컴퓨터 성능이 나쁘면 프레임 속도도 느려집니다.

만일, 고사양 PC를 구비한 철수와 저사양 PC를 가진 영희가 같은 앱으로 서로의 플레이어를 가지고 달리기 시합을 하고 있다고 가정해 봅시다. 프로그램에서 1프레임에 플레이어를 1미터씩 움직이도록 구현했을 때 철수의 고사양 컴퓨터는 1프레임에 걸리는 시간이 고작 0.25초이고 영희의 저사양 컴퓨터는 1프레임에 걸리는 시간이 0.5초나 걸린다면 결과는 어떻게 될까요? 다음 그림과 같이 똑같은 1초 동안 철수의 캐릭터는 4미터를 이동하는 데 반해 영희의 캐릭터는 2미터만 이동하게 됩니다.

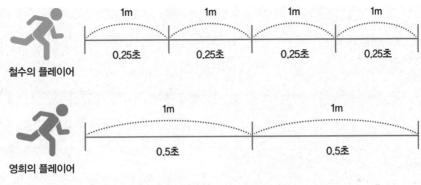

[그림 2.2-72] 프레임 속도에 따른 결과

사용자들의 실력과 관계없이 컴퓨터의 사양만으로 불리한 결과가 나오게 된다면 그 앱을 사용하려는 사용자는 없게 될 것이라는 것은 불 보듯 뻔한 일이겠죠. 그렇다면 이러한 불합리함을 해결하려면 어떻게 처리해야 할까요? 사실 간단히 해결할 수 있습니다. 이동하려는 거리에 실제로 걸린 프레임 시간을 곱해 주면 결과는 동일해집니다. 앞의 경우처럼 철수의 PC에서 실제 걸린 프레임 시간이 0.25초라면 이동해야 할 거리 1m에 0.25를 곱해서 1프레임 동안 0.25m만 이동하게 합니다. 영희의 PC는 1프레임에 0.5초가 걸리니 1프레임에 0.5m만 이동하게 하면 되겠군요. 그렇게 되면 실제 결과는 1초 동안 동일하게 1미터를 이동하게 됩니다.

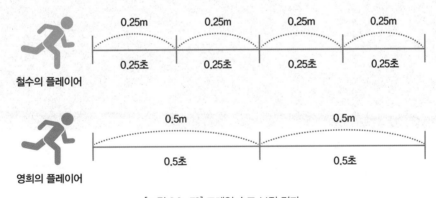

[그림 2.2-73] 프레임 속도 보정 결과

우리가 구현한 이동 기능도 프레임 속도 보정을 해 보겠습니다. 먼저 블루프린트 설정 창에서 이동 속도를 곱하는 노드의 출력 핀을 해체합니다. 그리고 다시 출력 핀을 드래그해서 [Multiply] 노드를 하나 더 생성합니다. Float을 선택한 이유는 프레임 속도가 실수 값이기 때문입니다.

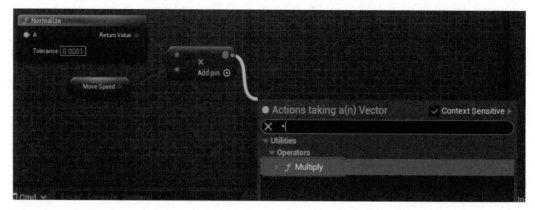

[그림 2.2-74] 곱하기 노드 추가하기

프레임 시간은 프레임마다 실행되는 [Event Tick] 노드의 Delta Seconds 출력 핀에서 전달받을 수 있습니다. 보통 프로그래밍에서 이름이 Delta로 시작되는 변수들은 단위 기간동안 소요된 양을 의미합니다. Delta Seconds 출력 핀을 드래그해서 앞서 만든 곱하기 노드의 입력 핀에 연결해 줍니다.

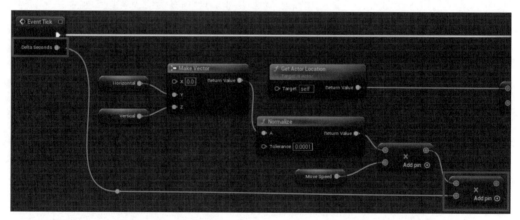

[그림 2.2-75] Delta Seconds 출력 핀 연결하기

프레임 보정까지 완료됐으면 기존의 [GetActorLocation] 노드의 더하기 노드에 출력 핀을 연결해서 이동 기능을 완성하도록 하겠습니다.

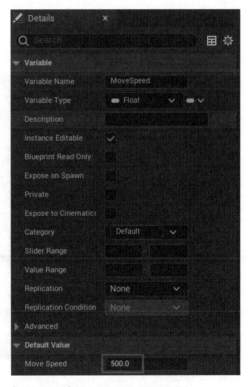

[그림 2.2-76] 현재 위치 노드 연결하기

컴파일과 세이브를 하고 나서 플레이를 해보면
갑자기 플레이어의 이동 속도가 현저하게 느려진
것을 알 수 있습니다. 컴퓨터 사양마다 다르겠지만
보통 Delta Seconds의 값은 0.01초 이하의 아주
작은 값이기 때문입니다. 따라서 moveSpeed 변수의
값을 기존의 5.0에서 500.0으로 크게 늘려 주겠습
니다. 혹시 자신의 PC의 프레임 속도를 확인하고
싶다면 Delta Seconds 출력 핀을 [Print String] 노
드에 연결해 보면 됩니다.

[그림 2.2-77] 이동 속도 변수 값 조정하기

1

1.1
1.2
1.3
1.4
1.5

2

2.1
2.2
2.3
2.4
2.5
2.6

3

3.1
3.2
3.3

4

4.1
4.2
4.3
4.4
4.5

부
록

다시 플레이를 해 보면 프레임 보정 전과 거의 동일한 속도로 플레이어가 이동하는 것을 알 수 있습니다. 겉보기에는 동일하지만 PC의 사양과 관계없이 동등한 속도로 조정되었다는 점이 중요합니다.

지금까지 물체의 이동에 대한 기능 구현을 알아보았는데요, 사실 당연하게 생각하고 이어 나갔던 노드 연결은 이미 우리가 학창 시절에 물리 수업을 통해 배웠던 등속도 운동 법칙을 그대로 구현한 것입니다. 등속도 운동 공식을 수식으로 표현하면 다음과 같습니다.

$$P = P_0 + vt$$

$P$는 이동할 위치, $P_0$는 현재의 위치, $v$는 속도(방향 + 속력), $t$는 시간을 각각 의미합니다. 앞에서 구현한 노드를 살펴보면 사용자가 입력한 키를 이용해서 만든 벡터에 임의의 속력을 곱한 값이 속도에 역할을 합니다. 또 프레임 보정을 위해 곱했던 Delta Seconds 값이 바로 시간의 역할을 하는 것입니다.

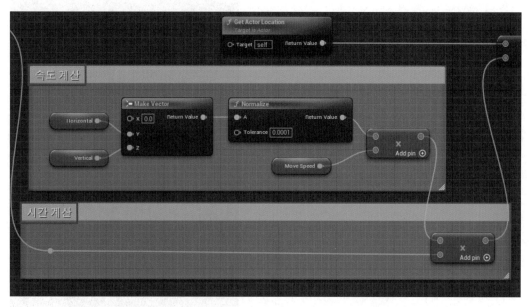

[그림 2.2-78] 등속도 이동 공식

참고로 [그림 2.2-78]처럼 특정 노드들에 대해 주석을 달아 놓을 때는 마우스 왼쪽 버튼을 클릭한 상태로 드래그해서 주석을 달기 원하는 노드들을 모두 선택한 다음 키보드의 ⓒ 키를 누르면 주석 입력이 가능합니다. 주석을 써 놓으면 시간이 한참 지난 후에 다시 보더라도 왜 이러한 기능을 구현하였었는지 알기 편하다는 장점이 있으니 학습하면서 주석을 달아 놓는 습관을 가지는 것을 권장합니다.

# 2.2-3 총알 발사하기

사용자의 입력에서 플레이어의 이동만큼이나 중요한 동작이 있죠. 적을 격추시키기 위해 총알을 발사하는 기능입니다. 기본적인 틀은 플레이어 이동 때와 유사하지만 가장 큰 차이점은 키를 입력할 때마다 실시간으로 총알 블루프린트를 월드 공간에 새로 생성하는 부분입니다. 이를 '액터의 동적 생성(Dynamic Creation)'이라고 합니다.

---

**✗ 학습 목표**

마우스 왼쪽 버튼을 클릭할 때마다 총알을 발사하고 싶다.

**✗ 구현 순서**

① 생성되면 위로 올라가는 총알 블루프린트를 생성한다.
② 마우스 좌클릭 입력을 바인딩한다.
③ 마우스 클릭 입력 시 총알을 월드 공간에 생성한다.

---

## ➜ 총알 블루프린트 생성하기

총알을 생성하려면 먼저 총알부터 만들어야겠죠? 콘텐트 브라우저에서 [+Add] 버튼을 클릭하고 [Blueprint Class]를 선택해서 새로운 블루프린트를 만들어 줍니다. 총알은 사용자의 입력에 관계없이 일정한 방향과 속력으로 움직여야 하므로 부모 클래스는 'Actor'로 선택합니다. 새로 생성한 블루프린트의 이름은 'BP_Bullet'으로 설정합니다.

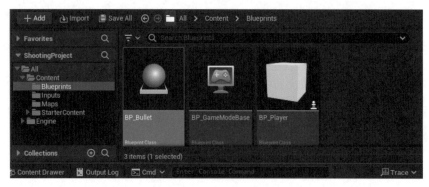

[그림 2.2-79] 총알 블루프린트 생성하기

그럼 총알의 외형을 간단히 설정해봅시다. 블루프린트 설정 창에서 [+Add] 버튼을 클릭하고 기본 외형(Basic Shape) 중에서 'Cube'를 선택합니다.

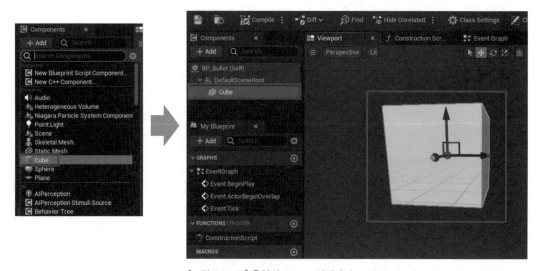

[그림 2.2-80] 총알의 Shape 설정하기

총알의 모양을 길쭉한 직사각형 모양으로 만들기 위해서 Y축의 Scale 값을 0.25배로 축소합니다. 우리가 선택한 기본 큐브의 크기는 가로, 세로와 높이 모두 100센티미터입니다. 즉, 0.25배가 되면 100센티미터에서 25센티미터로 줄어들게 됩니다. 높이도 살짝 줄이기 위해 X축을 0.75배로 축소합니다. Z축이 아닌 X축을 축소한 이유는 뒤에서 총알의 생성 방향을 위쪽으로 회전시킬 예정이기 때문입니다.

1

1.1
1.2
1.3
1.4
1.5

2

2.1
2.2
2.3
2.4
2.5
2.6

3

3.1
3.2
3.3

4

4.1
4.2
4.3
4.4
4.5

부
록

[그림 2.2-81] 총알의 크기 설정

총알은 월드 공간에 생성되는 것과 동시에 일정한 속력으로 전방을 향해 이동할 것입니다. 이때 중요한 점은 사용자가 버튼을 클릭했을 때 이동하는 것이 아니라는 것입니다. 총알을 발사하는 주체는 플레이어이고 총알이 앞으로 나아가는 것은 총알 자체의 능력입니다. 다시 말해 사용자의 입력은 총알이라는 오브젝트를 월드 공간에 '생성'하는 것뿐이고 그렇게 생성된 총알은 사용자의 입력과는 관계없이 원래 전방으로 이동하는 기능이 있기 때문에 '이동'하는 것이죠. 따라서 총알의 기능 구현부에는 사용자의 입력 여부를 고려하지 않고 무조건 생성과 동시에 매 프레임마다 전방으로 이동해야 합니다.

이동 공식 $P = P_0 + vt$는 플레이어 이동 때와 동일합니다. 그럼 액터의 현재 위치부터 가져오도록 해 봅시다.

[그림 2.2-82] 현재 위치 노드

이제 방향이 필요하겠네요. 플레이어는 사용자의 입력을 기반으로 방향 벡터를 만들었지만 총알은 단지 전방으로만 이동하면 되니 벡터의 값을 설정하기 쉬울 것으로 보입니다. 그럼 방향 벡터를 어떻게 만들면 될까요? 앞으로 향하니까 그냥 (X: 1, Y: 0, Z: 0)으로 하면 될까요? 물론 기본 상태에서는 전방으로 이동하게 될 겁니다. 하지만 플레이어가 회전된 상태에서 총을 쏜다면 앞을 가리키는 좌표가 달라질 것입니다.

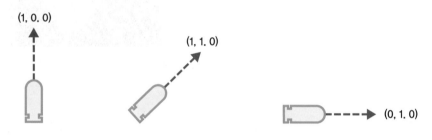

[그림 2.2-83] 총알의 방향에 따른 전방 좌표

이는 마치 동서남북과 전후좌우의 관계와 같습니다. 동서남북은 지구라는 거대한 공간을 기준으로 정해져 있지만 전후좌우는 자신의 시선 방향을 기준으로 정해지기 때문에 일치하지 않는 것처럼 말이죠. (X: 1, Y: 0, Z: 0)이라는 좌표는 월드 공간을 기준으로 전방을 의미하기 때문에 총알이라는 객체의 입장에서는 방향을 회전시켰을 때 월드의 전방과는 다른 방향이 되는 것입니다. 월드 공간에서의 좌표를 '월드 좌표(World Position)'라 하고, 액터 객체를 기준으로 계산된 좌표를 '상대 좌표(Relative Position)'라 합니다.

액터의 월드 좌표는 액터의 방향에 따라 전방 좌표가 변하지만, 액터를 기준으로 계산된 상대 좌표는 액터의 방향과 관계없이 전방 좌표가 일정합니다.

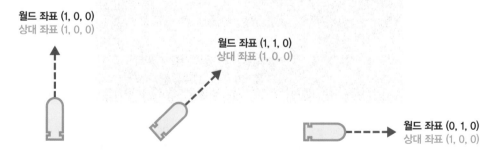

[그림 2.2-84] 월드 좌표와 상대 좌표

따라서 우리는 플레이어가 어느 쪽을 바라보고 쏘더라도 총알이 항상 전방을 향해 이동하도록 절대 좌표가 아닌 상대 좌표 (1, 0, 0)을 방향 벡터로 설정해야 합니다. 물론 월드 방향 벡터를 상대 방향 벡터로 전환하는 계산식이 있기는 하지만 그것은 뒤에 TPS 프로젝트에서 다루어 보기로 하고 여기 서는 간단히 이미 계산식에 의해 계산된 노드를 가져다 사용하는 방법을 알아보겠습니다. 언리얼 엔진에서는 액터의 앞쪽, 오른쪽, 위쪽의 세 방향에 대해 계산된(상대) 방향 벡터 노드를 제공하고 있습니다.

빈 공간에 마우스 우클릭한 뒤에 검색 창에 'Get Actor Forward'를 입력하면 [Get Actor Forward Vector] 노드가 검색됩니다.

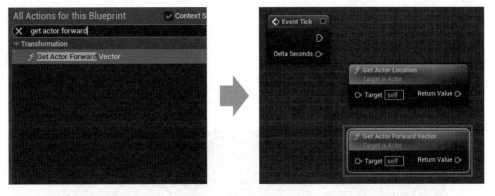

[그림 2.2-85] 전방 벡터 노드

방향은 정해졌으니 속력을 곱하기 위해 속력 변수를 하나 만듭니다. 변수의 이름은 'MoveSpeed'로 입력하고 자료형은 Float으로 설정합니다. 플레이어의 이동 속력을 500으로 했으니 더 빠르게 1,000으로 설정하겠습니다.

[그림 2.2-86] MoveSpeed 변수 생성

[Get Actor Forward Vector] 노드의 출력 핀을 드래그해서 검색 창에 \*를 입력하고 [Multiply] 노드를 선택합니다. 곱하기 노드가 생성되면 아래쪽 입력 핀에 [MoveSpeed] 노드를 연결해 줍니다.

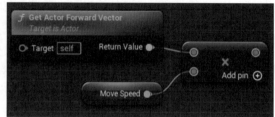

[그림 2.2-87] [Multiply] 노드 연결하기

방향 벡터가 결정되었으면 프레임 보정을 위해 [Event Tick] 노드의 Delta Seconds 출력 핀을 속도 벡터에 곱하기 노드(Multiply)로 연결해 줍니다.

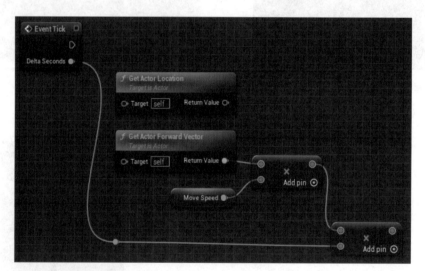

[그림 2.2-88] Delta Seconds 값 곱하기

계산된 속도(v) * 시간(t) 벡터는 현재 위치(P_0)에 더해야 합니다. [GetActorLocation] 노드의
출력 핀을 드래그한 다음 [Add] 노드를 생성해서 두 벡터를 더해 주도록 하겠습니다.

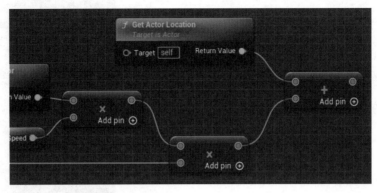

[그림 2.2-89] 현재 위치에 속도 더하기

마지막으로 계산이 완료된 위치(벡터)를 현재 액터의 새로운 위치(New Location) 벡터로 변경해
줍니다. [Event Tick] 노드의 실행 핀을 드래그한 다음 [SetActorLocation] 노드를 검색해서 생성
하고, New Location 입력 핀에 앞서 계산한 더하기 노드의 출력 핀을 연결합니다.

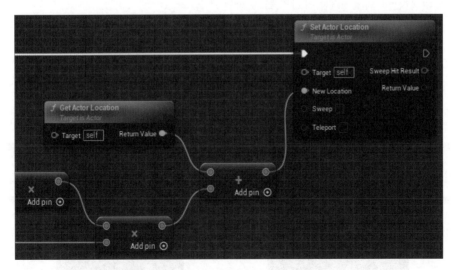

[그림 2.2-90] 계산된 값을 액터의 현재 위치로 재설정하기

1

1.1
1.2
1.3
1.4
1.5

2

2.1
2.2
2.3
2.4
2.5
2.6

3

3.1
3.2
3.3

4

4.1
4.2
4.3
4.4
4.5

부
록

컴파일과 세이브를 하고서 블루프린트 설정 창을 닫습니다. 총알이 잘 날아가는지 확인하기 위해 임시로 BP_Bullet 블루프린트를 뷰 포트에 드래그해서 배치하겠습니다. 이때 주의해야 할 점은 총알은 전방으로 이동하게 되어 있기 때문에 총알의 전방이 화면 위쪽이 되도록 총알의 방향을 회전시켜 주어야 한다는 점입니다. 아웃라이너 패널에서 배치된 BP_Bullet을 선택한 다음 아래 Details 패널에서 Transform 속성 중에 Rotation 항목의 Y축 회전 값을 90도로 변경합니다.

총알을 Y축을 기준으로 90도 회전시켰음에도 불구하고 아마 뷰 포트에서는 여전히 파란색(Z축) 화살표가 위를 가리키고 있을 것입니다. 현재 뷰 포트의 기즈모는 월드 좌표로 표시되고 있기 때문입니다. 액터의 상대 좌표를 확인하기 위해 뷰 포트 상단의 지구 모양 아이콘(월드 좌표 표시)을 마우스로 클릭해서 박스 모양 아이콘(상대 좌표 표시)으로 변경하면 총알의 빨간색 화살표(X축)가 위쪽을 향하는 것을 확인할 수 있습니다.

[그림 2.2-91] 테스트용 총알 배치 및 회전 방향 설정하기

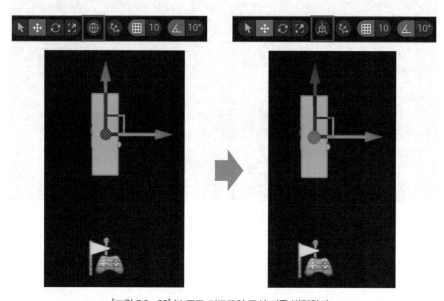

[그림 2.2-92] 뷰 포트 기즈모의 표시 기준 변경하기

실제로 플레이를 해보면 총알이 화면의 위쪽(총알의 입장에서는 앞 방향)으로 잘 이동하는 것을 확인할 수 있습니다. 총알 이동에 문제가 없음을 확인했으면 월드 공간에 배치한 BP_Bullet 인스턴스는 Delete 키를 눌러서 삭제합니다. 총알은 사용자의 입력이 있을 때 생성되어야 하니까요.

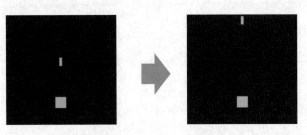

[그림 2.2-93] 총알의 이동 확인

## → 총알 발사 입력 키 바인딩하기

총알을 발사하려면 사용자가 마우스 왼쪽 버튼을 눌렀는지 여부를 알아야 합니다. 그럼 당연히 키 맵핑과 입력 바인딩이 필요하겠군요. 총알을 발사하는 이벤트를 처리할 Input Action 파일을 새로 생성합니다. 새로 추가한

[그림 2.2-94] 총알 발사용 Input Action 파일 생성

Input Action 파일의 이름은 'IA_Fire'로 하겠습니다.

총알 발사 입력의 경우에는 입력한 키의 값이 필요한 것이 아니라 단지 눌렀다(true)와 안 눌렀다(false)의 입력 결과만 인지하면 되기 때문에 Value Type 은 Digital(bool)로 설정하면 됩니다.

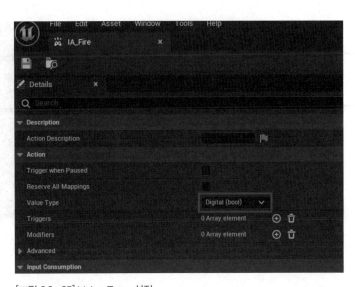

[그림 2.2-95] Value Type 설정

IA_Fire 파일을 만들었으니 IMC_PlayerInput 파일을 더블클릭하여 설정 창을 활성화하고 Mappings 항목에 IA_Fire 파일을 할당합니다. 액션에 대응하는 키로는 [Left Mouse Button]을 할당합니다.

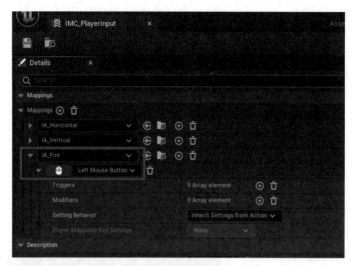

[그림 2.2-96] Input Mapping context 파일 설정 추가

입력 바인딩 설정 작업이 완료되었으면 입력 이벤트를 실행할 BP_Player 블루프린트를 더블클릭해서 이벤트 그래프 패널을 활성화합니다. 이동 기능을 구현했던 부분 아래쪽 빈 공간에 마우스 우클릭을 하고 검색 창에 앞에서 만든 'IA_Fire'를 입력합니다. 그러면 Enhanced Action Events 항목에 우리가 설정한 [IA_Fire] 이벤트 노드가 검색될 것입니다.

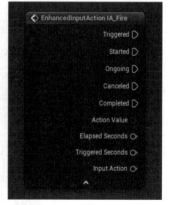

[그림 2.2-97] IA_Fire 이벤트 노드 추가

## → 총알 생성 기능 구현하기

이제 총알 발사를 위한 마지막 과정으로 Fire 입력 이벤트가 발생되면 지정된 위치에 총알 액터를 월드 공간에 생성하는 것만 남았습니다. 총알은 마우스 왼쪽 버튼을 누른 순간 생성되어야 하므로 Started 실행 핀을 드래그합니다. 그런 다음 검색 창에 'pawn actor'를 입력하면 [Spawn Actor from Class] 노드가 검색됩니다. 바로 이 노드가 액터 클래스(또는 블루프린트)를 플레이 중에 월드 공간에 생성하는 함수 노드입니다.

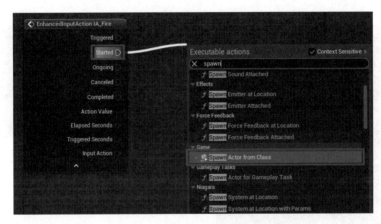

[그림 2.2-98] [Spawn Actor from Class] 노드

[Spawn Actor from Class] 노드가 실행되었을 때 월드 공간에 생성할 블루프린트를 지정하기 위해 Class 항목 우측의 콤보박스를 클릭하고 [BP_Bullet]을 찾아서 선택합니다.

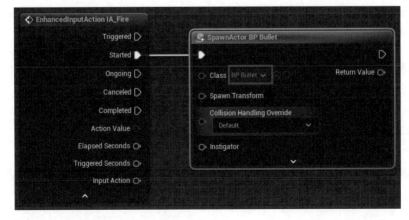

[그림 2.2-99] 생성할 블루프린트 설정

Class 입력 핀 아래에는 Spawn Transform 입력 핀이 있는데 이 항목은 월드 공간에 생성할 때 구체적으로 어디에 생성할 것인지를 Transform 형태(위치/회전/크기)로 입력 받도록 되어 있습니다. 보통 이 위치는 플레이어의 총구 위치를 지정해주면 되는데 현재는 아직 모델링을 추가하기 전이기 때문에 임의로 총구를 지정하도록 하겠습니다. 눈에 보이지 않는 특정한 위치를 지정할 때 자주 사용하는 컴포넌트로 Arrow Component가 있습니다. 블루프린트 설정 창 좌측의 컴포넌트 패널에서 [+Add] 버튼을 클릭하고 리스트 하단에 있는 [Arrow]를 선택합니다. Arrow 컴포넌트가 추가되면 컴포넌트의 이름은 'FirePosition'으로 설정합니다.

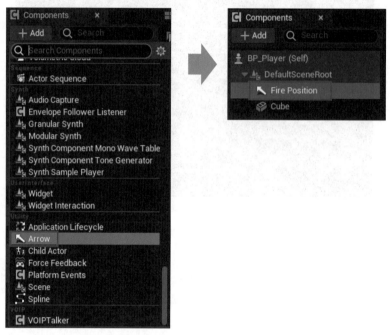

[그림 2.2-100] Arrow 컴포넌트 추가하기

알파타입 버전 제작에서 플레이어에게 비행기 모델링을 추가할 때 비행기의 앞부분이 플레이어의 위쪽을 가리키도록 할 생각이기 때문에 총구 부분 역시도 플레이어의 위쪽으로 설정하도록 하겠습니다. 'Fire Position'을 선택한 상태에서 우측의 [Details] 패널을 살펴보면 Transform 속성이 있는 것을 확인할 수 있습니다. Fire Position의 위치가 플레이어의 위쪽 1미터 지점에 위치하도록 Location Z축에 값을 100으로 입력합니다. 생성된 총알의 정면 방향도 위쪽이 되어야 위쪽으로 이동을 하겠죠? 따라서 Rotation을 Y축으로 90도 만큼 회전시키도록 하겠습니다. 설정을 다 한 뒤 Viewport를 보면 플레이어의 머리 위쪽으로 화살표가 생긴 것을 확인할 수 있습니다.

[그림 2.2-101] Fire Position의 위치 및 회전 값 설정하기

총구 위치를 [Spawn Actor] 함수 노드에 전달하기 위해서 먼저 Fire Position 컴포넌트를 이벤트 그래프 판으로 드래그해서 가져옵니다. [Fire Position] 노드는 컴포넌트의 모든 속성을 다 가지고 있는 노드이기 때문에 그중에서 우리가 필요로 하는 Transform 속성만 별도로 가져와야 합니다. [Fire Position] 노드의 출력 핀을 드래그한 다음 검색 창에 'get world transform'으로 검색하면 [GetWorldTransform] 노드가 검색될 것입니다. [GetWorldTransform] 노드의 출력 핀을 드래그 해서 [Spawn Actor] 함수 노드의 Spawn Transform 입력 핀에 연결해 줍니다.

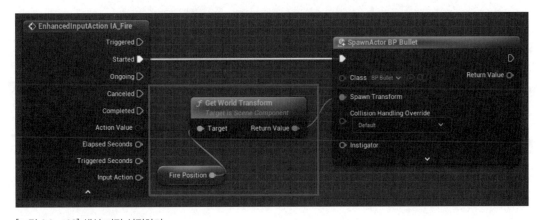

[그림 2.2-102] 생성 지점 설정하기

마지막으로 Collision Handling Override 항목을 살펴보겠습니다. Collision이란 충돌 영역을 의미합니다. 간혹 액터를 월드 공간에 생성할 때 하필 생성 위치에 다른 액터가 있어서 서로 충돌하게 되는 경우가 있을 수 있습니다. 이럴 때 생성할 액터를 어떻게 처리할 것인지에 대한 설정이 바로 Collision Handling Override 항목입니다.

| 선택 항목 | 설명 |
|---|---|
| Always Spawn, Ignore Collisions | 액터는 충돌 여부와 관계없이 무조건 생성됩니다. |
| Try To Adjust Location, But Always Spawn | 근처에 충돌하지 않을 수 있는 지점을 찾아보고 그곳에 액터를 생성합니다. 만일 찾지 못하면 충돌하더라도 기본 위치에 생성합니다. |
| Try To Adjust Location, Don't Spawn If Still Colliding | 근처에 충돌하지 않을 수 있는 지점을 찾아보고 그곳에 액터를 생성합니다. 만일 찾지 못하면 액터를 생성하지 않습니다. |
| Do Not Spawn | 다른 액터와 충돌한다면 무조건 액터를 생성하지 않습니다. |

[표 2.2-5] 액터 생성 시 충돌 처리의 종류

총알은 원래 적과 충돌해서 적을 파괴하는 것을 목적으로 만들어진 액터입니다. 따라서 비록 생성하자마자 다른 물체와 충돌하더라도 총알 자체는 무조건 생성해야 하는 것이 좋을 것 같군요. Collision Handling Override 항목의 선택 사항에서 'Always Spawn, Ignore Collisions'를 선택합니다.

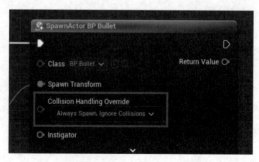

[그림 2.2-103] 액터 생성 시 충돌 처리 설정하기

컴파일과 세이브를 한 다음 언리얼 에디터에서 플레이를 해 보면 마우스 좌클릭을 할 때마다 총알이 발사되는 것을 확인할 수 있습니다.

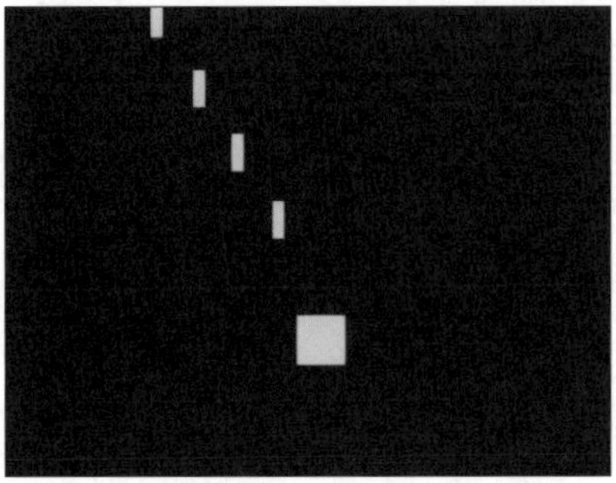

[그림 2.2-104] 총알 발사 테스트

## → 총알 발사음 넣기

총알이 잘 나가기는 하는데 왠지 느낌이 밋밋하지 않나요? 총알을 발사할 때 "탕!"하는 효과음이라도 추가되면 좀 더 효과적일 것 같군요. 일단 음원 파일을 가져오기 위해 콘텐트 브라우저에서 [+Add] 버튼을 클릭하고 'New Folder'를 선택해서 'Audio'라는 이름으로 새 폴더를 생성합니다.

[그림 2.2-105] Audio 폴더 생성하기

총 발사음 파일은 책 표지에 있는 카페 언리얼 자료실 또는 또는 책 표지에 안내된 깃허브(Github) 주소로부터 star-wars-blaster.WAV 파일을 다운로드하면 됩니다. 윈도우 탐색기에서 다운로드한 파일을 드래그해서 콘텐트 드로어(Content Drawer)의 Audio 폴더로 가져옵니다.

[그림 2.2-106] 음원 파일을 프로젝트로 가져오기

콘텐트 드로어(Content Drawer)로 가져온 음원 파일 애셋에 마우스 커서를 가져다 대면 플레이 아이콘이 생깁니다. 플레이 아이콘을 클릭하면 미리듣기를 실행할 수 있습니다. 만일 소리가 너무 크다고 생각되면 볼륨을 낮출 수 있습니다. star-wars-blaster.WAV 애셋을 더블클릭하여 사운드 애셋 설정 창을 열어 보면 Volume 항목이 있는 것을 알 수 있습니다. 기본 볼륨 값은 1.0으로 되어 있습니다. 1.0을 음원 볼륨의 100%라고 보고 값을 조정하여 볼륨의 크기를 조정하면 됩니다. 총알은 자주 발사하기 때문에 0.2(20%)로 줄여놓겠습니다. 볼륨 조정 후에는 반드시 위쪽의 [Save] 버튼을 눌러야 한다는 점을 잊지 마세요.

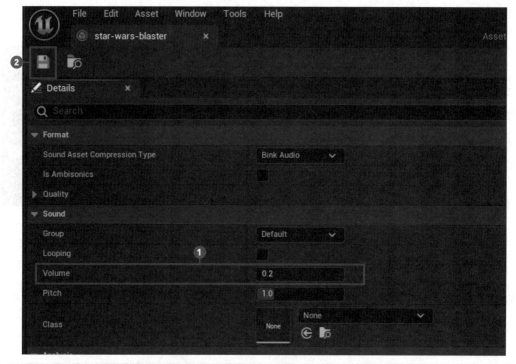

[그림 2.2-107] 사운드 애셋 볼륨 조정하기

저장한 다음에는 사운드 애셋 설정 창을 닫고 다시 BP_Player 블루프린트 설정 창을 엽니다. 총소리는 총알을 발사할 때 플레이되어야 하므로 이벤트 그래프 판에서 총알을 생성했던 [Spawn Actor] 함수 노드 쪽으로 이동합니다. [Spawn Actor] 노드의 우측 실행 핀을 드래그한 다음 검색 창에 'play sound'로 검색하면 [Play Sound 2D] 노드와 [Play Sound at Location] 노드가 있는 것을 볼 수 있습니다. [Play Sound 2D] 노드는 거리와 관계없이 동일한 볼륨으로 사운드를 출력하는 반면,

[Play Sound at Location] 노드는 음원의 발생지로부터 카메라까지의 거리에 비례해서 가까우면 크게 들리고 멀면 작게 들리도록 소리의 감쇠가 적용되는 함수입니다.

우리가 제작 중인 비행 슈팅 게임은 2D 게임에 가깝기 때문에 카메라의 위치와 관계없이 일정한 볼륨으로 들리는 편이 좋습니다. 검색된 리스트에서 [Play Sound 2D] 노드를 선택하도록 하겠습니다.

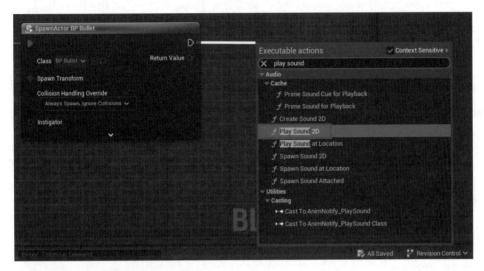

[그림 2.2-108] 플레이 사운드 노드 검색하기

[Play Sound 2D] 함수 노드에는 어떤 사운드 애셋을 실행할지를 고르는 Sound 항목이 있습니다. 콤보 박스를 클릭해서 앞에서 가져온 star-wars-blaster.WAV 애셋을 선택해 줍니다.

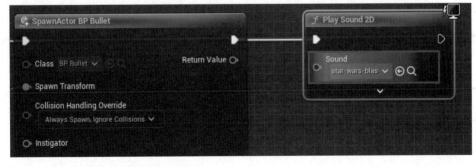

[그림 2.2-109] 실행할 사운드 애셋 선택하기

컴파일과 세이브 후 에디터에서 플레이를 해보면 이제 총알을 발사할 때마다 총알 발사음이 들리는 것을 확인할 수 있습니다. 어떤가요? 좀 더 총알을 발사하는 느낌이 살지 않나요?

# 2.2-4 적(Enemy) 제작하기

플레이어의 기능은 제법 만들어진 것 같으니 이제 플레이어가 상대할 적(Enemy)을 제작해 볼 차례입니다. 비행 슈팅 게임에서 적 기체의 기능은 다양하게 표현되지만 여기서는 간단하게 〈드래곤 플라이트〉게임처럼 적들이 플레이어와 부딪혀서 게임 오버가 되도록 만들어 보겠습니다. 이때 모든 적이 일제히 플레이어를 향해 돌진한다면 플레이어 입장에서는 적을 피하기 너무 어려울 수도 있기 때문에 일정한 확률을 미리 지정해서 단순히 아래로만 이동하는 적과 플레이어를 향해 돌진하는 적으로 다르게 이동 방향을 설정하는 방법도 다루어 볼 예정입니다.

이번 챕터에서는 적의 생성과 이동을 구현하고 플레이어와의 충돌 처리 부분은 다음 챕터에서 이어서 구현하도록 하겠습니다. 그럼 언제나 그랬듯이 구현하고자 하는 것을 적어 보도록 합시다. 책을 읽는 독자 분들도 기능 구현에 앞서 반드시 구현하려는 내용을 글로 작성하는 연습을 해보세요. 구현의 기술을 배우는 것보다 구현하고자 하는 것을 글로 표현하는 것이 개발 능력을 향상시키는 데 더 효과적입니다!

---

### ✕ 학습 목표

일정한 시간 간격으로 아래쪽 또는 플레이어를 향해 이동하는 적을 생성하고 싶다.

### ✕ 구현 순서

❶ 태어나면 아래로 이동하는 적(Enemy) 블루프린트를 생성한다.
❷ 일정한 시간 간격으로 적을 생성하는 공장 액터를 만들고 배치한다.
❸ 생성될 때 지정된 확률에 따라 이동 방향을 다르게 결정한다.

---

## ➜ Enemy 블루프린트 생성하기

가장 먼저 Enemy 블루프린트부터 만들어 봅시다. Enemy 역시 사용자의 입력과는 무관하니 Actor 클래스를 부모 클래스로 지정하고 'BP_Enemy'라는 이름으로 만들어줍니다.

[그림 2.2-110] Enemy 블루프린트 생성하기

에너미의 외형은 플레이어와 마찬가지로 임시로 큐브 형태로 표현하겠습니다. [+Add] - [Cube]를 선택해서 큐브 메시를 추가해 주겠습니다.

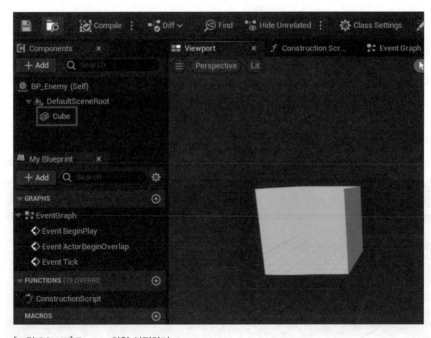

[그림 2.2-111] Enemy 외형 설정하기

에너미도 사실 총알과 구현 내용은 크게 다르지 않습니다. 일단 아래로 내려가는 기능을 구현해 보도록 합시다. MoveSpeed 변수를 추가하고 기본 값은 플레이어보다 빠르게 800 정도로 설정하겠 습니다.

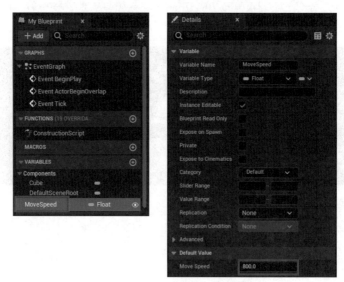

[그림 2.2-112] MoveSpeed 변수 생성하기

이제 $P=P_0+vt$ 를 구현해야 합니다. 그런데 에너미의 움직임은 총알의 움직임에서 방향만 다르 군요. 물론 긴 내용은 아니라서 다시 만들어도 시간이 많이 소요되지는 않겠지만 더 빠르게 작업하 기 위해 복사를 해보도록 하겠습니다. 먼저 BP_Bullet 블루프린트 설정 창을 열고 이벤트 그래프 판에서 이동 기능을 구현했던 노드들을 마우스로 드래그해서 모두 선택합니다. 다음으로 키보드의 Ctrl + C 를 누르면 선택된 노드들이 복사됩니다.

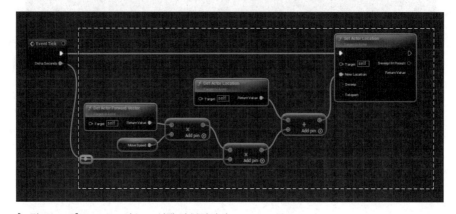

[그림 2.2-113] BP_Bullet의 노드 선택 및 복사하기

이번에는 BP_Enemy의 블루프린트 설정 창을 열고 이벤트 그래프 판의 빈 공간에 [Ctrl]+[V]를 눌러서 복사했던 노드들을 붙여넣습니다.

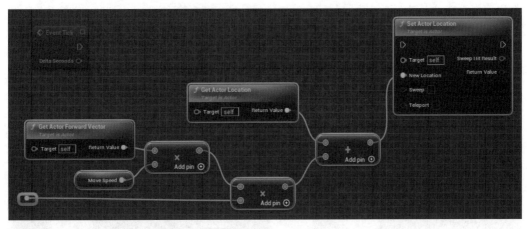

[그림 2.2-114] 복사된 노드를 BP_Enemy에 붙여넣기

붙여넣기한 다음 [Event Tick] 노드의 실행 핀과 [SetActorLocation] 노드의 실행 핀을 연결합니다. 그리고, Delta Seconds 출력 핀도 방향 벡터의 곱하기 노드의 입력 핀에 연결해 줍니다.

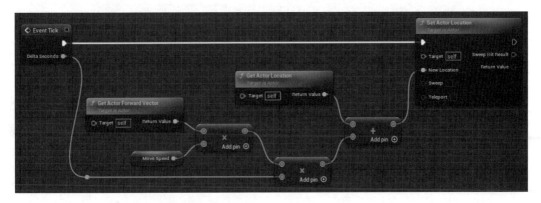

[그림 2.2-115] Enemy 이동 기능 노드 연결

이렇게 노드 복사를 이용하면 일부 유사한 기능들은 빠르게 구현할 수 있습니다. Enemy를 월드에 생성할 때 아래쪽을 바라보게 생성할 것이기 때문에 방향은 바꾸지 않아도 됩니다.

## → Enemy 공장 액터 제작하기

Enemy도 총알과 마찬가지로 레벨에 미리 배치된 것이 아니라 화면 위쪽에서 일정한 시간 간격으로 무한하게 생성되도록 하겠습니다. 총알을 플레이어가 생성하듯이 Enemy도 일정 간격으로 생성하는 공장 역할을 하는 액터를 만들어 주도록 하겠습니다. 부모 클래스는 Actor로 설정하고 이름은 'BP_EnemyFactory'로 지어 줍니다. BP_EnemyFactory는 Enemy를 생성하는 역할만 하면 되기 때문에 사용자의 눈에 보일 필요가 없습니다. 따라서 외형에 대한 컴포넌트는 추가하지 않습니다.

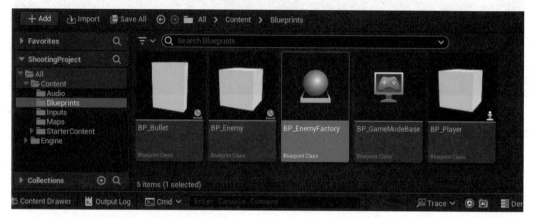

[그림 2.2-116] EnemyFactory 블루프린트 생성

Enemy 액터를 생성하는 것은 [Spawn Actor from Class] 노드를 사용하면 됩니다. 하지만, 그냥 [Spawn Actor from Class] 노드를 [Tick] 노드에 연결하면 매 프레임(약 0.01초)마다 계속해서 Enemy를 생산할 것입니다. 결국 지금 필요한 것은 스톱워치(Stopwatch) 기능입니다. Enemy 공장에서는 지정된 시간이 경과되었음을 알리는 스톱워치의 신호에 맞춰 Enemy 액터를 생산하도록 하면 되는 것입니다.

스톱워치 기능을 만들려면 무엇이 필요할까요? 원하는 시간을 지정해야 하니 지정 시간을 설정할 변수가 필요하겠네요. 또 원하는 시간에 도달했는지를 알려면 시간을 재기 시작한 때로부터 경과된 시간을 담을 변수도 필요합니다. BP_EnemyFactory 블루프린트의 설정 창을 열고 시간 지정용 변수 DelayTime과 현재 시간 저장을 위한 변수 CurrentTime을 추가합니다.

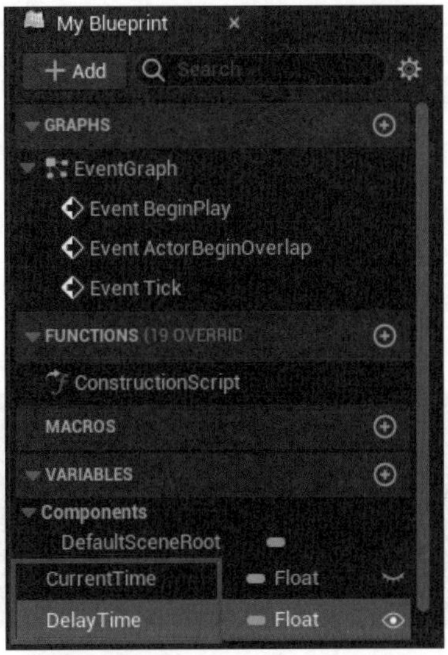

[그림 2.2-117] 시간 체크용 변수 추가

CurrentTime 변수는 최초 0초에서부터 경과된 시간을 점차 누적해 나가야 하기 때문에 기본 값은 0으로 설정합니다. DelayTime 변수의 경우에는 개발자가 몇 초마다 생성할지 여부를 Enemy Factory 인스턴스마다 개별로 조정해야 하므로 Instance Editable 항목에 체크(True)합니다. 기본 값은 일단 2초로 설정하고 실제로 여러 개 배치한 뒤에 개별적으로 값을 변경하겠습니다.

[그림 2.2-118] 두 변수의 기본 설정

자, 그럼 시간 누적부터 시작해 볼까요? 이벤트 그래프 판에 CurrentTime 변수를 Get으로 가져옵니다. 앞에서 프레임 보정을 설명하면서 1프레임이 경과할 때마다 그 소요 시간을 Delta Seconds 값으로 출력하고 있다고 했던 바 있습니다. 매 프레임에 걸린 소요 시간을 누적하면 앱이 시작된 때로부터 현재 프레임까지의 총 경과 시간이 됩니다. 먼저 [Add] 노드를 이용해서 매 틱마다 Delta Seconds의 값을 CurrentTime 변수의 값에 더합니다.

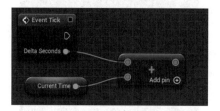

[그림 2.2-119] 현재 프레임 소요 시간 더하기

덧셈 결과 누적된 시간 값을 다시 CurrentTime에 덮어써야 누적 결과가 유지되겠죠? 이번에는 이벤트 그래프 판에 CurrentTime 변수를 Set으로 가져옵니다. 앞에서 더한 덧셈 결과 출력 핀을 CurrentTime 입력 핀에 연결하고 [Tick] 노드의 실행 핀도 [Set CurrentTime] 노드의 실행 핀에 연결합니다.

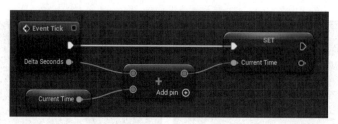

[그림 2.2-120] 누적된 경과 시간 저장

경과 시간은 계속 누적되고 있으니 이제 누적된 경과 시간이 개발자가 지정한 시간에 도달했는 지를 판단할 차례입니다. 만일, 경과 시간(CurrentTime)이 지정된 시간(DelayTime)보다 크거나 같으면 지정된 시간에 도달했다고 볼 수 있습니다. 여기서 두 시간이 일치할 때만이 아니라 초과한 때에도 지정된 시간에 도달했다고 보는 점에 의문을 가지실 수 있습니다. 사실 DeltaSeconds는 0.00831792…처럼 매우 긴 소수점으로 된 값이기 때문에 누적의 결과가 1.0과 같이 딱 떨어질 가능성이 거의 없습니다. 실제로는 대부분 아주 미세한 값이라도 초과되기 때문에 크거나 같다고 체크하는 것입니다. 물론 엄청나게 작은 값이라서 허용 오차로 봐도 무방합니다.

[Set CurrentTime] 노드의 출력 핀을 드래그한 다음, 검색 창에 '>='를 입력하여 비교 연산자 노드 [Greater Equal]을 추가합니다. 부등호의 방향에 유의하세요.

[그림 2.2-121] 두 변수의 값 비교

비교 연산의 결과는 참(true) 또는 거짓(false)으로 반환됩니다. 참, 거짓으로 조건성 여부를 판별하기 위해 비교 노드를 조건문 노드인 [Branch] 노드를 연결합니다. Enemy 액터를 생성하기 위한 조건은 누적된 CurrentTime이 DelayTime에 도달하는 순간입니다. 즉, True 실행 핀에 [Spawn Actor from Class] 노드를 연결합니다. 생성할 Class 항목은 BP_Enemy로 선택합니다. False 실행 핀은 아직 CurrentTime의 값이 부족한 상태이므로 계속 누적되도록 그냥 종료하고 다음 틱으로 넘기면 됩니다.

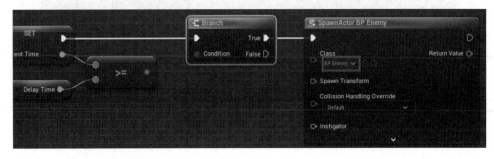

[그림 2.2-122] 조건문 노드 연결

액터 생성 방향을 아래쪽으로 설정하기 위해서 Arrow Component를 추가합니다. 컴포넌트의 이름은 'SpawnPoint'로 짓겠습니다. 우측 Details 패널에서 Transform 속성의 Y축을 −90도 회전시켜서 화살표가 아래쪽을 바라보게 합니다. 또한, 에너미의 머리 위쪽이 카메라를 바라보는 방향이 되도록 Z축으로도 180도 회전시킵니다.

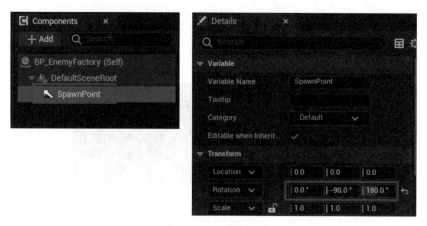

[그림 2.2-123] Arrow 컴포넌트 추가 및 방향 설정

SpawnPoint 컴포넌트를 이벤트 그래프 판으로 가져온 다음 출력 핀을 드래그해서 [Get-WorldTransform] 노드를 생성하여 연결합니다. 이어서 [GetWorldTransform] 노드의 출력 핀은 [Spawn Actor] 노드의 Spawn Transform 입력 핀에 연결합니다.

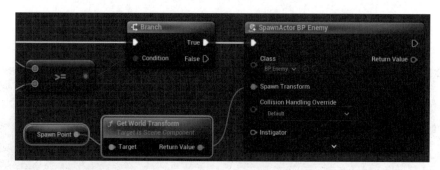

[그림 2.2-124] Transform 연결

만일 Enemy를 생성하고도 계속 시간이 누적된다면 조건문이 의미가 없게 됩니다. 스톱워치에서도 시간을 다시 재기 위해서 초침을 리셋한 다음 처음부터 다시 시작하는 것처럼 Enemy를 생성한 다음에는 CurrentTime을 다시 0으로 초기화해 주어야 합니다. CurrentTime 변수를 Set으로 가져온 다음 [Spawn Actor] 노드의 실행 핀과 연결해 줍니다. CurrentTime의 값은 0으로 설정합니다.

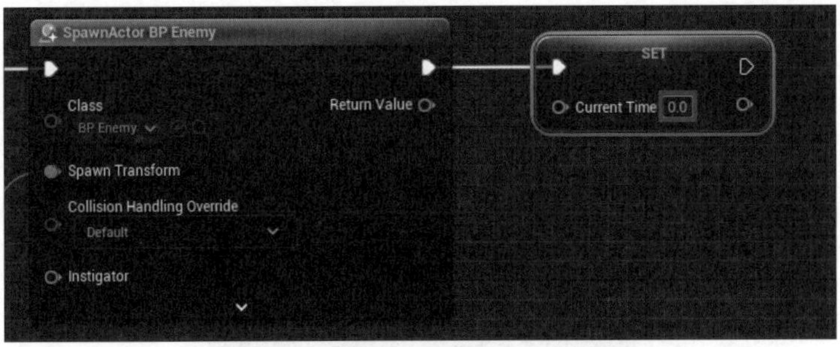

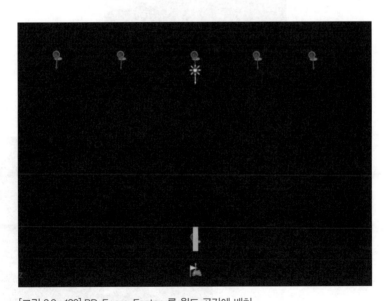

[그림 2.2-125] Current Time을 0으로 초기화

　컴파일과 세이브를 하고 블루프린트 설정 창을 종료합니다. 완성된 BP_EnemyFactory 블루프린트를 뷰 포트 쪽으로 드래그해서 배치합니다. 여러 곳에 배치하기 위해 키보드의 Alt 키를 누른 채로 마우스로 드래그하면 액터가 자동으로 복사 생성됩니다. Enemy가 화면 위쪽에서 생성될 수 있도록 Player Start 액터의 위쪽에 배치하여야 합니다. Location Z축을 1,000센티미터 정도로 설정하면 될 것 같군요. 또한, Enemy는 플레이어와 충돌하는 것이 목표이기 때문에 X축은 플레이어와 동일하게 0으로 설정합니다.

[그림 2.2-126] BP_EnemyFactory를 월드 공간에 배치

이제 플레이를 해 보면 2초 간격으로 적들이 생성되어 내려오는 것을 확인할 수 있습니다. 그런데 모두 동일한 시간 간격으로 생성되니 조금 심심하게 보이는군요. 아웃라이너 패널에서 BP_EnemyFactory를 선택해서 DelayTime을 1.5초, 1.75초 등 서로 조금씩 다르게 설정합니다.

[그림 2.2-127] DelayTime 설정하기

이제 다시 플레이를 해 보면 [그림 2.2-128]처럼 좀 더 자연스럽게 불규칙적으로 생성되는 것처럼 보입니다. Delay Time만 조금 바꿔줘도 느낌이 많이 달라지죠?

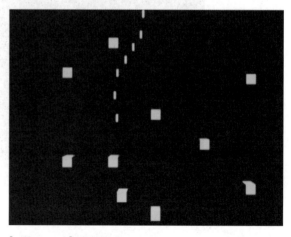

[그림 2.2-128] 적 생성 테스트

## ➡️ Enemy의 이동 방향 추첨하기

제법 그럴싸해졌지만 아직은 적들이 덜 위협적으로 보입니다. 물론 아직 충돌 처리가 되지 않기 때문에 그럴 수도 있지만, 적들의 이동 방향이 죄다 일정하기 때문에 플레이어의 입장에서는 피해야 할 위치가 너무 뻔하게 예측되기 때문입니다. 이번에는 동선에도 불규칙성을 주기 위해 Enemy가 처음 생성되었을 때 지정된 확률에 따라서 그냥 아래(정면)로 내려가거나 플레이어 쪽으로 이동하게 만들어보겠습니다.

최초에 이동 방향을 다르게 설정하려면 확률 추첨에 의해 결정된 방향 벡터를 담을 벡터 변수가 있어야 합니다. 당연히 개발자가 설정할 확률 변수도 필요할 것이고요. BP_Enemy 블루프린트 설정 창을 열고 Direction 변수(Vector)와 TraceRate 변수(Float)를 추가합니다. Direction 변수는 확률 추첨 결과에 따라 벡터의 값이 바뀌므로 기본 값을 (0, 0, 0) 상태로 놔둡니다. TraceRate 변수는 0을 0%, 1을 100%로 보았을 때 35% 확률이 되도록 기본 값을 0.35로 설정해 보겠습니다.

[그림 2.2-129] 방향 벡터 변수와 확률 설정 변수 추가

우선 확률 추첨 기능부터 구현해 보겠습니다. 빈 공간에 마우스 우클릭하고 검색 창에 'Random Range'를 입력하면 실수(Float)와 정수(Integer)의 두 형태의 랜덤 추첨 노드가 검색됩니다. 확률 변수를 0에서 1사이의 Float 자료형을 사용하였으니 [Random Float in Range] 노드를 선택하도록 하겠습니다.

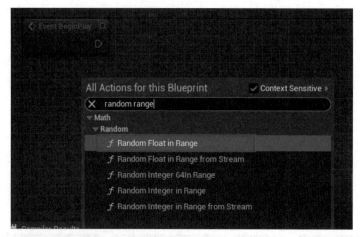

[그림 2.2-130] 랜덤 추첨 함수 노드

[Random Float in Range] 함수 노드는 개발자가 설정한 최솟값(Min)과 최댓값(Max) 사이의 임의의 실수 값을 결과로 반환하는 함수입니다. 최솟값은 0, 최댓값은 1로 설정한 상태에서 앞에서 만든 TraceRate 변수를 가져와서 비교 연산자 [Less Equal] 노드를 이용해서 두 변수의 크기를 비교하도록 하겠습니다. Enemy가 최초 생성될 때 한 번만 계산하면 되므로 [Branch] 노드는 [BeginPlay] 노드의 실행 핀에 연결합니다.

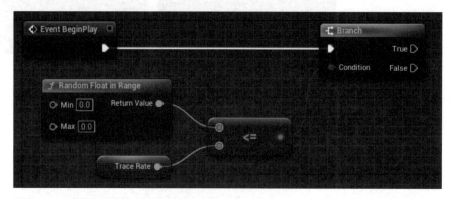

[그림 2.2-131] 랜덤하게 추첨한 값을 확률 변수와 비교

만일, 추첨된 결과가 0.35보다 작거나 같다면 35% 범위 안에 들어온 것이므로 [Branch] 노드의 True 실행 핀은 에너미의 생성 위치에서 플레이어를 향한 방향으로 Direction을 설정하면 됩니다. 반대로 추첨된 결과가 0.35보다 크다면 35% 범위를 벗어났기 때문에 [Branch] 노드의 False 실행 핀은 기존과 마찬가지로 정면 방향 벡터를 Direction으로 설정합니다.

먼저 비교 결과가 참(True)인 경우부터 구현해 보겠습니다. 앞에서 타깃을 바라보는 방향 벡터를 구하는 법 기억나시나요? 바로 바라볼 대상(Target)의 위치 벡터에서 자신(Me)의 위치 벡터를 빼면 (Target-Me) 그 결과 자신의 위치에서 타깃까지 이어지는 벡터가 생성된다고 했습니다. 자신의 위치 벡터는 [GetActorLocation] 노드를 이용해서 바로 알 수 있지만 월드 공간에서 이동 중인 플레이어의 위치는 어떻게 알아낼 수 있을까요? 언리얼 엔진에서는 이런 경우를 위해서 월드 공간에서 특정 클래스 또는 특정 블루프린트를 기반으로 액터를 찾을 수 있는 Get Actor of Class 함수 노드를 제공하고 있습니다.

[Branch] 노드의 True 실행 핀을 드래그 한 다음 검색 창에 'Get Actor'를 입력하면 Get Actor of Class 함수 노드를 찾을 수 있습니다. 찾아야 할 Actor Class 항목은 BP_Player로 선택합니다.

[그림 2.2-132] 월드에서 플레이어 액터 찾기

[Get Actor Of Class] 함수 노드의 출력 핀은 찾아낸 플레이어 액터입니다. 출력 핀을 드래그해서 [GetActorLocation] 노드의 Target 입력 핀에 연결하면 플레이어 액터의 현재 위치를 가져올 수 있습니다. 그리고, Target을 'Self'로 한 [GetActorLocation]은 에너미 본인의 위치입니다. 이제 [vector-vector] 노드를 이용해서 두 벡터의 차를 구합니다. 하지만, 아직 끝이 아닙니다. 벡터의

뺄셈은 두 위치를 이은 벡터이기 때문에 플레이어의 위치에 따라 벡터의 길이가 천차만별이 되기 때문에 벡터의 길이를 1로 정규화해주기 위해 [Normalize] 노드를 연결해 주도록 하겠습니다. 최종적으로는 계산된 벡터를 Direction 변수에 덮어쓰도록 합니다.

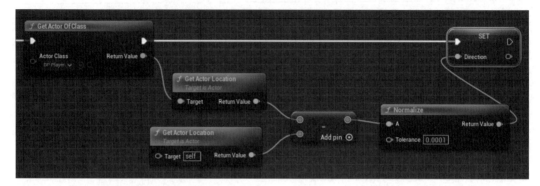

[그림 2.2-133] 플레이어를 향한 벡터 구하기

이번에는 False일 때의 방향 설정을 해 보겠습니다. 확률 추첨 범위에 못 들어갔을 때는 단순히 정면 벡터를 이동할 방향으로 잡으면 되므로 [Get Actor Forward Vector] 노드를 Direction 변수에 입력 핀에 연결합니다. 참고로 [Get Actor Forward Vector] 노드는 원래 길이가 1인 단위 벡터이므로 정규화를 할 필요가 없습니다.

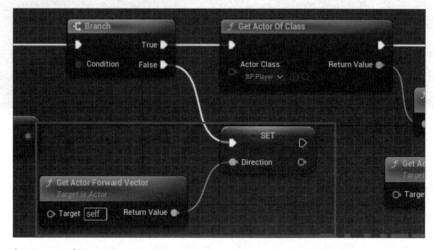

[그림 2.2-134] 정면 방향 벡터 설정

Direction 변수에 방향이 정해졌으면 이제 그 방향으로 이동하기만 하면 됩니다. [Tick] 노드 쪽으로 이동해서 기존에 있던 [Get Actor Forward Vector] 노드를 삭제하고 Direction 변수를 Get으로 가져와서 [Multiply] 노드에 연결해 줍니다.

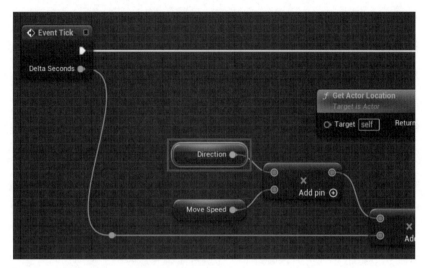

[그림 2.2-135] Direction 변수를 방향 벡터로 설정

컴파일과 세이브 후에 다시 플레이를 해 보면 35% 확률로 플레이어를 향해 이동하는 Enemy의 움직임을 확인할 수 있습니다. 확률이 제대로 적용되는지 테스트해 보기 위해서 TraceRate 변수의 값을 0.0~1.0 사이의 임의의 값으로 변경해 보면서 확률 변화를 체험해 보세요.

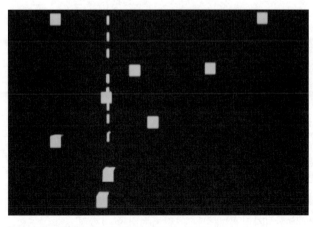

[그림 2.2-136] 플레이어를 향해 이동하는 Enemy

# 2.2-5 충돌(Collision) 처리하기

어느덧 비행 슈팅 게임의 형태는 어느 정도 모양새를 갖췄지만 게임 콘텐츠로서의 요소가 빠져있는 상태입니다. 플레이어의 총알과 에너미 사이의 상호작용(Interaction) 또는 에너미와 플레이어와의 상호작용 요소가 없기 때문입니다. 비단 게임 콘텐츠뿐만 아니라 어떤 형태의 콘텐츠도 단순한 미디어와의 가장 큰 차이점이 바로 사용자의 조작에 의한 상호작용 요소라는 점은 모두가 동의할 것입니다. 상호작용이 발생하기 위한 전제 요소는 바로 충돌의 감지입니다. 충돌이란 그 대상이 실체를 가진 물체일 수도 있고, 적외선처럼 눈에 보이지 않는 센서일 수도 있습니다. 어찌 됐든 '무엇인가 닿았다'라는 사건(Event)이 계기(Trigger)가 되어 개발자가 준비한 특정 기능이 실행되는 것이 바로 콘텐츠 내의 상호작용이 되는 것입니다.

이번 챕터에서는 총알과 에너미가 충돌해서 서로 폭발하고, 마찬가지로 에너미가 플레이어와 충돌하면 플레이어를 폭발시키는 기능을 구현해 보도록 하겠습니다. 하는 김에 다른 오브젝트와 충돌하지 못한 채 화면 밖으로 나가버린 총알이나 에너미에 대한 처리도 해 보겠습니다.

### ✖ 학습 목표

총알과 Enemy, 플레이어와 Enemy가 충돌하게 하고 싶다.

### ✖ 구현 순서

❶ 충돌 영역을 설정하고 충돌 처리를 위한 채널을 추가한다.
❷ 어떤 대상과 충돌이 발생하게 할 것인지를 설정한다.
❸ 충돌 발생 이벤트 함수를 이용해서 충돌할 때 실행할 기능을 구현한다.
❹ 화면 밖으로 나간 오브젝트를 제거하는 지대(Kill Zone)를 설치한다.

## ➔ 콜리전 생성하기

액터들 간에 충돌을 발생시키기 위해서는 어디서부터 어디까지 충돌할 수 있는지 충돌 영역을 지정해주어야 합니다. 이러한 충돌 영역을 '콜리전(Collision)'이라고 합니다. 액터의 외형 그대로 충돌 영역을 잡을 수도 있지만 충돌 영역의 형태가 복잡할수록 CPU에서 충돌했는지 여부를 계산할 때 부하가 많이 걸리기 때문에 특별한 경우를 제외하고는 가급적 단순한 형태로 충돌 영역을 설정하는 것이 최적화 관점에서 일반적인 방식입니다.

일단 총알의 충돌 영역부터 설정하기 위해 BP_Bullet 블루프린트 설정 창을 엽니다. 좌측 컴포넌트 패널에서 [+Add] 버튼을 클릭하고 Collision 항목을 찾아 아래로 스크롤해 보면 Box, Capsule, Sphere의 세 가지 형태의 기본 충돌체 컴포넌트를 찾을 수 있습니다.

총알은 직사각형 모양이므로 Box Collision을 선택하도록 하겠습니다. 컴포넌트의 이름은 'BoxCollision'으로 하겠습니다. 충돌 처리를 하기 위해서는 Collision 컴포넌트가 최상

[그림 2.2-137] 기본적인 충돌 영역 컴포넌트

단(Root) 컴포넌트이어야 하므로 BoxCollision을 마우스로 드래그해서 현재의 최상단 컴포넌트인 DefaultSceneRoot에 놓으면 BoxCollision 컴포넌트가 최상단 컴포넌트로 변경됩니다.

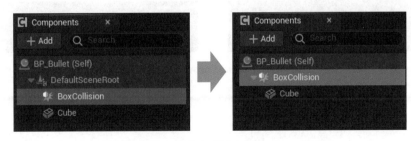

[그림 2.2-123] Box Collision을 Root Component로 변경

충돌 영역의 크기를 조정하기 위해 우측 Details 패널에서 Shape 속성을 확인합니다. Box Extent 항목을 보면 X, Y, Z축의 반지름을 설정할 수 있습니다. 큐브 메시의 크기가 기본 $100 \times 100 \times 100$ 이었으니 반지름은 50이 됩니다. 총알 큐브 메시의 X축은 0.75배, Y축은 0.25배로 축소했기 때문에 배율에 맞춰서 X: 37.5, Y: 12.5, Z: 50으로 반지름을 설정합니다.

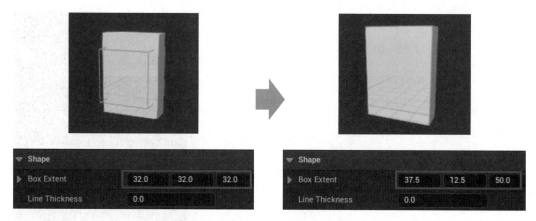

[그림 2.2-139] Box Collision의 크기 조정

크기 조정이 완료됐으면 컴파일 및 세이브를 해 줍니다. 총알과 마찬가지로 플레이어와 에너미에게도 Box Collision 컴포넌트를 추가하고 Shape 속성에서 박스 크기(Box Extent)를 조정합니다.

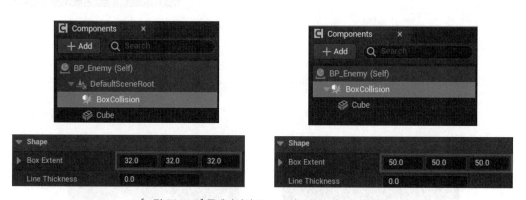

[그림 2.2-140] 플레이어와 Enemy의 Box Collision 설정

이번에는 같은 충돌 처리를 설정할 액터들 간에 콜리전 그룹을 지어주도록 하겠습니다. 특히, 총알이나 에너미처럼 동일한 개체를 여러 개 복사해서 사용할 경우에는 개별적으로 충돌 처리를 하기보다는 그룹을 지어주는 것이 관리하기에 편리합니다.

언리얼 에디터 상단의 [Edit] - [Project Settings…]를 클릭해서 프로젝트 설정 창을 열고 좌측 목록에서 [Collision] 탭을 선택합니다. [Collision] 탭에서는 같은 충돌 처리를 하기 위해 충돌 채널을 추가할 수 있습니다. 채널은 Object 채널과 Trace 채널의 두 종류가 있는데 Collision 간에 충돌할 때는 'Object 채널'을 사용하고, 뒤에서 TPS 프로젝트 할 때 사용할 Ray Tracing 기능을 이용한 충돌 처리는 'Trace 채널'을 사용합니다.

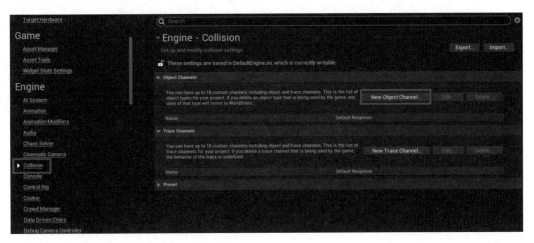

[그림 2.2-141] 프로젝트 설정에서 [Collision] 탭 선택

[New Object Channel…] 버튼을 클릭하고 새 채널을 추가하겠습니다. 첫 번째 채널의 이름은 'Player'로 설정하고 기본 응답은 'Ignore'로 선택합니다. 설정이 완료되면 [Accept] 버튼을 눌러서 채널을 추가합니다.

[그림 2.2-142] 플레이어 채널 추가

충돌체(Collision)를 가지고 있는 액터가 서로 부딪혔을 때 각각의 충돌체는 정해진 충돌 반응을 하는데 이것을 '응답(Response)'이라고 합니다. 응답에는 Ignore / Overlap / Block의 세 종류가 있습니다.

| Response 종류 | 설명 |
| --- | --- |
| Ignore | 부딪혀도 충돌했다는 이벤트를 무시한다. |
| Overlap | 충돌했다는 이벤트(감지)는 발생시키지만, 물리적으로는 밀어내지 않는다. |
| Block | 충돌했다는 이벤트(감지)를 발생시키면서 동시에 물리적으로도 밀어낸다. |

[표 2.2-7] 액터 생성 시 충돌 처리의 종류

참고로 서로 다른 응답을 가진 오브젝트끼리 충돌할 경우에는 다음과 같이 충돌 처리가 더 적은 응답으로 충돌 처리가 발생합니다.

```
Ignore   vs   Ignore   →   Ignore

Ignore   vs   Overlap  →   Ignore

Ignore   vs   Block    →   Ignore

Overlap  vs   Overlap  →   Overlap

Overlap  vs   Block    →   Overlap

Block    vs   Block    →   Block
```

[그림 2.2-143] Response별 충돌 응답 결과

충돌 처리가 필요한 Enemy와 Bullet도 오브젝트 채널을 추가합니다. 플레이어와 마찬가지로 기본 응답 설정은 'Ignore'로 설정하고 세부 설정 때 대상에 따라 응답을 조정하도록 하겠습니다.

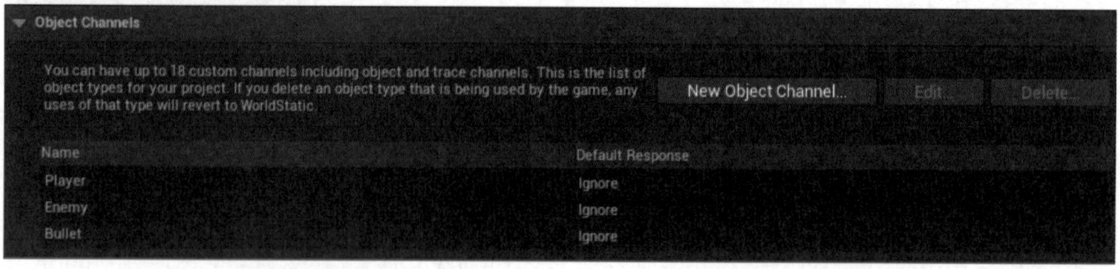

[그림 2.2-144] Enemy와 Bullet 채널 추가

## → 콜리전 설정하기

채널 설정도 끝났으니 이제 각 액터마다 개별 충돌(Collision) 설정을 해 봅시다. BP_Bullet 블루 프린트 설정 창을 열고 Components 패널에서 Box Collision을 선택합니다. 다시 우측에 Details 패널에서 Collision 속성을 찾아 보면 Collision Presets 항목이 있습니다. Collision Presets은 언리얼 엔진에서 자주 사용하는 충돌 설정을 몇 가지 미리 만들어 놓은 프리셋입니다. 우리는 직접 설정하기

위해 'Custom...'을 선택하고, Object Type은 미리 만든 Bullet 채널로 선택합니다. 그리고, 콜리전 충돌 '감지' 이벤트가 발생되도록 하기 위해서는 Generate Overlap Events 항목에 체크를 해야 합니다.

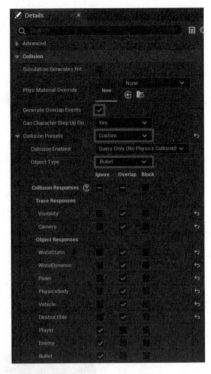

[그림 2.2-145] Object Type 설정

총알의 오브젝트 채널을 설정했으면 다른 오브젝트 채널과의 응답 설정을 해 주어야 합니다. Object Responses 속성 아래에 있는 체크박스를 일단 모두 'Ignore'로 체크합니다. 총알은 에너미와는 충돌해야 하므로 Enemy 채널에 대한 응답만 'Overlap'으로 변경합니다. Block이 아닌 Overlap을 사용하는 이유는 만일 총알이 적과 충돌했다면 바로 폭발해서 사라지도록 처리하기 때문에 충돌 감지만으로 충분하고 굳이 물리적인 상호작용까지 필요하지는 않기 때문입니다. 총알끼리 부딪히거나 총알을 발사한 플레이어와 총알이 충돌하면 안 되기 때문에 Ignore 상태로 설정합니다.

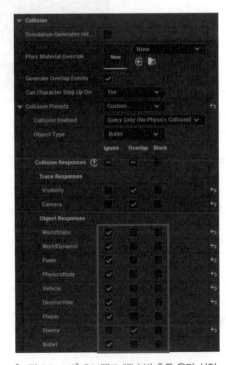

[그림 2.2-146] 오브젝트 채널 별 충돌 응답 설정

Collision 설정에는 Collision Enabled 항목도 있습니다. 이 설정은 감지 기능이나 물리 작용 기능을 켜거나 끌 때 사용됩니다.

| Collision Enabled 종류 | 설명 |
|---|---|
| No Collision | 감지와 물리 작용 모두 사용하지 않는 상태 |
| Query Only | 감지(Overlap) 기능만 동작하는 상태 |
| Physics Only | 물리 작용(Physics) 기능만 동작하는 상태 |
| Collision Enabled | 감지와 물리 작용 모두 동작하는 상태 |

[표 2.2-7] Collision Enabled의 종류

감지 기능만 사용하려면 Query Only 상태 그대로 놓아둬도 괜찮지만, 다음에 물리 작용 기능을 사용할 수도 있을 수 있으니 Collision Enabled 상태로 놓겠습니다.

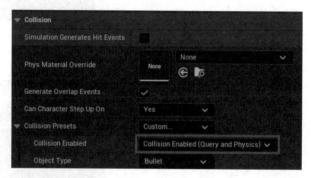

[그림 2.2-147] Collision Enabled 설정

**Tip**

### Collision Preset 만들기
굳이 커스텀으로 설정하지 않고 우리가 설정한 내용을 프리셋으로 저장해놓고 필요할 때마다 가져올 수도 있습니다. 오브젝트 채널을 추가할 때 열었던 프로젝트 설정 창을 다시 열고 Collision 탭에서 Presets 항목을 펼칩니다. [New...] 버튼을 클릭하면 Object Responses를 설정하고 추가해서 저장할 수 있습니다. 여기서 추가한 프리셋을 개별 블루프린트의 Collision Presets에서 선택하면 저장된 충돌 응답 설정이 자동으로 변경됩니다.

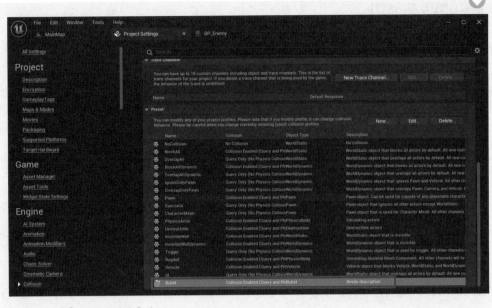

[그림 2.2-148] Bullet 프리셋 추가

이어서 Player와 Enemy도 Collision 설정을 합니다. 플레이어는 Enemy와 충돌 감지 체크를 하고, Enemy는 플레이어/총알과 충돌하도록 감지 체크를 합니다. Collision 설정이 끝나면 반드시 컴파일과 세이브를 해주는 것도 잊지 마세요.

플레이어 Collision

에너미 Collision

[그림 2.2-149] 플레이어와 에너미의 Collision 설정

## ➔ 충돌 이벤트 구현하기

이번에는 충돌했을 때 충돌 결과 내용을 구현해 보도록 하겠습니다. 앞에서 언리얼 엔진의 라이프 사이클을 설명하면서 BeginPlay나 Tick 함수는 시스템에서 호출하는 이벤트 함수라고 설명한 바 있습니다. 액터의 충돌 이벤트 역시 [ActorBeginOverlap]이라는 이벤트 함수를 통해 실행됩니다. 충돌은 상호작용 기능 구현 시에 빈번하게 사용하기 때문에 블루프린트를 처음 만들어서 이벤트 그 래프 판을 보았을 때 [ActorBeginOverlap] 노드도 기본적으로 배치되어 있는 것입니다.

만일 액터와 충돌하게 되면 [ActorBeginOverlap] 노드에서는 충돌한 상대방 액터의 정보를 Other Actor 출력 핀으로 반환합니다. 반환 결과로 얻는 정보 값은 부모인 Actor 클래스 상태 로 넘어오기 때문에 그 대상이 구체적으로 특정 자식 클래스로 확인 및 전환하기 위해서는 '캐 스트(Cast)'라는 과정을 거쳐야 합니다. 우선 BP_Bullet 블루프린트의 설정 창을 열고 [Event ActorBeginOverlap] 노드의 Other Actor 출력 핀을 드래그한 다음 검색 창에 'cast to bp'라고 입 력합니다. 총알에 충돌할 액터의 클래스는 BP_Enemy 클래스이어야 하므로 [Cast To BP_Enemy] 함수 노드를 선택합니다.

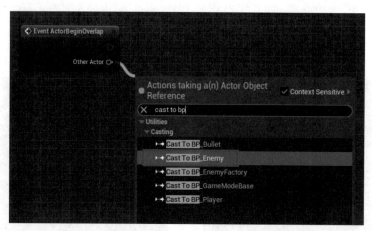

[그림 2.2-150] Actor 클래스에서 BP_Enemy 클래스로 전환(Cast)

[Cast To BP_Enemy] 함수 노드는 우측에 두 개의 실행 핀이 있습니다. 만일 부딪힌 액터가 BP_ Enemy가 아니라면 캐스팅을 할 수 없으므로 Cast Failed 실행 핀이 실행될 것이고, 부딪힌 액터가 BP_Enemy라면 기본 실행 핀이 실행될 것입니다.

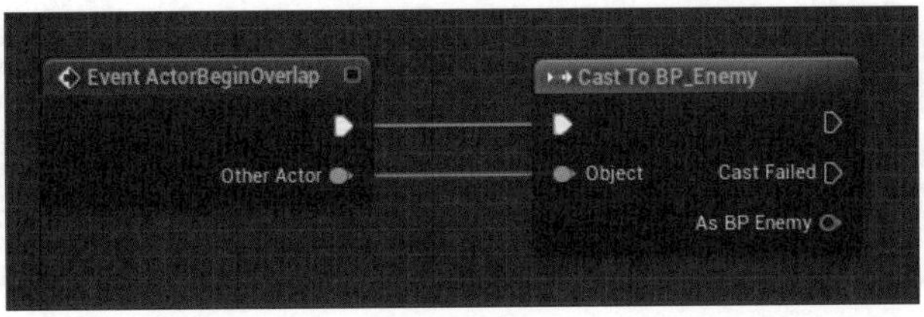

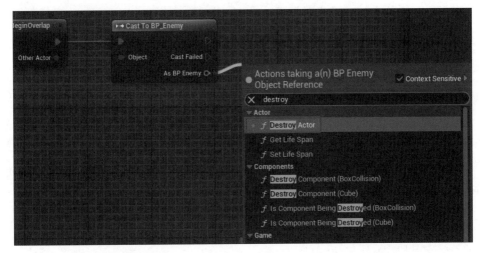

[그림 2.2-151] [Cast] 함수 노드의 실행 핀

만일 부딪힌 대상이 에너미라면 As BP Enemy 출력 핀으로 대상의 정보가 반환됩니다. 총알에 부딪힌 적은 제거해야 하므로 As BP Enemy 출력 핀을 드래그한 다음 'Destroy'를 입력하여 [Destroy Actor] 함수 노드를 선택합니다. [Destroy Actor] 노드는 타깃 액터를 월드 공간에서 완전히 삭제하는 함수 노드입니다.

[그림 2.2-152] [Destroy Actor] 함수 노드

총알이 에너미와 충돌했다면 에너미도 제거해야 하지만 부딪힌 총알 자신도 삭제되어야 합니다. Target 입력 핀을 'self'로 설정한 [Destroy Actor] 노드를 하나 더 추가합니다. 주의할 점은 자기자신이 먼저 제거되면 에너미를 삭제할 수 없다는 점입니다. Destroy 기능을 실행하는 것은 총알이므로 총알이 먼저 사라져 버리면 에너미를 제거한다는 노드는 실행할 주체가 없게 되는 것이죠. 사실 언리얼 엔진에서는 Destroy를 하는 시점을 뒤로 미뤄 두고 있어서 이러한 논리적 실수에도 불구하고 둘 다 삭제되기는 합니다. 하지만, Destroy의 경우에는 매우 드문 예외적인 경우이므로 가급적이면 평소에 논리적으로 기능 구현을 하는 습관을 들여야 합니다.

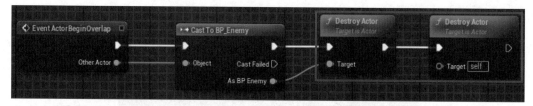

[그림 2.2-153] 자기자신을 제거

컴파일과 세이브 후에 플레이를 해 보면 총알에 닿은 적들이 총알과 함께 사라지는 것을 확인할 수 있습니다. 그런데 그냥 사라지기만 하니까 뭔가 심심하지 않나요? 적을 해치운 느낌을 주기 위해 폭발 이펙트라도 있으면 좋을 텐데 말이죠. 간단하게라도 폭발 이펙트를 추가해 봅시다.

일반적으로 폭발 등의 이펙트는 이펙터 아티스트들이 '파티클 시스템(Particle System)'이라는 방식을 이용해서 제작합니다. 우리가 처음 프로젝트를 생성할 때 'With Starter Contents' 상태로 프로젝트를 만들었던 것 기억하시나요? Starter Contents에는 언리얼 엔진에서 기본 제공하는 몇 가지 리소스들이 프로젝트에 자동으로 포함되어 있습니다. 포함된 리소스에는 파티클 이펙트들도 몇 가지 존재하는데 폭발 이펙트도 있으니 한번 사용해 보도록 하겠습니다.

파티클 이펙트를 생성하려면 총알이 사라지기 전에 실행해야 하므로 자기자신을 제거하는 [Destroy Actor] 노드의 실행 핀 연결을 잠시 해제합니다. 에너미를 제거하는 [Destroy Actor] 노드의 실행 핀을 드래그하고 검색 창에 'spawn emitter'를 입력하여 [Spawn Emitter at Location] 노드를 선택합니다. 파티클은 문자 그대로 입자로 이루어진 이펙트이기 때문에 입자를 방출(Emit)하여 파티클을 생성한다고 생각하면 됩니다.

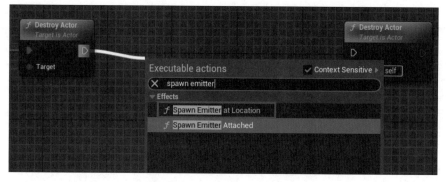

[그림 2.2-154] [Spawn Emitter] 노드 생성

Emitter Templete 항목에서 언리얼 엔진에서 Starter Content로 제공하는 'P_Explosion' 파티클을 선택합니다.

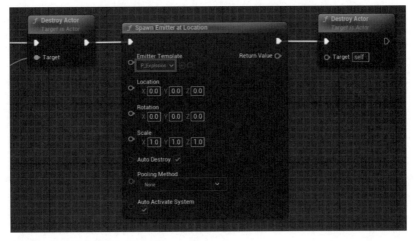

[그림 2.2-155] 방출할 파티클 선택

이제 파티클을 생성할 위치를 지정해주어야 합니다. 충돌한 총알의 위치에서 폭발이 발생하도록 [GetActorLocation] 노드를 생성하고 출력 핀을 Location 입력 핀에 연결합니다.

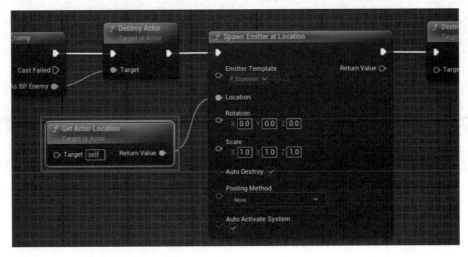

[그림 2.2-156] 파티클 생성 위치 지정

컴파일과 세이브를 하고 플레이를 해보면 총알과 충돌한 적들이 사라지면서 폭발 이펙트가 발생하는 것을 확인할 수 있습니다.

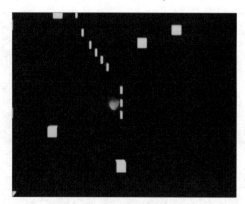

[그림 2.2-157] 폭발 파티클 이펙트 확인

적이 플레이어와 충돌할 때도 동일한 기능을 구현해야 합니다. 이번에도 복사 기능을 이용해서 BP_Enemy 블루프린트의 이벤트 그래프 판에 복사합니다. 에너미가 충돌해서 제거할 대상은 플레이어야 하므로 [Cast to BP_Enemy] 노드를 삭제하고 대신 [Cast to BP_Player] 노드를 추가합니다.

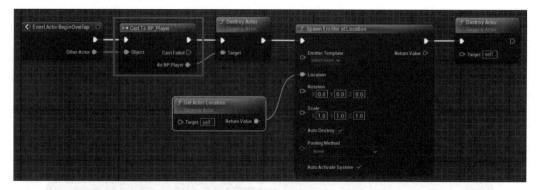

[그림 2.2-158] BP_Enemy 블루프린트의 충돌 이벤트 구현

컴파일과 세이브 후에 플레이를 해보면 에너미가 플레이어와 충돌했을 때 에러 메시지가 발생할 수 있습니다. 왜냐하면 플레이어가 제거되는 순간에 생성된 적이 플레이어를 향해 이동해야 하는 경우 플레이어의 정보를 제대로 읽어올 수 없어서 문제가 발생한 것입니다.

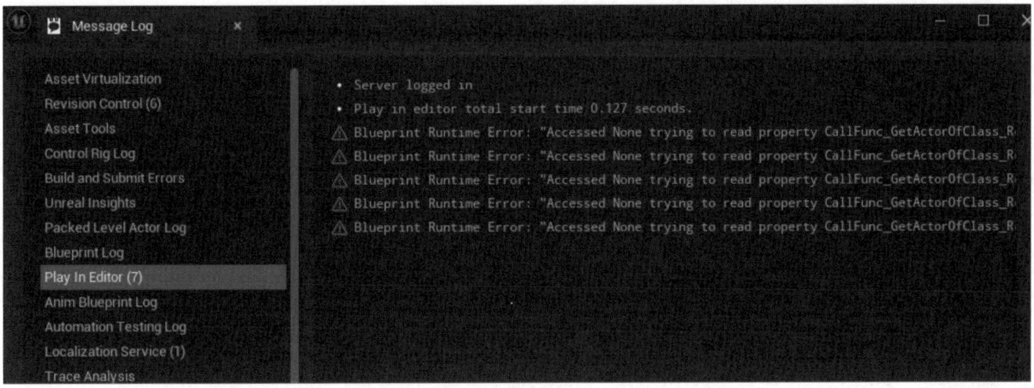

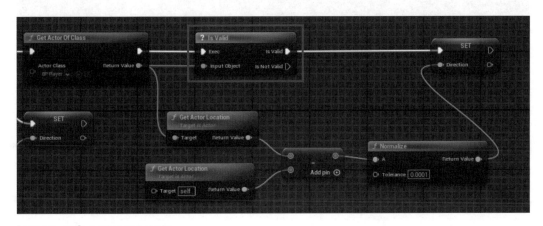

[그림 2.2-159] 플레이어 제거 시 발생하는 에러 메시지

BP_Enemy 블루프린트에서 플레이어 액터를 검색하는 [Get Actor of Class] 노드와 이동 방향을
설정하는 [Set Direction] 노드 사이에 [Is Valid] 노드를 추가로 연결합니다. [Is Valid] 노드는 결과로
반환되는 오브젝트가 유효한 것인지를 확인하는 오브젝트 유효성 검사 노드입니다. 즉, 제거된 플
레이어 객체가 Destroy 함수로 인해 메모리에서 삭제 예정인지 아닌지를 확인한 뒤에 방향 계산을
진행하려는 것입니다.

[그림 2.2-160] 오브젝트 유효성 체크

이제 다시 플레이를 해보면 플레이어가 제거되더라도 에러가 발생하지 않는 것을 확인할 수 있습
니다. 물론, 플레이어가 제거되면 방향 결정이 안 된 몇몇 적들이 가만히 멈춰 있기는 합니다만 게임
오버 처리 기능을 구현하면 문제가 되지 않을 것입니다.

## ➡️ 킬 존(Kill Zone) 제작하기

총알과 에너미처럼 계속 생성되는 액터의 경우 만일 아무것도 충돌하지 않은 채 화면 밖으로 나가면 어떻게 될까요? 무한히 넓은 월드 공간을 계속 떠돌게 될 것입니다. 사용자가 능숙한 플레이어라서 플레이 시간이 많이 지날수록 화면 밖에 있는 액터들의 수는 훨씬 많을 것입니다. 이렇게 불필요해진 액터들이 제거되지 않고 늘어난다면 컴퓨터의 메모리 공간은 가득 차서 프로그램 최적화에 문제가 발생할 수 있습니다. 게다가 윈도우나 백신 같은 다른 응용 프로그램에서 사용해야 할 메모리까지 낭비하는 문제가 발생할 수도 있습니다.

이번에는 화면 바깥쪽에 불필요한 액터를 제거하기 위한 킬 존(Kill Zone)을 설치해보도록 하겠습니다. 'BP_KillZone'이라는 이름으로 액터 블루프린트를 생성합니다.

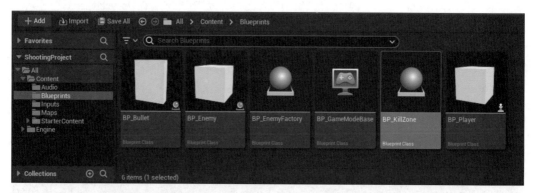

[그림 2.2-161] Kill Zone 블루프린트 생성하기

화면 바깥으로 나간 총알과 에너미가 킬 존에 충돌할 수 있도록 Box Collision 컴포넌트를 추가합니다. Box Collision 컴포넌트가 생성되면 DefaultSceneRoot쪽으로 드래그해서 루트 컴포넌트를 교체합니다.

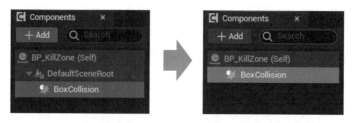

[그림 2.2-162] 충돌체를 root 컴포넌트로 설정하기

프로젝트 세팅의 Collision에서 오브젝트 채널에 'KillZone'을 추가합니다. 킬 존은 화면 밖으로 나가는 대부분의 오브젝트와 충돌이 발생되어야 하기 때문에 기본 응답을 [Overlap]으로 설정하도록 하겠습니다.

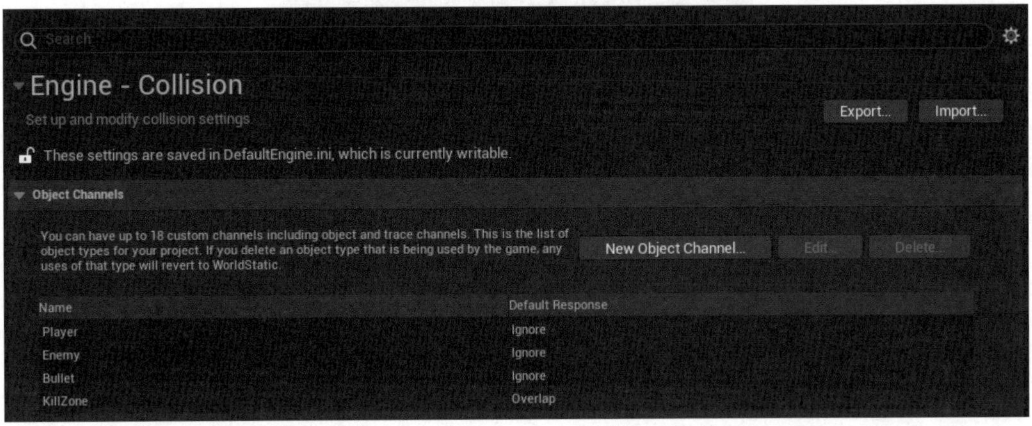

[그림 2.2-163] KillZone 채널 추가

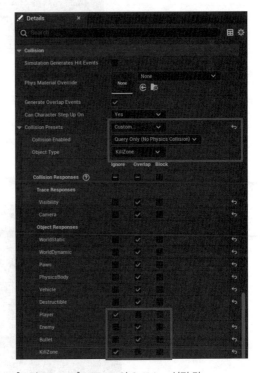

다시 BP_KillZone 블루프린트 설정 창으로 돌아와서 Box Collision의 Collision Presets 항목을 'Custom…'으로 변경하고, 오브젝트 채널 타입을 'KillZone'으로 선택합니다. 응답 설정은 기본적으로 Overlap으로 되어 있습니다. 다만 플레이어 액터의 경우 눈에 보이지 않는 킬 존에 닿아서 파괴되어서는 안 되기 때문에 'Ignore'로 설정합니다. 또한, 킬 존을 여러 방향에 설치할 경우 빈틈이 없게하기 위해 서로 겹치도록 배치할 수 있는데 이때 킬 존이 서로를 제거하면 안 되므로 킬 존의 응답 설정도 'Ignore'로 설정합니다.

[그림 2.2-164] KillZone의 Collision 설정 값

이번에는 충돌 영역을 가로로 긴 직사각형 형태로 만들어 봅시다. 우측 Details 패널에서 Shape 속성의 Extent 항목에서 Y축 반지름의 값을 2,000으로 조정합니다.

[그림 2.2-165] 박스 크기 설정

충돌했을 때의 기능을 구현해봅시다. 이벤트 그래프 탭으로 이동해서 [ActorBeginOverlap] 노드의 Other Actor 출력 핀을 드래그한 다음 [DestroyActor] 노드를 생성해서 연결해 주도록 하겠습니다. 킬 존의 경우에는 플레이어를 제외한 모든 액터를 삭제해야 하므로 킬 존에 충돌한 액터(Other Actor)를 조건 없이 모두 제거하면 됩니다. 게다가 화면 바깥쪽에서의 처리이기 때문에 사운드나 이펙트도 필요하지 않습니다.

[그림 2.2-166] 액터 제거 노드 생성 및 연결

컴파일과 세이브 후에 BP_KillZone 블루프린트를 상단과 하단에 각각 배치합니다. X축과 Y축은 0으로 설정하고, 위쪽 킬 존의 Z축은 1,500, 아래쪽 킬 존의 Z축은 −1,500으로 설정하도록 하겠습니다. 물론 좌우까지 설치해도 좋습니다.

[그림 2.2-167] Kill Zone 배치

[File] 탭에서 [Save All]을 선택해서 맵 저장 후 플레이를 해보면 총알과 에너미가 킬 존에 닿아서 제거되는 것을 확인할 수 있습니다. 그런데 문제는 플레이어도 킬 존에 닿으면 파괴된다는 것입니다. 분명 Collision Response에서 Player는 'Ignore'로 설정했는데 어째서 충돌이 발생하는 것일까요? 정답은 플레이어에게 있습니다.

일단 BP_Player 블루프린트의 설정 창을 다시 활성화해 보겠습니다. Box Collision의 Response 상태를 보면 KillZone 항목이 'Overlap'으로 체크되어 있습니다. 하지만, 이것은 문제 되지 않습니다. 앞에서도 살펴본 것처럼 충돌한 두 대상의 응답 중에 더 약한 응답이 적용되기 때문입니다. 즉, 플레이어의 Collision과 킬 존의 Collision이 서로 충돌했을 때 플레이어는 Overlap, 킬 존은 Ignore를 각각 응답하고 둘 중에 더 약한 응답인 Ignore로 처리되기 때문에 둘은 서로 충돌하지 않습니다. 문제는 Collision이 아니라 외형을 담당하는 큐브 메시(Cube Mesh)에 있습니다. 바로 큐브 모델링에 Collision이 부착되어 있기 때문입니다.

확인을 위해 좌측 Components 패널에서 Cube 컴포넌트를 선택한 다음 우측 Details 패널에서 Static Mesh 속성을 찾습니다. 모델 이름 아래에 있는 돋보기 모양의 아이콘을 마우스로 클릭하면 언리얼 에디터 메인의 콘텐트 브라우저에 원본 모델링 파일이 표시됩니다.

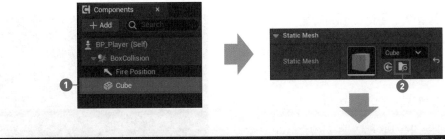

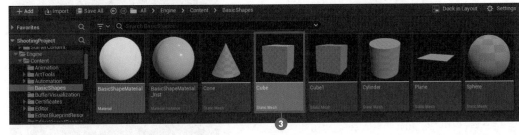

[그림 2.2-168] 큐브 메시의 원본 파일 찾기

[Cube] 모델링을 더블클릭하면 메시 설정 창이 열립니다. 모델링 프리뷰 화면의 좌측 상단에는 모델링 데이터의 정보가 표시되는데 제일 하단에 'Num Collision Primitives: 1'이라고 적혀 있습니다. 이것은 모델링 데이터 자체에 1개의 충돌체가 달려있다는 뜻입니다.

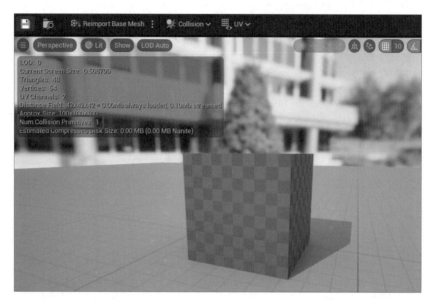

[그림 2.2-169] 스태틱 메시 데이터 정보

물론 모든 모델링이 콜리전 데이터를 가지고 있는 것은 아닙니다. 모델링을 제작한 아티스트의 목적에 따라 콜리전 데이터가 포함될 수도 있고 없을 수도 있으니 미리 확인이 필요합니다. 아무튼 스태틱 메시에 있는 콜리전의 동작을 막아보도록 하겠습니다.

다시 BP_Player 블루프린트 설정 창으로 돌아가서 Cube 컴포넌트를 선택합니다. 이 상태에서 우측 Details 패널을 보면 Collision 속성이 있는 것을 확인할 수 있습니다. Collision Presets 항목의 값을 'No Collision'으로 변경해서 충돌체의 기능을 비활성화되도록 해 줍니다.

[그림 2.2-170] 스태틱 메시의 충돌체 비활성화

컴파일과 세이브를 하고 다시 플레이를 해 보면 이제는 플레이어가 킬 존에 닿아도 사라지지 않는 것을 확인할 수 있습니다.

그런데 Enemy Factory나 Kill Zone 등을 배치하다 보니 아웃라이너 패널이 지저분하게 보이지 않나요? 폴더 기능을 이용해서 정리를 한번 해 봅시다. 아웃라이너 패널의 MainMap(Editor)을 마우스로 우클릭한 뒤 팝업 창에서 'Create Folder'를 선택합니다. 'EnemyFactories' 폴더를 만들고 BP_EnemyFactory 액터들을 마우스로 드래그해서 폴더에 넣어 줍니다. 마찬가지로 'Kill Zone' 폴더를 만들고 BP_KillZone 액터들을 폴더에 넣어서 정리를 해 줍니다. 폴더로 정리해 두면 접었다 폈다 하면서 보기에도 좋고 나중에 다시 찾기도 더 편하기 때문에 틈틈이 정리해 두는 습관을 들이면 좋습니다.

[그림 2.2-171] 폴더를 이용한 아웃라이너 정리

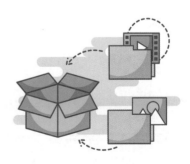

# 2.2-6 배경 스크롤하기

자, 이제 비행 슈팅의 기본 기능은 어느 정도 구현이 됐습니다만, 어째 앞으로 전진하면서 적을 공격한다는 느낌보다는 제자리에서 돌아다닌다는 느낌에 가깝군요. 그렇다고 강제로 앞으로 이동하게 구현하면 플레이어 조작에 의한 움직임이 부드럽지 않을 것 같습니다. 더욱이 무한히 전진하는 비행 슈팅 게임의 특성상 한없이 긴 공간을 레벨 디자인하는 것도 불가능합니다. 이럴 때 사용하는 방법이 바로 이미지 스크롤입니다. 즉, 한 장의 이미지를 아래로 이동시키면서 동시에 이미지의 위쪽 끝과 아래쪽 끝을 마치 컨베이어 벨트처럼 이어 붙여서 이미지가 계속 반복되도록 무한 스크롤을 하는 것입니다. 자, 일단 따라서 구현해 보면 무슨 말인지 이해가 되실 겁니다.

### ✖ 학습 목표

위에서 아래로 스크롤하는 우주 배경을 표현하고 싶다!

### ✖ 구현 순서

① 반복(Loop) 가능한 우주 이미지를 프로젝트로 가져온다.
② 임포트 된 우주 이미지를 월드 공간에 배치한다.
③ 우주 이미지의 재질에서 UV를 아래로 이동하게 조정한다.
④ 라이트맵을 베이크(Bake)하고 그림자가 생기지 않도록 조정한다.

## ➜ 이미지 가져오기(Image Import)

움직이는 우주 배경을 하고 싶다면 먼저 우주 이미지가 필요합니다. 구글 검색 창에 'Universe Loop'라고 입력해서 우주 이미지를 검색해 보겠습니다.

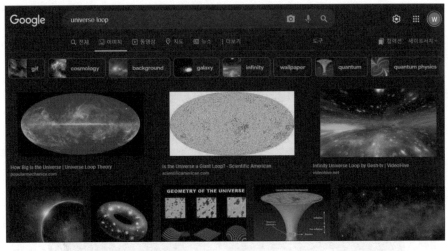

[그림 2.2-172] 구글에서 우주 이미지 검색

스크롤 이미지로 사용하기 위해서는 반복될 양쪽 끝부분을 연결했을 때 자연스러워야 합니다. 그러려면 이미지의 양쪽 끝에 반복되기 어려운 패턴이 있어서는 안 되겠죠? 다음 예시 이미지와 같이 위아래 패턴이 무난하게 연결될 수 있으면 좋습니다.

[그림 2.2-173] 반복 가능한 우주 이미지 예시

배경으로 쓸만한 이미지를 찾았다면 마우스 우클릭을 하고 '이미지를 다른 이름으로 저장'을 선택해서 그림 파일 형태(jpg, png, bmp 등)로 다운로드합니다. 참고로 이미지에 투명한 부분이 있다면 확장자가 png로 포맷된 이미지를 사용해야 합니다.

언리얼 에디터로 다시 돌아와서 Content Drawer에서 두 개의 새 폴더를 추가하도록 하겠습니다. 두 폴더의 이름은 각각 'Materials'와 'Resources'로 하겠습니다. Materials 폴더에는 3D 오브젝트에 사용할 표면 재질 파일을 보관하고, Resources 폴더에는 이미지 파일을 보관할 폴더로 사용할 생각입니다.

[그림 2.2-174] 새 폴더 생성하기

윈도우의 파일 탐색기에서 앞서 다운로드한 이미지 파일을 마우스로 드래그해서 언리얼 에디터의 Resources 폴더에 가져오도록 하겠습니다. 외부 파일을 프로젝트 폴더에 추가하는 것을 '임포트 (Import)'라고 하며, 반대로 프로젝트에서 만든 것을 외부 파일로 추출하는 것을 '익스포트(Export)'라고 합니다.

[그림 2.2-175] 이미지를 프로젝트로 임포트

## → 이미지를 3D 월드 공간에 배치하기

이미지가 준비됐으니 이제 월드 공간에 펼쳐봅시다. 이미지는 2D이지만, 월드 공간에는 3D 모델링만 배치할 수 있으므로 이미지를 3D 모델링에 부착할 재질(Material)로 만들어야 합니다. Materials 폴더를 선택한 상태에서 [+Add] 버튼을 클릭한 다음 [Material]을 선택합니다. 생성한 머티리얼의 이름은 'M_Background'라고 입력합니다. 실무에서 머티리얼 파일의 이름을 지을 때 'M_' 또는 'Mat_'라는 접두어를 붙여주는 것이 일반적입니다.

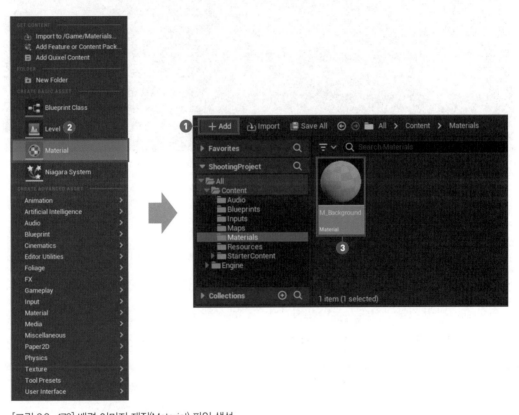

[그림 2.2-176] 배경 이미지 재질(Material) 파일 생성

M_Background 머티리얼을 더블클릭하면 머티리얼 에디터가 활성화됩니다. 머티리얼 에디터 가운데 있는 그래프 패널 쪽에 아까 임포트한 우주 이미지를 드래그해서 추가합니다. 그러면 [Texture Sample]이라는 노드가 생성됩니다. 머티리얼 에디터의 그래프 패널 역시 블루프린트의 그것과 같이 노드를 배치/연결하는 용도로 사용됩니다.

[그림 2.2-177] Material Editor에 이미지 노드 추가

　머티리얼 에디터의 이벤트 그래프 판에는 우리가 추가한 [Texture Sample] 노드 외에 기본적으로 배치되어 있는 [M_Background] 노드가 있습니다. 이 노드는 해당 머티리얼이 최종적으로 화면에 표현하기 위한 각 설정을 담당하는 노드입니다. 다시 말해 우리가 표면 재질에 표현하고자 하는 각종 설정 값들을 이 기본 표현식 노드에 연결하면 연결된 모든 설정 값들을 종합하여 그 결과를 반영하고 최종적인 표면 재질로 화면에 그려지게 되는 것입니다.

　그런데 우주 이미지가 월드에 배치해 놓은 디렉셔널 라이트의 영향을 받아서 밝아지거나 어두워지면 이상하겠죠? 텍스처가 빛의 영향을 받지 않도록 수정해 보도록 합시다. [M_Background] 노드를 마우스로 한 번 클릭하고 머티리얼 에디터 좌측 하단의 Details 패널을 살펴보면 속성들 중에 Material 속성이 있습니다. Material 속성에서 Shading Model 항목의 설정 값을 'Unlit'로 변경해 줍니다. '셰이더(Shader)'라는 것은 물체를 화면에 그릴 때 빛의 조도와 각도, 물체가 가진 색상 등을 계산해서 음영을 그려 주는 역할을 합니다. 그중에서 Lit는 빛의 영향을 받도록 계산하는 것이고 Unlit는 빛을 계산하지 않는 셰이딩 방식입니다.

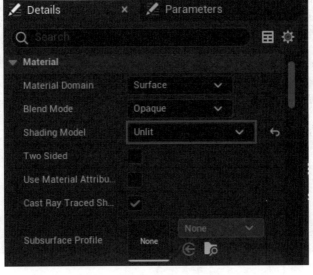

[그림 2.2-178] Unlit Shader로 변경

[Texture Sample] 노드의 RGB 출력 핀을 드래그해서 [M_Background] 노드의 Emissive Color 입력 핀에 연결합니다. Emissive Color는 빛과 관계없이 물체 자체에서 발산되는 고유의 색상입니다.

### Tip
### 텍스처의 투명도를 의미하는 A(알파)

RGB는 각각 Red, Green, Blue 채널의 약자입니다. 학창 시절 미술 시간에 '빛의 3원색'이라는 말은 들어 봤을 것입니다. 컴퓨터 그래픽에서도 이와 마찬가지로 빨간색, 녹색, 파란색의 색상의 비율 조절에 따라 다양한 색상을 만들어 낼 수 있습니다. 그럼 A는 무엇일까요? A는 알파(Alpha)의 약자로서 텍스처의 투명도를 의미합니다. 알파 값이 클수록 불투명하고, 알파 값이 작으면 투명해집니다. 배경 이미지에는 투명한 부분도 없을뿐더러 굳이 투명도가 필요하지 않으므로 RGBA가 아닌 RGB 값만 Emissive Color에 연결하였습니다.

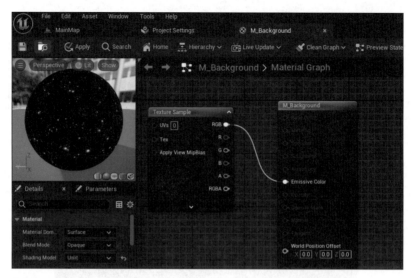

[그림 2.2-179] Emissive Color에 텍스처 연결

　셰이더를 변경했으면 머티리얼 에디터 좌측 상단에 있는 [Save] 버튼을 눌러서 현재 상태를 저장한 다음 다시 언리얼 에디터 메인 화면으로 돌아갑니다. 이번에는 월드 공간에 배치하기 위한 3D 판을 생성해보도록 하겠습니다. 물론 액터 블루프린트를 만들어도 괜찮지만 단순히 세워두기만 할 것이기 때문에 미리 만들어진 Basic Actor Model을 사용해서 빠르게 배치해 보겠습니다.

　에디터 좌측의 Place Actors 패널의 Shapes 탭에서 [Plane] 모델링을 마우스로 드래그해서 뷰 포트에 가져다 놓습니다. 아웃라이너 패널에서 배치한 Plane을 선택하고 이름을 'Background'로 변경합니다. Plane 모델링은 종이처럼 얇은 형태의 면 오브젝트입니다.

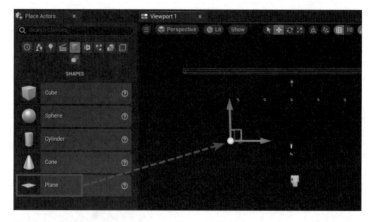

[그림 2.2-180] Plane 액터 배치

Plane 액터는 바닥처럼 눕혀져 있는 상태이므로 Z축으로 90도, X축으로도 90도 회전해서 카메라쪽을 바라보도록 방향을 잡아줍니다. Plane 액터는 한쪽 면만 화면에 나타나는 단면 모델링이기 때문에 회전 방향을 잘 잡아줘야 합니다. 기본 크기는 100×100×0센티미터이기 때문에 배경으로 사용하기에는 너무 작습니다. Scale을 X축으로 50배, Y축으로 30배만큼 확대해줍니다. 스케일 배율은 원본 이미지의 가로세로 픽셀 비율에 맞춰서 확대해야 이미지가 찌그러지지 않습니다.

배경 이미지가 플레이어나 에너미와 충돌하지 않도록 위치를 X축으로 50센티미터가량 뒤로 밀어놓습니다. 설사 충돌하지 않는다고 하더라도 배경 이미지가 플레이어나 에너미에 겹쳐서 가릴 수도 있으니 말이죠.

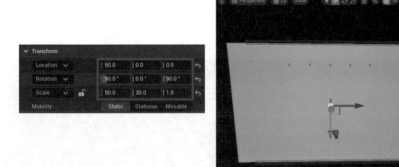

[그림 2.2-181] Plane의 트랜스폼 설정하기

Plane 액터 조정을 마쳤으니 우주 이미지 재질을 입혀보도록 합시다. 아웃라이너 패널에서 Background 액터를 선택하고 하단 Details 패널에서 Materials 속성의 Element 0항목에 설정된 머티리얼 파일을 우리가 만든 M_Background 머티리얼 파일로 교체합니다.

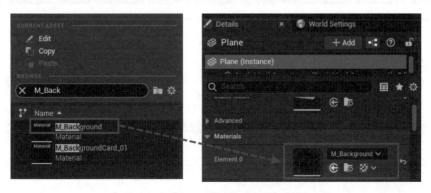

[그림 2.2-182] Plane 액터의 머티리얼 지정하기

드디어 화면에 우주 이미지가 표시되는 것이 보이는군요! 하지만 이미지 원본에 비해 너무 밝아서 번져 보이네요. Emissive는 물체 고유의 '밝기'를 설정하는 것이기 때문에 이미지의 RGB 색상 값을 곧바로 밝기로 전환하면 너무 밝을 수밖에 없습니다. 따라서, 이동 기능을 구현할 때 이동 속도 변수를 곱해서 벡터의 길이를 조정했던 것과 마찬가지로 RGB 값에도 특정 변수 값을 곱해서 밝기의 세기를 조절해 보겠습니다. 참고로 RGB 변수도 벡터의 일종이기 때문에 스칼라를 곱하면 R, G, B의 각각의 값에 곱해집니다.

[M_Background] 머티리얼 에디터를 열어서 RGB 출력 핀과 Emissive Color 입력 핀의 연결을 해제합니다. 다시 RGB 출력 핀을 마우스로 드래그한 다음 검색 창에 'multiply'라고 입력해서 [Multiply] 노드를 추가합니다. [Multiply] 노드는 블루프린트에서의 [Multiply] 노드와 같다고 보면 됩니다.

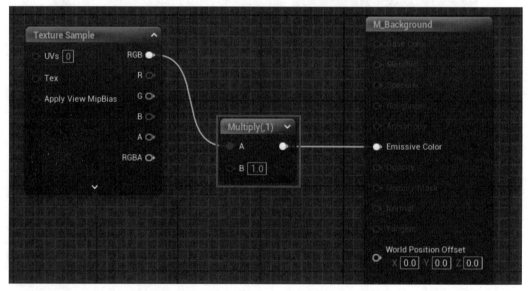

[그림 2.2-183] [Multiply] 노드 연결하기

다음으로 밝기 조정용 변수를 만들어 줍시다. 노드 그래프 판의 빈곳에 마우스 우클릭을 하고 검색 창에 'scalar'라고 입력하면 [ScalarParameter] 노드를 생성할 수 있습니다. [ScalarParameter] 노드는 블루프린트의 Float 변수와 같다고 보시면 됩니다. 새로 생성한 [ScalarParameter] 노드의 이름은 'Emissive Power'로 하겠습니다. 스칼라 노드를 [Multiply] 노드의 B 입력 핀에 연결합니다.

[그림 2.2-184] [Scalar Parameter] 노드 연결하기

[Emissive Power] 노드를 선택한 상태에서 좌측의 Details 패널을 보면 Default Value 항목이 있습니다. 현재는 너무 밝기 때문에 밝기를 20% 정도로 줄이기 위해 0.2를 입력합니다.

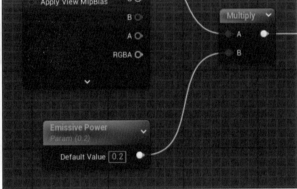

[그림 2.2-185] [Scalar] 노드의 기본 값 입력

세이브 후에 다시 플레이해 보면 변경 전보다 이미지가 어두워진 것을 확인할 수 있습니다.

## ➜ 이미지의 UV를 스크롤하기

앞으로 전진하는 느낌을 표현하기 위해서 이미지를 자동으로 스크롤시켜 보겠습니다. 원리를 설명하기 전에 먼저 만들어 보는 것부터 해 보겠습니다. [Texture Sample] 노드의 UVs 입력 핀을 드래그한 다음 'Panner'라는 이름으로 검색해서 [Panner] 노드를 추가합니다.

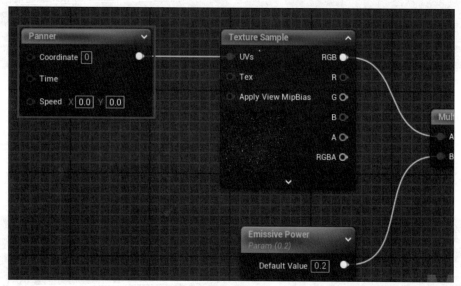

[그림 2.2-186] [Panner] 노드 추가하기

[Panner] 노드를 선택한 상태에서 좌측 디테일 패널을 보면 Speed X(가로축) 항목과 Speed Y(세로축) 항목이 있습니다. 전진하는 느낌을 표현하려면 우주 이미지가 아래쪽으로 스크롤되어야 하므로 세로축의 값을 추가해주어야 합니다. Speed Y 항목에 −0.1을 입력합니다.

[그림 2.2-187] Speed Y 항목 값 입력하기

저장한 후에 다시 플레이를 해 보면 이럴 수가! 배경이 스크롤이 되는군요! 단순히 배경만 스크롤해도 느낌이 확 살아나는군요. 분명 이미지는 한 장인데 어떻게 이렇게 무한정 스크롤이 가능한 걸까요? 사실은 이미지의 픽셀을 그릴 때 픽셀의 시작점을 계속 다르게 한 것입니다. [Panner] 노드를 추가할 때 텍스처 노드의 UVs 입력 핀에 연결했었죠? 바로 이 UV가 바로 이미지에만 있는 특수한 가로×세로 픽셀 좌표입니다.

픽셀이란 이미지를 구성하는 점 하나하나를 의미합니다. HD 이미지를 말할 때 흔히 사용하는 '1,920×1,080'이라는 표현은 가로축 점의 수가 1,920개이고 세로축 점의 수가 1,080개로 되어 있다는 것입니다.

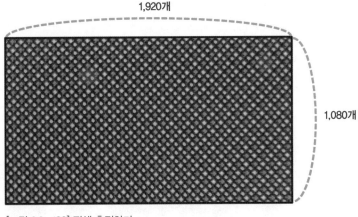

[그림 2.2-188] 픽셀 측정하기

만일 이미지의 픽셀 사이즈 그대로 3D 오브젝트의 표면 재질에 입히게 되면 3D 오브젝트의 크기에 따라 같은 이미지라도 여러 사이즈로 만들어야 할 것입니다. 그러면 불필요하게 이미지의 수가 늘어나서 프로젝트의 전체 용량도 커지게 되고, 이미지 파일을 화면에 그릴 때 메모리를 차지하는 양도 늘어나서 최적화를 망치는 주요 원인이 될 수 있습니다. 그래서 등장한 텍스처의 픽셀 사이즈를 비율로 환산한 가로세로 좌표가 UV입니다. 즉, 가로세로 각 축의 비율을 0 ~ 1의 실수 값으로 픽셀의 RGB 값을 다시 계산한 좌표입니다. 0이 0% 지점(좌측 끝), 1이 100%(우측 끝)라고 한다면 0.5는 50%(중앙)가 되는 것이죠. 이때, 좌표 축을 XY로 표시하면 월드 위치 좌표와 헷갈릴 수 있으므로 텍스처에서는 U축(가로)과 V축(세로)으로 표시합니다.

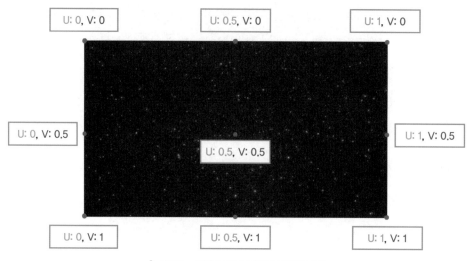

[그림 2.2-189] 이미지 위치에 따른 UV 값

[Panner] 노드에서 입력했던 Speed Y의 −0.1은 UV의 세로 축인 V의 시작 위치 값을 매 프레임마다 0.1씩 빼서 아래쪽부터 시작되게 한 것입니다. 그로 인해 아래쪽 잘린 부분은 다시 위쪽에 그려져서 100%를 채웁니다. 그래서 우리 눈에는 스크롤되는 것처럼 보이는 것이죠.

[그림 2.2-190] UV 조정 과정

UV를 활용하면 이런 것 외에도 하나의 면에 여러 이미지를 그리거나 하는 등 다양한 연출을 할수 있습니다. 한 번에 UV 활용 방법을 다 이해하려 하기보다는 필요할 때마다 책이나 인터넷 검색 등으로 찾아보면서 익숙해지도록 하세요.

## → 그림자 표시 설정(Cast Shadow)

우주 배경인데 플레이어와 에너미의 그림자가 이미지 위에 표시되는 것이 눈에 거슬리네요. 그림자를 제거하기 위해 Directional Light 설정에서 그림자 생성을 하지 않도록 설정해 보겠습니다. 아웃라이너 패널에서 Directional Light 액터를 선택하고 다음 디테일 창을 보면 Cast Shadows 항목의 체크를 해제합니다.

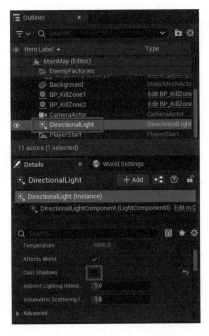

[그림 2.2-191] Cast Shadows 항목의 체크 해제

다시 플레이를 해 보면 배경 이미지 위에 액터들의 그림자가 생기지 않는 것을 확인할 수 있습니다.

이제 어느 정도 비행 슈팅 게임의 뼈대 요소는 얼추 구현된 것 같습니다. 프로토타입 버전 제작은 여기서 종료하고 이어서 알파타입 버전 제작으로 넘어가 보겠습니다.

# 2.3 알파타입 버전 제작하기

## 2.3-1 외부 모델링으로 교체하기

어느덧 프로토타입 제작 과정을 완료하고 알파타입 버전 제작 과정에 접어들었습니다. 물론 프로토타입도 진짜 실무 프로젝트처럼 규모가 크고 시스템이 복잡하다면 훨씬 더 오래 걸리고 기술적인 요소들도 더 어려워지겠지만 프로젝트 제작의 큰 틀에서 봤을 때 핵심 기능 요소를 만든다는 점에서는 양이 적을 뿐 실무 프로젝트와 크게 다를 바 없습니다.

이제부터 이어질 알파타입 버전 제작에서는 앞에서 만든 핵심 기능을 모델링 교체와 같이 시각적인 부분을 좀 더 향상시키고 유저 편의를 위한 점수 표시, 옵션 패널 등의 UI를 추가하도록 할 예정입니다. 알파타입 버전을 거치면서 디자인이나 인터페이스가 증가하면서 콘텐츠다운 비주얼을 갖추게 됩니다. 프로토타입이 질적 구현이라면 알파타입 버전은 양적 구현이 되는 것이죠.

자, 그럼 플레이어와 에너미의 모델링을 적용시켜 보는 것부터 진행해 보겠습니다.

### ✕ 학습 목표

외부 3D 모델링 파일을 가져와서 플레이어와 에너미의 외형으로 적용하고 싶다.

### ✕ 구현 순서

① 외부 3D 모델링 파일을 언리얼 프로젝트로 가져온다.
② 모델링의 머티리얼을 언리얼 엔진에 맞게 설정한다.
③ 큐브 메시를 새로 가져온 모델링으로 교체한다.

## ➜ 외부 모델링 파일 가져오기

3ds 맥스(3ds Max), 마야(Maya), 블렌더(Blender) 등 3D 모델링 아티스트들이 제작한 모델링 파일을 언리얼 프로젝트에 가져와서 사용할 수 있습니다. 비단 모델링 데이터뿐만 아니라 애니메이션, 이펙트 데이터 등도 외부에서 가져올 수 있습니다. 우선 교재에서 제공하는 네이버 카페 자료실이나 깃허브에서 ARA_Shooting Model.Zip 파일을 컴퓨터에 다운로드합니다. 압축을 풀어보면 SpaceShip과 Drone 폴더가 있습니다. SpaceShip은 플레이어로 사용할 비행기 모델링이고 Drone 은 에너미가 사용할 드론 모델링 파일입니다.

콘텐트 브라우저에서 모델링 파일을 임포트하기 위한 'Modelings' 폴더를 생성합니다. 그런 다음 다운로드한 리소스 중에서 SpaceShip 모델링 파일(Spaceship_ARA.fbx)부터 마우스로 드래그해서 Modelings 폴더에 추가합니다. 파일의 확장자가 FBX로 되어 있는 파일이 모델링 파일입니다. 마우스로 드래그하면 FBX Import Options 팝업 창이 생성됩니다. 이것은 외부 모델링 파일을 언리얼 프로젝트로 가져올 때 모델 데이터를 어떻게 처리해서 가져올 것인지를 설정하기 위한 옵션입니다. 이 중에서 주목해서 볼 부분은 Transform과 Miscellaneous 항목입니다.

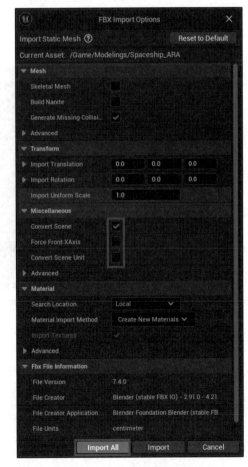

[그림 2.3-1] SpaceShip 모델링 임포트

모델러가 모델링을 제작할 때 방향이나 크기를 언리얼 엔진에 맞춰서 작업하지 않았다면 언리얼 프로젝트로 가져왔을 때 방향이 틀어져 있거나 중심 위치(Pivot)가 어긋나 있을 수 있습니다. 그럴 경우 Transform 속성에서 Translation(위치)과 Rotation(회전)을 조정해서 위치가 어긋나지 않도록 조정해줄 수 있습니다. 모델링의 크기도 원본의 사이즈가 너무 크거나 작으면 Uniform Scale 값(배율)을 줄이거나 늘려서 적절하게 조정할 수 있습니다.

또, 외부 3D 모델링 프로그램의 좌표계와 언리얼 엔진의 좌표계가 다른 경우도 있습니다. Miscellaneous 속성은 이럴 때 Force Front XAxis를 이용하여 모델링의 X축이 전방 축이 되도록 재조정하거나 Convert Scene Unit 항목을 이용하여 모델링 파일의 위치와 크기 단위를 센티미터 단위로 변환할 수 있습니다. 교재에서 제공하는 모델링은 모델링 툴에서 작업할 때 언리얼 엔진에 맞춰서 제작했기 때문에 변환 항목을 굳이 체크하지 않아도 됩니다. 팝업 창 하단의 [Import All] 버튼을 클릭해서 임포트를 완료해 줍니다. FBX 파일이 임포트되면 모델링 메시 파일과 머티리얼 파일이 폴더에 생성됩니다.

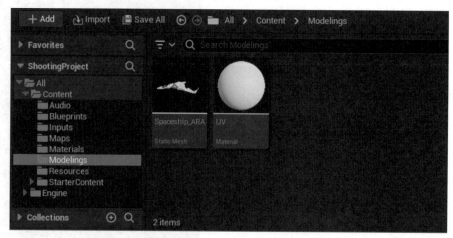

[그림 2.3-2] 모델링 파일과 머티리얼 파일

그런데 모델링이 흰색으로만 되어 있군요. 'UV'라는 이름으로 된 파일이 머티리얼 파일인데 머티리얼 에디터를 켜보니 흰색 베이스 컬러만 있는 상태이고 텍스처가 없군요. 이와 같이 FBX를 임포트할 때 모델러가 텍스처를 FBX 파일에 포함했는지 안 했는지에 따라 별도로 텍스처 설정을 해주어야 할 수 있습니다.

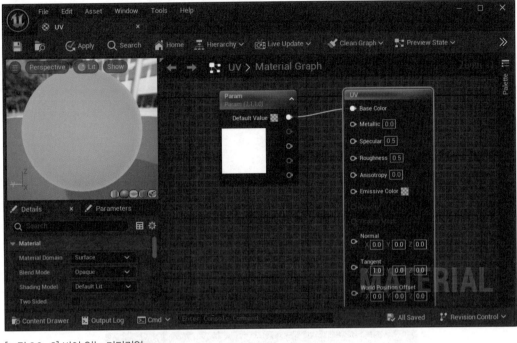

[그림 2.3-3] 비어 있는 머티리얼

    다운로드한 리소스 중에는 텍스처 파일들이 FBX 파일과는 별도의 파일로 빠져 있습니다. 총 네 가지 png 파일들이 있을 것입니다. 이 파일들을 모두 modelings 폴더에 추가하겠습니다. 외부 파일을 가져왔을 때는 [+Add] 버튼 우측에 있는 [Save All] 버튼을 눌러주면 한꺼번에 여러 파일의 변경 사항을 저장할 수 있습니다.

[그림 2.3-4] 텍스처 가져오기

## ➜ 머티리얼 설정하기

각각의 텍스처 파일의 이름을 보면 SpaceShip_New_UV_ 다음에 각각 다른 이름이 있는데 이게 바로 머티리얼로 지정할 옵션의 이름입니다. 보통은 이렇게 설정할 머티리얼 변수 이름에 맞게 파일 이름을 명명하는 경우가 일반적입니다. 그중에서 Base Color로 끝나는 이름의 파일을 머티리얼 에디터로 드래그해서 추가합니다.

기존 머티리얼 노드에 연결되어 있던 [Params] 노드는 마우스로 클릭해서 선택한 뒤 키보드의 Delete 키를 눌러서 삭제합니다. 기존 머티리얼 노드에도 'Base Color'라는 이름의 입력 핀이 있을 것입니다. Base Color는 이름 그대로 기본적인 색상으로서 해당 액터가 외부의 빛을 받았을 때 빛의 세기나 각도에 따라 밝아지거나 어두워질 수 있다는 점에서 Emissive와는 다릅니다. 텍스처 노드의 RGB 출력 핀을 드래그해서 머티리얼 노드의 Base Color 입력 핀에 연결합니다.

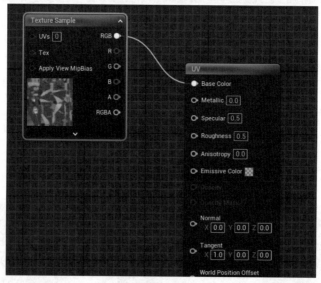

[그림 2.3-5] Base Color 텍스처 연결

다음으로는 익숙한 Emissive 텍스처를 머티리얼 에디터로 가져옵니다. Emissive 텍스처 노드는 당연히 머티리얼 노드의 Emissive Color 입력 핀에 연결해야겠죠? 전에도 언급했듯이 Emissive Color는 액터 고유의 컬러로서 빛의 영향을 받지 않습니다. 쉽게 말해 액터의 '자체 발광 색상'이라고 생각하면 됩니다.

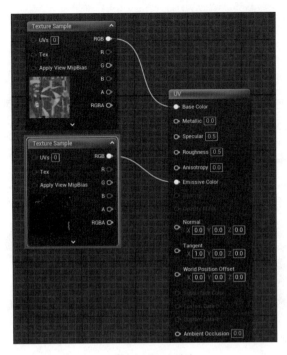

[그림 2.3-6] Emissive Color 텍스처 연결

다음으로 Normal 텍스처를 머티리얼 에디터로 가져오겠습니다. Normal이란 표면의 방향 벡터를 색상으로 표현한 것으로서 빛을 받는 각도를 미리 계산해서 텍스처에 그려 놓은 것입니다. 즉, Normal에서 계산된 값에 의해 명암 차이가 나면서 입체감이 있는 것처럼 보이게 하는 것이지요. 노멀 맵을 사용하면 모델링 자체의 굴곡을 모두 폴리곤으로 직접 구현하지 않고도 입체감을 표현할 수 있어서 최적화에 큰 도움이 됩니다.

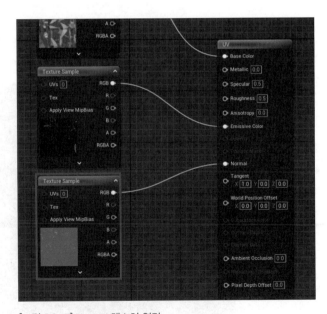

[그림 2.3-7] Normal 텍스처 연결

텍스처에서 파란색이 진할수록 빛을 수직으로 마주 보는 부분이고 파란색이 옅을수록 빛과의 각도가 90도에 가깝습니다.

마지막으로 연결할 텍스처는 Occlusion/Roughness/Matalic입니다. 앞의 세 가지 텍스처와 달리 이 텍스처의 경우에는 R 채널, G 채널, B 채널이 각각 다른 효과를 표현합니다. 먼저 머티리얼 노드를 보면 Ambient Occlusion이라는 입력 핀이 있습니다. 앰비언트 오클루전(Ambient Occlusion)이란 우리말로 번역하면 '차폐광(遮蔽光)'이라고 하는데 쉽게 말해 주변 물체들에 가려지면서 생기는 틈새 그림자 표현으로 생각하면 됩니다. 비유하자면 물건들을 쌓아보면 그 사이 사이가 상호 간의 그림자로 인해 더 어둡게 보이는 것과 같습니다.

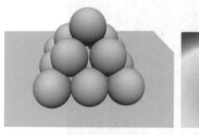

**Without ambient occlusion**　　　　　　**With ambient occlusion**

[그림 2.3-8] AO 적용에 따른 차이

(출처: https www.sciencedirect.comtopicscomputer−scienceambient−occlusion)

Occlusion 텍스처의 R채널 입력 핀을 머티리얼 노드의 Ambient Occlusion 출력 핀에 연결합니다.

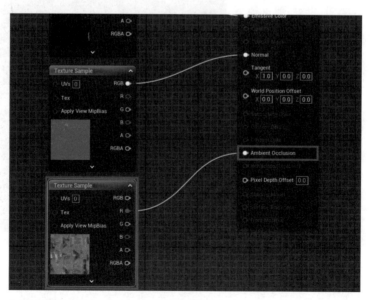

[그림 2.3-9] Ambient Occlusion 텍스처 연결하기

텍스처의 G 채널 출력 핀은 Roughness 입력 핀에 연결합니다. Roughness 속성은 표면의 거칠기 정도를 나타내는 것입니다. 값이 클수록 표면이 매끄럽게 표시되고, 반대로 값이 작을수록 표면이 거칠게 표시됩니다.

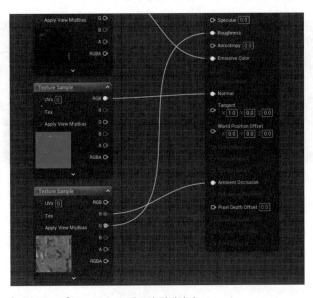

[그림 2.3-10] Roughness 텍스처 연결하기

마지막으로 B 채널의 출력 핀을 드래 그해서 Metallic 입력 핀에 연결하여 줍 니다. Metallic 속성은 빛의 반사력을 의 미합니다. 즉, Metallic 속성의 값이 크면 표면에 닿은 빛의 반사량이 커져서 마치 금속 같은 느낌이 표현되고, 값이 작아 지면 빛의 반사량이 적어져서 나무나 천 재질처럼 표현됩니다.

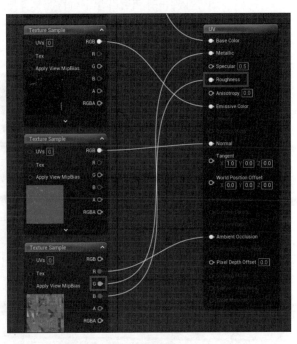

[그림 2.3-11] Metallic 텍스처 연결하기

여기까지 했으면 머티리얼 설정은 완료됐으니 머티리얼 에디터 좌측 상단의 [Save] 버튼을 눌러서 저장을 해줍니다. 머티리얼 에디터 창을 종료하고 콘텐트 브라우저 패널에서 머티리얼 파일을 보면 텍스처 설정이 적용된 재질이 미리보기 아이콘으로 표시되는 것을 볼 수 있습니다.

[그림 2.3-12] 머티리얼 설정이 완료된 모습

그런데, 콘텐트 브라우저에서 볼 때는 Spaceship 모델링에는 아직 머티리얼이 적용되지 않는 것처럼 보입니다. 이 현상은 미리보기 화면이 갱신되지 않았기 때문입니다. Spaceship_ARA 파일을 더블클릭하면 스태틱 메시 에디터 창이 활성화됩니다. 스태틱 메시 창을 활성화할 때 재질 정보를 한 번 갱신하기 때문에 머티리얼이 적용된 모습을 볼 수 있습니다. 만일, 적용이 안되어 있다면 우측 디테일 패널에서 Material Slots 항목에 머티리얼이 제대로 선택되어 있는지 확인해 보세요.

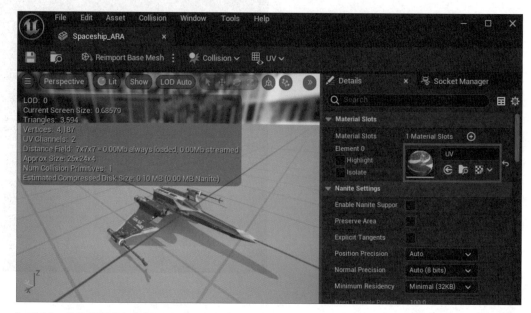

[그림 2.3-13] 스태틱 메시 에디터에서 재질 변경 확인

## ➔ 스태틱 메시 교체하기

이제 플레이어의 모델링을 교체해 봅시다. BP_Player 블루프린트의 설정 창을 열고 컴포넌트 패널에서 Cube 컴포넌트를 선택합니다. 그러고 나서 우측 디테일 패널에서 Static Mesh 항목을 'Spaceship_ARA'로 변경합니다. 그리고 아래 머티리얼도 'UV'로 변경해야 합니다.

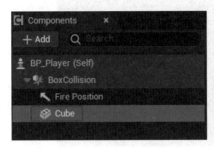

[그림 2.3-14] 플레이어의 Static Mesh 변경

이제 뷰 포트에서 모델링이 변경되었는지 확인해 보죠. 그런데 이게 무슨 일이죠? 모델링 모습이 바뀌긴 바뀌었는데 크기가 너무 작네요. 게다가 비행기의 정면 방향도 좌측으로 90도 회전되어 있어서 조정이 필요해 보입니다.

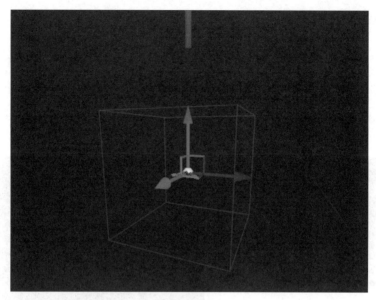

[그림 2.3-15] 모델링 데이터의 크기 및 방향 문제

우선 디테일 패널의 Transform 속성에서 Scale 값을 X: 8, Y: 8, Z: 8로 수정해서 크기를 8배로 확대합니다. 그 다음 오른쪽으로 회전시키기 위해서 Rotation의 Z값을 90도로 설정합니다. 이게 끝이 아닙니다. 우리가 만들 비행 슈팅 게임은 위쪽을 앞으로 보고 이동하는 형식이기 때문에 비행기 모델링의 앞쪽이 위를 바라보게 설정하여야 합니다. 따라서, Rotation의 X값도 90도로 회전시켜서 위를 바라보는 형태로 조정해야 합니다.

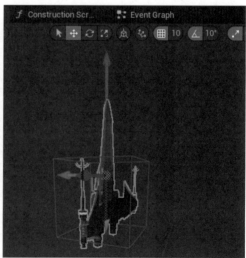

[그림 2.3-16] Rotation과 Scale 조정

컴파일과 세이브 후에 플레이를 해 보면 플레이어의 모습이 비행기로 바뀌어 있는 것을 확인할 수 있습니다. 정말 간단하죠? 애니메이션도 넣으면 좋겠지만 그 부분은 TPS 프로젝트를 진행할 때 다루도록 하겠습니다.

[그림 2.3-17] 모델링 교체 후의 플레이어 모습

에너미도 리소스를 가져와야 하니 콘텐트 브라우저에서 플레이어의 모델링과 텍스처를 하나의 폴더에 정리해 주도록 하겠습니다.

콘텐트 브라우저에서 [+Add] 버튼을 클릭하고 메뉴에서 'New Folder'를 선택합니다. 새로 생성한 폴더의 이름은 'PlayerModel'이라고 입력합니다.

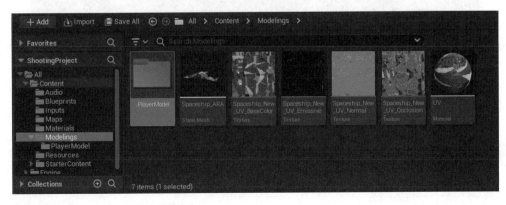

[그림 2.3-18] PlayerModel 폴더 생성하기

기존의 Modelings 폴더에 있던 플레이어 리소스 관련 파일들을 모두 선택한 상태에서 Player-Model 폴더 쪽으로 드래그하면 파일 복사와 파일 이동 중에서 원하는 동작을 선택할 수 있는 팝업 창이 생성됩니다. 'Move Here'를 선택해서 파일을 이동시킵니다.

[그림 2.3-19] 파일 위치 이동하기

이번에는 Modelings 폴더의 하위 폴더로 'EnemyModel'이라는 이름의 폴더를 새로 생성합니다. 플레이어 때와 마찬가지로 다운로드한 리소스 중에서 Drone 모델링과 텍스처를 모두 새로 만든 EnemyModel 폴더로 가져옵니다. 리소스 데이터를 가져온 뒤에는 [Save All] 버튼을 눌러서 저장을 한번 해 주시기 바랍니다.

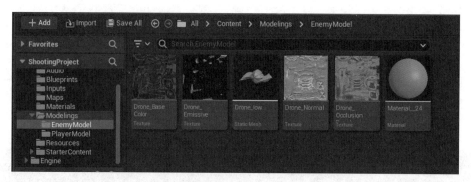

[그림 2.3-20] Drone 리소스를 프로젝트로 가져오기

프로젝트로 가져온 에너미 리소스 중에서 Material_24 파일이 머티리얼 파일입니다. 더블클릭 해서 머티리얼 에디터 창을 활성화합니다. 플레이어 때와 마찬가지로 각각의 이름에 맞게 텍스처를 머티리얼 노드 입력 핀에 연결해 주면 됩니다. 텍스처 파일의 이름은 플레이어 모델링의 경우와 동일한 규칙으로 작성되어 있으므로 쉽게 알 수 있을 것입니다.

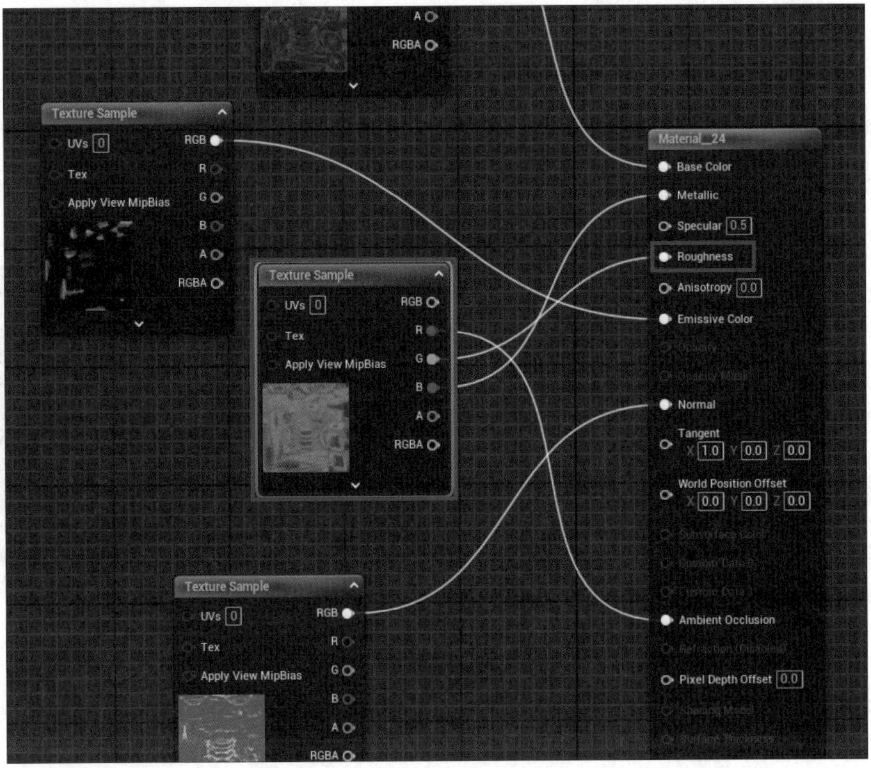

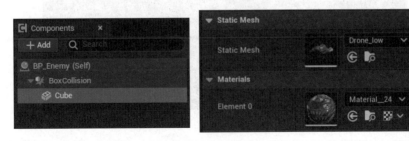

[그림 2.3-21] 텍스처를 머티리얼 속성에 연결하기

머티리얼 설정을 마쳤으니 저장하고 머티리얼 에디터 창을 닫습니다. 이번에는 Cube 메시를 교체해보도록 합시다. BP_Enemy 블루프린트 설정 창을 열고 컴포넌트 패널에서 Cube 컴포넌트를 선택합니다. 그 다음 우측 디테일 패널에서는 Static Mesh 속성을 [Drone_low]로 변경하고 Materials 속성의 0번 엘리먼트를 'Material_24'로 변경합니다.

[그림 2.3-22] 스태틱 메시와 머티리얼 교체하기

뷰 포트에서 에너미를 보니 모델링 위치가 조금 위쪽에 있네요. 보통 외부 모델링 툴을 사용해서 제작할 때는 피봇을 발밑 중앙에 놓고 모델링 작업을 하기 때문에 언리얼 엔진에서 제공하는 기본 도형들처럼 피봇이 중앙에 있는 경우에는 모델링의 위치가 위에 있을 수밖에 없습니다. Location 항목의 Z축 값에 −50을 입력하여 모델링의 위치를 아래로 50센티미터 정도 내리도록 하겠습니다.

에너미는 EnemyFactory에서 생성할 때 아래를 향해 바라보게 되어 있기 때문에 회전할 필요는 없습니다. 다만 오른쪽으로 90도 돌아가 있는 것은 조정해야 하기 때문에 Rotation 항목의 Z축에 −90을 입력해서 왼쪽으로 90도 회전시킵니다.

[그림 2.3-23] 위치와 방향 조정

컴파일과 세이브 후에 플레이를 해 보면 에너미의 모델링이 변경된 것을 확인할 수 있습니다.

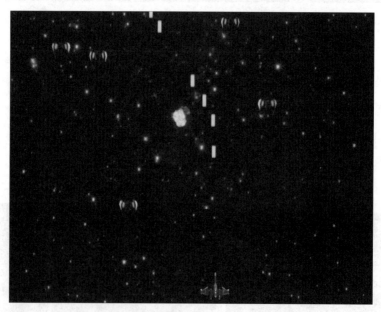

[그림 2.3-24] 에너미의 모델링 적용 화면

그런데 뭔가 이상하지 않나요? 단순히 아래를 향해 내려오는 에너미는 괜찮지만, 플레이어를 향해 이동하는 에너미는 아래를 바라보고 있는 상태로 플레이어에게 다가오기 때문에 어색하군요. 에너미의 회전 기능을 추가해야 자연스러울 것 같습니다.

## ➡ 에너미에게 회전 기능 추가하기

에너미의 정면 방향이 에너미가 이동하려는 방향과 일치하게 만들면 우리가 원하는 에너미의 회전이 될 것 같아 보입니다. 하지만 엄밀히 말하면 에너미의 정면이 이동 방향을 가리키게 회전시키더라도 반드시 우리가 원하는 회전 방향이 아닐 수도 있습니다. 다음의 그림을 보면 이해가 되실 것입니다.

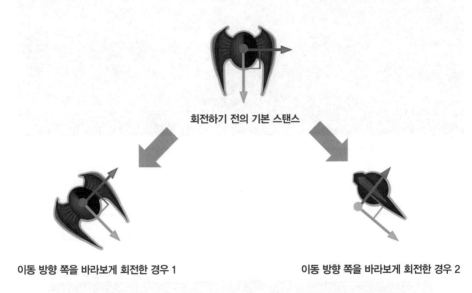

회전하기 전의 기본 스탠스

**이동 방향 쪽을 바라보게 회전한 경우 1**　　　　**이동 방향 쪽을 바라보게 회전한 경우 2**

[그림 2.3-25] 정면 방향을 기준으로만 회전시킬 경우의 다양한 회전 문제

단순히 정면 방향 하나만 이동하려는 방향에 맞도록 회전시키면 그림에서의 두 경우처럼 다른 축의 방향이 맞지 않을 수 있습니다. 앞에서 블루프린트 기능을 구현할 때 [Get Actor Forward Vector], [Get Actor Right Vector], [Get Actor Up Vector] 노드를 이용해서 액터의 앞, 좌, 상 방향 벡터를 알 수 있었죠? 이걸 이용해서 회전할 때 다른 축이 틀어지지 않도록 고정된 다른 축을 맞춰 보도록 하겠습니다.

어차피 방향만 결정되면 그 방향으로 계속 이동하기 때문에 최초 Begin Play 때만 에너미를 회전시키면 됩니다. [BP_Enemy] 블루프린트 설정 창을 열고 이벤트 그래프 창에서 벡터의 뺄셈을 이용해서 플레이어를 향한 방향 벡터를 계산했던 부분으로 이동합니다. [Set Direction] 노드의 출력 핀을 드래그한 다음 검색 창에 'make rot'을 입력하여 [Make Rot from XZ] 노드를 선택합니다. XZ를 선택한 이유는 앞에 그림에서 본 것처럼 회전하더라도 변하지 않는 축이 필요한데 우리가 원하는 회전 모습은 1번처럼 액터의 Up 방향 벡터가 고정되어야 하기 때문입니다. 즉, X(정면)축은 새로 설정할 축으로 사용하고 Z(위쪽)축은 변하지 않는 축으로 입력하면 두 축과 직교하는 다른 한 축(Y축)은 자동으로 계산해서 회전해야 할 Rotation 값을 반환하는 노드입니다.

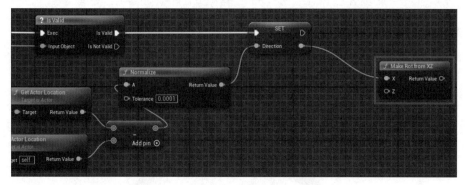

[그림 2.3-26] 정면 방향을 기준으로만 회전시킬 경우의 다양한 회전 문제

이어서 [Make Rot from XZ] 노드의 Z 입력 핀에 연결한 고정축을 가져옵시다. Z 입력 핀을 드래그하고 검색 창에 'get actor up'을 입력해서 [Get Actor Up Vector] 노드 생성 및 연결을 해 줍니다.

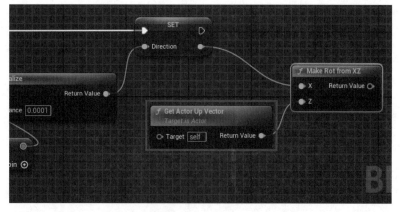

[그림 2.3-27] 고정 방향 벡터 연결하기

[Make Rot from XZ] 노드는 입력받은 방향 벡터를 이용해서 그 방향으로 회전될 수 있는 회전 값을 출력 핀으로 반환합니다. [Set Actor Rotation] 노드를 생성하고 New Rotation 입력 핀을 [Make Rot from XZ] 노드의 출력 핀에 연결합니다.

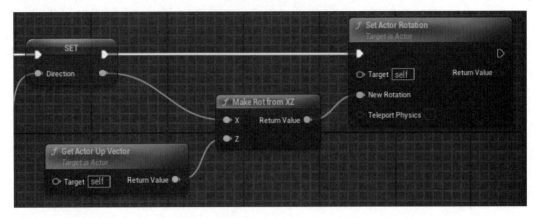

[그림 2.3-28] 진행 방향으로 변환된 회전 값 적용하기

컴파일과 세이브 후에 플레이를 해보면 에너미가 이동 방향에 맞춰 회전하는 것을 확인할 수 있습니다. 이제야 좀 덜 어색해 보이는군요.

[그림 2.3-29] 회전이 적용된 에너미의 모습

# 점수 UI 제작하기

플레이 자체는 어느 정도 게임의 형태를 갖췄지만 점수가 표시되지 않으니 성취감이 없군요. 이번에는 적이 플레이어에게 격추될 때마다 화면 좌측 상단에 현재 점수를 카운트하는 UI를 만들어 보도록 하겠습니다. 언리얼 엔진에서는 '언리얼 모션 그래픽 UI 디자이너(UMG)'라는 편리하지만 강력한 기능을 가진 UI 제작 툴을 제공하고 있습니다. 게다가 UMG는 '위젯(Widget)'이라는 블루프린트를 사용해서 UI 레이아웃을 제작할 수 있기 때문에 기능 구현이나 레이아웃 설정이 편합니다.

### ✕ 학습 목표

적의 격추 수에 따라 점수가 표시되게 하고 싶다.

### ✕ 구현 순서

❶ 게임 모드 베이스에 점수를 누적시키는 함수를 만든다.
❷ 총알이 에너미에 닿을 때마다 점수 누적 함수를 실행한다.
❸ 화면에 출력하기 위한 UI 위젯을 제작한다.
❹ 점수 텍스트에 현재 누적된 점수를 출력한다.

## ➔ 점수 누적 함수 만들기

점수를 UI에 출력하려면 어디선가 현재 점수를 계산하고 있어야 합니다. 따라서, 현재 점수를 저장할 변수와 점수 누적 기능을 구현한 함수를 제작해야 합니다. 그럼 과연 이 변수와 함수는 어느 클래스에 구현해야 할까요? 혹시 프로젝트를 처음 만들었을 때 게임 모드 베이스 블루프린트(BP_GameModeBase)를 만들었던 것 기억나시나요? 점수 계산은 게임의 전체 룰에 관련된 기능이기 때문에 게임 모드 베이스 클래스에 구현해 두는 것이 좋을 것 같습니다. 또, 게임 모드는 어느 액터에서나 곧바로 접근하기 편하기 때문에 더욱 좋습니다.

BP_GameModeBase 블루프린트 설정 창을 열고 My Blueprint 패널에서 Variables 탭 옆에 있는 [+] 버튼을 눌러서 새로운 변수를 추가합니다. 새로 만든 변수의 이름은 'CurrentScore'로 입력하고,

점수는 정수로만 표현할 테니 자료형은 [Integer]를 선택합니다.

[그림 2.3-30] Current Score 변수 생성 및 설정하기

함수도 추가해 보죠. My Blueprint 패널에서 Function 탭 우측의 [+] 버튼을 눌러서 'Add Score'라는 이름으로 함수를 추가합니다. 함수를 실행할 때 증가될 포인트를 입력 받아서 점수를 계산할수 있도록 점수 입력 매개변수를 하나 추가하겠습니다. 우측 Details 패널에서 Inputs 탭의 [+] 버튼을 눌러서 매개변수를 추가하고, 변수 이름은 'Point', 자료형은 Integer로 각각 설정합니다.

[그림 2.3-31] Add Score 함수 선언

컴파일 버튼을 눌러보면 Add Score 함수에 Point 입력 핀이 생성된 것을 볼 수 있습니다. 이제 함수가 실행되었을 때 받은 점수를 CurrentScore 변수에 누적시키는 기능을 구현해 봅니다.

[그림 2.3-32] [Add Score] 함수 노드

[Add Score] 노드는 함수가 실행되는 진입 노드입니다. 함수를 실행할 때 입력받을 Point 입력 핀을 드래그해서 [Add] 노드를 생성합니다.

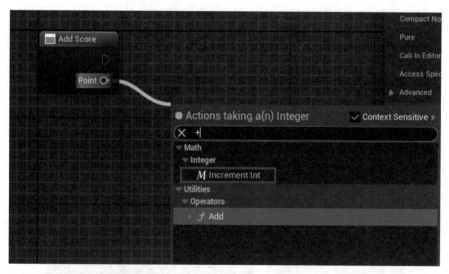

[그림 2.3-33] [Add] 노드 연결하기

입력받은 점수를 현재 점수에 더하기 위해 CurrentScore 변수를 Get으로 가져와서 더하기 노드에 연결하겠습니다.

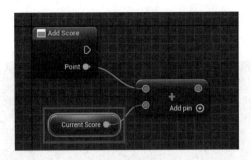

[그림 2.3-34] [Get Current Score] 노드 연결하기

현재 점수에 포인트 점수를 더한 결과를 새로운 현재 점수로 갱신하기 위해 CurrentScore 변수를 Set으로 가져온 뒤 더하기 노드와 연결합니다. 마지막으로 [Add Score] 실행 핀을 [Set Current Score] 노드의 좌측 실행 핀에 연결합니다.

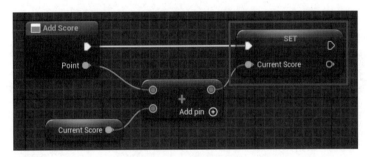

[그림 2.3-35] [Set Current Score] 노드 연결하기

## → 점수 누적 함수 호출하기

이제 컴파일 및 세이브만 하면 함수 제작은 완료입니다. 생각보다 간단하죠? 하지만 함수는 만들기만 하면 되는 것이 아니라 필요할 때 호출해서 사용해 주어야 합니다. 그럼 점수 누적은 언제 하면 좋을까요? 적을 격추했을 때 점수가 갱신되어야 하니 총알이 적에게 충돌했을 때 Add Score 함수를 호출하면 됩니다.

BP_Bullet 블루프린트 설정 창을 열고 총알의 충돌 이벤트 기능을 구현했던 [Event Begin Overlap] 함수 노드 쪽으로 이동합니다. 점수 계산을 하기도 전에 총알 액터가 제거되면 안 되므로 끝 부분의 [Spawn Emitter at Location] 노드와 [Destroy Actor] 노드의 연결을 해제하고, 그 사이에 점수 계산 기능을 추가하겠습니다.

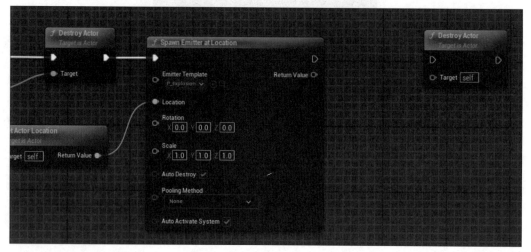

[그림 2.3-36] [Destroy Actor(Self)] 노드 연결 해제하기

Add Score 함수는 게임 모드 베이스 블루프린트에 구현했으니 게임 모드에 접근부터 해야 합니다. 게임 모드는 어떤 액터라도 접근이 가능하도록 언리얼 엔진에서 노드를 제공하고 있습니다. [Spawn Emitter at Location] 노드의 실행 핀을 드래그한 다음 검색 창에 'get game mode'라고 입력하면 [Get Game Mode] 노드가 검색됩니다. 만일, 검색이 되지 않는다면 검색 창 우측 상단의 Context Sensitive 항목의 체크를 해제합니다. Context Sensitive 항목은 드래그한 핀과 관련성 있는 노드만 검색되도록 하는 항목이기 때문에 대체로 편리하지만, 지금처럼 전혀 관련이 없는 노드를 검색할 때는 검색이 안 된다는 단점도 있습니다.

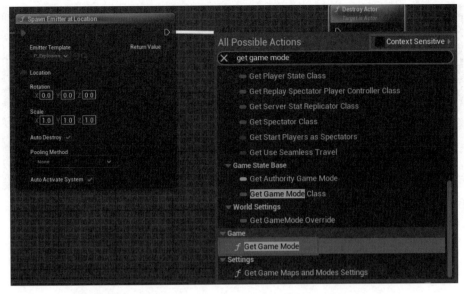

[그림 2.3-37] 현재 게임 모드 가져오기

[Get Game Mode] 노드는 현재 실행 중인 게임 모드 클래스를 가져옵니다. Game Mode 클래스는 우리가 만든 BP_GameModeBase 클래스의 부모 클래스라서 자식 클래스로 변환(Cast)을 해주어야 합니다. [Get Game Mode] 노드의 출력 핀을 드래그해서 'cast to BP_GameModeBase'라고 입력합니다.

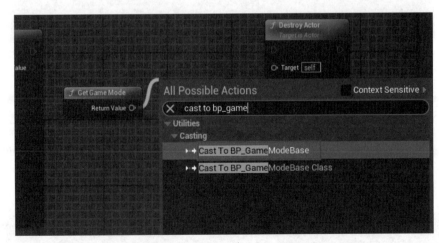

[그림 2.3-38] Game Mode 클래스에서 BP_GameModeBase 클래스로 캐스팅하기

[Cast To BP_GameModeBase] 노드는 함수 노드이므로 실행 핀도 연결해 주어야 합니다.

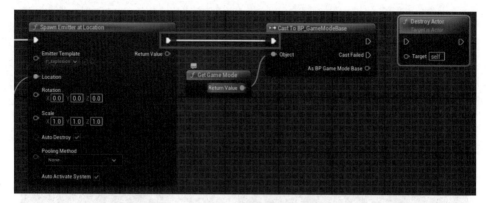

[그림 2.3-39] 실행 핀 연결하기

캐스팅에 성공했다면 이제 BP_GameModeBase에 구현한 함수를 호출만 하면 됩니다. 캐스팅된 결과인 As BP Game Mode Base 출력 핀을 마우스로 드래그해서 'add score'라고 입력하면 앞에서 만든 [Add Score] 함수 노드가 보이는 것을 알 수 있습니다.

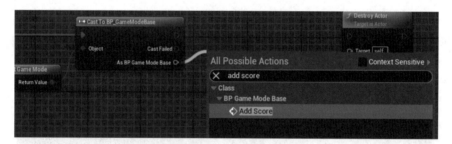

[그림 2.3-40] [Add Score] 노드 호출하기

[Add Score] 노드의 좌우 실행 핀을 [Cast To BP_GameModeBase] 노드와 [Destroy Actor] 노드에 각각 연결해 줍니다. 마지막으로 Add Score 함수를 호출할 때 추가될 점수 값으로 Point 항목에 1을 입력합니다. 이러면 총알이 적을 맞출 때마다 점수가 1점씩 오르게 됩니다.

[그림 2.3-41] 노드 연결 및 점수 입력하기

점수 누적 기능을 만들고 호출하는 것은 이걸로 끝입니다. 하지만 기능 구현만으로는 화면에 보이지는 않습니다. 이제부터는 언리얼 엔진의 UMG를 이용하여 실제 플레이 화면에 출력하기 위한 UI를 제작해 봅시다.

### → 현재 점수 UI 제작하기

UI는 '위젯 블루프린트 (Widget Blueprint)'라는 조금 특별한 형태의 블루 프린트로 제작해야 합니다. 위젯 블루프린트들을 별 도로 관리하기 위해서 기존 블루프린트와는 별

[그림 2.3-42] UI 폴더 생성하기

도의 'UI'라는 이름의 폴더를 새로 만들도록 하겠습니다.

콘텐트 브라우저에서 [+Add] 버튼을 클릭하고 제일 하단에 있는 [User Interface] - [Widget Blueprint]를 선택해서 새 위젯 블루프린트를 생성합니다. 물론 기존 방식대로 블루프린트를 생성하면서 부모 클래스로 User Widget 클래스를 선택하는 방식으로 위젯 블루 프린트 파일을 생성하더라도 결과는 동일합니다.

[그림 2.3-43] 위젯 블루프린트 선택하기

새로 생성한 위젯 블루프린트의 이름은 'WBP_MainWidget'이라고 하겠습니다. 점수 표시처럼 상시로 표시되는 UI도 있지만, 옵션 메뉴처럼 사용자가 켜고 끌 수 있는 UI도 별도의 위젯 블루프린트로 만들기 때문에 구별하기 편한 이름을 사용하는 편이 좋습니다.

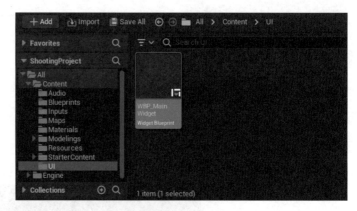

[그림 2.3-44] 'WBP_MainWidget' 블루프린트 생성

WBP_MainWidget 블루프린트를 더블클릭하면 UMG 창이 활성화됩니다. 가운데에 있는 그래프 판이 UI 디자이너 패널입니다. UI 요소들을 생성하거나 수정할 때마다 이 곳에서 시각적으로 UI 모습을 보면서 제작을 할 수 있습니다. UI 요소를 화면에 표시하려면 가장 먼저 스크린 영역을 설정하여야 합니다. 좌측 Palette 패널에서 [PANEL]–[Canvas Panel]을 선택하고 우측 UI 디자이너 패널로 드래그하면 점선으로 된 네모 상자가 표시됩니다. 캔버스(Canvas) 컴포넌트는 UI 요소들을 화면에 그리기 위한 도화지 같은 역할을 합니다. 즉, 캔버스 바깥쪽에 배치한 UI 요소는 화면에 보이지 않고 캔버스 안쪽에 배치한 UI 요소들만 실제 스크린에 출력되는 것입니다.

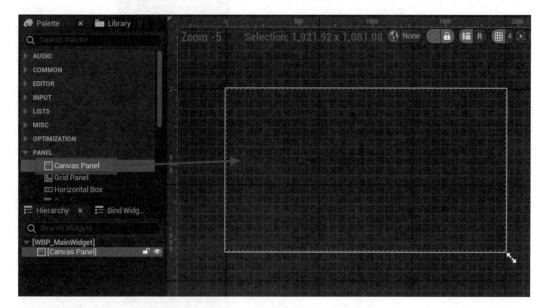

[그림 2.3-45] Canvas 패널 추가하기

디자이너 패널 좌측 하단에는 UI의 기준 해상도가 표시됩니다. 아마 최초로 만들었을 때는 다음 그림처럼 1,280×720으로 되어 있을 것입니다. 그런데, 모니터나 핸드폰 등 요즘 디바이스들은 Full HD 해상도를 기준으로 제작된 디스플레이가 많기 때문에 UI의 기준 해상도를 1,920×1,080으로 변경하는 편이 좋습니다. 물론 기준 해상도와 다른 디스플레이에서 앱을 실행할 경우 자동으로 그에 맞게 UI를 늘리거나 줄이는 기능이 포함되어 있기는 하지만, 너무 작은 상태에서 늘리거나 줄이면 UI 품질이 떨어져 보이거나 왜곡되어 보일 수도 있기 때문에 가급적 널리 쓰이는 플랫폼의 해상도를 기준으로 제작하는 편이 좋습니다.

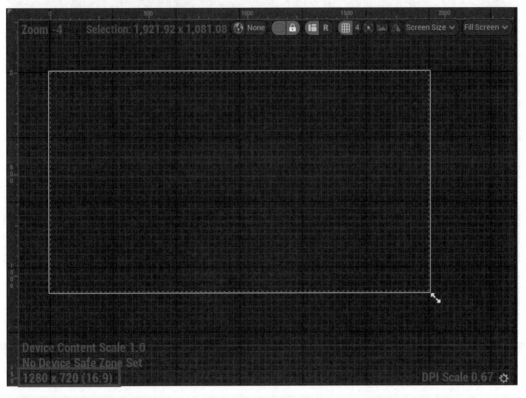

[그림 2.3-46] 기준 해상도 문제

우리가 방금 추가한 캔버스는 기준 해상도와 같은 사이즈로 설정됩니다. 그런데 캔버스의 우측 하단을 보면 왠지 잡아당길 수 있을 것 같은 화살표 아이콘이 있습니다. 마우스로 클릭한 상태에서 화살표 아이콘을 드래그 하면 여러가지 해상도 레퍼런스가 표시됩니다. 우리가 사용하려는 해상도는 1,920×1,080이므로 그에 맞게 화살표 아이콘을 맞춰준 다음 마우스 버튼을 놓으면 캔버스의 크기가 1,920×1,080으로 늘어납니다.

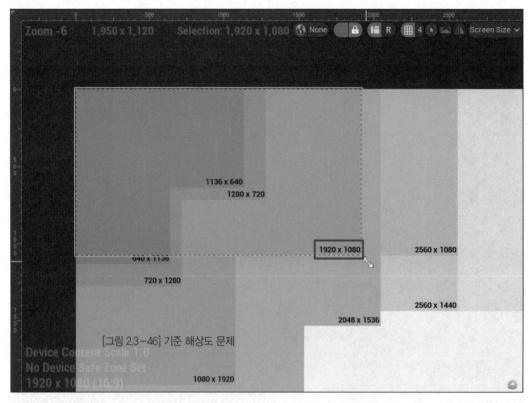

[그림 2.3-46] 캔버스 크기를 조절하여 기준 해상도 변경하기

이번에는 캔버스에 텍스트를 표시하기 위한 텍스트 블록(Text Block)을 배치해 봅시다. UMG 창 왼쪽에 있는 팔레트(Palette) 패널에서 Text 컴포넌트를 마우스로 드래그해서 아래 하이어라키 패널에 있는 캔버스의 자식 컴포넌트로 추가합니다. 텍스트 블록을 추가하면 디자이너 패널에서 좌측 상단에 조그맣게 'Text Block'이라는 글씨가 보일 것입니다.

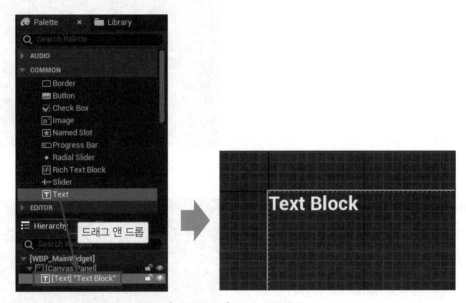

[그림 2.3-48] 텍스트 블록 추가

텍스트 블록을 선택한 상태에서 우측 디테일 패널을 보면 텍스트 블록에 대한 상세 설정 사항이 있습니다. 우선 텍스트 블록의 이름을 'ScoreText'로 변경하고, 실제 텍스트 내용을 변경하기 위해 Content 탭에 있는 Text 항목의 값을 '현재 점수:'로 입력합니다. 컴파일 버튼을 눌러 보면 변경된 설정 값이 디자이너 패널에 반영됩니다.

[그림 2.3-49] 컴포넌트 이름 및 콘텐츠 텍스트 수정

그런데 화면 크기에 비해 글씨가 너무 작아서 잘 안보이는군요. 폰트에 대한 설정이 필요할 때는 디테일 패널의 아래쪽 Appearance 탭에 Font 항목을 조정하면 됩니다. 폰트는 일반적인 문서 편집 프로그램과 비슷해서 익숙할 것입니다. 폰트의 Size를 50으로 키워줍니다.

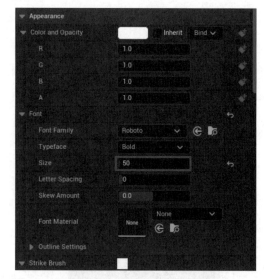

[그림 2.3-50] 폰트 크기 설정하기

폰트 사이즈가 커지니 이제는 텍스트 범위를 나타내는 박스가 좀 작아 보이네요. 가로 길이 (Size X) 330, 세로 길이(Size Y) 80으로 키워 줍니다. 이제 적당히 텍스트를 감싸는 크기가 된 것 같습니다.

텍스트가 여백 없이 너무 화면 좌측 상단에 딱 붙어있으니 텍스트의 위치를 조정해서 약간의 패딩(Padding)을 줍시다. Position X는 60, Position Y는 50 정도로 옮기면 적당해 보입니다.

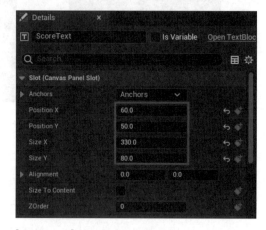

[그림 2.3-51] 텍스트 블록 박스의 크기 및 위치 조정

같은 방법으로 실제 점수 텍스트도 하나 더 만들어야 하는데 처음부터 다시 만드는 것 보다 더 간편한 방법이 있습니다. 좌측 하이어라키 패널에서 ScoreText를 선택하고 키보드의 Ctrl + W를 누르면 텍스트 블록 컴포넌트가 복제됩니다.

[그림 2.3-52] 텍스트 블록 복제하기

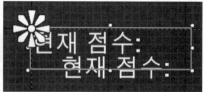

복제된 텍스트 블록의 이름은 "ScoreData"로
지어줍니다. ScoreData의 위치는 ScoreText의
우측에 놓이도록 Position을 (390, 50)으로 조정
하고, 콘텐츠 텍스트에는 기본 값으로 0을 넣어
줍니다.

[그림 2.3-53] 텍스트 블록 박스의 크기 및 위치 조정

점수는 폰트 색상을 노란색으로 표시해서 눈에 잘 띄게 해보겠습니다. Appearance 속성에서
Color and Opacity 항목을 마우스로 클릭하면 컬러 픽커 창이 활성화됩니다. 색상 원반에서 노란색
쪽을 마우스로 클릭하거나 RGB 값을 (1, 1, 0)으로 설정해서 노란색이 되게 한 다음 [OK] 버튼을
클릭해서 적용시켜 줍니다.

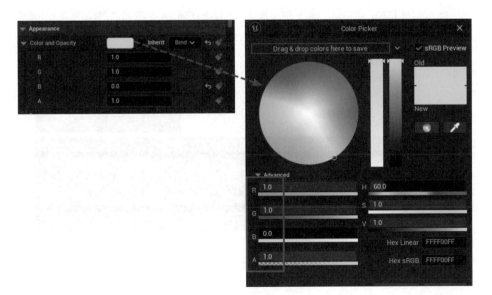

[그림 2.3-54] 폰트 색상 변경

화면에 출력할 외형은 갖춰졌으니 게임 모드
베이스에 만들어 놓은 CurrentScore 변수의 값
을 ScoreData의 텍스트에 연결해 주겠습니다.
ScoreData의 Text 속성 우측에 있는 [Bind] 버
튼을 클릭하고 [+Create Binding] 항목을 선택
합니다. 사용자 입력을 위한 키를 바인딩했던
것처럼 UI의 텍스트 블록도 반영하기 위한 데
이터를 바인딩해서 엮어 줄 수 있습니다.

[그림 2.3-55] 텍스트 바인딩

바인딩을 하면 UMG 우측 상단에서 디자이너 패널이 그래프 패널로 변경되면서 블루프린트의
이벤트 그래프랑 비슷한 모습 형태가 됩니다. 마치 함수를 만들 때와 비슷하게 [Get Score Data]
노드는 텍스트가 매 프레임마다 실행하는 진입점이 되고, [Return Node] 노드는 연결된 텍스트 값
을 반영하는 종료 지점이 됩니다. 두 노드 사이에서 텍스트에 반영할 값을 불러오기 위해서 실행
핀 연결을 일단 해제합니다.

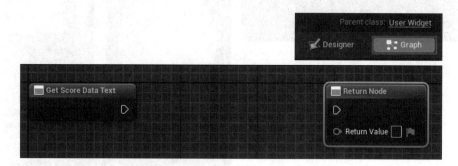

[그림 2.3-56] UMG 그래프 패널

현재 점수는 BP_GameModeBase 블루프린트에 있으므로 먼저 [Get Game Mode] 노드를 생
성하고 [Cast To BP_GameModeBase] 노드를 연결해 줍니다. 노드를 생성할 때 Add Score 함수를

만들 때와 마찬가지로 검색 창의 Context Sensitive 항목의 체크를 해제해야 [Get Game Mode] 노드가 검색됩니다.

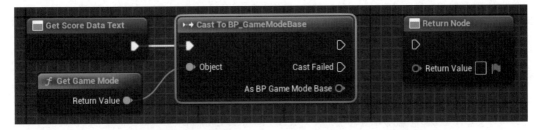

[그림 2.3-57] BP_GameModeBase 클래스 불러오기

As BP_GameModeBase 출력 핀을 드래그한 다음 검색 창에 'get current score'로 검색해서 [Current Score] 노드를 가져옵니다.

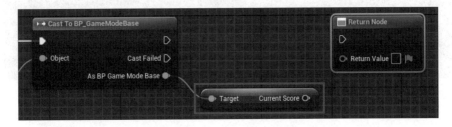

[그림 2.3-58] BP_GameModeBase에서 Current Score 변수 값 가져오기

[Get Current Score] 노드의 출력 핀을 드래그해서 [Return Node] 노드의 Return Value 입력 핀에 연결합니다. Current Score는 자료형이 Integer이고 Return Value는 자료형이 Text이기 때문에 자료형 변환을 위해 중간에 [ToText(integer)] 노드가 자동으로 생성됩니다.

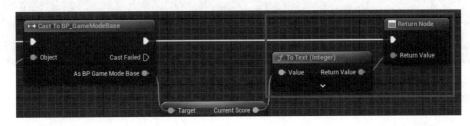

[그림 2.3-59] 변수의 값을 텍스트 값으로 반환하기

## ➔ 위젯을 화면에 출력하기

위젯 블루프린트도 액터 블루프린트를 월드에 생성해야 하는 것처럼 실제 플레이 화면에 출력하려면 앱이 실행되었을 때 위젯 블루프린트를 뷰 포트에 생성해야 합니다. BP_GameModeBase 블루프린트 설정 창을 열고 [Event Begin Play] 노드 쪽으로 이동합니다. 위젯 블루프린트를 생성할 때는 Create Widget 함수를 사용하면 됩니다. [Event Begin Play] 노드의 실행 핀을 드래그하고 'Create Widget'으로 검색해서 [Create Widget] 함수 노드를 선택합니다. [Create Widget] 함수 노드가 생성되면 Class 항목에서 앞에서 만든 [WBP_MainWidget]을 선택합니다.

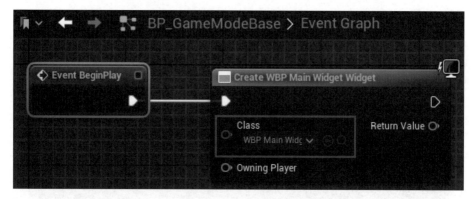

[그림 2.3-60] [Create Widget] 노드 연결 및 생성할 위젯 선택하기

[Create Widget] 노드는 단순히 위젯을 메모리 공간에 로드(Load)하는 역할만 합니다. 메모리에 로드된 위젯을 스크린 뷰 포트에 띄우기 위해 [Add to Viewport] 노드를 생성하고 연결합니다.

[그림 2.3-61] [Add To Viewport] 노드 연결하기

컴파일과 세이브 후에 플레이를 해보면 적을 격추할 때마다 현재 점수가 증가되는 것을 확인할 수 있습니다. 이제 현재 점수가 화면에 표시되니 플레이의 목표도 확실해진 것 같지 않나요?

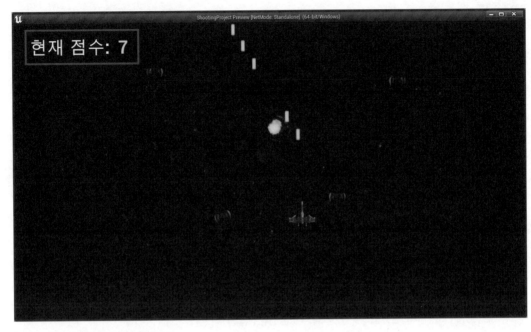

[그림 2.3-62] 현재 점수 UI 출력 모습

지금 상태로는 플레이어가 적에게 격추되었을 때 더 이상 진행을 할 수 없습니다. 그래서 이번에는 플레이어가 격추당해서 게임 오버가 되었을 때 처음부터 다시 시작하는 것과 앱을 그냥 종료하는 것 중에서 사용자가 고를 수 있게끔 게임 오버 UI를 제작해 보겠습니다.

팝업 UI 제작도 점수 UI를 만들 때와 크게 다르지 않습니다. 가장 큰 차이점은 사용자가 선택할 수 있는 버튼이 들어간다는 점과 앱을 일시 정지 상태로 만드는 것 정도입니다. 꼭 게임 오버가 아니더라도 사용자의 상호 작용 기능을 위해서는 버튼을 이용한 UI를 제작하는 것이 필수이므로 반드시 익숙해질 수 있도록 다양하게 연습해 보길 바랍니다.

> **✕ 학습 목표**
>
> 게임 오버가 되면 재시작 또는 앱 종료를 선택할 수 있는 팝업 창을 띄우고 싶다.
>
> **✕ 구현 순서**
>
> ❶ 게임 오버 팝업 UI 위젯을 만든다.
> ❷ 게임 오버가 되면 앱을 일시 정지하고 게임 오버 UI를 생성한다.
> ❸ 재시작 버튼과 앱 종료 버튼에 처리 절차를 바인딩한다.

## → 게임 오버 위젯 만들기

게임 오버 UI도 위젯 블루프린트가 필요합니다. 콘텐트 브라우저에서 [+Add]-[User Interface]-[Widget Blueprint]를 선택해서 새 위젯 블루프린트를 만들어 줍니다. 새 위젯 블루프린트의 이름은 'WBP_GameOverWidget'으로 합니다.

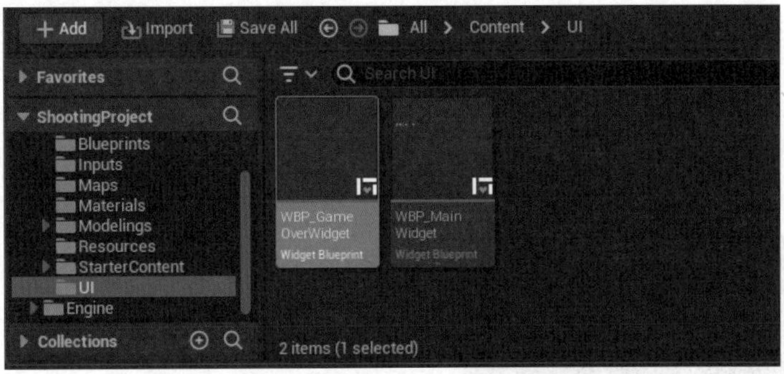

[그림 2.3-63] WBP_GameOverWidget 위젯 블루프린트 생성하기

WBP_GameOverWidget 설정 창을 열고 좌측 팔레트 패널에서 Canvas 컴포넌트를 아래에 있는 하이어라키 패널로 드래그합니다. 이어서 팔레트 패널에 있는 Text 컴포넌트도 하이어라키 패널로 드래그해서 Canvas 컴포넌트의 자식 컴포넌트로 설정해 줍니다.

[그림 2.3-64] 캔버스 및 텍스트 블록 추가

Text 컴포넌트는 말 그대로 글자 형식의 내용들을 캔버스에 그리는 기능을 가진 컴포넌트입니다. 새로 생성한 Text 컴포넌트를 선택한 상태에서 화면 우측에 있는 Details 패널의 값을 조정해보도록 하겠습니다. 우선 Text 컴포넌트의 이름은 'Text_GameOver'라고 짓고, 실제 내용이 들어가는 Content 속성의 Text 항목에는 'Game Over'를 입력합니다.

[그림 2.3-65] Game Over 텍스트 입력

Game Over 문구가 눈에 잘 들어오도록 색상은 붉은색으로 설정하고 폰트 크기도 130으로 크게 만들어 주겠습니다. 또 폰트가 텍스트 박스를 기준으로 중앙 정렬이 되도록 Justification 항목에서 가운데 아이콘을 클릭합니다.

[그림 2.3-66] 폰트 크기 및 색상 설정하기

텍스트 박스는 안에 쓰인 글씨를 완전히 감쌀 수 있도록 넉넉하게 가로, 세로 (900, 180)으로 설정하도록 합니다. 위치는 좌측 상단에 앵커가 있으므로 좌측을 기준으로 (520, 200)으로 놓으면 좋을 것 같군요.

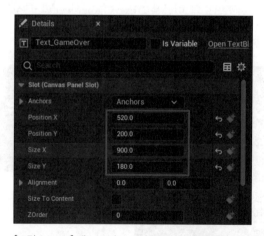

[그림 2.3-64] 텍스트 박스 크기 및 위치 조정하기

X축의 위치가 520인 이유는 총 가로 길이 1,920px의 절반인 960에서 텍스트 박스 크기의 절반인 450을 뺀 결과입니다. Y축은 중앙에 놓으려면 540 − 90 = 450이 되어야 하지만 아래쪽에 버튼이 들어갈 자리를 감안해서 위쪽으로 올려놓은 것입니다.

[그림 2.3-68] 텍스트 박스 위치 좌표 계산하기

이제 버튼도 추가해 봅시다. 팔레트 패널에서 Button 컴포넌트를 하이어라키 패널로 드래그해서 추가합니다. 버튼 컴포넌트를 추가하면 디자이너 패널에 회색 네모 박스가 생긴 것을 볼 수 있습니다.

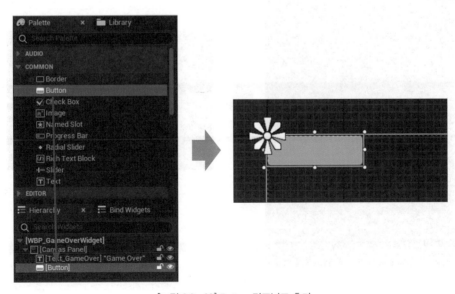

[그림 2.3-69] Button 컴포넌트 추가

버튼 컴포넌트의 이름은 'Button_Restart'로 하고, 버튼 크기는 (500, 120)으로 설정합니다. 버튼의 위치는 게임 오버 텍스트 아래쪽 중앙에 배치되도록 Position 값을 (710, 500)으로 놓겠습니다.

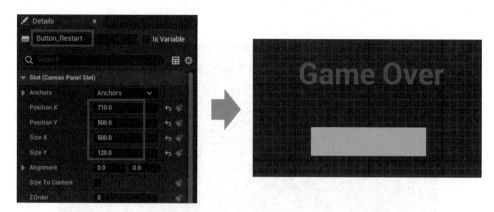

[그림 2.3-70] 버튼의 크기 및 위치 조정하기

버튼은 만들어졌지만 텍스트가 없으니 무슨 버튼인지 알 수가 없네요. 버튼의 이름을 표시하기 위해서 팔레트 패널에서 Text 컴포넌트를 드래그해서 버튼 컴포넌트의 자식 개체로 추가합니다.

[그림 2.3-71] 버튼에 텍스트 컴포넌트 추가하기

버튼 중앙에 추가한 텍스트 컴포넌트의 이름은 'Text_Restart'로 변경하고 표시될 글자는 'Restart'라고 입력하겠습니다. 폰트 색상은 검은색이나 회색으로 설정하고 폰트 크기는 50으로 해서 버튼 크기에 맞도록 조정합니다.

[그림 2.3-72] 버튼 텍스트의 폰트 색상 및 크기 설정하기

재시작 버튼에 이어 종료 버튼도 만들어 보겠습니다. 종료 버튼은 재시작 버튼과 텍스트를 제외하고는 완전히 동일한 형태이기 때문에 재시작 버튼을 복사하면 훨씬 편하게 만들 수 있습니다. 하이어라키 패널에서 Button_Restart를 선택한 상태에서 Ctrl+D를 누르면 버튼과 그 자식 개체까지 한 번에 복사됩니다.

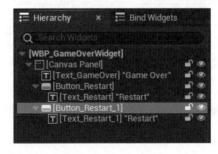

[그림 2.3-73] Button_Restart 복사

복사한 버튼 컴포넌트의 이름은 'Button_Quit'로 변경하고 위치는 (710, 700)으로 해서 재시작 버튼의 아래쪽에 배치합니다. 버튼에 표시될 텍스트도 'Quit'라고 입력합니다. 여기까지 했으면 컴파일과 세이브를 하면 끝입니다.

[그림 2.3-74] 버튼의 위치 및 텍스트 설정하기

### → 게임 오버 UI를 화면에 출력하기

위젯의 형태는 갖춰진 것 같으니 이번에는 위젯을 출력하는 기능을 구현해보도록 합시다. BP_Enemy 블루프린트 설정 창을 열고 플레이어와의 충돌 처리를 구현했던 [Actor Begin Overlap] 노드 쪽으로 이동합니다. 마지막 부분에 자기자신을 제거하는 [Destroy Actor] 노드 연결을 해제해서 위젯을 출력하기 전에 실행 주체인 에너미가 제거되지 않도록 처리합니다.

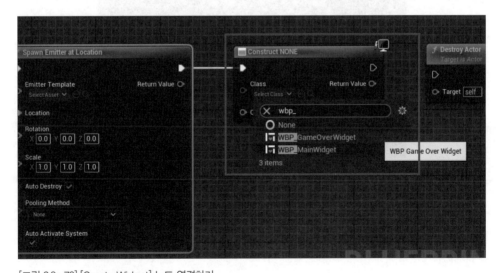

[그림 2.3-75] BP_Enemy 블루프린트의 ActorBeginOverlap 부분

[Spawn Emitter at Location] 노드의 실행 핀을 드래그하고 검색 창에 'Create Widget'을 입력해서 위젯 생성 함수를 호출합니다. Class 항목에 앞서 만든 [WBP_GameOverWidget] 블루프린트를 지정해 줍니다.

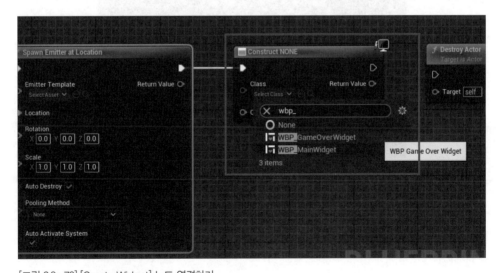

[그림 2.3-76] [Create Widget] 노드 연결하기

생성한 위젯을 뷰 포트에 출력하기 위해 [Add to Viewport] 노드를 생성하고 연결해 줍니다.

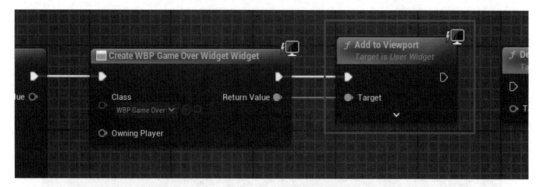

[그림 2.3-77] 위젯을 뷰 포트에 출력하기

컴파일 및 세이브하고 플레이를 해보면 플레이어가 격추되었을 때 게임 오버 UI가 출력되는 것을 확인할 수 있습니다. 버튼에는 아직 기능을 바인딩하지 않았기 때문에 아무런 반응이 없습니다. 그런데, 게임 오버 UI가 출력되어도 게임은 계속해서 진행 중인 상태라서 뭔가 어색해 보입니다. 게다가 마우스 커서도 나오지 않아서 버튼을 클릭하기가 애매하군요. 일시 정지 기능과 마우스 커서 표시 기능도 추가해 봅시다.

[그림 2.3-75] 게임 오버 UI 출력 확인

### → 일시 정지 및 마우스 커서 보이기

마우스 커서를 표시하려면 'Player Controller'라는 클래스가 필요합니다. Player Controller 클래스는 폰(Pawn) 클래스의 입력 제어를 할 때 사용자의 키보드나 터치 입력 등의 신호를 폰 클래스에 전달해 주는 매개 역할을 하는 인터페이스입니다. 앞에서 우리가 Axis나 Action 타입의 Input

바인딩을 했을 때 그 신호를 특정한 값으로 변환해서 플레이어 폰에게 전달하는 역할을 하는 것이 바로 플레이어 컨트롤러였던 것이죠. 마우스도 입력 장치라서 플레이어 컨트롤러 클래스에서 커서의 화면 출력을 제어할 수 있습니다.

플레이어 컨트롤러를 가져오기 위해 빈곳에 마우스 우클릭을 하고 검색 창에 'get player controller'라고 검색하면 [Get Player Controller]라는 노드를 생성할 수 있습니다. 입력받을 플레이어 번호는 기본적으로 0번입니다. 2인 협력 플레이와 같이 플레이어가 여럿인 경우에는 다른 번호가 있을 수 있습니다.

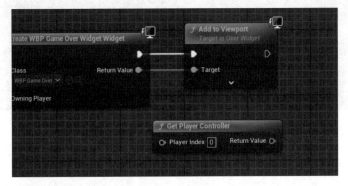

[그림 2.3-79] 플레이어 컨트롤러 노드 추가하기

[Get Player Controller] 노드의 출력 핀을 드래그해서 'show mouse'로 검색하면 [Show Mouse Cursor] 노드를 선택할 수 있습니다. Show Mouse Cursor 항목에 체크를 하면 마우스 커서가 화면에 표시되는 것이고 체크 해제를 하면 마우스 커서가 화면에 보이지 않게 됩니다. 이것은 단지 시각적인 표시만 변경되는 것이고 마우스의 입력 자체를 켜고 끄는 것은 아니라는 점을 유의하세요.

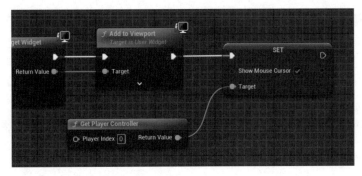

[그림 2.3-80] 마우스 커서 보이기

[Set Show Mouse Cursor] 노드의 실행 핀을 드래그하고 'pause'라고 검색하면 'Set Game Paused'라는 함수 노드를 찾을 수 있습니다. 마우스 표시와 마찬가지로 Paused 항목이 체크되어 있으면 앱을 일시 정지 상태로 만들고, 체크 해제되면 앱이 진행 상태로 됩니다. 일시 정지 상태는 Tick이 동작하지 않을 뿐 UI 버튼 입력에는 영향을 주지 않습니다.

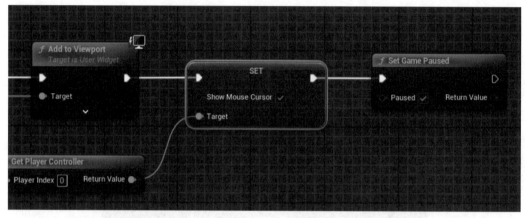

[그림 2.3-81] 게임 일시 정지하기

컴파일과 세이브를 하고 다시 플레이를 해봅시다. 이번에는 마우스 커서도 표시되고 게임 진행이 일시 정지된 상태여서 훨씬 안정적으로 보입니다.

### → 버튼 기능 구현하기

버튼을 눌렀을 때 기능이 발생되게 하려면 이벤트 함수를 만들면 됩니다. 버튼 클릭 이벤트를 추가하려면 버튼 컴포넌트에 준비되어 있는 이벤트를 추가하면 됩니다. WBP_GameOverWidget 설정 창을 열고 Button_Restart를 선택합니다. 우측 디테일 패널에서 버튼 이름 우측에 있는 [Is Variable] 항목을 체크합니다. 체크 후에 디테일 패널의 가장 아래쪽으로 스크롤을 해보면 Event 탭이 있습니다. 우리가 필요한 이벤트는 버튼을 클릭했을 때 실행되어야 하므로 On Clicked 이벤트를 추가해야 합니다. On Clicked 항목 우측의 [+] 버튼을 클릭합니다.

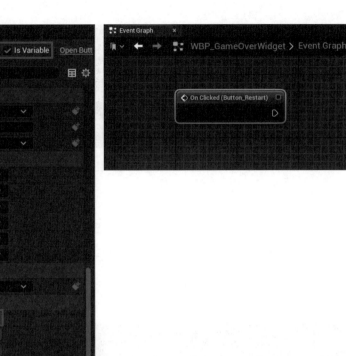

[그림 2.3-82] On Clicked 이벤트 추가하기

이벤트 추가를 하면 [On Clicked(Button_Restart)] 노드가 자동으로 생성됩니다. 재시작되도록 하려면 [Restart] 버튼을 눌렀을 때 기존 레벨에 배치되어 있던 액터들을 싹 다 지우고 레벨을 처음 시작 때처럼 다시 생성하도록 기능을 구현하면 됩니다.

[On Clicked(Button_Restart)] 노드의 실행 핀을 드래그해서 'open level'로 검색하면 Open Level 관련 노드가 검색됩니다. [Open Level] 노드는 다시 생성할 레벨을 이름으로 지정(by Name)하는 방식과 위젯 블루프린트를 직접 지정(by Object Reference)하는 방식의 두 가지 방식이 있습니다. 둘 다 큰 차이는 없지만 이번 실습에서는 맵 파일의 이름을 직접 지정하는 방식을 사용해서 레벨을 로드해 보겠습니다. [Open Level(by Name)] 노드를 생성하고 Level Name 항목에 우리가 만들었던 레벨 파일의 이름인 'MainMap'을 입력합니다.

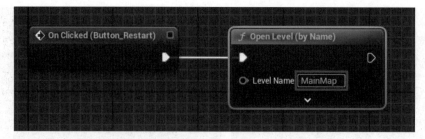

[그림 2.3-83] [Open Level] 노드 연결 및 레벨 지정하기

레벨을 다시 실행해도 기존에 메모리에 로드했었던 게임 오버 UI 위젯 데이터는 컴퓨터 메모리에 그대로 남아있습니다. 레벨을 새로 시작하면 기존에 메모리에 생성한 게임 오버 UI 위젯을 제거하기 위해서 [Remove from Parent] 노드를 생성해서 연결합니다.

[그림 2.3-84] 메모리에 로드된 위젯 제거하기

종료 버튼에도 이벤트를 추가하기 위해 다시 디자이너 탭으로 돌아갑니다. 그래프 패널에서 디자이너 패널로 돌아가려면 위젯 창 우측 상단에 있는 [Designer] 버튼을 클릭하면 패널이 전환됩니다.

[그림 2.3-85] 디자이너 패널로 이동하기

디자이너 패널에서 [Quit] 버튼을 선택한 다음 우측 디테일 패널에서 [Is Variables] 항목에 체크합니다. 그 후 아래쪽 Event 탭의 On Clicked 이벤트의 [+] 버튼을 눌러서 [On Clicked(Button_

Quit)] 노드를 추가합니다. Quit Preference 항목을 보면 Quit와 Background의 두 가지 중에 선택하게 되어 있습니다. Quit는 앱을 완전히 종료하는 옵션이고, Background는 화면에서는 앱이 사라지지만 완전히 종료하지 않고 OS의 백그라운드에서 실행되는 옵션입니다. 가령 스마트폰에서 앱을 종료하면 완전 종료를 별도로 해주기 전까지 백그라운드에 존재하고 있는 것과 같이 말이죠. 여기서는 Quit 항목을 선택해서 완전 종료되도록 하겠습니다.

[그림 2.3-86] [Quit Game] 노드 연결하기

이제 컴파일과 세이브를 하고 다시 플레이를 해 봅시다. 플레이어가 격추되고 나서 [Restart] 버튼을 누르면 게임이 재시작되는 것을 확인할 수 있습니다. 또, [Quit] 버튼을 눌렀을 때도 정상적으로 종료되는 것을 확인할 수 있습니다.

자, 그럼 여기까지 알파타입 버전을 마치고 다음은 베타타입 버전을 진행해 보겠습니다. 베타타입 버전에서는 우리가 지금까지 만든 프로젝트를 실제 배포가 가능한 실행 파일로 만드는 과정을 진행하겠습니다.

# 2.4 베타타입 버전 제작하기

 **2.4-1 최고 점수 표시 및 데이터 저장하기** ··············

드디어 베타타입 버전이군요! 지금까지 잘 만든 프로젝트를 마무리할 단계입니다. 베타타입 버전에서는 데이터 저장 및 로드 기능을 구현하는 것과 실행 파일로 패키징(Packaging)하는 두 가지 과정을 실습합니다. 시작도 중요하지만 마무리도 그에 못지않게 중요한 과정입니다. 베타타입 과정까지 마치면 어느 정도 블루프린트를 이용한 비주얼 스크립팅에 익숙해질 겁니다.

베타타입 과정 첫 번째는 바로 최고 점수 저장과 출력에 대한 것입니다. 현재 점수를 보여주는 것만큼이나 중요한 것은 최고 기록을 저장하고 보여주는 것입니다. 특히 최고 점수 기록은 현재 점수와는 달리 플레이를 새로 할 때마다 0점으로 초기화되는 것이 아니라 저장해 놓은 기록에서부터 갱신될 때만 저장된 값이 변경되는 것이 특징입니다. 즉, 데이터의 저장(Save)과 불러오기(Load) 기능 구현이 필수인 셈이죠.

> ✖ **학습 목표**
>
> 최고 점수를 화면에 표시하고 그 데이터를 파일로 저장하고 싶다.
>
> ✖ **구현 순서**
>
> ❶ 최고 점수 UI를 제작한다.
> ❷ 점수 갱신 기능을 구현한다.
> ❸ 점수 저장용 블루프린트를 생성한다.
> ❹ 점수 저장 및 로드 기능을 구현한다.

## ➔ 최고 점수 UI 제작하기

최고 점수는 현재 점수의 아래쪽에 표시하도록 하겠습니다. UI 폴더에서 BP_MainWidget 파일을 더블클릭해서 위젯 설정 창을 열도록 하겠습니다. 좌측 하단에 있는 하이어라키 패널에서 ScoreText 위젯을 선택하고 키보드의 Ctrl+D 키를 눌러서 복제를 합니다. 복제한 텍스트 블록 위젯의 이름은 'BestScoreText'로 변경합니다. 마찬가지로 ScoreData 위젯도 복제한 다음 위젯의 이름을 'BestScoreData'로 변경합니다.

[그림 2.4-1] 텍스트 블록 복제하기

복제한 BestScoreText와 BestScore 위젯을 선택하고 [그림 2.4-2]와 같이 배치된 위치 값과 Text 항목 값을 수정합니다.

[그림 2.4-2] 기본 텍스트 수정하기

컴파일과 세이브 후 다시 플레이를 하면 현재 점수 아래에 최고 점수가 표시됩니다. 물론 아직 점수는 기록되지 않습니다.

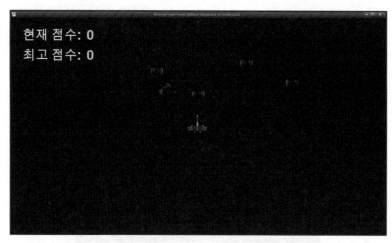

[그림 2.4-3] 최고 점수 출력 확인하기

## 최고 점수 갱신하기

BP_GameModeBase 블루프린트 설정 창을 열고 최고 점수를 담아 놓을 BestScore 변수를 생성합니다.

[그림 2.4-4] BestScore 변수 생성하기

현재 점수는 플레이 중에 계속 증가하기 때문에 어느 순간에는 BestScore 변수에 저장된 최고 점수를 넘어설 수도 있습니다. 그렇다면 기존의 최고 점수는 더 이상 최고 점수가 아닌게 되겠죠? 즉, 현재 점수를 획득할 때마다 최고 점수와 비교를 해서 만일 현재 점수가 최고 점수를 넘어섰다면 현재 점수를 새로운 최고 점수로 갱신해야 할 것입니다.

자, 그럼 최고 점수를 갱신하는 조건문을 만들어보도록 합시다. [Best Score] 노드를 Get으로 가져와서 두 값의 크기를 비교하여 [Branch] 노드에 결과를 전달합니다.

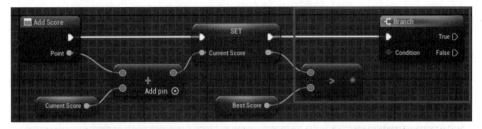

[그림 2.4-5] 값 비교 조건문 만들기

만일 현재 점수가 최고 점수보다 높다면(True), 현재 점수의 값을 새로운 BestScore 값으로 갱신합니다.

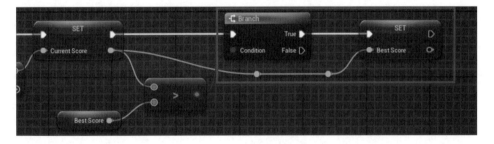

[그림 2.4-6] BestScore 값 갱신

이제 게임 모드 베이스에서 갱신한 Best Score 변수의 값을 UI에 반영할 차례입니다. 다시 BP_MainWidget 블루프린트 설정 창을 열어서 BestScoreData 위젯을 선택합니다. 우측의 디테일 패널에 있는 Content 항목에서 [Bind] 버튼을 누르고 'Create Binding'을 선택해서 새로운 연결 함수를 만들어 줍니다.

[그림 2.4-7] BestScoreData에 연결할 함수 만들기

함수 그래프 창이 열리면 진입 노드와 [Return] 노드의 연결을 해제합니다. 그래프 판의 빈곳에서 마우스 우클릭을 하고 'game mode'로 검색해서 [Get Game Mode] 노드를 생성해서 현재 실행 중인 게임 모드를 가져옵니다. [Get Game Mode]로 가져온 게임 모드는 부모 클래스이므로 BP_GameModeBase 클래스로 변환하기 위해 [Cast To BP_GameModeBase] 노드를 연결해서 클래스 변환을 해주겠습니다. 다음으로 [Cast To BP_GameModeBase] 노드의 좌측 실행 핀을 드래그해서 진입 노드의 실행 핀에 연결해 줍니다.

[그림 2.4-8] 현재 게임 모드 가져오기

BP_GameModeBase에 있는 BestScore 변수의 값을 Get으로 가져와서 [Return] 노드에 전달합니다. BestScore는 자료형이 정수이지만 반환 값은 자료형이 Text이므로 자료형 캐스팅 노드(ToText)가 자동으로 생성됩니다.

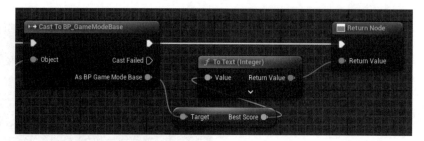

[그림 2.4-9] Best Score를 [Return] 노드에 전달하기

컴파일과 세이브를 하고 다시 플레이를 해봅시다. 현재 저장해 놓은 최고 점수가 없어서 현재 점수가 오를 때마다 최고 점수도 갱신되어서 같이 오르는 것을 확인할 수 있습니다. 테스트를 위해서 BP_GameModeBase 블루프린트 설정 창을 열고 최고 점수를 0이 아닌 다른 값을 넣어서도 테스트를 해 보면 최고 점수 갱신 여부를 더욱 확실히 알 수 있을 것입니다.

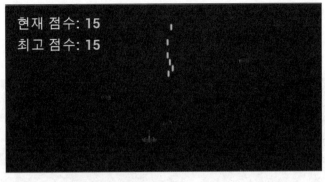

[그림 2.4-10] 최고 점수 갱신 확인하기

## → 점수를 파일로 저장하고 불러오기

최고 점수는 잘 갱신되고 있지만 하드디스크에 파일로 저장되지 않고 휘발성 메모리에만 저장하다 보니 매번 플레이를 다시 할 때마다 최고 점수가 초기화되어버리는 문제가 있습니다. 그래서 이번 에는 최고 점수가 새롭게 갱신될 때마다 파일로 저장하는 기능을 구현해 보겠습니다.

언리얼 엔진에서는 간단한 데이터의 경우 굳이 C++를 사용하지 않고서도 블루프린트만으로 데 이터를 파일에 저장하고 읽어오는 노드를 제공하고 있습니다. 처음에는 생각보다 복잡해 보일 수 있지만 한 번 외우면 절차가 크게 변할 일이 없어서 오히려 사용하기는 편한 편입니다.

언리얼 에디터의 콘텐트 브라우저 에서 [+Add]-[Blueprint Class]를 선 택해서 새로운 블루프린트 클래스 파 일을 생성합니다. 부모 클래스 선택 창이 뜨면 검색 창에 'save game'을 입력해서 SaveGame 클래스를 상속 하도록 선택합니다.

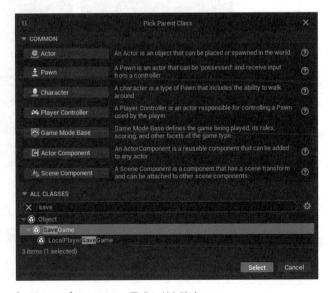

[그림 2.4-11] SaveGame 클래스 상속하기

새로 생성한 SaveGame 클래스 파일의 이름은 'BP_SaveGame'로 설정합니다. 이 파일은 나중에 언리얼 시스템 슬롯에 저장할 형태를 구성하는 데 사용합니다.

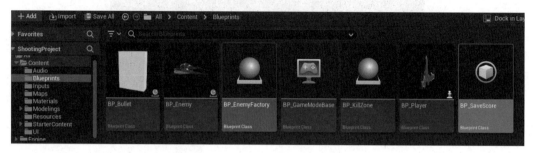

[그림 2.4-12] BP_SaveScore 파일 생성하기

이제 BP_SaveScore 파일을 더블클릭해서 블루프린트 설정 창을 열고 'ScoreData'라는 이름으로 정수형 변수를 하나 생성합니다. 이 변수는 BP_SaveScore 파일에 값을 저장할 변수가 됩니다. 변수를 여러 개로 만들어서 하나의 파일에 여러 개의 데이터를 저장할 수도 있습니다. 변수를 생성할 때에 저장하고자 하는 데이터의 자료형만 잘 맞춰 주면 됩니다.

[그림 2.4-13] ScoreData 변수 생성하기

이번에는 점수 관리를 담당하는 BP_GameModeBase 블루프린트 안에 새로 만든 BP_SaveScore 파일에 있는 ScoreData 변수에 값을 저장하는 함수와 ScoreData 변수에 있는 값을 불러오는 함수를 생성해 보겠습니다. 우선 BP_GameModeBase 블루프린트 설정 창을 열고 'SaveScoreData'라는 이름으로 함수를 생성합니다. 함수가 전달받을 매개변수로는 'SaveValue'라는 이름의 정수형 변수를 하나 선언합니다.

[그림 2.4-14] SaveScoreData 함수 생성하기

함수 진입 노드의 실행 핀을 드래그해서 검색 창에 'create save'를 입력해서 검색된 노드 중에서 [Create Save Game Object] 노드를 선택합니다.

[그림 2.4-15] [Create Save Game Object] 노드 생성하기

[Create Save Game Object] 노드의 Save Game Class 항목에는 실제로 데이터를 저장할 클래스 파일을 선택해 주면 됩니다. 우리는 앞서 만든 BP_SaveScore 블루프린트 파일을 선택해 주면 됩니다.

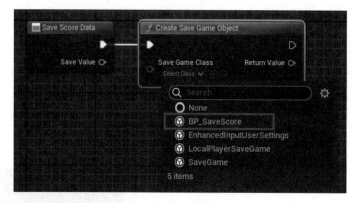

[그림 2.4-16] 'Save Game Class' 항목 선택하기

세이브 데이터는 컴퓨터 메모리에 임시로 존재하는 인스턴스 형태로 되어 있기 때문에 변수 형태로 다루려면 추상적인 세이브 데이터를 구체적인 변수 형태로 승격(Promote)되어야 합니다. [Create Save Game Object] 노드의 Return Value 출력 핀을 드래그한 다음 Promote to variable 항목을 선택해서 변수로 형태로 전환합니다.

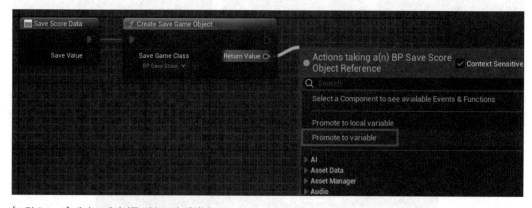

[그림 2.4-17] 세이브 데이터를 변수로 승격하기

승격된 변수의 이름은 'Save Instance'라고 지어 줍니다. Save Instance 변수를 생성하면 다른 변수들처럼 한 번 컴파일해 주어야 기본 값을 넣어줄 수 있습니다.

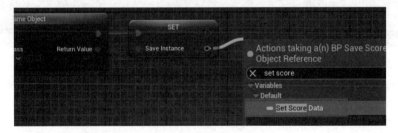

[그림 2.4-18] 세이브 데이터 변수 생성하기

그럼 이제 실제로 데이터를 저장하기 위해 Save Instance 변수의 출력 핀을 드래그해서 [Score Data] 변수 노드를 Set으로 가져옵니다.

[그림 2.4-19] 세이브 파일에 있는 [ScoreData] 불러오기

[ScoreData] 노드에 있는 [Score Data] 입력 핀에는 함수를 호출하면서 매개변수로부터 받은 Save Value 값을 전달합니다. 그런데 아마 핀 연결선(Wire)이 다른 노드에 가려서 잘 보이지 않을 것입니다.

와이어가 눈에 잘 띄도록 와이어 중간을 마우스로 더블클릭해서 재경로(Reroute) 노드를 생성한 다음 와이어의 위치를 아래로 조정합니다.

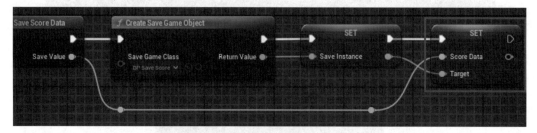

[그림 2.4-20] 매개변수로 전달받은 값을 Score Data 변수에 할당하기

데이터까지 저장한 Save Instance 변수를 언리얼 시스템 파일에 저장하기 위해 [Save Game to Slot] 함수 노드를 생성합니다. [Save Game to Slot] 함수 노드는 여러 가지 세이브 파일을 슬롯 형 태로 구분해서 저장합니다. 따라서, 나중에 데이터를 덮어씌우거나 읽어올 때 부르기 쉽게 하기 위 해서 슬롯에 이름을 정해줄 수 있습니다. Slot Name 항목에 'BestScoreData'라는 이름을 지어 주도록 하겠습니다.

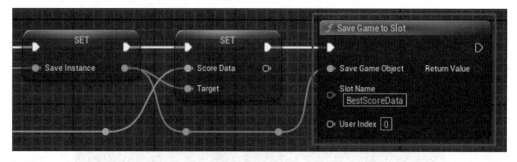

[그림 2.4-21] Save Instance 변수를 슬롯 형태로 파일에 저장하기

SaveScoreData 함수는 이것으로 완성입니다. 데이터를 저장하는 함수가 있다면 저장한 데이터 를 다시 읽어올 필요도 있겠죠? 이번에는 슬롯에 저장된 데이터를 다시 읽어오는 'LoadScoreData' 라는 함수를 생성합니다. 이 함수는 실행 결과로 읽어온 데이터를 반환해 주어야 하기 때문에 출력 (Output) 값으로 정수형 데이터를 반환하도록 설정합니다.

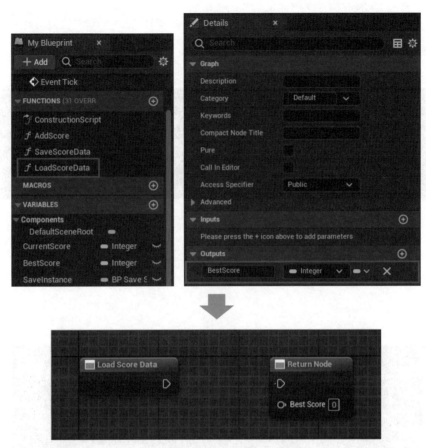

[그림 2.4-22] [Load Score Data] 함수 노드 생성하기 ❶

데이터를 가져오는 방법은 저장 과정의 역순입니다. 먼저 [Load Game from Slot] 노드를 생성해서 저장된 슬롯으로부터 데이터를 가져옵니다. 읽어오려는 슬롯의 이름은 아까 저장할 때 사용했던 'BestScoreData'를 입력합니다.

[그림 2.4-23] Load Score Data 함수 노드 생성하기 ❷

BestScoreData 슬롯에서 읽어온 데이터를 BP_SaveScore 클래스로 변환하기 위해 [Cast To BP_ SaveScore] 노드를 생성합니다.

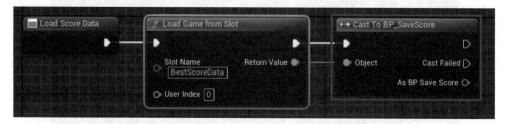

[그림 2.4-24] [Load Score Data] 함수 노드 생성하기 ❸

BP_SaveScore 클래스로 변환된 데이터에서 ScoreData를 Get으로 가져온 다음 반환 노드에 값을 전달해 줍니다.

[그림 2.4-25] [Load Score Data] 함수 노드 생성하기 ❷

세이브 과정을 제대로 따라왔다면 데이터를 다시 로드하는 과정은 거꾸로라서 의외로 쉽게 이해가될 것입니다. 물론 이 상태로도 LoadScoreData 함수는 완성되었다고 볼 수 있습니다. 하지만, 만일저장 슬롯에 저장한 적이 한 번도 없었다면 없는 슬롯에서 데이터를 가져오려고 하기 때문에 에러가발생할 수 있습니다. 슬롯을 삭제하였더라도 상황은 마찬가지입니다. 그렇다면 슬롯에서 데이터를읽어오기 전에 먼저 슬롯에 저장된 데이터가 있는지를 먼저 확인하는 과정을 추가해 봅시다.

먼저 함수 진입 노드와 [Load Game from Slot] 노드의 연결을 해제하고 그사이에 슬롯에 저장한데이터가 있는지 없는지를 체크하는 [Does Save Game Exist] 함수 노드를 생성해서 연결합니다.검색하려는 슬롯에 이름 항목에는 'BestScoreData'를 입력합니다. 슬롯 이름을 쓸 때는 항상 대소문자와 띄어쓰기가 달라지지 않도록 주의해야 합니다.

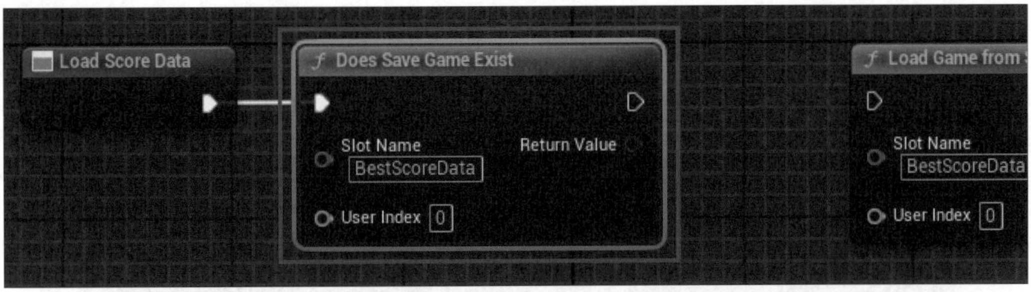

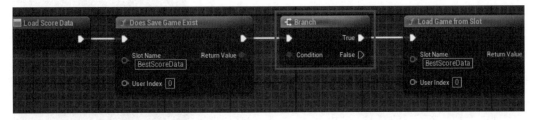

[그림 2.4-26] 슬롯에 저장된 것이 있는지 검사하기

만일 저장된 파일이 있다면 [Does Save Game Exist] 노드의 출력 핀의 값은 True일 것이고, 저장된 파일이 없다면 출력 핀의 값은 False가 나올 것입니다. [Branch] 노드를 이용해서 BestScoreData 슬롯에 저장한 값이 있다면(True) 슬롯에서 데이터를 로드하도록 조건문을 작성합니다.

[그림 2.4-27] [Branch] 노드 연결하기

자, 이제 저장 함수와 로드 함수를 모두 만들었으니 실제로 저장과 로드를 해 봅시다. 먼저 최고 점수를 저장하려면 최고 점수가 새로운 값으로 갱신되는 순간을 찾아야 합니다. Best Score를 갱신하는 기능은 AddScore 함수에서 구현했었죠? 좌측 My Blueprint 패널에서 AddScore 함수를 더블 클릭해서 이벤트 그래프 판으로 이동합니다.

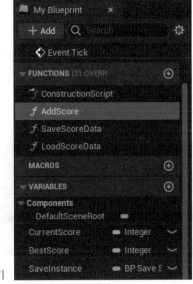

[그림 2.4-28] AddScore 함수 그래프 열기

구현부 마지막에 Best Score 변수에 최고 점수를 갱신하는 노드에 이어서 [Save Score Data] 함수 노드를 연결합니다. 매개변수 Save Value에는 갱신된 Best Score 값을 전달해 줍니다.

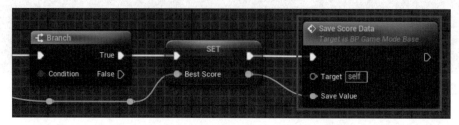

[그림 2.4-29] [Save Game to Slot] 함수 노드 연결

새로 플레이를 할 때마다 직전 플레이까지의 최고 점수 데이터가 표시되려면 게임 플레이를 시작하고 나서 처음에 최종 점수를 저장된 슬롯으로부터 읽어와야 합니다. 시작하자마자 처음 한 번이라고 한다면 아무래도 [BeginPlay] 함수 노드가 되겠죠? My Blueprint 패널에서 이벤트 그래프를 더블 클릭해서 이벤트 그래프로 이동합니다.

이벤트 그래프로 이동해서 [BeginPlay] 노드 쪽을 보면 앞에서 BP_MainWidget 블루프린트를 뷰 포트에 출력했던 부분이 있군요. 마지막에 배치했던 [Add to Viewport] 노드의 우측 실행 핀을 드래그해서 최고 점수 데이터를 읽기 위한 [Load Score Data] 함수 노드를 생성하고 연결합니다. [Load

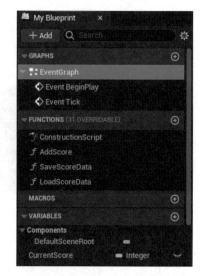

[그림 2.4-30] 이벤트 그래프 판으로 이동

Score Data] 함수의 실행 결과 반환되는 Best Score 출력 핀의 값을 [Best Score] 변수 노드에 저장합니다.

[그림 2.4-31] 저장된 최고 점수 불러오기

최고 점수의 저장과 불러오기를 테스트해 보기 위해 컴파일과 세이브를 하고 언리얼 에디터로 돌아가서 다시 플레이를 해 봅시다. 놀랍게도 게임을 껐다 켜거나 재시작을 하더라도 최고 점수가 유지되는 것을 확인할 수 있습니다. 물론 최고 점수가 갱신되면 새로운 값으로 저장되기도 하고요.

[그림 2.4-32] 최고 점수의 저장과 불러오기 결과 확인하기

## 2.4-2 실행 파일로 패키징하기

게임이 완성되었으니 이제 배포하기 위해 실행 파일로 프로젝트를 묶을 차례입니다. 이것을 언리얼 엔진에서는 '패키징(Packaging)'이라고 합니다. 패키징을 하는 과정을 개략적으로 살펴보면 먼저 엔진 내부에서 C++ 클래스 파일과 블루프린트 파일들을 모두 컴파일합니다. 다음으로 모델링 파일이나 음원 파일 같은 리소스 파일들을 앱을 실행할 디바이스에 적합한 포맷으로 변환합니다. 이 과정을 '쿠킹(Cooking)'이라고 합니다. 마지막으로 컴파일된 파일과 쿠킹된 파일을 묶어서 플랫폼에 맞는 실행 파일로 만듭니다. 가령 PC라면 exe 파일, 안드로이드 폰이라면 apk 파일로 말이죠.

> ✕ **학습 목표**
>
> 완성된 프로젝트를 실행할 수 있는 파일로 패키징하고 싶다.
>
> ✕ **구현 순서**
>
> ❶ 기본 맵 설정을 확인한다.
> ❷ 빌드 타입과 저장될 경로를 지정한다.
> ❸ 실행할 플랫폼을 선택하고 패키징을 실행한다.

1

1.1
1.2
1.3
1.4
1.5

2

2.1
2.2
2.3
2.4
2.5
2.6

3

3.1
3.2
3.3

4

4.1
4.2
4.3
4.4
4.5

부
록

## → 패키징 전 프로젝트 설정하기

패키징을 하기 전에 우선 기본적인 준비 사항들을 확인해 보겠습니다. 가장 먼저 확인할 것은 앱을 처음 실행했을 때 어떤 레벨부터 실행할 것인지를 결정하는 것입니다. 보통은 로그인 화면이나 로고 화면이 있는 레벨이 시작 레벨이 됩니다. 현재로서는 별도로 만들어 놓은 레벨이 MainMap 하나뿐이므로 MainMap을 기본 레벨로 설정하겠습니다. 언리얼 에디터 상단의 [Edit]-[Project Settings…]를 선택해서 프로젝트 설정 창을 열고 [Maps & Modes] 탭을 선택합니다. Game Default Map으로 MainMap을 설정하면 되는데 프로젝트를 처음 만들 때 이미 설정하였기 때문에 이미 기본 맵으로 지정되어 있을 것입니다.

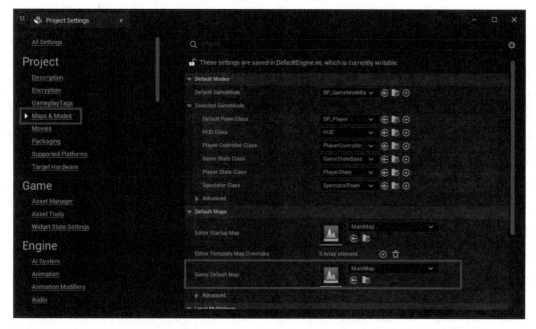

[그림 2.4-33] 시작(기본) 맵 설정

다음으로는 빌드 구성을 설정해야 합니다. '빌드 구성'이란 어떤 목적으로 패키징을 할 것인지를 설정하는 항목입니다. 프로젝트 설정 창 우측에서 [Packaging] 탭을 선택하면 우측에 있는 Build Configuration이 바로 빌드 구성을 설정하는 항목입니다.

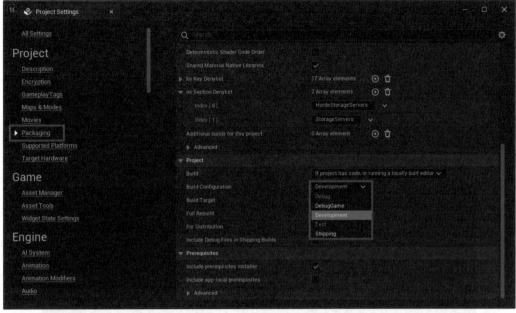

[그림 2.4-34] 패키징 목적 선택하기

빌드 구성은 Debug, DebugGame, Development, Test, Shipping의 다섯 가지 종류가 있습니다. 기본 값은 Development로 설정되어 있습니다.

| 빌드 구성 | 설명 |
|---|---|
| Debug | 프로젝트 디버깅을 하기 위한 심볼을 포함한 빌드 구성 |
| DebugGame | 게임 실행 중에 C++ 코드를 테스트할 수 있는 상태로 패키징을 할 수 있는 구성. 블루프린트 프로젝트에서는 사용 불가 |
| Development | 배포용 패키징과 동일한 형태의 빌드 구성으로서 개발자들이 실전 테스트용으로 패키징할 목적으로 선택 |
| Test | 디버깅 관련 심볼을 제거한 빌드 구성. 프로파일링과 통계 처리 기능이 추가되어 있다. |
| Shipping | 외부 배포용으로 최종 패키징을 하기 위한 빌드 구성 |

[표 2.4-1] 빌드 구성의 종류

실제 고객을 위한 배포 버전을 만들 것은 아니고 단순 테스트용으로서만 패키징을 할 것이기 때문에 여기서는 Development 빌드 구성을 선택하도록 하겠습니다.

다음으로 살펴볼 항목은 Full Rebuild입니다. Full Rebuild 항목은 패키징을 할 때마다 모든 C++ 코드와 블루프린트 스크립트를 전부 컴파일 할 것인지(True), 아니면 이전 패키징과 달라진 부분의 C++ 코드나 블루프린트 스크립트만 컴파일 할 것인지(False)를 결정하는 항목입니다. 일반적으로는 수정된 부분만 컴파일하는 편이 패키징 시간을 절약할 수 있어서 좋습니다. 다만, 실제 배포를 위한 Shipping 빌드 패키징이라면 모든 코드나 블루프린트 스크립트를 포함시키는 Full Rebuild 항목을 체크합니다.

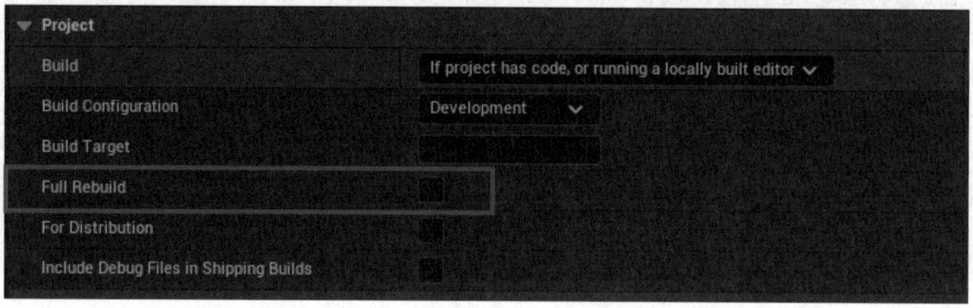

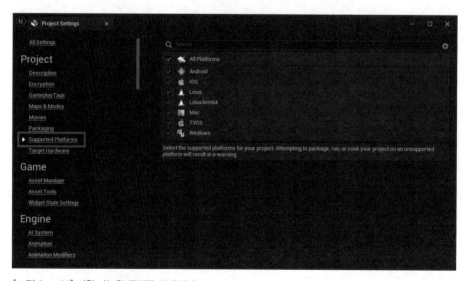

[그림 2.4-35] 패키징 경로 설정

프로젝트 설정 창 우측의 [Supported Platforms] 탭을 선택하면 지원 가능한 플랫폼을 설정할 수 있습니다. 기본적으로는 언리얼 엔진에서 가능한 모든 플랫폼이 지원 가능하도록 체크되어 있습니다.

[그림 2.4-36] 지원 가능한 플랫폼 선택하기

# → 프로젝트 패키징하기

설정이 완료되었으면 이제 실행 파일로 패키징을 하겠습니다. 언리얼 에디터 상단에 있는 [Platform] 버튼을 클릭하고 [Windows]-[Package Project]를 선택합니다.

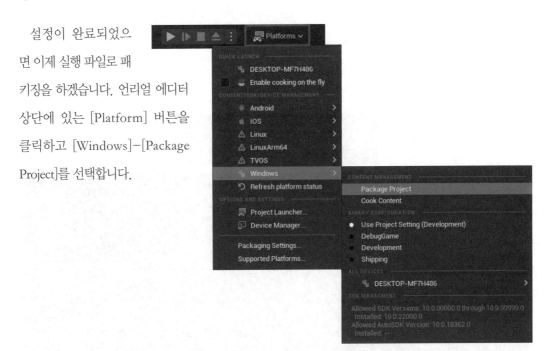

1

1.1
1.2
1.3
1.4
1.5

2

2.1
2.2
2.3
2.4
2.5
2.6

3

3.1
3.2
3.3

4

4.1
4.2
4.3
4.4
4.5

부
록

[그림 2.4-37] 윈도우(64-bit)용 패키징 선택하기

패키징을 시작하기 전에 패키징 된 파일을 저장할 폴더를 선택하라는 창이 생성됩니다. 앞서 패키징 설정에서 저장 경로를 미리 지정해 놓았다면 바로 [폴더 선택] 버튼을 누르면 됩니다.

[그림 2.4-38] 패키징 파일 저장 폴더 경로 지정하기

폴더 경로 지정이 끝나면 프로젝트를 패키징하고 있다는 팝업 창이 우측 하단에 표시됩니다. 패키징이 진행되는 시간은 컴파일하는 코드와 블루프린트의 양이나 리소스를 쿠킹하는 시간에 따라 천차만별입니다. 패키징 팝업 창에 있는 [Show Output Log]를 마우스로 클릭하면 Output Log 창이 열리면서 패키징 진행 과정을 로그로 보여 줍니다.

[그림 2.4-39] 패키징 진행 로그

패키징이 완료되면 완료 팝업이 뜨면서 패키징 파일이 저장된 폴더로 윈도우 탐색기 창이 열립니다.

[그림 2.4-40] 패키징 완료

윈도우 탐색기가 열리면 WindowsNoEditor 폴더 안에 있는 ShootingProject.exe 파일을 실행합니다. 드디어 우리가 만든 비행 슈팅 게임을 실행 파일로 플레이할 수 있게 되었군요!

[그림 2.4-41] ShootingProject.exe 파일

  이상으로 블루프린트로 만든 슈팅 게임 프로젝트가 끝났습니다. 다음 챕터에서는 본격적으로 C++ 언어를 이용한 프로젝트 개발을 위해 C++ 언어의 기초를 다루는 시간을 갖겠습니다. C++를 사용한다고 해도 블루프린트를 사용하지 않는 것은 아닙니다. 따라서, 앞으로의 진행 과정에서도 블루프린트 사용 연습만큼은 확실하게 숙지해 두기 바랍니다.

# 2.5 언리얼 C++ 기초

## 2.5-1 C++를 이용한 언리얼 엔진 개발하기

지금까지 블루프린트를 이용해서 프로젝트를 쭉 진행해 왔다면 이제부터는 'C++' 라는 프로그래밍 언어를 이용하여 흔히 말하는 코딩(Coding)으로 다시 한번 슈팅 프로젝트를 만들어 보겠습니다. 앞서 2장을 처음 시작할 때도 언급하였었지만 블루프린트 역시 코딩과 크게 다르지는 않습니다. 하지만, 그럼에도 불구하고 C++ 코딩은 여전히 공부할 가치가 충분합니다. 여러분이 만약 아주 간단한 미니 콘텐츠만 제작한다면 블루프린트만으로도 충분히 표현할 수 있습니다. 하지만, 규모가 크고 복잡한 설계 구조를 가진 프로젝트를 제작하거나 메모리 관리 등의 최적화 기술을 도입하고자 할 경우가 있을 수 있습니다. 이제 블루프린트에 대해 어느 정도 감은 익혔을 테니 만일 블루프린트로 기본 이동 외에 중력의 기능을 구현해서 이동 속도에 영향을 주도록 하거나 날씨에 따라 이동 반응을 다르게 구현한다고 생각해 보세요. 이동 구현에 추가되는 변수나 함수 노드가 얼마나 많아질까요? 문제는 노드 수가 많아지면 많아질수록 가독성이 떨어져서 시간이 지날수록 무엇을 구현하고자 했는지 알아보기 힘들어진다는 것입니다.

---

**✕ 학습 목표**

C++ 코드를 사용하는 프로젝트를 새로 생성하고 싶다.

**✕ 구현 순서**

❶ 언리얼 엔진 외에 Visual Studio 2022 설치 여부를 확인한다.
❷ C++ 코드를 사용하는 프로젝트를 생성한다.
❸ 언리얼 콘솔에 "Hello World!" 텍스트를 출력해 본다.

---

## → 비주얼 스튜디오 2022 설치 확인하기

프로그래밍 언어를 이용해서 코딩을 하기 위해서는 먼저 통합 개발 환경(Integrated Development Environment, IDE) 소프트웨어가 필요합니다. IDE는 쉽게 말하면 코드를 작성하고 컴파일하기 위한 편집기 앱으로 생각하면 됩니다. 코드는 텍스트로 작성되기 때문에 메모장이나 워드패드 같은 일반 텍스트 편집기로도 작성이 가능합니다. 실제로 메모장으로 작성한 코드를 '*.cpp'라는 확장자로 저장한 다음 별도의 컴파일러로 컴파일만 해준다면 코드 동작에는 문제가 없습니다. 여기서 컴파일이란 사람이 쓴 텍스트를 기계가 알아듣는 언어로 변환하는 작업을 의미합니다. 블루프린트 작업을 할 때도 [Compile] 버튼을 눌렀던 것은 기억하시죠? 이것도 역시 사람이 노드로 작성한 것을 기계어로 변환해 주는 기능입니다. 그럼 어째서 메모장 대신 IDE를 사용하는 것일까요?

IDE에는 텍스트 편집은 물론 컴파일러도 같이 있어서 코드 작성 후 컴파일이 버튼 한 번으로 실행됩니다. 거기에 디버깅(Debugging) 편의 기능까지 있어서 코드의 문제점을 찾아보고 확인하기 편리합니다. 실무에서 프로그램 개발을 하다 보면 실제로 코드를 작성하는 것보다 코드의 문법적 또는 논리적 오류를 찾아내는 것에 더 많은 시간을 할애하게 됩니다. 만일 IDE에서 제공하는 디버그 기능이 없었더라면 개발 시간은 엄청나게 늘어나게 될 거예요. 프로그래머 입장에서는 상상만 해도 끔찍하군요.

또, IDE의 강점이라고 한다면 바로 '인텔리센스(IntelliSense)' 기능을 빼놓을 수 없습니다. 인텔리센스는 여러분이 코드를 작성할 때 변수나 함수 등을 추천하거나 자동 완성을 시켜주는 막강한 편의 기능입니다. 인텔리센스가 없다면 프로젝트 내의 모든 변수나 함수의 이름을 대소문자까지 정확하게 외워야 하는데 코드의 규모가 커질수록 엄청나게 힘들어지겠죠? 그뿐만 아니라 인텔리센스는 다소 간과하기 쉬운 간단한 문법 요소를 자동으로 생성하거나 수정해 주는 역할도 하고 있어서 전세계 대부분 프로그래머는 IDE를 필수적으로 사용하고 있어요.

IDE 소프트웨어는 종류가 매우 다양한데 어떤 언어를 기반으로 사용하는지에 따라 선택하면 됩니다. 우리가 언리얼에서 사용하려는 C++ 언어를 비롯해서 흔히 C 계열 언어들, 즉 C, C++, C#을 주로 사용하는 개발자들은 '비주얼 스튜디오(Visual Studio)'라는 IDE를 사용하는 경우가 많습니다. 비주얼 스튜디오는 마이크로소프트(Microsoft) 사에서 만든 IDE로, 특히 VBA나 C, C++, C#, Objective-C 등의 언어를 윈도우 OS 환경에서 개발하기 편리하도록 제작되었습니다. 기본적으로 무료 버전(Community Ver.)을 제공하고 있기 때문에 누구나 부담 없이 사용할 수 있죠.

에픽 런처에서 언리얼 엔진을 처음 설치했을 때 기본적으로 비주얼 스튜디오 2022 버전이 함께 설치되도록 설정되어 있어 앞선 설치 순서대로 설치했다면 별도로 비주얼 스튜디오 2022를 설치할 필요는 없습니다. 하지만, 혹시라도 비주얼 스튜디오를 윈도우에서 삭제했거나 재설치가 필요한 경우가 발생할 수도 있습니다. 본질적으로 언리얼 엔진과 비주얼 스튜디오는 프로그램을 만든 회사도 다르고 목적도 다른 프로그램이기 때문에 각각 따로 설치했을 경우에는 두 프로그램 간에 서로 연동되어 있지 않습니다. 따라서, 이런 경우에 비주얼 스튜디오와 언리얼을 연결하는 방법을 알아보겠습니다.

먼저 언리얼 엔진 개발용으로 비주얼 스튜디오를 별도로 설치할 때는 Visual Studio 2022 Community 버전을 설치하기를 바랍니다. 집필 시점을 기준으로 설치할 수 있

[그림 2.5-1] Visual Studio 설치 버전

는 비주얼 스튜디오는 2012, 2013, 2015, 2017, 2019, 2022 버전이 있습니다. 이 중에서 가장 최근에 출시한 2022 버전을 설치하도록 하겠습니다.

설치된 비주얼 스튜디오를 언리얼과 연동하기 위해서 윈도우 시작 탭에서 'Visual Studio Installer'를 찾아서 실행합니다.

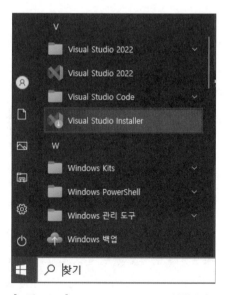

[그림 2.5-2] Visual Studio Installer 실행하기

비주얼 스튜디오 인스톨러(Visual Studio Installer) 창이 활성화되면 비주얼 스튜디오 커뮤니티 (Visual Studio Community) 2022 버전의 [수정(M)] 버튼을 클릭합니다. 비주얼 스튜디오는 한 컴퓨터에 여러 버전을 모두 설치하는 것이 가능하기 때문에 다른 용도로 사용하기 위해 비주얼 스튜디오를 여러 개 설치했을 경우에는 수정하려는 버전을 반드시 확인 바랍니다.

[그림 2.5-3] VS 2022 버전의 수정 버튼 선택

수정(Modify) 창이 생성되면 스크롤을 내려서 'C++를 사용한 데스크톱 개발' 항목과 'C++를 사용한 게임 개발' 항목에 체크해 줍니다. 그런 다음 창의 우측 하단에 있는 [수정(M)] 버튼을 클릭하면 해당 모듈 설치가 진행됩니다.

[그림 2.5-4] C++ 개발 관련 항목에 체크하기

## → 새 프로젝트 생성하기

이번에는 C++ 코드를 사용하는 프로젝트를 생성해 보겠습니다. 프로젝트 생성 과정 자체는 블루프린트 때와 크게 다르지 않습니다. 에픽 런처에서 [Launch] 버튼을 눌러서 언리얼 엔진부터 실행합니다. 프로젝트 생성 창에서 Games 탭을 선택하고, 옆에 있는 템플릿 선택 창에서는 Blank 템플릿을 선택합니다. 여기까지는 블루프린트 프로젝트를 생성할 때와 완전히 동일합니다. 다음으로 프로젝트 생성 창 우측의 Project Defaults 항목에서 Blueprint 대신 C++ 탭으로 변경해 줍니다. 프로젝트 이름은 C++로 제작하는 슈팅 프로젝트에 맞춰서 'ShootingCPP'로 설정하겠습니다. 설정을 완료했으면 [Create] 버튼을 눌러서 프로젝트를 생성해 줍니다.

[그림 2.5-6] 프로젝트 셋팅 변경하기

프로젝트가 생성되면 새 프로젝트를 위한 언리얼이 실행됨과 동시에 비주얼 스튜디오도 같이 실행됩니다. 우측에 솔루션 탐색기 창을 보면 'ShootingCPP'라는 항목이 있는데 이것이 바로 우리가 만든 언리얼 프로젝트입니다. 만일 비주얼 스튜디오가 실행되더라도 솔루션 탐색기가 화면에 보이지 않는다면 상단의 [보기(V)] 탭에서 솔루션 탐색기를 선택하시면 우측에 솔루션 탐색기 창이 생성됩니다.

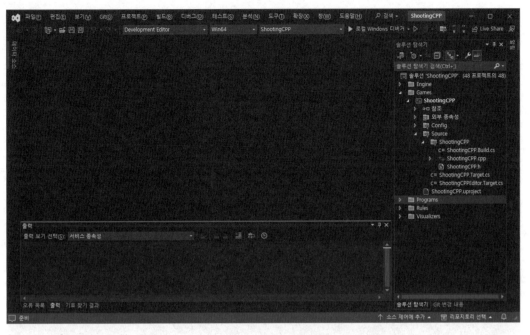

[그림 2.5-6] 비주얼 스튜디오 화면

언리얼로 돌아와서 콘텐트 드로어(Content Drawer)를 보면 블루프린트 프로젝트 때와 달리 'C++ Classes'라는 폴더가 하나 더 있는 것을 볼 수 있습니다. C++ Classes 폴더의 하위 폴더로 ShootingCPP 폴더가 있는데 이 폴더가 아까 비주얼 스튜디오에서 봤던 ShootingCPP 폴더와 같은 것입니다. 즉, 이 폴더 안에 C++ 언어로 작성된 스크립트 파일들이 생성되는 것이죠.

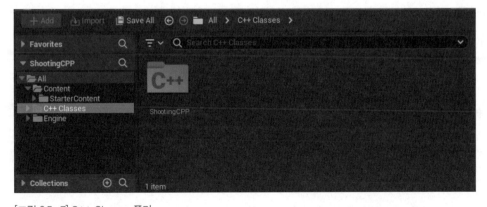

[그림 2.5-7] C++ Classes 폴더

다시 비주얼 스튜디오로 돌아와서 우측을 보면 윈도우 탐색기랑 비슷하게 트리 구조로 된 파일 구성이 보입니다. 이것은 솔루션 탐색기라고 하는 것으로 현재 프로젝트의 전체 파일 구조를 시각적으로 보여주는 역할을 합니다. 솔루션 탐색기에서 프로젝트 이름과 동일한 ShootinCPP.h 파일을 마우스로 클릭해 보겠습니다. 그러면 좌측에 파일 이름이 표시된 창이 열리면서 해당 파일에 작성된 코드가 보입니다.

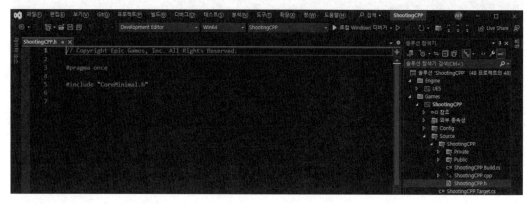

[그림 2.5-8] ShootingCPP 스크립트

그런데 ShootingCPP 파일이 두 개 있는 것이 보이나요? 파일의 확장자가 하나는 .h로 되어 있고 또 하나는 .cpp로 되어 있습니다. 확장자가 .h로 된 파일은 헤더 파일로, 해당 스크립트 안에 구현한 변수와 함수의 이름을 선언해 놓은 파일입니다. 반대로 확장자가 .cpp로 된 파일은 소스 파일 (Source File)로, 헤더 파일에서 미리 선언해 놓은 함수의 내용을 실제로 코드를 써서 구현한 파일입니다.

## → Hello World 출력하기

시험 삼아 C++ 코드로 'Hello World!'를 출력해 보겠습니다. 출력 방식에는 블루프린트 때처럼 스크린에 출력할 수도 있고, 언리얼에서 제공하는 출력 로그 창에 출력하는 방법도 있습니다. 이번에는 출력 로그 창을 이용해 Hello World를 출력하는 방법을 실습해 보겠습니다.

먼저 테스트용 액터 클래스를 만들어 봅시다. 콘텐트 드로어(Content Drawer)에서 C++ Classes 폴더를 선택합니다. 그런 다음 C++ 폴더 아이콘 옆에 마우스 커서를 옮겨 놓고 마우스 우클릭을 하면 [New C++ Class…]라는 팝업이 생성됩니다.

[그림 2.5-9] C++ 스크립트 파일 생성하기

[New C++ Class…] 항목을 클릭하면 새로운 C++ 스크립트 파일 생성 설정 창이 활성화됩니다. C++ 파일 생성 창에는 부모 클래스(Parent Class)를 선택하라고 표시되어 있습니다. 첫 클래스 파일 생성인만큼 언리얼에서 가장 기본 클래스라고 할 수 있는 액터(Actor) 클래스를 선택하고 [Next] 버튼을 클릭합니다.

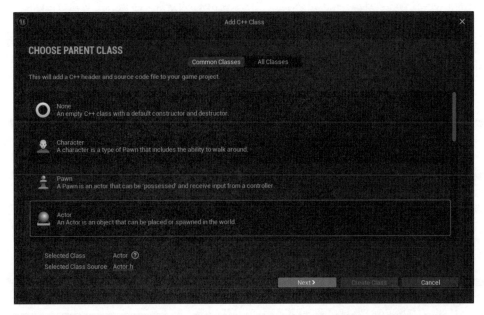

[그림 2.5-10] 부모 클래스 선택하기

블루프린트 때와 마찬가지로 파일의 이름을 정해 줘야 하는데 여기서는 간단히 'CodingTest Actor'라는 이름으로 짓도록 하겠습니다. 이름 설정 란의 우측에는 [Public]과 [Private] 선택 버튼이 있는데 여기서 [Public]으로 선택합니다. 입력이 다 됐으면 [Create Class] 버튼을 클릭합니다.

[그림 2.5-11] 액터의 이름과 저장 위치 설정

블루프린트 파일을 생성할 때에 비해 C++ 소스 파일은 생성하는데 좀 더 오랜 시간이 소요됩니다. 컴퓨터의 사양에 따라 짧게는 30초 정도에서 길게는 2~3분 정도까지 걸릴 수도 있습니다. CodingTestActor 파일이 생성되면 콘텐트 브라우저 패널에 Public이라는 폴더가 추가되면서 그 안에 파일이 생성되어 있는 것을 볼 수 있습니다.

[그림 2.5-12] Public 폴더 및 CodingTestActor 파일

또한 비주얼 스튜디오에서도 ShootingCPP 폴더 하위에 Public 폴더와 Private 폴더가 생성되어 있는 것도 확인할 수 있습니다. 솔루션 탐색기에서 보이는 것처럼 Public 폴더에는 헤더 파일(.h)이, Private 폴더에는 소스 파일(.cpp)이 생성되어 있습니다. 앞에서 C++ 클래스 생성 때에 선택한 Public은 헤더 파일의 저장 위치를 선택하는 것입니다. 만일 Private을 선택했었다면 헤더 파일과 소스 파일이 모두 Private 폴더에 생성되었을 것입니다. 애초에 헤더 파일은 마치 가게의 메뉴 판처럼 이 소스 파일에는 어떤 변수와 어떤 함수가 구현되어 있는지를 선언하는 것을 목적으로 만드는 것이라서 외부에서 접근하기 용이하도록 Public 폴더에 헤더 파일들만 모아 두는 것이 편리합니다. 게다가 폴더가 분리되어 있으면 굳이 확장자까지 보지 않고 파일명만 보더라도 이 파일이 헤더 파일인지 소스 파일인지를 구별할 수 있다는 장점도 있습니다.

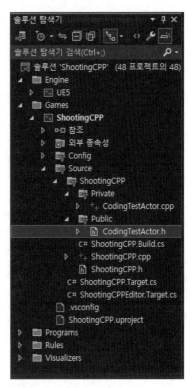

[그림 2.5-13] Public 폴더와 Private 폴더

먼저 솔루션 탐색기에서 CodingTestActor.h 파일을 더블 클릭합니다. 앞서 언급한 것처럼 헤더 파일에는 변수와 함수의 이름과 형식이 선언되어 있습니다. 잘 보면 블루프린트에서 자주 봤던 BeginPlay와 Tick이 보입니다. 전에 했던 것처럼 액터가 레벨에 생성되고 최초 1회만 출력되도록 BeginPlay() 함수의 구현부에 Hello World 출력 기능을 구현하도록 하겠습니다. 만일 C++가 처음이신 분들에게는 헤더 파일의 코드가 눈에 잘 들어오지 않을 테니 일단은 표시된 부분만 보면서 따라와 주세요.

```cpp
#pragma once

#include "CoreMinimal.h"
#include "GameFramework/Actor.h"
#include "CodingTestActor.generated.h"

UCLASS()
class SHOOTINGCPP_API ACodingTestActor : public AActor
```

```
{
        GENERATED_BODY()

public:
        // 이 액터의 속성에 대한 기본 값을 설정(Sets default values for this actor's properties)
        ACodingTestActor();

protected:
        // 게임이 시작될 때 또는 스폰될 때 호출됨(Called when the game starts or when spawned)
        virtual void BeginPlay() override;

public:
        // 매 프레임마다 호출됨(Called every frame)
        virtual void Tick(float DeltaTime) override;

};
```

[코드 2.5-1] CodingTestActor.h BeginPlay() 함수의 위치

 

헤더 파일에 BeginPlay가 선언되어 있는 것을 보니 소스 코드에 BeginPlay 함수가 구현되어 있을 것입니다. 솔루션 탐색기에서 CodingTestActor.cpp 파일을 더블클릭해 보면 중간 부분에 BeginPlay() 함수가 있습니다. 다음처럼 중괄호 안쪽에 Hello World 출력 코드를 작성합니다. 지금은 이해하려 하기 보다는 실습 삼아 따라서 입력해 본다는 마음으로 해 주세요.

```
#include "CodingTestActor.h"

// 기본 값 설정(Sets default values)
ACodingTestActor::ACodingTestActor()
{
        // 매 프레임마다 Tick()을 호출하도록 이 액터를 설정함. 필요하지 않은 경우 이 기능을 해제하여 성능을
        // 향상시킬 수 있음(Set this actor to call Tick() every frame. You can turn this off to improve
        // performance if you don't need it.)
        PrimaryActorTick.bCanEverTick = true;

}
```

```cpp
// 게임이 시작될 때 또는 스폰될 때 호출됨(Called when the game starts or when spawned)
void ACodingTestActor::BeginPlay()
{
    Super::BeginPlay();

    // Hello World 출력하기
    UE_LOG(LogTemp, Warning, TEXT("Hello World!"));
}
```

[코드 2.5-2] CodingTestActor.cpp Hello World 출력 코드 작성하기

코드 입력이 끝나면 컴파일을 해야 합니다. 컴파일을 하기 전에 먼저 라이브 코딩(Live Coding) 기능을 꺼 주도록 하겠습니다. 라이브 코딩 기능은 언리얼 5 버전에서 새로 추가된 기능인데 가끔씩 컴파일이 멈추는 상황이 발생되는 버그가 있기 때문에 이 책에서는 라이브 코딩 방식 대신 언리얼 4 버전에서부터 사용했던 기존 컴파일 방식을 주로 사용하도록 하겠습니다.

언리얼 에디터로 돌아와서 우측 하단의 점 세 개로 된 아이콘을 클릭하면 [Enable Live Coding] 항목이 보입니다. 프로젝트를 새로 생성하면 기본 값으로 체크되어 있을 것입니다. 다음 그림과 같이 마우스로 클릭해서 체크를 해제하여 줍니다.

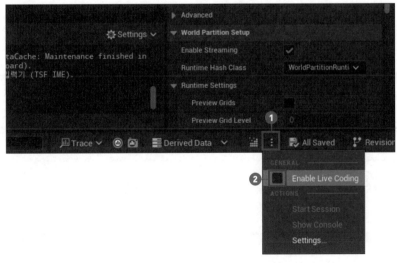

[그림 2.5-15] 프로젝트 빌드 ❶

라이브 코딩 기능을 Off 했다면 다시 비주얼 스튜디오로 돌아와서 비주얼 스튜디오 상단의 빌드(B) 탭에서 [ShootingCPP 빌드(U)] 항목을 선택해 줍니다.

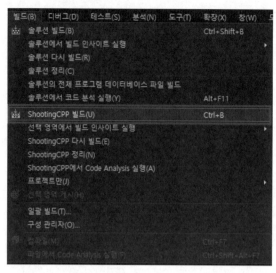

[그림 2.5-15] 프로젝트 빌드 ❷

비주얼 스튜디오에서 빌드가 끝나면 언리얼 엔진에서도 'Hot Reload Complete!'라는 문구가 우측 하단에 팝업됩니다. 언리얼 엔진에서는 개발자가 코드 편집기에서 삽입/수정/삭제된 코드 파일을 'dll'이라는 모듈 파일로 생성하고 관리하는데 이를 '핫 리로드(Hot Reload)'라고 합니다. 다시 말해 우리가 작성하고 컴파일한 코드를 언리얼 엔진 환경에 맞게 별도의 모듈로 관리하는 과정이라고 볼 수 있습니다.

[그림 2.5-16] 언리얼 엔진 핫 리로드

간혹 개발자가 코드를 변경할 때 자동으로 핫 리로드가 실행되지 않는 경우가 있는데 이 때는 언리얼 엔진 상단 툴 바에서 [Compile] 버튼을 직접 눌러 주면 됩니다.

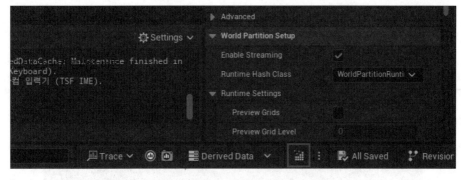

[그림 2.5-17] 컴파일 버튼

완성된 CPP 파일을 월드 공간에 배치하기 위해 블루프린트 파일로 상속시켜 봅시다. 먼저 블루프린트 파일을 생성할 폴더부터 만들어 보겠습니다. 콘텐트 브라우저에서 [+Add] - [New Folder]를 선택해서 새 폴더를 만들고 'Blueprints'라는 폴더명을 입력합니다.

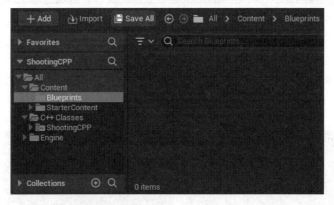

[그림 2.5-18] 블루프린트 폴더 생성하기

[+Add] - [Blueprint Class]를 선택해서 새로운 블루프린트를 생성합니다. 부모 클래스는 우리가 만든 CodingTestActor 클래스를 지정해야 합니다. 기본 Common Classes 버튼에는 나오지 않기 때문에 All Classes 항목을 펼쳐서 검색 창에 C++로 만든 클래스 이름을 입력해 봅시다. 그러면 우리가 만든 CodingTestActor 클래스가 검색됩니다. 검색된 CodingTestActor 클래스를 부모 클래스로 선택하고 [Select] 버튼을 클릭합니다.

[그림 2.5-19] CodingTestActor 클래스를 부모 클래스로 지정하기

생성된 블루프린트의 이름은 부모 클래스와 구분될 수 있도록 'BP_CodingTestActor'로 명명합니다.

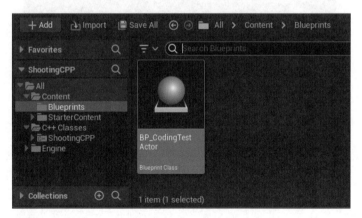

[그림 2.5-20] BP_CodingTestActor 블루프린트 생성하기

콘텐트 브라우저에서 CodingTestActor 클래스 파일을 드래그해서 레벨에 배치합니다. 아직 외형을 설정한 적은 없기 때문에 아무 데나 배치해도 관계없습니다.

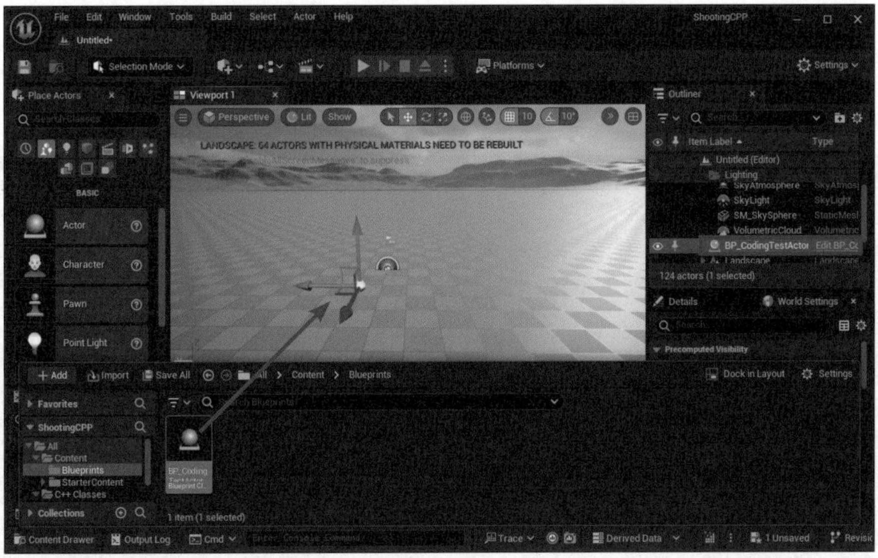

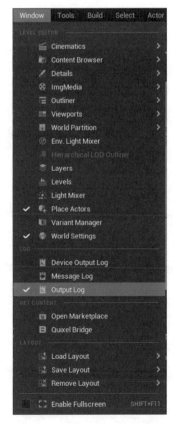

[그림 2.5-21] 액터 클래스 배치하기

코드에서 출력 로그(Output log) 창에 텍스트를 출력하는 방식으로 작성하였기 때문에 출력 로그 창을 미리 띄워 놓기 위해 에디터 상단 [Window] 탭에서 [Developer Tools] - [Output Log]를 선택합니다.

[그림 2.5-22] 출력 로그 창 생성하기

이제 준비가 됐으니 실제로 플레이를 해봅시다. Output Log 창을 보면 노란색 글씨로 'Hello World!'라고 출력된 것을 확인할 수 있습니다.

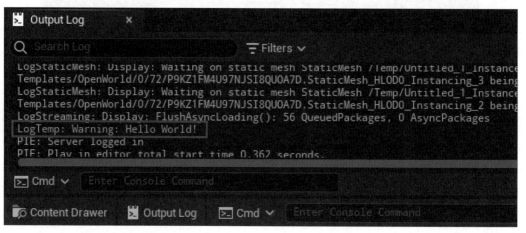

[그림 2.5-23] Hello World! 출력 확인하기

텍스트로 작성한다는 점만 빼면 코딩 절차도 블루프린트 개발 방식과 크게 다르지 않습니다. 이 제부터는 블루프린트 기초 때 했던 순서대로 기본적인 코딩 방법에 대해 알아보도록 하겠습니다.

## 2.5-2 C++에서의 변수와 함수

코딩의 기본은 변수와 함수에서 시작합니다. 앞서 블루프린트에서 만들어봤던 기본 자료형 변수와 몇 가지 형태의 함수를 C++ 언어로 구현해 보면서 블루프린트 때와의 차이점을 알아봅시다. 특히 언리얼의 리플렉션(Reflection) 시스템과 관련해서 프로퍼티(Property)의 사용법을 알아보도록 하겠습니다. 또 기능 구현을 위한 함수를 어떻게 선언하고 기능 구현은 어떻게 하는지 실습을 통해 학습해 보고, 언리얼 엔진의 UFUNTION 매크로와 블루프린트와의 관계에 대해서도 알아보도록 하겠습니다.

프로그래밍 언어도 언어이기 때문에 처음에는 이해보다 다소 암기해야 할 것들이 존재합니다. 그리고 무엇보다도 컴퓨터에 내리고 싶은 명령을 올바른 순서와 논리에 따라 대화하듯이 코드를 작성해 나가는 것이 중요합니다. 언어는 완벽한 구조 이해보다는 꾸준한 대화를 통해 체득하는 것이 효과적이고 이 점은 비단 사람의 언어만이 아니라 프로그래밍 언어에서도 통용되는 학습 방식입니다. 눈으로만 읽기보다는 자꾸 쓰고 실행해 보는 실천력이 무엇보다 중요합니다. 자, 그럼 두근거리는 마음으로 코딩을 시작해 봅시다.

✖ **학습 목표**

C++ 코드에서 변수와 함수의 선언 및 구현 방식을 알아본다.

✖ **구현 순서**

❶ 기본 자료형 네 가지를 만들어본다.
❷ 언리얼 변수의 특징인 UPROPERTY에 대해 알아본다.
❸ 함수의 선언 및 기능 구현을 해본다.
❹ 언리얼 함수의 특징인 UFUNCTION에 대해 알아본다.

## ➜ 기본 자료형 변수 제작하기

블루프린트 기초 파트에서 학습했던 기본 자료형 네 가지는 기억하시나요? 기억을 더듬어 보니 정수형(Integer), 실수형(Float), 문자열(String), 논리형(Boolean)이 있었죠. 블루프린트는 C++ 코드 기반으로 만들어진 것이기 때문에 당연히 C++ 언어에도 위의 기본 자료형이 존재합니다. 다만 표기 방식이 약간 다를 뿐이죠.

코드 방식에서 변수를 선언할 때의 형식은 다음과 같습니다.

❶ **변수 선언만 할 경우**

자료형 변수 이름;

[예] int32 number1;

❷ **변수를 선언하고 초기 값까지 넣어 놓을 경우**

자료형 변수 이름 = 초깃값;

[예] int32 number1 = 10;

코드에서 문장의 끝에는 반드시 세미콜론(;)을 붙여야 합니다. 세미콜론은 우리가 쓰는 문장의 마침표처럼 생각하면 됩니다. 컴퓨터는 줄바꿈 기호를 인지하는 것이 아니라 앞에서부터 한 글자씩 읽어오다가 세미콜론을 만나면 문장의 끝으로 알고 그 문장을 하나의 명령으로 인식합니다. 또한 변수를 선언할 때는 기본 값을 넣어서 생성할 수도 있고 그렇지 않을 수도 있습니다. 변수를 선언할 때에 개발자가 기본 값을 별도로 넣어주지 않는다면 각각의 자료형마다 정해진 고유의 기본 값으로 생성됩니다. 그럼 실제로 정수형 변수부터 만들어 보도록 하겠습니다.

변수 선언은 헤더에서 해야 한다고 했었죠? CodingTestActor.h 파일에서 가장 마지막 중괄호 위쪽에 다음과 같이 number1이라는 변수를 선언합니다.

```cpp
UCLASS()
class SHOOTINGCPP_API ACodingTestActor : public AActor
{
    GENERATED_BODY()

public:
    // 이 액터의 속성에 대한 기본값을 설정(Sets default values for this actor's properties)
    ACodingTestActor();

protected:
    // 게임이 시작될 때 또는 스폰될 때 호출됨(Called when the game starts or when spawned)
    virtual void BeginPlay() override;

public:
    // 매 프레임마다 호출됨(Called every frame)
    virtual void Tick(float DeltaTime) override;

    int32 number1 = 10;
};
```

[코드 2.5-3] **CodingTestActor.h** 정수형 변수 number1 선언

변수 이름은 number1이고 기본 값은 10으로 된 변수 선언이라는 것은 쉽게 알아볼 수 있을 것입니다. 그런데 정수형 자료형의 표기가 Integer가 아니라 int32로 되어 있군요? 이처럼 같은 의미라

도 언어에 따라 조금씩 표기 방식이 다른 경우가 있을 수 있습니다. 주의하실 것은 코드를 작성할 때에는 항상 대소문자와 띄어쓰기에 유의해야 합니다. 사람이 쓰는 문장이었다면 int32와 Int32, int 32처럼 조금 다르게 쓰더라도 보통 '아, 정수형을 말하려던 거구나.'라고 미루어 짐작할 수 있지만 컴퓨터는 사람과 달리 추측을 하지 않기 때문에 대소문자나 띄어쓰기에서 하나만 틀리더라도 다른 것으로 인식하고 오류를 발생시킵니다. 물론 IDE에 탑재된 인텔리센스 기능에 의해 오타로 보이는 부분에 빨간색 밑줄이 그어져서 실제로 실수할 확률은 낮지만 모든 경우에 표시되지는 않으므로 개발자 스스로가 각별히 주의해야 할 부분입니다.

> **Tip**
>
> **언리얼의 int 32 자료형**
>
> 참고로 본래 C++ 표준 문법에서는 정수형 자료형이 int이지만, 언리얼에서는 'int32'라는 별도의 자료형을 사용합니다. 표준 문법인 int 자료형은 앱을 실행하는 플랫폼마다 메모리를 차지하는 크기가 달라지는 경우가 발생하기 때문에 32비트로 고정된 int32라는 별도의 정수 자료형을 기본으로 사용합니다. 기존의 int 자료형도 사용하는 것 자체는 가능하지만 후술하는 UPROPERTY 기능을 사용할 수는 없습니다.

변수를 만들었으면 변수의 값을 실제 언리얼에서 출력해봐야겠죠? CodingTestActor.cpp 소스 파일에서 기존에 UE_LOG(…) 문장 앞에 슬래시 기호를 두 번 연속 입력(//)합니다. 아마 해당 문장의 폰트 색상이 녹색으로 변할 것입니다. '//' 기호는 주석을 넣을 때 사용합니다. 주석 처리는 컴퓨터가 수행 처리를 할 문장이 아닌 개발자의 메모 용도로 쓰는 글을 말합니다. 코딩을 할 때 주석을 많이 달아 놓으면 나중에 왜 이런 코드를 작성했는지 기억해낼 때 도움이 되고 다른 개발자와 협업을 할 때도 이 코드가 어떤 역할을 위해 작성된 것인지 알기에 용이합니다. 또 지금처럼 임시로 컴퓨터가 읽지 못하게 코드를 막아놓을 때도 편리합니다. 물론 문장을 삭제해버려도 되지만, 테스트를 위해 썼다 안 썼다를 반복할 때는 매번 지웠다가 다시 쓰는 것보다 '//' 기호만 추가하고 삭제하는 방법으로 활용하는 편이 훨씬 간편합니다.

주석 처리된 문장 아래쪽에 다음 문장을 추가합니다.

```
// 게임이 시작될 때 또는 스폰될 때 호출됨(Called when the game starts or when spawned)
void ACodingTestActor::BeginPlay()
{
```

```
    Super::BeginPlay();

    // Hello World 출력하기
    // UE_LOG(LogTemp, Warning, TEXT("Hello World!"));
    UE_LOG(LogTemp, Warning, TEXT("%d"), number1);
}
```

[코드 2.5-4] CodingTestActor.cpp number1 변수 값 출력하기

기존에 있던 문장과 동일하지만 마지막 TEXT(…) 부분이 조금 다릅니다. 기존 문장에는 괄호 안에 출력하려는 'Hello World!' 문자를 직접 썼었는데, 이번에는 '%d'라고만 들어가 있습니다. 이 %d 표시는 '정수형 서식(Formatting)'이라고 하는 특별한 기호입니다. 원래 TEXT의 괄호 안에는 문자열만 넣을 수 있게 되어 있는데 정수나 실수 같은 다른 자료형을 문자열 안에 넣을 때에 문자열 형식으로 치환해주는 용도로 서식 문자가 사용됩니다. 문자 서식에서 치환할 값은 콤마(,) 뒤에 변수 이름을 넣어주면 됩니다. [코드 2.5-4]의 경우 TEXT("%d") 다음에 콤마가 있고 이어서 'number1'이라는 변수 이름을 호출하고 있습니다. 이렇게 하면 %d의 위치에 number1 변수의 값이 문자열 형식으로 변환 돼서 들어가는 것입니다. 서식의 종류는 다양하지만 그중에서 자주 쓰이는 것은 다음의 세 종류입니다.

| 서식 | 변수 자료형 |
|---|---|
| %d | 정수형(int32) |
| %f | 실수형(float) |
| %s | 문자열 포인터(TChar*) |

[표 2.5-1] 많이 쓰이는 문자 서식의 종류

이제 비주얼 스튜디오에서 프로젝트 빌드를 진행합니다. 빌드가 종료되면 언리얼에서 플레이를 합니다. Output Log에 '10'이라는 숫자가 표시되는 것이 확인될 것입니다.

[그림 2.5-24] number1 변수 값 출력 확인

　Output Log 창에는 우리가 쓰는 로그 외에도 시스템 로그가 많아서 아마도 아래쪽으로 스크롤을 많이 해야 합니다. 우리가 출력하는 것만 표시되도록 하기 위해서는 필터 기능을 이용하면 됩니다. Output Log 상단의 Filters 항목을 선택한 다음 Warnings 항목을 제외한 다른 항목의 체크를 해제 합니다.

[그림 2.5-25] 로그 필터 적용하기

　일부는 파악했겠지만 우리가 작성한 UE_LOG 매크로 함수에는 다음과 같은 형식으로 매개변수를 넣도록 되어 있습니다.

```
UE_LOG (로그 카테고리, 로그 수준, 출력될 텍스트)
```

'로그 수준'이란 일반 메시지, 경고, 에러 위험 등의 메시지의 중요도를 나타내며 일반 메시지는 흰색, 경고는 노란색, 에러 위험은 빨간색의 색깔로 각각 구별되어 로그가 출력됩니다. 우리가 로그 수준을 'Warning'으로 설정했었기 때문에 필터에서 Warnings만 보이게 하면 다른 로그들이 보이지 않게 되는 것입니다. 로그 수준 외에도 로그 카테고리 인수도 있습니다. 다른 Warning 로그를 보지 않고 우리가 쓴 로그만 보려면 카테고리도 직접 지정해주면 좀 더 필터링이 될 수 있습니다. 앞에서 작성한 코드를 살펴보면 로그 카테고리를 LogTemp로 설정했었습니다. Output Log 창에서 Filters를 선택하고 Categories 항목에서 LogTemp만 체크를 유지하고 다른 항목의 체크를 모두 해제하면 정확히 LogTemp 카테고리의 Warning 수준의 로그만 출력되는 것을 확인할 수 있습니다.

참고로 모든 카테고리를 일괄적으로 체크하거나 체크 해제를 할 때에는 [Show All] 항목을 체크를 켜거나 해제하면 됩니다.

[그림 2.5-26] 로그 카테고리 설정하기

이번에는 실수형 자료형 변수를 만들어 봅시다. 다음과 같이 헤더 파일에서 number1 변수 아래에 number2 변수를 선언하고 초기 값으로 3.14를 넣어 주겠습니다. 주의할 점은 코드에서 소수점이 들어간 숫자를 작성할 때는 컴퓨터가 실수 숫자임을 인식할 수 있도록 숫자 뒤에 f를 붙여줘야 한다는 점입니다.

```
UCLASS()
class SHOOTINGCPP_API ACodingTestActor : public AActor
{
        GENERATED_BODY()

public:
        // 이 액터의 속성에 대한 기본 값을 설정(Sets default values for this actor's properties)
        ACodingTestActor();

protected:
        // 게임이 시작될 때 또는 스폰될 때 호출됨(Called when the game starts or when spawned)
        virtual void BeginPlay() override;

public:
        // 매 프레임마다 호출됨(Called every frame)
        virtual void Tick(float DeltaTime) override;

        int32 number1 = 10;
        float number2 = 3.14f;
};
```

[코드 2.5-5] CodingTestActor.h 실수형 변수 선언하기

소스 파일로 이동한 다음 BeginPlay() 함수 내부 아래쪽에 number2의 값을 출력하는 코드를 한 줄 추가합니다. 앞서 설명한 대로 실수형 변수의 문자 서식 기호는 %f입니다.

```
// 게임이 시작될 때 또는 스폰될 때 호출됨(Called when the game starts or when spawned)
void ACodingTestActor::BeginPlay()
{
    Super::BeginPlay();
    // Hello World 출력하기
    // UE_LOG(LogTemp, Warning, TEXT("Hello World!"));
    UE_LOG(LogTemp, Warning, TEXT(" %d "), number1);
    UE_LOG(LogTemp, Warning, TEXT(" %f "), number2);
}
```

[코드 2.5-6] CodingTestActor.cpp number2 변수 값 출력하기

비주얼 스튜디오에서 빌드를 하고 언리얼 에디터로 돌아와 플레이를 해 보겠습니다. number1 변수의 값 10 다음 줄에 '3.140000'이라는 number2의 값이 출력되는 것을 확인할 수 있습니다.

[그림 2.5-27] number2 변수 값 출력 결과

그런데 소수점이 우리가 원한 것보다 더 길게 출력되는군요. 소수점의 자릿수를 조절하기 위해서는 문자 서식에서 %와 f 사이에 원하는 [.자릿수]를 넣으면 됩니다. 만일 3.14까지만 출력되게 하려면 소수점 둘째 자리까지만 출력되어야 하므로 '%.2f'라고 입력하면 되는 것이죠.

```cpp
// 게임이 시작될 때 또는 스폰될 때 호출됨(Called when the game starts or when spawned)
void ACodingTestActor::BeginPlay()
{
    Super::BeginPlay();

    // Hello World 출력하기
    // UE_LOG(LogTemp, Warning, TEXT("Hello World!"));
    UE_LOG(LogTemp, Warning, TEXT( "%d" ), number1);
    UE_LOG(LogTemp, Warning, TEXT( "%.2f" ), number2);
}
```

[코드 2.5-7] CodingTestActor.cpp 소수점 출력 자릿수 조정하기

[그림 2.5-28] 출력 결과

다음은 문자열 변수입니다. Hello World를 출력할 때도 그랬듯이 문자열은 큰따옴표(" ") 안에 값을 입력해야 합니다. 즉 컴퓨터는 20이라고 쓰면 숫자로 인식하고, '20'이라고 쓰면 문자열로 인식합니다. 문자열 자료형은 FString입니다. 원래 C++ 표준 문법에서는 문자열 자료형이 string이지만, 언리얼에서는 표준 C++ 문자열을 사용하지 않고 언리얼에서 직접 만든 FString 클래스를 기본 문자열 자료형으로 제공하고 있습니다. 이는 int32의 경우와 마찬가지로 플랫폼에 따른 변수의 크기가 달라지기 때문입니다.

```cpp
UCLASS()
class SHOOTINGCPP_API ACodingTestActor : public AActor
{
    GENERATED_BODY()

public:
    // 이 액터의 속성에 대한 기본값을 설정(Sets default values for this actor's properties)
    ACodingTestActor();

protected:
    // 게임이 시작될 때 또는 스폰될 때 호출됨(Called when the game starts or when spawned)
    virtual void BeginPlay() override;

public:
    // 매 프레임마다 호출됨(Called every frame)
    virtual void Tick(float DeltaTime) override;

    int32 number1 = 10;
    float number2 = 3.14f;
    FString name = "Park Won Seok";
};
```

[코드 2.5-8] CodingTestActor.h 문자열 변수 선언

소스 파일에서도 %s 서식을 이용해서 name 변수의 값을 출력하는 코드를 추가합니다. 그런데 이때 name 앞에 * 표시가 있는 것에 주의하여야 합니다. 이는 후술할 포인터 변수의 값을 의미하는데 FString 자료형은 기본적으로 포인터 변수로 되어있어서 변수 자제에는 메모리 주소 값이 들어가

있기 때문입니다. 자세한 내용은 뒤에 포인터 개념을 설명할 때에 알아보도록 하겠습니다. 코드 작성이 끝나면 프로젝트를 빌드하고 언리얼 에디터에서 플레이를 해서 변수 값이 잘 출력되는지 확인해 봅니다.

```cpp
// 게임이 시작될 때 또는 스폰될 때 호출됨(Called when the game starts or when spawned)
void ACodingTestActor::BeginPlay()
{
    Super::BeginPlay();

    // Hello World 출력하기
    // UE_LOG(LogTemp, Warning, TEXT("Hello World!"));
    UE_LOG(LogTemp, Warning, TEXT("%d"), number1);
    UE_LOG(LogTemp, Warning, TEXT("%.2f"), number2);
    UE_LOG(LogTemp, Warning, TEXT("%s"), *name);
}
```

[코드 2.5-9] CodingTestActor.cpp name 변수 값 출력하기

[그림 2.5-29] 문자열 변수의 값 출력하기

한글도 잘 출력되는지 확인하기 위해서 name 변수에 한글 텍스트를 입력해 보겠습니다. 기존의 name 변수는 주석 처리하고 새로운 name 변수를 만들어서 한글을 초기 값으로 넣어 줍니다.

```cpp
UCLASS()
class SHOOTINGCPP_API ACodingTestActor : public AActor
{
    GENERATED_BODY()
```

```cpp
public:
    // 이 액터의 속성에 대한 기본값을 설정(Sets default values for this actor's properties)
    ACodingTestActor();

protected:
    // 게임이 시작될 때 또는 스폰될 때 호출됨(Called when the game starts or when spawned)
    virtual void BeginPlay() override;

public:
    // 매 프레임마다 호출됨(Called every frame)
    virtual void Tick(float DeltaTime) override;

    int32 number1 = 10;
    float number2 = 3.14f;
    // FString name = "Park Won Seok";
    FString name = " 박원석 ";
};
```

[코드 2.5-10] CodingTestActor.h 한글 문자열 입력하기

다시 빌드하고 플레이를 해 보면 우리가 원했던 텍스트 대신 알 수 없는 문자가 출력되는 것이 보일 것입니다. 이것은 이른바 한글 깨짐 현상으로 텍스트를 처리하는 파일의 인코딩(Encoding)이 언리얼 엔진의 인코딩과 다르기 때문에 발생하는 문제입니다. 쉽게 말해서 현재 비주얼 스튜디오에서 사용하는 한글 처리 방식과 언리얼 엔진에서 사용하는 한글 처리 방식이 서로 달라서 생기는 오류라고 생각하면 됩니다.

[그림 2.5-30] 한글 깨짐 문제

이 문제를 해결하기 위해서는 CodingTestActor.h 파일의 인코딩을 유니코드 방식으로 변경해서 저장해 주어야 합니다. 또 한글 문자열도 유니코드로 처리 가능하도록 TEXT 매크로로 감싸주어야 합니다. 우선 가장 먼저 '박원석' 문자열을 TEXT("박원석")으로 수정합니다.

```cpp
UCLASS()
class SHOOTINGCPP_API ACodingTestActor : public AActor
{
    GENERATED_BODY()

public:
    // 이 액터의 속성에 대한 기본값을 설정(Sets default values for this actor's properties)
    ACodingTestActor();

protected:
    // 게임이 시작될 때 또는 스폰될 때 호출됨(Called when the game starts or when spawned)
    virtual void BeginPlay() override;

public:
    // 매 프레임마다 호출됨(Called every frame)
    virtual void Tick(float DeltaTime) override;

    int32 number1 = 10;
    float number2 = 3.14f;
    // FString name = "Park Won Seok";
    FString name = TEXT("박원석");
};
```

[코드 2.5-11] CodingTestActor.h 문자열을 TEXT 매크로로 감싸기

스크립트 파일의 인코딩 방식을 변경하기 위해 비주얼 스튜디오 상단의 파일(F) 탭을 클릭하고 [다른 이름으로 CodingTestActor.h 저장(A)...]을 선택합니다.

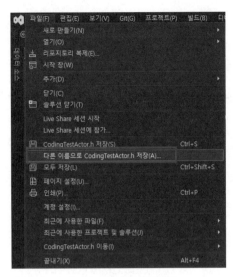

[그림 2.5-31] 다른 이름으로 저장하기

'다른 이름으로 저장하기'를 선택하면 하단의 [저장] 버튼 우측에 작은 내림 화살표 아이콘이 보입니다. 이 아이콘을 클릭하면 [인코딩하여 저장(V)...]을 선택하여 인코딩을 변경해 줍니다.

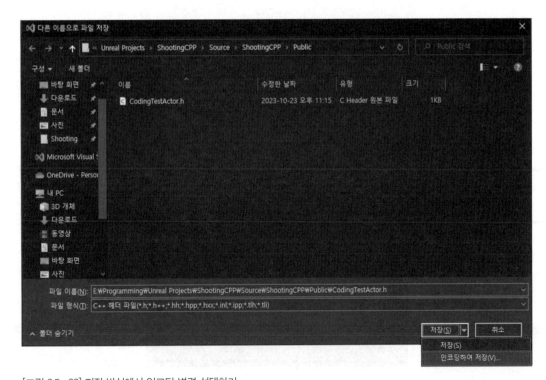

[그림 2.5-32] 저장 방식에서 인코딩 변경 선택하기

동일한 이름으로 인코딩만 바꾸기 때문에 파일 덮어쓰기를 할 것인지를 확인하는 팝업 창이 생성됩니다. [예(Y)]를 눌러서 덮어쓰기를 진행합니다.

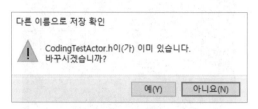

[그림 2.5-33] 다른 이름으로 저장 확인 팝업

'고급 저장 옵션' 창을 보면 인코딩이 '한국어-코드 페이지 949'로 설정되어 있을 것입니다. 인코딩 리스트에서 '유니코드(서명 있는 UTF-8)'로 변경합니다. 변경 후에 [확인] 버튼을 누르면 인코딩이 유니코드로 변경된 파일이 저장됩니다.

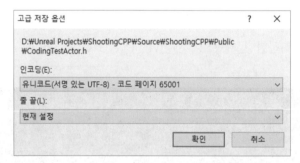

[그림 2.5-34] 인코딩 방식을 유니코드(UTF-8) 방식으로 변경하기

파일이 변경되었으니 다시 빌드를 합니다. 빌드가 완료되고 다시 플레이를 하면 한글이 정상적으로 출력되는 것을 확인할 수 있습니다.

[그림 2.5-35] 한글 정상 출력 확인하기

마지막으로 논리형 자료형 변수를 만들어 봅시다. 블루프린트에서는 **Boolean**이었지만 코드에서는 **bool**입니다. 논리형 자료형의 경우 참과 거짓만을 값으로 가질 수 있는데 코드에서 참은 **true**, 거짓은 **false** 키워드를 사용합니다.

```cpp
UCLASS()
class SHOOTINGCPP_API ACodingTestActor : public AActor
{
    GENERATED_BODY()

public:
    // 이 액터의 속성에 대한 기본값을 설정(Sets default values for this actor's properties)
    ACodingTestActor();

protected:
    // 게임이 시작될 때 또는 스폰될 때 호출됨(Called when the game starts or when spawned)
    virtual void BeginPlay() override;

public:
    // 매 프레임마다 호출됨(Called every frame)
    virtual void Tick(float DeltaTime) override;

    int32 number1 = 10;
    float number2 = 3.14f;
    // FString name = "Park Won Seok";
    FString name = TEXT(" 박원석 ");
    bool isReady = true;
    bool isFinished = false;
};
```

[코드 2.5-12] **CodingTestActor.h** bool 변수 선언 및 초기화

논리형 자료형도 출력 테스트를 해야 하지만 출력하려면 다른 자료형과는 달리 조건문을 사용해야 하기 때문에 뒤에서 조건문을 학습한 뒤에 출력 테스트를 해 보겠습니다.

## → UPROPERTY 시스템

블루프린트에서 변수를 만들 때 Instance Editable 항목에 체크를 하면 언리얼 에디터 메인 화면의 디테일 패널에서 변수 이름과 값이 표시되고 값을 수정할 수도 있었습니다. 굳이 플레이를 하지 않아도 언리얼 엔진에서 코드에 구현된 클래스와 변수, 함수 등을 미리 읽고 조사하는 기능을 언리얼 엔진의 '리플렉션(Reflection) 기능'이라고 합니다. 리플렉션 기능에 등록해서 변수를 읽고 수정 가능 여부를 설정하기 위한 시스템이 바로 프로퍼티 시스템입니다.

C++ 코드에서는 블루프린트에서보다 더욱 많은 프로퍼티 옵션을 제공합니다. 일단 테스트 삼아서 number1과 number2 변수를 에디터 화면에 다른 UPROPERTY 옵션으로 출력해 보도록 하겠습니다. UPROPERTY는 반드시 적용시키려는 변수의 앞쪽에 작성해야 합니다.

```cpp
UCLASS()
class SHOOTINGCPP_API ACodingTestActor : public AActor
{
        GENERATED_BODY()

public:
      ACodingTestActor();
protected:
      virtual void BeginPlay() override;
public:
      // 매 프레임마다 호출됨(Called every frame)
      virtual void Tick(float DeltaTime) override;

      UPROPERTY(EditAnywhere)
      int32 number1 = 10;

      UPROPERTY(VisibleAnywhere)
      float number2 = 3.14f;

      // FString name = "Park Won Seok";
      FString name = TEXT( " 박원석 " );
      bool isReady = true;
      bool isFinished = false;
};
```

[코드 2.5-13] CodingTestActor.h UPROPERTY 추가

빌드 후에 언리얼 에디터로 돌아가서 아웃라이너 패널에서 'CodingTestActor'를 선택합니다. 다음 디테일 패널을 보면 number1과 number2 변수가 표시되는 것을 알 수 있습니다.

[그림 2.5-36] 언리얼 에디터에서의 변수 표시

그런데 number1은 수정이 가능한데 반해 number2는 볼 수만 있고 값을 수정할 수가 없네요. 그럼 다시 코드에서 UPROPERTY 옵션을 살펴봅시다. number1 변수의 옵션은 EditAnywhere 직역하면 '어디서든 수정'이고, number2 변수의 옵션은 VisibleAnywhere 직역하면 '어디서든 보기'입니다. 즉, 접두어가 Edit이면 변수 값의 수정이 가능하게 표시되고, 반대로 접두어가 Visible이면 변수 값을 그냥 볼 수만 있습니다.

마찬가지로 접미어 부분도 바꿔서 적용해 보도록 하죠. number1 변수 옵션은 EditAnywhere 그대로 두고 number2 변수에 EditDefaultOnly, name 변수에 EditInstanceOnly를 각각 UPROPERTY 옵션으로 추가하도록 하겠습니다.

```cpp
UCLASS()
class SHOOTINGCPP_API ACodingTestActor : public AActor
{
                ⋯ (생략) ⋯

public:
    // 매 프레임마다 호출됨(Called every frame)
    virtual void Tick(float DeltaTime) override;
```

```
    UPROPERTY(EditAnywhere)
    int32 number1 = 10;

    UPROPERTY(EditDefaultsOnly)
    float number2 = 3.14f;

    // FString name = "Park Won Seok";
    UPROPERTY(EditInstanceOnly)
    FString name = TEXT("박원석");

    bool isReady = true;
    bool isFinished = false;
};
```

[코드 2.5-14] CodingTestActor.h UPROPERTY 설정 변경

비주얼 스튜디오에서 다시 빌드를 하고 언리얼 엔진으로 돌아와서 월드 아웃라이어 패널에서 BP_CodingTestActor를 선택하면 UPROPERTY 옵션의 접미사를 Anywhere로 한 number1과 InstanceOnly로 한 name 변수만 디테일 패널에 표시됩니다. 월드에 배치된 액터를 원본 블루프린트 파일에서 복제된 인스턴스라고 전에 말한 바 있습니다. 따라서 어디든지(Anywhere)와 인스턴스에서만(InstanceOnly)의 경우는 월드에 배치된 블루프린트 인스턴스에서 값 수정이 가능한 것입니다.

[그림 2.5-37] Anywhere와 InstanceOnly 옵션

그럼 DefaultsOnly의 경우에는 어디에서 수정이 가능할까요? BP_CodingTestActor 원본 블루프린트 설정 창을 열고 우측 디테일 패널을 보면 Anywhere였던 number1 변수와 DefaultsOnly였던 number2 변수가 표시되는 것을 알 수 있습니다.

[그림 2.5-38] Anywhere와 DefaultsOnly 옵션

지금까지 테스트했던 것들을 토대로 변수의 표시 및 수정 권한 옵션을 살펴보면 다음과 같습니다.

| 변수 표시 옵션 | 옵션 효과 |
| --- | --- |
| EditAnywhere | 어디서든 수정 가능 |
| EditInstanceOnly | 월드에 배치한 인스턴스에서만 수정 가능 |
| EditDefaultsOnly | 블루프린트 설정 창에서만 수정 가능 |
| VisibleAnywhere | 어디서든 보기 가능 |
| VisibleInstanceOnly | 월드에 배치한 인스턴스에서만 보기 가능 |
| VisibleDefaultsOnly | 블루프린트 설정 창에서만 보기 가능 |

[표 2.5-2] 변수 표시 옵션의 효과 정리

UPROPERTY 옵션은 이 밖에도 매우 많습니다. 특히 블루프린트 비주얼 스크립팅과 관련된 옵션도 한번 알아봅시다.

CodintTestActor.h 파일에서 number1과 number2의 UPROPERTY 옵션에 BlueprintReadWrite와 BlueprintReadOnly를 각각 설정해줍니다. 옵션은 이와 같이 콤마(,)를 기준으로 연속해서 추가할 수 있습니다.

```
UCLASS()
class SHOOTINGCPP_API ACodingTestActor : public AActor
{
                ... (생략) ...


public:
        // 매 프레임마다 호출됨(Called every frame)
        virtual void Tick(float DeltaTime) override;

        UPROPERTY(EditAnywhere, BlueprintReadWrite)
        int32 number1 = 10;

        UPROPERTY(EditDefaultsOnly, BlueprintReadOnly)
        float number2 = 3.14f;

        // FString name = "Park Won Seok";
        UPROPERTY(EditInstanceOnly)
        FString name = TEXT("박원석");

        bool isReady = true;
        bool isFinished = false;
};
```

[코드 2.5-15] **CodingTestActor.h** UPROPERTY 설정 변경


코드 빌드 후에 BP_CodingTestActor 블루프린트 설정 창에 들어갑니다. 이벤트 그래프 창에서 number1 변수를 검색하면 [Get] 노드와 [Set] 노드를 둘 다 생성할 수 있지만 number2 변수를 검색하면 [Get] 노드만 생성할 수 있습니다.

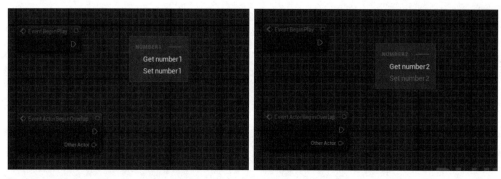

[그림 2.5-39] ReadWrite와 ReadOnly의 차이

언리얼 엔진 문서에서 프로퍼티(https://docs.unrealengine.com > Properties)를 검색하면 이 밖에도 다양한 옵션을 찾아볼 수 있으니 꼭 한번 검색해 보기를 바랍니다. 나머지 옵션들은 슈팅 프로젝트를 진행하면서 메타 옵션 사용이 필요할 때마다 설명하도록 하겠습니다.

## → C++ 함수 만들기

이번에는 두 정수를 입력 값으로 받아서 두 정수의 합을 결과로 반환하는 함수를 C++ 코드로 만들어 보겠습니다. 함수는 쉽게 생각하면 착즙기처럼 재료를 넣으면 결과물을 배출하는 도구라고 앞에서 설명한 바 있습니다. 함수를 만들 때는 헤더 파일에 어떤 함수를 구현할 것인지 선언하고, 소스 파일에 함수의 기능을 구현해야 합니다. 선언과 구현은 다음의 형식대로 하면 됩니다.

>>> **함수 선언**
반환 자료형 함수명(매개변수1, 매개변수2, …);
예 int32 Add(int32 num1, int32 num2);

>>> **함수 구현**
반환 자료형 클래스명::함수명(매개변수1, 매개변수2, …)
{
      기능 구현부 코드;
}
예 int32 AMyClass::Add(int32 num1, int32 num2)
  {
      int32 result = num1 + num2;
      return result;
  }

'반환 자료형'이란 함수를 실행했을 때 최종 결과로 나올 값을 담을 변수(그릇)의 자료형을 의미합니다. 함수 선언문에 표시된 반환 자료형을 보면 함수의 결괏값을 어떤 변수에 받아 놓을지 알기 편하겠죠? 주의해야 할 점은 함수를 선언할 때는 매개변수 소괄호 뒤에 세미콜론(;)을 붙여줘야 하지만, 실제 함수 구현을 할 때는 매개변수 소괄호 뒤에 세미콜론(;)을 붙이지 않고 중괄호를 써줘야 한다는 점입니다.

그럼 실제로 더하기 함수를 만들어봅시다. CodingTestActor.h 파일에 다음처럼 더하기 함수를 선언합니다.

```cpp
UCLASS( )
class SHOOTINGCPP_API ACodingTestActor : public AActor
{
                … (생략) …

public:
    // 매 프레임마다 호출됨(Called every frame)
    virtual void Tick(float DeltaTime) override;

    UPROPERTY(EditAnywhere, BlueprintReadWrite)
    int32 number1 = 10;

    UPROPERTY(EditDefaultsOnly, BlueprintReadOnly)
    float number2 = 3.14f;

    // FString name = "Park Won Seok";
    UPROPERTY(EditInstanceOnly)
    FString name = TEXT("박원석");

    bool isReady = true;
    bool isFinished = false;

    // 더하기 함수 선언
    int32 Add(int32 num1, int32 num2);
};
```

[코드 2.5-16] CodingTestActor.h Add 함수 선언하기

이제 헤더 파일에서 선언한 Add( ) 함수를 소스 파일에 구현해야 합니다. 함수를 구현할 때 주의할 점은 다른 함수 안에 함수를 구현해서는 안 된다는 점입니다. 함수는 반드시 독립적으로 작성되어야 합니다. 소스 파일 제일 하단부 빈곳에 Add 함수의 선언을 해 줍니다. 소스 파일에서 함수 선언할 때는 함수의 이름 앞에 헤더 파일의 클래스명을 써 줘야 합니다. 헤더 파일 안에는 클래스를 여러 개 만들 수도 있기 때문에 구현하려는 함수가 헤더 파일의 어떤 클래스에 선언된 함수인지를

알 수 있도록 하는 것입니다. 그런데 클래스 이름 앞에 'A'라는 접두어가 붙어 있네요? 언리얼에서 클래스를 생성할 때 액터 클래스(AActor)로부터 파생된 클래스는 클래스 이름이 A로 시작합니다. 마찬가지로 오브젝트 클래스(UObject)로부터 파생된 클래스 이름에는 'U'라는 접두어가 붙습니다. 함수 선언부 아래쪽에 중괄호는 함수를 실행했을 때 작동될 기능을 적는 곳입니다.

```cpp
#include "CodingTestActor.h"

// 기본 값 설정(Sets default values)
ACodingTestActor::ACodingTestActor()
{
    // 매 프레임마다 Tick()을 호출하도록 이 액터를 설정함. 필요하지 않은 경우 이 기능을 해제하여 성능을
    // 향상시킬 수 있음(Set this actor to call Tick() every frame.  You can turn this off to improve
    // performance if you don't need it.)
    PrimaryActorTick.bCanEverTick = true;

}

// 게임이 시작될 때 또는 스폰될 때 호출됨(Called when the game starts or when spawned)
void ACodingTestActor::BeginPlay()
{
    Super::BeginPlay();

    // Hello World 출력하기
    // UE_LOG(LogTemp, Warning, TEXT("Hello World!"));
    UE_LOG(LogTemp, Warning, TEXT("%d"), number1);
    UE_LOG(LogTemp, Warning, TEXT("%.2f"), number2);
    UE_LOG(LogTemp, Warning, TEXT("%s"), *name);
}

// 매 프레임마다 호출됨(Called every frame)
void ACodingTestActor::Tick(float DeltaTime)
{
    Super::Tick(DeltaTime);

}

int32 ACodingTestActor::Add(int32 num1, int32 num2)
{

}
```

[코드 2.5-17] CodingTestActor.cpp Add 함수 구현하기

1

1.1
1.2
1.3
1.4
1.5

2

2.1
2.2
2.3
2.4
2.5
2.6

3

3.1
3.2
3.3

4

4.1
4.2
4.3
4.4
4.5

부
록

Add( ) 함수 구현부를 완성해 볼까요? 코드라고 해서 일반적으로 쓰는 더하기 방식과 크게 다를 것은 없습니다. 매개변수로 입력 받은 num1과 num2 사이에 + 기호를 넣어 주기만 하면 두 매개변수의 합계가 계산됩니다. 이때 합산된 결과를 담아 놓을 변수가 필요합니다. num1 + num2의 좌측에 정수형 변수 result를 생성해서 결괏값을 받아주겠습니다. 헤더 파일이 아닌데 변수를 어떻게 생성할 수 있느냐고요? 소스 파일의 함수 안에는 그 함수에서만 사용할 수 있는 '지역 변수'라고 하는 임시 변수를 생성할 수 있습니다. 지역 변수에 대한 설명은 조금 뒤에 하도록 하겠습니다.

```cpp
#include "CodingTestActor.h"

          … (생략) …

// 매 프레임마다 호출됨(Called every frame)
void ACodingTestActor::Tick(float DeltaTime)
{
    Super::Tick(DeltaTime);

}

int32 ACodingTestActor::Add(int32 num1, int32 num2)
{
    int32 result = num1 + num2;
}
```

[코드 2.5-18] CodingTestActor.cpp 매개변수 더하기

함수의 목적은 계산된 결과를 값으로 반환해 주는 것이므로 result 변수에 담아 놓은 값을 반환해주는 코드를 추가해야 합니다. 값을 반환할 때는 return이라는 키워드를 사용하면 됩니다.

```cpp
#include "CodingTestActor.h"

          … (생략) …

// 매 프레임마다 호출됨(Called every frame)
void ACodingTestActor::Tick(float DeltaTime)
```

```
{
    Super::Tick(DeltaTime);

}

int32 ACodingTestActor::Add(int32 num1, int32 num2)
{
    int32 result = num1 + num2;
    return result;
}
```

[코드 2.5-19] CodingTestActor.cpp 결괏값 반환하기

만들어진 Add( ) 함수를 사용해 보려면 매개변수로 전달할 정수형 변수 2개가 필요하니 헤더 파일에서 number2 변수의 자료형을 float에서 int32로 변경합니다. 그리고, 초깃값도 정수 값으로 변경합니다. 함수 테스트 중에 에디터에서 변수 값을 변경하기 쉽도록 number2 변수의 UPROPERTY 옵션도 EditAnywhere로 수정합니다.

```
UCLASS()
class SHOOTINGCPP_API ACodingTestActor : public AActor
{
                    … (생략) …

public:
    // 매 프레임마다 호출됨(Called every frame)
    virtual void Tick(float DeltaTime) override;

    UPROPERTY(EditAnywhere, BlueprintReadWrite)
    int32 number1 = 10;

    UPROPERTY(EditAnywhere, BlueprintReadOnly)
    int32 number2 = 30;

    // FString name = "Park Won Seok";
    UPROPERTY(EditInstanceOnly)
    FString name = TEXT("박원석");
```

```
    bool isReady = true;
    bool isFinished = false;

    // 더하기 함수 선언
    int32 Add(int32 num1, int32 num2);
};
```

[코드 2.5-20] CodingTestActor.h number2의 자료형 변경하기

다시 소스 파일로 돌아가서 Add 함수를 호출하면서 number1 변수와 number2 변수를 매개변수 위치에 넣어줍니다. 함수의 실행 결과를 받을 result 변수도 코드 좌측에 생성하겠습니다. 계산된 값을 UE_LOG 매크로 함수를 이용해서 출력해 주는 것도 잊지 마세요.

```
#include "CodingTestActor.h"

// 기본 값 설정(Sets default values)
ACodingTestActor::ACodingTestActor()
{
    // 매 프레임마다 Tick()을 호출하도록 이 액터를 설정함. 필요하지 않은 경우 이 기능을 해제하여 성능을
    // 향상시킬 수 있음(Set this actor to call Tick() every frame. You can turn this off to improve
    // performance if you don't need it.)
    PrimaryActorTick.bCanEverTick = true;

}

// 게임이 시작될 때 또는 스폰될 때 호출됨(Called when the game starts or when spawned)
void ACodingTestActor::BeginPlay()
{
    Super::BeginPlay();

    // Hello World 출력하기
    // UE_LOG(LogTemp, Warning, TEXT("Hello World!"));
    // UE_LOG(LogTemp, Warning, TEXT("%d"), number1);
    // UE_LOG(LogTemp, Warning, TEXT("%.2f"), number2);
    // UE_LOG(LogTemp, Warning, TEXT("%s"), *name);
```

```
// Add 함수를 이용해서 number1과 number2 변수의 값의 합을 구한다.
int32 result = Add(number1, number2);

// 함수 결과로 반환된 result의 값을 출력한다.
UE_LOG(LogTemp, Warning, TEXT("%d"), result);
}
```

… (생략) …

[코드 2.5-21] CodingTestActor.cpp Add 함수 호출하기

빌드한 다음에 언리얼 에디터의 아웃라이너 패널에서 BP_CodingTestActor 인스턴스를 선택합니다. 다음 디테일 패널에 number1 변수와 number2 변수가 정수로 잘 표시되는지 먼저 확인해봅니다. 물론 그림과 다른 값으로 넣어도 됩니다.

[그림 2.5-40] 변수 값 확인하기

에디터에서 플레이를 해 보면 출력 로그 창에 number1과 number2의 값을 더한 결과가 출력되는 것을 확인할 수 있습니다. 변수의 값을 바꿔가면서 함수 결과가 올바르게 잘 나오는지 꼭 테스트를 해 보세요.

[그림 2.5-41] 함수 결과 출력 확인하기

예상했을 수도 있겠지만 위에 있는 BeginPlay나 Tick의 경우에도 함수입니다. 그런데 반환 자료형이 void라고 되어 있네요? void는 반환 값이 없는 경우에 사용하는 키워드입니다. BeginPlay 함수나 Tick 함수는 안에 어떤 기능을 구현하려는 것인지 정해진 바 없기 때문에 반환 자료형이 없이 단순히 중괄호 안쪽의 코드만 실행하는 함수인 것입니다.

이제 함수를 만드는 것과 호출해서 사용하는 법은 대강 느낌이 오시나요? 더하기 함수 외에 빼기(−), 곱하기(∗), 나누기(/) 함수들을 직접 만들어 보면서 함수 생성 및 호출을 연습하면 더욱 이해가 잘 될 것입니다. 혹시 아직 함수 개념이 아리송하더라도 이어지는 슈팅 프로젝트와 TPS 프로젝트에서 함수를 쓰는 것을 따라 하다 보면 어느새 변수와 함수에 익숙해져 있는 자신을 발견하게 될 것입니다.

## ➡ 전역 변수와 지역 변수

앞서 Add 함수를 만들면서 함수 안에 'int32 result'라는 임시 변수를 만들었었는데 이것을 '지역 변수'라고 이야기했습니다. 이에 반해 헤더 파일에 선언한 변수는 '전역 변수'라고 부릅니다. 전역 변수와 지역 변수는 변수의 수명 및 접근성에 차이가 있습니다.

간단하게 예를 하나 들어보겠습니다. 3학년 1반 담임 선생님께서 '이순신'이라는 이름을 호명한다면 학생들의 머릿속에는 한산도 대첩의 영웅인 이순신 장군이 떠오를 것입니다. 3학년 2반도, 3학년 3반에서도 아마 마찬가지겠죠. 이렇게 언제 어디서나 불러도 누구나 알고 있는 변수가 바로 전역 변수입니다.

반면에 3학년 1반에 있는 '박원석'이라는 학생의 이름을 부르게 된다면 3학년 1반에 있는 학생들은 누구인지 바로 알겠지만, 3학년 2반에 있는 학생들은 누구인지 몰라서 어리둥절하겠죠? 이렇게 특정 범위 안에서만 존재하고 알 수 있는 변수를 '지역 변수'라고 합니다.

만일, 3학년 1반 학생 중에 '이순신'이라는 동명이인의 학생이 있다면 담임 선생님이 갑자기 "이순신~"하고 불렀을 때 3학년 1반 학생들은 이순신 장군이 아닌 같은 반 학생 이순신을 쳐다보게 될 것입니다. 이처럼 지역 변수가 존재하는 영역에서는 호출했을 때 지역 변수가 전역 변수에 우선해서

1

1.1
1.2
1.3
1.4
1.5

2

2.1
2.2
2.3
2.4
2.5
2.6

3

3.1
3.2
3.3

4

4.1
4.2
4.3
4.4
4.5

부록

호출됩니다. 물론 지역 내에서 같은 이름의 전역 변수를 호출하는 방법이 없는 것은 아니지만 기본적으로는 지역 변수가 호출되는 것이죠. 반면, 다른 반 학생들은 자기 반에 이순신이라는 이름을 가진 학생이 없으니 이순신 장군을 떠올릴 것입니다. 즉, 지역 변수는 자기 함수 내에서만 유효하고 다른 함수에서는 타 함수의 지역 변수를 인식할 수 없으므로 전역 변수를 우선해서 인식하게 됩니다. 물론 전역 변수와 지역 변수의 이름이 동일하면 빌드할 때 컴파일 에러가 나므로 함수에서 지역 변수를 만들 때 전역 변수와 이름이 겹치지 않도록 주의해 주세요.

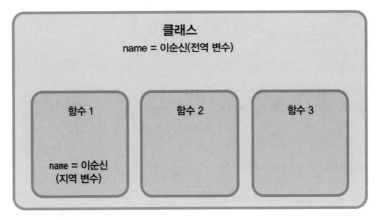

[그림 2.5-42] 전역 변수와 지역 변수

## → UFUNCTION 시스템

함수에서도 변수 때와 동일하게 'UFUNTION'이라는 리플렉션 시스템이 있습니다. 테스트 삼아서 앞서 만든 Add 함수에 다음과 같이 UFUNCTION을 추가해 보겠습니다.

```cpp
UCLASS()
class SHOOTINGCPP_API ACodingTestActor : public AActor
{
    … (생략) …

public:
    // 매 프레임마다 호출됨(Called every frame)
    virtual void Tick(float DeltaTime) override;

    UPROPERTY(EditAnywhere, BlueprintReadWrite)
```

```
    int32 number1 = 10;

    UPROPERTY(EditAnywhere, BlueprintReadOnly)
    int32 number2 = 30;

    // FString name = "Park Won Seok";
    UPROPERTY(EditInstanceOnly)
    FString name = TEXT("박원석");

    bool isReady = true;
    bool isFinished = false;

    // 더하기 함수 선언
    UFUNCTION(BlueprintCallable)
    int32 Add(int32 num1, int32 num2);
};
```

[코드 2.5-22] **CodingTestActor.h** UFUNTION 추가

빌드한 다음 언리얼 에디터에서 BP_CodingTestActor 블루프린트 설정 창을 열고 이벤트 그래프 판에서 'add'를 검색합니다. 아마 언리얼 엔진에서 제공하는 동명의 Add 함수가 여러 개가 있어서 어떤 Add 함수를 사용해야 할 지 몰라서 당황스러울 수 있습니다. 우리가 직접 C++ 스크립트에서 선언한 함수는 'Call Function' 카테고리에 있습니다. 노드 검색 결과에서 위쪽으로 조금 스크롤 해보면 Call Function 탭이 보이고 그 아래에 [Add] 함수 노드가 있는 것을 확인할 수 있습니다.

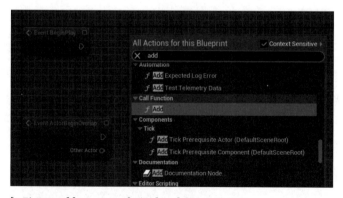

[그림 2.5-44] [Call Funtion] 탭의 [Add] 함수 노드 검색

[Add] 함수 노드를 선택하면 C++ 코드로 만들었던 Add() 함수가 블루프린트 노드 형식으로 나오는 것을 확인할 수 있습니다. 언리얼 엔진에서 제공하는 다른 함수 노드들도 이렇게 C++ 코드로 만든 함수를 UFUNTION 메타 지정자를 사용해서 블루프린트 노드로 만들었던 것입니다.

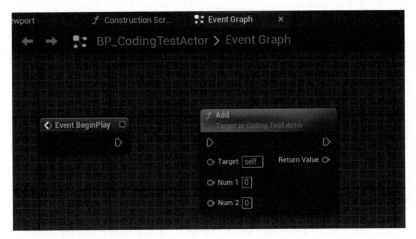

[그림 2.5-44] [Add] 함수 노드 모습

C++ 코드에서 UFUNTION 옵션을 BlueprintCallable에서 BlueprintPure로 변경하고 다시 빌드해 보겠습니다.

```cpp
UCLASS()
class SHOOTINGCPP_API ACodingTestActor : public AActor
{
    … (생략) …

public:
    // 매 프레임마다 호출됨(Called every frame)
    virtual void Tick(float DeltaTime) override;

    UPROPERTY(EditAnywhere, BlueprintReadWrite)
    int32 number1 = 10;

    UPROPERTY(EditAnywhere, BlueprintReadOnly)
    int32 number2 = 30;

    // FString name = "Park Won Seok";
```

```
    UPROPERTY(EditInstanceOnly)
    FString name = TEXT("박원석");

    bool isReady = true;
    bool isFinished = false;

    // 더하기 함수 선언
    UFUNCTION(BlueprintPure)
    int32 Add(int32 num1, int32 num2);
};
```

[코드 2.5-23] CodingTestActor.h UFUNTION 옵션 변경

다시 블루프린트 설정 창으로 돌아와 보면 Add 함수 노드가 실행 핀이 없는 형태의 함수 노드 형태로 변경된 것을 볼 수 있습니다. 블루프린트 프로젝트 때 Get으로 시작하는 노드들이 보통 이렇게 Pure 형태로 된 함수 노드입니다.

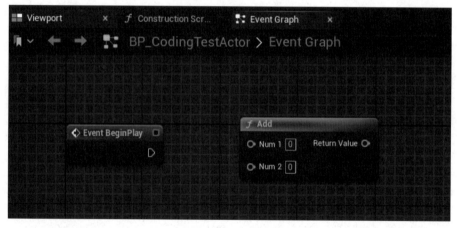

[그림 2.5-45] Pure 타입 노드

UFUNTION 기능은 블루프린트 외에도 충돌 처리 때 사용하는 델리게이트 처리를 할 때도 사용됩니다. 델리게이트와 관련된 내용은 뒤에 총알의 충돌 처리 때 자세히 다루도록 하겠습니다.

# C++에서의 조건문과 반복문 ········

변수와 함수가 코딩의 기초라고 한다면 코딩의 꽃은 당연히 조건문과 반복문이 될 것입니다. 사용자의 입력에 대한 상호 작용은 조건부 기능 실행이니까요. 또한 대량의 데이터를 반복 처리하거나 검색 기능 등을 구현하기 위해서는 반복문이 필수입니다. 조건문과 반복문은 매우 중요하지만 생각보다 사용법은 엄청 간단합니다. 단순히 사용법만을 익히는 것은 쉽지만 조건문과 반복문을 어떻게 활용해야 할지 생각하는 응용력이 더욱 중요합니다.

---

### ✖ 학습 목표

C++ 코드에서 조건문과 반복문을 사용해 보고 싶다.

### ✖ 구현 순서

❶ 조건에 따라 다른 값을 반환하는 조건문을 만들어 본다.
❷ bool 변수를 이용한 조건문을 만들어 본다.
❸ 1부터 10까지 반복해서 출력하는 반복문을 만들어 본다.

---

### ➔ 조건문

그럼 조건문의 형식부터 살펴보도록 할까요? C++ 코드에서 조건문은 글 쓰듯이 작성하기 좋습니다. 가장 기초적인 조건문인 if 부터 알아봅시다.

---

**》》 조건문 - if**

```
if(조건식)
{
    // 조건이 참일 때 해야 할 일들
}
```

⬇

---

```
예 만일, number1의 값이 10보다 크다면…
if(number1 > 10)
{


}
```

미리 만들어져 있는 number1 변수의 값을 이용해서 만일 number1에 들어있는 값이 10보다 크다면
'number1의 값이 10보다 큽니다'라는 문구를 출력해 보겠습니다. 함수를 생성할 때와는 달리 조건문
이나 반복문은 반드시 함수 안에서 작성되어야 합니다. 플레이를 시작하면 조건문이 바로 실행될
수 있도록 CodingTestActor.cpp 파일에서 BeginPlay() 함수 안에 조건문을 작성해 봅시다. 다른
출력과 헷갈리지 않도록 다른 출력 코드들은 모두 주석 처리해 두겠습니다.

```
      … (생략) …

// 게임이 시작될 때 또는 스폰될 때 호출됨(Called when the game starts or when spawned)
void ACodingTestActor::BeginPlay()
{
      Super::BeginPlay();

      // Hello World 출력하기
      // UE_LOG(LogTemp, Warning, TEXT("Hello World!"));
      // UE_LOG(LogTemp, Warning, TEXT("%d"), number1);
      // UE_LOG(LogTemp, Warning, TEXT("%.2f"), number2);
      // UE_LOG(LogTemp, Warning, TEXT("%s"), *name);

      // Add 함수를 이용해서 number1과 number2 변수의 값의 합을 구한다.
      // int32 result = Add(number1, number2);

      // 함수 결과로 반환된 result의 값을 출력한다.
      // UE_LOG(LogTemp, Warning, TEXT("%d"), result);

      // 만일, number1의 값이 10보다 크다면...
      if (number1 > 10)
      {
```

```
         // number1의 값이 10보다 큽니다!라는 문구를 출력한다.
         UE_LOG(LogTemp, Warning, TEXT("number1의 값이 10보다 큽니다!"));
    }

}

    ... (생략) ...
```

[코드 2.5-24] CodingTestActor.cpp 조건문 만들기

한글을 출력하려면 소스 파일도 헤더 파일 때처럼 인코딩을 바꿔서 저장해야 합니다. [파일(F)]-[다른 이름으로 저장]을 선택하고 [저장(S)] 버튼의 화살표 아이콘을 클릭해서 인코딩을 유니코드(서명 있는 UTF-8)로 변경합니다.

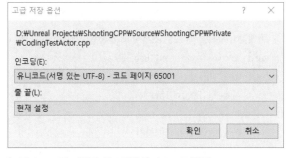

[그림 2.5-46] 파일의 인코딩을 유니코드로 변경

코드 빌드 후에 언리얼 에디터로 돌아와서 아웃라이너 패널의 BP_CodingTestActor 블루프린트를 선택합니다. 그다음 디테일 패널에서 number1 변수의 값을 10보다 큰 값으로 수정합니다.

이제 플레이를 하면 다음 [그림 2.5-48]과 같이 문구가 출력되는 것을 확인할 수 있습니다.

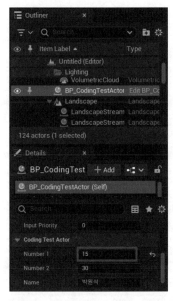

[그림 2.5-47] Number1 변수의 값을
10보다 크게 설정하기

[그림 2.5-48] 조건문의 문장 출력 확인

조건이 충족되었을 때 문구 출력을 해 봤으니 이번에는 조건이 충족되지 않았을 때 문구를 출력해봅시다. '만일(if) ~~라면 ~~하고, 그렇지 않으면(else) ~~한다'와 같이 코드 문장을 구성하면 간단히 구현할 수 있습니다. 블루프린트에서는 IF 노드에 충족할 때(True)와 충족하지 않을 때(False)에 대한 출력 핀이 존재했었는데, 코드에서는 if문과 else문으로 나누어서 작성하도록 되어 있습니다. 주의할 점은 if문은 앞에서 했던 것처럼 단독으로 쓰일 수 있지만, else문의 경우에는 반드시 if문에 종속되어서만 사용할 수 있다는 점입니다. else문 자체에는 조건식이 들어가지 않기 때문에 단독으로는 조건 판단이 불가능하기 때문이죠.

```cpp
    ...(생략)...

// 게임이 시작될 때 또는 스폰될 때 호출됨(Called when the game starts or when spawned)
void ACodingTestActor::BeginPlay()
{
    Super::BeginPlay();

    // Hello World 출력하기
    // UE_LOG(LogTemp, Warning, TEXT("Hello World!"));
    // UE_LOG(LogTemp, Warning, TEXT("%d"), number1);
    // UE_LOG(LogTemp, Warning, TEXT("%.2f"), number2);
    // UE_LOG(LogTemp, Warning, TEXT("%s"), *name);

    // Add 함수를 이용해서 number1과 number2 변수의 값의 합을 구한다.
    // int32 result = Add(number1, number2);

    // 함수 결과로 반환된 result의 값을 출력한다.
    // UE_LOG(LogTemp, Warning, TEXT("%d"), result);

    // 만일, number1의 값이 10보다 크다면...
    if (number1 > 10)
    {
        // number1의 값이 10보다 큽니다라는 문구를 출력한다.
        UE_LOG(LogTemp, Warning, TEXT("number1의 값이 10보다 큽니다!"));
    }
```

```
    // 그렇지 않다면...
    else
    {
        // number1의 값이 10 이하입니다 문구를 출력한다.
        UE_LOG(LogTemp, Warning, TEXT("number1의 값이 10 이하입니다!"));
    }
}

… (생략) …
```

[코드 2.5-25] CodingTestActor.cpp else문 추가하기

빌드하고 나서 출력 테스트를 위해 number1 변수의 값을 10 이하의 값으로 변경합니다.

[그림 2.5-49] number1의 값을 10 이하로 수정하기

플레이를 해 보면 else문에 썼던 문장이 제대로 출력되는 것을 확인할 수 있습니다.

[그림 2.5-50] else문의 문장 출력 확인하기

조건은 참과 거짓으로 일도양단하는 경우만 있는 것은 아닙니다. 가령 number1의 값이 100 이상일 때와 10 이상 100 미만일 때, 10 미만일 때의 세 가지 경우에 따라 출력 결과를 달리하고 싶다면 어떻게 해야 할까요? 블루프린트에서는 [IF] 노드를 여러 개 중첩해서 사용하는 방식으로 해야 했지만, C++ 코드에서는 이런 경우에 사용하기 위한 else if문이 별도로 존재합니다.

---

**≫ 조건문 - else if**

```
 if(조건식1)
{
    // 조건식 1이 참일 때 해야 할 일들
}
else if(조건식2)
{
    // if문의 조건이 참이 아니면서, 조건식 2가 참일 때 해야 할 일들
}
```

예 만일, number1의 값이 10 이상 100 미만일 경우
```
if(number1 >= 100)
{

}
else if(number1 >= 10)
{

}
```

---

else if문은 앞에 나오는 if문의 조건을 체크해서 해당 조건이 충족되지 않았을 때에 한해서 else if문의 조건식을 체크합니다. 따라서 else if문도 else문과 마찬가지로 if문의 존재에 종속됩니다. 또한, else if문은 if문이나 else문과 달리 여러 개를 연속해서 연결할 수도 있습니다. 다수의 연속된 조건 체크를 할 때 유용합니다.

앞에서 든 예시를 구현하기 위해서 기존의 조건식을 조금 변경하고 else if문을 다음과 같이 추가합니다. 이상이나 이하를 쓸 때는 '>='와 '<='를 사용하면 됩니다.

1

1.1
1.2
1.3
1.4
1.5

2

2.1
2.2
2.3
2.4
2.5
2.6

3

3.1
3.2
3.3

4

4.1
4.2
4.3
4.4
4.5

부록

```
    … (생략) …

// 게임이 시작될 때 또는 스폰될 때 호출됨(Called when the game starts or when spawned)
void ACodingTestActor::BeginPlay()
{
    Super::BeginPlay();

    // Hello World 출력하기
    // UE_LOG(LogTemp, Warning, TEXT("Hello World!"));
    // UE_LOG(LogTemp, Warning, TEXT("%d"), number1);
    // UE_LOG(LogTemp, Warning, TEXT("%.2f"), number2);
    // UE_LOG(LogTemp, Warning, TEXT("%s"), *name);

    // Add 함수를 이용해서 number1과 number2 변수의 값의 합을 구한다.
    // int32 result = Add(number1, number2);

    // 함수 결과로 반환된 result의 값을 출력한다.
    // UE_LOG(LogTemp, Warning, TEXT("%d"), result);

    // 만일, number1의 값이 100 이상이라면….
    if (number1 >= 100)
    {
        // number1의 값이 100보다 큽니다라는 문구를 출력한다.
      UE_LOG(LogTemp, Warning, TEXT("number1의 값이 100보다 큽니다!"));
    }
    // 그렇지 않고 만일, number1의 값이 10보다 크다면….
    else if (number1 >= 10)
    {
        // number1의 값이 10 이상 100 미만입니다라는 문구를 출력한다.
      UE_LOG(LogTemp, Warning, TEXT("number1의 값이 10 이상 100 미만입니다!"));
    }
    // 둘 다 아니라면….
    else
    {
      // number1의 값이 10 미만입니다 문구를 출력한다.
      UE_LOG(LogTemp, Warning, TEXT("number1의 값이 10 미만입니다!"));
    }
}

    … (생략) …
```

[코드 2.5-26] CodingTestActor.cpp else if문 추가하기

if문 else if문 else문을 작성할 때는 위에서부터 차례로 조건을 체크해오기 때문에 조건문을 쓰는 순서가 매우 중요합니다. 물론 순서의 중요성은 모든 코드 문장에서 중요하긴 합니다. 그럼 테스트를 하기 위해 number1 변수의 값도 10 이상 100 미만의 값으로 입력합니다.

[그림 2.5-51] number1 변수 값을 10 이상 100 미만으로 수정하기

이제 플레이를 해 보면 else if문에 적었던 문장이 출력되는 것을 확인할 수 있습니다. number1 의 값을 바꿔 보면서 출력 결과의 변화를 확인해 보기 바랍니다.

[그림 2.5-52] else if문 출력 결과

if의 괄호 안의 조건식은 참, 거짓을 판별하는 것이기 때문에 bool 변수를 이용해서 조건문을 작성하는 경우도 있습니다. 마침 만들어 놓은 변수 중에 bool 자료형 변수 isReady가 있으니 이것을 이용해서 isReady 값이 참이면 Add 함수를 실행해서 결괏값을 출력하고, 반대로 isReady 값이 거짓이면 '아직 준비가 안됐습니다.'라는 문구를 출력해 봅시다.

...(생략)...

```cpp
// 게임이 시작될 때 또는 스폰될 때 호출됨(Called when the game starts or when spawned)
void ACodingTestActor::BeginPlay()
{
    Super::BeginPlay();

    ...(생략)...

    // 만일, number1의 값이 100 이상이라면….
    if (number1 >= 100)
    {
        // number1의 값이 100보다 큽니다라는 문구를 출력한다.
        UE_LOG(LogTemp, Warning, TEXT("number1의 값이 100보다 큽니다!"));
    }
    // 그렇지 않고 만일, number1의 값이 10보다 크다면….
    else if (number1 >= 10)
    {
        // number1의 값이 10 이상 100 미만입니다라는 문구를 출력한다.
        UE_LOG(LogTemp, Warning, TEXT("number1의 값이 10 이상 100 미만입니다!"));
    }
    // 둘 다 아니라면….
    else
    {
        // number1의 값이 10 미만입니다 문구를 출력한다.
        UE_LOG(LogTemp, Warning, TEXT("number1의 값이 10 미만입니다!"));
    }

    // 만일, isReady가 true라면...
    if (isReady)
    {
        // Add 함수를 실행한다.
        int32 result = Add(number1, number2);
        UE_LOG(LogTemp, Warning, TEXT("%d"), result);
    }
    // 그렇지 않다면...
    else
    {
        // 준비가 안됐다는 문구를 출력한다.
```

```
        UE_LOG(LogTemp, Warning, TEXT("아직 준비가 안됐습니다."));
    }
}

    ...(생략)...
```

[코드 2.5-27] CodingTestActor.cpp bool 변수를 이용한 조건문

isReady 변수를 언리얼 에디터에서 바로 수정할 수 있도록 UPROPERTY를 추가해 주도록 하겠습니다. UPROPERTY 지정자는 인스턴스 상태에서 수정할 수 있어야 하므로 EditAnywhere나 EditInstanceOnly 중에 선택해서 사용하면 되겠군요.

```
UCLASS()
class SHOOTINGCPP_API ACodingTestActor : public AActor
{
    ...(생략)...

public:
    // 매 프레임마다 호출됨(Called every frame)
    virtual void Tick(float DeltaTime) override;

    UPROPERTY(EditAnywhere, BlueprintReadWrite)
    int32 number1 = 10;

    UPROPERTY(EditAnywhere, BlueprintReadOnly)
    int32 number2 = 30;

    // FString name = "Park Won Seok";
    UPROPERTY(EditInstanceOnly)
    FString name = TEXT("박원석");

    UPROPERTY(EditAnywhere)
    bool isReady = true;
    bool isFinished = false;

    // 더하기 함수 선언
```

```
    UFUNCTION(BlueprintPure)
    int32 Add(int32 num1, int32 num2);
};
```

[코드 2.5-28] CodingTestActor.h isReady 변수에 UPROPERTY 추가

프로젝트 빌드 후에 언리얼 에디터로 돌아와서 isReady 변수의 값을 참으로 했을 때 플레이 해 보고, isReady 변수의 값을 거짓으로 변경한 다음 다시 플레이해서 출력되는 값이 바뀌는 것을 확인해 보세요.

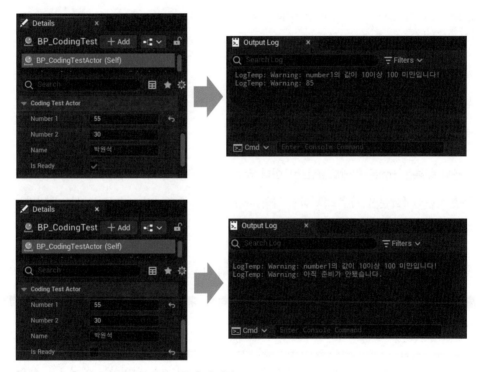

[그림 2.5-53] isReady 변수의 값에 따른 출력 변화

## → 반복문

이번에는 1부터 100까지 숫자를 증가시켜가면서 출력하는 코드를 작성해 보도록 하겠습니다. 반복문 예제를 작성하기에 앞서 반복문의 기본 형식을 살펴봅시다.

---

**≫ 반복문 – for**

```
for(증감할 변수 초기화; 반복 종료 조건식; 증감식)
{
    // 반복해서 실행할 코드
}
```

예 0부터 99까지 100회 반복해서 특정 코드를 반복할 경우

```
for(int32 i = 0; i < 100; i++)
{


}
```

---

반복문의 종류는 for문 외에도 while문이나 for each문 등 몇 가지 종류가 더 있지만 가장 많이 쓰이는 반복문인 for문을 기준으로 점차 익혀 나가는 편이 좋습니다. for문은 다른 문법과는 조금 이질적으로 소괄호 안에 문장 마침 기호인 세미콜론이 들어가 있는 것이 특징입니다.

첫 번째 항목은 몇 번을 반복할 것인지 체크하기 위해 변수를 하나 만드는 것입니다. 위의 예시에서 i처럼 주로 정수형 변수를 사용하고, 시작 값은 원하는 대로 넣을 수 있지만 보통 0부터 시작합니다.

두 번째 항목은 반복을 끝내기 위한 조건 체크를 하는 것입니다. 위의 예시에서 i < 100이라고 하면 변수 i의 값이 100이상이 되면 반복문을 종료하겠다는 뜻입니다. i의 증감은 다음 세 번째 항목에서 변경됩니다.

마지막 세 번째 항목은 한 번 반복할 때마다 첫 번째 항목에서 만든 변수를 증가시키거나 감소시키는 기능을 담당합니다. 이 증감 여부에 따라 다음 반복 때 조건 체크 결과가 달라집니다. 그런데

‘i++’라는 코드는 처음 보는 것 같군요. i++는 i = i + 1과 같은 의미입니다. 즉 원래의 값에서 1을 더해서 누적시키는 식을 간략하게 표현한 코드입니다. 반대로 i--도 있습니다. i--는 i = i - 1과 같은 의미이겠죠? 마찬가지로 i의 값은 1씩 감소시키는 코드입니다.

종합해서 위의 예를 보면 ‘i’라는 변수를 만들고 반복할 때마다 i의 값을 1씩 증가시킵니다. 매 반복 시마다 i의 값이 100 이상인지 체크하고 100 미만이라면 계속 반복을 하고 100 이상이 되면 반복문을 종료한다는 for문이 되는 것입니다. 그럼 number1 변수를 이용해서 1부터 100까지 출력해 보도록 하겠습니다.

```cpp
        ...(생략)...

// 게임이 시작될 때 또는 스폰될 때 호출됨(Called when the game starts or when spawned)
void ACodingTestActor::BeginPlay()
{
    Super::BeginPlay();


        ...(생략)...

    // number1의 값을 1씩 증가시켜가면서 100번 출력하고 싶다.
    for (int32 i = 0; i < 100; i++)
    {
        // number1의 값을 1 증가시킨다.
      number1++;
      UE_LOG(LogTemp, Warning, TEXT("%d"), number1);
    }
}

        ...(생략)...
```

[코드 2.5-29] CodingTestActor.cpp 반복문으로 1부터 100까지 출력하기

number1++은 number1의 값을 1씩 증가시키는 코드이므로 반복할 때마다 number1의 값은 1씩 증가할 것이고 i는 0에서 99까지 총 100번을 반복하게 되므로 출력되는 로그는 number1 변수의 값의 최초 값보다 1만큼 증가된 값에서 100만큼 증가된 값이 될 때까지 출력될 것입니다.

빌드 후에 언리얼 에디터로 돌아와서 number1 변수의 시작 값을 0으로 변경합니다. number1++ 코드 이후에 출력을 하기 때문에 1부터 출력하려면 0 상태에서 시작해야 첫 출력이 1로 표시됩니다.

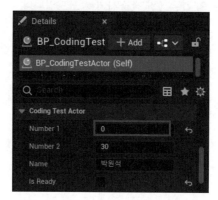

[그림 2.5-54] number1 변수의 시작 값을 0으로 조정하기

플레이를 해 보면 출력 로그에 1부터 100까지 잘 출력되는 것을 확인할 수 있습니다. 주의할 점은 한 번 출력하고 쉬었다가 다음 출력을 하는 것이 아니라 1부터 100까지 한 프레임 안에서 모두 반복 출력한다는 점입니다. 카운트다운처럼 일정한 시간 간격을 두고 반복을 하려면 뒤에서 배우는 TimeManager 함수를 같이 사용해야 합니다.

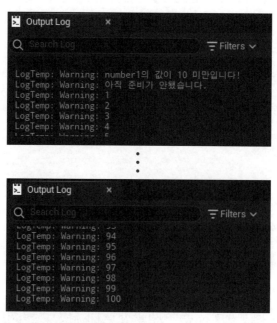

[그림 2.5-55] 반복문 출력 결과

반복문은 검색을 할 때도 자주 쓴다고 했었죠? 이번에는 0부터 99까지 중에서 짝수인 값만 출력하는 것을 구현해 보겠습니다. 로그가 너무 길어지니까 1부터 100까지 출력하는 반복문은 주석 처리를 해서 출력이 되지 않도록 처리하겠습니다.

```cpp
    ...(생략)...

// 게임이 시작될 때 또는 스폰될 때 호출됨(Called when the game starts or when spawned)
void ACodingTestActor::BeginPlay( )
{
    Super::BeginPlay( );


    ...(생략)...

    // number1의 값을 1씩 증가시켜가면서 100번 출력하고 싶다.
    // for (int32 i = 0; i < 100; i++)
    // {
    // number1의 값을 1 증가시킨다.
    // number1++;
    // UE_LOG(LogTemp, Warning, TEXT("%d"), number1);
    // }

    // 0부터 99까지 100회 반복해서 실행한다.
    for (int32 i = 0; i < 100; i++)
    {
        // i를 2로 나눈 나머지 값을 구한다.
        int32 result = i % 2;
    }

    ...(생략)...
```

[코드 2.5-30] **CodingTestActor.cpp** 반복문으로 1부터 100까지 출력하기

짝수인지 홀수인지는 어떻게 알 수 있을까요? 어떤 숫자든지 2로 나눈 나머지가 0이면 짝수이고, 1이면 홀수입니다. 이때 사용되는 연산자가 % 연산자입니다. % 연산자는 앞의 값을 뒤의 값으로 나눈 나머지 값을 구하는 연산자입니다. 즉, 3 % 2를 하면 결과는 1이 나오고, 4 % 2를 하면 결과는

0이 나옵니다. i의 값이 0부터 99까지 증가하므로 i를 2로 나눈 나머지 값으로 짝수 홀수를 판단하도록 하겠습니다.

다음으로 i 값이 짝수임을 알았다면 출력을 해야 합니다. '만일, 짝수라면…'이라고 했으니 분명 조건문이 필요하겠네요. 함수와 달리 조건문과 반복문은 얼마든지 내부에 중첩해서 사용할 수 있습니다. 따라서 반복문 안에서 조건문을 만들어서 나머지 값이 0이면 그 값을 출력하는 것으로 코드를 짭니다.

```cpp
    ...(생략)...

// 게임이 시작될 때 또는 스폰될 때 호출됨(Called when the game starts or when spawned)
void ACodingTestActor::BeginPlay()
{
    Super::BeginPlay();


    ...(생략)...

    // number1의 값을 1씩 증가시켜가면서 100번 출력하고 싶다.
    // for (int32 i = 0; i < 100; i++)
    // {
    //     // number1의 값을 1 증가시킨다.
    //     // number1++;
    //     // UE_LOG(LogTemp, Warning, TEXT("%d"), number1);
    // }

    // 0부터 99까지 100회 반복해서 실행한다.
    for (int32 i = 0; i < 100; i++)
    {
        // i를 2로 나눈 나머지 값을 구한다.
        int32 result = i % 2;

        // 만일, result 값이  0이면 짝수이므로 출력한다.
        if (result == 0)
        {
            UE_LOG(LogTemp, Warning, TEXT("%d는 짝수입니다."), i);
        }
```

```
    }

    ...(생략)...
```

[코드 2.5-31] CodingTestActor.cpp 조건문을 이용해서 짝수만 출력하기

이제 빌드하고 다시 플레이를 해 보면 짝수일 때에만 출력하는 것을 확인할 수 있습니다.

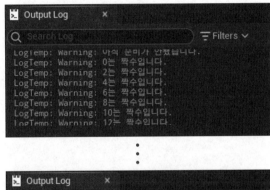

[그림 2.5-56] 짝수 검색

# 접근 한정자와 생성자, 그리고 포인터 ·········

C++ 코드에서 기본적으로 알아야 할 내용 중에 접근 한정자와 생성자에 대해 알아볼 시간입니다. 사실 지금까지 스크립트 파일에서 접근 한정자와 생성자가 이미 보였습니다. 변수와 함수를 설명할 때미리 설명해도 됐었지만 엄밀하게는 변수 및 함수와는 동일한 개념이 아니기 때문에 초심자의 입장

에서 혼동이 없도록 별도의 파트로 분리하였습니다. 접근 한정자와 생성자는 C++ 스크립트 파일을 만들 때 필수적인 요소이므로 반드시 숙지해 주길 바랍니다.

포인터는 기본 개념이기는 하지만 코딩을 처음 익히는 분에게는 다소 어려운 개념이 될 수 있습니다. 한번에 완벽하게 이해하기보다는 뒤에 진행되는 프로젝트 실습을 따라 하면서 점차적으로 익숙해지도록 노력할 필요가 있습니다.

**✖ 학습 목표**

접근 한정자와 생성자, 포인터에 대해 알고 싶다.

**✖ 구현 순서**

❶ 접근 한정자의 종류와 사용법을 알아본다.
❷ 클래스 생성자를 살펴보고, 생성자의 개념에 대해 이해한다.
❸ 포인터의 개념을 이해하고 포인터 변수를 만들어 본다.

## ➜ 접근 한정자

헤더 파일을 보면 클래스 안에 public 또는 protected와 같은 키워드가 있는 것을 확인할 수 있습니다. 이러한 키워드를 '접근 한정자' 내지는 '접근 제한자'라고 합니다. 만일, 우리가 변수나 함수를 만들어 놓은 것이 있는데 해당 클래스가 아닌 외부의 클래스에서 접근해서 사용해야 할 경우가 있습니다. 굳이 같은 기능을 다시 만드는 것보다는 이미 만들어진 것을 가져다 쓰는 편이 작업 시간도 아낄 수 있고, 코드가 불필요하게 길어지는 것도 막을 수 있으니까요. 반대로 외부에서 함부로 건드리면 안 되는 변수나 함수가 있다고 봅시다. 변수를 만든 클래스에서만 사용할 수 있고 외부의 다른 클래스에서는 그 변수에 접근하지 못하도록 안전 장치가 필요한 경우도 있을 수 있겠죠. 이렇게 외부의 클래스에서 변수에 접근하거나 접근을 막는 등의 제한을 걸어 놓기 위한 키워드가 바로 접근 한정자입니다.

접근 한정자에는 여러 가지 종류가 있지만, 주로 사용하는 것은 public, protected, private의 세 종류를 많이 사용합니다. public은 외부의 어떤 클래스에서도 접근이 가능한 접근 한정자입니다. 반대로 private 한정자는 자기 클래스에서만 사용이 가능하고 외부에서는 절대로 호출할 수 없는 접근 한정자입니다. protected는 public과 private의 중간적인 개념의 한정자입니다. protected 한정자가 붙은 변수나 함수는 자기 클래스와 자기 클래스를 '상속'한 클래스에서만 접근해서 호출할 수 있는 접근 한정자입니다. 글로만 보면 와닿지 않을 수 있으니 실제로 한정자를 바꿔보면서 차이점을 확인해 봅시다.

외부 클래스에서 접근이 가능한지 알아보기 위해 액터를 하나 더 만들어 봅시다. 콘텐트 브라우저에서 [+Add]−[New C++ Class⋯]를 선택해서 새 클래스 파일을 생성합니다. 꼭 Actor 클래스일 필요는 없지만, 편의상 Actor 클래스를 부모 클래스로 선택하겠습니다. 파일 이름은 'AccessTest'로 하고 Public 폴더로 지정한 다음 [Create Class] 버튼을 눌러서 새 클래스 파일을 생성합니다.

[그림 2.5−57] 새 액터 클래스 파일 생성하기

AccessTest.cpp 파일에서 BeginPlay( ) 함수로 가서 지역 변수로 접근하려는 CodingTestActor 클래스 변수를 하나 만들어 보겠습니다. 다른 클래스에 접근하려면 가장 먼저 해당 클래스의 헤더 파일에 대한 include 선언이 필요합니다. 소스 파일 최상단부에 #include "헤더 파일명"의 형식으로 CodingTestActor 헤더 파일을 추가해 줍니다.

다음으로 BeginPlay( ) 함수 안에 ACodingTestActor 클래스를 자료형으로 하는 testActor 변수를 지역 변수로 생성합니다.

```cpp
#include "AccessTest.h"
#include "CodingTestActor.h"

// 기본 값 설정(Sets default values)
AAccessTest::AAccessTest()
{
    // 매 프레임마다 Tick()을 호출하도록 이 액터를 설정함. 필요하지 않은 경우 이 기능을 해제하여 성능을
    // 향상시킬 수 있음(Set this actor to call Tick() every frame.  You can turn this off to improve
    // performance if you don't need it.).
    PrimaryActorTick.bCanEverTick = true;

}

// 게임이 시작될 때 또는 스폰될 때 호출됨(Called when the game starts or when spawned)
void AAccessTest::BeginPlay()
{
    Super::BeginPlay();

    ACodingTestActor* testActor;
}

...(생략)...
```

[코드 2.5-32] AccessTest.cpp 클래스 변수 생성하기

클래스 변수를 만들었으니 이제 클래스 안에 있는 멤버 변수에 접근해 보겠습니다. 변수 이름 뒤에 점을 찍으면 다음 페이지의 [그림 2.5-58]과 같이 내부의 멤버 변수와 멤버 함수 리스트가 자동 완성 목록에 표시될 것입니다. 목록이 너무 많으니 범위를 줄이기 위해 number까지 입력하면 접근 가능한 number1 변수와 number2 변수가 보일 것입니다. number1을 선택한 상태에서 키보드의 [Tab] 키를 눌러서 number1 변수에 접근해 봅시다.

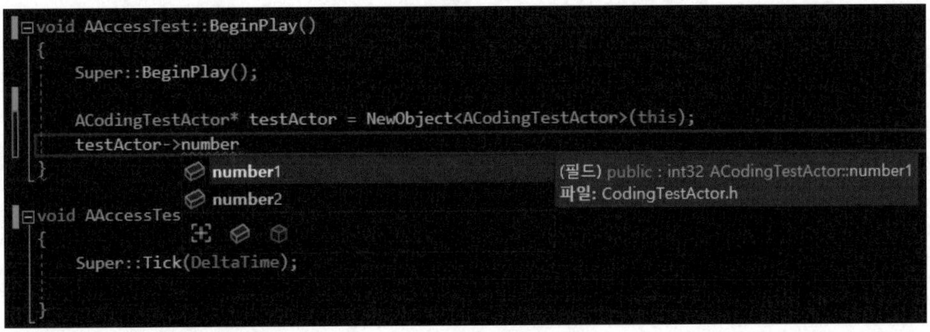

[그림 2.5-58] 클래스 멤버 변수 검색하기

number1에 접근이 가능하기 때문에 아무 값이나 넣을 수 있습니다. 물론 여기서 지역 변수로 만든 testActor 변수는 씬에 배치된 블루프린트와는 다른 별도의 인스턴스라는 점에 주의하세요. 씬에 배치된 블루프린트에 접근하려면 뒤에 나오는 포인터 변수로 만들어야 합니다.

```cpp
#include "AccessTest.h"
#include "CodingTestActor.h"

// 기본 값 설정(Sets default values)
AAccessTest::AAccessTest()
{
    // 매 프레임마다 Tick()을 호출하도록 이 액터를 설정함. 필요하지 않은 경우 이 기능을 해제하여 성능을
    // 향상시킬 수 있음(Set this actor to call Tick() every frame. You can turn this off to improve
    // performance if you don't need it.).
    PrimaryActorTick.bCanEverTick = true;

}

// 게임이 시작될 때 또는 스폰될 때 호출됨(Called when the game starts or when spawned)
void AAccessTest::BeginPlay()
{
    Super::BeginPlay();
    ACodingTestActor* testActor = NewObject<ACodingTestActor>(this);
    testActor->number1 = -100;
}

    ...(생략)...
```

[코드 2.5-33] AccessTest.cpp 멤버 변수의 값을 −100으로 변경하기

변수의 접근 한정자를 변경하기 위해서 CodingTestActor.h 파일로 이동해서 number1 변수 위에 private: 키워드를 추가합니다. 다른 변수들은 접근 한정자가 변동되지 않도록 하기 위해서 public: 키워드를 추가합니다. 참고로 접근 한정자는 다른 접근 한정자가 나올 때까지 그 아래에 있는 모든 변수나 함수에 적용됩니다. 따라서 number2 위에 public: 키워드를 추가하면 그 아래에 있는 name 변수나 isReady 변수에도 동일한 접근 한정자로 적용됩니다.

```cpp
UCLASS()
class SHOOTINGCPP_API ACodingTestActor : public AActor
{
    GENERATED_BODY()

public:
    // 이 액터의 속성에 대한 기본값을 설정(Sets default values for this actor's properties)
    ACodingTestActor();

protected:
    // 게임이 시작될 때 또는 스폰될 때 호출됨(Called when the game starts or when spawned)
    virtual void BeginPlay() override;

public:
    // 매 프레임마다 호출됨(Called every frame)
    virtual void Tick(float DeltaTime) override;

private:
    UPROPERTY(EditAnywhere, BlueprintReadWrite)
    int32 number1 = 10;

public:
    UPROPERTY(EditAnywhere, BlueprintReadOnly)
    int32 number2 = 30;

    // FString name = "Park Won Seok";
    UPROPERTY(EditInstanceOnly)
    FString name = TEXT("박원석");

    UPROPERTY(EditAnywhere)
    bool isReady = true;
    bool isFinished = false;
```

```
    // 더하기 함수 선언
    UFUNCTION(BlueprintPure)
    int32 Add(int32 num1, int32 num2);
};
```

[코드 2.5-34] CodingTestActor.h 접근 한정자 변경하기

number1 변수의 접근 한정자를 private으로 변경하고 나서 AccessTest.cpp 파일로 이동하면 testActor 인스턴스의 number1 변수 접근 코드에 빨간 줄이 생긴 것을 볼 수 있습니다. 빨간 줄 쪽에 마우스 커서를 가져다 놓으면 number1 변수에 접근할 수 없다는 오류 메시지가 나타납니다.

```
void AAccessTest::BeginPlay()
{
    Super::BeginPlay();

    ACodingTestActor* testActor = NewObject<ACodingTestActor>(this);
    testActor->number1 = -100;
}
```
(필드) int32 ACodingTestActor::number1
온라인 검색

멤버 "ACodingTestActor::number1" (선언됨 줄 25 / "E:\Programming\Unreal Projects\ShootingCPP\Source\ShootingCPP\Public\CodingTestActor.h")에 액세스할 수 없습니다.

온라인 검색

```
void AAccessTest::
{
    Super::Tick(De
}
```

[그림 2.5-59] 접근 불가 에러

확인을 위해 아까처럼 다시 number로 검색하면 자동 목록에서 number1은 검색되지 않고 number2 변수만 검색되는 것을 알 수 있습니다.

```
void AAccessTest::BeginPlay()
{
    Super::BeginPlay();

    ACodingTestActor* testActor = NewObject<ACodingTestActor>(this);
    testActor->number
}
    number2                          (필드) public : int32 ACodingTestActor::number2
                                     파일: CodingTestActor.h
void AAccessTes
{
```

[그림 2.5-60] 변경된 멤버 변수 검색 목록

2.5 · 언리얼 C++ 기초 455

이처럼 변수나 함수를 private으로 접근 한정자를 변경하면 외부 클래스에서는 접근이나 수정이 불가능한 상태가 됩니다. 또한 testActor.number1 부분의 코드를 주석 처리하고 빌드하려고 해도 private 멤버 변수는 상속받은 블루프린트에서 사용할 수 없다(BlueprintReadWrite should not be used…)는 컴파일 에러가 출력되면서 빌드에 실패하는 것도 알 수 있습니다.

[그림 2.5-59] 빌드 시 컴파일 에러 출력

그럼 만약에 접근 한정자를 private 대신 protected로 변경하면 어떻게 될까요? protected는 상속된 클래스에서는 접근이 가능하므로 빌드를 했을 때 문제없이 잘 됩니다. 반면, 상속 관계가 아닌 AccessTest.cpp 파일에서는 여전히 number1 변수가 검색되지 않는 것을 알 수 있습니다.

접근 한정자 자체는 매우 쉬운 개념이지만, 변수나 함수를 만들 때 어떤 경우에 private으로 접근을 제한하고 어떤 경우에 public으로 접근을 허용할지에 관해 결정하는 것은 의외로 쉽지 않습니다. 클래스 특성 중 하나인 은닉성을 생각하면 가급적 private이나 protected로 설정하는 편이 맞겠지만 기능 구현을 하다 보면 접근을 허용해야 하는 경우가 많다 보니 개발 중에 자주 변동되는 부분이기도 합니다. 결국 스스로 프로젝트를 많이 만들어 보면서 경험에 의해 익숙해지는 수밖에 없습니다.

### 생성자(Constructor)

우리가 새로운 클래스 파일을 만들 때마다 항상 클래스 첫 부분에 클래스 이름과 동일한 함수가 선언되어 있는 것을 보았을 것입니다. 이것이 바로 '생성자 함수' 또는 줄여서 '생성자(Constructor)' 라는 것입니다.

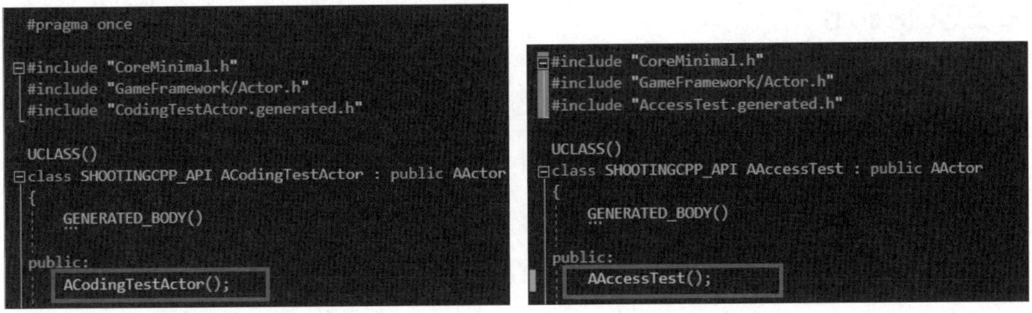

[그림 2.5-62] 클래스 이름과 동일한 생성자 함수

그런데 함수 치고는 뭔가 어색하지 않나요? 보통 함수라면 함수 이름 앞에 반환 자료형이 있어야 하는데 생성자에는 반환 자료형이 없군요. 생성자는 반환 자료형이 없는 특수한 형태의 함수입니다. 함수의 형식과 비슷하게 매개변수를 넣을 수 있는 괄호는 있지만 반환 자료형이 아예 없기 때문에 생성자 함수와 일반적인 함수는 선언부만 보더라도 곧바로 구분할 수 있습니다.

생성자 함수는 클래스 변수가 생성될 때 한 번 호출되어 실행하는 함수입니다. 생성자 함수는 클래스 변수를 생성하면서 실행되기 때문에 클래스 변수의 생성이 끝난 후에 호출되는 BeginPlay( ) 함수보다 먼저 실행되는 함수이며, 보통 클래스의 멤버 변수를 초기 설정하기 위한 용도로 사용됩니다. BeginPlay( ) 함수와 달리 생성자는 멤버 변수의 초기화만을 목적으로 구현되는 것이고 그 외의 특정한 기능 구현을 목적으로 사용해서는 안 됩니다. 즉, 구현의 목적성에서 바라보면 생성자는 멤버 변수의 초기화를 목적으로 하고, BeginPlay( ) 함수를 비롯한 다른 일반 함수들은 특정한 기능을 구현하기 위한 목적으로 사용된다고 볼 수 있습니다. 마치 태어나기 전의 태아라도 생물로서의 기본 요소인 성별은 결정되지만, 태어난 뒤에야 아이의 이름을 붙이는 것처럼 말이죠.

생성자는 특히 클래스 자료형을 가진 변수나 포인터 변수의 초기 값을 지정할 때 자주 사용됩니다. 생성자에서의 구현부 실습은 이후 프로젝트에서 자세히 다뤄 보고 여기서는 생성자와 일반 함수의 개념 차이만 언급하는 걸로 마치도록 하겠습니다.

## → 포인터(Pointer)

아마 컴퓨터를 구매하거나 업그레이드를 할 경우에 메모리(Memory)에 대해 들어본 적이 있을 것입니다. 컴퓨터를 조립할 때 장착하는 대표적인 메모리로서 '램(RAM)'이라는 것이 있죠. 메모리는 하드디스크에 설치된 소프트웨어 앱을 구동할 때 생성되는 클래스와 변수, 함수 등을 임시로 띄워 놓기 위한 방(Room)의 역할을 합니다. 우리가 앞서 만든 CodingTestActor 클래스가 생성할 때 number1, name과 같은 변수들이나 Add() 함수와 같은 것들이 같이 생성되기 때문에 소프트웨어 앱이 종료될 때까지 이러한 변수나 함수들을 임시로 보관할 공간이 필요합니다. 즉, 데이터의 보관 장소가 바로 메모리 공간인 것입니다.

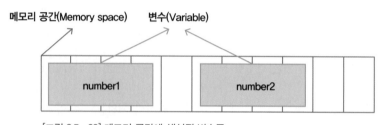

[그림 2.5-63] 메모리 공간에 생성된 변수들

메모리에는 바이트(byte) 단위로 주소(Address)를 가지고 있습니다. 만일 우리가 국회의사당에 가고 싶다면 가장 먼저 무엇부터 해야 하나요? 아마도 국회의사당의 주소를 찾은 다음 그 주소로 가는 방법을 모색할 것입니다. 메모리 공간에도 주소가 있어서 이 주소를 통해 특정 변수나 함수를 찾아갈 수 있습니다. 컴퓨터 메모리의 주소는 보통 16진수의 8자리로 표현됩니다.

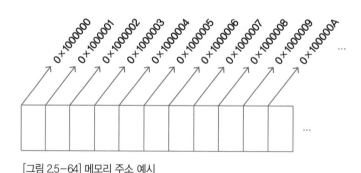

[그림 2.5-64] 메모리 주소 예시

변수를 생성하면 메모리에 할당되는데 변수는 자료형마다 크기가 제각각이라서 변수의 주소라고 하면 할당된 메모리의 시작 부분의 주소를 의미합니다.

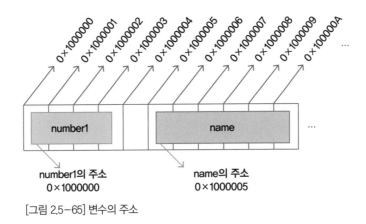

[그림 2.5-65] 변수의 주소

일반적인 변수가 값(Data)을 담기 위한 그릇의 역할을 한다면, 변수의 주소만을 담기 위한 특정한 용도의 그릇이 존재하는데 그것이 바로 포인터(Pointer) 변수입니다. 포인터 변수를 생성해서 다른 변수의 주소를 담아 놓으면 그 주소를 이용해 변수에 직접 접근해서 값을 읽거나 쓸 수 있게 됩니다. 클래스 변수처럼 사이즈가 큰 변수를 직접 복사하는 것에 비해 주소 값만 저장하는 포인터 변수는 메모리를 적게 사용하면서 다른 변수를 사용할 수 있다는 장점이 있습니다. 그 밖에도 함수 안에서 참조 형태로 변수의 값을 직접 변경할 수 있다는 장점도 있는데 이 부분은 직접 해 보도록 하겠습니다.

포인터 변수는 자료형 뒤에 별표(*)를 붙이면 됩니다.

>>> **포인터 변수**
자료형* 변수명;

예 `float* number; string* name` ….

포인터 변수에는 직접 값을 넣는 것이 아니라 이미 생성되어 있는 변수의 주소 값을 넣어야 합니다. 변수의 주소 값을 가져오려면 변수 이름 앞에 앰퍼샌드(&) 기호를 붙여 줍니다.

> **≫ 포인터 변수에 주소 값 넣기**
> 포인터 변수 = &변수명
>
> 📖 int32 number1 = 10;
> int32* numPointer = &number1;

그럼 테스트를 위해 비주얼 스튜디오에서 AccessTest.h 파일로 이동합니다. 정수형 변수 **number**와 정수형 포인터 변수 **numPointer**를 각각 생성합니다. 참고로 정수형 변수에 초기 값을 지정해주지 않으면 기본 값인 0으로 초기화되는 반면, 포인터 변수에 초기 값을 지정해 주지 않으면 널 포인터 값(nullptr)이 기본 값으로 주어집니다. 널 포인터란 아무 의미 없는 값으로 포인터 변수가 어떠한 변수도 가리키고 있지 않다는 뜻의 특수한 값입니다.

```cpp
UCLASS()
class SHOOTINGCPP_API AAccessTest : public AActor
{
    GENERATED_BODY()

public:
    // 이 액터의 속성에 대한 기본값을 설정(Sets default values for this actor's properties)
    AAccessTest();

protected:
    // 게임이 시작될 때 또는 스폰될 때 호출됨(Called when the game starts or when spawned)
    virtual void BeginPlay() override;

public:
    // 매 프레임마다 호출됨(Called every frame)
    virtual void Tick(float DeltaTime) override;

    int32 number;              // 일반 변수
    int32* numPointer;         // 포인터 변수
```

```
    };
```

[코드 2.5-35] AccessTest.h 일반 변수와 포인터 변수를 생성하기

이번에는 소스 파일로 이동해서 `BeginPlay()` 함수에서 `number` 변수와 `numPointer` 변수의 값을 할당하도록 하겠습니다. 코드 혼동을 피하기 위해 기존에 적었던 임시 코드들은 삭제하고 새로 작성하겠습니다. 먼저 `number` 변수에는 기존대로 정수 값으로 아무 값이나 넣으면 됩니다. `number` 값을 눈으로 확인하기 위해 로그 출력 코드를 추가합니다.

다음으로 `numPointer` 변수에는 `number` 변수의 주소 값을 넣도록 하겠습니다. `numPointer` 변수의 주소가 `number` 변수를 제대로 가리키고 있는지 확인하기 위해 `numPointer` 변수에 들어있는 주소가 가리키는 값을 출력해 봐야 할 것 같습니다. 포인터 변수가 가리키는 변수의 값을 출력하려면 포인터 변수 앞에 * 기호를 붙여 주면 됩니다. 이것을 포인터의 '역참조(dereference)'라고 합니다.

```cpp
#include "AccessTest.h"
#include "CodingTestActor.h"

// 기본 값 설정(Sets default values)
AAccessTest::AAccessTest()
{
    // 매 프레임마다 Tick()을 호출하도록 이 액터를 설정함. 필요하지 않은 경우 이 기능을 해제하여 성능을
    // 향상시킬 수 있음(Set this actor to call Tick() every frame.  You can turn this off to improve
    // performance if you don't need it.)
    PrimaryActorTick.bCanEverTick = true;

}

// 게임이 시작될 때 또는 스폰될 때 호출됨(Called when the game starts or when spawned)
void AAccessTest::BeginPlay()
{
    Super::BeginPlay();

    ACodingTestActor* testActor = NewObject<ACodingTestActor>(this);
    testActor->number1 = -100;
```

```
    number = 200;

    numPointer = &number;

    UE_LOG(LogTemp, Warning, TEXT("변수의 값: %d"), number);
    UE_LOG(LogTemp, Warning, TEXT("포인터의 값: %d"), *numPointer);
}

… (생략) …
```

[코드 2.5-36] AccessTest.cpp 변수의 값과 포인터 변수의 값을 각각 출력하기

코드 빌드를 한 다음 AccessTest 액터를 월드 공간에 배치하기 위해 AccessTest 클래스를 부모
클래스로 상속한 블루프린트 액터 클래스 파일을 생성합니다. 새로 생성한 블루프린트 파일의 이름은
'BP_AccessTest'로 합니다.

[그림 2.5-64] BP_AccessTest 블루프린트 파일 생성하기

BP_AccessTest 파일을 뷰 포트 패널에 드래그해서 배치하고 플레이를 해 봅시다. 출력 로그를
확인해 보니 number 변수와 numPointer 변수 둘 다 number 변수에 할당했던 200의 값을 출력하는
것을 확인할 수 있습니다.

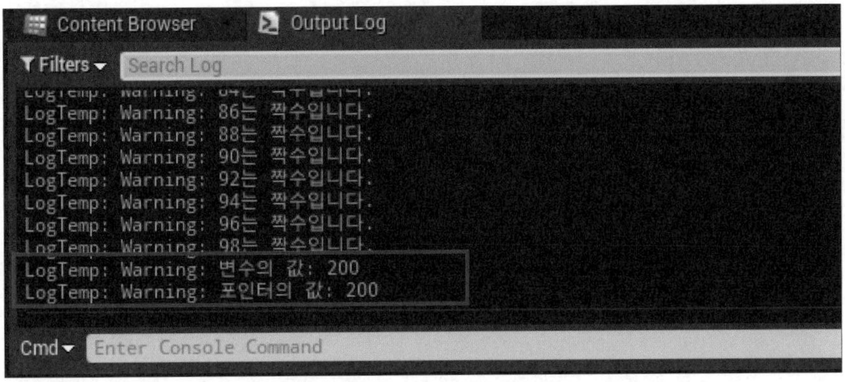

[그림 2.5-67] BP_AccessTest 블루프린트의 출력 결과

이처럼 포인터를 사용하면 포인터에 저장된 주소 값이 가리키는 변수에 접근이 가능합니다. 물론 읽는 것 외에 값을 수정할 수도 있습니다. 다음처럼 numPointer의 주소가 가리키는 변수의 값에 다른 정수 값을 넣어서 값 변경을 해 보겠습니다.

```cpp
#include "AccessTest.h"
#include "CodingTestActor.h"

// 기본 값 설정(Sets default values)
AAccessTest::AAccessTest()
{
    // 매 프레임마다 Tick()을 호출하도록 이 액터를 설정함. 필요하지 않은 경우 이 기능을 해제하여 성능을
    // 향상시킬 수 있음(Set this actor to call Tick() every frame.  You can turn this off to improve
    // performance if you don't need it.).
    PrimaryActorTick.bCanEverTick = true;

}

// 게임이 시작될 때 또는 스폰될 때 호출됨(Called when the game starts or when spawned)
void AAccessTest::BeginPlay()
{
    Super::BeginPlay();

    AACodingTestActor* testActor = NewObject<ACodingTestActor>(this);
    testActor->number1 = -100;
```

2.5 · 언리얼 C++ 기초   463

```
    number = 200;
    numPointer = &number;
    *numPointer = -30;

    UE_LOG(LogTemp, Warning, TEXT("변수의 값: %d"), number);
    UE_LOG(LogTemp, Warning, TEXT("포인터의 값: %d"), *numPointer);

}

… (생략) …
```

[코드 2.5-37] AccessTest.cpp 포인터의 참조 방식을 이용한 변수 값 수정하기

빌드하고 다시 플레이를 해 보면 number 변수의 값이 −30으로 바뀌었고, 이에 따라 numPointer 변수의 주소가 가리키는 값도 −30으로 변경되었습니다. 이렇게 포인터 변수가 주소 값을 이용해서 다른 변수에 접근하는 방식을 '참조(Reference)'라고 합니다.

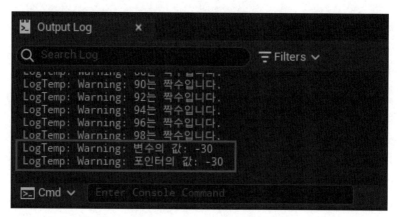

[그림 2.5-68] 포인터 참조 방식을 이용해서 변수 값을 변경한 결과

언리얼 엔진에서 월드 공간에 배치된 다른 블루프린트 액터에 접근하는 경우에도 포인터 변수를 이용합니다. 현재 월드에 BP_CodingTestActor 블루프린트와 BP_AccessTest 블루프린트가 배치되어 있으므로 BP_AccessTest 블루프린트에 포인터 변수를 만들어서 BP_CodingTestActor 블루프린트를 참조해 보겠습니다.

비주얼 스튜디오에서 AccessTest.h 파일로 이동해서 자료형이 ACodingTestActor인 포인터 변수를 하나 생성합니다. 헤더 파일에서 클래스 변수를 만들 때는 자료형 앞에 class 키워드를 앞에 붙여 줘야 합니다. 원래 클래스 변수를 만들려면 #include를 이용해서 해당 클래스를 포함시켜야 하는데 헤더 파일에 다른 헤더 파일을 include할 경우 빌드할 때 컴파일 시간이 오래 걸리는 문제가 있기 때문에 클래스 변수의 앞에 class 표시를 하는 것으로 #include를 생략한 것입니다. 이런 코딩 방식을 '클래스 전방 선언(Class forward declaration)'이라고 합니다.

월드에 배치된 블루프린트를 에디터에서 할당할 수 있도록 UPROPERTY 옵션도 추가해 줍니다.

```cpp
UCLASS()
class SHOOTINGCPP_API AAccessTest : public AActor
{
    GENERATED_BODY()

public:
    // 이 액터의 속성에 대한 기본값을 설정(Sets default values for this actor's properties)
    AAccessTest();

protected:
    // 게임이 시작될 때 또는 스폰될 때 호출됨(Called when the game starts or when spawned)
    virtual void BeginPlay() override;

public:
    // 매 프레임마다 호출됨(Called every frame)
    virtual void Tick(float DeltaTime) override;

    int32 number;              // 일반 변수
    int32* numPointer;         // 포인터 변수

    UPROPERTY(EditAnywhere)
    class ACodingTestActor* testPointer;

};
```

[코드 2.5-38] AccessTest.h 클래스 변수 포인터 생성하기

testPointer 변수에 담긴 주소 값은 ACodingTestActor 클래스 변수를 가리키고 있을 것이므로 멤버 변수들에 접근이 가능합니다. ACodingTestActor 클래스에 있는 멤버 변수들 중에서 number2 변수에 접근해서 값을 수정해 보도록 하겠습니다. 주소 값이 가리키는 변수 자체가 아니라 그 변수 안의 멤버 변수에 접근하려면 '-> 기호'를 이용해서 접근해야 합니다.

```cpp
#include "AccessTest.h"
#include "CodingTestActor.h"

// 기본 값 설정(Sets default values)
AAccessTest::AAccessTest()
{
    // 매 프레임마다 Tick()을 호출하도록 이 액터를 설정함. 필요하지 않은 경우 이 기능을 해제하여 성능을
    // 향상시킬 수 있음(Set this actor to call Tick() every frame.  You can turn this off to improve
    // performance if you don't need it.).
    PrimaryActorTick.bCanEverTick = true;

}

// 게임이 시작될 때 또는 스폰될 때 호출됨(Called when the game starts or when spawned)
void AAccessTest::BeginPlay()
{
    Super::BeginPlay();
    ACodingTestActor* testActor = NewObject<ACodingTestActor>(this);
    testActor->number1 = -100;
    number = 200;
    numPointer = &number;
    *numPointer = -30;

    UE_LOG(LogTemp, Warning, TEXT("변수의 값: %d"), number);
    UE_LOG(LogTemp, Warning, TEXT("포인터의 값: %d"), *numPointer);

    if (testPointer != nullptr)
    {
        testPointer->number2 = -10;
    }
}

    … (생략) …
```

[코드 2.5-39] AccessTest.cpp 포인터가 가리키는 클래스 변수의 멤버 변수에 접근하기

그런데 [코드 2.5-39]를 보면 조건문으로 '만일 testPointer가 널 포인터(nullptr)가 아닐 경우'에만 멤버 변수 number2에 접근해서 값을 수정하도록 되어 있습니다. 이런 코드를 '널 체크'라고 합니다. 가령 우리가 어떤 장소를 찾아가고자 할 때 실제로 존재하지 않는 주소를 찾아가려고 하면 어떻게 될까요? 한없이 떠돌아다니기만 할 뿐이겠죠. 마찬가지로 코드에서도 개발자가 실수로 포인터 변수에 해당 클래스 변수를 할당하지 않고 코드를 실행해버리면 기본 값인 널 포인터를 찾아가려는 시도를 하기 때문에 결국 치명적인 에러(critical error)를 발생시키고 앱을 종료시켜 버리게 됩니다.

빌드를 하고 언리얼 에디터의 아웃라이너 패널에서 BP_AccessTest를 선택합니다. 이 상태에서 하단의 디테일 패널을 보면 C++ 코드에서 만든 testPointer 변수가 보입니다. 비어 있는 None 항목을 선택해서 BP_CodingTestActor를 선택합니다.

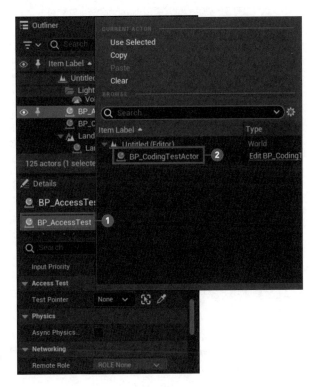

[그림 2.5-69] TestPointer 포인터 변수에 BP_CodingTestActor 할당하기

이제 다시 에디터 플레이를 해 보면 플레이하기 전에 number2 변수의 값이 무엇이었든 플레이를 실행한 상태에서는 BP_CodingTestActor의 number2 변수의 값이 −10으로 변하는 것을 볼 수 있습니다. 만일 플레이 상태에서 화면에 마우스 커서가 나오지 않아서 아웃라이너 패널을 선택할 수 없다면 키보드의 Shift + F1 키를 누르면 마우스 커서가 나타날 것입니다.

[그림 2.5-70] 런타임 중의 number2 변수의 변화

## → 값에 의한 호출(Call by value)과 참조에 의한 호출(Call by reference)

```cpp
#pragma once

#include "CoreMinimal.h"
#include "GameFramework/Actor.h"
#include "AccessTest.generated.h"

UCLASS()
class SHOOTINGCPP_API AAccessTest : public AActor
{
    GENERATED_BODY()

public:
    // 이 액터의 속성에 대한 기본값을 설정(Sets default values for this actor's properties)
    AAccessTest();

protected:
    // 게임이 시작될 때 또는 스폰될 때 호출됨(Called when the game starts or when spawned)
    virtual void BeginPlay() override;

public:
    // 매 프레임마다 호출됨(Called every frame)
    virtual void Tick(float DeltaTime) override;

    UPROPERTY(EditAnywhere)
```

```
    class ACodingTestActor* testPointer;

    int32 number;                    // 일반 변수
    int32* numPointer;               // 포인터 변수

    void AddPrint(int32 num1, int32 num2, int32 result);
};
```

[코드 2.5-40] AccessTest.h AddPrint() 함수 선언

```
void AAccessTest::BeginPlay()
{
    Super::BeginPlay();

    … (생략) …

    // 변수 생성
    int32 value1 = 5;
    int32 value2 = 10;
    int32 sum = 0;

    // AddPrint 함수를 실행한다.
    AddPrint(value1, value2, sum);

    // sum 변수의 값을 로그로 출력한다.
    UE_LOG(LogTemp, Warning, TEXT("%d"), sum);


}

void AAccessTest::AddPrint(int32 num1, int32 num2, int32 result)
{
    // 두 매개변수에서 받은 값을 더한 결과를 세 번째 매개변수에 넣는다.
    result = num1 + num2;
}

… (생략) …
```

[코드 2.5-41] AccessTest.cpp 매개변수로 받은 값을 더하고 출력하는 함수

위 코드만 보면 여러분은 출력 결과가 어떻게 나올 것 같나요? AddPrint( ) 함수를 실행해서 sum 변수에 value1과 value2를 더한 값을 넣었으니 sum 변수에는 15가 있을 것 같군요. 그럼 실제로 출력을 해 보겠습니다.

[그림 2.5-71] sum의 값 출력 결과 ❶

이럴 수가! sum 값을 출력했더니 원래 값인 0이 출력되었네요? 이런 결과가 나오게 된 이유는 일반적인 변수를 함수의 매개변수로 넘겨줄 경우 그 변수의 값이 매개변수에 복사되기 때문입니다. 위의 예시에서 'sum'이라는 변수를 'AddPrint'라는 함수의 result 매개변수로 넘겨주었지만 result는 sum 자체를 가리키는 것이 아니라 sum에 있던 값을 그저 똑같이 복사한 것에 불과하기 때문에 sum 변수와는 값만 같은 별도의 변수입니다. 따라서, num1과 num2의 합계 값을 result에 넣었더라도 복사되기 전 원본인 sum 변수에는 아무런 영향을 미치지 못하는 것입니다. 그렇다면 sum 변수에 직접 결과를 넣으려면 어떻게 해야 할까요? 바로 포인터를 이용하는 방법이 있습니다.

```
#pragma once

#include "CoreMinimal.h"
#include "GameFramework/Actor.h"
#include "AccessTest.generated.h"

UCLASS()
class SHOOTINGCPP_API AAccessTest : public AActor
{
    GENERATED_BODY()

public:
    // 이 액터의 속성에 대한 기본값을 설정(Sets default values for this actor's properties)
    AAccessTest();
```

```
protected:
    // 게임이 시작될 때 또는 스폰될 때 호출됨(Called when the game starts or when spawned)
    virtual void BeginPlay() override;

public:
    // 매 프레임마다 호출됨(Called every frame)
    virtual void Tick(float DeltaTime) override;

    UPROPERTY(EditAnywhere)
    class ACodingTestActor* testPointer;

    int32 number;                    // 일반 변수
    int32* numPointer;               // 포인터 변수

    void AddPrint(int32 num1, int32 num2, int32* result);
};
```

[코드 2.5-42] **AccessTest.h** AddPrint() 함수 선언 내용 변경

```
void AAccessTest::BeginPlay()
{
    Super::BeginPlay();

    ... (생략) ...

    // 변수 생성
    int32 value1 = 5;
    int32 value2 = 10;
    int32 sum = 0;

    // AddPrint 함수를 실행한다.
    AddPrint(value1, value2, &sum);

    // sum 변수의 값을 로그로 출력한다.
    UE_LOG(LogTemp, Warning, TEXT("%d"), sum);

}

void AAccessTest::AddPrint(int32 num1, int32 num2, int32* result)
```

```
{
    // 두 매개변수에서 받은 값을 더한 결과를 세 번째 매개변수에 넣는다.
    *result = num1 + num2;
}

… (생략) …
```

[코드 2.5-43] AccessTest.cpp result 매개 변수를 포인터로 변경하기


AddPrint( ) 함수의 result 매개변수가 입력 받은 변수를 복사하지 않고 참조하려면 그 변수의 주소를 받아야 합니다. 그래서 result 매개변수를 포인터 변수로 변경하게 되면 포인터 변수 result가 받은 주소에 해당하는 변수의 값에 직접 접근을 하게 됩니다. 물론 AddPrint( ) 함수를 호출할 때 매개변수 result 자리에는 sum 변수를 넣는 것이 아니라 sum의 주소 값을 넣어 줘야 하겠죠?

이제 다시 출력해 보면 sum 값이 15로 바뀌어서 출력되는 것을 확인할 수 있습니다. 어떤가요? 이제 포인터의 중요성이 실감되나요?

[그림 2.5-72] sum의 값 출력 결과 ②


포인터를 끝으로 C++ 코딩 문법의 기초를 마치도록 하겠습니다. 사실 C++ 언어의 문법을 전부 배우려면 꽤 오랜 시간이 걸립니다. 하지만, 이런 식으로 필수적인 개념과 키워드들을 바탕으로 프로젝트를 진행하면서 새로운 C++ 코드를 그때그때 익혀 나가면 어느새 C++ 언어에도 익숙해진 자신을 발견할 수 있습니다. 자, 그럼 C++ 코드 기초는 여기서 마치고 다시 본래 목적인 언리얼로 C++ 프로젝트를 진행해 봅시다!

# 2.6 C++ 슈팅 프로젝트 제작하기

## 2.6-1 슈팅 프로젝트 환경 구성하기

2장의 마지막 챕터에서는 블루프린트 대신 C++ 코드를 이용해서 비행 슈팅 게임을 다시 만들어 보겠습니다. 본 챕터를 실습하면서 블루프린트로 제작할 때와 C++ 코드로 제작했을 때의 공통점과 차이점을 비교하면서 제작을 해 보시면 더욱더 이해가 잘 될 것입니다.

이번 C++ 프로젝트에서는 블루프린트 때와 완전히 동일한 부분은 간단하게 언급만 하겠습니다. 그리고, C++로 제작한다고 해서 블루프린트를 아예 사용하지 않는 것은 아닙니다. 물론 블루프린트를 아예 사용하지 않고 만드는 것도 이론적으로는 가능하지만 리소스 교체라든지 잦은 조정이 필요한 수치 설정 등은 여전히 블루프린트가 더 편리하기 때문에 C++로 제작하더라도 블루프린트도 부분적으로 사용됩니다. 에픽게임즈에서도 C++로 뼈대를 구성하고 블루프린트로 살을 붙이는 개발 방식을 권장하고 있습니다.

> ✖ **학습 목표**
>
> C++로 슈팅 게임을 제작하기 위한 기본 환경 구성을 하고 싶다.
>
> ✖ **구현 순서**
>
> ❶ 새 레벨을 생성하고 기본 맵으로 지정한다.
> ❷ GameModeBase 클래스를 생성하고, 블루프린트로도 상속한다.
> ❸ 월드 공간에 카메라와 디렉셔널 라이트를 배치한다.

## → 레벨 생성 및 기본 맵 지정하기

언리얼 에디터 상단의 File 탭에서 [New Level…]을 선택한 다음 레벨 템플릿 창에서 [Empty Level]을 선택합니다.

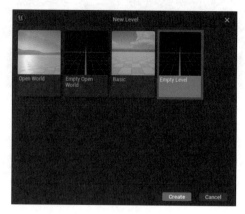

[그림 2.6-1] 새 레벨 템플릿 선택하기

새 레벨이 생성되면 저장도 해줘야겠죠? 일단 콘텐트 브라우저에서 'Maps'라는 이름으로 폴더를 만듭니다. 그 다음 [File] – [Save Current]를 선택해서 'ShootingMap'이라는 이름으로 레벨 파일을 저장합니다.

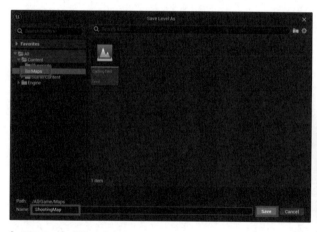

[그림 2.6-2] 레벨 저장하기

[그림 2.6-3] 저장된 ShootingMap 파일

[Edit]–[Project Settings…]를 선택해서 프로젝트 설정 창을 열고 왼쪽에서 [Maps & Modes] 탭을 선택합니다. 그 다음 우측에서 Editor Startup Map 항목과 Game Default Map 항목을 앞서 만든 ShootingMap으로 지정합니다.

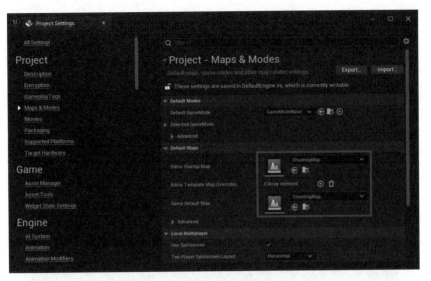

[그림 2.6-4] 시작 맵과 기본 맵을 'ShootingMap'으로 지정하기

## → GameModeBase 클래스 만들기

이번에는 게임의 기본 클래스 및 규칙을 설정하기 위한 GameModeBase 클래스를 생성해 봅시다. 콘텐트 브라우저에서 C++ Classes 폴더를 선택한 상태에서 [+Add]-[New C++ Class…]로 새 C++ 클래스 파일을 생성합니다. 부모 클래스를 선택하는 창이 뜨면 [GameModeBase] 클래스를 선택합니다.

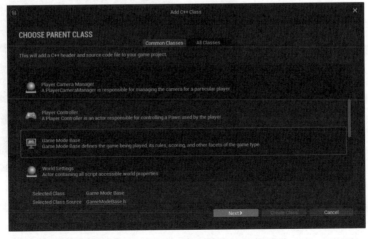

[그림 2.6-5] 부모 클래스로 Game Mode Base 클래스 선택하기

새 클래스의 이름은 'ShootingGameModeBase'으로 설정합니다. 헤더 파일의 위치를 Public 폴더로 선택하는 것도 잊지 마세요.

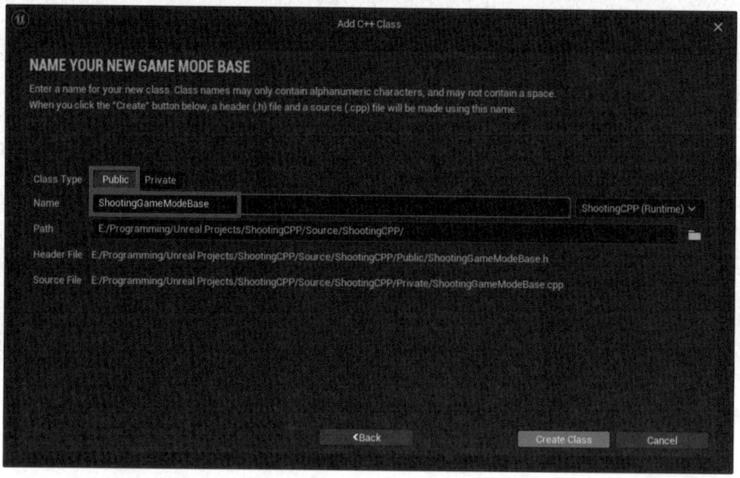

[그림 2.6-6] 클래스 이름과 폴더 지정하기

게임 모드 클래스를 블루프린트로 상속하기 위해 콘텐트 브라우저에서 Blueprints 폴더를 선택한 상태에서 [+Add]-[Blueprint Class]를 선택하여 새 블루프린트를 생성합니다. 부모 클래스는 'ShootingGame ModeBase'를 선택합니다.

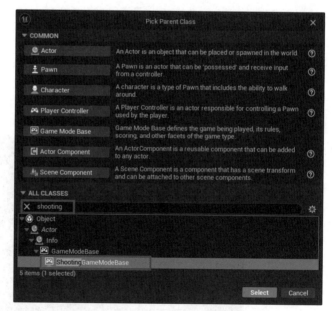

[그림 2.6-7] ShootingGameModeBase 클래스를 상속한 블루프린트 파일 생성하기

새로 생성한 블루프린트는 클래스 이름과 동일하게 'BP_ShootingGameModeBase'로 하겠습니다.

[그림 2.6-8] BP_ShootingGameModeBase 생성하기

생성된 게임 모드를 기본 값으로 설정하기 위해 [Edit]-[Project Settings…]를 선택해서 프로젝트 설정 창을 열고 [Map & Modes] 탭을 선택합니다. 우측 Default GameMode 항목을 BP_ShootingGameModeBase로 할당합니다.

[그림 2.6-9] BP_ShootingGameModeBase를 기본 게임 모드로 할당

GameModeBase 클래스 준비는 다 됐으니 이제 카메라와 라이트 배치를 해 보도록 합시다. 게임 모드 클래스에 추가할 코드는 플레이어 액터와 UI 제작을 할 때 진행할 예정입니다.

## ➜ 카메라와 라이트 배치하기

카메라와 디렉셔널 라이트의 배치는 블루프린트 때와 완전히 동일하므로 간단하게 이미지와 설정 값만 설명하겠습니다.

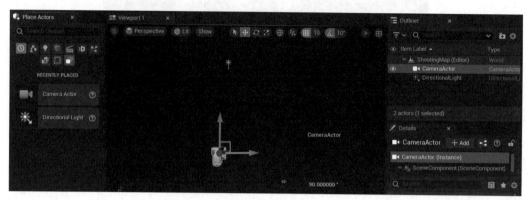

[그림 2.6-10] 카메라 및 디렉셔널 라이트를 월드 공간에 배치하기

카메라의 경우 이번에는 처음부터 직교 투영(Orthographic) 방식으로 원근감을 제거하게 설정하겠습니다. 직교 뷰의 가로 너비는 1,920으로 설정하고 Auto Activate for Player는 Player 0번으로 설정합니다. 디렉셔널 라이트의 경우에는 Cast Shadows 항목의 체크를 해제해서 그림자를 생성하지 않도록 미리 설정하겠습니다.

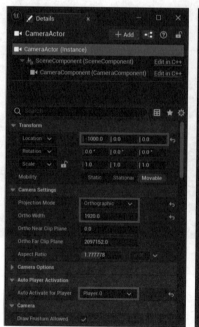

[그림 2.6-11] 카메라와 디렉셔널 라이트 설정

1

1.1
1.2
1.3
1.4
1.5

2

2.1
2.2
2.3
2.4
2.5
2.6

3

3.1
3.2
3.3

4

4.1
4.2
4.3
4.4
4.5

부록

## 2.6-2 플레이어 제작하기

개발 환경 구성이 끝났으면 플레이어부터 제작해 봅시다. 플레이어의 경우도 마찬가지로 플레이어 클래스는 C++로 개발하되 레벨에 배치하거나 큐브 리소스는 블루프린트로 설정해서 C++와 블루프린트를 섞어서 사용하도록 할 생각입니다. 언리얼 C++ 코드에 익숙하지 않으면 초반에 어려움이 있을 수 있으니 되도록 블루프린트 개발의 순서와 동일하게 진행할 예정입니다. 따라서, 진행 중 틈틈이 C++ 코드와 블루프린트 개발을 비교하면서 학습하는 것을 권장합니다.

### ✕ 학습 목표

사용자의 WASD 입력에 맞춰 상하좌우로 이동하는 플레이어를 제작하고 싶다.

### ✕ 구현 순서

❶ 플레이어 클래스와 블루프린트를 생성한다.
❷ 사용자의 키 입력을 바인딩한다.
❸ 키를 입력 받으면 그 방향으로 이동하는 기능을 구현한다.

### ➔ 플레이어 클래스 생성하기

먼저 플레이어 클래스부터 생성해 봅시다. 콘텐트 브라우저에서 [+Add]−[New C++ Class…]를 선택해서 새 C++ 클래스를 생성합니다. 부모 클래스는 블루프린트 때와 동일하게 폰(Pawn) 클래스를 상속받습니다.

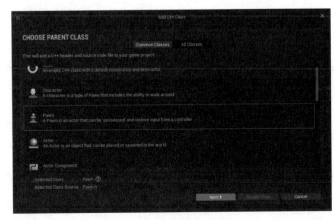

[그림 2.6−12] Pawn 클래스를 부모 클래스로 선택하기

플레이어 클래스의 이름은 'PlayerPawn'으로 지어 줍니다. 우측의 [Public] 버튼을 눌러서 Public 폴더에 헤더 파일이 생성되도록 경로를 지정해 줍니다. 다 됐으면 [Create Class] 버튼을 눌러서 클래스 파일을 생성합니다.

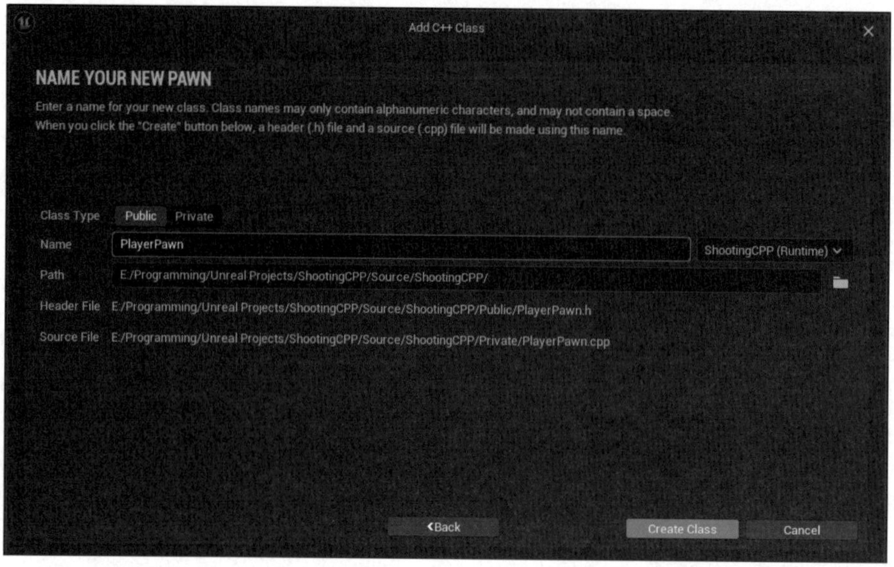

[그림 2.6-13] 클래스 이름과 경로 지정하기

PlayerPawn 스크립트가 생성되면 우선 헤더 파일로 이동합니다. Pawn 클래스도 Actor 클래스를 상속받은 클래스이기 때문에 Pawn 클래스를 상속받은 PlayerPawn 클래스에도 접두어 A가 자동으로 붙는 것을 알 수 있습니다. 그럼 블루프린트에서 플레이어를 제작할 때 가장 먼저 해야 했던 것을 떠올려 봅시다. 바로 플레이어를 눈으로 보고 충돌 처리를 할 수 있도록 외형(Mesh)과 충돌 영역(Collider) 설정에 필요한 컴포넌트를 추가하는 것입니다. 액터에 부속으로 추가되는 컴포넌트 역시 클래스로 제작되어 있습니다. 박스 콜라이더 컴포넌트는 UBoxComponent 클래스, 스태틱 메시 컴포넌트는 UStaticMeshComponent 클래스가 원형입니다. 플레이어 폰에게 박스 콜라이더부터 추가해보도록 합시다. 일단 컴포넌트를 추가하려면 해당 클래스를 할당할 수 있는 포인터 변수부터 만들어야 합니다. 다음 코드처럼 'boxComp'라는 이름의 UBoxComponent 포인터 변수를 선언합니다. 변수에 넣을 콜라이더 컴포넌트 클래스는 소스 파일에서 지정할 예정이니 지금은 그냥 비어 있는 채로 변수 선언만 해둡니다. 나중에 블루프린트로 상속했을 때 블루프린트 설정 창에서 충돌체를 할당하기 편하게 하기 위해 변수 선언 위쪽에 UPROPERTY 속성도 선언합니다.

1

1.1
1.2
1.3
1.4
1.5

2

2.1
2.2
2.3
2.4
2.5
2.6

3

3.1
3.2
3.3

4

4.1
4.2
4.3
4.4
4.5

```
… (생략) …

UCLASS()
class SHOOTINGCPP_API APlayerPawn : public APawn
{
    GENERATED_BODY()

public:
    // 이 폰의 속성에 대한 기본 값을 설정(Sets default values for this pawn's properties)
    APlayerPawn();

protected:
    // 게임이 시작될 때 또는 스폰될 때 호출됨(Called when the game starts or when spawned)
    virtual void BeginPlay() override;

public:
    // 매 프레임마다 호출됨(Called every frame)
    virtual void Tick(float DeltaTime) override;

    // 기능을 입력에 연결하기 위해 호출됨(Called to bind functionality to input)
    virtual void SetupPlayerInputComponent(class UInputComponent* PlayerInputComponent)
override;

    // 박스 충돌체 컴포넌트
    UPROPERTY(EditAnywhere)
    class UBoxComponent* boxComp;
};
```

[코드 2.6-1] **PlayerPawn.h** 충돌체 컴포넌트 변수 선언

    자, 그럼 이제 소스 파일로 이동해서 충돌체 컴포넌트를 생성하는 코드를 작성해 봅시다. 충돌체나 박스 컴포넌트와 같은 것은 에디터에서 플레이를 한 후에 생성되게 하는 것보다는 단순히 플레이어를 월드 공간에 배치했을 때 같이 생성되는 것이 좋겠군요. 이렇게 생성과 동시에 실행되어야 하는 것들은 앞에서 배웠던 생성자 함수에서 구현하여야 합니다. APlayerPawn() 생성자 함수의 중괄호 안쪽에 다음처럼 박스 콜라이더 컴포넌트를 생성하는 코드를 추가합니다.

```
#include "PlayerPawn.h"

// 기본 값 설정(Sets default values)
APlayerPawn::APlayerPawn()
{
    // 매 프레임마다 Tick()을 호출하도록 이 액터를 설정함. 필요하지 않은 경우 이 기능을 해제하여 성능을
    // 향상시킬 수 있음(Set this actor to call Tick() every frame. You can turn this off to improve
    // performance if you don't need it.)
    PrimaryActorTick.bCanEverTick = true;

    // 박스 콜라이더 컴포넌트를 생성한다.
    boxComp = CreateDefaultSubobject<UBoxComponent>(TEXT("My Box Component"));

}

… (생략) …
```

[코드 2.6-2] **PlayerPawn.cpp** 충돌체 컴포넌트를 생성


CreateDefaultSubobject() 함수는 액터에게 컴포넌트를 추가할 때 사용하는 함수입니다. 괄호 안에 매개변수에는 컴포넌트의 별명을 텍스트 형태로 기입하도록 되어 있습니다. 그런데 함수 이름과 괄호 사이에 < >가 보이네요? 이것은 '템플릿(Template)'이라는, 다양한 컴포넌트 클래스를 하나의 함수로 생성할 수 있게 해주는 문법 요소입니다. < > 안에는 생성하려는 컴포넌트 클래스를 지정해주면 됩니다. 보통 이렇게 템플릿을 이용한 함수를 선언한 함수 원형을 보면 'CreateDefaultSubobject<T>'라고 되어 있습니다. 이때 T가 바로 템플릿의 이니셜입니다. 정리하면 컴포넌트 생성 함수의 호출 방법은 다음과 같습니다.


>> **컴포넌트 생성 함수**
CreateDefaultSubobject<클래스 이름>(TEXT("컴포넌트 별명"))


그런데 아마 이렇게만 작성하면 클래스 이름 아래에 빨간 줄이 표시될 것입니다. 소스 파일에서 다른 클래스를 인식하려면 해당 클래스의 헤더 파일을 코드 상단에 포함시켜 주어야 하기 때문입니다.

BoxComponent 클래스와 같은 컴포넌트 클래스들은 'Components'라는 폴더 안에 위치하고 있기 때문에 Components 경로도 입력해야 합니다.

```cpp
#include "PlayerPawn.h"
#include "Components/BoxComponent.h"

// 기본 값 설정(Sets default values)
APlayerPawn::APlayerPawn()
{
    // 매 프레임마다 Tick()을 호출하도록 이 액터를 설정함. 필요하지 않은 경우 이 기능을 해제하여 성능을
    // 향상시킬 수 있음(Set this actor to call Tick() every frame.  You can turn this off to improve performance
    // if you don't need it.).
    PrimaryActorTick.bCanEverTick = true;

    // 박스 콜라이더 컴포넌트를 생성한다.
    boxComp = CreateDefaultSubobject<UBoxComponent>(TEXT("My Box Component"));

}

… (생략) …
```

[코드 2.6-3] **PlayerPawn.cpp** BoxComponent.h 파일 포함시키기

컴포넌트를 생성했으면 컴포넌트들 간의 부모 자식 관계 설정을 해주어야 합니다. 블루프린트 때와 마찬가지로 콜라이더 컴포넌트를 최상단 컴포넌트(Root component)로 지정하고, 다음에 이어지는 메시 컴포넌트를 콜라이더 컴포넌트의 자식 컴포넌트로 지정하도록 하겠습니다.

```cpp
#include "PlayerPawn.h"
#include "Components/BoxComponent.h"

// 기본 값 설정(Sets default values)
APlayerPawn::APlayerPawn()
{
    // 매 프레임마다 Tick()을 호출하도록 이 액터를 설정함. 필요하지 않은 경우 이 기능을 해제하여 성능을
    // 향상시킬 수 있음(Set this actor to call Tick() every frame.  You can turn this off to improve
    // performance if you don't need it.).
```

```
    PrimaryActorTick.bCanEverTick = true;

    // 박스 콜라이더 컴포넌트를 생성한다.
    boxComp = CreateDefaultSubobject<UBoxComponent>(TEXT("My Box Component"));

    // 생성한 박스 콜라이더 컴포넌트를 최상단 컴포넌트로 설정한다.
    SetRootComponent(boxComp);
}

… (생략) …
```

[코드 2.6-4] PlayerPawn.cpp 박스 콜라이더 컴포넌트를 루트 컴포넌트로 지정하기

같은 방식으로 외형을 담당하는 스태틱 메시 컴포넌트도 생성 코드를 추가해 봅시다. 먼저 헤더 파일에서 포인터 변수부터 선언합니다.

```
… (생략) …

UCLASS()
class SHOOTINGCPP_API APlayerPawn : public APawn
{
    GENERATED_BODY()

public:
    // 이 폰의 속성에 대한 기본 값을 설정(Sets default values for this pawn's properties)
    APlayerPawn();

protected:
    // 게임이 시작될 때 또는 스폰될 때 호출됨(Called when the game starts or when spawned)
    virtual void BeginPlay() override;

public:
    /// 매 프레임마다 호출됨(Called every frame)
    virtual void Tick(float DeltaTime) override;

    // 기능을 입력에 바인딩하기 위해 호출됨(Called to bind functionality to input)
    virtual void SetupPlayerInputComponent(class UInputComponent* PlayerInputComponent)
```

1

1.1
1.2
1.3
1.4
1.5

2

2.1
2.2
2.3
2.4
2.5
2.6

3

3.1
3.2
3.3

4

4.1
4.2
4.3
4.4
4.5

부록

```
    override;

        // 박스 충돌체 컴포넌트
        UPROPERTY(EditAnywhere)
        class UBoxComponent* boxComp;

        // 스태틱 메시 컴포넌트
        UPROPERTY(EditAnywhere)
        class UStaticMeshComponent* meshComp;
};
```

[코드 2.6-5] PlayerPawn.h 스태틱 메시 컴포넌트 변수 선언

소스 코드로 이동해서 CreateDefaultSubobject() 함수를 이용해서 스태틱 메시 컴포넌트를 생성합니다. 스태틱 메시 컴포넌트도 다른 클래스이므로 스크립트 상단에 StaticMeshComponent 헤더 파일을 포함해줘야 합니다.

스태틱 메시 컴포넌트는 루트 컴포넌트인 박스 콜라이더 컴포넌트의 자식으로 설정해줍니다. 컴포넌트의 부모를 설정할 때는 SetupAttachment() 함수를 사용합니다. SetupAttachment() 함수는 모든 컴포넌트 클래스에 공통으로 있는 함수입니다. meshComp 변수 옆의 -> 기호는 포인터 변수가 가리키는 클래스의 멤버 함수를 호출할 때 사용되는 기호라는 것은 앞에서 포인터 기초 부분에서 설명한 바 있습니다.

```
#include "PlayerPawn.h"
#include "Components/BoxComponent.h"
#include "Components/StaticMeshComponent.h"

// 기본 값 설정(Sets default values)
APlayerPawn::APlayerPawn()
{
    // 매 프레임마다 Tick()을 호출하도록 이 액터를 설정함. 필요하지 않은 경우 이 기능을 해제하여 성능을
    // 향상시킬 수 있음(Set this actor to call Tick() every frame. You can turn this off to improve
    // performance if you don't need it.).
    PrimaryActorTick.bCanEverTick = true;
```

```
    // 박스 콜라이더 컴포넌트를 생성한다.
    boxComp = CreateDefaultSubobject<UBoxComponent>(TEXT("My Box Component"));

    // 생성한 박스 콜라이더 컴포넌트를 최상단 컴포넌트로 설정한다.
    SetRootComponent(boxComp);

    // 스태틱 메시 컴포넌트를 생성한다.
    meshComp = CreateDefaultSubobject<UStaticMeshComponent>(TEXT("My Static Mesh"));

    // 박스 콜라이더 컴포넌트의 자식 컴포넌트로 설정한다.
    meshComp->SetupAttachment(boxComp);
}

… (생략) …
```

[코드 2.6-6] **PlayerPawn.cpp** 스태틱 메시 컴포넌트 생성 및 컴포넌트 관계 설정하기

컴포넌트가 제대로 만들어지는지 확인해 볼까요? 일단 비주얼 스튜디오 상단의 [Build(B)]-[ShootingCPP 빌드(U)]를 선택해서 코드를 빌드하고 언리얼 에디터로 돌아옵니다. 콘텐트 브라우저 패널의 Blueprints 폴더에 새 블루프린트 파일을 생성합니다. 새 블루프린트 파일의 부모 클래스는 PlayerPawn 클래스를 지정합니다.

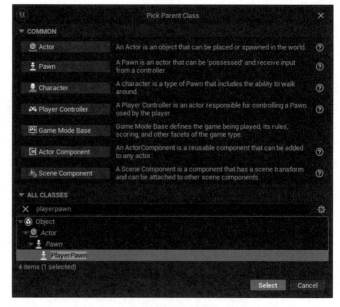

[그림 2.6-14] PlayerPawn 클래스를 부모 클래스로 지정하기

블루프린트 파일이 생성되면 파일의 이름을 'BP_PlayerPawn'으로 설정합니다.

[그림 2.6-15] BP_PlayerPawn 블루프린트 생성하기

BP_PlayerPawn을 더블클릭해서 블루프린트 설정 창을 활성화한 다음 좌측의 Components 패널을 보면 코드에서 작성한 대로 박스 콜라이더 컴포넌트가 최상단 컴포넌트로 생성되어 있고, 그 아래 자식 컴포넌트로 스태틱 메시 컴포넌트가 생성되어 있는 것을 확인할 수 있습니다.

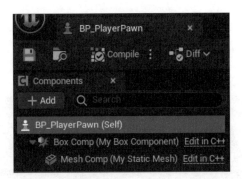

[그림 2.6-16] 생성된 컴포넌트 모습

컴포넌트 패널에서 Mesh Comp 항목을 선택하고 우측의 디테일 패널을 보면 메시로 쓸 파일을 선택할 수 있는 Static Mesh 항목이 있습니다. 콤보 박스를 클릭해서 'Cube'로 검색하면 가로세로 높이가 100×100×100인 큐브가 검색될 것입니다. 검색된 큐브를 Static Mesh 항목에 할당한 다음 블루프린트 컴파일 버튼을 누르면 Static Mesh 항목 아래에 Materials 항목이 추가됩니다. Materials 항목의 0번 요소(Element)에는 Basic Shape Material을 지정합니다.

1

1.1
1.2
1.3
1.4
1.5

2

2.1
2.2
2.3
2.4
2.5
2.6

3

3.1
3.2
3.3

4

4.1
4.2
4.3
4.4
4.5

부록

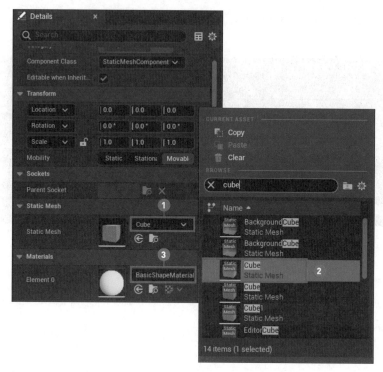

[그림 2.6-17] 큐브 메시 선택하기

메시와 머티리얼 설정하고서 가운데 뷰 포트를 보면 큐브 형태가 잘 설정된 것을 볼 수 있습니다.

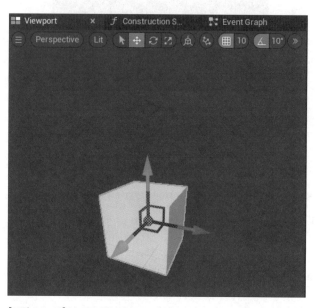

[그림 2.6-18] 뷰 포트에서의 큐브 메시

반면 충돌체(Box Collider)의 크기는 기본 값이 32×32×32로 되어 있어서 기본 큐브 사이즈에 맞춰서 50×50×50으로 확대를 해주어야 합니다. 물론 블루프린트 설정 창에서 직접 입력해서 바꿔도 되지만 이번에는 C++ 코드에서 크기를 수정해 보겠습니다.

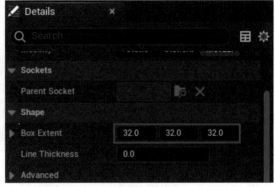

[그림 2.6-19] 박스 컴포넌트의 크기

PlayerPawn.cpp 파일에서 생성자 함수 하단에 boxComp의 SetBoxExtent() 함수를 호출합니다. SetBoxExtent() 함수의 매개변수에는 X축, Y축, Z축의 값을 벡터의 형태로 입력 받도록 되어 있습니다. 벡터 변수의 자료형은 FVector입니다. 각 축의 값이 50인 벡터 변수를 만들어서 SetBoxExtent() 함수의 매개변수로 넘겨 줍니다. 참고로 언리얼 작명 규칙에서 일반적으로 어느 특별한 분류에 속하지 않는 클래스의 접두어는 F입니다.

```cpp
#include "PlayerPawn.h"
#include "Components/BoxComponent.h"
#include "Components/StaticMeshComponent.h"

// 기본 값 설정(Sets default values)
APlayerPawn::APlayerPawn()
{
    // 매 프레임마다 Tick()을 호출하도록 이 액터를 설정함. 필요하지 않은 경우 이 기능을 해제하여 성능을
    // 향상시킬 수 있음(Set this actor to call Tick() every frame.  You can turn this off to improve
    // performance if you don't need it.).
    PrimaryActorTick.bCanEverTick = true;

    // 박스 콜라이더 컴포넌트를 생성한다.
```

1

1.1
1.2
1.3
1.4
1.5

2

2.1
2.2
2.3
2.4
2.5
2.6

3

3.1
3.2
3.3

4

4.1
4.2
4.3
4.4
4.5

부록

```
boxComp = CreateDefaultSubobject<UBoxComponent>(TEXT("My Box Component"));

// 생성한 박스 콜라이더 컴포넌트를 최상단 컴포넌트로 설정한다.
SetRootComponent(boxComp);

// 스태틱 메시 컴포넌트를 생성한다.
meshComp = CreateDefaultSubobject<UStaticMeshComponent>(TEXT("My Static Mesh"));

// 박스 콜라이더 컴포넌트의 자식 컴포넌트로 설정한다.
meshComp->SetupAttachment(boxComp);

// 박스 콜라이더의 크기를 50 x 50 x 50으로 설정한다.
FVector boxSize = FVector(50.0f, 50.0f, 50.0f);
boxComp->SetBoxExtent(boxSize);

}

… (생략) …
```

[코드 2.6-7] **PlayerPawn.cpp** 박스 콜라이더 사이즈 설정하기


빌드 후에 BP_PlayerPawn 설정 창의 디테일 패널을 확인하면 Box Extent 항목 값이 50으로 변경된 것을 확인할 수 있습니다. 물론 블루프린트는 APlayerPawn 클래스를 상속했기 때문에 기본 값을 변경해서 덮어씌울 수도 있습니다. 보통은 공통적인 기본 값은 코드에서 설정하고 그 클래스를 상속받은 각각의 블루프린트마다 모델링 형태에 맞춰서 조금씩 변경해서 사용하는 것이 일반적입니다.

[그림 2.6-20] 변경된 박스 컴포넌트의 크기 확인하기

이동 코드를 작성하기 전에 일단 Player Start 액터를 뷰 포트로 드래그해서 배치하겠습니다. Player Start 액터의 기본 위치는 월드의 원점(0, 0, 0) 위치에 놓겠습니다.

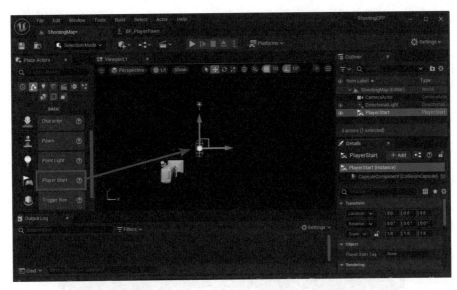

[그림 2.6-21] Player Start 액터를 월드에 배치

PlayerStart 위치에 생성되는 폰은 게임 모드 베이스 클래스에서 지정했던 것 기억하시나요? 앞서 만든 BP_ShootingGameModeBase 블루프린트 파일을 더블클릭해서 설정 창을 열고 우측에 있는 디테일 패널에서 Default Pawn Class 항목을 [BP_PlayerPawn]으로 변경합니다. 물론 변경 후에는 컴파일과 세이브도 해 주어야 합니다.

[그림 2.6-22] Default Pawn Class 변경

플레이를 해보면 Player Start 액터가 있던 위치에 BP_PlayerPawn이 정상적으로 생성되는 것을 확인할 수 있습니다.

## → 사용자의 입력 키 바인딩하기

사용자의 입력을 받으려면 키 바인딩이 있어야 하겠죠? 블루프린트 슈팅 프로젝트 때와 동일하게 키 입력 이벤트를 값으로 치환하는 Input Action 파일부터 생성합니다. 이번에도 IA_Horizontal과 IA_Vertical 파일 먼저 생성해서 입력 값의 자료형을 float 값으로 설정합니다. 두 파일 모두 Inputs 폴더에 모아 두겠습니다.

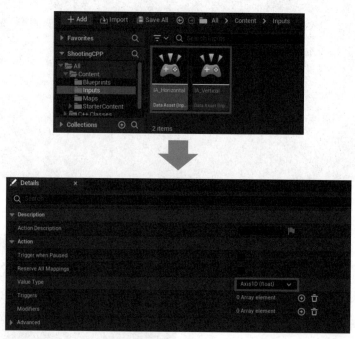

[그림 2.6-23] Input Action 파일 생성하기

이어서 사용자로부터 받을 키 입력을 Input Action 파일과 연결시킬 InputMapping Context 파일을 생성합니다.

[그림 2.6-24] Input Mapping Context 파일 생성하기

IMC_PlayerInput 파일을 더블클릭해서 설정 창을 열고 Input Action 파일과 그에 대응하는 키를 설정해 줍니다. 키 입력은 블루프린트 슈팅 프로젝트 때와 동일하게 설정하면 됩니다. 특히, [A] 키와 [S] 키는 음수 값으로 변환될 수 있도록 Modifier 항목에 [Negate] 옵션을 추가해줘야 하는 점을 잊지 말아야겠죠?

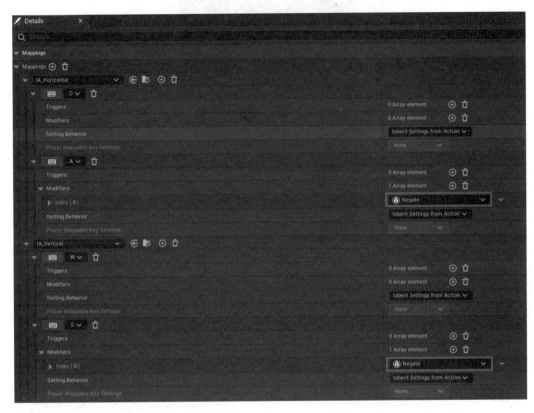

[그림 2.6-25] Input Mapping Context 키 설정하기

사용자의 입력 이벤트를 받기 위한 준비를 마쳤으니 이제 C++ 코드에서 이 값을 활용해 봅시다! EnhancedInput 시스템을 C++에서 사용하기 위해서는 모듈(Module)을 추가해야 합니다. 모듈을 추가하거나 해제하기 위해서는 모듈 관리 파일을 찾아야 합니다. 모듈 관리 파일은 프로젝트가 처음 생성될 때 자동으로 생성되며 '[프로젝트명].build.cs'라는 이름으로 솔루션에 포함됩니다. 비주얼 스튜디오 우측의 솔루션 탐색기에서 우리 프로젝트의 이름인 ShootingCPP.build.cs 파일을 선택합니다.

[그림 2.6-26] 모듈 추가를 위한 .Build.cs 파일 선택하기

 확장자가 .cs인 파일은 C#이라는 언어로 작성된 스크립트 파일입니다. 하지만, C#은 C++와 코드 형태가 유사하기 때문에 코드를 읽는 데에는 큰 어려움이 없을 것입니다. PublicDependencyModuleNames라는 변수를 보면 사용하고자 하는 모듈의 이름을 문자열로 입력하게 되어 있습니다. 중괄호 안쪽 끝에 우리가 사용할 모듈인 "EnhancedInput"을 추가해 줍니다. 추가한 후에는 꼭 프로젝트를 한 번 빌드해 주어야 합니다.

```
using UnrealBuildTool;

public class ShootingCPP : ModuleRules
{
    public ShootingCPP(ReadOnlyTargetRules Target) : base(Target)
    {
        PCHUsage = PCHUsageMode.UseExplicitOrSharedPCHs;

        PublicDependencyModuleNames.AddRange(new string[] { "Core", "CoreUObject",
```

```
"Engine", "InputCore", "EnhancedInput" });

        PrivateDependencyModuleNames.AddRange(new string[] {  });

        // PrivateDependencyModuleNames.AddRange(new string[] { "Slate", "SlateCore" });

        // PrivateDependencyModuleNames.Add("OnlineSubsystem");

    }
}
```

사용자의 입력을 직접 받을 PlayerPawn.h 파일로 이동해서 [코드 2.6-9]와 같이 InputMapping Context 파일과 InputAction 파일을 할당받기 위한 포인터 변수를 각각 선언합니다.

```
#pragma once

#include "CoreMinimal.h"
#include "GameFramework/Pawn.h"
#include "PlayerPawn.generated.h"

UCLASS()
class SHOOTINGCPP_API APlayerPawn : public APawn
{
    GENERATED_BODY()

public:
    APlayerPawn();

protected:
    virtual void BeginPlay() override;

public:
    virtual void Tick(float DeltaTime) override;

    virtual void SetupPlayerInputComponent(class UInputComponent* PlayerInputComponent)
override;
```

```
// 박스 충돌체 컴포넌트
UPROPERTY(EditAnywhere)
class UBoxComponent* boxComp;

// 스태틱 메시 컴포넌트
UPROPERTY(EditAnywhere)
class UStaticMeshComponent* meshComp;

// Input Mapping Context 파일의 포인터 변수
UPROPERTY(EditAnywhere)
class UInputMappingContext* imc_playerInput;

// Input Action 파일의 포인터 변수
UPROPERTY(EditAnywhere)
class UInputAction* ia_horizontal;

UPROPERTY(EditAnywhere)
class UInputAction* ia_vertical;

};
```

[코드 2.6-9] PlayerPawn.h IMC 파일과 IA 파일 변수 추가하기

이번에는 키 입력 이벤트가 발생했을 때 실행할 함수를 선언하겠습니다. 입력 바인딩을 위한 함수 선언은 InputAction 파일에서 설정된 값을 매개변수로 받아서 실행되기 때문에 반드시 FInputActionValue라는 구조체 변수를 매개변수로 선언하여야 합니다. 여기서는 좌우 이동 시에 실행될 함수 OnInputHorizontal()과 상하 이동 시에 실행될 함수 OnInputVertical() 함수를 선언하도록 하겠습니다. OnInputHorizontal() 함수와 OnInputVertical() 함수는 외부의 다른 클래스에서 함부로 접근하지 못하도록 private 한정자를 사용하겠습니다.

매개변수의 자료형인 FInputActionValue가 선언된 헤더 파일을 읽어오기 위해서 #include "InputActionValue.h" 문구를 추가해 줍니다. 이 때 주의할 점은 헤더 파일(.h)에서 다른 헤더 파일을 include할 때는 반드시 #include [파일 이름].generated.h 선언의 위쪽에 선언해야 한다는 점입니다.

```cpp
#pragma once

#include "CoreMinimal.h"
#include "GameFramework/Pawn.h"
#include "InputActionValue.h"
#include "PlayerPawn.generated.h"

UCLASS()
class SHOOTINGCPP_API APlayerPawn : public APawn
{
    GENERATED_BODY()

public:
    APlayerPawn();

protected:
    virtual void BeginPlay() override;

public:
    virtual void Tick(float DeltaTime) override;

    virtual void SetupPlayerInputComponent(class UInputComponent* PlayerInputComponent)
override;

    // 박스 충돌체 컴포넌트
    UPROPERTY(EditAnywhere)
    class UBoxComponent* boxComp;

    // 스태틱 메시 컴포넌트
    UPROPERTY(EditAnywhere)
    class UStaticMeshComponent* meshComp;

    // Input Mapping Context 파일의 포인터 변수
    UPROPERTY(EditAnywhere)
    class UInputMappingContext* imc_playerInput;

    // Input Action 파일의 포인터 변수
    UPROPERTY(EditAnywhere)
    class UInputAction* ia_horizontal;
```

```
        UPROPERTY(EditAnywhere)
        class UInputAction* ia_vertical;

private:
        // 입력 이벤트 발생 시 실행할 함수
        void OnInputHorizontal(const struct FInputActionValue& value);
        void OnInputVertical(const struct FInputActionValue& value);

};
```

[코드 2.6-10] **PlayerPawn.h** IMC 파일과 IA 파일 변수 추가하기

이어서 소스 파일(.cpp)에서는 슈팅 블루프린트 프로젝트 때에도 했었던 입력 서브 시스템을 IMC 파일에 매핑하는 과정을 진행해 보겠습니다. 우선 cpp 파일 상단에 우리가 사용할 EnhanceInputComponent.h와 EnhancedInputSubsystems.h 파일을 include 선언합니다.

```
#include "PlayerPawn.h"
#include "Components/BoxComponent.h"
#include "Components/StaticMeshComponent.h"
#include "EnhancedInputComponent.h"
#include "EnhancedInputSubsystems.h"


… (생략) …
```

[코드 2.6-11] **PlayerPawn.cpp** 입력 관련 헤더 추가하기

우리가 플레이어로 사용하는 폰(Pawn) 클래스에는 해당 폰을 조작하는 사용자의 실제 디바이스와 조작되는 폰 오브젝트를 중개하는 역할을 하는 APlayerController 클래스를 소유하고 있습니다. 사용자의 입력을 관리하는 서브 시스템 역시 현재 로컬 플레이어 폰이 소유하고 있는 컨트롤러 클래스에 있기 때문에 가장 먼저 플레이어 컨트롤러를 다음과 같이 가져와야 합니다. 입력 매핑은 플레이어가 생성된 후 최초 1회만 하면 되기 때문에 BeginPlay() 함수에서 구현하여야 합니다.

BeginPlay() 함수는 월드 공간에 생성되어서 최초 1회만 실행되는 함수이기 때문입니다.

```cpp
… (생략) …

void APlayerPawn::BeginPlay()
{
    Super::BeginPlay();

    // 현재 플레이어가 소유한 컨트롤러를 가져온다.
    APlayerController* pc = GetWorld()->GetFirstPlayerController();

    // 만일, 플레이어 컨트롤러 변수에 값이 들어 있다면….
    if (pc != nullptr)
    {

    }
}
```

[코드 2.6-12] PlayerPawn.cpp 입력 관련 헤더 추가하기

ULocalPlayer::GetSubsystem() 함수를 이용하면 플레이어 컨트롤러로부터 입력 서브 시스템 클래스에 대한 포인터 변수를 가져올 수 있습니다. 입력 서브 시스템 클래스에 구현된 AddMappingContext() 함수를 통해 입력 서브 시스템과 Input Mapping Context를 연결하면 됩니다. 코드가 약간 어렵게 느껴질 수 있지만 이 부분은 모든 프로젝트에서 공통되는 작업이기 때문에 굳이 이해가 안되더라도 여러 프로젝트에 이 코드를 그대로 가져다 쓸 수 있다는 점에서 오히려 더 편리하긴 합니다.

```cpp
… (생략) …

void APlayerPawn::BeginPlay()
{
    Super::BeginPlay();

    // 현재 플레이어가 소유한 컨트롤러를 가져온다.
    APlayerController* pc = GetWorld()->GetFirstPlayerController();
```

```
        // 만일, 플레이어 컨트롤러 변수에 값이 들어 있다면….
        if (pc != nullptr)
        {
            // 플레이어 컨트롤러로부터 입력 서브 시스템 정보를 가져온다.
            UEnhancedInputLocalPlayerSubsystem* subsys =
            ULocalPlayer::GetSubsystem<UEnhancedInputLocalPlayerSubsystem>(pc-
            >GetLocalPlayer());

            if (subsys != nullptr)
            {
                // 입력 서브 시스템에 IMC 파일 변수를 연결한다.
                subsys->AddMappingContext(imc_playerInput, 0);
            }
        }
    }
```

[코드 2.6-13] PlayerPawn.cpp 입력 관련 헤더 추가하기

이제 언리얼 엔진 시스템에서 입력 처리 함수를 처리할 수 있도록 입력 처리 함수를 언리얼 엔진의 입력 시스템에 연결(Binding)해 주어야 합니다. Pawn이나 Character 클래스를 상속받는 클래스에는 항상 SetupPlayerInputComponent() 함수가 존재합니다. BeginPlay() 함수와 Tick() 함수 아래로 스크롤을 내려 보면 SetupPlayerInputComponent()라는 함수가 있습니다. 이 함수는 BeginPlay()가 실행되기 전에 1회 실행되는 입력 바인딩 함수입니다. SetupPlayerInputComponent() 함수의 매개변수로 넘겨받는 변수를 보면 자료형이 UInputComponent* 형태입니다. 우선 언리얼 4 버전 이하에서 사용되었던 UInputComponent* 변수를 언리얼 5 버전에서 사용하는 UEnhancedInputComponent* 변수로 변환(Cast)을 해야 합니다.

```
… (생략) …

void APlayerPawn::SetupPlayerInputComponent(UInputComponent* PlayerInputComponent)
{
    Super::SetupPlayerInputComponent(PlayerInputComponent);
```

```
    UEnhancedInputComponent* enhancedInputComponent =
                    Cast<UEnhancedInputComponent>(PlayerInputComponent);

}
```

[코드 2.6-14] PlayerPawn.cpp EnhancedInputComponent로 변환하기

변환한 InputComponent의 멤버 함수인 BindAction() 함수를 이용해서 입력 키와 실행할 함수를 연결합니다. BindAction() 함수의 매개변수는 다음과 같습니다.

BindAction(연결할 IA 파일, 입력 이벤트, 연결할 함수가 있는 클래스, 연결할 함수의 주소 값)

입력 이벤트 항목은 사용자의 키 입력이 있다는 사실을 판단하는 기준을 정하는 항목입니다. 입력 이벤트의 종류는 6가지나 있지만 주로 사용하는 것은 다음의 세 가지입니다.

| 입력 이벤트 타입 | 설명 |
| --- | --- |
| ETriggerEvent::Started | 해당 키를 눌렀을 때(1회) |
| ETriggerEvent::Triggered | 해당 키를 누르고 있는 상태(매 프레임) |
| ETriggerEvent::Completed | 누르고 있던 키를 뗐을 때(1회) |

[표 2.6-1] 입력 이벤트(ETriggerEvent)

IA_Horizontal 키 입력과 IA_Vertical 키 입력은 누르고 있는 동안 내내 이동 방향을 결정하는 입력 값(-1 또는 +1)을 받아야 하므로 Triggered 이벤트에 연결해야 합니다. 뿐만 아니라 누르고 있던 키에서 손을 뗐을 때에도 0이라는 입력 값을 받아야 정지할 수 있으므로 Completed 이벤트에도 함수를 연결하도록 하겠습니다.

```
… (생략) …

void APlayerPawn::SetupPlayerInputComponent(UInputComponent* PlayerInputComponent)
{
    Super::SetupPlayerInputComponent(PlayerInputComponent);

    UEnhancedInputComponent* enhancedInputComponent =
                          Cast<UEnhancedInputComponent>(PlayerInputComponent);

    if (enhancedInputComponent != nullptr)
    {
        enhancedInputComponent->BindAction(ia_horizontal, ETriggerEvent::Triggered,
                                  this, &APlayerPawn::OnInputHorizontal);
        enhancedInputComponent->BindAction(ia_horizontal, ETriggerEvent::Completed,
                                  this, &APlayerPawn::OnInputHorizontal);
        enhancedInputComponent->BindAction(ia_vertical, ETriggerEvent::Triggered,
                                  this, &APlayerPawn::OnInputVertical);
        enhancedInputComponent->BindAction(ia_vertical, ETriggerEvent::Completed,
                                  this, &APlayerPawn::OnInputVertical);
    }
}
```

[코드 2.6-15] **PlayerPawn.cpp** 버튼 이벤트에 함수 연결하기

그런데 구현된 코드를 보니 APlayerPawn 클래스 대신 this라는 키워드가 있군요. this라는 키워드는 '현재 코드가 작성된 클래스, 즉 자신의 클래스'를 의미합니다. MoveHorizontal() 함수와 MoveVertical() 함수는 둘 다 SetupPlayerInputComponent() 함수와 같은 클래스 안에 구현되어 있기 때문에 클래스 이름 대신 this를 사용해도 동일한 의미가 됩니다.

함수의 주소 값은 포인터 변수의 주소 값을 가져올 때와 마찬가지로 함수의 이름 앞에 &를 붙여 주면 됩니다. 이렇게 함수의 주소 값을 기반으로 해당 함수를 찾아가는 함수 형식을 함수 포인터(Function Pointer)라고 합니다. 주의할 점은 함수의 주소 값을 호출할 때에는 함수 자체를 호출하는 경우와 달리 매개 변수를 입력하기 위한 소괄호는 사용하지 않는다는 점입니다.

다음으로 사용자가 지정된 키 입력 시 실행할 이벤트 함수들의 구현부를 구현할 차례입니다. 매개변수로 받은 FInputActionValue 클래스는 InputAction 파일에 설정한 자료형으로 값을 받아올 수 있습니다. 입력으로 들어온 값을 가져올 때는 Get<자료형>() 함수를 사용하면 됩니다. 입력이 잘 이루어지는지 확인 삼아 읽어온 값을 로그로 출력해보겠습니다.

```cpp
… (생략) …

void APlayerPawn::OnInputHorizontal(const FInputActionValue& value)
{
    float hor = value.Get<float>();
    UE_LOG(LogTemp, Warning, TEXT( " Horizontal: %.2f " ), hor);
}

void APlayerPawn::OnInputVertical(const FInputActionValue& value)
{
    float ver = value.Get<float>();
    UE_LOG(LogTemp, Warning, TEXT( " Vertical: %.2f " ), ver);
}
```

[코드 2.6-16] PlayerPawn.cpp 버튼 이벤트에 함수 연결하기

코드 빌드를 하고 다시 언리얼 에디터로 돌아옵니다. BP_PlayerPawn 파일을 더블클릭해서 블루프린트 설정 창을 열고 우측 디테일 패널에 있는 Imc Player Input, Ia Horizontal, Ia Vertical 변수에 앞에서 만든 각 파일들을 할당해주겠습니다.

[그림 2.6-27] 변수에 파일 할당하기

컴파일 및 저장 후에 블루프린트 설정 창을 닫고 플레이 버튼을 눌러서 게임을 실행해봅시다. W, A, S, D 키를 누를 때마다 입력 값이 Ouput Log 패널에 표시되는 것을 확인할 수 있습니다.

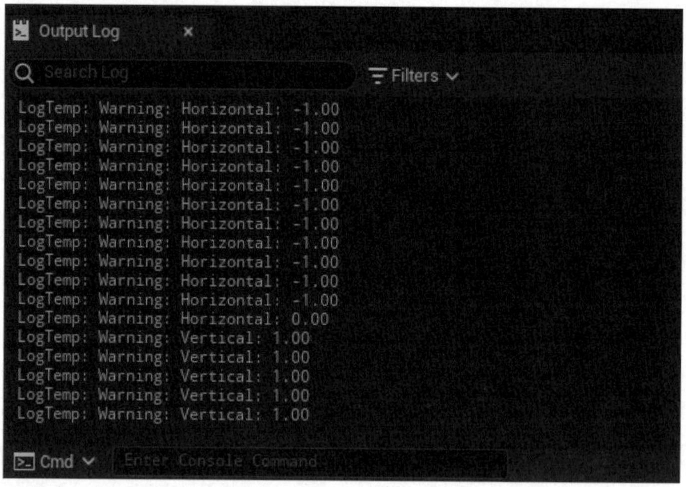

[그림 2.6-28] 키 입력 이벤트 값 출력 결과

## → 이동 공식 적용하기

사용자의 키 입력을 -1, 0, 1의 값으로 변환한 값을 변수에 저장해 봅시다. 일단 바인딩된 입력 값은 float 형태로 넘어오기 때문에 변수의 자료형은 float로 하고 좌우 입력 값은 h 변수에, 그리고 상하 입력 값은 v 변수에 저장하도록 하겠습니다.

```cpp
UCLASS()
class SHOOTINGCPP_API APlayerPawn : public APawn
{
    GENERATED_BODY()

public:
    // 이 폰의 속성에 대한 기본 값 설정(Set default values for this pawn's properties)
    APlayerPawn();

protected:
    // 게임이 시작될 때 또는 스폰될 때 호출됨(Called when the game starts or when spawned)
    virtual void BeginPlay() override;
```

```
public:
    // 매 프레임마다 호출됨(Called every frame)
    virtual void Tick(float DeltaTime) override;

    // 기능을 입력에 연결하기 위해 호출됨(Called to bind functionality to input)
    virtual void SetupPlayerInputComponent(class UInputComponent* PlayerInputComponent)
override;

    // 박스 충돌체 컴포넌트
    UPROPERTY(EditAnywhere)
    class UBoxComponent* boxComp;

    // 스태틱 메시 컴포넌트
    UPROPERTY(EditAnywhere)
    class UStaticMeshComponent* meshComp;

private:
    // 사용자의 키 입력 값을 받을 변수
    float h;
    float v;

    // 입력 이벤트 발생 시 실행할 함수
    void OnInputHorizontal(const struct FInputActionValue& value);
    void OnInputVertical(const struct FInputActionValue& value);
```

[코드 2.6-17] PlayerPawn.h 사용자 입력 값을 저장할 변수 선언하기

소스 파일로 이동해서 입력 처리 함수부터 봅시다. 앞에서 우리는 입력 처리 함수를 이용해서 사용자의 입력 값을 로그로 출력해 봤습니다. 이번에는 이 값을 미리 만들어 놓은 변수에 넣기만 하면 됩니다.

```
#include "PlayerPawn.h"
#include "Components/BoxComponent.h"
#include "Components/StaticMeshComponent.h"
#include "EnhancedInputComponent.h"
#include "EnhancedInputSubsystems.h"
```

```cpp
APlayerPawn::APlayerPawn()
{
    PrimaryActorTick.bCanEverTick = true;

    // 박스 콜라이더 컴포넌트를 생성한다.
    boxComp = CreateDefaultSubobject<UBoxComponent>(TEXT("My Box Component"));

    // 생성한 박스 콜라이더 컴포넌트를 최상단 컴포넌트로 설정한다.
    SetRootComponent(boxComp);

    // 스태틱 메시 컴포넌트를 생성한다.
    meshComp = CreateDefaultSubobject<UStaticMeshComponent>(TEXT("My Static Mesh"));

    // 박스 콜라이더 컴포넌트의 자식 컴포넌트로 설정한다.
    meshComp->SetupAttachment(boxComp);

    // 박스 콜라이더의 크기를 50 x 50 x 50으로 설정한다.
    FVector boxSize = FVector(50.0f, 50.0f, 50.0f);
    boxComp->SetBoxExtent(boxSize);

}


void APlayerPawn::BeginPlay()
{
    Super::BeginPlay();

    // 현재 플레이어가 소유한 컨트롤러를 가져온다.
    APlayerController* pc = GetWorld()->GetFirstPlayerController();

    // 만일, 플레이어 컨트롤러 변수에 값이 들어 있다면….
    if (pc != nullptr)
    {
    // 플레이어 컨트롤러로부터 입력 서브 시스템 정보를 가져온다.
    UEnhancedInputLocalPlayerSubsystem* subsys =
    ULocalPlayer::GetSubsystem<UEnhancedInputLocalPlayerSubsystem>(pc->GetLocalPlayer());

    if (subsys != nullptr)
    {
        // 입력 서브 시스템에 IMC 파일 변수를 연결한다.
```

```cpp
        subsys->AddMappingContext(imc_playerInput, 0);
        }
    }
}

void APlayerPawn::Tick(float DeltaTime)
{
    Super::Tick(DeltaTime);

}

void APlayerPawn::SetupPlayerInputComponent(UInputComponent* PlayerInputComponent)
{
    Super::SetupPlayerInputComponent(PlayerInputComponent);

    UEnhancedInputComponent* enhancedInputComponent =
                        Cast<UEnhancedInputComponent>(PlayerInputComponent);

    if (enhancedInputComponent != nullptr)
    {
    enhancedInputComponent->BindAction(ia_horizontal, ETriggerEvent::Triggered, this, &APla
yerPawn::OnInputHorizontal);
    enhancedInputComponent->BindAction(ia_horizontal, ETriggerEvent::Completed, this, &APla
yerPawn::OnInputHorizontal);
    enhancedInputComponent->BindAction(ia_vertical, ETriggerEvent::Triggered, this,
&APlayerPawn::OnInputVertical);
    enhancedInputComponent->BindAction(ia_vertical, ETriggerEvent::Completed, this,
&APlayerPawn::OnInputVertical);
    }
}

void APlayerPawn::OnInputHorizontal(const FInputActionValue& value)
{
    // float hor = value.Get<float>();
    // UE_LOG(LogTemp, Warning, TEXT("Horizontal: %.2f"), hor);
    h = value.Get<float>();
}

void APlayerPawn::OnInputVertical(const FInputActionValue& value)
{
```

```
    // float ver = value.Get<float>();
    // UE_LOG(LogTemp, Warning, TEXT("Vertical: %.2f"), ver);
    v = value.Get<float>();
}
```

[코드 2.6-18] PlayerPawn.cpp 입력 처리 함수 구현

자, 여기까지 코드를 작성하면 이제 사용자가 Ⓦ, Ⓐ, Ⓢ, Ⓓ 키를 누를 때마다 그 값이 h, v 변수에 저장될 것입니다. 마지막으로 이렇게 받아온 값을 이용해서 액터의 위치를 변경해 보도록 합시다. 이동 기능은 프레임마다 계속해서 반영되어야 하기 때문에 Tick() 함수 안에 구현해야 합니다. 구현 방식은 블루프린트 때와 동일하게 ❶ 읽어온 값을 이용해서 방향 벡터를 만들고 ❷ 방향 벡터의 길이가 1이 되도록 정규화한 다음 ❸ 현재 위치에 속도(방향×속력)와 시간 보간 값을 이동된 값을 더해서 새로운 현재 위치로 설정합니다.

그럼 먼저 이동할 방향 벡터부터 만들어 봅시다. 좌우 방향을 나타내는 h는 Y축 값으로 설정하고, 상하 방향을 나타내는 v는 Z축 값으로 설정합니다.

```
#include "PlayerPawn.h"
#include "Components/BoxComponent.h"
#include "Components/StaticMeshComponent.h"
#include "EnhancedInputComponent.h"
#include "EnhancedInputSubsystems.h"

… (생략) …

void APlayerPawn::Tick(float DeltaTime)
{
    Super::Tick(DeltaTime);

    // 사용자의 입력 키를 이용해서
    // 1. 상하 입력 값과 좌우 입력 값을 이용해서 방향 벡터를 만든다.
    FVector dir = FVector(0, h, v);

    // 2. 방향 벡터의 길이가 1이 되도록 벡터를 정규화한다.
```

```
  dir.Normalize();
}

… (생략) …
```

[코드 2.6-19] PlayerPawn.cpp 입력 값을 이용해서 방향을 계산

이동 공식($P=P_0+vt$)을 적용하기 위해서는 속력이 필요합니다. 헤더 파일에 속력 변수 move
Speed를 선언합니다. 속력 값은 컨셉에 따라 자주 변경될 수 있으니 UPROPERTY 옵션을 추가해서 에
디터 상에서도 변경할 수 있도록 하겠습니다. 기본 값은 일단 블루프린트 때와 동일하게 500으로
설정합니다.

```
UCLASS()
class SHOOTINGCPP_API APlayerPawn : public APawn
{
… (생략) …

public:
    // 매 프레임마다 호출됨(Called every frame)
    virtual void Tick(float DeltaTime) override;

    // 기능을 입력에 연결하기 위해 호출됨(Called to bind functionality to input)
    virtual void SetupPlayerInputComponent(class UInputComponent* PlayerInputComponent)
override;

    // 박스 충돌체 컴포넌트
    UPROPERTY(EditAnywhere)
    class UBoxComponent* boxComp;

    // 스태틱 메시 컴포넌트
    UPROPERTY(EditAnywhere)
    class UStaticMeshComponent* meshComp;

    // 속력 변수
    UPROPERTY(EditAnywhere)
    float moveSpeed = 500;

private:
```

```
    // 사용자의 키 입력 값을 받을 변수
    float h;
    float v;

    // 사용자 입력 처리 함수
    void MoveHorizontal(float value);
    void MoveVertical(float value);
};
```

[코드 2.6-20] PlayerPawn.h 속력 변수 선언

   속력 변수를 만들었으면 다시 소스 파일로 돌아와서 이동할 위치를 구합니다. 액터(를 상속한 폰)의 현재 위치 벡터를 구할 때는 GetActorLocation( ) 함수를 사용하면 손쉽게 현재 좌표를 구할 수 있습니다. 현재 위치에 방향×속력×프레임 시간을 더하면 이동해야 할 위치 좌표가 됩니다. 이 위치 좌표를 액터의 위치 벡터로 설정할 때는 SetActorLocation( ) 함수를 사용하면 됩니다.

```
#include "PlayerPawn.h"
#include "Components/BoxComponent.h"
#include "Components/StaticMeshComponent.h"

// 기본 값 설정(Sets default values)
APlayerPawn::APlayerPawn()
{
… (생략) …

// 매 프레임마다 호출됨(Called every frame)
void APlayerPawn::Tick(float DeltaTime)
{
    Super::Tick(DeltaTime);

    // 사용자의 입력 키를 이용해서
    // 1. 상하 입력 값과 좌우 입력 값을 이용해서 방향 벡터를 만든다.
    FVector dir = FVector(0, h, v);

    // 2. 방향 벡터의 길이가 1이 되도록 벡터를 정규화한다.
    dir.Normalize();
```

```
    // 3. 이동할 위치 좌표를 구한다(p = p0 + vt).
    FVector newLocation = GetActorLocation() + dir * moveSpeed * DeltaTime;

    // 4. 현재 액터의 위치 좌표를 앞에서 구한 새 좌표로 갱신한다.
    SetActorLocation(newLocation);
}

… (생략) …
```

[코드 2.6-21] PlayerPawn.cpp $P = Po + vt$

이제 빌드하고 에디터에서 다시 플레이를 해 보면 W A S D 키 입력에 따라 플레이어 폰이 상하좌우로 잘 이동하는 것을 확인할 수 있습니다.

[그림 2.6-29] 플레이어 이동 확인

총알 제작하기 ·····················

총알 제작은 플레이어 제작과 거의 흡사합니다. 총알 제작 방법 중에서 차이점이라고 한다면 총알의 발사 위치를 지정하기 위한 ArrowComponent를 추가하는 방법과 블루프린트 파일로 된 총알을 코드에서 실시간으로 월드 공간에 생성하는 SpawnActor<T>() 함수를 사용하는 부분 정도가 되겠네요.

### ✖ 학습 목표

마우스 왼쪽 버튼을 클릭하면 총알을 발사하고 싶다.

### ✖ 구현 순서

❶ 총알 클래스 및 블루프린트를 생성한다.
❷ 총알 생성과 동시에 위쪽으로 이동하는 기능을 구현한다.
❸ 마우스 왼쪽 클릭 입력을 바인딩한다.
❹ 마우스 왼쪽 클릭을 하면 총알 블루프린트를 생성한다.

## ➜ Bullet 클래스 생성하기

총알도 월드 공간에 배치하고 움직이는 오브젝트이므로 Actor 클래스로 제작하면 됩니다. 총알은 사용자의 입력을 직접 받는 오브젝트가 아니므로 폰 클래스를 상속할 필요는 없습니다. 총알 클래스 파일의 이름은 'Bullet'으로 입력합니다.

[그림 2.6-30] 총알 클래스 파일 생성하기

플레이어와 마찬가지로 총알에도 외형과 충돌체가 있어야 하므로 UBoxComponent와 UStatic MeshComponent를 생성합니다.

```cpp
#pragma once

#include "CoreMinimal.h"
#include "GameFramework/Actor.h"
#include "Bullet.generated.h"

UCLASS()
class SHOOTINGCPP_API ABullet : public AActor
{
    GENERATED_BODY()

public:
    // 이 액터의 속성에 대한 기본값을 설정(Sets default values for this actor's properties)
    ABullet();

protected:
    // 게임이 시작될 때 또는 스폰될 때 호출됨(Called when the game starts or when spawned)
    virtual void BeginPlay() override;

public:
    // 매 프레임마다 호출됨(Called every frame)
    virtual void Tick(float DeltaTime) override;

    UPROPERTY(EditAnywhere)
    class UBoxComponent* boxComp;

    UPROPERTY(EditAnywhere)
    class UStaticMeshComponent* meshComp;

};
```

[코드 2.6-22] Bullet.h 충돌체와 메시 포인터 변수 선언하기

소스 파일에서 박스 컴포넌트와 메시 컴포넌트를 생성하는 것도 플레이어와 동일합니다. 이번에는 박스 콜라이더의 크기를 설정할 때 벡터 변수를 별도로 만들지 않고 SetBoxExtent() 함수의 매개변수에 직접 입력하는 방식을 써보겠습니다. 참! 그리고 컴포넌트 클래스를 생성하려면 스크립트 상단에서 해당 클래스의 헤더 파일을 include해야 한다는 점을 잊지 마세요.

```cpp
#include "Bullet.h"
#include "Components/BoxComponent.h"
#include "Components/StaticMeshComponent.h"

// 기본 값 설정(Sets default values)
ABullet::ABullet()
{
    // 매 프레임마다 Tick()을 호출하도록 이 액터를 설정함. 필요하지 않은 경우 이 기능을 해제하여 성능을
    // 향상시킬 수 있음(Set this actor to call Tick() every frame.  You can turn this off to improve
    // performance if you don't need it.).
    PrimaryActorTick.bCanEverTick = true;

    boxComp = CreateDefaultSubobject<UBoxComponent>(TEXT("Box Collider"));
    SetRootComponent(boxComp);
    boxComp->SetBoxExtent(FVector(50.0f, 50.0f, 50.0f));

    meshComp = CreateDefaultSubobject<UStaticMeshComponent>(TEXT("Static Mesh Component"));
    meshComp->SetupAttachment(boxComp);

}

… (생략) …
```

[코드 2.6-23] Bullet.cpp 포넌트 생성 및 계층 설정하기

그런데 총알의 경우에는 플레이어와 달리 정육면체가 아닌 총알의 형태에 가깝도록 X축과 Y축의 스케일을 축소해야 합니다. 물론 나중에 블루프린트 파일에서 변경할 수는 있지만, 코드 상에서 스케일 값을 축소하는 방법을 사용해 보도록 하죠. 박스 컴포넌트의 멤버 함수 중에서 SetWorldScale3D() 함수를 이용하면 매개변수로 입력받은 벡터 값으로 박스 컴포넌트의 스케일을 조정할 수 있습니다.

1

1.1
1.2
1.3
1.4
1.5

2

2.1
2.2
2.3
2.4
2.5
2.6

3

3.1
3.2
3.3

4

4.1
4.2
4.3
4.4
4.5

부
록

```cpp
#include "Bullet.h"
#include "Components/BoxComponent.h"
#include "Components/StaticMeshComponent.h"

// 기본 값 설정(Sets default values)
ABullet::ABullet()
{
    // 매 프레임마다 Tick()을 호출하도록 이 액터를 설정함. 필요하지 않은 경우 이 기능을 해제하여 성능을
    // 향상시킬 수 있음(Set this actor to call Tick() every frame.  You can turn this off to improve
    // performance if you don't need it.).
    PrimaryActorTick.bCanEverTick = true;

    boxComp = CreateDefaultSubobject<UBoxComponent>(TEXT("Box Collider"));
    SetRootComponent(boxComp);
    boxComp->SetBoxExtent(FVector(50.0f, 50.0f, 50.0f));

    // 박스 컴포넌트의 크기를 변경한다.
    boxComp->SetWorldScale3D(FVector(0.75f, 0.25f, 1.0f));

    meshComp = CreateDefaultSubobject<UStaticMeshComponent>(TEXT("Static Mesh Component"));
    meshComp->SetupAttachment(boxComp);

}

… (생략) …
```

[코드 2.6-24] **Bullet.cpp** 박스 콜라이더의 스케일 조정

박스 컴포넌트의 구체적인 너비를 표시한 SetBoxExtent() 함수와 박스 컴포넌트의 각 축의 배율을 표시한 SetWorldScale3D() 함수는 서로 의미하는 바가 다르다는 점을 이해하여야 합니다. 즉, 앞에서 설정했던 박스 컴포넌트의 X축 반지름 길이는 50센티미터이지만 다음 줄에서 스케일이 0.75배로 축소되기 때문에 실제 X축 반지름 길이는 37.5센티미터(50×0.75)가 되는 것이죠.

빌드를 하고 다시 언리얼 에디터로 돌아와서 Blueprints 폴더에 Bullet 클래스를 상속한 블루프린트 파일을 생성합니다. 생성한 블루프린트의 이름은 'BP_Bullet'이라고 명명합니다.

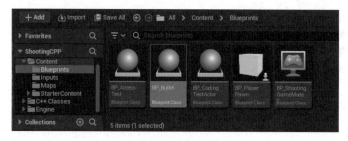

[그림 2.6-31] BP_Bullet 블루프린트 파일 생성하기

BP_Bullet의 블루프린트 설정 창을 열어서 BoxComp의
디테일 패널을 살펴보면 스케일과 박스 크기가 코드에서
작성한 대로 표시되는 것을 알 수 있습니다.

[그림 2.6-32] Box Component 확인하기

외형 설정을 위해 Components 패널에서 MeshComp를 선택하고, Details 패널의 Static Mesh
항목에 'Shape_Cube' 파일을 할당합니다. 큐브 메시의 위치를 아래로 50센티미터 내려서 Box
Collision이랑 Mesh가 서로 일치하게 조정합니다.

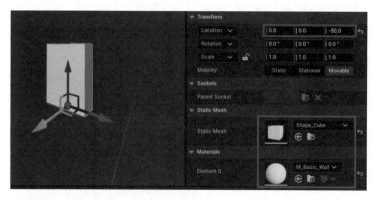

[그림 2.6-33] Mesh 파일 할당 및 위치 조정하기

자, 이제 총알을 전방으로 움직여봅시다. 총알을 이동시키려면 속력 변수가 필요하므로 헤더 파일에 moveSpeed 변수를 추가합니다. 기본 속도는 블루프린트 때와 동일하게 800으로 설정하겠습니다.

```cpp
#pragma once

#include "CoreMinimal.h"
#include "GameFramework/Actor.h"
#include "Bullet.generated.h"

UCLASS()
class SHOOTINGCPP_API ABullet : public AActor
{
    GENERATED_BODY()

public:
    // 이 액터의 속성에 대한 기본값을 설정(Sets default values for this actor's properties)
    ABullet();

protected:
    // 게임이 시작될 때 또는 스폰될 때 호출됨(Called when the game starts or when spawned)
    virtual void BeginPlay() override;

public:
    // 매 프레임마다 호출됨(Called every frame)
    virtual void Tick(float DeltaTime) override;

    UPROPERTY(EditAnywhere)
    float moveSpeed = 800.0f;

    UPROPERTY(EditAnywhere)
    class UBoxComponent* boxComp;

    UPROPERTY(EditAnywhere)
    class UStaticMeshComponent* meshComp;

};
```

[코드 2.6-25] Bullet.h 속력 변수 선언

1

1.1
1.2
1.3
1.4
1.5

2

2.1
2.2
2.3
2.4
2.5
2.6

3

3.1
3.2
3.3

4

4.1
4.2
4.3
4.4
4.5

부록

## → 총알을 전방으로 이동시키기

소스 파일로 이동해서 Tick() 함수의 구현부에 전방으로 이동하는 코드를 추가합니다. 액터의 전방 벡터는 GetActorForwardVector() 함수를 사용하면 간단히 구할 수 있습니다.

```cpp
#include "Bullet.h"
#include "Components/BoxComponent.h"
#include "Components/StaticMeshComponent.h"

// 기본 값 설정(Sets default values)
ABullet::ABullet()
{
    // 매 프레임마다 Tick()을 호출하도록 이 액터를 설정함. 필요하지 않은 경우 이 기능을 해제하여 성능을
    // 향상시킬 수 있음(Set this actor to call Tick() every frame.  You can turn this off to improve
    // performance if you don't need it.).
    PrimaryActorTick.bCanEverTick = true;

    boxComp = CreateDefaultSubobject<UBoxComponent>(TEXT("Box Collider"));
    SetRootComponent(boxComp);
    boxComp->SetBoxExtent(FVector(50.0f, 50.0f, 50.0f));

    // 박스 컴포넌트의 크기를 변경한다.
    boxComp->SetWorldScale3D(FVector(0.75f, 0.25f, 1.0f));

    meshComp = CreateDefaultSubobject<UStaticMeshComponent>(TEXT("Static Mesh Component"));
    meshComp->SetupAttachment(boxComp);
}

// 게임이 시작될 때 또는 스폰될 때 호출됨(Called when the game starts or when spawned)
void ABullet::BeginPlay()
{
    Super::BeginPlay();

}

// 매 프레임마다 호출됨(Called every frame)
void ABullet::Tick(float DeltaTime)
{
```

```
    Super::Tick(DeltaTime);

    // 전방으로 이동될 위치를 계산한다.
    FVector newLocation = GetActorLocation() + GetActorForwardVector() * moveSpeed *
    DeltaTime;

    // 계산된 위치 좌표를 액터의 새 좌표로 넣는다.
    SetActorLocation(newLocation);
}
```

[코드 2.6-26] Bullet.cpp 전방으로 이동하는 코드 추가하기

테스트를 위해 BP_Bullet 파일을 뷰 포트로 드래그해서 배치합니다. 전방 방향(X축)이 화면의 위쪽 방향을 가리키게끔 BP_Bullet 액터의 Rotation 값을 Y축으로 90도만큼 회전시킵니다. 플레이를 해 보면 총알 액터가 전방으로 발사되는 것을 확인할 수 있습니다.

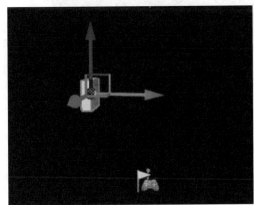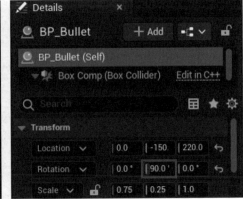

[그림 2.6-34] 총알 액터 배치 및 회전

### ➡ 마우스 버튼 입력 액션

총알은 완성되었으니 이제 총을 발사하는 기능을 구현해 보겠습니다. 테스트를 위해 월드 공간에 배치했던 BP_Bullet 액터는 키보드의 Delete 키를 눌러서 삭제합니다. 총을 발사하기 위해서는 사용자의 발사 키를 설정하는 것이 선행되어야 합니다. Inputs 폴더에 'IA_Fire'라는 이름으로 Input Action 파일을 생성합니다.

[그림 2.6-35] 총알 발사 InputAction 파일 생성하기

총알을 발사하는 것은 마우스 왼쪽 버튼을 눌렀을 때 실행되어야 하므로 버튼을 눌렀는지 안 눌 렀는지만 확인하면 됩니다. IA_Fire 파일을 더블클릭하고 InputAction 설정 창에서 Value Type을 [Digital(bool)]로 설정합니다.

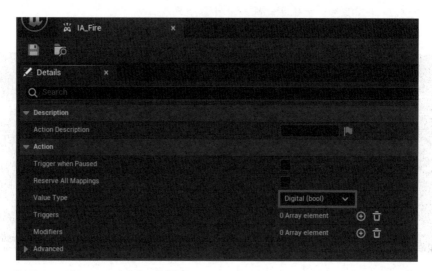

[그림 2.6-36] IA_Fire 파일의 Value Type

IMC_PlayerInput 파일을 더블클릭하여 설정 창을 열고 Mappings 항목 우측의 [+] 버튼을 클 릭해서 맵핑 항목을 하나 추가합니다. 새 맵핑 항목에 [IA_Fire]를 할당하고 입력 키에는 [Left Mouse Button]을 할당합니다.

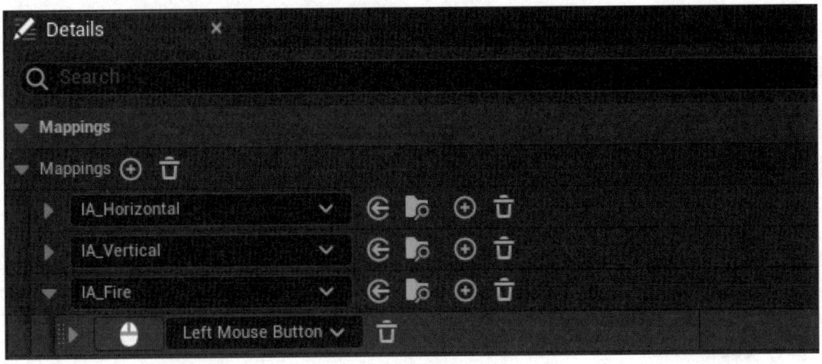

[그림 2.6-37] Input Mapping Context 파일에 등록하기

## ➜ 총알 생성 기능 구현하기

PlayerPawn 헤더 파일에서 총구의 위치를 설정하기 위한 UArrowComponent 포인터 변수를 추가하도록 합니다. UArrowComponent도 다른 컴포넌트들과 마찬가지로 UPROPERTY 옵션을 추가해서 블루프린트 설정 창에서도 값을 변경할 수 있도록 하겠습니다. 또, 총알 블루프린트를 생성하려면 해당 블루프린트 파일을 지정하기 위한 변수도 필요합니다. 월드에 배치하지 않은 원본 파일을 변수에 할당하려면 TSubclassOf<T>라는 특수한 자료형을 사용합니다. 템플릿 <T> 안에는 할당하려는 블루프린트 파일이 상속한 액터 클래스를 넣어주면 됩니다. BP_Bullet 블루프린트는 ABullet 클래스를 상속하고 있으므로 TSubclassOf<class ABullet>으로 자료형을 선언하면 됩니다. 변수 이름은 'bulletFactory'라고 하겠습니다.

```cpp
UCLASS()
class SHOOTINGCPP_API APlayerPawn : public APawn
{
… (생략) …

public:
    // 매 프레임마다 호출됨(Called every frame)
    virtual void Tick(float DeltaTime) override;

    // 기능을 입력에 연결하기 위해 호출됨(Called to bind functionality to input)
    virtual void SetupPlayerInputComponent(class UInputComponent* PlayerInputComponent)
override;
```

```
    // Input Mapping Context 파일의 포인터 변수
    UPROPERTY(EditAnywhere)
    class UInputMappingContext* imc_playerInput;

    // Input Action 파일의 포인터 변수
    UPROPERTY(EditAnywhere)
    class UInputAction* ia_horizontal;
    UPROPERTY(EditAnywhere)
    class UInputAction* ia_vertical;

    // 속력 변수
    UPROPERTY(EditAnywhere)
    float moveSpeed = 500;

    // 총구 위치
    UPROPERTY(EditAnywhere)
    class UArrowComponent* firePosition;

    // 총알 블루프린트
    UPROPERTY(EditAnywhere)
    TSubclassOf<class ABullet> bulletFactory;

private:
    // 사용자의 키 입력 값을 받을 변수
    float h;
    float v;

    // 사용자 입력 처리 함수
    void MoveHorizontal(float value);
    void MoveVertical(float value);
};
```

[코드 2.6-20] PlayerPawn.h UArrowComponent 포인터 변수 선언

이제 소스 파일로 이동해서 ArrowComponent 헤더 파일을 include 한 다음, UArrowComponent를 생성합니다. 아직 모델링 교체 전이기 때문에 코드 상에서 위치 설정은 별도로 하지 않고 블루프린트 설정 창에서 모델링 크기에 맞춰서 조정하도록 하겠습니다.

```cpp
#include "PlayerPawn.h"
#include "Components/BoxComponent.h"
#include "Components/StaticMeshComponent.h"
#include "Components/ArrowComponent.h"


// 기본 값 설정하기
APlayerPawn::APlayerPawn()
{
	// 매 프레임마다 Tick()을 호출하도록 이 액터를 설정함. 필요하지 않은 경우 이 기능을 해제하여 성능을
	// 향상시킬 수 있음(Set this actor to call Tick() every frame.  You can turn this off to improve
	// performance if you don't need it.).
	PrimaryActorTick.bCanEverTick = true;

	// 박스 콜라이더 컴포넌트를 생성한다.
	boxComp = CreateDefaultSubobject<UBoxComponent>(TEXT("My Box Component"));

	// 생성한 박스 콜라이더 컴포넌트를 최상단 컴포넌트로 설정한다.
	SetRootComponent(boxComp);

	// 스태틱 메시 컴포넌트를 생성한다.
	meshComp = CreateDefaultSubobject<UStaticMeshComponent>(TEXT("My Static Mesh"));

	// 박스 콜라이더 컴포넌트의 자식 컴포넌트로 설정한다.
	meshComp->SetupAttachment(boxComp);

	// 박스 콜라이더의 크기를 50×50×50으로 설정한다.
	FVector boxSize = FVector(50.0f, 50.0f, 50.0f);
	boxComp->SetBoxExtent(boxSize);

	// 총구 표시 컴포넌트를 생성하고 박스 컴포넌트의 자식 컴포넌트로 설정한다.
	firePosition = CreateDefaultSubobject<UArrowComponent>(TEXT("Fire Position"));
	firePosition->SetupAttachment(boxComp);
}

… (생략) …
```

[코드 2.6-28] **PlayerPawn.cpp** firePosition 생성 및 계층 설정하기

빌드를 하고 언리얼 에디터로 돌아와서 BP_PlayerPawn 블루프린트 파일을 더블클릭해서 설정 창을 엽니다. 우측 디테일 패널을 보면 코드에서 만든 Bullet Factory 변수 항목이 생긴 것을 볼 수 있습니다. Bullet Factory 변수의 값으로 생성하고자 하는 총알 블루프린트 파일(BP_Bullet)을 할당합니다.

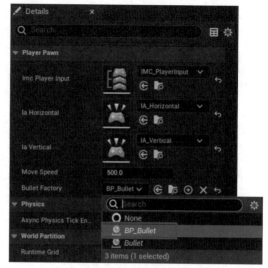

[그림 2.6-38] Bullet Factory 항목에 BP_Bullet 파일 할당하기

좌측 컴포넌트 패널에서 새로 추가한 Fire Position 컴포넌트를 선택합니다. 총구 방향이 위쪽을 향하게 하기 위해서 Y축으로 90도만큼 회전시킵니다. 뷰 포트 패널에서 총구 방향이 위쪽을 가리키고 있는지 확인한 뒤에 [Compile] 버튼과 [Save] 버튼을 눌러줍니다.

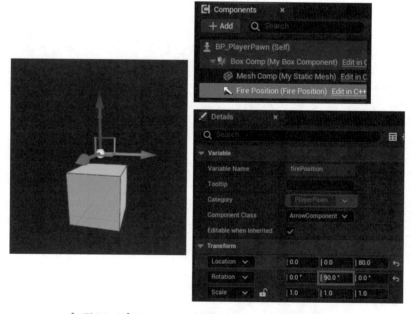

[그림 2.6-39] Fire Position의 방향이 위쪽이 되도록 회전시키기

총구 설정까지 끝났으면 다시 PlayerPawn.h 헤더 파일로 이동해서 사용자가 마우스 왼쪽 버튼을 누르면 실행할 함수를 만들어 봅시다. Action 입력 바인딩의 경우에는 키를 눌렀는지 누르지 않았는지에 대해서만 이벤트 발생 여부가 결정되고 키에 대한 특정한 값을 반환하지 않기 때문에 Axis 입력 바인딩과 달리 연결할 함수를 만들 때 매개변수가 없는 함수를 만들어야 합니다.

```
UCLASS()
class SHOOTINGCPP_API APlayerPawn : public APawn
{
… (생략) …

private:
    // 사용자의 키 입력 값을 받을 변수
    float h;
    float v;

    // 입력 이벤트 발생 시 실행할 함수
    void OnInputHorizontal(const struct FInputActionValue& value);
    void OnInputVertical(const struct FInputActionValue& value);

    // 총알 발사 입력 처리 함수
    void Fire();
};
```

[코드 2.6-29] PlayerPawn.h Fire 입력에 연결할 함수 선언하기

이제 소스 파일 쪽에 Fire() 함수를 구현해 봅시다. 코드에서 실시간으로 월드 공간에 액터 블루프린트 파일을 생성하기 위해서는 GetWorld()->SpawnActor<T>() 함수를 이용하면 됩니다. 여기서 GetWorld() 함수는 현재 월드 공간 정보를 담은 UWorld* 포인터 변수를 가져오는 함수입니다. 일단 현재 실행 중인 월드 공간 정보부터 가져온 다음 UWorld*의 멤버 함수인 SpawnActor<T>()를 이용하여 실제 블루프린트 파일을 실시간으로 생성하는 것입니다. SpawnActor<T>() 함수의 사용법은 다음과 같습니다.

생성하려는 액터 클래스는 총알이므로 ABullet 클래스를 지정하고, 실제 생성할 블루프린트 파일은 앞서 만든 bulletFactory 변수에 할당해 놓았으니 bulletFactory 변수를 매개변수에 전달해주면 됩니다. 총알의 위치와 회전 값은 미리 만들어 놓은 firePosition 컴포넌트의 위치(Location)와 회전(Rotation) 값을 매개변수에 인자로 전달해주면 됩니다. ABullet 클래스는 현재 클래스가 아닌 외부 클래스이므로 반드시 Bullet 헤더 파일을 include시켜줘야 정상적으로 인식된다는 점에 주의하기 바랍니다.

```cpp
#include "PlayerPawn.h"
#include "Components/BoxComponent.h"
#include "Components/StaticMeshComponent.h"
#include "Components/ArrowComponent.h"
#include "Bullet.h"

… (생략) …

// 좌우축 입력 처리 함수
void APlayerPawn::OnInputHorizontal(const FInputActionValue& value)
{
    // float hor = value.Get<float>();
    // UE_LOG(LogTemp, Warning, TEXT("Horizontal: %.2f"), hor);
    h = value.Get<float>();
}

// 상하축 입력 처리 함수
void APlayerPawn::OnInputVertical(const FInputActionValue& value)
{
    // float ver = value.Get<float>();
    // UE_LOG(LogTemp, Warning, TEXT("Vertical: %.2f"), ver);
    v = value.Get<float>();
}
```

```
// 마우스 왼쪽 버튼 입력 처리 함수
void APlayerPawn::Fire()
{
    // 총알 블루프린트 파일을 firePosition 위치에 생성한다.
    ABullet* bullet = GetWorld()->SpawnActor<ABullet>(bulletFactory,
                                        firePosition->GetComponentLocation(),
                        firePosition->GetComponentRotation());
}
```

[코드 2.6-30] **PlayerPawn.cpp** Fire() 함수 구현하기

Fire() 함수를 Fire 액션 입력에 연결해 줍시다. 만들어 둔 IA_Fire 파일을 코드에서 접근할 수 있도록 PlayerPawn.h 파일에 UInputAction* 변수를 선언합니다.

```
UCLASS()
class SHOOTINGCPP_API APlayerPawn : public APawn
{
    GENERATED_BODY()

public:
    APlayerPawn();

protected:
    virtual void BeginPlay() override;

public:
    virtual void Tick(float DeltaTime) override;

    virtual void SetupPlayerInputComponent(class UInputComponent* PlayerInputComponent)
override;

    // 박스 충돌체 컴포넌트
    UPROPERTY(EditAnywhere)
    class UBoxComponent* boxComp;

    // 스태틱 메시 컴포넌트
    UPROPERTY(EditAnywhere)
```

```cpp
    class UStaticMeshComponent* meshComp;

    // Input Mapping Context 파일의 포인터 변수
    UPROPERTY(EditAnywhere)
    class UInputMappingContext* imc_playerInput;

    // Input Action 파일의 포인터 변수
    UPROPERTY(EditAnywhere)
    class UInputAction* ia_horizontal;

    UPROPERTY(EditAnywhere)
    class UInputAction* ia_vertical;

    UPROPERTY(EditAnywhere)
    class UInputAction* ia_fire;

    // 속력 변수
    UPROPERTY(EditAnywhere)
    float moveSpeed = 500;

    // 총구 위치
    UPROPERTY(EditAnywhere)
    class UArrowComponent* firePosition;

    // 총알 블루프린트
    UPROPERTY(EditAnywhere)
    TSubclassOf<class ABullet> bulletFactory;

private:
    // 사용자의 키 입력 값을 받을 변수
    float h;
    float v;

    // 입력 이벤트 발생 시 실행할 함수
    void OnInputHorizontal(const struct FInputActionValue& value);
    void OnInputVertical(const struct FInputActionValue& value);

    // 총알 발사 입력 처리 함수
    void Fire();
};
```

[코드 2.6-31] **PlayerPawn.h** IA_Fire 파일을 할당하기 위한 변수 선언

플레이어 이동 기능 구현 때 함수 연결하면서 알아봤던 SetupPlayerInputComponent() 함수 구현부로 이동합니다. IA_Horizontal과 IA_Vertical을 바인딩한 코드 아래쪽에 다음처럼 BindAction() 함수를 이용해서 Fire 함수를 연결해 줍니다.

```cpp
#include "PlayerPawn.h"
#include "Components/BoxComponent.h"
#include "Components/StaticMeshComponent.h"
#include "Components/ArrowComponent.h"
#include "Bullet.h"

… (생략) …

void APlayerPawn::SetupPlayerInputComponent(UInputComponent* PlayerInputComponent)
{
    Super::SetupPlayerInputComponent(PlayerInputComponent);

    UEnhancedInputComponent* enhancedInputComponent =
Cast<UEnhancedInputComponent>(PlayerInputComponent);

if (enhancedInputComponent != nullptr)
    {
    enhancedInputComponent->BindAction(ia_horizontal, ETriggerEvent::Triggered, this,
    &APlayerPawn::OnInputHorizontal);
    enhancedInputComponent->BindAction(ia_horizontal, ETriggerEvent::Completed, this,
    &APlayerPawn::OnInputHorizontal);
    enhancedInputComponent->BindAction(ia_vertical, ETriggerEvent::Triggered, this,
    &APlayerPawn::OnInputVertical);
    enhancedInputComponent->BindAction(ia_vertical, ETriggerEvent::Completed, this,
    &APlayerPawn::OnInputVertical);
    enhancedInputComponent->BindAction(ia_fire, ETriggerEvent::Started, this,
    &APlayerPawn::Fire);
    }
}

// 좌우축 입력 처리 함수
void APlayerPawn::OnInputHorizontal(const FInputActionValue& value)
{
    // float hor = value.Get<float>();
    // UE_LOG(LogTemp, Warning, TEXT("Horizontal: %.2f"), hor);
```

```
    h = value.Get<float>();
}


// 상하축 입력 처리 함수
void APlayerPawn::OnInputVertical(const FInputActionValue& value)
{
    // float ver = value.Get<float>();
    // UE_LOG(LogTemp, Warning, TEXT("Vertical: %.2f"), ver);
    v = value.Get<float>();
}


// 마우스 왼쪽 버튼 입력 처리 함수
void APlayerPawn::Fire()
{
// 총알 블루프린트 파일을 firePosition 위치에 생성한다.
ABullet* bullet = GetWorld()->SpawnActor<ABullet>(bulletFactory,
                                        firePosition->GetComponentLocation(),
                            firePosition->GetComponentRotation());
}
```

[코드 2.6-32] **PlayerPawn.cpp** Fire() 함수를 Fire 키 입력에 연결하기


BindAction() 함수의 사용법은 BindAxis() 함수와 거의 흡사합니다. 한 가지 다른 점은 매개변수로 전달할 값 중에 입력 이벤트(Input Event)라는 항목이 더 있다는 점입니다.


> **≫ BindAction() 함수**
> BindAction(Action 이름, 입력 이벤트 타입, **연결할 함수가 있는 클래스,** 연결할 함수의 주소 값)


이제 비주얼 스튜디오 상단에 있는 [빌드(B)] – [ShootingCPP 빌드(U)]를 선택해서 코드 빌드를 하고 언리얼 에디터로 돌아가서 BP_PlayerPawn 블루프린트 설정 창을 엽니다. Details 패널에 있는 Ia Fire 변수에 IA_Fire 파일을 할당해준 다음 컴파일 및 저장을 하고 블루프린트 설정 창을 닫습니다.

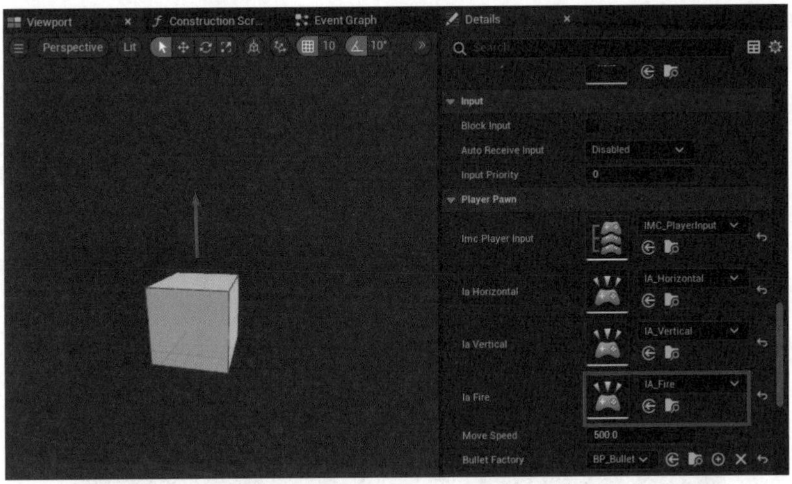

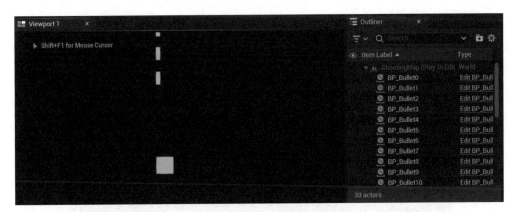

[그림 2.6-40] IA_Fire 파일 할당하기

이제 플레이를 해보면 마우스 왼쪽 버튼을 누를 때마다 총알이 발사되는 것을 확인할 수 있습니다.

[그림 2.6-41] 총알 발사 확인하기

## → 총알 발사 효과음 구현하기

콘텐트 브라우저에서 'Audio'라는 이름으로 음원 파일을 넣기 위한 폴더를 생성합니다. 다음으로 블루프린트 프로젝트 때 사용했던 총알 발사 효과음 파일을 Audio 폴더로 드래그해서 추가합니다.

[그림 2.6-42] 총알 발사 효과음 파일 가져오기

효과음이 너무 크기 때문에 음원 파일을 더블클릭해서 사운드 베이스 설정 창을 연 다음, Volume 항목을 0.2(20%)로 낮춰서 효과음이 너무 크지 않도록 조절합니다. 값을 변경한 뒤에는 상단에 있는 [Save] 버튼을 눌러서 저장합니다.

[그림 2.6-43] 효과음 파일의 볼륨 줄이기

총알 발사 효과음은 총알을 발사할 때 실행되어야 하기 때문에 PlayerPawn 클래스에 있는 Fire() 함수에서 효과음 기능을 구현하는 편이 좋습니다. 일단 음원 파일부터 변수에 할당하기 위해 PlayerPawn.h 파일에 'fireSound'라는 이름의 음원 파일 포인터 변수를 선언합니다. 음원 파일을 담아 놓을 수 있는 자료형은 USoundBase 클래스입니다.

```cpp
UCLASS()
class SHOOTINGCPP_API APlayerPawn : public APawn
{
    … (생략) …

public:
    // 매 프레임마다 호출됨(Called every frame)
    virtual void Tick(float DeltaTime) override;

    // 기능을 입력에 연결하기 위해 호출됨(Called to bind functionality to input)
    virtual void SetupPlayerInputComponent(class UInputComponent* PlayerInputComponent) override;

    // 박스 충돌체 컴포넌트
    UPROPERTY(EditAnywhere)
    class UBoxComponent* boxComp;

    // 스태틱 메시 컴포넌트
    UPROPERTY(EditAnywhere)
    class UStaticMeshComponent* meshComp;

    // 속력 변수
    UPROPERTY(EditAnywhere)
    float moveSpeed = 500;

    // 총구 위치
    UPROPERTY(EditAnywhere)
    class UArrowComponent* firePosition;

    // 총알 블루프린트
    UPROPERTY(EditAnywhere)
    TSubclassOf<class ABullet> bulletFactory;
```

```
    // 총알 발사 효과음 파일
    UPROPERTY(EditAnywhere)
    class USoundBase* fireSound;

    … (생략) …
};
```

[코드 2.6-33] PlayerPawn.h 총알 발사 효과음 변수 선언


소스 파일에서 마우스 왼쪽 버튼을 눌렀을 때 실행되는 Fire() 함수 쪽으로 이동합니다. 총알을 생성한 다음에는 fireSound 변수에 할당된 음원을 플레이해서 발사음이 나오게 해야 합니다. 음원 플레이를 하려면 UGamePlayStatics 클래스에 있는 PlaySound2D() 함수를 사용합니다. PlaySound2D() 함수의 매개변수에는 ❶ 생성할 월드 공간(UWorld*)과 ❷ 실행할 음원 파일 (USoundBase*) 변수를 입력해줍니다. UGameplayStatics 클래스는 외부 클래스이므로 헤더 파일을 include 해주어야 합니다. GameplayStatics 클래스의 헤더 파일은 'Kismet'이라는 폴더 안에 있습니다. 참고로 Kismet은 블루프린트 기능이 없었던 언리얼 엔진 3버전에서 비개발자들을 위해 함수 호출만으로 편하게 기능 구현을 할 수 있도록 내장되어 있었던 툴의 이름입니다.


```
#include "PlayerPawn.h"
#include "Components/BoxComponent.h"
#include "Components/StaticMeshComponent.h"
#include "Components/ArrowComponent.h"
#include "Bullet.h"
#include "Kismet/GameplayStatics.h"

… (생략) …

// 마우스 왼쪽 버튼 입력 처리 함수
void APlayerPawn::Fire()
{
    // 총알 블루프린트 파일을 firePosition 위치에 생성한다.
    ABullet* bullet = GetWorld()->SpawnActor<ABullet>(bulletFactory, firePosition->
GetComponentLocation(), firePosition->GetComponentRotation());
```

1

1.1
1.2
1.3
1.4
1.5

2

2.1
2.2
2.3
2.4
2.5
2.6

3

3.1
3.2
3.3

4

4.1
4.2
4.3
4.4
4.5

부
록

```
    // fireSound 변수에 할당된 음원 파일을 실행한다.
    UGameplayStatics::PlaySound2D(GetWorld(), fireSound);
}
```

[코드 2.6-34] PlayerPawn.cpp 효과음 출력 기능 구현하기

　빌드를 하고서 코드에서 만든 fireSound 변수에 음원 파일을 할당하기 위해 BP_PlayerPawn 블루프린트 설정 창을 열어 줍니다. 우측 디테일 패널에서 Fire Sound 항목에서 총알 발사음 파일을 선택합니다.

[그림 2.6-44] Fire Sound 변수에 음원 파일 할당하기

　컴파일과 세이브를 하고서 다시 플레이를 해 보면 총알을 발사할 때마다 발사음이 들리는 것을 확인할 수 있습니다.

# 적(Enemy) 제작하기

플레이어의 기능은 얼추 완성된 것 같으니 이번에는 적 액터를 구현해 봅시다. 플레이어와 총알 제작과 거의 비슷하므로 큰 어려움은 없을 것입니다. 이번 챕터에서는 조건식을 이용해서 에너미의 이동 방향을 바꾸는 부분과 에너미가 특정 타깃을 향하는 방향을 계산하는 부분이 추가되므로 해당 부분을 주의 깊게 봐 주기를 바랍니다.

### ✕ 학습 목표

아래 방향 또는 플레이어 방향으로 이동하는 에너미 클래스를 만들고 싶다.

### ✕ 구현 순서

❶ 에너미 클래스 및 블루프린트를 생성한다.
❷ 추첨된 확률 값에 따라 이동 방향을 설정한다.
❸ 결정된 방향으로 에너미 액터를 이동한다.
❹ 일정 시간마다 에너미 블루프린트를 생성하는 공장 액터를 제작한다.

## ➔ Enemy 클래스 및 블루프린트 생성하기

[+Add]-[New C++ Class…]을 선택하여 'EnemyActor'라는 이름으로 새로운 액터 클래스를 생성합니다.

[그림 2.6-45] 에너미 클래스 생성하기

EnemyActor 클래스 파일이 생성되면 헤더 파일(.h)에 기본적인 외형 처리를 위해 박스 컴포넌트와 스태틱 메시 컴포넌트를 선언합니다. 이제 이 부분은 여러 번 반복했기 때문에 익숙해졌겠죠?

```cpp
#pragma once

#include "CoreMinimal.h"
#include "GameFramework/Actor.h"
#include "EnemyActor.generated.h"

UCLASS()
class SHOOTINGCPP_API AEnemyActor : public AActor
{
    GENERATED_BODY()

public:
    // 이 액터의 속성에 대한 기본값을 설정(Sets default values for this actor's properties)
    AEnemyActor();

protected:
    // 게임이 시작될 때 또는 스폰될 때 호출됨(Called when the game starts or when spawned)
    virtual void BeginPlay() override;

public:
    // 매 프레임마다 호출됨(Called every frame)
    virtual void Tick(float DeltaTime) override;

    UPROPERTY(EditAnywhere)
    class UBoxComponent* boxComp;

    UPROPERTY(EditAnywhere)
    class UStaticMeshComponent* meshComp;

};
```

[코드 2.6-35] EnemyActor.h 충돌체 및 스태틱 메시 컴포넌트 변수 선언하기

소스 파일에서는 플레이어 때와 동일한 방식으로 컴포넌트를 생성해주겠습니다. 컴포넌트를 생성하는 김에 박스 콜라이더의 크기도 미리 설정하겠습니다.

```
#include "EnemyActor.h"
#include "Components/BoxComponent.h"
#include "Components/StaticMeshComponent.h"

// 기본 값 설정(Sets default values)
AEnemyActor::AEnemyActor()
{
    // 매 프레임마다 Tick()을 호출하도록 이 액터를 설정함. 필요하지 않은 경우 이 기능을 해제하여 성능을
    // 향상시킬 수 있음(Set this actor to call Tick() every frame. You can turn this off to improve
    // performance if you don't need it.).
    PrimaryActorTick.bCanEverTick = true;

    boxComp = CreateDefaultSubobject<UBoxComponent>(TEXT("Box Collider"));
    SetRootComponent(boxComp);
    boxComp->SetBoxExtent(FVector(50.0f, 50.0f, 50.0f));

    meshComp = CreateDefaultSubobject<UStaticMeshComponent>(TEXT("Static mesh"));
    meshComp->SetupAttachment(boxComp);

}

// 게임이 시작될 때 또는 스폰될 때 호출됨(Called when the game starts or when spawned)
void AEnemyActor::BeginPlay()
{
    Super::BeginPlay();

}

// 매 프레임마다 호출됨(Called every frame)
void AEnemyActor::Tick(float DeltaTime)
{
    Super::Tick(DeltaTime);

}
```

[코드 2.6-36] EnemyActor.cpp 충돌체 및 스태틱 메시 컴포넌트 생성하기


빌드를 하고 언리얼 에디터에서 'BP_EnemyActor'라는 이름으로 EnemyActor 클래스를 상속한
블루프린트 파일을 생성합니다.

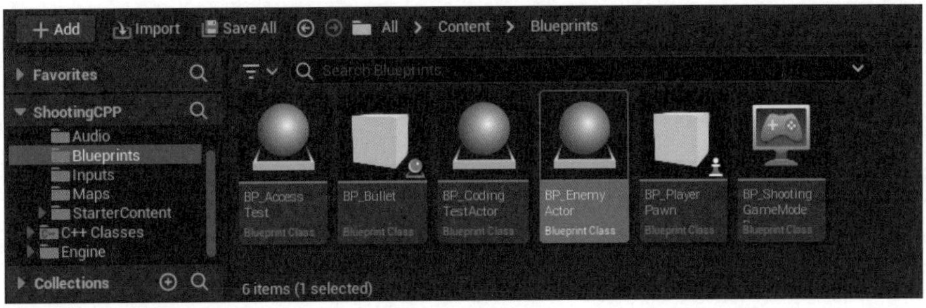

[그림 2.6-46] BP_EnemyActor 블루프린트 생성하기

BP_EnemyActor 블루프린트 설정 창을 열고 Mesh Comp를 선택하여 스태틱 메시 모델링과 머티리얼을 플레이어 때와 동일하게 설정합니다.

[그림 2.6-47] 모델링 파일과 머티리얼 파일 설정하기

### → 추첨에 의한 이동 방향 결정 기능

50% 확률로 플레이어가 있는 방향 또는 정면 방향으로 이동할 수 있도록 추첨 기능을 구현해봅시다. 추첨하려면 플레이어 방향으로 갈 확률을 지정하기 위한 정수형 변수가 하나 필요합니다. 또 계산된 방향 벡터를 저장해 놓을 벡터 변수도 필요하겠죠? EnemyActor.h 파일에 다음과 같이 두 변수를 선언합니다. dir 변수는 다른 클래스에서 접근할 필요가 없으니 private 한정자로 선언하도록 하겠습니다.

```cpp
#pragma once

#include "CoreMinimal.h"
#include "GameFramework/Actor.h"
#include "EnemyActor.generated.h"

UCLASS()
class SHOOTINGCPP_API AEnemyActor : public AActor
{
    GENERATED_BODY()

public:
    // 이 액터의 속성에 대한 기본값을 설정(Sets default values for this actor's properties)
    AEnemyActor();

protected:
    // 게임이 시작되거나 스폰될 때 호출됨(Called when the game starts or when spawned)
    virtual void BeginPlay() override;

public:
    // 매 프레임마다 호출됨(Called every frame)
    virtual void Tick(float DeltaTime) override;

    UPROPERTY(EditAnywhere)
    class UBoxComponent* boxComp;

    UPROPERTY(EditAnywhere)
    class UStaticMeshComponent* meshComp;

    UPROPERTY(EditAnywhere)
    int32 traceRate = 50;

private:
    FVector dir;
};
```

[코드 2.6-37] EnemyActor.h 확률 지정 변수와 방향 벡터 변수 선언하기

방향 추첨 기능은 블루프린트 파일이 생성되어서 처음에 결정해야 하므로 소스 파일의 BeginPlay()
함수 쪽에 구현해야 합니다. RandRange() 함수는 매개변수에 최솟값과 최댓값을 입력하면 그 범위 안
에서 랜덤한 수 하나를 반환해 주는 함수입니다. RandRange() 함수의 결괏값을 저장할 지역 변수로
drawResult 변수를 생성해서 추첨 결괏값을 받아 놓겠습니다.

```cpp
#include "EnemyActor.h"
#include "Components/BoxComponent.h"
#include "Components/StaticMeshComponent.h"

// 기본값 설정(Sets default values)
AEnemyActor::AEnemyActor()
{
    … (생략) …

}

// 이 액터의 속성에 대한 기본값을 설정(Sets default values for this actor's properties)
void AEnemyActor::BeginPlay()
{
    Super::BeginPlay();

    // 1 ~ 100 사이의 임의의 정수 값을 추첨한다.
    int32 drawResult = FMath::RandRange(1, 100);

}

// 매 프레임마다 호출됨(Called every frame)
void AEnemyActor::Tick(float DeltaTime)
{
    Super::Tick(DeltaTime);

}
```

[코드 2.6-38] EnemyActor.cpp 임의의 정수 값 추첨하기

추첨 결괏값과 헤더 파일에 선언했던 traceRate의 값을 비교해서 추첨된 값이 traceRate 설정
값보다 작거나 같으면 플레이어 폰을 향한 방향 벡터를 구해서 dir 변수에 저장하고, 추첨된 값이
더 크다면 에너미의 정면 벡터를 dir 변수에 저장하는 조건문을 만듭니다.

```
… (생략) …

// 게임이 시작될 때 또는 스폰될 때 호출됨(Called when the game starts or when spawned)
void AEnemyActor::BeginPlay()
{
    Super::BeginPlay();

    // 1 ~ 100 사이의 임의의 정수 값을 추첨한다.
    int32 drawResult = FMath::RandRange(1, 100);

    // 만일, 추첨된 값이 추적 확률 변수보다 작거나 같다면...
    if (drawResult <= traceRate)
    {

    }
    // 그렇지 않다면 정면 방향 벡터를 생성한다.
    else
    {

    }
}

// 매 프레임마다 호출됨(Called every frame)
void AEnemyActor::Tick(float DeltaTime)
{
    Super::Tick(DeltaTime);

}
```

[코드 2.6-39] EnemyActor.cpp 추첨 결과에 따라 방향을 설정하기 위한 조건문

플레이어의 위치를 알려면 에너미가 플레이어 폰의 존재를 알고 있어야 합니다. 하지만, 실제 게임 플레이 중에 플레이어 폰을 인식해야 하기 때문에 원본 파일인 BP_PlayerPawn 블루프린트를 할당 해서는 안 됩니다. 플레이 중에 실시간으로 플레이어 폰을 인식하려면 월드 공간에 배치된 전체 액터 중에서 플레이어를 검색해야 합니다. 검색이라면 떠오르는 것이 있죠? 바로 for문입니다. 월드 공간에 배치된 모든 액터를 검색하려면 월드의 모든 액터를 대상으로 처음부터 끝까지 순환해서 조사해 보면서 조사 중인 액터가 PlayerPawn 클래스인지를 알아내면 됩니다.

월드 공간에 생성되어 있는 모든 액터를 검색하는 반복문은 기존의 반복문과 문법이 조금 다릅니다. 'Iterator'라고 하는 반복문을 위한 특수한 클래스를 이용해야 하는데 처음에는 이해보다는 암기를 하시길 바랍니다. TIterator〈T〉 클래스를 이용한 반복문의 형식은 다음과 같습니다.

> **》》TIterator〈T〉 클래스를 이용한 반복문**
> for (TIterator〈찾으려는 클래스〉 임의의 포인터 변수(현재 월드); 임의 변수 이름; ++임의 변수)
> {
>
> }

TIterator 클래스를 사용하려면 먼저 EnginUtils.h 파일을 include 해야 합니다. 플레이어 폰 클래스도 외부 클래스이므로 헤더 파일을 include 해주겠습니다. TIterator〈T〉 반복문에서 〈T〉에 우리가 찾으려는 클래스는 APlayerPawn을 넣고, 검색된 플레이어 폰을 임시로 저장할 포인터 변수의 이름은 'player'라고 해두겠습니다.

```cpp
#include "EnemyActor.h"
#include "Components/BoxComponent.h"
#include "Components/StaticMeshComponent.h"
#include "EngineUtils.h"
#include "PlayerPawn.h"

// 이 액터의 속성에 대한 기본값을 설정(Sets default values for this actor's properties)
AEnemyActor::AEnemyActor()
{
    … (생략) …
}

// 게임이 시작될 때 또는 스폰될 때 호출됨(Called when the game starts or when spawned)
void AEnemyActor::BeginPlay()
{
    Super::BeginPlay();

    // 1 ~ 100 사이의 임의의 정수 값을 추첨한다.
    int32 drawResult = FMath::RandRange(1, 100);
```

```cpp
    // 만일, 추첨된 값이 추적 확률 변수보다 작거나 같다면….
    if (drawResult <= traceRate)
    {
        // 월드 공간에 APlayerPawn 클래스로 된 액터를 모두 검색한다.
        for (TActorIterator<APlayerPawn> player(GetWorld()); player; ++player)
        {

        }
    }
    // 그렇지 않다면 정면 방향 벡터를 생성한다.
    else
    {

    }
}


// 매 프레임마다 호출됨(Called every frame)
void AEnemyActor::Tick(float DeltaTime)
{
    Super::Tick(DeltaTime);

}
```

[코드 2.6-40] EnemyActor.cpp 월드 공간에서 플레이어 폰 검색하기


물론 반복문 검색 만으로도 플레이어 폰을 찾을 수는 있지만, 만일 APlayerPawn 클래스를 상속한 블루프린트가 월드에 여러 개 배치되어 있을 수도 있으므로 이름을 통해 한 번 더 거르는 편이 좋습니다.

반복문을 통해 검색된 player 포인터 변수의 이름을 GetName() 함수를 이용해서 가져올 수 있습니다. 이 이름 문자열에 'BP_PlayerPawn'이라는 문구가 포함되어 있는지 확인하기 위해 Contains() 함수를 사용합니다. 이 때 주의할 점은 GetName() 함수의 결과로 얻게 되는 이름은 포인터 변수가 아니라 일반적인 string 변수이므로 멤버 함수 Contains() 함수를 호출할 때는 -> 가 아니라 피리어드(.)를 써야 한다는 점입니다.

일단 검색이 완료됐으면 에너미 위치에서 플레이어 위치로 향한 방향 벡터를 저장하기 위해 dir 벡터 변수에 '플레이어의 위치 – 자신(에너미)의 위치'를 계산한 값을 넣어 줍니다. 에너미와 플레이어 사이의 간격은 매번 제각각이기 때문에 반드시 정규화(Normalize)도 해야 합니다.

```cpp
… (생략) …

// 게임이 시작될 때 또는 스폰될 때 호출됨(Called when the game starts or when spawned)
void AEnemyActor::BeginPlay()
{
    Super::BeginPlay();

    // 1 ~ 100 사이의 임의의 정수 값을 추첨한다.
    int32 drawResult = FMath::RandRange(1, 100);

    // 만일, 추첨된 값이 추적 확률 변수보다 작거나 같다면…
    if (drawResult <= traceRate)
    {
        // 월드 공간에 APlayerPawn 클래스로 된 액터를 모두 검색한다.
        for (TActorIterator<APlayerPawn> player(GetWorld()); player; ++player)
        {
            // 만일 검색된 액터의 이름에 "BP_PlayerPawn"이란 문구가 포함되어 있다면…
            if (player->GetName().Contains(TEXT("BP_PlayerPawn")))
            {
                // 플레이어 액터의 위치 – 자신의 위치
                dir = player->GetActorLocation() - GetActorLocation();
                dir.Normalize();
            }
        }
    }
    // 그렇지 않다면 정면 방향 벡터를 생성한다.
    else
    {

    }
}

// 매 프레임마다 호출됨(Called every frame)
void AEnemyActor::Tick(float DeltaTime)
{
```

```
    Super::Tick(DeltaTime);

}
```

[코드 2.6-41] EnemyActor.cpp 이름으로 플레이어 걸러내기

추첨한 값이 traceRate보다 클 경우에는 그냥 GetActorForwardVector() 함수를 이용해서 정면 벡터를 dir 변수에 저장합니다. Forward 벡터는 길이가 1인 단위 벡터이므로 굳이 정규화를 해 줄 필요가 없습니다.

```
… (생략) …

// 게임이 시작되거나 스폰될 때 호출됨(Called when the game starts or when spawned)
void AEnemyActor::BeginPlay()
{
    Super::BeginPlay();

    // 1~100 사이의 임의의 정수 값을 추첨한다.
    int32 drawResult = FMath::RandRange(1, 100);

    // 만일, 추첨된 값이 추적 확률 변수보다 작거나 같다면…
    if (drawResult <= traceRate)
    {
        // 월드 공간에 APlayerPawn 클래스로 된 액터를 모두 검색한다.
        for (TActorIterator<APlayerPawn> player(GetWorld()); player; ++player)
        {
            // 만일 검색된 액터의 이름에 'BP_PlayerPawn'이란 문구가 포함되어 있다면…
            if (player->GetName().Contains(TEXT("BP_PlayerPawn")))
            {
                // 플레이어 액터의 위치 – 자신의 위치
                dir = player->GetActorLocation() - GetActorLocation();
                dir.Normalize();
            }
        }
    }
    // 그렇지 않다면 정면 방향 벡터를 생성한다.
    else
```

1

1.1
1.2
1.3
1.4
1.5

2

2.1
2.2
2.3
2.4
2.5
2.6

3

3.1
3.2
3.3

4

4.1
4.2
4.3
4.4
4.5

```cpp
    {
        dir = GetActorForwardVector();
    }
}

// 매 프레임마다 호출됨(Called every frame)
void AEnemyActor::Tick(float DeltaTime)
{
    Super::Tick(DeltaTime);


}
```

[코드 2.6-42] EnemyActor.cpp 정면 방향 벡터를 dir 변수에 저장하기

## → 저장된 방향으로 이동하는 기능 구현하기

dir 변수에 이동할 방향이 결정되었다면 그 방향으로 이동하는 기능을 구현하기만 하면 됩니다. 이미 여러 차례 반복했던 $P = P_0 + vt$ 공식대로 이동시켜 봅시다. 먼저 헤더 파일에 속력 변수 moveSpeed를 선언합니다. 기본 속도는 블루프린트 때와 동일하게 800으로 설정하겠습니다.

```cpp
UCLASS()
class SHOOTINGCPP_API AEnemyActor : public AActor
{
    GENERATED_BODY()

public:
    // 이 액터의 속성에 대한 기본값을 설정(Sets default values for this actor's properties)
    AEnemyActor();

protected:
    // 게임 시작 또는 스폰되었을 때 호출됨(Called when the game starts or when spawned)
    virtual void BeginPlay() override;

public:
    // 매 프레임마다 호출됨(Called every frame)
    virtual void Tick(float DeltaTime) override;
```

```
    UPROPERTY(EditAnywhere)
    class UBoxComponent* boxComp;

    UPROPERTY(EditAnywhere)
    class UStaticMeshComponent* meshComp;

    UPROPERTY(EditAnywhere)
    int32 traceRate = 50;

    UPROPERTY(EditAnywhere)
    float moveSpeed = 800;

private:
    FVector dir;
};
```

[코드 2.6-43] EnemyActor.h 속력 변수 선언하기

dir 변수에 방향 벡터는 이미 결정되어 있으니 현재 에너미 위치에 추가해서 에너미의 새 위치 벡터로 덮어쓰기만 하면 이동 기능 구현은 끝납니다.

```
… (생략) …

// 게임 시작 또는 스폰되었을 때 호출됨(Called when the game starts or when spawned)
void AEnemyActor::BeginPlay()
{
    … (생략) …
}

// 매 프레임마다 호출됨(Called every frame)
void AEnemyActor::Tick(float DeltaTime)
{
    Super::Tick(DeltaTime);

    // BeginPlay()에서 결정된 방향으로 이동한다.
    FVector newLocation = GetActorLocation() + dir * moveSpeed * DeltaTime;
```

```
        SetActorLocation(newLocation);
}
```

[코드 2.6-44] EnemyActor.cpp 정면 방향 벡터를 dir 변수에 저장하기

## → 에너미 생성 액터 제작하기

완성된 에너미를 일정한 시간마다 월드에 생성해주는 액터 클래스를 만들어 보겠습니다. 언리얼
에디터 상단의 [Tools] − [New C++ Class…]를 선택해서 'EnemyFactory'라는 이름으로 새 액터
클래스 파일을 생성합니다.

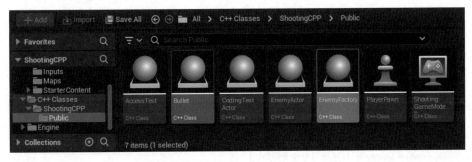

[그림 2.6-48] EnemyFactory 클래스 파일 생성하기

EnemyFactory.h 파일에는 액터를 생성할 시간 간격을 설정하기 위한 delayTime 변수와 현재까지
경과된 시간 측정을 하기 위한 currentTime 변수가 필요합니다. currentTime의 경우에는 외부의
간섭을 받아서는 안되므로 한정자를 private으로 선언합니다.

```cpp
#pragma once

#include "CoreMinimal.h"
#include "GameFramework/Actor.h"
#include "EnemyFactory.generated.h"

UCLASS()
class SHOOTINGCPP_API AEnemyFactory : public AActor
{
```

```
    GENERATED_BODY()

public:
    // 이 액터의 속성에 대한 기본값을 설정(Sets default values for this actor's properties)
    AEnemyFactory();

protected:
    // 게임 시작 또는 spawn되었을 때 호출됨(Called when the game starts or when spawned)
    virtual void BeginPlay() override;

public:
    // 매 프레임마다 호출됨(Called every frame)
    virtual void Tick(float DeltaTime) override;

    UPROPERTY(EditAnywhere)
    float delayTime = 2.0f;

private:
    float currentTime = 0;
};
```

[코드 2.6-45] EnemyFactory.h 시간 측정 변수 선언하기

이제 프레임마다 생성할 시간이 됐는지 체크하기 위해 Tick() 함수 안에 현재 경과 시간이 생성할 시점에 도래했는지를 조건문으로 검사합니다.

```
#include "EnemyFactory.h"

// 기본 값 설정(Sets default values)
AEnemyFactory::AEnemyFactory()
{
    // 매 프레임마다 Tick()을 호출하도록 이 액터를 설정함. 필요하지 않은 경우 이 기능을 해제하여 성능을
    // 향상시킬 수 있음(Set this actor to call Tick() every frame. You can turn this off to improve
    // performance if you don't need it.).
    PrimaryActorTick.bCanEverTick = true;
```

```
    }

// 게임 시작 또는 spawn되었을 때 호출됨(Called when the game starts or when spawned)
void AEnemyFactory::BeginPlay()
{
    Super::BeginPlay();

}

// 매 프레임마다 호출됨(Called every frame)
void AEnemyFactory::Tick(float DeltaTime)
{
    Super::Tick(DeltaTime);

    // 만일, 경과된 시간이 생성할 시간을 초과했다면...
    if (currentTime > delayTime)
    {

    }
    // 그렇지 않다면...
    else
    {

    }
}
```

[코드 2.6-46] EnemyFactory.cpp 경과된 시간 측정하기

만일 생성할 시간이 아직 안됐다면 현재 프레임에서 소요된 시간을 누적시킵니다. 반대로 생성할 시간이 됐다면 시간을 다시 0초로 리셋시켜서 늘 일정한 시간 간격을 유지할 수 있습니다.

```
#include "EnemyFactory.h"

// 기본 값 설정(Sets default values)
AEnemyFactory::AEnemyFactory()
{
    // 매 프레임마다 Tick()을 호출하도록 이 액터를 설정함. 필요하지 않은 경우 이 기능을 해제하여 성능을
```

```
    // 향상시킬 수 있음(Set this actor to call Tick() every frame. You can turn this off to improve
    // performance if you don't need it.).
    PrimaryActorTick.bCanEverTick = true;

}


// 게임이 시작될 때 또는 스폰될 때 호출됨(Called when the game starts or when spawned)
void AEnemyFactory::BeginPlay()
{
    Super::BeginPlay();

}


// 매 프레임마다 호출됨(Called every frame)
void AEnemyFactory::Tick(float DeltaTime)
{
    Super::Tick(DeltaTime);

    // 만일, 경과된 시간이 생성할 시간을 초과했다면...
    if (currentTime > delayTime)
    {
        // 경과된 시간을 0초로 초기화한다.
        currentTime = 0;
    }
    // 그렇지 않다면...
    else
    {
        // 현재 프레임의 경과 시간을 누적시킨다.
        currentTime = currentTime + DeltaTime;
    }
}
```

[코드 2.6-47] EnemyFactory.cpp 경과 시간 누적 및 초기화


　시간 누적을 할 때 currentTime = currentTime + DeltaTime 부분을 좀 더 줄여서 쓸 수 있습니다. 대입 연산자(=)의 우측에 중복해서 적은 변수 currentTime을 지우고 + 연산자를 대입 연산자의 좌측으로 보내서 currentTime += DeltaTime으로 쓰는 것입니다. 코드에서는 많이 사용하는 방식이니 이 방법에 익숙해지면 좋습니다.

```
void AEnemyFactory::Tick(float DeltaTime)
{
    Super::Tick(DeltaTime);

    // 만일, 경과된 시간이 생성할 시간을 초과했다면...
    if (currentTime > delayTime)
    {
        // 경과된 시간을 0초로 초기화한다.
        currentTime = 0;
    }
    // 그렇지 않다면...
    else
    {
        // 현재 프레임의 경과 시간을 누적시킨다.
        // currentTime = currentTime + DeltaTime;
        currentTime += DeltaTime;
    }
}
```

[코드 2.6-48] EnemyFactory.cpp 누적 연산

생성 타이머 기능은 완성됐으니 실제 생성할 시간이 됐을 때 블루프린트를 월드에 생성하는 코드를 추가하도록 하겠습니다. 먼저 헤더 파일에 블루프린트 파일을 할당하기 위한 TSubclassOf<T> 변수를 선언합니다.

```
#pragma once

#include "CoreMinimal.h"
#include "GameFramework/Actor.h"
#include "EnemyFactory.generated.h"

UCLASS()
class SHOOTINGCPP_API AEnemyFactory : public AActor
{
    GENERATED_BODY()

public:
    // 이 액터의 속성에 대한 기본 값을 설정(Sets default values for this actor's properties)
    AEnemyFactory();
```

```
protected:
    // 게임 시작 또는 스폰되었을 때 호출됨(Called when the game starts or when spawned)
    virtual void BeginPlay() override;

public:
    // 매 프레임마다 호출(Called every frame)
    virtual void Tick(float DeltaTime) override;

    UPROPERTY(EditAnywhere)
    float delayTime = 2.0f;

    UPROPERTY(EditAnywhere)
    TSubclassOf<class AEnemyActor> enemy;

private:
    float currentTime = 0;
};
```

[코드 2.6-49] EnemyFactory.h 블루프린트 할당용 변수 선언하기

다시 소스 파일로 돌아와서 SpawnActor<T>() 함수를 이용해서 에너미 블루프린트를 생성하는 코드를 추가합니다. 생성 위치는 EnemyFactory와 동일한 위치에서 생성되도록 하겠습니다.

```
#include "EnemyFactory.h"
#include "EnemyActor.h"

// 기본 값 설정(Sets default values)
AEnemyFactory::AEnemyFactory()
{
    // 매 프레임마다 Tick()을 호출하도록 이 액터를 설정함. 필요하지 않은 경우 이 기능을 해제하여 성능을
    // 향상시킬 수 있음(Set this actor to call Tick() every frame.  You can turn this off to improve
    // performance if you don't need it.).
    PrimaryActorTick.bCanEverTick = true;

}

// 게임 시작 또는 스폰되었을 때 호출됨(Called when the game starts or when spawned)
void AEnemyFactory::BeginPlay()
{
```

```
    Super::BeginPlay();

}

// 매 프레임마다 호출됨(Called every frame)
void AEnemyFactory::Tick(float DeltaTime)
{
    Super::Tick(DeltaTime);

    // 만일, 경과된 시간이 생성할 시간을 도과했다면...
    if (currentTime > delayTime)
    {
        // 경과된 시간을 0초로 초기화한다.
        currentTime = 0;

        // enemy 변수에 할당된 블루프린트를 자신의 위치에 생성한다.
        AEnemyActor* spawnActor = GetWorld()->SpawnActor<AEnemyActor>(enemy,
                                    GetActorLocation(), GetActorRotation());
    }
    // 그렇지 않다면...
    else
    {
        // 현재 프레임의 경과 시간을 누적시킨다.
        // currentTime = currentTime + DeltaTime;
        currentTime += DeltaTime;
    }
}
```

[코드 2.6-50] **EnemyFactory.cpp** 경과 시간 누적 및 초기화


코드 빌드하고 언리얼 에디터로 돌아와서 Blueprints 폴더에 EnemyFactory 클래스를 상속한
BP_EnemyFactory 블루프린트를 생성합니다.

[그림 2.6-49] BP_EnemyFactory 블루프린트 파일 생성하기

BP_EnemyFactory 블루프린트 파일을 더블클릭해서 설정 창을 열고 우측 디테일 패널에서 Enemy 항목을 선택합니다. 우측 콤보 박스에서 지정한 시간이 될 때마다 생성할 BP_EnemyActor 파일을 할당하겠습니다.

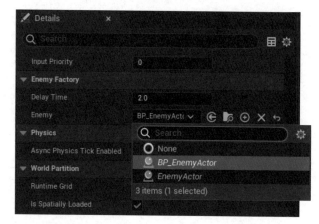

[그림 2.6-50] Enemy 항목에 BP_EnemyActor 할당하기

컴파일과 세이브를 한 뒤에 BP_EnemyFactory 블루프린트 파일을 뷰 포트로 드래그해서 배치합니다. Enemy를 생성할 때 정면 방향이 아래쪽을 향하도록 Y축으로 −90도 회전시킵니다. 또 위쪽 방향이 카메라를 향하도록 Z축으로도 180도 회전을 시킵니다.

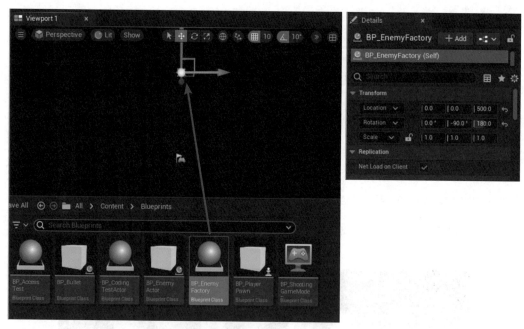

[그림 2.6-51] BP_EnemyFactory를 월드 공간에 배치하기

키보드의 Ctrl+D를 눌러서 BP_
EnemyFactory를 몇 개 더 복사해서
배치합니다.

[그림 2.6-52] 복사 배치한 BP_EnemyFactory

각각의 BP_EnemyFactory 블루프린트의 DelayTime 값을 다르게 설정해서 에너미가 서로 다른 시간에 생성되도록 합니다.

[그림 2.6-53] DelayTime 설정하기

이제 플레이를 해 보면 에너미
들이 일정 시간마다 다양한 방향
으로 생성되어 나오는 것을 확인
할 수 있습니다.

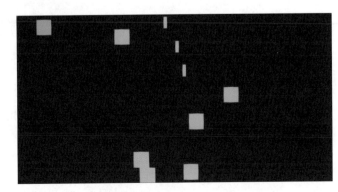

[그림 2.6-54] 에너미 생성 테스트

# 2.6-5 충돌(Collision) 처리하기

이번 챕터에서는 플레이어와 에너미, 에너미와 총알이 서로 충돌하도록 충돌 처리를 구현하도록 하겠습니다. Collision 채널을 추가하고 C++ 코드상에서 각각의 액터마다 충돌 응답 방식과 충돌 오브젝트 타입 등을 제어하는 등 코드를 이용한 컴포넌트 제어에 대해 학습할 예정입니다. 특히 이 충돌 처리와 관련해서는 기본 C++에는 없는 언리얼 엔진만의 특수한 델리게이트 이벤트 코드가 있기 때문에 주의 깊게 살펴볼 필요가 있습니다. 사용자의 상호 작용 기능에는 충돌 처리가 필수적으로 필요하므로 C++에서의 충돌 이벤트 처리 방식을 블루프린트에서의 처리 방식과 상호 비교해 가면서 공통점과 차이점을 확인해 가면서 실습을 진행해 주세요.

> ✖ **학습 목표**
>
> 총알과 Enemy, 플레이어와 Enemy가 서로 충돌하게 하고 싶다.
>
> ✖ **구현 순서**
>
> ❶ 충돌 처리를 위한 Collision 채널을 추가한다.
> ❷ 채널마다 어떤 대상과 충돌이 발생하게 할 것인지를 설정한다.
> ❸ 충돌할 때 실행할 함수를 구현하고 충돌 이벤트에 연결한다.
> ❹ 화면 밖으로 나간 오브젝트를 제거하는 지대(Kill Zone)를 설치한다.

## ➔ Collision 채널 설정하기

충돌 처리를 위해서는 우선 충돌 채널부터 생성해야 하겠죠? 언리얼 에디터 상단의 [Edit]-[Project Settings…]를 선택해서 프로젝트 설정 창을 열고 좌측에서 [Collision] 탭을 선택합니다. 다음으로 우측의 [Object Channels] 탭에서 [New Object Channel…] 버튼을 클릭해서 Player, Enemy, Bullet 채널을 새로 생성합니다. 새로 생성한 Collision 채널의 기본 응답 값(Default Response)은 'Ignore'로 설정합니다.

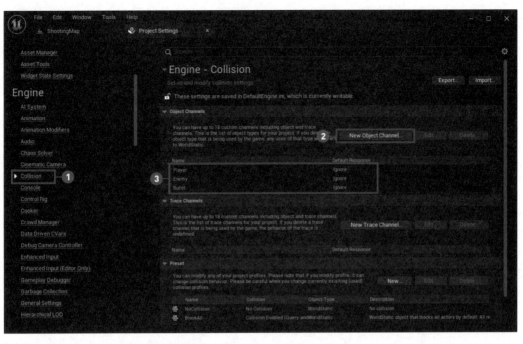

[그림 2.6-55] Object Channels 항목 추가하기

## → 개별 Collision Response 설정하기

그림 플레이어부터 충돌 처리 설정을 해
봅시다. BP_PlayerPawn 블루프린트 파일을
더블클릭해서 설정 창을 열고 좌측 컴포넌트
패널에서 BoxComp를 선택합니다. 우측 디
테일 패널에서 [Collision] 탭을 살펴보면 응답
의 종류를 선택하는 Collision Enabled 항목과 채
널의 타입을 선택하는 Object Type 항목의 설
정이 안 된 상태입니다.

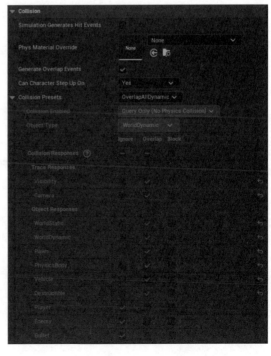

[그림 2.6-56] 플레이어의 Collision 설정 상태

물론 블루프린트에서 직접 설정할 수도 있지만 어디까지나 블루프린트 기능은 기획자나 아티스트와 같은 비개발자를 위한 기능이란 점을 감안하면 C++ 코드상에서 기본 값을 어느 정도 지정해주고 블루프린트에서는 특별한 경우에만 조정하는 방식으로 가는 편이 효율적입니다. PlayerPawn.cpp 소스 파일을 열고 생성자 함수 안에 다음과 같이 Collision 설정 코드를 추가합니다.

```cpp
#include "PlayerPawn.h"
#include "Components/BoxComponent.h"
#include "Components/StaticMeshComponent.h"
#include "Components/ArrowComponent.h"
#include "Bullet.h"
#include "Kismet/GameplayStatics.h"

// 기본 값 설정(Sets default values)
APlayerPawn::APlayerPawn()
{
    // 매 프레임마다 Tick()을 호출하도록 이 액터를 설정함. 필요하지 않은 경우 이 기능을 해제하여 성능을
    // 향상시킬 수 있음(Set this actor to call Tick() every frame. You can turn this off to improve
    // performance if you don't need it.).
    PrimaryActorTick.bCanEverTick = true;

    // 박스 콜라이더 컴포넌트를 생성한다.
    boxComp = CreateDefaultSubobject<UBoxComponent>(TEXT("My Box Component"));

    // 생성한 박스 콜라이더 컴포넌트를 최상단 컴포넌트로 설정한다.
    SetRootComponent(boxComp);

    // 스태틱 메시 컴포넌트를 생성한다.
    meshComp = CreateDefaultSubobject<UStaticMeshComponent>(TEXT("My Static Mesh"));

    // 박스 콜라이더 컴포넌트의 자식 컴포넌트로 설정한다.
    meshComp->SetupAttachment(boxComp);

    // 메시 크기를 50 x 50 x 50으로 설정한다.
    FVector boxSize = FVector(50.0f, 50.0f, 50.0f);
    boxComp->SetBoxExtent(boxSize);

    // 총구 표시 컴포넌트를 생성하고 박스 컴포넌트의 자식 컴포넌트로 설정한다.
    firePosition = CreateDefaultSubobject<UArrowComponent>(TEXT("Fire Position"));
    firePosition->SetupAttachment(boxComp);
```

```
    // 오버랩 이벤트를 켠다.
    boxComp->SetGenerateOverlapEvents(true);

    // 충돌 응답을 Query And Physics로 설정한다.
    boxComp->SetCollisionEnabled(ECollisionEnabled::QueryAndPhysics);

    // Object Type을 1번 채널(Player)로 설정한다.
    boxComp->SetCollisionObjectType(ECC_GameTraceChannel1);
}

… (생략) …
```

[코드 2.6-51] PlayerPawn.cpp Collision 설정하기

오브젝트 타입에 채널을 선택할 때 ECC_GameTraceChannel은 앞에서 만들었던 콜리전 오브젝트 채널을 의미합니다. 채널을 생성한 순서대로 ECC_GameTraceChannel1, ECC_GameTraceChannel2… 이런 식으로 숫자가 붙는 형식이죠.

---

**Tip**

**DefaultEngine.ini 파일에서 채널 정보 확인**

프로젝트 설정 창에서 콜리전 오브젝트 채널을 만들게 되면 DefaultEngine.ini 파일에 저장이 됩니다. DefaultEngine. ini 파일은 윈도우 탐색기에서 해당 프로젝트가 있는 경로에서 Config 폴더 안에 있습니다. 텍스트 파일이기 때문에 메모장으로도 내용을 확인할 수 있습니다.

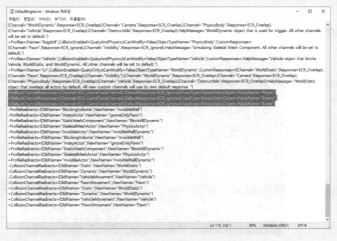

[그림 2.6-57] DefaultEngine.ini 파일에 저장된 채널 정보

코드를 빌드하고 다시 BP_PlayerPawn 블루프린트 설정 창을 열어서 Collision 탭을 보면 아마 아무런 변화가 없는 것처럼 보일 것입니다. 블루프린트 파일은 원본 클래스 파일을 상속했기 때문에 원본의 값이 바뀌더라도 상속된 블루프린트에서 별도로 설정한 값인 것처럼 인식이 되기 때문입니다. 그런데 자세히 살펴보면 조금 다른 것이 있습니다. Collision Preset 항목 우측에 아까 전까지는 없었던 노란색 화살표 버튼이 생겼군요. 이 버튼은 블루프린트의 설정 값을 원본 파일의 값으로 복구하기 위한 버튼입니다. 코드를 수정하기 전까지는 원본과 블루프린트의 값이 같았기 때문에 기본값 복구 버튼이 없었지만, 코드를 수정하고 빌드한 뒤에는 원본 설정 값과 블루프린트 설정 값이 서로 달라졌기 때문에 기본값 복구 버튼이 생성된 것입니다.

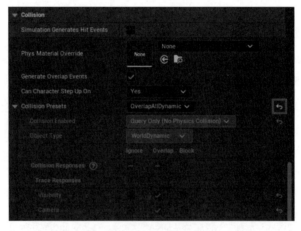

[그림 2.6-48] 클래스 기본 값으로 복구 버튼

노란색 화살표를 마우스로 클릭해 보면 코드에서 설정한 값대로 블루프린트의 값도 변경된 것을 확인할 수 있습니다.

[그림 2.6-59] 클래스 기본 값으로 복구된 모습

Collision 기본 설정은 변경되었으니 이제 각 콜리전 채널에 대한 개별 응답 값을 설정해 보도록 합시다. 현재 Collision Responeses를 보면 채널별로 응답 설정이 다르게 되어 있습니다. 충돌 응답 처리를 개별 설정하기 편하도록 모든 채널에 대한 응답 상태를 '충돌 응답 안 함(Ignore)' 상태로 일괄 변경합니다. 그 상태에서 에너미 채널(ECC_GameTraceChannel2)에 대해서만 오버랩 설정(ECR_Overlap)을 해주면 플레이어 폰은 Collision Object Type이 에너미인 경우에만 충돌했을 때 충돌 이벤트를 발생시킵니다. C++ 코드에서 충돌 응답 설정을 모든 채널에 일괄 적용할 때는 SetCollisionResponseToAllChannels() 함수를 사용하고 개별 채널에 적용을 할 때는 SetCollisionResponseToChannel() 함수를 사용하면 됩니다.

```cpp
APlayerPawn::APlayerPawn()
{
    // 매 프레임마다 Tick()을 호출하도록 이 액터를 설정함. 필요하지 않은 경우 이 기능을 해제하여 성능을
    // 향상시킬 수 있음(Set this actor to call Tick() every frame.  You can turn this off to improve
    // performance if you don't need it).
    PrimaryActorTick.bCanEverTick = true;

    // 박스 콜라이더 컴포넌트를 생성한다.
    boxComp = CreateDefaultSubobject<UBoxComponent>(TEXT("My Box Component"));

    // 생성한 박스 콜라이더 컴포넌트를 최상단 컴포넌트로 설정한다.
    SetRootComponent(boxComp);

    // 스태틱 메시 컴포넌트를 생성한다.
    meshComp = CreateDefaultSubobject<UStaticMeshComponent>(TEXT("My Static Mesh"));

    // 박스 콜라이더 컴포넌트의 자식 컴포넌트로 설정한다.
    meshComp->SetupAttachment(boxComp);

    // 메시 크기를 50 x 50 x 50으로 설정한다.
    FVector boxSize = FVector(50.0f, 50.0f, 50.0f);
    boxComp->SetBoxExtent(boxSize);

    // 총구 표시 컴포넌트를 생성하고 박스 컴포넌트의 자식 컴포넌트로 설정한다.
    firePosition = CreateDefaultSubobject<UArrowComponent>(TEXT("Fire Position"));
    firePosition->SetupAttachment(boxComp);

    // 오버랩 이벤트를 켠다.
    boxComp->SetGenerateOverlapEvents(true);
```

```
    // 충돌 응답을 Query And Physics로 설정한다.
    boxComp->SetCollisionEnabled(ECollisionEnabled::QueryAndPhysics);

    // Object Type을 1번 채널(Player)로 설정한다.
    boxComp->SetCollisionObjectType(ECC_GameTraceChannel1);

    // 모든 채널을 충돌 응답 없음으로 설정한다.
    boxComp->SetCollisionResponseToAllChannels(ECR_Ignore);

    // 에너미와는 충돌 이벤트 체크(Quary)를 한다.
    boxComp->SetCollisionResponseToChannel(ECC_GameTraceChannel2, ECR_Overlap);
}

… (생략) …
```

[코드 2.6-52] **PlayerPawn.cpp** 채널별 충돌 응답 설정하기

코드를 빌드하고 언리얼 에디터로 돌아와서 BP_PlayerPawn 블루프린트 설정 창을 열어보면 예상과는 달리 Collision Response가 변경되지 않은 것을 볼 수 있습니다. 이것은 생성자 함수가 블루프린트 생성보다 먼저 이루어지기 때문입니다. 컴포넌트를 추가할 때처럼 블루프린트가 생성될

때 상속받지 않았던 부분은 코드에서 추가되면 새로 읽어 들이지만 Collision Response와 같이 이미 있었던 설정은 부모 클래스에서 변경되더라도 블루프린트에서 다시 읽어오지 않기 때문에 생기는 문제입니다. 이 문제를 해결하려면 기존의 블루프린트 파일을 지우고 다시 새로 만들면 됩니다. 지금은 학습을 위해 블루프린트를 만들어 놓은 상태에서 생성자를 변경하고 있지만 일반적으로는 생성자 함수를 먼저 완성한 상태에서 블루프린트 파일을 만듭니다. 물론 생성자 함수가 아닌 다른 일반 함수에서는 블루프린트를 새로 생성할 필요 없이 잘 적용됩니다.

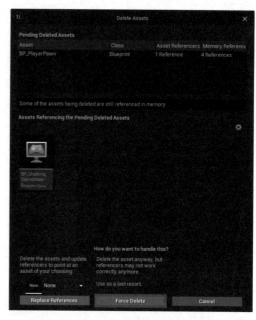

[그림 2.6-60] BP_PlayerPawn 삭제 시 팝업 창

현재 생성되어 있는 BP_PlayerPawn 블루프린트 파일을 선택한 다음 Delete 키를 눌러서 삭제하면 현재 게임 모드 베이스에서 Default Pawn으로 BP_PlayerPawn이 할당되어 있다는 경고 팝업 창이 표시됩니다. 하지만, 어차피 같은 블루프린트 파일을 곧바로 다시 만들 것이므로 [Force Delete] 버튼을 눌러서 삭제해 줍니다.

기존 BP_PlayerPawn 파일을 삭제했으면 다시 같은 이름으로 BP_PlayerPawn 블루프린트 파일을 생성합니다. 당연히 PlayerPawn 클래스를 상속하는 것도 동일해야 합니다. 새로 만든 BP_PlayerPawn 블루프린트 설정 창을 열어서 BoxComp 컴포넌트의 Collision Response 설정을 보면 코드에서 작성한 대로 설정되어 있는 것을 확인할 수 있습니다.

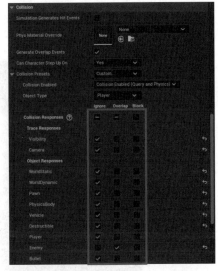

[그림 2.6-61] 다시 생성한 BP_PlayerPawn의 Collision Responses 항목

BP_PlayerPawn 블루프린트를 새로 생성했기 때문에 Bullet Factory에 BP_Bullet 설정하기, Fire Sound에 총알 발사 음원 설정하기, Static Mesh 모델링 및 머티리얼 설정하기, 총구 위치 컴포넌트(Arrow Component)를 위쪽 방향을 가리키게 회전시키기, BP_ShootingGameModeBase의 Default Pawn Class 회전시키기 등의 설정도 다시 해야 합니다.

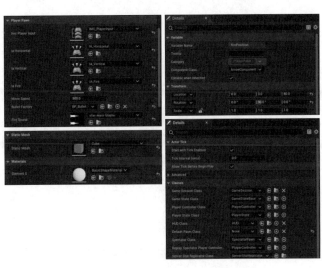

[그림 2.6-62] BP_PlayerPawn 설정 복구

단순히 플레이어 하나 정도라면 귀찮더라도 다시 만들 수는 있습니다. 그런데 에너미, 총알 등 여러 오브젝트의 충돌 응답 설정을 위해 매번 지우고 다시 만드는 것은 일이 너무 많아집니다. 다행히 좀 더 편한 방법이 있습니다. 앞에서도 잠깐 언급했던 콜리전 프리셋을 이용하는 것입니다. 언리얼 에디터에서 프로젝트 설정 창을 열고 Collision 탭의 하단을 보면 'Preset'이라는 항목이 있습니다. 마우스로 클릭해서 펼쳐보면 언리얼 엔진에서 미리 만들어 놓은 기본 충돌 응답 설정 들이 있습니다. 그럼 우리도 에너미에게 사용할 프리셋을 하나 추가해 볼까요?

[그림 2.6-63] Engine Collision 설정의 Preset 항목

프리셋 항목 아래에 있는 [New…] 버튼을 클릭하면 새로운 충돌 응답 프리셋을 설정하는 창이 하나 열립니다. 다음 [그림 2.6-54]처럼 'Enemy'라는 이름으로 Player 채널과 Bullet 채널에 대해서만 Overlap 응답을 하고 나머지 채널에 대해서는 Ignore 응답을 하도록 설정한 다음 [Accept] 버튼을 눌러서 프리셋을 추가합니다.

[그림 2.6-64] Enemy 프리셋 설정 창

프리셋을 만들었으면 코드에서 이 프리셋을 적용해 보겠습니다. EnemyActor.cpp 소스 파일로 이동해서 생성자에 다음과 같이 코드를 추가합니다.

```cpp
#include "EnemyActor.h"
#include "Components/BoxComponent.h"
#include "Components/StaticMeshComponent.h"
#include "EngineUtils.h"
#include "PlayerPawn.h"

// 기본 값 설정(Sets default values)
AEnemyActor::AEnemyActor()
{
    // 매 프레임마다 Tick()을 호출하도록 이 액터를 설정함. 필요하지 않은 경우 이 기능을 해제하여 성능을
    // 향상시킬 수 있음(Set this actor to call Tick() every frame.  You can turn this off to improve
    // performance if you don't need it.).
    PrimaryActorTick.bCanEverTick = true;

    boxComp = CreateDefaultSubobject<UBoxComponent>(TEXT("Box Collider"));
    SetRootComponent(boxComp);
    boxComp->SetBoxExtent(FVector(50.0f, 50.0f, 50.0f));

    meshComp = CreateDefaultSubobject<UStaticMeshComponent>(TEXT("Static mesh"));
    meshComp->SetupAttachment(boxComp);

    // Collision presets을 Enemy 프리셋으로 변경한다.
    boxComp->SetCollisionProfileName(TEXT("Enemy"));
}
```

[코드 2.6-53] EnemyActor.cpp 콜리전 프리셋 설정하기

SetCollisionProfileName() 함수의 매개변수에는 설정하려는 프리셋의 이름을 넣어주면 됩니다. 코드 빌드를 하고 BP_EnemyActor 블루프린트 설정 창을 열어서 Collision 항목을 확인해 보면 프리셋이 변경되면서 프리셋에 있던 응답 설정 들이 일괄 변경되어 있는 것을 확인할 수 있습니다. 만일 바뀌어 있지 않으면 프리셋 옆에 노란색 화살표를 클릭하면 됩니다.

1

1.1
1.2
1.3
1.4
1.5

2

2.1
2.2
2.3
2.4
2.5
2.6

3

3.1
3.2
3.3

4

4.1
4.2
4.3
4.4
4.5

부록

[그림 2.6-65] BP_EnemyActor 블루프린트의 콜리전 설정하기

훨씬 쉽고 간편하지 않나요? 물론 그렇다고 해서 플레이어 코드에서 했던 것이 필요 없는 것은 아닙니다. 플레이 중에 상황에 따라 콜리전 설정을 다양하게 바꿔야 할 때는 프리셋을 전부 만들기보다는 특정 값만 코드에서 변경하는 편이 좋으니까요.

이번에는 총알도 프리셋을 만들어서 적용해 보겠습니다. 총알은 에너미하고만 충돌하도록 설정하면 됩니다. 설정을 완료했으면 반드시 [Accept] 버튼을 눌러야 저장이 됩니다.

[그림 2.6-66] 총알 콜리전 프리셋 설정하기

Bullet.cpp 소스 파일에서 생성자 함수에 프리셋 변경 코드를 추가하고 빌드합니다. 빌드 후에는
BP_Bullet 블루프린트에서 콜리전 프리셋을 기본값으로 변경해야 합니다.

```cpp
#include "Bullet.h"
#include "Components/BoxComponent.h"
#include "Components/StaticMeshComponent.h"
#include "Components/ArrowComponent.h"

// 기본값 설정(Sets default values)
ABullet::ABullet()
{
    // 매 프레임마다 Tick()을 호출하도록 이 액터를 설정함. 필요하지 않은 경우 이 기능을 해제하여 성능을
    // 향상시킬 수 있음(Set this actor to call Tick() every frame.  You can turn this off to improve
    // performance if you don't need it.).
    PrimaryActorTick.bCanEverTick = true;

    boxComp = CreateDefaultSubobject<UBoxComponent>(TEXT("Box Collider"));
    SetRootComponent(boxComp);
    boxComp->SetBoxExtent(FVector(50.0f, 50.0f, 50.0f));

    // 박스 컴포넌트의 크기를 변경한다.
    boxComp->SetWorldScale3D(FVector(0.75f, 0.25f, 1.0f));

    meshComp = CreateDefaultSubobject<UStaticMeshComponent>(TEXT("Static Mesh Component"));
    meshComp->SetupAttachment(boxComp);

    // 박스 컴포넌트의 콜리전 프리셋을 Bullet으로 설정한다.
    boxComp->SetCollisionProfileName(TEXT("Bullet"));
}

… (생략) …
```

[코드 2.6-54] Bullet.cpp 총알의 콜리전 프리셋 설정하기

2

2.1
2.2
2.3
2.4
2.5
2.6

3

3.1
3.2
3.3

4

4.1
4.2
4.3
4.4
4.5

부
록

### ➜ 충돌 이벤트와 델리게이트

충돌 설정은 다 됐으니 이제 서로 간의 충돌 사건(Event)이 발생했을 때 처리할 내용을 담은 함수를
구현해야 합니다. 사용자의 키 입력 이벤트가 발생했을 때 실행할 함수를 만들어서 연결했던 것을

기억하시나요? 이렇게 이벤트가 발생되었을 때 미리 만들어 놓은 함수를 실행하면서 매개변수에 자동으로 값을 넘겨주는 기능을 '델리게이트(Delegate)'라고 합니다. 어떤 이벤트가 발생했을 때 델리게이트로 연결된 함수의 매개변수에 값을 전달하기 위해서는 함수의 매개변수의 자료형과 개수가 델리게이트에서 설정한 것과 동일해야만 합니다. 다시 말해 이벤트가 발생되었을 때 특정 함수가 실행되게 하려면 그 함수를 델리게이트에 연결해야 하는데 델리게이트에 연결하려면 델리게이트에서 설정한 매개변수 형태와 함수의 매개변수 형태가 같아야 한다는 것이죠.

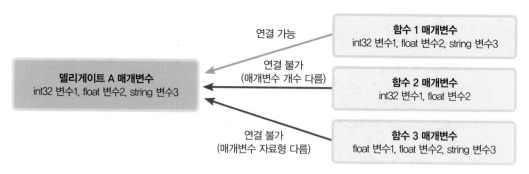

[그림 2.6-67] 델리게이트와 함수 연결 관계

그렇다면 함수를 만들기 전에 매개변수를 어떻게 설정해야 하는지를 먼저 알아보아야 합니다. 총알의 충돌 처리부터 구현하기 위해 Bullet 클래스를 이용해서 살펴보도록 하겠습니다. Bullet.cpp 파일의 BeginPlay() 함수에서 boxComp 컴포넌트 변수의 멤버 함수 OnComponentBeginOverlap 델리게이트를 호출합니다.

```
#include "Bullet.h"
#include "Components/BoxComponent.h"
#include "Components/StaticMeshComponent.h"
#include "Components/ArrowComponent.h"

// 기본 값 설정(Sets default values)
ABullet::ABullet()
{
    … (생략) …
}
```

```
// 게임 시작 또는 spawn되었을 때 호출됨(Called when the game starts or when spawned)
void ABullet::BeginPlay()
{
    Super::BeginPlay();

    boxComp->OnComponentBeginOverlap
}

… (생략) …
```

[코드 2.6-55] **Bullet.cpp** OnComponentBeginOverlap 델리게이트

델리게이트를 만든 선언부를 확인하기 위해 OnComponentBeginOverlap에 커서를 두고 F12 키를 눌러봅니다. 그러면 잠시 후에 OnComponentBeginOverlap 델리게이트를 선언한 코드 부분으로 이동됩니다. OnComponentBeginOverlap의 앞쪽에 'FComponentBeginOverlapSignature'라는 자료형처럼 보이는 것이 있죠? 이 자료형이 바로 매개변수에 대해 설정한 구조체(Struct)입니다. 구조체의 형태를 보기 위해 이번에는 FComponentBeginOverlapSignature에 커서를 두고 키보드의 F12 키를 눌러보겠습니다.

```
… (생략) …

/**
* 컴포넌트가 단단한 물체에 부딪힐 때(또는 부딪힐 때) 호출되는 이벤트이다. 이것은 캐릭터 이동, '스윕'이
활성화된 위치 설정 사용 또는 물리 시뮬레이션과 같은 이유로 인해 발생할 수 있다(Event called when a
component hits (or is hit by) something solid. This could happen due to things like Character movement, using
Set Location with 'sweep' enabled, or physics simulation.).
* 객체가 겹칠 때(예: 트리거에 들어가는 경우) 이벤트의 경우 'Overlap' 이벤트를 참조(For events when
objects overlap(e.g. walking into a trigger) see the 'Overlap' event.).
*
* @note 물리 시뮬레이션 중 충돌이 히트 이벤트를 생성하려면 이 컴포넌트에 대해 '시뮬레이션 히트 이벤트
생성'을 활성화해야 한다(@note For collisions during physics simulation to generate hit events, 'Simulation
Generates Hit Events' must be enabled for this component.).
* @note 다른 물체의 움직임에 타격을 받았을 때 'Hit.Normal'과 'Hit.ImpactNormal'의 방향이 조정되어
이 물체에 대한 다른 물체의 힘을 나타낸다(@note When receiving a hit from another object's movement, the
directions of 'Hit.Normal' and 'Hit.ImpactNormal' will be adjusted to indicate force from the other object against
```

this object.).

\* @note NormalImpulse는 물리 시뮬레이션 바디에 대해 채워지지만 스윕 컴포넌트 차단 충돌에 대해서는 0이 된다(@note When receiving a hit from another object's movement, the directions of 'Hit.Normal' and 'Hit.ImpactNormal' will be adjusted to indicate force from the other object against this object.)

\* @note Normal Impulse는 물리 시뮬레이션 바디에 대해 채워지지만 스윕 컴포넌트 차단 충돌에 대해서는 0이 된다(@note NormalImpulse will be filled in for physics-simulating bodies, but will be zero for swept-component blocking collisions.).

\*/

```
    UPROPERTY(BlueprintAssignable, Category="Collision")
    FComponentHitSignature OnComponentHit;
```

/\*\*

\* 예를 들어 플레이어가 방아쇠를 당길 때와 같이 무언가가 이 컴포넌트와 겹치기 시작할 때 호출되는 이벤트이다(Event called when something starts to overlaps this component, for example a player walking into a trigger.).

\* 예를 들어 플레이어가 벽을 치는 것과 같이 객체에 차단 충돌이 있는 이벤트의 경우 'Hit' 이벤트를 참조한다(For events when objects have a blocking collision, for example a player hitting a wall, see 'Hit' events.).

\*

\* @note 이 컴포넌트와 다른 컴포넌트 모두 중복 이벤트를 생성하려면 GetGenerateOverlapEvents()를 true로 설정해야 한다(@note Both this component and the other one must have GetGenerateOverlapEvents() set to true to generate overlap events.).

\* @note 다른 오브젝트의 움직임으로 오버랩을 받으면 'Hit.Normal'과 'Hit.ImpactNormal'의 방향이 조정되어 이 오브젝트에 대한 다른 오브젝트의 힘을 나타낸다(@note When receiving an overlap from another object's movement, the directions of 'Hit.Normal' and 'Hit.ImpactNormal' will be adjusted to indicate force from the other object against this object.).

\*/

```
    UPROPERTY(BlueprintAssignable, Category="Collision")
    FComponentBeginOverlapSignature OnComponentBeginOverlap;
```

/\*\*

\* 이 컴포넌트와 겹치는 것을 멈출 때 호출되는 이벤트(Event called when something stops overlapping this component)

\* @note 이 컴포넌트와 다른 컴포넌트 모두 중복 이벤트를 생성하려면 GetGenerateOverlapEvents()를 true로 설정해야 한다(@note Both this component and the other one must have GetGenerateOverlapEvents() set to true to generate overlap events.).

\*/

```
    UPROPERTY(BlueprintAssignable, Category="Collision")
    FComponentEndOverlapSignature OnComponentEndOverlap;
```

[코드 2.6-56] **PrimitiveComponent.h** OnComponentBeginOverlap 델리게이트 선언 부분

FComponentBeginOverlap의 선언부로 이동하면 뭔가 복잡해 보이는 코드가 보입니다. 하지만, 알고 보면 매우 단순한 코드입니다. 중요하게 봐야 할 것은 'DELEGATE_SixParams'라는 이름입니다. 델리게이트인데 매개변수(parameter)가 여섯 개(six)로 되어 있다는 뜻입니다. 괄오 안쪽을 보면(자료형, 변수 이름, 자료형, 변수 이름, …) 식으로 나열되어 있습니다. 델리게이트 변수 이름이었던 OnComponentBeginOverlap 이후의 자료형과 변수 이름을 세어 보면 정확히 여섯 개가 됩니다. 바로 이 자료형과 변수가 함수의 매개변수가 되어야 합니다. 매개변수를 외우지 마시고 방금처럼 F12 키를 이용해서 선언부를 찾아가는 방법을 기억해 두어야 합니다.

```cpp
/**
* 특정 컴포넌트에 대한 차단 충돌 알림을 위한 델리게이트(Delegate for notification of blocking collision
against a specific component.)
* NormalImpulse는 물리 시뮬레이션 바디에 대해 채워지지만 스윕 컴포넌트 차단 충돌에 대해서는 0이
된다(NormalImpulse will be filled in for physics-simulating bodies, but will be zero for swept-component
blocking collisions.).
*/
DECLARE_DYNAMIC_MULTICAST_SPARSE_DELEGATE_FiveParams(FComponentHitSignature,
UPrimitiveComponent, OnComponentHit, UPrimitiveComponent*, HitComponent, AActor*,
OtherActor, UPrimitiveComponent*, OtherComp, FVector, NormalImpulse, const FHitResult&, Hit
);

/** 특정 컴포넌트와의 오버랩이 시작되었음을 델리게이트에게 알림(Delegate for notification of start of overlap
with a specific component) */
DECLARE_DYNAMIC_MULTICAST_SPARSE_DELEGATE_SixParams( FComponentBeginOverlapSignature,
UPrimitiveComponent, OnComponentBeginOverlap, UPrimitiveComponent*, OverlappedComponent,
AActor*, OtherActor, UPrimitiveComponent*, OtherComp, int32, OtherBodyIndex, bool,
bFromSweep, const FHitResult &, SweepResult);

/** 특정 컴포넌트와의 오버랩이 종료되었음을 델리게이트에게 알림(Delegate for notification of end of overlap
with a specific component) */
DECLARE_DYNAMIC_MULTICAST_SPARSE_DELEGATE_FourParams(FComponentEndOverlapSignature,
UPrimitiveComponent, OnComponentEndOverlap, UPrimitiveComponent*, OverlappedComponent,
AActor*, OtherActor, UPrimitiveComponent*, OtherComp, int32, OtherBodyIndex);
```

```
/** 물리학에 의해 절전 이벤트가 발생할 때 델리게이트에게 알림(Delegate for notification when a wake event
is fired by physics) */
DECLARE_DYNAMIC_MULTICAST_SPARSE_DELEGATE_TwoParams(FComponentWakeSignature,
UPrimitiveComponent, OnComponentWake, UPrimitiveComponent*, WakingComponent, FName,
BoneName);

/** 물리학에 의해 절전 이벤트가 발생할 때 델리게이트에게 알림(Delegate for notification when a sleep event
is fired by physics) */
DECLARE_DYNAMIC_MULTICAST_SPARSE_DELEGATE_TwoParams(FComponentSleepSignature,
UPrimitiveComponent, OnComponentSleep, UPrimitiveComponent*, SleepingComponent, FName,
BoneName);

/** 충돌 설정이 변경될 때 알림을 위한 델리게이트(Delegate for notification when collision settings change.)
*/
DECLARE_DYNAMIC_MULTICAST_SPARSE_DELEGATE_OneParam(FComponentCollisionSettingsChangedSigna
ture, UPrimitiveComponent, OnComponentCollisionSettingsChangedEvent, UPrimitiveComponent*,
ChangedComponent);
```

[코드 2.6-57] **PrimitiveComponent.h** FComponentBeginOverlapSignature 선언부

일단 UPrimitiveComponent* OverlappedComponent부터 const FHitResult& SweepResult까지
마우스로 드래그한 다음 Ctrl + C를 입력해서 코드를 복사해 둡니다.

이제 매개변수는 알아냈으니 다시 원래의 Bullet 클래스의 헤더 파일로 이동해서 충돌 이벤트
발생 시 실행할 함수부터 선언합니다. 델리게이트에 연결할 함수의 반환 자료형은 반드시 void이
어야 합니다. 함수 이름은 'OnBulletOverlap'라고 하겠습니다.

```
UCLASS()
class SHOOTINGCPP_API ABullet : public AActor
{
    GENERATED_BODY()

public:
    // 이 액터의 속성에 대한 기본 값 설정(Sets default values for this actor's properties)
    ABullet();

protected:
```

```cpp
    // 게임 시작 또는 스폰되었을 때 호출됨(Called when the game starts or when spawned)
    virtual void BeginPlay() override;

public:
    // 프레임마다 호출됨(Called every frame)
    virtual void Tick(float DeltaTime) override;

    UPROPERTY(EditAnywhere)
    float moveSpeed = 800.0f;

    UPROPERTY(EditAnywhere)
    class UBoxComponent* boxComp;

    UPROPERTY(EditAnywhere)
    class UStaticMeshComponent* meshComp;

    UFUNCTION()
    void OnBulletOverlap(UPrimitiveComponent* OverlappedComponent, AActor* OtherActor,
                         UPrimitiveComponent* OtherComp, int32 OtherBodyIndex,
                         bool bFromSweep, const FHitResult& SweepResult);
};
```

[코드 2.6-58] Bullet.h 충돌 이벤트 시 실행될 함수 선언하기

델리게이트에 연결할 함수는 반드시 UFUNCTION 옵션을 가져야 합니다. 언리얼 엔진에서 함수를 미리 알고 있어야만 하기 때문입니다. 만일, 델리게이트에 연결한 함수에 UFUNCTION 옵션이 없다면 빌드를 할 때 빌드 실패가 뜹니다.

소스 파일로 이동해서 OnBulletOverlap() 함수의 외형을 구현합니다. 중괄호 안쪽은 일단 비워두고 델리게이트 연결부터 해 보겠습니다. BeginPlay() 함수에 boxComp->OnComponentBeginOverlap 까지만 적어 놓았는데 델리게이트에 함수를 연결하려면 .AddDynamic() 함수를 사용해야 합니다. AddDynamic() 함수의 매개변수에는 연결할 함수의 클래스와 연결할 함수의 주소 값을 전달해줍니다. 연결한 함수의 클래스는 같은 클래스이므로 this 키워드로 대체할 수 있습니다.

```cpp
#include "Bullet.h"
#include "Components/BoxComponent.h"
#include "Components/StaticMeshComponent.h"
#include "Components/ArrowComponent.h"
#include "EnemyActor.h"

// 기본 값 설정(Sets default values)
ABullet::ABullet()
{
    … (생략) …
}

// 게임이 시작되거나 스폰될 때 호출됨(Called when the game starts or when spawned)
void ABullet::BeginPlay()
{
    Super::BeginPlay();

    // 박스 컴포넌트의 충돌 오버랩 이벤트에 BulletOverlap 함수를 연결한다.
    boxComp->OnComponentBeginOverlap.AddDynamic(this, &ABullet::OnBulletOverlap);
}

// 매 프레임마다 호출됨(Called every frame)
void ABullet::Tick(float DeltaTime)
{
    Super::Tick(DeltaTime);

    // 전방으로 이동될 위치를 계산한다.
    FVector newLocation = GetActorLocation() + GetActorForwardVector() * moveSpeed *
DeltaTime;

    // 계산된 위치 좌표를 액터의 새 좌표로 넣는다.
    SetActorLocation(newLocation);
}

// 충돌 이벤트가 발생할 때 실행할 함수
void ABullet::OnBulletOverlap(UPrimitiveComponent* OverlappedComponent, AActor* OtherActor,
UPrimitiveComponent* OtherComp, int32 OtherBodyIndex, bool bFromSweep, const FHitResult&
SweepResult)
{

}
```

[코드 2.6-59] Bullet.cpp 충돌 이벤트 시 실행될 함수 구현부

충돌한 대상의 정보는 여러 가지 형태의 값으로 전달받을 수 있는데 가장 자주 쓰는 것이 바로 액터 정보입니다. OnBulletOverlap() 함수의 두 번째 매개변수로 전달받는 AActor* OtherActor 변수를 통해 충돌한 액터 값을 받아올 수 있습니다. 뒤에서 만들 킬 존(Kill zone)처럼 충돌한 대상이 에너 미가 아닐 수도 있기 때문에 일단 OtherActor를 AEnemyActor 클래스로 변환(Cast)을 시도해봅니다. 만일 캐스팅이 성공했다면 임시 포인터 변수 enemy 안에 OtherActor의 주소 값이 들어 있을 것이고, 반대로 캐스팅이 실패했다면 enemy 안에는 아무런 값도 들어있지 않은 상태(nullptr)일 것입니다. 이 점을 이용해서 조건문을 사용해 에너미일 경우에만 제거 함수 Destroy()를 이용해서 액터를 월드 공간에서 제거합니다.

```cpp
… (생략) …

// 충돌 이벤트가 발생할 때 실행할 함수
void ABullet::OnBulletOverlap(UPrimitiveComponent* OverlappedComponent, AActor* OtherActor,
UPrimitiveComponent* OtherComp, int32 OtherBodyIndex, bool bFromSweep, const FHitResult&
SweepResult)
{
    // 충돌한 액터를 AEnemyActor 클래스로 변환해본다.
    AEnemyActor* enemy = Cast<AEnemyActor>(OtherActor);

    // 만일, 캐스팅이 정상적으로 되어서 AEnemyActor 포인터 변수에 값이 있다면…
    if (enemy != nullptr)
    {
        // 충돌한 액터를 제거한다.
        OtherActor->Destroy();
    }
}
```

[코드 2.6-60] Bullet.cpp 충돌한 에너미 액터를 제거하기

충돌한 대상이 에너미가 아닌 다른 대상이더라도 총알 자체는 사라져야 하므로 조건문 바깥쪽에 조건 없이 자기자신을 제거하는 코드를 추가합니다.

```
… (생략) …

// 충돌 이벤트가 발생할 때 실행할 함수
void ABullet::OnBulletOverlap(UPrimitiveComponent* OverlappedComponent, AActor* OtherActor,
UPrimitiveComponent* OtherComp, int32 OtherBodyIndex, bool bFromSweep, const FHitResult&
SweepResult)
{
    // 충돌한 액터를 AEnemyActor 클래스로 변환해본다.
    AEnemyActor* enemy = Cast<AEnemyActor>(OtherActor);

    // 만일, 캐스팅이 정상적으로 되어서 AEnemyActor 포인터 변수에 값이 있다면…
    if (enemy != nullptr)
    {
        // 충돌한 액터를 제거한다.
        OtherActor->Destroy();
    }

    // 자기자신을 제거한다.
    Destroy();
}
```

[코드 2.6-61] **Bullet.cpp** 자기자신을 제거

빌드를 하고 언리얼 에디터로 돌아가서 플레이를 해 보면 총알에 맞은 에너미들이 제거되는 것을
확인할 수 있습니다.

에너미도 플레이어랑 충돌 처리를 하기 위해 EnemyActor.h 파일에 충돌 이벤트가 발생했을 때
실행할 OnEnemyOverlap() 함수를 선언합니다.

```
UCLASS()
class SHOOTINGCPP_API AEnemyActor : public AActor
{
    GENERATED_BODY()

public:
    // 이 액터의 속성에 대한 기본값을 설정(Sets default values for this actor's properties)
```

```
        AEnemyActor();

protected:
        // 게임이 시작될 때 또는 스폰될 때 호출됨(Called when the game starts or when spawned)
        virtual void BeginPlay() override;

public:
        // 매 프레임마다 호출됨(Called every frame)
        virtual void Tick(float DeltaTime) override;

        UPROPERTY(EditAnywhere)
        class UBoxComponent* boxComp;

        UPROPERTY(EditAnywhere)
        class UStaticMeshComponent* meshComp;

        UPROPERTY(EditAnywhere)
        int32 traceRate = 50;

        UPROPERTY(EditAnywhere)
        float moveSpeed = 600;

        UFUNCTION()
        void OnEnemyOverlap(UPrimitiveComponent* OverlappedComponent, AActor* OtherActor,
                            UPrimitiveComponent* OtherComp, int32 OtherBodyIndex, bool bFromSweep,
                            const FHitResult& SweepResult);

private:
        FVector dir;
};
```

[코드 2.6-62] EnemyActor.h 충돌 시 실행할 함수 선언

소스 파일에서는 OnEnemyOverlap() 함수를 구현하고 OnComponentBeginOverlap 델리게이트에
함수를 연결합니다. 총알과 거의 동일하기 때문에 큰 어려움은 없을 것입니다.

… (생략) …

```cpp
// 게임이 시작될 때 또는 스폰될 때 호출됨(Called when the game starts or when spawned)
void AEnemyActor::BeginPlay()
{
    Super::BeginPlay();

    // 1 ~ 100 사이의 임의의 정수 값을 추첨한다.
    int32 drawResult = FMath::RandRange(1, 100);

    // 만일, 추첨된 값이 추적 확률 변수보다 작거나 같다면…
    if (drawResult <= traceRate)
    {
        // 월드 공간에 APlayerPawn 클래스로 된 액터를 모두 검색한다.
        for (TActorIterator<APlayerPawn> player(GetWorld()); player; ++player)
        {
            // 만일 검색된 액터의 이름에 "BP_PlayerPawn"이란 문구가 포함되어 있다면…
            if (player->GetName().Contains(TEXT("BP_PlayerPawn")))
            {
                // 플레이어 액터의 위치 – 자신의 위치
                dir = player->GetActorLocation() - GetActorLocation();
                dir.Normalize();
            }
        }
    }
    // 그렇지 않다면 정면 방향 벡터를 생성한다.
    else
    {
        dir = GetActorForwardVector();
    }

    // 박스 컴포넌트의 BeginOverlap 델리게이트에 OnEnemyOverlap 함수를 연결한다.
    boxComp->OnComponentBeginOverlap.AddDynamic(this, &AEnemyActor::OnEnemyOverlap);
}

// 매 프레임마다 호출됨(Called every frame)
void AEnemyActor::Tick(float DeltaTime)
{
    Super::Tick(DeltaTime);
```

```cpp
        // BeginPlay()에서 결정된 방향으로 이동한다.
        FVector newLocation = GetActorLocation() + dir * moveSpeed * DeltaTime;
        SetActorLocation(newLocation);
}

void AEnemyActor::OnEnemyOverlap(UPrimitiveComponent* OverlappedComponent, AActor*
OtherActor, UPrimitiveComponent* OtherComp, int32 OtherBodyIndex, bool bFromSweep, const
FHitResult& SweepResult)
{
        // 충돌한 대상 액터를 APlayerPawn 클래스로 변환을 시도한다.
        APlayerPawn* player = Cast<APlayerPawn>(OtherActor);

        // 만일, 캐스팅이 성공했다면...
        if (player != nullptr)
        {
                // 부딪힌 대상 액터를 제거한다.
                OtherActor->Destroy();
        }

        // 자기자신을 제거한다.
        Destroy();
}
```

[코드 2.6-63] EnemyActor.cpp 충돌 시 실행할 함수 구현 및 델리게이트 연결하기

코드를 빌드하고 다시 플레이를 해 보면 에너미가 플레이어와 부딪히면 플레이어와 에너미가 둘다 사라지는 것을 확인할 수 있습니다.

충돌할 때 밋밋함을 없애기 위해 총알이 에너미와 충돌했을 때 폭발 파티클 이펙트를 실행해 보겠습니다. 먼저 폭발 파티클 리소스 파일을 할당하기 위한 포인터 변수를 선언합니다.

```cpp
UCLASS()
class SHOOTINGCPP_API ABullet : public AActor
{
        GENERATED_BODY()

public:
```

```cpp
    // 이 액터의 속성에 대한 기본값을 설정(Sets default values for this actor's properties)
    ABullet();

protected:
    // 게임이 시작될 때 또는 스폰될 때 호출됨(Called when the game starts or when spawned)
    virtual void BeginPlay() override;

public:
    // 매 프레임마다 호출됨(Called every frame)
    virtual void Tick(float DeltaTime) override;

    UPROPERTY(EditAnywhere)
    float moveSpeed = 800.0f;

    UPROPERTY(EditAnywhere)
    class UBoxComponent* boxComp;

    UPROPERTY(EditAnywhere)
    class UStaticMeshComponent* meshComp;

    UPROPERTY(EditAnywhere)
    class UParticleSystem* explosionFX;

    UFUNCTION()
    void OnBulletOverlap(UPrimitiveComponent* OverlappedComponent, AActor* OtherActor,
                         UPrimitiveComponent* OtherComp, int32 OtherBodyIndex,
                         bool bFromSweep, const FHitResult& SweepResult);
};
```

[코드 2.6-64] **Bullet.h** UParticleSystem 포인터 변수 선언하기


   폭발 이펙트는 에너미와 충돌이 발생했을 때 발생되어야 하므로 OnBulletOverlap() 함수에서 에너미를 제거하는 다음 줄에 이펙트 생성 코드를 추가합니다. 파티클 파일을 월드에 생성할 때는 UGameplayStatics 클래스의 SpawnEmitterAtLocation() 함수를 사용합니다.

1

1.1
1.2
1.3
1.4
1.5

2

2.1
2.2
2.3
2.4
2.5
2.6

3

3.1
3.2
3.3

4

4.1
4.2
4.3
4.4
4.5

부
록

> >>> **SpawnEmitterAtLocation() 함수**
> SpawnEmitterAtLocation(생성할 월드, 파티클 파일, 생성할 위치, 생성할 회전 값)

UGameplayStatics 클래스에 접근하려면 Kismet 폴더에 있는 GameplayStatics.h 파일을 include해야 합니다.

```cpp
#include "Bullet.h"
#include "Components/BoxComponent.h"
#include "Components/StaticMeshComponent.h"
#include "Components/ArrowComponent.h"
#include "EnemyActor.h"
#include "Kismet/GameplayStatics.h"

… (생략) …

// 충돌 이벤트가 발생할 때 실행할 함수
void ABullet::OnBulletOverlap(UPrimitiveComponent* OverlappedComponent, AActor* OtherActor,
UPrimitiveComponent* OtherComp, int32 OtherBodyIndex, bool bFromSweep, const FHitResult&
SweepResult)
{
    // 충돌한 액터를 AEnemyActor 클래스로 변환해본다.
    AEnemyActor* enemy = Cast<AEnemyActor>(OtherActor);

    // 만일, 캐스팅이 정상적으로 되어서 AEnemyActor 포인터 변수에 값이 있다면...
    if (enemy != nullptr)
    {
        // 충돌한 액터를 제거한다.
        OtherActor->Destroy();

        // 폭발 이펙트를 생성한다.
        UGameplayStatics::SpawnEmitterAtLocation(GetWorld(), explosionFX, GetActorLocation(),
                                                 GetActorRotation());
    }
    // 자기자신을 제거한다.
    Destroy();
}
```

[코드 2.6-65] **Bullet.cpp** 폭발 이펙트 생성하기

코드를 빌드하고 언리얼 에디터로 돌아가서 BP_Bullet 블루프린트 설정 창을 엽니다. 우측 디테일 패널에 있는 Explosion FX 항목에 P_Explosion 파일을 할당해 줍니다.

[그림 2.6-68] 파티클 이펙트 파일 할당하기

컴파일과 세이브를 하고 다시 플레이를 해 보면 총알에 맞은 적이 파괴될 때마다 폭발 이펙트가 나타나는 것을 확인할 수 있습니다.

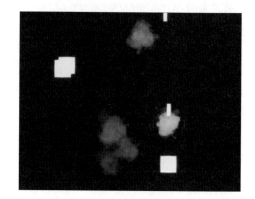

[그림 2.6-69] 이펙트 생성 확인하기

### ➡ 킬 존(Kill Zone) 제작하기

화면 밖으로 나간 총알과 에너미를 제거하기 위해 킬 존 액터를 만들어보도록 하겠습니다. 먼저 충돌 프리셋부터 만들어보도록 하겠습니다. 프로젝트 세팅의 Collision 탭에서 Preset 항목에 [New…] 버튼을 눌러서 다음 그림처럼 'Kill Zone' 프리셋을 추가합니다. Bullet과 Enemy는 Overlap으로 설정하고 Player는 킬 존을 통과하지 못하도록 Block으로 설정합니다. 설정이 완료되면 [Accept] 버튼을 클릭해서 저장합니다. 킬 존은 별도의 채널을 만들지 않고 WorldStatic 채널을 사용하겠습니다.

[그림 2.6-70] KillZone 프리셋 설정하기

에너미와 총알의 프리셋에서도 WorldStatic 오브젝트에 대한 응답을 Overlap으로 변경합니다.

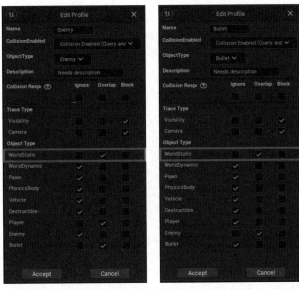

[그림 2.6-71] Enemy와 Bullet 프리셋 조정하기

플레이어도 WorldStatic 채널에 대한 응답을 Block으로 변경하도록 하겠습니다.

```
APlayerPawn::APlayerPawn()
{
    // 매 프레임마다 Tick()을 호출하도록 이 액터를 설정함. 필요하지 않은 경우 이 기능을 해제하여 성능을
    // 향상시킬 수 있음(Set this actor to call Tick() every frame.  You can turn this off to improve
    // performance if you don't need it.).
    PrimaryActorTick.bCanEverTick = true;

    // 박스 콜라이더 컴포넌트를 생성한다.
    boxComp = CreateDefaultSubobject<UBoxComponent>(TEXT("My Box Component"));

    // 생성한 박스 콜라이더 컴포넌트를 최상단 컴포넌트로 설정한다.
    SetRootComponent(boxComp);

    // 스태틱 메시 컴포넌트를 생성한다.
    meshComp = CreateDefaultSubobject<UStaticMeshComponent>(TEXT("My Static Mesh"));

    // 박스 콜라이더 컴포넌트의 자식 컴포넌트로 설정한다.
    meshComp->SetupAttachment(boxComp);
```

```
    // 메시 크기를 50 x 50 x 50으로 설정한다.
    FVector boxSize = FVector(50.0f, 50.0f, 50.0f);
    boxComp->SetBoxExtent(boxSize);

    // 총구 표시 컴포넌트를 생성하고 박스 컴포넌트의 자식 컴포넌트로 설정한다.
    firePosition = CreateDefaultSubobject<UArrowComponent>(TEXT("Fire Position"));
    firePosition->SetupAttachment(boxComp);

    // 오버랩 이벤트를 켠다.
    boxComp->SetGenerateOverlapEvents(true);

    // 충돌 응답을 Query And Physics로 설정한다.
    boxComp->SetCollisionEnabled(ECollisionEnabled::QueryAndPhysics);

    // Object Type을 1번 채널(Player)로 설정한다.
    boxComp->SetCollisionObjectType(ECC_GameTraceChannel1);

    // 모든 채널을 충돌 응답 없음으로 설정한다.
    boxComp->SetCollisionResponseToAllChannels(ECR_Ignore);

    // 에너미와는 충돌 이벤트 체크(Quary)를 한다.
    boxComp->SetCollisionResponseToChannel(ECC_GameTraceChannel2, ECR_Overlap);
    boxComp->SetCollisionResponseToChannel(ECC_WorldStatic, ECR_Block);
}

… (생략) …
```

[코드 2.6-66] **PlayerPawn.cpp** WorldStatic 채널에 대한 Block 응답 처리하기

이제 본격적으로 킬 존 클래스 파일을 생성해 봅시다. 'KillZone'이라는 이름으로 액터 클래스 파일을 새로 생성합니다.

[그림 2.6-72] KillZone 클래스 추가

KillZone 클래스 파일이 생성되면 헤더 파일에 박스 컴포넌트 포인터 변수를 선언합니다. 충돌 처리만 필요하고 외형이 보일 필요는 없으니 굳이 Static Mesh는 만들지 않아도 됩니다.

```cpp
#pragma once

#include "CoreMinimal.h"
#include "GameFramework/Actor.h"
#include "KillZone.generated.h"

UCLASS()
class SHOOTINGCPP_API AKillZone : public AActor
{
    GENERATED_BODY()

public:
    // 이 액터의 속성에 대한 기본값을 설정(Sets default values for this actor's properties)
    AKillZone();

protected:
    // 게임이 시작되거나 스폰될 때 호출(Called when the game starts or when spawned)
    virtual void BeginPlay() override;

public:
    // 매 프레임별로 호출됨(Called every frame)
    virtual void Tick(float DeltaTime) override;

    UPROPERTY(EditAnywhere)
    class UBoxComponent* boxComp;
};
```

[코드 2.6-67] **KillZone.h** 박스 컴포넌트 포인터 변수 선언하기

소스 파일에서도 박스 컴포넌트를 생성하고 루트 컴포넌트로 설정합니다. 킬 존은 한 번 배치되면 움직이지 않는 고정된 오브젝트이므로 모빌리티를 고정(Static) 상태로 변경합니다. 박스 크기는 가로(Y축)로 20미터가 되도록 설정합니다.

```
#include "KillZone.h"
#include "Components/BoxComponent.h"

// Sets default values
AKillZone::AKillZone()
{
    // 매 프레임마다 Tick()을 호출하도록 이 액터를 설정함. 필요하지 않은 경우 이 기능을 해제하여 성능을
    // 향상시킬 수 있음(Set this actor to call Tick() every frame.  You can turn this off to improve
    // performance if you don't need it.).
    PrimaryActorTick.bCanEverTick = true;

    // 박스 컴포넌트를 생성하고 루트 컴포넌트로 설정한다.
    boxComp = CreateDefaultSubobject<UBoxComponent>(TEXT("Box Collider"));
    SetRootComponent(boxComp);

    // 박스 컴포넌트의 모빌리티를 고정 상태로 설정한다.
    boxComp->SetMobility(EComponentMobility::Static);

    // 박스의 크기를 50, 2,000, 50으로 설정한다.
    boxComp->SetBoxExtent(FVector(50, 2000, 50));
}

… (생략) …
```

[코드 2.6-68] KillZone.cpp 박스 컴포넌트 포인터 변수 선언하기

박스 컴포넌트의 콜리전 프리셋을 앞서 만든 KillZone으로 설정합니다.

```
#include "KillZone.h"
#include "Components/BoxComponent.h"

// 기본 값 설정(Sets default values)
AKillZone::AKillZone()
{
    // 매 프레임마다 Tick()을 호출하도록 이 액터를 설정함. 필요하지 않은 경우 이 기능을 해제하여 성능을
    // 향상시킬 수 있음(Set this actor to call Tick() every frame.  You can turn this off to improve
    // performance if you don't need it.).
    PrimaryActorTick.bCanEverTick = true;
```

```
// 박스 컴포넌트를 생성하고 루트 컴포넌트로 설정한다.
boxComp = CreateDefaultSubobject<UBoxComponent>(TEXT("Box Collider"));
SetRootComponent(boxComp);

// 박스 컴포넌트의 모빌리티를 고정 상태로 설정한다.
boxComp->SetMobility(EComponentMobility::Static);

// 박스의 크기를 50, 2000, 50으로 설정한다.
boxComp->SetBoxExtent(FVector(50, 2000, 50));

// 박스 컴포넌트의 콜리전 프리셋을 KillZone으로 설정한다.
boxComp->SetCollisionProfileName(TEXT("KillZone"));
}

… (생략) …
```

[코드 2.6-69] KillZone.cpp 콜리전 프리셋 설정하기

빌드 후에 언리얼 에디터로 돌아와서 'BP_KillZone'이라는 이름으로 KillZone 클래스를 상속한 블루프린트 파일을 새로 생성합니다.

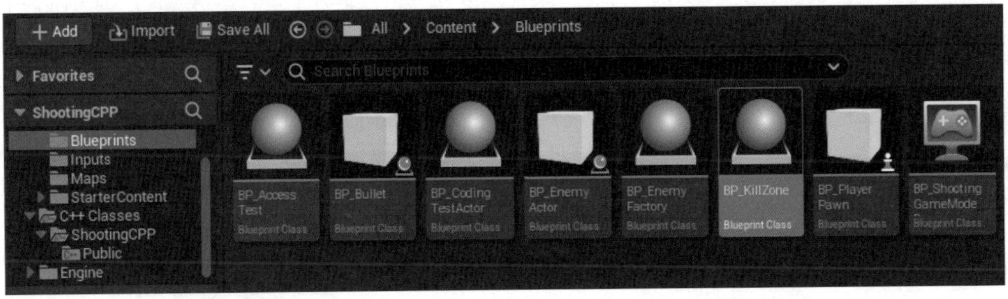

[그림 2.6-73] BP_KillZone 블루프린트 생성하기

BP_KillZone을 뷰 포트에 2개 배치합니다. 하나는 BP_EnemyFactory 위쪽에 배치해서 에너미가 생성되자마자 부딪히지 않도록 하고, 다른 하나는 하단에 배치해서 화면 바깥쪽 아래로 벗어난 에너미가 충돌하도록 합니다. 플레이어 폰이 킬 존에 물리적인 차단(Block)이 되는지 확인을 하기 위해 아래쪽 킬 존은 조금 높게 잡았습니다.

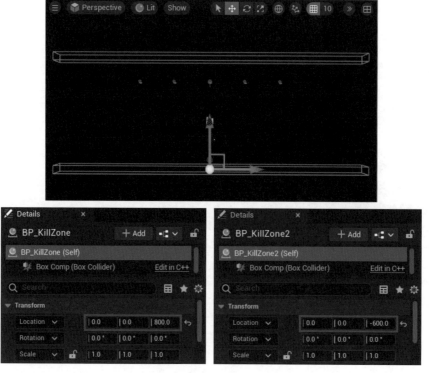

[그림 2.6-74] 월드 공간에 킬 존 배치

플레이 테스트를 해 보면 총알과 에너미가 정상적으로 킬 존에 닿아서 사라지는 것을 알 수 있습니다. 그런데 플레이어의 경우 아래로 내려갈 때 분명 킬 존과의 충돌 응답을 물리적 차단(Block)으로 설정해 놓았는데도 충돌 없이 킬 존을 통과해버리는군요. 이것은 플레이어가 이동하는 방식이 위치를 변경하는 방식이기 때문입니다. 오른쪽으로 이동한다는 것은 Location의 Y축 값이 바뀌면서 오른쪽 위치의 좌표로 액터가 순간 이동을 하는 과정이 매 프레임 반복되는 원리인 것이죠.

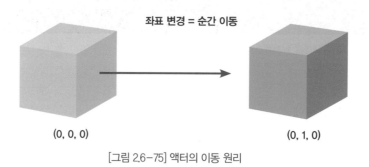

[그림 2.6-75] 액터의 이동 원리

만일 블로킹이 발생하려면 위치를 바꾸기 전에 원래 좌표와 이동될 좌표 사이에 다른 물체가 있는지를 확인하는 과정이 선행되어야 합니다. 현재 플레이어는 이러한 선행 과정을 하지 않았기 때문에 킬 존에 블로킹 되지 않는 것입니다. 다행히도 언리얼 엔진의 SetActorLocation( ) 함수는 이러한 장애물 체크 기능이 포함되어 있습니다. 플레이어 이동 코드에 다음과 같이 이동할 좌표 다음에 매개변수 값을 하나 더 추가해 보겠습니다.

```cpp
… (생략) …

// 매 프레임마다 호출됨(Called every frame)
void APlayerPawn::Tick(float DeltaTime)
{
    Super::Tick(DeltaTime);

    // 사용자의 입력 키를 이용해서
    // 1. 상하 입력 값과 좌우 입력 값을 이용해서 방향 벡터를 만든다.
    FVector dir = FVector(0, h, v);

    // 2. 방향 벡터의 길이가 1이 되도록 벡터를 정규화한다.
    dir.Normalize();

    // 3. 이동할 위치 좌표를 구한다(p = p0 + vt).
    FVector newLocation = GetActorLocation() + dir * moveSpeed * DeltaTime;

    // 4. 현재 액터의 위치 좌표를 앞에서 구한 새 좌표로 갱신한다.
    SetActorLocation(newLocation, true);

}

… (생략) …
```

[코드 2.6-70] **PlayerPawn.cpp** sweep 체크 추가하기

SetActorLocation( ) 함수에 전달하는 매개변수 중에는 새로 바뀔 위치 벡터 외에 sweep 체크를 할 것인지 여부를 입력할 수 있습니다. sweep은 현재 좌표와 새 좌표 사이에 놓인 물체와의 충돌 여부를 체크하는 기능입니다. 매개변수를 명시적으로 true로 입력하지 않으면 false가 기본 값으로

되어 있습니다. 프레임마다 위치를 변경할 때 이동 루트의 충돌 체크를 하는 것은 CPU 연산 과정이 더 증가하기 때문에 특별히 Block 설정을 사용하지 않으면 가급적 체크를 하지 않는 편이 최적화 관점에서 더 효율적이기 때문입니다. 어쨌든 이제 플레이어는 이동하면서 진행 경로상의 다른 오브젝트와의 block 검사를 하게 될 것입니다.

빌드 후에 언리얼 에디터에서 다시 플레이를 해서 플레이어를 화면 아래쪽으로 이동시켜보면 아래에 설치한 킬 존 오브젝트에 막혀서 더 이상 아래로 내려가지 않는 것을 확인할 수 있습니다.

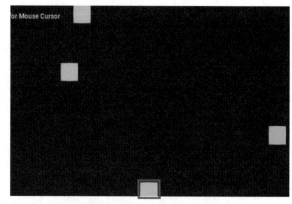

[그림 2.6-76] 플레이어가 킬 존에 블로킹되는 모습

## 2.6-6 점수 UI 제작하기

적을 격추시켜도 점수가 기록되지 않는다면 플레이를 하는 재미가 없겠죠? 이번에는 적을 격추할 때마다 현재까지의 점수를 화면 좌측 상단에 출력하는 점수 UI를 만드는 과정을 진행해 보겠습니다. 이번 과정에서는 언리얼 엔진의 UMG 모듈 시스템을 이용한 점수 출력 위젯을 블루프린트가 아닌 C++로 구현하고 위젯 설정 창에서는 단순히 시각적 배치만을 하도록 할 예정입니다. 특히 총알과 게임 모드 베이스, 게임 모드와 위젯 클래스 간에 상대방의 함수를 호출하거나 값을 변경하는 등 다른 클래스 간의 연동 기능이 자주 나오기 때문에 처음 코딩을 하는 사람은 다소 헷갈리는 부분도 있을 수 있습니다. 어떤 클래스가 주체가 되어 다른 클래스의 멤버 변수나 멤버 함수를 호출하는지에 유념해 가면서 실습 과정을 따라와 주기 바랍니다.

1

1.1
1.2
1.3
1.4
1.5

2

2.1
2.2
2.3
2.4
2.5
2.6

3

3.1
3.2
3.3

4

4.1
4.2
4.3
4.4
4.5

부
록

✕ **학습 목표**

플레이어가 적을 격추할 때마다 점수를 획득하고 결과를 화면에 출력하고 싶다.

✕ **구현 순서**

❶ 적을 파괴할 때마다 게임 모드 베이스의 점수를 증가 시키는 함수를 만든다.

❷ 총알이 적과 충돌하면 게임 모드 베이스의 점수 증가 함수를 호출한다.

❸ 점수를 표시하기 위한 UserWidget 클래스를 생성한다.

❹ 게임 모드 베이스에서 점수가 증가되면 위젯의 표시 값을 갱신한다.

## ➜ 점수 누적 함수 만들기

점수와 같이 게임의 룰과 같은 기능은 게임 모드 베이스에 구현하는 게 좋다는 점은 블루프린트 프로젝트 때에 이미 말한 바 있습니다. 프로젝트 초반에 만들었던 ShootingGameModeBase 클래스의 헤더 파일에 현재 점수를 저장할 currentScore 변수와 점수를 증가시킬 때 호출될 AddScore() 함수를 선언합니다. 점수와 같이 민감한 데이터는 ShootingGameModeBase 클래스 외에 다른 클래스에 서는 함부로 건드릴 수 없도록 currentScore 변수의 한정자는 private으로 설정해 두겠습니다. 물론 AddScore() 함수는 총알 클래스에서 접근해야 하므로 public 한정자를 사용해야 합니다. 즉, 외부 클래스에서는 점수를 증가시킬 수만 있고 점수를 변경 또는 감소를 할 수는 없는 것입니다.

```cpp
#pragma once

#include "CoreMinimal.h"
#include "GameFramework/GameModeBase.h"
#include "ShootingGameModeBase.generated.h"

/**
 *
 */
UCLASS()
class SHOOTINGCPP_API AShootingGameModeBase : public AGameModeBase
{
    GENERATED_BODY()
```

```
public:
    void AddScore(int32 point);

private:
    // 현재 점수 저장용 변수
    int32 currentScore = 0;
};
```

[코드 2.6-71] **ShootingGameModeBase.h** currentScore 변수와 AddScore 함수 선언하기

소스 파일로 이동해서 헤더 파일에 선언했던 **AddScore( )** 함수를 구현해 보도록 하겠습니다. 지금까지 잘 따라왔다면 **AddScore( )** 함수를 구현하는 것은 무척 쉽게 느껴질 것입니다. 점수 누적은 **+=** 연산자를 이용하겠습니다.

```
#include "ShootingGameModeBase.h"

// 현재 점수를 계산하는 함수
void AShootingGameModeBase::AddScore(int32 point)
{
    // 매개변수 point를 통해 넘겨받은 점수를 현재 점수에 누적한다.
    currentScore += point;
}
```

[코드 2.6-72] **ShootingGameModeBase.cpp** AddScore() 함수 구현하기

게임 모드 베이스에 함수는 만들어졌으니 이제 총알 클래스로 이동합니다. 점수를 추가하는 상황은 에너미와 충돌할 때이므로 **OnBulletOverlap( )** 함수 안에 구현하면 될 것 같군요. 일단 게임 모드 베이스 클래스에 접근하는 것부터 해 봅시다.

```
#include "Bullet.h"
#include "Components/BoxComponent.h"
#include "Components/StaticMeshComponent.h"
#include "Components/ArrowComponent.h"
```

1

1.1
1.2
1.3
1.4
1.5

2

2.1
2.2
2.3
2.4
2.5
2.6

3

3.1
3.2
3.3

4

4.1
4.2
4.3
4.4
4.5

부
록

```
#include "EnemyActor.h"
#include "Kismet/GameplayStatics.h"
#include "ShootingGameModeBase.h"
```

… (생략) …

```
// 충돌 이벤트가 발생할 때 실행할 함수
void ABullet::OnBulletOverlap(UPrimitiveComponent* OverlappedComponent, AActor* OtherActor,
UPrimitiveComponent* OtherComp, int32 OtherBodyIndex, bool bFromSweep, const FHitResult&
SweepResult)
{
    // 충돌한 액터를 AEnemyActor 클래스로 변환해본다.
    AEnemyActor* enemy = Cast<AEnemyActor>(OtherActor);

    // 만일, 캐스팅이 정상적으로 되어서 AEnemyActor 포인터 변수에 값이 있다면...
    if (enemy != nullptr)
    {
        // 충돌한 액터를 제거한다.
        OtherActor->Destroy();

        // 폭발 이펙트를 생성한다.
        UGameplayStatics::SpawnEmitterAtLocation(GetWorld(), explosionFX, GetActorLocation(),
                                                 GetActorRotation());

        // 현재 게임 모드를 가져온다.
        AGameModeBase* currentMode = GetWorld()->GetAuthGameMode();

        // AShootingGameModeBase 클래스로 변환한다.
        AShootingGameModeBase* currentGameModeBase = Cast<AShootingGameModeBase>(currentMode);

    }
        // 자기자신을 제거한다.
        Destroy();
}
```

[코드 2.6-73] Bullet.cpp 현재 게임 모드 가져오기

현재 게임 모드 베이스를 정상적으로 가져왔다면 멤버 함수에 있는 **AddScore( )** 함수를 실행합니다.
점수는 1점만 추가하도록 하겠습니다.

… (생략) …

```cpp
// 충돌 이벤트가 발생할 때 실행할 함수
void ABullet::OnBulletOverlap(UPrimitiveComponent* OverlappedComponent, AActor* OtherActor,
UPrimitiveComponent* OtherComp, int32 OtherBodyIndex, bool bFromSweep, const FHitResult&
SweepResult)
{
    // 충돌한 액터를 AEnemyActor 클래스로 변환해 본다.
    AEnemyActor* enemy = Cast<AEnemyActor>(OtherActor);

    // 만일, 캐스팅이 정상적으로 되어서 AEnemyActor 포인터 변수에 값이 있다면...
    if (enemy != nullptr)
    {
        // 충돌한 액터를 제거한다.
        OtherActor->Destroy();

        // 폭발 이펙트를 생성한다.
        UGameplayStatics::SpawnEmitterAtLocation(GetWorld(), explosionFX, GetActorLocation(),
                                                 GetActorRotation());

        // 현재 게임 모드를 가져온다.
        AGameModeBase* currentMode = GetWorld()->GetAuthGameMode();

        // AShootingGameModeBase 클래스로 변환한다.
        AShootingGameModeBase* currentGameModeBase = Cast<AShootingGameModeBase>(currentMode);

        // 만일, 게임 모드 베이스를 가져왔다면...
        if (currentGameModeBase != nullptr)
        {
            // 게임 모드 베이스의 점수를 1점 추가한다.
            currentGameModeBase->AddScore(1);
        }
    }
    // 자기자신을 제거한다.
    Destroy();
}
```

[코드 2.6-74] Bullet.cpp 게임 모드 베이스에 있는 AddScore 함수 호출하기

## → UserWidget 클래스 생성하기

여기까지 했으면 점수 자체는 정상적으로 currentScore 변수에 누적이 될 것입니다. 하지만, UI 위젯이 없어서 눈으로 확인하기는 어렵겠죠. 바로 위젯을 만들어봅시다. 콘텐트 브라우저에서 [+Add]−[New C++ Class…]를 선택해서 새로운 C++ 클래스 파일을 생성합니다. 부모 클래스는 위젯 베이스 클래스인 UserWidget 클래스를 선택해야 합니다. 기본 공통 클래스에는 UserWidget 클래스가 없기 때문에 상단 중앙에 있는 [All Classes] 탭을 클릭해서 모든 클래스를 검색할 수 있도록 하고 검색 창에 'userwidget'을 입력하면 UserWidget 클래스를 부모 클래스로 선택할 수 있습니다.

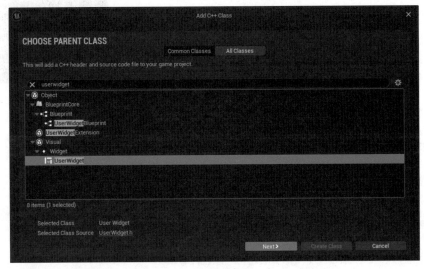

[그림 2.6-77] 부모 클래스로 UserWidget 클래스 선택하기

새로 생성한 위젯 클래스의 이름은 'MainWidget'이라고 하겠습니다.

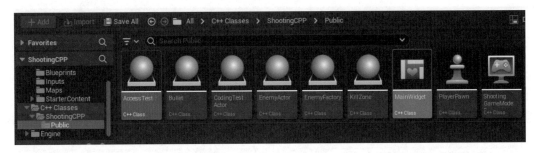

[그림 2.6-78] MainWidget 클래스 파일 생성하기

이제 코드를 작성해야 하는데 UMG 기능은 블루프린트용 모듈로 따로 분리되어 있어서 C++ 코드에서 사용하려면 사용하려는 모듈로 등록부터 해야 합니다. 비주얼 스튜디오의 우측에 있는 솔루션 탐색기에서 파일을 살펴보면 '[프로젝트명].build.cs'라는 이름의 파일을 찾을 수 있습니다. 또는 윈도우 탐색기에서 직접 파일을 찾아서 열어도 동일합니다.

더블클릭해서 파일을 열어보면 Public Dependency Module Names라는 항목이 있습니다. 이것이 바로 외부 모듈 파일을 프로젝트에 포함시키는 코드입니다. 중괄호 안쪽 끝에 "UMG"라고 입력해서 UMG 모듈을 프로젝트에 포함합니다.

[그림 2.6-79] 솔루션 탐색기 확인하기

```
using UnrealBuildTool;

public class ShootingCPP : ModuleRules
{
    public ShootingCPP(ReadOnlyTargetRules Target) : base(Target)
    {
        PCHUsage = PCHUsageMode.UseExplicitOrSharedPCHs;

        PublicDependencyModuleNames.AddRange(new string[] { "Core", "CoreUObject", "Engine",
"InputCore" , "UMG" });

        PrivateDependencyModuleNames.AddRange(new string[] {  });

        // Slate UI를 사용하는 경우 설명 취소(Uncomment if you are using Slate UI Uncomment if you are using
        // Slate UI)
        // PrivateDependencyModuleNames.AddRange(new string[] { "Slate", "SlateCore" });

        // 온라인 기능을 사용하는 경우 설명 취소(Uncomment if you are using online features)
        // PrivateDependencyModuleNames.Add("OnlineSubsystem");

        // OnlineSubsystemSteam을 포함하려면 Enabled 속성을 true로 설정하여 uproject 파일의 플러그인 섹션에
```

```
        // 추가한다(To include OnlineSubsystemSteam, add it to the plugins section in your uproject file with
        // the Enabled attribute set to true.).
    }
}
```

[코드 2.6-75] ShotingCPP.h 부모 클래스로 UserWidget 클래스 선택하기

참고로 파일 확장자가 cs로 되어 있는 파일은 'C#'이라는 다른 언어로 작성된 스크립트 파일입니다. C#은 C++ 언어를 기반으로 만들어진 언어라서 구조나 문법이 매우 흡사하기 때문에 쉽게 코드 구문을 읽을 수 있을 것입니다.

자, 그럼 UMG 모듈도 추가했고 이제 MainWidget 클래스 파일에 텍스트 블록 변수를 선언해 봅시다. 일단 MainWidget.h 파일을 열고 UTextBlock 포인터 변수를 두 개 선언합니다. 하나는 '현재 점수: ' 이라는 문구를 적을 텍스트 블록이고 나머지 하나는 실제 점수를 표시할 텍스트 블록입니다.

```
#pragma once

#include "CoreMinimal.h"
#include "Blueprint/UserWidget.h"
#include "MainWidget.generated.h"

/**
 *
 */
UCLASS()
class SHOOTINGCPP_API UMainWidget : public UUserWidget
{
    GENERATED_BODY()

public:
    UPROPERTY(EditAnywhere, meta = (BindWidget))
    class UTextBlock* scoreText;

    UPROPERTY(EditAnywhere, meta = (BindWidget))
    class UTextBlock* scoreData;
};
```

[코드 2.6-76] MainWidget.h 텍스트 블록 변수 선언하기

그런데 UPROPERTY 옵션 중에 처음 보는 옵션이 있군요. 'meta'라고 된 이 옵션은 '메타데이터 지정자(Metadata Specifiers)'라는 특수한 옵션입니다. 주로 코드를 통해 언리얼 에디터에 대한 제어를 할 때 사용합니다. 가령 에디터에 변수를 노출시킬 때 코드와 이름을 달리 하거나, 변수 입력 값을 특정 범위로 제한하는 등 다양한 기능들을 사용할 수 있습니다. 언리얼 공식 문서(https://docs.unrealengine.com/4.26/ko/ProgrammingAndScripting/GameplayArchitecture/Metadata) 페이지를 방문하면 메타데이터 지정자의 종류와 효과에 대해 설명이 있으니 한 번 훑어보는 것을 권장드립니다. 지금 사용 중인 BindWidget 지정자의 경우에는 C++ 코드에서 만든 위젯 관련 변수를 실제 위젯 블루프린트와 연동(Binding)하는 역할을 합니다. BindWidget 지정자가 있는 변수는 이 클래스를 상속한 위젯 블루프린트에서 반드시 구현해야 하고, 만일 그 변수에 해당하는 위젯 컴포넌트 요소를 구현하지 않으면 컴파일 에러가 발생합니다. 또한 코드에서 변경된 값이 위젯 블루프린트에 반영되는 역할도 합니다.

그럼 이번에는 블루프린트 위젯을 만들어 봅시다. 먼저 콘텐트 브라우저에서 'UI'라는 이름으로 새 폴더를 하나 만듭니다. 다음으로 [+Add]-[Blueprint Class]를 선택해서 새 블루프린트를 생성하고 부모 클래스로는 MainWidget 클래스를 선택합니다.

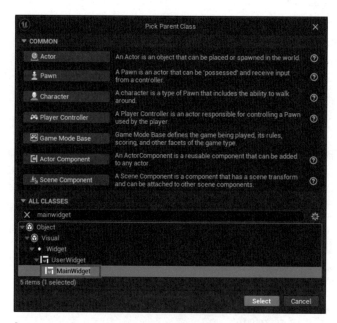

[그림 2.6-80] MainWidget 클래스를 부모 클래스로 선택하기

새로 생성한 블루프린트의 이름은 'BP_MainWidget'으로 하겠습니다. 이전에 블루프린트 프로젝트를 진행할 때는 [User Interface]-[Widget Blueprint]를 선택해서 위젯 파일을 생성했었지만, 이렇게 할 경우 부모 클래스가 UUserWidget 클래스로 자동 선택이 되기 때문에 기존 블루프린트 생성 방식으로 위젯 블루프린트 파일을 생성한 것입니다.

[그림 2.6-81] UI 폴더와 BP_MainWidget 블루프린트

BP_MainWidget 블루프린트를 더블클릭해서 위젯 설정 창을 열어보면 창 하단에 컴파일러 경고가 떠 있는 것을 확인할 수 있습니다. 경고의 내용은 scoreText와 scoreData 텍스트 블록이 발견되지 않고 있다는 경고입니다. 앞서 설명했듯이 BindWidget 메타 지정자로 위젯 요소가 연결되어 있기 때문에 반드시 해당 위젯 요소가 위젯 블루프린트 안에 존재해야 합니다. 상단의 컴파일러 버튼에도 경고 내용을 해결할 때까지는 컴파일을 할 수 없도록 느낌표 아이콘이 떠 있는 것을 볼 수 있습니다. 이 상태에서 컴파일 버튼을 누르면 컴파일 에러가 발생합니다.

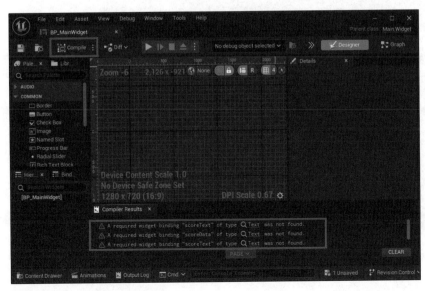

[그림 2.6-82] 위젯 바인딩 경고

좌측 팔레트(Palette) 탭에서 위젯을 배치하기 위한 도화
지 역할을 하는 Canvas Panel 위젯을 드래그해서 하단의
하이어라키(Hierarchy) 탭의 최상단 루트로 배치합니다.
Canvas Panel은 PANEL 탭에서 찾거나 검색 창에 직접
'canvas'를 입력해서 검색해도 됩니다.

[그림 2.6-83] Canvas Panel 추가하기

　뷰 포트 패널에서 캔버스 우측 하단의 화살표 아이콘을 클릭한 상태로 드래그해서 1,920×1,080
(FHD) 해상도에 맞춰줍니다.

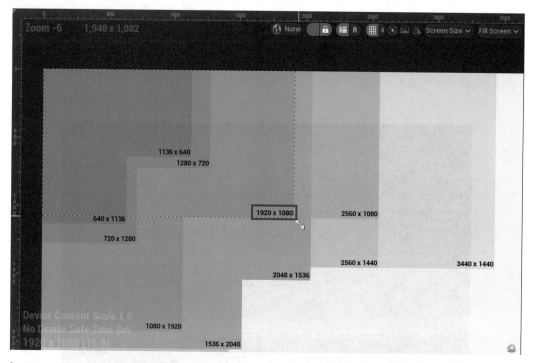

[그림 2.6-84] UI 기준 스크린 해상도 설정하기

팔레트의 Common 탭에서 Text 위젯을 하이어라키 패널로 드래그해서 Canvas Panel의 자식 위젯으로 등록합니다. Text 위젯이 하나 더 필요하므로 하이어라키 패널에 등록한 Text 위젯을 선택한 상태에서 키보드의 Ctrl+D 버튼을 눌러서 Text 위젯을 복제합니다. 첫 번째 텍스트 위젯의 이름은 scoreText, 두 번째 텍스트 위젯의 이름은 scoreData로 설정합니다. 코드에서 만든 변수와 대소문자를 동일하게 해야 한다는 점에 유의해야 합니다.

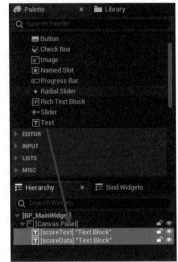

[그림 2.6-85] Text 컴포넌트 추가

코드에서 만들었던 텍스트 블록을 위젯 블루프린트에도 동일한 이름으로 만들면 컴파일 버튼의 아이콘이 기존의 물음표 형태로 바뀌면서 정상적으로 컴파일이 가능해지게 됩니다.

[그림 2.6-86] 컴파일 버튼의 아이콘 변화

텍스트 블록 위젯의 위치, 크기 등의 설정은 블루프린트 프로젝트 때와 동일하게 설정하겠습니다.

[그림 2.6-87] Text 위젯 위치 및 폰트 설정

## → 현재 점수를 위젯에 반영하기

이제 게임 모드 베이스에서 현재 점수를 scoreData 텍스트 블록에 전달해주기만 하면 됩니다. 게임 모드 베이스에서 BP_MainWidget 클래스를 접근하기 위해 mainWidget 블루프린트 변수를 선언합니다. 블루프린트를 실제 뷰 포트에 생성하려면 컴퓨터 메모리에 생성해서 로드하는 과정이 필요합니다. 점수 UI는 앱이 시작되자마자 생성되어야 하므로 BeginPlay() 함수도 선언합니다. 액터 클래스를 직접 상속받은 클래스 파일에는 기본적으로 BeginPlay() 함수가 만들어져 있지만 게임 모드 베이스 클래스에는 미리 구현되어 있지 않기 때문에 직접 선언 및 구현을 해야 합니다. 게임 모드 베이스 클래스도 클래스 이름의 접두어가 A인 것으로 보아 액터 클래스를 상속받아 파생된 클래스입니다. 따라서 상위 부모 클래스인 AActor 클래스에 구현되어 있는 BeginPlay() 함수를 받아와서 재정의하는 방법으로 BeginPlay() 함수를 선언 및 구현하면 됩니다. 한정자는 부모 클래스의 BeginPlay() 함수의 한정자와 동일하게 Protected로 선언하고 물려받은 함수를 재정의하기 위해 virtual 키워드와 override 키워드를 붙여 줍니다.

```cpp
#pragma once

#include "CoreMinimal.h"
#include "GameFramework/GameModeBase.h"
#include "ShootingGameModeBase.generated.h"

/**
 *
 */
UCLASS()
class SHOOTINGCPP_API AShootingGameModeBase : public AGameModeBase
{
    GENERATED_BODY()

public:
    void AddScore(int32 point);

    UPROPERTY(EditAnywhere)
    TSubclassOf<class UMainWidget> mainWidget;

protected:
    virtual void BeginPlay() override;
```

```
private:
    // 현재 점수 저장용 변수
    int32 currentScore = 0;
};
```

[코드 2.6-77] ShootingGameModeBase.h 위젯 블루프린트 할당용 변수 및 BeginPlay 함수 선언하기

BP_MainWidget 블루프린트를 실제로 메모리에 생성했다면 나중에 그 위젯에 접근해서 제어를 하기 위해 실제 생성된 위젯을 저장해 놓을 변수가 필요합니다.

```
UCLASS()
class SHOOTINGCPP_API AShootingGameModeBase : public AGameModeBase
{
    GENERATED_BODY()

public:
    void AddScore(int32 point);

    UPROPERTY(EditAnywhere)
    TSubclassOf<class UMainWidget> mainWidget;

protected:
    virtual void BeginPlay() override;

private:
    // 현재 점수 저장용 변수
    int32 currentScore = 0;

    // 현재 뷰 포트에 로드된 위젯 저장용 변수
    class UMainWidget* mainUI;
};
```

[코드 2.6-78] ShootingGameModeBase.h 실제 로드된 위젯 저장용 변수 선언하기

그럼 소스 파일로 이동해서 위젯 블루프린트 파일을 메모리에 생성하고 현재 뷰 포트 화면에 출력하는 코드를 BeginPlay() 함수를 이용해서 구현해 봅시다. 일단 부모 클래스로부터 상속받은 함수이기 때문에 부모 클래스에 구현된 BeginPlay() 함수의 원래 구현된 내용을 먼저 실행시킵니다. 부모 클래스에 있는 동일한 이름의 함수에 접근할 때는 'Super'라는 키워드를 사용하면 자신의 부모 클래스를 지칭한 것으로 봅니다. 다음 줄부터는 현재 클래스에서 실행할 내용을 이어서 작성하면 됩니다. 먼저 mainWidget 변수에 블루프린트 파일을 제대로 할당해 놓았는지 확인부터 한 뒤에 CreateWidget〈T〉() 함수를 이용해서 mainWidget 변수에 할당된 블루프린트 파일을 메모리에 생성합니다. CreateWidget〈T〉() 함수의 매개변수에는 위젯을 출력할 월드 공간과 생성할 블루프린트 파일 변수를 입력하면 됩니다. 만일 정상적으로 위젯 블루프린트가 생성되었다면 그 위젯을 뷰 포트에 출력합니다.

```cpp
#include "ShootingGameModeBase.h"
#include "Blueprint/UserWidget.h"
#include "MainWidget.h"
#include "Components/TextBlock.h"

void AShootingGameModeBase::BeginPlay()
{
    Super::BeginPlay();

    if (mainWidget != nullptr)
    {
        // mainWidget 블루프린트 파일을 메모리에 로드한다.
        mainUI = CreateWidget<UMainWidget>(GetWorld(), mainWidget);

        // 위젯이 메모리에 로드되면 뷰 포트에 출력한다.
        if (mainUI != nullptr)
        {
            mainUI->AddToViewport();
        }
    }
}

// 현재 점수를 계산하는 함수
void AShootingGameModeBase::AddScore(int32 point)
```

```
{
    // 매개변수 point를 통해 넘겨받은 점수를 현재 점수에 누적한다.
    currentScore += point;
}
```

[코드 2.6-79] ShootingGameModeBase.cpp 위젯을 뷰 포트에 출력하기

코드를 빌드하고 다시 언리얼 에디터로 돌아와서 BP_ShooingGameModeBase 블루프린트 설정 창을 열고 Main Widget 변수에 BP_MainWidget 블루프린트 파일을 할당합니다.

[그림 2.6-88] Main Widget 변수에 블루프린트 파일 할당하기

컴파일과 세이브한 뒤에 플레이를 해 보면 현재 점수를 표시하는 UI가 출력되는 것을 확인할 수 있습니다. 물론 아직은 획득한 점수가 표시되지는 않습니다.

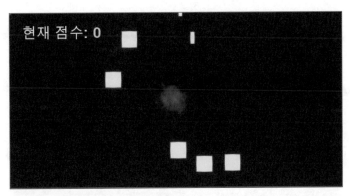

[그림 2.6-89] 현재 점수 UI 출력 확인하기

현재 획득 중인 점수를 scoreData 텍스트 블록에 전달하는 기능을 구현하기 위해 ShootingGam-eModeBase.h 파일로 이동합니다. 헤더 파일에 'PrintScore'라는 이름의 함수를 하나 선언합니다. 이 함수는 currentScore 변수에 있는 점수를 위젯 블루프린트에 있는 scoreData 텍스트 블록에 입력하는 기능을 구현할 함수입니다.

```cpp
UCLASS()
class SHOOTINGCPP_API AShootingGameModeBase : public AGameModeBase
{
    GENERATED_BODY()

public:
    void AddScore(int32 point);

    UPROPERTY(EditAnywhere)
    TSubclassOf<class UMainWidget> mainWidget;

protected:
    virtual void BeginPlay() override;

private:
    // 현재 점수 저장용 변수
    int32 currentScore = 0;

    // 현재 뷰 포트에 로드된 위젯 저장용 변수
    class UMainWidget* mainUI;

    void PrintScore();
};
```

[코드 2.6-80] ShootingGameModeBase.h PrintScore 함수 선언하기

소스 파일로 이동해서 PrintScore() 함수를 구현해 봅시다. 현재 뷰 포트에 출력 중인 UI는 앞서 mainUI 포인터 변수에 담아 놓은 상태입니다. 따라서 mainUI 포인터 변수를 통해 멤버 변수인 scoreData에 접근할 수 있습니다. scoreData 변수의 텍스트에 값을 넣기 위해서는 SetText() 함수를 사용하면 됩니다. 다만, SetText() 함수의 매개변수에는 FText형 변수를 전달해야 하기 때문에

int32형 변수인 currentScore 변수를 바로 넣을 수는 없습니다. 그래서 int32 자료형을 FText 자료형으로 변환하기 위해 FText 클래스에 있는 멤버함수 AsNumber를 사용해서 자료형을 캐스팅한 다음 매개변수로 전달해주도록 하겠습니다. 또한, 실제로 점수가 누적되는 AddScore() 함수가 실행될 때마다 갱신된 현재 점수를 바로 반영하기 위해 PrintScore() 함수를 호출합니다.

```cpp
#include "ShootingGameModeBase.h"
#include "Blueprint/UserWidget.h"
#include "MainWidget.h"
#include "Components/TextBlock.h"

… (생략) …

void AShootingGameModeBase::PrintScore()
{
    if (mainUI != nullptr)
    {
        // scoreData 텍스트 블록에 현재 점수 값을 입력한다.
        mainUI->scoreData->SetText(FText::AsNumber(currentScore));
    }
}

// 현재 점수를 계산하는 함수
void AShootingGameModeBase::AddScore(int32 point)
{
    // 매개변수 point를 통해 넘겨받은 점수를 현재 점수에 누적한다.
    currentScore += point;

    // 현재 점수를 위젯에 반영한다.
    PrintScore();
}
```

[코드 2.6-81] ShootingGameModeBase.cpp 현재 점수를 UI 텍스트 블록에 전달하기

코드를 빌드하고 언리얼 에디터로 돌아와서 다시 플레이를 해 봅시다. 이제는 총알로 적을 격추시킬 때마다 현재 점수가 올라가는 것을 확인할 수 있습니다.

1

1.1
1.2
1.3
1.4
1.5

2

2.1
2.2
2.3
2.4
2.5
2.6

3

3.1
3.2
3.3

4

4.1
4.2
4.3
4.4
4.5

부록

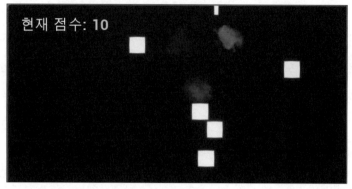

[그림 2.6-90] 현재 점수 UI의 점수 갱신 확인하기

## 2.6-7 게임 오버 UI 제작하기 ··································

마지막으로 플레이어가 격추되면 게임 오버가 되었음을 표시하고 재시작 또는 앱 종료를 선택하는 버튼을 출력하는 메뉴 UI를 만들어 보도록 하겠습니다. 점수 UI와는 달리 평소에는 없었다가 특정한 상황에서만 생성되는 형태의 UI로서 버튼 위젯과 메뉴 표시 중에 일시 정지 기능 등 점수 UI와는 다른 점이 많으니 전반적인 UI 학습에 효과적입니다.

✕ **학습 목표**

플레이어가 격추되면 게임 오버 메뉴를 생성하고 싶다.

✕ **구현 순서**

❶ 게임 오버 메뉴 위젯을 제작한다.
❷ 플레이어가 격추되면 게임 오버 위젯을 생성한다.
❸ 게임 오버 시 앱을 일시 정지하고, 마우스 커서를 화면에 표시한다.
❹ 게임 오버 버튼의 기능을 함수로 구현한다.

## ➔ 게임 오버 위젯 제작하기

우선 위젯 클래스부터 만들어 봅시다. UserWidget 클래스를 상속한 MenuWidget 클래스를 새로 생성합니다.

[그림 2.6-91] MenuWidget 클래스 파일 생성하기

게임 오버 메뉴 UI는 게임 재시작을 하기 위한 [Restart] 버튼과 앱을 종료하는 [Quit] 버튼으로 구성할 예정입니다. 물론 이것 외에 'Game Over'라는 문구를 표시할 텍스트 블록도 필요하긴 하지만 단순한 텍스트는 기능 구현과는 관계가 없으므로 굳이 코드에서 바인딩을 할 필요는 없습니다. Game Over 텍스트 블록은 MenuWidget 클래스를 상속한 위젯 블루프린트에서 별도로 추가해도 관계없습니다.

버튼 위젯 변수를 선언하려면 자료형으로 UButton 클래스를 사용하면 됩니다.

```
#pragma once

#include "CoreMinimal.h"
#include "Blueprint/UserWidget.h"
#include "MenuWidget.generated.h"

/**
 *
 */
UCLASS()
class SHOOTINGCPP_API UMenuWidget : public UUserWidget
{
```

```
    GENERATED_BODY()

public:
    UPROPERTY(EditAnywhere, meta = (BindWidget))
    class UButton* button_Restart;

    UPROPERTY(EditAnywhere, meta = (BindWidget))
    class UButton* button_Quit;
```

[코드 2.6-82] MenuWidget.h 버튼 변수 선언하기

빌드 후에 다시 언리얼 에디터에서 UI 폴더 안에 'BP_MenuWidget'이라는 이름으로 새 위젯 블루프린트 파일을 생성합니다. 물론 부모 클래스는 **MenuWidget**를 선택해야겠죠?

[그림 2.6-92] BP_MenuWidget 블루프린트 파일 생성하기

BP_MenuWidget을 더블클릭해서 위젯 설정 창을 열고 좌측 팔레트에서 캔버스와 버튼 2개를 하이어라키 패널에 드래그해서 배치합니다. 첫 번째 버튼의 이름은 'button_Restart'로 설정하고, 두 번째 이름은 'button_Quit'으로 설정합니다. 물론 **MenuWidget** 클래스 파일에서 변수 이름을 달리했다면 버튼 위젯의 이름을 반드시 변수의 이름과 동일하게 해야 컴파일이 가능합니다.

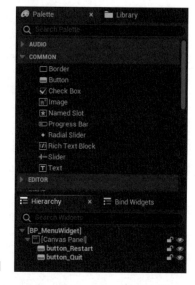

[그림 2.6-93] 캔버스 및 버튼 위젯 생성하기

화면의 해상도가 변경되더라도 버튼의 생성 위치가 화면의 정중앙이 되도록 위젯 생성의 기준이 되는 앵커의 위치를 조정해야 합니다. button_Restart 위젯을 선택하고 우측 앵커 패널에서 상하 좌우 모두 중앙인 앵커를 선택합니다. 마찬가지로 button_Quit 위젯의 앵커도 동일하게 중앙으로 변경합니다.

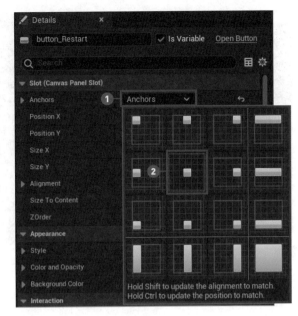

[그림 2.6-94] 앵커 위치 조정하기

각 버튼의 위치와 크기는 [그림 2.6-95]와 같이 설정합니다.

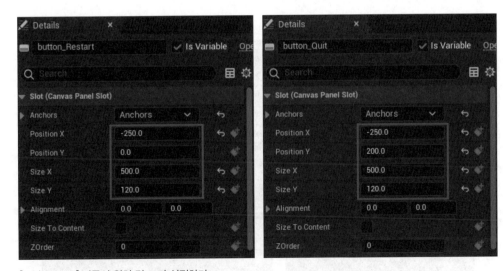

[그림 2.6-95] 버튼의 위치 및 크기 설정하기

각 버튼을 구분할 수 있도록 팔레트에서 텍스트 블록 위젯을 드래그해서 버튼의 자식 위젯으로 등록합니다. 폰트의 크기는 50, 폰트 색상은 검은색으로 설정하고 각각의 텍스트에는 버튼의 이름을 적어주겠습니다.

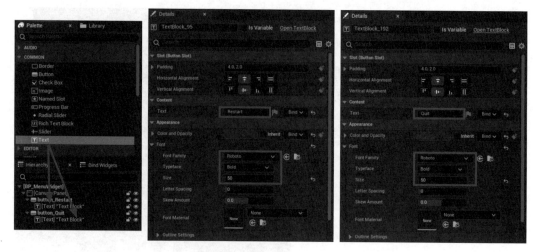

[그림 2.6-96] 버튼 텍스트 추가

마지막으로 게임 오버 텍스트를 표시하기 위해 텍스트 블록 하나를 더 끌어다가 캔버스에 배치하도록 하겠습니다. 폰트 사이즈는 130으로 크게 키우고, 폰트 색상은 붉은색으로 설정합니다. 게임오버 텍스트도 버튼과 마찬가지로 앵커를 중앙으로 조정해서 디바이스 해상도와 관계없이 항상 버튼과 동일한 비율의 크기와 위치가 될 수 있도록 하겠습니다.

[그림 2.6-97] 게임 오버 텍스트 추가 및 설정하기

위젯의 배치와 설정이 끝나면 전체적인 UI 디자인은 다음과 같은 형태가 될 것입니다. 문제 없으면 컴파일과 세이브를 하고 위젯 디자인 설정을 마치도록 하겠습니다.

[그림 2.6-98] 메뉴 UI의 모습

## → 게임 오버 시 위젯 띄우기

ShootingGameModeBase.h 파일을 열고 앞에서 만든 BP_MenuWidget 블루프린트 파일을 할당하기 위한 변수(menuWidget)를 선언합니다. 또한, 위젯을 메모리에 생성하면서 실제 생성된 위젯 클래스 인스턴스를 담을 변수(menuUI)도 선언합니다. 마지막으로 게임 오버 UI를 생성하는 함수 (ShowMenu)도 만들어서 나중에 에너미가 플레이어를 격추할 때 게임 모드에 접근해서 호출할 수 있도록 하겠습니다.

```
UCLASS()
class SHOOTINGCPP_API AShootingGameModeBase : public AGameModeBase
{
    GENERATED_BODY()

public:
    void AddScore(int32 point);

    UPROPERTY(EditAnywhere)
    TSubclassOf<class UMainWidget> mainWidget;
```

```
UPROPERTY(EditAnywhere)
TSubclassOf<class UMenuWidget> menuWidget;

void ShowMenu();
```

```
protected:
    virtual void BeginPlay() override;

private:
    // 현재 점수 저장용 변수
    int32 currentScore = 0;

    // 현재 뷰 포트에 로드된 위젯 저장용 변수
    class UMainWidget* mainUI;

    class UMenuWidget* menuUI;

    void PrintScore();

};
```

[코드 2.6-83] ShootingGameModeBase.h 게임 오버 UI 출력 함수 선언하기

소스 파일로 이동해서 ShowMenu() 함수의 내용을 구현해 봅시다. 일단 menuWidget 변수에 할당된 블루프린트 파일을 메모리에 생성하고 정상적으로 생성이 이루어졌다면 그 위젯을 뷰 포트 화면에 출력해서 사용자의 눈에 보이도록 합니다.

```
#include "ShootingGameModeBase.h"
#include "MainWidget.h"
#include "Components/TextBlock.h"
#include "MenuWidget.h"

void AShootingGameModeBase::BeginPlay()
{
    … (생략) …
}
```

```
void AShootingGameModeBase::PrintScore()
{
    … (생략) …
}

// 현재 점수를 계산하는 함수
void AShootingGameModeBase::AddScore(int32 point)
{
    … (생략) …
}

// 메뉴 위젯을 출력하는 함수
void AShootingGameModeBase::ShowMenu()
{
    if (menuWidget != nullptr)
    {
        // 메뉴 위젯을 생성한다.
        menuUI = CreateWidget<UMenuWidget>(GetWorld(), menuWidget);

        if (menuUI != nullptr)
        {
            // 생성한 메뉴 위젯을 뷰 포트에 출력한다.
            menuUI->AddToViewport();
        }
    }
}
```

[코드 2.6-84] ShootingGameModeBase.cpp 게임 오버 UI 출력 함수 구현하기

    게임 오버 UI는 에너미가 플레이어와 충돌했을 때 생성되어야 합니다. 따라서 EnemyActor.cpp 파일로 이동해서 OnEnemyOverlap() 함수 중에 부딪힌 대상이 플레이어일 때에만 게임 오버 UI를 생성하는 코드를 추가합니다. 게임 오버 UI를 생성하는 함수는 AShootingGameModeBase 클래스에 구현했기 때문에 에너미의 입장에서는 현재 게임 모드를 가져오는 것이 우선입니다. 현재 게임 모드를 성공적으로 가져왔으면 멤버 함수인 ShowMenu() 함수를 호출해서 게임 오버 UI를 생성합니다.

```
#include "EnemyActor.h"
#include "Components/BoxComponent.h"
#include "Components/StaticMeshComponent.h"
#include "EngineUtils.h"
#include "PlayerPawn.h"
#include "ShootingGameModeBase.h"
```

… (생략) …

```
// 매 프레임마다 호출됨(Called every frame)
void AEnemyActor::Tick(float DeltaTime)
{
    Super::Tick(DeltaTime);

    // BeginPlay()에서 결정된 방향으로 이동한다.
    FVector newLocation = GetActorLocation() + dir * moveSpeed * DeltaTime;
    SetActorLocation(newLocation);
}


void AEnemyActor::OnEnemyOverlap(UPrimitiveComponent* OverlappedComponent, AActor*
OtherActor, UPrimitiveComponent* OtherComp, int32 OtherBodyIndex, bool bFromSweep, const
FHitResult& SweepResult)
{
    // 충돌한 대상 액터를 APlayerPawn 클래스로 변환을 시도한다.
    APlayerPawn* player = Cast<APlayerPawn>(OtherActor);

    // 만일, 캐스팅이 성공했다면...
    if (player != nullptr)
    {
        // 부딪힌 대상 액터를 제거한다.
        OtherActor->Destroy();

        // 현재 게임 모드를 가져온다.
        AShootingGameModeBase* currentGameMode = Cast<AShootingGameModeBase>(GetWorld()
                                                 ->GetAuthGameMode());

        if (currentGameMode != nullptr)
        {
            // 메뉴 UI 생성 함수를 호출한다.
            currentGameMode->ShowMenu();
        }
```

```
    }

        // 자기자신을 제거한다.
        Destroy();
    }
```

[코드 2.6-85] EnemyActor.cpp 버튼 변수 선언

빌드하고 에디터로 돌아가서 플레
이를 해 보면 플레이어가 격추됨과
동시에 화면에 게임 오버 UI가 나타
나는 것을 볼 수 있습니다.

[그림 2.6-99] 게임 오버 메뉴 UI 출력 확인

그런데 문제가 있군요. 게임 오버 메뉴는 제때 잘 나오는데 정작 버튼을 눌러 보려고 해도 마우스
커서가 보이질 않으니 버튼을 누를 수가 없네요. 게다가 에너미들은 계속해서 나오기 때문에 게임
오버가 되어서 끝났다는 느낌도 들지 않는군요. 그래서 이번에는 게임 오버 UI를 출력할 때 게임을
일시 정지 상태로 만들고 마우스 커서도 화면에 나타나는 기능을 구현해 보겠습니다.

게임을 일시 정지 상태로 만드는 방법은 간단합니다. UGameplayStatics 클래스의 SetGamePau-
sed() 함수를 사용하는 것입니다. 매개변수에는 일시 정지할 월드를 지정하고, 일시 정지 상태에
대한 체크(true/false)만 전달해 주면 됩니다. 다음으로 마우스 커서는 플레이어 컨트롤과 관련이 있
기 때문에 GetFirstPlayerController() 함수를 통해 컨트롤러 제어 클래스에 접근해서 SetShow-
MouserCursor() 함수를 이용하여 마우스 커서의 표시 여부를 결정합니다.

```
#include "MainWidget.h"
#include "Components/TextBlock.h"
```

```
#include "MenuWidget.h"

void AShootingGameModeBase::BeginPlay()
{
    … (생략) …
}

void AShootingGameModeBase::PrintScore()
{
    … (생략) …
}

// 현재 점수를 계산하는 함수
void AShootingGameModeBase::AddScore(int32 point)
{
    … (생략) …
}

// 메뉴 위젯을 출력하는 함수
void AShootingGameModeBase::ShowMenu()
{
    if (menuWidget != nullptr)
    {
        // 메뉴 위젯을 생성한다.
        menuUI = CreateWidget<UMenuWidget>(GetWorld(), menuWidget);

        if (menuUI != nullptr)
        {
            // 생성한 메뉴 위젯을 뷰 포트에 출력한다.
            menuUI->AddToViewport();

            // 게임을 일시 정지 상태로 만든다.
            UGameplayStatics::SetGamePaused(GetWorld(), true);

            // 플레이어 컨트롤러에서 마우스 커서를 화면에 보이게 설정한다.
            GetWorld()->GetFirstPlayerController()->SetShowMouseCursor(true);
        }
    }
}
```

[코드 2.6-86] ShootingGameModeBase.cpp 게임 일시 정지 및 마우스 커서 표시하기

다시 빌드하고 플레이를 해 보면 게임 오버가 됨과 동시에 게임이 일시 정지 상태가 되고, 다음 진행 여부에 대한 버튼을 선택할 수 있도록 마우스 커서가 나타나는 것을 확인할 수 있습니다.

## → 게임 오버 UI의 버튼 기능 구현하기

게임 오버 UI가 잘 나오는 것은 확인했으니 이제 버튼을 눌렀을 때 버튼이 동작할 수 있도록 버튼의 기능을 함수로 구현해서 버튼 입력 이벤트에 연결하도록 해봅시다. 우선 MenuWidget 클래스의 헤더 파일에 각 버튼 기능에 대응하는 Restart() 함수와 Quit() 함수를 선언합니다. 나중에 클릭 이벤트 델리게이트에 연결해야 하므로 UFUNCTION 매크로 옵션을 붙여 주도록 하겠습니다.

```cpp
#pragma once

#include "CoreMinimal.h"
#include "Blueprint/UserWidget.h"
#include "MenuWidget.generated.h"

/**
 *
 */
UCLASS()
class SHOOTINGCPP_API UMenuWidget : public UUserWidget
{
    GENERATED_BODY()

public:
    UPROPERTY(EditAnywhere, meta = (BindWidget))
    class UButton* button_Restart;

    UPROPERTY(EditAnywhere, meta = (BindWidget))
    class UButton* button_Quit;

    UFUNCTION()
    void Restart();

    UFUNCTION()
    void Quit();
```

[코드 2.6-79] MenuWidget.h 재시작과 종료 함수 선언

소스 파일에는 헤더에 선언한 함수들을 구현합니다. 현재 플레이하고 있는 레벨을 다시 로드 (Load)하면 마치 처음 레벨이 실행된 것처럼 모든 것이 다시 시작됩니다. 레벨 파일을 다시 실행하려면 GameplayStatics 클래스에 있는 OpenLevel() 함수를 실행하면 됩니다. 매개변수에는 레벨 배치를 할 월드 공간의 지정과 실행하려는 레벨 저장 파일의 이름을 전달해주면 됩니다. 우리는 앞서 'ShootingMap.umap'이라는 파일에 레벨을 저장해 두었으므로 OpenLevel() 함수의 매개변수로 'ShootingMap'이라는 이름을 전달해 주면 됩니다.

```cpp
#include "MenuWidget.h"
#include "Kismet/GameplayStatics.h"

void UMenuWidget::Restart()
{
    // 레벨을 다시 로드한다.
    UGameplayStatics::OpenLevel(GetWorld(), "ShootingMap");
}
```

[코드 2.6-88] MenuWidget.cpp 재시작 함수 구현하기

앱을 종료할 때는 앱 시스템을 제어하기 위한 함수들이 많이 구현되어 있는 UKismetSystemLibrary 클래스를 이용하면 됩니다. UKismetSystemLibrary 클래스의 멤버 함수 중에 있는 QuitGame() 함수는 앱을 종료하는 함수입니다.

> ≫ **UKismetSystemLibrary::QuitGame() 함수의 사용법**
> UKismetSystemLibrary::QuitGame(실행 중인 월드, 플레이어 제어 컨트롤러, 종료 타입, 플랫폼 제한 무시)

QuitGame() 함수의 매개변수 중에 종료 타입(EQuitPreference) 속성에는 Background 타입과 Quit 타입이 있는데 Background 타입은 앱은 종료되지만 앱이 실행되는 하드웨어 장치(PC나 스마트폰 등)의 OS 백그라운드에는 남겨두는 타입입니다. 보통 스마트폰에서 앱을 종료해도 안드로

이드 OS나 iOS의 백그라운드에는 남아 있어서 다시 실행할 때 로딩없이 바로 앱을 다시 켤 수 있는 것은 알고 있을 것입니다. 이렇게 디바이스의 OS 시스템에는 남겨두고 실행만 종료하는 타입이 Background 타입이고, 백그라운드에도 남겨두지 않고 완전하게 종료해 버리는 타입이 Quit 타입 입니다.

매개변수의 마지막에 있는 플랫폼 제한 무시 속성은 〈플레이스테이션 4〉와 같은 특정 플랫폼에 서는 실행중인 앱을 프로그램에서 직접 종료하는 것을 제한하는 경우도 있을 수 있는데 그 제한에 따를 것인지(false) 아니면 제한을 무시하고 무조건 종료할 것인지(true)를 선택하는 항목입니다.

```cpp
#include "MenuWidget.h"
#include "Kismet/GameplayStatics.h"
#include "Kismet/KismetSystemLibrary.h"

void UMenuWidget::Restart()
{
    // 레벨을 다시 로딩한다.
    UGameplayStatics::OpenLevel(GetWorld(), "ShootingMap");
}

void UMenuWidget::Quit()
{
    // 현재 실행 중인 월드 오브젝트를 가져온다.
    UWorld* currentWorld = GetWorld();

    // 앱을 종료시킨다.
    UKismetSystemLibrary::QuitGame(currentWorld, currentWorld->GetFirstPlayerController(),
                        EQuitPreference::Quit, false);
}
```

[코드 2.6-89] MenuWidget.cpp 앱 종료 함수 구현하기

함수가 완성되었으면 버튼을 클릭했을 때 해당 함수가 실행될 수 있도록 델리게이트를 통해 클릭 이벤트를 연결해 주어야 합니다. 델리게이트에 함수를 바인딩하기 위해서는 BeginPlay() 함수가 필요한데 안타깝게도 UserWidget 클래스는 액터 클래스에서 파생된 클래스가 아니다보니 BeginPlay() 함수는 사용할 수 없습니다. 대신 UserWidget 클래스에는 이와 유사한 역할을 하는

NativeConstruct() 함수가 있습니다.

```cpp
UCLASS()
class SHOOTINGCPP_API UMenuWidget : public UUserWidget
{
    GENERATED_BODY()

public:
    UPROPERTY(EditAnywhere, meta = (BindWidget))
    class UButton* button_Restart;

    UPROPERTY(EditAnywhere, meta = (BindWidget))
    class UButton* button_Quit;

protected:
    virtual void NativeConstruct() override;

private:
    UFUNCTION()
    void Restart();

    UFUNCTION()
    void Quit();

};
```

[코드 2.6-90] **MenuWidget.h** NativeConstruct 함수 선언

소스 파일로 이동해서 NativeConstruct() 함수를 구현해 봅시다. NativeConstruct() 함수의 구현부에는 각각의 버튼마다 존재하는 OnClicked 델리게이트에 미리 만들어 둔 함수들을 AddDynamic() 함수를 이용해서 연결합니다. 참고로 OnClicked 델리게이트는 매개변수가 없는 함수만 연결이 가능합니다.

```
#include "MenuWidget.h"
#include "Components/Button.h"
#include "Kismet/GameplayStatics.h"
#include "Kismet/KismetSystemLibrary.h"

void UMenuWidget::NativeConstruct()
{
    Super::NativeConstruct();

    // 각 버튼 입력 이벤트에 대응하는 함수를 연결한다.
    button_Restart->OnClicked.AddDynamic(this, &UMenuWidget::Restart);
    button_Quit->OnClicked.AddDynamic(this, &UMenuWidget::Quit);
}

void UMenuWidget::Restart()
{
    // 레벨을 다시 로드한다.
    UGameplayStatics::OpenLevel(GetWorld(), "ShootingMap");
}

void UMenuWidget::Quit()
{
    // 현재 실행 중인 월드 오브젝트를 가져온다.
    UWorld* currentWorld = GetWorld();

    // 앱을 종료시킨다.
    UKismetSystemLibrary::QuitGame(currentWorld, currentWorld->GetFirstPlayerController(),
                                  EQuitPreference::Quit, false);
}
```

[코드 2.6-91] MenuWidget.cpp 버튼의 OnClicked 이벤트에 함수 연결하기

자, 이제 빌드하고 다시 한 번 플레이를 해 봅시다. 플레이어와 에너미가 서로 충돌하면 화면에 게임 메뉴 UI가 출력됩니다. 이 상태에서 [Restart] 버튼을 클릭하면 현재 레벨이 다시 시작되고, [Quit] 버튼을 클릭하면 앱이 종료되는 것을 확인할 수 있습니다.

## ➜ 포인터 변수 사용할 때 주의할 점

지금까지 여러 가지 포인터 변수를 사용하면서 포인터 변수에 주소 값이 할당되어 있는지 혹은 널 포인터 상태인지 체크하는 조건문을 사용하는 것을 보았을 것입니다. 간혹 포인터 변수를 선언만 해놓고 값을 넣는 것을 깜빡한 상태에서 플레이를 실행하면 갑자기 치명적인 에러가 있다는 경고 창이 뜨거나 심지어는 언리얼 엔진이 강제로 종료되는 상황까지 발생할 수 있습니다.

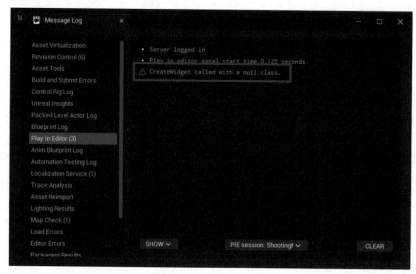

[그림 2.6-90] null 포인터 오류

프로그래머도 사람이다 보니 정신없이 코드를 짜다 보면 깜빡하는 일이 없다고 확신할 수 없습니다. 그래서 위와 같은 불상사를 막기 위해 조건문을 이용해서 만일 포인터 변수에 값이 없다면 포인터 변수를 사용하는 코드가 실행되지 않도록 하는 것입니다. 이러한 코드를 '방어 코드' 내지는 '방어적 프로그래밍(Defensive programming)'이라고 합니다.

```
void AShootingGameModeBase::PrintScore()
{
    if (mainUI != nullptr)
    {
        // scoreData 텍스트 블록에 현재 점수 값을 입력한다.
        mainUI->scoreData->SetText(FText::AsNumber(currentScore));
```

```
        }
    }
```

[코드 2.6-92] ShootingGameModeBase.cpp 방어적 프로그래밍의 예

물론 방어 코드가 항상 옳은 것은 아닙니다. 어떤 경우에는 오히려 오류가 바로 발생하지 않아서 오류가 있는지를 모르고 넘어가는 부작용도 발생할 수 있습니다. 따라서 명시적으로 에러가 발생하지 않아도 곧바로 문제가 있음을 캐치할 수 있는 구현 내용에 대해서는 방어 코드를 사용해도 좋습니다.

자, 이렇게 C++ 프로그래밍을 이용한 비행 슈팅 게임을 제작해 보았습니다. 물론 모델링 교체나 배경 스크롤 등이 남아있긴 하지만 이 부분은 블루프린트 때와 동일한 방식이기 때문에 반복하지 않도록 하겠습니다. 이어지는 TPS 프로젝트도 역시 C++ 코딩으로 진행됩니다. 책을 읽는 독자 중에는 아직 코딩에 익숙하지 않아서 힘든 분도 있을 수 있습니다. 만일 어렵다고 느낀다면 약간의 암기도 필요하다는 점을 다시 한번 강조합니다. 암기를 하기 위해 '이런 경우에는 어떤 방식으로 코드를 작성한다'라며 반복 작성을 하다 보면 어느 순간 비슷한 코드 유형이 눈에 들어오기 시작합니다. 또 함수에 전달되는 매개변수의 값을 조금씩 바꿔보거나 함수 구현부의 코드를 조금 지워보는 등 변화를 주고 테스트해 보면 좀 더 사용법이 이해가 될 것입니다. TV의 작동 원리를 모르더라도 리모컨으로 원하는 채널을 찾을 수 있는 것처럼요. 훌륭한 프로그래머가 되기 위해서는 빈번하게 에러도 발생시켜보고 그 에러를 해결하기 위해 머리를 쥐어짜는 과정을 많이 겪는 것이 좋습니다. 그럼 다시 한번 마음을 가다듬고 다음 장을 넘겨 봅시다.

1
1.1
1.2
1.3
1.4
1.5

2

2.1
2.2
2.3
2.4
2.5
2.6

3

3.1
3.2
3.3

4

4.1
4.2
4.3
4.4
4.5

부록

# 인생 언리얼 5 프로젝트 교과서 1권

비주얼과 인터랙션의 무한한 가능성을 제공하는 몰입형(Immersive) 콘텐츠로
존재를 실감나게 경험시켜 주는 VFX 플랫폼의 최강자 언리얼 엔진!

## 언리얼 엔진으로 차세대 리얼타임 3D 이머시브 콘텐츠 개발자로 거듭나기

값 59,000원

9 788931 571271
ISBN 978-89-315-7127-1
93000

언리얼 엔진으로 3D 이머시브 콘텐츠 개발

# 인생 언리얼 5 프로젝트 교과서 2권

이영호, 박원석, 박현상, 탁광욱, 이영훈, 김현진 지음

몰입형 실감 콘텐츠 개발자를 위한
VFX(시각 효과) 플랫폼의 최강자
언리얼 엔진의 모든 것

**총 2권 구성!**

1권 언리얼 엔진과
슈팅 게임 제작
2권 TPS 게임 제작과
언리얼 그래픽스

저자 카페
cafe.naver.com/unrealunity

저자 깃허브
github.com/araxrlab/lifeunreal5

저자 직강 의뢰 | youngho@araxrlab.com

BM (주)도서출판 성안당

# 『인생 언리얼 교과서』와 함께
# 언리얼 실력을 스킬업시켜줄 저자 소개

**이영호**　ARA XR Lab 대표
- 언리얼 공인 강사(Unreal Authorized Instructor)
- 전 가천대 게임영상학과 겸임교수
- 전 유니티 코리아 에반젤리스트
- 17년 이상 넥슨 및 게임 개발사에서 실무 개발
- 전 세종대, 명지전문대 겸임교수

저자 직강 의뢰
youngho@araxrlab.com

Instructor Partner
2024

**박원석**　WS Develop 대표
- 언리얼 공인 강사(Unreal Authorized Instructor)
- 와이디 온라인 등 게임 개발사에서 7년 실무 개발
- 전남대학교 법학과 학사

Instructor Partner
2024

**박현상**　Bricx3 대표, 테크니컬 아티스트
- 언리얼 공인 강사(Unreal Authorized Instructor)
- 한국전파진흥협회, 정보통신진흥원, 부산정보진흥원 등 다수 기관 및 대학에서 VR/AR/MR 분야 강의
- 스마일게이트, 위메이드 등 게임 개발사에서 10년 실무 개발
- DNA LAB, 마로마브 등 다수 기업 자문

Instructor Partner
2024

**탁광욱**　비엔티(BnT) 대표
- 언리얼 공인 강사(Unreal Authorized Instructor)
- 게임하이, 넥슨GT, 네오싸이언 등 게임 개발사에서 10년 실무 개발
- ㈜하우온라인게임스쿨 원화 강사
- 건국대학교 산업디자인 학사

Instructor Partner
2024

**이영훈**　위드제이소프트 대표
- 언리얼 공인 강사(Unreal Authorized Instructor)
- 한국전파진흥협회, 정보통신진흥원 등 기관 및 대학에서 유니티 및 XR 분야 강의
- 와이디온라인, 넥슨 등의 게임 개발사에서 15년 이상 실무 개발

Instructor Partner
2024

**김현진**　어플리케 대표
- 언리얼 공인 강사(Unreal Authorized Instructor)
- 코이엔터테인먼트 부사장
- 버드레터 개발실장
- HotdogStudio 등 게임 개발사에서 10년 실무 개발

Instructor Partner
2024

# 인생 언리얼5 프로젝트 교과서 2권

이영호, 박원석, 박현상, 탁광욱, 이영훈, 김현진 지음

BM (주)도서출판 성안당

# Contents
목차

## 언리얼 엔진의 개발 사례

### 매트릭스 어웨이큰스(Matrix Awakens)

언리얼 5로 제작된 영화 매트릭스 트롤로지의 연장선에 있는 게임. 발표 당시 차량 전투, 광활한 도시 등 영화 수준을 방불케 하는 퀄리티로 높은 관심을 받았다.

### 잇 테이크스 투(It Takes Two)

반드시 두 명의 플레이어가 필요한, 어드벤처 장르의 게임. 거의 모든 게임 장르가 곳곳에 녹아 있으면서도 그 완성도가 대단히 높고, 2021년 최다 GOTY(Game Of The Year) 수상작이다.

### 파이널 판타지 VII 리메이크(Final Fantasy VII Remake)

1997년 출시된 〈파이널 판타지 7〉을 리메이크한 작품. 출시 후 수년 동안 최고의 RPG라는 찬사를 받은 작품을 언리얼 엔진 4를 사용하여 리메이크하였다.

출처: https://www.unrealengine.
com/ko/blog/introducing-the-
matrix-awakens-an-unreal-
engine-5-experience

출처: https://www.frostbite.com/ko-kr/games/
it-takes-two/media

출처: https://ffvii-remake-intergrade.square-
enix-games.com/en-us/#intergrade

출처: https://ww...
over-80-unreal-
during-recent-sur

Chapter

3

이드(Hell Blade)
시 실사 같은 캐릭터의 표정과 영화
로 언리얼 4의 영화 같은 화면 연출
확실하게 보여준 작품이다.

# TPS 게임 제작하기

이번 장에서는 언리얼 엔진을 이용하여 3인칭 기반의 슈팅 게임(Third Person Shooter – 이하 TPS)을 제작하는 방법을 알아보도록 하겠습니다. 특히 3장에서는 Character 클래스를 이용한 이동 및 카메라 제어 기법을 다루게 됩니다. 그리고 델리게이트와 컴포넌트 설계 기법을 학습함으로써 프로젝트의 더 나은 설계 방법에 대한 힌트를 얻을 수 있을 것입니다. 이외에도 총알 발사 시 라인트레이스(LineTrace)를 이용한 처리, 또한 적 AI를 제어하기 위한 FSM, 길 찾기, 애니메이션 제어 기법까지 폭넓은 내용을 다루게 됩니다. 뭔가 복잡한 개념이 많이 나오는 것 같지만, 앞장을 잘 따라왔다면 이번 장도 어렵지 않게 이해할 수 있을 것이라 생각됩니다. 3장을 잘 학습하면 중급 정도의 실력을 갖출 수 있게 되었다고 볼 수 있습니다. 자, 그러면 바로 프로토타입 버전 제작부터 시작합니다.

3.1 프로토타입 버전 제작하기
3.2 알파타입 버전 제작하기
3.3 베타타입 버전 제작하기

com/ko/blog/
–highlighted–

# 3.1 프로토타입 버전 제작하기

먼저 프로토타입 버전부터 시작합니다. 크게 프로젝트 설정, 플레이어 제작, 적 제작의 흐름으로 진행됩니다. 그리고 프로젝트 진행에 필요한 메크로 함수를 만들어 보겠습니다. 프로토타입 버전 이니만큼 세부적인 카메라 모션 처리, 애니메이션 처리, 설계 구조화, 최적화 부분 등의 내용은 알파 버전과 베타 버전에서 다루게 됩니다. 이번 TPS 프로젝트에서는 C++ 기반으로 대부분 작성됩니다. 왜 전부가 아닐까요? 언리얼 프로젝트를 제작할 때 블루프린트는 반드시 사용해야 하는 아주 중요한 위치에 속해 있기 때문에 모두 C++로만 만들진 않습니다. 복잡한 로직의 구현부는 C++로 제작하고 블루프린트에서는 구현된 C++ 코드를 가져다 사용하는 형태로 사용합니다. 이렇게 하면 프로그래머와 디자인(기획, 그래픽) 업무를 분담할 수 있습니다. 또한 프로젝트의 소스코드를 헤더 파일과 소스 파일로 나누어 관리할 수 있도록 처리할 것입니다.

TPS 게임 제작에서의 주요 제작 흐름을 이번 프로토타입 버전에서 다루니 잘 따라오기 바랍니다.

다음은 이번 단원에서 다루게 될 내용입니다.

1. TPS 프로젝트 생성하기
2. 플레이어 생성하기
3. 플레이어 3인칭 카메라 및 외관 붙이기
4. 플레이어 이동 처리하기
5. 총알 제작하기
6. 총알 발사하기
7. 스나이퍼모드 구현하기
8. 적 생성하기
9. 적 AI 제어를 위한 FSM 제작하기

1

1.1
1.2
1.3
1.4
1.5

2

2.1
2.2
2.3
2.4
2.5
2.6

3

3.1
3.2
3.3

4

4.1
4.2
4.3
4.4
4.5

## Tip

### TPS란?

TPS란 'Third Person Shooter(3인칭 슈팅 게임)'의 약자로서 3D 공간 안에서 플레이어 캐릭터 외부의 시점에서 플레이어 캐릭터를 내려다보면서 슈팅 게임을 플레이하는 장르를 뜻합니다. 이와 반대로 FPS란 'First Person Shooter(1인칭 슈팅 게임)'의 약자로서 3D 공간 안에서 플레이어 캐릭터의 시점에서 슈팅 게임을 플레이하는 장르를 뜻합니다.

[그림 3.1-1] TPS 장르

[그림 3.1-2] FPS 장르

## 3.1-1   TPS 프로젝트 생성하기

TPS 프로젝트의 프로토타입 제작 첫 번째 시간입니다. 여기서는 프로젝트를 생성하고 앞으로 프로젝트를 진행하기 위해 필요한 사전 작업을 다루게 됩니다.

### ✕ 학습 목표

TPS 프로젝트를 생성하고 싶다.

### ✕ 구현 순서

❶ 프로젝트 생성하기
❷ 소스 코드 관리하기
❸ 레벨 생성하기
❹ 유틸리티 매크로 작성하기

## → 프로젝트 생성하기

TPS 게임 제작을 위해 언리얼 런처를 실행한 후 엔진을 실행하여 프로젝트를 생성하겠습니다.

[그림 3.1-3] 런처에서 엔진 실행하기

프로젝트를 생성하기 위해 Unreal Project Browser 창이 열리면 [그림 3.1-4]처럼 ❶ 제작할 콘텐츠 카테고리를 Games로 선택합니다. ❷ 프로젝트 템플릿을 Blank로 선택합니다. 언리얼에서 제공하는 템플릿을 사용하면 해당 컨셉의 콘텐츠를 만드는데 편리합니다. 자세히 살펴보면 이미 Third Person 템플릿이 존재하는 것을 알 수 있습니다. 이 템플릿으로 시작하면 우리가 사용하지 않을 C++ 파일들까지 모두 들어오기 때문에 Blank 프로젝트로 만들고, 필요한 Third person 그래픽 애셋만 프로젝트가 생성되면 언리얼 에디터에서 가져와 사용하는 방식을 적용하겠습니다. 우리는 이 템플릿의 그래픽 애셋들을 활용하고 알파버전에서 실제 사용할 리소스로 교체하겠습니다. 다음으로 ❸ 우리 프로젝트에서는 C++ 기반으로 제작될 것이기 때문에 오른쪽 아래 Project Defaults 탭에서 C++를 선택해줍니다. ❺ 언리얼에서 제공하는 기본 콘텐츠를 사용하도록 Starter Content 를 선택합니다. 마지막으로 ❻ 프로젝트의 이름은 TPSProject 로 정하도록 하겠습니다. 이렇게 설정이 완료되면 [Create] 버튼을 눌러 프로젝트를 생성해 줍니다.

[그림 3.1-4] 프로젝트 생성

프로젝트가 생성 완료되면 언리얼 에디터와 비주얼 스튜디오가 함께 열립니다. 비주얼 스튜디오에서 언리얼 프로젝트의 요소들을 초기에 컴파일하기 때문에 처음에 시간이 다소 오래 걸리게 됩니다.

[그림 3.1-5] 생성된 프로젝트 초기 화면

## → 소스 코드 관리하기

다음으로는 프로젝트에서 사용하는 .cpp 파일과 .h 파일을 나누어 관리할 수 있도록 폴더를 만들어 각각 옮겨주도록 하겠습니다. 이렇게 해야 나중에 소스 코드가 많아져 관리의 어려움이 생기지 않도록 할 수 있습니다. 다음과 같은 순서로 진행합니다.

❶ 먼저 비주얼 스튜디오와 언리얼 에디터를 닫아 줍니다.

❷ 탐색기를 열어 프로젝트가 있는 폴더에서 Source–TPSProject 폴더로 이동합니다.

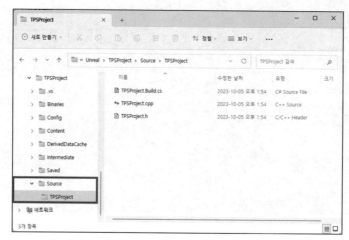

[그림 3.1-6] 소스 코드가 있는 폴더

❸ TPSProject 폴더의 하위에 public, private 이름의 폴더를 각각 만들어 줍니다.

❹ .cpp 파일은 private 폴더로 이동시키고 .h 파일은 public 폴더로 이동시켜 줍니다.

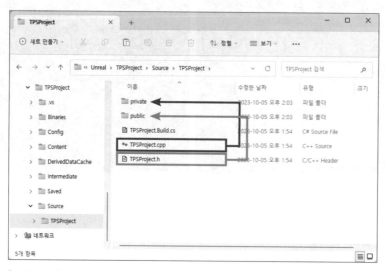

[그림 3.1-7] 헤더 파일과 소스 파일을 폴더로 이동하기

이렇게 처리하면 다음 그림처럼 TPSProject.Build.cs 파일만 빼고 모두 private과 public 폴더로 이동됩니다.

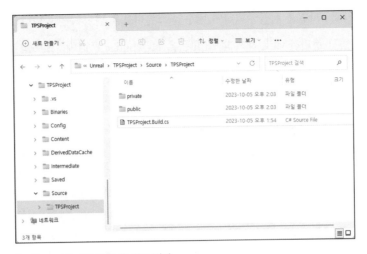

[그림 3.1-8] 파일 정리 후 최종 결과

이제 비주얼 스튜디오에서 이 구조로 프로젝트를 다시 재생성시키도록 처리를 해야 합니다. 프로젝트의 루트 폴더인 TPSProject 폴더로 이동합니다. 이곳에서 확장자가 .uproject인 언리얼 프로젝트 파일을 선택하고 마우스 오른쪽 버튼을 클릭(우클릭)합니다. 이후 나오는 팝업 메뉴에서 [Generate Visual Studio project files] 항목을 선택합니다. 이렇게 하면 진행바가 표시되면서 비주얼 스튜디오 프로젝트 파일이 재생성됩니다. 참고로 Windows 11 버전을 사용하고 있다면 처음 나타나는 팝업 메뉴에서 [추가 옵션 표시] 항목을 선택하면 [Generate Visual Studio project files] 이 나타납니다.

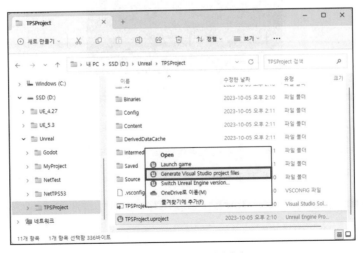

[그림 3.1-9] 비주얼스튜디오 프로젝트 파일 재생성하기

이제 TPSProject.sln 파일을 더블클릭하여 비주얼 스튜디오를 열어 주겠습니다. 솔루션 탐색기를 열어 보면 우리가 방금 정리한 대로 헤더 파일(.h)들은 모두 public 폴더에, 소스 파일(.cpp)들은 모두 private에 들어가 있는 것을 확인할 수 있습니다.

[그림 3.1-10] 소스 파일이 정리된 솔루션 탐색기

이렇게 정리가 끝나면 프로젝트를 생성하는 과정은 모두 끝났습니다. 추가로 필요한 리소스는 학습이 진행되면서 필요할 때 하나씩 프로젝트에 추가해 줍니다. 다음은 프로젝트에서 활용할 레벨을 제작해 보겠습니다. 그 전에 언리얼 에디터가 열려 있다면 한 번 껐다가 켜 주세요.

## ➜ 레벨 생성하기

키보드 단축키 Ctrl+N을 누르거나 언리얼 에
디터 왼쪽 상단의 [File 메뉴]–[New Level]을 클
릭하여 줍니다. 이어 화면에 표시되는 New Level
창에서 Basic 레벨을 선택합니다.

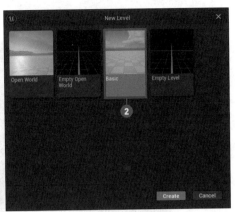

[그림 3.1-11] 새 레벨 생성하기

이제 새로 만들어진 레벨을 저장하도록 합니다. Ctrl+S를 눌러 레벨 저장하기를 실행합니다. 이
렇게 하면 새로 만들어진 레벨을 저장하는 창이 뜨게 됩니다. 이곳에서 창의 오른쪽 화면 빈 곳에
마우스 오른쪽 버튼을 클릭하여 팝업 메뉴를 열어 줍니다. New Folder 메뉴를 선택하고 새롭게 생
성된 폴더의 이름을 'Maps'로 변경합니다.

[그림 3.1-12] 레벨을 저장할 폴더 생성하기

Maps 폴더로 이동하여 새롭게 저장할 레벨의 이름을 변경하기 위해 Name 입력란에 'TPSMap'
으로 지정한 후 [Save] 버튼을 눌러 레벨을 저장합니다.

[그림 3.1-13] 레벨 저장하기

그럼 이렇게 만들어진 레벨이 에디터를 시작할 때마다 열릴 수 있도록 설정하도록 하겠습니다.
이렇게 해야 언리얼 에디터를 열 때마다 작업해야 하는 레벨을 계속 여는 수고를 덜 수 있습니다.
먼저 언리얼 에디터의 툴바에서 [Settings] - [Project Settings] 메뉴를 선택합니다.

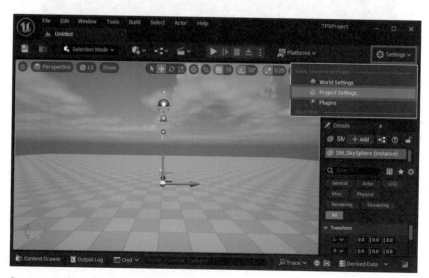

[그림 3.1-14] Project Settings 창 열기

Project Settings 창에서 [Maps & Modes] 카테고리로 이동합니다. 오른쪽 창으로 이동하여 [Default Maps] 항목의 Editor Startup Map과 Game Default Map 둘 다 'TPSMap'으로 설정합니다.

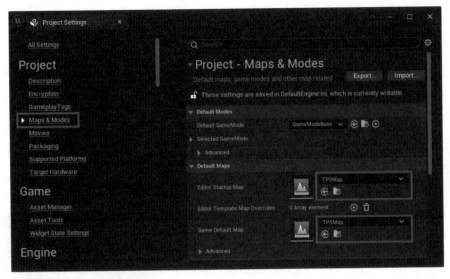

[그림 3.1-15] Default Maps 설정하기

이렇게 설정을 완료하였다면 Project Settings 창은 닫아 줍니다. 이제 언리얼 에디터를 새로 시작해도 TPSMap 레벨이 화면에 표시됩니다. 이 레벨에서 앞으로 계속 작업을 하겠습니다. 여기까지 작업하면 프로젝트 생성 및 레벨 생성에 관한 내용이 모두 완료되었습니다. 이제 화면에 로그 출력을 용이하게 할 매크로를 몇 개 만들도록 하겠습니다.

## ➔ 유틸리티 매크로 작성하기

이번에 알아보게 될 내용은 #define 전처리문을 이용하여 디버그 시 로그를 표시하기 위해 몇 가지 매크로를 만듭니다. 이 매크로들은 TPSProject.h, TPSProject.cpp 파일에 작성해서 사용하게 됩니다.

먼저 TPSProject.h 파일을 비주얼 스튜디오에서 열어 줍니다. 이곳에 다음과 같이 작성해 줍니다. 이때 CALLINFO 뒤에 한 칸 띄어 괄호 안의 내용을 작성해야 매크로 변수로 사용될 수 있으니 주의 바랍니다. 코드 내용을 설명하면 FString(__FUNCTION__) 구문은 CALLINFO가 호출된 곳의 함수 이름을 문자열로 표현합니다. 그리고 TEXT 매크로 함수를 이용하여 "(" 괄호로 묶고

FString::FromInt(\_\_LINE\_\_)을 이용하여 호출된 곳의 줄 번호를 문자열로 가져옵니다. 마지막으로 ")" 괄호를 닫아주는 내용으로 끝나게 됩니다.

```
#pragma once

#include "CoreMinimal.h"

#define CALLINFO (FString(__FUNCTION__) + TEXT("(") + FString::FromInt(__LINE__) + TEXT(")"))
```

[코드 3.1-1] TPSProject.h 함수 이름과 줄 번호 정보 매크로

이렇게 만들어진 CALLINFO 매크로를 테스트하기 위해 GameModeBase 클래스를 상속받는 C++ 클래스를 만들어보겠습니다. 언리얼 에디터로 이동합니다. 메뉴 중에서 [Tools – New C++ Class]를 선택합니다.

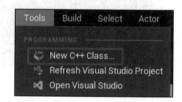

[그림 3.1-16] New C++ Class 메뉴 선택하기

Add C++ Class 창이 열리면 상속할 클래스로 Game Mode Base를 선택해 줍니다.

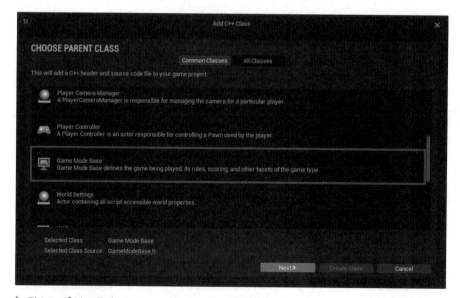

[그림 3.1-17] 부모 클래스로 GameModeBase를 선택하기

다음으로 만들어질 클래스의 이름을 지정해야 합니다. Name 부분에 TPSProjectGameMode Base를 넣고 [Create Class] 버튼을 클릭합니다. 참고로, Class Type의 Public 버튼이 눌려 있는지 확인합니다. 그러면 Header File과 Source File 경로가 Public, Private 폴더로 각각 나뉘어 저장됩니다.

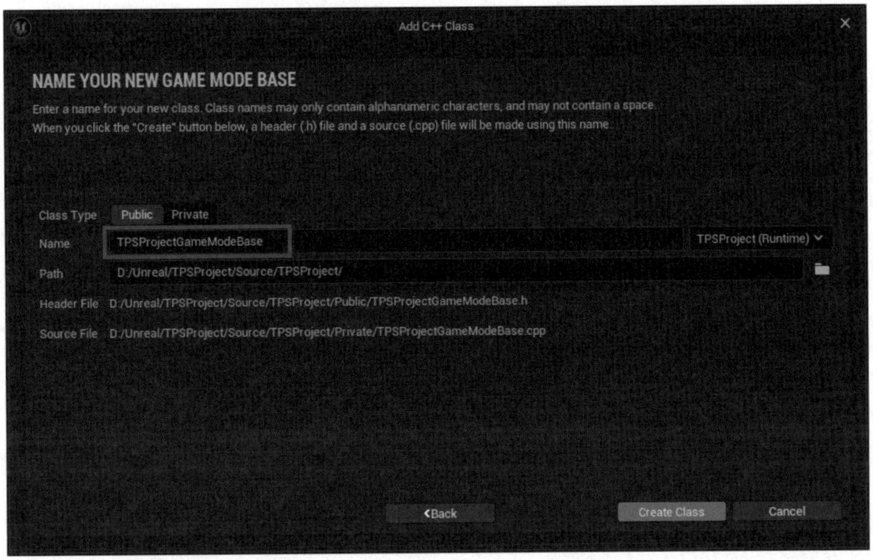

[그림 3.1-18] TPSProjectGameModeBase 클래스 생성하기

그럼 CALLINFO 매크로가 어떻게 사용이 되는지 예를 들어 보겠습니다. 솔루션 탐색기에서 ATPSProjectGameModeBase.h 파일을 더블클릭하여 열어 주겠습니다. 그런 다음 public 접근 지정자로 생성자 선언을 해 줍니다. 마지막으로 ATPSProjectGameModeBase.cpp 파일로 이동하여 생성자 함수를 구현하고 이곳에 UE_LOG 를 이용하여 CALLINFO 를 출력하는 내용을 작성해 보겠습니다. 이상을 구현한 내용은 다음과 같습니다.

```
#pragma once

#include "CoreMinimal.h"
#include "GameFramework/GameModeBase.h"
#include "TPSProjectGameModeBase.generated.h"

UCLASS()
```

```
class TPSPROJECT_API ATPSProjectGameModeBase : public AGameModeBase
{
    GENERATED_BODY()

public:
    ATPSProjectGameModeBase();
};
```

[코드 3.1-2] ATPSProjectGameModeBase.h 생성자 함수 선언하기

```
#include "TPSProjectGameModeBase.h"
#include "TPSProject.h"

ATPSProjectGameModeBase::ATPSProjectGameModeBase()
{
    UE_LOG(LogTemp, Warning, TEXT("%s"), *CALLINFO);
}
```

[코드 3.1-3] ATPSProjectGameModeBase.cpp 생성자 함수 구현하기

저장하고 Ctrl + B 키를 눌러 빌드를 수행합니다. 혹은 솔루션 탐색기에서 TPSProject에 마우스 오른쪽 버튼을 클릭하여 빌드 버튼을 눌러도 됩니다.

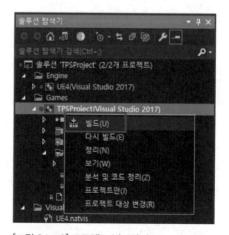

[그림 3.1-19] 프로젝트 빌드하기

빌드 성공이 뜨면 언리얼 에디터로 이동합니다. 이곳에서 왼쪽 멘아래에 있는 [Output Log]를 클릭하여 열어 보면 다음 그림처럼 로그가 찍히는 것을 확인할 수 있습니다.

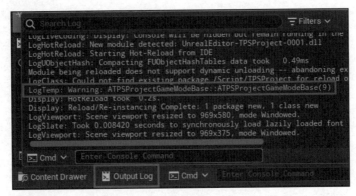

[그림 3.1-20] CALLINFO 로그가 찍힌 화면

이렇게 하면 나중에 작업을 하다가 디버깅하기 위해서 로그를 찍어볼 때 어디에서 해당 내용이 출력이 됐는지 확인하는 데 큰 도움이 됩니다.

만약 다음과 같이 빌드 오류가 발생하면 언리얼 에디터의 라이브코딩(Live Coding) 기능이 활성화되어 있어 비주얼 스튜디오와 충돌이 나 발생하는 오류입니다.

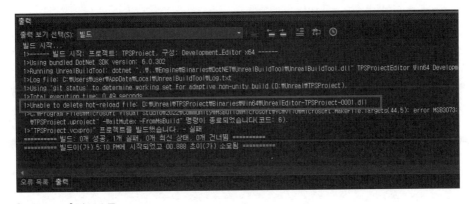

[그림 3.1-21] 빌드 오류

이 오류를 해결하기 위해 언리얼 에디터로 이동해서 오른쪽 아래의 [컴파일 설정] 버튼을 클릭합니다. 팝업 메뉴가 열리면 'Enable Live Coding' 옵션을 비활성화시켜 줍니다.

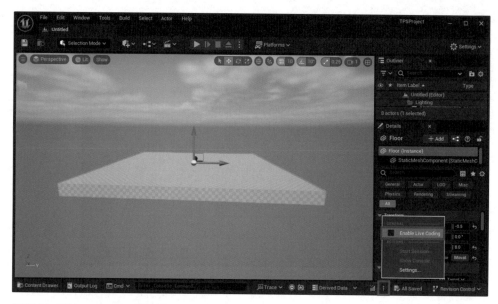

[그림 3.1-22] Live Coding 비활성화

    그럼 이번에는 **UE_LOG** 매크로 함수를 한번 감싸서 사용하게 하는 매크로를 만들어 보겠습니다. **UE_LOG** 함수에는 계속 반복되는 인수로 **LogTemp**, **Warning** 값이 들어갑니다. 이것을 타이핑하는 것이 상당히 번거로운 작업입니다. 이를 개선해 보겠습니다. 마찬가지로 TPSProject.h 파일로 이동합니다. 이곳에 **PRINT_CALLINFO( )** 매크로 함수를 정의합니다. 이 매크로는 **UE_LOG** 함수의 번거로운 작업을 간단히 표현하기 위한 역할을 합니다.

```
#pragma once

#include "CoreMinimal.h"

#define CALLINFO (FString(__FUNCTION__) + TEXT("(") + FString::FromInt(__LINE__) + TEXT(")"))

#define PRINT_CALLINFO( ) UE_LOG(LogTemp, Warning, TEXT("%s"), *CALLINFO)
```

[코드 3.1-4] **TPSProject.h** PRINT_CALLINFO 매크로 정의하기

    이렇게 작성된 **PRINT_CALLINFO** 매크로를 ATPSProjectGameModeBase.cpp 파일의 생성자로 이동하여 구현 내용을 대체시켜 줍니다.

```
#include "TPSProjectGameModeBase.h"
#include "TPSProject.h"

ATPSProjectGameModeBase::ATPSProjectGameModeBase()
{
    PRINT_CALLINFO();
}
```

[코드 3.1-5] **ATPSProjectGameModeBase.cpp** PRINT_CALLINFO 함수 호출하기

저장하고 빌드한 후 언리얼 에디터로 이동하여 로그를 확인해 보면 결과는 같을 것입니다. 이번에는 원하는 로그 데이터를 출력할 수 있는 매크로를 하나 더 추가하겠습니다. TPSProject.h로 이동합니다. 이곳에 가변 인수를 뜻하는 '…' 기호를 이용하여 인수를 여러 개 넘겨받을 수 있도록 하는 PRINT_LOG() 매크로 함수를 만들어 주겠습니다. 넘겨받은 인수는 FString 클래스의 Printf 함수를 이용하여 FString 문자열로 만들어 주도록 처리합니다. 다음은 이를 구현한 내용입니다.

```
#pragma once

#include "CoreMinimal.h"

#define CALLINFO (FString(__FUNCTION__) + TEXT("(") + FString::FromInt(__LINE__) + TEXT(")"))

#define PRINT_CALLINFO() UE_LOG(LogTemp, Warning, TEXT("%s"), *CALLINFO)

#define PRINT_LOG(fmt, ...) UE_LOG(LogTemp, Warning, TEXT("%s %s"), *CALLINFO, \
*FString::Printf(fmt, ##__VA_ARGS__))
```

[코드 3.1-6] **TPSProject.h** PRINT_LOG 매크로 정의하기

이렇게 만들어진 **PRINT_LOG** 매크로를 앞에서와 마찬가지로 사용해 보겠습니다. ATPSProject-GameModeBase.cpp 파일의 생성자로 이동하여 다음과 같이 작성합니다.

```
#include "TPSProjectGameModeBase.h"
#include "TPSProject.h"

ATPSProjectGameModeBase::ATPSProjectGameModeBase()
{
    PRINT_LOG(TEXT("My Log : %s"), TEXT("TPS project!!"));
}
```

[코드 3.1-7] **ATPSProjectGameModeBase.cpp** PRINT_LOG 함수 호출하기

어떤가요? UE_LOG 를 이용하여 출력할 때 보다 간단한 것 같습니다. 빌드하고 결과를 확인해 보면 정상적으로 출력되는 것을 확인할 수 있습니다.

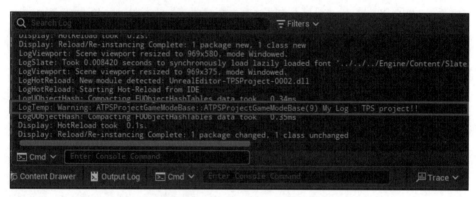

[그림 3.1-23] PRINT_LOG 로그가 출력된 화면

이제 마지막으로 UE_LOG의 LogTemp는 콘솔 창에 출력될 때 분류를 나타내는 카테고리를 뜻합니다. 따라서 'LogTemp'라고 하면 앞에서 보았듯이 콘솔 창에 'LogTemp'라고 출력됩니다. 이것을 우리만의 메시지로 분류하기 위해서 새로운 카테고리를 정의하여 사용해 보겠습니다.

TPSProject.h로 이동합니다. 다음 코드처럼 CALLINFO 매크로 바로 위에 DECLARE_LOG_CATEGORY_EXTERN을 이용하여 새롭게 TPS 카테고리를 선언합니다. 또한 이렇게 만들어진 TPS를 LogTemp 대신 사용하도록 코드를 수정해 줍니다. PRINT_CALLINFO, PRINT_LOG 의 코드를 TPS로 수정해 줍니다.

```
#pragma once

#include "CoreMinimal.h"

DECLARE_LOG_CATEGORY_EXTERN(TPS, Log, All);

#define CALLINFO (FString(__FUNCTION__) + TEXT("(") + FString::FromInt(__LINE__) + TEXT(")"))

#define PRINT_CALLINFO() UE_LOG(TPS, Warning, TEXT("%s"), *CALLINFO)

#define PRINT_LOG(fmt, ...) UE_LOG(TPS, Warning, TEXT("%s %s"), *CALLINFO,
*FString::Printf(fmt, ##__VA_ARGS__))
```

[코드 3.1-8] TPSProject.h TPS 카테고리 선언 및 사용하기

다음으로는 TPS 카테고리가 사용될 수 있도록 DEFINE_LOG_CATEGORY를 이용하여 정의해 주어야
합니다. 이 내용은 TPSProject.cpp 파일에 구현합니다.

```
#include "TPSProject.h"
#include "Modules/ModuleManager.h"

IMPLEMENT_PRIMARY_GAME_MODULE(FDefaultGameModuleImpl, TPSProject, "TPSProject");

DEFINE_LOG_CATEGORY(TPS);
```

[코드 3.1-9] TPSProject.cpp TPS 카테고리 정의하기

이제 저장하고 빌드하여 결과를 확인합니다.

```
Q Search Log                                          ≡ Filters ⌄
Display: HotReload took  0.1s.
Display: Reload/Re-instancing Complete: 1 package changed, 1 class unchanged
LogHotReload: New module detected: UnrealEditor-TPSProject-0004.dll
LogHotReload: Starting Hot-Reload from IDE
LogUObjectHash: Compacting FUObjectHashTables data took   0.38ms
TPS: Warning: ATPSProjectGameModeBase::ATPSProjectGameModeBase(9) My Log : TPS project!!
LogUObjectHash: Compacting FUObjectHashTables data took   0.40ms
Display: HotReload took  0.1s.
Display: Reload/Re-instancing Complete: 1 package changed, 1 class unchanged

  ⟫ Cmd ⌄   Enter Console Command

 ⌀ Content Drawer    ⧉ Output Log   ⟫ Cmd ⌄   Enter Console Command
```

[그림 3.1-24] TPS 카테고리 결과

이렇게 앞으로 사용하게 될 매크로까지 모두 추가해 줌으로써 프로젝트 생성 및 설정에 관한 모든
내용을 마무리하였습니다.

1

1.1
1.2
1.3
1.4
1.5

2

2.1
2.2
2.3
2.4
2.5
2.6

3

3.1
3.2
3.3

4

4.1
4.2
4.3
4.4
4.5

# 3.1-2 플레이어 생성하기

이제 본격적으로 등장인물 중 주인공인 플레이어부터 제작하여 우리의 TPS 프로젝트를 완성시켜 나가보겠습니다. FPS로도 만들 수 있지만 이 책에서 TPS를 택한 이유는 3인칭일 때 다루게 되는 카메라제어 기법과 애니메이션 요소가 있기 때문입니다. 이번 플레이어 제작에서 다루게 되는 내용은 분량이 다소 됩니다. 델리게이트 사용법과 컴포넌트 기반 설계, 플레이어 이동 처리, 총알 발사 처리, 카메라 제어, 애니메이션 등 다양한 내용으로 구성되어 있습니다. 하나씩 차근차근 따라 하면 모든 내용을 어렵지 않게 익힐 수 있을 것입니다. 먼저 플레이어를 만들어 주도록 하겠습니다. 플레이어는 Pawn을 상속받아 추가적인 기능을 더 제공하는 Character 클래스를 상속받습니다. 또한 이번에 제작한 플레이어가 메인 캐릭터가 되게 하기 위해 GameMode 클래스의 정보를 수정해 줍니다.

---

✖ **학습 목표**

3인칭 플레이어를 생성하고 싶다.

✖ **구현 순서**

❶ Character를 상속받는 플레이어 생성하기
❷ 플레이어 블루프린트 제작하기
❸ 게임모드 클래스 정보 수정하기

---

## ➜ Character를 상속받는 플레이어 생성하기

우리의 TPS 형태의 플레이어는 사용자의 제어를 받으면서 이동도 할 수 있어야 합니다. 이렇게 이동이 가능한 캐릭터 기능까지 추가한 클래스가 Character 클래스입니다. Pawn을 부모로 삼아 추가적으로 몇 가지가 더해져 있습니다. 대표적으로는 Character Movement 컴포넌트가 이에 해당합니다. 언리얼에서 제공하는 이동에 관한 파워풀한 기능을 활용할 수 있게 해주기 때문에 꼭 사용해야 하는 컴포넌트라고 볼 수 있습니다. 플레이어 이동 처리에서 그 활용법은 알아볼 것입니다. 먼저 Character를 상속받는 클래스를 제작해 보겠습니다. 언리얼 에디터의 콘텐트 브라우저로 이동합니다.

다음 그림처럼 C++ Classes 폴더를 선택합니다. 그리고 오른쪽 소스 창에서 마우스 오른쪽 버튼을
클릭합니다. 이제 팝업 메뉴가 뜨면 New C++ Class 항목을 클릭합니다.

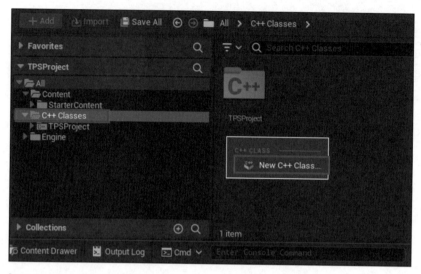

[그림 3.1-25] C++ 클래스 추가하기 메뉴

이제 부모 클래스를 선택하라는 창이 뜨게 됩니다. 여기에서 Character를 선택하고 [Next] 버튼을
클릭합니다.

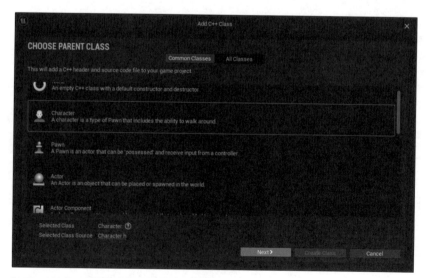

[그림 3.1-26] 부모 클래스로 Character 선택하기

다음 Name Your New Character 창으로 넘어가면 이곳에 이 클래스의 이름을 'TPSPlayer'라고 정해 줍니다. 이때 Path 항목을 보면 저장 경로가 public 폴더 하위로 지정되어 있는 것을 확인할 수 있습니다. [Create Class] 버튼을 클릭하여 클래스를 생성합니다.

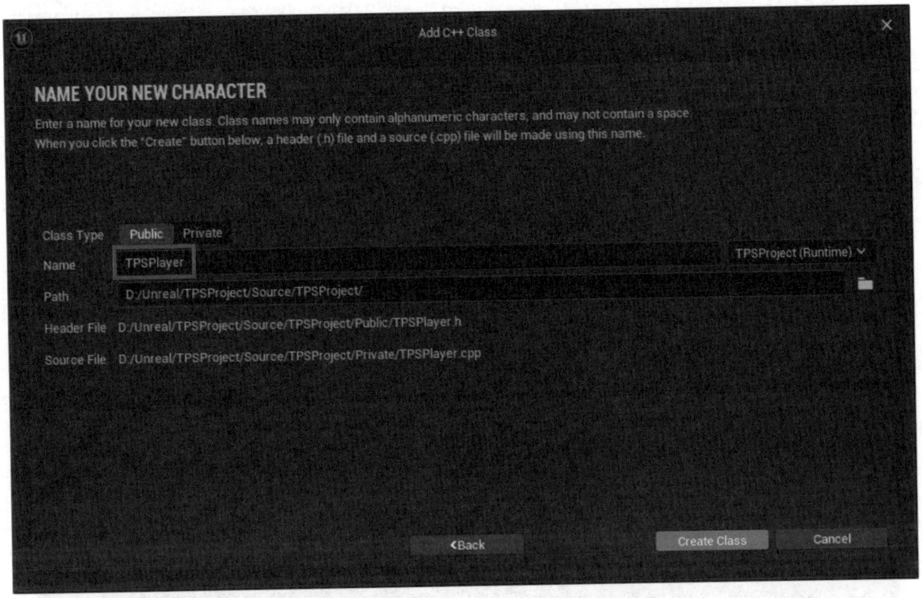

[그림 3.1-27] 클래스 이름을 'TPSPlayer'로 설정하기

프로젝트에 새로운 클래스가 추가되었기 때문에 비주얼 스튜디오로 이동하면 감지 알림 팝업이 뜨게 됩니다. 그러면 [모두 다시 로드] 버튼을 클릭하여 진행해 줍니다. 모두 완료되면 TPSPlayer.h 파일과 TPSPlayer.cpp 파일이 프로젝트에 추가된 것을 확인할 수 있습니다.

[그림 3.1-28] 생성된 TPSPlayer 클래스

## → 플레이어 블루프린트 제작하기

이렇게 만들어진 C++ 클래스를 그대로 사용하지는 않습니다. 보통 블루프린트로 승격시켜서 사용합니다. 그래야 다른 직군(기획, 그래픽)들이 C++ 코드를 직접 건드리지 않고, 혹은 프로그래머한테 별도로 요청을 하지 않아도 수정할 수 있게 됩니다. 언리얼 에디터의 콘텐트 브라우저로 이동합니다. 우선 이곳에 블루프린트를 저장할 폴더를 하나 만들겠습니다. Content 폴더를 선택합니다. [Add] 버튼을 클릭합니다. 이후 팝업 메뉴에서 'New Folder'를 선택합니다. 새롭게 만들어진 폴더의 이름을 'Blueprints'로 정합니다.

[그림 3.1-29] 블루프린트 폴더 생성하기

이제 Blueprints 폴더에 블루프린트를 추가해 주겠습니다. [C++ Classes] - [TPSProject] - [public] 폴더에 보면 TPSPlayer C++ 클래스가 있습니다. 이를 마우스 오른쪽 버튼으로 클릭합니다. 팝업 메뉴가 나오면 [Create Blueprint class based on TPSPlayer] 메뉴를 선택합니다.

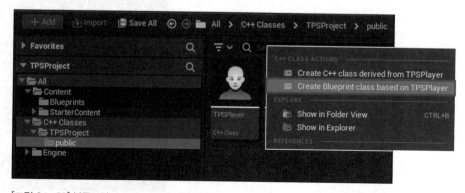

[그림 3.1-30] 블루프린트 클래스 생성 팝업 메뉴

그럼 이제 Add Blueprint Class 창이 뜨게 됩니다. 이곳에서 TPSPlayer 클래스를 상속받는 블루프린트 클래스의 이름과 저장 경로를 정해 줍니다. 이름은 BP_TPSPlayer 로 하고 저장 경로는 앞에서 만들어준 Blueprints 폴더를 지정해 주겠습니다.

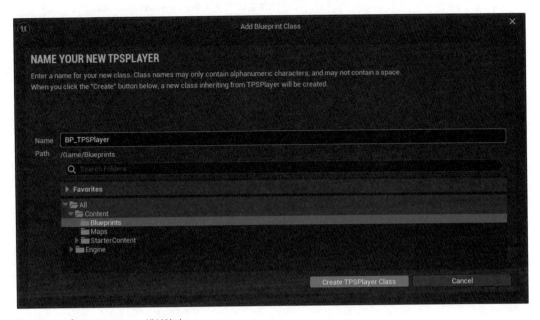

[그림 3.1-31] BP_TPSPlayer 생성하기

[Create TPSPlayer Class] 버튼을 클릭하면 BP_TPSPlayer 파일이 생성되며 블루프린트 에디터 창이 열리게 됩니다.

[그림 3.1-32] 생성된 BP_TPSPlayer

## → 게임 모드 클래스 정보 수정하기

이번에는 이렇게 만든 블루프린트 클래스가 게임 실행 시 기본 폰(Pawn)으로 생성되도록 설정하겠습니다. 앞에서도 설명했지만 클래스의 상속 관계는 Actor를 기본 오브젝트로 하여 사용자의 제어를 받을 수 있도록 하는 Pawn 클래스, 그리고 이 폰을 기반으로 추가적인 기능을 포함하는 Character 클래스가 있습니다. 우리 TPSPlayer는 Character를 상속받기 때문에 사용자의 제어를 받을 수 있는 기본 폰으로 등록이 가능합니다. 이 역할을 담당하는 객체가 게임 모드입니다.

이 클래스는 주인공이 누구인지, 플레이어 컨트롤러는 어떤 것인지, 게임 및 플레이어의 상태의 담당은 어떤 클래스가 담당할지 등을 정할 수 있습니다. 따라서 게임의 전반적인 규칙을 이 게임 모드에서 담당한다고 볼 수 있습니다. 레벨마다 게임 모드가 존재하며 가장 기본이 되는 게임 모드 클래스는 GameModeBase이며, 여기에 네트워크 관련 기능을 더 많이 담당하고 있는 GameMode 클래스가 있습니다.

우리 프로젝트에서는 처음 생성 시 기본 C++ 기반의 게임 모드 클래스인 TPSProjectGame-ModeBase가 만들어져 있습니다. 이를 블루프린트로 승격시켜서 사용하도록 하겠습니다. 콘텐트 브라우저의 [C++ Classes] – [TPSProject] – [public] 폴더에 있는 TPSProjectGameModeBase 클래스를 마우스 오른쪽 버튼으로 클릭합니다. 팝업 메뉴가 뜨면 'Create Blueprint class based on TPSProjectGameModeBase'를 선택합니다.

[그림 3.1-33] 블루프린트 클래스 생성 팝업 메뉴

블루프린트의 이름은 'BP_TPSProjectGameModeBase'로 지정하고, 저장 경로는 Blueprints 폴더로 합니다.

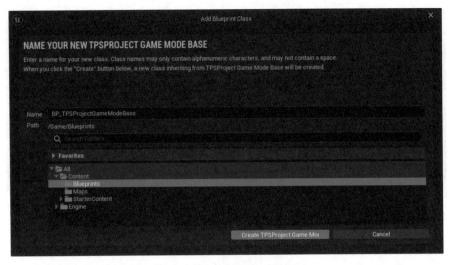

[그림 3.1-34] BP_TPSProjectGameModeBase 블루프린트 생성하기

BP_TPSProjectGameModeBase가 생성되면 블루프린트 에디터가 열리게 됩니다. 그러면 디테일 창에서 Classes 카테고리의 Default Pawn Class 값을 [드롭다운] 버튼을 눌러 BP_TPSPlayer로 선택합니다. 마지막으로 툴바의 [Compile] 버튼을 눌러 줍니다.

[그림 3.1-35] Default Pawn Class를 BP_TPSPlayer로 설정하기

[Save] 버튼을 눌러 주고 메인 에디터 창으로 넘어옵니다. 이곳에서 툴바의 [Settings] – [World Settings]를 선택합니다.

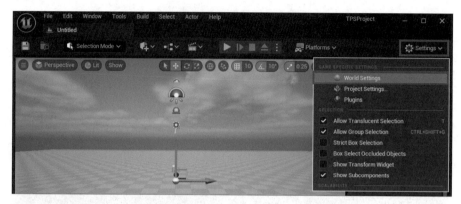

[그림 3.1–36] World Settings 메뉴

그러면 보통 디테일 창 옆에 World Settings 창이 열리게 됩니다. 이 곳에서 Game Mode 카테고리로 이동합니다. GameMode Override 항목을 찾아서 드롭다운 메뉴를 열고 앞에서 만들어준 BP_TPSProjectGameModeBase 블루프린트 클래스를 선택합니다.

[그림 3.1–37] World Settings에 게임 모드 클래스 등록하기

이제 [플레이] 버튼을 눌러 실행을 해 보면 아웃라이너에 우리가 만든 BP_TPSPlayer와 BP_TPSProjectGameModeBase 인스턴스가 스폰되어 표시되는 것을 확인할 수 있을 것입니다.

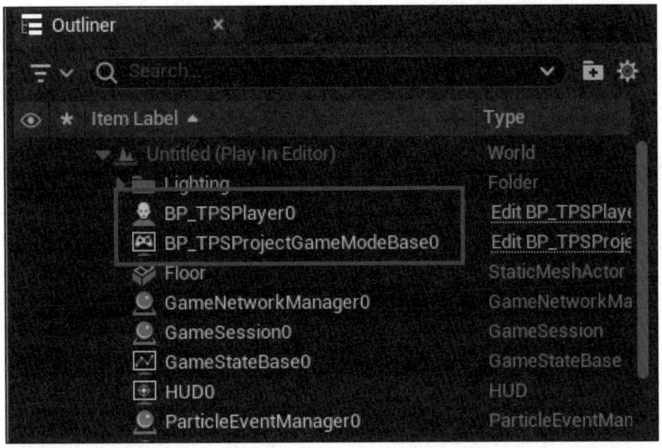

[그림 3.1-38] 아웃라이너 상에 스폰된 BP_TPSPlayer 객체

이렇게 하면 우리의 주인공이 역할을 할 수 있는 기본 설정이 완료되었습니다. 이제 플레이어의 외관을 추가하고, 3인칭 카메라를 붙여 플레이어를 촬영할 수 있도록 처리해 보겠습니다.

## 3.1-3 플레이어 3인칭 카메라 및 외관 붙이기

플레이어를 위해 블루프린트까지 제작되었습니다. 이 클래스는 Character 클래스를 상속받는 클래스이며, 이로 인해 기본 컴포넌트로 애니메이션을 표현할 수 있는 스켈레탈메시 컴포넌트인 Mesh와 Character 클래스의 가장 중요한 컴포넌트인 Character Movement 컴포넌트가 있습니다. 또한 일반적으로 인간형 캐릭터 형태를 기반으로 하기 때문에 루트컴포넌트로 캡슐콜리전 형태의 충돌체를 갖는 캡슐 컴포넌트가 붙어 있습니다. 그리고 이 캐릭터가 현재 어느 쪽을 향하고 있는지 시각적으로 알려주기 위해 애로우 컴포넌트(Arrow Component)가 붙어 있습니다. 이 컴포넌트들은 모두 Character 클래스를 기본적으로 상속받고 있기 때문에 삭제할 수 없습니다.

[그림 3.1-39] BP_TPSPlayer의 기본 컴포넌트 목록

이제 BP_TPSPlayer 블루프린트에 작업할 내용은 플레이어의 외관을 표시하기 위해 스켈레탈메시 컴포넌트를 수정하겠습니다. 그리고 3인칭 모드를 표현할 카메라를 추가하도록 하겠습니다.

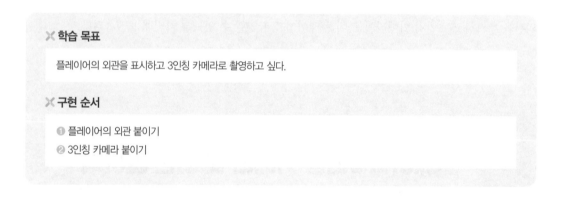

✖ **학습 목표**

플레이어의 외관을 표시하고 3인칭 카메라로 촬영하고 싶다.

✖ **구현 순서**

❶ 플레이어의 외관 붙이기
❷ 3인칭 카메라 붙이기

### ➡ 플레이어의 외관 붙이기

3인칭 슈팅 게임이기 때문에 플레이어의 외관은 전체 모습이 다 화면에 보여야 합니다. 이를 위해 3인칭 템플릿에서 제공하는 그래픽 애셋을 가져와 사용하겠습니다. 콘텐트 브라우저의 [Add] 버튼을 클릭하여 Add Feature or Content Pack 항목을 선택해 줍니다.

[그림 3.1-40] 콘텐츠 패키지 추가 메뉴

'Add Content to the Project' 창이 뜨면 [Blueprint Feature] 탭의 'Third Person'을 선택하고 [Add to Project] 버튼을 클릭해 줍니다. 이러면 각종 블루프린트들과 그래픽 애셋들이 추가됩니다. C++ 기반으로 가져오지 않는 이유는 우리가 사용하지 않는 C++ 코드들이 추가되지 않도록 하기 위함입니다.

[그림 3.1-41] Third Person 패키지 추가하기

이렇게 하면 Third Person 관련된 애셋들이 프로젝트에 추가됩니다.

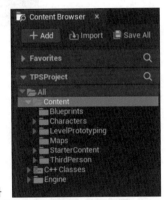

[그림 3.1-42] Third Person 패키지가 추가된 결과

이번 단원에서 사용할 플레이어의 외관 데이터는 Content – Characters – Mannequin_UE4 – Meshes 폴더 하위에 있는 SK_Mannequin 스켈레탈 메시(SkeletalMesh) 입니다.

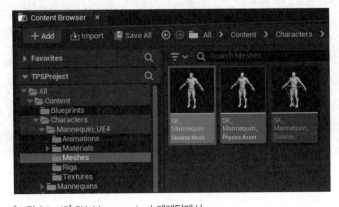

[그림 3.1-43] SK_Mannequin 스켈레탈메시

언리얼에서 스켈레탈메시를 이용하면 외부에서 제작된 애니메이션을 재생할 수 있으며, 또한 이를 처리하기 위한 여러 가지 언리얼 애니메이션 시스템 도구들을 이용할 수 있습니다. 뒤에서 플레이어 및 적을 제작해 보면서 애니메이션 제어 도구들을 하나씩 학습해 보겠습니다. 그럼 SK_Mannequin 스켈레탈메시를 플레이어 블루프린트에 할당하겠습니다. Blueprints 폴더에 있는 BP_TPSPlayer 블루프린트를 더블클릭하여 열어 주겠습니다.

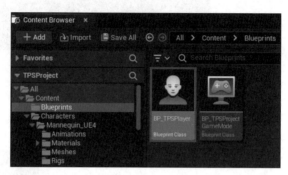

[그림 3.1-44] BP_TPSPlayer 블루프린트

블루프린트 에디터가 열리고 기존 아무런 수정 사항이 없었으면 다음과 같이 Class Defaults 창이 기본으로 열리게 됩니다. 전체 블루프린트 에디터를 열고 싶다면 'Open Full Blueprint Editor'를 클릭하면 됩니다.

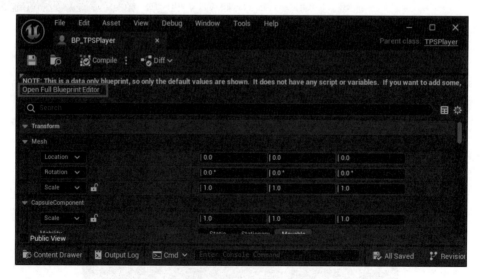

[그림 3.1-45] Class Defaults 창이 열린 블루프린트

블루프린트가 열리면 먼저 컴포넌트 창에서 Mesh 컴포넌트를 선택합니다. 그리고 디테일 창에서 Mesh 카테고리의 Skeletal Mesh 값을 'SK_Mannequin'로 선택해 줍니다.

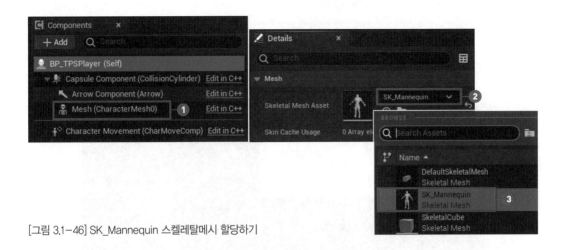

[그림 3.1-46] SK_Mannequin 스켈레탈메시 할당하기

이렇게 설정을 하고 뷰포트 창으로 이동합니다. 그러면 캡슐콜라이더 중간쯤 높이에 메시가 표시된 것을 확인할 수 있을 것입니다.

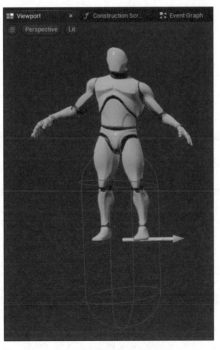

[그림 3.1-47] 뷰포트 창에 표시된 메시

정상적으로 배치되도록 트랜스폼의 위치는 [0, 0, −90], 회전값은 [0, 0, −90]으로 수정해 주겠습니다. 그러면 Arrow 컴포넌트가 표시하고 있는 화살표 방향으로 우리의 캐릭터가 정상적으로 바라보고 위치도 잘 표현되는 것을 확인할 수 있습니다.

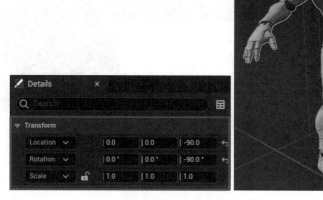

[그림 3.1−48] Mesh 컴포넌트의 트랜스폼 값 수정하기

이런 설정은 블루프린트에서 하는 것이 당연히 편리합니다. 하지만 작업을 하다 보면 언리얼 엔진의 버그가 상당수 존재하는 것을 확인할 수 있습니다. 대표적으로 블루프린트를 수정할 수 없는 상황이 생기곤 합니다.

예를 들어 블루프린트 에디터에 아무것도 표시되지 않을 수 있습니다. 이럴 경우, 언리얼 에디터를 종료했다가 다시 열면 해결되는 경우도 있지만, C++에서 작업한 내용이 적용되지 않아서 결국 블루프린트를 삭제하고 다시 만들어야 할 수 있습니다. 랜덤한 상황으로 발생하는 만큼 언제 이런 일이 발생할지 예측하기 어렵기 때문에 블루프린트에서 모든 설정을 해 놓으면 그 값을 복원하는 데 상당한 시간이 필요할 수 있습니다. 이를 예방하기 위해 보통 앞에서처럼 블루프린트에서 작업을 하고 이렇게 세팅된 값들을 C++ 코드로 옮겨 처리합니다. 이렇게 하면 블루프린트를 다시 만들어도 자동으로 그 설정으로 되어 있기 때문에 되돌리는데 편리합니다.

그럼 이 값을 C++ 코드에서 설정되도록 처리하겠습니다. 콘텐트 브라우저의 C++ Classes 폴더 안에 있는 TPSProject - public 폴더로 이동하여 TPSPlayer를 더블클릭하여 실행합니다.

[그림 3.1-49] TPSPlayer C++ 코드

비주얼 스튜디오가 열리면 TPSPlayer.cpp 소스 코드의 생성자로 이동합니다. 언리얼에서는 C++ 생성자를 전통적인 형태가 아닌 클래스 기본 객체(CDO, Class Default Object)를 만드는 데 사용합니다.

이를 이해하기 위해 UClass와 CDO에 대해 간단히 설명해 보겠습니다. C++ 소스 코드를 컴파일할 때 언리얼 헤더 툴에서 헤더 파일을 분석하여 클래스의 메타 정보를 UClass라는 특별한 클래스에 저장합니다. 메타 정보는 대략 언리얼 오브젝트의 계층 구조 정보와 어떤 속성(멤버 변수) 및 함수들이 있는지를 나타냅니다. 이 정보는 런타임 시에 특정 클래스를 검색하고 그 클래스의 속성이나 멤버 함수를 호출하는 데 활용될 수 있습니다. 자바(Java)나 C#같은 언어에서 활용하는 리플렉션 기능을 C++에서 사용할 수 있게 하기 위해 언리얼에서 제공하는 형태라고 볼 수 있습니다.

컴파일이 완료되고 언리얼 에디터를 실행시키면 UObject를 상속받는 언리얼 오브젝트의 생성자에서 인스턴스를 생성하는데 이를 클래스 기본 객체, 줄여서 'CDO'라고 지칭합니다. CDO는 언리얼오브젝트의 기본 설정을 세팅하는 데 사용됩니다.

설명이 다소 길었습니다. 정리하자면 C++ 클래스를 컴파일하면 먼저 언리얼 오브젝트의 정보를 담은 UClass가 만들어지고 언리얼 에디터를 실행하면 생성자 코드를 실행하여 클래스 기본 객체 CDO 인스턴스를 생성합니다. 즉, 표준 C++와는 다르게 언리얼 엔진에서 생성자는 인스턴스를 초기화해 CDO를 만들기 위한 목적이 있습니다.

엔진에서는 인스턴스들을 생성할 때 매번 초기화 시키지 않고 이 CDO를 복제하여 생성합니다. 블루프린트의 설정 값을 생성자에 지정해 두면 언리얼 엔진에서 CDO 정보를 이용하여 블루프린트를 만들기 때문에 우리가 딱 찾던 장소라고 할 수 있습니다. ATPSPlayer 클래스의 생성자 코드에서 할 일은 두 가지입니다.

```
ATPSPlayer::ATPSPlayer()
{
        PrimaryActorTick.bCanEverTick = true;

        // 1. 스켈레탈메시 데이터를 불러오고 싶다.
        // 2. Mesh 컴포넌트의 위치와 회전 값을 설정하고 싶다.
}
```

[코드 3.1-10] TPSPlayer.cpp 생성자

블루프린트에서처럼 에디터에서 직접 할당하는 방식이 아닌 코드상에서 동적으로 애셋을 로드하여 할당하기 위해서는 ConstructorHelpers::FClassFinder 구조체를 이용합니다. 이 구조체 인스턴스의 생성자에 애셋의 경로를 넣어주면 로드할 수 있습니다. 만약 애셋 로드가 성공하면 Succeeded() 함수의 값이 true가 됩니다. 그리고 GetMesh() 함수를 이용하여 Mesh 컴포넌트를 가져와 SetSkeletalMesh() 함수를 호출합니다. 여기에 FClassFinder 구조체 인스턴스의 Object 멤버 변수를 인수로 넘겨 줍니다. 이 Object 멤버 변수에 USkeletalMesh 타입의 로드된 데이터가 들어가 있습니다.

```
ATPSPlayer::ATPSPlayer()
{
        PrimaryActorTick.bCanEverTick = true;

        // 1. 스켈레탈메시 데이터를 불러오고 싶다.
        ConstructorHelpers::FObjectFinder<USkeletalMesh> TempMesh(TEXT(""));
        if (TempMesh.Succeeded())
        {
                GetMesh()->SetSkeletalMesh(TempMesh.Object);
                // 2. Mesh 컴포넌트의 위치와 회전값을 설정하고 싶다.
```

```
        }
    }
```

[코드 3.1-11] TPSPlayer.cpp 스켈레탈메시 데이터로드

TempMesh 생성자 인자 값으로 TEXT("") 빈 경로가 들어가 있는 것을 볼 수 있습니다. 이 값을 가져와서 넣어주겠습니다. 언리얼 에디터로 이동합니다. Content – Characters – Mannequin_ UE4 – Meshes 폴더에서 SK_Mannequin 스켈레탈메시를 선택하고 키보드 Ctrl+C를 눌러 경로를 복사합니다.

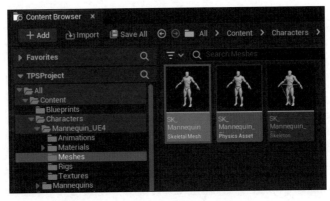

[그림 3.1-50] SK_Mannequin 스케레탈메시 경로 복사

그런 다음 다시 비주얼 스튜디오의 TPSPlayer.cpp로 이동하여 TEXT("")의 따옴표 사이에 Ctrl+V 키를 눌러 경로를 붙여 줍니다.

```
ATPSPlayer::ATPSPlayer()
{
    PrimaryActorTick.bCanEverTick = true;

    // 1. 스켈레탈메시 데이터를 불러오고 싶다.
    ConstructorHelpers::FObjectFinder<USkeletalMesh>
    TempMesh(TEXT("SkeletalMesh'/Game/Mannequin/Character/Mesh/SK_Mannequin.SK_Mannequin'"));
    if (TempMesh.Succeeded())
    {
        GetMesh()->SetSkeletalMesh(TempMesh.Object);
```

```
        // 2. Mesh 컴포넌트의 위치와 회전 값을 설정하고 싶다.
    }
}
```

[코드 3.1-12] **TPSPlayer.cpp** SK_Mannequin 스켈레탈메시 경로 붙여주기

**Tip**

## 애셋 경로 적용하기

엔진 버전에 따라 붙여넣기 한 경로에 다음 코드와 같이 "/Script/Engine."이 붙을 수 있습니다.

이렇게 언리얼 엔진 5(UE5)에서 추가된 전체 경로 값을 사용해도 되고 앞에서처럼 "/Script/Engine."을 삭제하고 사용해도 상관없습니다. 이 책에서는 이전 버전과의 호환성을 위해 "/Script/Engine."같은 특정 경로는 삭제하고 사용합니다.

```
ATPSPlayer::ATPSPlayer()
{
        // 매 프레임마다 Tick()을 호출하도록 이 문자를 설정한다. 필요하지 않은 경우 이 기능을 꺼서 성
    능을 향상시킬 수 있다.
        PrimaryActorTick.bCanEverTick = true;

        // 1. 스켈레탈 메시 데이터를 불러오고 싶다.
        ConstructorHelpers::FObjectFinder<USkeletalMesh> TempMesh(TEXT("/Script/Engine.
    SkeletalMesh'/Game/Characters/Mannequin_UE4/Meshes/SK_Mannequin.SK_Mannequin'"));

    }
```

[코드 3.1-13] **TPSPlayer.cpp** 붙여넣기 한 전체 경로

결과를 확인하기 전에 Mesh 컴포넌트의 위치와 회전 값도 설정해 주도록 하겠습니다. USkeletalMeshComponent의 SetRelativeLocationAndRotation( ) 함수를 이용하여 순서대로 FVector 타입의 위치 값을, FRotator 타입의 회전 값을 각각 전달합니다.

```
ATPSPlayer::ATPSPlayer( )
{
        PrimaryActorTick.bCanEverTick = true;
```

1

1.1
1.2
1.3
1.4
1.5

2

2.1
2.2
2.3
2.4
2.5
2.6

3

3.1
3.2
3.3

4

4.1
4.2
4.3
4.4
4.5

```
    // 1. 스켈레탈메시 데이터를 불러오고 싶다.
    ConstructorHelpers::FObjectFinder<USkeletalMesh>
TempMesh(TEXT("SkeletalMesh'/Game/Mannequin/Character/Mesh/SK_Mannequin.SK_Mannequin'"));
    if (TempMesh.Succeeded())
    {
            GetMesh()->SetSkeletalMesh(TempMesh.Object);
            // 2. Mesh 컴포넌트의 위치를 설정하고 싶다.
            GetMesh()->SetRelativeLocationAndRotation(FVector(0, 0, -90), FRotator(0,
    -90, 0));
        }
    }
```

[코드 3.1-14] TPSPlayer.cpp Mesh 컴포넌트 위치 및 회전 설정하기


이렇게 생성자에서 기본 설정 코드 작성이 완료되었다면 컴파일해 주면 언리얼에 정상적으로 반영됩니다. 혹시 블루프린트가 오류가 생기더라도 삭제하고 다시 만들었을 때 자동으로 설정되기 때문에 빠르게 복원할 수 있습니다. 여기까지 작업이 완료되었다면 언리얼 에디터로 이동해서 툴바의 플레이 버튼을 눌러 결과를 확인해 보겠습니다. 실행이 되면 키보드의 F8 키를 눌러 에디터 컨트롤 모드로 전환합니다. 이제 아웃라이너에서 BP_TPSPlayer를 더블 클릭하면 뷰포트 창에 외관이 정상적으로 잘 할당된 플레이어를 확인할 수 있습니다.

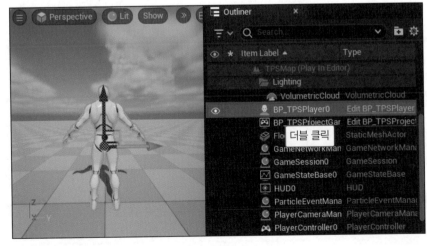

[그림 3.1-51] 게임 실행 시 외관이 정상적으로 표시된 플레이어

이렇게 스켈레탈메시에 데이터를 할당해 보았습니다. 이제 3인칭 카메라를 붙여 TPS 캐릭터가 되도록 처리해 보겠습니다.

## → 3인칭 카메라 붙이기

이번에는 프로젝트가 TPS이니만큼 3인칭 시점의 카메라를 플레이어에 붙여주겠습니다. 2장의 슈팅 때와는 달리 캐릭터 전용으로 촬영하는 카메라가 필요합니다. 이를 위해 필요한 컴포넌트를 붙여 줍니다. 앞에서 진행한 스켈레탈메시와 마찬가지로 먼저 블루프린트에서 원하는 값을 세팅한 후 C++ 코드에 옮겨 놓으면 좋지만, 책의 반복적인 분량이 너무 많아지는 관계로 바로 C++ 코드에 구현해 보겠습니다. 실제로 프로젝트를 진행할 때는 블루프린트에서 작성해서 결과를 만들고 C++ 코드로 옮기는 것을 추천합니다. 비주얼 스튜디오의 TPSPlayer.h 헤더 파일로 이동하겠습니다. 코드 맨 마지막에 public 접근자로 3인칭 카메라를 컨트롤할 USpringArmComponent 타입의 springArmComp 변수를 선언하겠습니다.

```cpp
#pragma once

#include "CoreMinimal.h"
#include "GameFramework/Character.h"
#include "TPSPlayer.generated.h"

UCLASS()
class TPSPROJECT_API ATPSPlayer : public ACharacter
{
    GENERATED_BODY()

public:
    ATPSPlayer();
protected:
    virtual void BeginPlay() override;
public:
    virtual void Tick(float DeltaTime) override;
    virtual void SetupPlayerInputComponent(class UInputComponent* PlayerInputComponent) override;
```

1

1.1
1.2
1.3
1.4
1.5

2

2.1
2.2
2.3
2.4
2.5
2.6

3

```
public:
    UPROPERTY(VisibleAnywhere, Category=Camera)
    class USpringArmComponent* springArmComp;
};
```

[코드 3.1-15] **TPSPlayer.h** USpringArmComponent 컴포넌트 속성 추가하기

USpringArmComponent는 이 컴포넌트로 등록된 자식 컴포넌트를 자신과의 지정된 거리 안에 유지되도록 처리하는 컴포넌트입니다. 하지만 고정적으로 특정 위치에 박혀 있는 형태는 아닙니다. 설정에 따라 모니터링하려는 타깃과의 사이에 장애물이 있을 경우 장애물 앞으로 이동시켜주는 탄력적인 움직임을 보여 줍니다.

이 컴포넌트를 생성자 함수에서 등록해 주겠습니다. TPSPlayer.cpp의 생성자로 이동합니다. CreateDefaultSubobject 팩토리 함수를 이용하여 USpringArmComponent 인스턴스를 생성하여 springArmComp 변수에 저장합니다. 그리고 이 컴포넌트를 SetupAttachment 함수를 이용하여 루트컴포넌트의 자식으로 등록합니다. 컴포넌트의 위치는 'x: 0, y: 70, z: 90'으로 지정합니다. 이때 SetRelativeLocation 함수를 이용하여 상대좌표로 배치합니다. 절대좌표는 월드 좌표라고 생각하면 되고, 상대좌표는 부모 컴포넌트를 기준으로 배치된 좌표라고 보면 됩니다.

마지막으로 TargetArmLength는 타깃과 카메라 사이에 충돌이 없을 경우 타깃과의 지정 거리를 뜻합니다. 여기에서 우리는 400으로 설정해 주겠습니다. 마지막으로 파일 상단에 #include <GameFramework/SpringArmComponent.h>를 등록하여 스프링암 컴포넌트를 사용할 수 있도록 합니다.

3.1
3.2
3.3

4

4.1
4.2
4.3
4.4
4.5

```
#include "TPSPlayer.h"
#include <GameFramework/SpringArmComponent.h>

ATPSPlayer::ATPSPlayer()
{
    … (생략) …
```

```
    // 3. TPS 카메라를 붙이고 싶다.
    // 3-1. SpringArm 컴포넌트 붙이기
    springArmComp = CreateDefaultSubobject<USpringArmComponent>(TEXT("SpringArmComp"));
    springArmComp->SetupAttachment(RootComponent);
    springArmComp->SetRelativeLocation(FVector(0, 70, 90));
    springArmComp->TargetArmLength = 400;
}
```

[코드 3.1-16] TPSPlayer.cpp USpringArmComponent 컴포넌트 추가하기

여기에서 RootComponent는 하이어라키 구조상 캡슐
콜리전 컴포넌트입니다. 컴파일하고 언리얼에디터로 와서
BP_TPSPlayer 블루프린트를 열어 스프링암 컴포넌트가 제
대로 추가된 것을 확인합니다.

[그림 3.1-52] BP_TPSPlayer 블루프린트에
SpringArmComponent가
추가된 상태

만약 SpringArmComp 컴포넌트가 블루프린트에디터에서 보이지 않으면 앳셋을 재로드해 주면
됩니다. BP_TPSPlayer 를 선택하고 마우스 오른쪽 버튼을 눌러 [Asset Actions]-[Reload] 클릭하고
다시 BP_TPSPlayer 블루프린트 에디터를 열어 보면 정상적으로 보이게 될 것입니다.

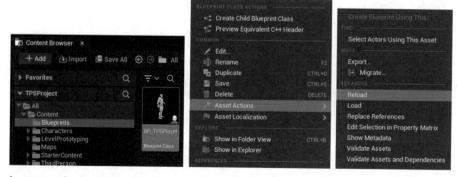

[그림 3.1-53] 애셋 리로드하기

이제 카메라를 붙여 플레이어를 촬영할 수 있도록 하겠습니다. TPSPlayer.h 헤더 파일로 이동합니다. 이곳에 카메라 역할을 하게 하는 컴포넌트인 UCameraComponent를 속성으로 선언해 줍니다. UPROPERTY 매크로 인자로 접근 권한은 VisibleAnywhere, 카테고리는 Camera로 넘겨 줍니다.

```
UCLASS()
class TPSPROJECT_API ATPSPlayer : public ACharacter
{
    … (생략) …

public:
    UPROPERTY(VisibleAnywhere, Category=Camera)
    class USpringArmComponent* springArmComp;
    UPROPERTY(VisibleAnywhere, Category = Camera)
    class UCameraComponent* tpsCamComp;
};
```

[코드 3.1-17] TPSPlayer.h UCameraComponent 컴포넌트 추가하기

이 카메라 컴포넌트를 소스 코드의 생성자 함수로 이동하여 등록해 주겠습니다. TPSPlayer.cpp로 이동합니다. 먼저 카메라 컴포넌트를 사용할 수 있도록 #include문을 이용하여 카메라 컴포넌트 헤더를 등록합니다. 생성자 함수 맨 아래쪽에 카메라 컴포넌트 인스턴스를 생성하여 tpsCamComp 변수에 저장합니다. 이 컴포넌트는 SetupAttachment 함수를 이용하여 스프링암 컴포넌트의 자식으로 등록합니다.

```
#include "TPSPlayer.h"
#include <GameFramework/SpringArmComponent.h>
#include <Camera/CameraComponent.h>

ATPSPlayer::ATPSPlayer()
{
    … (생략) …

    // 3. TPS 카메라를 붙이고 싶다.
    // 3-1. SpringArm 컴포넌트 붙이기
```

```
springArmComp = CreateDefaultSubobject<USpringArmComponent>(TEXT("SpringArmComp"));
springArmComp->SetupAttachment(RootComponent);
springArmComp->SetRelativeLocation(FVector(0, 70, 90));
springArmComp->TargetArmLength = 400;
// 3-2. Camera 컴포넌트 붙이기
tpsCamComp = CreateDefaultSubobject<UCameraComponent>(TEXT("TpsCamComp"));
tpsCamComp->SetupAttachment(springArmComp);
}
```

[코드 3.1-18] **TPSPlayer.cpp** UCameraComponent 컴포넌트 등록하기

빌드하고 언리얼 에디터로 이동하여 **BP_TPSPlayer**를 확인해 보면 카메라 컴포넌트가 등록된 것을
확인할 수 있습니다.

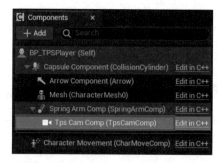

[그림 3.1-54] Camera Component가 추가된 상태

여기까지 플레이어 외관 작업과 3인칭 카메라를 플레이어에게 붙
여봤습니다. 카메라에 관련되므로 설정은 아직 끝난 것이 아
닙니다. 사용자의 마우스 입력을 받아서 카메라의 움직
임을 제어할 수 있도록 처리해야 합니다. 이제
플레이어 이동 처리를 제작해 보면서 추가적
인 카메라 작업도 진행하도록 하겠습니다.

1

1.1
1.2
1.3
1.4
1.5

2

2.1
2.2
2.3
2.4
2.5
2.6

3

3.1
3.2
3.3

4

4.1
4.2
4.3
4.4
4.5

## 3.1-4 플레이어 이동 처리하기

이번에는 사용자의 의도를 반영하여 플레이어를 회전 및 이동시켜 주겠습니다. 사용자의 의도를 반영하기 위해서 키보드, 마우스 입력을 대응합니다. 이를 바탕으로 회전 및 이동 처리를 합니다. 언리얼 엔진에서 이미 제공하고 있는 훌륭한 기능들을 이용하여 하나씩 구현해 보겠습니다.

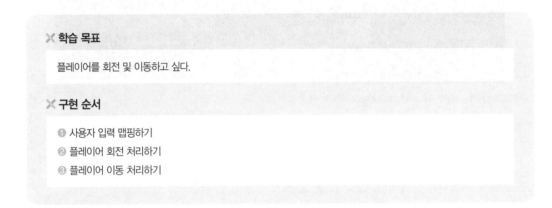

> ✕ **학습 목표**
>
> 플레이어를 회전 및 이동하고 싶다.
>
> ✕ **구현 순서**
>
> ❶ 사용자 입력 맵핑하기
> ❷ 플레이어 회전 처리하기
> ❸ 플레이어 이동 처리하기

### → 사용자 입력 맵핑하기

먼저 사용자 입력을 받을 수 있도록 입력 맵핑 처리를 하겠습니다. 이동에 관련된 입력만 추가를 할 예정이며 뒤에서 필요에 따라 추가하도록 하겠습니다. 그럼 사용자의 마우스 입력에 대한 키 맵핑을 등록하겠습니다. 마우스 입력은 카메라와 캐릭터의 회전에서 사용합니다. 언리얼 엔진 5의 EnhancedInput 모듈을 이용해서 처리해보겠습니다. 먼저 콘텐트 브라우저에 Input 폴더를 하나 만들어 줍니다.

[그림 3.1-55] Input 폴더 생성하기

Input 폴더에서 [Add] 버튼을 누르거나 소스 패널에서 마우스오른쪽 버튼을 클릭해서 팝업 메뉴를 열어 줍니다. 팝업 메뉴에서 [Input]-[Input Action]을 클릭해 Input Action 애셋을 만들어 줍니다. 만들어진 애셋의 이름은 IA_LookUp으로 변경합니다.

[그림 3.1-56] IA_LookUp InputAction 애셋 생성하기

IA_LookUp 애셋을 더블클릭해서 에디터를 열어 줍니다. 이곳에서 Action 카테고리 하위의 Value Type 드롭다운을 클릭해 Axis 1D(float) 으로 설정해 줍니다.

[그림 3.1-57] IA_LookUp Value Type 설정하기

이렇게 만들어진 InputAction 애셋은 Input Mapping Context에 등록해서 사용해야 합니다. Input Mapping Context를 하나 만들어서 IA_LookUp에 할당할 키를 맵핑해 주겠습니다.

Input 폴더에서 마우스 오른쪽 버튼을 클릭해서 팝업 메뉴를 열어 줍니다. [Input]-[Input Mapping Context]를 클릭해서 애셋을 만들고 이름을 'IMC_TPS'로 변경해 줍니다.

[그림 3.1-58] IMC_TPS 생성하기

이제 IMC_TPS 에 IA_LookUp 인풋액션 애셋을 등록해서 키맵핑을 해 주겠습니다. IMC_TPS 를 더블클릭해서 열어줍니다. Mappings 카테고리 옆에 있는 [+] 버튼을 클릭해 줍니다. 새롭게 요소가 추가되면 드롭다운 버튼을 클릭해 IA_LookUp을 선택해 줍니다. IA_LookUp 에서 사용할 입력으로 [Mouse Y]를 선택합니다. 그리고 Modifiers 항목에서 [+] 버튼을 클릭해 설정할 내용을 하나 추가합니다. Index[0] 항목이 추가되면 드롭다운 버튼을 클릭해 Negate를 선택해 줍니다.

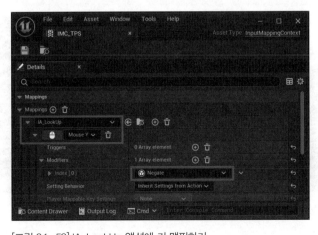

[그림 3.1-59] IA_LookUp 액션에 키 맵핑하기

IA_LookUp 입력에 Negate 값을 설정한 이유는 다음 그림에서 보는 것처럼 마우스의 좌표가 스크린 좌표 즉, 모니터의 좌표가 좌측 상단 (y : 0, z : 0)에서 시작하여 y 값은(좌우를 나타냄) 오른쪽으로 갈수록 커지고, z 값은(상하를 나타냄) 아래로 갈수록 커집니다. 반면에 3D 월드상에서의 좌표계는 다소 다릅니다. y 축의 값은 마찬가지로 오른쪽으로 이동하며 커지는 반면, z 축 값은 위로 올라갈수록 커집니다.

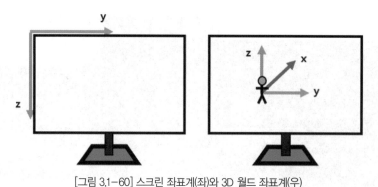

[그림 3.1-60] 스크린 좌표계(좌)와 3D 월드 좌표계(우)

이렇게 마우스의 Z축 방향과 3D 월드 상의 방향이 반대로 되어 있습니다. 따라서 IA_LookUp의 Modifiers에 −1값에 해당하는 Negate를 추가해 줌으로써 방향을 일치시켜 주려고 하는 것입니다. 해당 내용의 활용은 뒤에서 알아보도록 하겠습니다.

다음은 상하좌우 입력키 맵핑을 해 주도록 하겠습니다. 앞에서와 마찬가지로 콘텐트 브라우저의 Input 폴더에 Input Action 애셋을 하나 만들어 주고 이름을 'IA_Turn'으로 설정해 줍니다. IA_Turn의 Value Type도 IA_LookUp과 마찬가지로 Axis1D(float)으로 설정해 줍니다.

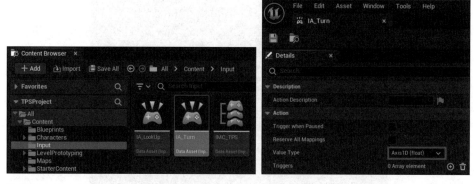

[그림 3.1-61] IA_Turn 애셋 생성하기

IA_Turn 키 맵핑을 위해서 IMC_TPS 에디터로 이동합니다. Mappings 카고리의 [+] 버튼을 클릭해서 등록할 입력 액션을 하나 추가합니다. 드롭다운 버튼을 클릭해서 IA_Turn을 선택해 줍니다. 그리고 사용할 입력으로 마우스의 좌우 입력을 받기위해 [Mouse X]를 등록해 주겠습니다.

[그림 3.1-62] IA_Turn 키 맵핑 설정하기

## → 플레이어 회전 처리하기

사용자 입력을 받을 수 있도록 키 입력 맵핑을 처리했습니다. 이 입력을 이용하여 플레이어의 회전 및 이동 처리를 추가해 보겠습니다.

먼저 회전 처리를 하려고 합니다. 회전은 플레이어가 회전을 사용자의 마우스 입력, 혹은 키보드 입력에 따라 회전을 할 수 있을 것입니다. 이렇게 회전이라는 것은 플레이어의 제어가 필요합니다. 플레이어의 의도가 마우스를 이용해서 화면을 회전시키고 싶을 때, 캐릭터도 그 방향으로 같이 회전하고 싶을 수도 있고 아닐 수도 있습니다. 여기에서는 해당 내용에 관련된 설정에 대해 알아보도록 하겠습니다.

BP_TPSPlayer 블루프린트를 열어 주세요. 마우스를 이용한 회전 처리를 위해 총 3군데에 설정 요소가 있습니다. 컴포넌트 창에서 BP_TPSPlayer(Self)를 선택합니다. 혹은 [Class Defaults] 버튼을 눌러도 됩니다.

디테일 창에서 Rotation으로 검색하여 springArmComp와 Camera Options, Pawn 카테고리의 항목에서 다음 그림처럼 설정해 줍니다. Pawn의 Use Controller Rotation은 각 회전축으로 사용자의 입력에 따라 회전시킬지의 여부를 나타냅니다. 여기에서는 Yaw 값만 적용되도록 체크하겠습니다.

springArmComp의 Use Pawn Control Rotation 체크박스가 있습니다. 이 값은 폰에 회전 입력이 들어 오면 스프링암 컴포넌트를 회전시킬 지의 여부를 나타냅니다. 이 값은 체크하여 활성화시켜 줍니다.

마지막으로 Camera Options 카테고리를 보면 이곳에도 Use Pawn Control Rotation이 있습니다. 이 설정도 마찬가지로 폰의 회전 입력을 사용할지의 여부를 나태내는 설정입니다. 스프링암의 자식으로 등록된 카메라는 스프링암의 움직임에 따라가도록 이 값은 체크하지 않겠습니다.

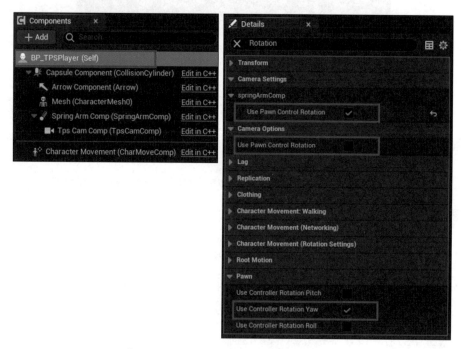

[그림 3.1-63] BP_TPSPlayer 의 회전 설정하기

그럼 이제 C++ 코드를 작성하여 사용자 입력에 따른 회전 처리를 구현해 보겠습니다. TPSPlayer .cpp 소스 코드로 이동합니다. 블루프린트에서 설정한 회전 값들을 생성자 함수에 등록해주겠습니다. 스프링암 컴포넌트의 bUsePawnControlRotation 변수에 true, 카메라 컴포넌트의

bUsePawnControlRotation에는 false를 넣어 줍니다. 그리고 클래스디폴트 설정 값으로 bUseControllerRotationYaw 변수에 true를 넣어 줍니다.

```cpp
ATPSPlayer::ATPSPlayer()
{
    … (생략) …

    // 3. TPS 카메라를 붙이고 싶다.
    // 3-1. SpringArm 컴포넌트 붙이기
    springArmComp = CreateDefaultSubobject<USpringArmComponent>(TEXT("SpringArmComp"));
    springArmComp->SetupAttachment(RootComponent);
    springArmComp->SetRelativeLocation(FVector(0, 70, 90));
    springArmComp->TargetArmLength = 400;
    springArmComp->bUsePawnControlRotation = true;
    // 3-2. Camera 컴포넌트 붙이기
    tpsCamComp = CreateDefaultSubobject<UCameraComponent>(TEXT("TpsCamComp"));
    tpsCamComp->SetupAttachment(springArmComp);
    tpsCamComp->bUsePawnControlRotation = false;

    bUseControllerRotationYaw = true;
}
```

[코드 3.1-19] TPSPlayer.cpp 입력에 따른 회전 설정하기

이제 사용자의 마우스 입력을 처리할 함수를 추가해 주겠습니다. TPSPlayer.h 헤더 파일로 이동합니다. 참고로, 비주얼 어시스트(Visual Assist)를 사용하고 있다면 간단히 [Alt]+[O] 키를 눌러 헤더 파일로 넘어갈 수 있습니다. 헤더 파일의 맨 아래에 UInputMappingContext* 타입의 imc_TPS 를 선언해 줍니다. 그리고 UInputAction* 타입의 ia_LookUp 및 ia_Turn 을 각각 선언해 줍니다. 이 멤버 변수들은 언리얼 에디터에서 할당해 주려고 합니다. 그래서 UPROPERTY() 매크로를 사용해서 에디터에 노출시켜 주겠습니다. 카테고리는 "Input"으로 지정하겠습니다.

```
UCLASS()
class TPSPROJECT_API ATPSPlayer : public ACharacter
{
    … (생략) …

public:
    UPROPERTY(EditDefaultsOnly, Category="Input")
    class UInputMappingContext* imc_TPS;
    UPROPERTY(EditDefaultsOnly, Category="Input")
    class UInputAction* ia_LookUp;
    UPROPERTY(EditDefaultsOnly, Category="Input")
    class UInputAction* ia_Turn;
}
```

[코드 3.1-20] **TPSPlayer.h** 입력 관련 속성 추가하기

다음으로는 입력을 처리할 함수 Turn( ), LookUp( )을 추가해 주도록 하겠습니다.

```
UCLASS()
class TPSPROJECT_API ATPSPlayer : public ACharacter
{
    … (생략) …
    UPROPERTY(EditDefaultsOnly, Category="Input")
    class UInputAction* ia_Turn;

    // 좌우 회전 입력 처리
    void Turn(const struct FInputActionValue& inputValue);
    // 상하 회전 입력 처리
    void LookUp(const struct FInputActionValue& inputValue);

};
```

[코드 3.1-21] **TPSPlayer.h** 상하좌우 회전 처리 함수 선언하기

이제 TPSPlayer.cpp로 이동합니다. SetupPlayerInputComponent( ) 함수 아래에 Turn( ) 함수와 LookUp( ) 함수의 구현부를 추가합니다. Turn( ) 함수에는 AddControllerYawInput 함수를 호출

하여 Yaw 방향으로 회전 처리하는 내용을 넣습니다.

마찬가지로 위아래로 회전할 수 있도록 LookUp() 함수에는 AddControllerPitchInput를 호출합니다. 인자 값으로 들어오는 inputValue는 IA_LookUp 및 IA_Turn 애셋에서 Value Type을 float 로 설정해 주었기 때문에 float 타입으로 가져와 사용합니다.

이제 이 두 함수를 SetupPlayerInputComponent() 함수에서 바인딩 처리 합니다. 멤버 변수로 등록한 ia_LookUp, ia_Turn을 처리할 함수로 지금 만들어 준 함수를 각각 묶어 주는(Binding) 것입니다.

```cpp
void ATPSPlayer::SetupPlayerInputComponent(UInputComponent* PlayerInputComponent)
{
    Super::SetupPlayerInputComponent(PlayerInputComponent);

    auto PlayerInput = CastChecked<UEnhancedInputComponent>(PlayerInputComponent);
    if (PlayerInput)
    {
        PlayerInput->BindAction(ia_Turn, ETriggerEvent::Triggered, this,
&ATPSPlayer::Turn);
        PlayerInput->BindAction(ia_LookUp, ETriggerEvent::Triggered, this,
&ATPSPlayer::LookUp);
    }
}

void ATPSPlayer::Turn(const FInputActionValue& inputValue)
{
    float value = inputValue.Get<float>();
    AddControllerYawInput(value);
}

void ATPSPlayer::LookUp(const FInputActionValue& inputValue)
{
    float value = inputValue.Get<float>();
    AddControllerPitchInput(value);
}
```

[코드 3.1-22] TPSPlayer.cpp 상하좌우 회전 처리 함수 구현하기

참고로 3차원 좌표계를 사용할 때 이동에 대한 좌표계는 X축, Y축, Z축을 이용하여 사용합니다. 그리고 각 축을 기준으로 회전할 때 X축 회전은 Roll, Y축 회전은 Pitch, Z축 회전은 Yaw라는 용어로 사용하게 됩니다. 다음 그림은 각 축을 기준으로 회전시켰을 때의 회전 모습을 표시한 것입니다.

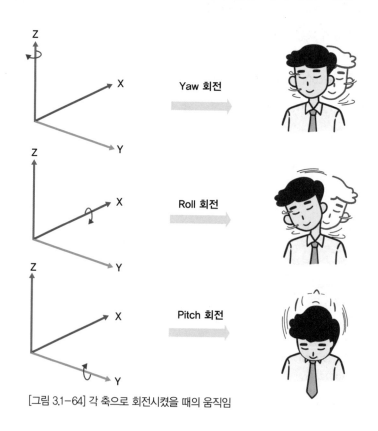

[그림 3.1-64] 각 축으로 회전시켰을 때의 움직임

이번에는 인핸스드 인풋 시스템이 imc_TPS를 사용하도록 BeginPlay() 함수에서 등록 처리해 주는 코드를 추가해 줍니다. 먼저 APlayerController 의 GetLocalPlayer() 함수를 이용해서 UEnhancedInputLocalPlayerSubsystem 타입의 서브시스템을 얻어옵니다. 이를 이용해서 AddMappingContext() 함수에 imc_TPS를 넘겨주고, 입력 처리 우선순위를 가장 높게 0번으로 설정합니다. 마지막으로 TPSPlayer.cpp 파일 맨위에 인핸스드 인풋 관련 헤더들을 추가합니다.

```
#include "EnhancedInputSubsystems.h"
#include "EnhancedInputComponent.h"
#include "InputActionValue.h"
```

```
void ATPSPlayer::BeginPlay()
{
    Super::BeginPlay();

    auto pc = Cast<APlayerController>(Controller);
    if (pc)
    {
        auto subsystem = ULocalPlayer::GetSubsystem<UEnhancedInputLocalPlayerSubsyste
m>(pc->GetLocalPlayer());
        if (subsystem)
        {
            subsystem->AddMappingContext(imc_TPS, 0);
        }
    }
}
```

[코드 3.1-23] **TPSPlayer.cpp** 인핸스드인풋시스템에 imc_TPS 등록하기

이제 빌드를 하면 링크 관련 오류가 발생합니다. 이유는 사용할 모듈에 EnhancedInput을 추가하지
않았기 때문에 발생하는 오류입니다. 이를 해결하기위해 비주얼 스튜디오에서 TPSProject.Build.cs 파
일을 열어 줍니다. PublicDependencyModuleNames 클래스에 "EnhancedInput"을 추가해 줍니다.

```
using UnrealBuildTool;

public class TPSProject : ModuleRules
{
    public TPSProject(ReadOnlyTargetRules Target) : base(Target)
    {
        PCHUsage = PCHUsageMode.UseExplicitOrSharedPCHs;

        PublicDependencyModuleNames.AddRange(new string[] { "Core", "CoreUObject",
"Engine", " "InputCore", "EnhancedInput" });
    }
}
```

[코드 3.1-24] **TPSProject.Build.cs** EnhancedInput 모듈 등록하기

다시 빌드하고 성공하면 언리얼 에디터로 이동합니다. BP_TPSPlayer를 열어 줍니다. 컴포넌트 창의 BP_TPSPlayer를 선택하고 디테일 창으로 이동해 input으로 검색합니다.

Imc TPS, Ia Look Up, Ia Turn 항목에 각각 IMC_TPS, IA_LookUp, IA_Turn을 할당해 줍니다.

[그림 3.1-65] Input 애셋 할당하기

이제 플레이 버튼을 눌러 테스트해 보겠습니다. 마우스를 상하좌우로 이동해 보면 플레이어를 중심으로 카메라가 회전하는 것을 확인할 수 있습니다. 또한 카메라가 향하는 방향으로 플레이어도 함께 회전을 하게 됩니다. 단, Yaw 방향으로만 회전을 하는데 이것은 생성자 함수에서 bUseControllerRotationYaw에 true를 할당하여 카메라의 Yaw 방향 회전 값이 폰의 Yaw 방향에 적용되도록 설정 하였기 때문입니다. 현재 다른 회전 축들인 Pitch, Roll은 비활성화되어 있어 적용되지 않습니다.

[그림 3.1-66] 마우스 움직임에 따라 회전하는 모습

1

1.1
1.2
1.3
1.4
1.5

2

2.1
2.2
2.3
2.4
2.5
2.6

3

3.1
3.2
3.3

4

4.1
4.2
4.3
4.4
4.5

## ➜ 플레이어 이동

이번에는 플레이어의 이동 처리를 해 보겠습니다. 먼저, 사용자가 이동 키를 누르면 우리의 캐릭터가 이동하도록 처리하기 위해 Input Action 애셋을 만들어 주겠습니다. 콘텐트 브라우저에서 Input 폴더에 Input Action 타입의 애셋을 하나 만들고 이름을 IA_PlayerMove로 설정합니다. 그리고 Value Type은 좌우상하 입력 처리를 위해 Axis2D(Vector2D)로 설정해 주겠습니다.

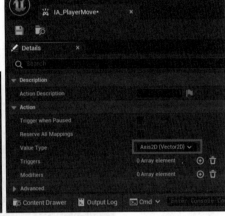

[그림 3.1-67] IA_PlayerMove 생성하기

이렇게 만들어진 IA_PlayerMove에 대한 키 맵핑 처리를 하기 위해 Input 폴더에 있는 IMC_TPS를 열어 줍니다. Mappings 카테고리의 [+] 버튼을 클릭해 사용할 인풋 액션을 하나 추가합니다. 추가된 입력에는 IA_PlayerMove를 등록합니다. IA_PlayerMove는 이동을 위한 입력으로 사용됩니다.

앞뒤좌우 이동을 위해 사용할 키는 Ⓦ, Ⓢ, Ⓓ, Ⓐ로 설정해 주겠습니다. IA_PlayerMove 옆의 [+] 버튼을 4번 클릭해서 요소들을 추가해 줍니다. 먼저 첫 번째 키에 앞에 해당하는 Ⓦ로 등록해 줍니다. 그리고 뒤에 해당하는 입력을 처리하기 위해 Ⓢ 키를 등록합니다. 뒤는 −1 값이 들어가도록 Modifiers에 [+] 버튼을 클릭해 요소를 하나 추가하고 Negate를 선택해 줍니다.

이번에는 오른쪽에 해당하는 키로 Ⓓ를 등록해 주겠습니다. 여기에서 값을 처리하기 위해 주의할 것이 있습니다. IA_PlayerMove의 Value Type은 Aixs2D(Vector2D)였습니다. 값으로 치면 X, Y 값이 들어간다는 얘기입니다. 그렇다면 앞에서 등록한 W, S 키 같은 경우는 X, Y 중 어디에 들어갈까요? 해당 키를 눌렀을 때 그 값은 바로 X에 들어가게 됩니다. 마찬가지로 이번에 사용할 D 키의 값도 X에 들어갑니다. 이렇게 되면 입력된 값을 이용해 이동 처리를 하고 싶을 때 모두 X 값에 들어오는 문제가 됩니다. 그래서 좌우 값은 Y 값에 들어오도록 설정해 주면 문제 없이 사용할 수 있습니다.

이를 위해 D 키의 Modifiers에 [+]를 클릭해 요소를 하나 추가하고 Swizzle Input Axis Values를 설정해 줍니다. 이렇게 하면 D 키를 눌렀을 때 X, Y, Z 순서가 아닌 Y, X, Z 순서로 값이 할당되도록 처리할 수 있습니다. 즉 D 키의 값이 Y에 할당됩니다.

이제 왼쪽에 해당하는 A 키를 등록하고 마찬가지로 Modifiers에 Swizzle Input Axis Values을 추가해 줍니다. 그리고 왼쪽이기 때문에 −1 값이 적용되도록 Negate도 하나 추가해 줍니다. 모든 세팅은 다음 [그림 3.1−68]과 같습니다.

[그림 3.1−68] IA_PlayerMove 키 맵핑 설정하기

모든 입력 맵핑 설정이 끝났다면 이제 코드에서 이동 처리를 구현하도록 하겠습니다. 플레이어 이동을 위해 필요한 속성은 얼마나 빨리 이동할지 여부와 어느 방향으로 이동해야 하는지입니다. 이 정보를 알아야 플레이어를 이동하겠죠? 그리고 이동 입력에 해당하는 인풋 액션 정보도 필요합니다. 다음은 구현할 목표와 필요 속성입니다.

>>> **목표** : 사용자의 좌우입력을 받아 이동하고 싶다.
>>> **필요 속성** : 인풋 액션, 이동 속도, 이동 방향

속성은 멤버 변수로 선언하여 사용합니다. TPSPlayer.h 헤더 파일로 이동합니다. 이곳에 이동 속도 walkSpeed 및 방향에 대한 속성 direction을 선언하고 UInputAction* 타입의 ia_Move 를 추가해 줍니다. 그리고 이동 입력 이벤트를 처리할 Move() 함수를 선언해 주겠습니다.

```
… (생략) …

// 목표: 사용자의 좌우 입력을 받아 이동하고 싶다.
// 필요 속성: 이동 속도, 이동 방향
UCLASS( )
class TPSPROJECT_API ATPSPlayer : public ACharacter
{
        … (생략) …

public:
        … (생략) …

        // 좌우 회전 입력 처리
        void Turn(float value);
        // 상하 회전 입력 처리
        void LookUp(float value);

        UPROPERTY(EditDefaultsOnly, Category = "Input")
        class UInputAction* ia_Move;
        // 이동 속도
        UPROPERTY(EditAnywhere, Category = PlayerSetting)
        float walkSpeed = 600;
        // 이동 방향
```

```
    FVector direction;

    void Move(const struct FInputActionValue& inputValue);
};
```

[코드 3.1-25] TPSPlayer.h 이동 속성 및 처리 함수 선언하기

이렇게 등록된 값을 소스 파일로 이동하여 구현합니다. TPSPlayer.cpp 파일로 이동하여 Move()
함수를 구현합니다. 이 함수는 사용자의 좌우 입력 이벤트가 들어올 때 호출됩니다. Move() 함수
의 파라미터로 넘어오는 값은 FVector2D 타입입니다. 따라서 Get() 템플릿 함수에 FVector2D 형
태로 값을 넘겨주도록 호출합니다. 이 값을 멤버 변수인 direction의 Y(좌우 방향을 뜻함), X(앞
뒤 방향을 뜻함)에 각각 넣어주도록 합니다. 마지막으로 SetupPlayerInputComponent 함수에서
ia_Move를 등록하여 Move() 함수와 바인딩해 주겠습니다.

```
… (생략) …

void ATPSPlayer::SetupPlayerInputComponent(UInputComponent* PlayerInputComponent)
{
    Super::SetupPlayerInputComponent(PlayerInputComponent);

    auto PlayerInput = CastChecked<UEnhancedInputComponent>(PlayerInputComponent);
    if (PlayerInput)
    {
        PlayerInput->BindAction(ia_Turn, ETriggerEvent::Triggered, this,
&ATPSPlayer::Turn);
        PlayerInput->BindAction(ia_LookUp, ETriggerEvent::Triggered, this,
&ATPSPlayer::LookUp);
        PlayerInput->BindAction(ia_Move, ETriggerEvent::Triggered, this,
&ATPSPlayer::Move);
    }
}

void ATPSPlayer::Move(const struct FInputActionValue& inputValue)
{
    FVector2D value = inputValue.Get<FVector2D>();
    // 상하 입력 이벤트 처리
```

1

1.1
1.2
1.3
1.4
1.5

2

2.1
2.2
2.3
2.4
2.5
2.6

3

3.1
3.2
3.3

4

4.1
4.2
4.3
4.4
4.5

```
    direction.X = value.X;
    // 좌우 입력 이벤트 처리
    direction.Y = value.Y;
}
```

[코드 3.1-26] TPSPlayer.cpp 상하좌우 이동 처리 함수 구현 및 바인딩하기

사용자의 입력 이벤트를 처리할 함수 구현이 끝났으니 상하좌우 입력이 들어오면 direction 멤버 변수에 값이 들어가게 됩니다. 라이프사이클 함수 중 객체가 살아있는 동안 계속 호출되는 Tick 함수에서 이동 처리를 하겠습니다. TPSPlayer.cpp의 Tick 함수에 등속 운동 공식을 이용하여 플레이어를 이동하는 코드를 작성합니다. 물체 이동을 위한 등속 운동 공식은 다음과 같습니다.

> **》》 등속 운동 공식**
> P(결과 위치) = P0(현재 위치) + v(속도) x t(시간)

여기서 속도를 뜻하는 v는 크기와 방향으로 이루어진 벡터라는 것을 알 수 있겠죠? 그럼 이 공식에 맞도록 구현해 보겠습니다. 먼저 현재 위치 P0는 GetActorLocation 함수를 이용하여 구해옵니다. 그리고 속도 v는 사용자 입력으로부터 구한 방향 direction 변수와 걷는 속도 크기 walkSpeed 를 곱하여 만듭니다. 여기에 시간 DeltaTime 값을 넣어 v × t를 구합니다. 이렇게 구한 값을 등속 운동 공식에 넣어 결과 위치 P를 구하고 SetActorLocation 함수의 인자로 전달하여 위치를 업데이트해 줍니다. 마지막으로 방향 direction의 모든 요소(x, y, z)에 0을 할당하여 초기화합니다.

```
… (생략) …
void ATPSPlayer::Tick(float DeltaTime)
{
    Super::Tick(DeltaTime);

    // 플레이어 이동 처리
    // 등속 운동
    // P(결과 위치) = P0(현재 위치) + v(속도) x t(시간)
    FVector P0 = GetActorLocation( );
```

```
    FVector vt = direction * walkSpeed * DeltaTime;
    FVector P = P0 + vt;
    SetActorLocation(P);
    direction = FVector::ZeroVector;
}
```

[코드 3.1-27] TPSPlayer.cpp 플레이어 이동 구현하기

direction 값은 사용자의 입력이 들어오면 그때
또 업데이트되겠죠? 결과를 확인해 보겠습니다. 비
주얼 스튜디오를 빌드하고 언리얼 에디터로 이동합
니다. BP_TPSPlayer 블루프린트 에디터를 열고 디
테일 창에서 Ia Move에 IA_PlayerMove를 할당해
줍니다.

[그림 3.1-69] IA_PlayerMove 등록하기

이제 [플레이] 버튼을 누르고 W, S, D, A 혹은 상하좌우 키를 이용하여 플레이어를 이동해 봅
니다. 또한 마우스를 움직여 카메라를 회전시켜도 봅니다. 사용자의 입력에 따라 제어가 잘 되는
것을 확인할 수 있을 것입니다.

하지만 자세히 보면 카메라가 바라보는 방향으로 이동하지 않는 문제가 보입니다. 플레이어가 앞을
보고 있을 때 앞으로 이동 버튼을 누르면 바라보는 방향에서의 앞으로 이동하고 싶은데 우리가 지금
구현한 내용에서는 이렇게 되고 있지 않습니다. 원인은 이동 방향 벡터에 있습니다. 이동 좌표는
크게 절대 좌표와 상대 좌표로 나눌 수 있습니다. 절대 좌표는 '동서남북'처럼 어느 액터에서도 동
일한 좌표를 의미하고, 상대 좌표는 '철수의 오른쪽', '영희의 앞쪽'과 같이 어떤 주체를 기준으로 본
좌표를 의미합니다.

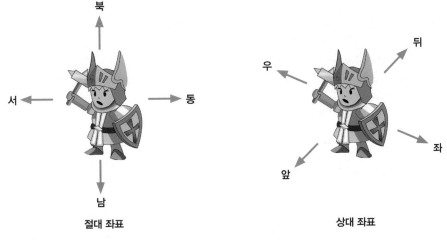

[그림 3.1-70] 절대좌표(좌)와 상대좌표(우)

방금 작성한 코드에서의 이동 방향 벡터(direction)는 기준이 되는 주체 없이 누구에게나 동일한 방향을 가리키는 절대 좌표(월드 좌표)로의 이동 벡터입니다. Up(↑) 키를 누르면 무조건 x축에 1 값이 들어가게 되는 구조인 것이죠. 플레이어의 방향은 고려하지 않고 무조건 월드 상에서의 앞으로 이동하는 오류입니다. 다른 방향도 마찬가지겠죠?

이 오류를 플레이어가 바라보는 방향, 즉 컨트롤하고 있는 방향(상대 좌표)에서의 앞으로 이동하도록 하면 해결될 것입니다. TPSPlayer.cpp의 Tick 함수로 이동합니다. GetControlRotation 함수는 이 플레이어 폰을 컨트롤하고 있는 컨트롤러의 방향을 FRotator 타입으로 넘겨 줍니다. 이 값을 FTransform의 생성자에 넣어 트랜스폼 인스턴스를 하나 만들어 줍니다. FTransform에는 특정한 이동 벡터를 자신의 기준으로 변환해주는 TransformVector 함수가 구현되어 있습니다. 이 함수를 이용하여 우리가 구한 direction 벡터를 변경시켜 주겠습니다.

```cpp
void ATPSPlayer::Tick(float DeltaTime)
{
    Super::Tick(DeltaTime);

    // 플레이어 이동 처리
    // 등속 운동
    // P(결과 위치) = P0(현재 위치) + v(속도) x t(시간)
```

```
    direction = FTransform(GetControlRotation()).TransformVector(direction);
    FVector P0 = GetActorLocation();
    FVector vt = direction * walkSpeed * DeltaTime;
    FVector P = P0 + vt;
    SetActorLocation(P);
    direction = FVector::ZeroVector;
}
```

[코드 3.1-28] TPSPlayer.cpp 이동 방향을 컨트롤 방향 기준으로 변환하기

다시 빌드하고 언리얼 에디터로 이동하여 실행시켜 보면 이제 정상적으로 원하는 방향으로의 회전과 이동이 동작하는 것을 확인할 수 있을 것입니다. 이렇게 등속·등가속 운동을 이용하여 물체의 움직임을 우리가 직접 구현할 수 있습니다. 하지만 간단하더라도 이런 물리적인 법칙을 잘 적용하여 코드로 옮기는 것이 그리 쉬운 일은 아닙니다. 그래서 언리얼 게임 프레임워크에는 캐릭터의 움직임을 처리해 줄 'Character Movement'라는 컴포넌트를 제공합니다.

이 컴포넌트의 기능을 이용하면 언리얼을 이용해 상용화된 수많은 게임에서 활용하고 있는 움직임을 우리 콘텐츠에서도 표현이 가능합니다. 캐릭터 무브먼트 컴포넌트의 이동 및 회전, 점프 등의 기능은 Character 클래스에서 제공합니다.

그럼 등속 운동 코드를 캐릭터 클래스에서 제공하고 있는 기능으로 변경해 보겠습니다. 마찬가지로 TPSPlayer.cpp의 Tick 함수입니다. 이곳에서 AddMovementInput() 함수를 이용하여 등속 운동 코드를 대체합니다.

참고로 AddMovementInput() 함수의 Scale 인수 값은 direction 벡터에 이미 반영되어 있기 때문에 생략 가능합니다. 그리고 walkSpeed를 현재 이곳에서 사용하고 있지 않습니다. 이는 Character Movement 컴포넌트의 속성에 이미 들어 있기 때문입니다. 알파 버전 제작하기로 넘어갔을 때 움직임을 걷기, 달리기로 나눌 때 다시 walkSpeed 변수를 활용합니다.

1

1.1
1.2
1.3
1.4
1.5

2

2.1
2.2
2.3
2.4
2.5
2.6

3

3.1
3.2
3.3

4

4.1
4.2
4.3
4.4
4.5

```
void ATPSPlayer::Tick(float DeltaTime)
{
    Super::Tick(DeltaTime);

    // 플레이어 이동 처리
    // 등속 운동
    // P(결과 위치) = P0(현재 위치) + v(속도) x t(시간)
    direction = FTransform(GetControlRotation()).TransformVector(direction);
    /*FVector P0 = GetActorLocation();
    FVector vt = direction * walkSpeed * DeltaTime;
    FVector P = P0 + vt;
    SetActorLocation(P);*/
    AddMovementInput(direction);
    direction = FVector::ZeroVector;
}
```

[코드 3.1-29] **TPSPlayer.cpp** AddMovementInput 함수를 이용한 이동 처리

빌드하고 실행해 보면 결과가 같게 나오는 것을 확인할 수 있을 것입니다. 캐릭터 클래스의 기능을 이용하면 점프도 간단히 구현 가능합니다. 언리얼 에디터로 이동하여 콘텐트 브라우저의 Input 폴더에 Input Action 타입 애셋을 하나 만들고 IA_PlayerJump로 변경해 줍니다. IA_PlayerJump에 디터를 열고 Value Type을 Digital (bool)로 설정해 보겠습니다.

[그림 3.1-71] IA_PalyerJump 생성 및 설정하기

키 맵핑을 위해 IMC_TPS를 열고 Mappings의 [+] 버튼을 눌러 인풋 액션을 하나 추가해 줍니다.

추가된 항목에 IA_PlayerJump를 할당합니다. 사용할 키로 [Space Bar]를 등록해 줍니다.

[그림 3.1-72] IA_PlayerJump 키 맵핑 설정하기

이제 점프 기능을 구현해 보겠습니다. TPSPlayer.h 헤더 파일로 이동하여 맨 아래에 점프 입력을 처리할 UInputAction* 타입의 ia_Jump를 선언해 줍니다. 그리고 입력 처리를 담당할 함수 InputJump()를 선언해 보겠습니다.

```
class TPSPROJECT_API ATPSPlayer : public ACharacter
{
        … (생략) …


public:
        … (생략) …


    void Move(const struct FInputActionValue& inputValue);

    UPROPERTY(EditDefaultsOnly, Category = "Input")
    class UInputAction* ia_Jump;
    // 점프 입력 이벤트 처리 함수
    void InputJump(const struct FInputActionValue& inputValue);
};
```

[코드 3.1-30] **TPSPlayer.h** Jump 관련 멤버 선언

선언된 InputJump 함수를 구현하도록 하죠. TPSPlayer.cpp의 SetupPlayerInputComponent( ) 함수로 이동합니다. 먼저 점프 입력 바인딩을 해야겠죠? SetupPlayerInputComponent( ) 함수 맨 아래에 BindAction( )을 이용하여 Jump 입력을 처리할 InputJump( ) 함수와 ia_Jump를 바인딩해 줍니다. 마지막으로 InputJump( ) 함수의 구현부를 추가합니다. 구현은 단순하죠. 캐릭터 클래스의 기능 중 Jump( )를 호출해 주면 됩니다.

```cpp
void ATPSPlayer::SetupPlayerInputComponent(UInputComponent* PlayerInputComponent)
{
    Super::SetupPlayerInputComponent(PlayerInputComponent);

    auto PlayerInput = CastChecked<UEnhancedInputComponent>(PlayerInputComponent);
    if (PlayerInput)
    {
        PlayerInput->BindAction(ia_Turn, ETriggerEvent::Triggered, this,
&ATPSPlayer::Turn);
        PlayerInput->BindAction(ia_LookUp, ETriggerEvent::Triggered, this,
&ATPSPlayer::LookUp);
        PlayerInput->BindAction(ia_Move, ETriggerEvent::Triggered, this,
&ATPSPlayer::Move);
        PlayerInput->BindAction(ia_Jump, ETriggerEvent::Started, this,
&ATPSPlayer::InputJump);
    }
}

void ATPSPlayer::InputJump(const struct FInputActionValue& inputValue)
{
    Jump();
}
```

[코드 3.1-31] TPSPlayer.cpp InputJump 함수 구현하기

빌드하고 언리얼 에디터로 이동합니다. BP_TPSPlayer 블루프린트 에디터를 열어 줍니다. 디테일 창에서 Ia Jump 항목에 IA_PlayerJump를 할당해 줍니다. 이제 실행하여 Spacebar를 눌러 보겠습니다. 정상적으로 점프가 잘 되는 것을 확인할 수 있을 것입니다.

1

1.1
1.2
1.3
1.4
1.5

2

2.1
2.2
2.3
2.4
2.5
2.6

3

3.1
3.2
3.3

4

4.1
4.2
4.3
4.4
4.5

[그림 3.1-74] Jump 결과

 

캐릭터 점프에 대한 설정은 캐릭터 무브먼트 컴포넌트에 있습니다. 다음은 BP_TPSPlayer 블루프린트의 캐릭터 무브먼트 컴포넌트에서 점프에 관련된 디테일 속성 내용입니다. 여기에서 Jump Z Velocity는 점프 높이이며, Air Control은 공중에서 사용자가 컨트롤할 수 있는 정도입니다. 0에서 1 사이의 값으로 조절합니다.

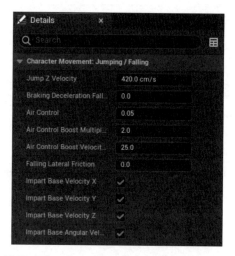

[그림 3.1-75] CharacterMovement 컴포넌트의 점프 속성

이외에도 다중 점프가 필요하다면 JumpMaxCount 변수를 수정하면 됩니다. 다음은 2단 점프를 지원하도록 생성자 함수에 JumpMaxCount를 2로 설정한 내용입니다.

```
ATPSPlayer::ATPSPlayer()
{
        … (생략) …

        bUseControllerRotationYaw = true;
        // 2단 점프
        JumpMaxCount = 2;
}
```

[코드 3.1-32] TPSPlayer.cpp 다중 점프 지원하기

이렇게 간단한 이동 처리를 알아봤습니다. 마지막으로 Tick() 함수 내용이 너무 길어질 수 있어 이동 코드를 PlayerMove()라는 이름의 함수를 하나 만들어 그리로 이동시켜 주겠습니다. TPSPlayer.h 헤더 파일로 이동합니다. InputJump() 선언 밑에 PlayerMove() 함수 선언을 추가해 줍니다.

```
class TPSPROJECT_API ATPSPlayer : public ACharacter
{
        … (생략) …

public:
        … (생략) …

        // 점프 입력 이벤트 처리 함수
        void InputJump(const struct FInputActionValue& inputValue);

        // 플레이어 이동 처리
        void PlayerMove();
};
```

[코드 3.1-33] TPSPlayer.h PlayerMove 함수 선언 추가하기

1

1.1
1.2
1.3
1.4
1.5

2

2.1
2.2
2.3
2.4
2.5
2.6

3

3.1
3.2
3.3

4

4.1
4.2
4.3
4.4
4.5

이번에는 TPSPlayer.cpp 파일로 이동합니다. PlayerMove() 함수의 구현부를 추가하고 Tick() 함수에 작성한 플레이어 이동코드를 PlayerMove() 함수로 이동합니다. Tick() 함수에서는 PlayerMove() 함수를 호출할 수 있도록 작성하여 마무리합니다.

```cpp
void ATPSPlayer::Tick(float DeltaTime)
{
    Super::Tick(DeltaTime);

    PlayerMove();
}

void ATPSPlayer::PlayerMove()
{
    // 플레이어 이동 처리
    direction = FTransform(GetControlRotation()).TransformVector(direction);
    AddMovementInput(direction);
    direction = FVector::ZeroVector;
}
```

[코드 3.1-34] **TPSPlayer.cpp** PlayerMove 함수 구현 추가하기

저장하고 빌드합니다. 다시 언리얼 에디터로 이동하여 실행해 보면 결과가 같은 것을 확인할 수 있을 것입니다.

### Tip

### 스프링암 컴포넌트의 Lag 속성

추가로 하나만 더 언급하자면 스프링암 컴포넌트의 Lag 속성이 있습니다. 이 속성은 3인칭 모드의 카메라가 타깃을 따라 이동 또는 회전할 때 지연되어 부드럽게 따라갈 수 있도록 처리합니다. TPS 게임에서는 사용하기 애매하지만 다른 3인칭 콘텐츠에서는 사용하면 멋진 카메라 움직임을 표현할 수 있습니다. Enable Camera Lag와 Enable Camera Rotation Lag를 활성화하고 테스트해 보면 차이를 확인할 수 있습니다. 우리는 딜레이가 생기면 조준하는데 어려움이 있기 때문에 이 기능을 활용하지 않겠습니다. 테스트만으로 결과를 확인해 보세요.

[그림 3.1-76] 스프링암 컴포넌트의 Lag 속성

1

1.1
1.2
1.3
1.4
1.5

2

2.1
2.2
2.3
2.4
2.5
2.6

3

3.1
3.2
3.3

4

4.1
4.2
4.3
4.4
4.5

## 3.1-5 총알 제작하기 ·········································

이번에는 사용자가 발사 버튼을 눌렀을 때 발사할 총알을 만들어 보겠습니다. *2장 슈팅 게임 제 작하기*에서 총알을 등속 운동 공식으로 제작했다면 이번 장에서는 언리얼 엔진에서 제공하는 물리 엔진을 이용하여 제작을 하겠습니다.

> ✕ **학습 목표**
>
> 총알을 만들고 싶다.
>
> ✕ **구현 순서**
>
> ❶ Bullet 클래스 생성하기
> ❷ 필요 컴포넌트 추가하기
> ❸ 블루프린트 Bullet 만들고 테스트하기

### ➜ Bullet 클래스 생성하기

총알은 월드 상에 나타날 액터이기 때문에 총알만을 위한 액터 클래스를 만들어서 제어하도록 하 겠습니다. 언리얼 에디터의 콘텐트 브라우저로 이동합니다. C++ Classes 폴더를 선택하고 오른쪽 소스 폴더에서 마우스 오른쪽 버튼을 클릭합니다. 하위 메뉴로 보이는 [New C++ Class…]를 선택

합니다. C++ 클래스를 만들기 위해 앞으로도 계속 이 과정을 진행합니다. 이후 이 과정의 설명은 생략됩니다.

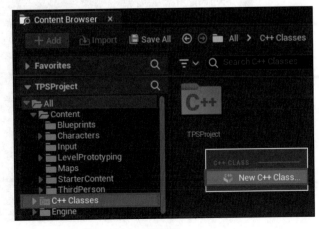

[그림 3.1-77] 새 C++ 클래스 생성 메뉴

부모 클래스는 Actor로 선택해 줍니다. 플레이어가 날아가는 총알을 이리저리 움직이도록 제어하지 않을 것이기 때문에 제어가 필요 없는 객체는 폰 기반이 아닌 액터를 사용합니다.

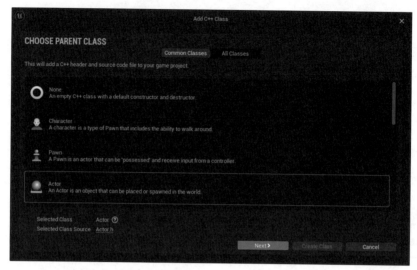

[그림 3.1-78] 부모 클래스를 Actor로 선택하기

클래스의 이름은 Bullet으로 정하고 [Create Class] 버튼을 클릭하여 클래스를 생성합니다. 2장의 슈팅 게임과 진행이 같죠? 계속 버전업이 되는 형태로 진행되니 앞 단원을 잘 따라왔다면 쉽게 쉽게 진행될 것입니다.

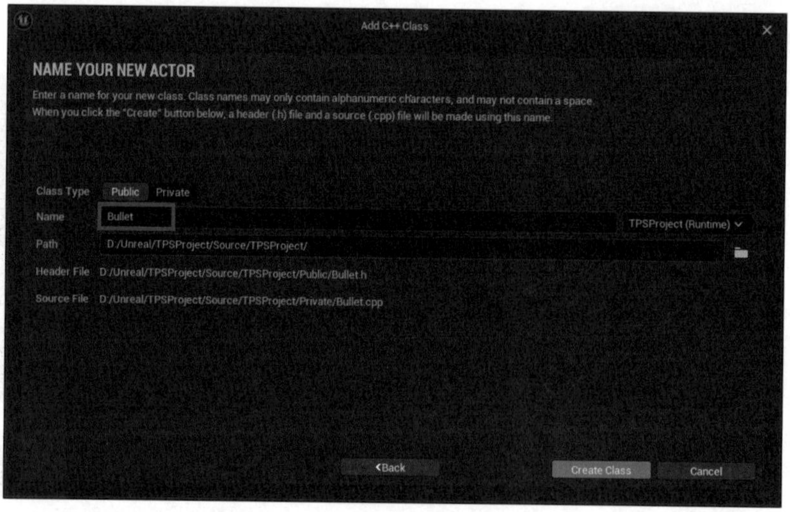

[그림 3.1-79] 클래스 이름을 'Bullet'으로 설정하기

정상적으로 클래스가 생성되면 비주얼 스튜디오가 열리고 Bullet.h, Bullet.cpp 두 개의 파일이 솔루션 탐색기에 추가된 것을 확인할 수 있습니다.

[그림 3.1-80] 프로젝트에 추가된 Bullet 클래스

## → 필요한 컴포넌트 추가하기

생성된 Bullet 클래스에 필요한 컴포넌트들을 추가하도록 하겠습니다. *2장 슈팅 게임 제작하기*에서는 직접 등속 운동을 이용하여 총알의 움직임을 처리했지만, 생각해 보면 아주 간단한 내용만을 다루었다는 것을 알 수 있습니다. 물체가 다른 물체와 충돌하면 단순하게 이벤트만 발생하는 것이 아니라 튕겨져 나가게 될 것입니다. 또한 그때 물체의 회전 및 에너지 감소가 발생하여 힘이 약해지고, 물체의 물리적인 재질(고무, 돌, 쇠 등) 형태에 따라서 탄성의 표현도 필요할 것입니다. 상당히 복잡해지죠?

이를 위해 언리얼 엔진에서 제공하는 물리를 이용하여 간단히 해당 내용을 표현할 수 있습니다. 발사체 형태의 물리 기능을 제공하는 컴포넌트인 UProjectileMovementComponent를 이번에 사용해 보겠습니다.

헤더 파일로 이동합니다. Bullet.h 파일을 열어 주세요. UProjectileMovementComponent 유형의 멤버 변수 movementComp를 추가해 줍니다. 언리얼에서는 메모리 관리 및 리플렉션 등을 위해 UPROPERTY 매크로를 사용하니 기억해 두세요.

컴포넌트의 디테일 속성을 수정 가능하되 컴포넌트 자체를 변경하지는 못하도록 Visible Anywhere 접근 권한을 줍니다. 카테고리는 Movement로 지정합니다. class 키워드를 붙여 클래스 전방 선언을 표시하면 헤더 파일에 따로 UProjectileMovementComponent를 위한 헤더를 include 하지 않아도 됩니다. 이렇게 하면 클래스의 순환 참조 같은 오류를 방지할 수 있고 컴파일 속도도 높일 수 있습니다. 또한 클래스 전방 선언은 참조하고자 하는 클래스의 존재 여부만을 알고 있습니다. 클래스의 구체적인 크기에 관한 정보는 알 수 없죠. 따라서 포인터로만 선언될 수 있다는 것을 알아 두세요.

```cpp
#pragma once

#include "CoreMinimal.h"
#include "GameFramework/Actor.h"
#include "Bullet.generated.h"

UCLASS()
class TPSPROJECT_API ABullet : public AActor
{
    GENERATED_BODY()

public:
    // 이 액터의 속성에 대한 기본값을 설정(Sets default values for this actor's properties)
    ABullet();

protected:
    // 게임이 시작되거나 스폰될 때 호출됨(Called when the game starts or when spawned)
    virtual void BeginPlay() override;

public:
    // 매 프레임마다 호출됨(Called every frame)
    virtual void Tick(float DeltaTime) override;

public:
    // 발사체의 이동을 담당할 컴포넌트
    UPROPERTY(VisibleAnywhere, Category=Movement)
    class UProjectileMovementComponent* movementComp;
};
```

[코드 3.1-35] Bullet.h UProjectilemovement 멤버 변수 추가하기

이번에는 총알의 충돌체 컴포넌트와 외관을 담당하는 스태틱메시 컴포넌트를 추가합니다. movementComp 멤버 변수 아래에 USphereComponent, UStaticMeshComponent 유형의 멤버 변수를 추가해 줍니다.

```
… (생략) …
UCLASS()
class TPSPROJECT_API ABullet : public AActor
{
        … (생략) …

public:
        // 발사체의 이동을 담당할 컴포넌트
        UPROPERTY(VisibleAnywhere, Category=Movement)
        class UProjectileMovementComponent* movementComp;
        // 충돌 컴포넌트
        UPROPERTY(VisibleAnywhere, Category = Collision)
        class USphereComponent* collisionComp;
        // 외관 컴포넌트
        UPROPERTY(VisibleAnywhere, Category = BodyMesh)
        class UStaticMeshComponent* bodyMeshComp;
};
```

[코드 3.1-36] Bullet.h 충돌체 및 외관 컴포넌트 멤버 변수 추가하기

그럼 생성자 함수에서 이 컴포넌트들을 액터에 추가시키겠습니다. Bullet.cpp 파일의 생성자 함수로 이동합니다. 먼저 충돌체 인스턴스를 만들어 등록하고 collisionComp 변수에 담아 줍니다. 그리고 충돌체의 충돌 프로파일을 BlockAll로 지정하여 모든 물체와 부딪혀 튕길 수 있도록 하겠습니다. 충돌체의 크기는 SetSphereRadius() 함수를 이용하여 '13'으로 설정합니다. 이제 이 충돌체 컴포넌트를 루트 컴포넌트로 등록합니다. 마지막으로 USphereComponent를 사용하기 위해 위쪽에 #include <Components/SphereComponent.h>를 추가해 줍니다.

```
#include "Bullet.h"
#include <Components/SphereComponent.h>
```

```
ABullet::ABullet()
{
    PrimaryActorTick.bCanEverTick = true;

    // 1. 충돌체 등록하기
    collisionComp = CreateDefaultSubobject<USphereComponent>(TEXT("CollisionComp"));
    // 2. 충돌 프로파일 설정
    collisionComp->SetCollisionProfileName(TEXT("BlockAll"));
    // 3. 충돌체 크기 설정
    collisionComp->SetSphereRadius(13);
    // 4. 루트로 등록
    RootComponent = collisionComp;
}
```

[코드 3.1-37] **Bullet.cpp** 충돌체 컴포넌트 추가하기

이번에는 외관을 담당하는 스태틱메시 컴포넌트를 추가해 줍니다. UStaticMeshComponent 인스턴스를 하나 만들어 주고 bodyMeshComp 멤버 변수에 할당합니다. 이 컴포넌트의 부모 컴포넌트로 collisionComp를 지정합니다. 스태틱메시 컴포넌트도 충돌체를 갖고 있습니다. 충돌체 컴포넌트를 별도로 사용하고 있기 때문에 스태틱메시의 충돌은 SetCollisionEnabled() 함수에 ECollisionEnabled::NoCollision 값을 인수로 넘겨 꺼주도록 하겠습니다. 크기는 SetRelativeScale3D() 함수를 이용하여 x, y, z 모두 0.25가 되도록 설정합니다.

```
ABullet::ABullet()
{
    … (생략) …
    // 4. 루트로 등록
    RootComponent = collisionComp;

    // 5. 외관 컴포넌트 등록하기
    bodyMeshComp = CreateDefaultSubobject<UStaticMeshComponent>(TEXT("BodyMeshComp"));
    // 6. 부모 컴포넌트 지정
    bodyMeshComp->SetupAttachment(collisionComp);
    // 7. 충돌 비활성화
    bodyMeshComp->SetCollisionEnabled(ECollisionEnabled::NoCollision);
```

1

1.1
1.2
1.3
1.4
1.5

2

2.1
2.2
2.3
2.4
2.5
2.6

3

3.1
3.2
3.3

4

4.1
4.2
4.3
4.4
4.5

```
    // 8. 외관 크기 설정
    bodyMeshComp->SetRelativeScale3D(FVector(0.25f));
}
```

[코드 3.1-38] Bullet.cpp 스태틱메시 컴포넌트 추가하기

이제 프로젝타일 무브먼트 컴포넌트를 추가하겠습니다. 캐릭터 무브먼트 컴포넌트처럼 프로젝타일 무브먼트 컴포넌트도 루트 컴포넌트의 자식으로 등록되지 않습니다. 이 컴포넌트는 특정 컴포넌트에 대한 이동 기능을 지원하도록 제작되어 있습니다. 다음 그림은 〈로보트 태권브이(V)〉 애니메이션의 한 장면인 로켓펀치를 발사하는 장면입니다. 몸체에서 분리된 주먹을 발사하여 상대방에게 타격을 입히는 기술이죠.

[그림 3.1-81] 로보트 태권브이(V) 로켓펀치

이 로켓주먹은 임무를 마치면 부메랑처럼 다시 돌아와 몸체에 다시 장착됩니다. 단순히 생각하면 생각 일부분인 것은 맞는데 팔의 위치만 이러 저리 변경된 것처럼 볼 수 있습니다. 이를 프로젝타일 무브먼트 컴포넌트에 빗대 생각해 보죠. 몸체의 일부분인 컴포넌트를 이동 처리하되 액터의 일부분으로 계속 유지되도록 하면 로켓주먹과 같은 결과를 볼 수 있을 것입니다. 프로젝타일 무브먼트 컴포넌트는 이처럼 특정 컴포넌트의 위치 정보가 업데이트되도록 합니다. 총알 액터의 프로젝타일 무브먼트가 업데이트할 특정 컴포넌트는 어떤 것을 지정하면 될까요? 만약 스태틱메시 컴포넌트를

지정하면 다음 그림처럼 충돌체는 가만히 있고 외관을 담당하는 스태틱메시 컴포넌트만 날아가게 될 입니다. 참고로 캡슐의 녹색 테두리는 충돌체를 나타냅니다.

[그림 3.1-82] 충돌체는 가만히 있고 주먹 외관만 날아가는 상태

이렇게 되면 주먹이 날아가 어디에 부딪혀도 충돌체가 없기 때문에 어떤 충돌 효과도 발생하지 않습니다. 따라서 주먹의 충돌체가 날아가야 합니다. 같은 이유로 우리 프로젝트에서의 총알도 스태틱메시 컴포넌트가 아닌 캡슐 컴포넌트가 날아가야 하겠죠? 이것이 캡슐 컴포넌트가 루트가 되고 스태틱메시 컴포넌트가 자식으로 등록된 이유입니다. 이래야 부모 컴포넌트를 이동하면 자식도 함께 이동하게 되어 충돌체와 외관이 함께 이동하는 효과를 볼 수 있습니다. 그럼 코드로 돌아가 프로젝타일 무브먼트 컴포넌트 인스턴스를 생성하고 갱신시킬 컴포넌트로 캡슐 컴포넌트를 지정해 줍니다. 그리고 UProjectileMovementComponent을 사용하기 위해 소스 코드 위에 사용할 ProjectileMovementComponent.h 헤더 파일을 인클루드해 줍니다.

```cpp
#include "Bullet.h"
#include <Components/SphereComponent.h>
#include <GameFramework/ProjectileMovementComponent.h>

ABullet::ABullet()
{
    … 생략 …
```

1

1.1
1.2
1.3
1.4
1.5

2

2.1
2.2
2.3
2.4
2.5
2.6

3

3.1
3.2
3.3

4

4.1
4.2
4.3
4.4
4.5

```cpp
// 8. 외관 크기 설정
bodyMeshComp->SetRelativeScale3D(FVector(0.25f));

// 발사체 컴포넌트
movementComp = CreateDefaultSubobject<UProjectileMovementComponent>(TEXT("MovementComp"));
// movement 컴포넌트가 갱신시킬 컴포넌트 지정
movementComp->SetUpdatedComponent(collisionComp);
}
```

[코드 3.1-39] Bullet.cpp 발사체 컴포넌트 추가하기

이제 총알이 얼마나 빨리 날아가고, 다른 물체와 부딪혔을 때 튕겨 나갈지 등에 관한 설정을 해주 겠습니다. 총알의 초기 속도는 InitialSpeed 속성을 이용하고, 날아갈 때 최대 속도는 MaxSpeed를 이용하여 설정합니다. 여기서는 둘 다 '5,000'으로 설정합니다. 그리고 다른 물체와 부딪혔을 때 반 동이 생기도록 bShouldBounce 속성에 true를 할당합니다. 반동이 있다면 탄성은 어느 정도나 될지는 Bounciness 속성을 이용하면 됩니다. 0.3을 주겠습니다.

```cpp
ABullet::ABullet()
{
    … (생략) …

    // 발사체 컴포넌트
    movementComp = CreateDefaultSubobject<UProjectileMovementComponent>(TEXT("MovementComp"));
    // movement 컴포넌트가 갱신시킬 컴포넌트 지정
    movementComp->SetUpdatedComponent(collisionComp);
    // 초기 속도
    movementComp->InitialSpeed = 5000;
    // 최대 속도
    movementComp->MaxSpeed = 5000;
    // 반동 여부
    movementComp->bShouldBounce = true;
    // 반동 값
    movementComp->Bounciness = 0.3f;
}
```

[코드 3.1-40] Bullet.cpp 발사체 컴포넌트 초깃값 설정하기

빌드하고 언리얼 에디터로 넘어가겠습니다. 이렇게 만들어진 총알이 정상적으로 작동하는지 확인하도록 하죠.

## → 블루프린트 Bullet 만들고 테스트하기

콘텐트 브라우저의 Bullet C++ 클래스가 있는 위치로 이동합니다. Bullet 클래스를 마우스 오른쪽 버튼으로 클릭하여 'Create Blue print Class based on Bullet' 메뉴를 선택합니다.

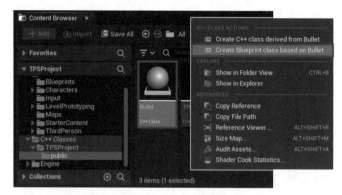

[그림 3.1-83] Bullet 클래스를 블루프린트로 만들기 메뉴

새롭게 만들어질 블루프린트의 이름은 BP_Bullet으로 지정하고 경로는 Blueprints 폴더로 선택하여 만들어 주겠습니다.

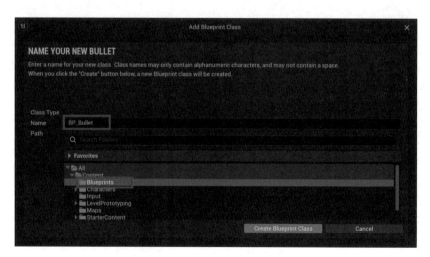

[그림 3.1-84] BP_Bullet 생성하기

BP_Bullet 블루프린트가 만들어지면 자동으로 블루프린트 에디터 창이 열리게 됩니다. BodyMeshComp 컴포넌트를 선택합니다. 디테일 창에서 Static Mesh 카테고리로 이동하여 드롭다운 버튼을 눌러 줍니다. 드롭다운 메뉴의 검색란에 'shape_sphere'를 입력하여 검색하여 Shape_Shpere 스태틱메시를 선택해 줍니다.

[그림 3.1-85] BodyMeshComp에 Sphere 스태틱메시 할당하기

블루프린트 에디터의 뷰포트 창으로 이동해 보면 BodyMeshComp가 다음 그림처럼 표시되고 있는 것을 확인할 수 있습니다.

[그림 3.1-86] BodyMeshComp에 Shape_Sphere
할당 결과

위로 조금 올라가 있는 것을 확인할 수 있습니다. Z값을 −12.5로 할당해 주면 충돌체 정중앙으로 맞출 수 있습니다.

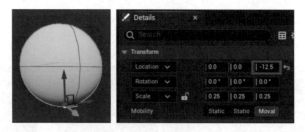

[그림 3.1−87] BodyMeshComp 위치 수정

블루프린트 에디터의 컴파일 버튼을 눌러주고 퍼시스턴트 레벨로 이동합니다. Blueprints 폴더의 BP_Bullet을 월드 상에 배치해주세요. 실행해서 화면에 보일 수 있도록 Player Start 액터 근처에 적당히 배치합니다. 바닥이 아닌 공중에 배치해 주어야 날아가는 것을 확인할 수 있을 것입니다.

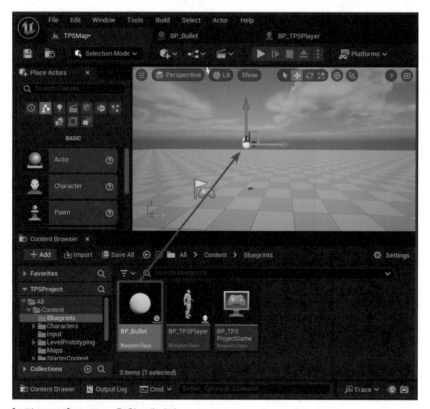

[그림 3.1−88] BP_Bullet을 월드에 배치

이제 플레이 버튼을 눌러 실행을 해 보면 배치된 BP_Bullet 인스턴스가 총알같이 날아가는 것을 확인할 수 있을 것입니다.

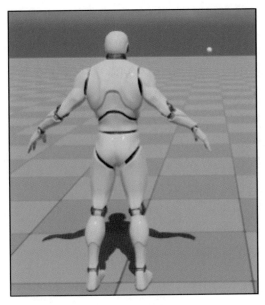

[그림 3.1-89] 총알이 날아가는 실행 화면

이렇게 총알을 제작해 봤습니다. 이제 만들어진 총알을 사용자 입력에 따라 계속 발사할 수 있도록 처리해 보겠습니다.

---

**Tip**

**블루프린트 갱신 오류를 해결하려면**

앞에서 블루프린트는 C++와 함께 활용할 때 갱신이 안 되는 오류가 발생할 수 있다고 언급한 바 있습니다. 이럴 때는 블루프린트를 지우고 새로 만들어야 해결이 되는 경우가 있습니다. 그래서 지금 BP_Bullet에서 작업한 BodyMeshComp의 위치 변경과 Static Mesh 데이터 할당을 생성자 코드에서 할 수 있도록 처리해주는 것이 좋습니다. 기억이 안 나면 *3.1-3. 플레이어 3인칭 카메라 및 외관 붙이기* 부분을 다시 확인해 보세요.

## 3.1-6 총알 발사하기

총알을 사용할 수 있는 환경이 만들어졌습니다. 이제 사용자가 발사 버튼을 누르면 총알을 발사할 수 있도록 처리해 보겠습니다. 이를 처리하기 위해 발사 입력 추가와 총 메시를 가져와서 사용합니다. 그럼 바로 본론으로 들어가 보겠습니다.

> **✖ 학습 목표**
>
> 사용자가 발사 버튼을 누르면 총알을 발사하고 싶다.
>
> **✖ 구현 순서**
>
> ❶ 발사 입력 추가하기
> ❷ 총 메시 애셋 추가하기
> ❸ 플레이어에 총 추가하기
> ❹ 발사 기능 구현하기
> ❺ 총알 인스턴스 제거하기

### ➔ 발사 입력 추가하기

사용자가 발사 버튼을 눌렀을 때 처리하기 위해서 키 입력 설정을 추가해 주겠습니다. Input 폴더에 Input Action 애셋을 만들고 이름을 IA_Fire로 변경합니다. Value Type은 Digital (bool)로 설정합니다.

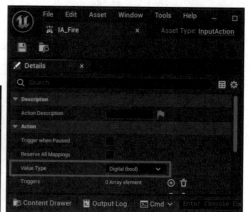

[그림 3.1-90] IA_Fire 생성하기

IMC_TPS 에디터를 열어 Mappings를 하나 추가하고 IA_Fire를 등록해 줍니다. 맵핑될 키 입력은 [Left Mouse Button]으로 등록합니다.

[그림 3.1-91] IA_Fire 입력 키 맵핑하기

### → 총 메시 애셋 추가하기

총알을 발사하기 위해서는 총이 있어야겠죠? 언리얼의 FPS 템플릿 프로젝트에서 제공하는 총이 있습니다. 이 총을 사용하도록 하겠습니다. FPS 템플릿을 가져와서 사용해도 되고 자료실에 올려 놓은 FPWeapon을 내려받아 가져와서 사용해도 됩니다. FPS 템플릿을 프로젝트에 추가하는 방법은 콘텐트 브라우저의 [Add] 버튼을 클릭하고 [Add Feature or Content Pack] 메뉴를 선택합니다. 그리고 Blueprint Feature의 [First Person]을 선택하고 [Add to Project] 버튼을 눌러 프로젝트에 추가하면 됩니다.

[그림 3.1-92] First Person 패키지 추가하기

혹은 자료실에서 FPWeapon.zip 파일을 내려받습니다. First Person 패키지의 FPWeapon 폴더만을 압축하여 올려 놓은 것으로 결과물은 같습니다. 압축을 풀고 탐색기에서 FPWeapon 폴더를 복사하여 프로젝트의 Content 폴더에 붙여넣기를 하면 됩니다. 이렇게 하면 콘텐트 브라우저에 FPWeapon이 추가된 것을 확인할 수 있을 것입니다.

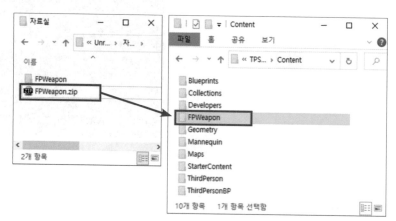

[그림 3.1-93] FPWeapon 폴더를 프로젝트의 Content 폴더에 추가하기

## → 플레이어에 총 추가하기

이렇게 추가된 FPWeapon 애셋을 TPSPlayer에 등록하여 사용해 보겠습니다. TPSPlayer.h 헤더 파일로 이동합니다. 클래스 맨 아래에 총을 저장할 스켈레탈메시 컴포넌트 멤버 변수 gunMeshComp를 선언해 줍니다.

```
UCLASS()
class TPSPROJECT_API ATPSPlayer : public ACharacter
{
        … (생략) …

public:
        … (생략) …

        // 플레이어 이동 처리
        void PlayerMove();
```

```
    // 총 스켈레탈메시
    UPROPERTY(VisibleAnywhere, Category=GunMesh)
    class USkeletalMeshComponent* gunMeshComp;
};
```

[코드 3.1-41] TPSPlayer.h 총 스켈레탈메시 컴포넌트 멤버 변수 추가하기

이제 TPSPlayer.cpp의 생성자 함수로 이동하여 총 스켈레탈메시 컴포넌트를 등록하도록 하겠습니다. 생성자 함수의 맨 아래로 이동합니다. 먼저 CreateDefaultSubobject() 함수를 이용하여 스켈레탈메시 컴포넌트 인스턴스를 만들고 등록합니다. 이 컴포넌트의 부모는 SetupAttachment() 함수를 이용하여 TPSPlayer의 Mesh 컴포넌트로 지정해 줍니다. 앞에서 Mesh 컴포넌트의 스켈레탈메시 데이터를 동적으로 가져오기 위해 사용했던 ConstructorHelpers::FObjectFinder 유형의 TempGunMesh 변수를 선언합니다.

```
ATPSPlayer::ATPSPlayer()
{
    … (생략) …
    bUseControllerRotationYaw = true;
    // 2단 점프
    JumpMaxCount = 2;

    // 4. 총 스켈레탈메시 컴포넌트 등록
    gunMeshComp = CreateDefaultSubobject<USkeletalMeshComponent>(TEXT("GunMeshComp"));
    // 4-1. 부모 컴포넌트를 Mesh 컴포넌트로 설정
    gunMeshComp->SetupAttachment(GetMesh());
    // 4-2. 스켈레탈메시 데이터 로드
    ConstructorHelpers::FObjectFinder<USkeletalMesh> TempGunMesh(TEXT(""));
}
```

[코드 3.1-42] TPSPlayer.cpp 총 스켈레탈메시 컴포넌트 등록하기

TempGunMesh 생성자 인자로 TEXT 매크로를 이용하여 사용할 SK_FPGun의 경로를 넣어 주면 됩니다.

SK_FPGun 애셋의 경로를 가져오겠습니다. 콘텐트 브라우저에서 FPWeapon 폴더의 Mesh 폴더에 들어가 SK_FPGun 스켈레탈메시 애셋을 선택해 주겠습니다. 이제 키보드의 Ctrl+C 단축 키를 눌러 경로를 복사합니다.

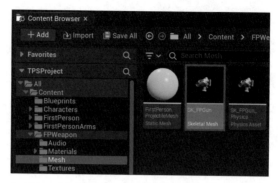

[그림 3.1-94] SK_FPGun의 경로 복사하기

이제 다시 TPSPlayer.cpp로 이동하여 복사된 경로를 Ctrl+V 키를 눌러 TempGunMesh 생성자에 TEXT("") 큰따옴표 안에 붙여넣기 해 줍니다. 애셋이 성공적으로 로드가 완료되면 Succeeded( ) 함수가 true를 리턴합니다. 성공하면 SetSkeletalMesh( ) 함수를 이용하여 스켈레탈메시 데이터를 할당합니다. 위치는 SetRelativeLocation( ) 함수를 이용하여 임시로 (x: −14, y: 52, z: 120)으로 설정하겠습니다. 뒤에서 애니메이션을 붙일 때 위치와 회전 값 등의 수정이 필요합니다.

```
ATPSPlayer::ATPSPlayer( )
{
    … (생략) …
    // 4-2. 스켈레탈메시 데이터 로드
    ConstructorHelpers::FObjectFinder<USkeletalMesh>
TempGunMesh(TEXT("SkeletalMesh'/Game/FPWeapon/Mesh/SK_FPGun.SK_FPGun'"));
    // 4-3. 데이터로드가 성공했다면
    if (TempGunMesh.Succeeded( ))
    {
        // 4-4. 스켈레탈메시 데이터 할당
        gunMeshComp->SetSkeletalMesh(TempGunMesh.Object);
        // 4-5. 위치 조정하기
        gunMeshComp->SetRelativeLocation(FVector(-14, 52, 120));
    }
}
```

[코드 3.1-43] TPSPlayer.cpp 총 스켈레탈메시 컴포넌트 데이터 설정하기

코드상에서 스켈레탈메시 컴포넌트 등록 및 설정은 끝났습니다. 빌드하고 언리얼 에디터로 이동합니다. BP_TPSPlayer의 블루프린트 에디터를 열어서 뷰포트 창을 확인해 보겠습니다.

[그림 3.1-95] 총 컴포넌트가 추가된 결과

GunMeshComp가 Mesh 컴포넌트의 자식으로 등록되었고, 뷰포트 창에 정상적으로 총이 표시되는 것을 확인할 수 있습니다. 만약 GunMeshComp의 Skeletal Mesh Asset이 정상적으로 적용되지 않는다면 애셋을 다시 로드하면 됩니다. 콘텐트 브라우저에서 BP_TPSPlayer를 선택하고 마우스 오른쪽 버튼을 클릭해 팝업 메뉴를 열어 줍니다. Asset Actions – Reload를 선택해 애셋을 다시 로드하면 BP_TPSPlayer에 정상적으로 적용된 것을 확인 할 수 있을 것입니다.

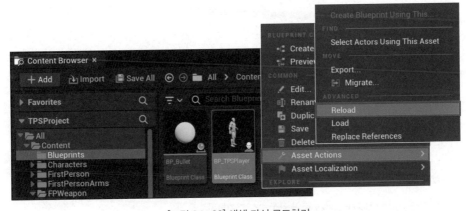

[그림 3.1-96] 애셋 다시 로드하기

## → 발사 기능 구현하기

총이 생겼으니 드디어 총을 쏠 수 있습니다. 사용자가 발사 버튼을 눌렀을 때 총알이 발사되도록 처리하겠습니다. 다음은 구현 목표 및 필요 속성입니다. 2장의 슈팅 게임 제작하기와 비슷합니다. 총알이 발사되기 위해 총알 공장이 있어야 합니다.

>>> **목표** : 사용자가 발사 버튼을 누르면 총알을 발사하고 싶다.
>>> **필요 속성** : 총알 공장

TPSPlayer.h에 필요 속성을 먼저 추가해 주겠습니다. 클래스 맨 아래에 TSubcassOf<class ABullet> 유형의 bulletFactory 멤버 변수를 추가합니다. TSubcassOf 템플릿 클래스는 템플릿에 등록된 ABullet 유형의 클래스, 혹은 블루프린트 클래스를 언리얼 에디터로부터 할당받을 수 있습니다.

```
UCLASS()
class TPSPROJECT_API ATPSPlayer : public ACharacter
{
        … (생략) …

public:
        … (생략) …

        // 총 스켈레탈메시
        UPROPERTY(VisibleAnywhere, Category=GunMesh)
        class USkeletalMeshComponent* gunMeshComp;

        // 총알 공장
        UPROPERTY(EditDefaultsOnly, Category=BulletFactory)
        TSubclassOf<class ABullet> bulletFactory;
};
```

[코드 3.1-44] TPSPlayer.h BulletFactory 총알 공장 속성 추가하기

빌드하고 언리얼 에디터에서 BP_TPSPlayer 블루프린트를 열어 줍니다. 중간에 있는 툴바에서 [Class Defaults]를 선택하고 디테일 창에서 **Bullet Factory** 카테고리를 찾습니다. 드롭다운 버튼을 눌러 **BP_Bullet**을 선택하여 줍니다. 마지막으로 [Compile] 버튼을 눌러 컴파일합니다.

[그림 3.1-97] Bullet Factory에 BP_Bullet 할당하기

그럼 이렇게 할당한 **Bullet Factory**를 이용하여 내용을 구현해 보겠습니다. 먼저 총알 발사 버튼 입력을 담당할 UInputAction* 타입의 ia_Fire 를 TPSPlayer.h 헤더 파일의 맨 아래에 추가하고, 다음으로 처리할 함수 InputFire()를 추가해 줍니다.

```cpp
UCLASS()
class TPSPROJECT_API ATPSPlayer : public ACharacter
{
        … (생략) …

public:
        … (생략) …

        // 총알 공장
        UPROPERTY(EditDefaultsOnly, Category=BulletFactory)
        TSubclassOf<class ABullet> bulletFactory;

        UPROPERTY(EditDefaultsOnly, Category = "Input")
        class UInputAction* ia_Fire;
        // 총알 발사 처리함수
        void InputFire(const struct FInputActionValue& inputValue);
};
```

[코드 3.1-45] TPSPlayer.h 총알 발사 처리 함수 InputFire 선언하기

TPSPlayer.cpp 파일로 이동하여 SetupPlayerInputComponent( ) 함수 밑에 InputFire( )의 몸체를 구현합니다. SetupPlayerInputComponent( )에는 BindAction( )으로 사용자의 Fire 입력에 대응할 함수로 InputFire( )를 등록해 줍니다.

```cpp
void ATPSPlayer::SetupPlayerInputComponent(UInputComponent* PlayerInputComponent)
{
    Super::SetupPlayerInputComponent(PlayerInputComponent);

    auto PlayerInput = CastChecked<UEnhancedInputComponent>(PlayerInputComponent);
    if (PlayerInput)
    {
        PlayerInput->BindAction(ia_Turn, ETriggerEvent::Triggered, this,
&ATPSPlayer::Turn);
        PlayerInput->BindAction(ia_LookUp, ETriggerEvent::Triggered, this,
&ATPSPlayer::LookUp);
        PlayerInput->BindAction(ia_Move, ETriggerEvent::Triggered, this,
&ATPSPlayer::Move);
        // 점프 입력 이벤트 처리 함수 바인딩
        PlayerInput->BindAction(ia_Jump, ETriggerEvent::Started, this,
&ATPSPlayer::InputJump);
        // 총알 발사 이벤트 처리 함수 바인딩
        PlayerInput->BindAction(ia_Fire, ETriggerEvent::Started, this,
&ATPSPlayer::InputFire);
    }
}

void ATPSPlayer::InputFire(const struct FInputActionValue& inputValue)
{
    // 총알 발사 처리
}
```

[코드 3.1-46] TPSPlayer.cpp InputFire 함수 구현 및 바인딩하기

InputFire( ) 함수의 구현은 아주 간단합니다. UWorld 클래스의 SpawnActor( ) 함수를 이용하면 됩니다. 먼저 총 스켈레탈메시 컴포넌트인 gunMeshComp의 GetSocketTransform( ) 함수를 이용하여 스켈레탈메시에 등록된 총구 위치를 나타내는 firePosition 소켓의 트랜스폼 정보를 가져옵니다.

SpawnActor( ) 함수의 인자로 앞에서 등록한 bulletFactory 변수와 firePosition을 넣어주면 총알이 만들어 집니다. 그리고 맨 위에 ABullet 클래스 사용을 위한 #include "Bullet.h"을 추가합니다.

```
#include "Bullet.h"

void ATPSPlayer::InputFire(const struct FInputActionValue& inputValue)
{
    // 총알 발사 처리
    FTransform firePosition = gunMeshComp->GetSocketTransform(TEXT("FirePosition"));
    GetWorld( )->SpawnActor<ABullet>(bulletFactory, firePosition);
}
```

[코드 3.1-47] **TPSPlayer.cpp** InputFire 함수 총알 발사 처리 구현하기

소켓은 스켈레탈메시에 등록된 원본 본(Bone)이 아닌, 사용자가 필요에 의해 스켈레탈메시 에디터에서 등록한 본입니다. 지금까지 작성한 스크립트를 저장하고 빌드해 주겠습니다. 언리얼 에디터로 이동하여 총구 위치를 나타내는 소켓을 만들겠습니다. FPWeapon의 Mesh 폴더로 이동하여 SK_FPGun 스

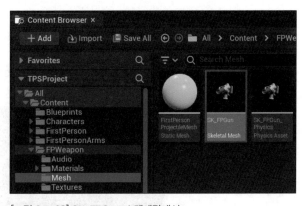

[그림 3.1-98] SK_FPGun 스켈레탈메시

켈레탈메시를 더블클릭하여 편집 창을 열어 줍니다.

편집 창이 열리면 [Skeleton Tree] 탭에서 'Grip_Bone'을 선택하고 마우스 오른쪽 버튼을 클릭합니다. 팝업 메뉴가 열리면 Add Socket 메뉴를 선택하여 소켓을 추가합니다. 소켓의 이름은 'FirePosition'으로 설정하고 위치를 총구의 맨 앞부분에 위치시켜 줍니다. 이곳에서 총알이 발사됩니다.

[그림 3.1-99] SK_FPGun에 FirePosition 소켓 등록하기

마지막으로 테스트하기 전에 BP_TPSPlayer 에디터로 가서 발사 입력을 등록해 주겠습니다. BP_TPSPlayer의 클래스디폴트 디테일 창에서 Ia Fire 값을 IA_Fire로 선택해 등록해 줍니다.

[그림 3.1-100] IA_Fire 등록하기

그럼 이제 메인 에디터로 돌아가서 플레이 버튼을 눌러 실행해 보겠습니다. 마우스 왼쪽 버튼을 클릭할 때마다 총알이 잘 날아가는 걸 볼 수 있습니다.

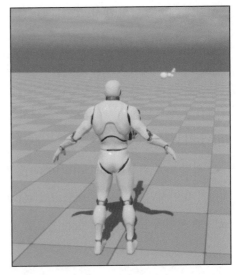

[그림 3.1-101] 총알이 발사되는 결과

실행하면 월드 상에 테스트로 올려놓은 BP_Bullet이 그냥 날아가는 것을 볼 수 있습니다. 아웃라이너 창에서 BP_Bullet 인스턴스를 선택하여 삭제해 주세요.

[그림 3.1-102] 월드에서 BP_Bullet 삭제하기

### ➡ 총알 인스턴스 제거하기

총알을 계속 발사하다가 아웃라이너 창을 관찰해 보면 총알 인스턴스들이 계속 늘어만 나고 제거되지 않는 상황을 볼 수 있습니다.

[그림 3.1-103] 월드 상에 존재하는 BP_Bullet 인스턴스들

이렇게 계속 총알이 생성되다가는 언젠가 메모리가 부족하여 앱이 중단되는 상황이 발생할 수 있습니다. 메모리를 관리하는 방법은 여러 가지가 있지만 여기에서는 단순하게 총알 객체를 삭제해 주겠습니다. 뒤에서 오브젝트풀을 이용하여 관리하는 방법을 다루게 됩니다.

액터를 월드 상에서 제거하기 위해서는 크게 두 가지 방식으로 구현할 수 있습니다. 액터의 InitialLifeSpan 속성을 이용하여 생명력을 주는 방법과 Destory( ) 함수를 이용하여 직접 제거해 주는 방법이 있습니다. InitialLifeSpan을 이용하는 것은 아주 간단합니다. 액터가 태어나서 얼마나 살다가 없어지면 좋을지를 InitialLifeSpan에 초 단위로 지정해 주면 됩니다. Bullet.cpp의 생성자 코드 맨 아래에 InitialLifeSpan를 2로 넣어주는 코드를 추가합니다.

```
ABullet::ABullet()
{
    … (생략) …
    // 반동 값
    movementComp->Bounciness = 0.3f;

    // 생명 시간 주기
    InitialLifeSpan = 2.0f;
}
```

[코드 3.1-48] Bullet.cpp 총알의 생명 시간 주기

비주얼 스튜디오를 빌드하고 언리얼 에디터로 와서 실행해 봅니다. 총알을 발사해 보면 2초 후에 제거되는 것을 확인할 수 있을 것입니다.

[그림 3.1-104] 제거된 BP_Bullet 인스턴스들

이번에는 Destory( ) 함수를 이용하여 제거하도록 하겠습니다. Destory( ) 함수를 이용하면 직접적으로 필요한 순간에 액터를 제거할 수 있습니다. 똑같이 2초 후에 액터를 제거하는 코드를 작성해 보겠습니다. 직접 시간을 체크하여 경과 시간이 얼마나 진행됐는지 확인할 수도 있겠지만 여기에서는 언리얼에서 제공하는 타이머를 활용하여 처리하겠습니다. 내용이 중복되지 않도록 앞에서 작성한 생성자 함수의 'InitialLifeSpan = 2.0f'는 주석 처리해 주세요. 먼저 Bullet.h 헤더 파일로 이동합니다. 이곳에 총알을 제거할 함수 Die( )를 선언합니다.

```cpp
class TPSPROJECT_API ABullet : public AActor
{
    … (생략) …

public:
    … (생략) …
    // 외관 컴포넌트
    UPROPERTY(VisibleAnywhere, Category = BodyMesh)
    class UStaticMeshComponent* bodyMeshComp;

    // 총알 제거 함수
    void Die();
};
```

[코드 3.1-49] Bullet.h 총알 제거 함수 Die 선언하기

이제 Bullet.cpp의 BeginPlay( ) 함수로 이동합니다. 이곳에서 타이머를 이용하여 총알을 제거해 주는 코드를 작성하겠습니다. 언리얼에서 제공하는 타이머는 시간 간격을 이용하여 이벤트 처리를 하는 데 아주 유용한 도구입니다. 마치 알람을 맞춰 놓는 것과 마찬가지입니다. 처리하고 싶은 어떤 기능이 있는데 일정 시간이 경과했을 때 동작하게 하려면 타이머가 딱 좋은 도구라고 볼 수 있습니다.

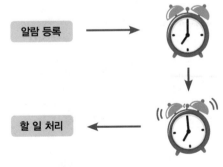

[그림 3.1-105] 알람 등록 및 처리 과정

언리얼 타이머는 FTimerManager 클래스를 이용하여 사용할 수 있습니다. FTimerManager는 싱글톤 객체로 전역에서 관리됩니다. GetWorld() 함수를 이용하여 UWorld 객체의 참조를 얻어옵니다. UWorld의 GetTimerManager() 함수를 이용하여 FTimerManager의 싱글톤 객체를 얻어올 수 있습니다. 이제 FTimerManager 클래스의 SetTimer()를 이용하여 알람을 맞출 수 있게 됩니다. 그럼 SetTimer() 함수의 선언부가 어떻게 되어 있는지 살펴보겠습니다.

```
void SetTimer
(
    FTimerHandle & InOutHandle,
    UserClass * InObj,
    typename FTimerDelegate::TUObjectMethodDelegate< UserClass >::FMethodPtr InTimerMethod,
    float InRate,
    bool InbLoop,
    float InFirstDelay
)
```

[그림 3.1-106] SetTimer 함수의 원형

SetTimer()는 알람을 등록하는 함수입니다. 매개변수들은 다음과 같습니다.

| 매개변수 | 설명 |
|---|---|
| InOutHandle | 등록할 알람 시계 |
| InObj | 알림 처리를 갖고 있는 객체 |
| InTimerMethod | 알림 처리 함수 |
| InRate | 알람 시간 |
| InbLoop | 반복 여부 |
| InFirstDelay | 처음 호출되기 전 지연 시간 |

[표 3.1-1] SetTimer 함수의 매개변수 설명

매개변수 설명에서처럼 SeTimer() 함수에 각 정보를 넣어주도록 하겠습니다. Bullet.cpp로 이동합니다. 헤더에 선언해 놓은 Die() 함수를 구현하고 Destory() 함수를 호출합니다. Die() 함수가 바로 타이머의 알람이 울리면 호출될 함수가 됩니다.

BeginPlay( )로 이동하여 타이머 설정을 하겠습니다. FTimerHandle 타입의 deathTimer 변수를 만들어 SetTimer( ) 첫 번째 인수에 등록합니다. 두 번째 인수로 Die( ) 함수를 갖고 있는 개체로 자기자신인 this 포인터를 넘기고, 세 번째는 Die 함수의 주소를 넘깁니다. 알람이 울릴 시간은 2.0초로 설정하고 반복은 되지 않도록 false로 합니다.

```cpp
void ABullet::BeginPlay( )
{
    Super::BeginPlay( );

    FTimerHandle deathTimer;
    GetWorld( )->GetTimerManager( ).SetTimer(deathTimer, this, &ABullet::Die, 2.0f, false);
}

void ABullet::Die( )
{
    Destroy( );
}
```

[코드 3.1-50] **Bullet.cpp** Timer를 이용한 Die 함수 호출하기

잘 동작하는지 확인해 봅니다. 빌드하고 언리얼 에디터로 이동하여 총알을 쏴보면 정상적으로 2초 후 제거되는 것을 확인할 수 있을 것입니다.

SetTimer( ) 함수의 형태는 이 외에도 여러 개가 더 있습니다. 여기에서는 람다(Lamda)를 이용한 타이머 설정을 추가로 알아봅니다. 람다는 C++ 11에서 도입된 문법입니다. 람다 또한 함수입니다. 일반적인 함수와 다른 점은 이름과 소속(클래스)이 명시되지 않는 무명(이름이 없는)함수입니다.

앞에서 만들어준 Die( ) 함수처럼 헤더에 선언하고, 소스 파일에 구현부를 작성하는 번거로움을 람다는 해결할 수 있습니다. 사용하고자 하는 곳에 몸체를 만들어 바로 사용합니다. 마치 지역변수 같은 개념으로 사용하는 거죠. 그리고 람다의 구문 형태는 다음과 같습니다.

**[캡처](매개변수) −>Return Type { 구현 몸체 }**

| 문법 | 설명 |
|---|---|
| [캡처] | • 외부에 정의된 변수나 상수 구현 몸체에서 사용.<br>• 참조 또는 복사 방식 사용 |
| (매개변수) | 함수에서 사용할 인수 목록 |
| –>Return Type | 함수의 반환 유형 |
| { 구현 몸체 } | 함수의 구현부 |

[표 3.1–2] 람다 문법 설명

캡처는 람다 구문에서 외부에 있는 데이터를 가져다 사용하기 위한 요소입니다. 변수, 상수 같은 것들이 될 수 있습니다. 보통 참조 유형을 많이 사용하지만 복사 방식도 사용이 됩니다. 참조는 말 그대로 캡처하고 있는 변수의 주소가 넘어가기 때문에 람다 몸체에서 수정이 되면 원본에 적용됩니다. 복사 방식은 값이 복사되어 사용되기에 원본에 적용되지 않습니다. 매개변수는 함수의 매개변수와 같습니다. –> Return Type 구문은 람다 식에서 반환하고자 하는 반환 자료형이 됩니다. 마지막으로 구현 몸체는 함수의 몸체입니다.

간단한 예를 살펴보겠습니다. 다음은 람다를 이용하여 함수 객체를 생성하고 실행한 내용입니다. 캡처는 없기 때문에 참조할 어떤 변수도 없습니다. 그리고 함수의 매개변수도 사용하지 않고 반환값도 사용하지 않아서 –>void를 사용했습니다. 몸체에는 간단히 UE_LOG를 이용하여 문자열을 출력하고 있습니다.

```cpp
void LambdaTestFunc()
{
    // 함수 객체 생성
    auto lamdaFunc = []()->void {
        UE_LOG(LogTemp, Warning, TEXT("Lambda test"));
    };
    // 함수 객체 실행
    lamdaFunc ();
}
```

[코드 3.1–51] 람다를 이용한 함수 객체 생성 및 호출

함수와 거의 비슷하지만 대단한 유연함을 제공합니다. 따로 함수를 선언할 필요가 없죠. 다음은 캡처와 매개변수가 있을 때의 예제입니다. 정수형 sum 변수를 선언했습니다. sum이 람다 구문의 캡처로 사용되고 있습니다. 람다 식 안에서 sum의 값이 변형될 수 있도록 참조 형태로 넘겨주고 있습니다. 매개변수는 함수와 같은 방식으로 선언됩니다. 마지막으로 몸체에서 참조로 넘어온 sum의 값을 변경합니다. 람다의 매개변수 전달 방법은 호출되는 함수 객체에 함수처럼 인자로 넘겨 주면 됩니다.

```cpp
void LambdaTestFunc()
{
    int32 sum = 10;
    // 함수 객체 생성
    auto lamdaFunc = [&sum](int number)->void {
        sum += number;
    };
    // 함수 객체 실행
    lamdaFunc(20);
    UE_LOG(LogTemp, Warning, TEXT("sum : %d"), sum);
}
```

[코드 3.1-52] 캡처와 매개변수가 있는 람다

그럼 우리 프로젝트로 돌아와 타이머에서 작동할 Die 함수를 람다 구문으로 바꿔보도록 하겠습니다. FTimerDelegate의 CreateLambda() 함수를 이용하여 처리할 람다를 등록하면 됩니다. 캡처에는 this 포인터를 사용합니다. ABullet 멤버들을 사용하겠다는 이야기겠죠? 타이머에서 요구하는 함수원형은 매개변수와 리턴 타입이 없습니다. 람다의 본체 구현은 Die 함수와 같습니다.

```cpp
void ABullet::BeginPlay()
{
    Super::BeginPlay();

    FTimerHandle deathTimer;
    // GetWorld()->GetTimerManager().SetTimer(deathTimer, this, &ABullet::Die, 2.0f, false);

    GetWorld()->GetTimerManager().SetTimer(deathTimer,
FTimerDelegate::CreateLambda([this]()->void
```

```
            {
                Destroy();
        }), 2.0f, false);
}
```

[코드 3.1-53] Bullet.cpp 람다를 이용한 타이머 처리하기

빌드하고 언리얼 에디터로 가서 실행합니다. 발사 버튼을 눌러 총알을 쏴보면 2초 후 총알이 제거되는 것을 확인할 수 있습니다. 이상으로 총알을 발사하고 제거하는 것까지 확인했습니다.

> **Tip**
>
> ### 블루프린트에서 특정 변수 값을 수정했을 때 특정 처리
>
> 블루프린트에서 특정 변수 값을 수정하면 이를 감지하여 특정 처리를 하고 싶을 때가 있습니다. 예를 들어 총알 속도를 제어할 speed라는 변수를 만들어 사용한다고 가정하겠습니다. 이럴 경우, speed 값이 변경되면 총알의 프로젝타일 무브먼트 컴포넌트 속성인 InitialSpeed, MaxSpeed 값이 함께 업데이트되어야 합니다. 그래야 총알 속도가 변경된 값으로 적용됩니다. 혹은 지정된 변수의 값이 최대최소 범위를 넘어가지 않도록 하고 싶을 수도 있습니다. 이를 위해서 언리얼에서는 속성이 변경되면 감지하여 알려주는 PostEditChangeProperty() 이벤트 함수를 제공합니다. 사용 방법을 알아보죠. 총알 속도를 변경하는 속성으로 speed를 Bullet.h 헤더 파일에 추가해 주겠습니다.
>
> ```
> class TPSPROJECT_API ABullet : public AActor
> {
>         … (생략) …
>
> public:
>         … (생략) …
>
>         // 총알 제거 함수
>         void Die();
>
>         // 총알 속도
>         UPROPERTY(EditAnywhere, Category=Settings)
>         float speed = 5000;
>         // 액터의 특정 속성을 수정하면 호출되는 이벤트 함수
>         virtual void PostEditChangeProperty(FPropertyChangedEvent&
> PropertyChangedEvent) override;
> };
> ```
>
> [코드 3.1-54] Bullet.h 총알 속도 speed 변수 추가하기

Bullet.cpp로 이동합니다. 이곳에 PostEditChangeProperty() 함수를 구현해 줍니다. PostEditChangeProperty() 함수는 인수로 FPropertyChangedEvent 유형의 구조체 변수를 받습니다. 이 변수에는 변경된 속성의 정보가 담겨 있습니다. 다음 코드에서는 GetPropertyName() 함수를 이용하여 변경된 속성의 이름을 가져와 활용하고 있습니다. 그리고 speed 변수의 값이 변경됐을 경우, 프로젝타일 무브먼트 컴포넌트에 speed 값이 적용되도록 처리하고 있습니다.

```cpp
// 액터의 특정 속성을 수정하면 호출되는 이벤트 함수
void ABullet::PostEditChangeProperty(FPropertyChangedEvent& PropertyChangedEvent)
{
    // speed 값이 수정되었는지 체크
    if (PropertyChangedEvent.GetPropertyName() == TEXT("speed"))
    {
        // 프로젝타일 무브먼트 컴포넌트에 speed 값 적용
        movementComp->InitialSpeed = speed;
        movementComp->MaxSpeed = speed;
    }
}
```

[코드 3.1-55] Bullet.cpp 속성이 변경될 경우 발생하는 이벤트 함수 구현하기

빌드하고 언리얼 에디터로 이동하여 BP_Bullet 블루프린트를 열어 봅니다. 클래스디폴트 설정에서 디테일 창의 Speed 값을 변경하고 movement Comp를 확인해 보면 InitialSpeed와 MaxSpeed가 적용된 것을 확인할 수 있습니다.

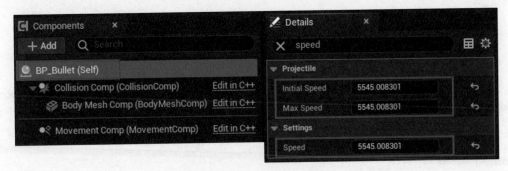

[그림 3.1-107] Speed 수정값이 MovementComp에 반영된 결과

1

1.1
1.2
1.3
1.4
1.5

2

2.1
2.2
2.3
2.4
2.5
2.6

3

3.1
3.2
3.3

4

4.1
4.2
4.3
4.4
4.5

**스나이퍼 모드 구현하기** ·····························

이번 단원에서는 스나이퍼 모드를 구현해 봅니다. 스나이퍼 모드를 구현하기 위해 카메라를 줌인, 줌아웃하는 기법을 학습합니다. 그리고 보통 총알은 너무 빨라서 눈에 보이지 않겠죠? 이렇게 눈에 보이지 않는 총알을 처리하기 위해 라인트레이스(LineTrace)를 학습합니다. 라인트레이스를 이용한 충돌 처리는 비단 스나이퍼 모드에서만 사용하지 않고 응용할 수 있는 범위가 넓기 때문에 잘 이해하고 활용하는 것이 필요합니다.

---

**✗ 학습 목표**

사용자 입력에 따라 스타이퍼 모드로 동작하도록 하고 싶다.

**✗ 구현 순서**

❶ 스나이퍼 애셋 가져오기                    ❷ 총 교체하기
❸ 스나이퍼 UMG 제작하기                   ❹ 스나이퍼 조준 모드 전환하기
❺ 일반 조준 모드 구현하기                   ❻ LineTrace를 이용해 총알 발사하기

---

### ➡ 스나이퍼 애셋 가져오기

스나이퍼 모드를 구현하기 위해 자료실에서 필요한 애셋을 가져오도록 하겠습니다. SniperGun. zip 파일을 다운로드해 압축을 풀어주세요. 해당 폴더를 언리얼 에디터의 콘텐트 브라우저에 Content 폴더 하위로 드래그 앤 드롭을 해 줍니다. 이후 FBX Import Options 창이 뜨면 [Import All] 버튼을 클릭합니다.

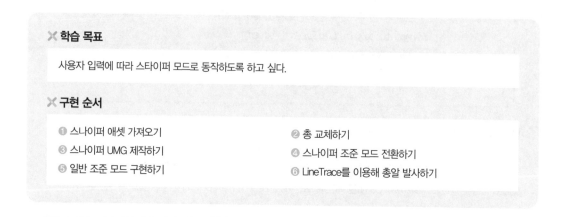

[그림 3.1-108] SniperGun 애셋 추가하기

sniper1으로 이름 지어진 스태틱메시를 보면 머티리얼이 제대로 할당되지 않은 것을 알 수 있습니다. 머티리얼 편집을 위해 sniper2 머티리얼을 더블클릭하여 열어주겠습니다. 그럼 기본으로 결과 노드와 Param 이름으로 되어 있는 컬러 노드를 볼 수 있습니다.

[그림 3.1-109] sniper2 머티리얼 에디터

기본 머티리얼 세팅을 수정하여 우리가 원하는 텍스처를 할당해 주겠습니다.

먼저 Param 이름의 노드를 선택하고 Delete 키를 눌러 삭제해 주세요. 그리고 빈곳에 마우스 오른쪽 버튼을 클릭합니다. 팝업 메뉴가 뜨면 검색 란에 Texture Sample을 입력하여 TextureSample 노드를 선택합니다.

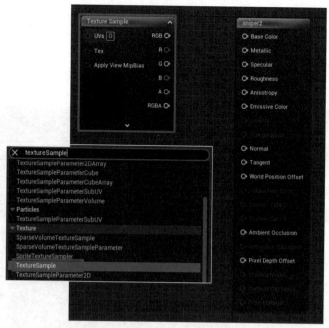

[그림 3.1-110] TextureSample 노드 추가하기

추가된 [Texture Sample] 노드를 선택하고 에디터 왼쪽의 디테일 창에서 사용할 텍스처를 할당해 주겠습니다. Material Expression Texture Base 카테고리의 Texture 속성을 보면 드롭다운 버튼이 있습니다. 드롭다운 버튼을 눌러 sniper1_diffuse를 검색하여 할당합니다.

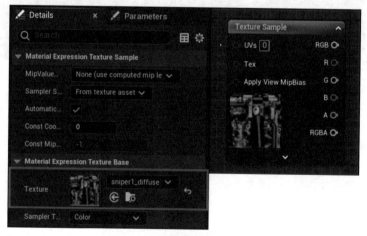

[그림 3.1-111] sniper1_diffuse 텍스처 할당하기

이와 마찬가지로 텍스처샘플 노드를 하나 더 추가합니다. 사용할 텍스처로 sniper1_normal을 할당합니다. 마지막으로 sniper1_diffuse가 들어가 있는 노드의 RGB 핀을 결과노드의 Base Color에 연결하고 sniper1_normal의 RGB 핀을 결과 노드의 Normal에 연결시켜 줍니다.

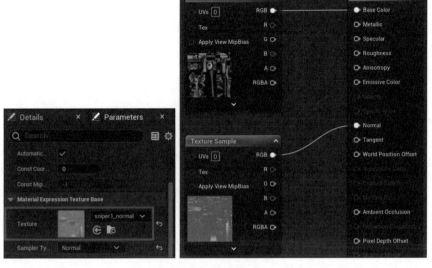

[그림 3.1-112] sniper1_normal 추가와 결과 노드 연결하기

이제 머티리얼 작업은 다 끝났습니다. 에디터 왼쪽 상단의 [Save] 버튼을 클릭하여 저장합니다.

이렇게 작업이 끝나면 스나이퍼 스태틱메시에 정상적으로 머티리얼이 적용돼서 나오는 것을 확인할 수 있을 것입니다.

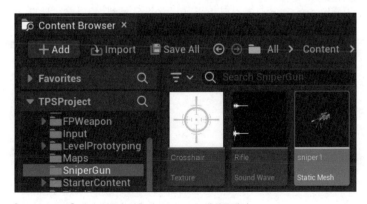

[그림 3.1-113] 머티리얼이 적용된 sniper1 스켈레톤메시

## ➜ 총 교체하기

새롭게 가져온 스나이퍼건을 플레이어가 사용할 수 있도록 추가해 주겠습니다. TPSPlayer.h 헤더 파일로 이동합니다. 헤더 파일의 맨 아래에 UStaticMeshComponent* 타입의 sniperGunComp 멤버 변수를 추가합니다.

```cpp
class TPSPROJECT_API ATPSPlayer : public ACharacter
{
        … (생략) …


public:
        … (생략) …


        // 총알 발사 처리 함수
        void InputFire(const struct FInputActionValue& inputValue);

        // 스나이퍼건 스태틱메시 추가
        UPROPERTY(VisibleAnywhere, Category=GunMesh)
        class UStaticMeshComponent* sniperGunComp;
};
```

[코드 3.1-56] TPSPlayer.h 스나이퍼건 스태틱메시 추가하기

sniperGunComp 변수는 생성자에서 컴포넌트 인스턴스를 만들어 할당해 주겠습니다. 소스 코드로 이동합니다. 생성자 함수의 맨 아래쪽에 CreateDefaultSubobject() 함수를 이용하여 UStaticMeshComponent 인스턴스를 만들어 등록해 줍니다. 부모 컴포넌트 지정은 SetupAttachMent() 함수에 GetMesh() 함수를 이용하여 Mesh 컴포넌트를 할당합니다.

```cpp
ATPSPlayer::ATPSPlayer()
{
        … 생략 …
        // 4-3. 데이터로드가 성공했다면
        if (TempGunMesh.Succeeded())
        {
                // 4-4. 스켈레탈메시 데이터 할당
```

```
        gunMeshComp->SetSkeletalMesh(TempGunMesh.Object);
        // 4-5. 위치 조정하기
        gunMeshComp->SetRelativeLocation(FVector(-14, 52, 120));
    }

    // 5. 스나이퍼건 컴포넌트 등록
    sniperGunComp = CreateDefaultSubobject<UStaticMeshComponent>(TEXT("SniperGunComp"));
    // 5-1. 부모 컴포넌트를 Mesh 컴포넌트로 설정
    sniperGunComp->SetupAttachment(GetMesh());
}
```

[코드 3.1-57] TPSPlayer.cpp 스나이퍼건 스태틱메시 등록하기

스나이퍼건의 스태틱메시 경로를 가져와서 동적으로 데이터를 할당해 주겠습니다. 언리얼 에디터의 콘텐트 브라우저로 이동합니다. SniperGun 폴더에서 sniper1을 선택하고 [Ctrl]+[C] 키를 눌러 주소를 복사합니다.

[그림 3.1-114] sniper1 스태틱메시 주소 복사하기

다시 TPSPlayer.cpp 생성자 함수로 돌아옵니다. 스태틱메시 데이터를 로드할 수 있도록 ConstructorHelpers::FObjectFinder 구조체 변수 TempSniperMesh를 정의하고 생성자 인자 값으로 앞에서 복사해 둔 경로를 [Ctrl]+[V] 키를 눌러 TEXT("") 매크로 안에 붙여넣기 합니다. Succeeded() 함수의 값이 true가 되면 데이터로드가 성공하고 이제 데이터를 할당할 수 있습니다. UStaticMeshComponent 클래스의 SetStaticMesh() 함수를 호출하여 로드한 데이터가 들어 있는 TempSniperMesh의 Object 속성 값을 넘겨 줍니다. 위치는 임의로 (x: -22, y: 55, z: 120)으로 설정하고 크기는 x, y, z 모두 0.15로 해 줍니다.

```
ATPSPlayer::ATPSPlayer()
{
    … (생략) …

    // 5. 스나이퍼건 컴포넌트 등록
    sniperGunComp = CreateDefaultSubobject<UStaticMeshComponent>(TEXT("SniperGunComp"));
    // 5-1. 부모 컴포넌트를 Mesh 컴포넌트로 설정
    sniperGunComp->SetupAttachment(GetMesh());
    // 5-2. 스태틱메시 데이터 로드
    ConstructorHelpers::FObjectFinder<UStaticMesh> TempSniperMesh(TEXT("StaticMesh'/Game/
SniperGun/sniper1.sniper1'"));
    // 5-3. 데이터로드가 성공했다면
    if (TempSniperMesh.Succeeded())
    {
        // 5-4. 스태틱메시 데이터 할당
        sniperGunComp->SetStaticMesh(TempSniperMesh.Object);
        // 5-5. 위치 조정하기
        sniperGunComp->SetRelativeLocation(FVector(-22, 55, 120));
        // 5-6. 크기 조정하기
        sniperGunComp->SetRelativeScale3D(FVector(0.15f));
    }
}
```

[코드 3.1-58] TPSPlayer.cpp 스나이퍼건 속성 수정하기

위치 값은 뒤에서 애니메이션을 적용할 때 다시 수정해 주도록 합니다. 그럼 빌드하고 언리얼 에디터로 이동하여 BP_TPSPlayer 블루프린트 에디터를 열어 결과를 확인합니다. 뷰포트 창으로 이동하세요. 컴포넌트 창에 'Sniper Gun Comp' 이름으로 컴포넌트가 추가되었고, 뷰포트 창에 스타이퍼건이 정상적으로 잘 배치되어 있는 것을 확인할 수 있습니다.

C++ 코드에서 구현한 내용이 블루프린트에 바로 적용이 안되면 콘텐트 브라우저에서 BP_TPSPlayer를 선택하고 마우스 오른쪽 버튼을 클릭해 [Asset Actions] – [Reload] 버튼을 눌러 애셋을 다시 불러오기 해줍니다.

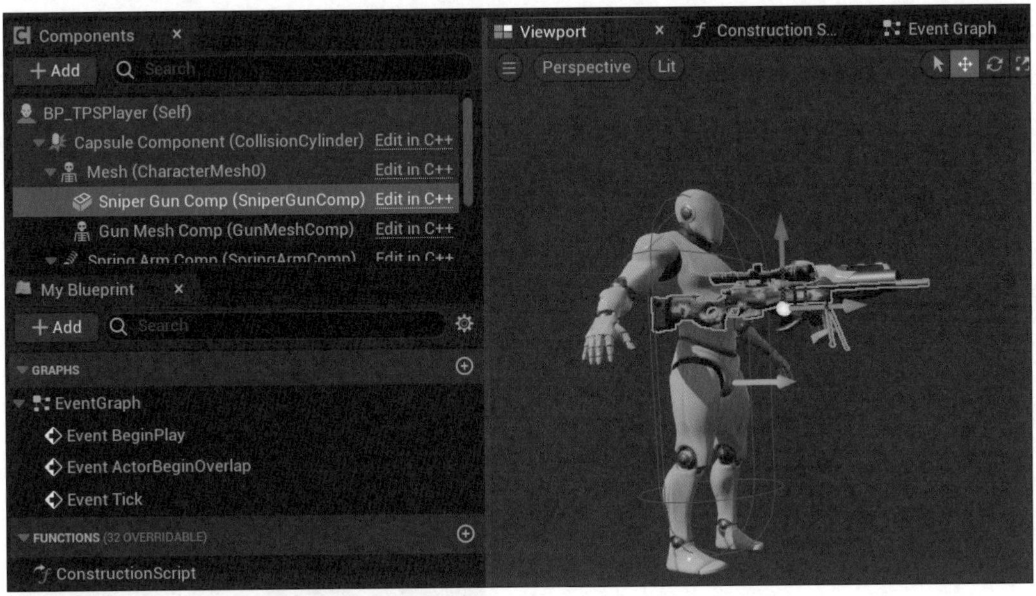

[그림 3.1-115] SniperGunComp 컴포넌트가 적용된 결과

이제 추가된 총의 버튼을 눌러 일반 총과 스나이퍼건을 교체해 보겠습니다. 숫자 1번은 처음에 추가된 유탄총을, 2번은 스나이퍼건이 사용되도록 처리합니다. IA_Fire를 Ctrl+D 키를 눌러 복제해서 IA_GrenadeGun, IA_SniperGun을 만들어 줍니다. Value Type은 Digital(bool)입니다.

[그림 3.1-116] GrenadeGun과 SniperGun 인풋 액션 추가하기

만들어진 인풋 액션에 키매핑을 하기 위해 IMC_TPS를 열어줍니다. Mappings의 [+] 버튼을 클릭해 IA_GrenadeGun과 IA_Sniper Gun을 추가해 주도록 합니다. 키는 각각 ①, ②를 할당해줍니다.

[그림 3.1-117] GrenadeGun과 SniperGun 키 맵핑 설정하기

그럼 총 교체를 할 수 있도록 코드를 작성해 보겠습니다. TPSPlayer.h 헤더 파일의 맨 아래로 이동합니다. 먼저 현재 사용하고 있는 총이 유탄총인지 아닌지 기억할 수 있도록 bool 타입의 bUsingGrenadeGun을 속성으로 추가합니다. 그리고 유탄총 교체를 위한 함수 ChangeTo GrenadeGun()과 스나이퍼건으로 교체하기 위한 ChangeToSniperGun() 함수를 선언해 줍니다.

```
class TPSPROJECT_API ATPSPlayer : public ACharacter
{
        … (생략) …

public:
        … (생략) …

        // 스나이퍼건 스태틱메시 추가
        UPROPERTY(VisibleAnywhere, Category=GunMesh)
        class UStaticMeshComponent* sniperGunComp;

        UPROPERTY(EditDefaultsOnly, Category = "Input")
        class UInputAction* ia_GrenadeGun;
```

```
UPROPERTY(EditDefaultsOnly, Category = "Input")
class UInputAction* ia_SniperGun;
// 유탄총 사용중인지 여부
bool bUsingGrenadeGun = true;
// 유탄총으로 변경
void ChangeToGrenadeGun(const struct FInputActionValue& inputValue);
// 스나이퍼건으로 변경
void ChangeToSniperGun(const struct FInputActionValue& inputValue);
};
```

[코드 3.1-59] TPSPlayer.h 총 교체 속성 및 함수 선언 추가하기

두 함수의 구현 방법은 간단합니다. 유탄총을 교체할 때는 bUsingGrenadeGun 값을 true로 하여 사용 중으로 표시해 두고 스나이퍼건은 SetVisibility() 함수에 false를 전달하여 안 보이도록, 유탄총은 보이도록 처리합니다. 스나이퍼건 교체 시에는 반대로 구현합니다.

```
// 유탄총으로 변경
void ATPSPlayer::ChangeToGrenadeGun(const FInputActionValue& inputValue)
{
    // 유탄총 사용 중으로 체크
    bUsingGrenadeGun = true;
    sniperGunComp->SetVisibility(false);
    gunMeshComp->SetVisibility(true);
}

// 스나이퍼건으로 변경
void ATPSPlayer::ChangeToSniperGun(const FInputActionValue& inputValue)
{
    bUsingGrenadeGun = false;
    sniperGunComp->SetVisibility(true);
    gunMeshComp->SetVisibility(false);
}
```

[코드 3.1-60] TPSPlayer.cpp 총 교체 함수 구현하기

두 입력 이벤트 처리 함수를 SetupPlayerInputComponent() 함수에서 바인딩해 줍니다.

```
void ATPSPlayer::SetupPlayerInputComponent(UInputComponent* PlayerInputComponent)
{
    Super::SetupPlayerInputComponent(PlayerInputComponent);

    auto PlayerInput = CastChecked<UEnhancedInputComponent>(PlayerInputComponent);
    if (PlayerInput)
    {
        … (생략) …
        // 총알발사 이벤트 처리함수 바인딩
        PlayerInput->BindAction(ia_Fire, ETriggerEvent::Started, this,
&ATPSPlayer::InputFire);
        // 총 교체 이벤트 처리함수 바인딩
        PlayerInput->BindAction(ia_GrenadeGun, ETriggerEvent::Started, this, &ATPSPla
yer::ChangeToGrenadeGun);
        PlayerInput->BindAction(ia_SniperGun, ETriggerEvent::Started, this, &ATPSPlay
er::ChangeToSniperGun);
    }
}
```

[코드 3.1-61] TPSPlayer.cpp 총 교체 함수 바인딩하기

처음 시작하면 두 가지 총이 다 활성화되어 나오게 됩니다. 따라서 둘 중 하나의 총을 기본으로
사용할 수 있도록 처리하겠습니다. 여기에서 우리는 스나이퍼건을 기본으로 사용하도록 하겠습니다.
BeginPlay( ) 함수로 이동하여 ChangeToSniperGun( ) 함수를 호출하면 됩니다. 인자값 함수 내부
에서 사용하지 않기 때문에 그냥 FInputActionValue()를 넘겨줍니다.

```
void ATPSPlayer::BeginPlay( )
{
    Super::BeginPlay( );
    … (생략) …
    // 기본으로 스나이퍼건을 사용하도록 설정
    ChangeToSniperGun(FInputActionValue());
}
```

[코드 3.1-62] TPSPlayer.cpp 스나이퍼건을 기본으로 사용하도록 설정하기

이제 빌드하고 언리얼에디터로 가서 인풋액션 값을 할당해 주도록 하겠습니다. BP_TPSPlayer 에 디터를 열어주고 디테일 창에서 ia_GrenadeGun 과 ia_SniperGun에 각각 IA_GrenadeGun, IA_SniperGun을 할당합니다.

[그림 3.1-118] IA_GrenadeGun 과 IA_SniperGun 등록하기

컴파일하고 실행해 보면 플레이어가 스나이퍼건을 착용하고 나타난 결과를 볼 수 있습니다. 숫자 키 1, 2를 이용하여 총을 교체해 보세요.

[그림 3.1-119] 스나이퍼건을 착용한 플레이어

## → 스나이퍼 UMG 제작하기

스나이퍼건은 그냥도 쏠 수 있지만 보통 조준하면 조준경이 화면에 모두 표시되도록 합니다.

[그림 3.1-120] 스나이퍼 조준(출처: 〈고스트워리어 2〉)

또한 조준경을 통해 바라보면 원거리의 물체가 조준하기 쉽게 확대됩니다. 이런 특징이 있는 스나이퍼건을 만들기 위해 이번에는 스나이퍼 조준 화면을 만들어 보겠습니다. 언리얼 모션 그래픽 (이하 UMG)을 이용하여 화면에 조준 UI가 가득 차도록 꾸밉니다. 이를 위해 위젯 블루프린트를 만들겠습니다. 콘텐트 브라우저에서 Blueprints 폴더로 이동합니다. 이곳에 [Add] 버튼을 눌러 User Interface – Widget Blueprint 항목을 선택합니다. 이후 Pick Parent Class for New Widget Blueprint 창이 뜨면 User Widget을 선택합니다. 위젯 블루프린트가 만들어지면 이름을 'WBP_SniperUI'로 변경합니다.

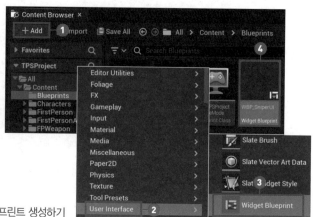

[그림 3.1-121] WBP_SniperUI 위젯 블루프린트 생성하기

WBP_SniperUI 위젯 블루프린트를 더블클릭하여 편집기 창을 열어 줍니다. UI의 자세한 제작 방법은 뒤에서 다루게 됩니다. 여기에서는 스나이퍼 화면을 구성하기 위해 간단히 사용합니다.

블루프린트 에디터 창을 열어보면 왼쪽에 팔레트(Palette) 창이 있습니다. 이곳은 UMG의 UI 위젯 (Widge)들이 위치하는 곳입니다. 도구모음 창이라고 보면 됩니다. 흔히 'GUI' 라고 표현하는 도구 들이 모여있는 곳입니다.

가운데에는 Designer 창이 있습니다. 이곳에서 UI 위젯들을 자유롭게 배치할 수 있습니다. 그런 데 배치하다 보면 UI 위젯들이 묶임 형태로 처리되어야 할 때가 있습니다. 이를 위해 팔레트 창 아 래에 하이어라키(Hierarchy) 창이 존재합니다. 모든 UI 위젯들은 부모·자식 관계로 구성됩니다.

디테일 창에서는 위젯들의 속성값을 변경할 수 있습니다. 그리고 맨 아래에 애니메이션 창이 별 도로 있는 것을 볼 수 있습니다. 위젯들이 동적인 모션을 갖도록 애니메이션을 줄 수 있습니다.

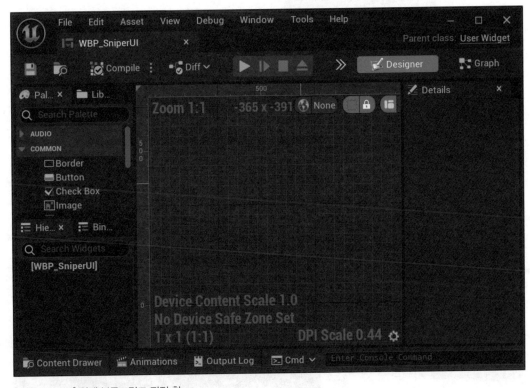

[그림 3.1-122] 위젯 블루프린트 편집 창

위젯들의 동작을 제어하기 위해 오른쪽 상단을 보시면 [Designer] 탭 옆에 [Graph] 탭이 있는 것을 확인할 수 있습니다. 이곳에서는 블루프린트를 이용해 위젯을 제어할 수 있습니다. 간단한 위젯 블루프린트의 설명은 이렇습니다. 뒤에서 자세히 알아보고 여기에서는 단순히 화면을 꾸미는 데에만 사용하겠습니다.

그럼 먼저 팔레트 창에서 Canvas 패널을 찾아 하이어라키 창에 드래그 앤 드롭해 등록합니다. 그리고 다시 한번 팔레트 창에서 Image 위젯을 선택하여 Canvas 의 자식으로 등록합니다.

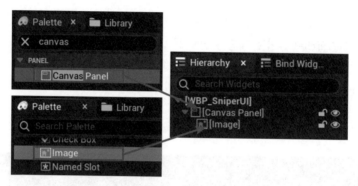

[그림 3.1-123] Image 위젯을 화면에 등록하기

이렇게 디자이너 창에 등록하면 하이어라키 창에도 Image_XX이라는 이름으로 추가된 것을 볼 수 있습니다. 여기에서는 Image_49라는 이름으로 만들어졌습니다. 등록한 Image 위젯의 인스턴스 이름이 Image_49으로 만들어진 것입니다. 이 이미지 위젯의 속성을 수정하기 위해 디테일 창으로 이동합니다. 먼저 Slot 카테고리에서 앵커(Anchors)의 드롭다운 버튼을 클릭하여 다음 그림에서 처럼 가운데 정렬을 선택합니다. 그리고 Position X, Y 값을 모두 0으로 설정합니다. 이미지의 크기는 원본 크기 그대로 Size X에는 3364, Size Y에는 2343을 입력합니다.

가운데 정렬을 위해 Alignment의 X, Y는 모두 0.5로 합니다.

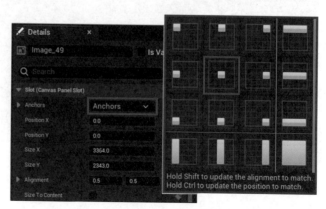

[그림 3.1-124] Image 위젯의 디테일 속성 수정하기

이제 Image 위젯에서 사용할 이미지를 등록하겠습니다. Appearance 카테고리에서 Image 속성에 있는 드롭다운 버튼을 클릭합니다. 팝업이 뜨면 검색란에 'sniperscope'을 입력하여 sniperscope 이미지를 선택해 줍니다.

[그림 3.1-125] 사용할 이미지로 sniperscope 등록하기

이렇게 하면 디자이너 창 화면에 Image 위젯이 가득 차게 표현이 됩니다. 컴파일 버튼을 눌러 블루프린트 작업을 마무리합니다.

[그림 3.1-126] 스나이퍼 UI 결과

## ➜ 스나이퍼 조준 모드 전환하기

이번에는 스나이퍼 기능이 동작하도록 키 입력을 등록해 주겠습니다. 콘텐트 브라우저의 Input 폴더로 이동합니다. IA_Fire를 선택하고 [Ctrl]+[D] 키를 눌러 복제해 줍니다. 복제된 인풋 액션의 이름은 IA_Sniper로 변경합니다. IA_Sniper 의 Value Type은 Digital (bool)로 설정되어 있습니다.

다음으로 IMC_TPS 를 열어 Mappings의 [+] 버튼을 클릭해 IA_Sniper를 추가해 줍니다. 사용할 키는 [Left Ctrl]을 등록합니다.

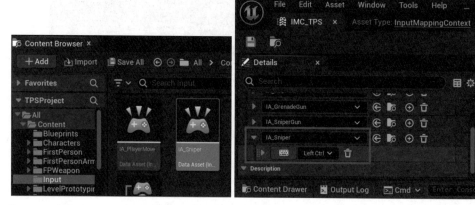

[그림 3.1-127] Sniper 인풋액션 생성하기

이제 스나이퍼 모드로 전환을 구현해 보겠습니다. 이를 구현하기 위한 절차는 개발자마다 다를 수 있습니다. 언리얼로 개발할 때 C++로 바로 작성하기도 하지만, 생각한 내용을 먼저 블루프린트를 이용해 빠르게 구현해서 테스트하고 코드로 옮기는 방법을 많이 사용합니다. 우리도 스나이퍼 모드 전환의 프로토타이핑을 먼저 블루프린트를 이용해 구현하고 C++로 옮겨보겠습니다.

BP_TPSPlayer 블루프린트를 열어주겠습니다. Event Graph 탭으로 이동합니다. 빈곳에 마우스 우클릭을 하고 액션 선택 팝업에서 검색 란에 IA_Sniper로 검색하여 Enhanced Action Events 카테고리의 [IA_Sniper] 노드를 선택 추가합니다.

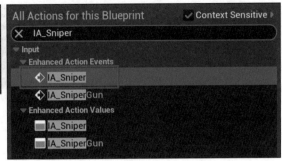

[그림 3.1-128] Sniper 액션 이벤트추가하기

키를 눌렀을 때(Started) 스나이퍼 모드로 전환하고 뗐을 때(Completed) 원래대로 돌려놓도록 합니다. 이를 위해 앞에서 만들어 놓은 스나이퍼 UI를 화면에 띄웠다 제거해 주는 코드를 작성하면 됩니다. 화면의 띄울 UI 인스턴스를 계속 새롭게 만들지 않도록 태어날 때 한 번 생성하고 이 인스턴스를 활성화, 비활성화하여 사용하겠습니다.

[BeginPlay] 노드 옆에 마우스 오른쪽 버튼 클릭하여 [Create Widget] 노드를 검색 및 추가합니다. 사용할 위젯 클래스로 WBP_SniperUI를 선택해 줍니다. [BeginPlay] 노드의 실행 핀을 [Create WBP Sniper UI Widget] 노드에 연결시켜 줍니다.

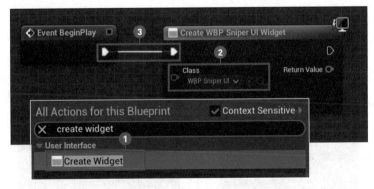

[그림 3.1-129] WBP Sniper UI 위젯 생성하기

이렇게 생성된 위젯 인스턴스를 앞으로 계속 사용하기 위해서 변수에 등록해 주겠습니다. [Create WBP Sniper UI Widget] 노드의 출력 데이터 핀 Return Value에 마우스 오른쪽 버튼을 클릭합니다. Pin Actions 팝업 메뉴에서 Promote to Variable을 선택하여 변수로 승격시켜 줍니다. 이 변수의 이름은 sniperUI로 설정합니다.

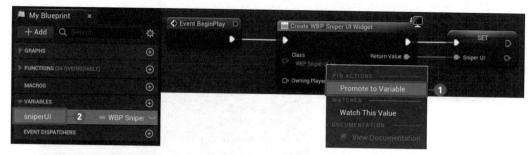

[그림 3.1-130] SniperUI 변수 추가하기

이렇게 하면 UI 위젯 인스턴스가 하나 만들어집니다. 하지만 이렇게 하더라도 UI가 화면에 보이는 것은 아닙니다. 스크린에 보이도록 하기 위해서는 뷰포트라는 곳에 UI 위젯이 추가돼야 합니다.

컴퓨터 그래픽에서 물체가 화면에 그려지기까지의 단계를 '3D 렌더링 파이프라인'이라고 합니다. 이 파이프라인은 마치 제품을 제조하는 공장에서의 단계와 같습니다. 3D 물체가 한번에 화면에 그려지는 것이 아닌 여러 단계를 거쳐 표현되는데 화면에 물체가 그려지기 바로 직전 단계가 뷰포트 단계입니다. UI가 뷰포트에 그려지면 최종적으로 화면에 표시가 된다고 볼 수 있습니다. 이 내용을 추가해 보겠습니다.

먼저 사용자의 입력이 Started, Completed일 때 처리를 위해 IA_Sniper 입력 이벤트 노드의 아래쪽 화살표를 클릭해 확장시켜 줍니다.

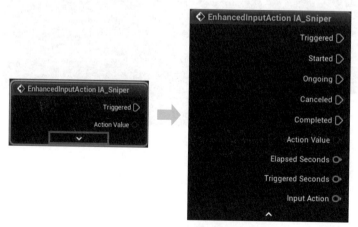

[그림 3.1-131] IA_Sniper 이벤트 확장하기

IA_Sniper 입력 이벤트 옆에 변수로 만들어 준 sniperUI 변수를 드래그하여 Get으로 가져옵니다. sniperUI 노드에서 데이터 핀을 잡아당겨 팝업 메뉴에서 [Add to Viewport] 노드를 검색하여 추가합니다. 마지막으로 [IA_Sniper] 이벤트 노드의 Started 실행 핀을 잡아당겨 [Add to Viewport] 노드에 연결해줍니다.

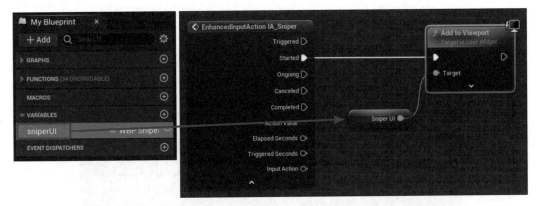

[그림 3.1-132] SniperUI 의 Add to Viewport 노드 추가하기

컴파일 버튼을 눌러 블루프린트를 컴파일해 줍니다. 실행 버튼을 눌러 결과를 확인합니다. 에디터의 뷰포트 창을 클릭하고 왼쪽 Ctrl 키를 눌러 보면 스나이퍼 모드로 정상적으로 전환 되는 것을 확인할 수 있습니다.

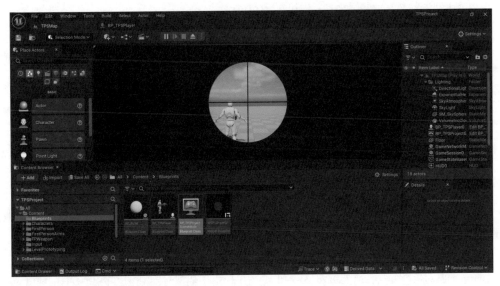

[그림 3.1-133] 스나이퍼 위젯이 표시된 결과

그런데 문제가 다소 있습니다. 다시 원래대로 돌아가지 않죠? [Ctrl] 키를 떼면 UI 위젯을 화면에서 제거해 주어야 하겠습니다.

BP_TPSPlayer 블루프린트로 돌아옵니다. 이벤트 그래프의 SniperUI Get 노드를 잡아당겨 Remove from Parent 노드를 추가합니다. 이 노드를 실행시키기 위해 IA_Sniper 액션 이벤트 노드의 Completed 핀을 연결시켜 줍니다.

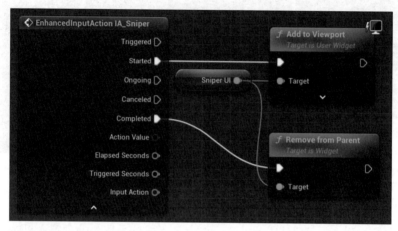

[그림 3.1-134] 스나이퍼 위젯 제거하기

컴파일 버튼을 누르고 다시 실행해 보겠습니다. 왼쪽 [Ctrl] 키를 누르면 스나이퍼 모드로 전환됐다가 떼면 원래대로 돌아가는 것을 확인할 수 있을 것입니다.

추가로 한 가지만 더 알아보겠습니다. 스나이퍼 모드는 확대경을 통해 조준하는 기능을 갖고 있어야 합니다. 하지만 아직 화면 확대가 적용되지는 않았습니다. 이 기능은 카메라의 Field Of View 속성 값을 변경함으로써 구현할 수 있습니다.

Field Of View는 카메라의 시야각을 조절합니다. 이 값이 크면 클수록 넓은 범위를 촬영하기 때문에 물체에서 멀어지는 효과를 볼 수 있고, 작을수록 시야각을 좁혀 확대하는 효과를 얻을 수 있습니다. 우리는 스나이퍼 모드에서는 Field Of View를 45도로 설정해서 사용하고 기본 모드에서는 90도를 사용합니다.

카메라 컴포넌트를 블루프린트에서 사용할 수 있게 하기 위해서는 먼저 TPSPlayer.h 헤더 파일에서 tpsCamComp 멤버 변수를 블루프린트에서 가져다 사용할 수 있도록 설정해 주는 것이 필요합니다. tpsCamComp의 UPROPERTY 매크로 속성에 BlueprintReadOnly를 추가해 주겠습니다.

```cpp
class TPSPROJECT_API ATPSPlayer : public ACharacter
{
    … (생략) …

public:
    UPROPERTY(VisibleAnywhere, Category=Camera)
    class USpringArmComponent* springArmComp;
    UPROPERTY(VisibleAnywhere, BlueprintReadOnly) Category = Camera)
    class UCameraComponent* tpsCamComp;

    … (생략) …
};
```

[코드 3.1-63] TPSPlayer.h 카메라 컴포넌트를 블루프린트에서 읽을 수 있도록 수정

빌드하고 언리얼 에디터의 BP_TPSPlayer 블루프린트로 넘어옵니다. 컴포넌트 창에서 Tps Cam Comp 컴포넌트를 이벤트 그래프 탭으로 드래그 앤 드롭으로 가져옵니다. [Tps Cam Comp] 노드의 데이터 핀을 잡아당겨 [Set Field Of View] 노드를 추가해 줍니다. 입력 데이터 핀 In Field Of View에 45.0을 할당합니다. 마지막으로 [Add to Viewport] 노드 옆으로 이동시켜 주고 출력 실행 핀을 잡아당겨 [Set Field Of View] 노드에 연결시켜 줍니다. 이렇게 하면 Ctrl 키를 눌렀을 때 화면을 확대할 수 있습니다.

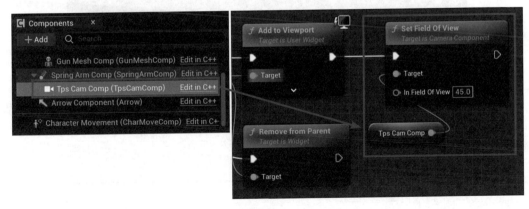

[그림 3.1-135] 카메라의 시야각 조절하여 확대 기능 구현하기

마찬가지로 원래대로 시야각을 돌리기 위해 [Set Field Of View] 노드를 복사하여 [Remove From Parent] 노드 옆에 붙여넣기 해 줍니다. [Remove From Parent] 노드와 [Set Field Of View] 노드를 연결하고 Tps Cam Comp를 [Set Field Of View] 노드의 Target 입력 데이터 핀에 연결해 줍니다. In Field Of View 핀의 값은 '90.0'으로 할당합니다.

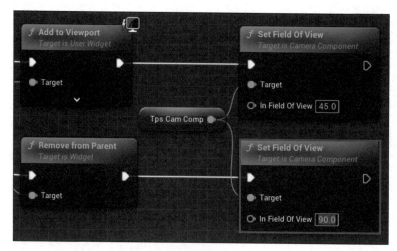

[그림 3.1-136] 카메라의 시야각 원래대로 돌려놓기

작업이 끝나면 블루프린트를 컴파일해 줍니다. 확대가 잘 되는지 테스트를 위해 큐브 하나를 멀리 배치해서 확인하겠습니다. Place Actors 창에서 Basic 카테고리의 'Cube'를 선택하여 뷰포트에 드래그 앤 드롭해서 등록합니다. Player Start 액터와 멀리 떨어진 곳에 배치하면 됩니다.

[그림 3.1-137] 월드에 테스트를 위한 Cube 등록하기

큐브의 식별이 잘 안 되죠? 눈에 잘 띌 수 있도록 머티리얼을 변경하겠습니다. 아웃라이너에서 큐브 액터를 선택하고 디테일 창에서 머티리얼 정보를 'BasicAsset01'로 할당합니다.

[그림 3.1-138] Cube의 머티리얼 변경하기

이제 실행 버튼을 눌러 결과를 확인해 봅니다. 왼쪽 Ctrl 키를 눌러 스나이퍼 조준 모드로 전환하고 맵에 배치해 놓은 큐브를 확인하면 확대 기능이 정상적으로 동작하는 것을 알 수 있습니다.

[그림 3.1-139] 기본 모드(좌)와 스나이퍼 조준 모드(우)

지금까지 제작한 블루프린트의 전체 구현은 다음과 같습니다.

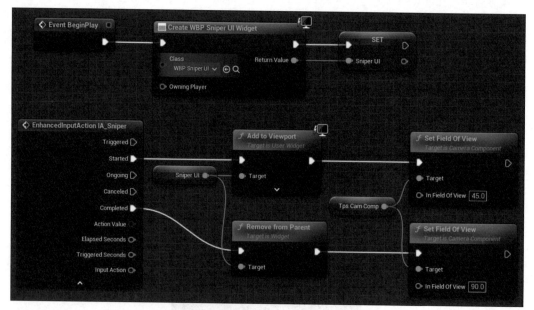

[그림 3.1-140] 스나이퍼 조준 UI 표시 전체 블루프린트

이렇게 블루프린트로 빠르게 기능을 구현해 봤습니다. 이 내용을 C++로 옮겨주겠습니다. 먼저
사용자 입력과 처리 함수를 바인딩해 주는 단계입니다. TPSPlayer.h 헤더 파일로 이동합니다. 파일
맨 아래에 스나이퍼 조준 모드를 처리할 UInputAction* 타입의 ia_Sniper 변수와 함수
SniperAim()을 선언해 주겠습니다. 이 함수는 Started, Completed 입력 두 개 모두에 대응하도록
사용하려고 합니다. 그러면 현재 Started 상태인지, Completed 상태인지 기억을 해야 합니다. 이를
위해 스나이퍼 조준 중인지 여부를 저장할 bool 타입의 bSniperAim 속성도 선언해 주겠습니다.

```
class TPSPROJECT_API ATPSPlayer : public ACharacter
{
        … (생략) …

public:
        … (생략) …

        // 유탄총 사용 중인지 여부
```

```
        bool bUsingGrenadeGun = true;
        // 유탄총으로 변경
        void ChangeToGrenadeGun(const struct FInputActionValue& inputValue);
        // 스나이퍼건으로 변경
        void ChangeToSniperGun(const struct FInputActionValue& inputValue);

        UPROPERTY(EditDefaultsOnly, Category = "Input")
        class UInputAction* ia_Sniper;
        // 스나이퍼 조준처리함수
        void SniperAim(const struct FInputActionValue& inputValue);
        // 스나이퍼 조준 중인지 여부
        bool bSniperAim = false;
};
```

[코드 3.1-64] TPSPlayer.h 스나이퍼 조준 처리 함수 선언하기

이렇게 선언한 함수를 TPSPlayer.cpp 소스 코드에서 구현하고 SetupPlayerInputComponent( )
함수에서 ia_Sniper의 Started, Completed 입력 이벤트를 SniperAim( ) 함수와 바인딩시켜
줍니다.

```
void ATPSPlayer::SetupPlayerInputComponent(UInputComponent* PlayerInputComponent)
{
        Super::SetupPlayerInputComponent(PlayerInputComponent);

        auto PlayerInput = CastChecked<UEnhancedInputComponent>(PlayerInputComponent);
        if (PlayerInput)
        {
                … (생략) …
                PlayerInput->BindAction(ia_SniperGun, ETriggerEvent::Started, this, &ATPSPlay
er::ChangeToSniperGun);
                // 스나이퍼 조준 모드 이벤트 처리 함수 바인딩
                PlayerInput->BindAction(ia_Sniper, ETriggerEvent::Started, this,
&ATPSPlayer::SniperAim);
                PlayerInput->BindAction(ia_Sniper, ETriggerEvent::Completed, this,
&ATPSPlayer::SniperAim);
        }
}
```

```
// 스나이퍼 조준
void ATPSPlayer::SniperAim(const FInputActionValue& inputValue)
{


}
```

[코드 3.1-65] **TPSPlayer.cpp** 스나이퍼 조준 처리 함수 정의 및 입력 바인딩하기

이제 스나이퍼 조준 함수의 내용을 구현해 보도록 하겠습니다. 앞서 블루프린트에서의 구현 순서를 보면 다음과 같습니다.

❶ BeginPlay에서 스나이퍼 UI 위젯 인스턴스 생성
❷ Sniper Pressed 액션 입력이 들어오면 UI 위젯을 뷰포트에 추가
❸ 카메라의 시야각 Field Of View 설정

이를 위해 필요한 변수가 몇 개 있습니다. 위젯 인스턴스를 만들기 위해 타깃이 되는 위젯 클래스가 있어야 합니다. 앞에서 블루프린트 위젯 클래스 WBP_SniperUI를 만들어 주었죠? 그리고 CreateWidget으로 만들어준 인스턴스를 기억할 변수도 필요합니다. 이를 TPSPlayer.h 헤더 파일에 추가로 선언해 주겠습니다.

먼저 TSubclassOf 템플릿 클래스를 이용하여 UUserWidget 타입의 클래스를 받을 수 있도록 sniperUIFactory를 선언합니다. 이 변수에는 WBP_SniperUI 블루프린트 클래스가 할당되어야 합니다. 변수의 이름에 Factory가 들어가 있죠? 블루프린트 파일을 나타냅니다. 이를 이용하여 필요한 스나이퍼 UI 위젯 인스턴스를 만들려고 합니다. 이 인스턴스를 저장할 변수는 '_sniperUI'라는 이름으로 선언하여 줍니다.

```
class TPSPROJECT_API ATPSPlayer : public ACharacter
{
        … (생략) …

public:
        … (생략) …
```

```
    // 스나이퍼 조준 중인지 여부
    bool bSniperAim = false;
    // 스나이퍼 UI 위젯 공장
    UPROPERTY(EditDefaultsOnly, Category=SniperUI)
    TSubclassOf<class UUserWidget> sniperUIFactory;
    // 스나이퍼 UI 위젯 인스턴스
    UPROPERTY( )
    class UUserWidget* _sniperUI;
};
```

[코드 3.1-66] TPSPlayer.h 스나이퍼 UI 위젯 멤버 변수 선언

TPSPlayer.cpp 소스 코드로 이동하여 스나이퍼 UI 위젯 인스턴스를 생성해 주겠습니다. 먼저, 위젯 API를 사용하기 위해 맨 위에 #include <Blueprint/UserWidget.h>을 추가합니다.

이제 BeginPlay( ) 함수입니다. 스나이퍼건을 기본으로 사용하도록 설정하기 전에 먼저 UI 위젯을 생성해 주겠습니다. 블루프린트에서처럼 UI 위젯 인스턴스를 만들기 위해 CreateWidget( ) 함수를 이용합니다. CreateWidget( ) 함수에 위젯의 소유 객체 UWorld*를 반환하는 GetWorld( ) 함수를 첫 번째 인자로 넘겨 주고 WBP_SniperUI를 기억하고 있는 sniperUIFactory를 두 번째 인자로 넘겨 줍니다.

```
… (생략) …
#include <Blueprint/UserWidget.h>

void ATPSPlayer::BeginPlay( )
{
    Super::BeginPlay( );
    … (생략) …
    // 1. 스나이퍼 UI 위젯 인스턴스 생성
    _sniperUI = CreateWidget(GetWorld( ), sniperUIFactory);

    // 기본으로 스나이퍼건을 사용하도록 설정
    ChangeToSniperGun(FInputActionValue( ));
}
```

[코드 3.1-67] TPSPlayer.cpp 스나이퍼 UI 위젯 생성하기

이번에는 SniperAim( ) 함수 내용을 구현해 주겠습니다. 먼저 이 함수는 스나이퍼건을 사용할 때에만 동작해야 합니다. 이를 위해 bUsingGrenadeGun 값이 true면 처리되지 않도록 함수를 종료합니다. Started 입력이 들어왔을 때는 bSniperAim 값이 false일 때 입니다. 조준 모드가 되도록 bSniperAim의 값을 true로 변경합니다. 그리고 _sniperUI의 AddToViewport( ) 함수를 이용하여 화면에 등록합니다. 마지막으로 카메라의 시야각을 '45도'로 설정하기 위해 카메라 컴포넌트의 SetFieldOfView( ) 함수를 호출합니다.

```cpp
void ATPSPlayer::SniperAim( )
{
    // 스나이퍼건 모드가 아니라면 처리하지 않는다.
    if (bUsingGrenadeGun)
    {
        return;
    }
    // Pressed 입력 처리
    if (bSniperAim == false)
    {
        // 1. 스나이퍼 조준 모드 활성화
        bSniperAim = true;
        // 2. 스나이퍼조준 UI 등록
        _sniperUI->AddToViewport( );
        // 3. 카메라의 시야각 Field Of View 설정
        tpsCamComp->SetFieldOfView(45.0f);
    }
}
```

[코드 3.1-68] TPSPlayer.cpp 스나이퍼 조준 모드 처리하기

이렇게 하면 왼쪽 [Ctrl] 키를 눌렀을 때 스나이퍼 모드가 되도록 합니다. 이제 키를 뗐을 때 (Completed) 처리를 하겠습니다. 현재 조준 모드 여부를 나타내는 bSniperAim 값이 true일 경우에 해당됩니다. Else 문 안쪽에 RemoveFromParent( ) 함수를 이용하여 화면에서 위젯을 제거합니다. 다음으론 카메라 컴포넌트의 시야각을 원래대로 90도로 돌려놓습니다.

```
void ATPSPlayer::SniperAim( )
{
    // Pressed 입력 처리
    if (bSniperAim == false)
    {
            // 1. 스나이퍼 조준 모드 활성화
            bSniperAim = true;
            // 2. 스나이퍼조준 UI 등록
            _sniperUI->AddToViewport( );
            // 3. 카메라의 시야각 Field Of View 설정
            tpsCamComp->SetFieldOfView(45.0f);
    }
    // Released 입력 처리
    else
    {
            // 1. 스나이퍼 조준 모드 비활성화
            bSniperAim = false;
            // 2. 스나이퍼 조준 UI 화면에서 제거
            _sniperUI->RemoveFromParent( );
            // 3. 카메라 시야각 원래대로 복원
            tpsCamComp->SetFieldOfView(90.0f);
    }
}
```

[코드 3.1-69] TPSPlayer.cpp 스나이퍼 조준 모드 비활성화

여기까지 하고 빌드하면 비주얼 스튜디오의 출력 창에 오류가 표시되며 빌드 실패가 뜨게 됩니다.
오류 메시지를 보면 __cdecl UUserWidget 내용을 찾을 수 있습니다.

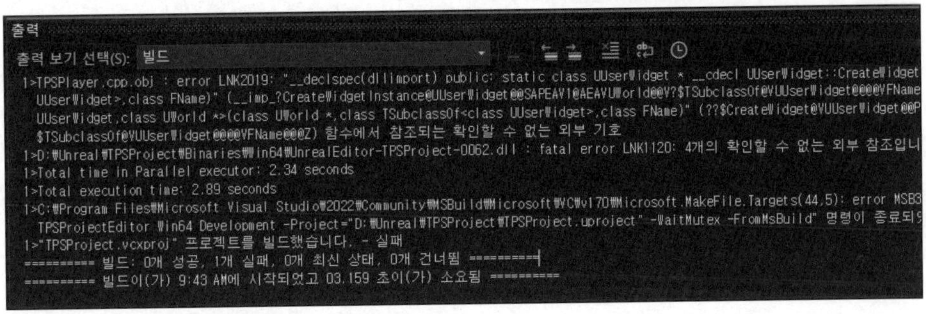

[그림 3.1-141] UMG 모듈 사용 오류

이런 오류가 발생하는 이유는 언리얼 모션 그래픽 UMG 모듈을 사용 목록에 추가하지 않아서입니다. 비주얼 스튜디오의 솔루션 탐색기로 이동합니다. TPSProject에 있는 Source 폴더의 TPSProject.Build.cs 파일을 더블클릭하여 열어 줍니다.

[그림 3.1-142] 솔루션탐색기에서 TPSProject.Build.cs

TPSProject C# 클래스의 생성자 안에서 PublicDependencyModuleNames에 UMG 모듈을 사용하도록 추가해 주어야 합니다. AddRange( ) 함수 맨 뒤쪽에 "UMG"를 추가합니다.

```csharp
using UnrealBuildTool;

public class TPSProject : ModuleRules
{
    public TPSProject(ReadOnlyTargetRules Target) : base(Target)
    {
        PCHUsage = PCHUsageMode.UseExplicitOrSharedPCHs;

        PublicDependencyModuleNames.AddRange(new string[] { "Core", "CoreUObject",
"Engine", "InputCore", "EnhancedInput", "UMG" });

        PrivateDependencyModuleNames.AddRange(new string[] {  });
    }
}
```

[코드 3.1-70] TPSPlayer.Build.cs UMG 모듈을 사용 모듈로 추가하기

다시 빌드하면 이제는 정상적으로 빌드 성공이 뜨게 될 것입니다. 성공이 되면 언리얼 에디터로 이동합니다. BP_TPSPlayer 블루프린트를 열어서 [BeginPlay] 노드의 실행 핀과 [InputAction Sniper] 노드의 Started와 Completed 실행 핀 연결을 모두 끊어 줍니다.

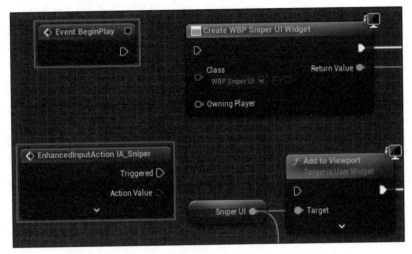

[그림 3.1-143] Sniper 이벤트 노드 연결 끊기

그리고 클래스 디폴트 설정으로 이동합니다. 디테일 창으로 이동하여 Sniper UI 카테고리에 있는 Sniper UIFactory 속성에 드롭다운 버튼을 열어 WBP_SniperUI 블루프린트를 할당해 줍니다. 그리고 IA_Sniper 를 Ia Sniper 에 할당해 주도록 합니다.

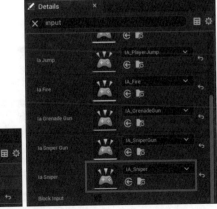

[그림 3.1-144] WBP_SniperUI 및 IA_Sniper 할당하기

C++로의 전환이 끝났습니다. BP_TPSPlayer 블루프린트를 컴파일해 주고 플레이 버튼을 눌러 게임을 실행을 합니다. 왼쪽 [Ctrl] 키를 클릭하여 스나이퍼 모드의 동작을 확인합니다. 블루프린트와 마찬가지로 잘 동작하는 것을 확인할 수 있을 것입니다.

### → LineTrace를 이용한 총알 발사하기

이번에는 스나이퍼 총알 발사를 구현하겠습니다. 스나이퍼 총알은 눈에 보이지 않을 정도로 빠릅니다. 앞에서 만들어 놓은 유탄 총알처럼 눈에 보이게 날아가진 않죠. 이번에는 라인트레이스를 이용하여 무형의 선을 쏴서 그 선이 특정 물체와 충돌했는지를 판단하는 방법을 살펴보겠습니다.

이를 이해하기 위해 다음 그림을 보시죠. 눈에서 시선이라는 무형의 선(Line)이 날아갑니다. 이 선은 분명히 눈에 보이진 않지만, 실제 누군가를 쳐다보면 시선이 날아갑니다. 이 선을 추적 (LineTrace)하면 어디에 닿았는지(FHitResult) 알 수 있게 됩니다.

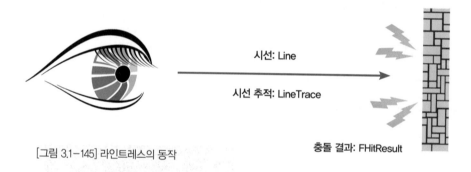

시선: Line

시선 추적: LineTrace

충돌 결과: FHitResult

[그림 3.1-145] 라인트레스의 동작

언리얼 엔진에서는 무형의 선을 던지고, 선을 추적하여 특정 물체와의 충돌 정보를 알려주는 기능을 제공합니다. 이를 위해 다수의 라인트레이스 검출 함수가 있으며, 목적에 따라 골라서 사용하면 됩니다. 다음 표는 라인트레이스가 단일 물체를 검출할지 다중 물체를 검출할지에 따라서 사용되는 함수의 이름을 나타냅니다.

| LineTrace의 종류 | 설명 |
| --- | --- |
| LineTraceSingleByXXX | 단일 충돌 물체 검출 – 맨 처음 충돌된 객체 반환 |
| LineTraceMultiByXXX | 다중 충돌 물체 검출 – 충돌한 모든 물체 반환 |

[표 3.1-3] 라인트레이스가 단일 물체를 검출할지 다중 물체를 검출할지에 따라서 사용되는 함수의 이름

LineTraceSingleBy로 시작하는 함수는 라인을 쏴서 맨 처음 맞은 물체를 반환하는 함수입니다. 반면에 LineTraceMultiBy로 시작하는 함수는 라인에 충돌한 모든 물체를 TArray 형태로 반환합니다. 또한 이 두 함수는 충돌하고 싶은 물체를 필터링할 수 있는 옵션을 제공하며 이에 따라 이름이 3가지로 구분이 됩니다. 각각 Channel, ObjectType, Profile이 이에 해당합니다.

| 필터의 종류 | 설명 |
|---|---|
| Channel | 오브젝트 콜리전의 트레이스 채널 – 프로젝트 세팅 창에서 설정 |
| ObjectType | 오브젝트 콜리전의 오브젝트 채널 – 프로젝트 세팅 창에서 설정 |
| Profile | 오브젝트 콜리전의 프리셋 – 프로젝트 세팅 창에서 설정 |

[표 3.1-4] LineTrace 필터의 종류

이렇게 표만 보면 필터의 의미를 이해하기 어려울 수 있습니다. 다음 그림은 프로젝트 세팅 창의 Collision 카테고리에서 충돌 프리셋 중 BlockAll의 정보입니다. 여기에서 'BlockAll'라는 이름이 바로 Profile이고, Trace Type 카테고리의 값들이 Channel에 해당됩니다. 마지막으로 Object Type 카테고리에 있는 값들이 Object Type 필터에 들어가는 값들이 됩니다.

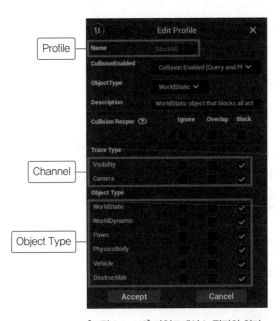

[그림 3.1-146] 라인트레이스 필터의 의미

이를 이용하여 카메라의 위치에서 카메라가 향하는 방향으로 라인을 발사하는 코드를 작성해 보겠습니다. 필터는 Channel을 이용하여 Visibility인 것들만 검출하도록 합니다. TPSPlayer.cpp의 InputFire() 함수로 이동합니다. InputFire() 함수는 유탄총을 이용하여 총을 발사할 때 사용했습니다. 내용이 길어 나누어 설명하겠습니다. 먼저 구현 내용을 유탄총 사용할 때와 스나이퍼건 사용할 때로 나누겠습니다. bUsingGrenadeGun 값이 참일 때와 거짓일 때를 이용하면 됩니다.

```
void ATPSPlayer::InputFire()
{
    // 유탄총 사용 시
    if(bUsingGrenadeGun)
    {
        // 총알 발사 처리
        FTransform firePosition = gunMeshComp->GetSocketTransform(TEXT("FirePosition"));
        GetWorld()->SpawnActor<ABullet>(bulletFactory, firePosition);
    }
    // 스나이퍼건 사용 시
    else
    {

    }
}
```

[코드 3.1-71] TPSPlayer.cpp InputFire() 함수의 유탄총 스나이퍼건 구분

우리는 BeginPlay() 함수에서 ChangeToSniperGun() 함수를 호출함으로써 bUsingGrenadeGun 변수 값에 true를 할당하게 했습니다. 따라서 스나이퍼건이 사용 중이게 됩니다. 이제 이곳에서 라인 트레이스를 이용한 구현부가 들어갑니다.

라인트레이스 함수 안에 들어갈 인자 값들을 설정하겠습니다. 라인의 시작 위치는 GetComponent Location() 함수를 이용하여 카메라 컴포넌트의 위치를 가져옵니다. 이는 부모의 상대 좌표 값이 아닌 월드 좌표 값을 반환합니다.

다음은 선 충돌을 어디까지 검출할지 선의 종료 지점을 구합니다. 카메라가 향하는 방향인 포워드 벡터를 GetForwardVector() 함수로 얻어오고 스칼라 곱셈으로 벡터의 길이를 5,000으로 해

줍니다. 여기에 시작 위치 startPos를 더해줌으로써 종료 지점을 구할 수 있습니다. 카메라 위치에서 카메라가 바라보는 방향으로 5,000cm 떨어진 지점까지를 검출 범위로 합니다.

추가로 라인트레이스에 충돌 정보를 저장할 FHitResult 타입의 hitInfo 변수와 충돌 옵션을 설정할 변수 FCollisionQueryParams 타입의 params 변수를 선언합니다. FCollisionQueryParams 구조체는 여러 설정을 지정할 수 있으며 여기에서는 충돌 검출에 플레이어 자기 자신은 포함되지 않도록 AddIgnoredActor() 함수에 this 포인터를 전달합니다.

```cpp
void ATPSPlayer::InputFire()
{
    // 유탄총 사용 시
    if(bUsingGrenadeGun)
    {
        … (생략) …
    }
    // 스나이퍼건 사용 시
    else
    {
        // LineTrace 의 시작 위치
        FVector startPos = tpsCamComp->GetComponentLocation();
        // LineTrace 의 종료 위치
        FVector endPos = tpsCamComp->GetComponentLocation() + tpsCamComp->GetForwardVector() * 5000;
        // LineTrace 의 충돌 정보를 담을 변수
        FHitResult hitInfo;
        // 충돌 옵션 설정 변수
        FCollisionQueryParams params;
        // 자기 자신(플레이어)는 충돌에서 제외
        params.AddIgnoredActor(this);
    }
}
```

[코드 3.1-72] TPSPlayer.cpp 라인트레이스 인수 값 설정하기

드디어 라인트레이스를 할 수 있습니다. 라인트레이스 함수는 UWorld 클래스에 등록되어 있으며 여기에서 사용할 함수는 LineTraceSingleByChannel()입니다. 이 함수는 인수로 충돌 정보, 시작

위치, 종료 위치, 검출 채널, 충돌 옵션 정보를 요구합니다. 차례로 앞에서 만들어 놓은 변수들을 할당합니다. LineTraceSingleByChannel( ) 함수의 충돌 발생 여부 반환 값을 bool 타입의 변수 bHit에 저장합니다. bHit가 true가 되면 충돌 처리를 합니다.

```cpp
void ATPSPlayer::InputFire()
{
    // 유탄총 사용 시
    if(bUsingGrenadeGun)
    {
        … (생략) …
    }
    // 스나이퍼건 사용 시
    else
    {
        … (생략) …
        // 자기 자신(플레이어)는 충돌에서 제외
        params.AddIgnoredActor(this);
        // Channel 필터를 이용한 LineTrace 충돌 검출(충돌 정보, 시작 위치, 종료 위치, 검출 채널, 충돌 옵션)
        bool bHit = GetWorld()->LineTraceSingleByChannel(hitInfo, startPos, endPos,
ECC_Visibility, params);
        // LineTrace가 부딪혔을 때
        if (bHit)
        {
            // 충돌 처리 -> 총알 파편 효과 재생
        }
    }
}
```

[코드 3.1-73] TPSPlayer.cpp 라인트레이스 충돌 검출하기


라인트레이스 충돌이 성공하면 bHit 변수에 true 값이 들어 옵니다. 이때 충돌 지점에 총알 파편 효과를 표시함으로써 사용자에게 알려주겠습니다. 총알 파편 효과를 사용하기 위해 TPSPlayer.h 헤더 파일로 이동합니다. 맨 아래쪽에 UParticleSystem* 타입의 bulletEffectFactory 변수를 추가합니다. UPROPERTY 매크로를 붙여 언리얼 에디터 상에 BulletEffect 카테고리로 나타나게 합니다.

```
class TPSPROJECT_API ATPSPlayer : public ACharacter
{
        … (생략) …


public:
        … (생략) …


        // 스나이퍼 UI 위젯 인스턴스
        class UUserWidget* _sniperUI;

        // 총알 파편 효과 공장
        UPROPERTY(EditAnywhere, Category=BulletEffect)
        class UParticleSystem* bulletEffectFactory;
};
```

[코드 3.1-74] TPSPlayer.h 총알 파편 효과 멤버 변수 선언하기


다시 TPSPlayer.cpp의 InputFire( ) 함수로 돌아옵니다. 라인트레이스가 부딪혔을 때 총알 파편 효과가 발생하도록 처리합니다. 먼저 효과가 놓일 위치, 회전, 크기 정보를 저장할 FTransform 타입의 bulletTrans 변수를 선언합니다. 트랜스폼의 위치값을 라인트레이스가 충돌한 지점 ImpactPoint로 할당합니다. 이제 UGameplayStatics 클래스의 SpawnEmitterAtLocation( ) 함수를 이용하여 총알 파편 효과 인스턴스를 만들어 줍니다. 이때 인자로 소유자 객체 UWorld*, 생성할 파티클이펙트 클래스 bulletEffectFactory, 트랜스폼 정보 bulletTrans를 넘겨 줍니다.

마지막으로 UGameplayStatics 클래스 사용을 위해서 파일 맨 위쪽에 #include ⟨Kismet/GameplayStatics.h⟩을 추가해 줍니다.

```
#include ⟨Kismet/GameplayStatics.h⟩

void ATPSPlayer::InputFire( )
{
        // 유탄총 사용 시
        if(bUsingGrenadeGun)
        {
                … (생략) …
```

```
        }
    // 스나이퍼건 사용 시
    else
    {
        … (생략) …
        // LineTrace가 부딪혔을 때
        if (bHit)
        {
                // 총알 파편 효과 트랜스폼
                FTransform bulletTrans;
                // 부딪힌 위치 할당
                bulletTrans.SetLocation(hitInfo.ImpactPoint);
                // 총알 파편 효과 인스턴스 생성
                UGameplayStatics::SpawnEmitterAtLocation(GetWorld(),
bulletEffectFactory, bulletTrans);
        }
    }
}
```

[코드 3.1-75] **TPSPlayer.cpp** 총알 파편 효과 발생시키기

이제 빌드하고 언리얼에디터로 이동합니다. 라인트레이스 충돌 지점에 표현할 총알 파편 효과가 필요합니다. 콘텐트 브라우저의 StarterContent – Particles 폴더로 이동합니다. 이곳에 보면 P_ Explosion 이름의 파티클시스템 애셋이 있습니다. 선택하여 Ctrl + D로 복제해 줍니다. 복사본의 이름을 P_BulletEffect라고 변경해 줍니다.

[그림 3.1-147] P_BulletEffect 생성하기

이렇게 만들어 준 P_BulletEffect를 살짝만 수정해서 사용해 보겠습니다. P_BulletEffect를 더블클릭하여 파티클 편집기 캐스케이드 창을 열어 줍니다. 가운데 [이미터(Emitters)] 탭에서 FireBall, Smoke 두 개의 이미터를 Delete 키를 눌러 삭제합니다.

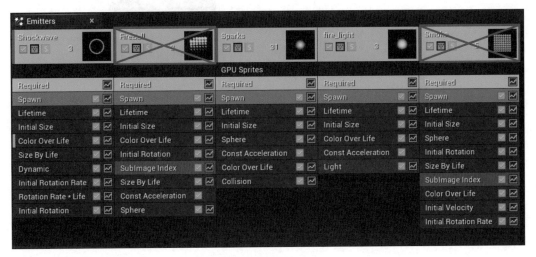

[그림 3.1-148] P_BulletEffect 의 FireBall Smoke 이미터 삭제하기

남아 있는 이미터들의 값을 조금 수정합니다. 먼저 Shockwave의 Initial Size를 선택하고 디테일 창으로 이동합니다. Start Size 카테고리를 보면 Distribution이 있습니다. 화살표를 클릭하여 나타나는 Max, Min의 값을 각각 274, 225로 수정합니다.

[그림 3.1-149] Shockwave 이미터의 Initial Size 수정하기

이번에는 Sparks 이미터의 Initial Size를 선택하고 디테일 창으로 이동합니다. 마찬가지로 Start Size의 Distribution 화살표를 열어 줍니다. Constant 항목 값에 X: 6, Y: 40, Z: 0을 입력합니다.

[그림 3.1-150] Sparks 이미터의 Initial Size 수정하기

다음으로 fire_light의 Initial Size를 수정합니다. 디테일 창에서 Start Size-Distribution Max, Min 값을 각각 (52, 0, 0), (42, 0, 0)으로 할당합니다.

[그림 3.1-151] fire_light 이미터의 Initial Size 수정하기

왼쪽 상단의 [Save] 버튼을 눌러주고 파티클 편집기 창은 닫아 줍니다. 이제 BP_TPSPlayer 블루프린트 창으로 이동합니다. 클래스디폴트 세팅에서 디테일 창의 Bullet Effect Factory에 앞에서 작업해준 P_BulletEffect 파티클 시스템을 할당합니다.

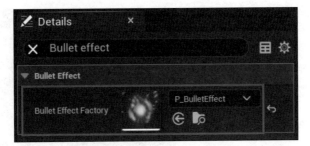

[그림 3.1-152] BP_TPSPlayer 의 BulletEffectFactory 값 설정하기

블루프린트를 컴파일해 주고 실행해 보겠습니다. 왼쪽 Ctrl 키를 눌러 스나이퍼 조준 모드로 전환합니다. 이 상태로 바닥이나 다른 물체를 조준해서 왼쪽 마우스 버튼을 눌러 보면 조준한 지점에 총알 파편 효과가 발생하는 것을 볼 수 있을 것입니다.

[그림 3.1-153] 스나이퍼 조준 지점에 총알 파편 효과 발생

멋지게 구현이 완료되었지만 이렇게 끝내기에는 아쉬움이 남습니다. 이 단원을 끝내기 전에 테스트로 스나이퍼 총에 맞은 물체가 날아가도록 처리해 보겠습니다. 아웃라이너에 보면 스나이퍼 조준 테스트를 위해 만들어 놓은 큐브가 있습니다.

[그림 3.1-154] 테스트로 배치한 큐브

큐브를 선택하고 디테일 창으로 이동합니다. Transform의 Mobility 정보를 'Movable'로 설정하여 물체가 이동할 수 있도록 합니다. 그리고 Physics의 Simulate Physics 속성을 활성화합니다.

[그림 3.1-155] 큐브액터의 속성 설정하기

이제 큐브에 물리적인 힘을 주면 이동시킬 수 있습니다. 라인트레이스가 이 큐브와 충돌하면 부딪힌 방향으로 날려 버리겠습니다. TPSPlayer.cpp의 InputFire() 함수로 이동합니다. 총알 파편 효과 생성 아래에 내용을 추가합니다.

구현하고 싶은 내용은 "부딪힌 물체의 컴포넌트에 물리가 적용되어 있으면 날려 버리고 싶다."입니다. 이 내용을 구현하기 위해 궁극적으로 하고 싶은 내용을 먼저 뽑겠습니다. "날려 버리고 싶다"가 되겠죠? 이제 질문입니다. 날려 버리려면 '어느 방향으로 얼마만큼의 힘'으로 날려버려야 할지 알아야겠죠? 마지막으로 갑자기 왜 물체를 날려 버리려 할까요? 이유는 "부딪힌 물체의 컴포넌트에 물리가 적용되어 있으니까"입니다. 이를 역순으로 정리하면 다음과 같습니다.

>>> **목표** : 부딪힌 물체의 컴포넌트에 물리가 적용되어 있으면 날려 버리고 싶다.
① 만약 컴포넌트에 물리가 적용되어 있다면
② 날려 버릴 힘과 방향이 필요
③ 그 방향으로 날려 버리고 싶다.

이 내용을 구현해 보겠습니다. 먼저 부딪힌 물체의 컴포넌트 변수를 hitComp에 저장합니다. 이 hitComp가 nullptr이 아닌지 검사하여 변수에 정상적인 값이 들어 있다면 컴포턴트의 물리 적용 여부는 IsSimulatingPhysics()를 이용하여 얻어올 수 있습니다. 이렇게 물리가 적용돼 있을 때 물체를 날려버리는 처리를 합니다.

먼저 조준한 방향 dir을 구합니다. 그리고 큐브의 질량을 가져와서 곱해 줍니다. 마지막으로 얼마나 세게 날아갈지 힘의 크기를 곱해 줘야 하는데 여기에서는 500,000을 임의로 주었습니다. 이렇게 구한 벡터를 force라는 이름의 변수에 기억합니다. 아주 간단한 F = ma라는 뉴턴의 운동 법칙 공식을 적용한 것입니다. 마지막으로 충돌 컴포넌트의 AddForceAtLocation() 함수에 force와 부딪힌 지점 impactPoint를 인자로 넘김으로써 물체를 날려버립니다.

```cpp
void ATPSPlayer::InputFire()
{
    // 유탄총 사용 시
    if(bUsingGrenadeGun)
    {
        … (생략) …
    }
    // 스나이퍼건 사용 시
    else
    {
        … (생략) …
        // LineTrace가 부딪혔을 때
        if (bHit)
        {
            // 총알 파편 효과 트랜스폼
            FTransform bulletTrans;
            // 부딪힌 위치 할당
            bulletTrans.SetLocation(hitInfo.ImpactPoint);
            // 총알 파편 효과 인스턴스 생성
            UGameplayStatics::SpawnEmitterAtLocation(GetWorld(),
bulletEffectFactory, bulletTrans);
```

```
                    auto hitComp = hitInfo.GetComponent();
                    // 1.      만약 컴포넌트에 물리가 적용되어 있다면
                    if (hitComp && hitComp->IsSimulatingPhysics())
                    {
                            // 2. 조준한 방향이 필요
                            FVector dir = (endPos - startPos).GetSafeNormal();
                            // 날려 버릴 힘(F = ma)
                            FVector force = dir * hitComp->GetMass() * 500000;
                            // 3. 그 방향으로 날려 버리고 싶다.
                            hitComp->AddForceAtLocation(force, hitInfo.ImpactPoint);
                    }
                }
            }
        }
```

[코드 3.1-76] TPSPlayer.cpp 부딪힌 물체의 물리가 활성화되어 있으면 날려 보내기

여기까지 빌드하고 언리얼 에디터로 이동해서 실행해 봅니다. 조준해서 큐브를 맞춰보면 큐브가 날아가는 것을 확인할 수 있을 것입니다.

[그림 3.1-156] 스나이퍼 총알에 맞아 날아가는 큐브

1

1.1
1.2
1.3
1.4
1.5

2

2.1
2.2
2.3
2.4
2.5
2.6

3

## ➜ 일반 조준 모드 구현하기

여기까지 스나이퍼 조준 모드를 구현했습니다. 그런데 스나이퍼건은 조준 모드를 사용하기 전에는 총을 쏠 수 없어 다소 불편합니다. 확대경을 이용하지 않아도 일반 조준 모드가 활성화돼 총을 발사 할 수 있도록 처리해 보겠습니다. 일반 조준 모드에서도 조준 UI가 표시되도록 하려고 합니다. 따라서 TPSPlayer.h 헤더 파일에 이를 위한 위젯 속성을 추가합니다. 먼저 위젯 블루프린트를 담을 crosshairUIFactory 변수를 추가하고, 이로부터 만들어질 인스턴스를 기억할 _crosshairUI 변수도 추가해 줍니다.

```cpp
class TPSPROJECT_API ATPSPlayer : public ACharacter
{
    … (생략) …

public:
    … (생략) …

    // 총알 파편 효과 공장
    UPROPERTY(EditAnywhere, Category=BulletEffect)
    class UParticleSystem* bulletEffectFactory;

    // 일반 조준 크로스헤어UI 위젯
    UPROPERTY(EditDefaultsOnly, Category = SniperUI)
    TSubclassOf<class UUserWidget> crosshairUIFactory;
    // 크로스헤어 인스턴스
    UPROPERTY()
    class UUserWidget* _crosshairUI;
};
```

[코드 3.1-77] TPSPlayer.h 일반 조준 모드 UI 위젯 속성 추가하기

3.1
3.2
3.3

4

4.1
4.2
4.3
4.4
4.5

일반 조준 모드 UI 위젯의 인스턴스를 생성해 주겠습니다. TPSPlayer.cpp의 BeginPlay() 함수로 이동합니다. 이곳에서 CreateWidget() 함수를 이용해 위젯을 생성하고 _crosshairUI 멤버 변수에 담습니다. 그리고 처음에는 일반 조준 모드이기 때문에 AddToViewport() 함수를 호출하여 화면에 표시해 줍니다.

```
void ATPSPlayer::BeginPlay()
{
        Super::BeginPlay();
        … (생략) …
        // 1. 스나이퍼 UI 위젯 인스턴스 생성
        _sniperUI = CreateWidget(GetWorld(), sniperUIFactory);
        // 2. 일반 조준 UI 크로스헤어 인스턴스 생성
        _crosshairUI = CreateWidget(GetWorld(), crosshairUIFactory);
        // 3. 일반 조준 UI 등록
        _crosshairUI->AddToViewport();


        // 기본으로 스나이퍼건을 사용하도록 설정
        ChangeToSniperGun(FInputActionValue());
}
```

[코드 3.1-78] TPSPlayer.cpp 일반 조준 모드 UI 위젯 생성 및 화면에 표시하기


그리고 확대경 조준 모드인지 아닌지에 따라서 UI가 바뀌도록 처리해 줍니다. SniperAim()
함수에서 pressed 입력일 때는 스나이퍼 조준 UI가 뜨도록 일반 조준 UI인 _crosshairUI는
RemoveFromParent() 함수를 호출하여 화면에서 제거합니다. 반대의 경우에는 일반 조준 UI를 화
면에 등록합니다.


```
void ATPSPlayer::SniperAim()
{
        // 스나이퍼건 모드가 아니라면 처리하지 않는다.
        if (bUsingGrenadeGun)
        {
                return;
        }
        // Pressed 입력 처리
        if (bSniperAim == false)
        {
                // 1. 스나이퍼 조준 모드 활성화
                bSniperAim = true;
                // 2. 스나이퍼 조준 UI 등록
                _sniperUI->AddToViewport();
```

1

1.1
1.2
1.3
1.4
1.5

2

2.1
2.2
2.3
2.4
2.5
2.6

3

3.1
3.2
3.3

4

4.1
4.2
4.3
4.4
4.5

```
            // 3. 카메라의 시야각 Field Of View 설정
            tpsCamComp->SetFieldOfView(45.0f);
            // 4. 일반 조준 UI 제거
            _crosshairUI->RemoveFromParent();
        }
    // Released 입력 처리
    else
    {
            // 1. 스나이퍼 조준 모드 비활성화
            bSniperAim = false;
            // 2. 스나이퍼 조준 UI 화면에서 제거
            _sniperUI->RemoveFromParent();
            // 3. 카메라 시야각 원래대로 복원
            tpsCamComp->SetFieldOfView(90.0f);
            // 4. 일반 조준 UI 등록
            _crosshairUI->AddToViewport();
        }
    }
```

[코드 3.1-79] TPSPlayer.cpp 일반 조준 모드 UI 위젯 표시하기

이제 빌드하고 언리얼 에디터로 이동합니다. 일반조준모드 UI를 위해 위젯블루프린트를 만들어 주겠습니다. 콘텐트 브라우저의 Blueprints 폴더에서 WBP_SniperUI를 선택하고 Ctrl+D 키를 눌러 복제해 줍니다. 그리고 이름을 WBP_Crosshair로 짓습니다.

[그림 3.1-157] WBP_Crosshair 위젯블루프린트 생성하기

WBP_Crosshair를 더블클릭하여 블루프린트 편집 창으로 이동합니다. 하이어라키 창에서 Image를 선택하고 디테일 창으로 이동합니다. Size X, Size Y 값만 각각 200, 200으로 수정합니다.

그리고 사용할 이미지 등록을 위해 Brush의 Image 항목에 드롭다운 버튼을 눌러 검색란에 crosshair 이미지를 검색하여 할당합니다. 이 이미지는 콘텐트 브라우저의 SniperGun 폴더 안에 위치해 있습니다.

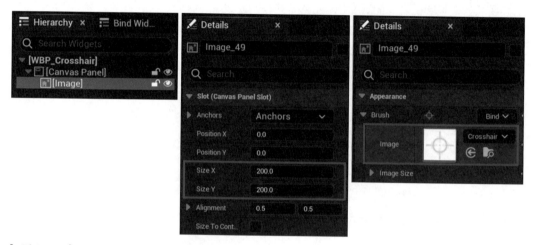

[그림 3.1-158] Size 조절 및 Crosshair 이미지 할당하기

작업이 다 끝났으면 WBP_Crosshair 위젯 블루프린트를 컴파일합니다. 이를 사용하도록 등록 하기위해 BP_TPSPlayer 블루프린트로 이동합니다. 클래스 디폴트의 디테일 창에 crosshair로 검색하면 Crosshair UIFactory 항목이 나옵니다. 드롭다운 버튼을 눌러 앞에서 만들어 준 WBP_ Crosshair 위젯 블루프린트를 할당해 줍니다.

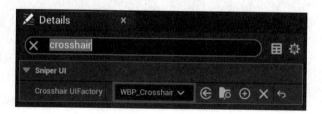

[그림 3.1-159] Crosshair UIFactory에 값 할당하기

블루프린트를 컴파일하고 실행해서 결과를 보겠습니다. 시작하면 바로 일반 조준 UI가 표시되고 왼쪽 [Ctrl] 키를 눌러 스나이퍼 조준을 하면 확대경 UI가 표시되는 것을 확인할 수 있을 것입니다.

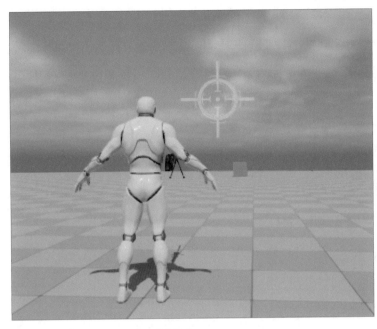

[그림 3.1-160] 일반 조준 UI가 표시된 상태

자 여기까지 하면 스나이퍼 모드의 구현이 모두 완료 되었습니다. 눈에 보이지 않는 총알을 구현할 때 이렇게 라인트레이스를 사용하면 편리 합니다. 또한 라인트레이스는 다양한 곳에서 응용이 가능합니다. 예를 들어 MMORPG 같은 게임을 제작할 때 특정 지역을 클 릭하면 그리로 이동하고 싶을 때 라인트레이스를 이용하면 됩 니다. VR 콘텐츠에서도 어떤 물체를 바라보고 있을 때 물체가 선택되도록 하고 싶다면 이때도 라인트레이 스를 이용할 수 있습니다. 다양한 환경에서 라 인트레이스가 이용되고 있다는 것을 알아두고 여기서 마치겠습니다.

1

1.1
1.2
1.3
1.4
1.5

2

2.1
2.2
2.3
2.4
2.5
2.6

3

3.1
3.2
3.3

4

4.1
4.2
4.3
4.4
4.5

이제 적을 만들어 플레이어와 대항하도록 처리해 보겠습니다. 적은 우리가 설계한 기반에 의해 자신이 어떤 행동을 해야 하는지 자동으로 찾아냅니다. 이를 위해 이 책에서는 유한 상태 기계 (Finite State Machine, FSM)를 사용합니다. 자세한 내용은 뒤에서 깊게 다루어 봅니다. 먼저 적 액터를 만들고 외관을 할당해 주겠습니다.

✖ **학습 목표**

적을 생성하고 외관을 세팅하고 싶다.

✖ **구현 순서**

❶ 적 액터 만들기
❷ 외관 데이터 할당기

## ➡ 적 액터 만들기

플레이어 만들 때와 마찬가지로 진행이 됩니다. 먼저 캐릭터를 상속받는 C++ 클래스를 만들어 주겠습니다. 만들 클래스의 이름은 'Enemy'로 설정합니다.

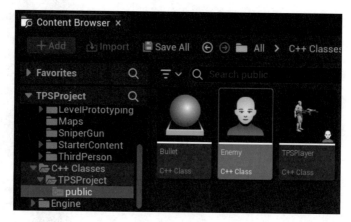

[그림 3.1-161] Enemy C++ 클래스 생성하기

## → 외관 데이터 할당하기

만들어진 **AEnemy** 클래스에 외관 데이터를 할당해 주겠습니다. Enemy.cpp 파일의 생성자 함수로 이동합니다. `ConstructorHelpers::FObjectFinder<USkeletalMesh>` 유형의 `tempMesh` 변수를 만들고 생성자에 `TEXT("")`를 전달합니다. TEXT 매크로 안에 경로는 뒤에서 넣어 주겠습니다. 정상적으로 경로 안의 스켈레탈메시 데이터가 로드되면 Mesh 컴포넌트에 `SetSkeletalMesh()` 함수를 이용하여 Object 데이터를 전달합니다. 그리고 메시 컴포넌트의 위치를 (x: 0, y: 0, z: −88), 회전 값을 (pitch: 0, yaw: −90, roll: 0)으로 설정해 줍니다.

```cpp
AEnemy::AEnemy()
{
    PrimaryActorTick.bCanEverTick = true;

    // 1. 스켈레탈메시 데이터 로드
    ConstructorHelpers::FObjectFinder<USkeletalMesh> tempMesh(TEXT(""));
    // 1-1. 데이터 로드가 성공하면
    if (tempMesh.Succeeded())
    {
        // 1-2. 데이터 할당
        GetMesh()->SetSkeletalMesh(tempMesh.Object);
        // 1-3. 메시 위치 및 회전 설정
        GetMesh()->SetRelativeLocationAndRotation(FVector(0, 0, -88), FRotator(0,
-90, 0));
    }
}
```

[코드 3.1−80] **Enemy.cpp** 스켈레탈메시 데이터 로드 및 설정하기

이제 사용할 스켈레탈애셋의 경로를 가져오도록 하겠습니다. 언리얼 에디터의 콘텐트 브라우저로 이동합니다. Content−Characters−Mannequin_UE4−Meshes 폴더 안에는 SK_Mannequin 스켈레탈 애셋이 있습니다. 이를 선택하고 키보드의 Ctrl + C 를 눌러 경로를 클립보드에 복사합니다.

[그림 3.1-162] SK_Mannequin 경로 복사하기

다시 코드로 돌아옵니다. Enemy.cpp 생성자 함수의 TEXT("") 매크로 안에 Ctrl+V를 눌러 경로를 붙여줍니다.

```
AEnemy::AEnemy()
{
    PrimaryActorTick.bCanEverTick = true;

    // 1. 스켈레탈메시 데이터 로드
    ConstructorHelpers::FObjectFinder<USkeletalMesh>
tempMesh(TEXT("SkeletalMesh'/Game/Characters/Mannequin_UE4/Meshes/SK_Mannequin.SK_Mannequin'"));
    // 1-1. 데이터 로드 성공하면
    if (tempMesh.Succeeded())
    {
        // 1-2. 데이터 할당
        GetMesh()->SetSkeletalMesh(tempMesh.Object);
        // 1-3. 메시 위치 및 회전 설정
        GetMesh()->SetRelativeLocationAndRotation(FVector(0, 0, -88), FRotator(0,
-90, 0));
    }
}
```

[코드 3.1-81] Enemy.cpp 스켈레탈 메시 데이터 경로 붙여넣기

비주얼 스튜디오를 빌드하고 언리얼 에디터로 이동합니다. Enemy C++ 클래스를 블루프린트로 만들어서 사용합니다. 콘텐트 브라우저의 C++ Classes-TPSProject-public 폴더에 있는 Enemy

클래스를 마우스 오른쪽 버튼으로 클릭합니다. 팝업 메뉴에서 Create Blueprint class based on Enemy 메뉴를 선택합니다.

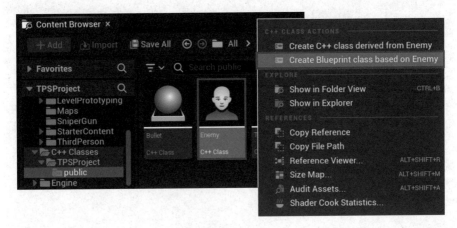

[그림 3.1-163] Enemy C++ 클래스를 블루프린트로 생성하기

Add Blueprint class 창에서 블루프린트의 이름을 'BP_Enemy'로 정하고 Blueprints 폴더에 생성해 줍니다.

[그림 3.1-164] BP_Enemy 생성된 결과

만들어진 BP_Enemy 블루프린트 에디터를 열어 확인해 봅니다. 뷰포트 창을 열어 보면 스켈레탈 메시가 정상적으로 잘 적용된 것을 확인할 수 있습니다.

[그림 3.1-165] BP_Enemy 블루프린트에 스켈레탈 메시가 적용된 화면

1

1.1
1.2
1.3
1.4
1.5

2

2.1
2.2
2.3
2.4
2.5
2.6

3

3.1
3.2
3.3

4

4.1
4.2
4.3
4.4
4.5

## 3.1-9 적 AI 제어를 위한 FSM 제작하기 ·············

이번에는 자동으로 생각하고 움직일 수 있는 적 AI를 만들어 보겠습니다. 여기에서는 AI 설계를 위해 코드의 가독성과 도식으로 나타내기 용이한 유한 상태 기계(Finite State Machine, 이하 FSM)를 사용합니다. 뒤에서는 이를 컴포넌트 기반 설계 방식으로 확장하여 사용해 보도록 합니다. 먼저 FSM에 대한 이해부터 시작하여 FSM 뼈대 설계, 상태별 구현 단위로 넘어가도록 하겠습니다.

### ✖ 학습 목표

FSM을 이용하여 적 AI를 제작하고 싶다.

### ✖ 구현 순서

❶ FSM 개요      ❷ FSM 뼈대 설계하기

❸ 대기 상태 구현하기      ❹ 이동 상태 구현하기

❺ 공격 상태 구현하기      ❻ 피격 상태 구현하기

❼ 죽음 상태 구현하기

### ➜ FSM 개요

이번 단원 내용을 시작하기 전에 FSM의 이해를 돕기 위해 FSM의 설계 방식이 어떤 식으로 동작하는지 다루어 보겠습니다. 다음은 위키백과에서 찾은 FSM에 대한 설명입니다.

> 유한 상태 기계(finite-state machine, FSM) 또는 유한 오토마톤(finite automaton, FA; 복수형: 유한 오토마타 finite automata)은 컴퓨터 프로그램과 전자 논리 회로를 설계하는 데 쓰이는 수학적 모델이다. 간단히 '상태 기계'라고 부르기도 한다. 유한 상태 기계는 유한한 개수의 상태를 가질 수 있는 오토마타, 즉 '추상 기계'라고 할 수 있다.
>
> – 위키백과

유한한 상태를 갖고, 각 상태 간의 논리적 흐름을 제어하기 위한 설계 기법이 FSM입니다. 예를 들어 자판기를 FSM으로 동작하게 한다고 생각해 보겠습니다. 자판기가 갖고 있는 상태는 대략적으로 대기, 금액 확인, 물건 선택, 물건 재고 확인, 물건 출력, 잔돈 반환 상태 등이 있다고 가정하겠습니다. 각 상태는 다음과 같이 대기 상태에서 시작하여 잔돈 반환 상태까지 진행되었다가 다시 대기 상태로 돌아오도록 흐름이 구성됩니다.

[그림 3.1-166] 자판기 상태의 흐름

각 상태에서는 상태별 기능이 처리되며, 특정 조건을 만족하면 화살표를 따라 다음 상태로 변환이 됩니다. 이렇게 기계(Machine)를 동작시키기 위해 몇 가지(Finite) 상태(State)로 나누고, 이 상태 간의 흐름이 진행되도록 처리하는 것을 '유한 상태 기계(finite-state machine, FSM)'라 합니다. 그리고 이런 상태 간의 흐름(화살표)를 '트랜지션(Transition)'이라고 하며, 상태의 도식화된 그래프를 상태 '다이어그램'이라고 칭합니다.

우리는 적 AI를 제작하기 위해 바로 FSM을 사용하겠습니다. 이 책에서 다른 기법 중에 FSM을 이용하여 설계 구조를 작성하는 이유는 글쓰기 방식의 진화에 있습니다. *Chapter 2 슈팅 게임 제작하기*는 기초적인 글쓰기를 이용하여 어쨌든 프로젝트를 제작하는 기법을 학습하는 단계였다면, 이번 챕터에서 다루는 핵심은 글쓰기의 체계화입니다. 일반적으로 책의 구조를 보면 목차와 본문으로 나누어져 있는 것을 알 수 있습니다.

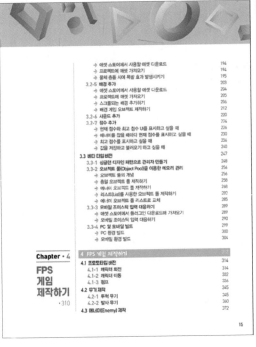

[그림 3.1-167] 목차(좌)와 본문(우)

이번에 다루게 되는 적 AI 제작에 사용하는 FSM 설계 기법을 이와 마찬가지로 목차와 본문으로 나누어 작성하게 될 것입니다. 이 방식의 진행을 염두에 두고 다음으로 넘어가겠습니다.

## → FSM의 뼈대 설계하기

적 AI는 FSM 구조로 제어되도록 설계합니다. 적이 갖는 상태는 대기, 이동, 공격, 피격, 죽음의 5가지 상태로 구성되며 각 상태 간의 흐름을 나타낸 상태 다이어그램은 다음과 같습니다. 앞에서 설명한 것처럼, 각 상태는 라운드 박스로 표시됩니다. 화살표는 각 상태가 특정 조건에 의해 다른 상태로 변경됨을 나타내는 트랜지션을 뜻합니다.

피격과 죽음 상태는 'Any State'라는 상태로부터 연결되는 것을 볼 수 있습니다. 이유는 대기 상태뿐만 아니라 이동, 공격 상태일 때도 적은 피격 당할 수 있기 때문입니다. 심지어 피격 상태일 때도 다시 피격될 수 있기 때문에 어느 상태(Any State)에서도 피격될 수 있다고 표시해 놓은 것입니다.

상태 다이어그램을 잘 그려 놓으면 기획서를 분석하는 큰 도움이 됩니다. 한 장으로 동작 구성을 파악할 수 있기 때문에 기획자, 또는 애니메이터와의 작업에서도 큰 도움이 됩니다.

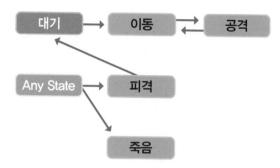

[그림 3.1-168] 적 FSM 상태 다이어그램

보통 경험상 이렇게 5가지 상태가 적 AI를 구성할 때 가장 기본이 됩니다. 각 상태는 추가적으로 세분화될 수도 있고 간략화될 수도 있습니다. 각 상태가 세분화될 때는 상태를 늘리는 것보다는 하위 구조로 빼는 것이 도움이 됩니다. 예를 들어 이동 상태의 경우, 걷기와 달리기, 옆으로 걷기, 뒤로 걷기 등 세분화할 수 있습니다. 이렇게 하면 너무 상태가 많아져 나중에는 복잡도가 크게 늘어납니다. 그래서 메인 상태 머신은 앞에서처럼 구성하고 이동 상태를 하위 상태 머신으로 만들어 관리하면 편합니다. 이렇게 하위 상태 머신을 'Sub-State Machine'이라고 합니다. 책에서는 메인 상태 머신만을 다루도록 하겠습니다.

적 FSM을 처리하기 위해 새로운 클래스를 만들어 관리하겠습니다. 이 클래스는 AEnemy 클래스에 컴포넌트로 붙어 자신의 역할을 하게 합니다. 언리얼 에디터로 이동합니다. 콘텐트 브라우저의 C++ Classes 폴더를 선택하고 오른쪽 소스 폴더에서 마우스 오른쪽 버튼을 눌러 New C++ Class 메뉴를 선택합니다. 사용할 부모 클래스로 Actor Component를 선택합니다.

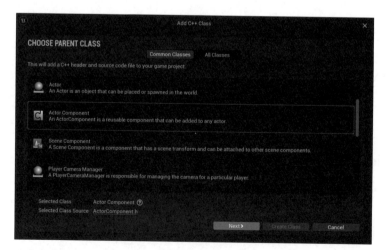

[그림 3.1-169] 부모 클래스를 Actor Component 로 선택

액터 컴포넌트는 모든 컴포넌트의 부모 클래스입니다. 참고로 신 컴포넌트(Scene Component)와 액터 컴포넌트의 차이는 트랜스폼 속성에 있습니다. 신 컴포넌트는 액터 컴포넌트를 상속받아 여기에 트랜스폼 정보까지 가질 수 있도록 구현되어 있습니다. 즉, 컴포넌트의 위치, 회전, 크기 정보를 변경할 수 있게 됩니다. 여기에서 제작하는 FSM 제어 클래스는 적 AI 제어에 목적이 있고 트랜스폼 정보를 활용하지 않기 때문에 액터 컴포넌트를 상속받아 사용합니다. 이 클래스의 이름을 'EnemyFSM'으로 정해 줍니다.

UEnemyFSM은 적 AI 상태를 관리하는 클래스입니다. 상태는 대기(Idle), 이동(Move), 공격(Attack), 피격(Damage), 죽음(Die)으로 구성됩니다. 이를 관리하기 편하게 열거형 enum 타입을 이용해 보겠습니다. EnemyFSM.h 파일로 이동합니다. class 선언 위쪽에 'EEnemyState'라는 이름의 enum 자료형을 만들어 줍니다. UENUM 매크로를 이용하여 언리얼 엔진에서 'EEnemyState'라는 새로운 열거형 타입이 만들어진 것을 알려주고, BlueprintType 인자를 할당하여 블루프린트에서도 사용할 수 있도록 합니다. 상태는 5개이기 때문에 enum class가 사용할 크기는 uint8로 할당해 줍니다.

```cpp
#pragma once

#include "CoreMinimal.h"
#include "Components/ActorComponent.h"
#include "EnemyFSM.generated.h"

// 사용할 상태 정의
UENUM(BlueprintType)
enum class EEnemyState : uint8
{
    Idle,
    Move,
    Attack,
    Damage,
    Die,
};

UCLASS(ClassGroup=(Custom), meta=(BlueprintSpawnableComponent))
class TPSPROJECT_API UEnemyFSM : public UActorComponent
{
```

```
    … (생략) …
}
```

[코드 3.1-82] **EnemyFSM.h** EEnemyState 열거형 정의하기

참고로 **enum** 타입은 이름 앞에 접두어(prefix) 'E'를 붙여 주어야 합니다. 그래서 'EEnemyState'
라는 이름을 사용합니다. 이제 현재 상태를 기억할 멤버 변수 **mState**와 각 상태를 처리할 함
수를 public 접근자로 선언해 주겠습니다. **mState** 변수는 블루프린트에서 접근할 수 있도록
**BlueprintReadOnly** 속성을 추가합니다.

```
    … (생략) …

class TPSPROJECT_API UEnemyFSM : public UActorComponent
{
    GENERATED_BODY()
public:
    UEnemyFSM();
protected:
    virtual void BeginPlay() override;
public:
    virtual void TickComponent(float DeltaTime, ELevelTick TickType,
FActorComponentTickFunction* ThisTickFunction) override;

    public:
        // 상태 변수
        UPROPERTY(VisibleAnywhere, BlueprintReadOnly, Category=FSM)
        EEnemyState mState = EEnemyState::Idle;

        // 대기 상태
        void IdleState();
        // 이동 상태
        void MoveState();
        // 공격 상태
        void AttackState();
        // 피격 상태
        void DamageState();
```

```
    // 죽음 상태
    void DieState();
};
```

[코드 3.1-83] EnemyFSM.h 상태 처리 함수 선언

이제 EnemyFSM.cpp 소스 파일로 이동하여 각 상태 함수를 정의해 줍니다. 그리고 이 상태 함수들의 제어를 위해 TickComponent() 함수로 이동합니다. switch 문을 이용하여 mState의 값에 따라 선언해 준 상태 함수가 호출되도록 처리합니다.

```
void UEnemyFSM::TickComponent(float DeltaTime, ELevelTick TickType,
FActorComponentTickFunction* ThisTickFunction)
{
        Super::TickComponent(DeltaTime, TickType, ThisTickFunction);

        switch (mState)
        {
        case EEnemyState::Idle:
                IdleState();
                break;
        case EEnemyState::Move:
                MoveState();
                break;
        case EEnemyState::Attack:
                AttackState();
                break;
        case EEnemyState::Damage:
                DamageState();
                break;
        case EEnemyState::Die:
                DieState();
                break;
        }
}

// 대기 상태
void UEnemyFSM::IdleState(){}
```

```
// 이동 상태
void UEnemyFSM::MoveState(){}
// 공격 상태
void UEnemyFSM::AttackState(){}
// 피격 상태
void UEnemyFSM::DamageState(){}
// 죽음 상태
void UEnemyFSM::DieState(){}
```

[코드 3.1-84] EnemyFSM.cpp 상태 처리 함수 구현 및 호출하기

이렇게 하면 일단 적 AI의 FSM 뼈대를 만든 것이 됩니다. UEnemyFSM 컴포넌트 클래스가 제대로 동작하는지 확인해 보겠습니다. 컴포넌트이기 때문에 단독으로 실행이 될 수는 없습니다. AEnemy 클래스에 붙여서 사용하겠습니다. Enemy.h 헤더 파일로 이동합니다. public 지시자로 UEnemyFSM* 타입의 멤버 변수 fsm을 선언합니다. 뒤에서 UEnemyFSM의 상태를 블루프린트에서 출력해 보기 위해 fsm 멤버 변수에 BlueprintReadOnly 속성을 추가했습니다.

```
… (생략) …
class TPSPROJECT_API AEnemy : public ACharacter
{
    GENERATED_BODY()
public:
    AEnemy();
protected:
    virtual void BeginPlay() override;
public:
    virtual void Tick(float DeltaTime) override;
    virtual void SetupPlayerInputComponent(class UInputComponent* PlayerInputComponent)
override;

public:
    // 적 AI 관리 컴포넌트 클래스
    UPROPERTY(VisibleAnywhere, BlueprintReadOnly, Category=FSMComponent)
    class UEnemyFSM* fsm;
};
```

[코드 3.1-85] Enemy.h UEnemyFSM 타입 멤버 변수 선언하기

소스 코드로 가서 UEnemyFSM 컴포넌트 인스턴스를 생성해서 붙여 주겠습니다. Enemy.cpp 파일로 이동합니다. 생성자 함수의 맨 마지막에 CreateDefaultSubobject() 함수를 이용하여 EnemyFSM 컴포넌트를 추가합니다. 그리고 맨 위에 #include "EnemyFSM.h"를 선언하여 UEnemyFSM을 사용할 수 있도록 합니다.

```cpp
#include "Enemy.h"
#include "EnemyFSM.h"

AEnemy::AEnemy()
{
    PrimaryActorTick.bCanEverTick = true;

    // 1. 스켈레탈메시 데이터 로드
    ConstructorHelpers::FObjectFinder<USkeletalMesh> tempMesh(TEXT("SkeletalMesh'/Game/Mannequin/Character/Mesh/SK_Mannequin_Female.SK_Mannequin_Female'"));
    // 1-1. 데이터 로드 성공하면
    if (tempMesh.Succeeded())
    {
        // 1-2. 데이터 할당
        GetMesh()->SetSkeletalMesh(tempMesh.Object);
        // 1-3. 메시 위치 및 회전 설정
        GetMesh()->SetRelativeLocationAndRotation(FVector(0, 0, -88), FRotator(0, -90, 0));
    }

    // EnemyFSM 컴포넌트 추가
    fsm = CreateDefaultSubobject<UEnemyFSM>(TEXT("FSM"));
}
```

[코드 3.1-86] **Enemy.cpp** EnemyFSM 컴포넌트 추가

빌드하고 언리얼 엔진으로 이동해서 EnemyFSM이 제대로 작동하는지 확인해 보겠습니다. BP_Enemy 블루프린트를 열어 보면 FSM 컴포넌트가 추가된 것을 확인할 수 있습니다. 빌드된 내용이 제대로 반영되지 않았다면 콘텐트 브라우저에서 BP_Enemy에 마우스 오른쪽 버튼을 클릭합니다. 팝업이 뜨면 Asset Actions-Reload를 선택해 애셋을 다시 로드할 수 있도록 합니다.

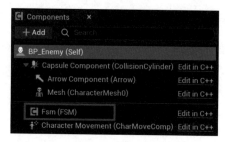

[그림 3.1-170] FSM 컴포넌트가 추가된 상태

추가된 FSM 컴포넌트에서 현재 Enemy가 어떤 상태인지 출력해 보겠습니다.

EnemyFSM.cpp의 TickComponent( ) 함수로 이동합니다. 이곳에서 UEnum 클래스의 GetValueAsString( ) 함수를 이용해 mState 값을 문자열 FString으로 변환해 가져옵니다. 이 값을 GEngine 인스턴스의 AddOnScreenDebugMessage( ) 함수에 넘겨줍니다. 화면에 출력할 색상은 사이언(Cyan)으로 하겠습니다.

```cpp
void UEnemyFSM::TickComponent(float DeltaTime, ELevelTick TickType,
FActorComponentTickFunction* ThisTickFunction)
{
	Super::TickComponent(DeltaTime, TickType, ThisTickFunction);

	// 실행창에 상태 메시지 출력하기
	FString logMsg = UEnum::GetValueAsString(mState);
	GEngine->AddOnScreenDebugMessage(0, 1, FColor::Cyan, logMsg);

	… (생략) …
}
```

[코드 3.1-87] EnemyFSM.cpp 상태 메시지 출력하기

비주얼 스튜디오를 빌드하고 언리얼 메인 에디터로 이동합니다. BP_Enemy 블루프린트를 드래 그해서 뷰포트 창에 가져다 놓습니다.

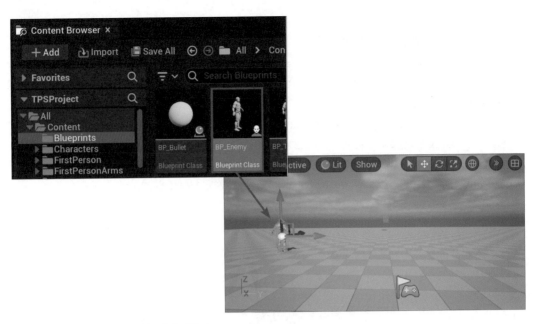

[그림 3.1-171] BP_Enemy 를 월드에 추가하기

이제 플레이 버튼을 눌러서 실행해 보겠습니다. 뷰포트 창의 왼쪽에 BP_Enemy의 상태가 'Idle' 이라고 표시되는 것을 확인할 수 있습니다.

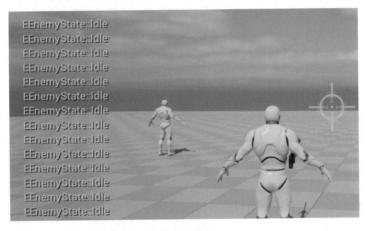

[그림 3.1-172] 적 현재상태 출력 결과 확인하기

적 AI의 뼈대 작성과 동작 결과까지 확인해 보았습니다. 이제 상태별로 구현해 보겠습니다.

### FSM을 책의 목차와 본문 구성처럼 적용

앞에서 FSM을 진보된 글쓰기 기법 즉, 책의 목차와 본문을 구성하는 데 사용한다고 했습니다. 라이프사이클 함수 중 Tick() 함수에 switch 문을 이용하여 목차를 작성하고 각 상태에 맞는 함수들을 구현하여 본문을 작성합니다. 목차에서 페이지 번호는 함수 호출부에 해당합니다.

이런 식으로 구성하면 몇 가지 장점이 있는데, 개발이 진행되며 발생하는 문제가 어디에서 발생하는지 찾는데 이점이 있습니다. 프로젝트를 진행하다 보면 엄청 많은 로직을 프로그래밍하게 됩니다. 이 때 어디에서 문제가 생겼는지를 찾을 수 있으면 문제해결은 그리 어려운 일이 아닙니다. 만약 캐릭터가 이동하고 있는데 애니메이션이 이상하게 나오고 있다면 전체 코드를 다 검수하는 것이 아니라, 이동 상태만 체크해 보면 될 것입니다.

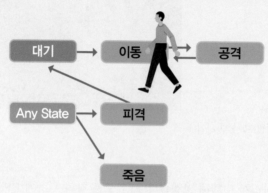

[그림 3.1-173] 이동 상태에서 발생한 오류

문제의 포인트를 확 좁혀서 들어갈 수 있는 것이죠. 그래서 실제 실무에서는 FSM을 상당히 많이 사용합니다. 이것은 적 AI 제작에만 활용하는 것이 아니라, 게임의 전체 흐름을 관리할 때도 사용할 수 있고, 일반 애플리케이션 제작에도 활용할 수 있습니다. 활용도가 상당히 높으니 꼭 자신의 것으로 만드시길 바랍니다. 참고로, 뼈대 설계만 잘 해도 콘텐츠의 상당 부분을 만들었다고 할 정도로 큰 부분을 차지합니다.

### → 대기 상태 구현하기

상태 다이어그램의 첫번째 구현 요소는 대기 상태입니다. 우리의 적 AI는 5개의 상태 중 가장 먼저 실행되는 상태를 대기 상태로 정합니다. 피격이나 죽음 등이 처음 실행될 상태라고 가정하면 다소 이상하겠죠. 이렇게 제일 처음 실행이 되는 상태를 '기본 상태(Default State)'라고 합니다. 대기 상태의 동작은 아주 단순한 기획으로 구성하겠습니다.

목표는 "일정 시간 기다렸다가 이동 상태로 전환하고 싶다."입니다. 이때 목표를 구현하기 위해 필요한 정보가 어떤 것이 있는지 살펴보겠습니다. 일정 시간 기다린다고 했는데 일정 시간이 얼마만큼인지에 대한 정보가 없습니다. 또한 시간이 현재 얼마나 경과했는지도 알 수 있는 정보가 없습니다. 이 두 가지 필요한 정보를 속성으로 하여 목표와 함께 적어 보겠습니다.

>>> **목표** : 일정 시간 기다렸다가 이동 상태로 전환하고 싶다.
>>> **필요 속성** : 대기 시간, 경과 시간

필요한 속성 두 가지를 UEnemyFSM 클래스에 멤버로 등록하여 사용합니다. EnemyFSM.h 헤더 파일을 열어 줍니다. 맨 아래에 대기 시간과 경과 시간을 속성으로 등록합니다. 이 때 idleDelayTime은 에디터 상에 노출해서 조절할 수 있도록 EditDefaultsOnly 속성을 추가합니다.

```cpp
class TPSPROJECT_API UEnemyFSM : public UActorComponent
{
        … (생략) …

public:
        … (생략) …

        // 죽음 상태
        void DieState();

        // 대기 시간
        UPROPERTY(EditDefaultsOnly, Category=FSM)
        float idleDelayTime = 2;
        // 경과 시간
        float currentTime = 0;
};
```

[코드 3.1-88] EnemyFSM.h 대기 시간, 경과 시간 속성 추가하기

이제 EnemyFSM.cpp 파일로 이동합니다. 대기 상태를 처리하기 위한 함수인 IdleState() 함수에 "일정 시간 기다렸다가 이동 상태로 전환하고 싶다." 내용을 구현해 보겠습니다.

해당 내용을 구현하기 위한 순서를 잡을 때 먼저 궁극적으로 해야 하는 것을 먼저 씁니다. 바로 "이동 상태로 전환하고 싶다."가 됩니다. 그리고 질문이 나옵니다. 왜 이동 상태로 전환해야 하는 가? "시간이 됐으니까"입니다. 프로그래밍적인 문장으로 바꿔보면 "만약 경과 시간이 대기 시간을 초과했다면" 정도가 되겠네요.

이렇게만 하면 끝나지 않죠? 마지막이 남았습니다. "시간이 흘렀으니까"라는 문장이 들어가야 목표를 달성할 수 있습니다. 이렇게 적어 놓은 내용을 역순으로 다시 정렬해서 우선순위를 잡습니다.

> **≫ 목표** : 일정 시간 기다렸다가 이동 상태로 전환하고 싶다.
> ❶ 시간이 흘렀으니까
> ❷ 만약 경과 시간이 대기 시간을 초과했다면
> ❸ 이동 상태로 전환하고 싶다.

이를 코드로 구현해 보겠습니다. 시간이 흐른 것은 currentTime 변수가 델타타임을 계속 누적시 켜 나가면 됩니다. 나머지는 단순히 번역 정도에 해당합니다. 마지막에 경과 시간 초기화를 추가한 것은 다른 상태에서도 해당 변수를 계속 사용하기 때문에 0으로 초기화했습니다.

```cpp
// 대기 상태
void UEnemyFSM::IdleState()
{
    // 1. 시간이 흘렀으니까
    currentTime += GetWorld()->DeltaTimeSeconds;
    // 2. 만약 경과 시간이 대기 시간을 초과했다면
    if(currentTime > idleDelayTime)
    {
        // 3. 이동 상태로 전환하고 싶다.
        mState = EEnemyState::Move;
        // 경과 시간 초기화
        currentTime = 0;
    }
}
```

[코드 3.1-89] EnemyFSM.cpp 대기 상태 처리 함수 구현하기

빌드하고 언리얼 에디터로 이동하여 실행해봅니다. 그러면 Idle 상태에서 2초가 지나면 Move 상태 메시지가 화면에 출력됩니다.

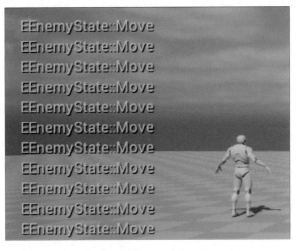

[그림 3.1-174] Move 상태로 전환된 결과

## ➜ 이동 상태 구현하기

이제 캐릭터가 이동 상태로 넘어왔습니다. 이동 상태에서 처리할 내용은 타깃 쪽으로 이동하게 하고 싶습니다. 그러다가 타깃과 가까워지면 공격 상태가 되도록 하려고 합니다. 두 가지를 나눠서 하나씩 구현해 보겠습니다. 먼저 "타깃 쪽으로 이동하고 싶다."로 주제를 구현합니다. 여기에서 필요한 정보는 따라다닐 타깃과 얼마나 빨리 이동할지에 관한 이동 속도가 있습니다. 다만, 이동 속도는 캐릭터 무브먼트 컴포넌트에 해당 속성이 들어 있습니다. 이를 정리하면 다음과 같습니다.

> ≫ **목표** : 타깃 쪽으로 이동하고 싶다.
> ≫ **필요 속성** : 타깃

이외에도 구현에 필요한 속성이 몇 가지 더 있는데, 내용을 진행하면서 추가적으로 다룰 예정입니다. 타깃 속성을 UEnemyFSM 클래스에 추가하겠습니다. EnemyFSM.h 헤더 파일로 이동하여 맨 아래쪽에 ATPSPlayer* 유형의 target 멤버 변수를 선언합니다. 언리얼 에디터 상에서 target

변수에 값이 제대로 들어가는지를 시각적으로 확인해 보기 위해 UPROPERTY( ) 매크로 속성에
VisibleAnywhere를 추가합니다.

```cpp
class TPSPROJECT_API UEnemyFSM : public UActorComponent
{
        … (생략) …

public:
        … (생략) …

        // 대기 시간
        UPROPERTY(EditDefaultsOnly, Category=FSM)
        float idleDelayTime = 2;
        // 경과 시간
        float currentTime = 0;

        // 타깃
        UPROPERTY(VisibleAnywhere, Category=FSM)
        class ATPSPlayer* target;
};
```

[코드 3.1-90] EnemyFSM.h 타깃 속성 추가


이 타깃을 가지고 이동 상태 함수를 구현해 보겠습니다. 이동 상태의 구현 목표를 세부적으로 쪼개
보면 다음처럼 구성할 수 있습니다.

>>> **목표** : 타깃 쪽으로 이동하고 싶다.
    ❶ 타깃 목적지가 필요하다.
    ❷ 방향이 필요하다.
    ❸ 방향으로 이동하고 싶다.


여기에서 보면, 추가로 필요한 정보가 있는 것을 알 수 있습니다. 이동을 위해서 방향을 구하려
할 때 간단한 뺄셈을 이용하여 구할 수 있습니다.

1

1.1
1.2
1.3
1.4
1.5

2

2.1
2.2
2.3
2.4
2.5
2.6

3

3.1
3.2
3.3

4

4.1
4.2
4.3
4.4
4.5

## 타깃 방향 = 목적지 − 나의 위치

나의 위치 값은 컴포넌트가 아닌 컴포넌트를 소유하고 있는 **AEnemy** 액터의 위치를 나타냅니다. 이를 위해 **AEnemyFSM**의 소유 액터 **AEnemy**를 기억할 속성을 추가합니다. Enemy.h에 **AEnemy\*** 유형의 **me** 변수를 선언합니다.

```
class TPSPROJECT_API UEnemyFSM : public UActorComponent
{
    … (생략) …


public:
    … (생략) …


    // 타깃
    UPROPERTY(VisibleAnywhere, Category=FSM)
    class ATPSPlayer* target;

    // 소유 액터
    UPROPERTY()
    class AEnemy* me;
};
```

[코드 3.1−91] EnemyFSM.h 컴포넌트 소유 액터 선언하기

자, 필요한 속성은 마련됐습니다. 타깃과 소유 액터를 라이프사이클 함수 중 태어날 때를 나타내는 BeginPlay( ) 함수에서 런타임에 할당해 주겠습니다.

EnemyFSM.cpp의 BeginPlay( ) 함수로 이동합니다. 이곳에서는 먼저, UGameplayStatics 유틸리티 클래스의 GetActorOfClass( ) 함수를 이용하여 월드에 있는 인스턴스 중 ATPSPlayer 타입의 액터를 하나 찾습니다. 이를 위해 GetActorOfClass( )의 인자로 UWorld\*를 반환하는 GetWorld( ) 함수와 ATPSPlayer의 클래스를 반환하는 StaticClass( )를 넘겨 줍니다. 그리고 UGameplayStatics 클래스를 사용할 수 있도록 위에 #include <Kismet/GameplaySstatics.h>를 선언합니다.

다음으로 이렇게 찾아온 액터를 Cast( ) 함수를 이용해 ATPSPlayer 타입으로 형 변환하여

target 변수에 저장합니다. 이제 소유 액터 객체는 GetOwner( ) 함수를 이용하여 가져와 Cast( )로 형 변환하여 me에 할당해 줍니다. 추가로 ATPSPlayer와 AEnemy를 사용하기 위해 TPSPlayer.h, Enemy.h 헤더 파일을 인클루드 합니다.

```cpp
#include "EnemyFSM.h"
#include "TPSPlayer.h"
#include "Enemy.h"
#include <Kismet/GameplayStatics.h>

void UEnemyFSM::BeginPlay()
{
    Super::BeginPlay();

    // 월드에서 ATPSPlayer 타깃 찾아오기
    auto actor = UGameplayStatics::GetActorOfClass(GetWorld(), ATPSPlayer::StaticClass());
    // ATPSPlayer 타입으로 캐스팅
    target = Cast<ATPSPlayer>(actor);
    // 소유 객체 가져오기
    me = Cast<AEnemy>(GetOwner());
}

… (생략) …
```

[코드 3.1-92] EnemyFSM.cpp 타깃과 소유 객체 동적 할당하기

타깃과 소유 액터 객체를 얻어 왔으니 MoveState( ) 함수를 구현할 수 있습니다. 먼저 타깃의 위치를 구해서 destination 변수에 할당합니다. 방향 벡터는 target - me로 구합니다. 이렇게 구한 방향을 정규화하여 ACharacter 클래스에서 제공하는 AddMovementInput( ) 함수에 넣어 줍니다.

```cpp
// 이동 상태
void UEnemyFSM::MoveState()
{
    // 1. 타깃 목적지가 필요하다.
    FVector destination = target->GetActorLocation();
    // 2. 방향이 필요하다.
}
```

```
    FVector dir = destination - me->GetActorLocation();
    // 3. 방향으로 이동하고 싶다.
    me->AddMovementInput(dir.GetSafeNormal());
}
```

[코드 3.1-93] EnemyFSM.cpp 이동 상태 함수 구현

빌드하고 언리얼 에디터로 이동해서 실행해 보겠습니다. BP_Enemy 인스턴스가 Move 상태가 되면 플레이어 쪽으로 이동하는 것을 확인할 수 있습니다. 플레이어를 이동시켜 보면 계속 따라다니게 됩니다.

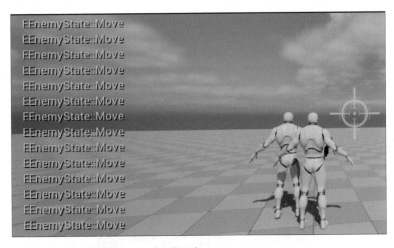

[그림 3.1-175] 플레이어 쪽으로 이동하는 적

그런데 이동할 때 적의 방향이 다소 이상합니다. 이동 방향으로 바라보면서 움직여야 자연스러울 텐데 지금은 그런 부분이 반영되어 있지 않습니다. 이를 해결하는 방법은 간단합니다. 이미 언리얼 엔진에 구현되어 있기 때문이죠.

BP_Enemy 블루프린트 에디터를 열어 주세요. 컴포넌트 창에서 Character Movement 컴포넌트를 선택합니다. 오른쪽 디테일 창에 'Rotation'으로 검색해 보면 Orient Rotation to Movement 속성을 찾을 수 있습니다. 이 값을 체크해 활성화시켜 줍니다.

[그림 3.1-176] 이동하는 방향으로 회전하기

블루프린트를 컴파일하고 다시 실행해 봅니다. 이번에는 적이 타깃 쪽을 향하며 정상적으로 이동하는 것을 확인할 수 있습니다.

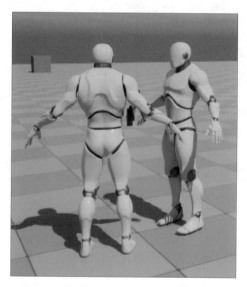

[그림 3.1-177] 타깃쪽을 바라보며 이동하는 적 캐릭터

이제는 타깃과 가까워지면 공격 상태가 되도록 처리해 보겠습니다. 얼마나 가까워져야 공격 상태로 전환할지에 대한 정보가 있어야 해당 내용을 구현할 수 있습니다. 이를 위해 헤더 파일에 공격 범위를 속성으로 추가하겠습니다.

```
class TPSPROJECT_API UEnemyFSM : public UActorComponent
{
        … (생략) …


public:
        … (생략) …


        // 소유 액터
        UPROPERTY()
        class AEnemy* me;

        // 공격 범위
        UPROPERTY(EditAnywhere, Category=FSM)
        float attackRange = 150.0f;
};
```

[코드 3.1-94] EnemyFSM.h 공격 범위 속성 추가하기

이제 해당 내용을 구현합니다. 어떤 순서로 내용을 구현해야 할까요? 세부적으로 목표를 쪼개서 보면 먼저 '공격 상태로 전환'하는 것이 제일 중요한 미션일 것입니다. 이를 위해 선행되어야 하는 질문이 '타깃과의 거리가 공격 범위 안에 들어왔는지' 여부입니다. 이를 역순으로 정리하여 구현 우선순위를 정합니다.

>>> **목표** : 타깃과 가까워지면 공격 상태로 전환하고 싶다.
❶ 만약 거리가 공격 범위 안에 들어오면
❷ 공격 상태로 전환하고 싶다.

이제 MoveState() 함수에 해당 내용을 구현합니다. 단순 번역 수준에서 구현할 수 있습니다. Size() 함수로 벡터의 크기를 가져오고 이 값이 attackRange보다 작으면 공격 범위 안에 들어온 것이 됩니다. 이 조건이 만족하면 mState의 값을 'Attack'으로 설정하여 공격 상태로 전환합니다.

```cpp
void UEnemyFSM::MoveState()
{
    // 1. 타깃 목적지가 필요하다.
    FVector destination = target->GetActorLocation();
    // 2. 방향이 필요하다.
    FVector dir = destination - me->GetActorLocation();
    // 3. 방향으로 이동하고 싶다.
    me->AddMovementInput(dir.GetSafeNormal());

    // 타깃과 가까워지면 공격 상태로 전환하고 싶다.
    // 1. 만약 거리가 공격 범위 안에 들어오면
    if(dir.Size() < attackRange)
    {
        // 2. 공격 상태로 전환하고 싶다.
        mState = EEnemyState::Attack;
    }
}
```

[코드 3.1-95] EnemyFSM.cpp 공격 상태 전환하기

빌드하고 언리얼 에디터에서 실행해 봅니다. 정상적으로 타깃 플레이어 쪽으로 이동하고 공격 범위까지 접근하면 상태가 Attack으로 바뀌는지 확인합니다.

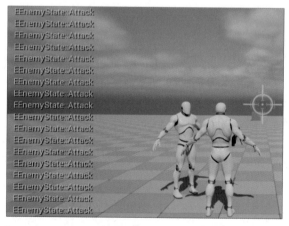

[그림 3.1-178] 이동에서 공격 상태로 전환 결과

애니메이션이 아직까지 적용되지 않아 다소 어색하지만 로직 상으론 잘 구현되고 있습니다. 알파타입 버전 제작에서 애니메이션을 적용하게 되면 더 발전된 느낌을 받을 수 있을 것입니다.

## → 공격 상태 구현하기

이번에는 공격 상태를 다뤄보겠습니다. 이 상태에서의 기획은 "일정 시간에 한 번씩 공격하고 싶다." 입니다. 또 "타깃이 공격 범위를 벗어나면 상태를 이동으로 전환하고 싶다."가 추가됩니다. 참고로, 이 책에서 다루는 기획은 필자가 아주 단순화하여 작성하고 있지만, 실제 실무에서는 이보다는 훨씬 복잡하다는 사실을 알아두세요. 그럼 지금까지 공격 상태의 진행 다이어그램은 다음과 같습니다.

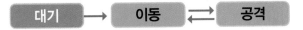

[그림 3.1-179] 공격 상태까지의 상태 다이어그램

공격 상태에서의 첫 번째 구현 목표 "일정 시간에 한 번씩 공격하고 싶다."를 작업해 보겠습니다. 대기 상태와 마찬가지로 공격 대기 시간이라는 정보가 있어야 합니다. 이를 속성으로 추가합니다. EnemyFSM.h 파일의 맨 아래에 float 타입의 attackDelayTime 멤버 변수를 추가합니다.

```cpp
class TPSPROJECT_API UEnemyFSM : public UActorComponent
{
        … (생략) …

public:
        … (생략) …

        // 공격 범위
        UPROPERTY(EditAnywhere, Category=FSM)
        float attackRange = 150.0f;

        // 공격 대기 시간
        UPROPERTY(EditAnywhere, Category=FSM)
        float attackDelayTime = 2.0f;
};
```

[코드 3.1-96] EnemyFSM.h 공격 대기 시간 멤버 변수 추가하기

이제 목표를 구현할 차례입니다. 여기에서 구현 주제의 메인 목표는 "공격하고 싶다."입니다. 이

제 질문이죠. 왜 공격하려 하는가? "공격 시간이 됐으니까"가 답이 되겠습니다. 여기에 질문이 또 따라오죠. 어떻게 공격 시간이 됐는가? 답은 "시간이 흘렀으니까"가 됩니다. 이를 역순으로 정리하면 다음과 같습니다.

>>> **목표** : 일정 시간에 한 번씩 공격하고 싶다.
　　❶ 시간이 흘러야 한다.
　　❷ 공격 시간이 됐으니까
　　❸ 공격하고 싶다.

　　그럼 EnemyFSM.cpp 파일로 이동하여 **AttackState( )** 함수에 해당 내용을 구현하겠습니다. 우선순위에 따른 3가지 세부 문장들을 각각 구현합니다. 시간이 흐르는 것과 공격 시간 체크 여부는 대기 상태에서와 내용이 같습니다. "공격하고 싶다."는 뒤에서 자세한 처리를 하되, 여기에서는 단순히 콘솔에 로그를 찍도록 합니다. **UE_LOG** 매크로를 사용해도 되지만, 편의를 위해 3.1.3 유틸리티 매크로 작성에서 만들어 놓은 TPSPlayer.h에 있는 **PRINT_LOG** 매크로 함수를 사용합니다. 따라서 **TPSProject.h** 헤더 파일을 #include 해주어야 합니다. 마지막에는 경과 시간을 초기화시켜 다시 시간 체크를 할 수 있도록 currentTime 변수를 0으로 초기화시켜 주고 있습니다.

```
#include "EnemyFSM.h"
#include "TPSPlayer.h"
#include "Enemy.h"
#include <Kismet/GameplayStatics.h>
#include "TPSProject.h"

// 공격 상태
void UEnemyFSM::AttackState()
{
    // 목표: 일정 시간에 한 번씩 공격하고 싶다.
    // 1. 시간이 흘러야 한다.
    currentTime += GetWorld()->DeltaTimeSeconds;
    // 2. 공격 시간이 됐으니까
    if(currentTime > attackDelayTime)
```

```
    {
        // 3. 공격하고 싶다.
        PRINT_LOG(TEXT("Attack!!!!!"));
        // 경과 시간 초기화
        currentTime = 0;
    }
}
```

[코드 3.1-97] EnemyFSM.cpp AttackState 함수 구현

빌드하고 실행해 보면 적이 공격 상태일 때 아웃풋 로그 창에 'Attack!!!!!'이라고 출력됩니다.

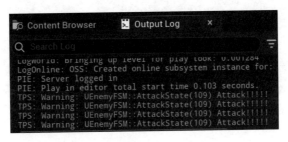

[그림 3.1-180] 출력된 공격 메시지

### 아웃풋 로그 창에 출력 안 되게 설정하기

출력된 로그를 보면 일반 메시지들과 함께 출력되어 확인하기가 어려운 것을 알 수 있습니다.

아웃풋 로그 창에 우리가 출력하고 싶은 카테고리만 표시되도록 필터 처리를 할 수도 있습니다. 아웃풋 로그 창의 [Filter] 드롭다운 버튼을 눌러 줍니다. 팝업 메뉴가 나타나면 Verbosity 카테고리의 Warnings만을 선택하여 Warning

메시지들만 출력하도록 합니다. 또한 Show All은 체크를 풀어줍니다. 다음으로 Show All 아래에 있는 Filters 메뉴를 클릭해 하위 팝업을 열어줍니다. 이곳에서 우리가 등록한 맨 아래에 있는 TPS 카테고리만 체크하여 줍니다. 이렇게 하면 TPS 카테고리만을 로그 창에 출력할 수 있습니다.

[그림 3.1-181] 로그 창 필터 설정

이렇게 첫 번째 구현 목표인 "일정 시간에 한 번씩 공격하고 싶다."가 끝났습니다. 그런데 실행하고 적이 타깃을 공격하고 있을 때 키보드의 Ⓦ, Ⓐ, Ⓢ, Ⓓ 키를 이용하여 플레이어를 이동시켜 봅니다. 그러면 거리가 멀어졌는데도 적은 그 자리에서 계속 공격하고 있는 것을 볼 수 있습니다.

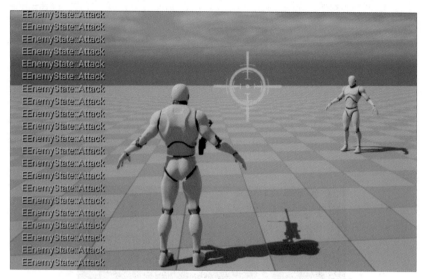

[그림 3.1-182] 타깃과의 거리가 멀어짐에도 공격 중인 상태

아무리 도망가도 계속 공격을 받고 있다면 너무한 것 같습니다. 이제 공격 상태의 두 번째 미션인 "타깃이 공격 범위를 벗어나면 상태를 이동으로 전환하고 싶다."를 구현할 때가 되었습니다. 이 문장을 세분화하여 나타내 보면 다음과 같습니다. 어찌 보면 당연하지만 이렇게 잘게 쪼개는 기술은 연습이 필요합니다. 항상 하고 싶은 메인 주제에서 하나씩 질문으로 파고 들어가면 됩니다.

> ≫ **목표** : 타깃이 공격 범위를 벗어나면 상태를 이동으로 전환하고 싶다.
> ❶ 타깃과의 거리가 필요하다.
> ❷ 타깃과의 거리가 공격 범위를 벗어났으니까

목표 문장에서 세부 문장을 뽑았으니 이 내용을 AttackState( ) 함수에 추가해 보도록 하겠습니다. 먼저 타깃과의 거리를 구하기 위해 FVector의 Distance( ) 함수를 이용합니다. 이 함수는 두 개의 위치 벡터를 넘겨주면 두 점 사이의 거리를 구해 줍니다. 이렇게 구한 거리 distance가 공격 범위 attackRange보다 크면 공격 범위를 벗어난 것으로 판단하고 상태를 Move로 전환시킵니다.

```cpp
void UEnemyFSM::AttackState( )
{
        // 목표: 일정 시간에 한 번씩 공격하고 싶다.
        // 1. 시간이 흘러야 한다.
        currentTime += GetWorld( )->DeltaTimeSeconds;
        // 2. 공격 시간이 됐으니까
        if(currentTime > attackDelayTime)
        {
                // 3. 공격하고 싶다.
                PRINT_LOG(TEXT("Attack!!!!!"));
                // 경과 시간 초기화
                currentTime = 0;
        }

        // 목표: 타깃이 공격 범위를 벗어나면 상태를 이동으로 전환하고 싶다.
        // 1. 타깃과의 거리가 필요하다.
        float distance = FVector::Distance(target->GetActorLocation( ), me->GetActorLocation( ));
        // 2. 타깃과의 거리가 공격 범위를 벗어났으니까
        if(distance > attackRange)
        {
                // 3. 상태를 이동으로 전환하고 싶다.
                mState = EEnemyState::Move;
        }
}
```

[코드 3.1-98] EnemyFSM.cpp 타깃이 공격 범위를 벗어났을 때 처리 추가하기

빌드하고 언리얼 에디터로 이동하여 실행해 보면 적이 타깃에 다가와서 공격합니다. 플레이어를 이동시키면 적이 다시 이동 상태로 전환되어 따라오는 것을 확인할 수 있을 것입니다.

## → 피격 상태 구현하기

지금까지는 적이 계속 공격을 하는 입장이었습니다. 이번에는 반대로 상대로부터 공격을 당하도록 구현해 보겠습니다. 공격을 하는 주체는 플레이어가 되고 피격을 당하는 주체는 적이 됩니다. 먼저 피격 상태가 되기 위해서는 플레이어가 쏜 총을 맞았다는 이벤트를 받아야 합니다. 이를 위해 피격 알림 이벤트 함수를 하나 만들어 주겠습니다. EnemyFSM.h 헤더 파일로 이동합니다.

```
class TPSPROJECT_API UEnemyFSM : public UActorComponent
{
    … (생략) …


public:
    … (생략) …


    // 공격 대기 시간
    UPROPERTY(EditAnywhere, Category=FSM)
    float attackDelayTime = 2.0f;

    // 피격 알림 이벤트 함수
    void OnDamageProcess();
};
```

[코드 3.1-99] EnemyFSM.h 피격 알림 이벤트 함수 선언하기


OnDamageProcess( ) 함수의 구현은 테스트를 위해 적을 없애도록 Destroy( ) 함수를 호출합니다.

EnemyFSM.cpp 파일에 OnDamageProcess( ) 함수를 구현합니다.

```
// 피격 알림 이벤트 함수
void UEnemyFSM::OnDamageProcess()
{
    me->Destroy();
}
```

[코드 3.1-100] EnemyFSM.cpp 피격 알림 이벤트 함수 구현하기

1

1.1
1.2
1.3
1.4
1.5

2

2.1
2.2
2.3
2.4
2.5
2.6

3

3.1
3.2
3.3

4

4.1
4.2
4.3
4.4
4.5

이렇게 구현해 놓은 피격 이벤트 함수를 호출해 줄 곳이 필요합니다. 이 함수는 언제 불리면 좋을 까요? 우리는 총을 두 가지 모드로 사용하고 있습니다. 하나는 유탄총, 다른 하나는 스나이퍼 모드 입니다. 기본을 스나이퍼 모드로 해 놓았으니 스나이퍼 모드에서 적을 맞추었을 때 이 이벤트 함수가 호출되면 딱 좋을 것 같습니다.

TPSPlayer.cpp의 InputFire( ) 함수로 이동합니다. 스나이퍼건 사용 시에 라인트레이스가 물체와 충돌했을 때 bHit 변수에 true 값이 들어옵니다. 이때 총알 파편 효과를 표시했었습니다. 그 바로 아래에 부딪힌 대상이 적인지 여부를 구분하여 적일 때 OnDamageProcess( ) 함수가 호출되도록 처 리합니다. 이를 위해 FHitResult 타입의 hitInfo 변수에서 먼저 GetActor( ) 함수로 부딪힌 액터를 가져옵니다.

그리고 GetDefaultSubobjectByName( ) 함수를 호출하여 이 액터로부터 FSM으로 등록된 컴포넌 트가 있는지 조사하고, 존재한다면 그 컴포넌트를 넘겨받아 enemy 변수에 저장합니다. 우리가 생성자 함수에서 컴포넌트를 등록할 때 사용한 CreateDefaultSubobject( )에 인자로 넣어준 문자열 값을 GetDefaultSubobjectByName( ) 함수가 찾는 것입니다. 따라서 CreateDefaultSubobject( ) 함수 안에 들어가는 문자열은 액터 내부의 다른 컴포넌트와 같으면 안됩니다. 반드시 유일한 문자열 이 어야 합니다.

enemy 변수에 값이 정상적으로 들어오면 Cast( ) 함수를 이용해 다시 UEnemyFSM 타입으로 캐스 팅합니다. 이렇게 하여 마지막에 UEnemyFSM 클래스에 만들어 놓은 OnDamageProcess( ) 함수를 호 출합니다. 다음으로 UEnemyFSM 클래스 사용을 위해 맨 위에 #include "EnemyFSM.h" 헤더 파일을 인클루드해 줍니다.

```cpp
#include "EnemyFSM.h"

void ATPSPlayer::InputFire( )
{
        // 유탄총 사용 시
        if(bUsingGrenadeGun)
        {
                … (생략) …
        }
        // 스나이퍼건 사용 시
```

```
        else
        {
                … (생략) …
                // LineTrace가 부딪혔을 때
                if (bHit)
                {
                        … (생략) …


                        // 1. 만약 컴포넌트에 물리가 적용되어 있다면
                        if (hitComp && hitComp->IsSimulatingPhysics())
                        {
                                … (생략) …
                        }


                        // 부딪힌 대상이 적인지 판단하기
                        auto enemy = hitInfo.GetActor()->GetDefaultSubobjectByName(TEXT("FSM"));
                        if (enemy)
                        {
                                auto enemyFSM = Cast<UEnemyFSM>(enemy);
                                enemyFSM->OnDamageProcess();
                        }
                }
        }
}
```

[코드 3.1-101] TPSPlayer.cpp 적 피격 알림 이벤트 함수 호출하기

그럼 적이 피격될 수 있는 내용까지 완성이 됐습니다. 테스트를 위해 빌드하고 언리얼 에디터로 이동합니다. 실행 전에 BP_Enemy 블루프린트의 한가지 설정을 바꿔주도록 합니다. 루트 컴포넌트인 캡슐 컴포넌트를 선택하고 디테일 창의 Collision 항목으로 이동합니다. Collision Presets을 'Custom'으로 바꿔 줍니다. 그리고 Trace Response의 Visibility를 Ignore에서 'Block'으로 체크 값을 변경합니다.

[그림 3.1-183] BP_Enemy 의 Visibility 충돌 옵션 활성화하기

라인트레이스를 이용하여 스나이퍼건을 구현할 때 충돌 채널이 Visibility를 사용하도록 했습니다. 그런데 적이 Visibility를 무시하도록 기본 설정이 되어 있기 때문에 충돌 검출이 안 됩니다. 그래서 이렇게 수정을 해줍니다. 블루프린트를 컴파일하고 스나이퍼건 테스트를 위해 퍼시스턴트 레벨에서 적을 멀리 떨어지도록 배치를 수정합니다.

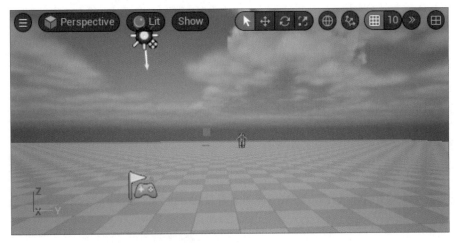

[그림 3.1-184] BP_Enemy를 신에서 먼 곳에 배치하기

언리얼 에디터의 실행 버튼을 눌러 실행합니다. 조준하여 적을 맞추면 파괴되는 것을 확인할 수 있을 것입니다.

적의 피격 이벤트가 잘 동작하는 것을 확인하였습니다. 이제 피격 이벤트에서 피격 상태가 되도록 내용을 추가하겠습니다. 피격 상태가 되기 위한 조건은 먼저, 체력이 있어야 합니다. 그리고 피격되어 체력이 줄고, 체력이 남아 있다면 피격 상태로 진행합니다. 그렇지 않다면 죽음으로 가도록 처리하도록 하겠습니다. 그럼 EnemyFSM.h 헤더 파일에 정수 타입의 체력 속성 hp를 추가해주겠습니다. 그리고 나중에 UI 표시할 때 블루프린트에서 hp를 사용할 수 있도록 UPROPERTY( )에 BlueprintReadWrite 인자 값을 전달하도록 합니다.

```
class TPSPROJECT_API UEnemyFSM : public UActorComponent
{
    … (생략) …
```

```
public:
    ··· (생략) ···

    // 피격 알림 이벤트 함수
    void OnDamageProcess();

    // 체력
    UPROPERTY(EditDefaultsOnly, BlueprintReadWrite, Category=FSM)
    int32 hp = 3;
};
```

[코드 3.1-102] EnemyFSM.h 체력 속성 추가하기

OnDamageProcess() 함수에서 체력을 감소시키고 이 값에 따라 상태를 피격으로 변경할지 죽음
으로 변경할지를 정합니다. EnemyFSM.cpp 파일의 OnDamageProcess() 함수로 이동합니다.

```
void UEnemyFSM::OnDamageProcess()
{
    // 체력 감소
    hp--;
    // 만약 체력이 남아있다면
    if (hp > 0)
    {
        // 상태를 피격으로 전환
        mState = EEnemyState::Damage;
    }
    // 그렇지 않다면
    else
    {
        // 상태를 죽음으로 전환
        mState = EEnemyState::Die;
    }
}
```

[코드 3.1-103] EnemyFSM.cpp 체력에 따른 상태 전환하기

이 부분에 해당하는 상태 다이어그램은 다음과 같습니다. 어떤 상태에서든 피격 이벤트가 발생하면 체력에 따라 피격과 죽음 상태로 전환되는 그림입니다.

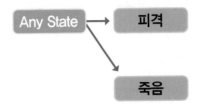

[그림 3.1-185] 피격 이벤트 함수의 동작하기

이제 피격 상태의 내용을 구현해 보겠습니다. 피격 상태는 간단히 "일정 시간 기다렸다가 상태를 대기로 변경하고 싶다."는 내용을 구현합니다. 대기 상태와 거의 같은 것을 확인할 수 있습니다. 이를 위해 필요한 속성은 피격 대기 시간입니다. EnemyFSM.h에 피격 대기 시간을 멤버 변수로 추가합니다.

```
class TPSPROJECT_API UEnemyFSM : public UActorComponent
{
        … (생략) …

public:
        … (생략) …

    // 체력
    UPROPERTY(EditDefaultsOnly, Category=FSM)
    int32 hp = 3;
    // 피격 대기 시간
    UPROPERTY(EditAnywhere, Category=FSM)
    float damageDelayTime = 2.0f;
};
```

[코드 3.1-104] EnemyFSM.h 피격 대기 시간 속성 추가하기

이제 DamageState() 함수를 구현하겠습니다. "일정 시간 기다렸다가 상태를 대기로 변경하고 싶다."라는 문장을 세분화한 내용은 다음과 같습니다.

> ≫ **목표** : 일정 시간 기다렸다가 상태를 대기로 변경하고 싶다.
> 
> ❶ 시간이 흘렀으니까
> 
> ❷ 만약 경과 시간이 대기 시간을 초과했다면
> 
> ❸ 대기 상태로 전환하고 싶다.

이를 DamageState( ) 함수에 한 문장씩 번역합니다.

```cpp
// 피격 상태
void UEnemyFSM::DamageState( )
{
    // 1. 시간이 흘렀으니까
    currentTime += GetWorld( )->DeltaTimeSeconds;
    // 2. 만약 경과 시간이 대기 시간을 초과했다면
    if (currentTime > damageDelayTime)
    {
        // 3. 대기 상태로 전환하고 싶다.
        mState = EEnemyState::Idle;
        // 경과 시간 초기화
        currentTime = 0;
    }
}
```

[코드 3.1-105] EnemyFSM.cpp 피격 상태 내용 구현하기

## → 죽음 상태 구현하기

죽음 상태는 아래로 슥~ 사라지고, 화면에서 안 보이면 제거하도록 하겠습니다. 목표는 두 개로 구분되어 있습니다. 하나는 "아래로 내려가고 싶다.", 다른 하나는 "화면에서 안 보이면 제거한다." 입니다. 첫 번째 목표에서 필요한 정보는 얼마나 빨리 사라져야 하는지에 대한 속도가 필요합니다.

> ≫ **목표** : 아래로 내려가고 싶다.
> 
> ≫ **필요 속성** : 아래로 사라지는 속도

이 속성을 EnemyFSM.h 헤더 파일에 추가합니다.

```cpp
class TPSPROJECT_API UEnemyFSM : public UActorComponent
{
        … (생략) …

public:
        … (생략) …

        // 피격 대기 시간
        UPROPERTY(EditAnywhere, Category=FSM)
        float damageDelayTime = 2.0f;

        // 아래로 사라지는 속도
        UPROPERTY(EditAnywhere, Category=FSM)
        float dieSpeed = 50.0f;
};
```

[코드 3.1-106] EnemyFSM.h 아래로 사라지는 속도 멤버 변수 추가하기

DieState( ) 함수에서 해당 내용을 구현하겠습니다. 단순히 아래로 계속 내려가는 것이 이번 목표의 내용입니다. 이를 위해 등속 운동 공식을 이용하면 간단히 구현할 수 있습니다. 현재 위치 P0는 AEnemy 액터의 위치를 저장합니다. vt는 속도 벡터×시간이기 때문에 속도 벡터 v를 구하기 위해 아래 방향 벡터 DownVector에 크기 값 dieSpeed 변수를 곱해 줍니다. 여기에 DeltaTimeSeconds를 곱해서 vt를 완성합니다. 이렇게 구해진 P0와 vt를 더하여 최종 위치 P 변수에 할당합니다. 마지막으로 액터의 위치를 P 값으로 할당하여 갱신시켜 줍니다.

```cpp
// 죽음 상태
void UEnemyFSM::DieState( )
{
        // 계속 아래로 내려가고 싶다.
        // 등속운동 공식 P = P0 + vt
        FVector P0 = me->GetActorLocation( );
        FVector vt = FVector::DownVector * dieSpeed * GetWorld( )->DeltaTimeSeconds;
        FVector P = P0 + vt;
        me->SetActorLocation(P);
```

```
        }
```

[코드 3.1-107] EnemyFSM.cpp 죽음 상태에서의 이동 처리하기

이제 두 번째 미션입니다. 여기에서는 2미터 이상 아래로 내려갔을 때 다 내려간 것으로 판단하고 화면에서 제거 하려고 합니다. 이를 정리하면 다음과 같습니다.

>>> **목표** : 화면에서 안 보이면 제거시킨다.
   ❶ 만약 2미터 이상 내려왔다면
   ❷ 제거한다.

DieState( ) 함수에서 이동 처리 후 현재 위치의 높이 정보 Z값이 2미터보다 더 아래라면 Destroy( ) 함수를 호출하여 제거해 줍니다.

```cpp
void UEnemyFSM::DieState( )
{
    // 계속 아래로 내려가고 싶다.
    // 등속 운동 공식 P = P0 + vt
    FVector P0 = me->GetActorLocation( );
    FVector vt = FVector::DownVector * dieSpeed * GetWorld( )->DeltaTimeSeconds;
    FVector P = P0 + vt;
    me->SetActorLocation(P);

    // 1. 만약 2미터 이상 내려왔다면
    if (P.Z < -200.0f)
    {
        // 2. 제거시킨다.
        me->Destroy( );
    }
}
```

[코드 3.1-108] EnemyFSM.cpp 제거시키기

1

1.1
1.2
1.3
1.4
1.5

2

2.1
2.2
2.3
2.4
2.5
2.6

3

3.1
3.2
3.3

4

4.1
4.2
4.3
4.4
4.5

이렇게 하고 실행하면 Die 상태일 때 적은 움직이지 않는 것을 확인할 수 있을 것입니다. 이유는 캡슐 컴포넌트의 콜라이더가 활성화되어 있기 때문입니다. 콜라이더가 바닥과 충돌하여 뚫고 들어가지 못하게끔 현재는 설정돼 있습니다. 이를 해결하기 위해 Die 상태로 전환할 때 캡슐 컴포넌트의 충돌을 비활성화시켜 주겠습니다.

먼저, 맨 위의 캡슐 콜라이더를 사용하기 위해 #include <Components/CapsuleComponent.h>를 추가합니다. AEnemy의 부모 클래스인 ACharacter의 멤버 함수 GetCapsuleComponent()를 이용하여 캡슐 컴포넌트를 가져올 수 있습니다. OnDamageProcess() 함수로 이동하여 Die 상태로 전환 후에 캡슐 충돌체를 비활성화시켜 주도록 캡슐 컴포넌트의 SetCollisionEnabled() 함수에 NoCollision을 전달합니다.

```cpp
… (생략) …
#include <Components/CapsuleComponent.h>

void UEnemyFSM::OnDamageProcess()
{
        // 체력 감소
        hp--;
        // 만약 체력이 남아있다면
        if (hp > 0)
        {
                // 상태를 피격으로 전환
                mState = EEnemyState::Damage;
        }
        // 그렇지 않다면
        else
        {
                // 상태를 죽음으로 전환
                mState = EEnemyState::Die;
                // 캡슐 충돌체 비활성화
                me->GetCapsuleComponent()-
>SetCollisionEnabled(ECollisionEnabled::NoCollision);
        }
}
```

[코드 3.1-109] EnemyFSM.cpp 캡슐 컴포넌트 충돌체 비활성화하기

이제 빌드하고 언리얼 에디터로 이동하여 실행합니다. 적을 공격하면 상태가 Die로 변경되며 바닥으로 점점 사라지는 것을 확인할 수 있습니다. 또한, 아웃라이너 창을 보면 BP_Enemy는 제거됩니다.

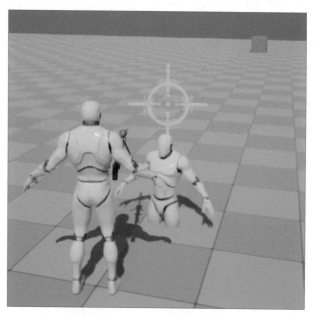

[그림 3.1-186] 죽음 상태에서 서서히 사라지는 모습

여기까지 프로토타입에서의 적 AI 내용은 끝났습니다. 또한 프로토타입 버전 제작의 모든 내용이 마무리되었습니다. 하지만 아직 완성됐다고 보기에는 여기저기 아쉬운 점이 있습니다. 만약 적과 플레이어 사이에 장애물이 있으면 현재 버전에서는 장애물에 가로막혀 적의 움직임이 원활하지 못할 수 있습니다. 여기에 애니메이션도 빠져 있어 완성도에 문제가 있습니다. 이 외에도 카메라 효과, 설계 방식의 구조화 등 다양한 내용이 알파타입 버전에서 다루어집니다.

# 3.2 알파타입 버전 제작하기

이제 알파타입 버전 작업을 진행해 보도록 하겠습니다. 프로토타입에서는 프로젝트에서 검증하고 싶은 핵심 내용을 구현하는 단계였다면 알파타입 버전에서는 기획의 전체적인 내용을 구현하는 단계입니다. 보통의 경우에 알파 버전까지 완료되면 선별된 소비자들의 테스트를 진행하며 이들의 의견을 프로젝트에 추가 반영하여 베타 버전으로 넘어가게 됩니다. 이 책에서의 알파타입 버전은 크게 세 가지 핵심 요소를 다루는 것을 목표로 합니다.

첫 번째로는 주인공과 적에서 사용하는 디자인 애셋, 그중에서도 애니메이션 처리를 목표로 잡습니다. 언리얼에서 제공하는 애니메이션 기능은 상당히 방대하기 때문에 모든 것을 다 다루진 못하고 여기에서는 애니메이션 상태 머신, 블렌드 스페이스, 애니메이션 몽타주 등을 집중적으로 학습합니다.

두 번째로는 복잡한 환경에서의 길 찾기를 수행할 내비게이션 시스템에 대해 학습합니다. 이를 이용해 다소더 지능화된 AI를 만드는 방법을 알 수 있습니다.

세 번째로는 카메라 셰이크(Camera Shake) 기법을 이용해 몰입도 높은 카메라 모션 처리 방법에 대해 알아보고, 다중적 생성을 위한 타이머 활용 기법을 알아봅니다.

이렇게 세 가지 사항을 각각 플레이어 및 적에 대한 알파타입 버전 작업과 다중 적 생성하기 과정을 통해 하나하나 알아보겠습니다.

---

1. 플레이어 알파타입 버전 업그레이드
2. 적 알파타입 버전 업그레이드
3. 다중 적 생성하기

---

# 플레이어 알파타입 버전 업그레이드하기

플레이어의 가장 중요한 알파타입 버전 업그레이드 요소는 애니메이션 적용입니다. 프로토타입 까진 단순히 로직에 맞게 동작하는 것만 처리했다면 알파타입 버전에서는 애니메이션을 적용해 다소 더 사실적인 부분을 추가할 것입니다. 언리얼에서는 애니메이션을 디테일하게 제어하기 위해 많은 기능을 제공합니다. 실제 게임뿐만 아니라 TV나 영화 애니메이션, 더 나아가 〈스타워즈〉 같은 영화를 제작 하는 데도 언리얼 애니메이션이 폭넓게 사용됩니다. 이번 단원에서는 애니메이션 재생 및 제어에 대한 부분을 알아봅니다. 또한 총을 발사할 때 사실적인 표현을 위해 진동이 느껴지도록 카메라 모션 처리를 추가합니다.

### ✖ 학습 목표

플레이어를 알파타입 버전으로 업그레이드하고 싶다.

### ✖ 구현 순서

❶ 애니메이션 애셋 가져오기
❷ 애니메이션 개요
❸ 애니메이션 시퀀스 적용하기
❹ 애니메이션 블루프린트 적용하기
❺ 애니메이션 상태 머신
❻ 블렌드 스페이스를 이용한 애니메이션 합성하기
❼ 애니메이션 몽타주를 이용한 공격 처리하기
❽ 애니메이션과 총 위치 동기화하기
❾ 총 발사 진동 카메라 모션 처리하기
❿ 총 발사 사운드 재생하기

## ➔ 애니메이션 애셋 가져오기

먼저 애니메이션 적용을 위해 필요한 리소스를 마켓플레이스에서 가져와 프로젝트에 추가해 주겠습니다. 자료실에서 AnimStarterPack.zip 파일을 내려 받아 압축을 풀어 줍니다. 압축이 풀리면 폴더를 프로젝트의 Content 폴더에 넣어 줍니다.

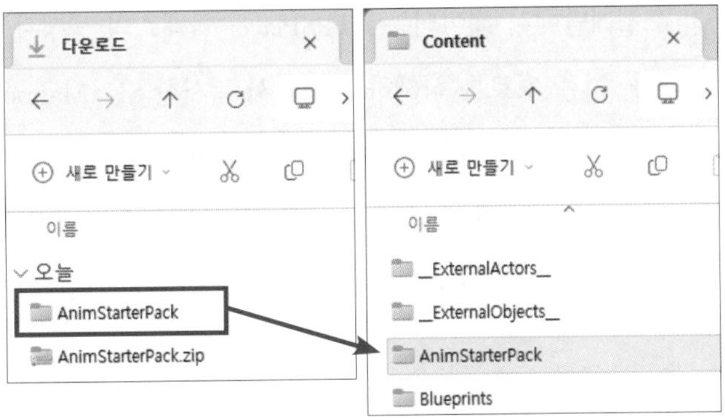

[그림 3.2-1] 애니메이션 스타터 팩 프로젝트에 추가

이렇게 하면 TPSProject에 애니메이션 스타터팩이 추가됩니다. Content 폴더 하위에 'AnimStarterPack'이라는 폴더가 추가된 것을 확인할 수 있을 것입니다. 애셋이 추가되면 에디터를 다시 실행해 주세요.

[그림 3.2-2] 프로젝트에 추가된
애니메이션 스타터팩

애니메이션 적용을 위해서는 스케레탈메시 데이터를 애니메이션 스타터팩에 있는 데이터로 교체해 주어야 합니다. 이를 위해 콘텐트 브라우저의 Content - AnimStarterPack - UE4_Mannequin - Mesh 폴더의 SK_Mannequin을 선택하고 Ctrl + C 키를 눌러 경로를 복사합니다.

[그림 3.2-3] 애니메이션 스타터팩의 SK_Mannequin

플레이어가 사용하는 스켈레탈메시 데이터는 ATPSPlayer 클래스의 생성자 함수에서 동적 로드하여 할당해 주고 있습니다. 기존 경로를 삭제하고 앞에서 복사한 SK_Mannequin 경로를 이곳에 붙여넣기해 줍니다. 앞에서도 언급했지만 언리얼 엔진 5부터 애셋 경로 앞에 '/Script/Engine.' 문자열이 붙습니다. 이를 제거하고 사용해도 되고, 그냥 그대로 사용해도 아무 상관없습니다. 이 책에서는 이전 버전과의 호환을 위해 '/Script/Engine.'를 삭제하고 사용합니다.

```
ATPSPlayer::ATPSPlayer()
{
    PrimaryActorTick.bCanEverTick = true;

    // 1. 스켈레탈메시 데이터를 불러오고 싶다.
    ConstructorHelpers::FObjectFinder<USkeletalMesh>
TempMesh(TEXT("SkeletalMesh'/Game/AnimStarterPack/UE4_Mannequin/Mesh/SK_Mannequin.SK_Mannequin'
"));

        … 생략 …
}
```

[코드 3.2-1] TPSProject.cpp Mesh 컴포넌트의 스켈레탈메시 경로 변경하기

비주얼 스튜디오를 빌드하고 언리얼 에디터에서 Mesh 컴포넌트의 스켈레탈메시를 초깃값으로 리셋해 주도록 합니다.

[그림 3.2-4] 스켈레탈메시 리셋

이제 이 스켈레탈메시에 반영될 애니메이션을 적용시켜 보겠습니다.

## ➜ 애니메이션 개요

애니메이션을 본격적으로 다루어 보기 전에 몇 가지 상식에 대해 짚고 넘어가겠습니다. 먼저 스태틱메시(Static Mesh)와 스켈레탈메시(Skeletal Mesh)의 구분이 필요합니다. 스태틱메시는 메시 데이터가 고정되어 있어 변경이 불가능한 데이터입니다. 예를 들어 큐브 같은 것이 있죠. 반면에 스켈레탈메시는 메시 데이터와 뼈대 데이터로 나누어져 있습니다. 이를 이용해 애니메이션에 적용이 될 수 있습니다. 각 뼈대의 본(Bone)을 이동 및 회전시킴으로써 팔다리를 움직일 수 있게 하는 것을 상상해 보면 될 것입니다.

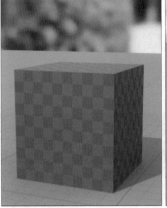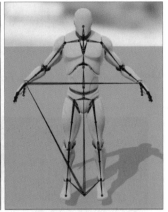

[그림 3.2-5] 스태틱메시(좌) 스켈레탈메시(우)

따라서 이번 단원에서 애니메이션을 위해 스켈레탈메시를 이용합니다. 그럼 이번에는 스켈레탈메시의 구조를 잠시 알아보겠습니다. 앞에서 가져온 애니메이션팩을 이용하여 확인해 보겠습니다. Content - AnimStarterPack - UE4_Mannequin - Mesh 폴더로 이동해 보면 세 가지 애셋이 들어 있는 것을 확인할 수 있습니다.

[그림 3.2-6] 애니메이션팩의 메시 데이터

스켈레탈메시, 피직스애셋, 스켈레톤 이렇게 3가지 애셋이 있습니다. 폴더에서 SK_Mannequin_
Skeleton을 더블클릭해서 편집기 창을 열어봅니다. 오른쪽 상단을 보면 Skeleton, Mesh,
Animation, Blueprint, Physics에 해당하는 도구 모음이 있는 것을 볼 수 있습니다. 각 버튼을 클릭
하면 해당 애셋의 편집기 창으로 이동합니다. 현재 [Skeleton] 버튼이 활성화되어 있습니다. 맨 왼쪽
창은 스켈레톤의 구성이 어떻게 되어 있는지 뼈대 목록이 계층 구조로 나타나 있습니다. 해당 뼈대
의 뼈에 해당하는 부분을 '본(Bone)'이라 하며, 각 본들이 어떻게 연결되어 있는지를 나타내는 것을
'리그(Rig)'라 합니다. 이 리그 정보를 확인하려면 뷰포트 창의 [Character] 버튼을 클릭하고 하위 메
뉴에서 Bones → All Hierarchy를 선택해 주면 됩니다.

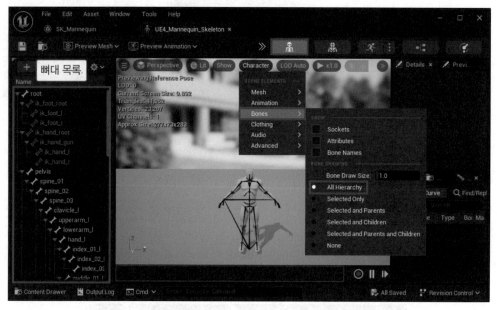

[그림 3.2-7] 스켈레톤 창

스켈레톤은 이렇게 뼈대 구조 목록과 각 본이 어떻게 연결돼 있는지에 대한 정보가 담겨져 있습
니다. 다음으로 스켈레탈메시의 정보를 알아보기 위해 [Mesh] 버튼을 눌러 스켈레탈메시 에디터로
이동합니다. 화면에서 보면 달라진 것은 왼쪽 창의 정보가 두 가지로 나누어져 있는 것을 확인할
수 있습니다. [Asset Details] 탭을 클릭하면 스켈레탈메시의 머티리얼 정보와 메시 모델의 정밀도를
단계별로 나타내는 LOD(Level Of Detail) 설정 등을 볼 수 있습니다. 바로 시각화 정보를 나타내는
요소들을 메시 창에서 확인할 수 있습니다. Skeleton Tree 창은 앞에서 보았던 스켈레톤 정보가 표
시됩니다.

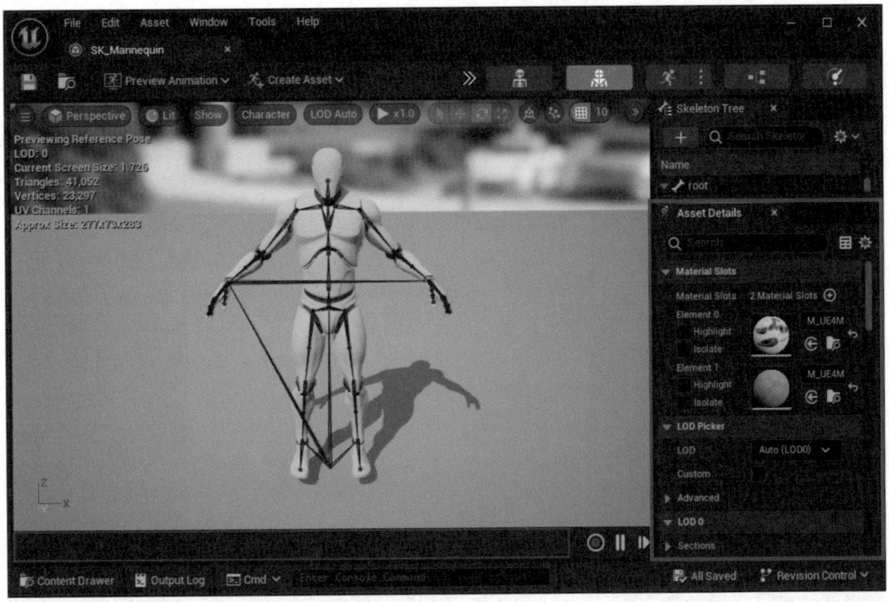

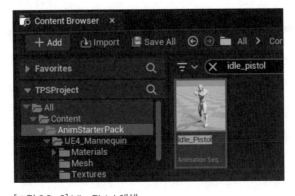

[그림 3.2-8] 스켈레탈메시 에디터

이렇게 스켈레탈메시 데이터는 스켈레톤과 메시 데이터 두 가지로 볼 수 있습니다. 스켈레톤 정보를 이용하여 메시를 애니메이션할 수 있게 하는 것이죠. 그럼 애니메이션을 가져와서 사용하려면 해당 애니메이션은 이 스켈레톤 정보가 필요할 것입니다. 애니메이션 데이터 자체가 본의 트랜스폼 정보를 키 프레임에 저장하고 있는 형태이니까요. 언리얼 엔진에서 애니메이션 데이터를 '애니메이션 시퀀스(Animation Sequence)'라고 합니다. 애니메이션 시퀀스가 스켈레톤 정보를 사용하고 있는지를 확인해 보겠습니다. 콘텐트 브라우저의 AnimStarterPack 폴더를 선택하고 Idle_Pistol로 필터 검색해봅니다. 검색으로 나온 Idle_Pistol 애니메이션 시퀀스 애셋을 더블클릭해 줍니다.

[그림 3.2-9] Idle_Pistol 애셋

이렇게 하면 애니메이션 시퀀스 에디터가 열립니다. 앞에서 보았던 스켈레톤메시 에디터에서 [Animation] 탭이 활성화된 결과와 같습니다. 왼쪽의 [Asset Details] 탭을 보면 Animation 카테고리에 사용할 스켈레톤으로 SK_Mannequin_Skeleton 데이터가 할당되어 있는 것을 확인할 수 있습니다.

[그림 3.2-10] 애니메이션 시퀀스 에디터

우리가 프로젝트에 추가한 애니메이션 스타터팩 애셋은 이미 애니메이션 시퀀스와 사용할 스켈레톤이 세팅되어 있는 상태이지만, 외부에서 애니메이션 데이터를 언리얼에 추가할 때는 반드시 스켈레톤 정보를 할당해야 합니다. 이 내용은 뒤에서 실습하며 차차 다뤄 보도록 하겠습니다. 그리고 언리얼에서는 애니메이션의 재사용을 위해 '애니메이션 리타깃팅'이라는 기법을 소개합니다. A라는 캐릭터용으로 만들어진 애니메이션을 B 캐릭터에도 바로 이식시켜 사용할 수 있도록 하는 기법입니다. 애니메이션 리타깃팅은 별도로 뒤에서 다루어 봅니다. 자, 그럼 이렇게 애니메이션을 위한 데이터가 모두 준비 완료되면 재생하는 일만 남았습니다. 필요할 때 재생하고, 멈추고, 다른 애니메이션으로 교체 및 혼합시키는 등의 복잡한 작업을 수행할 수 있도록 블루프린트 형태로 제공하며, 이를 '애니메이션 블루프린트'라고 합니다. 이를 이용하여 각 애니메이션 시퀀스 간의 전환을 설계할 수 있고, 게임 플레이 로직과 결합하여 제어 로직을 짤 수 있도록 스크립팅도 제공합니다.

이번 단원에서는 단순한 구조의 애니메이션 재생부터 블렌드 스페이스를 이용한 애니메이션 혼합 처리, 애니메이션 상태 머신 등의 난이도 있는 요소들을 다루게 됩니다. 여기서 다루지 않는 내용은

274쪽 3.2-2 적 알파타입 버전 업그레이드하기에서 다루게 됩니다. 그럼 이제 본격적으로 플레이어를 위해 멋진 애니메이션을 적용해 보겠습니다.

## 애니메이션 시퀀스 적용하기

애니메이션을 플레이어한테 적용시키는 데는 몇 가지 방법이 있습니다. 이 책에서는 두 가지를 다루어 봅니다. 하나는 애니메이션 시퀀스 데이터를 직접 재생하도록, 다른 하나는 애니메이션 블루프린트를 이용하여 재생하도록 처리할 수 있습니다. 먼저, 애니메이션 시퀀스를 직접 재생하도록 적용하는 방법을 알아보겠습니다.

앞에서 검색한 Idle_Pistol을 플레이어한테 적용시켜 주겠습니다. BP_TPSPlayer 블루프린트 에디터를 열어 줍니다. Mesh 컴포넌트를 선택하고 디테일 창의 Animation 카테고리로 이동합니다. 이곳에서 Animation Mode를 Use Animation Asset으로 변경합니다. 그리고 그 아래에 있는 Anim to Play의 드롭다운을 열어 Idle_Rifle_IronSights를 선택해 줍니다.

[그림 3.2-11] 애니메이션 시퀀스 데이터 할당

뷰포트 창을 클릭하여 확인해 보면 Idle_Rifle_Ironsights 애니메이션 시퀀스가 적용되어 표시되는 것을 확인할 수 있습니다. 또한 블루프린트를 컴파일하고 실행해 보아도 애니메이션이 적용되어 표현되는 것을 확인할 수 있습니다.

1

1.1
1.2
1.3
1.4
1.5

2

2.1
2.2
2.3
2.4
2.5
2.6

3

3.1
3.2
3.3

4

4.1
4.2
4.3
4.4
4.5

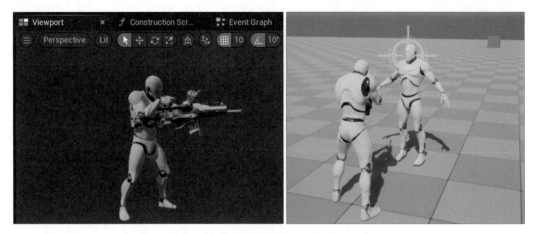

[그림 3.2-12] 애니메이션 시퀀스가 적용된 화면

지금까지 애니메이션 시퀀스를 적용시켜 보았습니다. 아직까진 아무런 문제가 없는 것 같습니다. 하지만 현재 애니메이션 시퀀스가 아닌 다른 애니메이션 시퀀스를 사용하려고 하면 어떨까요? 계속해서 데이터를 교체해 주어야 합니다. 뭔가 애니메이션 전환 처리하는 데 불편한 느낌이 있습니다. 애니메이션 재생에 관한 전체적인 설계를 하고, 이를 코드 로직과 결합하여 제어까지 하도록 돕는 것이 애니메이션 블루프린트입니다. 이번에는 애니메이션 블루프린트를 알아보겠습니다.

## → 애니메이션 블루프린트 적용하기

애니메이션 블루프린트는 두 가지 기능을 지원합니다. 첫 번째는 애니메이션의 흐름이 어떻게 진행되어야 하는지를 설계하는 Anim Graph와 설계된 애니메이션 간의 흐름을 제어하기 위해 Event Graph를 제공합니다. 먼저 앞에서 진행한 애니메이션 시퀀스를 애니메이션 블루프린트를 하나 만들어 처리하도록 변경시켜 보겠습니다. 콘텐트 브라우저에서 Blueprints 폴더를 선택합니다. 이곳에 만들어 주도록 하죠. 콘텐트 브라우저의 [Add] 버튼을 클릭합니다. 팝업 메뉴에서 Animation → Animation blueprint를 선택합니다.

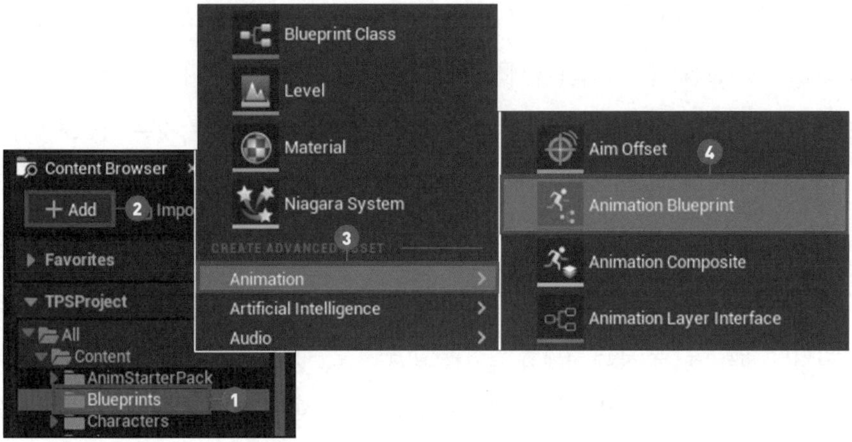

[그림 3.2-13] 애니메이션 블루프린트 만들기

이렇게 하면 애니메이션 블루프린트가 사용할 스켈레톤 정보를 선택하는 창이 나타납니다. 이곳에서 애니메이션 스타터팩의 UE4_Mannequin_Skeleton을 선택하고 [OK] 버튼을 클릭합니다. 만들어진 애니메이션 블루프린트의 이름은 'ABP_Player'로 합니다.

[그림 3.2-14] ABP_Player 애니메이션 블루프린트 생성하기

플레이어를 위한 애니메이션 블루프린트가 만들어졌습니다. 이 블루프린트의 내용을 수정해 주겠습니다. ABP_Player를 더블클릭하여 애니메이션 에디터를 열어 줍니다. 에디터를 열면 크게 5개의 영역으로 나누어져 있는 것을 확인할 수 있습니다. 맨 왼쪽 위에 있는 창은 미리보기 뷰포트 창입니다. 이곳에서 애니메이션의 적용 결과를 미리 확인할 수 있습니다. 바로 그 아래 있는 창이 My Blueprint 창으로 일반 블루프린트 창에서 변수 및 이벤트, 함수 등을 확인할 수 있는 곳입니다. 에디터 중간에 Event Graph, Anim Graph 창을 볼 수 있습니다. 이곳이 애니메이션을 설계하고 제어하는 곳입니다. 맨 오른쪽 위는 디테일 설정을 할 수 있는 디테일 창입니다. 오른쪽 아래는 이 애니메이션 블루프린트가 사용하고 있는 스켈레톤 정보를 사용하는 애니메이션 시퀀스 목록을 볼 수 있는 애셋 브라우저와 미리보기를 테스트할 수 있는 애님프리뷰 에디터, 그리고 뒤에서 설명하게 될 애니메이션 슬롯을 관리하는 슬롯매니저 창이 있습니다.

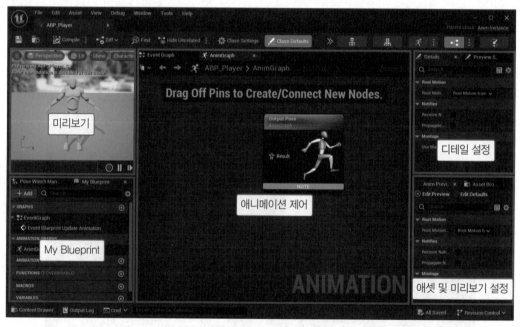

[그림 3.2-15] ABP_Player 애니메이션 블루프린트 에디터

애니메이션 블루프린트의 동작 원리는 간단합니다. 애님그래프 창의 [아웃풋포즈(Output Pose)] 노드에 결과 데이터를 연결시켜 주면 그 값이 애니메이션으로 나오게 되는 구조입니다. [아웃풋포즈] 노드의 Result 핀에 애니메이션 시퀀스를 연결시켜 주면 그 결과가 화면에 출력됩니다. 뒤에서 계속 작업하다 보면 이 Result 핀에 들어가는 정보는 상태 머신이 될 수도 있고 그 외에 다른 값들

이 들어갈 수도 있습니다. 하나씩 알아볼 것입니다. 먼저 오른쪽 아래에 있는 애셋 브라우저(Asset Browser) 창을 선택합니다. 검색 입력 란에 앞에서 했던 'Idle_Rifle_Ironsights'를 입력합니다. Idle_Rifle_Ironsights를 드래그하여 애님그래프에 가져다 놓습니다. 마지막으로 애님그래프에 등록된 Idle_Rifle_Ironsights 애니메이션 시퀀스의 출력 핀을 잡아서 아웃풋포즈의 Result 핀에 연결시켜 줍니다.

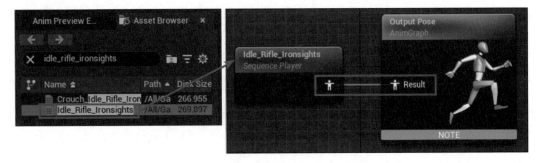

[그림 3.2-16] Idle_Rifle_Ironsights 애니메이션 시퀀스 적용하기

ABP_Player 블루프린트를 컴파일하면 미리보기 뷰포트 창에 애니메이션이 적용되어 나오는 것을 확인할 수 있습니다. 이제 이 블루프린트를 플레이어가 사용할 수 있도록 설정해야 합니다. BP_TPSPlayer 블루프린트 에디터로 이동합니다. Mesh 컴포넌트를 선택하고 디테일창으로 이동합니다. Animation 카테고리의 Animation Mode가 블루프린트를 사용하도록 드롭다운 버튼을 눌러 Use Animation Blueprint를 선택합니다. 그리고 Anim Class에 우리가 만들어준 ABP_Player를 찾아서 등록합니다. 참고로 ABP_Player_C 이렇게 뒤에 '_C' 문자가 붙은 건 블루프린트 클래스라서 자동으로 붙는 것입니다.

[그림 3.2-17] ABP_Player 애니메이션 블루프린트 적용하기

BP_TPSPlayer 블루프린트를 컴파일하면 뷰포트 창에 정상적으로 애니메이션이 적용되고 실행을 해 봐도 마찬가지로 잘 나오는 것을 확인할 수 있을 것입니다. 이상으로 애니메이션 시퀀스와 애니메이션 블루프린트 두 가지를 이용해 스켈레탈메시의 애니메이션으로 사용하는 방법을 알아보았습니다. 이어서 플레이어가 애니메이션 블루프린트를 이용하여 가만히 있을 때, 이동할 때, 점프할 때 애니메이션이 적용되도록 처리해 보겠습니다.

### → 애니메이션 상태 머신

이제까지 단일 애니메이션을 재생하는 방법에 대해 알아보았습니다. 이번에는 플레이어가 이동 동작을 취할 때 그에 맞는 애니메이션을 적용시키도록 처리하겠습니다. 이동에는 수평 이동과 수직 이동이 있습니다. 수평 이동은 다시 속도가 0인 이동 즉, 정지 이동 상태와 0이 아닌 이동 상태로 나눌 수 있습니다. 수직 이동은 점프를 뜻하며 점프는 점프 준비 상태, 점프 중인 상태, 착지 상태 등으로 나눠볼 수 있습니다. 이를 상태 다이어그램으로 도식화시켜 보면 다음과 같습니다.

[그림 3.2-18] 플레이어 상태 다이어그램

이렇게 여러 단계를 거쳐 애니메이션이 표현되어야 할 때 각 애니메이션을 상태로 보면 다루기 용이합니다. 우리는 이미 앞에서 상태 머신 FSM에 대해 알아보았습니다. 언리얼에서도 애니메이션 흐름 제어를 위해 상태 머신을 제공합니다. 상태 머신만을 이용해 전체 애니메이션 흐름을 모두 제어할 수 있는 것은 아니지만, 이로 인해 애니메이션 간의 흐름 전환을 설계하는데 아주 좋은 이점을 얻을 수 있습니다. 그럼 이 상태 다이어그램처럼 생긴 상태 머신을 애니메이션 블루프린트에 추가해 보겠습니다. ABP_Player 블루프린트 에디터를 열어줍니다. 앞에서 추가한 Idle_Rifle_ Ironsights은 Delete 키를 눌러 삭제해 줍니다. AnimGraph 창에서 빈곳에 마우스 오른쪽 버튼을 클릭합니다. All Actions for this Blueprint 팝업이 뜨면 검색 란에 'state machine'을 입력하여 [State

Machine] 노드를 추가해 줍니다. 새로 추가된 상태 머신 노드의 이름은 'MoveFSM'으로 변경합니다. 이름 변경을 하려면 이름 부분을 마우스로 클릭해 주면 됩니다. 마지막으로 [MoveFSM] 노드의 출력을 [아웃풋포즈] 노드의 Result에 연결합니다.

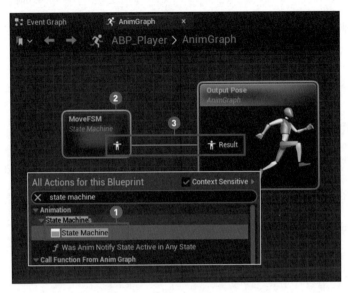

[그림 3.2-19] ABP_Player MoveFSM 상태 머신 노드 추가하기

이렇게 만들어진 [MoveFSM]은 속이 텅 비어 있는 상태입니다. 이 [MoveFSM] 노드를 더블클릭하면 해당 상태 머신을 편집할 수 있는 화면으로 바뀝니다. AnimGraph 창에서 [MoveFSM]으로 한 번 더 들어갔다고 볼 수 있습니다. 원래대로 상위의 AnimGraph 창으로 돌아가려면 왼쪽 My Blueprint 창에서 ANIMATION GRAPHS 카테고리 안에 있는 'AnimGraph'를 선택해 주면 됩니다.

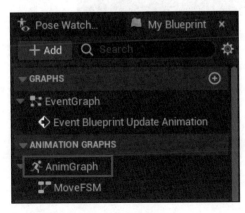

[그림 3.2-20] AnimGraph로 이동하기

상태 머신은 특정 상태가 유한하게 나열되어 있고 각 상태 간의 흐름이 특정 조건에 따라 진행되도록 처리하는 구조입니다. 이를 도식화시킨 것을 상태 다이어그램이라 했습니다. 언리얼에서 제공하는 애니메이션 상태 머신은 상태마다 하나의 애니메이션이 대응된다고 보는 구조입니다. 생각해 보면 당연합니다. 가만히 있을 때, 이동할 때를 상상해 보면 각각 그에 맞는 애니메이션 동작이 그려집니다. 이렇게 애니메이션을 상태로 동기화시킴으로써 언리얼은 애니메이션 제어를 위해 상태 다이어그램을 그리듯 작성할 수 있습니다.

### → 대기 상태 애니메이션

그럼 대기 상태의 애니메이션을 등록해 보겠습니다. 오른쪽 아래의 애셋 브라우저 창에 'idle_rifle_ironsights'로 검색합니다. 검색으로 나온 애니메이션 시퀀스를 드래그하여 그래프 창으로 가져옵니다. [Entry] 노드의 출력 핀을 잡아당기면 트랜지션 화살표가 나타납니다. 이를 추가된 [Idle_Rifle_Ironsights] 노드에 연결해 줍니다. 화살표를 노드 테두리 쪽에 가져다 대면 테두리가 활성화됩니다. 이때 마우스를 떼면 연결이 완료됩니다.

[그림 3.2-21] 애셋 브라우저의 Idle_Rifle_Ironsights를 MoveFSM에 등록하기

블루프린트의 컴파일 버튼을 눌러 컴파일해 주면 미리보기 뷰포트 창에 대기 상태의 애니메이션이 적용되어 나오는 것을 확인할 수 있습니다.

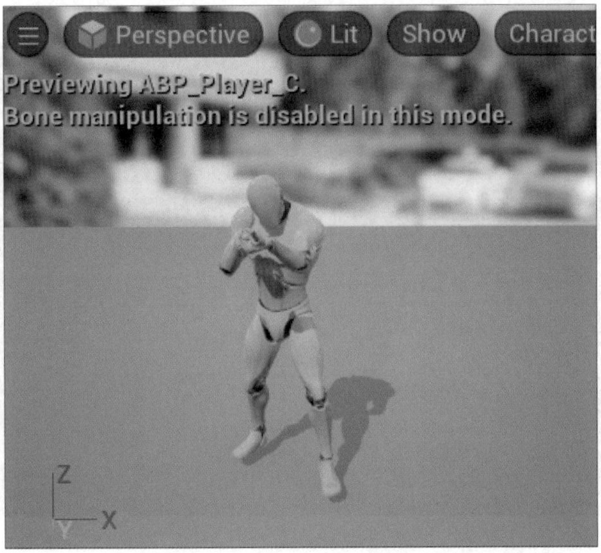

[그림 3.2-22] 대기 상태 애니메이션이 적용된 미리보기 화면

## → 이동 상태 애니메이션

이번에는 플레이어가 이동할 때 걷는 애니메이션이 나오도록 처리해 보겠습니다. 대기 상태로 가만히 있다가 걷기 시작할 때는 속도가 변하게 됩니다. 이 속도를 이용하여 애니메이션 상태가 대기 상태에서 걷기 상태로 변경되도록 처리하려고 합니다. 변수 및 스크립트 관리를 위해 애니메이션 블루프린트가 상속할 수 있는 AnimInstance 타입의 C++ 클래스를 만들어 사용하겠습니다.

**Tip**

### 이벤트 그래프의 구현부는 C++ 클래스로

간단히 블루프린트 상에서 변수를 추가해 해당 내용을 구성할 수 있습니다. 그리고 이 변수의 값은 이벤트 그래프에서 게임 로직과 연동하여 할당할 수 있습니다. 하지만 이 책에서는 블루프린트의 이벤트 그래프는 복잡한 로직을 최소한으로 사용하도록 구성되어 있습니다. 이유는 콘텐츠를 제작하다 보면 상당량의 코드 분량이 존재하게 됩니다. 애니메이션 제어 코드도 세부적인 상황에 따라 그 가짓수가 늘어나게 됩니다. 이럴 경우, 이벤트 그래프 코드 내용이 엄청 복잡해지며, 이는 가독성을 해치고, 나아가 유지보수 및 문제 발생 시 수정의 어려움이 상당할 수 있습니다. 다음 그림을 보면 블루프린트의 복잡도가 늘어났을 때의 문제점을 알 수 있습니다. 대충 보기에도 문제가 심각해 보입니다.

1

1.1
1.2
1.3
1.4
1.5

2

2.1
2.2
2.3
2.4
2.5
2.6

3

3.1
3.2
3.3

4

4.1
4.2
4.3
4.4
4.5

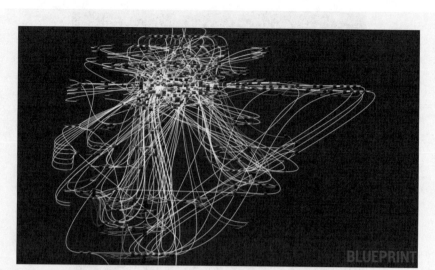

[그림 3.2-23] 복잡도가 늘어난 블루프린트의 문제

따라서 이벤트 그래프의 구현부는 디자이너 직군에서 처리할 부분이 아니라면 되도록 C++ 쪽에 작성합니다. 또한 블루프린트에서 변수를 선언할 경우, C++ 로직에서 해당 변수에 접근해서 사용하기 어렵습니다. 이유는 블루프린트가 만들어지기 이전에 C++ 클래스가 만들어지기 때문입니다. C++ 클래스 입장에서는 블루프린트가 존재하지도 않는데 가져와서 사용한다는 건 애매합니다. 이를 해결하기 위해 애니메이션 블루프린트의 부모 클래스를 C++ 클래스로 만들어서 필요한 변수들을 선언해 사용하도록 처리하겠습니다.

콘텐트 브라우저에서 C++ Classes 폴더를 선택하고 오른쪽 소스 패널에서 마우스 오른쪽 버튼을 클릭합니다. 팝업 메뉴에서 'New C++ Class'를 선택합니다.

[그림 3.2-24] 새로운 C++ 클래스 만들기

만들어질 클래스가 상속할 부모 클래스를 지정해야 합니다. 애니메이션 블루프린트의 부모 클래스가 되기 위해서는 AnimInstance 클래스 타입의 클래스가 되어야 합니다. 이를 위해 Add C++ Class 창 오른쪽 상단의 All Classes 탭을 선택합니다. 이후 검색란에 'animinstance'로 검색하여 AnimInstance 클래스를 선택하고 [Next] 버튼을 클릭합니다.

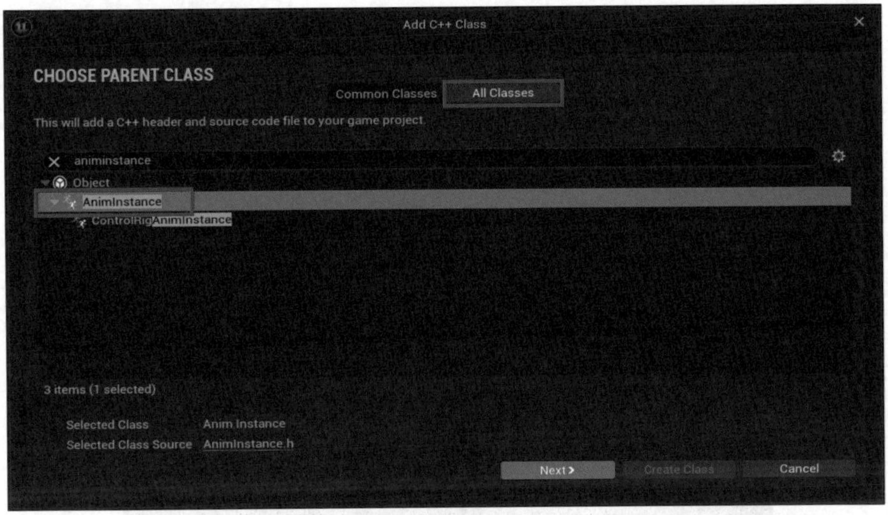

[그림 3.2-25] 부모 클래스를 'AnimInstance'로 선택하기

새로이 만들어질 클래스의 이름은 'PlayerAnim'으로 지정해 줍니다. 클래스 생성이 완료되면 비주얼 스튜디오에서 PlayerAnim.h 헤더 파일을 열어줍니다. 이곳에 public 접근 지시자로 float 타입의 speed 맴버 변수를 추가해 줍니다. 블루프린트에서 가져다 사용할 수 있도록 BlueprintReadWrite 속성을 UPROPERTY 매크로에 추가합니다. 또한 블루프린트 상에서 편집할 수 있도록 EditDefaultsOnly 속성도 넣어 줍니다.

```
#pragma once

#include "CoreMinimal.h"
#include "Animation/AnimInstance.h"
#include "PlayerAnim.generated.h"

UCLASS()
class TPSPROJECT_API UPlayerAnim : public UAnimInstance
```

```
{
    GENERATED_BODY()

public:
    // 플레이어 이동 속도
    UPROPERTY(EditDefaultsOnly, BlueprintReadWrite, Category=PlayerAnim)
    float speed = 0;
};
```

[코드 3.2-2] PlayerAnim.h 플레이어 이동 속도 speed 변수 추가하기


이렇게 추가한 speed 변수가 블루프린트에서 사용됩니다. 비주얼 스튜디오를 빌드하고 언리얼 에디터로 이동합니다. ABP_Player 블루프린트의 부모 클래스를 PlayerAnim 클래스로 변경해야 합니다. 현재 ABP_Player는 AnimInstance를 상속받고 있습니다.

[그림 3.2-26] ABP_Player의 부모 클래스


부모 클래스를 변경하려면 ABP_Player 툴바에서 [Class Settings]을 클릭합니다. 디테일 창에서 Parent Class를 PlayerAnim으로 선택해 줍니다.

[그림 3.2-27] PlayerAnim 클래스를 부모로 재설정하기

이제 부모가 'PlayerAnim'으로 설정되었습니다. 하지만 부모 클래스의 멤버 변수 목록이 My Blueprint 창에 표시되고 있지 않습니다. 부모의 멤버 변수들을 보려면 My Blueprint 창의 오른쪽 위에 눈 모양의 아이콘을 클릭합니다. 추가로 뜨는 팝업 메뉴에서 'Show Inherited Variables'를 선택하면 다음 그림처럼 Player Anim 카테고리를 보여 주고 그 아래에 speed 변수가 나타나는 것을 확인할 수 있을 것입니다.

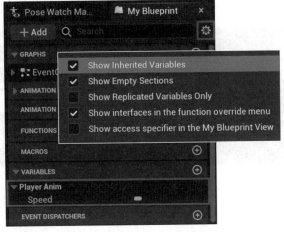

[그림 3.2-28] 부모 클래스의 멤버 변수 보기 활성화하기

이동 상태에 대응하는 애니메이션을 등록해 주겠습니다. ABP_Player 애니메이션 블루프린트 에디터의 오른쪽 아래에 있는 애셋 브라우저에서 'walk_fwd'로 검색하여 Walk_Fwd_Rifle_Ironsights를 찾습니다. 이 애니메이션 시퀀스를 드래그하여 MoveFSM 그래프 창으로 가져옵니다.

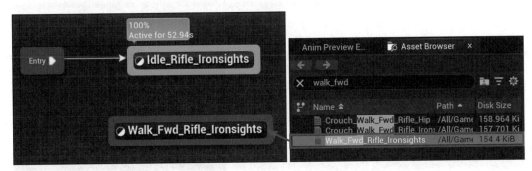

[그림 3.2-29] 이동 상태 Walk_Fwd_Rifle_Ironsights 등록하기

이렇게 등록된 이동 상태에서 대기 상태로 트랜지션을 연결합니다. 그리고 반대로 대기 상태에서 이동 상태로 전환되도록 마찬가지로 연결해야 합니다. 각 상태 노드 간의 트랜지션 연결 방법은 상태 노드의 테두리에 마우스를 가져다 대면 가장자리가 활성화됩니다. 마우스 왼쪽 버튼으로 가장자리를 누른 상태로(Down) 마우스를 잡아당기면 트랜지션 화살표가 나타납니다. 계속 버튼을 누른 상태로 대기 상태 노드의 테두리에 마우스를 가져가면 다시 대기 상태의 가장자리가 활성화됩니다. 이때 마우스를 떼면(Up) 각 상태의 트랜지션이 연결됩니다.

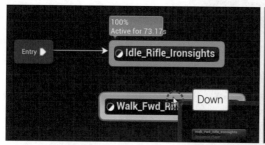

[그림 3.2-30] 애니메이션 상태 노드 간의 트랜지션 연결 방법

이런 식으로 두 상태를 양방향으로 연결하면 다음과 같습니다. 연결 결과를 자세히 보면 트랜지션 화살표 옆에 각각 동그란 원 안에 양방향 화살표가 그려진 아이콘이 생긴 것을 알 수 있습니다.

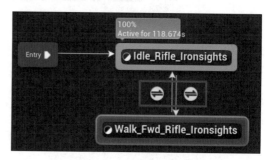

[그림 3.2-31] 대기 상태와 이동 상태의 양방향 트랜지션 연결하기

이 아이콘이 의미하는 것은 트랜지션이 발생하기 위한 조건을 뜻합니다. 대기 상태에서 왜 이동 상태로 전환되어야 하는지 이유가 있을 것입니다. 이 트랜지션 조건을 설정하기 위한 도구가 바로 조건 아이콘의 역할입니다. 하나씩 조건 설정을 해 보겠습니다. 대기 상태 → 이동 상태로 연결되는 트랜지션 조건 아이콘을 더블클릭합니다.

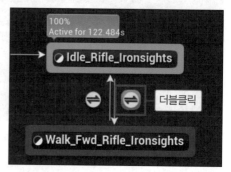

[그림 3.2-32] 트랜지션 조건 아이콘 더블클릭하기

트랜지션 조건 아이콘을 더블클릭하면 조건 설정 창으로 넘어갑니다. 속도가 0.1 보다 클 때 이동 상태로 전환되도록 조건을 설정하려 합니다. My Blueprint 창에서 speed 변수를 그래프 창에 드래그 앤 드롭하여 등록합니다. [Speed] 노드의 데이터 핀을 잡아 뽑으면 팝업 메뉴가 뜨게 됩니다. 검색란에 > 부등호를 입력하여 [float > float] 비교 노드를 선택해 추가합니다. Speed와 비교할 값은 0.1을 넣어줍니다. 마지막으로 비교 노드의 결과를 [Result] 노드의 Can Enter Transition에 연결합니다.

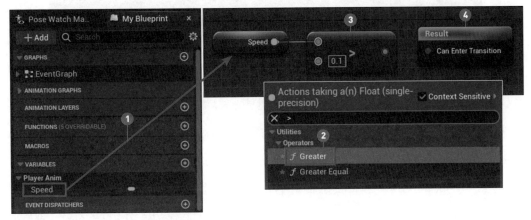

[그림 3.2-33] 대기 상태에서 이동 상태 트랜지션 조건 설정하기

이동 상태에서 대기 상태로의 트랜지션 조건을 설정해 주기 위해 MoveFSM 그래프로 이동합니다. 왼쪽 My Blueprint 창에서 AnimGraph-MoveFSM을 더블클릭하면 됩니다.

MoveFSM 그래프에서 이번에는 이동 상태에서 대기 상태로 가는 트랜지션 조건 아이콘을 더블클릭합니다.

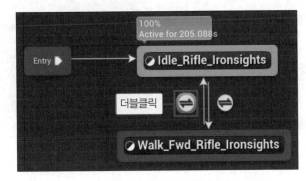

[그림 3.2-34] 트랜지션 조건 아이콘 더블클릭하기

이번에는 속도가 0.1 보다 작을 때 대기 상태로 전환되도록 하려합니다. 앞에서와 마찬가지로 Speed 변수를 그래프 창에 등록하고, < 부등호로 검색하여 [float < float] 비교 연산자 노드를 추가합니다. 비교 값을 0.1로 할당하고 결과를 [Result] 노드에 연결합니다.

[그림 3.2-35] 이동 상태에서 대기 상태 트랜지션 조건 설정하기

블루프린트를 컴파일합니다. 이제 Speed 값을 변경해 줌으로써 상태 전환이 잘 일어나는지 테스트해 보겠습니다. 애니메이션 블루프린트 오른쪽 하단에 있는 Anim Preview Editor 창을 클릭해 줍니다. 이곳은 애니메이션이 잘 동작하는지 속성 값을 변경하여 테스트해 볼 수 있는 곳입니다. 애님프리뷰 에디터의 속성을 바꾸면 이 값에 따라 변경되는 애니메이션의 결과를 왼쪽 미리보기 뷰포트 창에서 확인할 수 있습니다. 이 창에서 수정되는 값은 테스트를 위해 설정하는 값이기 때문에 원본 값이 변경되지는 않습니다. 여기에서는 0.2 값을 넣어 잘 동작하는지 확인해 보았습니다.

[그림 3.2-36] 애니메이션 상태 전환 테스트하기

MoveFSM 그래프 창을 보면 대기 상태에서 이동 상태로 넘어간 것을 확인할 수 있습니다. Speed 값을 다시 0으로 수정하면 대기 상태로 전환되는 것을 확인할 수 있을 것입니다. 애님프리뷰 에디터를 통해 정상적으로 애니메이션의 전환이 잘 이루어지는 것을 테스트할 수 있었습니다. 실제 게임로직과는 상관없는 테스트 목적으로 임의의 값을 직접 수정하며 잘 진행되는지 체크한 것입니다. 그런데 미리보기 창에서 애니메이션이 계속 재생되지 않고 멈춰 있는 것을 확인할 수 있습니다. 이유는 Walk_Fwd_Rifle_Ironsights 시퀀스의 Loop 옵션이 비활성화되어 있기 때문입니다. 이 값을 활성화시켜 주도록 하겠습니다.

먼저 MoveFSM으로 이동해서 등록된 Walk_Fwd_Rifle_Ironsights 상태를 더블클릭해 줍니다. Output Animation Pose를 설정하는 그래프 창으로 넘어가면 등록된 Walk_Fwd_Rifle_Ironsights 시퀀스를 선택합니다.

[그림 3.2-37] Walk_Fwd_Rifle_Ironsights 시퀀스로 이동하기

Walk_Fwd_Rifle_Ironsights 시퀀스를 선택하고 디테일 창으로 이동해서 아래로 스크롤해 줍니다. Loop Animation 속성을 찾아 체크해 주고 컴파일 버튼을 누르면 이제 애니메이션이 계속 재생되는 것을 확인할 수 있습니다.

[그림 3.2-38] Loop 활성화하기

그럼 게임 로직과 연동하여 Speed 변수의 값을 변경해 보겠습니다. 플레이어가 가만히 있을 때는 0이 들어가고 움직일 때는 0이 아닌 값이 들어가게 됩니다. C++ 클래스에서 모두 구현해야 하지만 블루프린트에서도 해당 작업이 가능하다는 것을 보이기 위해 먼저, 애니메이션 블루프린트에서 플레이어의 이동 속도를 가져와서 Speed 변수에 할당해 보겠습니다.

ABP_Player의 이벤트 그래프 창으로 이동하겠습니다. 이벤트 그래프 창에는 기본적으로 두 개의 노드가 있습니다. Tick() 함수와 같은 역할을 하는 [Event Blueprint Update Animation] 노드와 이 애니메이션 블루프린트를 소유하고 있는 폰을 가져오는 [Try Get Pawn Owner] 노드가 그것입니다.

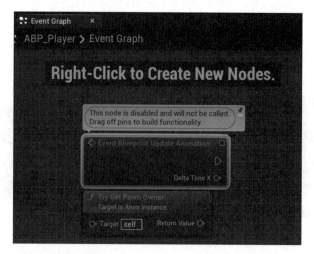

[그림 3.2-39] 이벤트 그래프의 기본 노드

구현하고자 하는 로직은 플레이어의 속도를 매 프레임 체크하여 Speed 변수에 할당하는 것입니다. 이를 위해 TPSPlayer 인스턴스가 필요합니다. 바로 [Try Get Pawn Owner] 노드를 이용해 TPSPlayer를 찾아올 수 있습니다. 하지만 이 노드가 반환하는 값은 폰 타입입니다. 따라서 TPSPlayer 타입으로 캐스팅해서 가져와야 합니다. 이를 표현하면 다음과 같습니다. Try Get Pawn Owner 노드에서 Return Value 핀을 잡아당겨 팝업 검색란에 'Cast To BP_TPSPlayer'를 검색합니다. 해당 노드를 선택하여 추가하고 실행될 수 있도록 [Event Blueprint Update Animation] 노드와 연결해 줍니다.

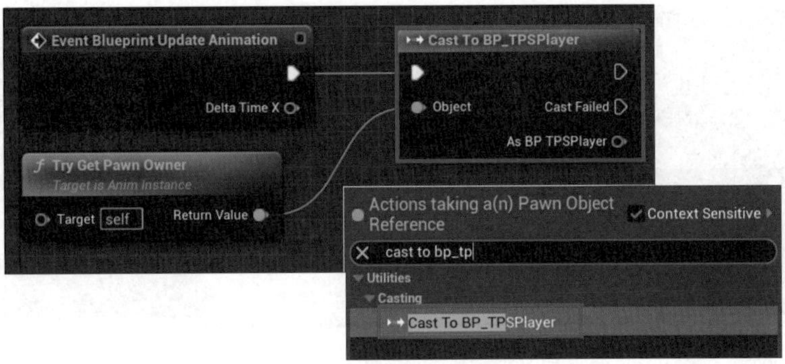

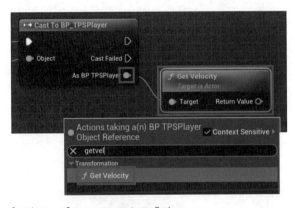

[그림 3.2-40] [Cast To BP_TPSPlayer] 노드 추가하기

가져온 폰을 캐스팅 성공하면 [Cast To BP_TPSPlayer] 노드의 출력데이터 핀 As BP TPSPlayer
에 값이 넘어옵니다. 이 출력 데이터 핀을 마우스 왼쪽 버튼으로 클릭하여 잡아당깁니다. 노드 검색
팝업이 뜨면 이곳에 'GetVelocity'를 입력하여 해당 노드를 추가합니다. 이 노드가 바로 캐릭터의
속도 벡터입니다.

[그림 3.2-41] Get Velocity 노드 추가

자, 캐릭터의 속도를 알 수 있는 속도 벡터 Get Velocity까지 가져왔습니다. 하지만 여기에서 우
리가 필요한 정보는 Speed에 넣어줄 값 즉, float 타입의 스칼라 값입니다. 벡터의 크기를 구해
Speed에 할당해 주겠습니다. [Get Velocity] 노드의 Return Value 핀을 마우스로 잡아서 뺍니다.
'VectorLength 노드'를 검색하여 추가합니다. My Blueprint 창에서 speed 변수를 이벤트 그래프 창
에 Set 노드로 추가합니다. 마지막으로 [Cast To BP_TPSPlayer] 노드가 성공했을 때의 실행 핀을
잡아서 [Speed Set] 노드에 연결해 줍니다.

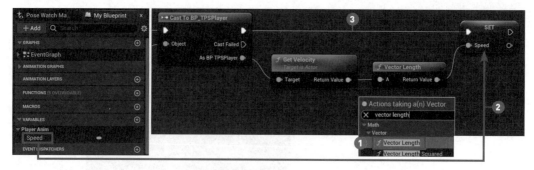

[그림 3.2-42] [Vector Length] 노드 추가 및 Speed 값 할당하기

블루프린트를 컴파일합니다. 실행을 하고 W, A, S, D 키를 눌러 캐릭터를 이동시켜 보면 애니메이션이 잘 표현되는 것을 확인할 수 있습니다.

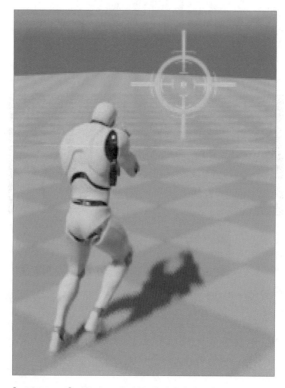

[그림 3.2-43] 이동 속도에 따른 애니메이션 적용 결과

그러나 앞으로 이동할 때뿐 아니라 뒤, 좌, 우로 이동할 때도 같은 애니메이션이 재생됩니다. 상태 머신에 다른 방향의 상태를 할당해 준다고 하더라도 속도의 크기만으로는 어느 방향인지 알기 어렵습니다. 따라서 Speed 변수는 앞뒤만 사용하도록 한정하겠습니다. 좌우 속도는 뒤에서 추가해 봅시다.

캐릭터가 앞으로 이동하는지 뒤로 이동하는지 속도 벡터로부터 어떻게 알 수 있을까요? 속도 벡터는 알고 보면 캐릭터가 향하는 방향으로부터 어느 방향으로 이동하고 있는 값을 저장하고 있습니다. 그래서 단순히 전방을 나타내는 X축 값을 사용해야지 하면 큰 문제가 될 수 있습니다. 캐릭터의 방향은 무시하고 있게 되니까요. 해결책은 속도 벡터와 캐릭터의 방향 정보 둘 다가 사용되면 됩니다. 이는 벡터의 내적(Dot Product)을 사용하면 됩니다. A라는 벡터와 B라는 벡터를 내적하면 다음 수식과 같습니다.

$$A \cdot B = A_x \times B_x + A_y \times B_y + A_z \times B_z$$

[식 3.2-1] 벡터 내적 연산 수식

속도 벡터와 캐릭터의 전방 벡터를 내적해 주면 다른 방향은 무시되고 전·후방에 관련된 값만을 스칼라 값으로 얻어낼 수 있습니다. 이를 블루프린트로 구현해 보겠습니다.

먼저 [VectorLength] 노드는 Delete 키를 눌러 삭제합니다. 그리고 As BP TPSPlayer 데이터 핀을 잡아당겨 [GetActorForwardVector] 노드를 추가해 줍니다.

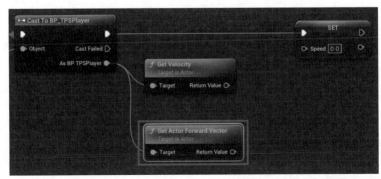

[그림 3.2-44] [Vector Length] 노드 삭제 및 [GetAcorForwardVector] 노드 추가하기

Speed에 값을 할당하려면 앞에서 설명한 대로 [Get Velocity] 노드의 결괏값 벡터와 [GetActor-FowardVector] 노드의 결괏값 벡터를 내적한 값을 할당해야 합니다. 빈곳에 마우스 오른쪽 버튼을 클릭하여 [Dot Product] 노드를 검색하여 추가합니다. 다음 그림처럼 Get Velocity 결과 벡터와 [Forward Vector] 노드의 결과 벡터를 [Dot] 노드에 입력 데이터로 넣어 줍니다. 결괏값은 Speed에 연결합니다.

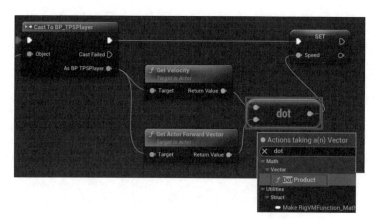

[그림 3.2-45] Speed에 두 벡터의 내적 값 할당하기

블루프린트를 컴파일하고 실행하여 다시 결과를 확인해 봅니다. 그러면 앞으로 이동할 때만 걷기 애니메이션이 재생되고 뒤, 좌, 우로 이동할 때는 대기 상태 애니메이션이 재생되는 것을 확인할 수 있습니다. 우리가 의도한 대로입니다.

이번에는 뒤로 이동하고자 할 때도 애니메이션이 제대로 나올 수 있도록 추가해 주겠습니다. 필요한 애니메이션 시퀀스를 MoveFSM 상태 머신에 등록하면 됩니다. 간단히 진행해 볼까요? ABP_Player 블루프린트 에디터에서 Asset Brower 창으로 이동합니다. 검색란에 'Walk_Bwd_Rifle_Ironsights'를 검색하여 해당 애니메이션 시퀀스를 MoveFSM 그래프 창에 등록하고 다음처럼 Idle 상태와 트랜지션을 연결해 줍니다.

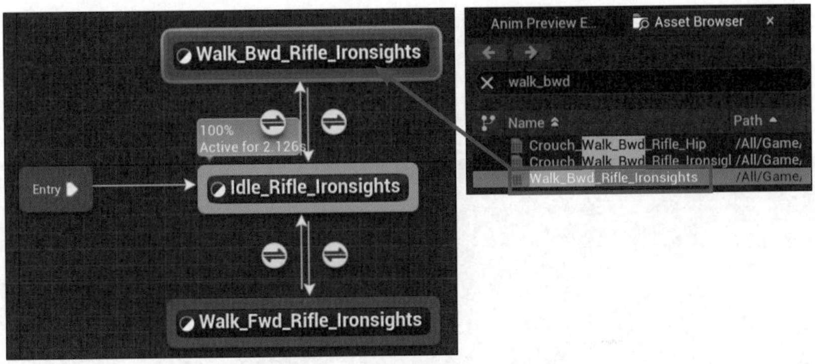

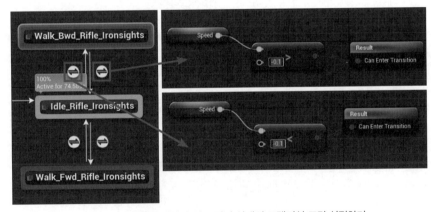

[그림 3.2-46] Walk_Bwd_Rifle_Ironsights 애니메이션 추가하기

대기 상태에서 뒤로 이동하는 상태로 전환되려면 트랜지션 조건 아이콘을 더블클릭하면 된다고 했습니다. 먼저 대기 → 뒤로 이동 상태로 진행되는 트랜지션 조건 아이콘을 더블클릭합니다. 이번에는 뒤로 가기 때문에 Speed 변수 값이 음수가 되었을 때 이동할 수 있도록 처리합니다. 여기에서는 -0.1 보다 작아지면 뒤로 이동하는 것으로 판단합니다. 뒤로 이동 → 대기 상태로의 조건 설정은 Speed 값이 -0.1 보다 크면 진행되도록 작성합니다.

[그림 3.2-47] 대기 상태와 뒤로 걷기 상태의 트랜지션 조건 설정하기

블루프린트를 컴파일하고 실행하여 결과를 확인합니다. 앞으로 뒤로 이동할 때 모두 제대로 된 애니메이션이 재생되는 것을 확인할 수 있습니다.

이제 좌, 우 이동에 대한 처리 내용이 남았습니다. 이 두 상태에 대한 처리는 먼저 점프 동작을 처리한 후 다시 추가해 주도록 하겠습니다. 그전에 블루프린트로 작성한 제어 코드를 C++로 옮겨

주도록 하겠습니다. 앞에서 언급한 것처럼 로직의 복잡도가 늘어나면 블루프린트는 편리성보다는 문제가 생길 여지가 많기 때문입니다. 지금까지 작성된 블루프린트의 전체 내용은 다음과 같습니다.

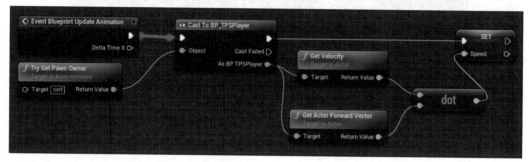

[그림 3.2-48] ABP_Player 이벤트 그래프 전체 내용

이벤트 그래프에 작성한 코드를 PlayerAnim C++ 클래스에 작성해 주겠습니다. 먼저 PlayerAnim.h 헤더 파일을 열어 줍니다. 블루프린트에서 보았던 [Event Blueprint Update Animation] 노드와 대응되는 함수가 NativeUpdateAnimation() 함수입니다. 이 함수는 버추얼로 선언되어 있기 때문에 오버라이딩할 수 있도록 선언해 줍니다.

```
… (생략) …
class TPSPROJECT_API UPlayerAnim : public UAnimInstance
{
        GENERATED_BODY()

public:
        // 플레이어 이동 속도
        UPROPERTY(EditDefaultsOnly, BlueprintReadWrite, Category=PlayerAnim)
        float speed = 0;

        // 매 프레임 갱신되는 함수
        virtual void NativeUpdateAnimation(float DeltaSeconds) override;
};
```

[코드 3.2-3] PlayerAnim.h NativeUpdateAnimation 함수 오버라이딩 선언하기

블루프린트의 이벤트 그래프에서 구현한 동작을 순서대로 정리하면 다음과 같습니다.

1

1.1
1.2
1.3
1.4
1.5

2

2.1
2.2
2.3
2.4
2.5
2.6

3

3.1
3.2
3.3

4

4.1
4.2
4.3
4.4
4.5

>>> **목표** : 플레이어의 이동 속도를 가져와 speed에 할당하고 싶다.

  ❶ 소유 폰 얻어 오기

  ❷ 플레이어로 캐스팅하기

  ❸ 이동 속도가 필요

  ❹ 플레이어의 전방 벡터가 필요

  ❺ speed에 값(내적) 할당하기

이렇게 정리하니 한눈에 보기 좋습니다. NativeUpdateAnimation( ) 함수 안에 이 내용이 순서대로 작성이 되면 블루프린트와 똑같이 동작하게 될 것입니다.

PlayerAnim.cpp 파일로 이동하여 구현해 보겠습니다. 부모의 함수를 오버라이딩하면 부모 함수는 처리되지 않고 자식에서 재정의한 함수만 처리가 됩니다. 하지만 부모 NativeUpdateAnimation( ) 함수는 중요한 처리들을 하고 있기 때문에 무시하면 안 됩니다. 부모의 함수가 실행될 수 있도록 Super:: NativeUpdateAnimation(DeltaSeconds)를 함수의 맨 위에서 호출해 줍니다. 그 아래에 구현하고자 하는 내용을 추가합니다. 먼저, 소유 폰을 TryGetPawnOwner( ) 함수를 이용하여 얻어옵니다. 다음은 ATPSPlayer 타입으로 폰을 캐스팅해 줍니다. ATPSPlayer 클래스를 사용하기 위해 파일 맨 위쪽에 #include "TPSPlayer.h" 문장을 추가합니다.

```cpp
#include "PlayerAnim.h"
#include "TPSPlayer.h"

void UPlayerAnim::NativeUpdateAnimation(float DeltaSeconds)
{
    Super::NativeUpdateAnimation(DeltaSeconds);

    // 플레이어의 이동 속도를 가져와 speed에 할당하고 싶다.
    // 1. 소유 폰 얻어 오기
    auto ownerPawn = TryGetPawnOwner( );
    // 2. 플레이어로 캐스팅하기
    auto player = Cast<ATPSPlayer>(ownerPawn);
}
```

[코드 3.2-4] PlayerAnim.cpp NativeUpdateAnimation() 플레이어 폰 얻어 오기

ATPSPlayer로 캐스팅이 제대로 수행되었을 때 다음 내용으로 진행해야 하겠죠? 캐스팅이 성공하면 player 변수에는 ATPSPlayer의 인스턴스가 들어있게 되고, 그렇지 않으면 nullptr 값이 들어가 있게 됩니다. player 변수의 값을 조사하여 정상적이면 플레이어의 GetVelocity() 함수를 이용하여 속도 벡터를 구합니다. 마찬가지로 플레이어의 전방 벡터를 GetActorForwardVector()를 이용하여 구해 옵니다. 마지막으로 이 두 벡터의 내적 값을 FVector의 DotProduct() 함수를 통해 얻어와 speed 변수에 할당해 줍니다.

```cpp
void UPlayerAnim::NativeUpdateAnimation(float DeltaSeconds)
{
    Super::NativeUpdateAnimation(DeltaSeconds);

    // 플레이어의 이동 속도를 가져와 speed에 할당하고 싶다.
    // 1. 소유 폰 얻어 오기
    auto ownerPawn = TryGetPawnOwner();
    // 2. 플레이어로 캐스팅하기
    auto player = Cast<ATPSPlayer>(ownerPawn);
    // 캐스팅이 성공했다면
    if(player)
    {
        // 3. 이동 속도가 필요
        FVector velocity = player->GetVelocity();
        // 4. 플레이어의 전방 벡터가 필요
        FVector forwardVector = player->GetActorForwardVector();
        // 5. speed에 값(내적) 할당하기
        speed = FVector::DotProduct(forwardVector, velocity);
    }
}
```

[코드 3.2-5] PlayerAnim.cpp 플레이어의 이동 속도 할당하기

이렇게 하면 블루프린트로 작성한 내용과 똑같이 구현되었습니다. 빌드하고 언리얼 에디터로 이동하여 결과를 확인해 보겠습니다. 먼저 블루프린트 내용을 무시하기 위해 ABP_Player의 이벤트 그래프 창으로 이동합니다. [Event Blueprint Update Animation] 노드에서 [Cast To BP_TPSPlayer] 노드로 연결되는 실행 핀을 끊어 줍니다. 이렇게 하면 [Cast To BP_TPSPlayer] 노드 뒤로는 실행되지 않습니다.

[그림 3.2-49] [Cast To BP_TPSPlayer] 노드 실행 끊어 주기

블루프린트를 컴파일하고 실행해 보면 우리가 작성한 PlayerAnim C++ 클래스가 정상적으로 작동하고 있는 것을 알 수 있습니다. 이제 점프 상태를 추가해 주겠습니다.

### → 점프 상태 애니메이션

MoveFSM의 전체 상태 다이어그램을 다시 한번 가져와 보겠습니다. 이 다이어그램에서 파란색박스 안에 들어 있는 상태들이 점프를 표현하기 위한 세부 상태들입니다.

[그림 3.2-50] MoveFSM 상태 다이어그램

점프 시작 → 점프 중 → 점프 종료 흐름으로 진행되고 있습니다. 애니메이션 시퀀스가 총 3개가있어야 해당 상태들과 대응시킬 수 있습니다. 하지만 프로젝트에서 사용하고 있는 애니메이션 스타터팩에는 3가지로 나누어져 있는 점프 모션이 없습니다. 이를 위해 자료실에 해당 애니메이션 시퀀스 파일을 올려놓았습니다. PlayerJump.zip 파일을 다운로드해 압축을 풀면 세 가지 동작에 해당하는 애니메이션 파일이 있습니다. 콘텐트 브라우저에서 Content 폴더 하위에 Animations 폴더를 하나 만들고 이 파일들을 모두 드래그 앤 드롭으로 넣어 줍니다.

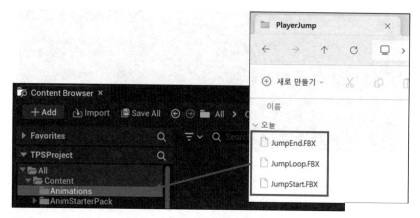

[그림 3.2-51] Animations 폴더에 점프 애니메이션 파일 가져오기

　파일을 프로젝트에 추가하면 FBX Import Options 창이 뜨게 됩니다. 애니메이션이 사용할 스켈레톤 정보를 이곳에서 설정해야 합니다. Mesh 카테고리의 Skeleton을 애니메이션 스타터팩에 위치한 UE4_Mannequin_Skeleton을 선택하여 등록합니다. 다음으로 Advanced 카테고리에서 Snap to Closest Frame Boundary 옵션을 체크해 줍니다. 추가되는 다른 애니메이션들도 모두 같은 설정으로 임포트하도록 [Import All] 버튼을 클릭합니다.

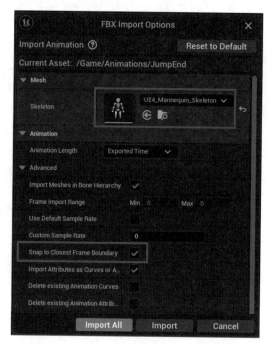

[그림 3.2-52] 사용할 스켈레톤 설정하기

가져오기가 완료되면 JumpStart, JumpLoop, JumpEnd 이렇게 3개의 애니메이션 시퀀스 파일이 추가된 것을 확인할 수 있습니다. 반드시 콘텐트 브라우저의 [Save All] 버튼을 클릭하여 애셋들을 프로젝트에 저장해 주어야 합니다.

[그림 3.2-53] 가져오기 완료한 점프애니메이션 시퀀스

추가된 애니메이션을 이용하여 플레이어의 애니메이션 상태 머신을 완성해 보겠습니다. ABP_Player 애니메이션 블루프린트 에디터로 이동합니다. 애님그래프의 MoveFSM이 작업할 장소입니다. 애셋 브라우저 창에서 JumpStart를 찾아 MoveFSM 그래프 창에 등록합니다. 대기 상태에서부터 흐름이 진행될 수 있도록 [Idle] 상태 노드에서 JumpStart로 트랜지션을 연결시켜 줍니다.

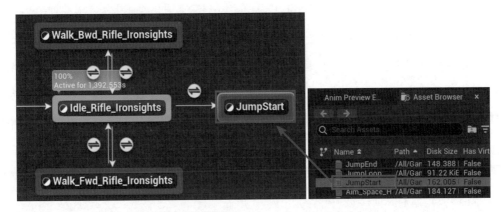

[그림 3.2-54] JumpStart 등록 및 트랜지션 연결하기

이제 트랜지션 조건을 설정해 주도록 하겠습니다. 언제 대기 상태에서 점프 상태로 전환되어야 할까요? 사용자가 점프 버튼을 눌러서 점프 중일 때 애니메이션 상태 전환을 하면 되겠습니다.

사용자가 현재 점프 중인지 여부를 기억할 변수를 PlayerAnim 클래스에 추가하겠습니다.

1

1.1
1.2
1.3
1.4
1.5

2

2.1
2.2
2.3
2.4
2.5
2.6

3

3.1
3.2
3.3

4

4.1
4.2
4.3
4.4
4.5

PlayerAnim.h 파일로 이동합니다. bool 타입으로 isInAir 멤버 변수를 선언해 줍니다.

```cpp
class TPSPROJECT_API UPlayerAnim : public UAnimInstance
{
    … (생략) …

    // 매 프레임 갱신되는 함수
    virtual void NativeUpdateAnimation(float DeltaSeconds) override;

    // 플레이어가 공중에 있는지 여부
    UPROPERTY(EditDefaultsOnly, BlueprintReadWrite, Category = PlayerAnim)
    bool isInAir = false;
};
```

[그림 3.2-6] PlayerAnim.h 플레이어가 공중에 있는지를 기억할 변수 선언하기

이 변수는 플레이어가 공중에 있을 때 true, 그렇지 않으면 false를 기억합니다. PlayerAnim. cpp 파일의 NativeUpdateAnimation( ) 함수에 해당 내용을 추가해 주겠습니다. 이곳에 구현하고 싶은 내용은 "플레이어가 현재 공중에 있는지를 기억하고 싶다."입니다. 이를 위해선 플레이어의 CharacterMovement 컴포넌트가 필요합니다. 바로 이 컴포넌트에 해당 정보가 들어 있기 때문입니다. GetCharacterMovement( ) 함수를 이용해 UCharacterMovementComponent 클래스의 인스턴스를 얻어와 movement 변수에 담습니다. 이 클래스가 갖고 있는 IsFalling( ) 함수의 반환 값을 isInAir 변수에 할당해 줍니다. IsFalling( ) 함수는 플레이어가 공중에 있으면 true, 그렇지 않으면 false를 반환하는 함수입니다. 그리고 UCharacterMovementComponent 클래스를 사용하기 위해선 맨 위에 #include 문으로 헤더 파일 선언을 추가해야 합니다.

```cpp
#include "PlayerAnim.h"
#include "TPSPlayer.h"
#include <GameFramework/CharacterMovementComponent.h>

void UPlayerAnim::NativeUpdateAnimation(float DeltaSeconds)
{
    … (생략) …
```

```
        if(player)
        {
                … (생략) …
                speed = FVector::DotProduct(forwardVector, velocity);

                // 플레이어가 현재 공중에 있는지 여부를 기억하고 싶다.
                auto movement = player->GetCharacterMovement();
                isInAir = movement->IsFalling();
        }
}
```

[코드 3.2-7] PlayerAnim.cpp 점프 기능 구현하기

비주얼 스튜디오를 빌드하고 언리얼 에디터로 이동합니다. ABP_Player의 MoveFSM으로 다시 가도록 합니다. 대기 상태에서 점프 시작으로 연결되는 트랜지션 조건 아이콘을 더블클릭하여 트랜지션이 발생하기 위한 조건을 설정해 주겠습니다. isInAir 변수의 값이 참일 때 전환되면 되겠죠? My Blueprint 창에 노출된 isInAir를 그래프 창에 등록합니다. 이 값이 바로 [Result] 노드로 들어가도록 연결시켜 줍니다.

[그림 3.2-55] isInAir 변수가 참일 때 트랜지션이 발생하도록 설정하기

블루프린트를 컴파일해 줍니다. 결과 테스트를 위해 오른쪽 아래의 Anim Preview Editor 창으로 이동합니다. isInAir 변수 속성 값을 체크해 보면 미리보기 뷰포트 창에 점프 모션 결과가 보입니다.

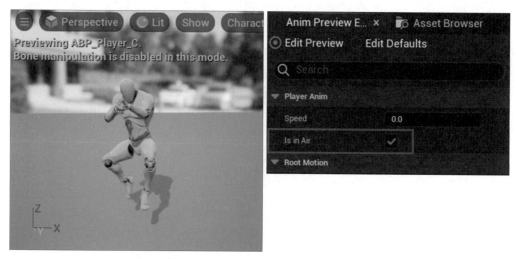

[그림 3.2-56] isInAir 값을 변경하며 점프 결과 테스트하기

이제 점프를 하기 시작했으니 착지할 때까지는 공중에 머물러 있어야겠죠? 점프 중인 상태로
전환되어야 합니다. MoveFSM 그래프 창으로 돌아옵니다. 애셋 브라우저 창에서 JumpLoop를
MoveFSM 그래프 창에 등록합니다. [JumpStart] 상태 노드에서 [JumpLoop] 상태 노드로 트랜지
션을 연결시켜 줍니다.

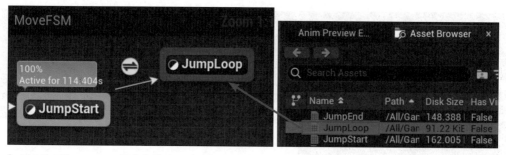

[그림 3.2-57] JumpLoop 상태 추가 및 트랜지션 연결하기

트랜지션 조건 아이콘을 선택하고 JumpStart에서 JumpLoop 상태로 상태가 전환되도록 조건을
설정해 주도록 하겠습니다. 상태 전환 조건은 점프가 시작되는 애니메이션이 끝나면 JumpLoop 상
태로 전환되도록 하려고 합니다. 이는 간단히 속성 하나만 바꾸면 해결할 수 있습니다. 디테일 창
으로 이동합니다. 이곳에서 Automatic Rule Based on Sequence Player in State 속성 값을 체크해
줍니다. 이렇게 하면 자동으로 JumpStart 시퀀스 재생이 끝나면 JumpLoop로 전환됩니다.

[그림 3.2-58] 점프 시작 상태에서 점프 중 상태 트랜지션 조건 설정하기

블루프린트를 컴파일하고 애님프리뷰 에디터 창에서 isInAir 속성 값을 체크해 테스트해 봅니다.

마지막으로 점프 종료 상태를 나타내는 착지 동작을 추가해 보겠습니다. MoveFSM 그래프 창
으로 이동합니다. 애셋 브라우저 창에서 JumpEnd 애니메이션 시퀀스를 그래프 창에 등록해 줍니다.
JumpLoop 상태 노드에서 JumpEnd 상태 노드로 트랜지션을 연결해 줍니다.

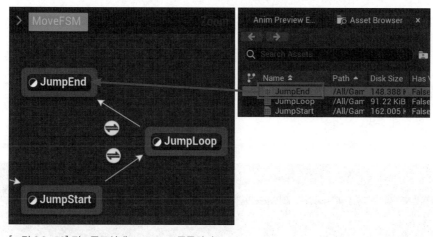

[그림 3.2-59] 점프종료상태 JumpEnd 등록하기

점프 중에서 점프 종료로 상태가 전환되기 위한 조건은 말 그대로 점프가 끝나서 바닥에 닿았기
때문입니다. 바로 구현해 보겠습니다. 트랜지션 조건 아이콘을 더블클릭하여 들어갑니다. 앞에서와
마찬가지로 My Blueprint 창에 있는 IsInAir 변수를 그래프 창에 [Get] 노드로 등록합니다. 노드의

데이터 핀을 잡아당기면 노드 추가를 위한 팝업이 뜹니다. 이곳에 '느낌표(!)'를 입력합니다. 검색 결과 중 [NOT Boolean] 노드를 선택하여 추가합니다. 이 노드의 결과를 [Result] 노드에 연결시켜 줍니다.

[그림 3.2-60] 점프 중에서 점프 종료 상태 트랜지션 조건 설정하기

isInAir 변수가 true가 아닐 때 점프 중에서 점프 종료 상태로 전환되도록 한 것입니다. isInAir에는 캐릭터가 공중에 있을 때 true, 그렇지 않을 때 false 값이 들어갑니다. 컴파일하고 애님프리뷰 에디터 창에서 isInAir 값을 체크했다가 점프 중인 상태까지 넘어가면 다시 체크를 해제해 줍니다. 점프 시작에서 점프 중, 점프 종료까지 상태 전환을 테스트할 수 있습니다.

이제 마지막으로 점프를 마무리할 때입니다. 점프 종료에서 대기 상태로 전환될 수 있도록 트랜지션을 연결시켜 줍니다.

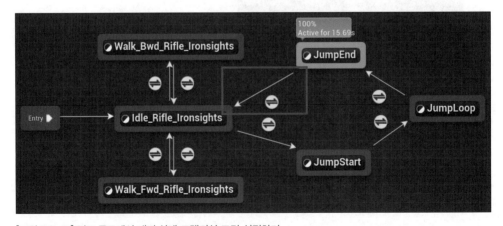

[그림 3.2-61] 점프 종료에서 대기 상태 트랜지션 조건 설정하기

JumpEnd 시퀀스가 끝나면 Idle 로 상태전환이 되도록 트랜지션 조건 선택하고 디테일창으로 이동합니다.

Automatic Rule Based on Sequence Player in State 값을 체크해 활성화시켜 줍니다.

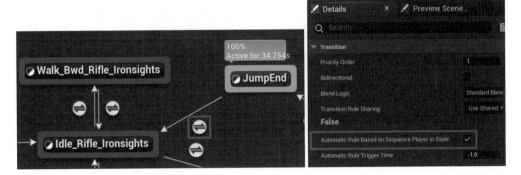

[그림 3.2-62] 자동 상태 전환 속성 체크하기

블루프린트를 컴파일하고 isInAir 값을 변경하며 테스트해 봅니다. 점프했다 착지까지 부드럽게 애니메이션 상태가 전환되는 것을 확인할 수 있을 것입니다. 실제 플레이 버튼을 눌러서 결과도 확인해봅니다. Spacebar 를 눌러 보면 제대로 점프를 수행합니다.

[그림 3.2-63] 점프가 적용된 플레이어

지금까지 점프 애니메이션을 구현해 보았습니다. 그러나 이미 눈치챘겠지만 우리가 초반에 제시한 상태 다이어그램과는 조금 다르게 구현되어 있는 것을 알 수 있을 것입니다. 바로 이동 상태가 그것입니다. 다이어그램에서는 단순히 이동 상태라고 표현했지만 구현하다 보니 앞으로 이동, 뒤로 이동, 또 추가로 좌, 우로 이동, 이외에도 대각선으로 이동하는 것까지 추가한다면 상당히 많은 이동이 있을 수 있습니다. 이러한 이유로 모양이 상태 다이어그램처럼 나오지 못했습니다.

언리얼 엔진에서는 이렇게 다양한 애니메이션 동작을 처리하기 위해 제공하는 기능들이 있습니다. 수많은 이동 동작을 하나의 이동으로 만들기 위해 제공하는 대표적인 도구가 바로 블렌드 스페이스 (Blend Space)입니다.

## ➜ 블렌드 스페이스를 이용한 애니메이션 합성하기

블렌드 스페이스(Blend Space)는 float 타입의 매개변수 입력 값을 이용하여 해당 값에 의해 애니메이션 시퀀스들이 재생되도록 처리합니다. 예를 들어, 정지 상태와 이동 상태를 구분하는 결정적인 요소는 속도가 0이냐 0이 아니냐의 차이일 것입니다. 또한, 속도가 0보다 크면 앞으로 이동하는 상태, 0보다 작으면 뒤로 이동하는 상태로 볼 수 있습니다. 이렇듯 속도라는 값을 이용해 애니메이션 간의 전환을 처리하고자 하는 것이 블렌드 스페이스인 것입니다. 추가로 이름에서처럼 각 애니메이션 간의 전환이 부드럽게 혼합되도록 언리얼 엔진에서 알아서 처리해 줍니다. 만약 0일 때는 정지 애니메이션, 1일 때는 이동 애니메이션을 재생한다면 0.5일 때는 어떤 애니메이션을 재생해야 할까요? 0과 1 사이에 존재하는 애니메이션 동작은 언리얼에서 자동으로 생성해 줍니다.

이동 상태는 상당히 많은 종류의 이동이 있다는 것을 앞에서 언급했습니다. 하지만 이들의 동작을 결정하는 요소는 속도라는 값입니다. 블렌드 스페이스를 만들어 보면서 다소 더 자세히 알아보겠습니다.

콘텐트 브라우저에서 Animations 폴더를 선택합니다. 이곳에 만들어 주겠습니다. [+Add] 버튼을 누릅니다. 팝업 메뉴에서 'Animations → Blend Space'를 선택합니다. 스켈레톤 선택 창이 뜨면 AnimStarterPack – UE4_Mannequin – Mesh 폴더 하위에 있는 UE4_Mannequin_Skeleton을 선택해 줍니다. 만들어진 블렌드 스페이스의 이름은 'BS_PlayerMove'라고 짓습니다. 접두어로 붙는 BS는 BlendSpace의 약자입니다.

[그림 3.2-64] 블렌드 스페이스 생성

BS_PlayerMove 를 더블클릭하여 블렌드 스페이스 에디터를 열어줍니다.

[그림 3.2-65] 블렌드 스페이스 에디터

블렌드 스페이스 에디터에서 사용하는 창은 3개입니다. 맨 왼쪽에 있는 애셋 디테일, 가운데 에디터 그리드, 오른쪽 아래에 있는 애셋 브라우저 창입니다.

애셋 디테일 창에서 사용하게 되는 속성 값은 축 설정(Axis Settings)입니다. 이곳에서 입력으로 사용할 매개변수 2개의 정보를 설정할 수 있습니다. 에디터 그리드 창에서 Horizontal Axis는 가로축, Vertical Axis는 세로축에 해당합니다. 각 축에 해당하는 변수의 이름은 'Name'으로 지정할 수 있습니다. Horizontal은 'Direction', Vertical은 'Speed'로 변수 이름을 할당했습니다. 각 변수의 최대(Maximum), 최소(Minimum) 값은 모두 '−600, +600'으로 넣어줍니다. 에디터 그리드 창의 각 칸이 6개로 나눠지도록 Grid Divisions 값을 할당합니다.

이렇게 설정해준 대로 에디터 그리드에 Direction 축과 Speed 축이 나타납니다.

[그림 3.2-66] 블렌드 스페이스 축 설정하기

에디터 그리드 창은 애니메이션 시퀀스들이 배치되는 공간입니다. 배치된 애니메이션 시퀀스들은 그리드 위에 수평, 수직이 만나는 지점에 배치될 수 있으며 근처에 가져가면 자동으로 붙는 스냅핑 기능을 제공합니다. 우리는 −600 ~ +600 사이의 값을 가질 수 있도록 변수들을 설정했기 때문에 정중앙에 있는 지점이 0, 0이 됩니다. 이곳에 대기 상태 애니메이션을 등록하면 알맞을 것 같습니다.

애셋 브라우저 창에서 Idle_Rifle_Ironsights를 찾아서 Shift 키를 누른 상태로 에디터 그리드 창의 정 가운데로 드래그 앤 드롭해 줍니다. 그러면 스내핑 기능이 작동되어 마름모 모양의 아이콘이 원하는 위치에 달라붙으며 등록됩니다.

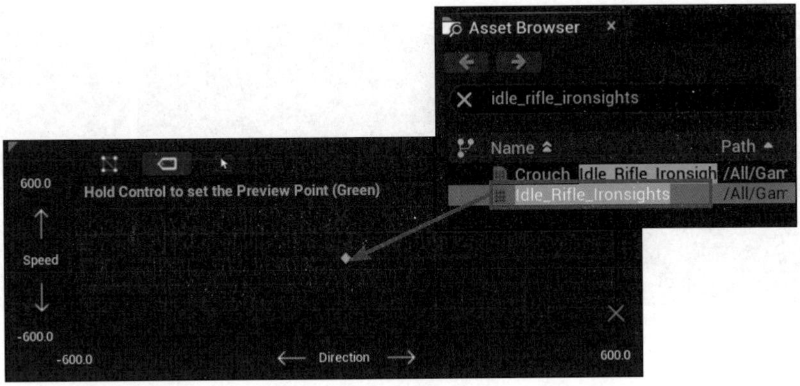

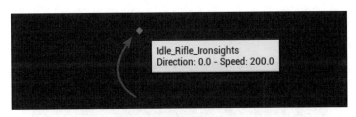

[그림 3.2-67] Idle_Rifle_Ironsights를 에디터 그리드에 등록하기

만약 잘못된 위치에 배치됐다면 마우스 왼쪽 버튼으로 잡아서 원하는 위치로 옮기면 됩니다.

Idle_Rifle_Ironsights
Direction: 0.0 - Speed: 200.0

[그림 3.2-68] 잘못 위치했을 경우 마우스로 이동시키기

이제 앞으로 걷기 이동, 뒤로 걷기 이동을 순차적으로 등록해 봅니다. 블렌드 스페이스 에디터로 넘어옵니다. 애셋 브라우저에서 'Walk_'로 검색합니다. 애셋 이름의 중간에 각 이동 방향이 들어가 Walk_XXX_Rifle_Ironsights 식으로 되어 있습니다.

Walk_Fwd를 드래그 앤 드롭하여 수직값 맨 위쪽에 배치합니다. Speed는 600, Direction은 0이 되는 지점입니다. 각 방향에 맞는 배치 위치는 다음과 같습니다.

| 애니메이션 시퀀스 | Speed | Direction |
|---|---|---|
| Walk_Fwd_Rifle_Ironsights | 600 | 0 |
| Walk_Bwd_Rifle_Ironsights | −600 | 0 |
| Walk_Rt_Rifle_Ironsights | 0 | 600 |
| Walk_Lt_Rifle_Ironsights | 0 | −600 |

[표 3.2-1] 애니메이션 시퀀스 배치 위치

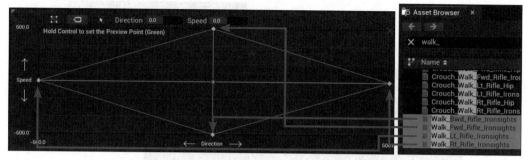

[그림 3.2-69] 각 방향에 맞는 이동 애니메이션 시퀀스 등록하기

각 애니메이션 시퀀스가 Speed와 Direction 변수의 값에 의해 잘 전환되는지 확인하려면 에디터 그리드 창에서 [Ctrl] 키를 누른 상태로 마우스를 에디터그리드 창의 앞뒤 좌우 방향으로 이동시켜 보세요. 그러면 Speed와 Direction 변수 값에 의해 뷰포트 창에서 재생되는 애니메이션이 바뀌는 것을 확인할 수 있을 것입니다.

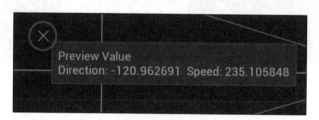

[그림 3.2-70] 잘못 위치했을 경우 마우스로 이동시키기

블렌드 스페이스 작업은 모두 마무리되었습니다. 그럼, 이렇게 만들어진 블렌드 스페이스 애셋은 어떻게 활용을 할까요? 언리얼 엔진에서는 블렌드 스페이스를 하나의 애니메이션 시퀀스와 마찬가지로 취급합니다. 다시 말해 변수로 통제되는 여러 애니메이션 시퀀스들을 모아놓은 블렌드 스페이스를 상태 머신에서 사용 가능하다는 것이 됩니다.

블렌드 스페이스를 최종 적용하기 전에 필요한 정보가 있습니다. 블렌드 스페이스에서 사용할 Speed에 해당하는 변수는 현재 갖고 있으나, Direction은 없습니다. PlayerAnim.h 헤더 파일에 해당 변수를 하나 추가합니다.

```
class TPSPROJECT_API UPlayerAnim : public UAnimInstance
{
    GENERATED_BODY()

public:
    // 플레이어 이동 속도
    UPROPERTY(EditDefaultsOnly, BlueprintReadWrite, Category=PlayerAnim)
    float speed = 0;
    // 플레이어 좌우 이동 속도
    UPROPERTY(EditDefaultsOnly, BlueprintReadWrite, Category = PlayerAnim)
    float direction = 0;

    // 매 프레임 갱신되는 함수
    virtual void NativeUpdateAnimation(float DeltaSeconds) override;

    // 플레이어가 공중에 있는지 여부
    UPROPERTY(EditDefaultsOnly, BlueprintReadWrite, Category = PlayerAnim)
    bool isInAir = false;
};
```

[코드 3.2-8] **PlayerAnim.h** 플레이어 좌우 이동 속도 변수 추가하기

PlayerAnim.cpp 파일로 이동해 해당 변수에 값을 넣어주도록 하겠습니다. 좌우 이동 속도가 direction 변수에 저장되면 됩니다. 따라서 플레이어의 Right 벡터를 GetActorRightVector() 함수로부터 얻어와 속도와 내적을 취해 줍니다.

```
void UPlayerAnim::NativeUpdateAnimation(float DeltaSeconds)
{
    … (생략) …
    // 캐스팅이 성공했다면
    if(player)
    {
        // 3. 이동 속도가 필요
        FVector velocity = player->GetVelocity();
        // 4. 플레이어의 전방 벡터가 필요
        FVector forwardVector = player->GetActorForwardVector();
        // 5. speed에 값(내적) 할당하기
```

```
        speed = FVector::DotProduct(forwardVector, velocity);
    // 6. 좌우 속도 할당하기
    FVector rightVector = player->GetActorRightVector();
    direction = FVector::DotProduct(rightVector, velocity);

        // 플레이어가 현재 공중에 있는지 여부를 기억하고 싶다.
        auto movement = player->GetCharacterMovement();
        isInAir = movement->IsFalling();
    }
}
```

[코드 3.2-9] PlayerAnim.cpp 플레이어 좌우 이동 속도 구하기

비주얼 스튜디오를 빌드하고 언리얼 에디터로 이동합니다. **ABP_Player** 애니메이션 블루프린트 에디터로 이동합니다. 다음 그림에서 박스 안에 있는 대기 상태와 이동 상태에 해당하는 노드들을 삭제해 줍니다.

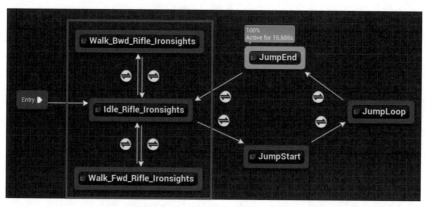

[그림 3.2-7] 대기 및 이동 상태 삭제하기

애셋 브라우저 창으로 이동합니다. 삭제한 부분에 앞에서 만들어 준 BS_PlayerMove 블렌드 스페이스 애셋을 등록합니다. 그리고 [BS_PlayerMove] 노드에서 JumpStart 방향으로의 트랜지션을 만들어 줍니다. 마찬가지로 JumpEnd에서 BS_PlayerMove 방향으로의 트랜지션도 연결시켜 줍니다.

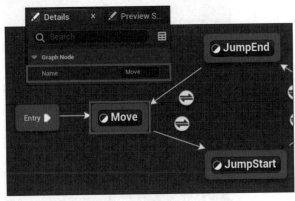

[그림 3.2-72] BS_PlayerMove를 등록하고 트랜지션 연결하기

상태 이름이 'BS_PlayerMove'로 마음에 들지 않습니다. 그냥 'Move'라는 이름의 상태가 되도록 바꿔줄 수도 있습니다. BS_PlayerMove 이름 쪽을 마우스로 한 번 클릭하거나 해당 상태 노드를 선택하고 디테일 창에서 이름을 바꿔줄 수 있습니다.

[그림 3.2-73] BS_PlayerMove 이름을 Move로 변경하기

블렌드 스페이스가 상태로 등록됐습니다. 이제 추가된 블렌드 스페이스가 진행되기 위한 정보를 설정해 주어야 합니다. Move 상태를 더블클릭하여 들어갑니다. 그러면 BS_PlayerMove 블렌드 스페이스의 Direction, Speed 값이 입력 핀에 표시되고 있습니다. 이들이 입력으로 받을 값으로 My Blueprint 창에 있는 direction, speed 변수를 각각 할당해 줍니다.

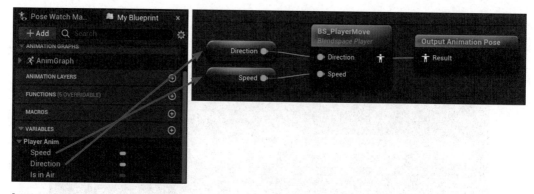

[그림 3.2-74] BS_PlayerMove 블렌드 스페이스에 Speed, Direction 변수 할당하기

마지막으로 MoveFSM에 새롭게 대체된 Move 상태에서 JumpStart로 전환하는 트렌지션 조건과 JumpEnd에서 Move로 상태가 전환될 조건을 재설정해 주어야 합니다. 각 트렌지션 조건 아이콘을 더블클릭하여 다음처럼 설정해 줍니다.

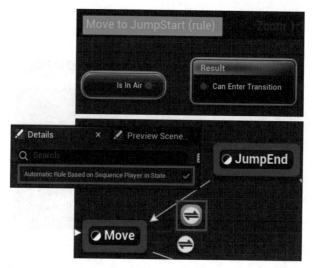

[그림 3.2-75] Move To JumpStart(위) 와 JumpEnd To Move(아래)

블루프린트를 컴파일하고 실행하여 결과를 확인합니다. 플레이어를 앞뒤 좌우, 점프 이동할 때마다 그에 알맞은 동작의 애니메이션이 재생되고 있는 것을 확인할 수 있습니다.

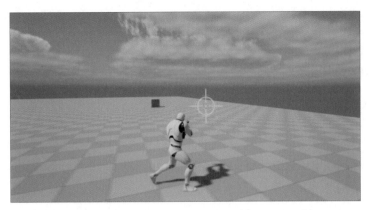

[그림 3.2-76] 애니메이션이 모두 잘 적용되고 있는 결과

그런데 플레이어의 이동 속도와 애니메이션의 재생 속도가 다소 어색한 것을 느낄 수 있습니다. 플레이어가 너무 빨라서 마치 미끄러지듯이 움직입니다. 애니메이션이 다소 더 빠르게 재생되던가 아니면, 이동을 느리게 해야 할 것 같습니다. 여기에서 이동 속도는 단계를 두어 처리해 보겠습니다. 현재 플레이어의 이동은 정지, 이동 이렇게 두 가지가 있습니다. 이를 정지, 걷기, 달리기 세 가지로 구분하여 처리하도록 수정해 주겠습니다.

TPSPlayer.h 헤더 파일로 이동합니다. 앞에서 프로토타입 버전 제작할 때 사용했던 walkSpeed라는 멤버 변수가 있습니다. 이 변수의 값을 200으로 수정하여 걷기 동작에서의 속도로 사용합니다. 달리기 동작에서도 사용할 변수 runSpeed를 하나 추가해 주겠습니다.

```cpp
class TPSPROJECT_API ATPSPlayer : public ACharacter
{
        … (생략) …

public:
        … (생략) …

    // 걷기 속도
    UPROPERTY(EditAnywhere, Category = PlayerSetting)
```

```
    float walkSpeed = 200;
    // 달리기 속도
    UPROPERTY(EditAnywhere, Category = PlayerSetting)
    float runSpeed = 600;


    // 이동 방향
    FVector direction;

    … (생략) …
};
```

[코드 3.2-10] **TPSPlayer.h** 걷기 속도 수정 및 달리기 속도 선언하기

최초 걷기 속도로 시작할 수 있도록 BeginPlay() 함수에서 기본 속도를 walkSpeed로 설정해 주겠습니다. TPSPlayer.cpp의 BeginPlay()로 이동합니다. 함수 초입 부분에 Character Movement 컴포넌트의 MaxWalkSpeed 값을 walkSpeed로 할당해 줍니다. 그리고 맨 위쪽에 UCharacterMovementComponent 클래스를 사용할 수 있도록 사용할 헤더 파일을 #include로 선언해 줍니다.

```
    … (생략) …
#include <GameFramework/CharacterMovementComponent.h>

void ATPSPlayer::BeginPlay()
{
    Super::BeginPlay();

    // 초기 속도를 걷기로 설정
    GetCharacterMovement()->MaxWalkSpeed = walkSpeed;



    … (생략) …
}
```

[코드 3.2-11] **TPSPlayer.cpp** 초기 속도 설정하기

초깃값이 걷기 속도로 설정되었다면 이제 움직일 때는 걷기 속도로만 이동할 것입니다. 달리기 동작도 추가돼야 원하는 내용 구성이 완료됩니다. 달리기 입력이 들어오면 대응할 함수를 만들어 해당 내용을 구성하겠습니다. TPSPlayer.h 헤더 파일 맨 아래에 InputRun() 함수를 선언합니다.

```cpp
class TPSPROJECT_API ATPSPlayer : public ACharacter
{
        … (생략) …


public:
        … (생략) …


    // 크로스헤어 인스턴스
    class UUserWidget* _crosshairUI;

    // 달리기 입력
    UPROPERTY(EditDefaultsOnly, Category = "Input")
    class UInputAction* ia_Run;
    // 달리기 이벤트 처리함수
    void InputRun();
};
```

[코드 3.2-12] **TPSPlayer.h** 달리기 이벤트 함수 선언하기

TPSPlayer.cpp 파일의 SetupPlayerInputComponent() 함수에 입력이 들어오면 이 함수가 호출되도록 처리합니다. BindAction() 함수의 입력 맵핑된 값은 'ia_Run'으로 할당하고 Started 이벤트와 Completed 이벤트 둘 다 InputRun() 함수를 사용하도록 등록합니다.

InputRun() 함수에서의 동작은 Started 이벤트일 때는 달리기 모드로 전환되도록 Character Movement 컴포넌트의 MaxWalkSpeed를 'runSpeed'로 설정합니다. 반대의 경우에는 walkSpeed로 설정합니다. 코드를 보면 Started 입력 판단을 위해 MaxWalkSpeed 값이 walkSpeed 보다 큰지 아닌지를 체크하고 있습니다. 초기 값은 걷기 모드이므로 walkSpeed보다 크지 않을 것입니다. 따라서 else 문을 실행하여 runSpeed를 사용할 것입니다. 이때가 바로 Started 입력입니다. 이미 walkSpeed 보다 커지면 Completed 입력이고요.

```
void ATPSPlayer::SetupPlayerInputComponent(UInputComponent* PlayerInputComponent)
{
    Super::SetupPlayerInputComponent(PlayerInputComponent);

    auto PlayerInput = CastChecked<UEnhancedInputComponent>(PlayerInputComponent);
    if (PlayerInput)
    {
        … (생략) …

        // 달리기 입력 이벤트 처리 함수 바인딩
        PlayerInput->BindAction(ia_Run, ETriggerEvent::Started, this,
&ATPSPlayer::InputRun);
        PlayerInput->BindAction(ia_Run, ETriggerEvent::Completed, this,
&ATPSPlayer::InputRun);
    }
}

void ATPSPlayer::InputRun()
{
    auto movement = GetCharacterMovement();
    // 현재 달리기 모드라면
    if (movement->MaxWalkSpeed > walkSpeed)
    {
        // 걷기 속도로 전환
        movement->MaxWalkSpeed = walkSpeed;
    }
    else
    {
        movement->MaxWalkSpeed = runSpeed;
    }
}
```

[코드 3.2-13] TPSPlayer.cpp 달리기 이벤트 함수 구현하기

이렇게 하면 달리기 기능은 구현은 끝났습니다. 빌드하고 언리얼 에디터로 이동합니다. 콘텐트 브라우저에서 Input 폴더의 IA_Fire를 선택하고 Ctrl + D 키를 눌러 애셋을 복제해 줍니다. 복제된 인풋 액션 애셋의 이름을 IA_Run으로 변경합니다.

그리고 키 할당을 위해 IMC_TPS을 더블클릭해 에디터를 열어 줍니다. Mappings의 [+] 버튼을 눌러 하나 추가하고 IA_Run을 할당합니다. 사용할 키로는 [Left Shift] 버튼을 등록하겠습니다.

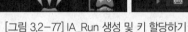

[그림 3.2-77] IA_Run 생성 및 키 할당하기

마지막으로 BP_TPSPlayer에 IA_Run을 등록해 주어야 합니다. 블루프린트 에디터를 열고 디테일 창에서 ia Run에 IA_Run 애셋을 할당해 줍니다.

[그림 3.2-78] IA_Run 등록하기

블루프린트를 컴파일하고 게임을 실행해 보면 왼쪽 Shift 키를 눌렀을 때와 뗐을 때 플레이어의 속도 차이를 확인할 수 있습니다. 다만 애니메이션이 아직도 어색합니다. BS_PlayerMove 블렌드 스페이스를 수정해 주어야 합니다. BS_PlayerMove 블렌드 스페이스의 에디터 그리드 창에서 이미 등록된 애니메이션 시퀀스들이 있습니다. 정지 외에 이동에 관련된 동작들은 모두 speed, direction이 600인 위치에 있습니다. 이를 다음 그림처럼 200인 위치로 조정합니다.

| 애니메이션 시퀀스 | Speed | Direction |
|---|---|---|
| Walk_Fwd_Rifle_Ironsights | 200 | 0 |
| Walk_Bwd_Rifle_Ironsights | −200 | 0 |
| Walk_Rt_Rifle_Ironsights | 0 | 200 |
| Walk_Lt_Rifle_Ironsights | 0 | −200 |

[표 3.2-2] 수정된 애니메이션 시퀀스 배치 위치

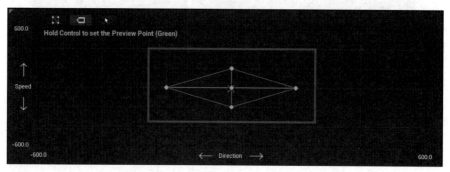

[그림 3.2-79] BS_PlayerMove 걷기 모션 위치 수정하기

걷기 동작들은 속도가 200일 때 사용하고 달리기 동작을 위한 애니메이션 시퀀스를 원래 걷기가 있던 위치에 등록해 주겠습니다. 애셋 브라우저 창에서 'jog'로 검색을 합니다. 그러면 4가지 방향에 해당하는 Jog 애니메이션들이 검색됩니다. 이들을 에디터 그리드 창에 등록합니다. Shift 키를 누르고 배치하면 스내핑 기능을 이용할 수 있습니다.

| 애니메이션 시퀀스 | Speed | Direction |
|---|---|---|
| Jog_Fwd_Rifle | 600 | 0 |
| Jog _Bwd_Rifle | −600 | 0 |
| Jog _Rt_Rifle | 0 | 600 |
| Jog _Lt_Rifle | 0 | −600 |

[표 3.2-3] 달리기 애니메이션 시퀀스 배치 위치

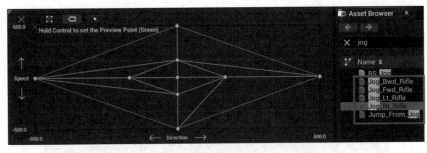

[그림 3.2-80] BS_PlayerMove 달리기 모션 등록하기

블렌드 스페이스 에디터 창을 저장하고 닫아줍니다. 다시 실행해 보면 이제는 걷기, 달리기 속도에 맞춰 애니메이션이 정상적으로 잘 표현되는 것을 확인할 수 있습니다.

## → 애니메이션 몽타주를 이용한 공격 처리하기

애니메이션 몽타주의 자세한 설명과 제작 방법은 적 애니메이션을 적용하며 알아보기로 합니다. 여기에서는 단순히 공격 애니메이션 재생을 위해 몽타주를 사용합니다. 기존 애니메이션 재생 방법과 다르게 애니메이션 몽타주를 사용하려는 이유는 두 개의 애니메이션을 동시에 섞어서 사용해야 하기 때문입니다. 상체는 공격 애니메이션이 재생되도록 하고 하체는 걷기, 점프 등의 애니메이션이 재생되도록 하는 것이 필요합니다. 이런 처리를 위해 애니메이션 몽타주를 사용합니다. 그럼 시작하겠습니다.

먼저 우리가 사용하려는 공격 애니메이션 시퀀스는 AnimationStarterPack 폴더에 있습니다. 검색란에 'fire'를 입력하면 Fire_Rifle_Ironsights 애셋을 찾을 수 있습니다. 이 파일을 마우스 오른쪽 버튼으로 클릭합니다. 팝업 메뉴가 뜨면 Create → Create AnimMontage 메뉴를 선택합니다.

[그림 3.2-81] 공격 애니메이션 몽타주 만들기

이렇게 하면 Fire_Rifle_Ironsights 뒤에 Montage 단어가 붙은 Fire_Rifle_Ironsights_Montage 파일이 생성됩니다. 관리의 편의를 위해 만들어진 몽타주 파일을 Content 하위의 Animations 폴더로 이동시켜 주겠습니다. 몽타주 파일을 잡아서 Animations 폴더에 가져다 놓으면 뜨는 팝업에서 Move Here를 선택합니다.

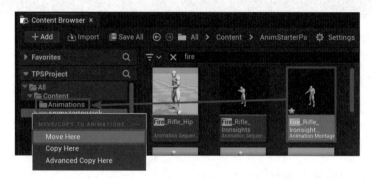

[그림 3.2-82] 공격 몽타주 파일을 Animations 폴더로 이동하기

Animations 폴더로 이동한 Fire_Rifle_Ironsights_Montage 파일을 더블클릭하여 애니메이션 몽타주 에디터를 열어줍니다. 왼쪽에 애셋 디테일 창을 보면 Blend In 카테고리가 있습니다. 이전 애니메이션에서 이 애니메이션으로 전환될 때 부드럽게 전환될 수 있도록 애니메이션을 혼합해 주기 위한 옵션을 설정하는 부분입니다. 여기에서 Blend Time은 애니메이션을 혼합하는데 걸리는 시간입니다. Blend Time 값을 0.1로 수정합니다. 전체 애니메이션 시퀀스의 재생 프레임이 너무 짧기 때문에 0.25로 하면 제대로 애니메이션이 나오지 않습니다. 마찬가지로 다음 애니메이션과의 블렌딩을 위해 Blend Out의 Blend Time 값도 0.1로 수정해 줍니다.

[그림 3.2-83] 애니메이션 몽타주 블렌드 타임 수정하기

공격 애니메이션 몽타주에서 작업해줄 내용은 이것으로 충분합니다. 더 자세한 내용은 뒤에서 다시 설명합니다. 저장하고 애니메이션 몽타주 에디터는 닫아 주세요.

이제 이렇게 만들어진 애니메이션 몽타주 사용법에 대해 알아보겠습니다. Blueprints 폴더에 있는 ABP_Player 애니메이션 블루프린트를 더블클릭하여 열어 줍니다. 애니메이션 블루프린트 에디터에서 애님그래프 창으로 이동하면 현재 MoveFSM이 아웃풋 포즈에 연결되어 있습니다. Alt 키를 누른 상태로 마우스 왼쪽 버튼으로 연결된 선을 클릭하면 두 노드 간의 연결이 끊어집니다.

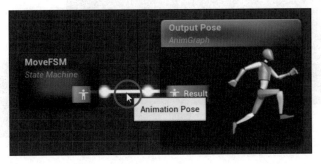

[그림 3.2-84] 노드 연결 끊기

그런 다음 MoveFSM의 출력 핀을 잡아 당겨 줍니다. 노드 검색 팝업이 뜨면 'Cache' 로 검색합니다. Cached Poses 카테고리에 있는 'New Save cached pose'를 선택해 노드를 추가합니다.

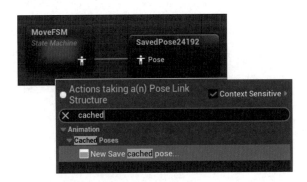

[그림 3.2-85] MoveFSM의 캐시 만들기

이렇게 하면 캐시가 하나 만들어집니다. 캐시는 간단히 말해 애니메이션 결과를 저장하기 위한 변수라고 생각하면 됩니다. MoveFSM 상태 머신에서의 애니메이션 결과가 캐시에 저장되는 것이죠. 이렇게 하면 값을 저장하고 있다가 필요할 때 어디에서든 가져다 사용할 수 있습니다. 이름을 보면 SavedPose20352처럼 뒤에 임의의 숫자가 붙은 형태로 캐시 노드 이름이 만들어지니 보기 좋지 않습니다. 노드 이름 부분을 클릭하면 이름을 바꿀 수 있습니다. 'MoveFSMCache'로 이름을 바꿔 줍니다.

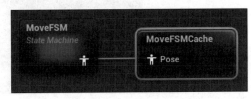

[그림 3.2-86] 추가된 [MoveFSMCache] 노드

이제 MoveFSM의 결과는 [MoveFSMCache]에 저장됩니다. 이 노드를 사용하기 위해 빈곳에 마우스 오른쪽 버튼을 클릭하고 'MoveFSM'으로 검색합니다. 그러면 Use cached pose 'Move FSMCache'를 찾을 수 있습니다. 이 노드를 추가합니다.

[그림 3.2-87] [MoveFSMCache] 노드 사용하기

추가된 [MoveFSMCache]는 이동에 관한 결과를 저장하고 있습니다. 이동할 때는 이 애니메이션이 재생되도록 하고 공격을 하면 공격 애니메이션이 이동 애니메이션과 섞여서 나오도록 처리해야 합니다. 두 가지 애니메이션이 동시에 재생한다는 건 말이 안 되겠죠? 하지만 상체는 공격, 하체는 이동 애니메이션이 재생하는 건 생각해 볼 수 있습니다. 이를 위해 사용되는 노드가 [Layered blend per bone]입니다. 특정 본을 기준으로 위아래로 층(Layer)을 나누어 사용하겠다는 것이죠.

[Use cached pose 'MoveFSMCache'] 노드 옆에 마우스 오른쪽 버튼을 클릭하여 팝업 메뉴에서 'Layered blend per bone'을 검색해 추가해 줍니다. [MoveFSMCache] 캐시 노드의 결과를 [Layered blend per bone ] 노드의 [Base Pose]에 연결시켜 주세요.

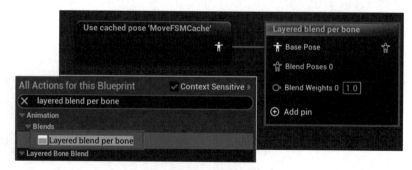

[그림 3.2-88] Layered blend per bone 노드 추가하기

[Layered blend per bone] 노드를 보면 Blend Poses 0과 Blend Weights 데이터 핀도 있음을 알 수 있습니다. Base Pose에 들어오는 애니메이션과 Blend Poses 0에 들어오는 애니메이션을 섞을 때 가중치로 조절합니다. 이 가중치에 해당하는 것이 Blend Weights입니다. 가중치 값은 그대로 1.0으로 둡니다.

그럼 Blend Poses 0에는 어떤 값이 들어가야 할까요? 바로 공격 애니메이션이 이곳에 들어가면 됩니다. 공격 애니메이션이 계속 플레이되고 있으면 안 되겠죠? 사용자가 공격 버튼을 눌렀을 때만 재생이 되어야 합니다. 이 때문에 애니메이션 몽타주를 이용하는 것입니다. 애니메이션 몽타주가 재생 중일 때는 신호를 주고 재생 중이 아닐 때는 신호를 주지 않도록 할 수 있습니다. 이를 위해 제공하는 도구가 몽타주 슬롯입니다. 슬롯은 앞에서 얘기한 캐시와 비슷한 기능을 한다고 볼 수 있습니다. 다만 애니메이션 몽타주만을 저장하는 변수인 것이죠. 슬롯을 애님그래프에 추가해 주도록 하겠습니다.

빈곳에 마우스 오른쪽 버튼을 클릭하여 팝업에서 'Slot'으로 검색합니다. Montage 카테고리에 있는 Slot 'DefaultSlot'을 선택해 추가해줍니다. 추가된 슬롯의 결과를 Blend Poses 0에 연결시켜 주겠습니다.

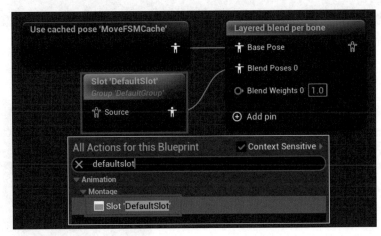

[그림 3.2-89] 슬롯 노드 추가하기

이 슬롯 노드에 몽타주 애니메이션이 재생되면 값이 들어오며 그렇지 않으면 Source 입력 데이터의 값을 그대로 흘려보냅니다. 이대로 그냥 마무리하면 몽타주 데이터가 없을 때 어색한 자세로 애니메이션이 재생됩니다. 반드시 Source에 값을 넣어 주어야 제대로 처리할 수 있습니다. Source

에는 MoveFSM 값을 넣어주어 공격이 아닐 때는 그냥 이동 애니메이션이 재생되도록 처리합니다. Base Pose와 Blend Poses 0에 들어오는 값에 따른 결과를 표로 정리하면 다음과 같습니다.

| Base Pose | Blend Poses 0 | 결과 |
| --- | --- | --- |
| MoveFSM | 애니메이션 몽타주 | 블렌딩 애니메이션 |
| MoveFSM | MoveFSM | MoveFSM 애니메이션 |

[표 3.2-4] [Layered blend per bone] 노드의 입력 데이터에 따른 결과

[Use cached pose 'MoveFSMCache'] 노드를 하나 추가해 슬롯 노드의 Source에 연결시켜 주겠습니다. 그리고 [Layered blend per bone] 노드의 결괏값을 아웃풋포즈의 Result에 연결시켜 마무리합니다. 다음은 애님그래프의 전체 결과입니다.

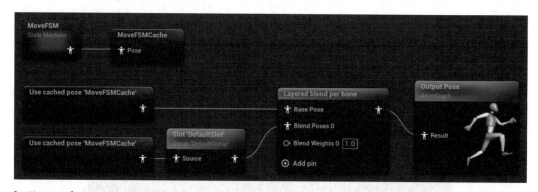

[그림 3.2-90] 애님그래프 최종 결과

이번에는 [Layered blend per bone] 노드에 상체는 공격을, 하체는 이동 애니메이션을 사용할 수 있도록 설정해 주겠습니다. [Layered blend per bone] 노드를 선택하고 오른쪽 디테일 창으로 이동합니다. Layer Setup 카테고리를 보면 Branch Filters가 있습니다. 오른쪽에 있는 [+] 버튼을 눌러 블렌딩의 기준이 될 본을 추가해 줍니다. Bone Name의 값을 'spine_01'로 할당합니다. 그리고 Mesh Space Rotation Blend를 활성화시켜 줍니다.

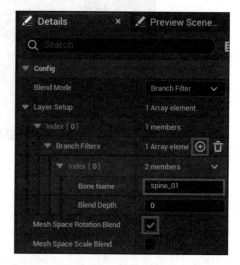

[그림 3.2-91] 블렌딩 기준 본 추가하기

참고로 'spine_01'은 SK_Mannequin의 스켈레톤에 있는 본입니다.

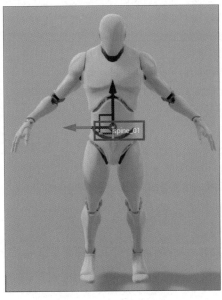

[그림 3.2-92] 스켈레톤 에디터에서 확인한 spine_01 본의 위치

이렇게 하면 애니메이션 블루프린트에서의 모든 작업은 완료되었습니다. 블루프린트를 컴파일하고 저장합니다.

이번에는 스크립트에서 사용자의 발사 이벤트 때 공격 애니메이션 몽타주가 재생되도록 처리해주겠습니다. PlayerAnim 클래스에서는 애니메이션 재생을 위한 처리를, TPSPlayer에서는 사용자의입력 처리에 따른 공격 애니메이션 재생 요청을 처리합니다. 먼저 PlayerAnim.h 헤더 파일로 이동합니다. 이곳에는 재생할 공격 애니메이션 몽타주 attackAnimMontage 변수와 애니메이션 재생 기능을 담당할 함수 PlayAttackAnim( )을 추가해 줍니다.

```
class TPSPROJECT_API UPlayerAnim : public UAnimInstance
{
    GENERATED_BODY()

public:
        … (생략) …
```

```
        // 플레이어가 공중에 있는지 여부
        UPROPERTY(EditDefaultsOnly, BlueprintReadWrite, Category = PlayerAnim)
        bool isInAir = false;

        // 재생할 공격 애니메이션 몽타주
        UPROPERTY(EditDefaultsOnly, Category=PlayerAnim)
        class UAnimMontage* attackAnimMontage;
        // 공격 애니메이션 재생 함수
        void PlayAttackAnim();
};
```

[코드 3.2-14] **PlayerAnim.h** 공격 애니메이션 몽타주 및 재생 함수 선언하기

이제 PlayerAnim.cpp에 PlayAttackAnim( ) 함수의 구현부를 추가합니다. 이 함수에서의 구현은
단순히 애니메이션 몽타주를 실행시킵니다.

```
void UPlayerAnim::PlayAttackAnim()
{
        Montage_Play(attackAnimMontage);
}
```

[코드 3.2-15] **PlayerAnim.cpp** 공격 애니메이션 몽타주 재생 함수 구현하기

이번에는 TPSPlayer.cpp 파일로 이동합니다. 이곳에서 사용자가 발사 버튼을 눌렀을 때
PlayerAnim의 PlayAttackAnim( ) 함수를 호출해 주면 됩니다. 작업할 장소는 InputFire( ) 함수입
니다. 함수 맨 위에서 먼저 GetMesh( ) 함수로부터 스켈레탈메시 컴포넌트를 가져옵니다. 이 컴포
넌트의 GetAnimInstance( )를 호출하면 스켈레탈메시 컴포넌트에 등록된 UAnimInstance* 타입을
반환합니다. 이 인스턴스를 우리는 UPlayerAnim 타입으로 캐스팅하여 anim 변수에 할당합니다. 마
지막으로 앞에서 구현해준 PlayAttackAnim( ) 함수를 호출해 주면 됩니다. 그리고 UPlayerAnim 클
래스 사용을 위해 TPSPlayer.cpp 파일 맨 위쪽에 #include "PlayerAnim.h"을 추가해 줍니다.

⋯ (생략) ⋯

```
#include "PlayerAnim.h"

void ATPSPlayer::InputFire()
{
    // 공격 애니메이션 재생
    auto anim = Cast<UPlayerAnim>(GetMesh()->GetAnimInstance());
    anim->PlayAttackAnim();

    … (생략) …
}
```

[코드 3.2-16] **TPSPlayer.cpp** 공격 애니메이션 재생하기

비주얼 스튜디오를 빌드하고 언리얼 에디터로 이동합니다. ABP_Player 애니메이션 블루프린트 에디터를 열어 주세요. Class Defaults의 디테일 창에 PlayerAnim.h 파일에서 추가해 준 attackAnimMontage 속성이 노출되어 있습니다. 드롭다운 버튼을 눌러 Fire_Rifle_Ironsights_ Montage 애셋을 할당합니다.

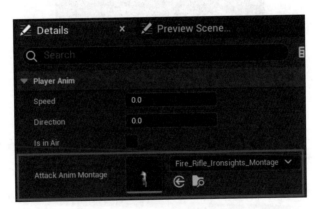

[그림 3.2-93] ABP_Player에 AttackAnimMontage 값 할당하기

블루프린트를 컴파일하고 이제 플레이 버튼을 눌러 게임을 실행해 봅니다. 마우스 왼쪽 버튼을 클릭할 때마다 어깨가 움찔하며 공격 애니메이션이 잘 재생되고 있는 것을 확인할 수 있습니다.

## ➜ 애니메이션과 총 위치 동기화하기

지금까지 플레이어 애니메이션 처리를 해 봤습니다. 모두 잘 적용되어 나오기는 하는데 총의 배치가 다소 이상한 것을 느낄 수 있을 것입니다. 플레이어의 애니메이션에 따라서 총도 함께 애니메이션이 돼야 자연스러울 텐데 지금은 가만히 있기 때문에 어색함이 존재하게 됩니다. 이번에는 플레이어의 애니메이션과 총의 위치가 동기화되도록 처리하는 내용을 알아보도록 하겠습니다.

현재 총은 단순히 Mesh 컴포넌트의 자식 컴포넌트로 등록되어 있습니다.

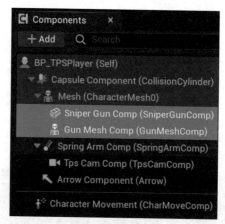

[그림 3.2-94] BP_TPSPlayer의 컴포넌트 구조

Mesh 컴포넌트와 총들은 부모와 자식 간의 관계를 유지하고 있습니다. 이럼에도 애니메이션에 함께 적용받지 않는 이유는 스켈레탈메시를 애니메이션시키는 구조에 있습니다. 애니메이션은 스켈레톤의 각 본을 이동, 회전시킴으로써 그 동작을 구현합니다. 따라서 단순히 컴포넌트의 자식으로 등록만 할 경우 어느 본의 움직임을 따라야 하는지 모호합니다. 이를 위해 언리얼 엔진에서는 추가되는 자식 컴포넌트가 특정 본에 붙어 다닐 수 있도록 하는 기능을 지원합니다. 이 특정 본을 '소켓'이라고 합니다. 소켓은 확정된 스켈레톤 구조에 사용자가 직접 추가하여 만들 수 있습니다.

콘텐트 브라우저 창에서 AnimStaterPack – UE4_Mannequin – Mesh 폴더에 있는 UE4_Mannequin_Skeleteon을 더블클릭하여 열어 줍니다.

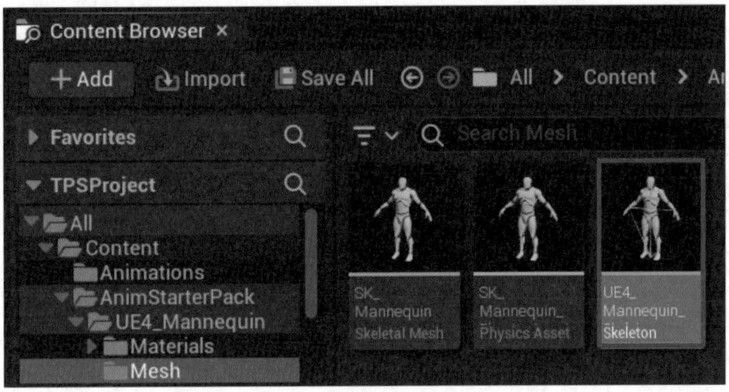

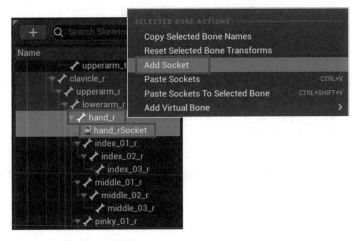

[그림 3.2-95] UE4_Mannequin_Skeleton 열기

스켈레톤 에디터가 뜨면 왼쪽에 Skeleton Tree 창으로 이동합니다. 스크롤하여 밑으로 조금만 내리면 hand_r 본이 보일 것입니다. 이 본을 마우스 오른쪽 버튼으로 클릭하면 팝업 메뉴가 뜹니다. 여기에서 Add Socket 메뉴를 선택하면 본 이름 뒤에 Socket이 붙은 hand_rSocket 소켓이 추가됩니다.

[그림 3.2-96] 소켓 추가하기

소켓을 추가하는 방법은 아주 간단하죠? 이제 우리 총이 이 소켓에 붙어다닐 수 있도록 처리해 주어야 합니다. 처음 총 컴포넌트를 추가할 때 소켓에 붙어 있으라고 설정해 주어야 합니다. 먼저 스나이퍼건부터 이 내용을 추가해 보겠습니다. TPSPlayer.cpp의 생성자 함수로 이동합니다.

SetupAttachment( ) 함수를 이용해 Mesh 컴포넌트에 자식으로 등록하는 부분이 있습니다. 두 번째 인자 값으로 TEXT("hand_rSocket")을 넣어줍니다. 이렇게 하면 Mesh 컴포넌트의 해당 이름의 소켓에 붙게 됩니다. 위치와 회전 값도 수정해야 합니다. 위치는 (x: -42, y: 7, z: 1), 회전 값은 (pitch: 0, yaw: 90, roll: 0)으로 설정합니다.

```
ATPSPlayer::ATPSPlayer( )
{
    … (생략) …

    // 5. 스나이퍼건 컴포넌트 등록
    sniperGunComp = CreateDefaultSubobject<UStaticMeshComponent>(TEXT("SniperGunComp"));
    // 5-1. 부모 컴포넌트를 Mesh 컴포넌트로 설정
    sniperGunComp->SetupAttachment(GetMesh(), TEXT("hand_rSocket"));
    // 5-2. 스태틱메시 데이터 로드
    ConstructorHelpers::FObjectFinder<UStaticMesh> TempSniperMesh(TEXT("StaticMesh'/Game/
SniperGun/sniper1.sniper1'"));
    // 5-3. 데이터로드가 성공했다면
    if (TempSniperMesh.Succeeded())
    {
        // 5-4. 스태틱메시 데이터 할당
        sniperGunComp->SetStaticMesh(TempSniperMesh.Object);

        // 5-5. 위치 조정하기
        sniperGunComp->SetRelativeLocation(FVector(-42, 7, 1));
        sniperGunComp->SetRelativeRotation(FRotator(0, 90, 0));
        // 5-6. 크기 조정하기
        sniperGunComp->SetRelativeScale3D(FVector(0.15f));
    }
}
```

[코드 3.2-17] TPSPlayer.cpp 스나이퍼건 소켓에 붙이기

다음은 유탄총도 hand_rSocket에 붙도록 처리해야 합니다. 앞에서와 마찬가지로 gunMeshComp의 SetupAttachment( ) 함수 두 번째 인자로 TEXT("hand_rSocket")을 넣어줍니다. 위치는 (x: -17, 10, -3), 회전 값은 (pitch: 0, yaw: 90, roll: 0)으로 할당합니다.

```
ATPSPlayer::ATPSPlayer()
{
    … (생략) …

    // 4. 총 스켈레탈메시 컴포넌트 등록
    gunMeshComp = CreateDefaultSubobject<USkeletalMeshComponent>(TEXT("GunMeshComp"));
    // 4-1. 부모 컴포넌트를 Mesh 컴포넌트로 설정
    gunMeshComp->SetupAttachment(GetMesh(), TEXT("hand_rSocket"));
    // 4-2. 스켈레탈메시 데이터 로드
    ConstructorHelpers::FObjectFinder<USkeletalMesh> TempGunMesh(TEXT("SkeletalMesh'/Game/
FPWeapon/Mesh/SK_FPGun.SK_FPGun'"));
    // 4-3. 데이터로드가 성공했다면
    if (TempGunMesh.Succeeded())
    {
        // 4-4. 스켈레탈메시 데이터 할당
        gunMeshComp->SetSkeletalMesh(TempGunMesh.Object);
        // 4-5. 위치 조정하기
        gunMeshComp->SetRelativeLocation(FVector(-17, 10, -3));
        gunMeshComp->SetRelativeRotation(FRotator(0, 90, 0));
    }

    … (생략) …
}
```

[코드 3.2-18] **TPSPlayer.cpp** 유탄총 소켓에 붙이기

비주얼 스튜디오를 빌드하고 언리얼 에디터로 이동
합니다. 콘텐트 브라우저의 Blueprints 폴더에
있는 BP_TPSPlayer를 선택하고 마우스 오른쪽
버튼을 눌러 팝업 메뉴를 열어 줍니다. Asset
Actions-Reload를 선택해 애셋을 다시 로드 하도록
하고 블루프린트 에디터를 열어 주세요. 뷰포트 창
으로 이동해 보면 유탄총과 스나이퍼건이 모두 캐
릭터의 애니메이션에 맞게끔 함께 움직이고 있는
것을 확인할 수 있습니다.

[그림 3.2-97] 애니메이션과 동기화된 총

유탄총을 쏠 때 스나이퍼건과 충돌하지 않도록 스나이퍼건의 Collision Preset은 NoCollision 으로 바꿔 주세요.

[그림 3.2-98] SniperGunComp 컴포넌트의 콜리전 프리셋 수정하기

블루프린트를 컴파일하고 플레이해 보면 플레이어 이동 애니메이션에 맞게끔 착용하고 있는 총들의 움직임도 잘 동기화되고 있음을 알 수 있습니다.

**Tip**

### 애니메이션의 알맞은 위치와 회전 값을 알려면

C++에서 직접 코드로 위치와 회전 값을 설정해 주었습니다. 알맞은 위치와 회전 값을 어떻게 알 수 있을까요? 보통 SetupAttachment() 함수로 컴포넌트를 붙이고 트랜스폼 값 조정은 블루프린트에서 합니다. 블루프린트에서 시각적으로 보면서 알맞은 값을 찾아내고 다시 코드에 그 값을 옮겨놓는 것이죠. 다만, 이렇게 작업을 하려면 애로 사항이 다소 있습니다. Mesh 컴포넌트가 애니메이션이 진행되고 있기 때문에 총의 위치를 배치하는 데 어려움이 있습니다. 계속 위치가 바뀌니까요. 이럴 때는 Mesh 스켈레탈메시 컴포넌트를 선택하고 디테일 창에서 Animation 카테고리로 이동합니다. 이곳에서 Pause Anims 옵션을 체크해 활성화시키면 애니메이션이 중단됩니다.

트랜스폼 설정이 끝났으면 반드시 Pause Anims 값을 해제해야 애니메이션이 정상적으로 진행됩니다.

[그림 3.2-99] Mesh 컴포넌트의 애니메이션 정지 옵션

## → 총 발사 진동 카메라 모션 처리하기

다소 더 사실적인 효과를 위해서는 애니메이션 표현이 중요하다는 것을 확인할 수 있을 것입니다. 앞에서 애니메이션 시퀀스를 이용한 표현을 학습해 보았습니다. 이번에는 외부에서 제작된 애니메이션 시퀀스가 아닌 카메라를 우리가 직접 흔들어 애니메이션을 표현하는 방법을 알아보겠습니다. 개념은 아주 단순합니다. 카메라의 위치를 랜덤하게 바꿔주는 것이죠. 구현은 단순하지만 사용을 어떻게 하냐에 따라 감동적인 효과를 만들어 낼 수 있습니다. 각종 영화나 게임 등에서 정말 많이 사용합니다. 이렇게 꼭 필수이니 언리얼 엔진에서도 해당 기능을 수행하는 CameraShake 클래스를 제공합니다.

총알 발사 시 플레이어의 애니메이션에 카메라 흔들림 모션을 추가해 줌으로써 마치 실제 총을 쏠 때의 반동이 느껴지도록 처리해 보겠습니다. 언리얼 에디터의 콘텐트 브라우저 창으로 이동합니다. CameraShake 타입의 블루프린트를 만들어 주기 위해 Blueprints 폴더를 선택하고 [Add] 버튼을 클릭하여 Blueprint Class 메뉴를 선택합니다.

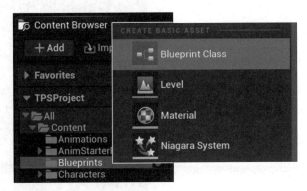

[그림 3.2-100] Blueprint Class 메뉴 선택하기

블루프린트가 상속할 클래스를 선택하는 창이 뜨면 아래쪽에 있는 [All Classes] 버튼을 눌러 입력란에 'CameraShake'를 입력합니다. 상속할 클래스는 CameraShakeBase입니다. 이 클래스를 선택하고 [Select] 버튼을 누릅니다. 생성된 블루프린트의 이름은 'BP_CameraShake'로 합니다.

[그림 3.2-101] BP_CameraShake 생성하기

카메라셰이크 동작은 4가지 패턴을 제공합니다. 각각의 패턴은 카메라셰이크 블루프린트에서 설정해 줄 수 있습니다. BP_CameraShake 블루프린트를 더블클릭하여 에디터를 열어 줍니다. 오른쪽 디테일 창에서 Camera Shake Pattern이 이에 해당합니다. Root Shake Pattern 드롭다운을 열어 보면 4가지 패턴이 나타납니다. 이 중에서 우리는 Sequence Camera Shake Pattern과 Wave Oscillator Camera Shake Pattern을 알아보겠습니다. 먼저, Wave Oscillator Camera Shake Pattern을 선택해 줍니다.

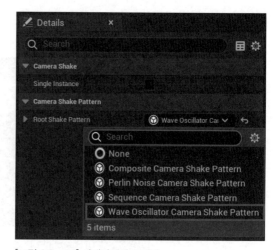

[그림 3.2-102] 카메라셰이크 패턴

Wave Oscillator 패턴은 사인 그래프에 따른 움직임을 묘사합니다. 값이 위아래로 진동하는 것이죠. 총을 발사했을 때 위로 들렸다가 다시 아래로 내려오도록 반동 처리를 하려고 합니다. 이 움직임을 표현하는데 Wave Oscillator 패턴이 알맞습니다.

[그림 3.2-103] 총 발사 시 반동 모습

우리는 이 패턴에서 Rotation 값을 변경해 주도록 하겠습니다. 그리고 카메라의 오른쪽 축 Pitch를 기준으로 회전을 해야 위아래로 회전할 수 있습니다.

Rotation의 하위 옵션인 Rotation Amplitude Multiplier는 각 회전 속성 Pitch, Yaw, Roll에 있는 Amplitude에 곱해지는 값입니다. 두 값이 곱해져서 최종 Amplitude 값이 전달됩니다. Amplitude는 진폭의 크기입니다. 이에 따라 위아래 진동 크기가 정해지게 됩니다. 이 값은 1.0으로 설정합니다.

다음으로 Rotation Frequency Multiplier도 마찬가지로 하위 회전축의 Frequency 값과 곱해져 최종 결과로 전달됩니다. Frequency 값은 초당 진동수를 뜻합니다. 이 값은 '1.0'으로 설정합니다.

진동은 Pitch 방향으로만 회전되도록 Pitch의 Amplitude에 0.5, Frequency는 10, 초기 진동 위치는 랜덤이 되도록 Initial Offset Type은 'Random'으로 설정합니다. 나머지 Yaw, Roll의 Amplitude 값은 '0'으로 할당합니다.

Timing 카테고리는 지속 시간 Duration과 전환되는데 걸리는 시간 Blend In, Out Time을 갖고 있습니다. Duration은 0.2초, Blend In, Out Time은 모두 '0.05초'로 설정합니다.

오른쪽 표는 수정해야 할 카테고리와 속성에 따른 값을 표시한 것입니다. 이외의 속성들은 기본값을 사용합니다.

| 카테고리 | 속성 | 값 |
|---|---|---|
| Rotation | Rotation Amplitude Multiplier | 1.0 |
| Pitch | Amplitude | 0.5 |
| | Frequency | 10.0 |
| Yaw | Amplitude | 0.0 |
| Roll | Amplitude | 0.0 |
| Timing | Duration | 0.2 |
| | Blend in Time | 0.05 |
| | Blend Out Time | 0.05 |

[표 3.2-5] CS_FireShake의 키 프레임별 Pitch 값

디테일 창에서 전체 설정이 적용된 내용은 다음 그림과 같습니다.

[그림 3.2-104] Wave Oscillator 카메라 셰이크 패턴 설정하기

블루프린트를 컴파일하고 저장합니다. 만들어진 BP_CameraShake를 총알 발사할 때 재생하여 효과가 나오도록 해 보겠습니다. TPSPlayer.h 헤더 파일로 이동하여 카메라 셰이크를 저장하는 변수를 선언해 주겠습니다. UCameraShakeBase 타입의 변수를 받을 수 있도록 TSubclassOf 템플릿 클래스를 이용하여 cameraShake 멤버 변수를 추가합니다.

```
class TPSPROJECT_API ATPSPlayer : public ACharacter
{
        … (생략) …
```

```
public:

    … (생략) …

    // 달리기 이벤트 처리 함수
    void InputRun();

    // 카메라 셰이크 블루프린트를 저장할 변수
    UPROPERTY(EditDefaultsOnly, Category=CameraMotion)
    TSubclassOf<class UCameraShakeBase> cameraShake;
};
```

[코드 3.2-19] TPSPlayer.h 카메라 셰이크 처리를 위한 속성 선언하기

이제 카메라가 진동하도록 TPSPlayer.cpp의 InputFire() 함수에 내용을 추가해 주겠습니다. 함수의 맨 위에 내용을 추가합니다. 먼저 TPSPlayer를 제어하고 있는 APlayerController 인스턴스를 GetFirstPlayerController() 함수를 이용하여 얻어옵니다. APlayerController에서 PlayerCameraManager 멤버 변수를 가져옵니다. APlayerCameraManager 클래스는 플레이어가 갖고 있는 카메라를 관리하는 역할을 합니다. 이 클래스의 StartCameraShake() 함수에 속성으로 선언한 cameraShake를 인자로 넘기면 됩니다.

```
void ATPSPlayer::InputFire()
{
    // 카메라 셰이크 재생
    auto controller = GetWorld()->GetFirstPlayerController();
    controller->PlayerCameraManager->StartCameraShake(cameraShake);

    // 공격 애니메이션 재생
    auto anim = Cast<UPlayerAnim>(GetMesh()->GetAnimInstance());
    anim->PlayAttackAnim();

        … (생략) …
}
```

[코드 3.2-20] TPSPlayer.cpp 총 발사 시 카메라 반동 효과 재생하기

빌드하고 언리얼 에디터로 이동합니다. BP_
TPSPlayer 블루프린트 에디터를 열어 주세요.
Class Defaults의 디테일 창에 'CameraShake'로 검
색하면 Camera Shake 옵션을 찾을 수 있습니다.
드롭다운 버튼을 클릭하여 BP_CameraShake를 할
당해 주겠습니다.

[그림 3.2-105] Camera Shake 속성에 BP_Camera Shake 할당하기

블루프린트를 컴파일하고 게임을 플레이합니다. 총을 쏴보면 쏠 때마다 카메라가 흔들리며 총의
반동 애니메이션이 재생되는 것을 확인할 수 있을 것입니다.

다음은 카메라 셰이크 패턴에서 시퀀스를 이용하는 방법을 알아보겠습니다. 시퀀스를 이용하는
방법은 애니메이터가 직접 자신이 원하는 효과를 표현하는 데 좋습니다. Wave Ocillator 패턴의 경우
에는 세부적인 표현을 애니메이터가 수정하기는 어렵기 때문에 시퀀스가 그 대안이 될 수 있습니다.
보통 실무에서는 종류별(폭발 진동, 필살기 진동, 착지 진동, 타격 진동 등) 진동 효과들을 애니메이터가
제작해 놓고 게임 로직에 따라 사용하게 됩니다.

시퀀스 패턴 사용을 위해 BP_Camera
Shake 블루프린트 에디터를 열어 줍니다.
디테일 창에서 Root Shake Pattern 값을
Sequence Camera Shake Pattern으로 변경
합니다. 그리고 CameraShake 카테고리의
Sequence 드롭다운 버튼을 클릭해 Camera
Animation Sequence 메뉴를 선택합니다.

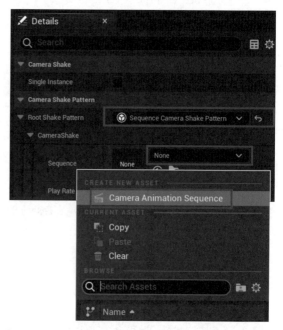

[그림 3.2-106] 시퀀스 패턴 변경과 시퀀스 생성 메뉴 선택하기

Camera Animation Sequence 메뉴를 선택하면 애니메이션 시퀀스를 저장하기 위한 Save Asset As 창이 열리게 됩니다. 저장 경로는 Animations 폴더로 선택하고 파일 이름은 CS_FireShake로 합니다. [Save] 버튼을 눌러 주세요. 이러면 BP_CameraShake의 Sequence 값에 CS_FireShake가 자동으로 할당됩니다.

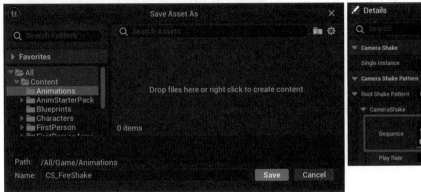

[그림 3.2-107] CS_FireShake 생성하기

이제 BP_CameraShake는 컴파일하고 닫아줍니다. Animations 폴더로 이동해 CS_FireShake를 더블클릭해 열어 주겠습니다.

[그림 3.2-108] CS_FireShake 열기

이제 CS_FireShake 카메라 애니메이션 시퀀스를 편집할 수 있는 시퀀서 에디터가 열립니다. 시퀀서에 대한 자세한 설명은 4장에서 컷 신을 제작하며 다시 다루게 됩니다. 여기에서는 카메라 진동 애니메이션 제작을 위해 간단히 사용합니다.

시퀀서 에디터를 보면 왼쪽에 트리뷰가 위치해 있습니다. 트리뷰의 Transform 속성을 클릭하여 확장시켜 하위에 Rotation 속성을 열어줍니다.

시퀀서의 맨 위에 보면 타임라인이 있습니다. 타임라인에 표시되는 숫자를 프레임(frame)이라고 합니다. 프레임 간격을 확대 혹은 축소해서 보려면 왼쪽 Ctrl 키를 누른 상태로 마우스 휠 버튼을 돌리면 됩니다.

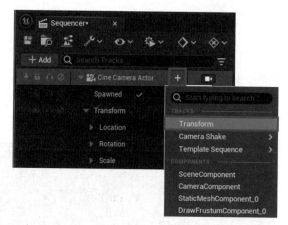

[그림 3.2-109] Transform 속성 추가하기

우리가 작업할 값은 Rotation의 Pitch입니다. 타임라인의 0 프레임을 마우스로 클릭하고 Pitch의 [+] 버튼을 눌러 키 프레임을 삽입합니다. 마찬가지로 1, 2, 3 프레임에 각각 Pitch의 키 프레임을 삽입합니다. 키 프레임은 애니메이션이 진행되는 트랙 영역에 추가됩니다. 이 키 프레임에 등록된 값이 다음 키 프레임의 값 사이를 애니메이션하는 것입니다.

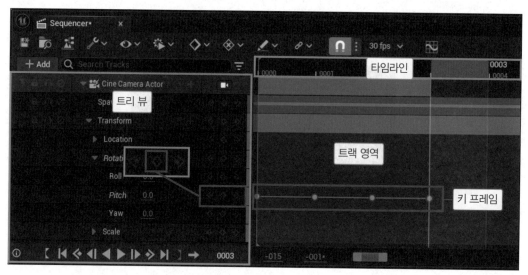

[그림 3.2-110] CS_FireShake 시퀀서 편집하기

각 프레임에서의 Pitch 값은 다음과 같이
설정해 줍니다. 값은 Pitch 속성 이름 바로
옆에서 설정할 수 있습니다.

| 프레임 | Pitch 값 |
| --- | --- |
| 0 | 0 |
| 1 | 2.0 |
| 2 | -1.0 |
| 3 | 0 |

[표 3.2-6] CS_FireShake의 키 프레임별 Pitch 값

시퀀서 에디터를 저장하고 닫아 줍니다. 플레이 버튼을 눌러서 결과 확인해 봅니다. 발사 버튼을 누르면 그때마다 카메라 모션이 재생되며 반동 효과를 체감할 수 있을 것입니다.

지금까지 카메라 진동을 위한 두 가지 방식을 알아보았습니다. 시퀀스를 이용하는 방법이 애니메이터가 직접 느낌을 잡아가면서 표현하기에 도움이 된다는 것도 기억하기 바랍니다.

### ➜ 총 발사 사운드 재생하기

이번에는 총알 발사할 때 사운드까지 추가해 다소 더 몰입도 높은 효과를 주겠습니다. 사운드 재생을 위해 TPSPlayer.h 헤더 파일에 USoundBase* 타입의 변수 bulletSound를 추가해 줍니다.

```cpp
class TPSPROJECT_API ATPSPlayer : public ACharacter
{
        … (생략) …


public:
        … (생략) …


        // 카메라 셰이크 블루프린트를 저장할 변수
        UPROPERTY(EditDefaultsOnly, Category=CameraMotion)
        TSubclassOf<class UCameraShakeBase> cameraShake;

        // 총알 발사 사운드
        UPROPERTY(EditDefaultsOnly, Category=Sound)
        class USoundBase* bulletSound;
};
```

[코드 3.2-21] TPSPlayer.h 총알 발사 사운드 변수 추가하기

다음으로 생성자에서 bulletSound에 값을 할당해 주도록 처리해 보겠습니다. 먼저 총알 사운드 애셋 경로부터 가져오도록 합니다. 언리얼 에디터의 콘텐트 브라우저로 이동하면 SniperGun 폴더에 Rifle 이름의 Sound Wave 애셋을 찾을 수 있습니다. 이 애셋을 선택하고 Ctrl+C 키를 눌러 경로를 복사합니다.

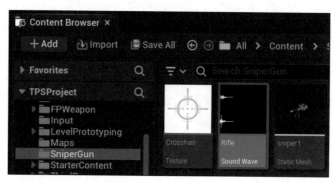

[그림 3.2-111] Rifle 사운드 애셋 경로 복사하기

이제 TPSPlayer.cpp의 생성자 함수로 이동합니다. 맨 마지막 부분에 ConstructorHelpers의 FObjectFinder를 이용해 USoundBase 타입의 tempSound 변수를 선언합니다. 생성자 인자로 TEXT("") 매크로의 큰따옴표 안에 앞에서 복사한 경로를 Ctrl+V 키를 눌러 붙여넣기 해 줍니다.

Succeeded( ) 함수로 정상적인 로드가 됐을 때 bulletSound 변수에 로드된 값을 할당해 줍니다. 여기에서는 tempSound의 Object를 넣어 주면 됩니다.

```
ATPSPlayer::ATPSPlayer( )
{
    … (생략) …
    // 5-3. 데이터로드가 성공했다면
    if (TempSniperMesh.Succeeded( ))
    {
        … (생략) …
    }

    // 총알 사운드 가져오기
    ConstructorHelpers::FObjectFinder<USoundBase> tempSound(TEXT("SoundWave'/Game/SniperGun/Rifle.Rifle'"));
    if (tempSound.Succeeded( ))
```

```
        {
            bulletSound = tempSound.Object;
        }
    }
```

[코드 3.2-22] TPSPlayer.cpp 총알 발사 사운드 로드하기

마지막으로 총알 발사를 처리하는 InputFire( ) 함수의 맨 위쪽으로 이동합니다. UGameplay-Statics의 PlaySound2D( ) 함수를 이용하면 사운드를 재생할 수 있습니다. 함수의 인자로 UWorld*를 반환하는 GetWorld( )와 bulletSound를 넘겨 줍니다.

```
void ATPSPlayer::InputFire()
{
    UGameplayStatics::PlaySound2D(GetWorld(), bulletSound);

        … (생략) …

}
```

[코드 3.2-23] TPSPlayer.cpp 총알 발사 사운드 재생하기

이제 비주얼 스튜디오를 빌드하고 언리얼 에디터로 이동해서 플레이를 합니다. 그러면 왼쪽 마우스 버튼을 클릭할 때마다 총알 사운드가 재생되는 것을 확인할 수 있을 것입니다. 확실히 카메라 반동 모션에 더해 총알 사운드가 추가되니 몰입도가 확 올라가는 것을 느낄 수 있습니다.

# 3.2-2 적 알파타입 버전 업그레이드하기

이번에는 적을 알파 버전으로 업그레이드 하겠습니다. 플레이어 업그레이드에서 이미 애니메이션을 적용하는 법을 알아보았습니다. 이번에는 적 AI 제어를 위해 코드에서 작성한 FSM 설계 기법과 애니메이션 제어의 동기화 처리 기법을 알아봅니다. AI 상태 제어에서 사용한 enum을 활용해 게임 로직과 애니메이션 간의 효과적인 동기화 처리 방법을 익힐 수 있을 것입니다.

이외에도 내비게이션 시스템을 이용해 복잡한 환경에서 AI가 장애물을 피하며 목적지로 이동할 수 있도록 처리해 보겠습니다. 다소 더 지능화된 AI를 어떻게 제작할 수 있는지 이번 단원에서 학습할 수 있습니다.

## ✖ 학습 목표

적을 알파 버전으로 업그레이드하고 싶다.

## ✖ 구현 순서

❶ 애셋 가져오기
❷ 외관 업그레이드하기
❸ 애니메이션 블루프린트 적용하기
❹ 애니메이션 상태 머신 추가하기
❺ 대기 상태 추가하기
❻ 이동 상태 추가하기
❼ 공격 상태 추가하기
❽ C++ FSM과 애니메이션 FSM 동기화하기
❾ 피격 상태를 위한 애니메이션 몽타주
❿ 죽음 상태를 위한 애니메이션 몽타주
⓫ 내비게이션 시스템을 이용한 길 찾기
⓬ 네비게이션 인보커(Navigation Invoker)를 이용한 길 찾기
⓭ 패트롤 기능 추가하기

## → 애셋 가져오기

첫 번째 적의 알파 버전 내용은 사용할 스켈레탈메시 및 애니메이션 적용입니다. 이를 위해 사용할 애셋을 가져오겠습니다. 자료실에서 3장 Enemy.zip 파일을 다운로드해 압축을 풀어 줍니다. Enemy 폴더를 복사해서 프로젝트의 Content 폴더에 붙여넣기 해줍니다.

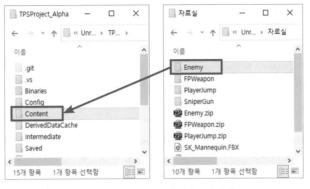

[그림 3.2-112] Enemy 폴더 Content 폴더에 복사하기

언리얼 에디터가 열려 있다면 닫았다가 다시 열어 주세요. 그러면 Content 폴더 하위에 추가된 Enemy 폴더를 볼 수 있습니다. 하위에 Model 폴더와 Animations 폴더가 있습니다.

[그림 3.2-113] 추가된 Enemy 폴더

### → 외관 업그레이드하기

가져온 적 애셋 데이터를 보면 Model 폴더 안에 스켈레탈메시가 있습니다. 여기에 있는 데이터로 적의 외관을 교체해 주겠습니다. vampire_a_lusth 스켈레탈메시를 선택하고 Ctrl+C를 눌러 경로를 복사합니다.

[그림 3.2-114] 사용할 적 스켈레탈메시 경로 복사하기

Enemy.cpp의 생성자 함수로 이동합니다. 맨 위쪽에서 스켈레탈메시 데이터 로드 부분에 경로를 Ctrl+V 키를 눌러 덮어쓰기 해 줍니다. 그리고 로드된 스켈레탈메시의 크기를 조금 작게 수정해

주겠습니다. SetRelativeScale3D( ) 함수에 x, y, z 값 모두 0.84f가 되도록 할당합니다.

```
AEnemy::AEnemy( )
{
    PrimaryActorTick.bCanEverTick = true;

    // 1. 스켈레탈메시 데이터 로드
    ConstructorHelpers::FObjectFinder<USkeletalMesh> tempMesh(TEXT("SkeletalMesh'/Game/
Enemy/Model/vampire_a_lusth.vampire_a_lusth'"));
    // 1-1. 데이터 로드에 성공하면
    if (tempMesh.Succeeded( ))
    {
        // 1-2. 데이터 할당
        GetMesh( )->SetSkeletalMesh(tempMesh.Object);
        // 1-3. 메시 위치 및 회전 설정
        GetMesh( )->SetRelativeLocationAndRotation(FVector(0, 0, -88), FRotator(0,
-90, 0));
        // 1-4. 메시 크기 수정
        GetMesh( )->SetRelativeScale3D(FVector(0.84f));
    }

    // EnemyFSM 컴포넌트 추가
    fsm = CreateDefaultSubobject<UEnemyFSM>(TEXT("FSM"));
}
```

[코드 3.2-24] Enemy.cpp 적 외관 데이터 경로 및 크기 수정하기

빌드하고 언리얼 에디터로 이동해서 BP_
Enemy를 열어 Mesh 컴포넌트의 스켈레탈
메시와 트랜스폼 정보를 리셋하면 정상적으
로 외관이 변경된 것을 확인할 수 있을 것입
니다.

[그림 3.2-115] 변경된 적의 외관

## → 애니메이션 블루프린트 적용하기

이번에는 애니메이션을 사용할 수 있도록 애니메이션 블루프린트를 만들어서 적용시켜 주겠습니다. 먼저 애니메이션 블루프린트의 부모 클래스로 UAnimInstance 타입의 C++ 클래스를 만들겠습니다. 새 C++ 클래스 만들기를 실행하고 부모 클래스로 AnimInstance를 선택합니다. 클래스의 이름은 EnemyAnim으로 지정하겠습니다.

[그림 3.2-116] EnemyAnim C++ 클래스 생성하기

이제 부모 클래스로 EnemyAnim을 사용하는 애니메이션 블루프린트를 만들겠습니다. 콘텐트 브라우저에서 Content 폴더 하위의 Blueprints 폴더로 이동합니다. 마우스 오른쪽 버튼을 클릭하고 팝업 메뉴에서 Animation – Animation Blueprint를 선택합니다. Create Animation Blueprint 창이 뜨면 부모 클래스로 EnemyAnim을, 사용할 스켈레톤은 vampire_a_lusth_Skeleton을 선택합니다.

[그림 3.2-117] 애니메이션 블루프린트의 부모 클래스와 스켈레톤 선택하기

새롭게 만들어진 애니메이션 블루프린트의 이름을 'ABP_Enemy'로 하겠습니다.

[그림 3.2-118] ABP_Enemy 생성하기

이제 ABP_Enemy가 Enemy 클래스의 애니메이션 클래스로 등록되어야 합니다. 블루프린트에서 할당하는 것은 했으니 이번에는 C++ 클래스에서 동적으로 로드해서 할당하는 방법을 알아보겠습니다.

먼저 언리얼 에디터에서 ABP_Enemy를 선택하고 Ctrl+C 키를 눌러 애셋 경로를 복사합니다. 그리고 Enemy.cpp 생성자 함수로 이동합니다. 클래스 애셋을 로드하기 위해서는 ConstructorHelpers의 FClassFinder 템플릿 구조체를 사용해야 합니다. UAnimInstance 타입을 갖는 FClassFinder 변수 tempClass를 선언합니다. 생성자 인자 값으로 복사해 둔 블루프린트 경로를 Ctrl+V 키를 눌러 붙여넣기 해줍니다. 여기에서 한 가지 주의해야 할 것이 있습니다. 붙여넣기를 하고 경로 맨 마지막에 '_C' 문자를 붙여 주어야 합니다. 뒤에 '_C'가 붙어야 블루프린트 클래스로 인식하기 때문에 _C가 없으면 읽기 오류가 발생합니다.

Succeeded( ) 함수를 호출하여 로드가 정상적으로 실행됐는지 확인하고 스켈레탈메시 컴포넌트의 SetAnimInstanceClass( ) 함수에 로드한 블루프린트 클래스를 인자로 넘깁니다. 여기에서는 tempClass의 Class 속성을 넘기면 됩니다.

```
AEnemy::AEnemy( )
{
    … (생략) …
```

```
    // EnemyFSM 컴포넌트 추가
    fsm = CreateDefaultSubobject<UEnemyFSM>(TEXT("FSM"));

    // 애니메이션 블루프린트 할당하기
    ConstructorHelpers::FClassFinder<UAnimInstance> tempClass(TEXT("AnimBlueprint'/Game/
Blueprints/ABP_Enemy.ABP_Enemy_C'"));
    if (tempClass.Succeeded())
    {
        GetMesh()->SetAnimInstanceClass(tempClass.Class);
    }
}
```

[코드 3.2-25] Enemy.cpp 애니메이션 블루프린트 할당하기

비주얼 스튜디오를 빌드하고 언리얼 에디터로 이동합니다. BP_Enemy를 열어 Mesh 컴포넌트를 선택하고 디테일 창의 Animation 카테고리에 Anim Class 값을 확인합니다. 스크립트에서 작성한 대로 정상적으로 ABP_Enemy가 잘 할당되어 있는 것을 확인할 수 있습니다.

[그림 3.2-119] Mesh 컴포넌트에 ABP_Enemy 할당하기

블루프린트에 문제가 생겨 삭제하고 다시 만들어야 할 경우, 이렇게 코드상에 설정 값을 넣어버리면 별다른 어려움 없이 복구할 수 있습니다.

## → 애니메이션 상태 머신 추가하기

적 애니메이션을 적용하기 위한 준비 작업이 완료됐습니다. 이제 코드에서 만들어 놓은 FSM과 애니메이션을 동기화시켜 주도록 하겠습니다. 애니메이션 블루프린트에는 상태 머신이 있죠. 코드 상에 만들어 놓은 FSM과 애니메이션의 상태 머신을 동기화시키면 이 작업을 쉽게 할 수 있습니다. 그럼 하나씩 상태에 따른 애니메이션 처리해 보도록 하겠습니다. 먼저 프로토타입 때 제작했던 상태 다이어그램을 다시 보겠습니다.

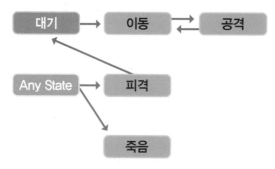

[그림 3.2-120] 적 FSM 상태 다이어그램

이 구조처럼 애니메이션 상태 머신도 구성해 보도록 하겠습니다. ABP_Enemy 애니메이션 블루 프린트 에디터를 열어 줍니다. 애님그래프 창의 빈 공간에 마우스 오른쪽 버튼을 클릭하고 [State Machine] 노드를 추가합니다. 추가된 노드의 이름은 'FSM'으로 변경합니다.

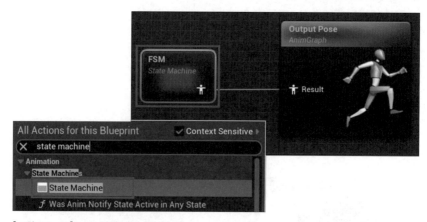

[그림 3.2-121] FSM 상태 머신 추가하기

## → 대기 상태 추가하기

FSM 상태 머신을 더블클릭하여 FSM 그래프 창으로 이동합니다. 애셋브라우저 창에 앞에서 추가한 적 애니메이션 시퀀스 애셋들이 있는 것을 확인할 수 있습니다. 이곳에 등록할 첫 번째 애니메이션 상태는 대기 상태입니다. 애셋 브라우저에 있는 'Unarmed_Idle'을 선택해 그래프 창에 드래그 앤 드롭해 줍니다. 등록된 애니메이션 시퀀스의 이름을 Idle로 변경해 줍니다. 그리고 Idle이 기본 상태가 되도록 [Entry] 노드에서 [Idle] 상태 노드로 연결시켜 줍니다.

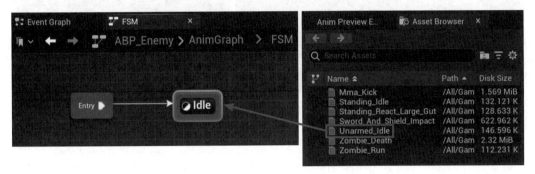

[그림 3.2-122] FSM 상태 머신에 Idle 상태 모션 추가하기

블루프린트를 컴파일해 줍니다. 미리보기 창을 확인해 보면 Idle 상태가 적용된 결과를 확인할 수 있습니다.

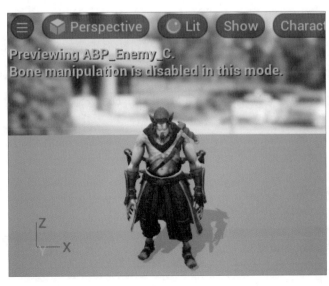

[그림 3.2-123] Idle 상태 결과 미리보기

## → 이동 상태 추가하기

이번에는 이동 상태 모션을 추가해 주겠습니다. 애셋 브라우저에서 'Zombie_Run'을 선택해서 FSM 그래프 창에 등록합니다. 등록된 Zombie_Run의 이름을 'Move'로 변경해 주세요. 상태 다이어 그램처럼 Idle에서 Move로 이어지는 트랜지션을 연결해 줍니다.

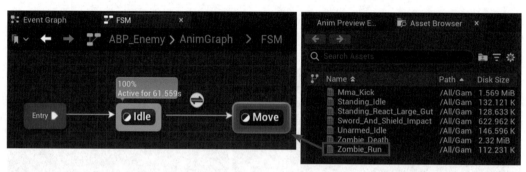

[그림 3.2-124] Move 상태 모션 추가하기

이제 대기 상태에서 이동 상태로 전환되기 위해 트랜지션 조건을 설정해 주겠습니다. 트랜지션 조건 버튼을 더블클릭해서 조건 편집 창으로 이동합니다. 그러면 [Result] 노드에 트랜지션이 되기 위한 조건을 할당해 주어야 합니다. 이 트랜지션 조건을 적 FSM과 동기화시켜 주겠습니다. 이를 위해서는 EnemyFSM에 있는 FSM 상태 변수의 값이 애니메이션 제어 블루프린트 ABP_Enemy에 도 필요합니다.

EnemyAnim.h 헤더 파일로 이동하겠습니다. 적 상태를 위해 만들었던 열거형 EEnemyState 타입의 변수 animState를 선언합니다. 이 변수에 EnemyFSM 클래스에서 사용하고 있는 적의 상태 값이 저장됩니다. EEnemyState 사용을 위해 위쪽에 #include "EnemyFSM.h"를 추가합니다.

```
#pragma once

#include "CoreMinimal.h"
#include "Animation/AnimInstance.h"
#include "EnemyFSM.h"
#include "EnemyAnim.generated.h"

UCLASS()
```

```
class TPSPROJECT_API UEnemyAnim : public UAnimInstance
{
    GENERATED_BODY()

public:
    UPROPERTY(EditDefaultsOnly, BlueprintReadOnly, Category=FSM)
    EEnemyState animState;
};
```

[코드 3.2-26] EnemyAnim.h 상태 변수 추가하기

비주얼 스튜디오를 빌드하고 언리얼 에디터로 이동합니다. ABP_Enemy 블루프린트 에디터를 열어주세요. My Blueprint 창에 FSM 카테고리 밑에 animState 변수가 추가된 것을 확인합니다. 만약 변수가 보이지 않으면 My Blueprint 창 오른쪽에 있는 설정 버튼을 눌러서 Show Inherited Variables 를 체크해 부모 클래스 변수가 보이도록 설정해 주세요.

[그림 3.2-125] ABP_Enemy에 추가된 animState 변수

추가된 animState 변수를 이용해 대기 상태에서 이동 상태로 전환되도록 애니메이션 블루프린트를 수정해 주겠습니다. My Blueprint 창에서 animState 변수를 Idle to Move 그래프 창으로 가져옵니다. 참고로, [Get] 노드로 가져오기 위해 Ctrl 키를 누르고 드래그 앤 드롭하여 가져오면 됩니다. 추가된 [animState] 노드의 데이터 핀을 잡아당겨 검색란에 '='을 입력하고 Enum 카테고리에 있는 [Equal(Enum)] 노드를 추가합니다. 추가된 노드의 값은 드롭다운 버튼을 클릭해 Move로 바꿔 줍니다.

animState 변수가 Move가 되면 대기 상태에서 이동 상태로 전환하려는 것입니다. 마지막으로 이 노드의 결과를 [Result] 노드의 Can Enter Transition에 연결시켜 줍니다.

[그림 3.2-126] Idle to Move 조건에 animState 변수 적용하기

블루프린트를 컴파일합니다. animState 변수 값의 변화에 따라 제대로 상태 전환이 일어나는지 테스트하기 위해 애님프리뷰 에디터 창에서 Anim State 값을 'Move'로 바꿔 봅니다. 그러면 미리보기 뷰포트 창에 이동 애니메이션이 재생되는 것을 확인할 수 있을 것입니다.

[그림 3.2-127] anmState 값이 Move일 때 애니메이션 상태 전환 프리뷰

Move 상태 애니메이션을 반복재생 하기 위해 Move 상태를 더블클릭해서 들어갑니다. Zombie_ Run 애니메이션 시퀀스 노드를 선택하고 디테일 창에서 Loop Animation 속성을 체크해 줍니다.

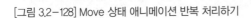

[그림 3.2-128] Move 상태 애니메이션 반복 처리하기

## → 공격 상태 추가하기

이번에는 공격 상태일 때 애니메이션이 재생되도록 처리해 보겠습니다. 기획에서는 이동하다가 타깃과의 거리가 가까워져 공격범위 안에 들어가면 상태를 공격으로 전환되도록 처리했습니다. 상태 다이어그램은 다음과 같습니다.

[그림 3.2-129] 이동과 공격 상태 다이어그램

트랜지션 화살표를 보면 이동에서 공격으로 상태가 전환되지만 다시 공격에서 이동으로도 상태가 전환됩니다. 애니메이션 상태도 이렇게 구성해 주겠습니다. ABP_Enemy의 FSM 그래프로 이동합니다.

애셋 브라우저에서 Mma_Kick을 FSM 그래프 창에 등록해 줍니다. 등록된 상태 노드의 이름을 'Attack'으로 변경해 주세요. 상태 다이어그램처럼 Move와 Attack 상태에 트랜지션 화살표를 양방향으로 연결해 줍니다.

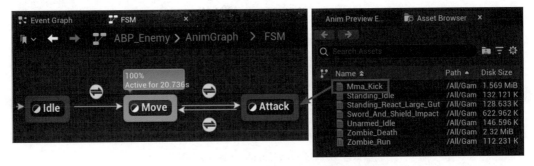

[그림 3.2-130] Attack 상태 추가 및 트랜지션 연결하기

이제 트랜지션이 발생하기 위한 조건을 설정해 주어야 합니다. 트랜지션 조건은 animState 변수의 값이 Attack이 됐을 때 이동 상태에서 공격 상태로 전환되도록 하면 될 것입니다.

먼저 Move에서 Attack으로 연결되는 트랜지션 조건 버튼을 더블클릭해서 들어갑니다. My Blueprint 창에서 animState 변수를 Move to Attack 그래프 창에 [Get] 노드로 가져옵니다. [Equal (Enum)] 노드를 추가하고 비교할 값을 'Attack'으로 설정합니다. 최종 결과를 [Result] 노드에 연결해줍니다. 이 흐름은 앞에 대기 상태에서 이동 상태로 전환 처리할 때와 비슷합니다.

[그림 3.2-131] Move to Attack 조건 설정하기

이번에는 공격 상태에서 이동 상태로 전환되는 처리를 해 주겠습니다. My Blueprint 창에서 Attack to Move 그래프를 더블클릭합니다.

[그림 3.2-132] Attack to Move 그래프로 이동하기

그런 다음 animState 변수 값이 Move일 때 상태 전환이 일어나도록 그래프 창을 작성합니다.

[그림 3.2-133] Attack to Move 조건 설정하기

블루프린트를 컴파일하고 프리뷰 테스트를 해 보겠습니다. 애님프리뷰 에디터 창에서 Anim State 항목의 값을 'Idle'에서 'Move'로 바꾸면 이동 애니메이션이 재생됩니다. 이제 다시 'Attack'으로 바꿔보면 미리보기 창의 결과가 발차기하는 공격 애니메이션으로 전환되는 것을 확인할 수 있을 것입니다. 그리고 다시 'Move'로 바꾸면 이동 애니메이션으로 전환됩니다. animState 값의 전환 흐름은 Idle → Move → Attack → Move이며, 이 흐름으로 테스트를 진행해야 합니다.

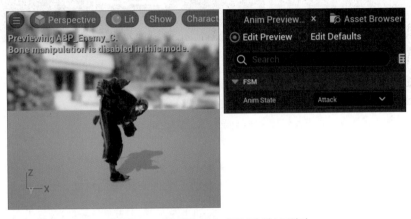

[그림 3.2-134] 공격 상태 미리보기 테스트하기

공격 상태를 구현하다 보니 한 가지 의문이 드는 내용이 있습니다. 공격 상태 기획을 떠올려 보면 "일정 시간에 한 번씩 공격한다."로 되어 있습니다. 그렇다면 지금처럼 공격 애니메이션이 계속 재생되면 안됩니다. 상태 다이어그램이 다음처럼 수정되어야 한다는 결론이 나옵니다.

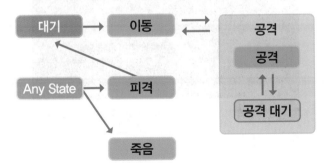

[그림 3.2-135] 공격 상태가 수정된 상태 다이어그램

수정된 상태 다이어그램을 보면 공격 상태를 내부에 두 가지 상태로 또 나눈 것을 볼 수 있습니다.

실제 공격을 진행하는 상태와 일정 시간 기다리는 공격 대기 상태가 그것입니다. 이렇게 메인 상태 머신 안에 존재하는 하위 상태 머신을 '서브스테이트머신(Sub-State-Machine)'이라 합니다. 공격 상태를 상태 다이어그램처럼 수정해 보죠. FSM의 Attack 그래프로 이동합니다.

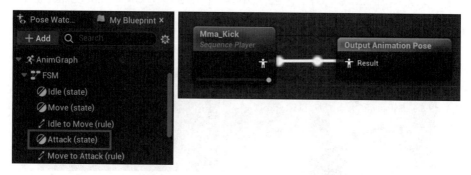

[그림 3.2-136] Attack 그래프 창으로 이동하기

이곳에 이미 등록한 Mma_Kick 애니메이션 시퀀스가 등록돼 있습니다. 이 부분을 수정된 다이어그램처럼 만들어야 합니다. 먼저 [Mma_Kick] 노드를 삭제해 주세요. 그리고 빈곳에 마우스 오른쪽 버튼을 클릭하고 [State Machine] 노드를 추가합니다. 추가된 상태 머신의 이름은 'AttackSubSM'으로 바꿔 주세요. AttackSubSM을 [Output Animation Pose] 노드에 연결시켜 줍다.

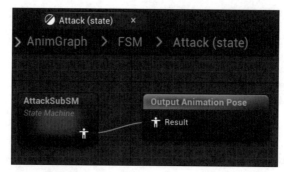

[그림 3.2-137] 공격 서브스테이트머신 AttackSubSM 추가하기

[AttackSubSM] 노드를 더블클릭합니다. AttackSubSM 그래프 창에 공격과 공격 대기 상태를 추가해 주겠습니다. 먼저 애셋 브라우저 창에서 Mma_Kick을 상태 머신 그래프에 등록합니다. 이름은 'Attack'으로 변경해 주세요. 다음으로 Standing_Idle을 등록하고 이름은 'AttackDelay'로 변경합

니다. 상태 다이어그램처럼 Attack과 AttackDelay를 양방향으로 트랜지션 처리를 해 줍니다. 제일 처음 시작된 상태를 AttackDelay로 해 주기 위해 [Entry] 노드에서 [AttackDelay]로 트랜지션을 연결합니다.

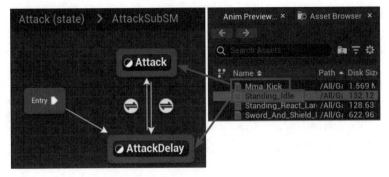

[그림 3.2-138] AttackSubSM 상태 머신 구성하기

공격 상태(Attack)에서 공격 대기 상태로 전환(AttackDelay)될 때는 애니메이션이 모두 재생되면 자동 전환되도록 처리하겠습니다. 트랜지션 조건 설정 버튼을 선택하고 오른쪽 디테일 창으로 이동합니다. Transition 카테고리를 보면 Automatic Rule Based On Sequence Player in State 항목이 있습니다. 이 속성에 체크하면 애니메이션이 끝날 때 자동으로 연결된 트랜지션이 발생합니다.

[그림 3.2-139] 자동으로 상태 전환하기 설정하기

다음으로 AttackDelay에서 Attack으로 연결되는 트랜지션 조건을 작성해 주겠습니다. 현재 공격대기를 하다가 다시 공격으로 전환하는 내용은 C++ 코드에서 처리해 주고 있습니다. 따라서 애니메이션이 자동으로 Attack으로 넘어가면 안 됩니다. 이를 위해 공격 대기를 할지 공격할지 여부를

판단할 변수를 EnemyAnim.h 헤더 파일에 추가해 주겠습니다. 클래스 맨 아래에 부울(bool) 타입의
bAttackPlay 변수를 추가합니다.

```cpp
class TPSPROJECT_API UEnemyAnim : public UAnimInstance
{
    GENERATED_BODY()

public:
    // 상태 머신 기억 변수
    UPROPERTY(EditDefaultsOnly, BlueprintReadOnly, Category=FSM)
    EEnemyState animState;
    // 공격 상태 재생할지 여부
    UPROPERTY(EditDefaultsOnly, BlueprintReadWrite, Category=FSM)
    bool bAttackPlay = false;
};
```

[코드 3.2-27] EnemyAnim.h 공격 상태를 재생할지 여부 변수 추가하기


빌드하고 언리얼 에디터의 ABP_Enemy 에디터로 돌아옵니다. AttackSubSM의 AttackDelay to
Attack 그래프로 이동합니다. 이곳에서 조건 설정은 bAttackPlay 값이 true일 때 트랜지션이 발생
하도록 합니다. My Blueprint 창에서 bAttackPlay 변수를 그래프 창에 등록하고 [Result] 노드에 다
음처럼 연결해 줍니다.

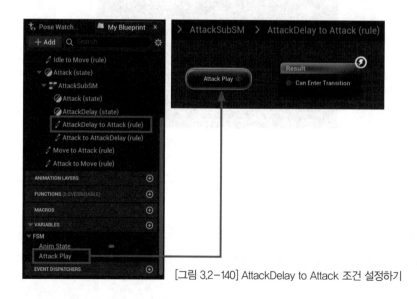

[그림 3.2-140] AttackDelay to Attack 조건 설정하기

## → C++ FSM과 애니메이션 FSM 동기화하기

이제 이렇게 만들어진 상태 머신이 제대로 동작할 수 있도록 C++ 코드에서 animState 변수 값을 제어해 주겠습니다. 애니메이션의 상태는 EnemyFSM에서 사용 중인 FSM 상태와 동기화시켜 주어야 합니다. EnemyFSM 클래스에서 자신의 상태를 설정할 때 애니메이션 상태도 함께 설정해 주면 편리하게 동기화시킬 수 있습니다. 이를 위해 EnemyFSM.h 헤더 파일로 이동합니다. 이곳에 ABP_Enemy 블루프린트 인스턴스를 저장하기 위해 UEnemyAnim* 타입의 변수 anim을 선언해 줍니다. ABP_Enemy의 부모 클래스가 UEnemyAnim 클래스이기 때문에 객체지향 언어의 특징인 다형성을 이용하는 것입니다.

```cpp
class TPSPROJECT_API UEnemyFSM : public UActorComponent
{
    … (생략) …

public:
    … (생략) …

    // 아래로 사라지는 속도
    UPROPERTY(EditAnywhere, Category=FSM)
    float dieSpeed = 50.0f;

    // 사용 중인 애니메이션 블루프린트
    UPROPERTY()
    class UEnemyAnim* anim;
};
```

[코드 3.2-28] EnemyFSM.h 사용 중인 애니메이션 블루프린트를 기억할 변수 선언하기

anim 변수에 값을 할당하는 것은 BeginPlay() 함수에서 해 주도록 하겠습니다. EnemyFSM.cpp의 BeginPlay() 함수로 이동합니다. 함수 맨 아래쪽에서 GetMesh()를 이용해 USkeletalMeshComponent* 타입의 Mesh 컴포넌트를 가져옵니다. 그리고 Mesh 컴포넌트의 멤버 함수 GetAnimInstance() 함수를 호출해 사용 중인 UAnimInstance* 타입의 인스턴스를 가져옵니다. 이를 UEnemyAnim 타입으로 캐스팅해 anim 변수에 할당합니다.

마지막으로 UEnemyAnim 클래스 사용을 위해 맨 위쪽에 #include "EnemyAnim.h"를 추가합니다.

```cpp
… (생략) …
#include "EnemyAnim.h"

void UEnemyFSM::BeginPlay()
{
    Super::BeginPlay();

    // 월드에서 ATPSPlayer 타깃 찾아오기
    auto actor = UGameplayStatics::GetActorOfClass(GetWorld(), ATPSPlayer::StaticClass());
    // ATPSPlayer 타입으로 캐스팅
    target = Cast<ATPSPlayer>(actor);
    // 소유 객체 가져오기
    me = Cast<AEnemy>(GetOwner());

    // UEnemyAnim* 할당
    anim = Cast<UEnemyAnim>(me->GetMesh()->GetAnimInstance());
}
```

[코드 3.2-29] EnemyFSM.cpp 사용 중인 UEnemyAnim 가져 오기

다음으로 각 상태 전환 처리할 때 애니메이션 상태도 함께 전환되도록 작업을 해 주겠습니다. 먼저 IdleState() 함수에서 Move 상태로 전환하는 곳으로 이동합니다. 이곳에 애니메이션 상태도 Move가 되도록 작성합니다. animState 변수에 UEnemyAnim 클래스의 mState 값을 할당합니다.

```cpp
void UEnemyFSM::IdleState()
{
    // 1. 시간이 흘렀으니까
    currentTime += GetWorld()->DeltaTimeSeconds;
    // 2. 만약 경과 시간이 대기 시간을 초과했다면
    if(currentTime > idleDelayTime)
    {
        // 3. 이동 상태로 전환하고 싶다.
        mState = EEnemyState::Move;
        // 경과 시간 초기화
```

```
        currentTime = 0;

        // 애니메이션 상태 동기화
        anim->animState = mState;
    }
}
```

[코드 3.2-30] EnemyFSM.cpp 대기에서 이동 상태 전환 애니메이션 상태 동기화하기


다음은 이동 상태에서 공격 상태로 전환입니다. MoveState( ) 함수로 이동합니다. 앞에서와 마찬가지로 mState를 animState에 할당해 주면 됩니다. 여기에 추가로 공격 애니메이션이 재생될 수 있도록 UEnemyAnim 클래스의 bAttackPlay를 true로 설정합니다. 그리고 바로 공격 상태로 전환되자마자 공격이 진행될 수 있도록 경과 시간 currentTime 변수의 값을 공격 대기 시간 attackDelayTime으로 할당합니다.

```
void UEnemyFSM::MoveState( )
{
    … (생략) …

    if(dir.Size( ) < attackRange)
    {
        // 2. 공격 상태로 전환하고 싶다.
        mState = EEnemyState::Attack;
        // 애니메이션 상태 동기화
        anim->animState = mState;
        // 공격 애니메이션 재생 활성화
        anim->bAttackPlay = true;
        // 공격 상태 전환 시 대기 시간이 바로 끝나도록 처리
        currentTime = attackDelayTime;
    }
}
```

[코드 3.2-31] EnemyFSM.cpp 공격 상태 전환 동기화하기

이번에는 공격 상태에서 상태 동기화 처리입니다. AttackState( ) 함수에서 공격을 하는 시점에 bAttackPlay 값이 true가 되도록 합니다. 이렇게 하면 애니메이션 상태가 공격 대기로 있다가 공격으로 진행됩니다. 그리고 적이 공격하다가 타깃이 공격 범위를 벗어나면 상태를 Move로 전환하죠? 이곳에서도 애니메이션 상태 animState가 mState이 되도록 처리해 줍니다.

```cpp
void UEnemyFSM::AttackState()
{
    // 목표: 일정 시간에 한 번씩 공격하고 싶다.
    //1. 시간이 흘러야 한다.
    currentTime += GetWorld()->DeltaTimeSeconds;
    // 2. 공격 시간이 됐으니까
    if(currentTime > attackDelayTime)
    {
        // 3. 공격하고 싶다.
        PRINT_LOG(TEXT("Attack!!!!!"));
        // 경과 시간 초기화
        currentTime = 0;
        anim->bAttackPlay = true;
    }

    // 목표: 타깃이 공격 범위를 벗어나면 상태를 이동으로 전환하고 싶다.
    //1. 타깃과의 거리가 필요하다.
    float distance = FVector::Distance(target->GetActorLocation(), me->GetActorLocation());
    // 2. 타깃과의 거리가 공격 범위를 벗어났으니까
    if(distance > attackRange)
    {
        // 3. 상태를 이동으로 전환하고 싶다.
        mState = EEnemyState::Move;
        // 애니메이션 상태 동기화
        anim->animState = mState;
    }
}
```

[코드 3.2-32] EnemyFSM.cpp 공격 상태와 애니메이션 상태 동기화하기

다음은 DamageState( ) 함수에서 동기화 처리를 해 주겠습니다. Idle 상태로 전환할 때 애니메이션 상태도 동기화 처리를 해 줍니다.

```
void UEnemyFSM::DamageState()
{
    // 1. 시간이 흘렀으니까
    currentTime += GetWorld()->DeltaTimeSeconds;
    // 2. 만약 경과 시간이 대기 시간을 초과했다면
    if (currentTime > damageDelayTime)
    {
        // 3. 대기 상태로 전환하고 싶다.
        mState = EEnemyState::Idle;
        // 경과 시간 초기화
        currentTime = 0;
        // 애니메이션 상태 동기화
        anim->animState = mState;
    }
}
```

[코드 3.2-33] EnemyFSM.cpp 피격 상태에서 애니메이션 동기화하기

DieState() 함수에서는 처리할 내용이 없습니다. 이곳은 일정 시간이 지나면 적을 제거하고 있기 때문에 애니메이션의 상태를 동기화시켜 줄 필요가 없습니다. 대신 피격 알림 이벤트 함수 OnDamageProcess()에서는 hp 값에 따라 피격, 죽음 상태로 전환되기 때문에 이곳에서도 애니메이션 상태 동기화를 해야 합니다. 함수의 맨 아래 부분으로 이동해 mState를 animState에 할당해 줍니다.

```
void UEnemyFSM::OnDamageProcess()
{
    // 체력 감소
    hp--;
    // 만약 체력이 남아있다면
    if (hp > 0)
    {
        … (생략) …
    }
    // 그렇지 않다면
    else
    {
```

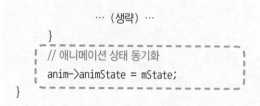

```
    … (생략) …
    }
    // 애니메이션 상태 동기화
    anim->animState = mState;
}
```

[코드 3.2-34] EnemyFSM.cpp 피격 알림 이벤트에서 애니메이션 상태 동기화하기

animState 값 동기화는 이렇게 EnemyFSM의 mState 변수와 동기화시켜 주면 됩니다. 여기에 추가로 공격 상태에서 공격 처리를 하기 위해 EnemyAnim 클래스 멤버 변수인 bAttackPlay를 제어해야 합니다. [코드 3.2-31]에서 공격 애니메이션 제어를 위해 bAttackPlay의 값을 true로 해 주었습니다. 그리고 공격이 끝나면 다시 bAttackPlay를 false로 바꿔 주어야 합니다. 하지만 현재 공격 애니메이션이 끝났는지 여부를 코드상에서 알 수 없습니다. 이를 처리하기 위해 여러 방법을 생각할 수 있습니다. 대충 애니메이션 시간만큼 타이머를 돌려 처리할 수도 있고, 애니메이션 시퀀스의 노티파이(Notify)를 이용해 처리할 수 있습니다.

노티파이는 애니메이션 구간 내에서 원하는 시점에 이벤트를 발생시킬 수 있는 기능입니다. 예를 들어 칼을 휘두르는 애니메이션이 있다고 생각해 보겠습니다. 칼을 휘두르는 시작 지점 위치에서 칼이 쫙 펴지는 지점의 시간 구간이 다를 것입니다. 상대에게 공격 데미지를 입히고 싶은데 칼을 아직 휘두르지도 않은 시점에 상대가 타격을 받으면 이상하겠죠? 칼이 휘둘러진 그 시점에 타격을 받아야 자연스러울 것입니다. 이렇듯 애니메이션 시퀀스의 특정 구간에 이벤트가 발생해야 할 때 노티파이를 사용하게 됩니다. 공격 애니메이션이 끝난 시점을 파악하기 위해 우리는 노티파이 이벤트를 활용해 보겠습니다.

콘텐트 브라우저에서 Enemy-Animations 폴더를 보면 공격 애니메이션을 위해 사용하는 Mma-Kick 애셋이 있습니다. 이 애셋을 더블클릭해 애니메이션 시퀀스 에디터를 열어 주세요.

[그림 3.2-141] 공격 상태에서 사용하는 애셋

애니메이션 시퀀스 에디터에서 뷰포트 창 아래에 보면 타임라인 편집 창이 있습니다. 이곳에서 노티파이를 추가 삭제할 수 있습니다. 타임라인 창끝보다 살짝 앞쪽에 마우스 오른쪽 버튼을 클릭합니다. 클릭하는 위치는 다음 그림처럼 노티파이 이벤트 편집 영역이어야 합니다. 팝업 메뉴가 뜨면 Add Notify → New Notify를 선택합니다. 만들 노티파이의 이름은 'AttackEnd'로 지정합니다.

[그림 3.2-142] AttackEnd 노티파이 추가하기

정상적으로 노티파이가 추가되면 노티파이 이벤트 편집 영역에 'AttackEnd' 이름으로 된 태그가 생기게 됩니다. 또한 추가된 노티파이의 위치가 맘에 들지 않으면 마우스 왼쪽 버튼으로 잡아서 이동시킬 수 있습니다.

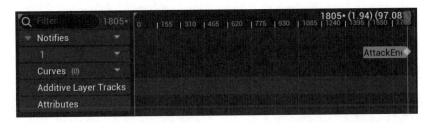

[그림 3.2-143] 추가된 AttackEnd 노티파이

이렇게 추가된 노티파이 이벤트는 애니메이션 블루프린트에서 호출될 수 있습니다. 공격 애니메이션이 끝났을 때 AttackEnd 노티파이 이벤트가 발생합니다. 이때 bAttackPlay 값을 false로 바꿔주는 것이 우리가 하고자 하는 미션입니다.

ABP_Enemy 애니메이션 블루프린트 에디터의 이벤트 그래프 창으로 이동합니다. 빈곳에 마우스 오른쪽 버튼을 눌러 'AttackEnd'로 검색해 보겠습니다. 그러면 Event AnimNotify_AttackEnd를 찾을 수 있을 것입니다. 이 노드를 선택해 추가합니다.

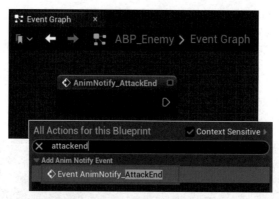

[그림 3.2-144] AttackEnd 노티파이 노드 추가하기

AttackEnd 노티파이 이벤트가 발생하면 bAttackPlay 변수의 값을 false로 변경해 주면 됩니다. 변수값을 직접 이곳에서 변경시켜 줄 수도 있지만 여기에서는 C++ 함수를 호출하도록 구현해 주겠습니다. EnemyAnim.h 헤더 파일로 이동합니다. 맨 아래에 OnEndAttackAnimation() 이름의 함수를 선언합니다. 이 함수가 블루프린트에서 호출될 수 있도록 UFUNCTION 매크로를 추가하고 인자값에 BlueprintCallable을 전달합니다. 함수가 속한 카테고리는 'FSMEvent'로 설정합니다.

```cpp
class TPSPROJECT_API UEnemyAnim : public UAnimInstance
{
    GENERATED_BODY()

public:
    // 상태 머신 기억 변수
    UPROPERTY(EditDefaultsOnly, BlueprintReadOnly, Category=FSM)
    EEnemyState animState;
    // 공격 상태 재생할지 여부
    UPROPERTY(EditDefaultsOnly, BlueprintReadWrite, Category=FSM)
    bool bAttackPlay = false;

    // 공격 애니메이션 끝나는 이벤트 함수
    UFUNCTION(BlueprintCallable, Category=FSMEvent)
    void OnEndAttackAnimation();
};
```

[코드 3.2-35] EnemyAnim.h 공격 애니메이션 끝났을 때 처리 함수 선언하기

이렇게 UFUNCTION 매크로에 BlueprintCallable 값을 전달하면 블루프린트에서도 이 함수를 호출할 수 있습니다. EnemyAnim.cpp 파일로 이동합니다. 이곳에 OnEndAttackAnimation()의 구현부를 추가합니다. 공격이 끝났다는 것을 설정하기 위해 bAttackPlay 값을 false로 할당하면 됩니다.

```
#include "EnemyAnim.h"

void UEnemyAnim::OnEndAttackAnimation()
{
        bAttackPlay = false;
}
```

[코드 3.2-36] EnemyAnim.cpp OnEndAttackAnimation() 함수 구현하기

빌드하고 다시 ABP_Enemy의 이벤트 그래프 창으로 이동하겠습니다. 이곳에 C++에서 만들어 준 OnEndAttackAnimation() 함수 노드를 추가해야 합니다. 마우스 오른쪽 버튼을 눌러 'OnEnd'로 검색하면 [OnEndAttackAnimation] 노드가 나옵니다. 이 노드를 선택해 추가합니다. 그리고 AnimNotify_AttackEnd에서 [OnEndAttackAnimation] 노드로 실행 핀을 연결시켜 줍니다.

[그림 3.2-145] C++에 선언된 OnEndAttackAnimation 함수 호출하기

블루프린트를 컴파일하고 실행 버튼을 눌러 실행해 보겠습니다. 실제 실행해 보니 발차기 애니메이션에서 공격 대기 애니메이션 간격이 거의 느껴지지 않습니다.

[그림 3.2-146] 공격 애니메이션이 적용된 결과

현재 공격 애니메이션으로 사용하고 있는 Mma_Kick은 전체 재생 시간이 2초로 제작되어 있습니다. 우리가 설정해 준 공격 대기 시간이 2초이기 때문에 공격 애니메이션 끝나자마자 바로 또 공격이 됩니다. 이 값을 조금 키워주겠습니다.

BP_Enemy 블루프린트 에디터를 열어줍니다. FSM 컴포넌트를 선택하고 디테일 창에서 Attack Delay Time 속성의 값을 3.0으로 바꿔 주겠습니다.

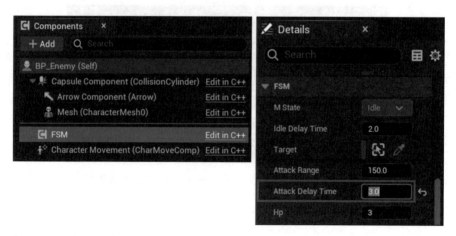

[그림 3.2-147] BP_Enemy에서 AttackDelayTime 수정하기

블루프린트를 컴파일하고 다시 실행합니다. 그러면 이번에는 공격 후 정상적으로 공격 대기 애니메이션이 재생되는 것을 확인할 수 있습니다. 만약 공격 범위에 다 온 것 같은데 공격 상태로 전환되지 않는다면 Attack Range 속성의 값을 200 정도로 키워서 테스트해 봅니다.

[그림 3.2-148] 공격 대기 애니메이션 재생하기

> **Tip**
>
> ## FSM 컴포넌트 선택 시 디테일 창에 아무것도 표시 안 될 때
>
> FSM 컴포넌트를 선택했을 때 디테일창에 아무것도 표시가 안 되는 문제가 발생할 수 있습니다. 이는 언리얼 엔진의 버그로 UE4에서부터 계속되는 이슈입니다. 이를 해결하는 방법은 부모클래스를 Actor로 바꾸었다가 다시 Enemy로 바꿔 주면 됩니다.
>
>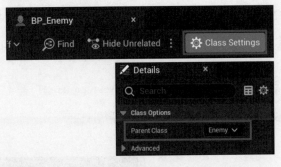
>
> [그림 3.2-149] 부모 클래스 재설정하기

### ➡ 피격 상태를 위한 애니메이션 몽타주

이번에는 애니메이션 몽타주를 이용해 피격 애니메이션을 적용시켜 보겠습니다. 플레이어 알파 버전 업그레이드에서 애니메이션 몽타주를 간단히 다룬 걸 기억하시나요? 다른 애니메이션과 함께 블렌딩해 사용하기 위한 목적으로 사용했죠. 적 피격 처리에서도 애니메이션 몽타주를 사용합니다.

이번 피격 상태에서는 애니메이션 몽타주를 조금 더 자세하게 알아보도록 하겠습니다.

다음은 위키백과에서 몽타주에 대해 정의하고 있는 내용입니다.

> "몽타주(montage, 문화어: 판조립)는 따로 촬영된 화면을 떼어 붙이면서 새로운 장면이나 내용을 만드는 기법이다. 영화 편집에서 몽타주는 일련의 짧은 샷들을 제약된 공간, 시간, 정보에 연속하게 편집하는 테크닉이다."
>
> ─ 위키백과

언리얼에서 몽타주의 의미는 영화 편집에서의 몽타주와 비슷합니다. 여러 개의 애니메이션 시퀀스들을 합쳐서 하나의 통합된 시퀀스로 만드는 작업이라 할 수 있습니다.

애니메이션 몽타주는 크게 섹션(Section)과 노티파이(Notify) 기능으로 나누어 볼 수 있습니다. 섹션은 트랙(Track) 개념처럼 애니메이션 시퀀스의 특정 위치를 나타내는 정보이며 이를 이용해 특정 섹션 실행 및 섹션 구간 반복 등의 내용을 처리할 수 있습니다.

다음은 애니메이션 재생에 대한 내용을 설명해 보겠습니다. 그동안의 애니메이션 재생은 애니메이션 블루프린트에서 상태 머신이나 애님그래프상에서 재생처리를 했습니다. 하지만 애니메이션 몽타주는 코드상에서 Play(), Stop() 기능을 호출함으로써 재생을 제어합니다. 살짝 다르게 처리가 되죠? 피격 애니메이션 몽타주를 만들며 다소 더 알아보겠습니다.

콘텐트 브라우저에서 Enemy - Animations 폴더를 선택합니다. [Add] 버튼을 클릭해 Animation → Animation Montage 메뉴를 선택합니다.

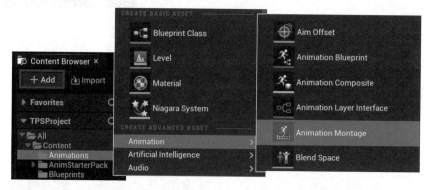

[그림 3.2-150] 애니메이션몽타주 생성하기 메뉴

스켈레톤 선택 창이 나오면 'vampire_a_lusth_Skeleton'을 선택합니다. 생성된 애니메이션 몽타주의 이름은 'EnemyDamageMontage'로 합니다.

[그림 3.2-151] EnemyDamageMontage 생성하기

만들어진 EnemyDamageMontage를 더블클릭하여 몽타주 에디터를 열어 줍니다. 열어 보면 다른 애니메이션 편집 창과 별반 다르지 않습니다. 다만 몽타주 편집 영역이 존재함을 알 수 있습니다.

여기에서 몽타주, 섹션, 노티파이를 편집할 수 있는 공간만 따로 표시해 보면 다음과 같습니다. 몽타주 편집 부분에 애니메이션 시퀀스들을 추가하게 됩니다. 몽타주 편집 공간에 들어간 애니메이션 시퀀스는 섹션을 이용해 제어하게 됩니다. 이를 위해 제공하는 창이 Montage sections 창입니다. 노티파이 이벤트 편집은 앞에서 공격 애니메이션 종료 알림을 위해 사용해 보았습니다.

[그림 3.2-152] 몽타주 편집 에디터

## → 피격 애니메이션 시퀀스 등록하기

사용할 피격 애니메이션 시퀀스 애셋을 몽타주 편집 영역에 추가해 보겠습니다. 오른쪽 아래에
애셋 브라우저 창이 있습니다. 이곳에서 Standing_React_Large_Gut을 잡아서 몽타주 편집 영역에
드롭해 줍니다.

[그림 3.2-153] 애니메이션 시퀀스 몽타주 편집 영역에 등록하기

이렇게 하면 몽타주 편집 영역에 등록됩니다. 같은 방법으로 Sword_And_Shield_Impact도 가져와
등록해 줍니다.

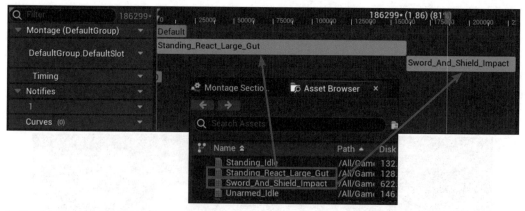

[그림 3.2-154] 피격 애니메이션 두 개 등록하기

## → 섹션 추가하기

이번에는 몽타주 재생을 제어하기 위해 섹션을 추가해 주어야 합니다. 현재 기본으로 Default 섹
션이 등록되어 있습니다. 몽타주 편집 영역 바로 위에 있는 Default 섹션을 마우스로 선택합니다.

디테일 창에서 Section Name 값을 Damage0으로 수정합니다.

[그림 3.2-155] Default 섹션을 Damage0으로 이름 변경하기

섹션은 반드시 하나 이상 존재해야 합니다. 그래야 재생할 수 있으니까요. 첫 번째 애니메이션 시퀀스에 대한 섹션은 'Damage0'으로 했고 두 번째는 'Damage1' 이름으로 섹션을 추가해 주겠습니다.

다음 그림처럼 두 번째 애니메이션 시퀀스가 시작되는 부분으로 마우스를 이동합니다. 섹션이 위치하는 자리에 마우스 오른쪽 버튼을 클릭해 'New Montage Section'을 선택합니다. Section Name 팝업이 뜨면 Damage1을 입력하고 [Enter] 키를 누릅니다.

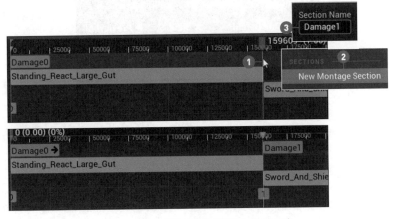

[그림 3.2-156] Damage1 섹션 추가하기(위)와 결과(아래)

만약 섹션이 잘못 등록됐다면 해당 섹션을 선택하고 Delete 키를 누르면 삭제됩니다.

이제 섹션을 등록했으니 섹션 편집 창을 살펴보겠습니다. 이번 예제에서는 섹션 편집 기능을 사용하지 않지만, 사용 방법은 알아두기를 바랍니다. 애니메이션 몽타주 에디터의 오른쪽 아래에 보면 'Montage Sections' 이름으로 된 창을 볼 수 있습니다. 만약 없다면 Window 메뉴 하위의 Montage Sections를 클릭하면 됩니다.

[그림 3.2-157] 몽타주 섹션 편집 창

몽타주 섹션 창에서는 등록된 섹션들의 재생 순서 및 반복 구간 설정 등의 작업을 할 수 있습니다. 말 그대로 등록된 애니메이션 조각들을 작업자 마음대로 재조립해 사용할 수 있도록 하는 곳입니다. 먼저 [Clear] 버튼이 보입니다. 한번 클릭해 보기 바랍니다. 그러면 Preview에 등록된 Damage0, Damage1 섹션의 순서가 각각 개별적으로 나누어지는 것을 볼 수 있습니다.

[그림 3.2-158] Clear 버튼으로 Preview 초기화 시키기

이렇게 해서 몽타주를 재생하면 단일 섹션만이 재생됩니다. 이어진 것이 없기 때문이죠. 다시 처음처럼 자동으로 등록된 섹션 순서대로 배치를 하고 싶으면 [Create Default] 버튼을 클릭하면 됩니다.

이번에는 재생될 섹션 순서 편집에 대해 알아보겠습니다. 여러 개의 섹션들이 등록되어 있다고 가정해 보겠습니다. 예를 들어 Damage0, Damage1, Damage2, Damage3 이런 식으로 섹션들이 있을 때 재생 순서를 Damage0 → Damage2 → Damage1 → Damage3 이렇게 하고 싶을 수 있습니다. 혹은 다른 순서로 조합하고 싶을 수도 있습니다.

이럴 때는 Preview에 있는 섹션 오른쪽 박스 버튼을 클릭하면 됩니다. 그러면 Next Section 팝업이 뜨며 이 팝업 메뉴에서 다음에 재생하고 싶은 섹션을 선택하면 됩니다. 그리고 다시 박스 버튼을 클릭하고 다음 재생 섹션을 계속 선택해 추가해 나가면 됩니다.

[그림 3.2-159] 섹션 순서 정하기(위)와 결과(아래)

이렇게 만들어진 재생 순서에서 특정 구간을 반복하고 싶다면 즉, Damage1과 Damage3 구간을 반복하고 싶다면 박스 버튼을 클릭하고 'Damage1'을 선택하면 됩니다. 그러면 반복 구간의 색이 바뀌며 표시됩니다. 그리고 당연하겠지만 박스 버튼은 사라집니다. 이유는 계속 반복되기 때문에 다음 섹션으로 넘어갈 수 없기 때문입니다.

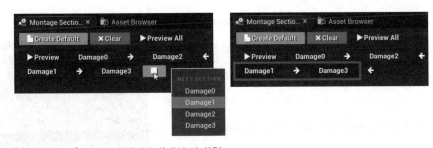

[그림 3.2-160] 반복 구간 설정하기(좌)와 결과(우)

우리는 현재 Damage0과 Damage1 이렇게 두 개의 섹션을 등록했습니다. 만약 두 섹션이 반복 재생되도록 하고 싶으면 마찬가지로 Damage1에서 다음 재생될 섹션으로 Damage0을 선택하면 됩니다. 이렇게 섹션을 이용해 원하는 조합으로 애니메이션을 뜯어 붙이기 할 수 있는 장점이 애니메이션 몽타주입니다. 다음으로 넘어가기 위해 [Clear] 버튼을 눌러 줍니다.

## → 슬롯 추가하기

다음으로 슬롯에 대해 알아보겠습니다. 앞에서 플레이어 공격 처리를 위해 몽타주를 사용하고 이때 슬롯을 처음 사용해 보았습니다. 슬롯은 애니메이션 몽타주 데이터를 저장하는 변수 같은 것이라고 했습니다. 이렇게 저장된 슬롯을 애니메이션 블루프린트에서 가져다 사용합니다. 그러면 몽타주가 저장될 슬롯이 필요합니다. 언리얼 엔진은 기본으로 Default Slot을 제공하며 지금까지 작업하고 있는 몽타주 데이터는 Default Slot에 저장되어 있습니다.

윈도우 메뉴 하위에 있는 Anim Slot Manager를 클릭해서 창을 열어 줍니다.

[그림 3.2-161] Anim Slot Manager 창

슬롯은 그룹으로 관리할 수 있습니다. 또한 하나의 그룹에는 여러 개의 슬롯을 추가할 수 있습니다. 그룹이나 슬롯을 어떻게 관리해야 하는지는 크게 상관없습니다. 말했다시피 슬롯은 몽타주를 데이터를 저장하기 위한 변수 같은 것이니까요.

그럼 슬롯을 한번 추가해 보겠습니다. 슬롯매니저 창에서 [Add Slot] 버튼을 클릭합니다. New Slot Name 팝업이 뜨면 입력 란에 'DamageSlot'을 입력합니다. 이렇게 하면 DamageSlot 이름으로 새롭게 슬롯이 만들어집니다.

[그림 3.2-162] DamageSlot 추가하기

이렇게 만들어진 슬롯에 몽타주가 저장되도록 해야 합니다. 타임라인 창의 왼쪽에 보면 몽타주가 사용할 슬롯을 지정하는 곳이 있습니다. 현재 DefaultSlot으로 되어 있는 부분의 옆에 화살표를 클릭합니다. 팝업 메뉴가 뜨면 'Slot name → DefaultGroup.DamageSlot'을 선택해 줍니다.

[그림 3.2-163] 몽타주가 사용할 슬롯 설정하기

이렇게 슬롯을 변경하고 나면 뷰포트 창에 캐릭터가 좌우로 나란히 하고 있는 것을 확인할 수 있습니다. 슬롯이 정상적으로 적용됐는지 확인하려면 애니메이션 몽타주 에디터를 저장하고 닫았다가 다시 열어주면 뷰포트 창에 애니메이션이 적용된 결과가 정상적으로 표시 됩니다. 지금까지 애니메이션 몽타주를 만드는 방법을 알아보았습니다. 뒤에서 노티파이 이벤트를 삽입할 때 다시 사용하기로 하고 애니메이션 몽타주 에디터는 일단 닫아 주겠습니다.

지금까지 작업된 타임라인의 몽타주 결과와 섹션 편집 창의 상태는 다음과 같습니다.

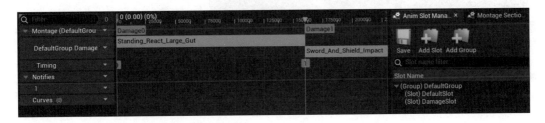

[그림 3.2-164] 작업 완료된 애니메이션 몽타주 결과

## ➜ 애니메이션 블루프린트에서 몽타주 사용하기

이제 피격 애니메이션 몽타주가 재생될 수 있도록 ABP_Enemy 애니메이션 블루프린트에서 작업을 해 주어야 합니다. 애님그래프 창으로 이동합니다. 현재 FSM 상태 머신 노드가 아웃풋 포즈에 직접 연결되어 있습니다. 빈곳에 마우스 오른쪽 버튼을 클릭해 검색 란에 'Default Slot'을 입력합니다. Montage 카테고리에 있는 Slot 'DefaultSlot'을 클릭해 추가해 주겠습니다. 추가된 DefaultSlot의 Source 입력 데이터 부분에 FSM을 연결하고 결과를 아웃풋 포즈에 연결해 줍니다.

이번에는 DefaultSlot 노드를 선택하고 오른쪽 디테일 창으로 이동합니다. 우리가 사용하고 싶은 슬롯은 DefaultSlot이 아니라 DamageSlot입니다. 앞에서 피격 애니메이션 몽타주가 DamageSlot에 저장되도록 처리한 것을 떠올려 보세요. 디테일 창에 보면 Settings 카테고리 하위에 Slot Name이 DefaultGroup.DefaultSlot으로 되어 있습니다. 드롭다운 버튼을 클릭해 DamageSlot으로 바꿔 주겠습니다.

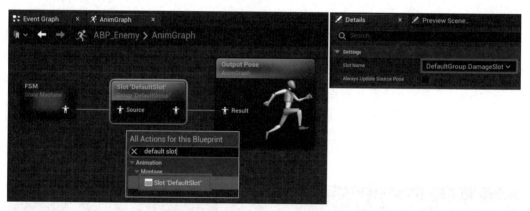

[그림 3.2-165] ABP_Enemy에 DamageSlot 추가하기

이제 몽타주를 재생하면 DamageSlot에 신호가 들어옵니다. 이 값이 아웃풋포즈에 전달되어 피격 애니메이션이 재생되고, 신호가 들어오지 않으면 Source에 들어오는 FSM 값이 아웃풋포즈로 전달됩니다.

그럼 코드에서 피격 상태가 됐을 때 몽타주를 재생하도록 구현하겠습니다. 먼저 EnemyAnim.h 헤더 파일로 이동합니다. 기존 작업대로 하면 이곳에 피격 애니메이션 몽타주를 저장할 변수를 선언하고, (혹은 재생하고자 하는 곳에서 변수를 선언해도 됩니다.) 재생 함수를 만들어 처리하는 기법을 사용했습니다. 이번에는 블루프린트를 이용해 조금 더 편리하게 작업할 수 있는 구조를 만들어 보겠습니다.

구조는 간단합니다. 몽타주 재생을 위한 함수는 원래대로 EnemyAnim.h에 선언합니다. 하지만 구현부를 C++ 클래스에 넣지 않고 블루프린트에서 구현하도록 처리합니다. 어떻게 하는지 알아보겠습니다.

EnemyAnim.h 헤더 파일 맨 마지막 부분에 재생할 섹션 이름을 받을 FName 타입 sectionName을 매개변수로 갖는 void 타입의 PlayDamageAnim() 함수를 추가합니다.

추가된 함수는 블루프린트에서 구현되어야 합니다. 따라서 언리얼 엔진에 이 함수의 존재를 알려주기 위해 UFUNCTION() 매크로를 함수 바로 위에 추가합니다. 그리고 블루프린트에서 구현해야 하는 함수라는 것을 표시하는 BlueprintImplementableEvent 값을 인자로 넘기고, 함수의 카테고리는 'FSMEvent'로 해 주겠습니다.

```cpp
class TPSPROJECT_API UEnemyAnim : public UAnimInstance
{
    GENERATED_BODY()

public:
    // 상태 머신 기억 변수
    UPROPERTY(EditDefaultsOnly, BlueprintReadOnly, Category=FSM)
    EEnemyState animState;
    // 공격 상태를 재생할 지의 여부
    UPROPERTY(EditDefaultsOnly, BlueprintReadWrite, Category=FSM)
    bool bAttackPlay = false;

    // 공격 애니메이션 끝나는 이벤트 함수
    UFUNCTION(BlueprintCallable, Category=FSMEvent)
    void OnEndAttackAnimation();

    // 피격 애니메이션 재생 함수
    UFUNCTION(BlueprintImplementableEvent, Category=FSMEvent)
```

```
    void PlayDamageAnim(FName sectionName);
};
```

[코드 3.2-37] **EnemyAnim.h** PlayDamageAnim() 함수 선언하기

저장하고 빌드를 해 보겠습니다. 원래 구현부가 없으면 비주얼 스튜디오는 오류 메시지를 띄우고 빌드에 실패합니다. 하지만 아무런 문제 없이 빌드 성공이 될 것입니다. 이유는 UFUNCTION 매크로에 BlueprintImplementableEvent를 전달했기 때문입니다. 언리얼 헤더툴에서 컴파일 당시 오류 체크 할 때 이 부분을 확인하여 '블루프린트에서 구현한다고 하는구나' 라고 판단해 오류없이 빌드처리 해 줍니다.

일단, 아직 함수의 구현은 완성하지 않았지만 피격 애니메이션을 재생할 수 있는 함수가 만들어 졌습니다. 이를 이용해 코드 로직 상에서 몽타주를 재생하라는 명령을 내릴 수 있게 됩니다. 피격 애니메이션의 재생은 피격 이벤트가 발생했을 때 피격 상태로 전환해 주면서 처리하면 되겠습니다.

EnemyFSM.cpp 파일로 이동합니다. 피격 알림 이벤트 함수 OnDamageProcess()에 보면 체력이 남아 있을 때 피격 상태로 전환해 주고 있습니다. 먼저, 피격 상태 전환 후 정상적으로 피격 대기 시간을 체크할 수 있도록 경과 시간 currentTime을 초기화시켜 줍니다. 다음으로 피격 애니메이션 을 재생하면 됩니다.

피격 애니메이션 재생을 위한 함수는 UEnemyAnim 클래스에 있습니다. 이 함수를 호출하기 위해 UEnemyAnim*을 저장하고 있는 멤버 변수 anim을 가져와 PlayDamageAnim() 함수를 호출해 줍니다.

이제 인자로 재생할 몽타주의 섹션 이름을 전달해야 합니다. 섹션은 Damage0, Damage1로 등록해 사용하고 있습니다. 우리는 둘 중 하나를 랜덤으로 선택해 재생하도록 처리하려고 합니다. 이를 위해 먼저 FMath의 RandRange() 함수를 이용해 0과 1중 랜덤 값을 하나 뽑습니다. 이렇게 뽑은 값을 FString의 Printf() 함수를 이용해 문자열 Damage와 합쳐줍니다. index 변수가 정수 타입이기 때 문에 %d를 사용합니다. 이렇게 만들어진 값을 PlayDamageAnim() 함수에 인자로 전달합니다. 전달할 때 매개변수의 자료형이 FName이기 때문에 FName 값으로 변환해 전달해야 합니다.

1

1.1
1.2
1.3
1.4
1.5

2

2.1
2.2
2.3
2.4
2.5
2.6

3

3.1
3.2
3.3

4

4.1
4.2
4.3
4.4
4.5

```
void UEnemyFSM::OnDamageProcess()
{
    // 체력 감소
    hp--;
    // 만약 체력이 남아 있다면
    if (hp > 0)
    {
        // 상태를 피격으로 전환
        mState = EEnemyState::Damage;

        currentTime = 0;

        // 피격 애니메이션 재생
        int32 index = FMath::RandRange(0, 1);
        FString sectionName = FString::Printf(TEXT("Damage%d"), index);
        anim->PlayDamageAnim(FName(*sectionName));
    }
    // 그렇지 않다면
    … (생략) …
}
```

[코드 3.2-38] EnemyFSM.cpp 피격 애니메이션 재생 처리하기

이제 앞에서 EnemyAnim.h 파일에 선언만 해 주는 PlayDamageAnim() 함수를 블루프린트에서 구현해 줄 차례입니다. 비주얼 스튜디오를 빌드하고 언리얼 에디터로 돌아와 ABP_Enemy 에디터를 열어줍니다. 이벤트 그래프 창으로 이동해 빈곳에 마우스 오른쪽 버튼을 클릭해 'PlayDamage'로 검색하면 [Event Play Damage Anim] 노드를 찾을 수 있습니다. 이를 선택해 그래프 창에 추가합니다.

[그림 3.2-166] [ABP_Enemy PlayDamageAnim] 구현 노드 추가하기

PlayDamageAnim가 구현할 내용은 피격 애니메이션 몽타주를 재생하는 것입니다. 특히 재생할 섹션 이름을 알려줘 원하는 위치의 애니메이션 트랙을 재생하도록 해야 합니다. 이를 위해 먼저 [Try Get Pawn Owner] 노드를 추가합니다. 추가된 노드의 Return Value 핀을 마우스로 드래그하여 노드 추가 팝업이 뜨면 [Cast To BP_Enemy] 노드를 찾아 추가해 줍니다.

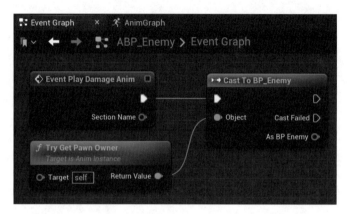

[그림 3.2-167] ABP_Enemy를 소유하고 있는 BP_Enemy 가져오기

[Cast To BP_Enemy] 노드가 추가됐으면 출력 데이터 핀 As BP Enemy를 마우스로 잡아서 드래그해 줍니다. 노드 추가 팝업에서 PlayAnimMontage를 검색해 추가해 줍니다. 그러면 자동으로 실행 핀도 연결될 것입니다. 추가된 [PlayAnimMontage] 노드의 Anim Montage 입력 핀 값을 드롭다운 버튼을 클릭해 EnemyDamageMontage로 선택해 줍니다.

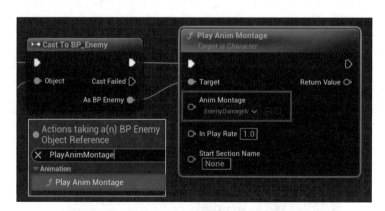

[그림 3.2-168] [Play Anim Montage] 노드 추가하기

마지막으로 [PlayAnimMontage] 노드 입력 데이터 Start Section Name 핀에 값을 넣어 줘야 합니다. 이 값은 [PlayDamageAnim] 이벤트 노드의 Section Name을 할당해 주면 됩니다. Start Section Name까지 적용된 전체 [PlayDamageAnim] 노드 구현은 다음과 같습니다.

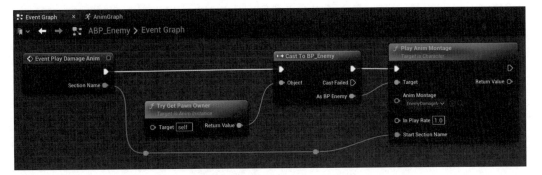

[그림 3.2-169] [Play Damage Anim] 노드 전체 구현 결과

블루프린트를 컴파일하고 실행해 보겠습니다. 조준해서 적을 맞춰보면 피격 애니메이션이 재생되는 것을 확인할 수 있습니다.

[그림 3.2-170] 피격 애니메이션 적용된 결과

## ➜ 죽음 상태를 위한 애니메이션 몽타주

이번에는 죽음 상태의 애니메이션 처리를 해 보겠습니다. 죽음 상태의 애니메이션도 몽타주로 처리합니다. 상태 머신이 아닌 몽타주를 이용하는 이유는 죽음 상태의 특성을 보면 유추할 수 있습니다. 죽음 상태는 대기, 이동, 공격, 혹은 피격 상태에서도 상태 전환이 발생할 수 있어야 합니다. 다음 그림처럼 진행되고 있는 어떤 상태에서도 죽음 상태로의 전환이 필요한데 그럼 모든 상태에서 죽음 상태에 트랜지션을 연결해야 할 것입니다.

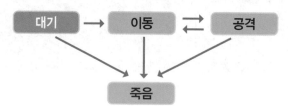

[그림 3.2-171] 죽음 상태로의 전환 상태 다이어그램 예시

'뭐 몇 개 안 되네?' 이렇게 생각할 수 있겠지만, 상태가 더 많이 파편화됐을 때를 가정해 보면 이런식의 트랜지션 연결은 복잡도가 늘어나게 됩니다. 복잡도가 늘어나면 유지보수 및 디버깅 작업에 어려움을 줄 수 있습니다. 따라서 이렇게 어떤 상태에서도 트랜지션이 발생할 수 있는 상태의 경우에는 애니메이션 몽타주를 사용하는 것이 편리합니다. 앞에서 피격 상태 재생을 위해 몽타주를 사용한 이유도 이것 때문입니다.

죽음 상태에서 사용할 애니메이션 몽타주를 따로 만들지는 않고 피격 상태에서 사용하는 Enemy DamageMontage에 죽음 섹션을 추가해서 사용하겠습니다. EnemyDamageMontage를 더블클릭해 애니메이션 몽타주 에디터로 이동합니다. 애셋 브라우저 창에서 Zombie_Death를 잡아서 몽타주 편집 영역으로 드래그합니다. 이때 가져오는 위치는 다음 그림처럼 Damage1 섹션 뒤쪽입니다.

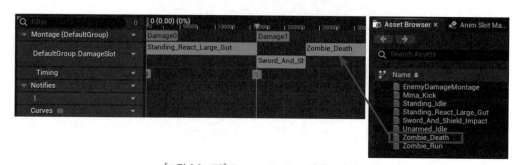

[그림 3.2-172] Zombie_Death 모션 등록하기

이렇게 등록된 Zombie_Death 애니메이션이 시작되는 위치에 섹션을 추가하고 이름을 'Die'로 설정합니다. 그리고 Montage Section 창에서 [Clear] 버튼을 눌러 줍니다. 섹션 추가 방법이 기억나지 않으면 앞 단원 피격 상태를 위한 애니메이션 몽타주 – 섹션 추가하기를 살펴보기 바랍니다.

[그림 3.2-173] Die 섹션 추가 및 섹션 클리어하기

이렇게 등록된 Die 섹션을 죽음 상태에서 재생해 주면 됩니다. EnemyFSM.cpp로 이동합니다. OnDamageProcess( ) 함수에서 상태를 'Die'로 바꾸고 충돌체 비활성화 시켜준 다음 죽음 애니메이션을 실행하면 됩니다. 피격일 때와 마찬가지로 PlayDamageAnim( ) 함수를 호출합니다. 인자로 앞에서 TEXT("Die")를 넘겨 앞에서 추가한 Die 섹션을 재생합니다.

```cpp
void UEnemyFSM::OnDamageProcess( )
{
    // 체력 감소
    hp--;
    // 만약 체력이 남아 있다면
    if (hp > 0)
    {
        … (생략) …
    }
    // 그렇지 않다면
    else
    {
        // 상태를 죽음으로 전환
        mState = EEnemyState::Die;
        // 캡슐 충돌체 비활성화
        me->GetCapsuleComponent( )->SetCollisionEnabled(ECollisionEnabled::NoCollision);
        // 죽음 애니메이션 재생
        anim->PlayDamageAnim(TEXT("Die"));
    }
```

```
    }
    // 애니메이션 상태 동기화
    anim->animState = mState;
}
```

[코드 3.2-39] EnemyFSM.cpp 죽음 애니메이션 재생 처리하기

빌드하고 언리얼 에디터로 이동합니다. 플레이 버튼을
눌러 실행을 해 보면 3번 총을 쏴서 적을 맞췄을 때 죽음
애니메이션이 재생됩니다. 하지만 기대와는 다르게 바
닥으로 내려가며 재생이 되기 때문에 어색합니다.

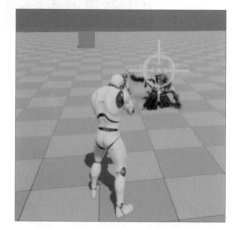

[그림 3.2-174] 죽음 상태 애니메이션 재생 결과

이 문제는 애니메이션이 다 재생된 이후에 바닥으로 내려가도록 처리하면 될 것입니다. Enemy
DamageMontage에서 죽음 애니메이션이 종료되는 위치에 노티파이 이벤트를 삽입해 주겠습니다.
추가되는 노티파이의 이름은 'DieEnd'로 합니다.

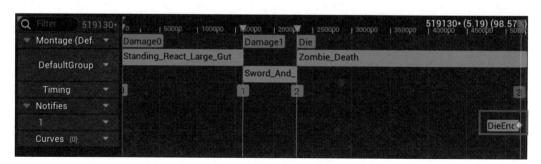

[그림 3.2-175] DieEnd 노티파이 추가하기

그리고 DieEnd 노티파이가 등록된 위치의 애니메이션 상태를 뷰포트에서 확인해 보면 누워 있는 결과입니다. 죽는 애니메이션이 끝나고 바로 이 상태로 계속 유지되어야 합니다.

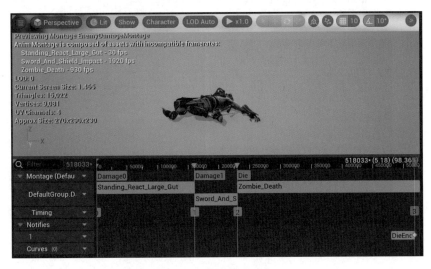

[그림 3.2-176] DieEnd 노티파이 위치에서의 애니메이션 상태

이 상태 애니메이션이 계속 재생되어야 바닥으로 사라질 때 자연스럽습니다. 그런데 DieEnd 노티파이가 호출됐을 때 애니메이션을 멈추면 상태 머신의 애니메이션이 재생되니 우리가 원하는 결과가 아닙니다. 그렇다고 Die 섹션을 계속 반복 재생하더라도 일어났다가 다시 넘어지는 과정이 되풀이됩니다. 우리는 누워 있는 마지막 프레임 컷이 계속 유지되길 원합니다. 이는 사실 마지막 프레임 컷으로 구성된 애니메이션 시퀀스를 활용하면 됩니다. 하지만 이 애셋은 제공하고 있지 않기 때문에 하나 만들어 주겠습니다. 애니메이션 시퀀스 에디터의 도구 모음에서 Create Asset을 클릭합니다. 팝업 메뉴에서 Create Animation → Current Pose를 선택합니다.

[그림 3.2-177] 애니메이션시퀀스 만들기 메뉴

Create a New Animation Asset 팝업 메뉴가 뜨면 Enemy – Animations 폴더를 선택하고 저장될 애니메이션의 이름을 'DieEndAnimation'로 합니다. [OK] 버튼을 누르고 애셋 브라우저를 확인해 보면 DieEndAnimation 애셋이 만들어진 것을 확인할 수 있습니다.

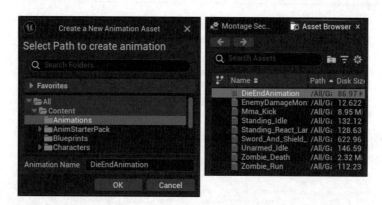

[그림 3.2-178] DieEndAnimation 만들기

이렇게 만들어진 애니메이션 시퀀스 애셋을 몽타주 편집 영역에 등록합니다. 위치는 Die 섹션 뒤가 되겠습니다. 하지만 등록된 애니메이션 시퀀스의 프레임이 너무 작아서 잘 표시가 되지 않습니다. Ctrl 키를 누른 상태로 마우스휠을 앞으로 돌리면 타임라인 간격을 확대시킬 수 있습니다. 다음 그림처럼 확대시켜 줍니다. 확대로 인해 원하는 위치의 타임라인을 볼 수 없다면 아래 스크롤바를 이용해 이동시키면 됩니다.

추가로 DieEndAnimation이 시작되는 부분에 섹션을 추가하고 이름을 'DieEndSection'으로 해 주겠습니다.

[그림 3.2-179] DieEndAnimation 등록 및 DieEndSection 섹션 추가하기

이제 DieEndSection 섹션이 계속 반복되도록 처리해 주어야 합니다. 그러면 죽는 애니메이션이 끝나고 계속 누워있는 상태로 보이게 됩니다. 오른쪽 아래에 있는 Montage Sections 창으로 이동합니다. 마지막 Die 섹션 옆에 있는 체크박스 버튼을 클릭하고 Next Section 으로 DieEndSection를 선택해 줍니다. 이렇게 하면 Die에서 DieEndSection으로 애니메이션이 진행됩니다.

그리고 DieEndSection이 계속 반복 처리되도록 하기 위해 DieEndSection 오른쪽 체크박스 버튼을 클릭해 다음 재생할 섹션으로 DieEndSection을 선택해 줍니다.

[그림 3.2-180] DieEndSection 섹션이 반복되도록 처리하기

이제 애니메이션 몽타주에서의 작업은 끝났습니다. Die 섹션을 재생하면 DieEndSection까지 진행되고 그 다음부터는 계속해서 DieEndSection을 반복하는 구조로 만들었습니다.

다음은 죽음 상태가 되자마자 밑으로 내려가는 내용을 수정해 보겠습니다. 이 부분은 처음에는 내려가는 기능이 실행되지 않다가 DieEndSection 노티파이 이벤트가 발생하면 그때부터 동작하도록 처리해 주면 됩니다. 이를 위해 Die 섹션이 끝나고 DieEndSection 섹션으로 넘어갔는지를 판단할 bool 변수를 등록해 주겠습니다.

EnemyAnim.h 헤더 파일의 맨 아래쪽으로 이동합니다. 이곳에 bool 타입 변수 bDieDone을 추가해 주겠습니다. 또한 이 변수는 ABP_Enemy 블루프린트에서 변경할 수 있도록 Blueprint ReadWrite 속성을 지정합니다.

```
class TPSPROJECT_API UEnemyAnim : public UAnimInstance
{
    GENERATED_BODY()

public:
    … (생략) …

    // 피격 애니메이션 재생 함수
    UFUNCTION(BlueprintImplementableEvent, Category=FSMEvent)
    void PlayDamageAnim(FName sectionName);

    // 죽음 상태 애니메이션 종료 여부
    UPROPERTY(EditDefaultsOnly, BlueprintReadWrite, Category=FSM)
    bool bDieDone = false;
};
```

[코드 3.2-40] EnemyAnim.h 죽음 상태 애니메이션 종료를 판단할 변수

이 변수를 사용할 곳은 EnemyFSM.cpp의 DieState( ) 함수입니다. 함수 맨 위에 bDieDone 값이 false인 동안 함수 내용이 처리되지 않도록 return 문으로 함수를 종료하는 내용을 추가합니다.

```
void UEnemyFSM::DieState()
{
    // 아직 죽음 애니메이션이 끝나지 않았다면
    // 바닥으로 내려가지 않도록 처리
    if (anim->bDieDone == false)
    {
        return;
    }

    … (생략) …
}
```

[코드 3.2-41] EnemyFSM.cpp Die 섹션이 진행되는 동안 함수 처리 막기

비주얼 스튜디오를 빌드하고 언리얼 에디터로 이동합니다. 이제 ABP_Enemy 애니메이션 블루 프린트에서 DieEnd 노티파이 이벤트가 발생하면 UEnemyAnim 클래스의 bDieDone 변수 값을

true로 활성화시켜 주겠습니다.

　ABP_Enemy 에디터를 열어 줍니다. 이벤트 그래프 창의 빈곳에 마우스 오른쪽 버튼을 클릭하고 [AnimNotify_DieEnd] 노드를 추가해 줍니다. 그리고 My Blueprint 창에서 bDieDone 변수를 Alt 키를 누른 상태로 이벤트 그래프 창에 등록합니다. [Set] 노드가 추가되면 [AnimNotify_DieEnd] 노드와 [Set] 노드를 연결시켜 줍니다. 마지막으로 bDieDone 값이 true가 되도록 [Set] 노드의 Die Done 값에 체크합니다.

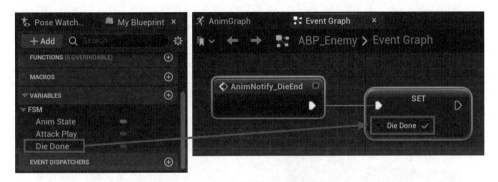

[그림 3.2-181] DieEnd 노티파이 이벤트 처리하기

　블루프린트를 컴파일하고 실행해 보겠습니다. 그러면 이제는 죽음 상태일 때의 애니메이션이 재생되고 적이 누워있을 때 밑으로 사라지는 결과를 확인할 수 있을 것입니다.

[그림 3.2-182] 죽음 상태 애니메이션 결과

## → 내비게이션 시스템을 이용한 길 찾기

지금까지의 적은 단순히 타깃이 있는 방향 벡터를 구해서 그리로 직선 이동했습니다. 만약 적과 타깃 사이에 장애물이 있을 경우에는 현재 장애물에 막혀 이동이 불가능한 상태에 빠지게 됩니다. 적과 플레이어 사이에 큐브(Cube)를 하나 배치하고 테스트해 보겠습니다.

[그림 3.2-183] 장애물에 막혀 이동하지 못하는 적

그림에서 보는 것처럼 적이 벽을 피해 가지 않고 그냥 타깃 쪽 방향으로 직진하고 있는 것을 알 수 있습니다. 이렇게 지형이 복잡하고 장애물들이 있는 월드 상에서 원하는 목적지를 찾아가기 위해 언리얼 엔진에서 제공하는 기능이 내비게이션 시스템입니다.

내비게이션 시스템은 월드 상에 배치된 지오메트리 충돌체로부터 내비게이션 메시(Navigation Mesh)를 만들고 타일 형태로 이를 나누어 처리합니다. 목적지까지 이동할 때 장애물을 피해 최적으로 계산된 비용의 경로를 찾아 이동하도록 알고리즘이 작성되어 있습니다.

언리얼 엔진에서 내비게이션 시스템을 사용하기 위해서는 먼저 관련 모듈을 추가해야 합니다. 비주얼 스튜디오의 솔루션 탐색기에서 TPSProject.Build.cs 파일을 열어 주겠습니다.

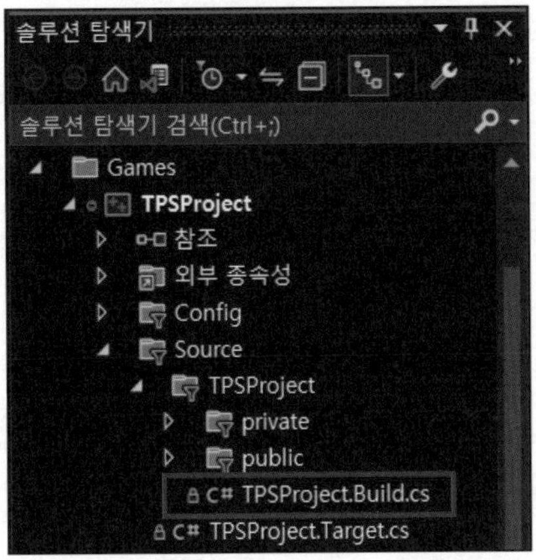

[그림 3.2-184] TPSProject.Build.cs 파일 열어 주기

C# 파일을 열어 `PublicDependencyModuleNames` 클래스의 `AddRange()` 함수를 이용해 모듈을 추가하는 부분이 있습니다. 길 찾기 기능을 사용하기 위해 맨 마지막에 `"NavigationSystem"`, `"AIModule"`을 추가해 줍니다.

```csharp
using UnrealBuildTool;

public class TPSProject : ModuleRules
{
    public TPSProject(ReadOnlyTargetRules Target) : base(Target)
    {
        PCHUsage = PCHUsageMode.UseExplicitOrSharedPCHs;

        PublicDependencyModuleNames.AddRange(new string[] { "Core", "CoreUObject",
"Engine", "InputCore", "EnhancedInput", "UMG", "NavigationSystem", "AIModule" });
    }
}
```

[코드 3.2-42] TPSProject.Build.cs 길 찾기 기능을 위한 모듈 추가하기

`NavigationSystem`은 길 찾기를 위해 필요한 모듈이고, `AIModule`은 `AAIController` 클래스 사용을 위한 모듈입니다.

우리가 사용하고 있는 **AEnemy** 클래스는 **ACharacter**를 상속받아 만들어졌습니다. 결국 AEnemy는 폰(APawn) 클래스인 셈입니다. 폰은 체스에서 사용하는 쫄병인 폰을 뜻합니다. 이 폰을 이동시키기 위해서는 사용자(Player)가 제어(Control)를 해야 합니다. 이렇게 사용자 입력을 받아 폰을 제어하기 위한 목적의 클래스가 **APlayerController** 클래스이며, AI가 사용하는 폰을 제어하기 위한 목적의 클래스가 **AAIController**입니다.

언리얼 엔진에서 AI가 길 찾기 기능을 수행하도록 하려면 폰 스스로 동작하는 게 아니라 **AAI-Controller**를 이용해 길 찾기를 하도록 해야 하므로 **AIModule** 모듈을 등록해 사용합니다.

비주얼 스튜디오에서 EnemyFSM.h 파일을 열어 줍니다. 맨 아래쪽에 **AAIController\*** 타입의 변수 **ai**를 추가해 줍니다.

```
class TPSPROJECT_API UEnemyFSM : public UActorComponent
{
        … (생략) …


public:
        … (생략) …


        // 사용 중인 애니메이션 블루프린트
        UPROPERTY()
        class UEnemyAnim* anim;

        // Enemy를 소유하고 있는 AIController
        UPROPERTY()
        class AAIController* ai;
};
```

[코드 3.2-43] **EnemyFSM.h** AAIController 변수 추가하기

이제 EnemyFSM.cpp 파일을 열어 줍니다. 먼저 BeginPlay() 함수의 맨 아래쪽으로 이동합니다. 이곳에 AEnemy 클래스의 GetController() 함수를 이용해 AController\* 타입의 인스턴스를 가져옵니다. 그리고 Cast() 함수를 이용해 다시 AAIController\* 타입으로 형 변환해 ai 변수에 넣어줍니다. 맨 위에는 #include <AIContorller.h>을 추가해야 합니다.

```
… (생략) …
#include <AIController.h>

void UEnemyFSM::BeginPlay()
{
    … (생략) …

    // AAIController 할당하기
    ai = Cast<AAIController>(me->GetController());
}
```

[코드 3.2-44] EnemyFSM.cpp AAIController 할당하기

ai 변수에 값을 넣었다면 MoveState() 함수로 이동해 장애물들을 피해 목적지로 이동하라는 명령을 내리면 됩니다. MoveState() 함수에서 기존에 AddMovementInput()을 이용해 원하는 방향으로 이동하기의 내용을 AAIController 클래스의 MoveToLocation() 함수로 대체시켜 줍니다. 함수의 인자로 이동해야 하는 목적지 값 destination을 넘겨 주면 됩니다.

```
void UEnemyFSM::MoveState()
{
    // 1. 타깃 목적지가 필요하다.
    FVector destination = target->GetActorLocation();
    // 2. 방향이 필요하다.
    FVector dir = destination - me->GetActorLocation();
    // 3. 방향으로 이동하고 싶다.
    // me->AddMovementInput(dir.GetSafeNormal());
    ai->MoveToLocation(destination);

    … (생략) …
}
```

[코드 3.2-45] EnemyFSM.cpp 목적지로 길 찾기 수행 코드 작성하기

실제 이동시키는 코드는 아주 간단합니다. 비주얼 스튜디오를 빌드하고 언리얼 에디터로 이동해 주겠습니다. 이곳에서 내비게이션 시스템이 동작할 영역을 정해 주어야 합니다. 언리얼 엔진에서는

1

1.1
1.2
1.3
1.4
1.5

2

2.1
2.2
2.3
2.4
2.5
2.6

3

3.1
3.2
3.3

4

4.1
4.2
4.3
4.4
4.5

길 찾기 수행을 위해 이동할 수 있는 영역을 미리 계산해 메시 데이터 형태로 저장하고 있다가 이를 이용해 길 찾기를 수행합니다. 이렇게 하면 성능 향상을 꾀할 수 있습니다. 이 Mesh 데이터를 만들기 위한 것을 'Nav Mesh Bounds Volume'이라 합니다.

플레이스 액터 창에 'Nav Mesh'로 검색을 하면 Nav Mesh Bounds Volume을 찾을 수 있습니다. 이 액터를 드래그해 뷰포트 창으로 가져옵니다. 그리고 디테일 창에서 트랜스폼 값을 다음 그림처럼 설정합니다. 결국 바닥판 Floor 액터를 다 덮도록 크기를 키우고 높이도 플레이어와 벽보다 높도록 설정한 것입니다.

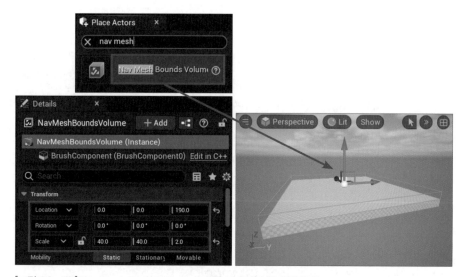

[그림 3.2-185] Nav Mesh Bounds Volume 등록 및 트랜스폼 설정하기

Nav Mesh Bounds Volume이 정상적으로 배치되었다면 뷰포트 창에서 키보드의 P 키를 눌러 Nav Mesh 영역을 시각적으로 확인할 수 있습니다.

다음 그림의 녹색으로 표시된 부분이 AI가 길 찾기 기능을 사용해 이동할 수 있는 영역입니다. 오른쪽 그림을 보면 장애물 주변 바닥에는 녹색이 없습니다. 이렇게 녹색이 없는 영역은 이동할 수 없습니다.

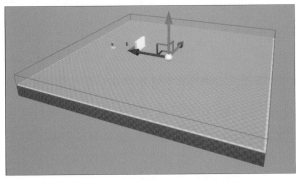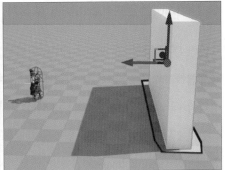

[그림 3.2-186] Nav Mesh 영역 전체(좌)와 이동 제한 영역(우) 시각화 표시하기

이제 플레이 버튼을 눌러 게임을 실행해 보면 적이 장애물을 피해 플레이어한테 다가오는 것을
확인할 수 있습니다.

[그림 3.2-187] 길 찾기를 수행하는 적

## ➔ 내비게이션 인보커를 이용한 길 찾기

만약 맵이 엄청 큰 경우일 때 멀리 있는 적이 타깃을 찾아서 최적의 경로로 바로 이동하는 것은 부자연스러울 수 있습니다. 이럴 때 AI가 가져올 수 있는 내비게이션 영역을 정해 줄 수 있으면 해당 영역 안에 타깃이 있을 때 이동하도록 처리할 수 있을 것입니다. 또한 AI가 이동하면 그에 따라 갖고있는데 내비게이션 데이터 영역도 갱신되도록 해야 합니다. 이를 위해 제공하는 기능이 내비게이션 인보커(Navigation Invoker)입니다.

먼저 내비게이션 데이터가 내비게이션 인보커 기능을 갖고 있는 AI 근처에서 만들어지도록 설정해주어야 합니다. 프로젝트 세팅 창을 열어 Navigation System 카테고리를 선택해 줍니다. 오른쪽 창에서 Navigation Enforcing 하위에 있는 Generate Navigation Only Around Navigation Invokers 속성에 체크해 줍니다.

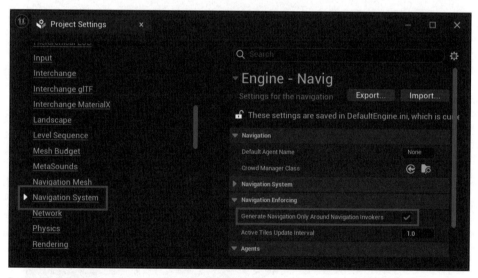

[그림 3.2-188] Navigation Invoker 활성화하기

내비게이션 데이터를 활용할 대상은 움직이는 객체입니다. 동적인 대상에 대한 내비게이션 데이터 생성을 위해서는 계속해서 데이터 갱신이 필요합니다. 이번에는 Navigation Mesh 카테고리로 이동하겠습니다. 이곳은 내비게이션 메시 데이터를 만들기 위한 설정을 하는 곳입니다. 오른쪽 창에서 아래쪽으로 내리다 보면 Runtime 하위의 Runtime Generation 속성이 있습니다. 이 속성의 값을 'Dynamic'으로 바꿔 줍니다.

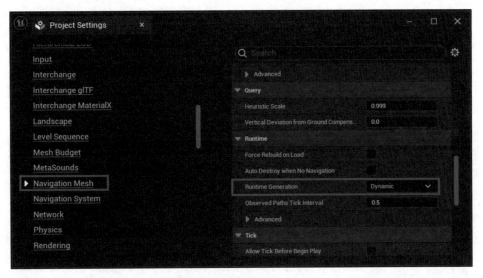

[그림 3.2-189] 동적으로 내비게이션 데이터 생성하기

여기까지가 내비게이션 인보커를 사용하기 위한 프로젝트 세팅 설정입니다. 이번에는 적 AI에게 내비게이션 인보커 컴포넌트를 추가해서 동적 내비게이션 데이터 활용을 하기 위한 작업을 해 주겠습니다. 내비게이션 인보커를 사용하는 방법은 이 기능이 필요한 액터에 NavigationInvoker 컴포넌트를 붙여주면 됩니다. C++ 클래스에서 처리해도 되지만 여기에서는 간단히 블루프린트에서 작업해 주도록 하겠습니다.

BP_Enemy 블루프린트 에디터를 열어 줍니다. 컴포넌트 창에서 [Add] 버튼을 클릭해 NavigationInvoker 컴포넌트를 추가합니다. 컴포넌트를 선택하고 오른쪽 디테일 창을 보면 Navigation 카테고리 하위에 Tile Generation Radius와 Tile Removal Radius 속성이 있습니다. 전자는 내비게이션 인보커 컴포넌트를 소유하고 있는 액터 주위로 Nav Mesh 데이터를 생성할 영역입니다. 여기에선 500을 할당했습니다. 후자는 액터 이동 시 기존에 있던 Nav Mesh 데이터를 삭제하기 위한 영역입니다. 여기에 지정된 영역을 벗어나면 기존 데이터는 삭제합니다. 800을 할당합니다.

[그림 3.2-190] 동적으로 내비게이션 데이터 생성하기

블루프린트를 컴파일하고 메인 에디터의 뷰포트 창으로 이동합니다. 키보드에서 [P] 키를 눌러 현재 Navigation Mesh Bounds Volume 영역을 확인해 봅니다. 그러면 전체 영역이 아닌 내비게이션 인보커 기능이 반영돼 반경 5미터 둘레에 녹색 타일이 표시되는 것을 확인할 수 있습니다. 다음 그림에서 오른쪽 결과는 BP_Enemy의 위치를 옮겼을 때 내비게이션 데이터가 갱신되는 모습입니다.

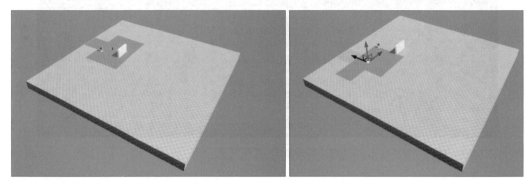

[그림 3.2-191] 동적으로 갱신되는 내비게이션 영역

## ➜ 패트롤 기능 추가하기

지금까지 구현한 이동 처리에서 한 가지 문제가 있습니다. 만약 타깃이 내비게이션 영역을 벗어나 있으면 적은 제자리에서 움직이지 못하고 걷기 애니메이션만 재생될 것입니다. 어찌 보면 당연한 문제입니다. 타깃 위치로 이동하고 싶은데 자신이 갖고 있는 길 찾기 데이터에는 해당 경로가 없으니 말입니다. 따라서 이렇게 타깃까지의 길 찾기 데이터가 존재 하지 않을 때는 자신이 갖고 있는 내비게이션 영역 안을 랜덤으로 돌아다니도록 패트롤 기능을 추가해 보도록 하겠습니다.

먼저 내비게이션 영역 안의 랜덤한 위치를 기억할 변수 FVector 타입의 randomPos와 랜덤한 위치를 구할 함수 GetRandomPositionInNavMesh() 함수를 EnemyFSM.h 헤더 파일 맨 아래에 추가해 줍니다.

```
class TPSPROJECT_API UEnemyFSM : public UActorComponent
{
        … (생략) …

public:
```

… (생략) …

```
// Enemy를 소유하고 있는 AIController
UPROPERTY()
class AAIController* ai;

// 길 찾기 수행시 랜덤 위치
FVector randomPos;
// 랜덤 위치 가져오기
bool GetRandomPositionInNavMesh(FVector centerLocation, float radius, FVector& dest);
};
```

[코드 3.2-46] EnemyFSM.h 패트롤 기능을 위한 랜덤 위치 속성 및 함수 추가하기

GetRandomPositionInNavMesh() 함수가 가진 매개변수가 갖는 의미는 다음과 같습니다. 맨 마지막 변수 FVector& 타입의 dest 변수는 참조 타입 변수입니다. 호출하는 곳에서 넘겨 준 변수에 값을 할당해주기 위함입니다. 반환 값은 제대로 검색이 되었는지 여부를 true, false로 넘겨 줍니다.

| 매개변수 | 설명 |
|---|---|
| centerLocation | 검색할 기준 위치 |
| radius | 검색 범위 |
| dest | 랜덤 위치 저장을 위한 참조 타입 변수 |

[표 3.2-7] GetRandomPositionInNavMesh() 함수 매개변수의 의미

EnemyFSM.cpp 파일에 GetRandomPositionInNavMesh() 함수의 구현부를 추가합니다. 하나씩 살펴보면 먼저 UNavigationSystemV1* 타입의 내비게이션 시스템 인스턴스를 UNavigation SystemV1 클래스의 GetNavigationSystem() 함수로부터 얻어옵니다. 그리고 이 객체의 멤버 함수인 GetRandomReachablePointInRadius() 함수를 호출합니다. 이 함수에 centerLocation과 검색 범위 radius, 그리고 마지막 인수에 FNavLocation 타입 변수 loc를 전달합니다.

GetRandomReachablePointInRadius() 함수는 주어진 centerLocation을 기준으로 radius 영역 안에 랜덤으로 위치 정보를 가져와 loc 변수에 담아주는 역할을 합니다. 정상적인 결과를

얻으면 true, 그렇지 않으면 false 값을 반환하며 이 값을 우리가 만들어주고 있는 GetRandom
PositionInNavMesh() 함수의 반환 값으로 사용합니다. 마지막으로 이렇게 구한 랜덤한 위치를
dest 변수에 할당합니다.

UNavigationSystemV1 클래스 사용을 하려면 맨 위쪽에 #include <NavigationSystem.h>를
추가해야 합니다.

```cpp
… (생략) …
#include <NavigationSystem.h>

// 랜덤 위치 가져오기
bool UEnemyFSM::GetRandomPositionInNavMesh(FVector centerLocation, float radius, FVector&
dest)
{
    auto ns = UNavigationSystemV1::GetNavigationSystem(GetWorld());
    FNavLocation loc;
    bool result = ns->GetRandomReachablePointInRadius(centerLocation, radius, loc);
    dest = loc.Location;
    return result;
}
```

[코드 3.2-47] EnemyFSM.cpp GetRandomPositionInNavMesh() 함수 구현하기

패트롤 이동 처리를 하기 전에 다시 한 번 패트롤이 동작하기 위한 조건을 살펴보겠습니다. 타깃
쪽으로 가고 싶은데 내비게이션 영역 안에 타깃이 없어 갈 수 없을 때 영역 안의 랜덤한 위치를 패
트롤하려고 합니다.

그럼 먼저 타깃 쪽으로 이동할 수 있는지를 조사합니다. 그리고 이동할 수 있다는 결과가 나오면
원래대로 타깃의 위치를 목적지로 삼아 이동합니다. 만약 이동할 수 없다면 랜덤한 위치를 구해서
그리로 패트롤 기능을 수행하는 것입니다.

MoveState() 함수로 이동합니다. 추가되어야 할 코드 내용 분량이 다소 되기 때문에 나누어 설
명하도록 하겠습니다. 먼저 길 찾기 결과 데이터를 얻어오는 내용을 구현해 보겠습니다.

## ● 길 찾기 결과 데이터 얻어오기

기존 ai → MoveToLocation( ) 함수를 호출해 준 곳은 지워 줍니다. 제일 먼저 길 찾기 데이터를 얻기 위해 UNavigationSystemV1* 인스턴스를 GetNavigationSystem( ) 함수를 통해 얻어옵니다.

길 찾기 결과 데이터는 UNavigationSystemV1 클래스의 FindPathSync( ) 함수를 통해 길 찾기 결과 정보를 얻어올 수 있습니다. 하지만 FindPathSync( ) 함수는 FPathFindingQuery 구조체 정보가 필요합니다. 이 쿼리(질의문)를 내비게이션 시스템에 전달해 길 찾기 정보를 찾아내려고 합니다. 이를 위해 FPathFindingQuery 타입의 변수 query를 선언해 주겠습니다.

FPathFindingQuery 값은 AAIController 클래스의 BuildPathfindingQuery( ) 함수를 통해 얻어올 수 있습니다. 함수의 이름처럼 길 찾기를 수행할 쿼리를 만드는 함수입니다.

BuildPathfindingQuery( ) 함수가 쿼리를 만들기 위한 조건으로 FAIMoveRequest 정보가 필요합니다. FAIMoveRequest 변수 req를 선언하고 이 구조체의 SetAcceptanceRadius( ) 함수에 도착지 범위 값 3을 전달합니다. 이렇게 하면 도착지에서 3센티미터 근방에 도달하면 이동 가능하다고 판단합니다. 그리고 SetGoalLocation( ) 함수에 도착지 정보를 넘겨 줍니다. 지금까지의 과정을 순서에 따라 정리한 코드는 다음과 같습니다.

```cpp
void UEnemyFSM::MoveState( )
{
    // 1. 타깃 목적지가 필요하다.
    FVector destination = target->GetActorLocation( );
    // 2. 방향이 필요하다.
    FVector dir = destination - me->GetActorLocation( );
    // 3. 방향으로 이동하고 싶다.
    //me->AddMovementInput(dir.GetSafeNormal( ));

    // NavigationSystem 객체 얻어오기
    auto ns = UNavigationSystemV1::GetNavigationSystem(GetWorld( ));

    // 목적지 길 찾기 경로 데이터 검색
    FPathFindingQuery query;
    FAIMoveRequest req;
    // 목적지에서 인지할 수 있는 범위
```

```
        req.SetAcceptanceRadius(3);
        req.SetGoalLocation(destination);
        // 길 찾기를 위한 쿼리 생성
        ai->BuildPathfindingQuery(req, query);
        // 길 찾기 결과 가져오기
        FPathFindingResult r = ns->FindPathSync(query);

    … (생략) …
}
```

[코드 3.2-48] EnemyFSM.cpp 길 찾기 결과 얻어오기

## ● 길 찾기 성공 후 타깃 쪽으로 이동 처리하기

다음으론 이렇게 구한 길 찾기 결과를 이용해 길 찾기가 성공했을 경우 타깃 쪽으로 이동하도록 처리해 주겠습니다. FPathFindingResult 변수 r의 Result 값이 ENavigationQueryResult::Success일 경우가 이에 해당하며 이 때는 정상적으로 타깃 쪽으로 이동하도록 처리합니다.

길 찾기 결과가 실패했을 경우에는 내비게이션 영역 안쪽의 랜덤한 위치로 이동하도록 MoveTo Location() 함수에 randomPos 값을 전달합니다. randomPos 위치에 도착하면 MoveToLocation() 함수의 반환 값이 EPathFollowingRequestResult::AlreadyAtGoal이 됩니다. 이 때는 다시 랜덤한 위치를 찾을 수 있도록 GetRandomPositionInNavMesh() 함수를 이용해 randomPos를 구합니다. 함수의 인자 값으로 radius에 500을 할당한 이유는 NavigationInvoker 컴포넌트의 Tile Generation Radius 값을 500으로 할당했기 때문입니다.

여기까지 구현하고 EPathFollowingRequestResult::AlreadyAtGoal 을 사용하기 위해 코드 맨 위에 Navigation/PathFollowingComponent.h 헤더 파일을 인클루드해 줍니다.

```
    … (생략) …
#include "Navigation/PathFollowingComponent.h"

void UEnemyFSM::MoveState()
```

1

1.1
1.2
1.3
1.4
1.5

2

2.1
2.2
2.3
2.4
2.5
2.6

3

3.1
3.2
3.3

```
{

    … (생략) …
    // 길찾기 결과 가져오기
    FPathFindingResult r = ns->FindPathSync(query);
    // 목적지까지의 길 찾기 성공 여부 확인
    if (r.Result == ENavigationQueryResult::Success)
    {
            // 타깃쪽으로 이동
            ai->MoveToLocation(destination);

    }
    else
    {

            // 랜덤 위치로 이동
            auto result = ai->MoveToLocation(randomPos);
            // 목적지에 도착하면
            if (result == EPathFollowingRequestResult::AlreadyAtGoal)
            {
                    // 새로운 랜덤 위치 가져오기
                    GetRandomPositionInNavMesh(me->GetActorLocation(), 500, randomPos);
            }
    }

    // 타깃과 가까워지면 공격 상태로 전환하고 싶다.
    … (생략) …
}
```

[코드 3.2-49] EnemyFSM.cpp 길 찾기 데이터 결과에 따른 이동 수행하기

● **랜덤 위치 randomPos의 초깃값 할당하기**

마지막으로 랜덤 위치 randomPos의 초깃값을 할당해 주어야 합니다. 타깃 쪽으로의 길 찾기가 불가능한 경우 randomPos로 이동하라고 했지만, 아직까지 randomPos의 초깃값은 구해지지 않았습니다. 이 값은 IdleState() 함수에서 이동 상태로 전환될 때 구해 주면 됩니다.

IdleState() 함수로 이동합니다. 이동 상태로 전환한 다음에 GetRandomPositionInNavMesh() 함수를 이용해 randomPos를 구합니다.

한 군데 더 랜덤 위치가 구해져야 하는 곳이 있습니다. 공격 상태에서 타깃이 도망가면 다시 이동 상태로 전환됩니다. 이때에도 랜덤 위치가 설정되도록 처리해야 합니다. AttackState( ) 함수에서 Move 상태로 전환되는 부분에도 RandomPos를 얻어오는 코드를 추가해 줍니다.

```cpp
void UEnemyFSM::IdleState()
{
    // 1. 시간이 흘렀으니까
    currentTime += GetWorld()->DeltaTimeSeconds;
    // 2. 만약 경과 시간이 대기 시간을 초과했다면
    if(currentTime > idleDelayTime)
    {
        // 3. 이동 상태로 전환하고 싶다.
        mState = EEnemyState::Move;
        // 경과 시간 초기화
        currentTime = 0;

        // 애니메이션 상태 동기화
        anim->animState = mState;
        // 최초 랜덤한 위치 정해주기
        GetRandomPositionInNavMesh(me->GetActorLocation(), 500, randomPos);
    }
}

void UEnemyFSM::AttackState()
{
    … (생략) …
    if(distance> attackRange)
    {
        mState= EEnemyState::Move;
        anim->animState= mState;

        GetRandomPositionInNavMesh(me->GetActorLocation(), 500, randomPos);
    }
}
```

[코드 3.2-50] EnemyFSM.cpp 대기 상태에서 이동 상태 전환 시 패트롤 위치 구하기

이제 비주얼 스튜디오를 빌드하고 언리얼 에디터로 이동해 실행해 보겠습니다. 타깃이 내비게이션

영역을 벗어나 있으면 주변의 랜덤한 위치로 계속 돌아다니고 있는 적을 확인할 수 있을 것입니다.

[그림 3.2-192] 랜덤한 위치로 패트롤하는 AI

    잘 동작하는 것 같지만 총을 쏴서 적을 맞춰보면 피격 상태에서 멈추지 않고 미끄러지듯 이동하는 것을 확인할 수 있을 것입니다. 문제 해결을 위해 AI 길 찾기 동작은 이동이 아닌 다른 상태로 변하게 됐을 때 멈추어 줘야 합니다. 상태 다이어그램에서는 이동 상태에서 공격, 혹은 피격, 죽음 상태로 전환이 가능합니다. MoveState( ) 함수에서 공격 상태로 전환되는 부분과 OnDamage Process( ) 함수의 맨 마지막에 ai → StopMovement( ) 코드를 추가해 주겠습니다.

```cpp
void UEnemyFSM::MoveState( )
{
    … (생략) …

    // 타깃과 가까워지면 공격 상태로 전환하고 싶다.
    // 1. 만약 거리가 공격 범위 안에 들어오면
    if(dir.Size( ) < attackRange)
    {
        // 길 찾기 기능 정지
        ai->StopMovement( );

        // 2. 공격 상태로 전환하고 싶다.
        … (생략) …
    }
}
```

```
void UEnemyFSM::OnDamageProcess()
{
    … (생략) …
    // 애니메이션 상태 동기화
    anim->animState = mState;
    ai->StopMovement();
}
```

[코드 3.2-51] EnemyFSM.cpp 길 찾기 기능 정지시키기


빌드하고 언리얼 에디터로 이동해 실행해 보면 이제 정상적으로 길 찾기를 수행하고 피격이나 공격 상태 시 멈추는 동작을 확인할 수 있을 것입니다.

언리얼 엔진에서는 내비게이션에 관련된 더 많은 기능을 제공하고 있습니다. Nav Link Proxy를 이용해 연결되지 않은 지형을 뛰어넘을 수도 있으며, 또한 뛰어내릴 수도 있고, 점프해서 올라갈 수도 있습니다. Nav Modifier Volume을 이용하면 Volume 영역 안의 내비게이션 속성을 바꿔줄 수도 있습니다. 예를 들어 **Nav Modifier Volume**을 장애물로 만들 수도 있고, 지나다닐 수 있는 길로도 만들 수 있습니다.

이외에도 우선순위 조건에 따른 길 찾기, 에이전트 간의 회피 요소 등 길 찾기 하나에도 기획과 성능 이슈에 따라 선택할 수 있는 여러 가지 기능을 제공하고 있습니다. 이 책의 분량상 모든 길 찾기 예제를 다룰 순 없지만 언리얼 도큐먼트에 관련된 예제가 친절하게 제공되고 있으니 프로젝트 진행 하다 필요하면 다음 링크를 참고하기 바랍니다.


https://docs.unrealengine.com/5.0/ko/navigation-system-in-unreal-engine/


여기까지 해서 적의 알파타입 버전 업그레이드 작업을 마치도록 하겠습니다. 다음에는 다중 적이 동적으로 월드에 스폰(Spawn)되도록 처리해 보겠습니다.

# 다중 적 생성하기

지금까지는 적 하나를 맵에 배치해서 사용했습니다. 이번 장에서는 월드 공간의 여기저기에서 적들이 동적으로 생성되도록 처리해 보겠습니다. *Chapter 2 슈팅 게임 제작하기*에서 다루었던 내용과 비슷합니다.

1

1.1
1.2
1.3
1.4
1.5

2

2.1
2.2
2.3
2.4
2.5
2.6

3

3.1
3.2
3.3

4

4.1
4.2
4.3
4.4
4.5

✕ **학습 목표**

다중 적을 생성하고 싶다.

✕ **구현 순서**

❶ EnemyManager 클래스 생성하기      ❷ 타이머 활용하기

❸ 적 생성하기      ❹ 스폰할 위치 생성하기

## ➜ EnemyManager 클래스 생성하기

먼저 적 생성 역할을 담당할 매니저 클래스 EnemyManager를 만들어 보겠습니다. 언리얼 에디터에서 [C++ 클래스 만들기]를 누르고 부모를 'Actor'로 선택해 줍니다. 이름은 'EnemyManager'로 하겠습니다.

[그림 3.2-193] EnemyManager C++ 클래스 생성하기

이 클래스에서 하는 일은 랜덤한 간격 시간에 한 번씩 특정 위치에 적을 만들어 주는 것입니다. 이를 위해 필요한 속성을 정리해 보면 다음과 같습니다.

>>> **목표** : 랜덤한 간격 시간에 한 번씩 특정 위치에 적을 만들고 싶다.
>>> **필요 속성** : 랜덤 시간 간격, 스폰할 위치들, 적 공장

EnemyManager.h 헤더 파일에 해당 속성을 추가해 주겠습니다. 먼저 랜덤 시간 간격으로 최소, 최대 시간을 갖는 float 타입의 minTime, maxTime 변수를 선언합니다. 그리고 적이 배치될 위치 정보 AActor*를 담을 TArray 배열 spawnPoints, 마지막으로 적 AEnemy 타입의 블루프린트를 할당받을 enemyFactory 변수를 선언해 줍니다.

```
#pragma once

#include "CoreMinimal.h"
#include "GameFramework/Actor.h"
#include "EnemyManager.generated.h"

UCLASS()
class TPSPROJECT_API AEnemyManager : public AActor
{
    GENERATED_BODY()

public:
    AEnemyManager();

protected:
    virtual void BeginPlay() override;

public:
    virtual void Tick(float DeltaTime) override;

public:
    // 랜덤 시간 간격 최솟값
    UPROPERTY(EditAnywhere, Category = SpawnSettings)
    float minTime = 1;
    // 랜덤 시간 간격 최댓값
```

```
    UPROPERTY(EditAnywhere, Category = SpawnSettings)
    float maxTime = 5;
    // 스폰할 위치 정보 배열
    UPROPERTY(EditAnywhere, Category = SpawnSettings)
    TArray<class AActor*> spawnPoints;
    // AEnemy 타입의 블루프린트 할당받을 변수
    UPROPERTY(EditAnywhere, Category = SpawnSettings)
    TSubclassOf<class AEnemy> enemyFactory;
};
```

[코드 3.2-52] EnemyManager.h 필요 속성 선언하기

## 타이머 활용하기

여기에 추가로 랜덤 시간에 한 번씩 적을 생성하는 역할을 하는 함수 CreateEnemy( )와 생성 시간
알람 역할을 하는 FTimerHandle 타입의 spawnTimerHandle 변수도 추가해 주겠습니다.

```
class TPSPROJECT_API AEnemyManager : public AActor
{
    … (생략) …

public:
    … (생략) …
    // AEnemy 타입의 블루프린트 할당받을 변수
    UPROPERTY(EditDefaultsOnly, Category = SpawnSettings)
    TSubclassOf<class AEnemy> enemyFactory;

    // 스폰을 위한 알람 타이머
    FTimerHandle spawnTimerHandle;

    // 적 생성 함수
    void CreateEnemy();
};
```

[코드 3.2-53] EnemyManager.h 적 생성 함수 및 타이머 선언하기

이제껏 시간 흐르는 것을 체크하기 위해 경과 시간 변수 currentTime을 직접 만들어 사용했습니다. 이 경과 시간을 매 틱(Tick) 마다 한 번씩 DeltaTimeSeconds을 더해 누적시켜 주었습니다. 이렇게 하면 시간이 흐르는 것을 체크할 수 있었습니다. '델타 타임'이라는 것은 한 틱에 걸린 시간입니다. 1초에 몇 번의 틱(혹은 Frame이라고 합니다.)이 불리느냐에 따라서 사용자가 쾌적하게 콘텐츠를 플레이할 수 있게 됩니다.

언리얼 엔진에서는 알람 설정을 해 놓고 시간이 되면 알려 주는 타이머 기능을 제공합니다. 타이머는 월드에 하나 있는 글로벌 타이머 매니저를 이용해 사용할 수 있습니다. 글로벌 타이머 매니저한테 알람시계(여기에서는 FTimerHandler)를 넘겨주고 원하는 시간이 되면 알려달라고 요청을 합니다. 이때 타이머 매니저한테 알림을 받을 함수 혹은 델리게이트를 넘겨줍니다. 앞에서 선언한 적 생성 함수 CreateEnemy( )가 이에 해당합니다.

그럼 직접 타이머를 사용해 보면서 설명을 이어 나가도록 하겠습니다. EnemyManager.cpp 파일을 열어 줍니다. 먼저 적 생성 역할을 하는 CreateEnemy( ) 함수를 구현합니다. 그리고 BeginPlay( ) 함수에 타이머를 등록하는 코드를 추가합니다.

BeginPlay( ) 함수에서 첫 번째로 할 내용은 minTime과 maxTime 사이의 랜덤 값을 구해 생성 시간으로 정하는 부분입니다. 그리고 월드 클래스의 GetTimerManager( ) 함수를 이용해 글로벌 타이머 매니저 FTimerManager 타입의 인스턴스를 가져옵니다. 이제 이 클래스의 SetTimer( ) 함수에 타이머 정보를 넘겨주면 됩니다. SetTimer의 함수 원형은 다음과 같습니다.

```cpp
void SetTimer
(
    FTimerHandle & InOutHandle,
    UserClass * InObj,
    typename FTimerDelegate::TUObjectMethodDelegate< UserClass >::FMethodPtr InTimerMethod,
    float InRate,
    bool InbLoop = false,
    float InFirstDelay = -1.0f
)
```

| 매개변수 | 설명 |
|---|---|
| InOutHandle | 등록될 타이머 |
| InObj | 알림을 받을 객체 |
| InTimerMethod | 알림을 받을 함수 |
| InRate | 알람 시간 |
| InbLoop | 반복 여부 |
| InFirstDelay | 처음 반복할 때 사용될 시간. 음수 값이면 InRate가 사용됨. |

[표 3.2-8] SetTimer() 함수 매개변수에 대한 설명

함수의 원형이 복잡해 보이지만 매개변수에 값을 어떻게 할당하는지만 알면 사용은 간단합니다. SetTimer()의 첫 번째 인자로 알람 시계를 나타내는 spawnTimerHandle을 인자로 넘깁니다. 그리고 알람을 받을 대상 객체로 자기자신 this 포인터를 전달합니다. 알림을 받을 함수로 CreateEnemy() 함수의 참조를 넘기고, 알람 시간에 createTime을 전달합니다. 반복을 사용하지 않고 디폴트 값을 그냥 사용합니다.

```cpp
void AEnemyManager::BeginPlay()
{
    Super::BeginPlay();

    // 1. 랜덤 생성 시간 구하기
    float createTime = FMath::RandRange(minTime, maxTime);
    // 2. Timer Manager한테 알람 등록
    GetWorld()->GetTimerManager().SetTimer(spawnTimerHandle, this,
&AEnemyManager::CreateEnemy, createTime);
}

void AEnemyManager::CreateEnemy()
{

}
```

[코드 3.2-54] EnemyManager.cpp 적 생성 함수 구현 및 타이머 등록하기

Tick() 함수에서 경과 시간을 직접 계산하고 체크해서 사용하는 것보다 타이머의 사용이 실제로 더 많습니다. 사용 방법도 까다롭지 않으니 잘 알아두기 바랍니다. 그렇다고 경과 시간 활용법은 안 해도 되냐 하면, 그렇진 않습니다. 다양한 이유로 경과 시간 체크 방법도 많이 사용되니 둘 다 알아 둬야 합니다.

마지막으로 말한 것처럼 Tick()을 이용한 경과 시간을 체크하지 않습니다. 그렇다면 아무것도 하지 않는 Tick() 함수가 계속 돌아가는 건 성능 면에서 낭비입니다. 생성자 함수에서 Tick() 함수가 호출되지 않도록 처리합니다.

```
AEnemyManager::AEnemyManager()
{
    // Tick() 함수가 매 프레임 호출되지 않도록 설정
    PrimaryActorTick.bCanEverTick = false;
}
```

[코드 3.2-55] EnemyManager.cpp Tick() 함수 호출되지 않도록 설정하기

## ➡ 적 생성하기

이번에는 알람이 울리고 CreateEnemy() 함수가 호출됐을 때 랜덤한 위치에서 적이 생성되도록 처리해 주겠습니다. 먼저 맨 위에 #include "Enemy.h"를 추가해 AEnemy 클래스를 사용할 수 있도록 합니다.

CreateEnemy() 함수는 크게 두 가지로 구성됩니다. 첫 번째는 적 생성이고, 두 번째는 알람이 랜덤 시간에 다시 울리도록 타이머 설정을 해 주는 것입니다.

먼저 적 생성입니다. RandRange()를 이용해 0부터 spawnPoints 크기 중에서 랜덤으로 하나 뽑습니다. 다음으로 UWorld 클래스의 SpawnActor() 함수에 생성할 클래스 enemyFactory를 인자로 넘깁니다. 그리고 앞에서 구한 인덱스를 이용해 spawnPoints에 등록된 액터의 위치를 GetActorLocation()로 넘겨줍니다. 마지막 인자로 0으로 초기화된 회전값 FRotator(0)을 넘깁니다.

이렇게 적 생성하기가 끝나면 다시 CreateEnemy() 함수가 랜덤 시간에 호출될 수 있도록 타이머를 등록합니다. 이 내용은 BeginPlay() 함수에서 복사해서 붙여넣기 하면 됩니다.

```cpp
#include "EnemyManager.h"
#include "Enemy.h"

void AEnemyManager::CreateEnemy()
{
    // 랜덤 위치 구하기
    int index = FMath::RandRange(0, spawnPoints.Num()-1);
    // 적 생성 및 배치하기
    GetWorld()->SpawnActor<AEnemy>(enemyFactory, spawnPoints[index]->GetActorLocation(),
FRotator(0));

    // 다시 랜덤 시간에 CreateEnemy 함수가 호출되도록 타이머 설정
    float createTime = FMath::RandRange(minTime, maxTime);
    GetWorld()->GetTimerManager().SetTimer(spawnTimerHandle, this,
&AEnemyManager::CreateEnemy, createTime);
}
```

[코드 3.2-56] EnemyManager.cpp 적 생성 함수 구현하기

적 생성을 위한 코드 구현은 끝났습니다. 비주얼 스튜디오를 빌드하고 언리얼 에디터로 이동합니다. 콘텐트 브라우저 창에서 C++ Classes - TPSProject - public 폴더로 이동합니다. EnemyManager 클래스를 드래그해서 뷰포트 창에 등록해 줍니다.

[그림 3.2-194] EnemyManager 클래스 월드에 등록하기

## ➜ 스폰할 위치 생성하기

이번에는 적이 스폰될 위치를 등록해
주도록 하겠습니다. 콘텐트 브라우저에서
Blueprints 폴더로 이동합니다. 여기에
Actor를 부모로 하는 'BP_EnemySpawn
Point' 이름의 블루프린트 클래스를 만들
어 줍니다.

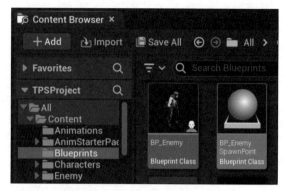

[그림 3.2-195] Actor를 상속받는 BP_EnemySpawnPoint 생성하기

BP_EnemySpawnPoint를 더블클릭해 편집기 창을 열어 줍니다. 컴포넌트 창에서 [Add
Component] 버튼을 클릭해 Sphere 컴포넌트를 추가합니다. 'Sphere'를 추가하는 이유는 시각적으
로 보면서 배치하기 위해서입니다. 목적이 명확하게 위치 정보만을 가져다 쓰기 위함이기 때문에
충돌 기능은 필요 없습니다. 디테일 창에서 Collision Presets 값을 'NoCollision'으로 합니다. 그리고
마찬가지 이유로 실제 게임 플레이 중에는 보일 필요가 없습니다. Rendering 카테고리 하위에 있는
Hidden in Game을 체크해 활성화시켜 줍니다.

[그림 3.2-196] Sphere 컴포넌트 추가 및 충돌 비활성화하기

작업이 완료되면 블루프린트를 컴파일하고 에디터는 닫아 줍니다. 이렇게 적이 스폰될 위치 정보를
담당할 BP_EnemySpawnPoint를 드래그해서 뷰포트 창에 등록해 맵의 도처에 배치해 줍니다.

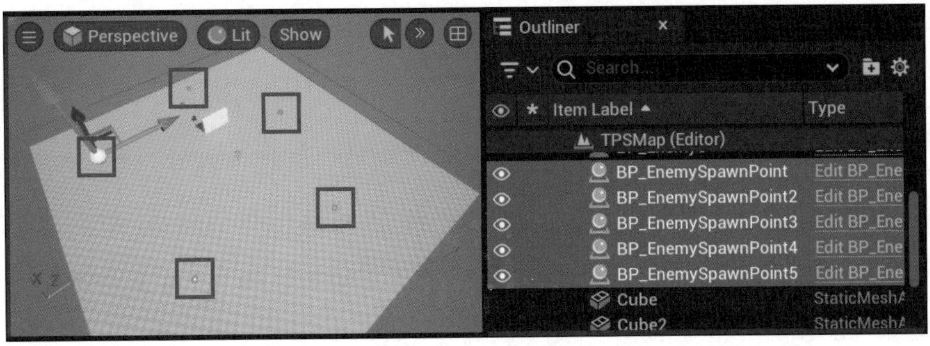

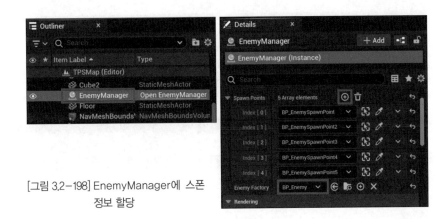

[그림 3.2-197] BP_EnemySpawnPoint 레벨에 배치하기

이번에는 등록된 스폰 위치 액터인 BP_EnemySpawnPoint가 EnemyManager에 등록되도록 처리해 주겠습니다. 먼저 간편하게 기획자가 스폰할 위치를 동적으로 추가 삭제할 수 있도록 에디터에서 처리하는 방법을 알아보겠습니다.

아웃라이너 창에서 EnemyManager를 선택하고 디테일 창을 보면 Spawn Settings 카테고리를 찾을 수 있습니다. Spawn Points에 스폰 위치 액터를 추가해야 합니다. 아직까진 아무것도 등록하지 않았기 때문에 비어 있습니다. Spawn Points 오른쪽에 [+] 버튼을 레벨에 추가해준 BP_EnemySpawnPoint 개수만큼 클릭해 줍니다. 이 책에서는 5개를 추가했습니다. 0~4번째 인덱스 값을 드롭다운 버튼을 눌러 각각 다음 그림처럼 레벨에 등록된 BP_EnemySpawnPoint를 중복되지 않도록 추가합니다.

마지막으로 EnemyManager가 생성할 적 BP_Enemy 블루프린트를 드롭다운 버튼을 클릭해 할당해 줍니다.

[그림 3.2-198] EnemyManager에 스폰
정보 할당

플레이 버튼을 클릭해 게임을 실행해 봅니다. 그러면 언리얼 에디터가 꺼지며 크래시 창이 뜨게 됩니다. 이유는 적이 만들어질 때 AIController에 자동으로 소유(Possess)되도록 설정해 주지 않아 서입니다. 이를 해결해 보겠습니다.

Enemy.cpp의 생성자 함수로 이동합니다. 맨 마지막에 `AutoPossessAI` 값을 PlacedIn WorldOrSpawned가 되도록 설정해 줍니다. 이렇게 하면 `AIController`로부터 월드에 배치되거나 스폰될 때 자동으로 소유될 수 있습니다.

```
AEnemy::AEnemy( )
{
        … (생략) …

        // 월드에 배치되거나 스폰될 때 자동으로
        // AIController부터 Possess될 수 있도록 설정
        AutoPossessAI = EAutoPossessAI::PlacedInWorldOrSpawned;

}
```

[코드3.2-57] Enemy.cpp AI로부터 자동으로 소유되도록 설정하기

다시 플레이 버튼을 클릭해 게임을 실행해 봅니다. 등록된 스폰 위치에서 다수의 적들이 생성돼 주변을 배회하다 플레이어가 근처에 가면 쫓아가는 것을 확인할 수 있을 것입니다.

[그림 3.2-199] 다수의 적 생성 결과

1

1.1
1.2
1.3
1.4
1.5

2

2.1
2.2
2.3
2.4
2.5
2.6

3

3.1
3.2
3.3

4

4.1
4.2
4.3
4.4
4.5

기획자가 여기저기 스폰할 위치를 레벨에 배치하고 EnemyManager에서 이를 등록하는 과정에서 자동화할 수 있는 부분이 있을까요? 기획자의 의도를 반영할 스폰 위치는 어쩔 수 없이 수동으로 하나씩 배치해야겠지만 EnemyManage에 이를 하나하나 등록해 주는 과정은 번거롭습니다. 보통 여기까지 해도 사용하는 데는 문제가 없지만, 협업을 중시하는 개발자라면 다른 개발 직군들의 편의를 고려해 작업하는 자세가 꼭 필요합니다.

EnemyManager에서 동적으로 실행 시 스폰할 위치를 찾아와 스스로 등록해 사용하면 번거로운 작업을 조금은 줄여줄 수 있습니다. EnemyManager.h 헤더 파일에 이를 처리할 FindSpawnPoints( ) 라는 이름의 함수를 하나 추가해 주겠습니다.

```cpp
class TPSPROJECT_API AEnemyManager : public AActor
{
        … (생략) …

public:
        … (생략) …

        // 적 생성 함수
        void CreateEnemy( );

        // 스폰할 위치 동적 찾아 할당하기
        void FindSpawnPoints( );
};
```

[코드 3.2-58] EnemyManager.h 스폰할 위치 동적 할당 함수 추가하기

이 함수를 구현해 보겠습니다. EnemyManager.cpp 소스 파일에 FindSpawnPoints( ) 구현부를 추가합니다. 이 함수에서 처리할 내용은 월드에서 'BP_EnemySpawnPoint'라는 이름으로 등록된 액터들을 모두 찾아 스폰 목록 spawnPoints 배열에 추가해 주는 것입니다.

언리얼 엔진에서는 원하는 타입의 오브젝트, 혹은 원하는 타입의 액터를 찾을 수 있는 기법을 제공합니다. 비슷한 많은 방법이 있지만 오브젝트를 찾고자 할 때는 TObjectIterator, 액터를 찾고자 할 때는 TActorIterator를 이용할 수 있습니다. 둘 다 사용하는 방법은 비슷합니다.

TActorIterator를 이용하는 방법을 알아보겠습니다. TActorIterator는 이름에서 드러나는 것처럼 찾은 결과를 반복해 하나씩 꺼내서 사용을 할 수 있습니다. 보통 for 문을 사용합니다. for 문의 첫 번째 인수로, 찾고자 하는 액터 타입을 템플릿 꺾쇠 < > 안에 넣어 줍니다. 우리 예제에서는 Actor를 찾을 것이기 때문에 TActorIterator<AActor> 형태로 사용하면 됩니다. 그리고 이 타입의 변수 이름을 It으로 지정합니다. 생성자 인자에 찾을 액터가 있는 UWorld*를 전달합니다.

for 문의 두 번째 인수로는 It 포인터 변수를 넣습니다. 이 값이 정상적이라면 0이 아닌 값이 들어가 있고, 그렇지 않다면 0(nullptr)이기 때문에 for 문은 종료됩니다. 마지막 세 번째 인수는 It 포인터 변수의 주소 값을 반복할 때마다 ++로 하나씩 이동시켜줍니다. 마치 배열의 인덱스를 하나씩 증가시키는 것과 같다고 볼 수 있습니다.

이렇게 for 문의 머리 부분이 완성되면 이제 몸체를 작성할 차례입니다. It가 가리키는 주소에 있는 값을 가져올 때는 별표 문자를 더한 *It를 활용해 가져올 수 있습니다. 이를 Actor* 타입 변수 spawn에 담아서 활용하겠습니다. 그리고 이 액터의 이름에 BP_EnemySpawnPoint 문자열이 포함되어 있는지를 조사합니다. GetName( )을 이용해 이름을 FString 타입으로 가져오고, FString의 Contains( ) 함수에 조사할 값을 넘기면 됩니다. 이렇게 검출된 액터들만 스폰 목록에 추가합니다.

```cpp
#include <EngineUtils.h>

void AEnemyManager::FindSpawnPoints()
{
    for (TActorIterator<AActor> It(GetWorld()); It; ++It)
    {
        AActor* spawn = *It;
        // 찾은 액터의 이름에 해당 문자열을 포함하고 있다면
        if (spawn->GetName().Contains(TEXT("BP_EnemySpawnPoint")))
        {
            // 스폰 목록에 추가
            spawnPoints.Add(spawn);
        }
    }
}
```

[코드 3.2-59] EnemyManager.cpp TActorIterator를 이용한 액터 찾기

TActorIterator를 이용해 월드에 존재하는 특정 타입의 액터를 찾는 방법을 알아보았습니다. 물론 언리얼 엔진은 이렇게 작성한 내용을 처리하는 유틸리티 함수를 제공합니다. UGameplayStatics 클래스에 있는 GetAllActorsOfClass() 함수가 바로 그것입니다. GetAllActorsOfClass() 함수의 원형은 다음과 같습니다.

```
static void GetAllActorsOfClass
(
    const UObject * WorldContextObject,
    TSubclassOf< AActor > ActorClass,
    TArray< AActor * > & OutActors
)
```

| 매개변수 | 설명 |
| --- | --- |
| WorldContextObject | 찾을 액터가 있는 월드에 존재하는 객체. 보통 UWorld 객체 사용 |
| ActorClass | 찾고자 하는 Actor 타입의 클래스 |
| OutActors | 찾은 결과 액터들을 넘겨받을 배열 |

[표 3.2-9] SetTimer() 함수 매개변수에 대한 설명

GetAllActorsOfClass()도 많이 사용하기 때문에 이를 이용한 구현도 해 보겠습니다. 먼저 검색으로 찾은 결과를 넘겨받을 배열 TArray<AActor*> 타입의 allActors를 선언합니다. 다음으로 GetAllActorsOfClass() 함수를 호출합니다. 여기에서 두 번째 인수는 찾고자 하는 클래스의 UClass*를 넘겨주면 됩니다. 이를 위해 AActor의 StaticClass()를 호출해 넘겨줍니다. 만약 적 액터들을 검출하려면 AEnemy::StaticClass()를 넣어 주면 됩니다. 마지막 인수에는 결과를 넘겨받을 allActors를 전달합니다.

for 문을 활용해 배열을 탐색합니다. 나머지는 앞에서와 구현이 같습니다. 추가로 UGameplay Statics 클래스 사용을 위해 위쪽에 #include <Kismet/GameplayStatics.h>를 선언해 줍니다.

```
#include <Kismet/GameplayStatics.h>
```

// 스폰 위치 동적 할당

```
void AEnemyManager::FindSpawnPoints()
{
    // 검색으로 찾은 결과를 저장할 배열
    TArray<AActor*> allActors;
    // 원하는 타입의 액터 모두 찾아오기
    UGameplayStatics::GetAllActorsOfClass(GetWorld(), AActor::StaticClass(), allActors);
    // 찾은 결과가 있을 경우 반복적으로
    for (auto spawn : allActors)
    {
        // 찾은 액터의 이름에 해당 문자열을 포함하고 있다면
        if (spawn->GetName().Contains(TEXT("BP_EnemySpawnPoint")))
        {
            // 스폰 목록에 추가
            spawnPoints.Add(spawn);
        }
    }
}
```

[코드 3.2-60] EnemyManager.cpp GetAllActorsOfClass를 이용한 액터 찾기

이제 만들어진 FindSpawnPoints() 함수를 시작할 때 호출해 스폰할 위치를 동적으로 찾아 오도록 해야 합니다. BeginPlay() 함수의 맨 아래쪽에서 FindSpawnPoints()를 호출해 줍니다.

```
void AEnemyManager::BeginPlay()
{
    Super::BeginPlay();

    // 1. 랜덤 생성 시간 구하기
    float createTime = FMath::RandRange(minTime, maxTime);
    // 2. Timer Manager한테 알람 등록
    GetWorld()->GetTimerManager().SetTimer(spawnTimerHandle, this,
&AEnemyManager::CreateEnemy, createTime);

    // 스폰 위치 동적 할당
    FindSpawnPoints();
}
```

[코드 3.2-61] EnemyManager.cpp 시작할 때 스폰 위치 동적 할당하기

비주얼 스튜디오를 빌드하고 언리얼 에디터로 이동합니다. 아웃라이너에 있는 EnemyManager를 선택하고 디테일 창에서 Spawn Points에 등록된 항목들 지우고 테스트해 보겠습니다. Spawn Points 오른쪽 옆에 휴지통 모양의 아이콘을 클릭하면 등록된 요소들을 모두 지울 수 있습니다.

[그림 3.2-200] 배열에 등록된 항목 삭제하기

이제 실행해 보면 동적으로 스폰 위치를 찾아 적 액터 생성에 활용합니다. 물론 기획자는 이제 스폰할 위치를 더하거나 삭제해도 따로 EnemyManager에서의 설정을 수정할 필요가 없습니다. 이런 방식의 개발은 같이하는 팀원들을 배려함에 있어 꼭 필요한 요소임을 명심하기 바랍니다.

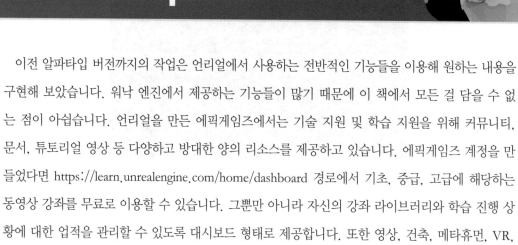

# 3.3 베타타입 버전 제작하기

이전 알파타입 버전까지의 작업은 언리얼에서 사용하는 전반적인 기능들을 이용해 원하는 내용을 구현해 보았습니다. 워낙 엔진에서 제공하는 기능들이 많기 때문에 이 책에서 모든 걸 담을 수 없는 점이 아쉽습니다. 언리얼을 만든 에픽게임즈에서는 기술 지원 및 학습 지원을 위해 커뮤니티, 문서, 튜토리얼 영상 등 다양하고 방대한 양의 리소스를 제공하고 있습니다. 에픽게임즈 계정을 만들었다면 https://learn.unrealengine.com/home/dashboard 경로에서 기초, 중급, 고급에 해당하는 동영상 강좌를 무료로 이용할 수 있습니다. 그뿐만 아니라 자신의 강좌 라이브러리와 학습 진행 상황에 대한 업적을 관리할 수 있도록 대시보드 형태로 제공합니다. 또한 영상, 건축, 메타휴먼, VR, AR 등의 산업별 프로젝트를 수행하는데 필요한 팁 및 세미나 영상도 제공하고 있으니 꼭 들어가 보기 바랍니다.

이번 베타 버전에서는 알파 버전에 추가적인 기능을 더한다기 보다는 설계 관점에서 접근해 보려고 합니다. 프로토타입 제작의 결과물은 기획자의 의도가 드러나도록 핵심 부분을 구현하고 이를 검증하는 단계입니다. 다음으로 알파 버전에서는 전체 기획 내용을 모두 넣게 됩니다. 이때는 프로젝트 전체의 게임성과 사용성 등을 검증하게 됩니다. 마지막으로 베타 버전에서는 사용자의 플레이 경험을 피드백 받아 이를 콘텐츠에 적용하고, 버그 및 성능 개선에 집중하는 단계입니다. 물론 현업에서의 프로젝트는 이보다 더 잘게 세분된 제작 프로세스와 검증 기준도 회사마다 다를 수 있습니다.

이 책에서 베타 버전의 결과물은 디버깅 및 성능 개선을 하기에 유리하도록 설계 구조를 변경하는 작업을 하게 됩니다. 실제 알파 버전까지는 설계라는 개념을 아예 넣지 않고 기능 구현에 집중했다고 할 수 있습니다. 1인 프로젝트, 나아가 소규모 혹은, 대규모 팀 프로젝트에 따라 여러 가지 설계 개념이 있겠지만, 이번에 다루게 될 내용은 하나의 클래스에 모두 들어가 있는 구현 요소를 뜯어내어 언리얼이 추구하는 컴포넌트 기반 설계로 재구조화시키게 됩니다.

컴포넌트 기반 설계 구조의 장점은 여러 가지가 있겠지만 대표적으로는 재사용성을 들 수 있습니다. 진행 중인 프로젝트 외에도 다른 프로젝트에서도 편리하게 붙여 재사용할 수 있는 것입니다. 이럼으로써 개발 기간을 단축하고, 나아가서는 기존 컴포넌트를 계속 고도화함으로써 성능과 안정성에서 더욱 검증된 결과물을 제작할 수 있습니다. 또한, 사용 방법에서도 유연함을 제공합니다. 컴포넌트를 레고 블록으로 생각해 보면 레고 블록을 간단히 붙이거나 뗌으로써 그 블록의 역할을 기능하게 할 수도 못 할 수도 있습니다. 마지막으로 팀 작업에 있어서 컴포넌트별로 뜯어 분리해 작업할 수 있으니 그 장점도 대단히 크다 할 수 있습니다.

이제 거창하게 소개한 컴포넌트 기반 설계 구조로 기존 프로젝트를 변경시켜 보겠습니다.

1. 플레이어 베이스 컴포넌트 제작  2. 플레이어 이동 컴포넌트 제작
3. 플레이어 공격 컴포넌트 제작  4. 동적 컴포넌트 추가하기
5. 게임오버 처리하기     6. 총 바꾸기 이벤트 처리

## 3.3-1 플레이어 베이스 컴포넌트 제작하기

컴포넌트 기반 설계의 가장 첫 단계로 여러 컴포넌트에서 공통으로 사용하는 멤버들을 갖는 부모 클래스를 만들어 주겠습니다. 이 클래스는 UActorComponent를 부모로 상속받아 액터에 컴포넌트로 붙일 수 있도록 합니다.

✖ **학습 목표**

컴포넌트 기반 클래스를 제작하고 싶다.

✖ **구현 순서**

❶ 클래스 생성하기
❷ 멤버 추가 및 초기화하기

## → 클래스 생성하기

먼저 언리얼 에디터에서 ActorComponent를 부모로 하는 C++ Class를 만들어 주겠습니다. 클래스의 이름은 'PlayerBaseComponent'로 합니다.

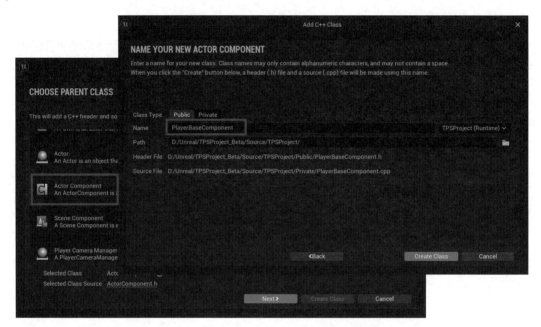

[그림 3.3-1] PlayerBaseComponent 클래스 생성하기

이렇게 하면 public 폴더에 PlayerBaseComponent.h 헤더 파일이 생성되고, private 폴더에 PlayerBaseComponent.cpp 소스 파일이 생성됩니다. 이제 이 클래스에 필요한 멤버들을 추가해 보도록 하겠습니다.


## → 멤버 추가 및 초기화하기

비주얼 스튜디오에서 PlayerBaseComponent.h 헤더 파일을 열어주겠습니다. 이 클래스는 자식 클래스들에서 공통으로 사용할 멤버들을 소유합니다. 먼저 컴포넌트의 소유 액터가 누구인지 기억할 필요가 있습니다. 이를 위해 ATPSPlayer* 타입의 변수 me를 선언해 줍니다. 그리고 캐릭터의 이동을 담당하는 UCharacterMovementComponent* 타입의 moveComp 변수를 갖도록 합니다. 그리고 맨 위에 이 두 개의 클래스 사용을 위한 #include 문을 추가합니다. 그리고 .h 와 .cpp 파일에서 TickComponent() 함수가 있다면 지워줍니다.

```cpp
#pragma once

#include "Components/ActorComponent.h"
#include "TPSPlayer.h"
#include <GameFramework/CharacterMovementComponent.h>
#include "PlayerBaseComponent.generated.h"


UCLASS( ClassGroup=(Custom), meta=(BlueprintSpawnableComponent) )
class TPSPROJECT_API UPlayerBaseComponent : public UActorComponent
{
    GENERATED_BODY()

public:
    UPlayerBaseComponent();

protected:
    virtual void BeginPlay() override;

public:
    // 컴포넌트 소유 액터
    UPROPERTY()
    ATPSPlayer* me;

    UPROPERTY()
    UCharacterMovementComponent* moveComp;
};
```

[코드 3.3-1] PlayerBaseComponent.h 필요 속성 선언하기

다음으로 이들을 초기화시킬 함수 BeginPlay()를 오버라이드합니다. 그리고 디폴트 생성자를 정의하고 그 안에서는 Tick 함수가 호출되지 않도록 bCanEverTick을 false로 설정합니다. 만약 Tick() 함수가 호출되어야 한다면 자식 클래스에서 이를 변경시켜 주면 됩니다.

```
#include "PlayerBaseComponent.h"

UPlayerBaseComponent::UPlayerBaseComponent()
{
    PrimaryComponentTick.bCanEverTick = false;
}
```

[코드 3.3-2] PlayerBaseComponent.cpp Tick 동작 설정하기

이제 BeginPlay() 함수를 구현해 주도록 하겠습니다. BeginPlay()에서는 헤더 파일에 선언한 멤버변수 me와 moveComp를 초기화시켜 줍니다.

먼저, GetOwner() 함수로 컴포넌트를 소유하고 있는 액터의 인스턴스를 가져옵니다. 이 것을 다시 ATPSPlayer 타입으로 캐스팅해 me 변수에 할당합니다. 다음으로 이 변수로부터 GetCharacterMovement() 함수를 호출해 UCharacterMovementComponent* 타입의 인스턴스를 얻어와 moveComp에 할당합니다.

```
void UPlayerBaseComponent::BeginPlay()
{
    Super::BeginPlay();

    me = Cast<ATPSPlayer>(GetOwner());
    moveComp = me->GetCharacterMovement();
}
```

[코드 3.3-3] PlayerBaseComponent.cpp BeginPlay 함수에서 속성 초기화하기

마지막으로 사용자의 입력 맵핑을 위해 사용할 함수를 추가해 보겠습니다. 이동, 공격 등에서 사용하는 키 입력 처리를 각자의 컴포넌트에서 담당할 수 있도록 제공하는 함수입니다. BeginPlay() 함수 선언 바로 밑에 SetupInputBinding() 이름의 함수를 선언합니다. 그리고 하위 클래스에서 오버라이딩할 수 있도록 virtual 키워드를 붙여 주도록 하겠습니다. 함수의 매개 변수는 UEnhancedInputComponent* 타입의 PlayerInput을 선언합니다.

```
class TPSPROJECT_API UPlayerBaseComponent : public UActorComponent
{
    GENERATED_BODY()

public:
    UPlayerBaseComponent()

protected:
    virtual void BeginPlay() override;

public:
    // 사용자 입력 맵핑 처리 함수
    virtual void SetupInputBinding(class UEnhancedInputComponent* PlayerInput) {};

    … (생략) …
};
```

[코드 3.3-4] PlayerBaseComponent.cpp 사용자 입력 맵핑 처리 함수 선언하기

아직 필요한 모든 멤버가 부모 클래스에 갖춰진 것은 아닙니다. 필요에 따라 뒤에서 더 추가해 주도록 하겠습니다. 이렇게 플레이어가 사용할 컴포넌트들의 부모 클래스가 마련되었습니다. 그럼 UPlayerBaseComponent를 부모로 하는 자식 컴포넌트들을 만들어 사용해 보겠습니다. 먼저 플레이어 이동 기능을 담당할 컴포넌트부터 시작합니다.

# 3.3-2 플레이어 이동 컴포넌트 제작하기

플레이어 이동에 관련된 기능들을 컴포넌트로 빼서 사용할 수 있도록 해주겠습니다. 현재 ATPSPlayer 클래스 안에 모든 멤버의 선언 및 구현부가 다 존재합니다. 이 중에서 먼저 플레이어의 이동 관련 요소들을 컴포넌트로 뜯어내 보겠습니다. 이렇게 클래스 기능을 옮기거나 설계 구조를 바꾸는 작업을 '리팩토링(Refactoring)'이라고 합니다.

보통 실무에서는 디버깅을 하거나 프로젝트에 새로 투입돼 다른 사람의 소스를 분석할 때, 혹은 코드 최적화 및 설계 구조 변경 등의 목적으로 인해 리팩토링을 사용합니다. 이렇게 리팩토링을 할 때는 기존 코드를 옮기거나 대체할 때 빌드를 해가며 문제가 없는지 확인해 주는 절차가 중요합니다. 이 단원을 학습할 때는 옮기고 그 결과를 테스트하는 과정을 진행하며 따라오길 바랍니다.

### ✖ 학습 목표

플레이어 이동 컴포넌트 제작 및 활용하고 싶다.

### ✖ 구현 순서

❶ 이동 컴포넌트 생성하기
❷ 컴포넌트 등록하기
❸ 카메라 회전 처리 기능 옮기기
❹ 이동 기능 옮기기

## ➜ 이동 컴포넌트 생성하기

언리얼 에디터에서 새 C++ Class를 하나 만들어 주겠습니다. 부모 클래스로 앞에서 만들어준 PlayerBaseComponent를 선택합니다. 이때 Show All Classes 속성을 체크해야 검색에 나오게 됩니다. 만들어질 클래스의 이름은 PlayerMove로 합니다.

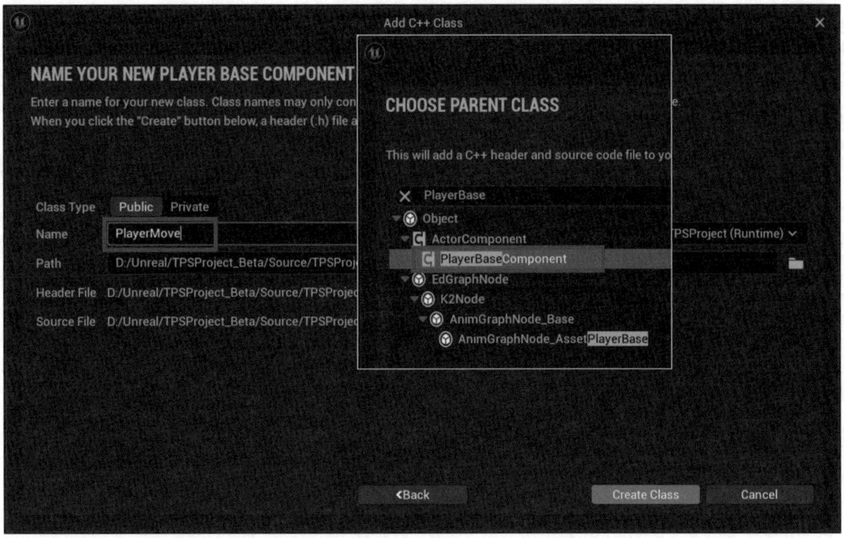

[그림 3.3-2] PlayerMove 컴포넌트 클래스 생성하기

## → 컴포넌트 등록하기

이렇게 만들어진 PlayerMove 컴포넌트를 플레이어 액터에 붙여 주겠습니다. TPSPlayer.h 헤더 파일을 열어 주세요. 맨 아래에 public 접근자로 UPlayerBaseComponent* 타입의 변수 playerMove를 추가해 줍니다.

```
class TPSPROJECT_API ATPSPlayer : public ACharacter
{
    … (생략) …

    public:
        UPROPERTY(VisibleAnywhere, Category = Component)
        class UPlayerBaseComponent* playerMove;
};
```

[코드 3.3-5] TPSPlayer.h PlayerMove 컴포넌트 변수 추가하기

UPlayerMove 클래스를 생성해 이 playerMove 변수에 할당해 주겠습니다. 생성자 함수 맨 아래쪽에서 CreateDefaultSubobject() 함수를 이용해 UPlayerMove 타입의 인스턴스를 생성해 컴포넌트를 추가해 줍니다. 또한 클래스 사용을 위해 위쪽에 #include "PlayerMove.h"을 추가합니다.

```
#include "PlayerMove.h"

ATPSPlayer::ATPSPlayer()
{
    … (생략) …

    playerMove = CreateDefaultSubobject<UPlayerMove>(TEXT("PlayerMove"));
}
```

[코드 3.3-6] TPSPlayer.cpp PlayerMove 컴포넌트 생성하기

이렇게만 하면 이제 PlayerMove 컴포넌트가 TPSPlayer에 추가됩니다. 다음 내용을 처리하기 전에 새로 추가되는 컴포넌트에서 사용자 입력을 받아올 수 있도록 작업을 해 주겠습니다. 이번에는 SetupPlayerInputComponent() 함수로 이동합니다. 이곳에 추가된 컴포넌트의 SetupInputBinding() 함수를 호출해 줍니다. 이 함수의 역할은 SetupPlayerInputComponent() 함수와 마찬가지로 사용자의 입력 맵핑 값과 처리할 함수를 바인딩해 주는 기능을 담당합니다. 이렇게 함으로써 각 컴포넌트에서 입력 처리를 할 수 있도록 기능을 분산시키게 됩니다.

```
void ATPSPlayer::SetupPlayerInputComponent(UInputComponent* PlayerInputComponent)
{
    Super::SetupPlayerInputComponent(PlayerInputComponent);

    auto PlayerInput = CastChecked<UEnhancedInputComponent>(PlayerInputComponent);
    if (PlayerInput)
    {
        // 컴포넌트에서 입력 바인딩 처리하도록 호출
        playerMove->SetupInputBinding(PlayerInput);

        … (생략) …
    }
    … (생략) …
}
```

[코드 3.3-7] TPSPlayer.cpp PlayerMove 컴포넌트의 입력 바인딩 처리 함수 호출하기

이제 컴포넌트가 동작되도록 하기 위한 처리가 준비되었습니다. 먼저 카메라 회전 처리 기능부터 PlayerMove 컴포넌트로 이동시켜 줍니다.

## → 카메라 회전 처리 기능 옮기기

먼저 마우스 입력값에 따른 카메라 회전 기능을 PlayerMove 컴포넌트로 옮겨 주도록 하겠습니다. TPSPlayer.h 헤더 파일로 이동합니다. 이 중에서 ia_LookUp과 ia_Turn 멤버 변수 및 카메라 회전 처리를 담당하는 Turn() 함수와 LookUp() 함수 선언을 찾습니다. 이들을 선택하고 Ctrl + X 키를 눌러 잘라내기 해 줍니다.

```cpp
class TPSPROJECT_API ATPSPlayer : public ACharacter
{
    ··· (생략) ···

public:
    UPROPERTY(EditDefaultsOnly, Category="Input")
    class UInputMappingContext* imc_TPS;
    UPROPERTY(EditDefaultsOnly, Category="Input")
    class UInputAction* ia_LookUp;
    UPROPERTY(EditDefaultsOnly, Category="Input")
    class UInputAction* ia_Turn;

    // 좌우 회전 입력 처리
    void Turn(const struct FInputActionValue& inputValue);

    // 상하 회전 입력 처리
    void LookUp(const struct FInputActionValue& inputValue);

    ··· (생략) ···
}
```

[코드 3.3-8] TPSPlayer.h 카메라 회전 처리 함수 잘라내기

이렇게 잘라내기 한 ia_LookUp, ia_Turn, Turn(), LookUp() 를 PlayerMove.h 헤더 파일에 붙여넣기 해 줍니다.

```
class TPSPROJECT_API UPlayerMove : public UPlayerBaseComponent
{
    GENERATED_BODY()

public:
    UPROPERTY(EditDefaultsOnly, Category="Input")
    class UInputAction* ia_LookUp;
    UPROPERTY(EditDefaultsOnly, Category="Input")
    class UInputAction* ia_Turn;


    // 좌우 회전 입력 처리
    void Turn(const struct FInputActionValue& inputValue);
    // 상하 회전 입력 처리
    void LookUp(const struct FInputActionValue& inputValue);
};
```

[코드 3.3-9] PlayerMove.h 카메라 회전 처리 함수 붙여넣기

이제는 구현부를 옮겨올 차례입니다. TPSPlayer.cpp로 이동해 Turn(), LookUp() 함수의 구현부를 잘라내기 해서 PlayerMove.cpp에 붙여넣기 해 줍니다. 여기에서 주의할 것은 옮겨온 각 함수의 소속을 ATPSPlayer가 아닌 UPlayerMove로 바꿔 줘야 합니다. 그리고 AddControllerYawInput() 함수는 ATPSPlayer에 있는 기능입니다. 이를 사용하기 위해 부모 클래스 UPlayerBaseComponent에 선언해 두었던 ATPSPlayer* 타입의 me 변수를 사용해야 합니다.

```
void UPlayerMove:Turn(const FInputActionValue& inputValue)
{
    float value = inputValue.Get<float>();
    me->AddControllerYawInput(value);
}


void UPlayerMove:LookUp(const FInputActionValue& inputValue)
{
    float value = inputValue.Get<float>();
    me->AddControllerPitchInput(value);
}
```

[코드 3.3-10] PlayerMove.cpp Turn, LookUp 함수 이동시키기

이렇게 기능을 옮겨왔다면 이번에는 두 함수를 입력 바인딩해 주기 위해 사용하는 부분의 내용도 옮겨와야 합니다. 이를 처리하기 위해 UPlayerMove 클래스에 SetupInputBinding( ) 함수를 오버라이드해 주겠습니다. PlayerMove.h 헤더 파일에 이 함수의 오버라이드 선언을 추가합니다.

```
class TPSPROJECT_API UPlayerMove : public UPlayerBaseComponent
{
    GENERATED_BODY( )

public:
    // 좌우 회전 입력 처리
    void Turn(const struct FInputActionValue& inputValue);
    // 상하 회전 입력 처리
    void LookUp(const struct FInputActionValue& inputValue);

    virtual void SetupInputBinding(class UEnhancedInputComponent* PlayerInput) override;
};
```

[코드 3.3-11] PlayerMove.h Turn, LookUp 입력 바인딩 코드 삭제하기

다음으로 PlayerMove.cpp로 이동해 이 함수의 구현부를 추가합니다. SetupInputBinding()는 ATPSPlayer 클래스의 SetupPlayerInputComponent( ) 함수 역할을 하게됩니다. 따라서 이곳에 SetupPlayerInputComponent()에 있는 Turn(), LookUp() 함수 바인딩하는 코드를 붙여넣기 하면 됩니다. 주의할 것은 각 함수의 소속이 ATPSPlayer::Turn이 아닌 UPlayerMove::Turn이 되도록 수정해 주어야 한다는 점입니다.

그리고 인핸스드인풋 기능을 사용하기 위해 맨위에 EnhancedInputComponent.h와 InputActionValue.h 헤더 파일을 인클루드해 주겠습니다.

```
#include "EnhancedInputComponent.h"
#include "InputActionValue.h"

void UPlayerMove::SetupInputBinding(class UEnhancedInputComponent* PlayerInput)
{
    PlayerInput->BindAction(ia_Turn, ETriggerEvent::Triggered, this, &UPlayerMove::Turn);
```

```
        PlayerInput->BindAction(ia_LookUp, ETriggerEvent::Triggered, this,
    &UPlayerMove::LookUp);
    }
```

[코드 3.3-12] **PlayerMove.cpp** SetupInputBinding() 구현하기

이 함수에 추가된 내용은 이미 TPSPlayer.cpp의 **SetupPlayerInputComponent( )** 함수에 있습니다.
이 부분의 내용을 PlayerMove 컴포넌트로 옮겨 준 것이기 때문에 이것도 삭제합니다.

```
void ATPSPlayer::SetupPlayerInputComponent(UInputComponent* PlayerInputComponent)
{
    Super::SetupPlayerInputComponent(PlayerInputComponent);

    // 컴포넌트에서 입력 바인딩 처리하도록 호출
    playerMove->SetupInputBinding(PlayerInputComponent);

    auto PlayerInput = CastChecked<UEnhancedInputComponent>(PlayerInputComponent);
    if (PlayerInput)
    {
        // 컴포넌트에서 입력 바인딩 처리하도록 호출
        playerMove->SetupInputBinding(PlayerInput);

        PlayerInput->BindAction(ia_Turn, ETriggerEvent::Triggered, this,
    &ATPSPlayer::Turn);
        PlayerInput->BindAction(ia_LookUp, ETriggerEvent::Triggered, this,
    &ATPSPlayer::LookUp);

        … (생략) …
    }
}
```

[코드 3.3-13] **TPSPlayer.cpp** Turn, LookUp 입력 바인딩 코드 삭제하기

여기까지 하고 비주얼 스튜디오를 빌드해 보겠습니다. 컴파일이 정상적으로 되는지를 자주 확인
해 주는 것이 중요합니다. 기능을 옮기는 절차는 TPSPlayer에서 코드를 잘라내어 PlayerMove로 붙
여넣기 해 주기입니다.

1

1.1
1.2
1.3
1.4
1.5

2

2.1
2.2
2.3
2.4
2.5
2.6

3

3.1
3.2
3.3

4

4.1
4.2
4.3
4.4
4.5

빌드가 완료되면 언리얼 에디터로 이동해 BP_TPSPlayer 블루프린트 에디터를 열어 줍니다. 추가된 PlayerMove 컴포넌트를 선택하고 디테일 창에서 ia_LookUp, ia_Turn 애셋을 각각 IA_LookUp, IA_Turn 으로 할당해 줍니다.

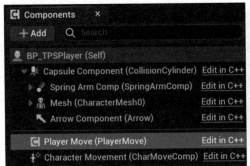

[그림 3.3-3] PlayerMove 입력 인풋 애셋 할당하기

컴파일하고 플레이 버튼을 눌러 실행해 보겠습니다. 마우스 입력에 따라 카메라의 회전이 정상적으로 동작하는지 확인합니다. 헷갈릴 수 있으니 비교할 수 있도록 지금까지 작업된 PlayerMove의 헤더 파일과 소스 파일을 다음 코드에서 확인하기 바랍니다.

```
#pragma once

#include "CoreMinimal.h"
#include "PlayerBaseComponent.h"
#include "PlayerMove.generated.h"

UCLASS()
class TPSPROJECT_API UPlayerMove : public UPlayerBaseComponent
{
    GENERATED_BODY()

public:
    UPROPERTY(EditDefaultsOnly, Category="Input")
    class UInputAction* ia_LookUp;
    UPROPERTY(EditDefaultsOnly, Category="Input")
    class UInputAction* ia_Turn;
```

```cpp
        // 좌우 회전 입력 처리
        void Turn(const struct FInputActionValue& inputValue);
        // 상하 회전 입력 처리
        void LookUp(const struct FInputActionValue& inputValue);

        virtual void SetupInputBinding(class UEnhancedInputComponent* PlayerInput) override;
};
```

[코드 3.3-14] PlayerMove.h 카메라 회전 및 입력 바인딩 함수

```cpp
#include "PlayerMove.h"
#include "EnhancedInputComponent.h"
#include "InputActionValue.h"

void UPlayerMove::SetupInputBinding(class UEnhancedInputComponent* PlayerInput)
{
        PlayerInput->BindAction(ia_Turn, ETriggerEvent::Triggered, this, &UPlayerMove::Turn);
        PlayerInput->BindAction(ia_LookUp, ETriggerEvent::Triggered, this, &UPlayerMove::LookUp);
}

void UPlayerMove::Turn(const FInputActionValue& inputValue)
{
        float value = inputValue.Get<float>();
        me->AddControllerYawInput(value);
}

void UPlayerMove::LookUp(const FInputActionValue& inputValue)
{
        float value = inputValue.Get<float>();
        me->AddControllerPitchInput(value);
}
```

[코드 3.3-15] PlayerMove.cpp 카메라 회전 및 입력 바인딩 함수 구현하기

## → 이동 기능 옮기기

이번에는 ATPSPlayer 클래스에 있는 이동에 관련된 맴버들을 모두 UPlayerMove 클래스로 이동시켜 주겠습니다. 먼저, 이동 입력을 처리하기 위해 ia_Move, direction, Move( ) 함수를 잘라내기 합니다.

```cpp
class TPSPROJECT_API ATPSPlayer : public ACharacter
{
        … (생략) …
    UPROPERTY(EditDefaultsOnly, Category = "Input")
    class UInputAction* ia_Move;
    // 걷기 속도
    UPROPERTY(EditAnywhere, Category = PlayerSetting)
    float walkSpeed = 200;
    // 달리기 속도
    UPROPERTY(EditAnywhere, Category = PlayerSetting)
    float runSpeed = 600;

    // 이동 방향
    FVector direction;

    void Move(const struct FInputActionValue& inputValue);
        … (생략) …
}
```

[코드 3.3-16] TPSPlayer.h 이동 입력처리 멤버 옮기기

잘라내기 한 멤버들을 PlayerMove.h 헤더 파일로 가져와 붙여넣기 해 주겠습니다. 여기에서는 앞에서 붙여넣기 한 카메라 회전 관련 멤버들과 구분되도록 하기 위해 public 접근자를 한 번 더 선 언했습니다.

```cpp
class TPSPROJECT_API UPlayerMove : public UPlayerBaseComponent
{
        GENERATED_BODY( )

public:
```

```
      … (생략) …

      virtual void SetupInputBinding(class UEnhancedInputComponent* PlayerInput) override;

  public:
      UPROPERTY(EditDefaultsOnly, Category = "Input")
      class UInputAction* ia_Move;
      // 이동 방향
      FVector direction;

      void Move(const struct FInputActionValue& inputValue);
  };
```

[코드 3.3-17] PlayerMove.h 이동 입력 관련 맴버 붙여넣기

TPSPlayer.cpp로 Move() 함수 구현부를 잘라내기 해 PlayerMove.cpp로 가져다 붙여넣습니다.

앞에서와 마찬가지로 함수들의 소유 클래스를 UPlayerMove로 변경합니다.

```
void UPlayerMove::Move(const struct FInputActionValue& inputValue)
{
      FVector2D value = inputValue.Get<FVector2D>();
      // 상하 입력 이벤트 처리
      direction.X = value.X;
      // 좌우 입력 이벤트 처리
      direction.Y = value.Y;
}
```

[코드 3.3-18] PlayerMove.cpp Move() 함수 옮기기

이번에는 ATPSPlayer에서 입력 바인딩 처리를 가져옵니다. SetupPlayerInputComponent() 함수에서 Move를 바인딩하는 부분을 잘라내기 합니다.

```
void ATPSPlayer::SetupPlayerInputComponent(UInputComponent* PlayerInputComponent)
{
```

```
        Super::SetupPlayerInputComponent(PlayerInputComponent);

        auto PlayerInput = CastChecked<UEnhancedInputComponent>(PlayerInputComponent);
        if (PlayerInput)
        {
                // 컴포넌트에서 입력 바인딩 처리하도록 호출
                playerMove->SetupInputBinding(PlayerInput);

                PlayerInput->BindAction(ia_Move, ETriggerEvent::Triggered, this,
        &ATPSPlayer::Move);
                … (생략) …
        }
}
```

[코드 3.3-19] TPSPlayer.cpp 입력 바인딩 코드 잘라내기

잘라내기 한 부분을 PlayerMove.cpp의 `SetupInputBinding()` 함수에 붙여넣기 해 줍니다. 이때 바인딩 함수의 소유가 ATPSPlayer가 아닌 UPlayerMove로 수정해 주어야 합니다.

```
void UPlayerMove::SetupInputBinding(class UEnhancedInputComponent* PlayerInput)
{
    PlayerInput->BindAction(ia_Turn, ETriggerEvent::Triggered, this, &UPlayerMove::Turn);
    PlayerInput->BindAction(ia_LookUp, ETriggerEvent::Triggered, this,
&UPlayerMove::LookUp);
    PlayerInput->BindAction(ia_Move, ETriggerEvent::Triggered, this, &UPlayerMove::Move);
}
```

[코드 3.3-20] PlayerMove.cpp 입력 바인딩 코드 붙여넣기

이제 이동 기능을 옮겨오도록 하겠습니다. TPSPlayer.h로 이동합니다. 걷기 속도 `walkSpeed`와 달리기 속도 `runSpeed`, 플레이어 이동 처리 함수 `PlayerMove()`를 잘라내기 해 줍니다.

```
UCLASS()
class TPSPROJECT_API ATPSPlayer : public ACharacter
```

```
{
    … (생략) …

public:
    UPROPERTY(EditDefaultsOnly, Category="Input")
    class UInputMappingContext* imc_TPS;

    // 걷기 속도
    UPROPERTY(EditAnywhere, Category = PlayerSetting)
    float walkSpeed = 200;
    // 달리기 속도
    UPROPERTY(EditAnywhere, Category = PlayerSetting)
    float runSpeed = 600;

    UPROPERTY(EditDefaultsOnly, Category = "Input")
    class UInputAction* ia_Jump;
    // 점프 입력 이벤트 처리 함수
    void InputJump(const struct FInputActionValue& inputValue);

    // 플레이어 이동 처리
    void PlayerMove();

    … (생략) …
};
```

[코드 3.3-21] **TPSPlayer.h** 이동 멤버 잘라내기

잘라내기 한 부분을 PlayerMove.h 헤더 파일의 맨 아래에 붙여넣기 해 주겠습니다.

```
class TPSPROJECT_API UPlayerMove : public UPlayerBaseComponent
{
    … (생략) …

public:
    … (생략) …

    void Move(const struct FInputActionValue& inputValue);
```

```
        // 걷기 속도
        UPROPERTY(EditAnywhere, Category = PlayerSetting)
        float walkSpeed = 200;
        // 달리기 속도
        UPROPERTY(EditAnywhere, Category = PlayerSetting)
        float runSpeed = 600;


        // 플레이어 이동 처리
        void PlayerMove();
};
```

[코드 3.3-22] PlayerMove.h 이동 멤버 붙여넣기

이번에는 TPSPlayer.cpp에서 PlayerMove() 구현부를 잘라내기 해서 PlayerMove.cpp에 붙여넣기 해 주겠습니다. 이때 함수의 소속이 UPlayerMove가 되도록 수정합니다. 그리고 GetControlRotation()와 AddMovementInput() 함수는 ACharacter 클래스에 있는 멤버 함수입니다. 이들을 사용하기 위해 UPlayerMove 클래스의 부모인 UPlayerBaseComponent에 선언된 me 멤버 변수를 사용하도록 합니다.

```
void UPlayerMove::PlayerMove()
{
    // 플레이어 이동 처리
    direction = FTransform(me->GetControlRotation()).TransformVector(direction);
    me->AddMovementInput(direction);
    direction = FVector::ZeroVector;
}
```

[코드 3.3-23] PlayerMove.cpp PlayerMove() 함수 가져오기

PlayerMove() 함수는 현재 TPSPlayer.cpp의 Tick() 함수에서 호출되도록 구현되어 있습니다. 이것을 UPlayerMove 클래스로 옮겨와야 합니다. 이를 위해 PlayerMove.h 헤더 파일에 생성자 함수와 BeginPlay(), TickComponent() 함수를 선언해 주겠습니다.

```
class TPSPROJECT_API UPlayerMove : public UPlayerBaseComponent
{
    GENERATED_BODY()

public:
    UPlayerMove();

    virtual void BeginPlay() override;
    virtual void TickComponent(float DeltaTime, enum ELevelTick TickType,
FActorComponentTickFunction *ThisTickFunction) override;

        … (생략) …
}
```

[코드 3.3-24] **PlayerMove.h** 라이프사이클 함수와 생성자 선언 추가하기


이제 PlayerMove.cpp로 이동해 선언해 준 함수들의 구현부를 추가합니다. 먼저 생성자 함수에서는 틱 이벤트가 호출될 수 있도록 PrimaryComponentTick의 bCanEverTick 값을 true로 설정해 줍니다. 다음으로 BeginPlay()와 TickComponent() 함수는 각각 오버라이드한 부모의 함수를 호출하도록 합니다.


```
UPlayerMove::UPlayerMove()
{
    // Tick 함수 호출되도록 처리
    PrimaryComponentTick.bCanEverTick = true;
}

void UPlayerMove::BeginPlay()
{
    Super::BeginPlay();
}

void UPlayerMove::TickComponent(float DeltaTime, enum ELevelTick TickType,
FActorComponentTickFunction* ThisTickFunction)
{
    Super::TickComponent(DeltaTime, TickType, ThisTickFunction);
```

1

1.1
1.2
1.3
1.4
1.5

2

2.1
2.2
2.3
2.4
2.5
2.6

3

3.1
3.2
3.3

4

4.1
4.2
4.3
4.4
4.5

}

[코드 3.3-25] PlayerMove.cpp 생성자 및 라이프사이클 함수 구현

이제 TPSPlayer.cpp에서 나머지 부분을 PlayerMove.cpp로 가져오도록 하겠습니다. 먼저 TPSPlayer.cpp의 BeginPlay() 함수에서 초기 속도를 걷기로 설정하는 부분을 잘라내기 합니다.

```cpp
void ATPSPlayer::BeginPlay()
{
    Super::BeginPlay();

    // 초기 속도를 걷기로 설정
    GetCharacterMovement()->MaxWalkSpeed = walkSpeed;

    … (생략) …
}
```

[코드 3.3-26] TPSPlayer.cpp 초기 속도 값 설정 부분 잘라내기

잘라낸 부분을 PlayerMove.cpp의 BeginPlay()에 붙여넣기 해 줍니다. 이때 GetCharacter Movement() 함수 호출 부분을 moveComp 변수로 변경해 줍니다.

```cpp
void UPlayerMove::BeginPlay()
{
    Super::BeginPlay();

    // 초기 속도를 걷기로 설정
    moveComp->MaxWalkSpeed = walkSpeed;
}
```

[코드 3.3-27] PlayerMove.cpp 초기 속도값 설정 부분 붙여넣기

다음으론 TPSPlayer.cpp에서 Tick() 함수로 이동해 PlayerMove() 호출 부분을 잘라내기 해

PlayerMove.cpp의 `TickComponent()` 함수에 붙여넣기 해 줍니다.

```cpp
void UPlayerMove::TickComponent(float DeltaTime, enum ELevelTick TickType,
FActorComponentTickFunction* ThisTickFunction)
{
        Super::TickComponent(DeltaTime, TickType, ThisTickFunction);

        PlayerMove();
}
```

[코드 3.3-28] **PlayerMove.cpp** TickComponent()에 Move() 호출 추가하기

여기까지 하고 빌드하면 walkSpeed, runSpeed가 ATPSPlayer의 InputRun()에서 사용되고 있다는 오류가 발생할 것입니다. 이제 InputRun() 관련 내용들을 옮겨 주도록 하겠습니다.

TPSPlayer.h 헤더 파일로 이동합니다. 이곳에서 달리기 관련 멤버 ia_Run과 InputRun() 함수를 잘라내기 해 줍니다.

```cpp
class TPSPROJECT_API ATPSPlayer : public ACharacter
{
        … (생략) …

public:
        … (생략) …

        // 달리기 입력
        UPROPERTY(EditDefaultsOnly, Category = "Input")
        class UInputAction* ia_Run;
        // 달리기 이벤트 처리 함수
        void InputRun();

        … (생략) …
};
```

[코드 3.3-29] **TPSPlayer.h** 달리기 관련 멤버 잘라내기

잘라내기 한 멤버들을 PlayerMove.h 헤더 파일 맨 아래에 붙여넣기 해 줍니다.

```cpp
class TPSPROJECT_API UPlayerMove : public UPlayerBaseComponent
{
        … (생략) …

        // 플레이어 이동 처리
        void PlayerMove();

        // 달리기 입력
        UPROPERTY(EditDefaultsOnly, Category = "Input")
        class UInputAction* ia_Run;
        // 달리기 이벤트 처리 함수
        void InputRun();
};
```

[코드 3.3-30] PlayerMove.h 달리기 관련 멤버 붙여넣기

이제 TPSPlayer.cpp에서 InputRun() 함수를 찾아서 잘라내기 하고 PlayerMove.cpp 파일 맨 아래에 붙여넣기 해 줍니다. 마찬가지로 이 함수의 소속이 UPlayerMove가 되도록 수정하고, GetCharacterMovement() 함수가 me 인스턴스로부터 호출되도록 합니다.

```cpp
void UPlayerMove::InputRun()
{
        auto movement = me->GetCharacterMovement();
        // 현재 달리기 모드라면
        if (movement->MaxWalkSpeed > walkSpeed)
        {
                // 걷기 속도로 전환
                movement->MaxWalkSpeed = walkSpeed;
        }
        else
        {
                movement->MaxWalkSpeed = runSpeed;
        }
}
```

[코드 3.3-31] PlayerMove.cpp InputRun() 함수 가져오기

다음으로 달리기 관련 입력 처리를 ATPSPlayer에서 UPlayerMove로 옮겨주겠습니다. TPSPlayer.cpp의 SetupPlayerInputComponent() 함수에서 ia_Run의 Started, Completed 입력 바인딩 함수로 InputRun을 할당하는 부분을 찾습니다. 이를 잘라내기 해서 PlayerMove.cpp의 SetupInputBinding() 함수 맨 아래에 붙여넣기 해 줍니다. 마찬가지로 InputRun() 함수의 소속이 UPlayerMove가 되도록 수정해 줍니다.

```cpp
void UPlayerMove::SetupInputBinding(class UEnhancedInputComponent* PlayerInput)
{
    PlayerInput->BindAction(ia_Turn, ETriggerEvent::Triggered, this, &UPlayerMove::Turn);
    PlayerInput->BindAction(ia_LookUp, ETriggerEvent::Triggered, this,
&UPlayerMove::LookUp);
    PlayerInput->BindAction(ia_Move, ETriggerEvent::Triggered, this, &UPlayerMove::Move);
    PlayerInput->BindAction(ia_Run, ETriggerEvent::Started, this, &UPlayerMove::InputRun);
    PlayerInput->BindAction(ia_Run, ETriggerEvent::Completed, this,
&UPlayerMove::InputRun);
}
```

[코드 3.3-32] **PlayerMove.cpp** InputRun 함수 입력 바인딩

이제 빌드하고 컴파일에 문제가 없는지 확인합니다. 문제가 없으면 제대로 리팩토링이 됐는지 확인하기 위해 언리얼 에디터로 이동합니다. BP_TPSPlayer 블루프린트 에디터를 열고 PlayerMove 컴포넌트의 디테일 창에서 ia_Move와 ia_Run에 각각 IA_PlayerMove, IA_Run 애셋을 할당해 줍니다.

[그림 3.3-4] IA_Move와 IA_Run 할당하기

블루프린트를 컴파일하고 실행해 걷기, 달리기 기능이 정상적으로 잘 동작하는지 확인합니다.

마지막으로 점프 기능을 옮겨주도록 하겠습니다. TPSPlayer.h에서 ia_Jump와 InputJump() 함수를 잘라내기 해서 PlayerMove.h 헤더 파일의 맨 아래에 붙여줍니다.

```cpp
class TPSPROJECT_API UPlayerMove : public UPlayerBaseComponent
{
    … (생략) …

    // 달리기 이벤트 처리 함수
    void InputRun();

    UPROPERTY(EditDefaultsOnly, Category = "Input")
    class UInputAction* ia_Jump;
    // 점프 입력 이벤트 처리 함수
    void InputJump(const struct FInputActionValue& inputValue);
};
```

[코드 3.3-33] PlayerMove.h 점프 관련 멤버 붙여넣기

마찬가지로 TPSPlayer.cpp에서 InputJump() 함수 구현 부분을 잘라내기 해서 PlayerMove.cpp로 가져옵니다. 그리고 소속을 UPlayerMove 로 바꾸고 Jump() 함수 앞에 me-> 을 붙여 줍니다.

다음으로 TPSPlayer.cpp의 SetupPlayerInputComponent() 함수에서 ia_Jump 입력 바인딩 해 주는 코드를 잘라내서 SetupInputBinding() 함수의 마지막에 추가해 줍니다.

```cpp
void UPlayerMove::SetupInputBinding(class UEnhancedInputComponent* PlayerInput)
{
    … (생략) …
    // 점프 입력 이벤트 처리함수 바인딩
    PlayerInput->BindAction(ia_Jump, ETriggerEvent::Started, this,
&UPlayerMove::InputJump);
}

void UPlayerMove::InputJump(const struct FInputActionValue& inputValue)
```

```
{
    me->Jump();
}
```

[코드 3.3-34] PlayerMove.cpp 점프관련 입력 바인딩 및 구현 함수 이동하기

비주얼 스튜디오를 빌드하고 언리얼 에디터로 이동합니다. BP_TPSPlayer 블루프린트 에디터를 열고 PlayerMove 컴포넌트의 디테일 창에서 ia_Jump에 IA_PlayerJump를 할당합니다.

[그림 3.3-5] IA_Move와 IA_Run 할당하기

블루프린트를 컴파일하고 실행해 점프가 잘 동작하는지 확인합니다.

이로써 플레이어의 이동에 관련된 모든 속성과 기능들을 PlayerMove 컴포넌트로 옮겼습니다. 이 모든 과정에 이상이 없다면 다음으로 넘어가서 학습을 진행하고, 만약 문제가 있다면 오류메시지를 분석해 해결해 보도록 합니다. 물론 Ctrl+Z 키를 눌러 코드 되돌리기를 하고 다시 처음부터 옮기기를 진행해 보는것도 가능합니다.

> **Tip**
>
> **리팩토링 활용**
>
> 코드 리팩토링의 경우에는 이렇게 기존 코드를 재작성하는 경우보다는 단순 옮기는 형태가 많습니다. 다만, 이렇게 하나하나 옮기며 테스트하다 보면 소스 코드의 구조를 파악하는 데 큰 도움이 되고 나아가 버그 존재 여부 파악, 알고리즘 최적화 등의 이점을 추가로 누릴 수도 있습니다. 또한 리팩토링은 설계 자체를 재구조화시키는 것이 많아 디자인 패턴을 상당히 많이 사용합니다. C++ 기반의 리팩토링 도서와 디자인 패턴 관련 도서를 구매해 추가로 공부해 보면 더 향상된 설계 구조의 프로젝트를 제작하는 데 큰 도움이 될 것입니다.

1

1.1
1.2
1.3
1.4
1.5

2

2.1
2.2
2.3
2.4
2.5
2.6

3

3.1
3.2
3.3

4

4.1
4.2
4.3
4.4
4.5

## 3.3-3 플레이어 공격 컴포넌트 제작하기 ················

이번에는 ATPSPlayer 클래스에서 공격 기능을 떼어내 컴포넌트로 옮겨주도록 하겠습니다. 앞에서 이동에 관련된 기능들을 다 옮겼기 때문에 남아 있는 멤버들은 이제 액터에 추가되는 컴포넌트와 공격에 관련된 요소들입니다. 이번에 공격 관련 멤버를 모두 옮겨버리면 ATPSPlayer 클래스는 매우 경량화되고 액터 자체에서 소유하고 있는 컴포넌트 정보만이 남아있게 됩니다.

> ### ✖ 학습 목표
>
> 플레이어 공격 컴포넌트 제작하고 활용하고 싶다.
>
> ### ✖ 구현 순서
>
> ❶ 공격 컴포넌트 생성하기      ❷ 컴포넌트 등록하기
>
> ❸ 공격 관련 멤버 이동시키기      ❹ 공격 관련 구현부 옮기기

### → 공격 컴포넌트 생성하기

언리얼 에디터에서 새 C++ 클래스(Class)를 만들고 부모 클래스로 PlayerBaseComponent를 선택합니다. 새로 만들어질 클래스의 이름은 'PlayerFire'로 합니다.

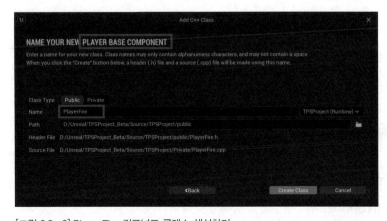

[그림 3.3-6] PlayerFire 컴포넌트 클래스 생성하기

## → 컴포넌트 등록하기

이렇게 만들어진 PlayerFire 컴포넌트를 플레이어 액터에 붙여 줍니다. TPSPlayer.h 헤더 파일을
열어 주세요. 맨 아래에 UPlayerBaseComponent* 타입의 변수 'playerFire'를 추가해 줍니다.

```cpp
class TPSPROJECT_API ATPSPlayer : public ACharacter
{
    … (생략) …

public:
    UPROPERTY(VisibleAnywhere, Category = Component)
    class UPlayerBaseComponent* playerMove;
    UPROPERTY(VisibleAnywhere, Category = Component)
    class UPlayerBaseComponent* playerFire;
};
```

[코드 3.3-35] TPSPlayer.h PlayerFire 컴포넌트 변수 추가하기

UPlayerFire 클래스를 생성해 이 playerFire 변수에 할당해 주겠습니다. 생성자 함수 맨 아래쪽
에서 CreateDefaultSubobject() 함수를 이용해 UPlayerFire 타입의 인스턴스를 생성해 컴포넌트를
추가해 줍니다. 또한 클래스 사용을 위해 위쪽에 #include "PlayerFire.h"을 추가합니다.

```cpp
#include "PlayerFire.h"

ATPSPlayer::ATPSPlayer()
{
    … (생략) …

    playerMove = CreateDefaultSubobject<UPlayerMove>(TEXT("PlayerMove"));
    playerFire = CreateDefaultSubobject<UPlayerFire>(TEXT("PlayerFire"));
}
```

[코드 3.3-36] TPSPlayer.cpp PlayerFire 컴포넌트 생성하기

이번에는 SetupPlayerInputComponent() 함수로 이동합니다. 이곳에 추가된 PlayerFire 컴포
넌트의 SetupInputBinding() 함수를 호출해 줍니다.

```
void ATPSPlayer::SetupPlayerInputComponent(UInputComponent* PlayerInputComponent)
{
        Super::SetupPlayerInputComponent(PlayerInputComponent);

        auto PlayerInput = CastChecked<UEnhancedInputComponent>(PlayerInputComponent);
        if (PlayerInput)
        {
                // 컴포넌트에서 입력 바인딩 처리하도록 호출
                playerMove->SetupInputBinding(PlayerInput);
                playerFire->SetupInputBinding(PlayerInput);

                … (생략) …
        }
}
```

[코드 3.3-37] **TPSPlayer.cpp** PlayerFire 컴포넌트의 입력 바인딩 처리 함수 호출하기

## → 공격 관련 멤버 이동시키기

공격에 관련된 멤버들은 상당히 많습니다. 그래서 나누어 옮겨 주도록 하겠습니다. 먼저 총알 공장 bulletFactory와 총알 발사 처리 함수 InputFire( )를 선택하고 Ctrl + X 키를 눌러 잘라내기 합니다.

```
class TPSPROJECT_API ATPSPlayer : public ACharacter
{
        … (생략) …

        // 총알 공장
        UPROPERTY(EditDefaultsOnly, Category=BulletFactory)
        TSubclassOf<class ABullet> bulletFactory;

        UPROPERTY(EditDefaultsOnly, Category = "Input")
        class UInputAction* ia_Fire;

        // 총알 발사 처리 함수
        void InputFire(const struct FInputActionValue& inputValue);

        … (생략) …
};
```

[코드 3.3-38] **TPSPlayer.h** bulletFactory, InputFire() 함수 잘라내기

이번에는 PlayerFire.h 헤더 파일로 이동해 Ctrl+V 키를 눌러 붙여넣기 해 줍니다.

```cpp
#pragma once

#include "CoreMinimal.h"
#include "PlayerBaseComponent.h"
#include "PlayerFire.generated.h"

UCLASS()
class TPSPROJECT_API UPlayerFire : public UPlayerBaseComponent
{
    GENERATED_BODY()

public:
    // 총알 공장
    UPROPERTY(EditDefaultsOnly, Category=BulletFactory)
    TSubclassOf<class ABullet> bulletFactory;

    UPROPERTY(EditDefaultsOnly, Category = "Input")
    class UInputAction* ia_Fire;
    // 총알 발사 처리 함수
    void InputFire(const struct FInputActionValue& inputValue);
};
```

[코드 3.3-39] PlayerFire.h bulletFactory, InputFire() 함수 붙여넣기

다음으로 TPSPlayer.h 헤더 파일에서 ia_GrenadeGun, ia_SniperGun, bUsingGrenadeGun, ChangeToGrenadeGun(), ChangeToSniperGun(), ia_Sniper, SniperAim(), bSniperAim, sniperUIFactory, _sniperUI 맴버들을 잘라내기 해서 PlayerFire.h 헤더 파일에 붙여넣기 해 줍니다. 다른 작업을 해주는 것이 아닌 멤버들을 단순히 잘라내기 해 붙여 주는 것입니다.

```cpp
class TPSPROJECT_API UPlayerFire : public UPlayerBaseComponent
{
    GENERATED_BODY()

public:
    … (생략) …
```

1

1.1
1.2
1.3
1.4
1.5

2

2.1
2.2
2.3
2.4
2.5
2.6

3

3.1
3.2
3.3

```cpp
    UPROPERTY(EditDefaultsOnly, Category = "Input")
    class UInputAction* ia_GrenadeGun;
    UPROPERTY(EditDefaultsOnly, Category = "Input")
    class UInputAction* ia_SniperGun;
    // 유탄총 사용 중인지 여부
    bool bUsingGrenadeGun = true;
    // 유탄총으로 변경
    void ChangeToGrenadeGun(const struct FInputActionValue& inputValue);
    // 스나이퍼건으로 변경
    void ChangeToSniperGun(const struct FInputActionValue& inputValue);

    UPROPERTY(EditDefaultsOnly, Category = "Input")
    class UInputAction* ia_Sniper;
    // 스나이퍼 조준 처리 함수
    void SniperAim(const struct FInputActionValue& inputValue);
    // 스나이퍼 조준 중인지 여부
    bool bSniperAim = false;
    // 스나이퍼 UI 위젯 공장
    UPROPERTY(EditDefaultsOnly, Category=SniperUI)
    TSubclassOf<class UUserWidget> sniperUIFactory;
    // 스나이퍼 UI 위젯 인스턴스
    UPROPERTY()
    class UUserWidget* _sniperUI;
};
```

[코드 3.3-40] PlayerFire.h 유탄총과 스나이퍼건 관련 멤버 가져오기

이제 나머지 공격과 관련된 멤버들을 모두 가져와 PlayerFire.h로 옮겨 주도록 하겠습니다.
TPSPlayer.h에서 bulletEffectFactory, crosshairUIFactory, crosshairUI, cameraShake,
bulletSound 멤버 변수들을 선택해 잘라내기 후 PlayerFire.h에 붙여넣기 해 줍니다.

```cpp
class TPSPROJECT_API UPlayerFire : public UPlayerBaseComponent
{
    GENERATED_BODY()

public:
```

```
        ⋯ (생략) ⋯

    // 스나이퍼 UI 위젯 인스턴스
    class UUserWidget* _sniperUI;

    // 총알 파편 효과 공장
    UPROPERTY(EditAnywhere, Category = BulletEffect)
    class UParticleSystem* bulletEffectFactory;

    // 일반 조준 크로스헤어UI 위젯
    UPROPERTY(EditDefaultsOnly, Category = SniperUI)
    TSubclassOf<class UUserWidget> crosshairUIFactory;
    // 크로스헤어 인스턴스
    class UUserWidget* _crosshairUI;

    // 카메라셰이크 블루프린트를 저장할 변수
    UPROPERTY(EditDefaultsOnly, Category = CameraMotion)
    TSubclassOf<class UCameraShakeBase> cameraShake;

    // 총알 발사 사운드
    UPROPERTY(EditDefaultsOnly, Category = Sound)
    class USoundBase* bulletSound;
};
```

[코드 3.3-41] PlayerFire.h 나머지 공격 관련 멤버 가져오기

## → 공격 관련 구현부 옮기기

이제 소스 코드에서 공격 관련된 부분을 PlayerFire 컴포넌트 클래스로 이동시킬 차례입니다. 먼저 TPSPlayer.cpp 소스 코드의 생성자 함수에서 총알 사운드 동적 로드하는 부분을 잘라내기 합니다.

```
ATPSPlayer::ATPSPlayer()
{
        ⋯ (생략) ⋯
```

```
        // 총알 사운드 가져오기
        ConstructorHelpers::FObjectFinder<USoundBase> tempSound(TEXT("SoundWave'/Game/
SniperGun/Rifle.Rifle'"));
        if (tempSound.Succeeded())
        {
                bulletSound = tempSound.Object;
        }


        playerMove = CreateDefaultSubobject<UPlayerMove>(TEXT("PlayerMove"));
        playerFire = CreateDefaultSubobject<UPlayerFire>(TEXT("PlayerFire"));
}
```

[코드 3.3-42] TPSPlayer.cpp 총알 사운드 가져오기 부분 잘라내기

이것을 UPlayerFire 클래스의 생성자 함수로 이동시켜 주겠습니다. PlayerFire.h에 UPlayerFire 생성자 함수를 선언합니다.

```
class TPSPROJECT_API UPlayerFire : public UPlayerBaseComponent
{
    GENERATED_BODY()

public:
    UPlayerFire();

    … (생략) …
}
```

[코드 3.3-43] PlayerFire.h UPlayerFire 생성자 함수 선언하기

다음으로 PlayerFire.cpp 파일로 이동합니다. 생성자 함수를 만들고 Ctrl+V 키를 눌러 앞에서 잘라내기 한 내용을 붙여넣기 해 줍니다.

```
UPlayerFire::UPlayerFire()
{
        // 총알 사운드 가져오기
        ConstructorHelpers::FObjectFinder<USoundBase> tempSound(TEXT("SoundWave'/Game/
```

```
SniperGun/Rifle.Rifle'"));
    if (tempSound.Succeeded())
    {
            bulletSound = tempSound.Object;
    }
}
```

[코드 3.3-44] PlayerFire.cpp 총알 사운드 가져오기 부분 옮기기

이번에는 TPSPlayer.cpp의 **BeginPlay( )** 함수 내용을 옮겨주겠습니다. 다음 코드에 표시된 영역을 모두 선택해 잘라내기 합니다.

```
void ATPSPlayer::BeginPlay()
{
    … (생략) …

    // 1. 스나이퍼 UI 위젯 인스턴스 생성
    _sniperUI = CreateWidget(GetWorld(), sniperUIFactory);
    // 2. 일반 조준 UI 크로스헤어 인스턴스 생성
    _crosshairUI = CreateWidget(GetWorld(), crosshairUIFactory);
    // 3. 일반 조준 UI 등록
    _crosshairUI->AddToViewport();

    // 기본으로 스나이퍼건을 사용하도록 설정
    ChangeToSniperGun(FInputActionValue());
}
```

[코드 3.3-45] TPSPlayer.cpp BeginPlay() 함수 내용 잘라내기

이렇게 잘라내기 한 코드를 PlayerFire의 BeginPlay( ) 함수에 붙여넣기 하기 위해 먼저 BeginPlay( ) 함수를 오버라이드해 주도록 하겠습니다. PlayerFire.h의 생성자 함수 선언 밑에 오버라이드 선언을 해 줍니다.

```
class TPSPROJECT_API UPlayerFire : public UPlayerBaseComponent
{
```

```
    GENERATED_BODY( )

public:
    UPlayerFire( );

    virtual void BeginPlay( ) override;

    … (생략) …
}
```

[코드 3.3-46] **PlayerFire.h** BeginPlay() 함수 선언하기

이번에는 PlayerFire.cpp에 **BeginPlay( )** 함수의 구현부를 추가하고 앞에서 복사한 부분을 붙여 넣기 해 줍니다.

```
void UPlayerFire::BeginPlay( )
{
    Super::BeginPlay( );

    // 1. 스나이퍼 UI 위젯 인스턴스 생성
    _sniperUI = CreateWidget(GetWorld( ), sniperUIFactory);
    // 2. 일반 조준 UI 크로스헤어 인스턴스 생성
    _crosshairUI = CreateWidget(GetWorld( ), crosshairUIFactory);
    // 3. 일반 조준 UI 등록
    _crosshairUI->AddToViewport( );

    // 기본으로 스나이퍼건을 사용하도록 설정
    ChangeToSniperGun(FInputActionValue( ));
}
```

[코드 3.3-47] **PlayerFire.cpp** BeginPlay() 함수 구현하기

아직 옮겨놓지 않은 요소들이 많기 때문에 헤더 파일 인클루드는 맨 마지막에 한번에 해 주도록 하겠습니다. TPSPlayer.cpp로 이동합니다. 이제 입력 바인딩 함수 SetupPlayerInputComponent( ) 에서 InputFire, ChangeToGrenadeGun, ChangeToSniperGun, SniperAim 관련 입력 바인딩 코드를 모두 선택하고 잘라내기 합니다.

```
void ATPSPlayer::SetupPlayerInputComponent(UInputComponent* PlayerInputComponent)
{
    Super::SetupPlayerInputComponent(PlayerInputComponent);

    // 컴포넌트에서 입력 바인딩 처리하도록 호출
    playerMove->SetupInputBinding(PlayerInputComponent);
    playerFire->SetupInputBinding(PlayerInputComponent);

    // 총알 발사 이벤트 처리 함수 바인딩
    PlayerInputComponent->BindAction(TEXT("Fire"), IE_Pressed, this,
&ATPSPlayer::InputFire);
    // 총 교체 이벤트 처리 함수 바인딩
    PlayerInputComponent->BindAction(TEXT("GrenadeGun"), IE_Pressed, this,
&ATPSPlayer::ChangeToGrenadeGun);
    PlayerInputComponent->BindAction(TEXT("SniperGun"), IE_Pressed, this,
&ATPSPlayer::ChangeToSniperGun);
    // 스나이퍼 조준 모드 이벤트 처리 함수 바인딩
    PlayerInputComponent->BindAction(TEXT("Sniper"), IE_Pressed, this,
&ATPSPlayer::SniperAim);
    PlayerInputComponent->BindAction(TEXT("Sniper"), IE_Released, this,
&ATPSPlayer::SniperAim);
}
```

[코드 3.3-48] TPSPlayer.cpp 공격 관련 입력 바인딩 코드 잘라내기

이렇게 잘라내기 한 코드는 **UPlayerFire** 클래스의 **SetupInputBinding( )** 함수로 이동시켜 줘야
합니다. 아직 이 함수를 만들지 않았기 때문에 PlayerFire.h 헤더 파일에 이 함수를 선언해 줍니다.

```
class TPSPROJECT_API UPlayerFire : public UPlayerBaseComponent
{
    GENERATED_BODY()

public:
    UPlayerFire();

    virtual void BeginPlay() override;

    virtual void SetupInputBinding(class UEnhancedInputComponent* PlayerInput) override;
```

… (생략) …
　　}

[코드 3.3-49] PlayerFire.h SetupInputBinding() 함수 선언하기

함수의 오버라이딩 선언이 됐다면 PlayerFire.cpp 파일로 이동해 구현부를 추가하고 앞에서 복사한
코드를 붙여넣기 해 줍니다.

```cpp
void UPlayerFire::SetupInputBinding(class UEnhancedInputComponent* PlayerInput)
{
    // 총알 발사 이벤트 처리 함수 바인딩
    PlayerInputComponent->BindAction(TEXT("Fire"), IE_Pressed, this,
&UPlayerFire::InputFire);
    // 총 교체 이벤트 처리 함수 바인딩
    PlayerInputComponent->BindAction(TEXT("GrenadeGun"), IE_Pressed, this,
&UPlayerFire::ChangeToGrenadeGun);
    PlayerInputComponent->BindAction(TEXT("SniperGun"), IE_Pressed, this,
&UPlayerFire::ChangeToSniperGun);
    // 스나이퍼 조준 모드 이벤트 처리 함수 바인딩
    PlayerInputComponent->BindAction(TEXT("Sniper"), IE_Pressed, this,
&UPlayerFire::SniperAim);
    PlayerInputComponent->BindAction(TEXT("Sniper"), IE_Released, this,
&UPlayerFire::SniperAim);
}
```

[코드 3.3-50] PlayerFire.cpp SetupInputBinding() 함수 구현하기

이번에는 InputFire() 함수의 구현부를 PlayerFire.cpp로 옮겨 주도록 하겠습니다. TPSPlayer.
cpp에서 InputFire() 함수 구현부를 전부 드래그해 선택하고 잘라내기 합니다. 그리고 PlayerFire.
cpp로 넘어와 맨 아래쪽에 붙여넣기 해 줍니다. 이 함수의 구현 내용이 다소 길기 때문에 코드 상
에서 수정해야 하는 부분만을 나누어 설명하도록 하겠습니다.

먼저 함수의 소유 클래스를 UPlayerFire로 변경합니다. 그리고 함수의 윗부분에서 공격 애니메
이션 재생 부분이 있습니다. 이때 GetMesh() 함수를 호출하기 위해서는 ATPSPlayer의 인스턴스 변
수인 me가 필요합니다. GetMesh() 앞에 me ->를 붙여 줍니다.

```
void UPlayerFire::InputFire( )
{
    UGameplayStatics::PlaySound2D(GetWorld( ), bulletSound);

    // 카메라 셰이크 재생
    auto controller = GetWorld( )->GetFirstPlayerController( );
    controller->PlayerCameraManager->StartCameraShake(cameraShake);

    // 공격 애니메이션 재생
    auto anim = Cast<UPlayerAnim>(me->GetMesh( )->GetAnimInstance( ));
    anim->PlayAttackAnim( );

    … (생략) …
}
```

[코드 3.3-51] **PlayerFire.cpp** InputFire() 함수 앞 부분 구현하기

다음으로는 바로 다음 줄 코드에 유탄총 사용 시 gunMeshComp의 소켓 트랜스폼을 얻어오는 부분에 문제가 있습니다. 이 부분에 대한 수정은 다음에서 알아보겠습니다. LineTrace를 이용한 충돌 처리 조건으로 자기자신은 충돌에서 제외할 때도 this가 아니라 me로 수정을 해 줍니다.

```
void UPlayerFire::InputFire( )
{
    … (생략) …

    // 공격 애니메이션 재생
    auto anim = Cast<UPlayerAnim>(me->GetMesh( )->GetAnimInstance( ));
    anim->PlayAttackAnim( );

    // 유탄총 사용 시
    if (bUsingGrenadeGun)
    {
        // 총알 발사 처리
        FTransform firePosition = gunMeshComp->GetSocketTransform(TEXT("FirePosition"));
        GetWorld( )->SpawnActor<ABullet>(bulletFactory, firePosition);
    }
```

```
// 스나이퍼건 사용 시
else
{
    // LineTrace의 시작 위치
    FVector startPos = tpsCamComp->GetComponentLocation();
    // LineTrace의 종료 위치
    FVector endPos= tpsCamComp->GetComponentLocation() +tpsCamComp-
>GetForwardVector() *5000;
    // LineTrace의 충돌 정보를 담을 변수
    FHitResult hitInfo;
    // 충돌 옵션 설정 변수
    FCollisionQueryParams params;
    // 자기자신(플레이어)은 충돌에서 제외
    params.AddIgnoredActor(me);

    … (생략) …
}
}
```

[코드 3.3-52] **PlayerFire.cpp** InputFire() gunMeshComp 사용 코드

여기에서 gunMeshComp 변수는 ATPSPlayer에서 사용하는 컴포넌트 변수이며 UPlayerFire로 가져오지 않았습니다. 이외에도 tpsCamComp, sniperGunComp 변수도 가져오지 않았습니다. 공격 코드에서 해당 컴포넌트들을 가져다 사용하는 부분이 몇 군데 있습니다. 이들을 가져와 사용할 수 있도록 PlayerFire.h 헤더 파일에 선언해 주도록 하겠습니다.

여기에 선언되는 컴포넌트 또한 TPSPlayer.h 헤더 파일에서 복사해 옵니다. 단, 주의해야 할 것은 TPSPlayer.h에서 잘라내기를 하면 안 되고 복사만 해야 합니다. ATPSPlayer 클래스에서 해당 컴포넌트들을 사용하기 때문이며, APlayerFire 클래스에서는 단순히 이들의 참조만을 가져다 사용하려 합니다. 그리고 UPROPERTY() 매크로 안에 아무런 인자 값들이 들어가지 않도록 합니다. 클래스의 포인터를 사용하기 때문에 언리얼 엔진의 메모리 관리 기능만을 사용합니다.

```
class TPSPROJECT_API UPlayerFire : public UPlayerBaseComponent
{
    GENERATED_BODY()

public:
    UPlayerFire();
    virtual void BeginPlay() override;
    virtual void SetupInputBinding(class UEnhancedInputComponent* PlayerInput) override;

    UPROPERTY()
    class UCameraComponent* tpsCamComp;
    // 총 스켈레탈메시
    UPROPERTY()
    class USkeletalMeshComponent* gunMeshComp;
    // 스나이퍼건 스태틱메시 추가
    UPROPERTY()
    class UStaticMeshComponent* sniperGunComp;

    … (생략) …
}
```

[코드 3.3-53] PlayerFire.h 필요한 컴포넌트 선언하기

이렇게 선언된 컴포넌트들의 변수에는 PlayerFire.cpp의 BeginPlay() 함수에서 값을 할당해 주겠습니다.

```
void UPlayerFire::BeginPlay()
{
    Super::BeginPlay();

    tpsCamComp = me->tpsCamComp;
    gunMeshComp = me->gunMeshComp;
    sniperGunComp = me->sniperGunComp;


    … (생략) …
}
```

[코드 3.3-54] PlayerFire.cpp 컴포넌트 변수들 초기화하기

이렇게 컴포넌트들의 이름을 같게 해서 따로 선언해 사용하는 이유는 ATPSPlayer 클래스에서 가져온 코드들을 크게 변경하지 않고 사용하기 위함입니다. 안 그러면 코드 상에서 컴포넌트 변수를 호출할 때 계속 me->를 붙여줘야 하는데 그럼 수정 범위가 너무 넓습니다. 이제 InputFire() 함수에서 수정할 내용은 없습니다.

다음으로는 TPSPlayer.cpp에서 ChangeToGrenadeGun()와 ChangeToSniperGun() 함수를 잘라내기 해서 PlayerFire.cpp에 붙여넣습니다. 두 함수의 소속이 UPlayerFire가 되도록 수정합니다.

```
// 유탄총으로 변경
void UPlayerFire::ChangeToGrenadeGun()
{
    … (생략) …
}

// 스나이퍼건으로 변경
void UPlayerFire::ChangeToSniperGun()
{
    … (생략) …
}
```

[코드 3.3-55] PlayerFire.cpp ChangeToGrenadeGun, ChangeToSniperGun 함수 가져오기

마지막으로 가져올 함수는 SniperAim()입니다. TPSPlayer.cpp에서 해당 함수 구현부를 전부 선택해 잘라내기 해서 PlayerFire.cpp에 붙여넣기로 가져옵니다. 그리고 함수의 소속을 ATPSPlayer에서 UPlayerFire로 변경해 줍니다.

```
// 스나이퍼 조준
void UPlayerFire::SniperAim()
{
    … (생략) …
}
```

[코드 3.3-56] PlayerFire.cpp SniperAim 함수 가져오기

1
1.1
1.2
1.3
1.4
1.5

2
2.1
2.2
2.3
2.4
2.5
2.6

3
3.1
3.2
3.3

4
4.1
4.2
4.3
4.4
4.5

이제 `ATPSPlayer` 클래스에서 공격에 관련된 모든 기능을 `UPlayerFire` 클래스로 옮겨왔습니다. 하지만 아직까지 빌드하면 오류가 발생할 것입니다. 이것은 필요한 헤더 파일을 포함시켜주지 않았기 때문에 발생하는 이슈입니다. PlayerFire.cpp 파일 맨 위에 다음 코드에서 표시된 헤더 파일들을 인클루드해 줍니다.

```
#include "PlayerFire.h"
#include "EnhancedInputComponent.h"
#include "InputActionValue.h"
#include "Bullet.h"
#include <Blueprint/UserWidget.h>
#include <Kismet/GameplayStatics.h>
#include "EnemyFSM.h"
#include <Camera/CameraComponent.h>
#include "PlayerAnim.h"
```

[코드 3.3-57] **PlayerFire.cpp** 필요한 헤더 파일 포함시키기

또한 TPSPlayer.cpp에서 이제 필요하지 않은 헤더들도 정리하겠습니다. 다음은 TPSPlayer.cpp 에서 필요한 헤더 파일의 수정된 내역입니다.

```
#include "TPSPlayer.h"
#include <GameFramework/SpringArmComponent.h>
#include <Camera/CameraComponent.h>
#include "EnhancedInputSubsystems.h"
#include "EnhancedInputComponent.h"
#include "PlayerMove.h"
#include "PlayerFire.h"
```

[코드 3.3-58] **TPSPlayer.cpp** 필요한 헤더 파일

비주얼 스튜디오를 빌드하고 모든 것이 정상적으로 잘 옮겨졌는지 테스트합니다. 오류가 있다면 앞선 과정의 내용을 다시 한번 따라해 봅니다. 혹은 오류 메시지를 분석해 보면서 어떤 부분을 놓쳤는지 해결해 봅니다. 이렇게 함으로써 디버깅 능력을 향상시킬 수 있습니다.

정상적으로 빌드가 완료되면 이번에는 언리얼 에디터로 이동합니다. BP_TPSPlayer 블루프린트 에디터에서 필요한 설정을 다시 해 주어야 합니다. BP_TPSPlayer 블루프린트를 선택하고 마우스

오른쪽 버튼을 클릭해 Asset Actions – Reload 메뉴를 실행해 애셋을 다시 리로드해 줍니다. 혹시 애셋을 리로드해도 PlayerFire 컴포넌트가 블루프린트 에디터에 표시가 안 되면 언리얼 에디터를 종료하고 다시 켜 주세요.

BP_TPSPlayer 블루프린트 에디터에 정상적으로 PlayerFire 컴포넌트가 추가되었다면 디테일 창에서 IA_Fire, IA_GrenadeGun, IA_SniperGun, IA_Sniper을 할당해 줍니다.

[그림 3.3-7] PlayerFire 컴포넌트와 할당된 인풋 액션 애셋

Bullet Factory의 값을 BP_Bullet으로 할당하고, Sniper UIFactory 값은 WBP_SniperUI로 Crosshair UIFactory 는 WBP_Crosshair로 할당합니다. 그리고 Bullet Effect Factory 속성의 값은 P_BulletEffect를 할당합니다. 마지막으로 총 발사 시 반동 효과를 표현하기 위한 Camera Shake 속성의 값을 BP_CameraShake로 할당해 줍니다.

[그림 3.3-8] PlayerFire 컴포넌트 속성 설정하기

이제 블루프린트를 컴파일하고 실행을 해 보면 기존과 다름없이 잘 동작하는 것을 확인할 수 있을 것입니다. 혹시 애니메이션이 제대로 나오지 않는다면 Mesh 컴포넌트를 선택하고 디테일 창에서 Anim Class 값을 ABP_Player로 선택해 줍니다.

[그림 3.3-9] Mesh 컴포넌트의 애니메이션 클래스 설정하기

이렇게 해서 공격에 필요한 모든 내용을 ATPSPlayer 클래스에서 UPlayerFire 컴포넌트 클래스로 옮겨왔습니다. 이제 ATPSPlayer에 남은 멤버들은 액터에 붙어 있는 컴포넌트들 정보가 전부입니다. 소스 코드에서도 생성자에서 컴포넌트를 붙여주는 것과 입력 바인딩해 주는 것 외에는 별다른 기능이 남아 있지 않습니다. 복잡했던 ATPSPlayer 클래스의 기능을 역할에 맞도록 분배해 주니 한결 가볍게 느껴집니다. 더 필요한 기능들이 있다면 컴포넌트로 만들어 이렇게 추가해 나가면 됩니다.

## 3.3-4 동적 컴포넌트 추가하기

플레이어의 기능 중 특성에 따라 이동 및 공격 관련 컴포넌트로 분리했습니다. 클래스의 내용을 쪼개어 분산한 것까지는 좋으나 현재는 각 컴포넌트가 동작하기 위해서는 생성자에서 컴포넌트를 등록해 주어야 합니다. 이 컴포넌트를 재사용하고 싶어 블루프린트에서도 편리하게 추가해 사용하고 싶을 수 있습니다. 하지만 지금까지의 구현된 형태로는 이 작업이 불가능합니다. 이번 단원에서는 델리게이트를 이용해 블루프린트에서도 컴포넌트 사용이 가능하도록 수정해 보겠습니다.

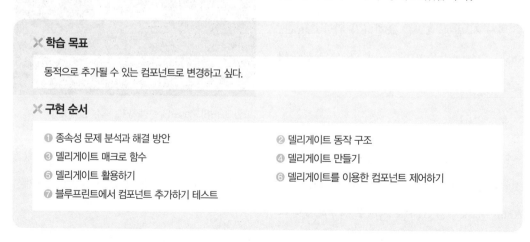

✕ **학습 목표**

동적으로 추가될 수 있는 컴포넌트로 변경하고 싶다.

✕ **구현 순서**

❶ 종속성 문제 분석과 해결 방안 　　　　❷ 델리게이트 동작 구조

❸ 델리게이트 매크로 함수 　　　　　　❹ 델리게이트 만들기

❺ 델리게이트 활용하기 　　　　　　　❻ 델리게이트를 이용한 컴포넌트 제어하기

❼ 블루프린트에서 컴포넌트 추가하기 테스트

## → 종속성 문제 분석과 해결 방안

지금까지 구현한 플레이어 액터를 구성하고 있는 컴포넌트들의 동작 방식을 살펴보겠습니다. 다음 그림을 보면 사용자가 만든 컴포넌트와 액터가 있습니다. 액터는 입력 기능을 포함하고 있는 상태입니다. 컴포넌트가 액터에 붙어야 입력 기능을 자신도 사용할 수 있습니다.

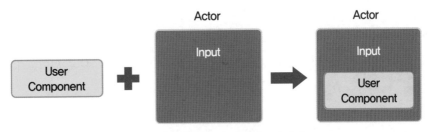

[그림 3.3-10] 컴포넌트와 액터와의 관계

이 과정에서 문제가 되는 지점은 등록된 컴포넌트를 미리 알고 있어야 사용자의 입력을 전달할 수 있다는 것입니다. ATPSPlayer 클래스를 보면 playerMove, playerFire 멤버 변수를 미리 등록해 놓고 이 변수들의 SetupInputBinding() 함수를 호출해 주고 있습니다. 이런 경우라면 블루프린트를 이용해 동적으로 UPlayerMove 같은 컴포넌트를 붙여 주려할 때 사전에 멤버로 등록해 놓지 않아 입력 전달할 방법이 없습니다.

다음 그림을 보면 이번에는 컴포넌트가 등록될 때 액터에 입력 이벤트를 받기 위해 이벤트를 등록해 주고 있습니다. 이렇게 하면 게임이 실행될 때 등록한 이벤트를 실행해 줌으로써 컴포넌트가 입력 바인딩을 처리하도록 할 수 있습니다.

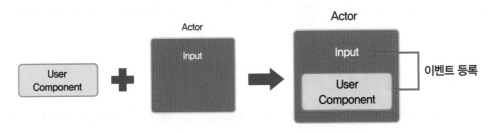

[그림 3.3-11] 컴포넌트가 등록될 때 이벤트 등록하기

언리얼 엔진에서는 C# 언어에서처럼 델리게이트라는 문법을 제공합니다. 이를 이용해 종속성 문제를 해결해 보겠습니다. *2.6 C++ 슈팅 프로젝트 제작하기*에서 충돌 처리를 할 때 간단히 델리게이트를 사용해 봤습니다. 이번에는 델리게이트에 대해 더 심도 있게 살펴보겠습니다.

## ➔ 델리게이트 동작 구조

'델리게이트(delegate)'의 사전적 의미는 '위임하다'입니다. 프로그래밍적인 의미로 해석하면 처리하고 싶은 내용이 있는데 이것을 내가 처리하지 않고 다른 객체가 처리하도록 위임한다고 보면 됩니다.

예를 들어 적을 공격해서 맞춘 상황을 생각해 보겠습니다. 이때 내가 직접 적의 피를 흘리게 하고, 적의 체력을 감소시키고, 체력이 다했으면 죽이도록 할 수 있습니다. 그런데 실제 상황이라면 이게 말이 안 되겠죠? 나는 공격만을 할 수 있고, 피격당한 상대방이 스스로 피를 흘리고, 체력이 떨어지고, 체력이 다하면 죽는 것입니다. 이처럼 내가 공격하긴 했는데 내가 상대방의 상태까지도 다 처리하기에는 난처한 경우가 있습니다. 이럴 때 상대방이 스스로 피격 처리를 하도록 델리게이트를 이용해 위임할 수 있습니다.

델리게이트가 동작하는 구조를 파악하기 위해 다음 그림을 보겠습니다. 먼저 위임받아 처리할 대상이 델리게이트에 자신의 처리 함수를 등록합니다. 이 과정을 '델리게이트에 바인딩'한다고 합니다.

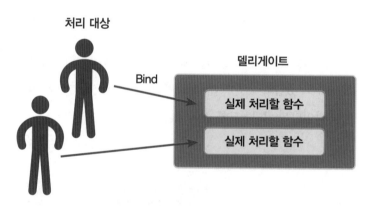

[그림 3.3-12] 델리게이트에 처리 함수 등록하기

이렇게 델리게이트에 등록된 함수는 특정한 상황이 됐을 때 이벤트처럼 호출됩니다. 앞에서 예를 든 것처럼 공격(호출자)을 해서 피격(처리 대상)을 받았을 때 델리게이트에 등록된 함수가 호출되게 됩니다. 다음 그림을 보면 호출자가 델리게이트에 등록된 함수를 실행(Execute)시켜 주고 있습니다.

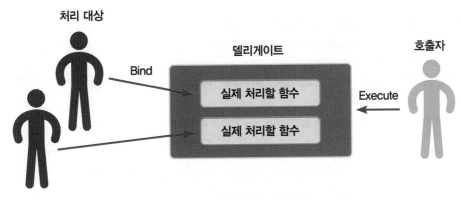

[그림 3.3-13] 델리게이트 실행하기

이때 호출자 입장에서는 델리게이트에 누가 함수를 등록해 놨는지 알 필요가 없습니다. 단지 델리게이트를 실행해 주기만 하면 델리게이트에 연결된 함수들이 자동으로 실행됩니다.

델리게이트를 이용하면 설계 단계(과거)에서 실제 처리할 대상(미래)을 미리 알지 못해도 동작시키도록 할 수 있는 프레임워크를 만들 수 있습니다. 피격당하는 대상을 기획이 추가돼 새롭게 계속 만든다고 하더라도 델리게이트에 등록만 되면 기존 공격하는 객체의 코드를 따로 추가하거나 수정할 필요가 없기 때문에 유지보수 면에서도 좋습니다.

그럼 언리얼에서 델리게이트의 종류에는 어떤 것들이 있고, 어떻게 사용해야 하는지 알아보겠습니다.

## → 델리게이트 매크로 함수

언리얼에서는 델리게이트를 만들기 위해 특정한 매크로들을 제공합니다. 다음은 Delegate Combinations.h 헤더 파일에 정의되어 있는 델리게이트 매크로 함수들 중 가장 많이 사용하는 것들만 추린 것입니다.

```
DECLARE_DELEGATE(DelegateName)
DECLARE_MULTICAST_DELEGATE(DelegateName)
DECLARE_DYNAMIC_DELEGATE(DelegateName)
```

```
DECLARE_DYNAMIC_MULTICAST_DELEGATE(DelegateName)
DECLARE_DELEGATE_OneParam(DelegateName, Param1Type)
DECLARE_MULTICAST_DELEGATE_OneParam(DelegateName, Param1Type)
DECLARE_DYNAMIC_DELEGATE_OneParam(DelegateName, Param1Type, Param1Name)
```

[코드 3.3-59] DelegateCombinations.h 델리게이트 종류에 따른 매크로 함수들

델리게이트를 만들기 위해 다양한 매크로 함수들이 존재하지만 각 매크로 함수는 동작 방식에 따라 3가지 그룹으로 나눌 수 있습니다.

| 매크로의 종류 | 동작 방식 |
|---|---|
| DECLARE_DELEGATE | 델리게이트에 하나의 처리 함수만 등록할 수 있음 |
| DECLARE_MULTICAST_DELEGATE | 델리게이트에 여러 개의 처리 함수를 등록할 수 있음 |
| DECLARE_DYNAMIC_DELEGATE | C++ 클래스와 블루프린트 둘 다에서 함수 등록할 수 있음 |

[표 3.3-1] 델리게이트 동작 방식에 따른 분류

또한 동작 방식을 조합해 사용할 수 있도록 추가적인 매크로들을 제공합니다. 예를 들어 여러 개의 처리 함수를 등록할 수 있고, 블루프린트에서도 등록할 수 있게 하고 싶다면 DECLARE_DYNAMIC_ MULTICAST_DELEGATE(DelegateName) 이름의 매크로 함수를 사용할 수 있습니다.

그럼 델리게이트에 등록될 처리 함수들은 어떤 함수의 원형을 띠고 있어야 할까요? 기본적으로 델리게이트 매크로 함수의 원형과 델리게이트에 등록될 함수의 원형이 같아야 합니다. 함수의 매개 변수는 최대 10개까지 받을 수 있으며, 개수에 따라서 델리게이트 매크로 함수의 이름이 정해집니다. DECLARE_DELEGATE 뒤에 매개변수 개수가 표시되는 형태입니다. 0~9까지 사용할 수 있으며 각각 매크로 함수 이름 뒤에 _OneParam, _TwoParams, …, _NineParams이 붙어 전체 매크로 함수의 이름이 정해집니다.

| 매크로 종류 | 매개변수 개수 |
|---|---|
| DECLARE_DELEGATE | 0 |
| DECLARE_DELEGATE_OneParam | 1 |
| DECLARE_DELEGATE_NineParams | 9 |

[표 3.3-2] 매개변수 개수에 따른 델리게이트 매크로 함수 분류

## → 델리게이트 만들기

델리게이트를 만들기 위해서는 전용 매크로 함수를 이용해야 한다는 것을 알았습니다. 이번에는 이를 이용해 델리게이트를 만들어 보겠습니다.

### ● 이름 규칙

매크로 함수를 이용해 델리게이트를 만들 때 요구되는 첫 번째 인자가 델리게이트의 이름입니다. 언리얼 엔진에서는 델리게이트의 이름 앞에 대문자 'F'가 붙는 것을 권장하고 있습니다. 예를 들어 'MyDelegate'라는 이름의 델리게이트를 만들고 싶다면 이름 앞에 'F' 문자를 붙여 'FMyDelegate'로 만듭니다.

### ● 델리게이트 만들기

델리게이트를 만드는 방법은 매크로 함수를 이용합니다. 매크로 함수의 첫 번째 인자로 델리게이트 이름을 넣어주면 됩니다. 예를 들어 앞에서 만들고자 하는 'FMyDelegate' 이름의 델리게이트를 만들려면 DECLARE_DELEGATE(**FMyDelegate**)를 사용하면 됩니다.

### ● 매개변수가 있는 델리게이트 만들기

매개변수가 있는 델리게이트를 만들고자 하면 매크로 함수의 인자에 (델리게이트 이름, 자료형 타입)의 형태로 넣어주면 됩니다. 예를 들어 매개변수가 2개인 델리기에트를 만들고자 하면 DECLARE_DELEGATE_TwoParams(**FMyDelegate**, **int**, **float**)처럼 사용하면 됩니다.

### ● Dynamic 유형의 매개변수가 있는 델리게이트 만들기

매크로 함수 종류가 블루프린트에서도 사용할 수 있도록 하는 Dynamic 형태인 경우에는 매개변수의 변수 이름까지도 지정해 주어야 합니다. 인자에 (**델리게이트 이름, 자료형 타입, 변수 이름**) 형태로 값을 넣어주면 됩니다. 예를 들어 앞에서처럼 2개의 인수를 요구하는 델리게이트를 만들 경우에는 DECLARE_DYNAMIC_DELEGATE_TwoParams(FMyDelegate, int, age, float, speed)처럼 사용합니다.

참고로 *2.6 슈팅 게임 제작하기*에서 충돌을 위해 사용한 OnComponentBeginOverlap 델리게이트의 경우 DECLARE_DYNAMIC_MULTICAST_SPARSE_DELEGATE_SixParams( )를 사용하고 있습니다. 이 매크로 함수는 PrimitiveComponent.h 헤더 파일에 선언되어 있으며 매크로 함수 이름에 SPARSE가 추가되어 있는 것을 확인할 수 있습니다. 이는 이 델리게이트에 함수가 바인드되지 않으면 메모리 최적화를 수행하도록 설계된 매크로 함수입니다.

## → 델리게이트 활용하기

이번에는 만들어진 델리게이트를 활용하는 방법을 알아보겠습니다.

### ● 델리게이트 선언

일단 매크로 함수를 이용해 델리게이트를 만들었다면 등록된 델리게이트 이름을 변수의 자료형으로 사용할 수 있습니다. 예를 들어 앞에서 DECLARE_DELEGATE(**FMyDelegate**)로 만들어 준 델리게이트는 다음처럼 선언해 사용할 수 있습니다. 델리게이트 이름 **FMyDelegate**를 자료형으로 사용하고 이를 사용할 변수의 이름이 myVar인 예제입니다.

```
FMyDelegate myVar;
```

### ● 델리게이트에 함수 바인딩

이렇게 선언된 myVar라는 FMyDelegate 타입의 변수에 함수를 등록(Binding)하는 방법은 BindXXX( )라는 이름의 함수를 사용하고 인자에 델리게이트 매크로 함수의 원형과 같은 매개변수 구조를 갖는 함수를 넣어주면 됩니다. 델리게이트에 바인딩을 지원하는 함수는 기능은 같으나 바인딩 방식에 따라 종류가 많습니다. 다음은 대표적인 바인딩 함수 목록입니다.

| 함수 이름 | 매개변수 정보 |
|---|---|
| BindUObject( ) | 처리 함수 소유 객체와 처리 함수의 참조를 매개변수로 요구함. |
| BindUFunction | 처리 함수 소유 객체와 처리 함수의 이름을 매개변수로 요구함. |
| BindLambda | 처리 함수를 람다 식으로 요구함. |
| BindStatic | 처리 함수를 static 함수로 요구함. |

[표 3.3-3] 바인딩 함수의 종류와 매개변수 정보

만약 ATPSPlayer 함수에 FMyDelegate 타입의 myVar 변수가 선언되어 있고, 이 델리게이트는 FName 타입의 매개변수를 하나 원하고 있다고 가정하겠습니다. 이 델리게이트에 등록할 함수는 TestFunc( )라는 함수입니다. 헤더 파일에 이들에 관한 정보를 다음과 같이 선언할 수 있습니다.

```
DECLARE_DELEGATE_OneParam(FMyDelegate, FName);
```

```
UCLASS()
class TPSPROJECT_API ATPSPlayer : public ACharacter
{
    GENERATED_BODY()


public:
    FMyDelegate myVar;

    void TestFunc(FName name);
}
```

[코드 3.3-60] **TPSPlayer.h** FMyDelegate 델리게이트 생성 예시

이번에는 TPSPlayer.cpp의 BeginPlay() 함수에서 TestFunc() 함수를 각각의 바인딩 함수를 이용해 등록해 보겠습니다. 예제에서 BindStatic() 함수는 제외합니다.

```
void ATPSPlayer::TestFunc(FName name){}

void ATPSPlayer::BeginPlay()
{
    Super::BeginPlay();

    myVar.BindUObject(this, &ATPSPlayer::TestFunc);
    myVar.BindUFunction(this, TEXT("TestFunc"));
    myVar.BindLambda([this](FName name)->void{});
}
```

[코드 3.3-61] **TPSPlayer.cpp** 델리게이트에 함수 바인딩하기

> **Tip**
>
> ### 람다란?
>
> 람다(Lambda)는 함수에 이름이 없는 익명 함수입니다. 람다를 사용하는 이유는 간단한 처리를 위해 굳이 헤더 파일에 함수를 선언하고, 소스 파일에 함수의 구현부를 추가한 다음 호출해주는 번거로움을 피하기 위함이라고 할 수 있습니다. 물론 기술적인 면에서 보면 함수 객체 및 함수 포인터가 갖는 불편한 점의 개선을 들 수 있지만, 이에 앞서 간단한 함수 등록을 위해 거추장스러움을 피하는데 그 목적이 있다고 할 수 있습니다. 람다 식을 구성하는 문법은 다음과 같습니다.

[캡처] (매개변수) →반환 자료형 { 함수 몸체 }

문법에서 사용하는 용어들은 대충 다 알겠는데, '캡처'라는 용어가 낯설어 보입니다. 캡처는 람다 외부에서 선언된 변수나 상수를 함수 몸체 안에서 사용하기 위한 것입니다. 앞의 예제의 myVar.BindLambda[this](FName name)→>void{}를 해석해 보겠습니다.

캡처로 등록된 this는 함수 몸체에서 ATPSPlayer의 멤버들을 사용하겠다는 의미이고, 매개변수는 FName name 입니다. 그리고 함수의 반환자료형으로 void를 사용한 것입니다.

## ● 다이나믹 델리게이트에 함수 바인딩

다이나믹 델리게이트로 만들어진 경우에는 등록할 함수에 UFUNCTION( )을 붙여 주어야 합니다. 다이나믹 델리게이트는 블루프린트에서 사용할 수 있도록 구현된 델리게이트라고 했습니다. 따라서 블루프린트에서 델리게이트를 등록할 때 처리할 함수의 존재를 알아야 합니다. 이런 이유로 바인딩할 함수에 UFUNCTION( )을 반드시 붙여 주어야 합니다.

만약 ATPSPlayer 함수에 다이나믹 델리게이트로 만들어진 FMyDynamicDelegate 타입의 myVar 변수가 선언되어 있고, 이 델리게이트는 FName 타입의 매개변수를 하나 원하고 있다고 가정하겠습니다. 이 델리게이트에 등록할 함수는 'TestFunc( )'라는 이름의 함수입니다. 헤더 파일에 이들에 관한 정보를 다음과 같이 선언할 수 있습니다.

```
DECLARE_DYNAMIC_DELEGATE_OneParam(FMyDynamicDelegate, FName, name);

UCLASS()
class TPSPROJECT_API ATPSPlayer : public ACharacter
{
    GENERATED_BODY()

public:
    FMyDynamicDelegate myDynamicVar;

    UFUNCTION()
    void TestFunc(FName name);
}
```

[코드 3.3-62] **TPSPlayer.h** 다이나믹 델리게이트 생성 예시

다이나믹 델리게이트에 함수를 바인딩할 때는 BindDynamic() 함수를 이용합니다. 이 함수를 이용해 TestFunc() 함수를 등록하는 예제는 BeginPlay()에서 다음과 같이 사용할 수 있습니다. BindDynamic()의 첫 번째 인자로 처리 함수의 소유 객체 this를 넘기고, 처리 함수의 참조를 두 번째 인자로 넘겨 줍니다.

```cpp
void ATPSPlayer::BeginPlay()
{
    Super::BeginPlay();

    // Dynamic Delegate
    myDynamicVar.BindDynamic(this, &ATPSPlayer::TestFunc);
}
```

[코드 3.3-63] TPSPlayer.cpp 다이나믹 델리게이트에 함수 바인딩하기

● **멀티캐스트 델리게이트 함수 바인딩**

이번에는 멀티캐스트 델리게이트로 바인딩하는 방법을 알아보겠습니다. 이때 사용하는 바인딩 함수는 AddUObject(), AddUFunction() 등입니다. 멀티캐스트의 경우에는 등록되는 함수가 여러 개일 수 있습니다. 따라서 'Add'로 시작하는 바인딩 함수를 사용해 등록합니다. 헤더 파일과 소스 파일에 각각 선언과 구현부를 추가한 내용은 다음과 같습니다.

```cpp
---- 헤더 파일 ----
DECLARE_MULTICAST_DELEGATE_OneParam(FMyMultiDelegate, FName);

UCLASS()
class TPSPROJECT_API ATPSPlayer : public ACharacter
{
    GENERATED_BODY()

public:
    FMyMultiDelegate myMultiVar;

    void TestFunc(FName name);
}
```

```
---- 소스 파일 ----
void ATPSPlayer::BeginPlay()
{
    Super::BeginPlay();

    // 멀티캐스트 델리게이트(Multicast Delegate)
    myMultiVar.AddUObject(this, &ATPSPlayer::TestFunc);
}
```

[코드 3.3-64] ATPSPlayer 멀티캐스트 델리게이트에 함수 바인딩하기


### ● 다이나믹 멀티캐스트 델리게이트 함수 바인딩

마지막으로 다이나믹 멀티캐스트 델리게이트 함수의 바인딩 사용법을 알아보겠습니다. 다이나믹이기 때문에 등록될 함수에는 'UFUNCTION( )'을 붙여 줘야 합니다. 그리고 델리게이트에 등록할 때는 AddDynamic( ) 함수를 이용해 바인딩 처리합니다. 다음은 이에 대한 선언과 정의 코드입니다.

```
---- 헤더 파일 ----
DECLARE_DYNAMIC_MULTICAST_DELEGATE_OneParam(FMyDMDelegate, FName, name);

UCLASS()
class TPSPROJECT_API ATPSPlayer : public ACharacter
{
    GENERATED_BODY()

public:
    FMyDMDelegate myDMVar;

    UFUNCTION()
    void TestFunc(FName name)
}

---- 소스 파일 ----
void ATPSPlayer::BeginPlay()
{
    Super::BeginPlay();
```

```
    // Dynamic Multicast Delegate
    myDMVar.AddDynamic(this, &ATPSPlayer::TestFunc);
}
```

[코드 3.3-65] ATPSPlayer 다이나믹 멀티캐스트 델리게이트에 함수 바인딩하기

이렇게 해서 델리게이트에 관련된 내용을 모두 알아보았습니다. 충돌 컴포넌트에서 충돌 이벤트 체크를 위해 사용하는 OnComponentBeginOverlap같은 델리게이트 인스턴스가 왜 AddDynamic() 함수를 사용해야 하는지 이제는 설명이 된 것 같습니다. 바로 다이나믹 멀티캐스트로 만들어진 델리게이트이기 때문이겠죠?

이외에도 책에서 별도로 예제를 넣진 않았지만 리턴 값을 요구하는 함수를 등록할 경우에는 델리게이트 매크로 함수에 DECLARE_DELEGATE_RetVal_OneParam() 처럼 'RetVal'이 붙습니다. 앞에서 설명한 다른 매크로 함수들과 내용이 크게 다르지 않기에 테스트하면 금방 알 수 있을 것입니다.

## 델리게이트 실행하기

델리게이트에 등록된 함수를 실행하고자 할 때는 Execute() 또는 ExecuteIfBound() 함수를 이용하면 됩니다. 이 둘의 차이는 사전에 델리게이트에 바인딩된 내용이 있는지를 체크하는 것이므로 ExecuteIfBound() 함수의 사용이 다소 더 안전한 방식이라고 할 수 있습니다. 멀티캐스트 델리게이트의 경우에는 등록된 모든 함수를 호출해 주어야 하기 때문에 Broadcast()를 사용해야 합니다.

다음 예제는 매개변수가 FName 타입일 때 일반 델리게이트 실행 방법과 멀티캐스트 델리게이트의 실행 방법을 구현한 내용입니다. 내용을 살펴보면 BeginPlay()에서 델리게이트를 바인딩하고 타이머를 이용해 PlayDelegate()를 2초 후 실행하도록 처리했습니다. 그러면 멀티캐스트가 아닌 델리게이트 myVar의 경우 ExecuteIfBound()를 이용해 바인딩된 함수를 실행해 줍니다. 그리고 멀티캐스트 델리게이트(다이나믹 멀티캐스트 포함) 변수 myMultiVar의 경우에는 Broadcast()를 이용해 등록된 모든 함수를 실행합니다. 두 델리게이트에 등록된 TestFunc() 함수가 실행되면 단순히 매겨변수로 넘어온 name 값을 출력하도록 했습니다.

```cpp
void ATPSPlayer::PlayDelegate()
{
    // 일반 델리게이트
    myVar.ExecuteIfBound(TEXT("Single Brad"));
    // 멀티캐스트 델리게이트
    myMultiVar.Broadcast(TEXT("Multi Brad"));
}

void ATPSPlayer::BeginPlay()
{
    Super::BeginPlay();

    myVar.BindUObject(this, &ATPSPlayer::TestFunc);
    // 멀티캐스트 델리게이트
    myMultiVar.AddUObject(this, &ATPSPlayer::TestFunc);

    // 2초 후에 PlayDelegate 함수 실행
    FTimerHandle timer;
    GetWorld()->GetTimerManager().SetTimer(timer, this, &ATPSPlayer::PlayDelegate, 2);
}

void ATPSPlayer::TestFunc(FName name)
{
    UE_LOG(LogTemp, Warning, TEXT("TestFunc Call : %s"), *name.ToString());
}
```

[코드 3.3-66] **TPSPlayer.cpp** 델리게이트 실행하기

이 내용을 실행하면 2초 후에 타이머가 실행돼 TestFunc( ) 함수가 호출되며 결과는 다음과 같습니다.

```
PIE: Play in editor total start time 0.135 seconds.
LogTemp: Warning: TestFunc Call : Single Brad
LogTemp: Warning: TestFunc Call : Multi Brad
```

[그림 3.3-14] 델리게이트 실행 결과

이렇게 델리게이트의 개념부터 실행 방법까지 모두 알아보았습니다. 테스트를 위해 TPSPlayer. cpp의 BeginPlay( )에 작성한 델리게이트 관련 코드는 주석 처리해 두면 되겠습니다. 콘솔에 출력되는 메시지가 거슬리지 않다면 그냥 두어도 무방합니다.

## ➡ 델리게이트를 이용한 컴포넌트 제어하기

델리게이트에 대한 이해가 끝났다면 이제 종속적으로 엮인 우리 컴포넌트가 블루프린트에서도 얼마든지 추가되어 사용될 수 있도록 델리게이트를 이용해 처리해 보겠습니다.

### ● 델리게이트 생성하기

먼저 필요한 델리게이트를 만들어 보겠습니다. ATPSPlayer 액터 클래스에는 PlayerMove와 PlayerFire 컴포넌트가 추가돼 있습니다. 우리가 필요한 델리게이트의 역할은 이 컴포넌트들에서 입력 바인딩을 처리할 수 있도록 해야 합니다. 여러 입력 인딩 처리 함수가 다 실행될 수 있어야 하기 때문에 멀티캐스트 델리게이트 타입의 매크로 함수를 사용해야 합니다.

TPSPlayer.h 헤더 파일로 이동합니다. 클래스 선언 위쪽에 DECLARE_MULTICAST_DELEGATE_OneParam( )를 이용해 UEnhancedInputComponent* 타입의 매개변수를 갖는 FInputBinding Delegate를 만들어 줍니다. 다음으로 FInputBindingDelegate 타입 변수 onInputBinding Delegate를 public 접근자로 선언합니다.

```
DECLARE_MULTICAST_DELEGATE_OneParam(FInputBindingDelegate, class UEnhancedInputComponent*);

UCLASS()
class TPSPROJECT_API ATPSPlayer : public ACharacter
{
    GENERATED_BODY()
public:
    // 입력 바인딩 델리게이트
    FInputBindingDelegate onInputBindingDelegate;

    … (생략) …
}
```

[코드 3.3-67] **TPSPlayer.h** FInputBindingDelegate 생성 및 선언하기

이제 TPSPlayer.cpp의 SetupPlayerInputComponent( ) 함수로 이동합니다. 기존에 등록된 컴포넌트들의 SetupInputBinding( ) 함수를 호출해 주는 부분은 주석 처리합니다. 이 부분이 종

1

1.1
1.2
1.3
1.4
1.5

2

2.1
2.2
2.3
2.4
2.5
2.6

3

3.1
3.2
3.3

4

4.1
4.2
4.3
4.4
4.5

속적으로 묶여 있어서 델리게이트를 이용하려는 것이었습니다. 헤더에서 선언해 준 onInput BindingDelegate 델리게이트 변수의 Broadcast() 함수를 호출하고 인자로 PlayerInput을 넘겨 줍니다. 이렇게 하면 멀티캐스트 델리게이트에 등록된 함수들을 모두 호출할 수 있습니다.

```cpp
void ATPSPlayer::SetupPlayerInputComponent(UInputComponent* PlayerInput)
{
    Super::SetupPlayerInputComponent(PlayerInputComponent);

    auto PlayerInput = CastChecked<UEnhancedInputComponent>(PlayerInputComponent);
    if (PlayerInput)
    {
        // 컴포넌트에서 입력 바인딩 처리하도록 호출
        onInputBindingDelegate.Broadcast(PlayerInput);

        /*playerMove->SetupInputBinding(PlayerInput);
        playerFire->SetupInputBinding(PlayerInput);*/
    }
}
```

[코드 3.3-68] **TPSPlayer.cpp** 델리게이트에 등록된 함수들을 모두 호출하기

여기에서 재미있는 것은 델리게이트가 자신에 등록된 함수들을 호출해 줄 때 누구의 함수를 호출하는 것인지 드러나지 않는다는 것입니다. 이는 서로 간에 연결성을 느슨하게 하여 설계 관점에서 보았을 때 추가 및 삭제가 비교적 유연하게 처리될 수 있음을 의미합니다. 뒤에서 블루프린트를 사용해 보며 다소 더 살펴보겠습니다.

### ● 델리게이트 바인딩

이번에는 델리게이트에 바인딩해 줄 차례입니다. PlayerMove, PlayerFire 컴포넌트 모두 ATPSPlayer 클래스가 갖고 있는 onInputBindingDelegate 델리게이트 인스턴스에 자신의 SetupInputBinding() 함수를 등록해 주어야 합니다. 각 컴포넌트 클래스에서 이를 따로 구현해 줘도 되지만 그러면 사용자 컴포넌트를 새로 만들어서 추가하고 싶은 경우에 중복된 코드를 카피 앤 페이스트(copy & paste)해서 붙여 줘야 합니다. 이럴 때는 부모 클래스에 해당 내용을 넣어서 자

동으로 처리되도록 하면 편리합니다. 우리도 **APlayerBaseComponent** 클래스에서 입력 바인딩 함수를 델리게이트에 등록하는 절차를 구현하겠습니다.

PlayerBaseComponent.h 파일을 열어 줍니다. 이곳에 **InitializeComponent( )** 함수를 오버라이드 선언해 줍니다. **InitializeComponent( )**는 컴포넌트 **BeginPlay( )** 함수보다 먼저 호출되는 라이프 사이클(생명주기) 함수입니다.

```
class TPSPROJECT_API UPlayerBaseComponent : public UActorComponent
{
    GENERATED_BODY()

public:
    UPlayerBaseComponent();

protected:
    virtual void InitializeComponent() override;

    virtual void BeginPlay() override;

    … (생략) …
};
```

[코드 3.3-69] **PlayerBaseComponent.h** InitializeComponent() 오버라이드 선언하기

이제 PlayerBaseComponent.cpp로 이동해 **InitializeComponent( )**의 구현부를 추가해 줍니다. 이 함수가 하는 일은 델리게이트에 **SetupInputBinding( )** 함수를 바인딩하기입니다. 그러기 위해서는 **ATPSPlayer\*** 타입의 인스턴스 변수 **me**가 필요합니다. 따라서 **BeginPlay( )**에 구현된 내용을 **InitializeComponent( )**로 옮겨 오겠습니다. 그런 다음 **AddUObject( )** 함수를 이용해 **SetupInputBinding( )** 함수를 등록합니다. 그리고 **InitializeComponent( )** 함수가 호출되게 하기 위해 생성자에서 **bWantsInitializeComponent**에 **true**를 할당해 주어야 합니다.

```
UPlayerBaseComponent::UPlayerBaseComponent()
{
    PrimaryComponentTick.bCanEverTick = false;
```

```
        bWantsInitializeComponent = true;
}

void UPlayerBaseComponent::InitializeComponent()
{
        Super::InitializeComponent();

        me = Cast<ATPSPlayer>(GetOwner());
        moveComp = me->GetCharacterMovement();

        // 델리게이트에 처리 함수 등록
        me->onInputBindingDelegate.AddUObject(this, &UPlayerBaseComponent::SetupInputBinding);
}

void UPlayerBaseComponent::BeginPlay()
{
        Super::BeginPlay();
}
```

[코드 3.3-70] **PlayerBaseComponent.cpp** InitializeComponent() 구현하기

비주얼 스튜디오를 빌드하고 언리얼 에디터로 이동해 실행해 봅니다. PlayerMove, PlayerFire에
별다른 작업을 안 해주었어도 정상적으로 동작할 것입니다.

> **Tip**
> ### 라이프사이클 함수의 호출 순서
> 왜 BeginPlay()에서 그냥 구현하지 않고 InitializeComponent()로
> 굳이 다 옮겨서 구현을 했을까요? 이유는 ATPSPlayer 액터의
> SetupPlayerInputComponent() 함수 호출이 BeginPlay() 보다 먼저
> 진행되기 때문입니다. 다음 그림에서처럼 먼저 바인딩되지 않았
> 는데 실행을 하면 등록된 함수가 없어 아무것도 실행되지 않습
> 니다.
> 따라서 SetupPlayerInputComponent() 보다 먼저 호출되는 라이프
> 사이클 함수가 필요합니다. 이런 이유로 BeginPlay()가 아닌
> InitializeComponent()를 사용한 것입니다.

[그림 3.3-11] 실행 순서 오류

## ➜ 블루프린트에서 컴포넌트 추가하기 테스트

델리게이트를 이용한 처리가 완료됐다면 블루프린트에서 동적으로 추가해도 컴포넌트들이 사용자의 입력을 받아 정상적으로 동작하는지 확인해 보겠습니다. 먼저 TPSPlayer .h에서 playerFire 선언부를 주석 처리해 줍니다. 그리고 TPSPlayer.cpp 파일의 생성자 함수에서 playerFire를 생성해 주는 내용을 주석 처리하겠습니다.

```cpp
class TPSPROJECT_API ATPSPlayer : public ACharacter
{
    … (생략) …

public:
    UPROPERTY(VisibleAnywhere, Category = Component)
    class UPlayerBaseComponent* playerMove;
    /*UPROPERTY(VisibleAnywhere, Category = Component)
    class UPlayerBaseComponent* playerFire;*/
};

ATPSPlayer::ATPSPlayer()
{
    … (생략) …

    playerMove = CreateDefaultSubobject<UPlayerMove>(TEXT("PlayerMove"));
    // playerFire = CreateDefaultSubobject<UPlayerFire>(TEXT("PlayerFire"));
}
```

[코드 3.3-71] TPSPlayer.h(위) TPSPlayer.cpp(아래) PlayerFire 생성하지 않도록 처리하기

빌드하고 언리얼 에디터에서 확인해 보면 PlayerFire 컴포넌트는 BP_TPSPlayer에는 나오지 않게 됩니다. PlayerFire 컴포넌트가 계속 보이면 에디터를 껐다 켜던가 아니면 BP_TPSPlayer를 리로드 해 주세요.

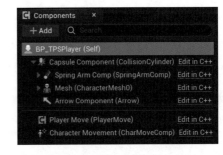

[그림 3.3-16] 사라진 PlayerFire 컴포넌트

자, 그러면 ATPSPlayer 클래스에서는 PlayerFire 컴포넌트에 대한 어떠한 정보도 현재 알지 못하는 상태입니다. 기존에는 PlayerFire 관련 인스턴스가 클래스 안에 반드시 있어야 SetupPlayerInputComponent( ) 함수에서 호출할 수 있었는데 지금은 생성 자체를 해 주지 않았기 때문에 SetupPlayerInputComponent( )에서 호출할 수가 없습니다. 이런 문제 때문에 델리게이트에 처리 함수를 등록하도록 하고 SetupPlayerInputComponent( )에서는 단순히 델리게이트를 실행하도록 처리했습니다.

블루프린트에서 PlayerFire를 등록하기 위해 BP_TPSPlayer 에디터에서 [Add Component] 버튼을 클릭해서 Player Fire를 검색해 보면 아무것도 나타나지 않는 것을 알 수 있습니다. 이유는 PlayerFire 컴포넌트가 블루프린트에서 사용할 수 있도록 설정해 주지 않아서 생긴 문제입니다.

PlayerFire.h 헤더 파일로 이동합니다. UCLASS( ) 안에 인자 값으로 아무것도 현재 없는 상태 입니다. 괄호() 안에 컴포넌트가 속한 카테고리 그룹을 설정할 ClassGroup 값으로 PlayerComponent를 할당하고, meta에는 BlueprintSpawnableComponent를 할당해 블루프린트에서 컴포넌트로 추가될 수 있도록 합니다.

```
UCLASS(ClassGroup=(PlayerComponent), meta = (BlueprintSpawnableComponent))
class TPSPROJECT_API UPlayerFire : public UPlayerBaseComponent
{
        … (생략) …
}
```

[코드 3.3-72] PlayerFire.h UCLASS() 매개변수 값 설정하기

빌드하고 BP_TPSPlayer 블루프린트 에디터로 이동해서 [Add] 버튼을 눌러보겠습니다. 다시 Player Fire 로 검색해 보면 이제는 PlayerComponent 카테고리 아래에 해당 컴포넌트가 검색되는 것을 확인할 수 있습니다. 이를 클릭해 추가해줍니다. 만약 PlayerFire 컴포넌트가 검색되지 않는다면 에디터를 껐다켜거나 BP_TPSPlayer 애셋을 리로드해 주세요.

[그림 3.3-17] PlayerFire 컴포넌트 추가하기

PlayerFire 컴포넌트가 추가되면 디테일 창에서 다음 그림처럼 Bullet Factory, Input, Sniper UI, Bullet Effect, Camera Motion 속성 값들을 다시 할당해 줍니다. 참고로, 이렇게 값들을 계속 다시 설정해주는 것이 번거롭기 때문에 C++ 에서 초기화시켜 주는 것도 좋습니다.

[그림 3.3-18] PlayerFire 속성 할당하기

블루프린트를 컴파일하고 실행해 보겠습니다. 그러면 정상적으로 PlayerFire 컴포넌트의 기능이 동작하는 것을 확인할 수 있을 것입니다.

[그림 3.3-19] PlayerFire 동작 결과

여기까지 해서 델리게이트를 이용한 동적 컴포넌트 설계를 마무리하도록 하겠습니다.

델리게이트는 작게는 간단한 알림 처리에서 나아가, 프로젝트가 이벤트 처리 방식의 설계 구조를 갖도록 폭넓게 사용될 수도 있습니다. 대표적으로 MS의 윈도우 OS와 관련 애플리케이션들이 이벤트 기반 구조(Event Driven Architecture)를 사용하고 있습니다. 학습을 위해 관련 이론을 추가적으로 공부해 보길 추천드립니다.

## 3.3-5 게임 오버 처리하기

이번에는 플레이어의 체력이 다 되면 게임 오버가 되도록 처리해 주도록 하겠습니다. 여기에서는 게임 오버가 되는 상황에 이벤트를 발생시키도록만 처리해 주고, 화면에 UI 표시하는 부분은 뒤에서 다루도록 하겠습니다.

> ✖ **학습 목표**
>
> 플레이어의 체력에 따른 게임 오버 기능을 추가하고 싶다.
>
> ✖ **구현 순서**
>
> ❶ 플레이어 체력 관리하기
> ❷ 플레이어 피격 이벤트 처리하기
> ❸ 게임 오버 처리하기

### ➜ 플레이어 체력 관리하기

지금까지 플레이어는 무적 상태로 있습니다. 이번에 체력 관련 속성을 추가해 줌으로써 게임 오버가 될 수 있도록 처리해 주려고 합니다. 먼저 플레이어한테 체력 속성을 추가해 주겠습니다.

TPSPlayer.h 헤더 파일 맨 아래로 이동합니다. 이곳에 현재 체력을 기억할 정수형 변수 hp와 초기 설정될 체력 값 initialHp를 선언합니다. 뒤에서 체력 UI 작업할 때 사용할 수 있도록 UPROPERTY( )의 설정 값에 BlueprintReadWrite를 넘겨 줍니다. 다음으로 적으로부터 피격받았을 때 체력을 감소시키고 게임 오버 관련 처리를 위해 OnHitEvent( ) 함수를 추가해 줍니다. 이 함수는 블루프린트에서 호출됩니다. 이를 위해 UFUNCTION( ) 매크로를 붙이고 BlueprintCallable를 인자로 전달합니다.

```cpp
class TPSPROJECT_API ATPSPlayer : public ACharacter
{
        … (생략) …

public:
        … (생략) …

        // 현재 체력
        UPROPERTY(EditDefaultsOnly, BlueprintReadWrite, Category=Health)
        int32 hp;
        // 초기 hp 값
        UPROPERTY(EditDefaultsOnly, BlueprintReadWrite, Category = Health)
        int32 initialHp = 10;

        // 피격 당했을 때 처리
        UFUNCTION(BlueprintCallable, Category = Health)
        void OnHitEvent();
};
```

[코드 3.3-73] **TPSPlayer.h** 체력 관련 속성과 처리 함수 선언하기

이제 TPSPlayer.cpp 소스 파일로 이동합니다. BeginPlay( )에서 hp 변수에 initialHp 값을 초기 값으로 할당합니다. 다음으로 OnHitEvent( ) 함수의 구현부를 추가합니다. 이 함수는 적이 공격해 피격 당했을 때 호출되기 때문에 PRINT_LOG( )를 이용해 콘솔에 'Damaged!!!!!'라는 메시지를 먼저 출력해 주겠습니다. 그리고 체력은 1 감소시켜 줍니다. 체력이 0 이하라면 Player died 문구를 콘솔에 찍습니다. 참고로, PRINT_LOG( )를 사용하려면 TPSProject.h를 인클루드하고 있어야 합니다.

```
#include "TPSProject.h"

void ATPSPlayer::BeginPlay()
{
        … (생략) …

        hp = initialHp;
}

void ATPSPlayer::OnHitEvent()
{
        PRINT_LOG(TEXT("Damaged !!!!!"));
        hp--;
        if (hp <= 0)
        {
                PRINT_LOG(TEXT("Player is dead!"));
        }
}
```

[코드 3.3-74] TPSPlayer.cpp 체력 초기값 설정과 피격 처리하기

다음으로 적이 공격할 때 **Attack** 메시지를 출력하는 부분은 삭제해 주겠습니다. 이유는 공격 메시지 출력 시점과 애니메이션에서 실제 공격이 이루어지는 시점에 차이가 있기 때문입니다. 이는 바로 뒤에서 다룹니다. EnemyFSM.cpp의 **AttackState( )** 함수로 이동해 공격 메시지 찍는 부분을 주석 처리해 주겠습니다.

```
void UEnemyFSM::AttackState( )
{
     … (생략) …
     if(currentTime > attackDelayTime)
     {
          // 3. 공격하고 싶다.
          // PRINT_LOG(TEXT("Attack!!!!!"));
          … (생략) …
     }
```

… (생략) …
    }

[코드 3.3-75] EnemyFSM.cpp Attack 메시지 주석 처리

이제 플레이어의 체력을 처리하는 로직이 마련되었습니다. 이번에는 이렇게 만들어진 OnHit Event( )를 플레이어가 피격 당했을 때 호출해 줘야 합니다. 다음으로 넘어가기 전에 비주얼 스튜디오를 빌드해 주겠습니다.

## ➡ 플레이어 피격 이벤트 처리하기

플레이어가 현재 피격을 받는 상황은 적이 공격했을 때입니다. 적의 공격 상태 동작은 공격 대기로 있다가 시간이 다 되면 공격을 처리하게 되어 있습니다. 하지만 다음 그림처럼 애니메이션 입장에서 보면 공격을 시작하는 단계에서의 애니메이션 프레임과 실제 발차기로 상대를 때리는 순간까지의 딜레이가 존재합니다.

[그림 3.3-20] 공격 시작(좌)과 실제 공격 시점(우)

아직 발차기를 하지도 않았는데 플레이어가 데미지를 받는 것은 자연스럽지 못합니다. 애니메이션 시작점이 아닌 실제 공격이 이뤄지는 부분에 노티파이를 추가했다가 노티파이 이벤트가 발생했을 때 OnHitEvent()가 호출되도록 처리하면 되겠습니다.

콘텐트 브라우저 창에서 Enemy – Animations 폴더로 이동합니다. 현재 적이 공격할 때 사용하는 애니메이션 애셋은 'Mma_Kick'입니다. 이 애니메이션 시퀀스 파일을 더블클릭합니다.

[그림 3.3-21] 공격 애니메이션 애셋

애니메이션 에디터가 열리면 타임라인을 다음 그림처럼 공격 발차기가 이루어지는 부분으로 이동시킵니다. 이때 노티파이를 삽입하면 됩니다. 해당 타임라인의 노티파이 영역에서 마우스 오른쪽 버튼을 클릭합니다. 팝업 메뉴가 뜨면 Add Notify → New Notify를 선택합니다. Notify Name 설정이 뜨면 노티파이 이름을 'AttackPlaying'이라고 입력해 줍니다.

[그림 3.3-22] AttackPlaying 노티파이 추가하기

이렇게 추가된 노티파이는 애니메이션 블루프린트에서 이벤트로 받아 처리할 수 있습니다. Blueprints 폴더에서 ABP_Enemy를 더블클릭해 열어 줍니다.

[그림 3.3-23] ABP_Enemy 블루프린트

ABP_Enemy 애니메이션 블루프린트의 에디터가 열리면 이벤트 그래프 창으로 이동합니다. 빈곳에 마우스 오른쪽 버튼을 클릭하여 'AttackPlaying'으로 검색합니다. Event AnimNotify_AttackPlaying를 찾아 추가해 줍니다. 이 노티파이 이벤트 노드는 Mma_Kick 애니메이션 시퀀스의 타임라인이 진행되다가 등록한 AttackPlaying 노티파이를 만나면 호출되는 것입니다.

노티파이 이벤트가 호출되었을 때 플레이어의 'OnHitEvent'를 호출해 피격 처리를 하려고 합니다. 따라서 먼저 빈곳에 마우스 오른쪽 버튼을 클릭해 [Get Player Pawn] 노드를 추가해 현재 플레이어 컨트롤러가 제어하고 있는 폰을 가져옵니다. 그리고 Return Value 핀을 잡아당겨서 나타나는 팝업 메뉴에서 [Cast To BP_TPSPlayer] 노드를 찾아 추가합니다. 추가된 노드의 출력 데이터 As BP TPSPlayer 핀을 마우스 왼쪽 버튼으로 드래그하여 [On Hit Event] 노드를 찾아 추가해 줍니다.

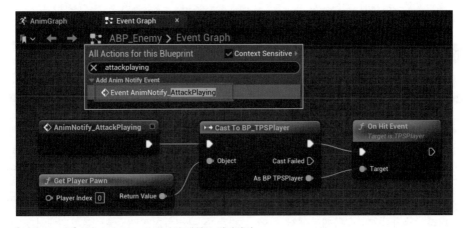

[그림 3.3-24] AttackPlaying 노티파이 이벤트 처리하기

이렇게 적이 실제 공격해서 플레이어가 데미지를 입어야 할 때 AttackPlaying 노티파이 이벤트를 발생시킬 수 있습니다. 이때 ATPSPlayer 클래스에 추가한 OnHitEvent() 함수를 호출해야 자연스럽게 체력이 감소할 것입니다. 이렇게 해야 뒤에서 UMG를 이용해 체력 GUI를 표시할 때 해당 내용과 동기화가 잘 맞습니다.

블루프린트를 컴파일하고 OnHitEvent()가 정상적으로 호출되는지 확인해 보겠습니다. 실행 버튼을 눌러 게임을 실행합니다. 적에게 다가가 공격하도록 유도해 봅니다. 그러면 적이 공격하기 위해 발차기를 하는 순간마다 아웃풋 로그 창에 'Damaged!!!!!' 메시지가 찍힙니다. 총 체력을 10으로 주었기 때문에 10번 찍힌 후 'Player is dead!' 메시지가 찍힙니다.

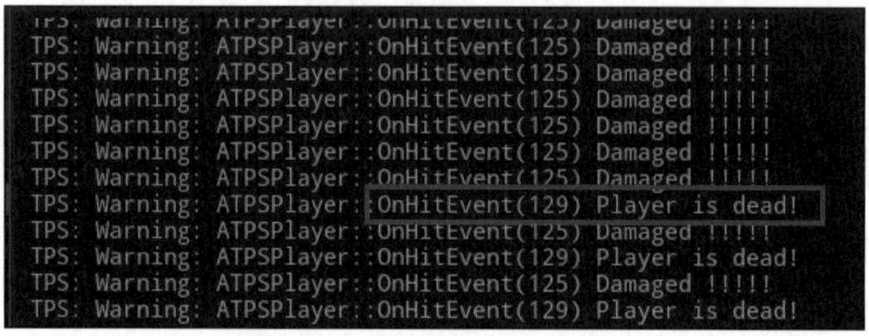

```
TPS: Warning: ATPSPlayer::OnHitEvent(125) Damaged !!!!!
TPS: Warning: ATPSPlayer::OnHitEvent(125) Damaged !!!!!
TPS: Warning: ATPSPlayer::OnHitEvent(125) Damaged !!!!!
TPS: Warning: ATPSPlayer::OnHitEvent(125) Damaged !!!!!
TPS: Warning: ATPSPlayer::OnHitEvent(125) Damaged !!!!!
TPS: Warning: ATPSPlayer::OnHitEvent(125) Damaged !!!!!
TPS: Warning: ATPSPlayer::OnHitEvent(129) Player is dead!
TPS: Warning: ATPSPlayer::OnHitEvent(125) Damaged !!!!!
TPS: Warning: ATPSPlayer::OnHitEvent(129) Player is dead!
TPS: Warning: ATPSPlayer::OnHitEvent(125) Damaged !!!!!
TPS: Warning: ATPSPlayer::OnHitEvent(129) Player is dead!
```

[그림 3.3-25] 플레이어 죽었을 때 결과 콘솔 로그

콘솔 창에 찍힌 결과를 보면 'Player is dead!' 메시지가 출력된 후 게임 오버되지 않고 계속 메시지가 출력됩니다. 이제 플레이어가 죽으면 게임 오버가 되도록 처리해 보겠습니다.

### → 게임 오버 처리하기

이번에는 체력이 다 되어 플레이어가 죽으면 게임을 일시 정지하고 콘솔에 'Game Over'라고 출력해 주겠습니다. UI 작업은 뒤에서 한번에 처리해 주겠습니다.

게임 오버 처리는 OnHitEvent()와는 분리해서 OnGameOver() 이름의 함수를 따로 만들어 주도록 하겠습니다. 그리고 이 함수는 나중에 UI 작업을 위해 블루프린트에서 구현할 수 있도록 해주려 합니다. 앞에서 C++ 클래스에서 선언한 함수를 구현하지 않고 블루프린트에서 구현할 때 UFUNCTION()에 BlueprintImplementableEvent를 인자로 넘겨 사용하는 예제를 구현해 보았습니다. 참고로, EnemyAnim.h에 선언한 PlayDamageAnim() 함수가 다음과 같이 사용되었습니다.

1

1.1
1.2
1.3
1.4
1.5

2

2.1
2.2
2.3
2.4
2.5
2.6

3

3.1
3.2
3.3

4

4.1
4.2
4.3
4.4
4.5

```
class TPSPROJECT_API UEnemyAnim : public UAnimInstance
{
     … (생략) …

     // 피격 애니메이션 재생 함수
     UFUNCTION(BlueprintImplementableEvent, Category=FSMEvent)
     void PlayDamageAnim(FName sectionName);
};
```

[코드 3.3-76] EnemyAnim.h BlueprintImplementableEvent 사용 예시

이렇게 사용하는 이유에는 여러 가지가 있지만 대표적으로 C++ 코드 작성 시에는 구체적인 구현 사항을 정의할 수 없고, 나중에 실제 사용할 때 해당 내용을 정의해야 할 경우가 있습니다. 프로그래머 입장에서는 피격 애니메이션을 재생해야 하지만 어떤 것을 재생할지는 본인이 정하기 어렵기 때문에 블루프린트에서 디자이너가 알아서 정하도록 하는 것이 그 예라 할 수 있습니다.

이 외에도 블루프린트에 이미 편리하게 구현되어 있는 기능의 경우, 굳이 C++에서 로직을 새로 구현할 필요가 없을 경우도 있습니다. 이럴 때에도 블루프린트로 구현을 넘기는 것도 좋습니다.

하지만 C++에서 함수를 구현하고, 디자이너가 해당 내용을 변경해야 할 때만 블루프린트에서 오버라이드해 사용하고 싶을 때도 있을 것입니다. 이럴 때는 BlueprintImplementableEvent가 아닌 BlueprintNativeEvent를 사용하면 됩니다.

이번 게임 오버 예제에서는 OnGameOver() 함수를 구현하되 게임을 일시 정지시키는 내용은 C++ 코드에서 구현하고, 블루프린트에서는 여기에 Game Over 메시지를 출력하는 기능을 추가해 주도록 하겠습니다. UI 작업을 할 때 블루프린트에 추가 코드가 더 붙게 될 것입니다.

TPSPlayer.h 헤더 파일로 이동합니다. 맨 아래에 OnGameOver() 함수를 선언하고 UFUNCTION() 매크로를 붙여 줍니다. UFUNCTION()에는 BlueprintNativeEvent를 인자로 넘겨 블루프린트에서 함수를 오버라이드할 수 있도록 합니다. 그리고 블루프린트에서 호출할 수 있도록 BlueprintCallable도 인자로 넘겨 줍니다.

```
class TPSPROJECT_API ATPSPlayer : public ACharacter
{
    ··· (생략) ···
public:
    ··· (생략) ···

    // 피격 당했을 때 처리
    UFUNCTION(BlueprintCallable, Category = Health)
    void OnHitEvent();

    // 게임 오버될 때 호출될 함수
    UFUNCTION(BlueprintNativeEvent, BlueprintCallable, Category = Health)
    void OnGameOver();
};
```

[코드 3.3-77] **TPSPlayer.h** OnGameOver() 함수 선언하기

이제 TPSPlayer.cpp로 넘어 와 OnGameOver( )를 구현해 주겠습니다. UFUNCTION(Blueprint NativeEvent)로 선언된 멤버 함수의 경우에는 함수 이름 뒤에 _Implementation을 붙여서 구현해 주어야 합니다. 그래서 소스 코드에서 함수의 이름은 'OnGameOver_Implementation( )'가 됩니다.

이제 함수의 몸체에는 게임이 일시 정지되도록 UGameplayStatics의 SetGamePaused( ) 함수를 호출해 줍니다. 이 함수의 인수로는 UWorld* 객체와 일시 정지 여부를 bool 값으로 전달해야 합니다. 여기에서는 일시 정지해야 하므로 true를 전달합니다.

이렇게 구현된 함수의 호출은 OnHitEvent( )에서 체력이 다 됐을 때 호출해 주면 됩니다. 주의해야 할 것은 함수를 정의할 때 함수 이름을 OnGameOver_Implementation( )으로 했더라도, 선언된 함수의 이름이 OnGameOver( )이기 때문에 이 함수를 사용하기 원하는 곳에서는 OnGameOver( )를 호출해 줘야 합니다.

마지막으로 UGameplayStatics 클래스를 사용하기 위해 맨 위쪽에 #include <Kismet/ GameplayStatics.h>를 추가해야 합니다.

```cpp
#include <Kismet/GameplayStatics.h>

void ATPSPlayer::OnHitEvent()
{
        PRINT_LOG(TEXT(" Damaged !!!!!"));
        hp--;
        if (hp <= 0)
        {
                PRINT_LOG(TEXT("Player is dead!"));
                OnGameOver();
        }
}

void ATPSPlayer::OnGameOver_Implementation()
{
        // 게임 오버 시 일시 정지
        UGameplayStatics::SetGamePaused(GetWorld(), true);
}
```

[코드 3.3-78] **TPSPlayer.cpp** OnGameOver() 함수 구현 및 호출하기

C++에서의 작업은 여기까지입니다. 비주얼 스튜디오를 빌드하고 언리얼 에디터로 이동합니다. 콘텐트 브라우저 창에서 Blueprints 폴더에 있는 BP_TPSPlayer를 더블클릭해 블루프린트 에디터를 열어줍니다. 이벤트그래프 창의 빈곳에 마우스 오른쪽 버튼을 클릭하고 팝업이 뜨면 [Event On Game Over] 노드를 검색해 추가해 줍니다.

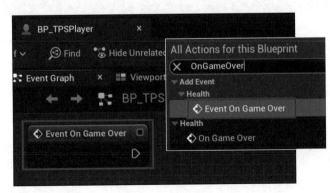

[그림 3.3-26] [OnGameOver] 노드 추가하기

이 상태로 원하는 기능을 그냥 추가해 구현하면 기존에 C++에서 구현한 함수를 오버라이드해 덮어쓰기 합니다. 하지만 우리는 C++에서 구현한 게임 오버 시 일시 정지하는 내용은 그냥 사용하고 싶습니다. 이럴 때는 부모의 OnGameOver( )를 호출해 주면 됩니다.

추가된 [Event On Game Over] 노드의 이름 부분을 마우스 오른쪽 버튼으로 클릭해줍니다. 팝업 메뉴가 뜨면 'Add call to parent function'을 선택해 줍니다.

[그림 3.3-27] 부모 함수 추가하기

이렇게 하면 [그림3.3-24]처럼 부모에서 구현한 [OnGameOver()] 함수 노드가 추가됩니다. 이제 Event [On Game Over] 노드에서 추가된 [Parent: On Game Over] 노드로 실행 핀을 연결시켜 줍니다. 마지막으로 [Print String] 노드를 추가해 화면에 Game Over!!! 메시지가 출력되도록 재정의 구현을 마무리합니다.

[그림 3.3-28] OnGameOver 재정의하기

이렇게 C++에서 구현한 부모의 코드도 실행할 수 있고 자신이 구현할 내용도 추가해 재정의 할 수 있게 됐습니다. 이제 블루프린트를 컴파일하고 실행해 보겠습니다.

아웃풋로그 창에 마찬가지로 10번의 Damaged 메시지와 한 번의 'Player is dead!'가 출력된 후 'Game Over!!!' 메시지가 찍힙니다. 이때 게임 화면은 정지 상태로 멈춘 것을 확인할 수 있습니다.

[그림 3.3-29] 게임 오버 결과

## 3.3-6 총 바꾸기 이벤트 처리하기

이번에 다룰 내용은 플레이어가 유탄총과 스나이퍼건을 교체할 때마다 알림을 주는 이벤트를 처리하려고 합니다. 제작하려는 이벤트 함수의 구현은 블루프린트에서 담당하고, 이렇게 블루프린트에서 작업된 이벤트 함수를 C++ 코드에서 호출해 사용할 수 있도록 구현하려고 합니다. 이 작업은 UI 구성에서 현재 어떤 총을 사용하고 있는지를 표현하기 위한 사전 작업입니다.

> **✕ 학습 목표**
>
> 총 바꿀 때 C++ 코드에서 블루프린트의 이벤트를 호출하고 싶다.
>
> **✕ 구현 순서**
>
> ❶ 문제 제기
> ❷ 해결 방안
> ❸ 총 바꾸기 알림 이벤트 제작

### ➜ 문제 제기

현재 UPlayerFire 클래스에서 총을 교환하는 코드는 구현되어 있으나, UI 작업과 연동될 수 있도록 구현하는 작업은 들어가 있지 않습니다. 이 나머지 내용을 마저 마무리하기 전에 개발 진행 시 직군별 작업 진행 절차를 먼저 생각해 보겠습니다.

기획자로부터 기획서를 받아 프로그래머는 유탄총, 스나이퍼건 교환 코드를 구현합니다. 물론 그래픽 디자이너 쪽에서도 이를 표현해 주기 위해 UI 작업을 하게 됩니다. 이렇게 각자 작업을 진행하다가 작업 된 UI를 컨트롤하는 코드를 플레이어가 작성하려고 할 때 문제가 생길 수 있습니다.

첫 번째 문제는 플레이어가 다른 작업이 다 끝나서 이제 UI 제어 내용을 작성하려고 하는데 아직 디자이너 쪽에서 작업이 끝나지 않았을 때 발생할 수 있습니다. 이때 프로그래머는 다른 기획 내용을 작업하던가 대기를 해야 합니다.

두 번째 문제는 그래픽 디자이너가 UMG 내용을 변경하거나 새롭게 만드는 등의 작업을 해서 프로그래머가 해당 내용을 반영해 줘야 할 때 발생 할 수 있습니다. 이때도 마찬가지로 프로그래머가 코드 수정을 계속해야 하는 여지가 생길 수 있습니다.

## → 해결 방안

이렇게 디자이너한테 종속성이 엮인 상태에서의 작업은 시간적인 소모가 상당히 많이 발생할 수 있습니다. 또한 직군 간에 불필요한 충돌이 발생할 수 있는 여지도 있습니다. 따라서 각 직군의 역할을 명확히 구분해 처리할 수 있는 구조로 제작될 필요가 있습니다.

앞에서 이를 위해 언급한 두 가지 유용한 기능이 있습니다. 하나는 C++에서 선언된 함수를 블루프린트에서 구현하도록 UFUNCTION( )에 BlueprintImplementableEvent를 넘기는 방법이 있고, 다른 하나는 C++에 기본 함수 처리를 구현하되 블루프린트에서 재정의할 수 있도록 UFUNCTION( )에 BlueprintNativeEvent를 넘기는 방법이 있습니다.

이 두 가지 기법을 이용하면 프로그래머는 C++를 이용해 기획의 핵심 로직을 구현하는데 집중할 수 있고, 디자이너는 블루프린트를 이용해 직접 디자인 결과물을 확인 및 수정할 수 있습니다.

## → 총 바꾸기 알림 이벤트 제작하기

총 바꾸기를 블루프린트에서 사용할 수 있도록 이벤트로 알려주기 위해 BlueprintImplementableEvent를 사용하겠습니다. 여기에서는 UMG 작업이 아직 끝나지 않았다는 가정으로 진행할 것이기 때문에 코드 상에서 해당 내용에 대한 기본 처리를 할 수가 없습니다.

그럼 총 바꾸기 알림 이벤트 함수를 선언해 보겠습니다. TPSPlayer.h 헤더 파일로 이동합니다. 맨 아래쪽에 'OnUsingGrenade' 이름의 함수를 만들고 유탄총으로 교체됐는지 여부를 알려주기 위해 매개변수에는 bool 타입의 isGrenade를 추가합니다. isGrenade에 true가 들어오면 유탄총 사용, false이면 스나이퍼건 사용하기가 됩니다. 마지막으로 블루프린트에서 이 함수가 구현되도록 UFUNCTION( )에 BlueprintImplementableEvent를 할당합니다.

```cpp
class TPSPROJECT_API ATPSPlayer : public ACharacter
{
        … (생략) …
public:
        … (생략) …

        // 게임 오버될 때 호출될 함수
        UFUNCTION(BlueprintNativeEvent, BlueprintCallable, Category = Health)
        void OnGameOver( );

        // 총 바꿀 때 호출되는 이벤트 함수
        UFUNCTION(BlueprintImplementableEvent, BlueprintCallable, Category = Health)
        void OnUsingGrenade(bool isGrenade);
};
```

[코드 3.3-79] **TPSPlayer.h** OnUsingGrenade() 선언하기

이렇게 만들어진 OnUsingGrenade( )는 사용자가 총을 바꿀 때마다 호출하여 어떤 총으로 바꾸었는 지를 매개변수에 전달해 주어야 합니다. 이 부분의 구현은 PlayerFire.cpp의 ChangeToGrenadeGun( )와 ChangeToSniperGun( )에서 처리해 주겠습니다.

두 함수의 맨 마지막 부분에 ATPSPlayer* 인스턴스 변수인 me를 이용해 OnUsingGrenade( )를 호출하고 인자로 bUsingGrenadeGun을 넘겨줍니다. bUsingGrenadeGun가 현재 유탄총을 사용하고 있는지를 나타내는 변수이기 때문입니다.

```cpp
// 유탄총으로 변경
void UPlayerFire::ChangeToGrenadeGun()
{
        … (생략) …

        // 유탄총 사용할지 여부 전달
        me->OnUsingGrenade(bUsingGrenadeGun);
}

// 스나이퍼건으로 변경
void UPlayerFire::ChangeToSniperGun()
{
        … (생략) …

        // 유탄총 사용할지 여부 전달
        me->OnUsingGrenade(bUsingGrenadeGun);
}
```

[코드 3.3-80] **PlayerFire.cpp** OnUsingGrenade() 호출하기

여기까지 하고 비주얼 스튜디오를 빌드합니다. 언리얼 에디터에서 BP_TPSPlayer 블루프린트를 열어 줍니다. 이벤트 그래프 창에서 빈곳에 마우스 오른쪽 버튼을 클릭해 검색 팝업에서 'OnUsingGrenade'를 입력합니다. Health 카테고리 아래의 [Event On Using Grenade] 노드를 선택해 추가합니다.

이 노드의 Is Grenade 데이터에 넘어오는 값을 화면에 출력하기 위해 [Print String] 노드를 추가하고 Is Grenade 데이터 핀을 마우스로 드래그해 [Print String] 노드의 In String에 연결시켜 줍니다. 그러면 자동으로 bool 값을 FString으로 변환해 주는 변환 노드가 추가됩니다.

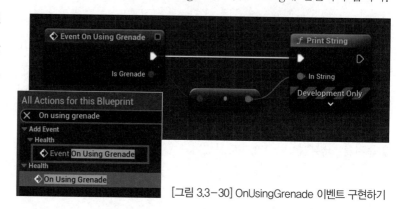

[그림 3.3-30] OnUsingGrenade 이벤트 구현하기

블루프린트를 컴파일하고 실행해서 테스트해 보겠습니다. 이제 키보드에서 ①, ② 키를 눌러 가며 총을 바꿔 보면 유탄총일 때 true, 스나이퍼총일 때 false가 화면에 출력됩니다.

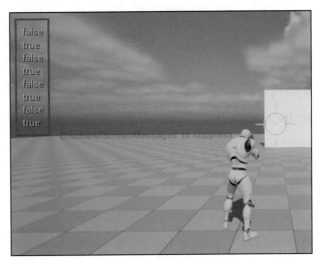

[그림 3.3-31] 총 변경 시 화면에 true, false 출력하기

## 3.3-7 위젯 블루프린트로 표현하는 언리얼 모션 그래픽(UMG)

### ✕ 학습 목표

UMG를 통해서 데이터를 시각적으로 표현할 수 있다.

### ✕ 구현 순서

❶ UMG의 하이어라키 구조를 이해하고 레이아웃을 구성하기
❷ 텍스트와 프로그레스 바로 HP를 시각적으로 표현하기
❸ 미니맵 구현하기

### ➔ UMG 개요

UI는 콘텐츠 내에서 다뤄지는 데이터를 시각화하기 위한 기능입니다. 시각화한다는 것은 컴퓨터 내부에서 함수 혹은 변수에서 처리되는 결과를 그래프, 숫자, 문자, 버튼 등으로 표현한다는 것입

니다. 언리얼은 위젯 블루프린트(Widget Blueprint)라는 애셋을 통해서 표현하게 됩니다. 이러한 위젯을 활용한 UI시스템을 UMG(Unreal Motion Graphic)라고 합니다.

## ➜ 애셋 생성하기

UI 레이아웃은 화면에 UI 요소(버튼, 텍스트, 이미지 등)를 배치하는 과정입니다. 이러한 배치에도 장르적인 특징을 고려하기는 하지만, 지금은 보다 기능에 중심을 두고 배치해 보겠습니다. 먼저, 'ScreenUI'라는 위젯 블루프린트 애셋을 생성합니다. UI는 각종 UI 요소(위젯-Widget)들을 하이어라키에 배치하는 방식으로 사용합니다. 체력을 표시하는 기능부터 차근차근 진행하겠습니다.

[그림 3.3-32] UI_Screen 위젯 블루프린트 생성하기

UI_Screen 애셋을 더블클릭하여 UMG 에디터를 열어 줍니다. Palette 창에서 PANEL 〉 Canvas Panel을 선택하여 Hierarchy 창에 드래그하여 넣습니다.

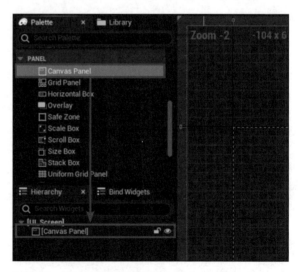

[그림 3.3- 33] 캔버스 패널 등록하기

제일 먼저 스크린 사이즈(Screen Size)를 정해 주겠습니다. UI 배치에서 기준이 되는 해상도를 지정하는 옵션입니다. Screen Size > Monitor > 21.5"–24" Monitor를 선택하여 FHD (1,920× 1,080) 사이즈의 화면을 선택합니다.

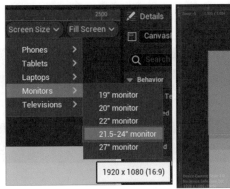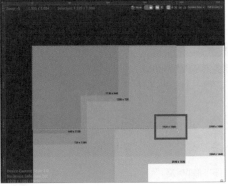

[그림 3.3- 34] 해상도 설정하기

UI 배치에 있어서 가장 중요한 것이 앵커(Anchor)와 피봇(pivot), 순서(order)입니다. UI의 모든 요소는 하이어라키에서 부모를 기준으로 위치하게 됩니다. 이 때 부모의 어디를 기준으로 배치하는 지에 대한 셋팅이 앵커입니다. 수많은 장르의 콘텐츠 마다 특성은 있지만 앵커 프리셋에서 보이는 화면의 네 개의 모서리와 모서리의 중간 위치, 중앙을 기준으로 합니다. [그림 3.3-30] 앵커 주요 위치의 ✕ 표시는 화면의 비율/크기와 상관없이 네 모서리와 각 모서리의 중앙, 화면의 중앙을 나타 냅니다.

이후 예제를 통하여 앵커를 이용하여 레이 아웃을 정리하는 방법을 알아보겠습니다.

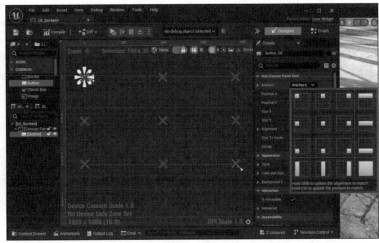

[그림 3.3-35] 앵커의 주요 위치

## ➜ HP bar 표현하기

UI 요소 중에 제일 활용도가 높은 Text와 프로그레스 바를 통해 HP를 표현하겠습니다. UI를 표현하는데 있어서 각종 변수를 숫자 그대로 표현해도 되고, 프로그레스 바 등 이미지화시킬 수도 있습니다. *[그림 3.3-31] HP UI의 예시*의 구조대로 배치해 보겠습니다.

[그림 3.3-36] HP UI의 예시

UI는 텍스트(Text)를 바로 배치하기 보다는 위치나 크기를 설정할 수 있는 패널을 통하여 전체적인 크기를 잡고 세부적인 배치를 하는 것이 효율적입니다.

Palette > Panel 항목에 'Horizontal Box'를 드래그하여 'Hierarchy'로 드래그합니다. 앵커 포인트는 기본값인 '왼쪽 위'로 설정되어 있습니다. 포지션은 X, Y 각 32, 사이즈는 X: 480, Y: 50으로 설정합니다. 여기서 크기는 화면의 픽셀 단위를 기준으로 합니다. Horizontal Box는 자식(Child)으로 등록이 되는 자식 위젯을 가로 배치하는 기능을 가진 패널입니다.

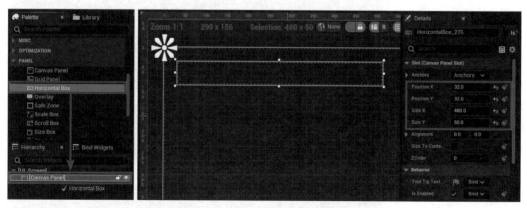

[그림 3.3-37] Horizontal Box 배치

Common 항목에서 텍스트(Text)를 드래그하여 Horizontal Box 안으로 배치합니다. 슬롯(Slot)의 세로 정렬(Vertical) 항목을 중앙으로, Content > Text 항목을 'HP'라고 표현을 합니다.

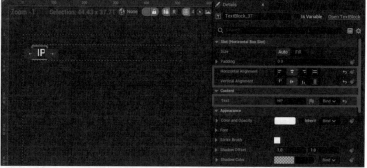

[그림 3.3- 38] 텍스트 위젯 배치하기

프로그레스 바(Progress Bar)를 이용하여 [그림 3.3-31] HP UI 예시처럼 표현할 때 한 가지 문제가 있습니다. 프로그레스 바는 자식 위젯을 가질 수 없습니다. 자식 개수에 따라 세 가지 타입으로 위젯을 구분할 수 있습니다.

❶ 다수의 자식을 가질 수 있는 위젯(Canvas Panel이나 Horizontal Box 등)
❷ 한 개의 자식을 가질 수 있는 위젯(Button 등)
❸ 자식을 가질 수 없는 위젯(Text, Prograss Bar 등)

위치가 서로 겹치는 경우라면 Overlap을 활용해서 위젯을 두 개 배치할 수 있습니다. Overlay 위젯의 자식으로 Palette에서 Progress Bar와 Text를 드래그하여 배치합니다. 각각의 옵션은 다음과 같습니다(각 위젯 명칭 뒤에 붙는 숫자는 자동으로 생성되기 때문에 필자와 다를 수 있습니다).

• Overlay: Size – Fill
• Progress Bar: Horizontal – Fill / Vertical – Fill /
• Text: Horizontal – Center / Vertical – Center / Text: 10/10

[그림 3.3-39] Overlay Progress Bar Text 위젯 Slot 설정하기

나머지 배치가 완료된 후 블루프린트를 활용한 변수와 연결하여 프로그레스 바의 Percent 항목과 Text의 항목을 제어하겠습니다. 이후 블루프린트 제어를 위해서 각각의 명칭을 다음과 같이 수정하겠습니다. 자동으로 생성되는 숫자는 ##으로 표기하였습니다.

- TextBlock_## (Text HP) -> HPtitle
- ProgressBar ## -> PrgsHP
- TextBlock_## (Text 10/10) -> hpText

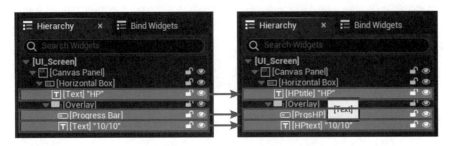

[그림 3.3-40] 각 위젯의 이름 변경하기

## → 무기 교체 표현하기

현재 무기가 투사체(Projectile) 방식의 GrenadeGun과 저격 방식의 SniperGun 두 가지가 있습니다. 무기가 교체되는 정보를 표현해 보겠습니다.

Panel > Canvas Panel을 루트 패널의 자식이 되도록 드래그합니다. 앞서 만든 Horizontal Box 아래에 위치하게 됩니다(Horizontal Box의 자식이 되지 않도록 주의해 주세요).

> • Anchors: 좌측 하단 / Position X: 32, Y: -32 / Size X: 420, Y: 180 / Alignment X: 0, Y: 1

Alignment는 위젯의 기준을 의미합니다. 앵커는 부모 위젯의 기준을 정하는 것입니다. 앵커로 정한 부모의 기준으로부터 자신의 어디를 기준으로 해서 포지션을 설정할지 정하는 것이 Alignment 설정입니다. X 0, Y 0은 좌측 상단, X 1, Y 1은 우측 하단으로 사각형의 범위를 가지고 있습니다.

[그림 3.3-41] 무기 교체 Canvas Panel 설정하기

Common > Image 위젯을 CanvasPanel의 자식으로 두 번 넣어 줍니다. 각각의 명칭을 바로 수정하도록 하겠습니다. 첫 번째 Image 위젯을 'Img_SniperGun', 두 번째는 'Img_GrenadeGun'으로 설정하겠습니다.

[그림 3.3-42] 아이콘 표현을 위한 Image 위젯 배치하기

Img_SniperGun 설정은 다음과 같습니다.

- Anchors: 좌측 상단 / Position X: 0, Y: 0 / Size X: 256, Y: 128 / Alignment X: 0, Y: 0

Appearance 항목의 Image에 3-3-7-UI 폴더의 T_Weapon_SniperGun 애셋을 등록합니다.

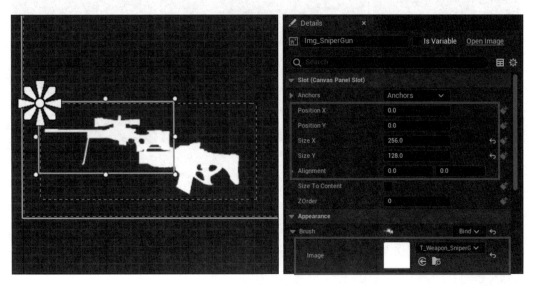

[그림 3.3-43] Img_SniperGun 설정하기

Img_GrenadeGun 설정은 다음과 같습니다.

- Anchors: 우측 하단 / Position X: 0, Y: 0 / Size X: 256, Y: 128 / Alignment X: 1, Y: 1

Appearance 항목의 Image에 3-3-7-UI 폴더의 T_Weapon_GrenadeGun 애셋을 등록합니다.

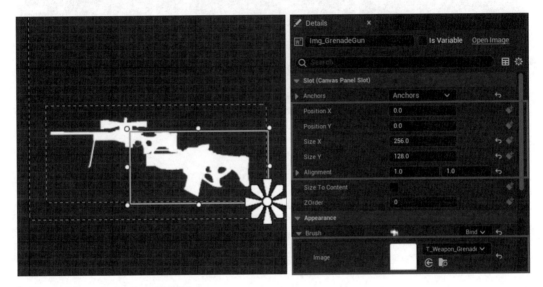

[그림 3.3-44] Img_SniperGun 설정하기

마지막으로 Palette > Special Effects의 Background Blur 항목을 추가합니다.

[그림 3.3-45] Background Blur 배치하기

Ctrl+[왼쪽 클릭]으로 앵커 프리셋의 우측 하단에 가득 찬 사각형을 누르면, 자동으로 부모의 사이즈에 맞춰서 크기가 변경됩니다. 혹은 앵커를 '우측 하단'으로 설정하면 포지션 및 사이즈 항목이 Offset 항목으로 변경되어 있습니다. 각 값을 모두 0으로 합니다.

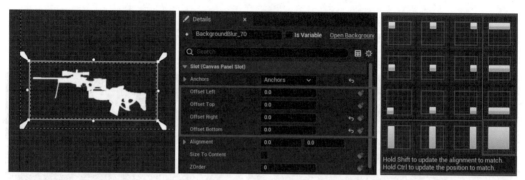

[그림 3.3-46] Background Blur Slot 설정하기

Appearance의 Blur Strength를 '3'으로 설정하면 이미지가 뿌옇게 흐려질 것입니다. UMG는 하이어라키에서 하단에 위치한 것이 제일 앞에 있는 것으로 인식됩니다. 현재 상태는 Background Blur가 가장 아래에 있기 때문에 같은 부모를 가진 Img_SniperGun, Img_GrenadeGun 두 가지 위젯이 Background Blur보다 뒤에 있어서 뿌옇게 처리됩니다.

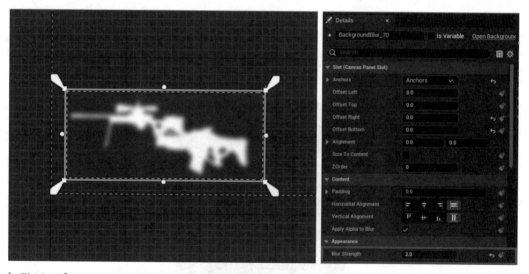

[그림 3.3-47] Blur Strength 설정하기

Img_GrenadeGun Slot 항목의 Z Order를 1로 해주면, 하이어라키의 순서를 무시하고 Background Blur보다 앞에 있는 것으로 인식되며 선명하게 보이게 됩니다.

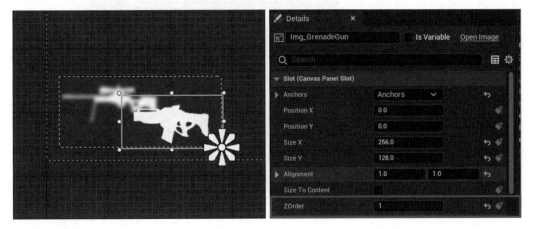

[그림 3.3-48] Z Order 설정 예시

이후 블루프린트에서 이러한 Z Order의 특성을 사용하여 현재 활성화 중인 무기는 Z Order를 높이고 비사용 중인 무기는 Z Order를 낮추는 식으로 하이어라키와 Z Order를 사용한 제어를 구현 하겠습니다.

### ➜ 미니맵 제작하기

미니맵은 캐릭터 주변의 상황을 표현하여 유저들에 정보를 제공하는 역할을 합니다. 일반적인 개 발 상황에서 아티스트들이 이미지 리소스를 제작해 주어서 배치를 합니다. 지금은 아티스트나 리소 스가 없기 때문에 3D 배경 오브젝트를 그대로 활용해서 배치하겠습니다.

콘텐트 브라우저에서 Material & Textures > Render Target 항목을 생성합니다. RT_minimap으 로 애셋 명을 수정합니다.

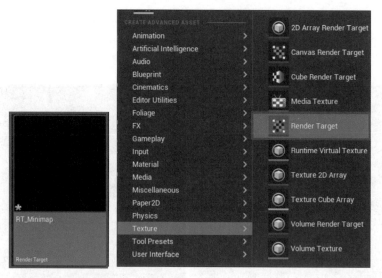

[그림 3.3-49] Render Target 생성하기

레벨에 배치 후 위치는 Player Start 위치에 둡니다. 높이는 Location Z를 480으로 설정합니다. Projection > Perspective Type을 Orthographic으로, Ortho Width는 2,000으로 설정합니다.

Scene Capture 항목에 이전에 생성한 RT_minimap을 연결합니다.

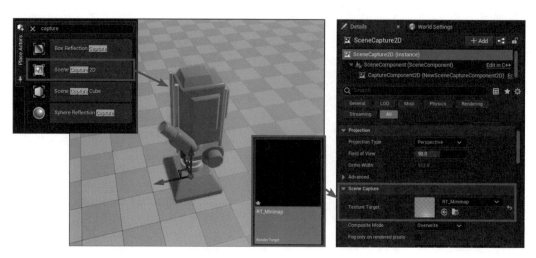

[그림 3.3- 50] Scene Cpature 2D 배치 및 설정하기

Minimap 배치를 위해서 UI_Screen 위젯 블루프린트에서 작업을 진행하겠습니다. Palette에서 Border 위젯을 최상위 Canvas Panel에 드래그합니다. 명칭은 'BD_minimap'으로 설정합니다.

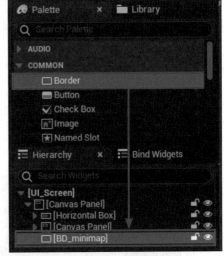

[그림 3.3-51] Border 배치하기

BD_minimap(border) 위젯의 Slot 항목을 다음과 같이 설정합니다.

- Anchors: 우측 하단 / Position X: -32, Y: -32 / Size X: 258, Y: 258 / Alignment X: 1, Y: 1

하단에 Content 항목도 다음과 같이 설정합니다.

- Horizontal: Fill / Vertical: Fill / Padding: 1.0

[그림 3.3-52] Border 설정하기

Palette > Image 위젯을 BD_minimap의 자식으로 드래그합니다. 앞서 BD_minimap의 Content 옵션을 수정해 두었기 때문에 안쪽에 1픽셀씩 여백이 생기면서 흰색의 테두리가 생기게 됩니다 (Padding 1).

RT_minimap(Render Texture) 애셋에서 바로 Image 위젯을 등록하면 보이질 않게 됩니다. 머티리얼을 생성하여 M_minimap으로 생성한 후, UMG에서 보일 수 있도록 설정을 수정하겠습니다.

[그림 3.3-53] M_minimap 머티리얼 생성하기

머티리얼 에디터를 열고 Material > Material Domain 항목을 User Interface 항목으로 수정합니다. 이후 RT_minimap 텍스처를 드래그하여 Final Color에 연결합니다.

[그림 3.3-54] M_minimap 설정하기

마지막으로 UMG의 미니맵의 Image 위젯의 Image 항목에 연결해 줍니다.

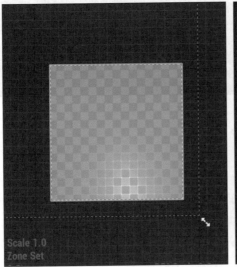

[그림 3.3-55] M_minimap 등록하기

### → UI_Screen 블루프린트

기본적인 배치가 완료되었으므로 블루프린트를 사용하여 연결하도록 하겠습니다. UI를 화면에 배치한 후, 배치한 순서에 맞춰 HP 표시 > 무기 교체 > 미니맵 순서로 진행하겠습니다.

BluePrint 폴더에 BP_TPSPlayer 애셋을 더블클릭하여 오픈합니다. Event BeginPlay 밑에서 우 클릭하여 [Get Player Controller] 노드를 생성합니다. Get Player Controller의 Return Value에서 드래그하여 Create Widget 항목을 생성합니다.

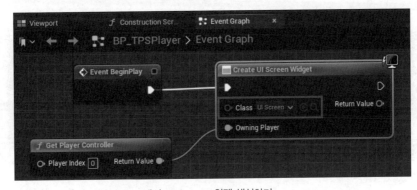

[그림 3.3-56] BP_TPSPlayer에서 UI_Screen 위젯 생성하기

Class는 UI_Screen으로 설정한 후, Create Widget의 Return Value를 우클릭하여 Promote Variable을 클릭합니다. 생성된 위젯을 변수로 생성하여 화면에 가릴 필요가 있을 때 이렇게 위젯을 변수로 지정해두면 제어하기가 편리합니다. 변수명을 'uiScreen'으로 지정합니다.

[그림 3.3-57] uiScreen 변수 생성하기

Set uiScreen 아웃풋 핀에서 [Add To Viewport] 노드를 생성하여 작업을 마무리합니다. 이때 BP_TPSPlayer 블루프린트도 컴파일 버튼을 눌러 줘야 하며, UI_Screen 위젯도 컴파일이 완료되었는지 확인하여 컴파일을 완료합니다. 뷰포트에 보여주기 위한 준비를 마무리하고 테스트를 진행합니다.

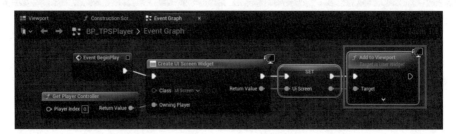

[그림 3.3-58] [Add to Viewport] 노드 생성하기

[그림 3.3-59] UI 확인하기

## → TPSPlayer 클래스와 UI_Screen 위젯 HP 연동하기

앞서 C++을 이용하여 TPSPlayer 클래스에 HP와 initial HP라는 두 개의 변수를 생성하였습니다. 이를 위젯과 연동하여 체력에 따라 프로그레스 바가 증감하는 효과를 구현하겠습니다. 우선 UI_Screen 위젯에서 연동을 위한 변수 생성을 하겠습니다.

UI_Screen의 Graph 항목을 클릭합니다. Variables 항목 오른쪽 [+Variable] 버튼을 클릭하여 3개의 변수를 생성합니다. 생성이 완료되었다면, 다른 블루프린트에서 변수에 접근할 수 있게 컴파일을 눌러 실행해 줍니다.

- isGrenaded(Boolean): 무기가 유탄 발사기인지 체크를 위한 불리언 변수
- hpString(String): HP를 텍스트로 변환하기 위한 스트링 변수
- hpRatio(Float): HP를 프로그레스 바에 입력하기 위한 플롯 변수

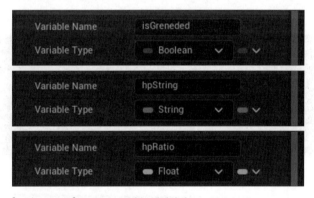

[그림 3.3- 60] UI_Screen 변수 생성하기

다시 [Designer] 탭으로 넘어와서 각각의 위젯과 변수를 연결합니다. PrgsHP(Prograss Bar)의 Percent 우측의 Bind를 클릭하여 hpRatio와 연결합니다. hpText(Text) 위젯의 Content > Text 항목의 Bind를 클릭하여 hpString 항목을 연결합니다.

[그림 3.3-61] 변수 연결하기

HP를 시각화하기 위해서 BP_TPSPlayer 블루프린트를 열어줍니다. Functions 우측의 ➕를 눌러 'UIctrlHP'라는 함수를 생성합니다. 생성된 [UIctrlHP 함수 그래프] 탭에서 우클릭하여 hp 변수를 검색합니다. 앞서 스크립트에서 Hp(integer), initialHP(integer)를 Get으로 생성합니다.

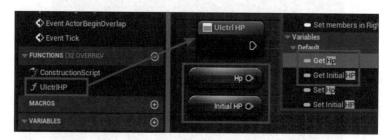

[그림 3.3-62] [Hp InitailHp] 변수 노드 생성하기

Variables 항목의 uiScreen 변수도 드래그하여 가지고 옵니다. uiScreen 변수의 출력 핀에서 앞서 만들어 둔 hpString과 hpRatio를 'Set'으로 생성합니다.

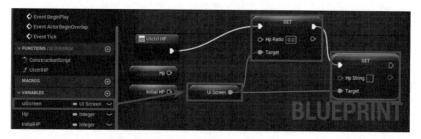

[그림 3.3-63] uiScreen 변수 연결하기

Hp와 InitialHp는 integer 형식의 변수로 float과 string에 맞게 변환해 주어야 합니다. 우선 HpRatio에 사용하기 전달하기 위하여 float로 변환된 Hp를 InitialHp로 나누어 주어 비율을 구해 줍니다.

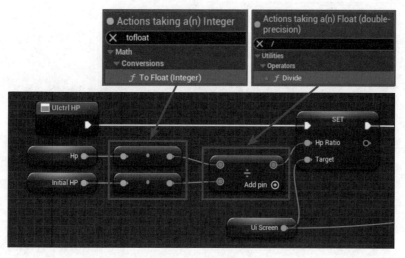

[그림 3.3-64] 변수를 비율로 연산하기

블루프린트를 깔끔하게 정리하기 위하여 Hp, InitailHp, UIScreen 항목을 복사합니다. 앞선 과정과 마찬가지로 Hp, InitialHp를 String으로 변환 후 [Append] 노드를 사용하여 문자열을 합쳐줍니다. 이때 [Append] 노드의 [Add pin +] 버튼을 클릭하여 3개의 인풋 핀이 되도록 한 후 A핀에 Hp를 연결, B핀에 '/'를 직접 입력하고, C핀에 InitialHp를 연결합니다. Append의 출력 핀을 hpString에 연결하여 줍니다.

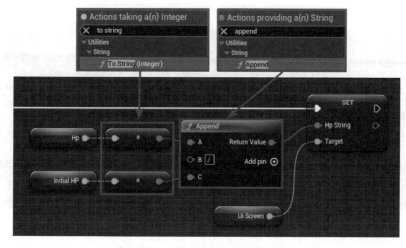

[그림 3.3- 65] 변수를 문자열로 확장하기

전체적인 UIctrlHP 함수의 구조는 [그림 3.3-61] UIctrlHP 함수와 같습니다.

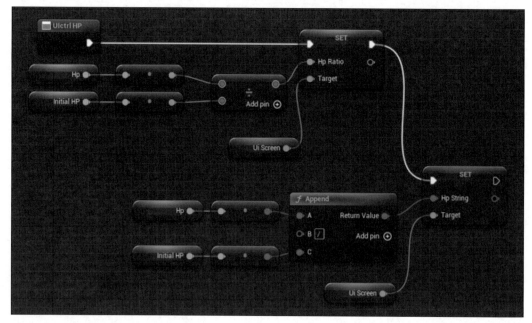

[그림 3.3-66] UIctrlHP 함수

BP_TPSPlayer의 이벤트 그래프로 돌아옵니다. Begin Play에서 Add to Viewport 이후에 Delay (0.05초)를 먼저 생성한 후 UIctrlHP 함수를 생성하여 연결하고 마무리합니다. 변수 생성과 동시에 (같은 프레임)에 바로 값을 전달하게 되면, 정상적인 작동이 되지 않으므로 Delay 함수를 추가한 것입니다.

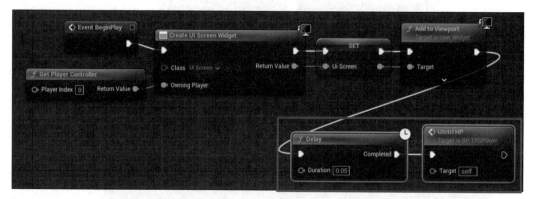

[그림 3.3-67] Delay 후 UIctrlHP 호출하기

또한 ABP_Enemy에서 플레이어 피격 시 On Hit Event에서 HP를 감소시킬 때마다 UI도 업데이트 하도록 UIctrlHP 함수를 추가합니다.

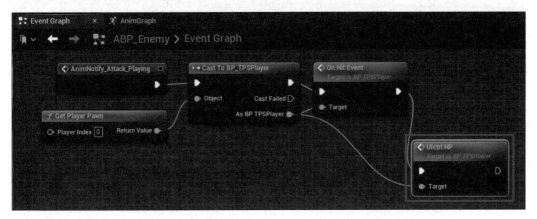

[그림 3.3-68] ABP_Enemy에서 UIctrlHP 호출하기

## → 무기 교체 블루프린트

무기 교체 시에 Z Order의 수치를 늘리면 선명하게 보이고, 0이 되면 블러 효과로 인해 뿌옇게 흐려지도록 레이아웃을 설계하였습니다. UI_Screen 위젯 블루프린트에서 기능을 구현하고, *3.3-6 총 바꾸기 이벤트 처리*에서 구현한 OnUsingGrenade 이벤트를 통해서 전달된 무기의 정보(isGrenade 변수)를 UI_Screen의 무기 변환 이벤트를 호출하는 방식으로 진행하겠습니다.

UI_Screen의 UMG 에디터에서 [Graph] 탭으로 이동합니다. 여백에 우클릭 후 Custom Event를 검색하여 Add Custom Event를 클릭하여 이벤트를 생성합니다. 이벤트의 이름은 'SwapWeapon'으로 설정합니다.

[그림 3.3-69] SwapWeapon 이벤트 생성하기

미리 생성해 둔 isGrenaded 변수를 Get으로 생성하여 Branch를 만듭니다.

[그림 3.3-70] isGrenaded 변수를 Branch에 연결하기

무기 이미지 위젯 두 개가 이미 변수에 등록되어 있습니다. 이는 [Designer] 탭에서 레이아웃 작업할 때 자동으로 생성되는 것입니다. Img_GrenadeGun과 Img_SniperGun을 Get으로 생성합니다.

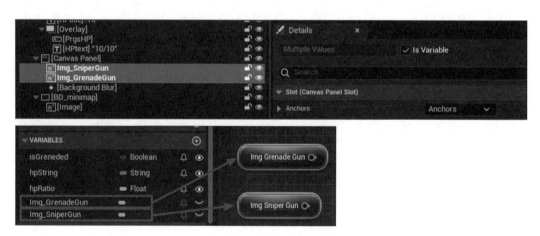

[그림 3.3- 71] 총 이미지 위젯

Img_GrenadeGun 출력 핀에서 'Get Slot'을 검색하여 생성합니다.

Slot as Canvas Slot 출력 핀에서 Set Z Oder를 검색하여 생성하면 Img_GrenaredeGun의 Z Order 값을 런타임 중에 설정할 수 있게 됩니다. 같은 작업을 Img_SniperGun에도 해 줍니다.

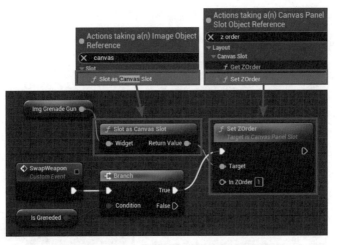

[그림 3.3- 72] Img_GrenadeGun Z Order 접근하기

Branch의 True와 False 각각 다른 값을 입력할 수 있도록 [Cast To CanvalSlot]과 [Set Z Order] 노드를 복사한 후 Cast To CanvasPanelSlot의 Object 입력 핀에 연결이 끊어진다면, 다음 *[그림 3.3-68] SwapWeapon 전체적인 흐름*과 같이 연결하여 정리하면 됩니다.

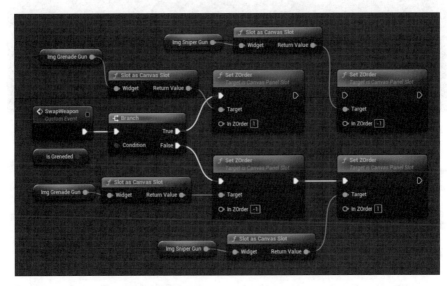

[그림 3.3-73] SwapWeapon 전체적인 흐름

| 객체별 Z Order | Img_GrenadeGun Z Order | Img_GrenadeGun Z Order |
|---|---|---|
| True | 1 | −1 |
| False | −1 | 1 |

이제 이렇게 정리가 된 SwapWeapon 이벤트를 BP_TPSPlayer에서 불러오는 작업을 진행하겠습니다. 반드시 UMG의 컴파일 후에 BP_TPSPlayer 작업을 진행해야 합니다.

BP_TPSPlayer 이벤트 *3.3-6 총 바꾸기 알림 이벤트 제작*에서 구현한 Bp_TPSPlayer 클래스의 OnUsingGrenade 이벤트와 uiScreen 변수를 Get으로 생성하여 구현합니다.

uiScreen에서 각각 isGrenaded 변수를 Get으로, SwapWeapon 이벤트를 콜하도록 생성합니다.

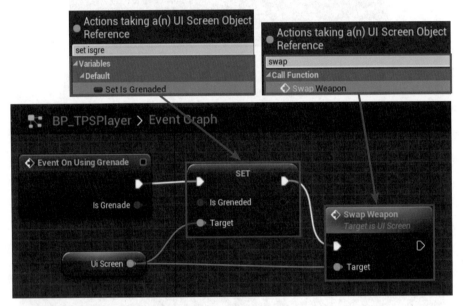

[그림 3.3-74] isGrenaded 설정 후 SwapWeapon 호출하기

이렇게 하면 3.3-6에서 BeginPlay에서 OnUsingGrenade 이벤트가 실행될 때 에러가 발생합니다. 앞서 HP를 표시할 때 Delay를 주었을 때와 같은 이유입니다. Ui_Screen이 아직 인스턴스화되지 않아서 생기는 문제이기 때문에 OnUsingGrenade 호출 시 유효성 검사를 추가해 주면 해결이 됩니다.

uiScreen 출력핀을 드래그해서 'is valid'를 검색합니다. 펑션과 물음표 두 가지 is Valid 두 가지가 검색이 될 것입니다. 물음표로 된 is valid는 (펑션) is valid + branch 형태가 축약된 형태로 생각하면 됩니다. 펑션으로 된 is valid를 사용할 때는 불리언 값을 전달하거나 추가 연산이 필요한 경우 사용하고 지금은 단순히 유효 여부만 체크하기 때문에 물음표로 된 is valid를 사용하였습니다.

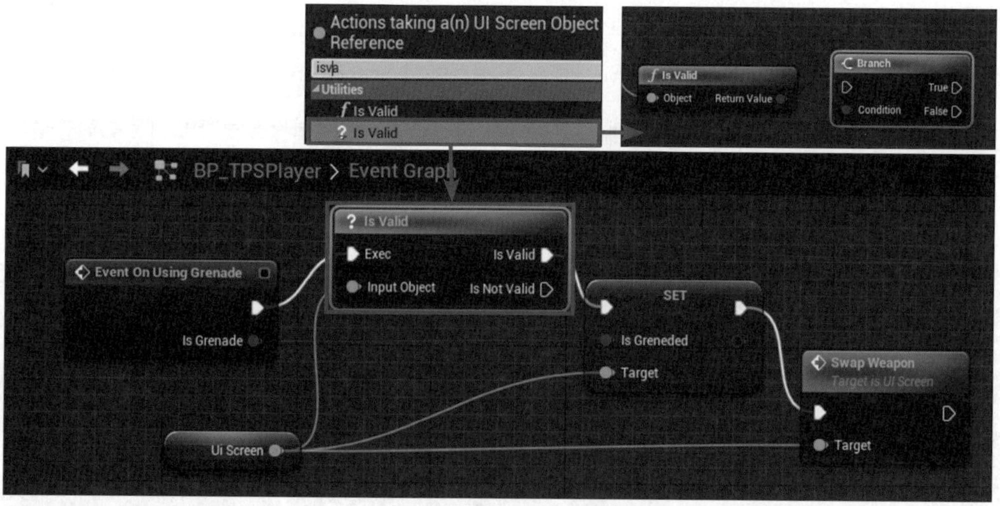

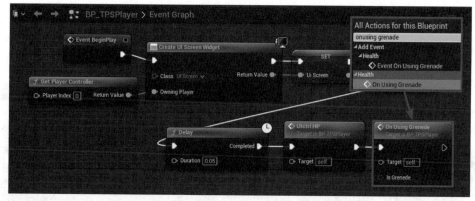

[그림 3.3-75] 유효성 검사하기

OnUsingGrenade 함수는 앞서 C++에서 BeginPlay 때 호출되도록 구현했었습니다. 최초에 한 번 실행은 되지만, 이때는 uiScreen 변수가 인스턴스화되지 않아서 에러를 발생시킵니다. 블루프린트의 UIctrlHP 함수를 제작할 때 이러한 이유로 Delay 후 호출하도록 하였습니다. 같은 이유로 블루프린트의 BeginPlay에서 UIctrlHP 호출한 후 호출되도록 하여 구현하면서 마무리하겠습니다.

[그림 3.3-76] UlctrlHP 후 UsingGrenade 호출하기

## ➡ 미니맵(Minimap) 블루프린트

일반적인 미니맵은 플레이어를 중심에 두고 맵 전체의 모습을 보여줍니다. 따라서 월드 상에서 지속적으로 플레이어의 머리 위에 위치시키는 정도로 간단한 블루프린트를 제작하겠습니다.

미니맵 배치에 사용했던 월드에 배치된 SceneCapture2D 액터를 선택합니다. 디테일 창의 [Blueprint/Add Script] 버튼을 클릭하고, 클래스 선택에서 SceneCapture2D를 선택하여 블루프린트를 생성합니다(필자는 저장 위치를 예제 샘플 위치로 하였습니다. 지정하지 않는다면 기본 콘텐츠 폴더가 될 것입니다). [Edit Blueprint] 버튼을 클릭하여 이벤트 그래프 창을 엽니다.

[그림 3.3- 77] SceneCapture2D 액터 블루프린트 변환하기

단순하게 Player Pawn의 위치만 쫓아오기 때문에 Transform이 아닌 [Get Actor Location] 노드를 생성하겠습니다. SceneCapture2D 액터도 회전 없이 위치만 따라가면 되므로 [Set Actor Location] 노드를 생성하겠습니다.

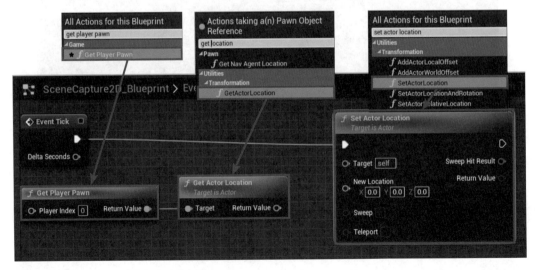

[그림 3.3- 78] 플레이어 액터 위치 가져오기

Player Pawn의 Location 중 점프 시 높이 변화는 필요 없기 때문에 출력되는 Location 핀을 우클릭하여 Split Struct pin을 선택해 X, Y, Z로 나누어 줍니다. Set Location도 동일하게 New Location 핀을 나누어 줍니다. X와 Y는 플레이어의 정보를 연결해 주고 높이는 480으로 설정합니다. 참고로 SceneCapture2D의 카메라 설정은 'Orthographic'으로 설정했었습니다. Z(높이)가 바뀌더라도 보이는 범위는 바뀌지 않고 Ortho Width 수치를 변경해야 보이는 범위가 바뀌게 됩니다.

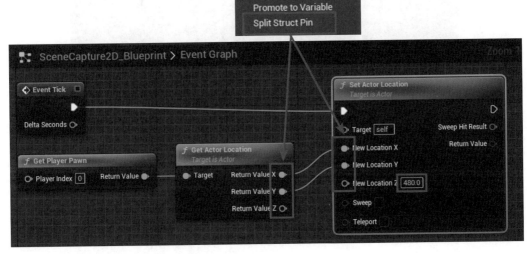

[그림 3.3-79] ScreenCapture2D 액터 위치 설정하기

[그림 3.3-80] 미니맵 작동 확인하기

## ➔ UI_GameOver 제작하기

게임 오버 시에 표현이 되는 UI를 제작하겠습니다. 일반적인 게임 오버 시에는 다시 시작하거나 애플리케이션을 종료시키는 UI가 화면에 보입니다. 이러한 목적의 UI를 간단한 구조로 제작하겠습니다. 애셋 브라우저에서 'UI_GameOver'라는 이름으로 위젯 블루프린트를 생성합니다.

[그림 3.3- 81] UI_GameOver 생성하기

UI_GameOver 위젯 블루프린트의 Designer 패널에서 간단한 구조로 제작하겠습니다.

팔레트의 Canvas Panel을 먼저 하이어라키로 드래그하여 이전과 동일하게 21.5"~24"로 해상도를 설정합니다.

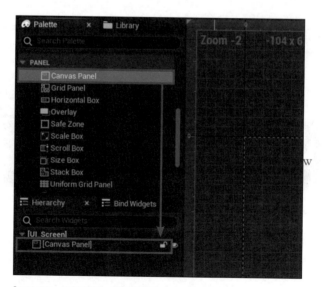

[그림 3.3- 82] 캔버스 패널 배치하기

Background Blur, Image 위젯을 차례로 하이어라키의 최상위 Canvas Panel에 드래그합니다. Background Blur > Image 순서로 정리합니다. 두 위젯의 앵커 세팅은 같습니다. Anchor는 우측 하단의 상하좌우를 채우는 상태로 설정하면, 위치나 크기 대신 Offset으로 수치가 바뀌며 각 값을 모두 '0'으로 설정합니다.

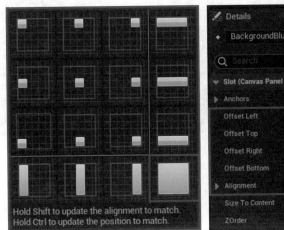
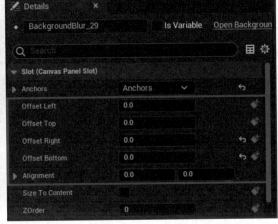

[그림 3.3-83] 위젯 Slot 설정하기

Background Blur 위젯의 Appearance > Blue Strength: 2로 설정합니다. 배경의 그리드가 뿌옇게 흐려질 것입니다.

Image 위젯의 Appearance > Color and Opacity를 R: 0, G: 0, B: 0, A: 0.5로 설정합니다(검 정색의 반투명한 상태).

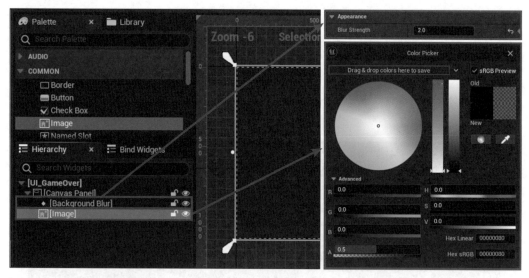

[그림 3.3- 84] 각 위젯별 설정하기

이제 Text 위젯으로 추가하여 Game Over라는 글자를 띄우겠습니다. 다음과 같이 설정합니다.

- Anchor: 중앙 좌우 스트레치 / Position Y: -100 / Size Y: 250 / Alignment X: 0.5, Y: 1

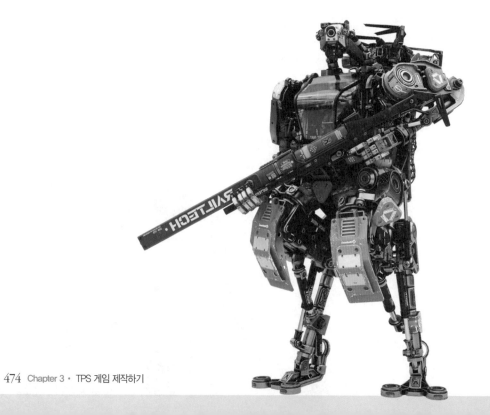

- Content > Text: Game Over
- Font > Size: 256

[그림 3.3-85] Text 위젯 생성하기

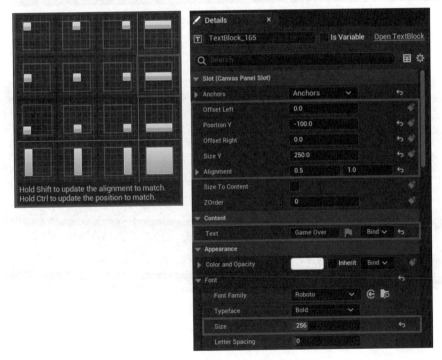

[그림 3.3-86] Text 위젯 설정하기

Button 위젯을 추가합니다.

• Anchor: 중앙 하단 / Position X: 0, Y: -412 / Size X: 600, Y: 180 / Alignment X: 0.5, Y: 0

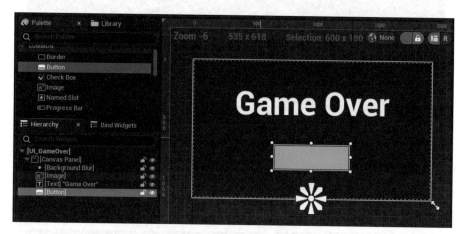

[그림 3.3-87] 버튼 위젯 생성하기

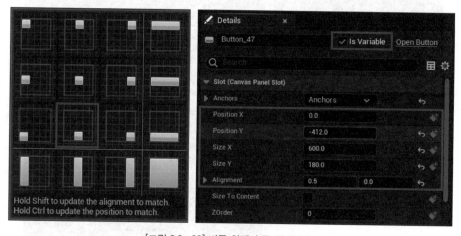

[그림 3.3-88] 버튼 위젯 슬롯 설정하기

마지막으로 Text를 Button위젯의 자식으로 추가합니다. Button의 자식이기 때문에 Anchor는 없습니다. Padding을 이용하여 안쪽 간격을 조절합니다. 이후 블루프린트에서 기능을 연결하기 위하여 is Variable을 체크합니다.

- 위젯 이름: BtnText
- Padding: 4.0, 2.0 / Horizontal Align: Fill / Vertical Align: Center /
- Content > Text: RESTART
- Justification : Align Text Center

[그림 3.3-89] 텍스트 위젯 생성하기

[그림 3.3-90] BtnText 위젯 슬롯 설정하기

Button과 Restart에 간단한 효과를 주겠습니다. Button 위젯은 기본 설정으로 마우스 커서가 없을 때(Normal), 마우스 커서가 버튼과 겹쳤을 때(Hover), Hover 상태에서 클릭했을 때(Pressed), 클릭할 수 없을 때(Disabled) 각각의 경우에 다르게 컬러나 이미지를 배치하는 기능이 있습니다.

하지만 Text 위젯에는 그러한 기능이 없기 때문에 버튼에 마우스 상태에 맞춰 변화를 주려면 블루프린트로 제어해야 합니다. 마우스 이벤트에 맞춰 각각의 수치를 변경하려면 노드가 복잡해지기 때문에 단순한 변화는 애니메이션을 만들어 변화시키는 것이 오히려 관리 측면에서 편리합니다.

[그림 3.3-91] 애니메이션 창 고정하기

애니메이션 창이 아래 숨어 있다면, Dock in Layout 버튼을 눌러서 창에 고정시킵니다. 위젯을 선택해서 키값을 주거나 편집하는 과정에서 애니메이션 창이 아래로 숨게 될 때 값이 제대로 적용되지 않는 상황을 방지해 줍니다.

[Animation] 탭에서 마우스 상태에 따라 3개의 상태를 제작하겠습니다.

[+Animation] 버튼으로 추가하여 'BtnIdle', 'BtnHover', 'BtnClick' 세 개의 애니메이션을 생성합니다.

BtnIdle 애니메이션 항목을 더블클릭해서 우측 TimeLine 창에서 활성화합니다.

BtnText 위젯을 선택한 상태에서 [+Add] 버튼을 클릭하면, 바로 고를 수 있습니다.

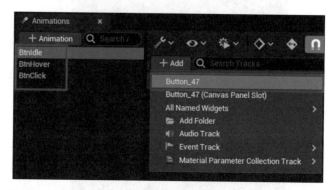

[그림 3.3-92] 애니메이션 생성 및 트랙 추가하기

추가된 BtnText 트랙의 우측 [+] (트랙추가) 버튼을 통하여 Transform 항목을 추가합니다.

[그림 3.3- 93] 트랜스폼 트랙 추가하기

추가된 타임라인의 우측을 드래그하여 2초 위치까지 빨간색 경계가 확장되도록 드래그합니다. 타임라인의 마커를 1초 위치에 두고 우측의 동그란 키 프레임 생성 버튼을 클릭합니다. 2초 위치에 마커를 이동시키고 다시 한번 키 프레임을 생성시킵니다. 1초 위치의 Scale X 1.2, Y 1.2로 수정합니다.

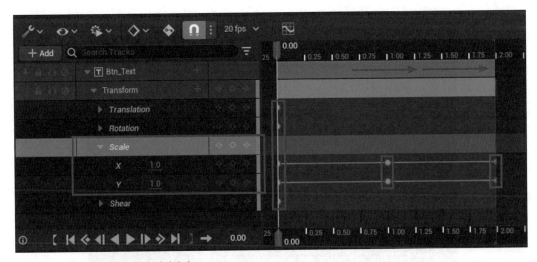

[그림 3.3-94] 스케일 키 프레임 설정하기

같은 방식으로 BtnHover 애니메이션에는 Color and Opacity 트랙만 추가합니다. R 1, G 0, B 0, A 1로 수정합니다. 트랙만 추가하는 것으로 시작 위치에 자동으로 키 프레임이 추가된 상태입니다.

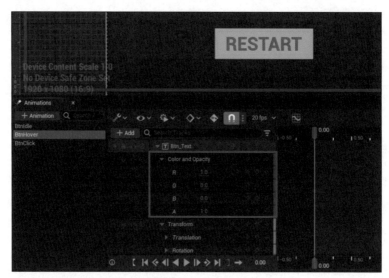

[그림 3.3-95] BtnHover 트랙 설정하기

BtnClick 애니메이션에는 Transform에서 Scale만 0.8로 수정합니다.

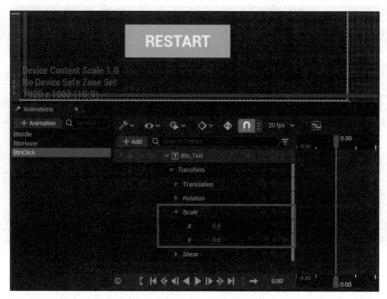

[그림 3.3-96] BtnClick 트랙 설정하기

이제 게임 오버 텍스트와 재시작 버튼에 대한 디자이너 탭에서의 작업은 끝났습니다.

## → UI_GameOver 블루프린트

UI_GameOver 블루프린트의 기본적인 작동 방식을 구현하겠습니다. 구현할 내용을 정리하면 다음과 같습니다.

**①** UI가 화면에 보이고 나서 BtnIdle 애니메이션을 재생합니다.

**②** 버튼에 마우스를 올려놓으면 BtnHover 애니메이션을 재생합니다.

**③** 버튼을 클릭하면 BtnClick 애니메이션을 재생하고, 레벨을 재시작해야 합니다.

구현할 사항은 세 가지 같지만, 한 가지 경우를 더 생각해 볼 수 있습니다. 마우스를 버튼에 올렸다가 누르지 않고 치웠다면, 어떻게 해야 할까요? 일반적으로 마우스 오버에 대한 애니메이션을 한다면, 반대의 경우도 생각해서 제작하는 것이 좋습니다.

**④** 클릭하지 않고 마우스 커서가 버튼에서 벗어나면 BtnIdle 애니메이션을 재생합니다.

이렇게 네 가지를 UI_GameOver에서 구현한 후 플레이어 체력이 0이 된 상황에 UI_GameOver를 화면에 불러오도록 하겠습니다.

[Graph] 탭에서 변수에는 Button_#(#은 랜덤한 숫자)로 버튼과 앞서 제작한 애니메이션이 생성되어 있습니다. BtnIdle을 드래그하여 Get으로 생성합니다. 출력 핀을 드래그하여 [Play Animation] 노드를 생성합니다. Num Loops to Play 항목을 0으로 수정합니다. 나머지 BtnHover와 BtnClick도 각각 [Play Animation] 노드를 생성합니다.

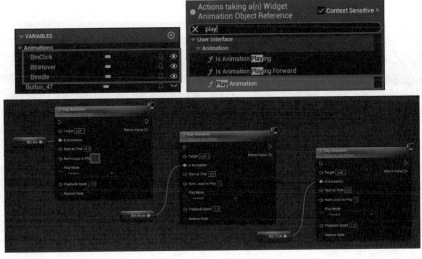

[그림 3.3-97] 각 애니메이션별 [Play Animation] 노드 생성하기

이제 상황에 맞춰 이벤트를 연결하겠습니다. 버튼에 대한 이벤트는 버튼 클릭 후 하단의 Events 항목에서 [+]를 누르면 그래프 창에 생성됩니다.

[그림 3.3-98] 버튼 이벤트 추가하기

- BtnIdle 애니메이션: Event Construct, Event Unhorvered
- BtnClick: Event Clicked
- BtnHover: Event Hovered

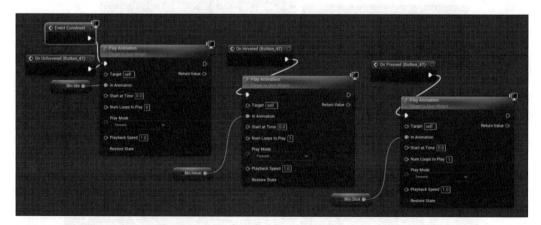

[그림 3.3-99] 이벤트와 애니메이션 연결하기

BtnIdle의 경우 화면에 보이면서부터 재생되는 것이 Event Construct이고, 클릭하지 않고 마우스가 버튼을 벗어났을 때 다시 재생시키는 것이 Event Unhovered입니다.

이제 버튼을 클릭했을 때 레벨이 재시작되도록 추가로 구현하겠습니다. 여백에 [Get Current Level Name] 노드와 [Open Level] 노드 두 개를 생성합니다. [Get Current Level Name] 노드의 출력 핀을 [Open Level] 노드의 Level Name 입력 핀에 연결합니다. Play Animation 이후에 차례로 연결합니다. 현재 실행 중인 레벨의 이름을 새로 오픈할 레벨로 다시 지정하는 것입니다.

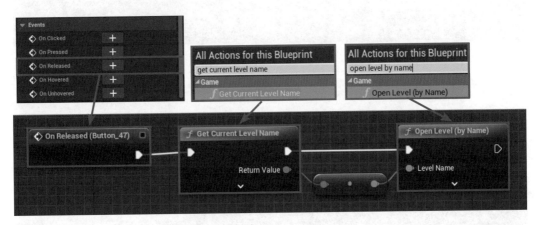

[그림 3.3-100] BtnClick 애니메이션 후 레벨 재시작하기

이제 UI_GameOver를 화면에 불러오는 작업을 BP_TPSPlayer에서 진행하겠습니다.

*3.3-5 게임 오버 처리하기*에서 구현한, OnGameOver 이벤트에서 Print 항목을 삭제합니다. 이후 작업할 내용은 두 가지입니다.

❶ 마우스로 선택할 수 있도록 마우스 커서를 보이도록 할 것

❷ UI_GameOver를 보여줄 것

위 두 가지를 하기 위해서는 Player Controller가 필요합니다. 이를 위해 ❶ [Get Player Controller] 노드를 생성한 후 출력 핀에서 [Set Show Mouse Cursor] 노드와 [Create Widget] 노드를 생성합니다. ❷ [Set Show Mouse Cursor] 노드에서 빈 박스를 체크하여 마우스가 보이도록 합니다. ❸ [Create Widget] 노드의 클래스에서 UI_GameOver 위젯을 선택합니다. ❹ [Create Widget]의 출력 핀에서 Add to Viewport를 생성합니다.

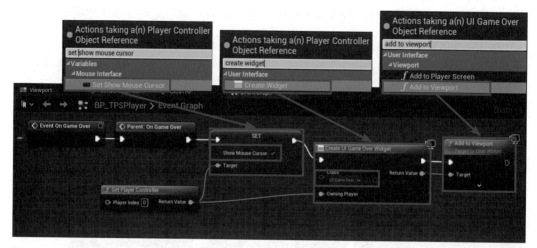

[그림 3.3- 101] 게임오버 기능 구현하기

이제 플레이를 통해 테스트합니다.

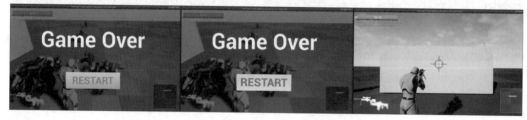

[그림 3.3-102] 기능 테스트하기

버튼에 마우스 오버 시에 컬러는 바뀌지만 계속해서 크기가 늘었다 줄었다 하는 이유는 애니메이션 BtnHover 트랙에서 트랜스폼에 대한 트랙이 없기 때문이지 오류가 아닙니다. 지속적인 애니메이션 재생을 원치 않는 분들은 Event Hovered 후에 BtnIdle 애니메이션을 Stop Animation 노드로 정지 시키고, BtnHover 애니메이션에 Transform 트랙을 추가해서 1배율로 고정하면 됩니다.

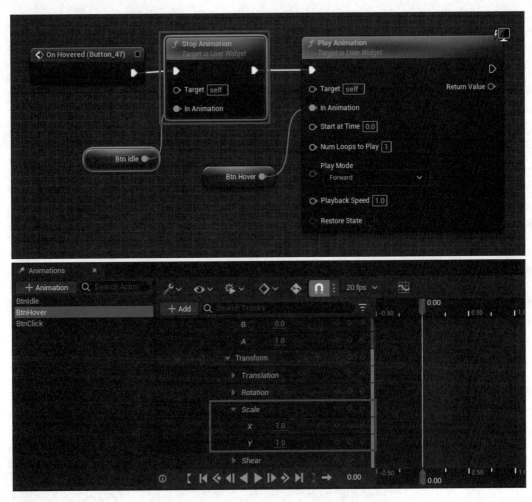

[그림 3.3-103] BtnHover 설정하기

　　이상으로 TPS 제작을 마치겠습니다. 다음 장에서는 언리얼의 꽃이라고 할 수 있는 화려한 그래픽 관련 기능들에 대하여 다루겠습니다.

## 언리얼 엔진의 개발 사례

### 스타워즈: 만달로리안(The Mandalorian)
언리얼 엔진이 게임을 벗어나 영화라는 장르에서도 활용될 수 있을 만큼 정교한 연출 및 표현이 가능하다는 것을 세계적으로 각인시켜준 스타워즈 드라마 시리즈이다.

### 승리호
언리얼 엔진을 활용한 프리비즈(Pre-Visualization)을 활용하여 제작비 절감과 함께 퀄리티 향상과 제작비 절감 효과를 동시에 잡아 블록버스터 보다 상대적으로 저예산으로 SF 제작을 가능하게 하였다.

### 보잉 737 VR 훈련
항공기의 대명사 보잉에서 언리얼과 VR을 융합하여 트레이닝 프로그램을 개발했다. VR을 이용한 현실적이고 몰입도 높은 환경을 통해 훈련하고 성과를 높인다.

출처: https://www.unrealengine.com/ko/blog/forging-new-paths-for-filmmakers-on-the-mandalorian

출처: https://www.unrealengine.com/ko/spotlights/netflix-smash-hit-space-sweepers-harnesses-unreal-engine-for-real-time-previs

출처: https://www.unrealengine.com/ko/spotlights/beyond-the-manual-vr-training-on-aircraft-maintenance

출처: https://www.spotlights/meet-simulator-for-testing

**자율주행 시뮬레이터**

도로에서 사고 위험을 감수하고 할
자율주행 테스트를 언리얼 엔진의
를 통해 실제 차량 주변의 인터랙션이
상현실을 띄워 복잡한 상황을 안정
현한다.

# 언리얼 그래픽스

Chapter 4에서는 언리얼 엔진의 화려한 그래픽을 제대로 사용하기 위한 핵심
기능을 실습합니다. 언리얼 엔진은 수많은 그래픽과 관련된 기능들을 가지고
있습니다. 너무 방대하기 때문에 무엇부터 시작해야 할지 모르겠다면, 이번
챕터에서 조명, 이펙트, 화면 연출 등 다양한 언리얼 엔진의 기능을 통해 단
순히 사용만 하는 것이 아니라 원리를 알고 기초를 탄탄히 하는 방법을 학습
합니다.

gine.com/ko/
–real–time–
–vehicles

# 4.1 대기 환경과 카메라 효과

언리얼 그래픽스에서는 프로젝트를 돋보일 수 있는 비주얼 기능들이 많이 있습니다. 그 중 라이팅, 이펙트 등 가장 핵심이 되는 기능들을 위주로 학습하도록 합니다. 그래픽이라는 분야는 배경, 이펙트, 애니메이션, 모델링 등 다양한 전문 분야로 존재하기에 이번 장에서는 그래픽에 대한 전문적인 기능보다는 원리와 사용방법을 파악하고, 이후 그래픽 작업자와의 협업, 기능의 개발 과정에서의 커뮤니케이션을 원활하게 할 수 있는 관점으로 풀어나가겠습니다(스타트 콘텐츠는 프로젝트 생성 시에 포함되어 있다는 전제로 기술하겠습니다).

우선, 그래픽 관련 기능을 학습할 수 있는 환경을 갖추겠습니다. 언리얼 런처에서 마켓 플레이스로 갑니다. 'Infinity Blade : Hideout'을 검색합니다.

[그림 4.1-1] 언리얼 마켓플레이스에서 'Infinity Blade : Hideout' 검색

무료이기 때문에 구매를 해도 비용이 추가되진 않습니다. 구매가 완료가 되면, 구매하기 버튼이 [그림 4.1-1]에서처럼 '프로젝트에 추가'로 변경이 됩니다. [프로젝트에 추가] 버튼을 클릭해서 3장에서 진행 중인 프로젝트에 추가를 해 줍니다. 프로젝트가 열려 있는 상태라도 추가할 수 있습니다.

[그림 4.1-2] 〈인피니티 블레이드(Infinity Blade) : Hideout〉 애셋

프로젝트에 애셋이 추가가 되면 'Content' 폴더 내에 'EnvironmentPack3' 폴더가 생성이 됩니다. 이후 그래픽 주제에 맞추어 필요한 레벨을 로드하여 진행을 하겠습니다. 특히 실습이 필요한 예제에는 레벨 인스턴스(level Instancing)라는 기능으로 예제가 작성되었기 때문에, 일부 단원에서만 해당하는 내용이지만 간단하게 기능 설명을 진행하고 학습을 이어 나가겠습니다.

**Tip**

**지원 엔진 버전과 맞지 않는 애셋 추가 방법**

애셋마다 지원 엔진 버전을 명시합니다. 현재 인피니티 블레이드 애셋은 5.3 버전까지만 지원한다고 되어 있습니다.

[그림 4.1-2-1] 애셋의 엔진 지원 버전

신 버전의 엔진이 출시될 때마다 생기는 이슈인데, 애셋도 신 버전 엔진을 지원하도록 업데이트 하기까지 다소 시간이 걸리게 됩니다. 그래서 언리얼 엔진은 엔진 시스템과 완전히 달라 적용이 불가한 경우를 제외하고, 그래픽 애셋 같은 버전에 크게 영향을 받지 않는 애셋들은 추천하지 않지만 강제로 설치할 수 있는 방법을 제공하고 있습니다.

추가할 프로젝트를 선택할 때 간단한 설정을 하면 가능한데, [그림 4.1-2-2]과 같이 그림 상단의 '모든 프로젝트를 표시합니다.'를 체크하면(❶), 애셋이 지원하지 않는 버전의 프로젝트가 추가로 보이게 되고, 추가시킬 버전의 프로젝트를 선택한 후에(❷) 아래 버전 선택을 애셋이 지원하는 버전을 선택(❸), [프로젝트에 추가] 버튼을 클릭하면 프로젝트에 추가됩니다.

[그림 4.1-2-2] 프로젝트 추가 방법

언리얼 4버전에서는 스트리밍 레벨(Streaming Level)이라는 이름으로 작동했지만, 언리얼 5버전부터는 레벨 인스턴스로 같은 기능을 대체하게 되었습니다. 레벨 인스턴스는 레벨 편집을 개선하고 간소화하도록 설계된 레벨 기반 워크플로로서, 하나 이상의 액터와 함께 레벨 인스턴스 워크플로를 사용하여 월드 전체에 배치하고 반복할 수 있는 레벨 인스턴스 애셋을 만들어 사용합니다.

이 기능을 사용하면 몇 가지 이점이 있습니다. 첫째로, 레벨 인스턴스는 배치된 상태에서 편집되므로 변경 사항이 월드에 미치는 영향을 즉시 확인할 수 있으며, 하나의 인스턴스를 변경해서 저장하면 모든 인스턴스에 적용됩니다. 다음으로는 관심 지점, 건물, 게임 플레이 설정과 같은 모든 스태틱

메시 배치의 복사본을 템플릿으로 빠르게 생성할 수 있습니다. 예를 들어 도시의 빌딩이나 바위로 이루어진 협곡 같이 반복되는 많은 오브젝트들로 이루어진 대규모 레벨에서 사용하면 좋습니다.

또한 여러 작업자 간에 협업을 위한 방식으로도 활용할 수 있습니다. 일반적으로 여러 명의 작업자가 동시에 하나의 레벨에 작업이 불가능하기 때문에 버전 관리 툴에서 가장 마지막에 저장한 사람의 데이터로 저장되는 형태로 작업이 진행됩니다. 이는 레벨뿐만 아니라 바이너리 형태의 애셋(머티리얼 등 외부파일형태의 애셋)들에 공통된 상황입니다. 따라서 프로그래머와 레벨디자이너, 기획자 등이 하나의 공간을 꾸밀 때 [그림 4.1-3]과 같은 구조로 협업하여 다수의 작업자가 데이터 손실 없이 작업이 가능합니다.

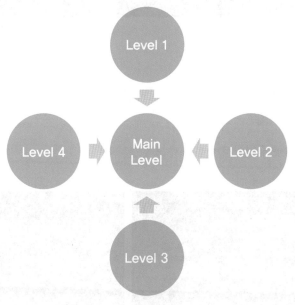

[그림 4.1-3] 레벨 인스턴스 구조도

레벨 인스턴스의 사용 방법은 간단합니다. [그림 4.1-4]처럼 메인 레벨(All/Content/EnvironmetPack3/Maps/DemoMap3)이 있고, 작업한 레벨(All/Content/StarterContent/Maps/Minimal_Default)을 '드래그 앤 드롭'하면 됩니다 (❶). 그러면 아웃라이너에 추가할 레벨의 요소들이 추가된 것과 함께 Type이 'Level Instance'로 부여된 것을 볼 수 있습니다(❷).

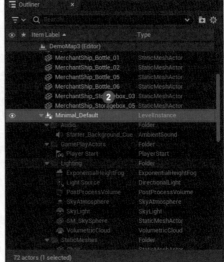

[그림 4.1-4] 레벨 인스턴스 사용 방법 ❶

   레벨 인스턴스를 디테일 패널을 보면 [그림 4.1-5]와 같이 레벨(Level) 항목에 해당 레벨이 삽입된 것을 알 수 있습니다. 액터 배치(Place Actors)에서 레벨 인스턴스(Level Instance) 액터를 배치하고, 원하는 레벨을 슬롯에 넣어서 생성할 수도 있습니다.

레벨 인스턴트 액터

[그림 4.1-5] 레벨 인스턴스 사용 방법 ❷

추가된 레벨은 일반 액터처럼 이동, 회전, 크기 조절이 가능합니다. 그리고 레벨 인스턴스의 편집은 해당 레벨을 직접 열어 수정하거나 [그림 4.1-6]과 같이 배치된 레벨 인스턴스 액터의 디테일 패널의 레벨에디트(LevelEdit)-[에디트(Edit)]를 클릭하면 버튼이 커밋 체인지(Commit Changes)로 바뀌고, 레벨 인스턴스 내부의 액터들만 편집할 수 있는 에디트 모드가 되며, 수정한 후에는 다시 [커밋 체인지(Commit Changes)]를 눌러 확정을 하면 됩니다. 편집된 내용은 복사된 모든 레벨 인스턴스 액터에 모두 적용됩니다.

[그림 4.1-6] 레벨 인스턴스 편집

일반적으로는 메인 레벨에 3D배경 오브젝트가 배치된 상태에서 추가로 인스턴스 애셋을 추가해 배치하지만 책의 특성상 예제 파일이 우선이기 때문에 이를 메인 레벨로 두고, Infinity Blade 예제를 레벨 인스턴스로 불러와야 확인이 가능한 방식으로 4장의 예제를 구성하였습니다. 각 챕터마다 필요한 스트리밍 레벨과 불러오는 방식에 대하여 서두에 기술하였음으로 꼭 확인하기 바랍니다.

## 4.1-1 대기 환경

라이트에 관련해 이전 과정에서는 아파트라고 하는 작은 공간 안에서 가볍게 기능 소개하는 정도로 마무리를 했습니다. 이번 단원에서는 넓은 지형의 공간을 만들어 보고, 사실적인 조명 설정과 카메라 연출 방법들을 알아보면서 심도 있는 기능들을 학습해 보고자 합니다. 이런 작업을 보통 '레벨 디자인' 이라고 하며, 일반적으로 3D아티스트가 담당하게 됩니다. 레벨 디자인 중에서 가장 기본이 되는 지형과 조명을 설치하는 과정부터 진행해 보겠습니다.

> ✕ **학습 목표**
>
> 대기 환경을 제작하고 싶다.
>
> ✕ **구현 순서**
>
> ❶ 조명 배치하기             ❷ 환경 라이팅 세팅하기
>
> ❸ 하늘 제작하기             ❹ 안개 배치하기
>
> ❺ 라이트 최적화

아무것도 없는 빈 공간을 생성해 지형부터 차근차근 공간을 만들어 보겠습니다. [그림 4.1-7]과 같이 'Empty Level'을 선택합니다.

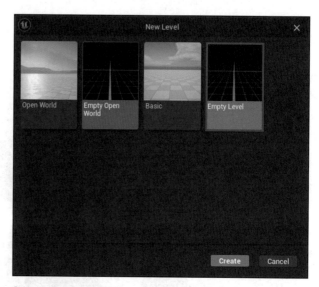

[그림 4.1-7] 빈 레벨 생성

## 오픈 월드 레벨(Open World)과 베이식 레벨(Basic Level)

새로운 레벨을 생성할 때, 크게 보면 [그림 4.1-8]과 같이 두 종류인 오픈 월드와 베이식 레벨을 선택할 수 있습니다. 각 레벨은 아무것도 없는(Emtpy) 레벨과 간단한 지형과 대기 환경이 갖춰진 레벨로 구성되어 콘텐츠에 맞게 선택할 수 있도록 했습니다.

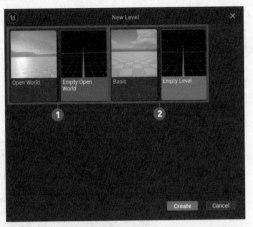

두 레벨의 차이는 콘텐츠의 규모라고 볼 수 있겠습니다. 일반적으로 베이식 레벨을 선택해 제작하고, 마치 스파이더맨이나 슈퍼맨 같이 하늘을 활보하거나 끝없이 넓은 지형을 운전하는 레이싱 게임처럼 대규모 야외 환경이 필요한 콘텐츠를 제작하고자 할 때 오픈 월드 레벨을 선택합니다. 언리얼 5버전부터 추가된 오픈 월드 레벨은 넓은 지역을 '월드 파티션'이라는 오픈 월드를 위해 개발된 시스템을 이용해 넓은 지형을 셀로 나누어 무수히 많은 데이터를 거리에 따라 자동으로 처리하도록 기본 설정되어 있습니다.

[그림 4.1-8] 오픈 월드(Open World) 레벨과 베이식 레벨 (Basic Level)

[그림 4.1-9] 오픈 월드 레벨의 월드 파티션

오픈 월드 레벨은 개념상으로는 많은 수의 베이식 레벨을 모아 한번에 관리하는 것이라고 볼 수 있으며, 실제로 베이식 레벨을 레벨 인스턴스로 사용해 오브젝트의 반복 작업 등에 활용하도록 권장하고 있습니다.

## ➡️ 지형 만들기

다운받은 애셋의 'EnvironmentPack3/Maps/Demomap1' 레벨 애셋에서 사용하고 있는 지형을 활용해 보겠습니다. 이 레벨은 'EnvironmentPack3/Blueprints/' 폴더에 'BP_HideOut' 블루프린트 애셋으로 묶여 있습니다. 이 애셋을 '드래그 앤 드롭'으로 레벨에 등록하고, 원점으로 위치 이동하겠습니다.

[그림 4.1-10] 지형 블루프린트 애셋(BP_HideOut) 등록하기

애셋을 하나 더 추가해 지형을 꾸며보겠습니다. BP_Hideout 애셋은 마켓플레이스에서 가져온 리소스라면, 이번에는 '메가스캔 라이브러리(Megascan Library)'에서 리소스를 가져와 활용하는 방법을 알아보겠습니다. '메가스캔 라이브러리'는 '퀵셀(Quixel)'이라는 회사에서 실제 데이터를 스캔해 3D 데이터로 저장해 공급하던 솔루션으로, 에픽게임즈에서 퀵셀을 인수함과 동시에 언리얼 5버전부터 기본 포함하고 언리얼 사용자라면 누구나 무료로 사용할 수 있도록 했습니다. 메가스캔 라이브러리에는 수많은 고품질의 스캔 데이터들이 있으며, 꾸준히 업데이트 되고 있어 실제와 같은 공간을 연출하는 프로젝트에서 많이들 활용하고 있습니다.

메가스캔 라이브러리에서 석상을 가져와 꾸며 보도록 하겠습니다. 먼저 메가스캔에 액세스하려면 [그림 4.1-11]과 같이 상단 툴바에서 [콘텐츠(Content)] 드롭다운을 클릭, 'Quixel Bridge'를 선택해

퀵셀 브리지 패널을 열어 줍니다. 퀵셀 브리지는 퀵셀 계정이나 에픽게임즈 계정으로 로그인해야 사용할 수 있으며, 에픽게임즈 계정이고 언리얼 엔진에서 사용한다면 거의 모든 데이터를 무료로 엑세스할 수 있습니다.

[그림 4.1-11] 퀵셀 브리지(Quixel Bridge)

[그림 4.1-12]와 같이 패널 상단에서 'statu'로 검색하고(❶), 원하는 석상 애셋을 선택합니다.(❷) 그러면 우측에 선택한 석상의 디테일 정보가 나오며, 아래쪽에 [Download] 버튼이 활성화 된 것을 볼 수 있습니다.(❸) 좌측에는 데이터의 퀄리티 설정을 할 수 있습니다.(❹) 당연하게도 'High Quality' 라면 정교하지만 용량이 크기 때문에 프로젝트에 맞는 적당한 애셋으로 설정하는 것이 좋을 것입니다.

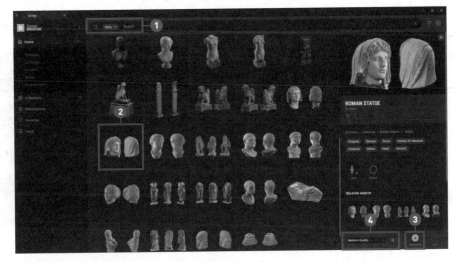

[그림 3.1-12] WBP_SniperUI 및 IA_Sniper 할당하기

다운로드가 모두 끝났다면 [Add] 버튼을 클릭해 프로젝트에 추가합니다.

[그림 4.1-13] 다운로드 후 [Add] 버튼 클릭하기

애셋을 추가하면 콘텐트 브라우저에 'All/Content/Megascans/3D_Assets' 경로로 추가한 애셋 이름으로 폴더가 자동 생성되고, 그 안에 애셋 데이터들이 저장됩니다.

[그림 4.1-14] 콘텐트 브라우저에서 애셋 확인

기본적으로 메가스캔 라이브러리의 데이터들은 수많은 폴리곤으로 제작되었습니다. 지금 받은 작고 간단한 석상 하나에도 14,000개의 폴리곤을 사용하고 있다는 것을 알 수 있죠. 화면 안에 존재하는 폴리곤 개수가 많으면 그만큼 많은 연산이 필요하게 되므로 일반적인 리얼타임 환경에서는 적절하지 않습니다. 콘텐츠를 원활하게 구동시키기 위해서는 폴리곤 개수와 텍스처의 품질을 제한하는 등의 최적화 작업이 반드시 필요합니다.

[그림 4.1-15] 메가스캔 라이브러리 리소스의 폴리곤 개수

이런 경우에 '나나이트(Nanite)' 기능을 이용하면 도움이 됩니다. 나나이트는 언리얼 엔진 5에서 도입된 가상화 지오메트리 시스템으로 카메라와의 거리에 따라 메시 변경을 통해 최적화하는 LOD(Level of Detail) 기능의 업그레이드 버전이라고 봐도 좋습니다. 거리에 따라 변경할 메시를 일일이 제작, 적용해 주어야 하는 'LOD' 기능과는 다르게, 간단한 설정만으로 메시를 계산해 픽셀 단위의 디테일과 방대한 양의 오브젝트를 렌더링하게 됩니다. 기존의 LOD 방식은 변경되는 지점마다 메시를 추가하는 방식이어서 작업이 번거롭고, 미리 메시를 준비해야 하므로 그만큼의 데이터 용량을 필요로 하게 되는데 반해, 나나이트는 엔진 스스로 메시를 계산해둔 클러스터를 바탕으로 메시를 재조합 하는 원리이기 때문에 추가 메시가 필요 없는 이점이 있습니다(LOD에 관한 자세한 내용은 언리얼 엔진 매뉴얼을 참고하기 바랍니다).

메가스캔 라이브러리에서 다운받은 애셋에 나나이트를 적용시켜 보겠습니다. 애셋을 더블클릭, 스태틱 메시 에디터를 열고, [그림 4.1-16]과 같이 디테일 패널에서 'Nanite Settings'를 찾아 'Enable Nanite Support' 박스에 체크합니다(❶). 그리고 아래에 있는 [Apply Changes] 버튼을 클릭해 적용합니다. 그럼 잠깐의 계산 후에 나나이트가 적용된 상태가 됩니다.

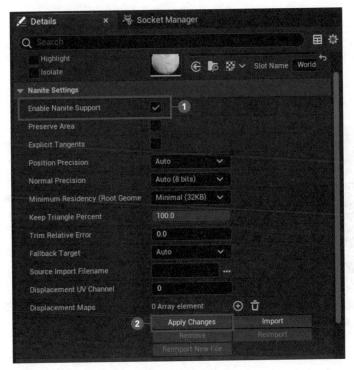

[그림 4.1-16] 스태틱 메시 에디터에서 나나이트 적용하기

나나이트가 적용된 액터라면 뷰포트의 뷰모드(View Mode)를 Nanite Visualization/Clusters로 설정하면 나나이트 시스템이 설정한 클러스터(Cluster)대로 분리되어 보여지게 됩니다. 카메라의 거리에 따라 분리된 클러스터의 모양이 달라지게 되는데 이 클러스터의 관리가 나나이트의 핵심입니다.

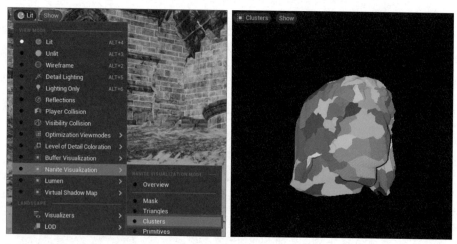

[그림 4.1-17] 거리에 따라 달라지는 나나이트 시스템의 클러스터(Cluster)

### 나나이트를 적용하는 다양한 방법

스태틱 메시 에디터에서 적용하는 방법 외에도 나나이트를 적용하는 방법이 있습니다.

첫째로 외부에서 애셋을 임포트 할 때 임포트 옵션에서 'Mesh/Build Nanite' 박스를 체크합니다.

[그림 4.1-18] 메시를 임포트 할 때 나나이트 설정하기

둘째, 콘텐트 브라우저 패널에서 스태틱 메시 애셋을 마우스 우클릭하고 'Nanite/Enable Nanite'를 선택합니다. 이 방법은 여러 개의 애셋에 동시에 적용할 때 유용합니다.

[그림 4.1-19] 콘텐트 브라우저에서 나나이트 설정하기

그리고 메가스캔 라이브러리의 애셋일 경우, 다운로드할 때 퀄리티 옵션에서 나나이트를 선택하면 나나이트가 적용된 상태로 애셋을 다운로드하게 됩니다. 이 경우에는 최고 품질의 데이터를 기준으로 나나이트를 적용하게 됩니다. 반면 나나이트를 적용하지 않는 설정은 LOD가 기본 적용되어 구간 마다의 간소화된 메시를 갖추고 있어 나나이트를 적용한 애셋에 비해 용량이 큽니다. 결국 나나이트보다 퀄리티는 낮은데 용량이 큰 경우가 생길 수도 있습니다.

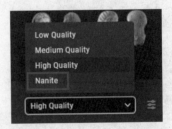

[그림 4.1-20] 메가스캔 라이브러리에서 나나이트가 적용된 애셋 다운로드하기

나나이트가 적용된 애셋을 레벨에 배치하고 환경 라이팅을 적용할 준비를 마치겠습니다.(만일 뷰 모드를 변경했다가 다시 'Lit'으로 돌아올 경우 검은 화면만 나올 수 있습니다. 이것은 라이트 액터가 없기 때문이므로 뷰모드를 'Unlit'으로 변경한 상태로 작업하고, 라이팅 작업 시에 다시 'Lit'으로 변경해서 작업합니다.)

[그림 4.1-21] 지형 배치 완료

## → 환경 라이팅

지형을 만들었으니 조명을 적용하겠습니다. [그림 4.1-22]와 같이 태양의 역할과 가장 유사한 조명인 디렉셔널 라이트(Directional Light)를 배치합니다. 이제 조명의 방향에 따라 밝고 어두움이 표현됩니다. 라이트 액터을 설치하기 전까지는 작업 편의를 위해서 액터들이 조명에 상관없이 보이도록 설정되고, 라이트 액터를 설치한 후에는 정확한 조명 계산이 이루어지기 때문에 라이트 액터가 없으면 어두운 화면이 됨을 유념해야겠습니다.

[그림 4.1-22] 디렉셔널 라이트(Directional Light) 설치하기

디렉셔널 라이트는 레벨 전체적인 분위기, 시간대(낮/밤), 그림자의 방향 등을 설정하는데 활용되는 라이트입니다. 디렉셔널 라이트를 사용할 때 제일 주의해야 할 것은 일반적인 상황에서 레벨에 한 개만 배치해서 사용한다는 것입니다. 현실에서 태양이 하나인 것을 대입해 보면 좋을 것 같습니다. 디렉셔널 라이트는 다른 라이트들에 비하면 제일 가벼운 라이트라고 할 수 있습니다. 빛의 방향, 컬러, 세기, 세 가지 속성만 있으면 표현이 가능하니까요. 하지만, 레벨에 배치된 모든 오브젝트에 영향을 주는 만큼 다수의 디렉셔널 라이트가 있다면, 오히려 퍼포먼스에 좋지 않는 영향을 주게 됩니다.

레벨에 태양인 디렉셔널 라이트 하나만 설치했는 데도 그럴싸해집니다. 조명이 비춰지는 부분만이 아니라 그림자가 드리워지는 어두운 부분도 반사광의 영향으로 잘 표현이 되고 있습니다. 이것은 글로벌 일루미네이션(Global Illumination, 줄여서 'GI'라고 부릅니다.) 때문인데, 여기서 짚고 가야하는 것이 '루멘(Lumen)'이라는 시스템입니다. 루멘은 나나이트와 함께 차세대 콘솔을 위해 설계된 언리얼 엔진 5에 도입된 완전한 다이내믹 글로벌 일루미네이션 및 리플렉션 시스템입니다. 루멘을 이해하기 위해서 현실의 빛에 대한 이해가 필요합니다.

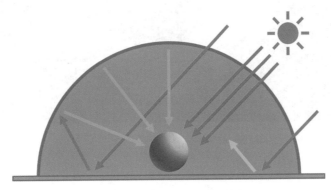

[그림 4.1-23] 현실 빛의 작동 원리

[그림4.1-23]에서 보면 태양에서 시작된 빛이 지표면에 부딪히면서 다시 튕겨져 나가게 됩니다 (기술적으로는 디렉셔널 라이트는 빛의 방향을 알려주는 역할이며, 광원은 존재하지 않습니다). 지표면이 녹색이라는 것은, 흰색의 빛 입자에서 녹색 파장만 튕겨내게 되고, 하늘에서는 흔히 얘기하는 하늘색의 파장만 튕겨내게 되는 원리입니다. 이때 일부는 우주로 일부는 대기(공기 층)에 막혀 다시 지표면을 향해서 튕겨 나오게 되는데, 이렇게 튕겨져 나올 때 마다 빛의 입자는 부딪힌 대상의 컬러와 섞이게 됩니다. 이렇게 우리는 빛을 통해 사물을 이해하게 됩니다.

실시간 콘텐츠에서 이러한 빛의 입자가 반사되는 원리를 이용한 것이 요즘 기법으로 각광을 받는 실시간 레이 트레이싱(Ray Tracing)이며, 과거에는 과도한 계산 때문에 실시간으로 처리를 못했습니다. 그래픽카드의 성능이 개선되면서 보다 정밀한 계산을 실시간으로 할 수 있게 된 것입니다. 언리얼 엔진 5의 루멘(Lumen)은 이런 실시간 레이 트레이싱을 소프트웨어적으로 비교적 간소하게 표현한 것이라고도 볼 수 있으며, 루멘은 사물이나 지표면 같은 액터들의 반사광들은 실시간 처리가 되지만, 하늘 대기에 반사된 빛은 표현하지 않기 때문에 스카이 라이트(Sky Light)라는 조명 액터를 이용해 보충하게 됩니다.

[그림 4.1-24] 루멘 적용 예(출처 : 언리얼 엔진 5.3 메뉴얼)

루멘은 프로젝트를 생성하면 기본 적용되도록 세팅되어 있습니다. [그림 4.1-25]과 같이 '프로젝트 세팅' 패널에서 좌측 'Engine/Rendering' 탭 'Global Illumination'항목에 'Dynamic Global Illumination Method'가 Lumen으로 설정되어 있습니다. 아래에 표면 반사를 의미하는 'Reflections' 항목도 Lumen이 선택되어 있는 것을 볼 수 있습니다. 만약 루멘을 사용하지 않는 상황이라면 루멘 외의 것을 선택하면 됩니다.

| Global Illumination | |
| --- | --- |
| Dynamic Global Illumination Method | Lumen ∨ |
| **Reflections** | |
| Reflection Method | Lumen ∨ |
| Reflection Capture Resolution | 128 |
| Reduce lightmap mixing on smooth surfaces | ✓ |
| Support global clip plane for Planar Reflections | |
| **Lumen** | |
| Use Hardware Ray Tracing when available | |
| Ray Lighting Mode | Surface Cache ∨ |
| High Quality Translucency Reflections | |
| Software Ray Tracing Mode | Global Tracing ∨ |

[그림 4.1-25] 프로젝트 세팅 창의 루멘 세팅 화면

루멘은 '프로젝트 세팅 창' 외에 '포스트 프로세스 볼륨'에서도 설정이 가능합니다. 이후에 포스트 프로세스 파트에서 다시 다루도록 하겠습니다.

## → 하늘 제작하기

지형에 태양이 비추는 것처럼 조명이 비추고 있지만, 하늘이 없어서 어색합니다. 검은 공간에 하늘을 만들어 주겠습니다. 과학적으로 설명하자면 태양이 지표면을 비출 때 통과하는 하늘의 대기를 만들어 주어 빛이 대기 중의 입자들과 산란을 일으켜 파란 하늘을 만드는 것을 언리얼 엔진 공간에 흉내내는 것입니다.

스카이 애트머스피어(Sky Atomsphere) 액터를 설치해 대기를 표현하는데, 실제 대기에 영향을 주는 요소들, 대기의 높이, 대기 중의 먼지, 수증기, 오존의 농도 등을 조정해 시뮬레이션에 가까울 정도의 사실적인 하늘의 대기 표현이 가능한 액터입니다. 특히 행성의 크기나 대기의 높이 등을 조절해 행성 수준의 규모 있는 작업이 가능해서, 우주에서 바라보는 우주급 규모의 비주얼을 표현할 수 있는 것이 특징입니다. 또한 시뮬레이션에 가깝게 설계된 덕분에 그럴 법한 외계 행성의 대기를 디자인해 보기도 좋습니다. 그래서 대규모의 우주급 프로젝트, 혹은 사실적인 표현이 중요한 영상 분야에서 많이 쓰이고 있는 시스템입니다(언리얼 4버전에서는 하늘을 표현하는 방법으로 스카이 스피어(Sky Sphere), 애트머스페릭 포그(Atmospheric Fog), 스카이 애트머스피어(Sky Atomsphere) 등 다양한 방법이 있었지만, 5버전으로 업그레이드되면서 스카이 애트머스피어를 사용하도록 권장하고 있습니다).

설치 방법은 액터 배치 패널에서 액터를 뷰포트에 드래그 앤 드롭으로 배치합니다. 그러면 레벨에 있는 디렉셔널 라이트와 자동 연동(Atmosphere Sun Light)해 태양의 위치와 하늘의 대기를 표현하며, 실제 아침, 점심, 저녁 태양의 위치에 따라 하늘의 색이 변하듯이 디렉셔널 라이트의 방향에 따라 태양의 위치가 바뀌며 하늘 대기의 색도 달라지게 됩니다.

[그림 4.1-26] 스카이 애트머스피어(Sky Atmospher) 액터 배치

**Tip**

## 스카이 애트머스피어 설치 시 오류 메시지

[그림 4.1-27] 스카이 애트머스피어 설치 시 오류 메시지

루멘 세팅이 되어 있는 상태는 라이트 빌드가 필요 없음에도 불구하고 스카이 애트머스피어 액터를 배치할 때 간혹 이와 같은 메시지가 나옵니다. 이유는 라이트 액터의 모빌리티가 '스테이셔너리(Stationary)'로 설정되어 있기 때문이므로, 라이트 액터의 모빌리티를 '무버블(Movable)'로 변경한 후에 스카이 애트머스피어 액터를 배치하면 해결됩니다.

스카이 애트머스피어 시스템의 몇 가지 유용한 설정을 살펴보겠습니다. 스카이 애트머스피어의 디테일 창을 보면 Planet 섹션과 Atmosphere 섹션이 있습니다. Planet 섹션의 Ground Radius 파라미터는 행성의 지름을 Atmosphere 섹션의 Atmosphere Height 파라미터는 대기의 높이를 의미합니다. 비교해 보기 좋게 [그림 4.1-33]과 같이 Planet 섹션의 Ground Radius 파라미터를 1(❶), Atmosphere 섹션의 Atmosphere Height 파라미터는 0.5로 설정하고(❷, 단위는 km입니다). 뷰포트를 하늘 위로 계속 올라가 보겠습니다(카메라 스피드를 최대로 올려서 이동하면 편합니다).

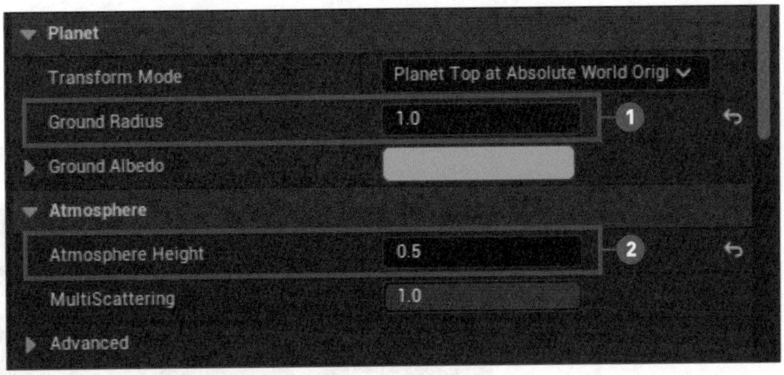

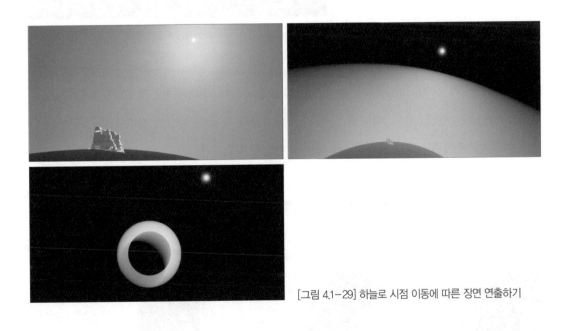

[그림 4.1-28] 스카이 애트머스피어 디테일 패널의 Planet, Atmosphere 섹션 설정하기

[그림 4.1-29]와 같이 고도가 높아지면서 자연스럽게 우주에서 행성을 바라보는 것처럼 시점 이동이 됩니다. 이것이 스카이 애트머스피어가 가진 특징 중의 하나입니다. 또한 대기를 포함한 행성을 묘사함으로써 사실적인 우주를 표현할 수 있게 되었습니다. 행성의 크기와 대기의 높이, 대기의 다양한 설정을 조절하면 우주의 다양한 행성을 표현할 수 있습니다.

[그림 4.1-29] 하늘로 시점 이동에 따른 장면 연출하기

그럼 다시 지상으로 돌아와 대기의 설정을 살펴보겠습니다. 행성의 크기와 대기도 원래대로 돌려 놓고 진행하겠습니다.

스카이 애트머스피어 시스템은 실제 대기의 모양과 느낌을 모방하는 몇 가지 속성으로 하늘과 대

기를 시뮬레이션 합니다. 실제로 지구와 같은 행성의 경우 대기는 적절한 크기, 모양 밀도를 갖는 입자와 분자로 구성되어 있는 여러 층의 가스로 구성되어 있고, 태양에서 나오는 빛 에너지가 대기로 진입하면서 입자 및 분자와 충돌하면서 산란되거나 흡수됩니다. 스카이 애트머스피어 시스템

은 이런 과정을 비슷하게 시뮬레이션 하기 때문에 적절하고 정확하게 하늘과 대기의 모양을 표현합니다. [그림 4.1-30]과 같이 스카이 애트머스피어 액터의 디테일 패널을 보면 Atmosphere 섹션 아래에 대기 시뮬레이션에 필요한 속성들이 섹션으로 구분되어 있습니다. 에디터 상의 기본 설정은 지구를 기준으로 하고 있습니다. 하나씩 살펴보겠습니다.

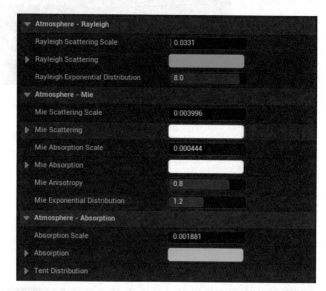

[그림 4.1-30] 스카이 애트머스피어 시스템의 대기 시뮬레이션 속성

첫 번째 레일리 산란(Atmosphere-Rayleigh)은 빛의 파장에 따라 공기중의 작은 입자와 상호작용으로 발생하는 현상으로써, 태양의 빛이 지구 대기를 통과할 때 파장의 장단에 따라 낮에는 하늘을 파란색으로 일몰시에는 빨간색으로 보이는 현상을 말합니다. [그림 4.1-31]와 같이 Rayleigh Scattering Scale을 조절하면 대기의 입자 밀도와 산란 정도를 조정할 수 있고, 아래의 옵션들로 정교한 조정을 할 수 있습니다. Rayleigh Scattering Scale 값이 감소하면 대기 밀도가 낮아 빛이 덜 산란되고, 증가하면 대기 밀도가 높아 더 많이 산란됩니다.

[그림 4.1-31] Atmosphere - Rayleigh 섹션의 Rayleigh Scattering Scale 프로퍼티 비교

1

1.1
1.2
1.3
1.4
1.5

2

2.1
2.2
2.3
2.4
2.5
2.6

3

3.1
3.2
3.3

4

4.1
4.2
4.3
4.4
4.5

두 번째 미에 산란(Atmosphere-Mie)은 대기중에 부유하는 먼지, 꽃가루 또는 대기 오염과 같은 자연적으로 또는 인간 활동에 의해 지상에서 발생하는 일반 대기 가스층의 입자보다 더 큰 입자들이 입사광과 상호작용하는 현상입니다. 산란되어 밝아지기도 하고, 일반적으로 입사광을 흡수하여 빛을 차단하여 하늘이 흐릿하게 보이거나, 더 많이 산란되어 하늘의 태양 원반 주변과 같은 광원 주변에 밝은 후광이 생기게 됩니다. [그림 4.1-32]와 같이 Mie Scattering Scale을 조절하여 대기중의 입자 밀도와 산란 정도를 조정할 수 있고, 아래의 옵션들로 정교한 조정을 할 수 있습니다. Mie Scattering Scale 값이 감소하면 입자 밀도가 낮아 빛이 덜 산란되고, 증가하면 대기 밀도가 높아 더 많이 산란됩니다.

[그림 4.1-32] Atmosphere-Mie 섹션의 Mie Scattering Scale 프로퍼티 비교

Mie Absorption Scale 값으로 미에 산란의 흡수를 표현합니다(익스포저(Exposure) 설정에 따라 다르게 보일 수 있습니다([그림 4.1-33]).

[그림 4.1-33] Atmosphere-Mie 섹션의 Mie Absorption Scale 프로퍼티 비교

세 번째 흡수(Atmosphere - Absorption)는 대기 가스층에 의한 입사광의 흡수를 의미합니다. 보통 오존이라고 생각하면 되며 입사광 중의 특정 색을 흡수해 나타나는 현상을 표현합니다. 외계 행성의

환상적인 분위기를 표현하기에 좋습니다. [그림 4.1-34]과 같이 Absorption Scale로 빛의 흡수 정도를 조절합니다.

[그림 4.1-34] Atmosphere-Absorption 섹션의 Absorption Scale 프로퍼티 비교

그리고 Absorption에서 선택한 빛의 색을 흡수하게 됩니다. [그림4.1-35]과 같이 Absorption에서 선택한 빛을 흡수하기 때문에 보통 보색 계열 느낌의 결과물을 얻게 됩니다(학습을 위해 Absorption Scale 값을 0.2로 설정했습니다).

[그림 4.1-35] Atmosphere-Absorption 섹션의 Absorption 프로퍼티 비교

이 외에도 다양한 설정들을 통해서 원하는 분위기의 대기를 표현할 수 있습니다. 자세한 설정은 언리얼 매뉴얼을 참고하기 바랍니다.

스카이 에트머스피어를 기본 설정으로 두어 지구의 대기로 맞춰 두고 다음으로 이어가겠습니다. 지형과 태양, 파란 하늘까지 잘 만들어졌습니다. 하지만 환경광에 대한 설명 중에 물체의 반사를 포함해 하늘의 대기에서도 반사되는 빛이 있다고 했는데도 불구하고, 지형의 어두운 영역을 보면 하늘 대기를 생성해도 변화가 없는 것을 알 수 있습니다([그림 4.1-36]).

[그림 4.1-36] 그림자 영역에 하늘의 색이 적용되지 않은 모습

하늘의 색을 환경광으로 적용해 주는 액터가 스카이 라이트(Sky Light) 입니다. [그림 4.1-37]과 같이 액터 배치 패널에서 라이트 탭의 스카이 라이트 액터를 레벨에 '드래그 앤 드롭' 해 배치합니다. 그럼 바로 그림자 영역에 하늘의 파란색이 섞여 비춰지는 것을 볼 수 있습니다.

[그림 4.1-37] 스카이 라이트(Sky Light) 액터 배치하기

실시간 GI인 루멘을 기본 세팅으로 하고 있으므로, 스카이 라이트 역시 실시간 세팅으로 변경해 두는 것이 좋습니다([그림 4.1-38]).

[그림 4.1-38] 스카이 라이트의 실시간 세팅하기

하늘에는 구름도 있습니다. 언리얼 엔진에는 간략하게 구름을 표현하는 액터를 제공합니다. 액터 배치 패널의 비주얼 이펙트 탭에서 볼류메트릭 클라우드(Volumetric Cloud)를 레벨에 배치합니다.

[그림 4.1-39] 볼류메트릭 클라우드(Volumetric Cloud) 액터 설치하기

스카이 라이트 액터와 비슷하게 레벨에 배치만 해도 그럴싸한 구름이 만들어지는 것을 볼 수 있습니다. 마찬가지로 [그림 4.1-40]과 같이 디테일 패널의 설정을 통해서 구름의 속성들을 조절할

수 있습니다. 볼류메트릭 클라우드의 특이한 점은 구름의 형태를 머티리얼로 조정한다는 것입니다. 다양한 머티리얼의 표현식들과 설정들을 활용하면 다양한 모양의 구름을 만들 수 있습니다. 자세한 내용은 언리얼 메뉴얼을 참고하기 바랍니다.

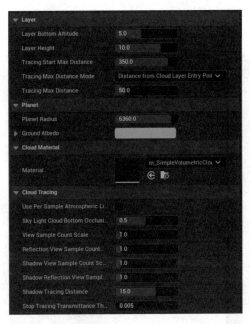

[그림 4.1-40] 볼류메트릭 클라우드의 디테일 패널 설정하기

## 포그 이펙트 (Fog)

지형과 조명, 글로벌 일루미네이션 설정과 하늘까지 표현했습니다. 이어서 공간의 표현을 극대화하기 위해 사용하는 포그 기능에 대해 알아보겠습니다. 포그 이펙트는 한글로 '안개'입니다. 안개는 공기 중의 수증기가 겹쳐서 뿌옇게 되는 현상을 의미합니다. 하늘을 높은 곳의 대기의 태양의 빛을 굴절, 반사시키는 장치라면 안개는 높이가 낮은 대기를 표현하는 장치라고도 할 수 있습니다. 안개는 멀어질수록 뿌옇게 되는 효과로 공간감을 극대화할 수 있어서 배경의 무드를 설정하여 월드의 분위기를 잡는 데 사용됩니다. 예를 들면 짙은 안개의 새벽 분위기나 귀신이 나올 법한 으스스한 느낌을 낼 수 있습니다.

언리얼 엔진에서는 포그를 표현하기 위해 익스포넨셜 하이트 포그(Exponential Height Fog)를 사용합니다. 익스포넨셜 하이트 포그는 맵의 높이에 따라 반비례하는 안개의 농도를 부드럽게 전환시켜, 그 고도차에 따른 경계선이 눈에 띄지 않도록 합니다. 그리고 언리얼 엔진에서는 포그 액터로 제공합니다. [그림 4.1-41]와 같이 액터 배치 패널에서 포그 카테고리에 익스포넨셜 하이트 포그를 드래그 앤 드롭으로 뷰포트에 꺼내 보겠습니다.

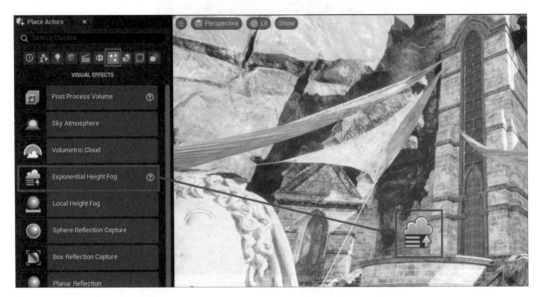

[그림 4.1-41] 익스포넨셜 하이트 포그(Exponential Height Fog) 액터 배치하기

익스포넨셜 하이트 포그 액터를 꺼내면 어두웠던 지면이 밝아지고, 자연스럽게 땅 위로 뿌옇게 안개가 생성되는 것을 볼 수 있습니다. 가까운 곳보다는 먼 곳을 바라보면 그 차이를 더 느낄 수 있습니다. 이 상태에서 [그림 4.1-42]과 같이 포그 액터의 위치를 위로 올리면 안개가 더 뿌옇게 됩니다. 즉 액터의 위치를 움직여 포그의 고도를 결정하는 것이 익스포넨셜 하이트 포그의 특징입니다.

[그림 4.1-42] 익스포넨셜 하이트 포그 액터의 높이에 따른 포그 농도

그럼 다시 적당한 위치에 액터를 두고 안개의 속성을 조절해 보겠습니다. 익스포넨셜 하이트 포그 액터의 디테일 패널을 보면 Exponential Height Fog Component 섹션에서 포그에 대한 기본 설정을 조절할 수 있고, 아래의 섹션에서 추가적인 설정들을 할 수 있습니다([그림 4.1-43]).

[그림 4.1-43] Exponential Height Fog Component 프로퍼티

프로퍼티를 수정해서 낮게 깔린 바닷가의 물안개를 표현해 보겠습니다. 우선 안개를 더 짙게 만들기 위해 Fog Density 값을 조절하겠습니다. 슬라이더를 이용해서 올려도 되지만 숫자를 입력하면 더 진한 농도로 설정이 가능합니다. 0.1을 입력해 진하게 만들겠습니다. 다음 Fog Height Falloff 프로퍼티를 살펴보겠습니다. Fog Height Falloff 프로퍼티는 안개의 고도에 따른 농도 증가 정도를 조절합니다. 값이 증가할수록 전환 폭이 작아져 급격하게 안개의 농도가 감소됩니다. 수치를 최대로 올려 안개가 수면에 가깝게 깔려 있는 물안개처럼 보이도록 합니다. 익스포넨셜 하이트 포그 액터의 위치 값으로 적당한 물안개의 농도와 높이를 조정해 주어도 좋습니다. 마지막으로 Fog Inscattering Color 프로퍼티에서 컬러 값을 조절해 주변 환경 빛이 안개의 내부 입자에 산란되는 색을 설정합니다. 간단하게 포그의 주요 색이라고 생각해도 됩니다. 하늘과 주변 지형의 색들을 고려해서 적당한 색으로 설정하겠습니다.

[그림 4.1-44] Exponential Height Fog Component의 프로퍼티 값과 결과물

다음으로 창문으로 들어오는 햇살의 빛 번짐이나 안개가 짙은 날 가로등 빛이 안개에 퍼져 뿌옇게 빛무리가 생기는 현상을 본 적이 있을 것입니다. 이것은 안개에 빛이 산란해 생기는 빛 무리 현상으로 언리얼 엔진에는 익스포넨셜 하이트 포그 액터에서 볼류메트릭 포그(Volumetric Fog)라는 이름으로 구현합니다.

[그림 4.1-45] 볼류메트릭 포그 예시(출처 : 언리얼 매뉴얼)

이 기능은 익스포넨셜 하이트 포그 액터의 디테일 패널에서 Volumetric Fog 섹션으로 추가되어 있습니다. [그림 4.1-46]과 같이 Volumetric Fog 프로퍼티를 켜고 끔으로써 사용 여부를 결정합니다. 그리고 아래에 있는 프로퍼티 값을 조절해 볼류메트릭 포그의 전체 밀도 값을 조절합니다.

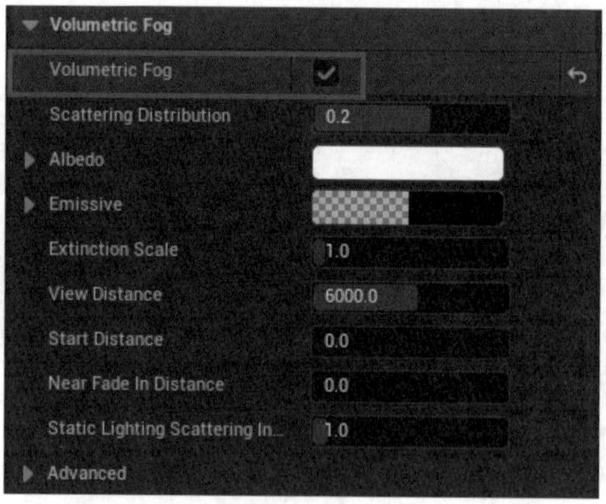

[그림 4.1-46] Volumetric Fog 프로퍼티

볼류메트릭 포그의 사용 여부를 잘 볼 수 있는 곳이 어두운 곳에서 빛이 들어오는 것을 바라보는

것입니다. 보통 어두운 실내에서 작은 창문을 통해 들어오는 빛이 좋은 예입니다. 아쉽지만 지금 이 레벨에서는 천막 아래에서 연기가 나는 굴뚝을 바라보는 것으로 살펴보겠습니다.

[그림 4.1–47] 천막 아래에서 바라보는 굴뚝 장면

볼류메트릭 포그 설정을 키고 바라보면 뿌옇게만 보일 뿐 드라마틱한 변화는 안보입니다. 볼류메트릭 포그의 설정을 조절해도 안개의 밀도만 올라가 더 뿌옇게만 될 것입니다. 그 이유는 볼류메트릭 포그는 대기 중의 수증기나 수분 등이 빛의 영향을 받았을 때 공기 중의 그 음영을 표현하는 데 조명의 역할이 매우 중요하기 때문인데, 지금은 그 조명의 비중이 작기 때문입니다.

배치된 디렉셔널 라이트 액터의 디테일 패널에서 라이트 섹션 아래쪽에 보면 Volumetric Scattering Intensity 프로퍼티가 있습니다. 이 프로퍼티는 볼류메트릭 포그에 얼마만큼 관여하는가를 설정해 줍니다. 설정을 3정도로 올려보겠습니다. 그리고 아래쪽 어드밴스드(Advenced) 안에 Cast Volumetric Shadow 프로퍼티가 체크되어 있는지 확인합니다. 디렉셔널 라이트가 생성하는 그림자도 볼류메트릭 포그에 영향을 끼치는지 결정하게 됩니다. 그럼 굴뚝 사이로 빛 무리가 생기면서 현실감 있는 분위기가 생기고, 추가로 디테일 패널 더 아래에 Light Shafts 섹션에서 Light Shaft occlusion과 Light Shaft Bloom을 켜면 다소 더 강한 햇살이 표현됩니다.

1

1.1
1.2
1.3
1.4
1.5

2

2.1
2.2
2.3
2.4
2.5
2.6

3

3.1
3.2
3.3

4

4.1
4.2
4.3
4.4
4.5

[그림 4.1-48] 디렉셔널 라이트 조명 설정하기

볼류메트릭 포그는 안개를 물리적인 것처럼 인식해 조명 빛에 산란되거나 그림자가 생기거나 하는 등의 표현이 가능해 풍성하고 사실적인 분위기를 연출할 수 있습니다. 그러나 그만큼 높은 비용이 발생하기 때문에 심사숙고해서 적절한 곳에 효과적으로 써야 합니다.

Tip

### 인바이런먼트 라이트 믹서(Env. Light Mixer)

대기 표현에 사용되는 기능들을 보면 각각의 기능들을 가진 액터들이 서로 연결되어 있어 한 가지 설정만 바꾼다고 원하는 결과를 얻기 힘들다는 것을 알게 되었을 것입니다. 그래서 액터들의 설정을 수정하기 위해서 뷰포트나 아웃라이너에 있는 액터들을 일일이 선택해서 수정하기란 여간 번거로운 일이 아니기 때문에 언리얼 엔진에서는 [그림 4.1-49]과 같이 손쉽게 수정할 수 있도록 인바이런먼트 라이트 믹서(Env. Light Mixer) 패널을 제공하고 있습니다.

[그림 4.1-49] 인바이런먼트 라이트 믹서(Env. Light Mixer) 패널

상단 메뉴바에서 Window 〉Env.LightMixer를 클릭하면 인바이런먼트 라이트 믹서 패널을 열수 있으며, 패널 안에는 레벨에 배치된 조명에 관련된 모든 액터들이 한눈에 보기 쉽게 정렬되어 있습니다. 모니터가 넓으면 한번에 펼쳐 보기 편하게 배치해 두고 사용하면 좋습니다.

그리고 만약 레벨에 아직 설치되어 있지 않은 액터들이 있다면 이 패널에서 바로 생성할 수도 있습니다. [그림 4.1-50]과 같이 필요한 액터의 버튼을 클릭하면 자동 생성됩니다.

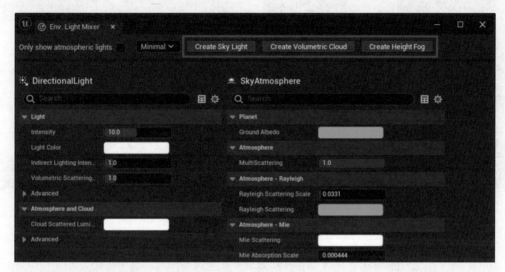

[그림 4.1-50] 추가 액터 생성하기

## → 라이트 최적화

라이트를 최적화한다는 기본적인 개념은 실제 콘텐츠를 실행시킬 때 목표한 프레임이 유지되면 서도 비주얼의 완성도를 높여줄 수 있는 그래픽 전반적인 셋팅을 의미합니다. 보통의 경우 완성도를 높인다는 것은 많은 그래픽의 기능과 리소스(3D, 2D, material 등)를 사용한다는 의미로도 쓰입니다. 많은 기능과 리스소를 사용하게 되면, 컴퓨터에서 처리해야 할 데이터가 늘어나면서 자연스럽게 초당 화면을 그려주는 속도(Frame Per Second, FPS)에 안 좋은 영향을 끼칩니다. 그래서 몇 가지 화면상의 지표를 확인하면서 작업하는 것이 좋습니다.

뷰포트 좌측 상단의 삼선 아이콘을 클릭합니다. Stat 〉Engine 항목에서 FPS 와 Unit 항목을 체크하면, 뷰포트 우측에 관련 정보를 볼 수 있습니다. 대략적인 퍼포먼스 상태를 가늠할 수 있습니다.

[그림 4.1-51] 퍼포먼스를 위한 뷰포트 설정하기

라이트 관련된 최적화 기능 중에서 대표적인 것이 라이트매스입니다. 태양에서 시작된 빛이 여러 물체 혹은 대기에 연속적으로 튕기는 과정이 연속적으로 일어나는 것은 우리에겐 익숙한 개념입니다. 하지만 실시간 콘텐츠에서는 퍼포먼스를 떨어뜨리는 주요 원인이기 때문에 루멘이 개발되기 전, 혹은 루멘을 사용하지 않는 프로젝트, 또 레이 트레이싱을 사용할 수 있는 그래픽카드가 없을 경우에는 다른 방법을 사용합니다. 언리얼 엔진은 라이트매스(Lightmass)라는 기능을 사용해서 GI를 표현하고, 리플렉션(Reflection) 기능을 이용해 환경 반사를 구현했습니다. 두 기능의 특징과 간단한 사용 방법에 대해 알아보겠습니다.

● **라이트매스**

라이트 액터는 사물을 비추는 단계까지인 직접광만을 표현하고 빛이 물체를 튕겨 나오는 간접광은 계산하지 않습니다. 그래서 모자란 빛 표현은 추가적인 라이트 액터로 보충하기도 하는데, 계산해야하는 라이트 개수가 많으면 퍼포먼스에 영향을 줄 수밖에 없습니다. 그렇다고 라이트 설계를 잘해서 최소한으로 배치를 한다고 해도 공간이 넓어지면 라이트 개수를 줄이는 방법에는 한계가 있습니다. 그래서 실시간 엔진에서는 이를 해결하기 위해 라이트를 실시간으로 계산하지 않고 미리 계산해 그 결과물을 이미지 텍스처에 담아 두고 콘텐츠가 작동할 때 이미 계산된 텍스처를 불러오는 방법을 쓰기도 합니다. 이런 방법을 언리얼 엔진에서는 라이트매스(LightMass)라고 하며 라이트를 미리 계산해 이미지 텍스처에 담아 두는 작업을 라이트맵핑(LightMapping), 담아둔 텍스처를 라이트맵(LightMap)이라고 부릅니다.

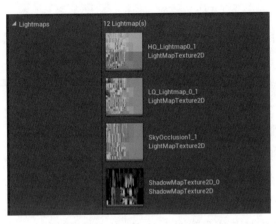

[그림 4.1-52] 라이트매스(Lightmass)에서 생성한 라이트맵

이러한 라이트매스 특성상 사용하기에 필요한 전제 조건들이 있습니다. 먼저 빛을 그리기 위해서는 액터에 라이트맵 전용 UV 좌표가 생성되어 있어야 합니다. 라이트매스의 원리는 계산된 빛의 결과 값을 메시의 좌표에 이미지 형식으로 기록하는 것입니다. 머티리얼에 텍스처를 이용해 재질을 표현하는 것과 비슷하죠. 그렇기 때문에 메시의 표면 질감을 표현하는 UV 좌표와는 별개로 라이트에 의해 계산된 정보를 담을 수 있는 UV 좌표가 필요합니다. 마치 그림을 그릴 수 있는 도화지라고 생각하면 쉽습니다. UV 좌표는 스태틱 메시 에디터에서 설정 가능하며, UV 좌표와 함께 정보를 담을 텍스처의 해상도 역시 설정해 줍니다.

그리고 UV 맵과 텍스처 설정과 함께 라이트매스에서 중요한 것이 '모빌리티(Mobility)' 설정입니다. 아무래도 미리 빛을 계산하고 기록하는 방식이기 때문에 만약 대상이 움직이게 되면 계산된 결과와 달라지게 되어 어색한 상황이 연출될 것입니다. 그렇기 때문에 라이트매스 기능은 움직이지 않는 고정된 액터에만 작동하게 되고, 이것은 움직이지 않는 액터라고 지정해 줘야하는 작업이 필요합니다. 이 설정 작업은 라이트 액터와 메시 액터 둘다 체크해 줘야하는데 [그림 4.1-53]과 같이 트랜스폼 컴포넌트에 모빌리티 프로퍼티가 있습니다.

[그림 4.1-53] 모빌리티(Mobility) 프로퍼티

각각의 상태의 설정의 내용은 다음과 같습니다.

1. **Static**(스태틱): 플레이 시에 변경할 수 없는 라이트라는 뜻입니다. 라이트매스 기능으로 라이트맵에 계산된 빛의 정보를 미리 기록해 두었기 때문에 렌더링에 가장 빠른 방법입니다. 빛을 계산해미리 라이트맵에 기록하는 과정을 '라이트를 굽는다(Bake)'라고 합니다.

2. **Stationary**(스테이셔너리): 스태틱 메시의 반사광과 그림자만 라이트매스로 굽고, 다른 모든 라이팅은 실시간 연산(다이내믹)이 되는 라이트입니다. 이 세팅은 플레이 시에 라이트의 색과 강도를변경할 수 있지만 이동할 수는 없으며, 라이팅을 부분적으로 굽는 것이 가능합니다.

3. **Movable**(무버블): 라이트가 완전히 동적이어서 실시간 연산(다이내믹 섀도잉)이 가능하다는 뜻입니다. 렌더링 속도 측면에서는 가장 느리지만, 플레이 중의 유연성이 가장 높습니다.

움직이거나 움직이지 않는 액터를 잘 구분해서 모빌리티를 설정해줍니다.

마지막으로 라이트매스 임포턴스 볼륨(Lightmass Importance Volume)을 설치해 라이트매스가 작동할 때 중요한 부분을 집중적으로 계산할 수 있도록 설정합니다.

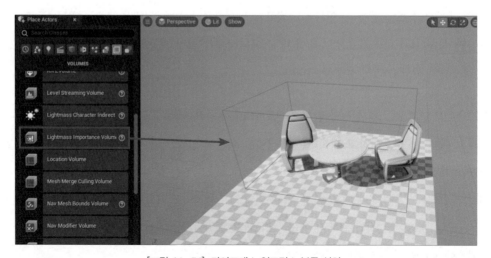

[그림 4.1-54] 라이트매스 임포턴스 볼륨 설치

이렇게 라이트매스를 사용할 준비가 끝나면 [빌드(Build)] 버튼을 눌러 라이트매스 기능을 실행하면 됩니다(빌드 라이트 온리(Build light only) 기능으로 라이트만 빌드할 수 있습니다). 필요한 빛을 추적해 계산하고 베이크하는 과정은 레벨 상의 액터 개수에 따라 달라지겠지만 일반적으로 상당히 오랜시간이 걸리고 앞서 언급한 설정에 따라 베이크 퀄리티가 달라지기 때문에 시간과 퀄리티와의 균형을 잘 잡아야 합니다. 라이트매스에 대한 자세한 내용과 설정 방법 등은 언리얼 엔진 매뉴얼을 살펴보는 것을 추천합니다(라이트매스는 실시간 GI를 대체하기 위한 기능이므로 루멘이 활성화되면 작동하지 않습니다).

## ● 리플렉션(Reflection)

렌더링에서 리플렉션이라는 단어는 거울처럼 다른 대상에 반사된 이미지를 뜻합니다. 리플렉션 액터는 물, 금속, 거울과 같이 매끈한(PBR 머티리얼의 Roughness 0에 가까운 물체) 표면에 주변의 상(이미지)가 비쳐 보이는 현상을 만들어 주는 액터로 박스형, 구체형, 평면형으로 구분해서 제공하고 있습니다(각 액터의 자세한 특징은 언리얼 엔진 매뉴얼을 참고 바랍니다).

[그림 4.1-55] Sphere Reflection Capture 액터 위치

가장 많이 쓰이는 스피어 리플렉션 캡처(Sphere Reflection Capture)를 사용하겠습니다. 사용 방법은 레벨에 배치하기만 하면 되며, 빌드 버튼 클릭시에 라이트, 내비게이션 패스와 함께 빌드 됩니다. 빌드 버튼의 세부 설정에서 리플렉션 캡처만 별도로 빌드할 수 있습니다.

[그림 4.1-56] 리플렉션 캡처 빌드 버튼

## 4.1-2 포스트 프로세스 이펙트

포스트 프로세스 이펙트는 기존 효과들과 달리, 카메라에만 적용되는 효과입니다. 보통 '후처리 효과'라고도 하며, 3D 화면은 우리가 보는 화면 이외에도 다양한 정보를 그리게 되는데, 이러한 여러 장면의 정보들을 모아 한 번 더 효과를 준 것이 포스트 프로세스입니다. 보통 뽀샤시 효과라고 하는 화면을 환하게 하는 효과(블룸), 구석의 실감나는 음영(앰비언트 오클루전), 화면 색 보정(컬러 그레이딩) 등이 이 기능에 속합니다.

적용 전                                                          적용 후

[그림 4.1-57] 포스트 프로세스 이펙트 적용 예시

포스트 프로세스 이펙트는 언리얼 엔진 에디터에서 기본 기능으로 동작합니다. 그래서 다른 엔진들보다도 언리얼 엔진이 품질이 좋아 보인다고들 얘기하는 이유기도 합니다. '프로젝트 세팅' 창에서 'Engine/Rendering' 항목에 기본 포스트 프로세스 이펙트의 설정 항목이 있지만(Postprocessing, Default Settings), 효과를 켜고 끌 수밖에 없어서 우리가 원하는 분위기로 연출하기에는 한계가 있습니다.

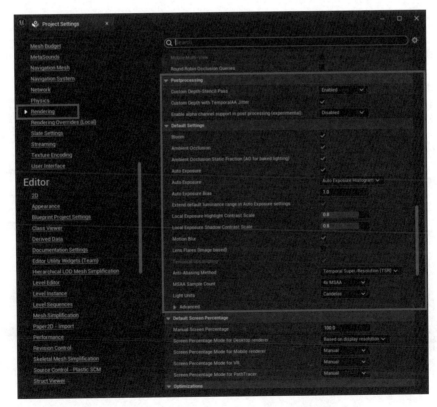

[그림 4.1-58] 프로젝트 세팅에서 확인할 수 있는 기본 포스트 프로세싱 프로퍼티

1

1.1
1.2
1.3
1.4
1.5

2

2.1
2.2
2.3
2.4
2.5
2.6

3

3.1
3.2
3.3

4

4.1
4.2
4.3
4.4
4.5

그래서 우리가 원하는 분위기로 연출을 하기 위해서 '포스트 프로세스 볼륨' 액터를 사용합니다. 포스트 프로세스 볼륨을 설정하는 방법과 포스트 프로세스 이펙트의 기능 중 대표적인 몇 가지 효과에 대해 알아보겠습니다.

앞서 만들었던 지형을 기반([그림 4.1-59])으로 포스트프로세스의 작동 원리와 사용 방법, 몇 가지 효과들을 간략하게 학습해 보겠습니다(학습하기에 현재 볼류메트릭 포그가 너무 강해서, 디렉셔널라이트의 Volumetric Scattering Intensity를 '1'로 줄였습니다).

[그림 4.1-59] 제작한 지형과 대기 환경

# → 포스트 프로세스 이펙트 볼륨 이해하기

포스트 프로세스 이펙트를 쓰기 위해서는 PostprocessVolume 액터를 생성해야 합니다. 액터 배치 패널에 보면 Volume 카테고리에 있습니다. 이 액터를 뷰포트에 드래그 앤 드롭으로 생성하고, 단상같이 보이는 위치에 옮겨 둡니다. 위치는 적당한 위치 어디에 두어도 상관없습니다.

[그림 4.1-60] PostprocessVolume 액터 생성하기

볼륨을 생성하면 노란색의 박스가 생성되는 것을 볼 수 있습니다(포스트 프로세스 볼륨 액터가 선택되어서 노란색이고 선택이 안 되어 있으면 보라색입니다). 이것이 포스트 프로세스가 작동하는 영역(Volume)입니다. 포스트 프로세스 이펙트는 카메라 렌즈 앞의 대상들을 모두 계산한 결과 이미지에 효과를 주는 것이 핵심입니다. 마치 카메라 렌즈에 필터를 붙인 것과 비슷한 원리입니다. 그래서 카메라의 렌즈는 반드시 볼륨 안에 있어야 작동을 하게 됩니다. 만약 볼륨 밖에 있다면 볼륨에 적용되어 있는 효과는 적용되지 않고, 프로젝트 세팅에서 기본적으로 적용된 포스트 프로세스 이펙트가 적용되게 됩니다([그림 4.1-61]).

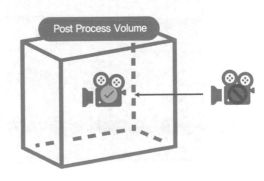

[그림 4.1-61] 포스트 프로세스 이펙트 적용 원리

그럼 포스트 프로세스 볼륨의 크기를 키워 주겠습니다. 트랜스폼의 스케일 프로퍼티를 조절해서 키우면 됩니다. 그리고 영역 안으로 시점을 이동합니다.

[그림 4.1-62] PostprocessVolume 트랜스폼 스케일 조정 후 카메라 이동하기

지금은 효과를 주지 않아 볼륨 밖이든 안이든 어떤 변화도 일어나지 않습니다. 세팅 학습을 위해 간단하게 색 보정 효과를 적용시켜 보겠습니다. 포스트 프로세스 볼륨 액터의 디테일 창을 보면 여러 가지 효과들이 나열되어 있는 것을 볼 수 있습니다. 이 중에서 필요한 효과를 체크함으로써 사용하게 됩니다.

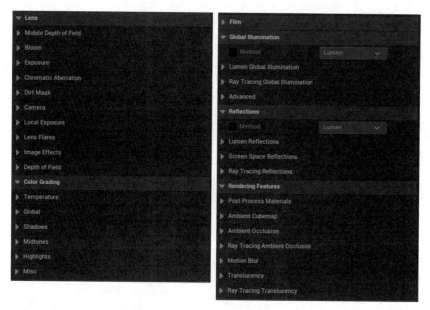

[그림 4.1-63] 다양한 포스트 프로세스 효과

간단하게 색 보정 효과는 '화이트밸런스'라는 효과를 적용해 조정해 보겠습니다. 포스트 프로세스 이펙트 항목 중 Color Grading 항목 안에 Temperature(색온도)라는 항목을 펼치면 모두 비활성화 되어 있는 것을 볼 수 있습니다. 이 항목들을 모두 활성화해 주면 색온도의 설정을 조정할 수 있습니다. 모두 활성화하고 Temp 값을 조절해 보겠습니다.

[그림 4.1-64] Temperature 효과 적용

그럼 뷰포트가 색이 변화된 것을 볼 수 있습니다. 효과가 적용이 안 됐을 때와 비교했을 때 차이가 나도록 바꿔보겠습니다. 그리고 뷰포트에서 카메라를 포스트 프로세스 볼륨 밖으로 이동하면 Temperature 효과가 적용이 안 되고 다시 안으로 이동하면 다시 적용되는 것을 볼 수 있습니다.

**볼륨 밖**                                    **볼륨 안**

[그림 4.1-65] 포스트 프로세스 볼륨 밖과 안의 적용 차이

그럼 이렇게 효과를 적용한 상태에서 포스트 프로세스 볼륨의 설정을 알아보겠습니다. 디테일을 보면 여러 효과들 밑에 'Post Process Volume Settings'라는 항목이 있습니다. 여기서 포스트 프로세스 이펙트가 어떻게 작동할지를 결정합니다. [그림 4.1-66] 각각의 프로퍼티들을 하나하나 살펴 보겠습니다. 각 설정을 조절하면서 효과가 어떻게 적용되는지 비교해 보길 바랍니다.

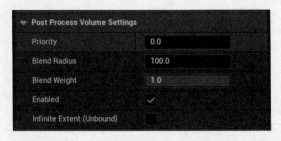

[그림 4.1-66] Post Process Volume Setting

• Priority

우선권입니다. 지금은 포스트 프로세스 볼륨이 하나밖에 없지만, 레벨에 따라 볼륨이 여러 개가 겹칠 수 있습니다. 그럴 때 어떤 볼륨을 우선적으로 보여줄 것인가를 결정합니다.

• Blend Radius

볼륨의 안팎을 이동할 때 볼륨의 경계면을 넘어가는 순간 갑자기 효과가 적용되는 것이 아니라, Blend Radius에 설정된 거리만큼 자연스럽게 효과가 적용됩니다.

• Blend Weight

볼륨의 우선권이 갖는 영향력을 의미합니다. 0이면 효과가 없고, 1이면 최대 효과입니다. 일반적 컬러 피커의 알파(A) 프로퍼티와 비슷하다고 생각하면 쉽습니다.

• Enabled

볼륨이 작동할지 여부를 결정합니다.

• Infinite Extent(Unbound)

볼륨의 효과가 레벨 전체에 영향을 끼칠지를 결정하는 프로퍼티입니다. False면 볼륨에 카메라가 들어와야만 적용이 되고, True면 볼륨 크기에 상관없이 레벨 전체에 영향을 끼칩니다.

이제 포스트 프로세스 이펙트의 효과들을 알아볼텐데, 그전에 효과들의 이름을 보면 [그림 4.1-67]과 같이 프로젝트 세팅 패널의 포스트 프로세스 항목의 이름과 중복되는 이름들이 보일 것입니다. 앞서 공부했던 익스포저(Exposure), 글로벌일루미네이션(GI) 항목들도 보입니다. 이렇게 중복되는 항목은 포스트 프로세스 볼륨이 우선으로 적용된다고 생각하면 됩니다. 예를 들어 익스포저가 프로젝트 세팅 패널에서 자동으로 세팅이 되어있고, 포스트 프로세스 볼륨 액터에는 수동(Menual)이라고 설정했다면, 포스트 프로세스 볼륨 액터의 설정이 우선되어 수동으로 적용됩니다.

**프로젝트 세팅**

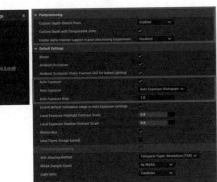

**포스트 프로세스 볼륨**

[그림 4.1-67] 프로젝트 세팅과 포스트 프로세스 볼륨의 중복되는 기능들(익스포저(Exposure), 글로벌일루미네이션(GI))

　　그럼 볼륨에 있는 효과들을 전부 다 다루기에는 분량이 많으므로 대표적인 효과 몇 가지들만 간단히 살펴보겠습니다.

## → 블룸(Bloom)

　　블룸(Bloom)은 광륜을 통해 라이트처럼 밝은 오브젝트를 밝게 빛나게 만드는 글로우 이펙트입니다. '뽀샤시'라고도 불리는 효과이기도 합니다. 광원이나 빛에 의해 밝아지게 된 부분을 뿌옇게 함으로써 이미지 렌더링에 사실감을 크게 더해줄 수 있습니다. 블룸 섹션 내의 프로퍼티들을 체크하여 활성화하고, Intensity 값을 올리면 적용됩니다.

[그림 4.1-68] 블룸(Bloom) 효과

## ➜ 이미지 이펙트(Image Effects)

이미지 이펙트는 두가지 간단한 효과가
있습니다.

[그림 4.1-69] 이미지 이펙트 (Image Effects)

첫 번째는 비네트(Vignette) 효과로 화면 주위를 어둡게 해서 화면 가운데로 집중할 수 있도록 유
도할 수 있습니다. 슬라이드 바를 움직여 주위의 어두운 정도를 조절하며, 수치를 입력해 더 큰 값
을 넣을 수도 있습니다.

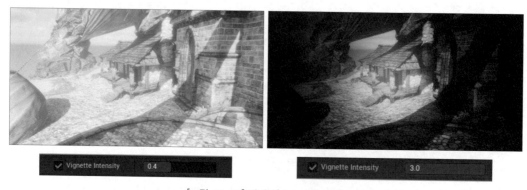

[그림 4.1-70] 비네트(Vignette) 효과

두 번째는 아래쪽 두 번째
효과는 샤픈(Sharpen)입니다.
포토샵의 샤픈(Sharpen)과 비
슷한 기능으로 화면을 선명하게
해 줍니다. 비네트와 비슷하게
슬라이드바로 조절, 넘어서는
수치를 직접 입력으로도 넣을
수 있지만 어색할 수 있기 때문
에 적절히 사용해야겠습니다.

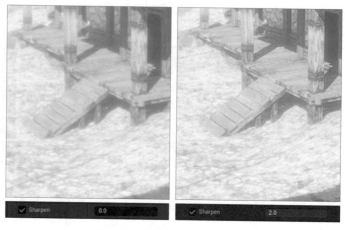

[그림 4.1-71] 샤픈(Sharpen) 효과

1

1.1
1.2
1.3
1.4
1.5

2

2.1
2.2
2.3
2.4
2.5
2.6

3

3.1
3.2
3.3

4

4.1
4.2
4.3
4.4
4.5

# ➜ 뎁스 오브 필드(Depth Of Field)

뎁스 오브 필드(Depth Of Field)는 줄여서 DOF라고도 불리며 사진에서 얘기하는 피사계 심도 효과와 같습니다. 인물 사진이나 영화 중에 사람에 초점을 맞추고 뒷배경이 흐려지는 장면을 본 적이 있을 것입니다. 이런 효과가 피사계 심도, 뎁스 오브 필드입니다. 또한 '아웃 포커싱'이라고도 합니다. 실제 카메라의 렌즈 종류와 셔터 스피드, 조리개 등의 조작에 따라 다양한 DOF 효과를 표현하듯이 포스트 프로세스 이펙트에서도 비슷하게 구현합니다. [그림 4.1-72]와 같이 렌즈(Lens) 섹션의 카메라(Camera)와 뎁스 오브 필드(Depth of Field)를 둘 다 사용합니다.

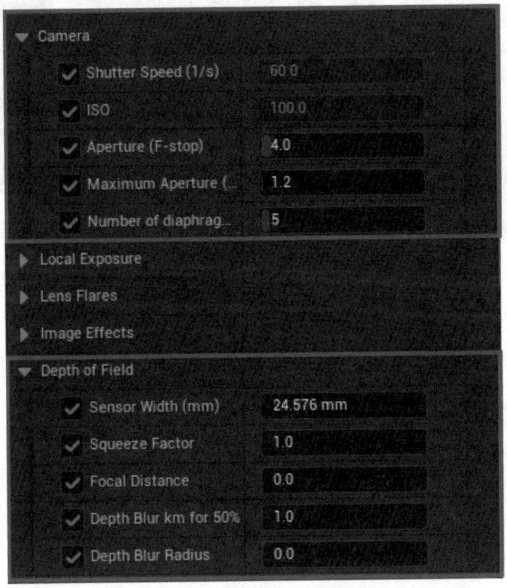

[그림 4.1-72] 뎁스 오브 필드(Depth Of Field) 효과 프로퍼티

Camera 섹션의 Aperture(F-stop)은 렌즈의 조리개 값(f값)을 의미하고 그 아래 Maximum Aperture (min F-stop)는 조리개 막의 곡률을 제어하는 카메라 렌즈 구멍 최대치를 의미하여, 값을 0으로 설정하면 직선 날이 나옵니다. Number of diaphragm blades는 렌즈 조리개 막의 날 수를 의미합니다. 여기서는 간단하게 조리개 값만 조정하겠습니다. 아웃포커싱이 심한 렌즈를 쓴다고 생각하면 되겠죠. 그리고 아래에 Depth of Field 섹션은 초점 거리(cm)와 아웃포커싱의 정도를 의미합니다. 'Sensor Width(mm)'는 카메라 센서의 크기를 의미하며, 숫자가 클수록 아웃포커싱이 잘 되는 센서의 크기입니다. 현실에서는 접하기 힘들지만 비교를 위해서 200mm를 입력하겠습니다.

이제 'Focal Distance'값을 조절해 초점 거리를 맞춰 줍니다. 기준은 바라보는 시점으로부터의 거리입니다. 원하는 사물에 초점이 맞을 수 있도록 거리 값을 입력합니다. 큰 초점이 맞았다면 아래 'Depth Blur km for 50%와 Depth Blur Radius, 그외 다양한 옵션들을 설정해서 디테일한 초점 퀄리티를 맞춰가면 됩니다([그림 4.1-73]).

[그림 4.1-73] 뎁스 오브 필드(Depth Of Field) 효과 적용하기

뎁스 오브 필드 효과는 카메라 종류에 따라 설정이 달라지고 품질도 달라집니다. 그래서 사진이나 영화 같은 느낌과 비슷하게 구현하기 위해 실제 카메라에서 사용하는 용어와 기능에 거의 일치하게 제공하는 'Cine Camera Actor'를 쓰기도 합니다. 다소더 고품질의 효과를 위해서 쓰면 좋습니다. Cine Camera Actor는 *4-4장 시퀀스 애니메이션*에서 다루겠습니다.

# 4.2 언리얼 머티리얼

언리얼에서 머티리얼은 시각적인 표현을 위해서는 반드시 필요하며, 이해하고 넘어가야 하는 애셋입니다. 메시, 스켈레탈, 파티클, 포스트 이펙트, UI등 눈에 보이는 그래픽적인 요소에 빠질 수 없는 애셋입니다. 이번 머티리얼에서는 1장에서 다뤄진 내용보다 한 단계 더 나아가 다양한 노드들을 합성하는 과정을 통해 복잡한 표현의 머티리얼을 구현해 보겠습니다.

## 4.2-1 머티리얼 응용 1

포스트 프로세스 이펙트는 언리얼 엔진 에디터에서 기본 기능으로 동작합니다. 그래서 다른 엔진들보다도 언리얼 엔진이 품질이 좋아 보인다고들 얘기하는 이유기도 합니다. '프로젝트 세팅 창에서 Engine-Rendering 항목에 기본 포스트 프로세스 이펙트의 설정 항목이 있지만(Postprocessing, Default Settings), 효과를 켜고 끌 수밖에 없어서 우리가 원하는 분위기로 연출하기에는 다소 한계가 있습니다.

---

### ✕ 학습 목표

머티리얼을 활용하여 비주얼을 향상시키면서, 퍼포먼스를 최적화할 수 있다.

### ✕ 구현 순서

❶ 라이트 빌드 및 환경 셋팅
❶ 날씨에 따라 바뀌는 머티리얼 구현
❶ 반투명 형태의 머티리얼

---

## ➜ Wet Ground 머티리얼 제작 준비

머티리얼은 일반적으로 고정된 값을 가지고 재질을 표현하기 위해서 사용하지만, 필요에 따라서 다양한 표현식(Expression Node)를 활용하여 하나의 머티리얼로 다양한 변화를 묘사할 수도 있습니다. 이번에는 건조한 땅과 젖어 있는 땅을 하나의 머티리얼로 자연스럽게 묘사하도록 하겠습니다. 바닥에 물이 고여있다면, 그 표면은 평평할 것입니다. 또한 나무, 돌 재질과는 다르게 반사도 일어나겠죠? 이러한 하나의 재질에 또다른 특성이 추가되면 보다 복잡한 노드를 사용하여 자연스럽게 머티리얼 에디터의 기능을 익혀보겠습니다.

머티리얼 애셋을 생성합니다. 머티리얼의 이름은 'M_WetGround'로 합니다. 생성과 이름을 변경한후 엔터를 눌러 마무리합니다.

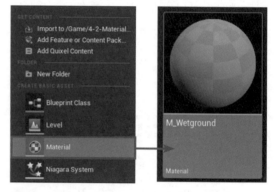

[그림 4.2-1]M_WetGround 머티리얼 애셋 생성하기

M_WetGround 머티리얼을 더블클릭하여 머티리얼 에디터를 엽니다. 그 후 콘텐트 브라우저에서 StarterContents > Texture 폴더에 있는 'T_CobbleStone_Pebble_D'를 머티리얼 에디터로 드래그 합니다 (이후 사용할 노멀 맵이나 모두 CobbleStone_Pebble 텍스처를 사용할 것입니다).

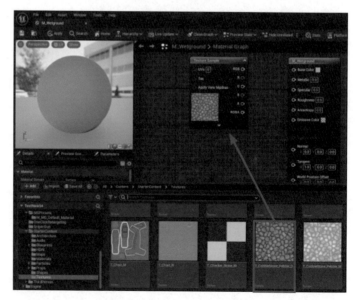

[그림 4.2-2] T_CobbleStone_Pebble_D 텍스처

이후에는 각각의 효과에 맞춰서 사용해 보겠습니다.

## → 컬러의 믹싱(Multiply)

현실에서 나무바닥에 물을 엎질렀을 때를 생각해보면, 물에 젖은 부위만 색이 진해지거나 무늬,
선명함이 더 잘 보이는 경우를 쉽게 생각해 볼 수 있습니다. 이러한 표현을 쉽게 만들 수 있는 노드가
Multiply(곱하기) 노드입니다. 머티리얼에서 일반적으로 컬러를 섞을 때는 특별한 언급이 없는 경우
Multiply로 표현하며, 가장 많이 사용하게 될 노드들 중 하나입니다. 노드 A, B 항목에 T_
CobbleStone_Rough_D의 RGB 값을 연결하여 더 어둡고 진한 색상으로 만들어 줍니다.

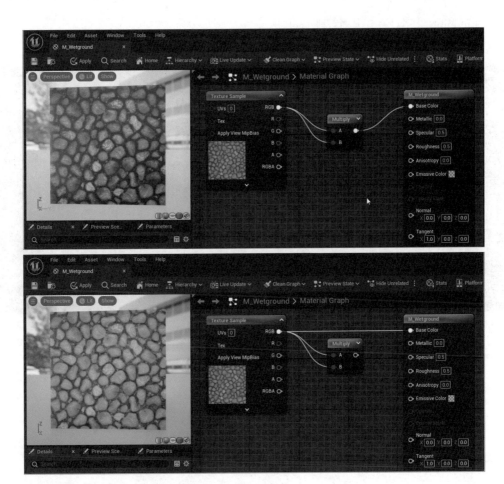

[그림 4.2-3] Multiply를 이용한 색의 변화(상: 적용 / 하: 미적용)

머티리얼 에디터에서는 사칙연산 할 때 반드시 알아두어야 할 조건이 있습니다.

1. 컬러는 R(red), G(green), B(blue) 3개의 채널을 이용하여 표현한다.
2. 각각의 채널은 0~1 사이의 값으로 계산한다.

   0 = 0% = Black / 1 = 100% = White

   (Red 컬러 : R 1, G 0, B0 / Yellow 컬러 : R 1, G 1, B 0 등)
3. RGB 각각의 채널별로 곱해진다.

이 정도 기본적인 특성을 알아 두고 머티리얼을 제작한다면, 아티스트들은 수치를 컬러로서 이해하기 쉬울 것이며, 프로그래머 분들은 컬러를 수치로 해석하여 작업하기 편리할 것입니다. 여백을 클릭하여 [Linear Interpolate] 노드를 사용하여 혼합하여 줍니다. 텍스처의 RGB는 Lerp A에 연결하고, Multuiply된 결과는 B에 연결해 줍니다.

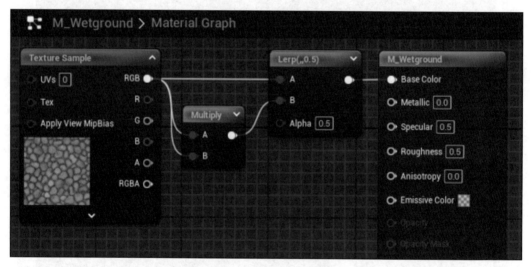

[그림 4.2-4] Linear Interpolate 연결하기

StartContent 〉 Textures 폴더에 "T_Perlin_Noise_M" 텍스처를 드래그하여 넣습니다.

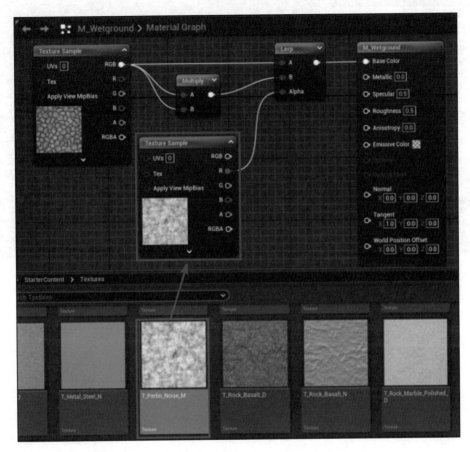

[그림 4.2-5] T_Perlin_Noise_M 연결하기

마우스 우클릭하여 [Smooth Step]이라는 노드를 생성합니다. 'T_Perlin_Noize_M'의 R 채널을 노드 Value 항목에 연결합니다. [Smooth Step] 노드를 클릭하고 디테일 창에서 min 값을 0.3, max는 0.6으로 설정합니다. 흑백의 이미지를 대비를 더 강하게 만드는 노드로는 조금더 가볍게 쓸 수 있는 'Step'이라는 노드도 있습니다.

[그림 4.2-7]의 그래프를 비교해 보면 각 노드의 효과를 시각적으로 명확하게 이해할 수 있을 것입니다. 자연스러운 블렌딩에는 Smooth Step이 좋지만 상대적으로 Step보다 무겁습니다(연산하는 데 컴퓨터 자원을 더 소모합니다). 필요에 따라 사용하면 됩니다.

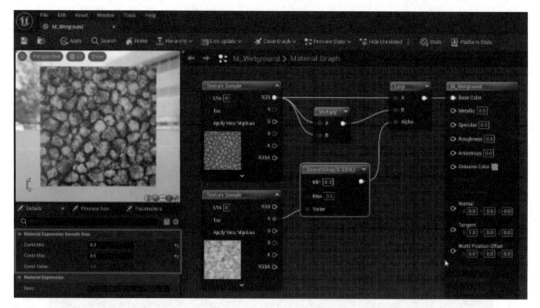

[그림 4.2-6] Smooth Step 추가

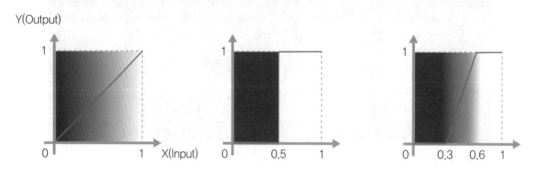

[그림 4.2-7] Smooth Step으로 인한 값의 변화

　노이즈 텍스처를 Smooth Step과 Linear Interpolate(Lerp)를 활용해서 Roughness 항목도 추가로 작업해 주겠습니다. [Linear Interpolate] 노드를 복사하여 Const A는 1, Const B는 0으로 하겠습니다. 일반적인 돌과 같은 재질은 거칠기 때문에 반사가 적게 일어납니다(Roughness 1 값과 유사). 반면에 물에 젖어 있는, 혹은 물이 차 있다면, 물의 표면은 매끄러워서 반사가 일어납니다(Roughness 0값과 유사). 이러한 두 가지 특성을 하나의 재질로 표현을 해야 합니다. 노이즈를 통해서 일부분은 매끄럽고, 일부분은 거친 값을 보여주어야 합니다. 머티리얼 에디터에서 Smooth Step 노드에서 검은 영역은 Linear Interpolate(Lerp)의 Const A 값 빨간 부분은 Const B 값을 보여 주게

됩니다. 이렇게 하면 메마른 원래의 돌의 컬러와 물에 젖어 있어서 색이 진해지면서 반사가 일어나는 재질을 하나의 머티리얼을 통해서 표현이 가능합니다. 올바른 결과확인을 위해서 Normal에 X: 0, Y: 0, Z: 1을 입력해야 합니다.

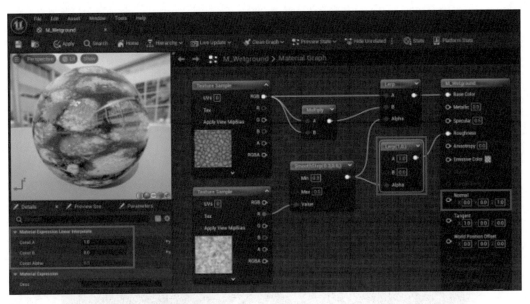

[그림 4.2-8] Lerp를 이용한 Roughness 설정하기

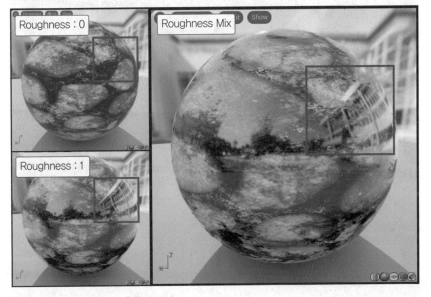

[그림 4.2-9] Roughness 혼합된 결과

[Linear Interpolate] 노드의 혼합 방식은 alpha 항목에 전달되는 값에 따라 0(black)이라면, A에 대한 데이터를 보여주고 1이 입력된다면 B의 데이터를 보여줍니다. $(A \times (1 - Alpha)) + (B * Alpha)$로 계산된 결과가 출력되는 원리입니다.

## → 노멀의 혼합

노멀 맵은 평평한 표면에 마치 굴곡이 진 것 같은 효과를 냅니다. 그래서 기존의 노멀 맵 텍스처를 그대로 연결한다면 바로 적용할 수 있으나, 지금과 같이 바닥에 물이 고여 있어서 젖어 있다면 질감 그대로의 표면이 아니라 물이 그 위를 덮고 있어서 상대적으로 평평해질 것입니다. 컬러는 사칙연산을 통해 한번에 값을 믹싱해 주었지만, 노멀 맵의 경우는 약간 다르게 진행을 합니다.

'T_CobbleStone_Pebble_N' 노멀 맵 텍스처를 드래그해서 불러옵니다.

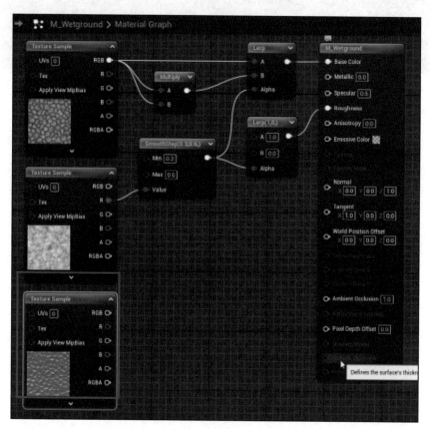

[그림 4.2-10] T_CobbleStone_Pebble_N 텍스처

[Component Mask] 노드를 생성하고 노멀 맵의 RGB 노드를 연결합니다. [Component Mask] 노드는 사용할 채널만 골라서 보여 주는 역할을 합니다. RGBA 중 체크가 되어 있는 채널의 값만 출력하며, 기본값은 R, G 채널만 체크되어 2개 채널의 값만 전달됩니다.

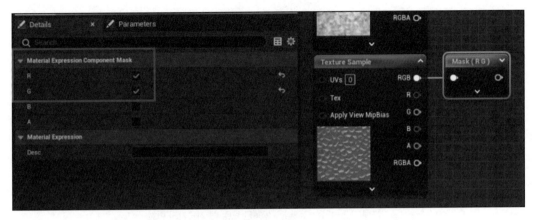

[그림 4.2-11] Component Mask 설정하기

[Multiply] 노드 두 개를 생성하여 하나는 Const B 값을 1, 또다른 하나는 Const B 값을 0으로 설정합니다. 각각의 [Multiply] 노드 Const A 항목에 Component Mask 출력을 연결합니다.

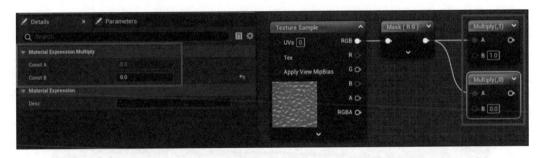

[그림 4.2-12] Multiply 설정하기

이미지 상 위에 있는 Const B = 1인 [Multiply] 노드는 노멀 맵을 원래 형태 그대로 출력하는 역할을 합니다(메마른 상태). Const B = 0 [Multiply] 노드는 물이 차올라 노멀 효과가 약해진 상태를 표현합니다. 우리가 흔히 사용하는 노멀 맵은 '탄젠트 노멀 맵' 이라는 정식 명칭이 있습니다. 노멀 방향(폴리곤 면의 수직) 보다 기울어진 정도에 대한 정보를 담고 있습니다. 폴리곤 표면의 방향을 기준

으로 노멀 맵의 R채널은 요철의 좌우의 기울기, G채널은 요철 상하의 기울기를 표현합니다. B채널은 수직 방향을 의미합니다. RGB 모두 축소한다면 결국 기울기는 변하지 않기 때문에 시각적인 변화가 없습니다.

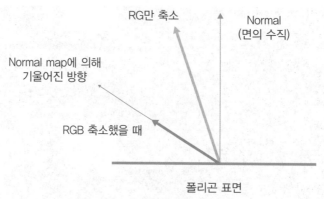

[그림 4.2-13] R,G채널을 활용한 노멀 맵 기울기의 변화

멀티플라이된 노드에 [append vector] 노드를 두 개 생성하여 A 항목에 연결합니다. 노멀 맵의 B채널에서 Append B항목에 각각 연결해 줍니다. 이렇게 하면 Component Mask로 RG로 줄었던 데이터가 다시 RGB로 확장이 되며 정상적인 노멀 맵 이미지로 인식이 됩니다.

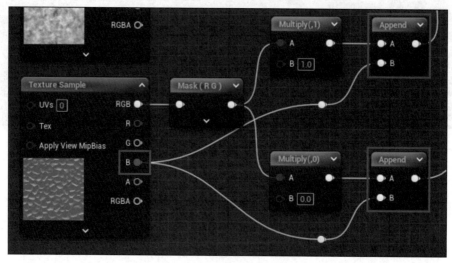

[그림 4.2-14] 블루 채널의 확장

선형 보간(Linear Interpolate 이하 lerp) 노드를 생성해서 첫번째 Append(Multiply 1) 노드를 A에
연결합니다. 나머지(Multiply 0) 노드는 B, 마지막으로 SmoothStep의 출력 핀을 Alpha에 연결합니다.
이렇게 완성된 Linear Interpolate 노드의 출력 핀을 머티리얼의 Normal 항목에 연결하여 마무리
해 줍니다.

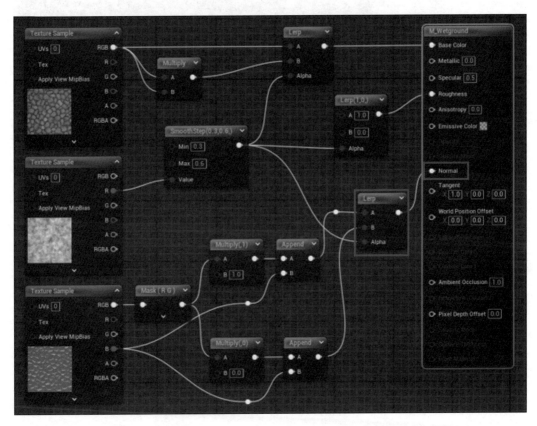

[그림 4.2-15] Lerp를 활용한 노멀의 혼합

다음은 전체 노드의 모습입니다. 평면인 상태에서만 확인하면 명확한 효과를 알기 어려운 경우도
있습니다. 빛을 정면으로 받는 하이라이트 영역이나 명암(빛과 어둠)의 경계에서 일반적인 재질감이
잘 드러나므로 라이트나 뷰포트의 방향을 변화시켜 보면서 효과를 확인하는 것이 좋습니다.

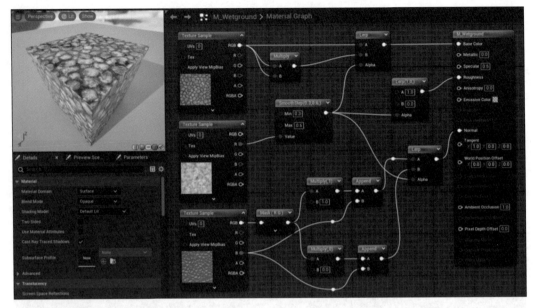

[그림 4.2-16] M_WetGround의 예제 전체 노드 구성

## 4.2-2 머티리얼 응용 2 · · · · · · · · · · · · · · · · · · · · · · · · · · · ·

'에너지 필드(Energy Field)'라는 효과는 공식적인 명칭은 아니지만, VFX에서 관용적으로 사용하는 용어입니다. 예제처럼 반드시 구의 형태일 필요는 없고, 반투명의 테두리가 빛나는 형태의 비주얼 효과를 일컫는 표현입니다. 여기에 단순히 빛을 내는 것이 아니라 [Time] 노드와 Position과 같이 컬러가 아닌 다른 데이터 형식을 응용해서 지금까지 제작해 본 정적인 머티리얼과 달리 동적인 머티리얼을 표현하는 방법을 학습하겠습니다.

> ✕ **학습 목표**
>
> 머티리얼의 다양한 파라미터들을 믹싱해서 VFX 효과를 만들 수 있다.

> ✕ **구현 순서**
>
> ❶ 포지션 값을 활용해서 그라데이션을 만들 수 있다.
> ❷ 시간을 활용해서 애니메이션을 할 수 있다.

# → 머티리얼 기본 설정

이번에 만들게 될 에너지 실드에 대한 몇 가지 시각적인 특징을 나열해 보겠습니다.

1. **반투명합니다. 반대편도 보입니다.**
2. **오브젝트의 가장자리가 빛나듯이 보입니다.**
3. **오브젝트끼리 맞닿는 경계가 하얗게 보입니다.**
4. **위에서 아래로 흐르듯이 스캔을 하듯이 선이 흘러갑니다.**

머티리얼을 생성하여 위와 같은 재질의 특성 중에 우선 1번 항목부터 차례로 만들어 보겠습니다. 만들어진 애셋의 이름은 'M_EnegyShield'로 지어 줍니다.

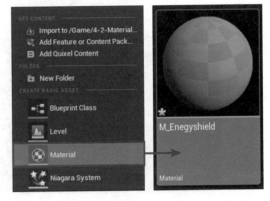

[그림 4.2-17] M_EnegyShield 머티리얼 애셋 생성하기

디테일에서 머티리얼 프로퍼티 항목을 확인합니다. 'Blend Mode' 항목이 기본값인 'Opaque(불투명)'을 'Translucent(반투명)' 상태로 변경합니다. 그래프 창의 머티리얼 항목에서 opacity(투명도) 항목이 활성화된 것을 볼 수 있습니다. BaseColor는 검정색(X, Y, Z 모두 0)으로 설정합니다. Normal은 X : 0, Y : 0, Z : 1로 입력합니다.

[그림 4.2-18] Material Blend Mode 설정 변경-Translucent

여기에 스타트 콘텐츠에서 T_Tech_Hex_Tile 텍스처를 드래그해서 G 채널을 opacity 항목에 연결하면, 프리뷰 창에서 이미지의 모양 대로 White(1)은 불투명, Black(0)은 투명하게 처리가 됩니다.

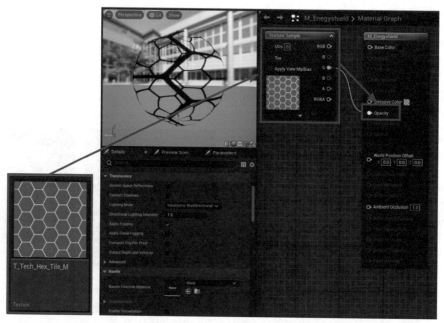

[그림 4.2-19] T_Tech_Hex_Tile 텍스처

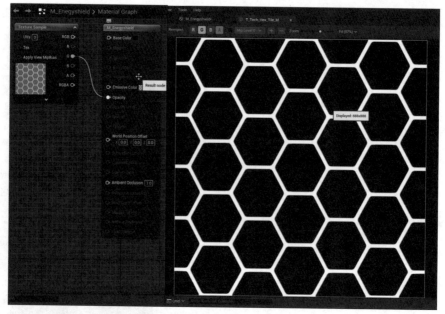

[그림 4.2-20] T_Tech_Hex_Tile 텍스처 Green 채널

마지막으로 프로퍼티 항목에서 Two Sided 항목을 클릭하게 되면, 반대편까지 그려 주게 됩니다.

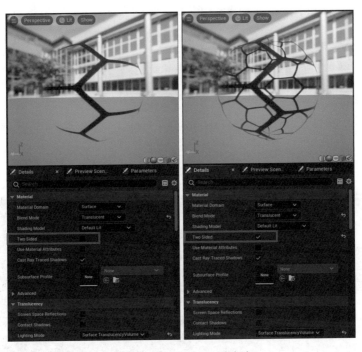

[그림 4.2-21] Two Sided 설정 비교

**Tip**

Translucent 항목으로 블렌드 모드를 변경하게 되면, PBR 머티리얼의 기본 설정들이 비활성화됩니다. 사용할 필요가 있다면, Translucency 항목의 Lighting Mode를 Surface Translucency Volume으로 변경하게 되면, Metaillic, Roughness와 같은 일반적인 질감 표현을 위한 옵션도 활성화됩니다. 본 예제에서는 기본값인 Surface Translucency로 진행합니다.

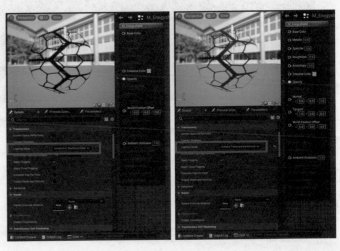

[그림 4.2-22] Lighting Mode 비교

## ➜ 프레넬(Fresnel)을 활용한 표현

에너지 실드는 반투명한 대신 그 형태를 윤곽선을 통해 표현합니다. 이러한 경계의 표현에 많이 쓰이는 기능이 '프레넬(Fresnel)'이라는 효과입니다. 프레넬은 원래 경계, 윤곽선을 표현하는 용어는 아닙니다. 바라보는 각도에 따라 반사가 일어나거나 투과되는 정도가 바뀌는 현상을 칭하는 용어입니다. 말로 설명은 어렵지만 [그림]을 보면 촬영자와 수직에 가까운 물가는 바닥이 보이고, 촬영자와 수평에 가까운 먼 물가는 반대편 풍경이 거울처럼 반사되는 것을 볼 수 있습니다. 이러한 현상을 응용해서 윤곽선을 그려줄 수도 있습니다.

[그림 4.2-23] Fresnel 효과

[Fresnel] 노드는 3D 오브젝트의 표면이 카메라를 바라본다면 0(black), 상하좌우 어느 방향이든 상관없이 90도로 기울어져 있다면 1(white)을 출력해 주는 노드입니다. Opacity 항목에 연결해 보면 투명해지는 정도를 눈으로 확인할 수 있습니다.

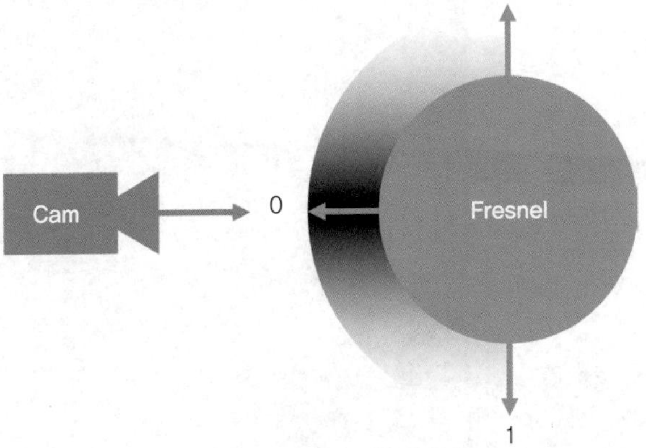

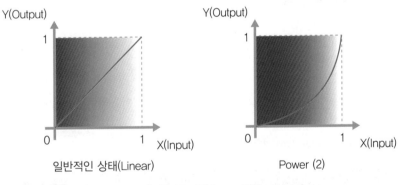

[그림 4.2-24] Fresnel 원리

Fresnel의 Exponentln 수치가 높아지면 흰색 영역이 좁아집니다. Exponent는 제곱의 지수입니다. 2의 세 제곱이라면, Exponent는 3이 되는것이죠. 지수의 값이 1일 때, 0.5 값이 들어 오면 그대로 0.5가 출력됩니다. 지수 값이 2라면, 0.5 x 0.5 = 0.25가 됩니다. 셰이더에서는 0에 가까워질수록 검정에 가까워진다는 원리를 이해한다면, 지수 값을 이용해서 흑백의 영역을 조절할 수 있습니다.

[그림 4.2-25] Power 원리

앞에 텍스처의 알파 텍스처와 함께 [Multiply] 노드를 통해 합쳐 주게 되면 텍스처의 이미지와 프레넬의 효과가 믹싱이 됩니다. 이렇게만 하면 정면을 바라보는 부분은 투명도(Opacity)가 0인 상태로 아예 투명해 보이기 때문에 [Linear Interpolate] 노드를 사용하여 Const A에는 0.3, Const B에는 1로 입력하고, Alpha에 Multiply 출력 핀을 연결합니다.

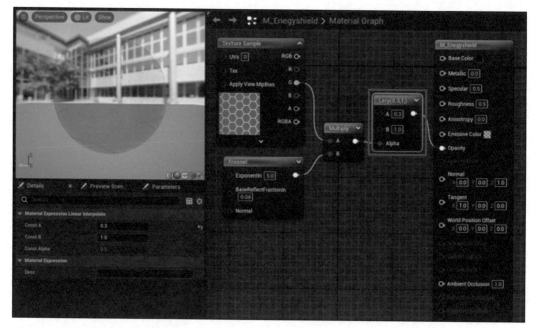

[그림 4.2-26] Fresnel과 Green 채널 합성

## 뎁스 페이드(Depth Fade)을 활용한 표현

에너지 실드는 보통 전기적인 특성이 있다고 묘사가 되는데요. 이러한 전기적 특성 때문에 다른 오브젝트와 맞닿는 경계는 보통 스파크가 일어나거나 더 선명해 보이도록 묘사합니다. 언리얼 엔진 에서는 이렇게 다른 오브젝트와 맞닿을 때 경계를 표현하는데 '뎁스페이드(Depth fade)'라는 노드를 사용합니다.

[그림 4.2-27] Depth Fade 효과 비교(좌: Depth Fade, 우: 기본 머티리얼)

3D 오브젝트끼리 맞닿는 경계는 칼로 자른 듯이 보입니다. 이때, [Depth fade] 노드를 사용하여 Opacity에 연결하게 되면 보는 것처럼 경계를 부드럽게 흐려지게 됩니다. [Depth Fade] 노드를 생성한 후에 [One Minus(1-x)] 노드를 생성합니다. 이렇게 하면 3D끼리 맞닿는 경계가 투명해지는 것이 반전이 되어 경계는 선명하게 맞닿지 않는 부위는 투명하게 처리가 됩니다. 경계선의 범위는 노드 자체에 있는 Fade Distance를 활용해서 조절해 줍니다.

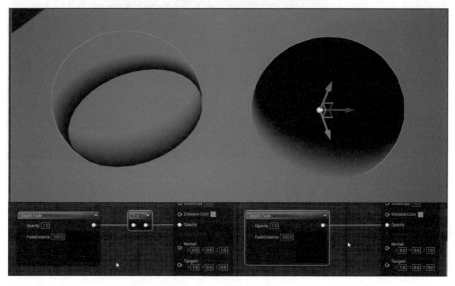

[그림 4.2-28] One Minus 효과 비교 (좌: One Minus, 우: Depth Fade)

이제 [Add] 노드를 사용하여 이전에 Texture와 Fresnel이 Multiply된 결과와 합쳐주겠습니다.

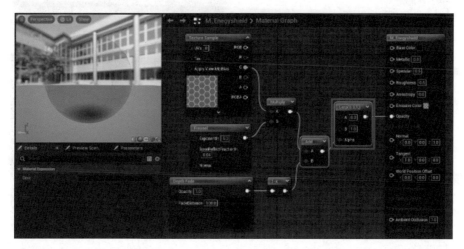

[그림 4.2-29] Depth Fade 효과 연결하기

이제 컬러를 변경하기 위해 [Costant 3 Vector] 노드 두 개를 사용하여 지금까지 생성한 노드들과 연결하는 작업을 하겠습니다.

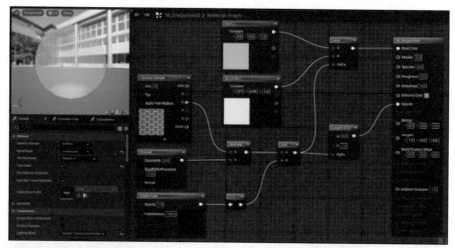

[그림 4.2-30] Base Color 설정하기

육각형 모양의 텍스처가 조밀하게 나오는 것이 나을것이기 때문에 [Texture Coordinate] 노드를 Texture Sample의 UV에 연결하고 U Tiling 3, V Tiling 1.7로 설정해 줍니다.

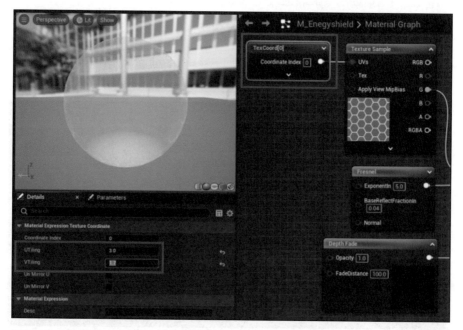

[그림 4.2-31] Texture Coordinate 노드 설정하기

## ➔ 좌푯값을 응용한 시각화

우리가 흔히 사용하는 포지션의 xyz를 이용한 좌표는 위치를 나타내는데 표현이 됩니다. 3D에서는 위치, 회전, 크기뿐만 아니라 3D 면이 향하는 방향(페이스 노멀), 텍스처를 보여 주기 위한 UV 데이터 등 다양한 좌표, 수치들이 존재합니다. 이러한 다양한 수치들은 '숫자'이기 때문에 이를 머티리얼 에디터에서 가지고 활용한다면 위치 값을 컬러로, 혹은 이미지화시켜서 표현이 가능합니다. 에너지 실드에는 마치 빛이 흘러가는 듯한 표현들이 종종 사용되는데 이러한 표현을 구현해 보겠습니다.

[Absolute World Position] 노드를 생성하고 아웃풋 핀의 Z에서 값을 [Sine] 노드 인풋 핀에 연결합니다(위치 좌표 XYZ는 머티리얼에서 RGB에 각각 대응됩니다. X = R, Y = G, Z = B).

삼각함수의 [Sine] 노드를 활용해서 데이터를 넣게 되면 [그림4.2-32]에서 보이듯이 검은색의 일부가 그라데이션으로 변경된 것을 볼 수 있습니다.

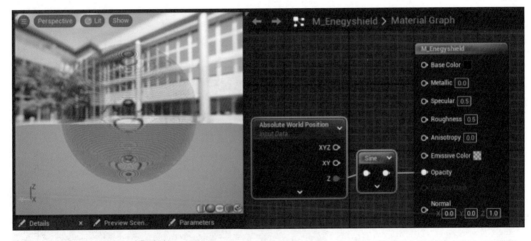

[그림 4.2-32] Sine 그래프 사용하기

이것을 그래프로 그려 보면 [그림 4.2-33]과 같습니다. [Sine] 노드는 입력되는 값의 크기에 상관없이 −1 ~ 1 사이의 값을 내보내게 됩니다. 이것을 시각적으로 표현하면 아래와 같습니다. 눈으로 보기에는 Black(0)으로 보이지만, −1까지 표현되는 것입니다. 한 가지 주의할 점이 있습니다. 수학에서 사인 그래프의 1주기(출력 값이 0에서 다시 0이 되는 간격)가 2파이(2π)입니다. 언리얼 엔진에 [sine] 노드에 입력되는 x 값은 이 주기를 넣어주게 됩니다. 포지션이 3이라면 사인 그래프가 3번 반복된 결과가 출력되는 것입니다.

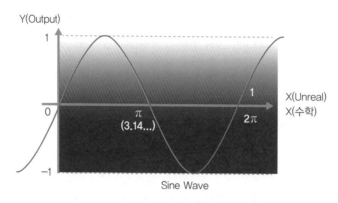

[그림 4.2-33] Sine 그래프 시각화 원리

너무 촘촘하게 나오기 때문에 눈으로 보기에는 물결 무늬(모아레 현상)처럼 보이기도 합니다. [Multiply] 노드를 사용하여 Component Mask(B)를 Const A에 연결하고, Const B에 0.01을 연결한 결과를 [Sine] 노드와 연결하면 그라데이션이 크게 눈으로 보입니다.

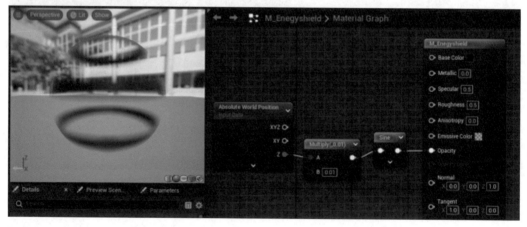

[그림 4.2-34] Multiply로 간격 변화

그라디언트의 범위는 [Power] 노드에 연결하여 사용합니다. Const Exponent 값이 증가하면 선의 두께가 가늘어집니다.

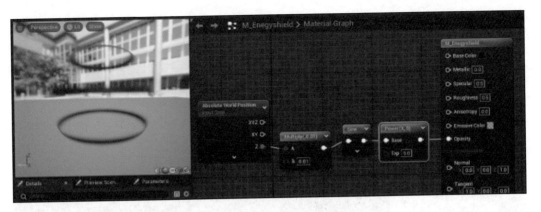

[그림 4.2-35] Power 노드로 간격 변화

마지막으로 [그림]에서 Fresnel과 Depthfade를 Add 한 결과에 한번더 Add를 사용하여 Power에서 출력된 노드와 더해 줍니다. 결과를 각각의 Lerp Alpha 핀에 연결하면, 다음과 같이 구체 중간에 선이 생긴 것을 볼 수 있습니다. 다음 순서로 정지된 선의 흐름을 움직여 보겠습니다.

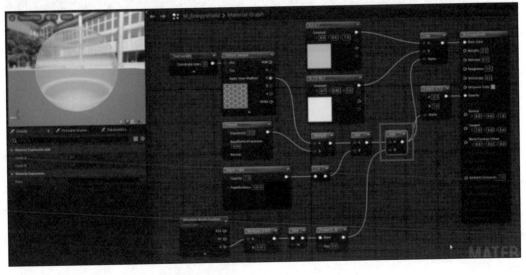

[그림 4.2-36] [Add] 노드로 효과 연결하기

## ➜ 타임(Time)을 활용한 애니메이션

[Time] 노드는 시간 값을 전달하는 노드입니다. 애니메이션은 결국 시간에 따른 변화이기 때문에 정적이지 않은, 동적인 표현을 위해서는 반드시 필요한 노드입니다. [Time] 노드를 앞서 포지션 값으로 그라디언트를 만들어준 노드와 더해 주면 시간에 따라 텍스처가 흘러가게 됩니다. 이렇게 예제를 마무리하면 됩니다.

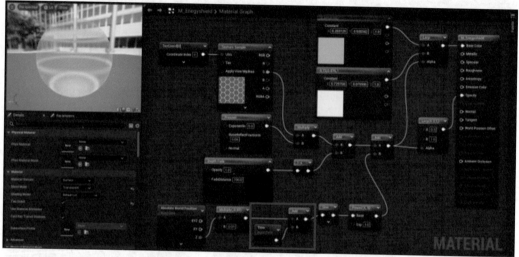

[그림 4.2-37] [Add] 노드로 효과 연결하기

[Time] 노드를 사용하였을 경우 값의 변화를 그래프화시켜서 시각화하면, 보다 이해하는데 도움이 될 것입니다. [그림]의 노드를 그래프로 그려 보면 Time값과 Texture Coordinate가 더해질 경우 가로와 세로 모두 0~1까지 값이 한번에 전달되어 마치 그라데이션처럼 보이는데, 시간이 지나면 흰색으로만 보이게 됩니다.

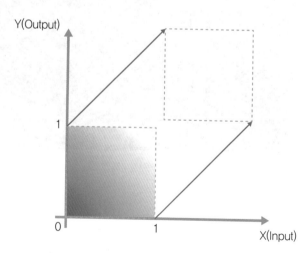

[그림 4.2-38] [Time] 노드와 Add 되었을 경우

셰이더에서는 알파 값처럼 0~1(흑백의 그레이스케일)로 표현할 수 있다면, 그 값의 범위를 지키는 것이 좋습니다. 특히 [Add] 노드의 경우 두 출력 값을 더해 주다 보면 값이 오버되는 상황이 발생합니다. 이럴 경우 [Saturate] 노드를 추가하여 사용하면, 연산이나 퍼포먼스에 긍정적인 영향을 주기도 합니다.

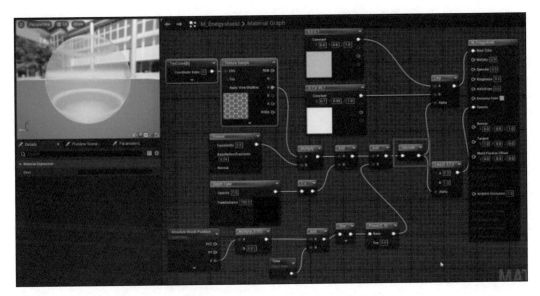

[그림 4.2-39] Saturate를 이용한 범위 제한

일반적인 선형 그래프의 경우 아래 그래프와 같이 0~1 사이 값으로 정리가 됩니다.

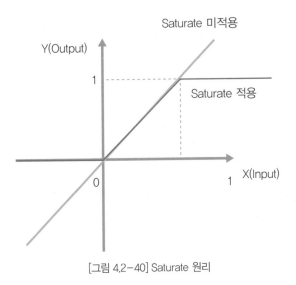

[그림 4.2-40] Saturate 원리

사인 그래프의 경우도 0보다 작은 값을 정리하는 목적으로 사용할 수 있습니다. 이번 예제에서는 [Lerp(Linear Interpolate)] 노드에 직전에 Saturate로 값을 정리해 주기 때문에 Sine에 사용한다고 해서 퍼포먼스가 감소하지 않기 때문에 제외하였습니다.

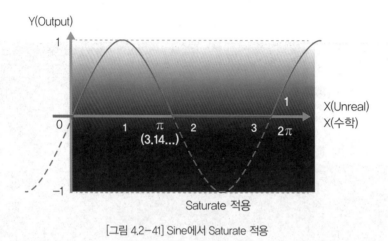

[그림 4.2-41] Sine에서 Saturate 적용

## 4.2-3 포스트 프로세스 이펙트 머티리얼

언리얼 엔진 에디터에서 제공하는 포스트 프로세스 이펙트 효과 외에 우리가 원하는 효과를 적용하고 싶을 때가 있을 것입니다. 이럴 때 사용하는 것이 포스트 프로세스 머티리얼입니다. 포스트 프로세스 이펙트 머티리얼을 이용해 추가적인 포스트 프로세스 이펙트 효과를 적용해 보겠습니다.

✗ **학습 목표**

포스트 프로세스 이펙트에 추가적인 효과를 적용하고 싶다.

✗ **구현 순서**

① 포스트 프로세스 머티리얼 이해하기
② 포스트 프로세스 머티리얼 제작하기
③ 포스트 프로세스 머티리얼 적용하기

## ➡ 포스트 프로세스 머티리얼 이해하기

포스트프 프로세스 이펙트는 카메라 렌즈에 효과 필터를 두고 찍는 것처럼 뷰포트 상의 배치된 액터들이 카메라 액터에서 렌더링 하기 전, 혹은 렌더링한 후의 정보에 포스트 프로세스 이펙트 효과를 적용해 한 번 더 계산하는 방식입니다. 렌즈가 바라보는 대상의 정보들을 수집해 이미지화하고 다양한 계산법을 적용해 최종 결과물을 만들어낸다는 점에서, 이미지 데이터를 다양한 계산식으로 가공해 질감을 표현하는 머티리얼과 유사점이 있습니다. 그래서 포스트 프로세스 이펙트 효과를 제작할 때 머티리얼의 표현 방식을 빌려 제작합니다. [그림 4.2-16]은 포스트 프로세스 머티리얼의 대략적인 구조도를 의미합니다. 그림처럼 포스트 프로세스 이펙트(주황색 렌즈) 이후에 적용되기도 하지만 순서는 바뀔 수 있습니다. 또 포스트 프로세스 머티리얼(노란색 렌즈)의 개수도 더 추가할 수 있습니다.

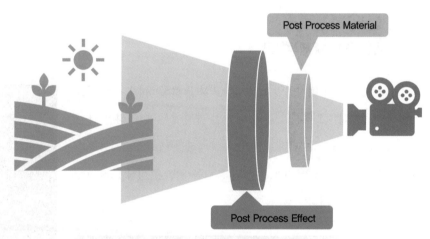

[그림 4.2-42] 포스트 프로세스 머티리얼 구조도

포스트 프로세스 머티리얼은 포스트 프로세스 이펙트에 있는 기능과 더불어 머티리얼 셋업을 통해 데미지, 광역 효과용 비주얼 스크린 이펙트를 만들거나 포스트 프로세스 머티리얼을 통해서만 가능한 게임 전반적인 분위기를 낼 수도 있습니다. [그림 4.2-17]과 같이 간단하게 화면 주위에 회전하는 이미지로 긴장감 있는 화면을 표현해 보면서 포스트 프로세스 머티리얼에 대해 알아보도록 하겠습니다.

[그림 4.2-43] 포스트 프로세스 머티리얼 적용 예시

## → 포스트 프로세스 머티리얼 제작하기

적용할 효과를 만들기 위해 머티리얼을 생성하고(M_PostSample), 머티리얼 에디터에서 엽니다. [그림 4.2-44]와 같이 디테일 패널에서, 머티리얼 카테고리 아래에 Material Domain(머티리얼 영역) 프로퍼티를 Post Process(포스트 프로세스)로 선택합니다. 그러면 새로운 컬러 출력을 위한 특성상 Emissive Color 프로퍼티만 활성화됩니다.

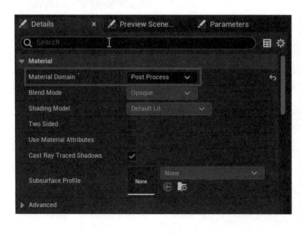

[그림 4.2-44] 머티리얼의 포스트 프로세스 설정하기

포스트에서 효과를 위해서 카메라가 찍고 있는 신 정보를 가져와야 합니다. 카메라가 보고 있는 신(Scene) 정보를 가져오기 위해서 SceneTexture 머티리얼 표현식을 생성합니다. SceneTexture 머티리얼 표현식의 디테일 패널에서 Scene Texture id를 PostProcessInput0로 설정합니다. 그러면 카메라가 찍고 있는 신의 많은 정보 중에 포스트 프로세스에 사용될 이미지를 불러옵니다.

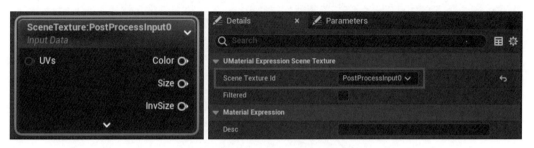

[그림 4.2-45] SceneTexture 표현식 설정

신 텍스처도 결국에는 하나의 텍스처로 사용합니다. 하지만 3D 스태틱 메시의 UV가 아닌 스크린상의 UV 좌표(0~1 범위의 공간)에 적용됩니다.

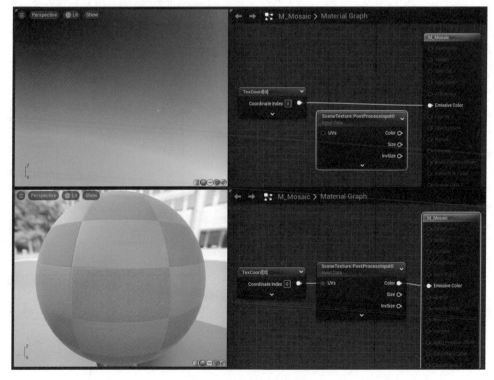

[그림 4.2-46] 스크린 좌표

모자이크의 표현은 리니어(linear, 선형적인) 좌표를 계단처럼 수정하는 과정을 통해 표현하게 됩니다. 직선형의 그래프를 계단처럼 사용하기 위해서는 Floor(버림), Ceil(올림), Round(반올림)과 같은 노드를 사용하여 표현할 수 있습니다.

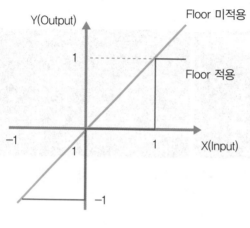

[그림 4.2-47] Floor 원리

다만, 소수점 첫째 자리를 기준으로 적용되기 때문에 이를 Multiply로 값으로 UV 범위를 늘려서 Floor(내림)을 적용한 후 Divide(나누기)를 통해 다시 0~1의 범위로 줄이는 과정을 거치게 됩니다. 시작하는 범위를 0으로 맞추기 위해서 Floor를 통해서 계단식으로 표현해 보겠습니다.

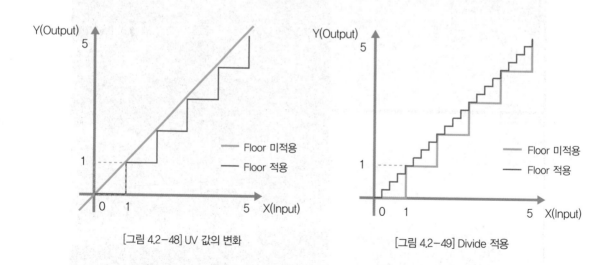

[그림 4.2-48] UV 값의 변화    [그림 4.2-49] Divide 적용

[Texture Coordinate] 노드에서 Multiply > Floor > Divide까지 연결 한 후 SceneTexture의 UV 슬롯에 연결합니다. 이러한 과정을 노드로 표현하면 [그림 4.2-50]와 같이 됩니다.

[그림 4.2-50] 모자이크 노드

## 🠒 모자이크 픽셀 비율 고정하기

지금까지의 과정을 거치게 되면 창의 크기가 바뀔 때 픽셀의 비율이 정사각형이 아닌 상태가 됩니다.

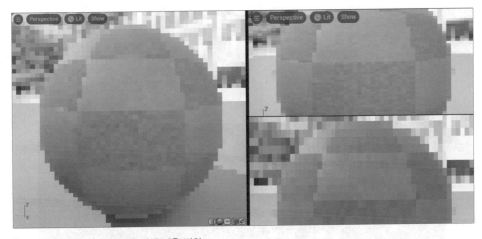

[그림 4.2-51] 창 크기에 따른 픽셀 비율 변화

화면의 가로 세로 크기를 비율로 계산하여 UV에 전달하여 이를 해결해 보겠습니다. 모니터나 TV에서 해상도에 대해 표현할 때 720p, 1,080p 같은 표현을 들어보았을 것입니다. 720, 1,080의 수치는 해상도의 세로 픽셀을 지칭하는 것입니다. 화면의 세로 픽셀 기준으로 가로의 비율을 구하는 것부터 시작하겠습니다.

[View Size] 노드를 생성합니다. [Component Mask] 노드를 이용하여 R, G 채널만 체크해서 해상도의 X(R채널) 축과 Y(G채널) 축을 분리합니다.

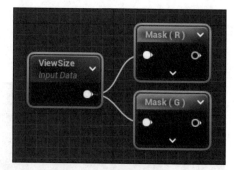

[그림 4.2-52] ViewSize 채널 분리하기

[Divide] 노드를 이용하여 A/B와 같은 형태의 계산이 되도록 A에는 X(R채널) 축, B에는 Y(G채널) 축의 값을 입력합니다.

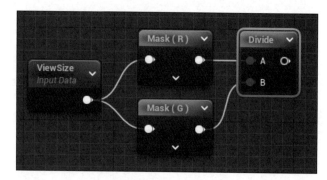

[그림 4.2-53] 가로 비율 계산하기

[Append Vector] 노드를 생성하여 Divide된 결과는 A 핀에 연결하고 [Constant] 노드를 생성하여 1을 입력하고 Append B 핀에 연결하여 Vector2 형태가 되도록 수정합니다.

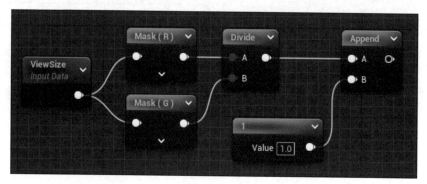

[그림 4.2-54] 채널 확장하기

이제 [Constant] 노드를 생성하여 표현하고 싶은 픽셀 수 만큼 입력하여 [Multiply] 노드로

Append와 연결합니다. 만약 FHD 해상도는 1.6 : 1의 화면비가 됩니다. (1.6 : 1)×50이 되어 Multiply된 최종 결과를 Floor 전후에 있는 Multiply와 Divide에 연결합니다.

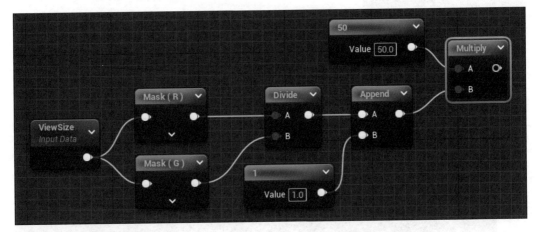

[그림 4.2-55] 픽셀 개수 연산하기

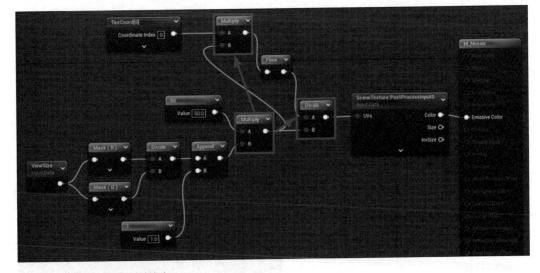

[그림 4.2-56] Floor 전후 연산하기

이후에 블루프린트나 스크립트를 통해 수치를 변화시키기 위해서 50으로 입력해둔 [Constant] 노드를 오른쪽 클릭하여 Convert Parameter를 선택해서 파라미터로 변경합니다. 파라미터의 명칭 은 PixelCount로 설정합니다. PixelCount 파라미터에 입력된 수치에 따라서 화면에 보이는 모자이 크 픽셀의 개수가 변경됩니다.

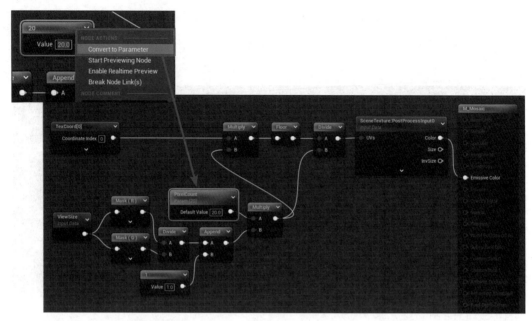

[그림 4.2-57] 파라미터 변환하기

## 포스트 프로세스 머티리얼 적용하기

이제 만들어진 포스트 프로세스 머티리얼을 적용해 보겠습니다. 포스트 프로세스 볼륨 액터를 선택하고 디테일 패널을 보면, Rendering Features 섹션에서 Post Process Materials 항목이 있습니다. 펼쳐보면 Array 프로퍼티가 있습니다. 이곳에 포스트 프로세스 머티리얼을 할당해 주면 됩니다.

[그림 4.2-57]과 같이 [+] 버튼을 눌러 슬롯을 추가하고 [Choose] 버튼을 눌러 Asset reference를 선택해 머티리얼을 할당할 준비를 합니다.

[그림 4.2-58] Post Process Materials 슬롯 생성 및 설정하기

슬롯이 생성되면 [그림 4.2–59]와 같이 [None] 버튼을 클릭해 제작한 포스트 프로세스 머티리얼을 검색해 추가합니다(콘텐트 브라우저에서 머티리얼을 드래그 앤 드롭으로도 할당할 수 있습니다).

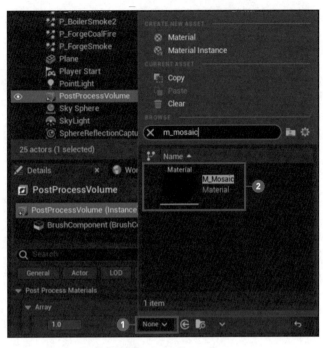

[그림 4.2–59] 제작한 포스트 프로세스 머티리얼 적용하기

뷰포트에 잘 적용된 것을 확인할 수 있습니다. 포스트 프로세스 볼륨 세팅에서 Infinite Extent (Unboudd) 항목에 체크해 레벨 전체에 적용하도록 하고 시점을 이동하면서 확인해 보는 것도 좋습니다.

[그림 4.2–60] 포스트 프로세스 머티리얼 적용 결과

포스트 프로세스 머티리얼은 비용이 많이 듭니다. 가급적이면 색 보정이나 조정, 블룸, 뎁스 오브 필드 등 여러가지 이펙트에 대해서는 최적화도 잘 되어 있고 더욱 효율적인 포스트 프로세스 볼륨에 상속된 세팅을 사용하는 것이 좋고 만약 사용해야 한다면 주의해서 꼭 필요할 때만 사용하는 것이 좋습니다.

# 4.3 나이아가라(Niagara)

나이아가라는 언리얼 엔진에서 제공하는 '이펙트(Effect)'를 의미합니다. 보통 이펙트는 '연기 효과가 필요하다.', '화염 스킬을 쓴다.', '벽에 총알이 튀는 효과가 필요하다.' 등 일반적으로 사용자가 한 행동, 명령에 대한 리액션으로 사용되는 경우가 많습니다. 그래서 이것을 처음부터 만들어 가기 시작하면, [그림 4.3-1]과 같이 복잡하게 구성된 수많은 옵션들을 하나하나 다뤄야 하기 때문에 무엇부터 시작해야 할지 막막한 경우가 많습니다. 따라서 전문 이펙터가 아니라면 마켓플레이스의 애셋을 수정하면서 사용하는 것이 훨씬 효율적입니다. 그래서 일반적으로 많이 사용하는 옵션들을 직접 다뤄보고 이후 독자들이 다른 이펙트들을 수정해보는 것을 추천합니다. 보통 마켓플레이스에서 VFX, 이펙트(Effect), 파티클(Particle) 등의 키워드로 검색을 하면 이펙트에 관련한 많은 애셋들이 검색이 됩니다. VFX, 이펙트(Effect), 나이아가라(Particle System)는 디지털 그래픽에서는 대부분 거의 비슷하게 이펙트를 지칭하기 때문에 마켓플레이스 뿐만 아니라 다른 마켓, 혹은 이펙트 관련 튜토리얼 등을 찾아보거나 할 때 이 키워드들을 활용하면 좋습니다.

[그림 4.3-1] 실시간 콘텐츠에서 사용하는 이펙트의 예시와 파티클 시스템 에디터 창

# 4.3-1 나아이가라 개요

언리얼 5부터는 이펙트를 표현하기 위해 나이아가라가 기본으로 설정되어 있습니다. 이전 버전 까지는 '캐스케이드(Cascade)'를 이용했으며, 스타트 콘텐츠는 캐스케이드를 이용해서 제작되었습니다([그림 4.3-2]).

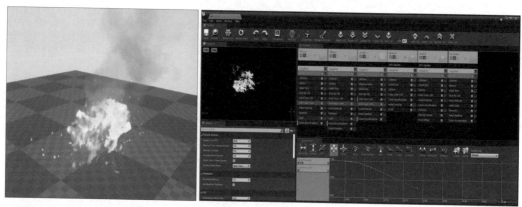

[그림 4.3-2] 나이아가라 이전 이펙트 시스템인 캐스케이드(Cascade)

캐스케이드도 이펙트를 표현하기 위해서 충분히 좋은 시스템이지만 나이아가라는 거기에 더 발전하여 모듈 편집이나, 외부 확장 및 컨트롤이 수월하기 때문에 상호작용 연출에 좋은 모습을 보여줄 수 있습니다. 과거에도 좋은 시스템으로 많은 애셋들이 만들어져 마켓플레이스에서 제공하고 있는 상황이라 아직까지도 캐스케이드 사용을 지원하고 있지만, 확장성과 유연함을 대표로한 여러 장점들 덕에 언리얼 엔진 측에서는 나이아가라를 권장하고 있습니다. 만약 이펙트 제작에 관심이 있으면, 캐스케이드로 만들어진 애셋을 나이아가라로 다시 만들어 보는 것을 추천합니다. 그러면 이펙트 애셋 제작을 이해하고 나이아가라 시스템에 익숙해지는데 도움이 되지 않을까 합니다.

1

1.1
1.2
1.3
1.4
1.5

2

2.1
2.2
2.3
2.4
2.5
2.6

3

3.1
3.2
3.3

4

4.1
4.2
4.3
4.4
4.5

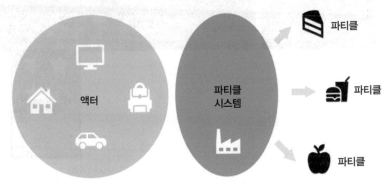

✗ **학습 목표**

나이아가라의 구성 요소에 대해 알아보고 싶다.

✗ **구현 순서**

❶ 나이아가라 작동 원리에 대해 알아보기
❷ 나아이가라 애셋 생성하기
❸ 나이아가라 에디터 UI 알아보기

먼저 나이아가라의 작동 원리에 대해 알아보고, 나이아가라 애셋을 제작하기 위한 애셋 생성 방법과 에디터 화면 구성에 대해 알아보겠습니다.

## → 나이아가라의 작동 원리 알아보기

본격적인 기능 설명에 앞서, 나이아가라를 이해하는 데 가장 중요한 개념 하나를 설명하겠습니다. 일반적인 액터는 가구, TV와 같은 공산품과 같다고 생각하면 이해하기가 편합니다. 삭제하기 전까지(콘텐츠가 시작해서 종료될 때 또는 현재 레벨에서 다른 레벨로 옮겨갈 때까지) 레벨에 계속 존재합니다. 반면, [그림 4.3-3]처럼 나이아라가는 파티클이라는 입자와 이미터라는 입자를 만드는 공장으로 구성돼 있습니다. 파티클들은 일반 공산품이 아니라 유통 기한이 정해져 있는 음식과 같은 신선 식품이라고 생각하면 됩니다. 유통 기한이 지나면 상해서 버리는 식품과 같이 정해진 시간이 지나면 사라져 버리는 것처럼, 나이아가라에는 기본 설정에 'Duration', 'LifeTime'과 같이 시간을 제어하는 옵션을 반드시 사용하며, 시간 제어를 잘하는 것이 좋은 이펙트를 만드는 데 중요하다는 것을 명심하면서 이후 과정을 함께해 보겠습니다.

[그림 4.3-3] 파티클 시스템의 개념

### 이미터(Emitter)

나이아가라를 다루거나 언리얼 엔진 매뉴얼, 이펙트 튜토리얼 등을 찾다 보면 이미터(Emitter)라는 용어를 많이 발견하게 됩니다. 이미터는 간단히 입자를 생성하는 공장이라고 할 수 있습니다. 이미터라는 공장에서 여러 속성들을 담은 파티클(Particle)들을 무수히 많이 내뿜게 되는데, 이렇게 뿜어져 나온 파티클들의 움직임인 궤적들로 이펙트의 모양이 결정됩니다. 이미터의 유형은 스프라이트(Sprite) 이미터, 메시(Mesh) 이미터, 빔(Beam) 이미터, 리본(Ribbon) 이미터 등 다양한 형태의 파티클을 생성하는 이미터가 있고, 2D 이미지 파티클을 생산하는 스프라이트 이미터(Sprite Emitters)를 기본으로 시작합니다.

## → 나이아가라 생성하기

나이아가라 애셋을 생성해 보겠습니다. 우선 콘텐트 브라우저에서 나이아가라 학습을 위해 폴더를 생성한 후, [+Add] 버튼을 누르거나 마우스 우클릭 메뉴에서 [그림 4.3-4]와 같이 '나이아가라 시스템(Niagara System)' 애셋을 클릭하면, 어떤 형태의 나이아가라 시스템을 만들것인지를 물어봅니다. 일단 'Create empty system'을 선택합니다. 애셋의 이름은 'VFX_Fire'라고 정하겠습니다. 비어 있는 애셋에 속성들을 하나씩 추가해 불을 만들면서 나이이가라에 대해 학습해 볼 예정입니다.

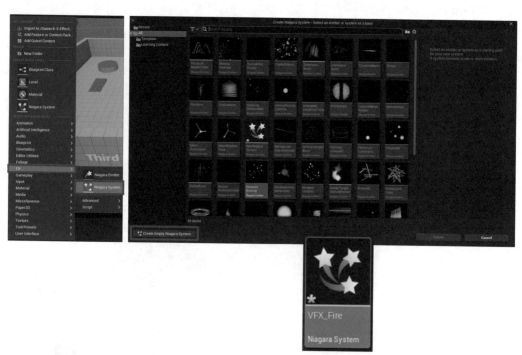

[그림 4.3-4] 나이아가라 시스템 애셋 생성하기

## → 나이아가라 에디터 UI 알아보기

생성한 나이아가라 애셋을 더블 클릭해 에디터 창을 열어 보겠습니다. [그림 4.3-5]와 같이 새로운 창이 열리게 되고, 이곳에서 대부분의 나이아가라를 제어하고 수정, 관리하게 됩니다. 이펙트를 만드는 직군인 '이펙터'는 대부분 이곳에서 작업의 많은 시간을 보냅니다.

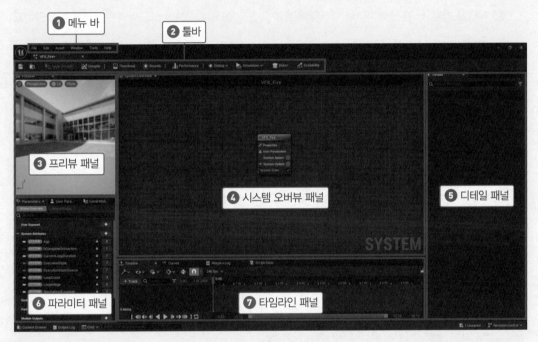

[그림 4.3-5] 나이아가라 에디터

[그림 4.3-5]의 번호 순서대로 주요 구성을 살펴보겠습니다.

❶ **메뉴 바** – 애셋 저장 및 콘텐트 브라우저에서 현재 나이아가라 찾기, 창 여닫기 등을 하는 일반적인 메뉴 모음입니다.

❷ **툴바** – 제작하고 있는 파티클의 시각화 및 내비게이션 관련 툴입니다. 수정한 내용을 시뮬레이션해 보고 입자(이미터)들의 활동 영역, 입자들의 통계, 디버그 등을 볼 수 있도록 설정할 수 있습니다.

❸ **프리뷰 패널** – 제작하고 있는 나이아가라의 실시간 미리보기입니다. 엔진 에디터 뷰포트 창을 제어하는 것과 같은 방법으로 보는 각도를 조절할 수 있습니다. 또한 마찬가지로 상단 버튼들을 통해 최종 렌더링 이외에도 라이팅 제외(Unlit), 셰이더 복잡도(Shader Complexity), 와이어프레임(WireFrame) 같은

뷰 모드도 지원되고 파티클 수, 시간, 메모리 등 여러 정보들을 표시할 수도 있습니다.

❹ **시스템 오버뷰 패널** – 줌(마우스 휠) 및 팬(마우스 우클릭) 그래프 뷰와 이미터 스택 또는 시스템의 간소화된 버전을 결합하여 현재 편집 중인 이미터나 시스템의 대략적인 개요를 노드 형식으로 보여 줍니다. 블루프린트나 머티리얼 에디터처럼 노드가 보이지만 서로 연결하는 형태는 아니며 패널에 노드가 펼쳐져 있는 형태로, 데이터의 다양한 부분을 쉽게 탐색할 수 있으며, 이미터나 시스템을 처음으로 실행했을 때 대략적인 뷰를 확인할 수 있습니다.

❺ **디테일 패널** – 엔진 에디터의 디테일 패널과 같은 기능으로 선택한 노드들의 프로퍼티를 확인하고 수정합니다.

❻ **파라미터 패널** – 활성화된 이미터나 시스템에서 사용되고 있는 다양한 파라미터 값들이 사용자 노출, 시스템, 이미터, 파티클, 엔진 제공 등의 카테고리로 분류되어 모두 나열합니다.

❼ **타임라인 패널** – 이미터가 재생되는 것을 시간 순서로 마치 동영상 편집하는 것처럼 관리하는 패널입니다. 재생, 정지, 반복, 반복 횟수, 스폰 속도 등을 관리할 수 있습니다.

앞서 나이아가라 개념을 설명할 때 이미터에 대한 얘기를 했지만, 지금 생성한 애셋의 UI를 보면 이미터에 대한 내용이 없습니다. 이미터는 시스템 오버뷰의 노드로 존재하는데, 현재는 파란색으로 표시된 노드만 있는 것을 볼 수 있습니다. 이 노드는 시스템 노드이며, 이미터 노드는 주황색입니다. 이미터 노드를 생성해 보겠습니다. [그림 4.3-6]과 같이 시스템 오버뷰의 빈곳에 마우스 우클릭, 'Add Emitter…'을 클릭하면(❶), 여러 유형의 이미니터를 선택할 수 있는 창이 열리고, 그 중에서 'Empty'를 클릭(❷)해 빈 이미터를 생성합니다(❸).

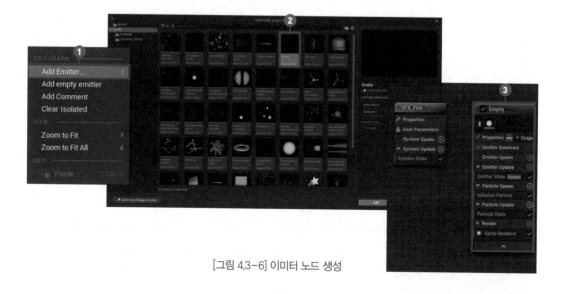

[그림 4.3-6] 이미터 노드 생성

여기서 나이아가라의 핵심부분인 시스템 노드과 이미터 노드의 관계에 대해 알아보도록 하겠습니다. 앞에서 이미터는 생명 시간이 있는 파티클, 입자를 만드는 공장이라고 했습니다. 이미터 노드는 생산할 파티클의 설정을 가지고 입자를 만들게 되는데, 이런 이미터 노드를 하나가 아니라 보통 여러 개를 같이 사용해 전체 이펙트를 표현하게 됩니다. 예를 들어 불꽃놀이의 폭죽을 나이아가라 이펙트로 만들어 본다고 가정해 보겠습니다. 실제 폭죽은 처음 폭죽이 시작해 하나의 불꽃이 올라가서 하늘에서 펑하고 여러 개의 불꽃으로 터지는 순서로 진행이 될텐데, 이때 하나의 불꽃이 올라가는 것이 첫 번째 이미터, 이어서 하늘에서 여러 개의 불꽃으로 터지는 것이 두 번째 이미터가 됩니다. 총 두 개의 이미터를 사용하는 것이죠. 불꽃은 간단하게 두 개의 이미터가 사용되었지만, 그 수가 많아지거나 다양한 루트를 통해 이미터의 접근, 파티클 생산에 변화를 주고자 한다면 파티클 생성하기에도 바쁜 공장에서는 부하가 생기가 될 수 있습니다. 그래서 이미터들을 통합해 관리할 수 있는 지휘자가 필요할텐데, 그것이 파란색 노드로 표현된 시스템 노드입니다. [그림 4.3-7]과 같이 시스템 노드는 여러 개의 이미터 노드를 관리하는 구조입니다. 이런 구조를 '나이아가라 시스템' 이라고 하고, 우리가 나이아가라 애셋을 생성할 때 '나이아가라 시스템'을 선택한 것은 이미터를 관리할 수 있는 '시스템'을 포함해 생성한 것이 됩니다.

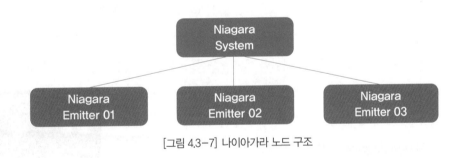

[그림 4.3-7] 나이아가라 노드 구조

그리고 시스템 오버뷰에서 이미터 노드를 생성했습니다. 또한 같은 방법으로 이미터를 추가로 더 생성할 수도 있고, [그림 4.3-8]처럼 콘텐트 브라우저에서 이미터를 생성해(나이아가라 이미터) 가져오는 것도 가능합니다. 또한 시스템 오버뷰에서 생성한 이미터 노드를 애셋화할 수도 있으며, 생성한 이미터 애셋은 또다른 나이아가라 시스템 애셋에서 재사용이 가능합니다. 이러한 특징은 이펙트 제작을 유연하게 하는 포인트이기도 합니다.

[그림 4.3-8] 나이아가라 애셋 제작의 유연성

이미터 노드의 내부를 보면 여러 블록이 쌓인 것으로 보이는데 이것들을 '모듈'이라고 부르며, 모듈의 정보를 위에서 아래로 순차적으로 적용해 파티클의 움직임이 결정됩니다. 파티클 움직임에 맞는 모듈을 선택하고 값을 입력하는 것이 나이아가라 시스템의 핵심이라고 할 수 있겠습니다(나이아가라는 시스템에서 타임라인으로 이미터 가동의 순서를 결정하기 때문에 시스템 오버뷰의 노드 배치 순서는 중요하지 않습니다).

이미터는 [그림 4.3-9]처럼 크게 이미터(주황색), 파티클(초록색), 렌더링(빨간색)으로 나누어 볼 수 있습니다. 상단의 주황색은 이미터에 관련된 모듈, 두 번째 초록색은 파티클과 관련된 모듈, 가장 아래 붉은색으로 된 섹션이 렌더러에 관련된 항목만을 보여 주도록 구성되어 있습니다. 그리고 자세히 보면 스폰(Spawn), 업데이트(Update)라는 단어가 포함된 것으로 보아 라이프 사이클과 연관이 있다는 것을 알 수 있습니다. 각각의 라이프 사이클과 관련된 모듈을 스테이지(Stage)라고 하는데 스테이지 안에 관련된 사이클의 모듈을 추가, 제거, 모듈 안의 값을 수정하게 되며, 이런 작업들을 이펙트 형태에 맞게 반복하는 것이 나이아가라로 이펙트를 제작하는 과정입니다. 또한 이 모듈은 엔진에서 제공하는 것을 쓸 수도 있고, 블루프린트처럼 사용자가 원하는 기능을 직접 제작할 수도 있어 프로젝트에 맞는 개성 있는 이펙트를 만들어 낼 수 있습니다('Niagara Module Script' 애셋으로 작동합니다). 이 점이 나이아가라를 특별하게 만들어 주는 포인트이기도 합니다만, 많은 학습을 요구하기 때문에 우리 책에서는 다루지 않고, 이펙트의 기본 개념에 대해 집중하도록 하겠습니다.

[그림 4.3-9] 이미터 노드의 구조

1

1.1
1.2
1.3
1.4
1.5

2

2.1
2.2
2.3
2.4
2.5
2.6

3

3.1
3.2
3.3

4

4.1
4.2
4.3
4.4
4.5

# 4.3-2 불 이펙트 제작하기

나이아가라의 모듈을 조정하여 간단한 불 이펙트를 제작하면서 이펙트의 기본 개념과 나이아가라의 각 모듈의 속성과 사용 방법에 대해 학습하겠습니다.

---

**✕ 학습 목표**

파티클 모듈 시스템을 활용해 불을 만들어 보고 싶다.

**✕ 구현 순서**

❶ 불 형태 파악하기　　　　　　　❷ 불꽃 입자 생성하기
❸ 운동성 만들기　　　　　　　　❹ 색상 적용하기
❺ 불꽃 입자의 생성 위치 조정하기　❻ 불꽃 입자의 크기 조정하기

---

실시간 콘텐츠에서 이펙트는 완벽하게 똑같이 만들기 보다는 그럴싸해 보인다는 생각으로 제작하는 것이 좋습니다. 물론 실제와 똑같거나 디테일이 중요한 콘텐츠도 있겠지만, 대부분의 이펙트의 역할은 분위기를 돋보이게 하거나 유저에게 피드백을 주는 감초로서 역할을 하기 때문에 리소스를 많이 소비하는 형태보다는 최적화를 생각해 최소한으로 필요한 요소만 활용해 눈에 거슬리지 않을 정도로 제작하게 됩니다. 그래서 제작 방법에 있어서도 꼭 필요한 요소가 무엇인지 분석하고 기본 틀을 잡아 기본 형태를 잡고 나서 디테일을 추가하는 방식으로 진행하되, 완벽함 보다는 얼추 비슷함을 목표로 해야 시간과 노력의 낭비를 막을 수 있습니다.

## ➜ 불 형태 파악하기

먼저 불 이펙트를 제작하기에 앞서, 모든 아트 제작이 그렇듯 표현하고자 하는 대상을 관찰할 필요가 있습니다. 우리가 만들어볼 불은 [그림 4.3-10]과 같이 모닥불에서 타는 불을 표현할 예정입니다.

불이 타는 속성을 분석해 보자면 크게 운동성, 색상, 불꽃의 생성 범위, 외형으로 분류해 볼 수 있습니다. 우선 불꽃의 운동성을 보자면, 불꽃은 공기의 흐름에 따라 방향이 바뀌는 것을 볼 수 있습니다. 보통 바람이 약하거나 없는 상황의 불꽃은 대류 현상에 의해 아래에서 위로 이동합니다. 그리고 색상은 불꽃이 처음 시작하는 아래 부분은 가장 밝아서 거의 흰색에 가깝고, 위로 올라가면서 밝은 노란색, 밝은 오렌지색, 그리고 가장 붉은 색이 가장 윗부분의 색이 됩니다. 가장 윗부분의 색은 때에 따라서 연기를 포함하게 되면 검붉게도 표현하게 됩니다. 그리고 불꽃의 생성 범위는 모닥불 아래에 나무가 놓여있는 영역(여기서는 약간의 원형 공간)에서 불규칙적으로 불꽃을 생성하는

[그림 4.3-10] 모닥불 이미지

모양새가 적당할 것 같습니다. 그리고 마지막으로 외형적으로 보면 불꽃은 시작하는 아래 부분은 가장 크고 올라가면서 점점 작아집니다.

정리해 보면 [그림 4.3-11]과 같습니다.

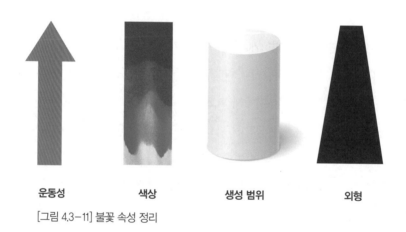

| 운동성 | 색상 | 생성 범위 | 외형 |

[그림 4.3-11] 불꽃 속성 정리

## → 불꽃 입자 생성하기

먼저 불꽃의 입자가 될 파티클을 생성해 보겠습니다. 일단 알아보기 쉽게 이미터 패널의 이름을 'Fire'라고 정합니다. 노드를 선택하고 F2를 누르거나, 디테일(Details) 패널 상단을 더블클릭하면 이름을 바꿀 수 있습니다.

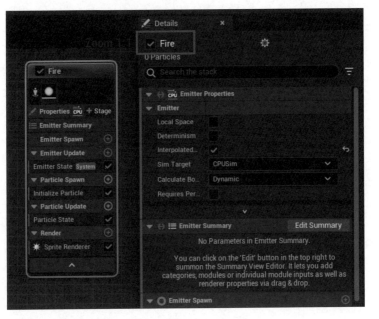

[그림 4.3-12]노드 이름을 'Fire'로 바꾸기

파티클을 만들어 보겠습니다. 우선 생각해야 할 것이 '어느 스테이지에서 모듈을 만들어야 할까?' 입니다. 먼저 입자를 생성하는 주체는 '공장'인 이미터 자신이니까 'Emitter' 스테이지 중에서 생성 하는 일을 해야 할 듯합니다. 그리고 이미터가 파티클을 생성하는 시기는 이펙트가 작동하는 첫 프 레임이 아니라 살아 있는 동안이므로 '업데이트'의 주기가 되겠죠. 그럼 'Emitter Update' 스테이지에 관련 모듈을 추가하면 되겠다는 생각을 할 수 있습니다. 모듈을 선택할 때는 이런 생각을 우선적으로 진행해야 합니다. 학습하면서 익숙해져 보도록 하죠.

이미터가 살아가면서 파티클을 만드는 것이므로 [그림 4.3-13]과 같이 'Emitter Update' 스테이지 우측에 [+] 버튼을 눌러(❶) 'Add new Module' 창을 엽니다. 이 창은 엔진에서 제공하는 모듈들을 카테고리 별로 정리해둔 라이브러리 창이며, 필터링과 검색을 통해서 원하는 모듈을 찾을 수 있습 니다. 특히 카테고리 중에 'Suggested' 항목은 현재 작업 과정에서 사용할 것 같은 모듈을 엔진에서 추천, 제안하는 항목이며, 간단한 작업은 꽤나 잘 추천해 줍니다. 이번에 처음으로 추가해 볼 모듈도 'Suggested' 항목에 있는 'Spawn Rate'입니다(❷) 모듈을 선택하면 자동으로 모듈이 추가된 것을 볼 수 있습니다.

[그림 4.3-13] 'Spawn Rate' 모듈 추가하기

추가한 모듈을 선택하고 디테일 패널을 보면 [그림 4.3-14]와 같이 'SpawnRate' 파라미터에 값을 넣을 수가 있는데 여기에 '30'을 입력합니다. 이미터가 가동되는 시간 동안에 30개의 파티클을 생성 하겠다는 의미입니다. 그럼 하얀색 동그란 입자가 생성되는 것을 볼 수 있습니다.

[그림 4.3-14] SpawnRate 30 입력 후 파티클 생성하기

## 선택에 따른 디테일 패널 정보

디테일의 패널에 표시되는 정보는 선택한 항목에 따라 달라집니다. 각 단계별 수준에 포함된 모듈을 나열하는데 예를 들면 노드를 선택하면 노드에 담긴 모든 모듈이 전부 보이고, 스테이지를 선택하면 스테이지에 포함된 모듈들 전부를, 모듈을 선택하면 해당 모듈의 정보만을 디테일 패널에 보이게 됩니다.

노드             스테이지             모듈

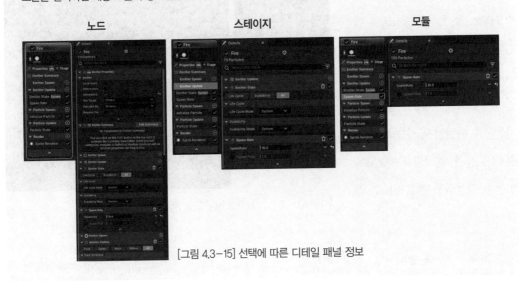

[그림 4.3-15] 선택에 따른 디테일 패널 정보

## ➜ 운동성 만들기

불꽃의 운동성은 아래에서 위로 올라가는 형태입니다. 파티클에 위로 움직이는 기능을 주어야 하겠습니다. 위로 올라가는 기능을 가지고 있는 채로 생성되어야 하므로, 파티클 스폰(Particle Spawn) 스테이지에 모듈을 추가해야 합니다. [그림 4.3-16]과 같이 [+] 버튼을 눌러 'Add new module' 창을 열어

'Add Velocity' 모듈을 추가합니다. 이번에도 'Suggested' 항목에 있습니다만, 없는 경우에는 검색해서 추가합니다. 그럼 모듈이 추가된 것을 볼 수 있습니다.

[그림 4.3-16] 'Add Velocity' 모듈 추가하기

'Add Velocity' 모듈을 보면
[그림 4.3-17]과 같이 빨간색
경고 표시와 함께 디테일 패널에도
경고 메시지가 보입니다. 이것은
속도(Velocity)나 힘(Force)에 관
련된 모듈을 사용할 때는 반드시
'SolveForcesAndVelocity' 모듈이
있어야 한다는 의미로, 엔진에서
자동으로 해결할지, 수동으로 해
결할지 등을 결정할 수 있도록
버튼이 활성화된 것을 볼 수 있
습니다.

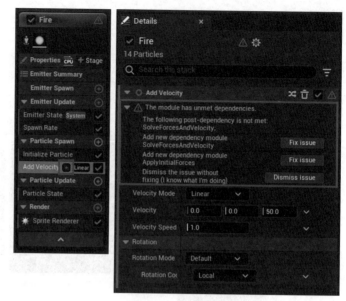

[그림 4.3-17] 'Add Velocity' 모듈 추가 후 경고 메시지

[그림 4.3-18]과 같이 [Fix issue] 버튼을 누르면 파티클 업데이트(Particle Update) 스테이지에 모
듈이 추가되면서, 경고 메시지는 사라집니다. 이 모듈은 힘, 속도 관련 모듈이 작동했을 때 가장 마
지막에 기능해 안정적인 작동을 도와주는 역할을 합니다. 그래서 이미터의 특성상 위에서 아래로
읽는 순서로 작동하기 때문에 항상 가장 아래에 위치하게 됩니다.

[그림 4.3-18] 'SolveForcesAndVelocity' 모듈
자동 추가하기

이제 'Add Velocity' 모듈의 디테일 패널에서 Velocity 항목의 Z속성에 100을 입력합니다. 그럼 [그림 4.3-19]과 같이 생성한 파티클이 위로 올라가는 것을 볼 수 있습니다.

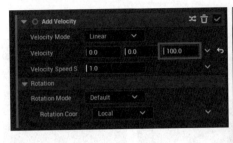 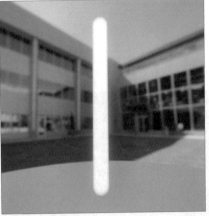

[그림 4.3-19] Velocity: 100 입력, 운동성 완료하기

Tip

**빌보드(Billboard)**

파티클 시스템 에디터의 뷰포트 패널의 뷰 모드를 와이어 프레임으로 바꿔보면 [그림 4.3-20]과 같이 사각형 쿼드(Quad)들이 생성되는 것을 볼 수 있습니다. 그리고 뷰를 돌려보면 어떻게 돌려봐도 계속 같은 면을 보게 되는데, 이렇게 카메라를 어떻게 회전하더라도 언제나 카메라를 바라보게 하는 것을 '빌보드(Billboard)'라고 합니다. 평면인 쿼드에 이미지를 얹어 보는 방향이 달라져도 계속 같은 면을 보게 해서, 마치 두께가 있는 오브젝트인 것처럼 착각하도록 해서 큰 리소스를 사용하지 않고도 원하는 느낌을 내도록 합니다.

[그림 4.3-20] 파티클의 와이어 프레임

## → 색상 적용하기

이번에는 색상을 조절해 보겠습니다. 불꽃의 색상은 아래 부분은 흰색에 가깝고, 위로 올라가면서 밝은 노란색, 밝은 오렌지색, 그리고 가장 윗부분은 붉은 색이라고 했습니다. 이것은 다시 말하면 입자가 아래에서 생성해 위로 올라가면서 흰색, 노란색, 오렌지색, 붉은색으로 차츰 변하는 것과

같다고 할 수 있습니다. 즉 입자가 태어나서 사라지는 동안에 색이 변한다고 할 수 있습니다. 그러므로 파티클 업데이트 스테이지에 색을 변경하는 모듈을 추가하면 되고, 색을 변경하는 기능으로 'Scale Color' 모듈을 사용해 보겠습니다.

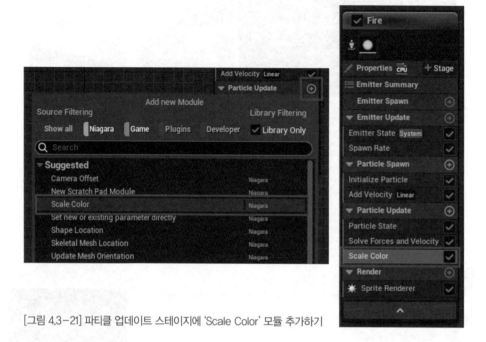

[그림 4.3-21] 파티클 업데이트 스테이지에 'Scale Color' 모듈 추가하기

추가한 모듈의 디테일 패널에 색 정보를 입력하기 위해서 [그림 4.3-22]과 같이 'Scale Mode'를 'RGBA Linear Color Curve'를 선택합니다. 그럼 아래에 'Linear Color Curve' 항목이 생기고 하얀색 바가 나오게 됩니다.

[그림 4.3-22] 'Scale Color' 설정하기

이 하얀색 바에 색을 지정하면 지정한 색이 왼쪽에서 오른쪽으로 순차적으로 출력되는 원리입니다. 바의 상단 마커는 컬러를, 하단 마커는 투명도를 의미하고, 마커에 지정된 색에 의해 바의 색이 결정됩니다. 첫 번째 색은 하얀색이니까 그대로 두고, 두 번째 마커부터 설정해 보겠습니다. [그림 4.3-23]과 같이 빈 곳을 클릭하면 새로운 마커가 생성되고, 생성된 마커는 클릭 드래그로 이동도 가능합니다. 마커를 더블클릭하고 컬러 피커에서 노란색을 선택하면 됩니다. 세 번째 오렌지색, 붉은 색도 같은 방법으로 진행하면 됩니다.

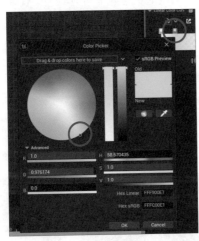

[그림 4.3-23] 마커 생성과 색 지정하기

그럼 프리뷰 패널을 확인해보면 색이 적용된 것을 볼 수 있습니다. 마커의 위치를 조절하면 색이 나오는 타이밍을 조절할 수 있습니다.

[그림 4.3-24] 색상 적용하기

바의 아래 마커를 보면 첫번째는 하얀색으로 불투명하게, 뒷부분은 검은 색으로 투명하게 설정되어 있어서, 색이 시작은 잘 나오고 뒤로 가면서 투명해지는 것을 볼 수 있습니다. 불의 입자를 살펴보면 자연스럽게 서서히 생겨났다가 서서히 사라집니다. 시작할 때에도 잠깐 동안 투명하게 시작하고 사라지기 전까지 불투명이 유지됐다가 자연스럽게 사라지는 것으로 설정해 보겠습니다. 마커를 더블클릭하면 오퍼시티(Opacity)값을 0~1까지의 숫자로 정할 수 있는데 0은 검은색 투명함을, 1은 흰색 불투명을 의미합니다. [그림 4.3-25]과 같이 처음 생성할 때는 마커의 값을 0으로 입력해 투명하게 시작하고, 노란색이 시작할 때쯤 마커를 생성하고 1을 입력해 불투명하게 하면 자연스럽게 생성되는 것을 표현할 수 있습니다. 사라질 때는 반대로 사라질 시점에 마커를 생성하고 1을, 끝에는 0을 입력한 마커를 생성하면 자연스럽게 사라지게 됩니다.

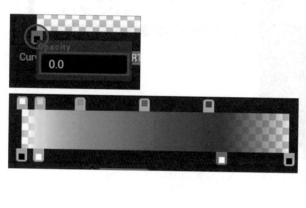

[그림 4.3-25] 투명도 수정하기

### → 불꽃 입자의 생성 위치 조정하기

이미터가 생성되는 위치를 조정해 보겠습니다. 지금은 한점에서 생겨나 윗방향으로 일직선으로만 이동하고 있습니다. 우리가 원하는 것은 원형의 공간에서 생성해 위로 올라가는 것이므로 입자가 생성되는 범위를 조절해야 합니다. 파티클이 생성할 때 위치를 결정하는 기능이므로 파티클 스폰 스테이지에 모듈을 추가하고, 원형의 공간에서 생성하기 위해서 'Shape Location' 모듈을 추가합니다. [그림 4.3-26]와 같이 디테일 패널에서 'Shape Primitive'를 'Cylinder'로 변경하고, 실린더의 높이 (Height)를 10, 반경(Radius)을 30으로 설정해줘 생성 범위를 지정해 줍니다.

[그림 4.3-26] 'Shape Location' 모듈 추가와 설정 변경하기

그럼 원형 공간내에 무작위로 파티클이 생성되어 위로 이동하는 것을 볼 수 있습니다.

[그림 4.3-27] 생성 위치 변경 완료하기

## ➜ 불꽃 입자의 크기 조정하기

원형 공간에서 파티클이 생성이 되는데 생성되는 파티클이 너무 작습니다. 일단은 파티클의 기본 크기를 크게 조절해 보겠습니다. 파티클의 기본 크기는 생성될 때 결정이 되는 속성이므로 파티클 스폰(Particle Spawn) 스테이지에서 조정하면 됩니다. 스테이지 아래로 보면 'Initial Particle' 모듈이 이미터를 생성할 때부터 부착되어 있던 것을 볼 수 있습니다. 이 모듈은 파티클의 기본 속성을 결정하는 모듈로 생성 시간, 크기, 고유 색상 등을 결정할 수 있습니다.

[그림 4.3-28]과 같이 모듈을 선택하고 디테일 패널에서 'Sprite Attributes' 항목의 'Sprite Size Mode'를 'Uniform'으로 설정하고, 아래에 있는 'Uniform Sprite Size'에 50을 입력합니다. 파티클을 이용하는 이펙트 시스템은 가볍게 돌아가기 위해서 파티클을 평면 이미지인 스프라이트(Sprie)를 빌보드 기능을 활용해 마치 입체인 것처럼 작동하고 있습니다. 그래서 'Sprite Attributes' 항목의 속성을 바꾸게 되며, Uniform은 가로, 세로 동일한 값을 의미합니다. 50을 입력한 것은 가로와 세로 모두 50으로 같은 값을 의미합니다.

[그림 4.3-28] 기본 파티클 크기 조절을 위해 'Initial Particle' 속성 조절

기본 파티클이 정해졌고, 이번에는 윗부분이 점점 작아지는 불의 외형을 만들어보겠습니다. 위로 올라가면서 작아지는 모습은 파티클이 생성되고 살아가는 동안 위로 이동하면서 점점 작아진다고 볼 수 있습니다. 그러므로 파티클 업데이트 스테이지에서 크기에 관련된 모듈을 조정하면 되겠죠. 스프라이트를 빌보드를 이용해 작동하므로 [그림 4.3-29]와 같이 파티클 업데이트 스테이지에 'Scale Sprite Size' 모듈을 검색해 추가합니다. 그리고 디테일 패널에서 커브(Curve) 항목을 보면 그래프가 리니어(Linear) 형태로 대각선 모양으로 되어있습니다. 커브 그래프는 가로 축은 파티클의 수명(LifeTime)을 세로는 크기(배율)을 의미합니다. 그래서 지금의 그래프 형태는 파티클이 생성하는 처음에는 크기가 작았다가(0배율) 파티클의 수명이 끝나는 시점에는 크기가 커지게(1배율) 됩니다.

[그림 4.3-29] 'Scale Sprite Size' 모듈 추가하기

그럼 커브를 수정해 크기를 조정해 보겠습니다. 디테일 패널에서 직접 수정해도 되지만 너무 작아 작업하기 불편하기 때문에 엔진에서는 크게 작업할 수 있도록 편의기능을 제공하고 있습니다. [그림 4.3-30]과 같이 커브 상단에 아이콘을 누르면 타임라인 패널 우측에 커브 패널이 자동 활성화됩니다. 패널의 왼쪽은 커브 리스트로 이미터에 있는 커브 그래프들을 리스트 형식으로 모아두고 있으며, 지금 선택한 커브는 Scale Sprite Size모듈 안에 있는 Uniform Curve Sprite Scale 커브임을 보여주고 있습니다. 만일 다른 모듈의 그래프를 보고 싶다면 해당 모듈을 찾아 커브그래프를 선택하면 볼 수 있습니다.

[그림 4.3-30] 커브(Curves) 패널 활성화하기

삼각형 포인트, 키(Key)를 이동하면 그래프의 기울기를 조절할 수 있고, [그림 4.3-31]처럼 그래프 중간에 마우스 우클릭, 'Add Key'를 선택하면 추가됩니다.

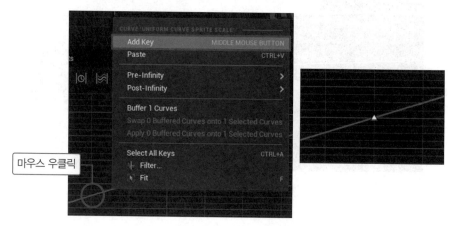

[그림 4.3-31] 키(Key) 추가하기

[그림 4.3-32]과 같이 그래프를 만들어서 처음에는 작게 생성해 원래대로 커졌다가 점점 다시 작아지는 형태로 만들어 보겠습니다. 처음과 마지막 크기를 0으로 하면 불꽃 입자가 너무 작아져 오히려 어색해 보여서 시작할 때는 0.8로 가장 클 때는 2로 설정해 두 배의 크기로 커졌다가 사라질 쯤에는 0.4 정도로 설정해 디테일을 살려 보았습니다.

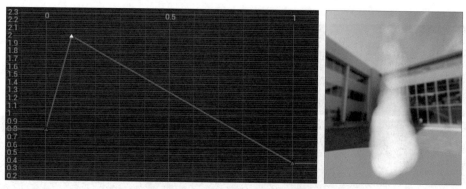

[그림 4.3-32] 수명(LifeTime)에 따른 크기 그래프 조절하기

각진 형태의 그래프는 급격한 변화를 보여줄 수 있기 때문에 [그림 4.3-33]과 같이 키를 선택하고 마우스 우클릭, 보간 모드를 오토(Auto)로 설정하면 그래프가 곡선으로 바뀌고 파티클의 크기 변화도 자연스러워지게 됩니다.

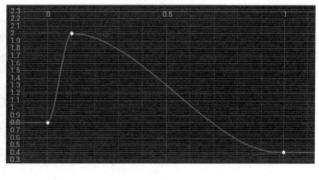

[그림 4.3-33] 자연스러운 크기 변화를 위한 보간 모드 설정하기

이제 얼추 불의 모양과 비슷한 듯합니다. 기본 불꽃의 틀을 만들었고 이제부터는 적용된 수치들을 조정해 가며 불꽃의 느낌을 찾아 나가야 합니다. 특히 나이아가라 에디터 상의 뷰포트로만 보는 것보다 배치될 레벨에 올려놓고 환경과 어울리는지 확인해 가면서 조정하는 것이 좋습니다. (크기를 가늠하기위해 사람이나 기본 유닛 박스를 옆에 두고 비교해 가면서 제작하기도 합니다.) [그림 4.3-34]은 스타터 콘텐츠에 포함된 Minimal_Default 레벨에 올려 놓고 'Initialize Partilcle' 모듈에서 파티클의 수명(LifeTime)을, 'Spawn Rate' 모듈에서 파티클의 갯수, 'Scale Color' 모듈에서 컬러도 약간씩 손을 보면서 공간에 어울리도록 미세 조정했습니다.

아직 입자의 모양이 원형 모양이어서 불꽃이라고 하기엔 어색합니다. 다음 장에서는 파티클 모양의 디테일을 살려보도록 하겠습니다.

[그림 4.3-34] 레벨에 애셋을 적용해 공간에 어울리게 미세 조정하기

# 4.3-3 불 이펙트 머티리얼 제작하기 ·····················

색과 큰 형태, 그리고 운동성은 불을 닮았지만 불이라고 하기엔 불꽃의 입자가 명확하지 않습니다. 언리얼 엔진의 나이아가라는 불꽃 입자 모양을 정할 때 머티리얼을 사용합니다. 불 이펙트에 어울리는 머티리얼을 만들어 보면서 나이아가라에서 주로 쓰이는 머티리얼 제작 방식에 대해 알아보겠습니다.

---

✖ **학습 목표**

파티클 머티리얼을 활용해 입자의 움직임을 바꾸고 싶다.

✖ **구현 순서**

❶ 불 입자 머티리얼 제작하기
❷ 시퀀스 텍스처 제작하기

---

나이아가라의 파티클은 다양한 머티리얼이 적용 가능하지만 만들고자 하는 물질에 따라 여러 가지 특징을 지니게 됩니다. 우리가 만들고자 하는 불꽃의 경우 스스로 빛을 내는 성질을 가지고 있고, 불꽃이 겹치면 더 발광하듯이 보이기도 합니다. 스스로 빛을 내는 성질이라 조명의 영향을 받지 않기도 하죠. 이런 특징들을 살려 불꽃에 맞는 머티리얼을 제작해 보겠습니다.

## ➜ 불꽃 입자 머티리얼 제작하기

먼저 머티리얼을 생성하겠습니다. 이름은 'M_FIreVFX'라고 이름을 지어주겠습니다. 더블클릭하여 머티리얼 에디터를 열어 줍니다.

불꽃은 스스로 겹치면 밝아지고 조명의 영향을 받지 않는 속성을 지니고 있다고 했습니다. 이런 속성은 디테일 패널에서 관리합니다. 먼저 입자들이 겹치면 밝아지는 속성은 Material 항목에서

Blend Mode의 유형을 Additive로 설정합니다. 그리고 조명의 영향을 받지 않는 설정은 Shading Model의 유형에서 결정합니다. 유형을 'Unlit'으로 설정합니다. 그럼 베이스 머티리얼 노드의 항목들이 바뀌어 있는 것을 볼 수 있습니다. 스스로 발광하는 효과를 갖는 이펙트 애셋은 대부분 이렇게 설정하고 시작합니다.

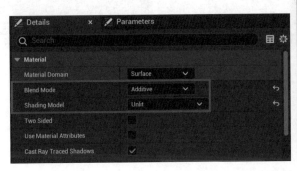

[그림 4.3-35] 불꽃 이펙트 머티리얼 세팅하기

텍스처 샘플(Texture Sample) 노드를 추가해 책에서 제공하는 불꽃 이미지(T_Fire_Simple.png)를 등록합니다. 이대로 텍스처 샘플의 RGB를 베이스 노드의 이미시브 컬러(Emissive Color)에 연결할 수도 있지만 그러면 이미지 모양 대로만 출력됩니다. 지금 같은 경우에는 하얀색만 나오게 되겠죠. 나이아가라에서 설정했던 컬러와 알파의 변화 값이 적용되지 않습니다. 그래서 나이아가라의 정보를 가져올 수 있는 노드를 이용해야 합니다. 파티클 관련한 노드들 중에 Particle Color 노드를 불러옵니다. 먼저 컬러를 적용하기 위해 텍스처 샘플 노드의 RGB 값과 파티클 컬러의 RGB 값(하얀색 슬롯)을 멀티플라이 노드로 곱하고, 곱한 값을 베이스 노드의 이미시브 컬러에 연결합니다. 다음 알파도 적용해 보겠습니다. 컬러 설정과 비슷합니다. 텍스처 샘플 노드의 A값과 파티클 컬러의 A값(회색 슬롯)을 멀티플라이 노드로 곱하고 베이스 노드의 오패시티(Opacity, 불투명도)에 연결합니다(프리뷰 패널 하단의 프리뷰 메시를 플레인(Plane)(plane)으로 설정하면 평평한 상태의 이미지를 확인할 수 있습니다).

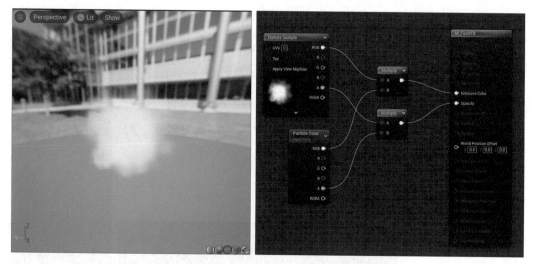

[그림 4.3-36] 텍스처 샘플과 파티클 컬러 노드 연결하기

이제 머티리얼을 저장하고 나이아가라에 등록해 보겠습니다. VFX_Fire 애셋의 나이아가라 에디터 창으로 돌아 와, 'Render' 모듈의 디테일 패널에서 머티리얼 항목에 제작한 머티리얼(M_FireVFX)를 적용합니다. 그러면 프리뷰 패널에 적용되고 바로 레벨에서도 적용되는 것을 확인할 수 있습니다.

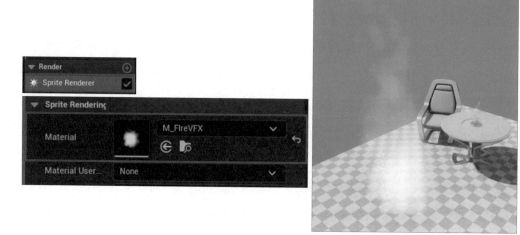

[그림 4.3-37] 나이아가라에 제작한 머티리얼 등록하기

## → 시퀀스 텍스처 이펙트 제작하기

앞선 머티리얼은 이미지가 고정되어 있어 다소더 자연스럽게 보이기 위해서는 무작위로 회전을 만든다거나 사이즈를 조절하는 등의 추가적인 작업이 필요합니다. 하지만 입자의 이미지가 스스로 움직이는 애니메이션을 가지고 있다면 다소더 자연스럽게 보일 것입니다. 그래서 실시간 엔진에서

는 시퀀스 텍스처(Sequence Texture)를 이용해 파티클 입자에 애니메이션을 구현하는 기능이 있습니다. 먼저 시퀀스 텍스처에 대해서 알아 보고 적용하는 법을 배워 보겠습니다.

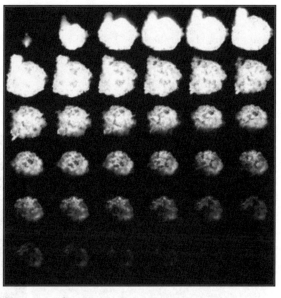

[그림 4.3-38] 시퀀스 텍스처 T_Explosion_SubUV

스타터 콘텐츠의 텍스처(Texture) 폴더를 보면 [그림 4.3-38]과 같은 텍스처를 볼 수 있습니다. 연속적으로 이어진 이미지들이 순서에 맞게 정렬되어 보이는 이런 텍스처를 '시퀀스 텍스처'라고 합니다.

이런 시퀀스 텍스처를 [그림 4.3-39]에서 보이는 것과 같이 바둑판으로 잘라 이미지 한 칸을 왼쪽 상단부터 오른쪽으로, 위에서 아래로 순차적으로 출력합니다. 그러면 이미지를 연속해서 움직임을 만들어내는 프레임 애니메이션 효과를 만들어 낼 수 있습니다.

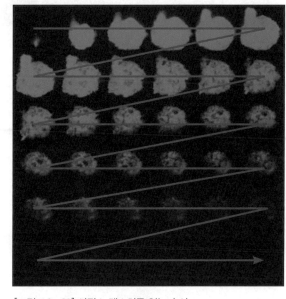

[그림 4.3-39] 시퀀스 텍스처를 읽는 순서

시퀀스 텍스처를 머티리얼에 적용하기 위해서는 몇 가지 설정이 필요합니다. 언리얼 엔진에서는 이런 기능을 'SubUV'라는 기능으로 구현하고 있습니다. 머티리얼을 만들어 보면서 구현하는 방법에 대해 알아 보겠습니다.

먼저 머티리얼을 만들겠습니다. 이름은 M_FireSubUV라고 정해 주고, 이펙트에 맞게 베이스 머티리얼 노드의 설정을 변경하겠습니다. 베이스 노드의 디테일 패널에서 Blend Mode를 Additive로, Shading Model을 Unlit으로 변경합니다. 시퀀스 텍스처(T_Explosion_SubUV)를 등록하고, 앞선 파티클 머티리얼 만드는 방법과 같이 [Particle Color] 노드를 생성해 RGB끼리, 알파끼리 멀티플라이 노드로 곱해주고 베이스 노드에 연결합니다([그림 4.3-40]).

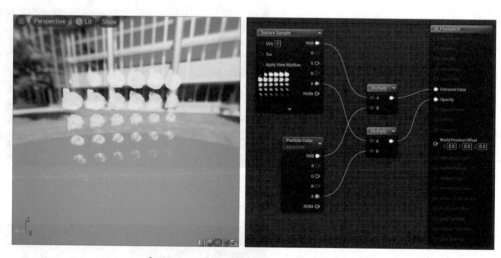

[그림 4.3-40] 시퀀스 텍스처 머티리얼 노드 연결

이제 VFX_Fire의 머티리얼을 교체합니다. [그림 4.3-41]과 같이 아직 나이아가라에서 시퀀스 텍스처에 대한 설정을 하지 않아서 시퀀스 텍스처 그대로가 출력됩니다.

[그림 4.3-41] M_FireSubUV 머티리얼 적용하기

먼저 'Render' 모듈을 선택하고 디테일 패널 하단에 'SubUV' 항목이 있습니다. [그림4.3-42]과 같이 Sub Image Size의 값을 6, 6을 입력합니다. 이 숫자는 시퀀스 텍스처에 정렬된 이미지들의 가로와 세로 개수입니다. 적용한 텍스처(T_Explosion_SubUV)의 경우 가로 6개, 세로 6개로 나누어져 있으므로, 각각 6을 입력하면 시퀀스 텍스처의 가장 첫 번째인 좌측 상단의 이미지가 출력됩니다.

[그림 4.3-42] Render 모듈의 Sub UV 설정하기

아직 파티클이 움직이지 않습니다. 파티클에 애니메이션을 적용하려면 모듈이 필요합니다. 모듈은 파티클이 살아있는 동안 움직이도록 기능하는 것이므로, 파티클 업데이트 스테이지가 적당하다고 판단할 수 있습니다. [그림 4.3-43]과 같이 파티클 업데이트 스테이지에 'Sub UVAnimation' 모듈을 추가합니다. 그리고 디테일 패널에서 'Sprite Renderer' 항목의 'Sprite Renderer'이 'None'으로 되어있어 경고 메시지가 나오는 것을 'Sprite Renderer'를 선택해 해결하면 이제 애니메이션이 적용된 것을 볼 수 있습니다.

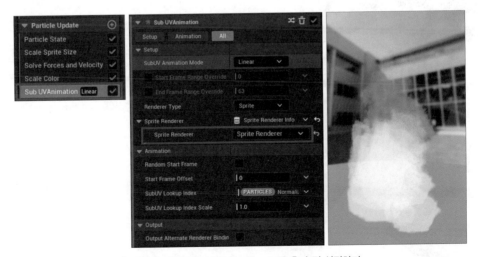

[그림 4.3-43] Sub UVAnimation 모듈 추가 및 설정하기

이렇게 하면 시퀀스 텍스처 머티리얼이 모두 끝났습니다. 이제부터는 다소 더 불꽃의 느낌에 가깝게조절하는 일만 남았습니다. 여러가지를 미세하게 조정해 느낌을 바꿔볼 수 있겠으나 지면 관계상 입자의 생성 개수를 줄여 겹치는 입자를 줄여 애니메이션이 잘 보이게만 하고 마무리하겠습니다. 'Spawn Rate' 모듈의 디테일 창에서 Spawn Rate 항목의 SpawnRate의 값을 10으로 하겠습니다.

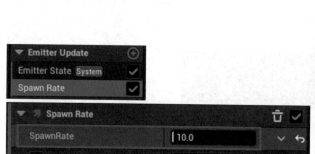

[그림 4.3-44] Spawn Rate 모듈에서 입자의 생성 개수 조정하기

# 4.4 시퀀스 애니메이션

## 4.4-1 시퀀서 시작하기

시퀀서(Sequencer)는 언리얼에서 영상을 편집하듯이 화면의 연출을 통해서 사용자들에게 제공하기 위한 기능입니다. 이러한 연출 방식은 '컷신(CutScene) 혹은 씨네마틱(Cinematic)'이라고도 불리며, 게임의 오프닝이나 엔딩, 스토리 전달을 위한 목적으로 많이 사용됩니다. 2010년 정도를 전후로 해서 기존에 게임에 영상을 넣어서 중요한 신을 보여 주는 방식에서 인 게임(실행 중인 상태)에서 실시간 데이터를 이용해서 컷 신을 연출하는 콘텐츠들이 많이 늘게 되었습니다. 이러한 트렌드는 개발의 관점에서 대단히 큰 프로세스의 변화를 가져 오게 되었습니다. 기존에는 영상팀이 영상 제작 프로그램(마야(Maya), 프리미어(Premiere) 등)을 활용해서 영상 제작 프로세스로 완성이 된 영상을 콘텐츠에 넣는 방식이었지만, 이제는 인 게임 데이터를 통해서 엔진에서 컷 신을 제작하는 방식으로 바뀌면서 엔진 자체의 활용도가 더 늘어나게 되었습니다.

---

### ✖ 학습 목표

시퀀서를 통해 컷 신(Cut Scene) 연출을 할 수 있다.

### ✖ 구현 순서

❶ 연출에 맞춘 시퀀서의 구성을 학습한다.
❷ 카메라와 액터 들을 활용한 연출을 할 수 있다.
❸ 연출된 결과물을 제어하거나, 영상으로 추출할 수 있다.

---

이번 레벨은 File > New 에서 Empty Level을 선택하여 아무 액터도 없는 레벨을 생성하여 'SequenceMap'으로 저장하겠습니다.

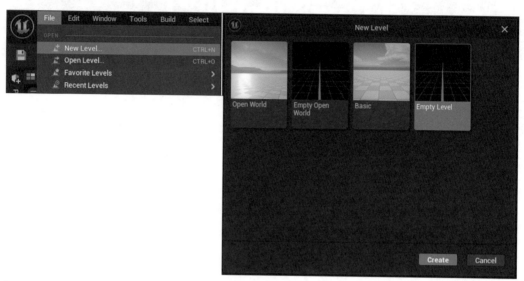

[그림 4.4-1] Empty Level 생성하기

EnvironmentPack3 / Maps 폴더에 있는 Demomap4를 뷰포트에 드래그하여 레벨 인스턴스로 불러 옵니다. 불러온 때 생성된 레벨 인스펙터 액터의 로케이션 값은 0, 0, 0으로 설정합니다.

[그림 4.4-2] 레벨 인스턴스로 레벨 추가

## ➜ 시퀀스 애셋 생성하기

시퀀스를 생성하기 전에 시퀀스라는 애셋의 기본 구성에 대해서 알아보겠습니다. 시퀀서는 툴바의 [Cinematic] 버튼을 통해서 생성하게 됩니다. 이때 생성하는 시퀀서 애셋은 마스터 시퀀스와 레벨 시퀀스의 두 종류가 있습니다. 레벨 시퀀스의 묶음이 마스터 시퀀스입니다. 또 하나의 레벨 시퀀스이며, 별도의 기능은 아닙니다. 마스터 시퀀스 생성 시 몇 개의 클립을 생성할지 선택하게 되는데, 입력한 개수만큼 레벨 시퀀스 애셋이 생성됩니다.

Number Of Shots 항목을 2로 입력하여 두 개의 서브 시퀀스를 마스터 시퀀스 생성 시 자동으로 생성되도록 설정합니다.

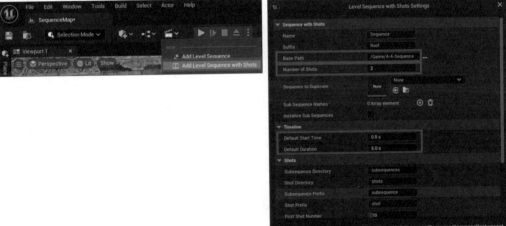

[그림 4.4-3] 시퀀스 생성하기

영상 편집 툴(프리미어, 다빈치 리졸브 등)을 알고 있다면, 구성이나 UI가 비슷하다는 것을 알 수 있습니다. 일반적인 영상들은 하나의 시퀀스(루트 시퀀스)에 수많은 영상 클립(레벨 시퀀스)을 편집하여 결과물을 만드는 방식이며, 언리얼의 시퀀스도 같은 방식입니다. 물론 루트 시퀀스만 생성해서 컷 신을 제작해야 하는 것은 아닙니다. 필요에 따라 짧은 연출이라면 레벨 시퀀스 하나만 생성해서 바로 사용하는 것도 가능합니다.

생성된 시퀀스 액터(SequenceRoot)를 뷰포트나 아웃라이너에서 선택하여 [Open Level Sequence] 버튼을 클릭하여 시퀀스 편집 창을 불러옵니다.

[그림 4.4-4] 시퀀스 편집 창 열기

시퀀스에 등록하고 사용할 액터들도 레벨에 불러와진 상태여야 합니다. '스포너블'이라는 형태를 통해 불러내 사용하는 방법도 있습니다. 이후 카메라와 캐릭터를 제어하는 파트에서 설명하겠습니다.

이번에는 간단하게 두 개의 클립을 통해서 연출하겠습니다. 레벨 시퀀스당 5초씩 설정하여 마스터 시퀀스와 레벨 시퀀스를 생성하였습니다. 콘텐트 브라우저에서 확인해 보면 총 3개의 레벨 시퀀스 애셋이 생성된 것을 확인할 수 있습니다.

[그림 4.4-5] 시퀀스 생성과 루트 시퀀스

## → 연출 기획

컷 신에서는 목표를 설정하는 것이 중요합니다. 스토리를 연결하여 연출을 위한 것인지, 플레이의 진행 방향을 알려 주기 위함인지, 퍼즐에 대한 힌트를 주기 위한 것인지 등 컷 신을 제작하는 목표를 명확히 해야 제작 중에 시행착오를 줄일 수 있습니다. 이번 예제에서는 맵의 시작에서 다음 지역까지 플레이어를 안내하는 역할로 제작하겠습니다.

컷 신을 제작할 때는 장면별로 스케치를 통해서 사전에 계획을 메모해 두는 것이 효율적입니다. 보통의 경우 스케치나 이미지 캡처 등의 방식을 통해서 키샷(Keyshot, 핵심 장면)을 쉽게 저장하면서 자연스럽게 애니메이션 되도록 연결하겠습니다.

이번 예제의 작업 개요는 다음과 같습니다.

❶ 카메라를 이용한 키샷을 정한다(위치, 각도 등).
❷ 각 키샷에 맞춘 세부적인 연출을 한다.
❸ 타이밍(시간 간격)을 조절해서 애니메이션을 매끄럽게 한다.
❹ 렌더링을 통해서 영상 파일을 얻는다.

[그림 4.4-6]의 주요 키샷은 이미 완성된 결과물에서 캡처한 키샷입니다. 번호 순서에 맞춰서 진행하겠습니다.

[그림 4.4-6] 주요 키샷

## 4.4-2 시퀀서 구성 및 카메라 제어하기

> ✗ 학습 목표
>
> 시퀀서를 통해 다양한 액터들의 애니메이션을 제어할 수 있다.

> ✗ 구현 순서
>
> ① Cinecamera를 활용한 화면 구성 제어.
> ② 카메라 리그 액터를 이용한 카메라 움직임 연출하기
> ③ 스켈레탈 메시와 애니메이션 클립을 이용한 에너미 연출하기

### ➜ 씨네카메라를 이용한 화면 연출하기

키샷을 만드는 데 있어 제일 먼저 생각해야 할 것은 카메라입니다. 카메라는 화면을 비추는 역할을 하기 때문에, 전체적인 화면을 계획하는 데 있어 캐릭터에 사용하는 카메라가 있듯이 시퀀스에 사용하는 카메라는 '씨네카메라(Cinecamera)'라는 별개의 액터가 있습니다. 기존 카메라에 초점을 맞추거나 오브젝트를 쳐다보고(Look At), 따라가는(Follow) 등의 추가 기능과 각종 실물 카메라에 쓰이는 수치들이 구현되어 있습니다.

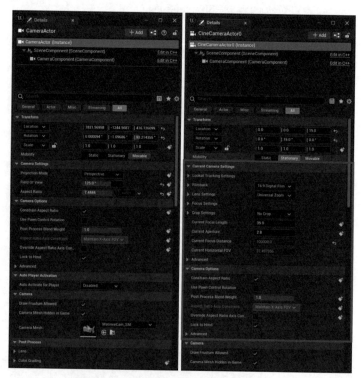

[그림 4.4-7] 카메라 액터(좌)와 씨네카메라 액터(우)

또한 카메라가 어떤 뷰를 보는지 확인하기 위해서는 레이아웃을 변경하여 뷰포트 좌측 상단의 아이콘을 통해서 합니다. 필자의 경우 좌우로 분할하여 좌측은 Cinecamera를 통해서 보는 화면, 우측은 전체적인 뷰나 조작을 위한 기본 뷰포트 세팅으로 쓰겠습니다.

[그림 4.4-8] 뷰포트 레이아웃 설정하기

왼쪽 뷰포트의 [Perspective](혹은 top, front와 같은 다른 뷰일 수 있습니다.) 버튼을 클릭하여 Place Cameras에서 작업할 선택한 카메라를 선택하고, Viewport Type에서 Cinematic Viewport 항목을 각각 체크합니다. 오른쪽 뷰포트는 기본 설정인 Perspective와 Default Viewport로 설정되어 있습니다.

[그림 4.4-9] 뷰포트 카메라 설정하기

이후 작업에서는 왼쪽 뷰포트에서는 현재 연출 중인 화면을 보면서 오른쪽 뷰포트로는 레벨의 전체적인 배치를 보면서 작업할 수 있습니다.

[그림 4.4-10] 뷰포트의 예시

각각의 시퀀스 파일들은 마스터 시퀀스에서 더블클릭을 통해서 세부적인 편집을 할 수 있게 됩니다. Shot 0010_01을 더블클릭하여 시퀀스의 기본 구성을 보겠습니다. 우리가 별도의 카메라를 생성하지 않더라도 시퀀스에 기본 카메라가 등록되어 있으며, 아이콘에 임시를 뜻하는 번개 마크가 추가되어 있습니다. 이러한 액터들은 '스포너블(Spawnable)'이라고 부르며, 타임라인 안에서만 생성되며 구간을 벗어나면 사라집니다. 아웃라이너에서 확인할 수 있으며, 시퀀스에 사용하는 액터는 애셋 라벨 오른쪽에 등록된 시퀀스 명칭을 확인할 수 있습니다.

[그림 4.4-11] 스포너블의 예시

시퀀스 작업을 할 때는 카메라에 대한 위치나 각도 등을 직접 트랜스폼으로 수정하는 것은 가능하지만 추천하지 않습니다. 매번 미묘한 수치들 바뀔 수 있기 때문에 카메라 이동을 한다면 카메라 리그 레일(Camera Rig Rail)이나 카메라 리그 크레인(Camera Rig Crain)과 같은 보조 액터를 활용하여 일정한 움직임을 단순하게 제어하는 것이 효율적이라고 생각합니다. 이는 필자의 개인 견해로 트랜스폼을 통해 직접 연출해도 결과에 차이는 없습니다.

Place Actors > Cinematic 항목을 보면 Camera Rig Rail이 있습니다. 레벨을 드래그하여 다음과 같이 로케이션을 수정합니다.

- Location X: 1345, Y: 747, Z: 63

[그림 4.4-12] 카메라 리그 레일(Camera Rig Rail) 항목

카메라 리그 레일 디테일 창에서 'RailSplineComponent'를 선택합니다.

Input Key 값이 0이었을 때 오른쪽 화살표를 선택하거나 1로 수정하면, 레일에 보이던 흰색 포인트를 선택할 수 있습니다.

Input Key 1 Location X: 0, Y: −750, Z: 0으로 설정합니다. 레벨에서 레일이 길게 늘어나는 것을 확인할 수 있습니다. 카메라는 레일에 자식으로 붙여서 정해진 구간만 움직이게 됩니다.

[그림 4.4-13] 카메라 리그 레일(Camera Rig Rail) 설정하기

시퀀스 창의 [+Add] 버튼을
클릭하여 카메라 리그 레일을
트랙으로 등록합니다.

[그림 4.4-14] Camera Rig Rail 트랙 추가하기

트랙에 추가된 카메라 리그 레일 액터를 오른쪽 클릭
하여 '스포너블(Spawnable)'로 변경해 줍니다.

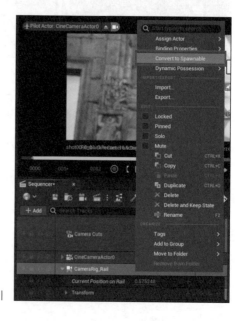

[그림 4.4-15] 스포너블로 변경(Convert to Spawnable) 하기

마지막으로 디테일 창에서 Rail Controls 〉 Current Position on Rail의 [키 프레임 등록] 버튼을 클릭한 후 시작은 0, 5초 1로 키 프레임을 생성합니다.

[그림 4.4-16] Current Position on Rail

마커를 중간으로 이동시켜 보면 레일에 따라 마운트 컴포넌트(RailCameraMount)가 움직이는 것을 확인할 수 있습니다. 이제 카메라를 연결하면 동일하게 움직이게 됩니다.

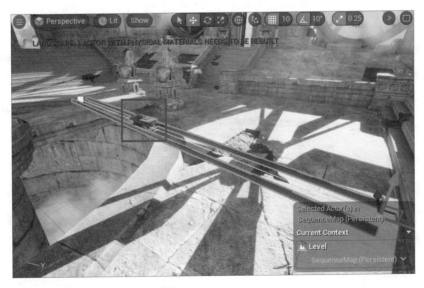

[그림 4.4-17] RailCameraMount 예시

1

1.1
1.2
1.3
1.4
1.5

2

2.1
2.2
2.3
2.4
2.5
2.6

3

3.1
3.2
3.3

4

4.1
4.2
4.3
4.4
4.5

'씨네카메라 액터'를 선택하고, '+ Track > Attach > New Binding > Camera Rig Rail 액터'를 선택합니다. 이후 생기는 Attach 트랙에서 시퀀스 시작에서 끝까지 Attach가 되도록 양 옆을 드래그하여 맞춰줍니다.

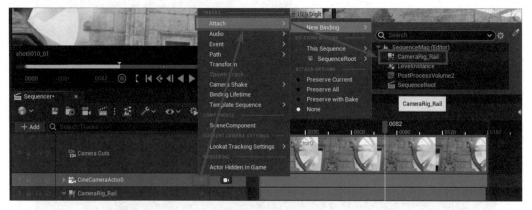

[그림 4.4-18] Attach 트랙에서 Camera Rig Rail 액터 설정하기

스포너블 상태의 액터는 일반적인 레벨 상에서 Attach To 기능을 사용하여 연결하게 되면 타임라인의 마커가 해당 스포너블 구간을 벗어날 때마다 연결이 끊어집니다. 따라서 Attach 트랙을 통해서 스포너블 중에 누구와 연결될지를 저장해 두는 것입니다.

씨네카메라 액터의 트랜스폼 값을 다음과 같이 수정합니다.

- Location X: 0, Y: 0, Z: 15
- Rotation X: 0, Y: 15, Z: 0

디테일 뷰에서 Current Camera Settings > Focus Settings > Manual Focus Distance의 키 추가 버튼(◆)을 클릭하여 시퀀스 트랙에서 Manual Focus 항목을 추가합니다.

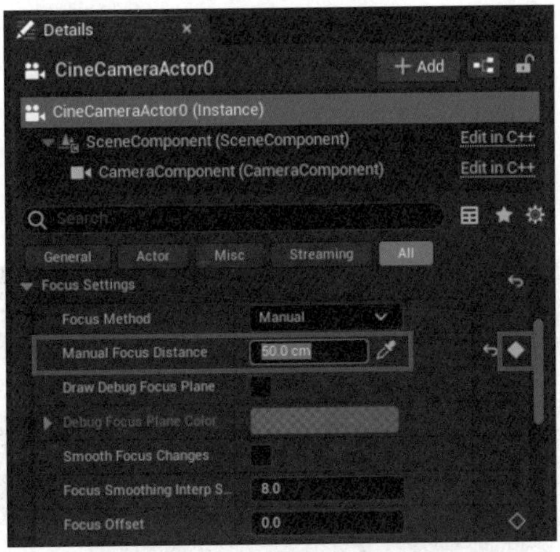

[그림 4.4-19] Manual Focus Distance의 키 추가하기

0초: 50, 4초: 300을 입력하면 시간이 지남에 따라 뿌옇게 흐려진 화면이 선명해집니다.

[그림 4.4-20] Manual Focus Distance 트랙 설정하기

[그림 4.4-21] Shot 0010_01 시퀀스 애셋

### 카메라 컷 제어

시퀀서에는 Camera Cuts에 카메라를 등록해야 화면에 보일 수 있습니다. 진행 중 컷이 삭제된다고 해서 트랙에 키 프레임을 저장해 둔 것이 삭제되지는 않지만 조작 중 실수로 카메라 컷을 삭제한 경우 [그림 4.4-22] 카메라 컷 설정 예시와 같이 Camera를 추가해야 합니다.

[그림 4.4-22] 카메라 컷 설정 예시

### 시퀀스 재생 시간 제어

트랙에서 녹색과 빨간색 실선은 현재 빗금으로 가려져 있습니다. 카메라 컷을 이동시켜 보면 녹색의 선과 빨간색 실선이 보일 것입니다. 빗금은 마스터 시퀀스에서 지정된 시간이며, 실선은 현재 시퀀스가 가지고 있는 재생 시간을 나타냅니다. 마스터 시퀀스에서 시간을 늘리지 않는다면, 하위 레벨 시퀀스의 재생 시간이 더 길더라도 보이지 않습니다.

[그림 4.4-23] 시퀀스 재생 구간 설정 예시

## ➔ 스켈레탈 메시를 활용한 애니메이션 연출하기

이제 마스터 시퀀스에서 돌아가서 shot 0020_01을 더블클릭하여 편집하겠습니다. 카메라의 위치는 고정으로 둔 상태에서 카메라의 트래킹과 줌인 아웃을 통한 연출 기법을 만들겠습니다. 제작 편의상 레벨에 카메라가 트래킹해야 할 액터들이 모두 배치되어 있어야 하므로 에너미에 대한 설정 후 카메라 세팅으로 진행하겠습니다.

통로를 통해서 달려오는 에너미들을 배치하겠습니다. 여기서 주의할 점은, 3장에서 제작한 에너미들이 아닌, 에너미의 스켈레탈 메시(Skeletal Mesh) 애셋을 사용한다는 점입니다. 콘텐트 브라우저에서 시퀀스 트랙으로 바로 드래그한다면, 스포너블로 등록이 됩니다.

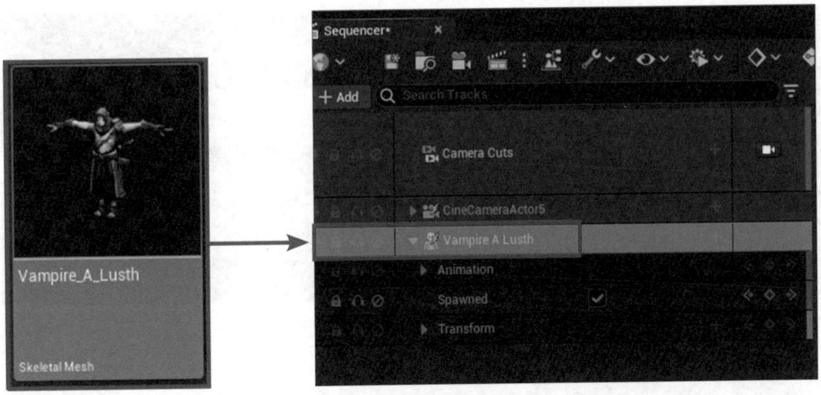

[그림 4.4-24] vampire_a_lusth 트랙 추가

Vampire_a_lusth의 트랜스폼 값은 다음과 같이 설정합니다.

- Location X: −2431, Y: 561, Z: 4
- Rotation X: 0, Y: 0, Z: −180

[그림 4.4-25] vampire_a_lusth 트랜스폼 키 프레임 추가
하기

시작 지점에서 목표 지점까지 로케이션 먼저 설정합니다.

- 시간: 1s, Location X: −2287, Y: 135, Z: 4
- 시간: 4s, Location X: −751, Y: 135, Z: 4

이동에 맞춰 로테이션을 맞춰 줍니다.

- 시간: 0.77s, Rotation X: 0, Y: 0, Z: −146
- 시간: 1.27s, Rotation X: 0, Y: 0, Z: −95

[그림 4.4-26] 트랜스폼 키 프레임 뷰포트 확인하기

　일반적인 애니메이션 연출에서는 액터의 위치 이동 후 세부적인 모션과 움직이는 타이밍을 맞추는 작업을 하게 됩니다. 타이밍이 맞지 않으면, 달려나가는 발이 지면을 미끄러지듯 슬라이딩되거나 제자리 걸음 하듯 발을 구르는 어색한 연출이 되기 때문에 기본적인 이동, 방향에 대한 작업 후에 반

드시 애니메이션 타이밍에 맞춰 수정해 주는 작업이 필요합니다. 애니메이션 추가를 위해서 vampire_a_lusth의 [+ Track] 버튼을 클릭하여 Animation > Standing Idle 애니메이션을 추가합니다.

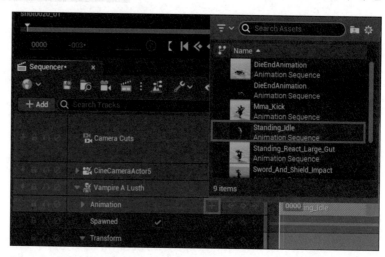

[그림 4.4-27] 애니메이션 트랙 추가하기

이런 식으로 Zombie_Run 애니메이션과 Mma_Kick 애니메이션을 추가하여 [그림 4.4-28] 애니메이션 트랙 배치와 같이 배치합니다.

[그림 4.4-28] 애니메이션 트랙 배치하기

각각의 애니메이션 배치가 끝났다면 Zombie_Run 트랙과 Mma_Kick 트랙을 Standing_Idle 트랙에 드래그하여 겹치도록 배치합니다. 이렇게 하면 애니메이션 트랙끼리 겹친 구간에서 자연스럽게 블렌딩되면서 별도의 Weight를 이용하여 키 프레임 작업을 하지 않더라도 자연스럽게 재생됩니다.

[그림 4.4-29] 애니메이션 트랙 블렌드

이제 에너미에 대한 연출을 마무리하고 카메라에 대한 설정을 하겠습니다. Shot 0020_01에 등록되어 있던 씨네카메라의 로케이션 설정을 다음과 같이 설정합니다. 위치는 움직이지 않고 씨네카메라의 트래킹 기능을 활용하여 연출하도록 하겠습니다.

- Location X: 990, Y: 820, Z: 540

우선 첫 번째로 카메라가 바라볼 Player Start 액터를 시퀀스에 추가하겠습니다. [+ Track] 버튼을 클릭하고, 'Actor To Sequencer > Player Start'를 검색하여 추가합니다.

[그림 4.4-30] 플레이어 스타트 트랙 추가

'씨네카메라 액터'를 선택하고 디테일 창에서 'Current Camera Settings > Lookat Tracking Settings' 항목을 다음과 같이 설정합니다.

- Enable Look at Tracking: 활성화
- Look at Tracking Interp Speed: 2
- Actor to Track: 트랙 생성 버튼 클릭
- Relative Offset: X 0, Y 0, Z 100

[그림 4.4-31] Lookat Tracking Settings

시퀀스 창에서 다음 시간에 맞춰 카메라가 바라볼 대상을 지정하겠습니다. Actor to Track 우측 펼친 목록을 클릭하여 This Sequence 하위에 있는 Player Start와 vampire_a_lusth를 각 시간에 맞춰 지정한 다음, 키 프레임 생성 버튼을 눌러 해당하는 위치에 키 프레임을 생성합니다.

- 시간 0s: Player Start / 시간 2s: vampire_a_lusth

[그림 4.4-32] Actor to Track 키 프레임 설정하기

카메라는 에너미가 등장하는 위치까지 시선을 유도하여 싸우게 되는 상황을 보여주게 됩니다. 다만 vampire_a_lusth를 너무 멀리서 비추기 때문에 초점 거리(Focal Length)를 조절하여 줌인 한 효과를 만들어 보겠습니다. Current Camera Settings > Focus Settings 항목을 열어 줍니다.

시퀀스의 타임라인 마커를 2초 위치에 두고 Current Focus Length 항목의 키 프레임 생성 버튼을 클릭하여 시퀀스에 트랙을 생성합니다.

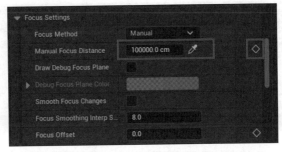

[그림 4.4-33] Current Focal Length 키 프레임 추가하기

마커를 3.5초로 이동시킨 후 시퀀스 트랙에서 '120'으로 입력하면 자동으로 키 프레임이 생성됩니다.

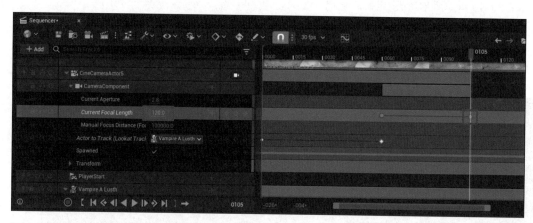

[그림 4.4-34] Current Focal Length 수정하기

Current Focal Length 설정 후 카메라 초점이 엇나가서 뿌옇게 될 수 있습니다. Focus Settings 하위 항목 중 Manual Focus Distance가 있습니다. 우측 스포이드를 눌러 'vampire_a_lusth'를 선택하면 대상에 맞춰 거리 설정이 되면서 선명하게 됩니다.

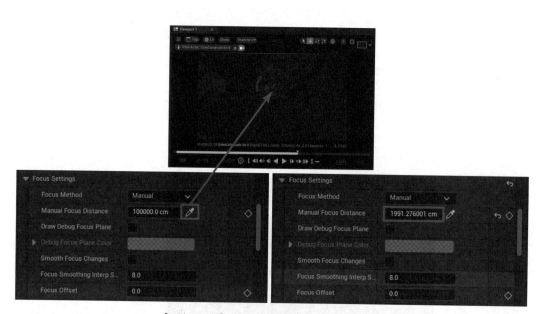

[그림 4.4-35] Manual Focus Distance 수정하기

## → 블루프린트를 활용한 시퀀스 제어하기

이제 블루프린트에서 시퀀스를 제어하도록
구현하겠습니다. 화면 상단의 Blueprints >
Open Level Blueprint 항목을 클릭하여 레벨
블루프린트 에디터를 엽니다.

[그림 4.4-36] 레벨 블루프린트 열기

아웃라이너에서 시퀀스 마스터 액터를 레벨 블루프린트 액터로 드래그합니다.

[그림 4.4-37] 시퀀스 마스터 등록하기

루트 시퀀스에서 Play를
검색하여 생성합니다. Play
(Sequence Player)를 선택합
니다. Sequence Player 노드
까지 함께 생성됩니다. 생
성된 [Play] 노드를 Begin
Play와 연결합니다.

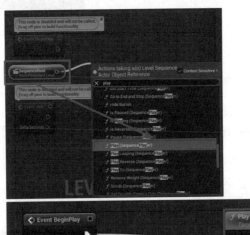

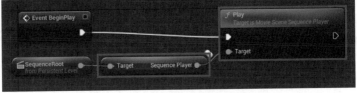

[그림 4.4-38] 시퀀스 플레이어 재생 설정

## ➜ 시퀀스 영상 추출하기

 제작이 완료된 시퀀스는 영상으로 바로 렌더링을 걸 수가 있습니다. 시퀀스 창의 슬레이트 아이콘을 클릭하면 렌더링과 관련된 옵션 창이 나옵니다.

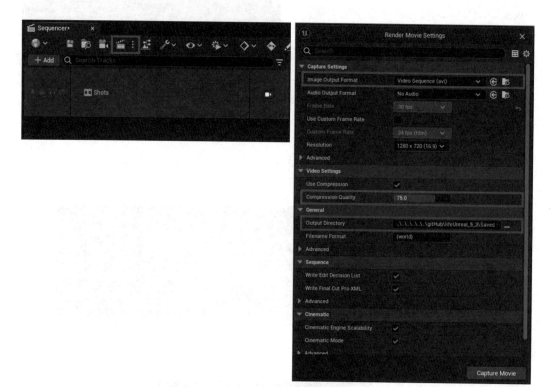

[그림 4.4-39] 렌더링 옵션

몇 가지 중요한 옵션에 대하여 체크해 보겠습니다.

- **Audio Output Format:** 사운드 파일을 별도로 생성할 것인지에 대한 옵션입니다.
- **Frame Rate:** 현재 시퀀스 초당 프레임 수에 대한 설정입니다. 시퀀스 창에서 변경할 수 있습니다.
- **Custom Frame Rate:** 렌더링하게 될 영상의 초당 프레임 수입니다. Use Custom Frame Rate를 활성화해서 수정할 수 있습니다.
- **Resolution:** 영상 해상도에 대한 설정입니다. 일반적인 4:3, 16:9 사이즈로 설정할 수 있습니다.
- **Compression Quality:** 압축된 영상의 퀄리티 설정입니다. 100이면 높은 퀄리티로 저장할 수 있습니다.
- **Output Directory:** 렌더링된 영상이 저장된 경로입니다. 프로젝트 외부로도 설정이 가능합니다. 기본 값은 프로젝트 폴더 / Saved / VideoCaptures입니다.

렌더링된 결과는 다음과 같습니다.

[그림 4.4-40] 렌더링 결과

눈여겨 볼 점이라면, 월드 셋팅의 플레이어, 콘트롤러, 인스턴스 등이 활성화되고 난 후에 실행되는 장면을 캡처하는 원리이기 때문에 [그림 4.4-39]와 같이 3장에서 진행한 UI 화면이 그대로 캡처 된다는 것입니다. 레벨 블루프린트에서 Begin Play 발생 시 재생되도록 되어 있기 때문에 플레이어 클래스가 실행은 되어 UI는 실행이 되더라도 화면에 3D 객체는 보이지 않는 상태로 캡처가 됩니다.

# 4.5 애니메이션 리타깃팅

##  4.5-1 애니메이션 리타깃팅 준비하기

애니메이션 애셋은 같은 스켈레탈 메시 사이에는 애니메이션 공유가 되지만, 다른 스켈레탈 메시와는 공유할 수 없습니다.

사람 형태(다리, 팔, 허리, 머리)는 구조가 같기 때문에 길이, 비율의 차이가 있더라도 애니메이션을 공유하더라도 어색하지 않게 적용할 수 있습니다. 어린 아이나 농구 선수같이 큰 사람이라도 물건을 짚으려면 어깨를 돌리고, 팔꿈치를 돌려야 물건을 짚을 수 있다는 의미입니다.

스켈레탈 메시끼리 애니메이션을 공유할 수 있도록 서로 연결해 주는 과정을 리타깃팅이라고 합니다. 언리얼 엔진 5에서는 체인(Chain)이라는 구조로 각각의 팔, 다리 등을 연결하여 다른 스켈레탈 메시라고 하더라도 애니메이션을 복사할 수 있는 기능이 있습니다.

[그림 4.5-1] 리타깃팅 결과물

1

1.1
1.2
1.3
1.4
1.5

2

2.1
2.2
2.3
2.4
2.5
2.6

3

3.1
3.2
3.3

4

4.1
4.2
4.3
4.4
4.5

## ➜ 스켈레탈 메시 준비하기

애니메이션을 적용하기 위한 새로운 스켈레탈 메시를 '믹사모(Mixamo)'라는 사이트에서 가져오 겠습니다. 3D 캐릭터에 애니메이션 파일을 입혀 서 다운로드할 수 있는 서비스입니다. 포토샵이나 프리미어를 제작한 어도비 사에 가입만 하면 무료 로 사용할 수 있는 서비스입니다.

[캐릭터] 탭에서 'Vanguard By T.Choonyung'을 선택합니다.

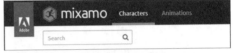

[그림 4.5-2] 믹사모 뱅가드(Mixamo Vanguard) 캐릭터

우측의 다운로드 버튼을 클릭하고 기본 설정으로 다운로드 받습니다.

[그림 4.5-3] 다운로드(Download) 설정하기

다운로드가 완료된 FBX 파일을 콘텐트 브라우저로 드래그하여 넣습니다. 임포트 관련된 세팅은 기본 값으로 설정하며, Mesh 항목에서 다음과 같이 설정되어 있는지 확인하여 설정이 완료되면 [Import All] 버튼을 클릭하여 가져오기를 마무리합니다.

- **Skeletal Mesh:** 활성화
- **Import Mesh:** 활성화
- **Import Content Type:** Geometry and Skinning Weights
- **Skeleton:** None

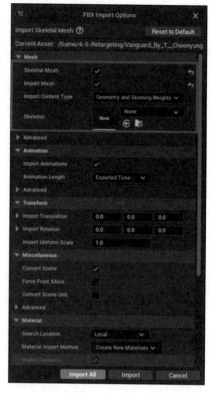

[그림 4.5-4] Vanguard 임포트 설정

이렇게 믹사모에서 받은 캐릭터를 이후 '믹사모 캐릭터'라고 지칭하며, TPS에 사용한 언리얼 캐릭터는 '플레이어'라고 명시하여 혼선이 없도록 하겠습니다.

플레이어에 사용된 애니메이션이 원본이 되는 것이며, 애니메이션 파일을 믹사모 캐릭터에게 리타깃팅하는 것입니다.

### → Auto Retargeting 설정

이번 언리얼 5.4에서 기존에 수작업으로 하던 리타깃팅과 관련된 셋팅이 자동화되었습니다. 리타깃팅의 절차를 요약하면 다음과 같습니다.

1. 소스(원본)과 타깃(대상) 모두 IK Rig애셋을 생성합니다.
2. IK Rig에서 체인(뼈대 구조 설정) 후 Solver 설정을 해야 합니다.

3. IK Retarget 애셋을 생성합니다

4. **포즈가 일치되도록 수정해야 합니다.**

위 과정을 수작업으로 해야만 리타깃팅을 위한 준비가 완료되어 복사할 수 있었습니다. 언리얼 엔진 5.4에서 추가된 자동 리타깃팅 기능은 위의 네 단계를 모두 원클릭으로 진행이 됩니다.

소스의 애니메이션 블루프린트나 애니메이션 애셋(애니메이션 시퀀스,블렌드 스페이스 등)을 우 클릭하여 "Retarget Animations" 항목을 클릭합니다.

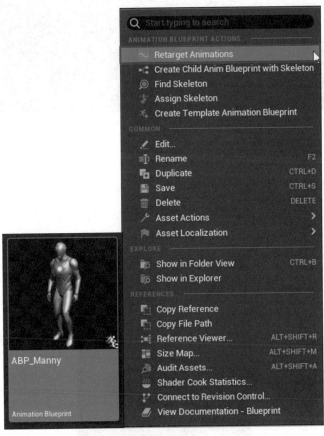

[그림 4.5-5] Retarget Animations 버튼

Retarget Animations 창에서 타깃이 되는 스켈레탈 메시를 선택합니다. Retargeter 항목에서 Auto Generate Retargeter 항목을 체크합니다. (기본 설정으로 체크가 되어 있습니다. 수동으로 할 경우는 이후에 수동으로 하는 과정에서 기술합니다.) Export Retarget Assets 버튼을 클릭합니다.

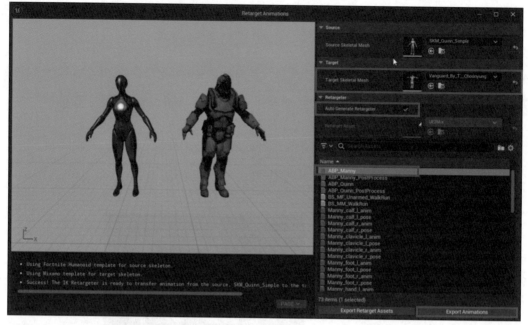

[그림 4.5-6] Retarget Animations 창 설정

IK Rig 애셋과 IK Retarget 애셋이 저장될 경로를 지정합니다. 다량의 애셋이 복사되기 때문에 Prefix나 Suffix에 구분할 수 있도록 이름이 재설정하는 것이 좋습니다.

[그림 4.5-7] 리타깃 경로 지정

위와 같은 과정을 거친다면, 이후 수십페이지에 걸쳐서 진행해야 할 수동으로 세팅해야 할 모든 과정이 완료됩니다

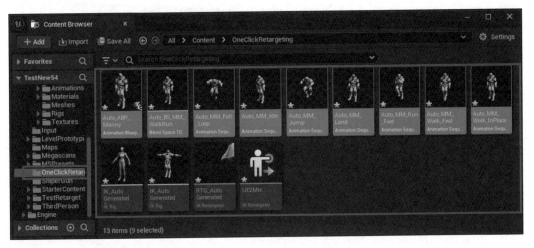

[그림 4.5-8] 생성된 애니메이션 애셋들

물론 각각의 IK Rig 애셋을 생성해서 개별로 체인(①)과 Solver(②) 역시 단순 버튼 클릭만 해도 데이터가 생성됩니다.

[그림 4.5-9] IK Rig 애셋에서 자동화 버튼 순서

다만, 인간형에 대해서만 가능하고, 비(非) 인간형, 의상이나 액세서리와 같이 추가되는 본이 많은 경우 수동으로 해줘야 하는 등 수동으로 세팅하는 방법은 학습이 필요합니다. 책에서는 수동으로 간략하게 설정하는 순서를 기준으로 집필하였습니다.

# ⇢ IK Rig 셋팅

'IK Rig'라는 애셋은 리타깃팅을 위해 각각의 신체 부위를 정의하는 과정입니다. 어디서부터 어디까지가 팔인지, 발인지 등 신체의 각 부위를 언리얼 엔진에 알려주어 다른 스켈레탈 메시와 애니메이션을 리타깃팅 할 때 동일하게 정의된 부위들끼리 동작을 따라하게 만들기위한 준비과정 입니다. 애니메이션에서 뼈대 셋팅(리깅)의 경우 작업자에 따라서 각각의 본마다 이름을 붙여주는 방법이 다릅니다. 언리얼에서 제공되는 캐릭터의 경우는 왼쪽 팔을 upperarm_l , lowerarm_l, hand_l 으로 구분하지만, 믹사모의 경우 LeftArm, LeftForeArm, LeftHand 과 같은 형식으로 네이밍하기 때문에 필요한 본들을 찾아서 매칭하려면 번거롭기 때문에 움직이는 구간에 맞춰서 Chain이라는 구조로 각 파트가 시작하는 본에서 끝나는 본까지 지정하여 중간에 구성의 차이가 있더라도 작동하는데 크게 지장 없도록 하는 것입니다.

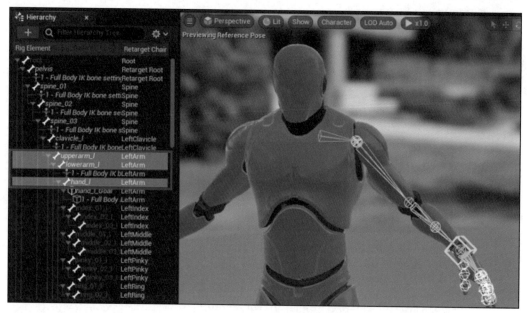

[그림 4.5-10] LeftArm 체인 예시

언리얼 캐릭터의 경우 IK Rig 셋팅이 되어 제공됩니다. 따라서 믹사모 캐릭터만 IK Rig 작업을 한다면 리타깃팅 작업을 할 수 있습니다. 언리얼 캐릭터의 IK Rig 셋팅은 Content ⟩ Characters ⟩ Mannequin_UE4 ⟩ Rigs ⟩ IK_UE4_Mannequin 애셋을 참고하면 됩니다.

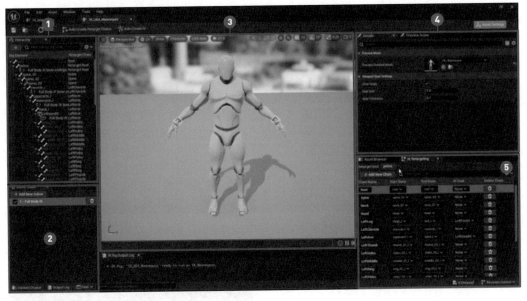

[그림 4.5-11] IK Rig 에디터 구성

**①** **Hirerachy:** 본의 계층 구조를 볼 수 있습니다. 각 본마다 IK 셋팅을 추가 / 변경할 수 있습니다.

**②** **Solver Stack:** IK 관련 세부 설정을 할 수 있습니다

**③** **Viewport:** 스켈레탈 메시와 본 구조를 겹쳐 볼 수 있습니다.

Character 〉 Bones를 통해 본의 구조를 보는 설정을 수정할 수 있습니다.

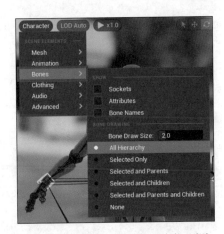

[그림 4.5-12] 뷰포트에서 본을 표시하는 방법

**④** **Detail:** IK Rig 설정을 하려는 스켈레탈 메시를 지정할 수 있습니다

**⑤** **IK Retargeting:** Chain 설정을 할 수 있습니다.

Chain 설정은 이후 믹사모 셋팅을 하는데 참고하기 때문에 각각의 Start Bone의 위치와 End Bone의 위치를 뷰포트에서 확인하는 것이 좋습니다.

[그림 4.5-13] 언리얼 캐릭터 주요 체인 설정하기

트위스트 본, ik 본과 같은 세부 사항은 믹사모와 다르기 때문에 없는 부분을 맞출 필요는 없습니다. 원본이 되는 소스 스켈레톤(언리얼 캐릭터)와 타깃 스켈레톤(믹사모)를 서로 비교해서 맞출 수 있는 구조들만 맞추면 됩니다.

믹사모 캐릭터가 있는 폴더에 애셋을 생성합니다. 스켈레탈 메시 애셋을 오른쪽 클릭해서 Create > IK Rig를 선택합니다.

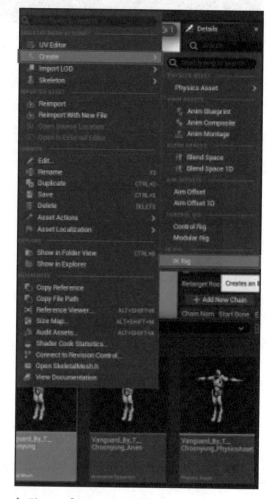

[그림 4.5-14] IK Rig 애셋 생성하기

생성된 IK Rig 애셋을 더블클릭해서 에디터 창을 열어 줍니다. 체인을 먼저 설정하겠습니다. 하이어라키 창에서 Hip > Spine > Spine 1 > Spine 2 본을 선택하여 오른쪽 클릭 후 New Retarget Chain을 선택합니다

[그림 4.5-15] 체인 생성하기

Add New Retarget Chain 창이 팝업이 되면 [Add Chain] 버튼을 클릭합니다. IK Retargeting 창에 Spine이라는 이름으로 체인이 생성된 것을 확인할 수 있습니다.

[그림 4.5-16] 스파인 체인 생성하기

Start Bone과 End 본을 참고해서 각각의 체인을 같은 방법으로 생성 합니다. 이때 생성하는 체인의 이름은 선택한 부위들에 맞춰서 자동으로 생성되는데, 자동으로 생성되지 않으면 Chain Name에 직접 작성할 수 있습니다. 가능한 소스가 되는 언리얼 IK Rig 체인 이름과 동일하게 맞추는 것이 이후 작업에 편리합니다.

[그림 4.5-17] 믹사모 체인 구성

체인 중간을 생략하고 선택하면 End Bone을 제대로 찾지 못하는 경우가 발생하니 중간 단계의 본들까지 모두 선택하여 체인을 생성합니다.

[그림 4.5-18] 체인 구성시 주의사항

Solver Stack 창에서 + Add New Solver > Full body IK를 선택하여 추가합니다.

[그림 4.5-19] Full Body IK

Hips 본을 마우스 오른쪽 클릭해서 Set Root Bone on Selected Solver로 선택합니다. Full Body IK 항목의 'Missing root bone.' 문구에서 'Missing Goal'이라고 변경됩니다. Root 본은 기준이 되는 본을 지정하여 위치 및 회전 등의 기준이 될 수 있는 본을 지정하는 과정입니다. 따라서 Hips 본을 한번 더 마우스 오른쪽 클릭하여 Set Retarget Root도 선택하여 리타깃팅에서 기준이 되는 본으로 Hips 본을 지정 합니다.

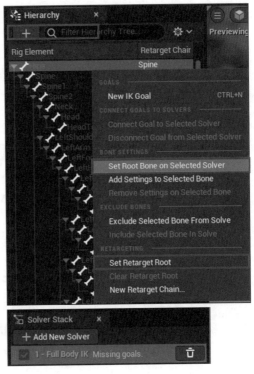

[그림 4.5-20] IK Root 및 Retarget Root 설정하기

이제 LeftHand, RightHand, LeftToeBase, RightToeBase 본을 각각 선택하여 오른쪽 클릭 후 New IK Goal 항목을 선택하여 각각의 체인 마지막 본을 IK Goal로 지정합니다.

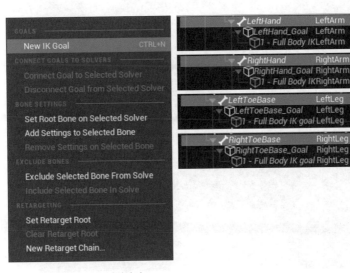

[그림 4.5-21] IK Goal 지정하기

IK Goal을 설명하기 위해서는 IK(Inverse Kinematics, 역 운동학)에 대한 이해가 필요합니다. 일반적으로 물건을 잡기 위해서는 어깨를 움직이고 차례로 팔꿈치와 손목의 본을 회전시켜야지 오브젝트가 있는 위치에 손이 향하게 할 수 있습니다. 이러한 방식은 FK(Forward Kinematics, 순 운동학) 하이어라키(계층)의 순서에 따라서 움직여야 원하는 결과를 얻는 방식입니다. IK는 이와는 반대로 최종 위치(Goal)에 맞추어 어깨, 팔꿈차, 손목 등의 관절의 위치를 역으로 추산하는 방식입니다. 이러한 위치값을 지정하기 위한 기준을 지정하는 과정이 IK Goal입니다. Full Body IK는 인체 중에서도 IK를 적용 할 수 있는 관절 (팔, 다리, 손가락 등)을 관리하기 위한 시스템입니다.

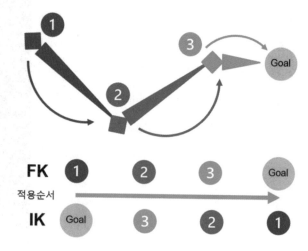

[그림 4.5-22] FK와 IK의 차이

IK 지정이 완료되면 각 End Bone에 Goal(노란색 박스)가 생성되며, Goal 이동 시 포즈가 바뀌는 것을 볼 수 있습니다.

[그림 4.5-23] IK Goal 이동하기

Chain 항목에도 None으로 비어 있던 IK Goal 항목에도 해당 IK Goal이 지정된 것을 확인할 수 있습니다.

[그림 4.5-24] 리타깃 체인 설정하기

리타깃팅을 위한 준비가 끝났습니다. 만약 언리얼 캐릭터가 아니라면 애니메이션 파일을 가지고 있는 소스가 되는 스켈레탈 메시에도 동일한 작업을 해 주어야 합니다.

### ➡ 애니메이션 리타깃팅 설정하기

콘텐트 브라우저의 [+ADD] 버튼을 클릭하여 Animation > Retargeting > IK Retargeter를 선택하여 리타 깃팅 애셋을 추가합니다. 리타깃터 창을 오픈하면 최초에 소스와 타깃 스켈레탈 메시를 지정해야 합니다.

[그림 4.5-25] IK Retarget 애셋 생성하기

[그림 4.5-26] IK Retargeter 창

**①** 포즈 및 하이어라키(소스/타깃 설정)　　**②** 뷰포트
**③** 디테일　　**④** 체인 맵핑

리타깃터 창에서 작업 과정은 소스 및 타깃 설정 > 체인 매칭 > 포즈 설정 단계로 진행됩니다. 애셋을 더블클릭하면 Detail 창에서 소스에는 언리얼 스켈레탈 메시를 지정하고, 타깃에는 믹사모 스켈레탈 메시를 지정합니다. 프리뷰 셋팅의 옵셋을 이용하여 x축으로 150 유닛 이동시켜 겹쳐 있는 소스와 타깃을 분리해서 볼 수 있도록 합니다.

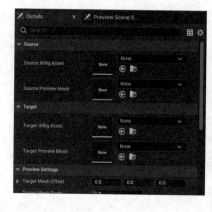 

[그림 4.5-27] 소스 타깃 설정

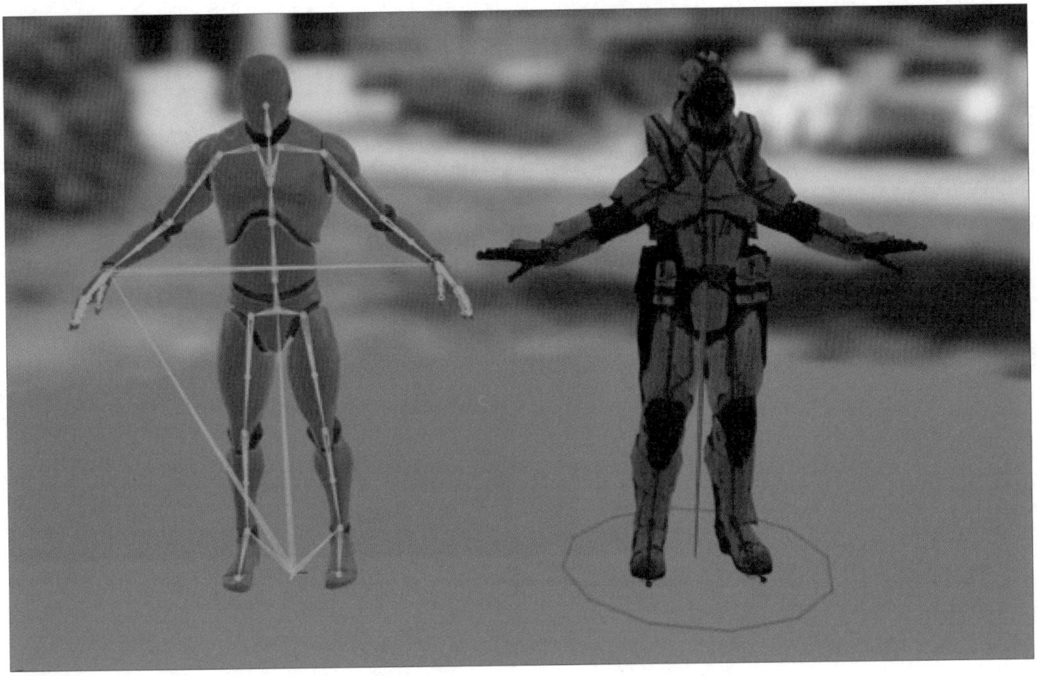

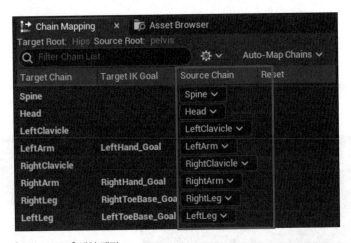

[그림 4.5-28] 소스와 타깃 설정 뷰포트

체인 항목에 동일한 이름끼리 매칭을 하면 되며, IK Rig 작업 시 이름을 동일하게 지정하지 않더라도 같은 역할을 하는 체인끼리 연결하기만 하면 됩니다.

[그림 4.5-24] 체인 맵핑

애셋 브라우저에서 특정 애니
메이션을 선택해서 미리보기를
해보면 결과가 썩 좋지 않은 것을
알 수 있습니다.

[그림 4.5-29] 프리뷰 및 초기 리타깃 결과

포즈를 가능한 같은 상태로 만들어 두면 소스와 타깃이 최대한 움직임을 만들 수 있습니다. Pose
항목에 Create Pose를 클릭합니다. 타깃인 믹사모는 T 포즈로 되어 있고, 언리얼은 A 포즈로 되어
있습니다. 타깃의 팔과 다리의 본을 선택하고 회전시켜 소스와 비슷한 포즈로 만들게 되면, 포즈가
다를 때보다 더 나은 결과를 얻을 수 있습니다. 다만, 본 전체의 셋팅이 다르다 보니 완벽하게 같은
동작을 만들기에는 다소 어려움이 있고, 외부의 3D 툴(3ds Max, Maya 등)에서도 이러한 리타깃팅
혹은 모션 매칭을 이용하면 보다 정교한 움직임을 만드는 것은 가능합니다.

포즈 설정 창에서 타깃을 선택하고 [Create] 버튼을 클릭해서 MixamoCustomPose라고 새로운
포즈를 설정합니다.

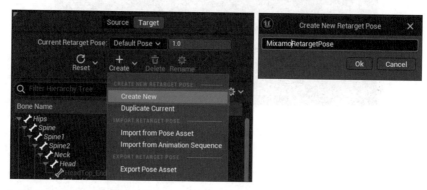

[그림 4.5-30] 포즈 생성하기

포즈 창 위에 있는 [Running Retarget] 버튼의 옆에 점 버튼을 클릭해서 Edit Retarget Pose를 선택하여 T 포즈로 서있는 믹사모 캐릭터를 언리얼 캐릭터의 A 포즈에 맞춰 수정을 끝냅니다. 수정이 끝나고 나면 다시 'Run Retergeter'를 선택합니다.

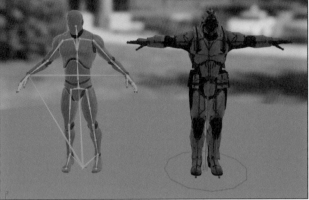

[그림 4.5-31] 포즈 편집하기

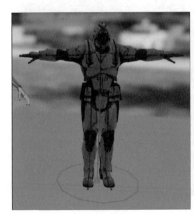

[그림 4.5-32] 포즈 변경 과정

또한 Full Body IK와 같은 솔버에 대한 셋팅이 되어 있지 않더라도 결과가 좋지 않을 수 있습니다.

## → 애니메이션 리타깃팅

리타깃팅 설정이 완료되었다면, 리타깃팅 에디터의 Asset Browser 창에서 개별 클립들을 가지고 Export하여 복사할 수 있습니다.

[그림 4.5-33] 리타게팅 에디터에서 복사하기

하지만 개발 중에 개별 클립들을 복사한다면, 애니메이션 블루프린트를 다시 구현해야 하는 문제가 있습니다. 이런 경우 개별 클립들을 복사하기 보다는 애니메이션 블루프린트 자체를 복사한다면, 애니메이션 블루프린트에 포함되어 있는 개별 애니메이션 시퀀스들까지 모두 복사가 되기 때문에 애니메이션 블루프린트를 복사하는 것이 불필요한 구현 과정을 줄일 수 있는 방법입니다.

콘텐트 브라우저 창에서 애니메이션 블루프린트를 마우스 오른쪽 클릭하여 [Retarget Animations] 버튼을 클릭합니다.

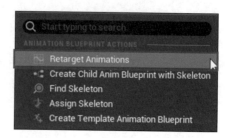

[그림 4.5-34] 애님 블루프린트 복사하기